Herausgegeben von

Professor Dr. Dr. h.c. Christian Tomuschat
Humboldt-Universität zu Berlin

Prof. Dr. Christian Walter
Ludwig-Maximilians-Universität München

NOMOSGESETZE

Prof. Dr. Dr. h.c. Christian Tomuschat
Prof. Dr. Christian Walter

Völkerrecht

6. Auflage

Die Deutsche Nationalbibliothek verzeichnet diese Publikation in
der Deutschen Nationalbibliografie; detaillierte bibliografische
Daten sind im Internet über http://dnb.d-nb.de abrufbar.

ISBN 978-3-8487-0672-3

6. Auflage 2014
© Nomos Verlagsgesellschaft, Baden-Baden 2014. Printed in Germany. Alle
Rechte, auch die des Nachdrucks von Auszügen, der fotomechanischen Wiedergabe und der Übersetzung, vorbehalten.

VORWORT zur 6. Auflage

Die 6. Auflage zur Textsammlung »Völkerrecht« erscheint in neuer Herausgeberschaft. Christian Walter, Professor an der Juristischen Fakultät der Ludwig-Maximilians-Universität München, hat sich an die Seite von Christian Tomuschat, em. Professor an der Juristischen Fakultät der Humboldt-Universität zu Berlin, gestellt. Beide zusammen werden künftig dafür sorgen, dass die Sammlung stets den aktuellen Bedürfnissen der Nutzer entspricht.

Als wichtige Ergänzungen sind in erster Linie die Einfügung des GATT, des Texts eines typischen Investitionsschutzabkommens der Bundesrepublik Deutschland sowie der in Kampala (Uganda) im Jahre 2010 beschlossenen Änderungen des Römischen Statuts zur Strafbarkeit der Aggression zu nennen. Im Übrigen wurde die Linie beibehalten, neben Vertragsinstrumenten auch wichtige andere Rechtsinstrumente wie insbesondere Resolutionen der UN-Generalversammlung und des UN-Sicherheitsrats wie auch Entwürfe der UN-Völkerrechtskommission aufzunehmen, die im völkerrechtlichen Alltag vielfach wie geltende Rechtsnormen verwendet werden.

Die Herausgeber sind sich bewusst, dass die Sammlung mit dem jetzigen Inhalt einen äußeren Umfang erreicht hat, der sich nicht weiter steigern lässt. Auf keinen Fall darf die Handlichkeit des Bandes leiden. Auch muss selbstverständlich gewährleistet sein, dass der Kauf für Studierende erschwinglich bleibt. Dennoch sind die Herausgeber jederzeit für Hinweise dankbar, inwieweit die Auswahl bei künftigen Auflagen möglicherweise noch verbessert werden kann.

Berlin und München, Januar 2014

Christian Tomuschat *Christian Walter*

VORWORT zur 1. Auflage

Bis zum Vorabend des Zweiten Weltkrieges beruhte die Völkerrechtsordnung weitgehend auf gewohnheitsrechtlichen Normen. Im Zeichen der Vereinten Nationen (VN) hat indes in der zweiten Hälfte des 20. Jahrhunderts ein Prozeß der Kodifikation eingesetzt, in dessen Verlauf ungeschriebenes Recht fortschreitend durch geschriebenes Recht ersetzt worden ist. Noch immer spielt zwar das »allgemeine« Völkerrecht, also in erster Linie gewohnheitsrechtliche Regeln, eine wichtige Rolle im Gebäude der internationalen Rechtsordnung. Insgesamt wird aber die Rechtsentwicklung heute durch Formen einer bewußt geplanten Rechtssetzung geprägt, die sich in Texten niederschlägt, deren Existenz die Rechtsfindung wesentlich erleichtert. Die Arbeit im Völkerrecht nähert sich damit bis zu einem gewissen Grade der Arbeit im nationalstaatlichen Recht an, wo durch die Tätigkeit demokratischer Gesetzgebungsorgane wie auch eines allgegenwärtigen Justizwesens spontane juristische Wachstumsprozesse längst zu einer Nischenexistenz verdammt worden sind.

Der vorliegende Band versucht, dem Leser die wichtigsten Rechtsinstrumente des heutigen Völkerrechts in bequemer Form zugänglich zu machen. Dabei wurde Wert darauf gelegt, nicht nur Verträge wiederzugeben, sondern in beschränktem Umfang auch andere Texte heranzuziehen, die in der heutigen Wirklichkeit der internationalen Beziehungen für die juristische Argumentation von ähnlicher Bedeutung sind. Zu den normativen Elementen des Völkerrechts der Gegenwart gehört neben den Verträgen einerseits auch das Sekundärrecht der internationalen Organisationen. Der Band enthält deswegen vor allem einige im echten Sinne verbindliche Resolutionen des VN-Sicherheitsrats. Andererseits aber ist bekannt, daß auch das sogenannte soft law zunehmend auf Rechtsverhältnisse einwirkt. Dies gilt vor allem für eine Reihe von Resolutionen der VN-Generalversammlung, weil sie entweder – wie die Resolution über freundschaftliche Beziehungen aus dem Jahre 1970 – geltendes positives Recht kodifizieren oder – wie die Allgemeine Erklärung der Menschenrechte aus dem Jahre 1948 – zum Ausgangspunkt für eine gewohnheitsrechtliche Konsolidierung geworden sind und damit das Defizit ihres bloßen Empfehlungscharakters abzustreifen vermögen. Auch die Grundsatzerklärungen der KSZE/OSZE bewegen sich in jenem Grenzbereich zwischen Recht und Nichtrecht, den gerade der Jurist nicht mehr einfach als bloße politische Deklamation abtun kann. Notwendig erschien es deswegen vor allem, die Charta von Paris für ein neues Europa mitabzudrucken, in der die politische Vision eines rechtsstaatlich strukturierten Europas ihren sinnfälligsten Niederschlag gefunden hat.

Das Recht der Europäischen Union ist in dem Bande nicht mitberücksichtigt worden. Allein schon die drei Gemeinschaftsverträge hätten fast den gesamten verfügbaren Platz in Anspruch genommen. Allerdings findet der Leser zumindest die Europäische Charta der Grundrechte vor, die sich würdig an die Allgemeine Erklärung der Menschenrechte und die Europäische Menschenrechtskonvention anfügt und damit als Dokument einer spezifischen europäischen Identität weit über den sachlichen Geltungsbereich des heutigen Gemeinschaftsrechts hinausreicht.

Vollständigkeit konnte auch im Bereich des eigentlichen Völkerrechts nicht angestrebt werden, da dies den Preis des Bandes in unvertretbare Höhen getrieben hätte. Der Herausgeber ist aber der Auffassung, daß der Leser jedenfalls alle diejenigen Rechtstexte vorfindet, in denen sich die Grundlagen der heutigen Völkerrechtsordnung widerspiegeln. Demgemäß eignet sich der Band sowohl für Studierende, die sich im akademischen Unterricht mit dem Völkerrecht auseinandersetzen, als auch für den Praktiker, der ein in vielfältigen Situationen nutzbares Werkzeug für die Bearbeitung von Rechtsfällen mit völkerrechtlichem Einschlag sucht.

Während noch bis vor wenigen Jahren in Deutschland die Illusion vorherrschte, die deutsche Rechtsordnung sei weitgehend auf sich allein gestellt und werde allenfalls durch das europäische Gemeinschaftsrecht inhaltlich beeinflußt, hat sich mittlerweile zu Recht die Erkenntnis durchgesetzt, daß auch sonst die nationale Gesetzgebung vielfach durch Vorgaben aus dem internationalen Raum gesteuert wird. Völkerrecht kann – und sollte – daher nicht mehr als eine Domäne für eine kleine Gruppe von Spezialisten angesehen werden. Wie kaum ein anderer Staat ist die Bundesrepublik Deutschland in zahlreiche internationale Verflechtungen eingebunden. Solide Kenntnisse im Völkerrecht müß-

Vorwort

ten deswegen in der Gegenwart für jeden Juristen, der seiner Aufgabe mit der gebotenen Sorgfalt nachkommen will, eine Notwendigkeit sein. Der vorliegende Band will dazu beitragen, daß das Völkerrecht so, wie es seiner tatsächlichen Bedeutung entspricht, stärker in den Mittelpunkt des öffentlichen Bewußtseins rückt.
Tatkräftige Hilfe habe ich bei der Zusammenstellung und Bearbeitung der im vorliegenden Band versammelten Texte von meinem Mitarbeiter Knut Traisbach erfahren. Ihm sei an dieser Stelle herzlich gedankt.

Berlin, Juni 2001 *Christian Tomuschat*

Inhaltsübersicht

I. Internationale Organisationen

1	Charter of the United Nations/Charta der Vereinten Nationen	15
2	Satzung des Europarates	49
3	Übereinkommen zur Errichtung der Welthandelsorganisation (WTO)	57

II. Grundprinzipien der Völkerrechtsordnung

4	Wiener Übereinkommen über diplomatische Beziehungen	67
5	Wiener Übereinkommen über das Recht der Verträge	77
6	Declaration on Principles of International Law concerning Friendly Relations and Co-operation among States in accordance with the Charter of the United Nations	96
7	Definition of Aggression	102
8	Responsibility of States for internationally wrongful acts	105
9	United Nations Convention on Jurisdictional Immunities of States and Their Property	113

III. Menschenrechte

10	Allgemeine Erklärung der Menschenrechte	125
10a	Ergebnis des Weltgipfels 2005 (Auszug: Nr. 1-14, 119-122, 138, 139)	129
11	Konvention über die Verhütung und Bestrafung des Völkermordes	132
12	Konvention zum Schutz der Menschenrechte und Grundfreiheiten	135
12a	Zusatzprotokoll zur Konvention zum Schutze der Menschenrechte und Grundfreiheiten	146
12b	Protokoll Nr. 4 zur Konvention zum Schutze der Menschenrechte und Grundfreiheiten, durch das gewisse Rechte und Freiheiten gewährleistet werden, die nicht bereits in der Konvention oder im ersten Zusatzprotokoll enthalten sind	148
12c	Protokoll Nr. 6 zur Konvention zum Schutze der Menschenrechte und Grundfreiheiten über die Abschaffung der Todesstrafe	150
12d	Protokoll Nr. 7 zur Konvention zum Schutze der Menschenrechte und Grundfreiheiten	152
12e	Protokoll Nr. 13 zur Konvention zum Schutz der Menschenrechte und Grundfreiheiten über die vollständige Abschaffung der Todesstrafe (Auszug: Art. 1-7)	155
13	Europäisches Übereinkommen zur Verhütung von Folter und unmenschlicher oder erniedrigender Behandlung oder Strafe	157

Inhaltsübersicht

14	Abkommen über die Rechtsstellung der Flüchtlinge	162
14a	Protokoll über die Rechtsstellung der Flüchtlinge	173
15	Internationales Übereinkommen zur Beseitigung jeder Form von Rassendiskriminierung	176
16	Internationaler Pakt über bürgerliche und politische Rechte	185
16a	Fakultativprotokoll zum Internationalen Pakt über bürgerliche und politische Rechte	198
16b	Zweites Fakultativprotokoll zum Internationalen Pakt über bürgerliche und politische Rechte zur Abschaffung der Todesstrafe	201
17	Internationaler Pakt über wirtschaftliche, soziale und kulturelle Rechte	203
18	Übereinkommen zur Beseitigung jeder Form von Diskriminierung der Frau	210
18a	Fakultativprotokoll zu dem Übereinkommen zur Beseitigung jeder Form von Diskriminierung der Frau	219
19	Übereinkommen gegen Folter und andere grausame, unmenschliche oder erniedrigende Behandlung oder Strafe	223
19a	Fakultativprotokoll zum Übereinkommen gegen Folter und andere grausame, unmenschliche oder erniedrigende Behandlung oder Strafe	232
20	Charta der Grundrechte der EU	242

IV. Internationales See-, Luft- und Weltraumrecht

21	Seerechtsübereinkommen der Vereinten Nationen (Auszug: Art. 1-132, 192-237, 279-320)	253
21a	Statut des Internationalen Seegerichtshofs (Auszug: 1-34, 41)	319
22	Abkommen über die Internationale Zivilluftfahrt (Auszug: Art. 1-16)	325
23	Vereinbarung über den Durchflug im Internationalen Fluglinienverkehr	329
24	Antarktis-Vertrag	332
25	Vertrag über die Grundsätze zur Regelung der Tätigkeiten von Staaten bei der Erforschung und Nutzung des Weltraums einschließlich des Mondes und anderer Himmelskörper	337

V. Umweltrecht

26	Wiener Übereinkommen zum Schutz der Ozonschicht	343
26a	Montrealer Protokoll über Stoffe, die zum Abbau der Ozonschicht führen (Auszug: Art. 1-2A Abs. 9, 3-20)	351
27	Basler Übereinkommen über die Kontrolle der grenzüberschreitenden Verbringung gefährlicher Abfälle und ihrer Entsorgung (Auszug: Art. 1-14, 17-29)	365

28	Rahmenübereinkommen der Vereinten Nationen über Klimaänderungen	377
28a	Protokoll von Kyoto zum Rahmenübereinkommen der Vereinten Nationen über Klimaänderungen (Auszug: Art. 1-4, 6, 12, 13 Abs. 1, 14 Abs. 1 17, 18, 23, 24 Abs. 1, 25, 26)	393
29	Rio-Erklärung über Umwelt und Entwicklung	400

VI. Internationales Wirtschaftsrecht

30	Allgemeines Zoll- und Handelsabkommen (Auszug: GATT 1994, Art. I-III, V-VII, IX-XVII, XIX-XXV, GATT 1994/1947 einschl. Anlage I)	407
31	Vereinbarung über Regeln und Verfahren zur Beilegung von Streitigkeiten, Anlage 2 zum WTO-Übereinkommen	437
32	Muster eines bilateralen Investitionsschutzabkommens (Oman)	453
33	Übereinkommen zur Beilegung von Investitionsstreitigkeiten zwischen Staaten und Angehörigen anderer Staaten	459

VII. Streitbeilegung, Kriegsverhütung, Verteidigung und Rüstungskontrolle

34	Abkommen zur friedlichen Erledigung internationaler Streitfälle (I. Haager Abkommen von 1907) (Auszug: Art. 1-9, 37-90)	475
35	Vertrag über die Ächtung des Krieges (Briand-Kellogg-Pakt)	485
36	Statut des Internationalen Gerichtshofs	487
37	Nordatlantikvertrag	497
38	Europäisches Übereinkommen zur friedlichen Beilegung von Streitigkeiten	500
39	Vertrag über das Verbot von Kernwaffenversuchen in der Atmosphäre, im Weltraum und unter Wasser	507
40	Vertrag über die Nichtverbreitung von Kernwaffen	509
41	Diplomatic Protection, Entwurf der Völkerrechtskommission der Vereinten Nationen	513

VIII. Kriegsrecht

42	Abkommen, betreffend die Gesetze und Gebräuche des Landkriegs (IV. Haager Abkommen von 1907)	519
42a	Ordnung der Gesetze und Gebräuche des Landkriegs	522
43	Protokoll über das Verbot der Verwendung von erstickenden, giftigen oder ähnlichen Gasen sowie von bakteriologischen Mitteln im Kriege	527
44	III. Genfer Abkommen über die Behandlung der Kriegsgefangenen (Auszug: Art. 4-16)	528

Inhaltsübersicht

45	IV. Genfer Abkommen zum Schutze von Zivilpersonen in Kriegszeiten (Auszug: Art. 1-34, 47-56, 142-159)	532
45a	Zusatzprotokoll zu den Genfer Abkommen vom 12. August 1949 über den Schutz der Opfer internationaler bewaffneter Konflikte (Protokoll I)	546
45b	Zusatzprotokoll zu den Genfer Abkommen vom 12. August 1949 über den Schutz der Opfer nicht internationaler bewaffneter Konflikte (Protokoll II)	587

IX. Internationales Strafrecht

46	Römisches Statut des Internationalen Strafgerichtshofs (Auszug: Art. 1-33, 121, 123)	597
47	Übereinkommen der Vereinten Nationen gegen die grenzüberschreitende organisierte Kriminalität (Auszug: Art. 1-27)	614

X. Der Sicherheitsrat der Vereinten Nationen

48	Resolution 242 (1967): Besetzte Gebiete in Palästina	633
49	Resolution 678 (1990): Ermächtigung zur Befreiung Kuwaits	634
50	Resolution 687 (1991): »Ersatzfriedensvertrag« mit Irak	635
51	Resolution 1244 (1999): Kosovo	641
52	Resolution 1368 (2001): Verurteilung der Terroranschläge am 11. September 2001	646
53	Resolution 1373 (2001): Bekämpfung des Terrorismus	647
54	Resolution 1540 (2004): Massenvernichtungswaffen in der Hand nichtstaatlicher Akteure (Auszug: Nrn. 1.-7.)	650
55	Resolution 1970 (2011): Sanktionen gegen Libyen	652
56	Resolution 1973 (2011): Schutz der libyschen Bevölkerung	657

XI. Der Rechtsstatus Deutschlands

57	Vertrag über die abschließende Regelung in bezug auf Deutschland (»Zwei-plus-Vier-Vertrag«)	665
58	Vertrag zwischen der Bundesrepublik Deutschland und der Republik Polen über die Bestätigung der zwischen ihnen bestehenden Grenze	669

XII. Nationale Gesetze

59	United States Foreign Sovereign Immunities Act of 1976 (Auszug: Sections 1602-1607, 1609-1610b, 1611)	673
60	Weltrechtsprinzip	679

I. Internationale Organisationen

Charter of the United Nations[1])
26 June 1945

Preamble

We the Peoples of the United Nations
Determined
to save succeeding generations from the scourge of war, which twice in our lifetime has brought untold sorrow to mankind, and

to reaffirm faith in fundamental human rights, in the dignity and worth of the human person, in the equal rights of men and women and of nations large and small, and

to establish conditions under which justice and respect for the obligations arising from treaties and other sources of international law can be maintained, and
to promote social progress and better standards of life in larger freedom,
And for these Ends
to practice tolerance and live together in peace with one another as good neighbours, and
to unite our strength to maintain international peace and security, and
to ensure by the acceptance of principles and the institution of methods, that armed force shall not be used, save in the common interest, and
to employ international machinery for the promotion of the economic and social advancement of all peoples,
Have Resolved to Combine our Efforts to Accomplish these Aims.

Accordingly, our respective Governments, through representatives assembled in the city of San Francisco, who have exhibited their full powers found to be in good and due form, have agreed to the present Charter of the United Nations and do hereby establish an international organization to be known as the United Nations.

Charta der Vereinten Nationen
Vom 26. Juni 1945

Präambel

Wir, die Völker der Vereinten Nationen –
fest entschlossen,
künftige Geschlechter vor der Geißel des Krieges zu bewahren, die zweimal zu unseren Lebzeiten unsagbares Leid über die Menschheit gebracht hat,

unseren Glauben an die Grundrechte des Menschen, an Würde und Wert der menschlichen Persönlichkeit, an die Gleichberechtigung von Mann und Frau sowie von allen Nationen, ob groß oder klein, erneut zu bekräftigen,

Bedingungen zu schaffen, unter denen Gerechtigkeit und die Achtung vor den Verpflichtungen aus Verträgen und anderen Quellen des Völkerrechts gewahrt werden können,
den sozialen Fortschritt und einen besseren Lebensstandard in größerer Freiheit zu fördern,
und für diese Zwecke
Duldsamkeit zu üben und als gute Nachbarn in Frieden miteinander zu leben,
unsere Kräfte zu vereinen, um den Weltfrieden und die internationale Sicherheit zu wahren,
Grundsätze anzunehmen und Verfahren einzuführen, die gewährleisten, daß Waffengewalt nur noch im gemeinsamen Interesse angewendet wird, und
internationale Einrichtungen in Anspruch zu nehmen, um den wirtschaftlichen und sozialen Fortschritt aller Völker zu fördern –
haben beschlossen, in unserem Bemühen um die Erreichung dieser Ziele zusammenzuwirken.

Dementsprechend haben unsere Regierungen durch ihre in der Stadt San Franzisko versammelten Vertreter, deren Vollmachten vorgelegt und in guter und gehöriger Form befunden wurden, diese Charta der Vereinten Nationen angenommen und errichten hiermit eine internationale Organisation, die den Namen »Vereinte Nationen« führen soll.

---

[1]) Deutscher Text: *BGBl.* 1973 II S. 431; 1974 II S. 770 (Änderung des Artikels 61); in der Fassung der Bekanntmachung vom 28. August 1980, *BGBl.* 1980 II S. 1252.
Internationale Quelle: *UNCIO* Bd. 15 S. 335.
In Kraft getreten am 24. Oktober 1945; für die Bundesrepublik Deutschland am 18. September 1973.

CHAPTER I
Purposes and Principles
Article 1 [Purposes]
The Purposes of the United Nations are:

1. To maintain international peace and security, and to that end: to take effective collective measures for the prevention and removal of threats to the peace, and for the suppression of acts of aggression or other breaches of the peace, and to bring about by peaceful means, and in conformity with the principles of justice and international law, adjustment or settlement of international disputes or situations which might lead to a breach of the peace;

2. To develop friendly relations among nations based on respect for the principle of equal rights and self-determination of peoples, and to take other appropriate measures to strengthen universal peace;

3. To achieve international co-operation in solving international problems of an economic, social, cultural, or humanitarian character, and in promoting and encouraging respect for human rights and for fundamental freedoms for all without distinction as to race, sex, language, or religion; and

4. To be a centre for harmonizing the actions of nations in the attainment of these common ends.

Article 2 [Principles]
The Organization and its Members, in pursuit of the Purposes stated in Article 1, shall act in accordance with the following Principles:

1. The Organization is based on the principle of the sovereign equality of all its Members.
2. All Members, in order to ensure to all of them the rights and benefits resulting from membership, shall fulfil in good faith the obligations assumed by them in accordance with the present Charter.

KAPITEL I
Ziele und Grundsätze
Artikel 1 [Ziele]
Die Vereinten Nationen setzen sich folgende Ziele:

1. den Weltfrieden und die internationale Sicherheit zu wahren und zu diesem Zweck wirksame Kollektivmaßnahmen zu treffen, um Bedrohungen des Friedens zu verhüten und zu beseitigen, Angriffshandlungen und andere Friedensbrüche zu unterdrücken und internationale Streitigkeiten oder Situationen, die zu einem Friedensbruch führen könnten, durch friedliche Mittel nach den Grundsätzen der Gerechtigkeit und des Völkerrechts zu bereinigen oder beizulegen;

2. freundschaftliche, auf der Achtung vor dem Grundsatz der Gleichberechtigung und Selbstbestimmung der Völker beruhende Beziehungen zwischen den Nationen zu entwickeln und andere geeignete Maßnahmen zur Festigung des Weltfriedens zu treffen;

3. eine internationale Zusammenarbeit herbeizuführen, um internationale Probleme wirtschaftlicher, sozialer, kultureller und humanitärer Art zu lösen und die Achtung vor den Menschenrechten und Grundfreiheiten für alle ohne Unterschied der Rasse, des Geschlechts, der Sprache oder der Religion zu fördern und zu festigen;

4. ein Mittelpunkt zu sein, in dem die Bemühungen der Nationen zur Verwirklichung dieser gemeinsamen Ziele aufeinander abgestimmt werden.

Artikel 2 [Grundsätze]
Die Organisation und ihre Mitglieder handeln im Verfolg der in Artikel 1 dargelegten Ziele nach folgenden Grundsätzen:

1. Die Organisation beruht auf dem Grundsatz der souveränen Gleichheit aller ihrer Mitglieder.
2. Alle Mitglieder erfüllen, um ihnen allen die aus der Mitgliedschaft erwachsenden Rechte und Vorteile zu sichern, nach Treu und Glauben die Verpflichtungen, die sie mit dieser Charta übernehmen.

3. All Members shall settle their international disputes by peaceful means in such a manner that international peace and security, and justice, are not endangered.

4. All Members shall refrain in their international relations from the threat or use of force against the territorial integrity or political independence of any state, or in any other manner inconsistent with the Purposes of the United Nations.

5. All Members shall give the United Nations every assistance in any action it takes in accordance with the present Charter, and shall refrain from giving assistance to any state against which the United Nations is taking preventive or enforcement action.

6. The Organization shall ensure that states which are not Members of the United Nations act in accordance with these Principles so far as may be necessary for the maintenance of international peace and security.

7. Nothing contained in the present Charter shall authorize the United Nations to intervene in matters which are essentially within the domestic jurisdiction of any state or shall require the Members to submit such matters to settlement under the present Charter; but this principle shall not prejudice the application of enforcement measures under Chapter VII.

CHAPTER II
Membership
Article 3 [Original Members]
The original Members of the United Nations shall be the states which, having participated in the United Nations Conference on International Organization at San Francisco, or having previously signed the Declaration by United Nations of January 1, 1942, sign the present Charter and ratify it in accordance with Article 110.

3. Alle Mitglieder legen ihre internationalen Streitigkeiten durch friedliche Mittel so bei, daß der Weltfriede, die internationale Sicherheit und die Gerechtigkeit nicht gefährdet werden.

4. Alle Mitglieder unterlassen in ihren internationalen Beziehungen jede gegen die territoriale Unversehrtheit oder die politische Unabhängigkeit eines Staates gerichtete oder sonst mit den Zielen der Vereinten Nationen unvereinbare Androhung oder Anwendung von Gewalt.

5. Alle Mitglieder leisten den Vereinten Nationen jeglichen Beistand bei jeder Maßnahme, welche die Organisation im Einklang mit dieser Charta ergreift; sie leisten einem Staat, gegen den die Organisation Vorbeugungs- oder Zwangsmaßnahmen ergreift, keinen Beistand.

6. Die Organisation trägt dafür Sorge, daß Staaten, die nicht Mitglieder der Vereinten Nationen sind, insoweit nach diesen Grundsätzen handeln, als dies zur Wahrung des Weltfriedens und der internationalen Sicherheit erforderlich ist.

7. Aus dieser Charta kann eine Befugnis der Vereinten Nationen zum Eingreifen in Angelegenheiten, die ihrem Wesen nach zur inneren Zuständigkeit eines Staates gehören, oder eine Verpflichtung der Mitglieder, solche Angelegenheiten einer Regelung auf Grund dieser Charta zu unterwerfen, nicht abgeleitet werden; die Anwendung von Zwangsmaßnahmen nach Kapitel VII wird durch diesen Grundsatz nicht berührt.

KAPITEL II
Mitgliedschaft
Artikel 3 [Ursprüngliche Mitglieder]
Ursprüngliche Mitglieder der Vereinten Nationen sind die Staaten, welche an der Konferenz der Vereinten Nationen über eine Internationale Organisation in San Franzisko teilgenommen oder bereits vorher die Erklärung der Vereinten Nationen vom 1. Januar 1942 unterzeichnet haben und nunmehr diese Charta unterzeichnen und nach Artikel 110 ratifizieren.

Article 4 [New Members – Admission]
1. Membership in the United Nations is open to all other peace-loving states which accept the obligations contained in the present Charter and, in the judgment of the Organization, are able and willing to carry out these obligations.

2. The admission of any such state to membership in the United Nations will be effected by a decision of the General Assembly upon the recommendation of the Security Council.

Article 5 [Suspension of Membership Rights]
A member of the United Nations against which preventive or enforcement action has been taken by the Security Council may be suspended from the exercise of the rights and privileges of membership by the General Assembly upon the recommendation of the Security Council. The exercise of these rights and privileges may be restored by the Security Council.

Article 6 [Expulsion]
A Member of the United Nations which has persistently violated the Principles contained in the present Charter may be expelled from the Organization by the General Assembly upon the recommendation of the Security Council.

CHAPTER III
Organs
Article 7 [Principal and Subsidiary Organs]
1. There are established as the principal organs of the United Nations: a General Assembly, a Security Council, an Economic and Social Council, a Trusteeship Council, an International Court of Justice, and a Secretariat.

2. Such subsidiary organs as may be found necessary may be established in accordance with the present Charter.

Article 8 [Equality of Men and Women]
The United Nations shall place no restrictions on the eligibility of men and women to participate in any capacity and under conditions of equality in its principal and subsidiary organs.

Artikel 4 [Neue Mitglieder – Aufnahme]
(1) Mitglied der Vereinten Nationen können alle sonstigen friedliebenden Staaten werden, welche die Verpflichtungen aus dieser Charta übernehmen und nach dem Urteil der Organisation fähig und willens sind, diese Verpflichtungen zu erfüllen.

(2) Die Aufnahme eines solchen Staates als Mitglied der Vereinten Nationen erfolgt auf Empfehlung des Sicherheitsrats durch Beschluß der Generalversammlung.

Artikel 5 [Suspendierung von Mitgliedschaftsrechten]
Einem Mitglied der Vereinten Nationen, gegen das der Sicherheitsrat Vorbeugungs- oder Zwangsmaßnahmen getroffen hat, kann die Generalversammlung auf Empfehlung des Sicherheitsrats die Ausübung der Rechte und Vorrechte aus seiner Mitgliedschaft zeitweilig entziehen. Der Sicherheitsrat kann die Ausübung dieser Rechte und Vorrechte wieder zulassen.

Artikel 6 [Ausschluß]
Ein Mitglied der Vereinten Nationen, das die Grundsätze dieser Charta beharrlich verletzt, kann auf Empfehlung des Sicherheitsrats durch die Generalversammlung aus der Organisation ausgeschlossen werden.

KAPITEL III
Organe
Artikel 7 [Haupt- und Nebenorgane]
(1) Als Hauptorgane der Vereinten Nationen werden eine Generalversammlung, ein Sicherheitsrat, ein Wirtschafts- und Sozialrat, ein Treuhandrat, ein Internationaler Gerichtshof und ein Sekretariat eingesetzt.

(2) Je nach Bedarf können in Übereinstimmung mit dieser Charta Nebenorgane eingesetzt werden.

Artikel 8 [Gleichheit von Mann und Frau]
Die Vereinten Nationen schränken hinsichtlich der Anwartschaft auf alle Stellen in ihren Haupt- und Nebenorganen die Gleichberechtigung von Männern und Frauen nicht ein.

CHAPTER IV
The General Assembly
Composition
Article 9 [Members]
1. The General Assembly shall consist of all the Members of the United Nations.
2. Each member shall have not more than five representatives in the General Assembly.

Functions and Powers
Article 10 [Comprehensive Functions]
The General Assembly may discuss any questions or any matters within the scope of the present Charter or relating to the powers and functions of any organs provided for in the present Charter, and, except as provided in Article 12, may make recommendations to the Members of the United Nations or to the Security Council or to both on any such questions or matters.

Article 11 [Maintenance of International Peace]
1. The General Assembly may consider the general principles of co-operation in the maintenance of international peace and security, including the principles governing disarmament and the regulation of armaments, and may make recommendations with regard to such principles to the Members or to the Security Council or to both.
2. The General Assembly may discuss any questions relating to the maintenance of international peace and security brought before it by any Member of the United Nations, or by the Security Council, or by a state which is not a Member of the United Nations in accordance with Article 35, paragraph 2, and, except as provided in Article 12, may make recommendations with regard to any such questions to the state or states concerned or to the Security Council or to both. Any such question on which action is necessary shall be referred to the Security Council by the General Assembly either before or after discussion.
3. The General Assembly may call the attention of the Security Council to situations which are likely to endanger international peace and security.
4. The powers of the General Assembly set forth in this Article shall not limit the general scope of Article 10.

KAPITEL IV
Die Generalversammlung
Zusammensetzung
Artikel 9 [Mitglieder]
(1) Die Generalversammlung besteht aus allen Mitgliedern der Vereinten Nationen.
(2) Jedes Mitglied hat höchstens fünf Vertreter in der Generalversammlung.

Aufgaben und Befugnisse
Artikel 10 [Umfassende Zuständigkeit]
Die Generalversammlung kann alle Fragen und Angelegenheiten erörtern, die in den Rahmen dieser Charta fallen oder Befugnisse und Aufgaben eines in dieser Charta vorgesehenen Organs betreffen; vorbehaltlich des Artikels 12 kann sie zu diesen Fragen und Angelegenheiten Empfehlungen an die Mitglieder der Vereinten Nationen oder den Sicherheitsrat oder an beide richten.

Artikel 11 [Wahrung des Weltfriedens]

(1) Die Generalversammlung kann sich mit den allgemeinen Grundsätzen der Zusammenarbeit zur Wahrung des Weltfriedens und der internationalen Sicherheit einschließlich der Grundsätze für die Abrüstung und Rüstungsregelung befassen und in bezug auf diese Grundsätze Empfehlungen an die Mitglieder oder den Sicherheitsrat oder an beide richten.
(2) Die Generalversammlung kann alle die Wahrung des Weltfriedens und der internationalen Sicherheit betreffenden Fragen erörtern, die ihr ein Mitglied der Vereinten Nationen oder der Sicherheitsrat oder nach Artikel 35 Absatz 2 ein Nichtmitgliedstaat der Vereinten Nationen vorlegt; vorbehaltlich des Artikels 12 kann sie zu diesen Fragen Empfehlungen an den oder die betreffenden Staaten oder den Sicherheitsrat oder an beide richten. Macht eine derartige Frage Maßnahmen erforderlich, so wird sie von der Generalversammlung vor oder nach der Erörterung an den Sicherheitsrat überwiesen.
(3) Die Generalversammlung kann die Aufmerksamkeit des Sicherheitsrats auf Situationen lenken, die geeignet sind, den Weltfrieden und die internationale Sicherheit zu gefährden.
(4) Die in diesem Artikel aufgeführten Befugnisse der Generalversammlung schränken die allgemeine Tragweite des Artikels 10 nicht ein.

Article 12 [Precedence of Security Council]

1. While the Security Council is exercising in respect of any dispute or situation the functions assigned to it in the present Charter, the General Assembly shall not make any recommendation with regard to that dispute or situation unless the Security Council so requests.

2. The Secretary-General, with the consent of the Security Council, shall notify the General Assembly at each session of any matters relative to the maintenance of international peace and security which are being dealt with by the Security Council and shall similarly notify the General Assembly, or the Members of the United Nations if the General Assembly is not in session, immediately the Security Council ceases to deal with such matters.

Article 13 [International Co-operation, Development and Codification of International Law]

1. The General Assembly shall initiate studies and make recommendations for the purpose of:
a. promoting international co-operation in the political field and encouraging the progressive development of international law and its codification;
b. promoting international co-operation in the economic, social, cultural, educational, and health fields, and assisting in the realization of human rights and fundamental freedoms for all without distinction as to race, sex, language, or religion.

2. The further responsibilities, functions and powers of the General Assembly with respect to matters mentioned in paragraph 1 (b) above are set forth in Chapters IX and X

Artikel 12 [Vorrang des Sicherheitsrats]

(1) Solange der Sicherheitsrat in einer Streitigkeit oder einer Situation die ihm in dieser Charta zugewiesenen Aufgaben wahrnimmt, darf die Generalversammlung zu dieser Streitigkeit oder Situation keine Empfehlung abgeben, es sei denn auf Ersuchen des Sicherheitsrats.

(2) Der Generalsekretär unterrichtet mit Zustimmung des Sicherheitsrats die Generalversammlung bei jeder Tagung über alle die Wahrung des Weltfriedens und der internationalen Sicherheit betreffenden Angelegenheiten, die der Sicherheitsrat behandelt; desgleichen unterrichtet er unverzüglich die Generalversammlung oder, wenn diese nicht tagt, die Mitglieder der Vereinten Nationen, sobald der Sicherheitsrat die Behandlung einer solchen Angelegenheit einstellt.

Artikel 13 [Internationale Zusammenarbeit, Entwicklung und Kodifikation des Völkerrechts]

(1) Die Generalversammlung veranlaßt Untersuchungen und gibt Empfehlungen ab,
a) um die internationale Zusammenarbeit auf politischem Gebiet zu fördern und die fortschreitende Entwicklung des Völkerrechts sowie seine Kodifizierung zu begünstigen;
b) um die internationale Zusammenarbeit auf den Gebieten der Wirtschaft, des Sozialwesens, der Kultur, der Erziehung und der Gesundheit zu fördern und zur Verwirklichung der Menschenrechte und Grundfreiheiten für alle ohne Unterschied der Rasse, des Geschlechts, der Sprache oder der Religion beizutragen.

(2) Die weiteren Verantwortlichkeiten, Aufgaben und Befugnisse der Generalversammlung in bezug auf die in Absatz 1 Buchstabe b genannten Angelegenheiten sind in den Kapiteln IX und X dargelegt.

Article 14 [Peaceful Adjustment]

Subject to the provisions of Article 12, the General Assembly may recommend measures for the peaceful adjustment of any situation, regardless of origin, which it deems likely to impair the general welfare or friendly relations among nations, including situations resulting from a violation of the provisions of the present Charter setting forth the Purposes and Principles of the United Nations.

Article 15 [Reports of Security Council]

1. The General Assembly shall receive and consider annual and special reports from the Security Council; these reports shall include an account of the measures that the Security Council has decided upon or taken to maintain international peace and security.

2. The General Assembly shall receive and consider reports from the other organs of the United Nations.

Article 16 [Monitoring of Trusteeship System]

The General Assembly shall perform such functions with respect to the international trusteeship system as are assigned to it under Chapters XII and XIII, including the approval of the trusteeship agreements for areas not designated as strategic.

Article 17 [Budget]

1. The General Assembly shall consider and approve the budget of the Organization.
2. The expenses of the Organization shall be borne by the Members as apportioned by the General Assembly.
3. The General Assembly shall consider and approve any financial and budgetary arrangements with specialized agencies referred to in Article 57 and shall examine the administrative budgets of such specialized agencies with a view to making recommendations to the agencies concerned.

Voting

Article 18 [Necessary Majorities]

1. Each member of the General Assembly shall have one vote.

Artikel 14 [Friedliche Bereinigung streitiger Lagen]

Vorbehaltlich des Artikels 12 kann die Generalversammlung Maßnahmen zur friedlichen Bereinigung jeder Situation empfehlen, gleichviel wie sie entstanden ist, wenn diese Situation nach ihrer Auffassung geeignet ist, das allgemeine Wohl oder die freundschaftlichen Beziehungen zwischen Nationen zu beeinträchtigen; dies gilt auch für Situationen, die aus einer Verletzung der Bestimmungen dieser Charta über die Ziele und Grundsätze der Vereinten Nationen entstehen.

Artikel 15 [Berichte des Sicherheitsrats]

(1) Die Generalversammlung erhält und prüft Jahresberichte und Sonderberichte des Sicherheitsrats; diese Berichte enthalten auch eine Darstellung der Maßnahmen, die der Sicherheitsrat zur Wahrung des Weltfriedens und der internationalen Sicherheit beschlossen oder getroffen hat.

(2) Die Generalversammlung erhält und prüft Berichte der anderen Organe der Vereinten Nationen.

Artikel 16 [Aufsicht über das Treuhandsystem]

Die Generalversammlung nimmt die ihr bezüglich des internationalen Treuhandsystems in den Kapiteln XII und XIII zugewiesenen Aufgaben wahr; hierzu gehört die Genehmigung der Treuhandabkommen für Gebiete, die nicht als strategische Zonen bezeichnet sind.

Artikel 17 [Haushalt]

(1) Die Generalversammlung prüft und genehmigt den Haushaltsplan der Organisation.
(2) Die Ausgaben der Organisation werden von den Mitgliedern nach einem von der Generalversammlung festzusetzenden Verteilungsschlüssel getragen.
(3) Die Generalversammlung prüft und genehmigt alle Finanz- und Haushaltsabmachungen mit den in Artikel 57 bezeichneten Sonderorganisationen; sie prüft deren Verwaltungshaushalt mit dem Ziel, Empfehlungen an sie zu richten.

Abstimmung

Artikel 18 [Notwendige Mehrheiten]

(1) Jedes Mitglied der Generalversammlung hat eine Stimme.

2. Decisions of the General Assembly on important questions shall be made by a two-thirds majority of the members present and voting. These questions shall include: recommendations with respect to the maintenance of international peace and security, the election of the non-permanent members of the Security Council, the election of the members of the Economic and Social Council, the election of members of the Trusteeship Council in accordance with paragraph 1 (c) of Article 86, the admission of new Members to the United Nations, the suspension of the rights and privileges of membership, the expulsion of Members, questions relating to the operation of the trusteeship system, and budgetary questions.

3. Decisions on other questions, including the determination of additional categories of questions to be decided by a two-thirds majority, shall be made by a majority of the members present and voting.

Article 19 [Loss of Voting Right]
A Member of the United Nations which is in arrears in the payment of its financial contributions to the Organization shall have no vote in the General Assembly if the amount of its arrears equals or exceeds the amount of the contributions due from it for the preceding two full years. The General Assembly may, nevertheless, permit such a Member to vote if it is satisfied that the failure to pay is due to conditions beyond the control of the Member.

Procedure
Article 20 [Regular and Special Sessions]

The General Assembly shall meet in regular annual sessions and in such special sessions as occasion may require. Special sessions shall be convoked by the Secretary-General at the request of the Security Council or of a majority of the Members of the United Nations.

Article 21 [Rules of Procedure, President]
The General Assembly shall adopt its own rules of procedure. It shall elect its President for each session.

(2) Beschlüsse der Generalversammlung über wichtige Fragen bedürfen einer Zweidrittelmehrheit der anwesenden und abstimmenden Mitglieder. Zu diesen Fragen gehören: Empfehlungen hinsichtlich der Wahrung des Weltfriedens und der internationalen Sicherheit, die Wahl der nichtständigen Mitglieder des Sicherheitsrats, die Wahl der Mitglieder des Wirtschafts- und Sozialrats, die Wahl von Mitgliedern des Treuhandrats nach Artikel 86 Absatz 1 Buchstabe c, die Aufnahme neuer Mitglieder in die Vereinten Nationen, der zeitweilige Entzug der Rechte und Vorrechte aus der Mitgliedschaft, der Ausschluß von Mitgliedern, Fragen betreffend die Wirkungsweise des Treuhandsystems sowie Haushaltsfragen.

(3) Beschlüsse über andere Fragen, einschließlich der Bestimmung weiterer Gruppen von Fragen, über die mit Zweidrittelmehrheit zu beschließen ist, bedürfen der Mehrheit der anwesenden und abstimmenden Mitglieder.

Artikel 19 [Stimmrechtsverlust]
Ein Mitglied der Vereinten Nationen, das mit der Zahlung seiner finanziellen Beiträge an die Organisation im Rückstand ist, hat in der Generalversammlung kein Stimmrecht, wenn der rückständige Betrag die Höhe der Beiträge erreicht oder übersteigt, die dieses Mitglied für die vorausgegangenen zwei vollen Jahre schuldet. Die Generalversammlung kann ihm jedoch die Ausübung des Stimmrechts gestatten, wenn nach ihrer Überzeugung der Zahlungsverzug auf Umständen beruht, die dieses Mitglied nicht zu vertreten hat.

Verfahren
Artikel 20 [Ordentliche und außerordentliche Tagungen]
Die Generalversammlung tritt zu ordentlichen Jahrestagungen und, wenn die Umstände es erfordern, zu außerordentlichen Tagungen zusammen. Außerordentliche Tagungen hat der Generalsekretär auf Antrag des Sicherheitsrats oder der Mehrheit der Mitglieder der Vereinten Nationen einzuberufen.

Artikel 21 [Geschäftsordnung, Präsident]
Die Generalversammlung gibt sich eine Geschäftsordnung. Sie wählt für jede Tagung ihren Präsidenten.

Article 22 [Subsidiary Organs]
The General Assembly may establish such subsidiary organs as it deems necessary for the performance of its functions.

CHAPTER V
The Security Council
Composition
Article 23 [Members]
1. The Security Council shall consist of fifteen Members of the United Nations. The Republic of China, France, the Union of Soviet Socialist Republics, the United Kingdom of Great Britain and Northern Ireland, and the United States of America shall be permanent members of the Security Council. The General Assembly shall elect ten other Members of the United Nations to be non-permanent members of the Security Council, due regard being specially paid, in the first instance to the contribution of Members of the United Nations to the maintenance of international peace and security and to the other purposes of the Organization, and also to equitable geographical distribution.

2. The non-permanent members of the Security Council shall be elected for a term of two years. In the first election of the non-permanent members after the increase of the membership of the Security Council from eleven to fifteen, two of the four additional members shall be chosen for a term of one year. A retiring member shall not be eligible for immediate re-election.
3. Each member of the Security Council shall have one representative.

Functions and Powers
Article 24 [Functions]
1. In order to ensure prompt and effective action by the United Nations, its Members confer on the Security Council primary responsibility for the maintenance of international peace and security, and agree that in carrying out its duties under this responsibility the Security Council acts on their behalf.

Artikel 22 [Unterorgane]
Die Generalversammlung kann Nebenorgane einsetzen, soweit sie dies zur Wahrnehmung ihrer Aufgaben für erforderlich hält.

KAPITEL V
Der Sicherheitsrat
Zusammensetzung
Artikel 23 [Mitglieder]
(1) Der Sicherheitsrat besteht aus fünfzehn Mitgliedern der Vereinten Nationen. Die Republik China, Frankreich, die Union der Sozialistischen Sowjetrepubliken, das Vereinigte Königreich Großbritannien und Nordirland sowie die Vereinigten Staaten von Amerika sind ständige Mitglieder des Sicherheitsrats. Die Generalversammlung wählt zehn weitere Mitglieder der Vereinten Nationen zu nichtständigen Mitgliedern des Sicherheitsrats; hierbei sind folgende Gesichtspunkte besonders zu berücksichtigen: in erster Linie der Beitrag von Mitgliedern der Vereinten Nationen zur Wahrung des Weltfriedens und der internationalen Sicherheit und zur Verwirklichung der sonstigen Ziele der Organisation sowie ferner eine angemessene geographische Verteilung der Sitze.
(2) Die nichtständigen Mitglieder des Sicherheitsrats werden für zwei Jahre gewählt. Bei der ersten Wahl der nichtständigen Mitglieder, die nach Erhöhung der Zahl der Ratsmitglieder von elf auf fünfzehn stattfindet, werden zwei der vier zusätzlichen Mitglieder für ein Jahr gewählt. Ausscheidende Mitglieder können nicht unmittelbar wiedergewählt werden.

(3) Jedes Mitglied des Sicherheitsrats hat in diesem einen Vertreter.

Aufgaben und Befugnisse
Artikel 24 [Aufgaben]
(1) Um ein schnelles und wirksames Handeln der Vereinten Nationen zu gewährleisten, übertragen ihre Mitglieder dem Sicherheitsrat die Hauptverantwortung für die Wahrung des Weltfriedens und der internationalen Sicherheit und erkennen an, daß der Sicherheitsrat bei der Wahrnehmung der sich aus dieser Verantwortung ergebenden Pflichten in ihrem Namen handelt.

2. In discharging these duties the Security Council shall act in accordance with the Purposes and Principles of the United Nations. The specific powers granted to the Security Council for the discharge of these duties are laid down in Chapters VI, VII, VIII, and XII.
3. The Security Council shall submit annual and, when necessary, special reports to the General Assembly for its consideration.

Article 25 [Binding Effect of Resolutions]

The Members of the United Nations agree to accept and carry out the decisions of the Security Council in accordance with the present Charter.

Article 26 [Regulation of Armaments]
In order to promote the establishment and maintenance of international peace and security with the least diversion for armaments of the world's human and economic resources, the Security Council shall be responsible for formulating, with the assistance of the Military Staff Committee referred to in Article 47, plans to be submitted to the Members of the United Nations for the establishment of a system for the regulation of armaments.

Voting
Article 27 [Voting, Right of Veto]
1. Each member of the Security Council shall have one vote.
2. Decisions of the Security Council on procedural matters shall be made by an affirmative vote of nine members.
3. Decisions of the Security Council on all other matters shall be made by an affirmative vote of nine members including the concurring votes of the permanent members; provided that, in decisions under Chapter VI, and under paragraph 3 of Article 52, a party to a dispute shall abstain from voting.

Procedure
Article 28 [Organization]
1. The Security Council shall be so organized as to be able to function continuously. Each member of the Security Council shall for this purpose be represented at all times at the seat of the Organization.

(2) Bei der Erfüllung dieser Pflichten handelt der Sicherheitsrat im Einklang mit den Zielen und Grundsätzen der Vereinten Nationen. Die ihm hierfür eingeräumten besonderen Befugnisse sind in den Kapiteln VI, VII, VIII und XII aufgeführt.
(3) Der Sicherheitsrat legt der Generalversammlung Jahresberichte und erforderlichenfalls Sonderberichte zur Prüfung vor.

Artikel 25 [Bindungswirkung der Beschlüsse]

Die Mitglieder der Vereinten Nationen kommen überein, die Beschlüsse des Sicherheitsrats im Einklang mit dieser Charta anzunehmen und durchzuführen.

Artikel 26 [Rüstungskontrolle]
Um die Herstellung und Wahrung des Weltfriedens und der internationalen Sicherheit so zu fördern, daß von den menschlichen und wirtschaftlichen Hilfsquellen der Welt möglichst wenig für Rüstungszwecke abgezweigt wird, ist der Sicherheitsrat beauftragt, mit Unterstützung des in Artikel 47 vorgesehenen Generalstabsausschusses Pläne auszuarbeiten, die den Mitgliedern der Vereinten Nationen zwecks Errichtung eines Systems der Rüstungsregelung vorzulegen sind.

Abstimmung
Artikel 27 [Stimmgewicht, Vetorecht]
(1) Jedes Mitglied des Sicherheitsrats hat eine Stimme.
(2) Beschlüsse des Sicherheitsrats über Verfahrensfragen bedürfen der Zustimmung von neun Mitgliedern.
(3) Beschlüsse des Sicherheitsrats über alle sonstigen Fragen bedürfen der Zustimmung von neun Mitgliedern einschließlich sämtlicher ständigen Mitglieder, jedoch mit der Maßgabe, daß sich bei Beschlüssen auf Grund des Kapitels VI und des Artikels 52 Absatz 3 die Streitparteien der Stimme enthalten.

Verfahren
Artikel 28 [Organisation]
(1) Der Sicherheitsrat wird so organisiert, daß er seine Aufgaben ständig wahrnehmen kann. Jedes seiner Mitglieder muß zu diesem Zweck jederzeit am Sitz der Organisation vertreten sein.

2. The Security Council shall hold periodic meetings at which each of its members may, if it so desires, be represented by a member of the government or by some other specially designated representative.
3. The Security Council may hold meetings at such places other than the seat of the Organization as in its judgment will best facilitate its work.

Article 29 [Subsidiary Organs]
The Security Council may establish such subsidiary organs as it deems necessary for the performance of its functions.

Article 30 [Rules of Procedure, President]
The Security Council shall adopt its own rules of procedure, including the method of selecting its President.

Article 31 [Participation of Other UN Members]
Any Member of the United Nations which is not a member of the Security Council may participate, without vote, in the discussion of any question brought before the Security Council whenever the latter considers that the interests of that Member are specially affected.

Article 32 [Participation of Parties to a Dispute]
Any Member of the United Nations which is not a member of the Security Council or any state which is not a Member of the United Nations, if it is a party to a dispute under consideration by the Security Council, shall be invited to participate, without vote, in the discussion relating to the dispute. The Security Council shall lay down such conditions as it deems just for the participation of a state which is not a Member of the United Nations.

CHAPTER VI
Pacific settlement of disputes
Article 33 [Peaceful Settlement of Disputes]
1. The parties to any dispute, the continuance of which is likely to endanger the maintenance of international peace and security, shall, first of all, seek a solution by negotiation, enquiry, mediation, conciliation, arbitration, judicial settlement, resort to regional agencies or arrangements, or other peaceful means of their own choice.

(2) Der Sicherheitsrat tritt regelmäßig zu Sitzungen zusammen; bei diesen kann jedes seiner Mitglieder nach Wunsch durch ein Regierungsmitglied oder durch einen anderen eigens hierfür bestellten Delegierten vertreten sein.
(3) Der Sicherheitsrat kann außer am Sitz der Organisation auch an anderen Orten zusammentreten, wenn dies nach seinem Urteil seiner Arbeit am dienlichsten ist.

Artikel 29 [Unterorgane]
Der Sicherheitsrat kann Nebenorgane einsetzen, soweit er dies zur Wahrnehmung seiner Aufgaben für erforderlich hält.

Artikel 30 [Geschäftsordnung, Präsident]
Der Sicherheitsrat gibt sich eine Geschäftsordnung; in dieser regelt er auch das Verfahren für die Wahl seines Präsidenten.

Artikel 31 [Beteiligung anderer Mitglieder der VN]
Ein Mitglied der Vereinten Nationen, das nicht Mitglied des Sicherheitsrats ist, kann ohne Stimmrecht an der Erörterung jeder vor den Sicherheitsrat gebrachten Frage teilnehmen, wenn dieser der Auffassung ist, daß die Interessen dieses Mitglieds besonders betroffen sind.

Artikel 32 [Beteiligung der Streitparteien]

Mitglieder der Vereinten Nationen, die nicht Mitglied des Sicherheitsrats sind, sowie Nichtmitgliedstaaten der Vereinten Nationen werden eingeladen, an den Erörterungen des Sicherheitsrats über eine Streitigkeit, mit der dieser befaßt ist, ohne Stimmrecht teilzunehmen, wenn sie Streitpartei sind. Für die Teilnahme eines Nichtmitgliedstaats der Vereinten Nationen setzt der Sicherheitsrat die Bedingungen fest, die er für gerecht hält.

KAPITEL VI
Die friedliche Beilegung von Streitigkeiten
Artikel 33 [Friedliche Streiterledigung]
(1) Die Parteien einer Streitigkeit, deren Fortdauer geeignet ist, die Wahrung des Weltfriedens und der internationalen Sicherheit zu gefährden, bemühen sich zunächst um eine Beilegung durch Verhandlung, Untersuchung, Vermittlung, Vergleich, Schiedsspruch, gerichtliche Entscheidung, Inspruchnahme regionaler Einrichtungen oder Abmachungen oder durch andere friedliche Mittel eigener Wahl.

2. The Security Council shall, when it deems necessary, call upon the parties to settle their dispute by such means.

Article 34 [Investigation]

The Security Council may investigate any dispute, or any situation which might lead to international friction or give rise to a dispute, in order to determine whether the continuance of the dispute or situation is likely to endanger the maintenance of international peace and security.

Article 35 [Right of Initiative]

1. Any Member of the United Nations may bring any dispute, or any situation of the nature referred to in Article 34, to the attention of the Security Council or of the General Assembly.

2. A state which is not a Member of the United Nations may bring to the attention of the Security Council or of the General Assembly any dispute to which it is a party if it accepts in advance, for the purposes of the dispute, the obligations of pacific settlement provided in the present Charter.
3. The proceedings of the General Assembly in respect of matters brought to its attention under this Article will be subject to the provisions of Articles 11 and 12.

Article 36 [Recommendations]

1. The Security Council may, at any stage of a dispute of the nature referred to in Article 33 or of a situation of like nature, recommend appropriate procedures or methods of adjustment.

2. The Security Council should take into consideration any procedures for the settlement of the dispute which have already been adopted by the parties.
3. In making recommendations under this Article the Security Council should also take into consideration that legal disputes should as a general rule be referred by the parties to the International Court of Justice in accordance with the provisions of the Statute of the Court.

(2) Der Sicherheitsrat fordert die Parteien auf, wenn er dies für notwendig hält, ihre Streitigkeit durch solche Mittel beizulegen.

Artikel 34 [Untersuchung]

Der Sicherheitsrat kann jede Streitigkeit sowie jede Situation, die zu internationalen Reibungen führen oder eine Streitigkeit hervorrufen könnte, untersuchen, um festzustellen, ob die Fortdauer der Streitigkeit oder der Situation die Wahrung des Weltfriedens und der internationalen Sicherheit gefährden könnte.

Artikel 35 [Initiativrecht]

(1) Jedes Mitglied der Vereinten Nationen kann die Aufmerksamkeit des Sicherheitsrats oder der Generalversammlung auf jede Streitigkeit sowie auf jede Situation der in Artikel 34 bezeichneten Art lenken.

(2) Ein Nichtmitgliedstaat der Vereinten Nationen kann die Aufmerksamkeit des Sicherheitsrats oder der Generalversammlung auf jede Streitigkeit lenken, in der er Partei ist, wenn er im voraus hinsichtlich dieser Streitigkeit die in dieser Charta für eine friedliche Beilegung festgelegten Verpflichtungen annimmt.

(3) Das Verfahren der Generalversammlung in Angelegenheiten, auf die ihre Aufmerksamkeit gemäß diesem Artikel gelenkt wird, bestimmt sich nach den Artikeln 11 und 12.

Artikel 36 [Empfehlungen]

(1) Der Sicherheitsrat kann in jedem Stadium einer Streitigkeit im Sinne des Artikels 33 oder einer Situation gleicher Art geeignete Verfahren oder Methoden für deren Bereinigung empfehlen.

(2) Der Sicherheitsrat soll alle Verfahren in Betracht ziehen, welche die Parteien zur Beilegung der Streitigkeit bereits angenommen haben.

(3) Bei seinen Empfehlungen auf Grund dieses Artikels soll der Sicherheitsrat ferner berücksichtigen, daß Rechtsstreitigkeiten im allgemeinen von den Parteien dem Internationalen Gerichtshof im Einklang mit dessen Statut zu unterbreiten sind.

Article 37 [Failure of Settlement by Parties]

1. Should the parties to a dispute of the nature referred to in Article 33 fail to settle it by the means indicated in that Article, they shall refer it to the Security Council.

2. If the Security Council deems that the continuance of the dispute is in fact likely to endanger the maintenance of international peace and security, it shall decide whether to take action under Article 36 or to recommend such terms of settlement as it may consider appropriate.

Article 38 [Mediation on Request by Parties]

Without prejudice to the provisions of Articles 33 to 37, the Security Council may, if all the parties to any dispute so request, make recommendations to the parties with a view to a pacific settlement of the dispute.

CHAPTER VII
Action with respect to threats to the peace, breaches of the peace, and acts of aggression

Article 39 [Determination]

The Security Council shall determine the existence of any threat to the peace, breach of the peace, or act of aggression and shall make recommendations, or decide what measures shall be taken in accordance with Articles 41 and 42, to maintain or restore international peace and security.

Article 40 [Provisional Measures]

In order to prevent an aggravation of the situation, the Security Council may, before making the recommendations or deciding upon the measures provided for in Article 39, call upon the parties concerned to comply with such provisional measures as it deems necessary or desirable. Such provisional measures shall be without prejudice to the rights, claims, or position of the parties concerned. The Security Council shall duly take account of failure to comply with such provisional measures.

Artikel 37 [Scheitern der Streiterledigung durch die Parteien]

(1) Gelingt es den Parteien einer Streitigkeit der in Artikel 33 bezeichneten Art nicht, diese mit den dort angegebenen Mitteln beizulegen, so legen sie die Streitigkeit dem Sicherheitsrat vor.

(2) Könnte nach Auffassung des Sicherheitsrats der Fortdauer der Streitigkeit tatsächlich die Wahrung des Weltfriedens und der internationalen Sicherheit gefährden, so beschließt er, ob er nach Artikel 36 tätig werden oder die ihm angemessen erscheinenden Empfehlungen für eine Beilegung abgeben will.

Artikel 38 [Vermittlung auf Antrag der Parteien]

Unbeschadet der Artikel 33 bis 37 kann der Sicherheitsrat, wenn alle Parteien einer Streitigkeit dies beantragen, Empfehlungen zu deren friedlicher Beilegung an die Streitparteien richten.

KAPITEL VII
Maßnahmen bei Bedrohung oder Bruch des Friedens und bei Angriffshandlungen

Artikel 39 [Feststellung]

Der Sicherheitsrat stellt fest, ob eine Bedrohung oder ein Bruch des Friedens oder eine Angriffshandlung vorliegt; er gibt Empfehlungen ab oder beschließt, welche Maßnahmen auf Grund der Artikel 41 und 42 zu treffen sind, um den Weltfrieden und die internationale Sicherheit zu wahren oder wiederherzustellen.

Artikel 40 [Vorläufige Maßnahmen]

Um einer Verschärfung der Lage vorzubeugen, kann der Sicherheitsrat, bevor er nach Artikel 39 Empfehlungen abgibt oder Maßnahmen beschließt, die beteiligten Parteien auffordern, den von ihm für notwendig oder erwünscht erachteten vorläufigen Maßnahmen Folge zu leisten. Diese vorläufigen Maßnahmen lassen die Rechte, die Ansprüche und die Stellung der beteiligten Parteien unberührt. Wird den vorläufigen Maßnahmen nicht Folge geleistet, so trägt der Sicherheitsrat diesem Versagen gebührend Rechnung.

Article 41 [Measures Short of Armed Force]

The Security Council may decide what measures not involving the use of armed force are to be employed to give effect to its decisions, and it may call upon the Members of the United Nations to apply such measures. These may include complete or partial interruption of economic relations and of rail, sea, air, postal, telegraphic, radio, and other means of communication, and the severance of diplomatic relations.

Article 42 [Military Sanctions]

Should the Security Council consider that measures provided for in Article 41 would be inadequate or have proved to be inadequate, it may take such action by air, sea, or land forces as may be necessary to maintain or restore international peace and security. Such action may include demonstrations, blockade, and other operations by air, sea, or land forces of Members of the United Nations.

Article 43 [Assistance according to Special Agreements]

1. All Members of the United Nations, in order to contribute to the maintenance of international peace and security, undertake to make available to the Security Council, on its call and in accordance with a special agreement or agreements, armed forces, assistance, and facilities, including rights of passage, necessary for the purpose of maintaining international peace and security.

2. Such agreement or agreements shall govern the numbers and types of forces, their degree of readiness and general location, and the nature of the facilities and assistance to be provided.

3. The agreement or agreements shall be negotiated as soon as possible on the initiative of the Security Council. They shall be concluded between the Security Council and Members or between the Security Council and groups of Members and shall be subject to ratification by the signatory states in accordance with their respective constitutional processes.

Artikel 41 [Sanktionen ohne Gewaltanwendung]

Der Sicherheitsrat kann beschließen, welche Maßnahmen – unter Ausschluß von Waffengewalt – zu ergreifen sind, um seinen Beschlüssen Wirksamkeit zu verleihen; er kann die Mitglieder der Vereinten Nationen auffordern, diese Maßnahmen durchzuführen. Sie können die vollständige oder teilweise Unterbrechung der Wirtschaftsbeziehungen, des Eisenbahn-, See- und Luftverkehrs, der Post-, Telegraphen- und Funkverbindungen sowie sonstiger Verkehrsmöglichkeiten und den Abbruch der diplomatischen Beziehungen einschließen.

Artikel 42 [Militärische Sanktionen]

Ist der Sicherheitsrat der Auffassung, daß die in Artikel 41 vorgesehenen Maßnahmen unzulänglich sein würden oder sich als unzulänglich erwiesen haben, so kann er mit Luft-, See- oder Landstreitkräften die zur Wahrung oder Wiederherstellung des Weltfriedens und der internationalen Sicherheit erforderlichen Maßnahmen durchführen. Sie können Demonstrationen, Blockaden und sonstige Einsätze der Luft-, See- oder Landstreitkräfte von Mitgliedern der Vereinten Nationen einschließen.

Artikel 43 [Beistandspflicht nach Maßgabe von Sonderabkommen]

(1) Alle Mitglieder der Vereinten Nationen verpflichten sich, zur Wahrung des Weltfriedens und der internationalen Sicherheit dadurch beizutragen, daß sie nach Maßgabe eines oder mehrerer Sonderabkommen dem Sicherheitsrat auf sein Ersuchen Streitkräfte zur Verfügung stellen, Beistand leisten und Erleichterungen einschließlich des Durchmarschrechts gewähren, soweit dies zur Wahrung des Weltfriedens und der internationalen Sicherheit erforderlich ist.

(2) Diese Abkommen haben die Zahl und Art der Streitkräfte, ihren Bereitschaftsgrad, ihren allgemeinen Standort sowie die Art der Erleichterungen und des Beistands vorzusehen.

(3) Die Abkommen werden auf Veranlassung des Sicherheitsrats so bald wie möglich im Verhandlungswege ausgearbeitet. Sie werden zwischen dem Sicherheitsrat einerseits und Einzelmitgliedern oder Mitgliedergruppen andererseits geschlossen und von den Unterzeichnerstaaten nach Maßgabe ihres Verfassungsrechts ratifiziert.

Article 44 [Consultation of Non-Members of Security Council]
When the Security Council has decided to use force it shall, before calling upon a Member not represented on it to provide armed forces in fulfilment of the obligations assumed under Article 43, invite that Member, if the Member so desires, to participate in the decisions of the Security Council concerning the employment of contingents of that Member's armed forces.

Article 45 [Availability of National Airforce Contingents]
In order to enable the United Nations to take urgent military measures, Members shall hold immediately available national air-force contingents for combined international enforcement action. The strength and degree of readiness of these contingents and plans for their combined action shall be determined, within the limits laid down in the special agreement or agreements referred to in Article 43, by the Security Council with the assistance of the Military Staff Committee.

Article 46 [Plans for the Application of Armed Force]
Plans for the application of armed force shall be made by the Security Council with the assistance of the Military Staff Committee.

Article 47 [Military Staff Committee]
1. There shall be established a Military Staff Committee to advise and assist the Security Council on all questions relating to the Security Council's military requirements for the maintenance of international peace and security, the employment and command of forces placed at its disposal, the regulation of armaments, and possible disarmament.

2. The Military Staff Committee shall consist of the Chiefs of Staff of the permanent members of the Security Council or their representatives. Any Member of the United Nations not permanently represented on the Committee shall be invited by the Committee to be associated with it when the efficient discharge of the Committee's responsibilities requires the participation of that Member in its work.

Artikel 44 [Anhörung von Nichtmitgliedern des Sicherheitsrates]
Hat der Sicherheitsrat die Anwendung von Gewalt beschlossen, so lädt er ein in ihm nicht vertretenes Mitglied, bevor er es zur Stellung von Streitkräften auf Grund der nach Artikel 43 übernommenen Verpflichtungen auffordert, auf dessen Wunsch ein, an seinen Beschlüssen über den Einsatz von Kontingenten der Streitkräfte dieses Mitglieds teilzunehmen.

Artikel 45 [Bereithaltung nationaler Luftstreitkräfte]
Um die Vereinten Nationen zur Durchführung dringender militärischer Maßnahmen zu befähigen, halten Mitglieder der Organisation Kontingente ihrer Luftstreitkräfte zum sofortigen Einsatz bei gemeinsamen internationalen Zwangsmaßnahmen bereit. Stärke und Bereitschaftsgrad dieser Kontingente sowie die Pläne für ihre gemeinsamen Maßnahmen legt der Sicherheitsrat mit Unterstützung des Generalstabsausschusses im Rahmen der in Artikel 43 erwähnten Sonderabkommen fest.

Artikel 46 [Militärische Einsatzplanung]

Die Pläne für die Anwendung von Waffengewalt werden vom Sicherheitsrat mit Unterstützung des Generalstabsausschusses aufgestellt.

Artikel 47 [Generalstabsausschuß]
(1) Es wird ein Generalstabsausschuß eingesetzt, um den Sicherheitsrat in allen Fragen zu beraten und zu unterstützen, die dessen militärische Bedürfnisse zur Wahrung des Weltfriedens und der internationalen Sicherheit, den Einsatz und die Führung der dem Sicherheitsrat zur Verfügung gestellten Streitkräfte, die Rüstungsregelung und eine etwaige Abrüstung betreffen.

(2) Der Generalstabsausschuß besteht aus den Generalstabschefs der ständigen Mitglieder des Sicherheitsrats oder ihren Vertretern. Ein nicht ständig im Ausschuß vertretenes Mitglied der Vereinten Nationen wird vom Ausschuß eingeladen, sich ihm zu assoziieren, wenn die Mitarbeit dieses Mitglieds für die wirksame Durchführung der Aufgaben des Ausschusses erforderlich ist.

3. The Military Staff Committee shall be responsible under the Security Council for the strategic direction of any armed forces placed at the disposal of the Security Council. Questions relating to the command of such forces shall be worked out subsequently.

4. The Military Staff Committee, with the authorization of the Security Council and after consultation with appropriate regional agencies, may establish regional subcommittees.

Article 48 [Implementation of Resolutions]
1. The action required to carry out the decisions of the Security Council for the maintenance of international peace and security shall be taken by all the Members of the United Nations or by some of them, as the Security Council may determine.

2. Such decisions shall be carried out by the Members of the United Nations directly and through their action in the appropriate international agencies of which they are members.

Article 49 [Mutual Assistance]
The Members of the United Nations shall join in affording mutual assistance in carrying out the measures decided upon by the Security Council.

Article 50 [Affected Third States]
If preventive or enforcement measures against any state are taken by the Security Council, any other state, whether a Member of the United Nations or not, which finds itself confronted with special economic problems arising from the carrying out of those measures shall have the right to consult the Security Council with regard to a solution of those problems.

(3) Der Generalstabsausschuß ist unter der Autorität des Sicherheitsrats für die strategische Leitung aller dem Sicherheitsrat zur Verfügung gestellten Streitkräfte verantwortlich. Die Fragen bezüglich der Führung dieser Streitkräfte werden später geregelt.

(4) Der Generalstabsausschuß kann mit Ermächtigung des Sicherheitsrats nach Konsultation mit geeigneten regionalen Einrichtungen regionale Unterausschüsse einsetzen.

Artikel 48 [Durchführung der Beschlüsse]
(1) Die Maßnahmen, die für die Durchführung der Beschlüsse des Sicherheitsrats zur Wahrung des Weltfriedens und der internationalen Sicherheit erforderlich sind, werden je nach dem Ermessen des Sicherheitsrats von allen oder von einigen Mitgliedern der Vereinten Nationen getroffen.

(2) Diese Beschlüsse werden von den Mitgliedern der Vereinten Nationen unmittelbar sowie durch Maßnahmen in den geeigneten internationalen Einrichtungen durchgeführt, deren Mitglieder sie sind.

Artikel 49 [Gegenseitiger Beistand]
Bei der Durchführung der vom Sicherheitsrat beschlossenen Maßnahmen leisten die Mitglieder der Vereinten Nationen einander gemeinsam handelnd Beistand.

Artikel 50 [Betroffene Drittstaaten]
Ergreift der Sicherheitsrat gegen einen Staat Vorbeugungs- oder Zwangsmaßnahmen, so kann jeder andere Staat, ob Mitglied der Vereinten Nationen oder nicht, den die Durchführung dieser Maßnahmen vor besondere wirtschaftliche Probleme stellt, den Sicherheitsrat zwecks Lösung dieser Probleme konsultieren.

Article 51 [Self-Defence]

Nothing in the present Charter shall impair the inherent right of individual or collective self-defence if an armed attack occurs against a Member of the United Nations, until the Security Council has taken measures necessary to maintain international peace and security. Measures taken by Members in the exercise of this right of self-defence shall be immediately reported to the Security Council and shall not in any way affect the authority and responsibility of the Security Council under the present Charter to take at any time such action as it deems necessary in order to maintain or restore international peace and security.

CHAPTER VIII
Regional arrangements
Article 52 [Co-operation with Regional Arrangements]

1. Nothing in the present Charter precludes the existence of regional arrangements or agencies for dealing with such matters relating to the maintenance of international peace and security as are appropriate for regional action, provided that such arrangements or agencies and their activities are consistent with the Purposes and Principles of the United Nations.

2. The Members of the United Nations entering into such arrangements or constituting such agencies shall make every effort to achieve pacific settlement of local disputes through such regional arrangements or by such regional agencies before referring them to the Security Council.
3. The Security Council shall encourage the development of pacific settlement of local disputes through such regional arrangements or by such regional agencies either on the initiative of the states concerned or by reference from the Security Council.
4. This Article in no way impairs the application of Articles 34 and 35.

Artikel 51 [Selbstverteidigung]

Diese Charta beeinträchtigt im Falle eines bewaffneten Angriffs gegen ein Mitglied der Vereinten Nationen keineswegs das naturgegebene Recht zur individuellen oder kollektiven Selbstverteidigung, bis der Sicherheitsrat die zur Wahrung des Weltfriedens und der internationalen Sicherheit erforderlichen Maßnahmen getroffen hat. Maßnahmen, die ein Mitglied in Ausübung dieses Selbstverteidigungsrechts trifft, sind dem Sicherheitsrat sofort anzuzeigen; sie berühren in keiner Weise dessen auf dieser Charta beruhende Befugnis und Pflicht, jederzeit die Maßnahmen zu treffen, die er zur Wahrung oder Wiederherstellung des Weltfriedens und der internationalen Sicherheit für erforderlich hält.

KAPITEL VIII
Regionale Abmachungen
Artikel 52 [Zusammenarbeit mit Regionalabmachungen]

(1) Diese Charta schließt das Bestehen regionaler Abmachungen oder Einrichtungen zur Behandlung derjenigen die Wahrung des Weltfriedens und der internationalen Sicherheit betreffenden Angelegenheiten nicht aus, bei denen Maßnahmen regionaler Art angebracht sind; Voraussetzung hierfür ist, daß diese Abmachungen oder Einrichtungen und ihr Wirken mit den Zielen und Grundsätzen der Vereinten Nationen vereinbar sind.
(2) Mitglieder der Vereinten Nationen, die solche Abmachungen treffen oder solche Einrichtungen schaffen, werden sich nach besten Kräften bemühen, durch Inanspruchnahme dieser Abmachungen oder Einrichtungen örtlich begrenzte Streitigkeiten friedlich beizulegen, bevor sie den Sicherheitsrat damit befassen.
(3) Der Sicherheitsrat wird die Entwicklung des Verfahrens fördern, örtlich begrenzte Streitigkeiten durch Inanspruchnahme dieser regionalen Abmachungen oder Einrichtungen friedlich beizulegen, sei es auf Veranlassung der beteiligten Staaten oder auf Grund von Überweisungen durch ihn selbst.
(4) Die Anwendung der Artikel 34 und 35 wird durch diesen Artikel nicht beeinträchtigt.

Article 53 [Enforcement Action by Regional Arrangements]

1. The Security Council shall, where appropriate, utilize such regional arrangements or agencies for enforcement action under its authority. But no enforcement action shall be taken under regional arrangements or by regional agencies without the authorization of the Security Council, with the exception of measures against any enemy state, as defined in paragraph 2 of this Article, provided for pursuant to Article 107 or in regional arrangements directed against renewal of aggressive policy on the part of any such state, until such time as the Organization may, on request of the Governments concerned, be charged with the responsibility for preventing further aggression by such a state.
2. The term enemy state as used in paragraph 1 of this Article applies to any state which during the Second World War has been an enemy of any signatory of the present Charter.

Article 54 [Information of Security Council]

The Security Council shall at all times be kept fully informed of activities undertaken or in contemplation under regional arrangements or by regional agencies for the maintenance of international peace and security.

CHAPTER IX
International economic and social co-operation
Article 55 [Economic and Social Objectives]

With a view to the creation of conditions of stability and well-being which are necessary for peaceful and friendly relations among nations based on respect for the principle of equal rights and self-determination of peoples, the United Nations shall promote:

a. higher standards of living, full employment, and conditions of economic and social progress and development;

Artikel 53 [Zwangsmaßnahmen auf Grund von Regionalabmachungen]

(1) Der Sicherheitsrat nimmt gegebenenfalls diese regionalen Abmachungen oder Einrichtungen zur Durchführung von Zwangsmaßnahmen unter seiner Autorität in Anspruch. Ohne Ermächtigung des Sicherheitsrats dürfen Zwangsmaßnahmen auf Grund regionaler Abmachungen oder seitens regionaler Einrichtungen nicht ergriffen werden; ausgenommen sind Maßnahmen gegen einen Feindstaat im Sinne des Absatzes 2, soweit sie in Artikel 107 oder in regionalen, gegen die Wiederaufnahme der Angriffspolitik eines solchen Staates gerichteten Abmachungen vorgesehen sind; die Ausnahme gilt, bis der Organisation auf Ersuchen der beteiligten Regierungen die Aufgabe zugewiesen wird, neue Angriffe eines solchen Staates zu verhüten.

(2) Der Ausdruck »Feindstaat« in Absatz 1 bezeichnet jeden Staat, der während des Zweiten Weltkriegs Feind eines Unterzeichners dieser Charta war.

Artikel 54 [Unterrichtung des Sicherheitsrates]

Der Sicherheitsrat ist jederzeit vollständig über die Maßnahmen auf dem laufenden zu halten, die zur Wahrung des Weltfriedens und der internationalen Sicherheit auf Grund regionaler Abmachungen oder seitens regionaler Einrichtungen getroffen oder in Aussicht genommen werden.

KAPITEL IX
Internationale Zusammenarbeit auf wirtschaftlichem und sozialem Gebiet
Artikel 55 [Wirtschaftliche und soziale Ziele]

Um jenen Zustand der Stabilität und Wohlfahrt herbeizuführen, der erforderlich ist, damit zwischen den Nationen friedliche und freundschaftliche, auf der Achtung vor dem Grundsatz der Gleichberechtigung und Selbstbestimmung der Völker beruhende Beziehungen herrschen, fördern die Vereinten Nationen

a) die Verbesserung des Lebensstandards, die Vollbeschäftigung und die Voraussetzungen für wirtschaftlichen und sozialen Fortschritt und Aufstieg;

b. solutions of international economic, social, health, and related problems; and international cultural and educational co-operation; and

c. universal respect for, and observance of, human rights and fundamental freedoms for all without distinction as to race, sex, language, or religion.

Article 56 [Co-operation with United Nations]
All Members pledge themselves to take joint and separate action in co-operation with the Organization for the achievement of the purposes set forth in Article 55.

Article 57 [Specialized Agencies]
1. The various specialized agencies, established by intergovernmental agreement and having wide international responsibilities, as defined in their basic instruments, in economic, social, cultural, educational, health, and related fields, shall be brought into relationship with the United Nations in accordance with the provisions of Article 63.

2. Such agencies thus brought into relationship with the United Nations are hereinafter referred to as specialized agencies.

Article 58 [Co-ordination of Specialized Agencies]
The Organization shall make recommendations for the co-ordination of the policies and activities of the specialized agencies.

Article 59 [Creation of New Specialized Agencies]
The Organization shall, where appropriate, initiate negotiations among the states concerned for the creation of any new specialized agencies required for the accomplishment of the purposes set forth in Article 55.

b) die Lösung internationaler Probleme wirtschaftlicher, sozialer, gesundheitlicher und verwandter Art sowie die internationale Zusammenarbeit auf den Gebieten der Kultur und der Erziehung;

c) die allgemeine Achtung und Verwirklichung der Menschenrechte und Grundfreiheiten für alle ohne Unterschied der Rasse, des Geschlechts, der Sprache oder der Religion.

Artikel 56 [Zusammenarbeit mit den Vereinten Nationen]
Alle Mitgliedstaaten verpflichten sich, gemeinsam und jeder für sich mit der Organisation zusammenzuarbeiten, um die in Artikel 55 dargelegten Ziele zu erreichen.

Artikel 57 [Sonderorganisationen]
(1) Die verschiedenen durch zwischenstaatliche Übereinkünfte errichteten Sonderorganisationen, die auf den Gebieten der Wirtschaft, des Sozialwesens, der Kultur, der Erziehung, der Gesundheit und auf verwandten Gebieten weitreichende, in ihren maßgebenden Urkunden umschriebene internationale Aufgaben zu erfüllen haben, werden gemäß Artikel 63 mit den Vereinten Nationen in Beziehung gebracht.

(2) Diese mit den Vereinten Nationen in Beziehung gebrachten Organisationen sind im folgenden als »Sonderorganisationen« bezeichnet.

Artikel 58 [Koordinierung der Sonderorganisationen]
Die Organisation gibt Empfehlungen ab, um die Bestrebungen und Tätigkeiten dieser Sonderorganisationen zu koordinieren.

Artikel 59 [Errichtung neuer Sonderorganisationen]
Die Organisation veranlaßt gegebenenfalls zwischen den in Betracht kommenden Staaten Verhandlungen zur Errichtung neuer Sonderorganisationen, soweit solche zur Verwirklichung der in Artikel 55 dargelegten Ziele erforderlich sind.

Article 60 [Supervision of Specialized Agencies]
Responsibility for the discharge of the functions of the Organization set forth in this Chapter shall be vested in the General Assembly and, under the authority of the General Assembly, in the Economic and Social Council, which shall have for this purpose the powers set forth in Chapter X.

CHAPTER X
The Economic and Social Council
Composition
Article 61 [Members]
1. The Economic and Social Council shall consist of fifty-four Members of the United Nations elected by the General Assembly.
2. Subject to the provisions of paragraph 3, eighteen members of the Economic and Social Council shall be elected each year for a term of three years. A retiring member shall be eligible for immediate re-election.
3. At the first election after the increase in the membership of the Economic and Social Council from twenty-seven to fifty-four members, in addition to the members elected in place of the nine members whose term of office expires at the end of that year, twenty-seven additional members shall be elected. Of these twenty-seven additional members, the term of office of nine members so elected shall expire at the end of one year, and of nine other members at the end of two years, in accordance with arrangements made by the General Assembly.
4. Each member of the Economic and Social Council shall have one representative.

Functions and Powers
Article 62 [Functions and Powers]
1. The Economic and Social Council may make or initiate studies and reports with respect to international economic, social, cultural, educational, health, and related matters and may make recommendations with respect to any such matters to the General Assembly, to the Members of the United Nations, and to the specialized agencies concerned.

Artikel 60 [Aufsicht über die Sonderorganisationen]
Für die Wahrnehmung der in diesem Kapitel genannten Aufgaben der Organisation sind die Generalversammlung und unter ihrer Autorität der Wirtschafts- und Sozialrat verantwortlich; dieser besitzt zu diesem Zweck die ihm in Kapitel X zugewiesenen Befugnisse.

KAPITEL X
Der Wirtschafts- und Sozialrat
Zusammensetzung
Artikel 61 [Mitglieder]
(1) Der Wirtschafts- und Sozialrat besteht aus vierundfünfzig von der Generalversammlung gewählten Mitgliedern der Vereinten Nationen.
(2) Vorbehaltlich des Absatzes 3 werden alljährlich achtzehn Mitglieder des Wirtschafts- und Sozialrats für drei Jahre gewählt. Ein ausscheidendes Mitglied kann unmittelbar wiedergewählt werden.
(3) Bei der ersten Wahl, die nach Erhöhung der Zahl der Ratsmitglieder von siebenundzwanzig auf vierundfünfzig stattfindet, werden zusätzlich zu den Mitgliedern, die anstelle der neun Mitglieder gewählt werden, deren Amtszeit mit dem betreffenden Jahr endet, siebenundzwanzig weitere Mitglieder des Wirtschafts- und Sozialrats gewählt. Die Amtszeit von neun dieser siebenundzwanzig zusätzlichen Mitglieder endet nach einem Jahr, diejenige von neun weiteren Mitgliedern nach zwei Jahren; das Nähere regelt die Generalversammlung.
(4) Jedes Mitglied des Wirtschafts- und Sozialrats hat in diesem einen Vertreter.

Aufgaben und Befugnisse
Artikel 62 [Zuständigkeit]
(1) Der Wirtschafts- und Sozialrat kann über internationale Angelegenheiten auf den Gebieten der Wirtschaft, des Sozialwesens, der Kultur, der Erziehung, der Gesundheit und auf verwandten Gebieten Untersuchungen durchführen oder bewirken sowie Berichte abfassen oder veranlassen; er kann zu jeder derartigen Angelegenheit an die Generalversammlung, die Mitglieder der Vereinten Nationen und die in Betracht kommenden Sonderorganisationen Empfehlungen richten.

2. It may make recommendations for the purpose of promoting respect for, and observance of, human rights and fundamental freedoms for all.
3. It may prepare draft conventions for submission to the General Assembly, with respect to matters falling within its competence.
4. It may call, in accordance with the rules prescribed by the United Nations, international conferences on matters falling within its competence.

Article 63 [Relations with Specialized Agencies]

1. The Economic and Social Council may enter into agreements with any of the agencies referred to in Article 57, defining the terms on which the agency concerned shall be brought into relationship with the United Nations. Such agreements shall be subject to approval by the General Assembly.
2. It may co-ordinate the activities of the specialized agencies through consultation with and recommendations to such agencies and through recommendations to the General Assembly and to the Members of the United Nations.

Article 64 [Reports from Specialized Agencies]

1. The Economic and Social Council may take appropriate steps to obtain regular reports from the specialized agencies. It may make arrangements with the Members of the United Nations and with the specialized agencies to obtain reports on the steps taken to give effect to its own recommendations and to recommendations on matters falling within its competence made by the General Assembly.

2. It may communicate its observations on these reports to the General Assembly.

Article 65 [Relations with Security Council]

The Economic and Social Council may furnish information to the Security Council and shall assist the Security Council upon its request.

---

(2) Er kann Empfehlungen abgeben, um die Achtung und Verwirklichung der Menschenrechte und Grundfreiheiten für alle zu fordern.

(3) Er kann über Angelegenheiten, für die er zuständig ist, Übereinkommen entwerfen und der Generalversammlung vorlegen.

(4) Er kann nach den von den Vereinten Nationen festgesetzten Regeln internationale Konferenzen über Angelegenheiten einberufen, für die er zuständig ist.

Artikel 63 [Beziehungen zu den Sonderorganisationen]

(1) Der Wirtschafts- und Sozialrat kann mit jeder der in Artikel 57 bezeichneten Organisationen Abkommen schließen, in denen die Beziehungen der betreffenden Organisation zu den Vereinten Nationen geregelt werden. Diese Abkommen bedürfen der Genehmigung durch die Generalversammlung.

(2) Er kann die Tätigkeit der Sonderorganisationen koordinieren, indem er Konsultationen mit ihnen führt und an sie, an die Generalversammlung und die Mitglieder der Vereinten Nationen Empfehlungen richtet.

Artikel 64 [Berichte der Sonderorganisationen]

(1) Der Wirtschafts- und Sozialrat kann geeignete Schritte unternehmen, um von den Sonderorganisationen regelmäßig Berichte zu erhalten. Er kann mit den Mitgliedern der Vereinten Nationen und mit den Sonderorganisationen Abmachungen treffen, um Berichte über die Maßnahmen zu erhalten, die zur Durchführung seiner Empfehlungen und der Empfehlungen der Generalversammlung über Angelegenheiten getroffen werden, für die er zuständig ist.

(2) Er kann der Generalversammlung seine Bemerkungen zu diesen Berichten mitteilen.

Artikel 65 [Beziehungen zum Sicherheitsrat]

Der Wirtschafts- und Sozialrat kann dem Sicherheitsrat Auskünfte erteilen und ihn auf dessen Ersuchen unterstützen.

Article 66 [Functions]

1. The Economic and Social Council shall perform such functions as fall within its competence in connection with the carrying out of the recommendations of the General Assembly.
2. It may, with the approval of the General Assembly, perform services at the request of Members of the United Nations and at the request of specialized agencies.
3. It shall perform such other functions as are specified elsewhere in the present Charter or as may be assigned to it by the General Assembly.

Voting
Article 67 [Voting, Necessary Majority]

1. Each member of the Economic and Social Council shall have one vote.
2. Decisions of the Economic and Social Council shall be made by a majority of the members present and voting.

Procedure
Article 68 [Commissions]

The Economic and Social Council shall set up commissions in economic and social fields and for the promotion of human rights, and such other commissions as may be required for the performance of its functions.

Article 69 [Participation of other UN Members]

The Economic and Social Council shall invite any Member of the United Nations to participate, without vote, in its deliberations on any matter of particular concern to that Member.

Article 70 [Co-operation with Specialized Agencies]

The Economic and Social Council may make arrangements for representatives of the specialized agencies to participate, without vote, in its deliberations and in those of the commissions established by it, and for its representatives to participate in the deliberations of the specialized agencies.

Artikel 66 [Aufgaben]

(1) Der Wirtschafts- und Sozialrat nimmt alle Aufgaben wahr, für die er im Zusammenhang mit der Durchführung von Empfehlungen der Generalversammlung zuständig ist.
(2) Er kann mit Genehmigung der Generalversammlung alle Dienste leisten, um die ihn Mitglieder der Vereinten Nationen oder Sonderorganisationen ersuchen.
(3) Er nimmt alle sonstigen Aufgaben wahr, die ihm in dieser Charta oder durch die Generalversammlung zugewiesen werden.

Abstimmung
Artikel 67 [Stimmgewicht, notwendige Mehrheit]

(1) Jedes Mitglied des Wirtschafts- und Sozialrats hat eine Stimme.
(2) Beschlüsse des Wirtschafts- und Sozialrats bedürfen der Mehrheit der anwesenden und abstimmenden Mitglieder.

Verfahren
Artikel 68 [Kommissionen]

Der Wirtschafts- und Sozialrat setzt Kommissionen für wirtschaftliche und soziale Fragen und für die Förderung der Menschenrechte sowie alle sonstigen zur Wahrnehmung seiner Aufgaben erforderlichen Kommissionen ein.

Artikel 69 [Beteiligung anderer Mitglieder der VN]

Behandelt der Wirtschafts- und Sozialrat eine Angelegenheit, die für ein Mitglied der Vereinten Nationen von besonderem Belang ist, so lädt er es ein, ohne Stimmrecht an seinen Beratungen teilzunehmen.

Artikel 70 [Zusammenarbeit mit den Sonderorganisationen]

Der Wirtschafts- und Sozialrat kann Abmachungen dahingehend treffen, daß Vertreter der Sonderorganisationen ohne Stimmrecht an seinen Beratungen und an den Beratungen der von ihm eingesetzten Kommissionen teilnehmen und daß seine eigenen Vertreter an den Beratungen der Sonderorganisationen teilnehmen.

Article 71 [Consultation of Non-Governmental Organizations]
The Economic and Social Council may make suitable arrangements for consultation with non-governmental organizations which are concerned with matters within its competence. Such arrangements may be made with international organizations and, where appropriate, with national organizations after consultation with the Member of the United Nations concerned.

Article 72 [Rules of Procedure, President]
1. The Economic and Social Council shall adopt its own rules of procedure, including the method of selecting its President.
2. The Economic and Social Council shall meet as required in accordance with its rules, which shall include provision for the convening of meetings on the request of a majority of its members.

CHAPTER XI
Declaration regarding non-self-governing territories

Article 73 [Obligations towards Non-Self-Governing Territories]
Members of the United Nations which have or assume responsibilities for the administration of territories whose peoples have not yet attained a full measure of self-government recognize the principle that the interests of the inhabitants of these territories are paramount, and accept as a sacred trust the obligation to promote to the utmost, within the system of international peace and security established by the present Charter, the well-being of the inhabitants of these territories, and, to this end:

a. to ensure, with due respect for the culture of the peoples concerned, their political, economic, social, and educational advancement, their just treatment, and their protection against abuses;

Artikel 71 [Mitwirkung von Nichtregierungsorganisationen]
Der Wirtschafts- und Sozialrat kann geeignete Abmachungen zwecks Konsultation mit nichtstaatlichen Organisationen treffen, die sich mit Angelegenheiten seiner Zuständigkeit befassen. Solche Abmachungen können mit internationalen Organisationen und, soweit angebracht, nach Konsultation des betreffenden Mitglieds der Vereinten Nationen auch mit nationalen Organisationen getroffen werden.

Artikel 72 [Geschäftsordnung, Präsident]
(1) Der Wirtschafts- und Sozialrat gibt sich eine Geschäftsordnung; in dieser regelt er auch das Verfahren für die Wahl seines Präsidenten.
(2) Der Wirtschafts- und Sozialrat tritt nach Bedarf gemäß seiner Geschäftsordnung zusammen; in dieser ist auch die Einberufung von Sitzungen auf Antrag der Mehrheit seiner Mitglieder vorzusehen.

KAPITEL XI
Erklärung über Hoheitsgebiete ohne Selbstregierung

Artikel 73 [Verpflichtungen gegenüber Hoheitsgebieten ohne Selbstregierung]
Mitglieder der Vereinten Nationen, welche die Verantwortung für die Verwaltung von Hoheitsgebieten haben oder übernehmen, deren Völker noch nicht die volle Selbstregierung erreicht haben, bekennen sich zu dem Grundsatz, daß die Interessen der Einwohner dieser Hoheitsgebiete Vorrang haben; sie übernehmen als heiligen Auftrag die Verpflichtung, im Rahmen des durch diese Charta errichteten Systems des Weltfriedens und der internationalen Sicherheit das Wohl dieser Einwohner aufs äußerste zu fördern; zu diesem Zweck verpflichten sie sich,

a) den politischen, wirtschaftlichen, sozialen und erzieherischen Fortschritt, die gerechte Behandlung und den Schutz dieser Völker gegen Mißbräuche unter gebührender Achtung vor ihrer Kultur zu gewährleisten;

b. to develop self-government, to take due account of the political aspirations of the peoples, and to assist them in the progressive development of their free political institutions, according to the particular circumstances of each territory and its peoples and their varying stages of advancement;

c. to further international peace and security;

d. to promote constructive measures of development, to encourage research, and to cooperate with one another and, when and where appropriate, with specialized international bodies with a view to the practical achievement of the social, economic, and scientific purposes set forth in this Article; and

e. to transmit regularly to the Secretary-General for information purposes, subject to such limitation as security and constitutional considerations may require, statistical and other information of a technical nature relating to economic, social, and educational conditions in the territories for which they are respectively responsible other than those territories to which Chapter XII and XIII apply.

Article 74 [Good Neighbourliness]

Members of the United Nations also agree that their policy in respect of the territories to which this Chapter applies, no less than in respect of their metropolitan areas, must be based on the general principle of good-neighbourliness, due account being taken of the interests and well-being of the rest of the world, in social, economic, and commercial matters.

CHAPTER XII
International trusteeship system
Article 75 [Trust Territories]

The United Nations shall establish under its authority an international trusteeship system for the administration and supervision of such territories as may be placed thereunder by subsequent individual agreements. These territories are hereinafter referred to as trust territories.

b) die Selbstregierung zu entwickeln, die politischen Bestrebungen dieser Völker gebührend zu berücksichtigen und sie bei der fortschreitenden Entwicklung ihrer freien politischen Einrichtungen zu unterstützen, und zwar je nach den besonderen Verhältnissen jedes Hoheitsgebiets, seiner Bevölkerung und deren jeweiliger Entwicklungsstufe;

c) den Weltfrieden und die internationale Sicherheit zu festigen;

d) Aufbau- und Entwicklungsmaßnahmen zu fördern, die Forschungstätigkeit zu unterstützen sowie miteinander und gegebenenfalls mit internationalen Fachorganisationen zusammenzuarbeiten, um die in diesem Artikel dargelegten sozialen, wirtschaftlichen und wissenschaftlichen Ziele zu verwirklichen;

e) dem Generalsekretär mit der durch die Rücksichtnahme auf Sicherheit und Verfassung gebotenen Einschränkung zu seiner Unterrichtung regelmäßig statistische und sonstige Informationen technischer Art über das Wirtschafts-, Sozial- und Erziehungswesen in den nicht unter die Kapitel XII und XIII fallenden Hoheitsgebieten zu übermitteln, für die sie verantwortlich sind.

Artikel 74 [Gute Nachbarschaft]

Die Mitglieder der Vereinten Nationen sind sich ferner darin einig, daß die Politik, die sie für die unter dieses Kapitel fallenden Hoheitsgebiete verfolgen, nicht minder auf den allgemeinen Grundsatz der guten Nachbarschaft in sozialen, wirtschaftlichen und Handelsangelegenheiten beruhen muß als die Politik, die sie für ihr Mutterland verfolgen; hierbei sind die Interessen und das Wohl der übrigen Welt gebührend zu berücksichtigen.

KAPITEL XII
Das internationale Treuhandsystem
Artikel 75 [Treuhandgebiete]

Die Vereinten Nationen errichten unter ihrer Autorität ein internationales Treuhandsystem für die Verwaltung und Beaufsichtigung der Hoheitsgebiete, die auf Grund späterer Einzelabkommen in dieses System einbezogen werden. Diese Hoheitsgebiete werden im folgenden als Treuhandgebiete bezeichnet.

Article 76 [Objectives of Trusteeship System]
The basic objectives of the trusteeship system, in accordance with the Purposes of the United Nations laid down in Article 1 of the present Charter, shall be:
a. to further international peace and security;
b. to promote the political, economic, social, and educational advancement of the inhabitants of the trust territories, and their progressive development towards self-government or independence as may be appropriate to the particular circumstances of each territory and its peoples and the freely expressed wishes of the peoples concerned, and as may be provided by the terms of each trusteeship agreement;
c. to encourage respect for human rights and for fundamental freedoms for all without distinction as to race, sex, language, or religion, and to encourage recognition of the interdependence of the peoples of the world; and
d. to ensure equal treatment in social, economic, and commercial matters for all Members of the United Nations and their nationals and also equal treatment for the latter in the administration of justice without prejudice to the attainment of the foregoing objectives and subject to the provisions of Article 80.

Article 77 [Applicability of Trusteeship System]
1. The trusteeship system shall apply to such territories in the following categories as may be placed thereunder by means of trusteeship agreements:

a. territories now held under mandate;
b. territories which may be detached from enemy states as a result of the Second World War, and
c. territories voluntarily placed under the system by states responsible for their administration.
2. It will be a matter for subsequent agreement as to which territories in the foregoing categories will be brought under the trusteeship system and upon what terms.

Artikel 76 [Zweck des Treuhandsystems]
Im Einklang mit den in Artikel 1 dieser Charta dargelegten Zielen der Vereinten Nationen dient das Treuhandsystem hauptsächlich folgenden Zwecken:
a) den Weltfrieden und die internationale Sicherheit zu festigen;
b) den politischen, wirtschaftlichen, sozialen und erzieherischen Fortschritt der Einwohner der Treuhandgebiete und ihre fortschreitende Entwicklung zur Selbstregierung oder Unabhängigkeit so zu fördern, wie es den besonderen Verhältnissen eines jeden dieser Hoheitsgebiete und seiner Bevölkerung sowie deren frei geäußerten Wünschen entspricht und in dem diesbezüglichen Treuhandabkommen vorgesehen ist;
c) die Achtung vor den Menschenrechten und Grundfreiheiten für alle ohne Unterschied der Rasse, des Geschlechts, der Sprache oder der Religion zu fördern und das Bewußtsein der gegenseitigen Abhängigkeit der Völker der Welt zu stärken;
d) die Gleichbehandlung aller Mitglieder der Vereinten Nationen und ihrer Staatsangehörigen in sozialen, wirtschaftlichen und Handelsangelegenheiten sowie die Gleichbehandlung dieser Staatsangehörigen in der Rechtspflege sicherzustellen, ohne jedoch die Verwirklichung der vorgenannten Zwecke zu beeinträchtigen; Artikel 80 bleibt unberührt.

Artikel 77 [Anwendbarkeit des Treuhandsystems]
(1) Das Treuhandsystem findet auf die zu den folgenden Gruppen gehörenden Hoheitsgebiete Anwendung, soweit sie auf Grund von Treuhandabkommen in dieses System einbezogen werden:
a) gegenwärtig bestehende Mandatsgebiete;
b) Hoheitsgebiete, die infolge des Zweiten Weltkriegs von Feindstaaten abgetrennt werden;
c) Hoheitsgebiete, die von den für ihre Verwaltung verantwortlichen Staaten freiwillig in das System einbezogen werden.
(2) Die Feststellung, welche Hoheitsgebiete aus den genannten Gruppen in das Treuhandsystem einbezogen werden und welche Bestimmungen hierfür gelten, bleibt einer späteren Übereinkunft vorbehalten.

Article 78 [No Application to UN Members]

The trusteeship system shall not apply to territories which have become Members of the United Nations, relationship among which shall be based on respect for the principle of sovereign equality.

Article 79 [Trusteeship Agreements]

The terms of trusteeship for each territory to be placed under the trusteeship system, including any alteration or amendment, shall be agreed upon by the states directly concerned, including the mandatory power in the case of territories held under mandate by a Member of the United Nations, and shall be approved as provided for in Articles 83 and 85.

Article 80 [No Direct Effect]

1. Except as may be agreed upon in individual trusteeship agreements, made under Articles 77, 79, and 81, placing each territory under the trusteeship system, and until such agreements have been concluded, nothing in this Chapter shall be construed in or of itself to alter in any manner the rights whatsoever of any states or any peoples or the terms of existing international instruments to which Members of the United Nations may respectively be parties.

2. Paragraph 1 of this Article shall not be interpreted as giving grounds for delay or postponement of the negotiation and conclusion of agreements for placing mandated and other territories under the trusteeship system as provided for in Article 77.

Article 81 [Administering Authorities]

The trusteeship agreement shall in each case include the terms under which the trust territory will be administered and designate the authority which will exercise the administration of the trust territory. Such authority, hereinafter called the administering authority, may be one or more states or the Organization itself.

Artikel 78 [Keine Anwendung auf Mitglieder der VN]

Das Treuhandsystem findet keine Anwendung auf Hoheitsgebiete, die Mitglied der Vereinten Nationen geworden sind; die Beziehungen zwischen Mitgliedern beruhen auf der Achtung des Grundsatzes der souveränen Gleichheit.

Artikel 79 [Treuhandabkommen]

Für jedes in das Treuhandsystem einzubeziehende Hoheitsgebiet werden die Treuhandbestimmungen einschließlich aller ihrer Änderungen und Ergänzungen von den unmittelbar beteiligten Staaten, zu denen bei Mandatsgebieten eines Mitglieds der Vereinten Nationen auch die Mandatsmacht zählt, in Form eines Abkommens vereinbart; sie bedürfen der Genehmigung nach den Artikeln 83 und 85.

Artikel 80 [Keine sofortige Wirkung]

(1) Soweit in einzelnen, auf Grund der Artikel 77, 79 und 81 geschlossenen Treuhandabkommen zur Einbeziehung eines Treuhandgebiets in das Treuhandsystem nichts anderes vereinbart wird und solange derartige Abkommen noch nicht geschlossen sind, ist dieses Kapitel nicht so auszulegen, als ändere es unmittelbar oder mittelbar die Rechte von Staaten oder Völkern oder in Kraft befindliche internationale Übereinkünfte, deren Vertragsparteien Mitglieder der Vereinten Nationen sind.

(2) Aus Absatz 1 kann keine Rechtfertigung dafür abgeleitet werden, Verhandlungen über Abkommen zu der in Artikel 77 vorgesehenen Einbeziehung von Mandatsgebieten und sonstigen Hoheitsgebieten in das Treuhandsystem oder den Abschluß solcher Abkommen zu verzögern oder aufzuschieben.

Artikel 81 [Verwaltungsmächte]

Jedes Treuhandabkommen enthält die Bestimmungen, nach denen das Treuhandgebiet zu verwalten ist, und bezeichnet die verwaltende Obrigkeit. Diese, im folgenden als »Verwaltungsmacht« bezeichnet, kann ein Staat oder eine Staatengruppe oder die Organisation selbst sein.

Article 82 [Strategic Areas]
There may be designated, in any trusteeship agreement, a strategic area or areas which may include part or all of the trust territory to which the agreement applies, without prejudice to any special agreement or agreements made under Article 43.

Article 83 [Functions of Security Council]
1. All functions of the United Nations relating to strategic areas, including the approval of the terms of the trusteeship agreements and of their alteration or amendment, shall be exercised by the Security Council.
2. The basic objectives set forth in Article 76 shall be applicable to the people of each strategic area.
3. The Security Council shall, subject to the provisions of the trusteeship agreements and without prejudice to security considerations, avail itself of the assistance of the Trusteeship Council to perform those functions of the United Nations under the trusteeship system relating to political. economic, social, and educational matters in the strategic areas.

Article 84 [Military Contributions from Trust Territories]
It shall be the duty of the administering authority to ensure that the trust territory shall play its part in the maintenance of international peace and security. To this end the administering authority may make use of volunteer forces, facilities, and assistance from the trust territory in carrying out the obligations towards the Security Council undertaken in this regard by the administering authority, as well as for local defence and the maintenance of law and order within the trust territory.

Article 85 [Functions of General Assembly]
1. The functions of the United Nations with regard to trusteeship agreements for all areas not designated as strategic, including the approval of the terms of the trusteeship agreements and of their alteration or amendment, shall be exercised by the General Assembly.

Artikel 82 [Strategische Zonen]
Jedes Treuhandabkommen kann eine oder mehrere strategische Zonen bezeichnen, die das ganze Treuhandgebiet, für welches das Abkommen gilt, oder einen Teil davon umfassen; Sonderabkommen nach Artikel 43 bleiben unberührt.

Artikel 83 [Aufgaben des Sicherheitsrates]
(1) Alle Aufgaben der Vereinten Nationen in bezug auf strategische Zonen, einschließlich der Genehmigung der Treuhandabkommen sowie ihrer Änderungen und Ergänzungen, nimmt der Sicherheitsrat wahr.
(2) Die in Artikel 76 dargelegten Hauptzwecke gelten auch für die Bevölkerung jeder strategischen Zone.
(3) Unter Beachtung der Treuhandabkommen nimmt der Sicherheitsrat vorbehaltlich der Sicherheitserfordernisse die Unterstützung des Treuhandrats in Anspruch, um im Rahmen des Treuhandsystems diejenigen Aufgaben der Vereinten Nationen wahrzunehmen, die politische, wirtschaftliche, soziale und erzieherische Angelegenheiten in den strategischen Zonen betreffen.

Artikel 84 [Militärische Beiträge von Treuhandgebieten]
Die Verwaltungsmacht hat die Pflicht, dafür zu sorgen, daß das Treuhandgebiet seinen Beitrag zur Wahrung des Weltfriedens und der internationalen Sicherheit leistet. Zu diesem Zweck kann sie freiwillige Streitkräfte, Erleichterungen und Beistand von dem Treuhandgebiet in Anspruch nehmen, um die Verpflichtungen zu erfüllen, die sie in dieser Hinsicht gegenüber dem Sicherheitsrat übernommen hat, und um die örtliche Verteidigung und die Aufrechterhaltung von Recht und Ordnung innerhalb des Treuhandgebiets sicherzustellen.

Artikel 85 [Aufgaben der Generalversammlung]
(1) Die Aufgaben der Vereinten Nationen in bezug auf Treuhandabkommen für alle nicht als strategische Zonen bezeichneten Gebiete, einschließlich der Genehmigung der Treuhandabkommen sowie ihrer Änderungen und Ergänzungen, werden von der Generalversammlung wahrgenommen.

2. The Trusteeship Council, operating under the authority of the General Assembly, shall assist the General Assembly in carrying out these functions.

CHAPTER XIII
The Trusteeship Council
Composition
Article 86 [Composition]
1. The Trusteeship Council shall consist of the following Members of the United Nations:
   a. those Members administering trust territories;
   b. such of those Members mentioned by name in Article 23 as are not administering trust territories; and
   c. as many other Members elected for three-year terms by the General Assembly as may be necessary to ensure that the total number of members of the Trusteeship Council is equally divided between those Members of the United Nations which administer trust territories and those which do not.
2. Each member of the Trusteeship Council shall designate one specially qualified person to represent it therein.

Functions and Powers
Article 87 [Powers]
The General Assembly and, under its authority, the Trusteeship Council, in carrying out their functions, may:
   a. consider reports submitted by the administering authority;
   b. accept petitions and examine them in consultation with the administering authority;
   c. provide for periodic visits to the respective trust territories at times agreed upon with the administering authority; and
   d. take these and other actions in conformity with the terms of the trusteeship agreements.

Article 88 [Annual Report]
The Trusteeship Council shall formulate a questionnaire on the political, economic, social, and educational advancement of the inhabitants of each trust territory, and the administering authority for each trust territory within the competence of the General Assembly shall make an annual report to the General Assembly upon the basis of such questionnaire.

(2) Bei der Durchführung dieser Aufgaben wird die Generalversammlung von dem unter ihrer Autorität handelnden Treuhandrat unterstützt.

KAPITEL XIII
Der Treuhandrat
Zusammensetzung
Artikel 86 [Zusammensetzung]
(1) Der Treuhandrat besteht aus folgenden Mitgliedern der Vereinten Nationen:
   a) den Mitgliedern, die Treuhandgebiete verwalten;
   b) den in Artikel 23 namentlich aufgeführten Mitgliedern, soweit sie keine Treuhandgebiete verwalten;
   c) so vielen weiteren von der Generalversammlung für je drei Jahre gewählten Mitgliedern, wie erforderlich sind, damit der Treuhandrat insgesamt zur Hälfte aus Mitgliedern der Vereinten Nationen besteht, die Treuhandgebiete verwalten, und zur Hälfte aus solchen, die keine verwalten.
(2) Jedes Mitglied des Treuhandrats bestellt eine besonders geeignete Person zu seinem Vertreter im Treuhandrat.

Aufgaben und Befugnisse
Artikel 87 [Befugnisse]
Die Generalversammlung und unter ihrer Autorität der Treuhandrat können bei der Wahrnehmung ihrer Aufgaben
   a) von der Verwaltungsmacht vorgelegte Berichte prüfen;
   b) Gesuche entgegennehmen und sie in Konsultation mit der Verwaltungsmacht prüfen;
   c) regelmäßige Bereisungen der einzelnen Treuhandgebiete veranlassen, deren Zeitpunkt mit der Verwaltungsmacht vereinbart wird;
   d) diese und sonstige Maßnahmen in Übereinstimmung mit den Treuhandabkommen treffen.

Artikel 88 [Jährlicher Bericht]
Der Treuhandrat arbeitet einen Fragebogen über den politischen, wirtschaftlichen, sozialen und erzieherischen Fortschritt der Einwohner jedes Treuhandgebiets aus; die Verwaltungsmacht jedes Treuhandgebiets, für das die Generalversammlung zuständig ist, erstattet dieser auf Grund des Fragebogens alljährlich Bericht.

Voting
Article 89 [Voting, Necessary Majority]
1. Each member of the Trusteeship Council shall have one vote.
2. Decisions of the Trusteeship Council shall be made by a majority of the members present and voting.

Procedure
Article 90 [Rules of Procedure, President, Meetings]
1. The Trusteeship Council shall adopt its own rules of procedure, including the method of selecting its President.
2. The Trusteeship Council shall meet as required in accordance with its rules, which shall include provision for the convening of meetings on the request of a majority of its members.

Article 91 [Assistance for Activity of Trusteeship Council]
The Trusteeship Council shall, when appropriate, avail itself of the assistance of the Economic and Social Council and of the specialized agencies in regard to matters with which they are respectively concerned.

CHAPTER XIV
The International Court of Justice
Article 92 [Functions]
The International Court of Justice shall be the principal judicial organ of the United Nations. It shall function in accordance with the annexed Statute which is based upon the Statute of the Permanent Court of International Justice and forms an integral part of the present Charter.

Article 93 [States Parties to the Statute]
1. All Members of the United Nations are ipso facto parties to the Statute of the International Court of Justice.
2. A state which is not a Member of the United Nations may become a party to the Statute of the International Court of Justice on conditions to be determined in each case by the General Assembly upon the recommendation of the Security Council.

Abstimmung
Artikel 89 [Stimmgewicht, notwendige Mehrheit]
(1) Jedes Mitglied des Treuhandrats hat eine Stimme.
(2) Beschlüsse des Treuhandrats bedürfen der Mehrheit der anwesenden und abstimmenden Mitglieder.

Verfahren
Artikel 90 [Geschäftsordnung, Präsident, Zusammentritt]
(1) Der Treuhandrat gibt sich eine Geschäftsordnung; in dieser regelt er auch das Verfahren für die Wahl seines Präsidenten.
(2) Der Treuhandrat tritt nach Bedarf gemäß seiner Geschäftsordnung zusammen; in dieser ist auch die Einberufung von Sitzungen auf Antrag der Mehrheit seiner Mitglieder vorzusehen.

Artikel 91 [Unterstützung für die Tätigkeit des Treuhandrates]
Der Treuhandrat nimmt gegebenenfalls die Unterstützung des Wirtschafts- und Sozialrats und der Sonderorganisationen in Angelegenheiten in Anspruch, für die sie zuständig sind.

KAPITEL XIV
Der Internationale Gerichtshof
Artikel 92 [Aufgaben]
Der Internationale Gerichtshof ist das Hauptrechtsprechungsorgan der Vereinten Nationen. Er nimmt seine Aufgaben nach Maßgabe des beigefügten Statuts wahr, das auf dem Statut des Ständigen Internationalen Gerichtshofs beruht und Bestandteil dieser Charta ist.

Artikel 93 [Vertragsparteien des Statuts]
(1) Alle Mitglieder der Vereinten Nationen sind ohne weiteres Vertragsparteien des Statuts des Internationalen Gerichtshofs.
(2) Ein Staat, der nicht Mitglied der Vereinten Nationen ist, kann zu Bedingungen, welche die Generalversammlung jeweils auf Empfehlung des Sicherheitsrats festsetzt, Vertragspartei des Statuts des Internationalen Gerichtshofs werden.

Article 94 [Bindingness of Decisions]
1. Each Member of the United Nations undertakes to comply with the decision of the International Court of Justice in any case to which it is a party.

2. If any party to a case fails to perform the obligations incumbent upon it under a judgment rendered by the Court, the other party may have recourse to the Security Council, which may, if it deems necessary, make recommendations or decide upon measures to be taken to give effect to the judgment.

Article 95 [Other Tribunals]
Nothing in the present Charter shall prevent Members of the United Nations from entrusting the solution of their differences to other tribunals by virtue of agreements already in existence or which may be concluded in the future.

Article 96 [Advisory Opinions]
1. The General Assembly or the Security Council may request the International Court of Justice to give an advisory opinion on any legal question.
2. Other organs of the United Nations and specialized agencies, which may at any time be so authorized by the General Assembly, may also request advisory opinions of the Court on legal questions arising within the scope of their activities.

CHAPTER XV
The Secretariat
Article 97 [Secretary-General and Staff]

The Secretariat shall comprise a Secretary-General and such staff as the Organization may require. The Secretary-General shall be appointed by the General Assembly upon the recommendation of the Security Council. He shall be the chief administrative officer of the Organization.

Article 98 [Functions]
The Secretary-General shall act in that capacity in all meetings of the General Assembly, of the Security Council, of the Economic and Social Council, and of the Trusteeship Council, and shall perform such other functions as are entrusted to him by these organs. The Secretary-General shall make an annual report to the General Assembly on the work of the Organization.

Artikel 94 [Verbindlichkeit der Entscheidungen]
(1) Jedes Mitglied der Vereinten Nationen verpflichtet sich, bei jeder Streitigkeit, in der es Partei ist, die Entscheidung des Internationalen Gerichtshofs zu befolgen.
(2) Kommt eine Streitpartei ihren Verpflichtungen aus einem Urteil des Gerichtshofs nicht nach, so kann sich die andere Partei an den Sicherheitsrat wenden; dieser kann, wenn er es für erforderlich hält, Empfehlungen abgeben oder Maßnahmen beschließen, um dem Urteil Wirksamkeit zu verschaffen.

Artikel 95 [Andere Gerichte]
Diese Charta schließt nicht aus, daß Mitglieder der Vereinten Nationen auf Grund bestehender oder künftiger Abkommen die Beilegung ihrer Streitigkeiten anderen Gerichten zuweisen.

Artikel 96 [Gutachten]
(1) Die Generalversammlung oder der Sicherheitsrat kann über jede Rechtsfrage ein Gutachten des Internationalen Gerichtshofs anfordern.
(2) Andere Organe der Vereinten Nationen und Sonderorganisationen können mit jeweiliger Ermächtigung durch die Generalversammlung ebenfalls Gutachten des Gerichtshofs über Rechtsfragen anfordern, die sich in ihrem Tätigkeitsbereich stellen.

KAPITEL XV
Das Sekretariat
Artikel 97 [Generalsekretär und sonstige Bedienstete]

Das Sekretariat besteht aus einem Generalsekretär und den sonstigen von der Organisation benötigten Bediensteten. Der Generalsekretär wird auf Empfehlung des Sicherheitsrats von der Generalversammlung ernannt. Er ist der höchste Verwaltungsbeamte der Organisation.

Artikel 98 [Aufgaben]
Der Generalsekretär ist in dieser Eigenschaft bei allen Sitzungen der Generalversammlung, des Sicherheitsrats, des Wirtschafts- und Sozialrats und des Treuhandrats tätig und nimmt alle sonstigen ihm von diesen Organen zugewiesenen Aufgaben wahr. Er erstattet der Generalversammlung alljährlich über die Tätigkeit der Organisation Bericht.

Article 99 [Right of Initiative]
The Secretary-General may bring to the attention of the Security Council any matter which in his opinion may threaten the maintenance of international peace and security.

Article 100 [Independence]
1. In the performance of their duties the Secretary-General and the staff shall not seek or receive instructions from any government or from any other authority external to the Organization. They shall refrain from any action which might reflect on their position as international officials responsible only to the Organization.

2. Each Member of the United Nations undertakes to respect the exclusively international character of the responsibilities of the Secretary-General and the staff and not to seek to influence them in the discharge of their responsibilities.

Article 101 [Staff]
1. The staff shall be appointed by the Secretary-General under regulations established by the General Assembly.
2. Appropriate staffs shall be permanently assigned to the Economic and Social Council, the Trusteeship Council, and, as required, to other organs of the United Nations. These staffs shall form a part of the Secretariat.
3. The paramount consideration in the employment of the staff and in the determination of the conditions of service shall be the necessity of securing the highest standards of efficiency, competence, and integrity. Due regard shall be paid to the importance of recruiting the staff on as wide a geographical basis as possible.

CHAPTER XVI
Miscellaneous provisions
Article 102 [Registration of Treaties]
1. Every treaty and every international agreement entered into by any Member of the United Nations after the present Charter comes into force shall as soon as possible be registered with the Secretariat and published by it.

Artikel 99 [Initiativrecht]
Der Generalsekretär kann die Aufmerksamkeit des Sicherheitsrats auf jede Angelegenheit lenken, die nach seinem Dafürhalten geeignet ist, die Wahrung des Weltfriedens und der internationalen Sicherheit zu gefährden.

Artikel 100 [Unabhängigkeit]
(1) Der Generalsekretär und die sonstigen Bediensteten dürfen bei der Wahrnehmung ihrer Pflichten von einer Regierung oder von einer Autorität außerhalb der Organisation Weisungen weder erbitten noch entgegennehmen. Sie haben jede Handlung zu unterlassen, die ihrer Stellung als internationale, nur der Organisation verantwortliche Bedienstete abträglich sein könnte.

(2) Jedes Mitglied der Vereinten Nationen verpflichtet sich, den ausschließlich internationalen Charakter der Verantwortung des Generalsekretärs und der sonstigen Bediensteten zu achten und nicht zu versuchen, sie bei der Wahrnehmung ihrer Aufgaben zu beeinflussen.

Artikel 101 [Bedienstete]
(1) Die Bediensteten werden vom Generalsekretär im Einklang mit Regelungen ernannt, welche die Generalversammlung erläßt.
(2) Dem Wirtschafts- und Sozialrat, dem Treuhandrat und erforderlichenfalls anderen Organen der Vereinten Nationen werden geeignete ständige Bedienstete zugeteilt. Sie gehören dem Sekretariat an.
(3) Bei der Einstellung der Bediensteten und der Regelung ihres Dienstverhältnisses gilt als ausschlaggebend der Gesichtspunkt, daß es notwendig ist, ein Höchstmaß an Leistungsfähigkeit, fachlicher Eignung und Ehrenhaftigkeit zu gewährleisten. Der Umstand, daß es wichtig ist, die Auswahl der Bediensteten auf möglichst breiter geographischer Grundlage vorzunehmen, ist gebührend zu berücksichtigen.

KAPITEL XVI
Verschiedenes
Artikel 102 [Registrierung von Verträgen]
(1) Alle Verträge und sonstigen internationalen Übereinkünfte, die ein Mitglied der Vereinten Nationen nach dem Inkrafttreten dieser Charta schließt, werden so bald wie möglich beim Sekretariat registriert und von ihm veröffentlicht.

2. No party to any such treaty or international agreement which has not been registered in accordance with the provisions of paragraph 1 of this Article may invoke that treaty or agreement before any organ of the United Nations.

Article 103 [Precedence of Charter]
In the event of a conflict between the obligations of the Members of the United Nations under the present Charter and their obligations under any other international agreement, their obligations under the present Charter shall prevail.

Article 104 [Legal Capacity under Domestic Law]
The Organization shall enjoy in the territory of each of its Members such legal capacity as may be necessary for the exercise of its functions and the fulfilment of its purposes.

Article 105 [Privileges and Immunities]
1. The Organization shall enjoy in the territory of each of its Members such privileges and immunities as are necessary for the fulfilment of its purposes.
2. Representatives of the Members of the United Nations and officials of the Organization shall similarly enjoy such privileges and immunities as are necessary for the independent exercise of their functions in connection with the Organization.
3. The General Assembly may make recommendations with a view to determining the details of the application of paragraphs 1 and 2 of this Article or may propose conventions to the Members of the United Nations for this purpose.

CHAPTER XVII
Transitional security arrangements

Article 106 [Moscow Four-Nation Declaration]
Pending the coming into force of such special agreements referred to in Article 43 as in the opinion of the Security Council enable it to begin the exercise of its responsibilities under Article 42, the parties to the Four-Nation Declaration, signed at Moscow October 30, 1943, and France, shall, in accordance with the provisions of paragraph 5 of that Declaration, consult with one another and as occasion requires with other Members of the United Nations with a view to such joint action on behalf of the Organization as may be necessary for the purpose of maintaining international peace and security.

(2) Werden solche Verträge oder internationalen Übereinkünfte nicht nach Absatz 1 registriert, so können sich ihre Vertragsparteien bei einem Organ der Vereinten Nationen nicht auf sie berufen.

Artikel 103 [Vorrang der Charta]
Widersprechen sich die Verpflichtungen von Mitgliedern der Vereinten Nationen aus dieser Charta und ihre Verpflichtungen aus anderen internationalen Übereinkünften, so haben die Verpflichtungen aus dieser Charta Vorrang.

Artikel 104 [Privatrechtsfähigkeit der VN]
Die Organisation genießt im Hoheitsgebiet jedes Mitglieds die Rechts- und Geschäftsfähigkeit, die zur Wahrnehmung ihrer Aufgaben und zur Verwirklichung ihrer Ziele erforderlich ist.

Artikel 105 [Vorrechte und Immunitäten]
(1) Die Organisation genießt im Hoheitsgebiet jedes Mitglieds die Vorrechte und Immunitäten, die zur Verwirklichung ihrer Ziele erforderlich sind.
(2) Vertreter der Mitglieder der Vereinten Nationen und Bedienstete der Organisation genießen ebenfalls die Vorrechte und Immunitäten, deren sie bedürfen, um ihre mit der Organisation zusammenhängenden Aufgaben in voller Unabhängigkeit wahrnehmen zu können.
(3) Die Generalversammlung kann Empfehlungen abgeben, um die Anwendung der Absätze 1 und 2 im einzelnen zu regeln, oder sie kann den Mitgliedern der Vereinten Nationen zu diesem Zweck Übereinkommen vorschlagen.

KAPITEL XVII
Übergangsbestimmungen betreffend die Sicherheit

Artikel 106 [Moskauer Viermächte-Erklärung von 1943]
Bis das Inkrafttreten von Sonderabkommen der in Artikel 43 bezeichneten Art den Sicherheitsrat nach seiner Auffassung befähigt, mit der Ausübung der ihm in Artikel 42 zugewiesenen Verantwortlichkeiten zu beginnen, konsultieren die Parteien der am 30. Oktober 1943 in Moskau unterzeichneten Viermächte-Erklärung und Frankreich nach Absatz 5 dieser Erklärung einander und gegebenenfalls andere Mitglieder der Vereinten Nationen, um gemeinsam alle etwa erforderlichen Maßnahmen zur Wahrung des Weltfriedens und der internationalen Sicherheit im Namen der Organisation zu treffen.

Article 107 [Enemy State Clause]
Nothing in the present Charter shall invalidate or preclude action, in relation to any state which during the Second World War has been an enemy of any signatory to the present Charter, taken or authorized as a result of that war by the Governments having responsibility for such action.

CHAPTER XVIII
Amendments

Article 108 [Amendment]
Amendments to the present Charter shall come into force for all Members of the United Nations when they have been adopted by a vote of two thirds of the members of the General Assembly and ratified in accordance with their respective constitutional processes by two thirds of the Members of the United Nations, including all the permanent members of the Security Council.

Article 109 [Review]
1. A General Conference of the Members of the United Nations for the purpose of reviewing the present Charter may be held at a date and place to be fixed by a two-thirds vote of the members of the General Assembly and by a vote of any seven members of the Security Council. Each Member of the United Nations shall have one vote in the conference.

2. Any alteration of the present Charter recommended by a two-thirds vote of the conference shall take effect when ratified in accordance with their respective constitutional processes by two thirds of the Members of the United Nations including all the permanent members of the Security Council.
3. If such a conference has not been held before the tenth annual session of the General Assembly following the coming into force of the present Charter, the proposal to call such a conference shall be placed on the agenda of that session of the General Assembly, and the conference shall be held if so decided by a majority vote of the members of the General Assembly and by a vote of any seven members of the Security Council.

Artikel 107 [Feindstaatenvorbehalt]
Maßnahmen, welche die hierfür verantwortlichen Regierungen als Folge des Zweiten Weltkriegs in bezug auf einen Staat ergreifen oder genehmigen, der während dieses Krieges Feind eines Unterzeichnerstaats dieser Charta war, werden durch diese Charta weder außer Kraft gesetzt noch untersagt.

KAPITEL XVIII
Änderungen

Artikel 108 [Änderung]
Änderungen dieser Charta treten für alle Mitglieder der Vereinten Nationen in Kraft, wenn sie mit Zweidrittelmehrheit der Mitglieder der Generalversammlung angenommen und von zwei Dritteln der Mitglieder der Vereinten Nationen einschließlich aller ständigen Mitglieder des Sicherheitsrats nach Maßgabe ihres Verfassungsrechts ratifiziert worden sind.

Artikel 109 [Revision]
(1) Zur Revision dieser Charta kann eine Allgemeine Konferenz der Mitglieder der Vereinten Nationen zusammentreten; Zeitpunkt und Ort werden durch Beschluß einer Zweidrittelmehrheit der Mitglieder der Generalversammlung und durch Beschluß von neun beliebigen Mitgliedern des Sicherheitsrats bestimmt. Jedes Mitglied der Vereinten Nationen hat auf der Konferenz eine Stimme.
(2) Jede Änderung dieser Charta, die von der Konferenz mit Zweidrittelmehrheit empfohlen wird, tritt in Kraft, sobald sie von zwei Dritteln der Mitglieder der Vereinten Nationen einschließlich aller ständigen Mitglieder des Sicherheitsrats nach Maßgabe ihres Verfassungsrechts ratifiziert worden ist.
(3) Ist eine solche Konferenz nicht vor der zehnten Jahrestagung der Generalversammlung nach Inkrafttreten dieser Charta zusammengetreten, so wird der Vorschlag, eine solche Konferenz einzuberufen, auf die Tagesordnung jener Tagung gesetzt; die Konferenz findet statt, wenn dies durch Beschluß der Mehrheit der Mitglieder der Generalversammlung und durch Beschluß von sieben beliebigen Mitgliedern des Sicherheitsrats bestimmt wird.

CHAPTER XIX
Ratification and signature
Article 110 [Ratification and Entry into Force]

1. The present Charter shall be ratified by the signatory states in accordance with their respective constitutional processes.
2. The ratifications shall be deposited with the Government of the United States of America, which shall notify all the signatory states of each deposit as well as the Secretary-General of the Organization when he has been appointed.
3. The present Charter shall come into force upon the deposit of ratifications by the Republic of China, France, the Union of Soviet Socialist Republics, the United Kingdom of Great Britain and Northern Ireland, and the United States of America, and by a majority of the other signatory states. A protocol of the ratifications deposited shall thereupon be drawn up by the Government of the United States of America which shall communicate copies thereof to all the signatory states.
4. The states signatory to the present Charter which ratify it after it has come into force will become original Members of the United Nations on the date of the deposit of their respective ratifications.

Article 111 [Authentic Texts, Deposit]

The present Charter, of which the Chinese, French, Russian, English, and Spanish texts are equally authentic, shall remain deposited in the archives of the Government of the United States of America. Duly certified copies thereof shall be transmitted by that Government to the Governments of the other signatory states.

In Faith Whereof the representatives of the Governments of the United Nations have signed the present Charter.

Done at the city of San Francisco the twenty-sixth day of June, one thousand nine hundred and forty-five.

KAPITEL XIX
Ratifizierung und Unterzeichnung
Artikel 110 [Ratifizierung und Inkrafttreten]

(1) Diese Charta bedarf der Ratifizierung durch die Unterzeichnerstaaten nach Maßgabe ihres Verfassungsrechts.
(2) Die Ratifikationsurkunden werden bei der Regierung der Vereinigten Staaten von Amerika hinterlegt; diese notifiziert jede Hinterlegung allen Unterzeichnerstaaten sowie dem Generalsekretär der Organisation, sobald er ernannt ist.
(3) Diese Charta tritt in Kraft, sobald die Republik China, Frankreich, die Union der Sozialistischen Sowjetrepubliken, das Vereinigte Königreich Großbritannien und Nordirland und die Vereinigten Staaten von Amerika sowie die Mehrheit der anderen Unterzeichnerstaaten ihre Ratifikationsurkunden hinterlegt haben. Die Regierung der Vereinigten Staaten von Amerika errichtet sodann über die Hinterlegung der Ratifikationsurkunden ein Protokoll, von dem sie allen Unterzeichnerstaaten Abschriften übermittelt.
(4) Die Unterzeichnerstaaten dieser Charta, die sie nach ihrem Inkrafttreten ratifizieren, werden mit dem Tag der Hinterlegung ihrer Ratifikationsurkunde ursprüngliche Mitglieder der Vereinten Nationen.

Artikel 111 [Authentische Texte, Hinterlegung]

Diese Charta, deren chinesischer, französischer, russischer, englischer und spanischer Wortlaut gleichermaßen verbindlich ist, wird im Archiv der Regierung der Vereinigten Staaten von Amerika hinterlegt. Diese übermittelt den Regierungen der anderen Unterzeichnerstaaten gehörig beglaubigte Abschriften.

Zu Urkund dessen haben die Vertreter der Regierungen der Vereinten Nationen diese Charta unterzeichnet.

Geschehen in der Stadt San Franzisko am 26. Juni 1945.

Satzung des Europarates[1)]
Vom 5. Mai 1949

Die Regierungen des Königreichs Belgien, des Königreichs Dänemark, der Französischen Republik, der Republik Irland, der Italienischen Republik, des Großherzogtums Luxemburg, des Königreichs der Niederlande, des Königreichs Norwegen, des Königreichs Schweden und des Vereinigten Königreichs von Großbritannien und Nordirland haben,

in der Überzeugung, daß die Festigung des Friedens auf den Grundlagen der Gerechtigkeit und internationalen Zusammenarbeit für die Erhaltung der menschlichen Gesellschaft und der Zivilisation von lebenswichtigem Interesse ist;

in unerschütterlicher Verbundenheit mit den geistigen und sittlichen Werten, die das gemeinsame Erbe ihrer Völker sind und der persönlichen Freiheit, der politischen Freiheit und der Herrschaft des Rechtes zugrunde liegen, auf denen jede wahre Demokratie beruht;

in der Überzeugung, daß zum Schutze und zur fortschreitenden Verwirklichung dieses Ideals und zur Förderung des sozialen und wirtschaftlichen Fortschritts zwischen den europäischen Ländern, die von demselben Geiste beseelt sind, eine engere Verbindung hergestellt werden muß;

in der Erwägung, daß, um diesem Bedürfnis und den offenkundigen Bestrebungen ihrer Völker Rechnung zu tragen, schon jetzt eine Organisation errichtet werden muß, in der die europäischen Staaten enger zusammengeschlossen werden,

beschlossen, einen Europarat zu gründen, der aus einem Komitee von Vertretern der Regierungen und einer Beratenden Versammlung besteht, und zu diesem Zweck diese Satzung angenommen.

KAPITEL I
Aufgabe des Europarates

Artikel 1

(a) Der Europarat hat zur Aufgabe, eine engere Verbindung zwischen seinen Mitgliedern zum Schutze und zur Förderung der Ideale und Grundsätze, die ihr gemeinsames Erbe bilden, herzustellen und ihren wirtschaftlichen und sozialen Fortschritt zu fördern.

(b) Diese Aufgabe wird von den Organen des Rates erfüllt durch Beratung von Fragen von gemeinsamem Interesse, durch den Abschluß von Abkommen und durch gemeinschaftliches Vorgehen auf wirtschaftlichem, sozialem, kulturellem und wissenschaftlichem Gebiet und auf den Gebieten des Rechts und der Verwaltung sowie durch den Schutz und die Fortentwicklung der Menschenrechte und Grundfreiheiten.

(c) Die Beteiligung der Mitglieder an den Arbeiten des Europarates darf ihre Mitwirkung am Werk der Vereinten Nationen und der anderen internationalen Organisationen oder Vereinigungen, denen sie angehören, nicht beeinträchtigen.

(d) Fragen der nationalen Verteidigung gehören nicht zur Zuständigkeit des Europarates.

KAPITEL II
Zusammensetzung

Artikel 2
Mitglieder des Europarates sind die Vertragspartner dieser Satzung.

Artikel 3
Jedes Mitglied des Europarates erkennt den Grundsatz der Vorherrschaft des Rechts und den Grundsatz an, daß jeder, der seiner Hoheitsgewalt unterliegt, der Menschenrechte und Grundfreiheiten teilhaftig werden soll. Es verpflichtet sich, bei der Erfüllung der in Kapitel I bestimmten Aufgaben aufrichtig und tatkräftig mitzuarbeiten.

---

1) Deutscher Text: *BGBl.* 1954 II S. 1128; in der Fassung der Bekanntmachung vom 18. Januar 2008, *BGBl.* 2008 II S. 129.
Internationale Quelle: *UNTS* Bd. 87 S. 103; *CETS* Nr. 1.
In Kraft getreten am 3. August 1949; für die Bundesrepublik Deutschland am 13. Juli 1950 assoziierte Mitgliedschaft, am 2. Mai 1951 Vollmitgliedschaft.

2 Satzung des Europarates Art. 4–12

Artikel 4
Jeder europäische Staat, der für fähig und gewillt befunden wird, die Bestimmungen des Artikels 3 zu erfüllen, kann vom Ministerkomitee eingeladen werden, Mitglied des Europarates zu werden. Jeder auf diese Weise eingeladene Staat erwirbt die Mitgliedschaft mit der in seinem Namen erfolgenden Hinterlegung einer Urkunde über den Beitritt zu dieser Satzung beim Generalsekretär.

Artikel 5
(a) Unter besonderen Umständen kann ein europäisches Land, das für fähig und gewillt befunden wird, die Bestimmungen des Artikels 3 zu erfüllen, vom Ministerkomitee eingeladen werden, assoziiertes Mitglied des Europarates zu werden. Jedes auf diese Weise eingeladene Land erwirbt die Eigenschaft eines assoziierten Mitgliedes mit der in seinem Namen erfolgenden Hinterlegung einer Urkunde über die Annahme dieser Satzung beim Generalsekretär. Die assoziierten Mitglieder können nur in der Beratenden Versammlung vertreten sein.
(b) In dieser Satzung umfaßt der Ausdruck »Mitglied« auch die assoziierten Mitglieder, soweit es sich nicht um die Vertretung im Ministerkomitee handelt.

Artikel 6
Vor der Absendung einer der in den Artikeln 4 oder 5 vorgesehenen Einladung setzt das Ministerkomitee die Zahl der dem zukünftigen Mitglied in der Beratenden Versammlung zustehenden Sitze und seinen Beitrag zu den finanziellen Aufwendungen fest.

Artikel 7
Jedes Mitglied des Europarates kann aus diesem ausscheiden, indem es dem Generalsekretär gegenüber eine förmliche Erklärung hierüber abgibt. Die Austrittserklärung wird mit dem Ende des laufenden Rechnungsjahres wirksam, wenn sie innerhalb der ersten neun Monate dieses Jahres, und mit dem Ende des folgenden Rechnungsjahres, wenn sie in den letzten drei Monaten dieses Jahres abgegeben worden ist.

Artikel 8
Jedem Mitglied des Europarates, das sich einer schweren Verletzung der Bestimmungen des Artikels 3 schuldig macht, kann sein Recht auf Vertretung vorläufig entzogen und es kann vom Ministerkomitee aufgefordert werden, gemäß den in Artikel 7 vorgesehenen Bestimmungen seinen Austritt zu erklären. Kommt es dieser Aufforderung nicht nach, so kann das Komitee beschließen, daß das Mitglied von einem vom Komitee bestimmten Zeitpunkt an dem Rat nicht mehr angehört.

Artikel 9
Erfüllt ein Mitglied seine finanziellen Verpflichtungen nicht, so kann ihm das Ministerkomitee das Recht auf Vertretung im Komitee und in der Beratenden Versammlung entziehen, und zwar für so lange, als es seinen Verpflichtungen nicht nachkommt.

KAPITEL III
Allgemeine Bestimmungen

Artikel 10
Die Organe des Europarates sind
(i) das Ministerkomitee;
(ii) die Beratende Versammlung.[2]
Diesen beiden Organen steht das Sekretariat des Europarates zur Seite.

Artikel 11
Der Europarat hat seinen Sitz in Straßburg.

Artikel 12
Die Amtssprachen des Europarates sind Französisch und Englisch. Die Geschäftsordnungen des Ministerkomitees und der Beratenden Versammlung bestimmen die Umstände und Voraussetzungen, unter denen andere Sprachen verwendet werden können.

---

2) Das Ministerkomitee hat im Februar 1994 beschlossen, zukünftig die Bezeichnung »Parlamentarische Versammlung« in allen Dokumenten des Europarates zu verwenden.

KAPITEL IV
Das Ministerkomitee

Artikel 13
Das Ministerkomitee ist das Organ, das dafür zuständig ist, im Namen des Europarates gemäß Artikeln 15 und 16 zu handeln.

Artikel 14
Jedes Mitglied hat im Ministerkomitee einen Vertreter, jeder Vertreter hat eine Stimme. Vertreter im Komitee sind die Außenminister. Kann ein Außenminister an den Sitzungen nicht teilnehmen, oder lassen andere Umstände es wünschenswert erscheinen, so kann ein Beauftragter bestellt werden, der für ihn tätig wird. Der Beauftragte soll, wenn irgend möglich, ein Mitglied der Regierung seines Landes sein.

Artikel 15
(a) Das Ministerkomitee prüft auf Empfehlung der Beratenden Versammlung oder von Amts wegen die Maßnahmen, die zur Erfüllung der Aufgaben des Europarates geeignet sind, einschließlich des Abschlusses von Abkommen und Vereinbarungen und der Annahme einer gemeinsamen Politik durch die Regierungen in bestimmten Fragen. Seine Beschlüsse werden vom Generalsekretär den Mitgliedern mitgeteilt.
(b) Die Beschlüsse des Ministerkomitees können gegebenenfalls die Form von Empfehlungen an die Regierungen annehmen. Das Komitee kann die Regierungen auffordern, ihm über die auf Grund der Empfehlungen getroffenen Maßnahmen zu berichten.

Artikel 16
Vorbehaltlich der Bestimmungen der Artikel 24, 28, 30, 32, 33 und 35 über die Befugnisse der Beratenden Versammlung regelt das Ministerkomitee mit bindender Wirkung alle Fragen der Organisation und des inneren Dienstes des Europarates. Es erläßt zu diesem Zweck die erforderlichen Haushalts- und Verwaltungsordnungen.

Artikel 17
Das Ministerkomitee kann zu den von ihm für wünschenswert erachteten Zwecken Komitees oder Ausschüsse beratenden oder technischen Charakters bilden.

Artikel 18
Das Ministerkomitee gibt sich eine Geschäftsordnung; diese regelt insbesondere
(i) die zur Beschlußfähigkeit notwendige Mitgliederzahl;
(ii) den Modus für die Bestellung des Vorsitzenden und die Dauer seines Mandats;
(iii) das Verfahren für die Aufstellung der Tagesordnung und für die Einreichung der Entschließungsanträge;
(iv) die Art und Weise der Mitteilung der Bestellung von Beauftragten gemäß Artikel 14.

Artikel 19
In jeder Sitzungsperiode der Beratenden Versammlung unterbreitet ihr das Ministerkomitee Berichte über seine Tätigkeit unter Beifügung der einschlägigen Unterlagen.

Artikel 20
(a) Einstimmigkeit der abgegebenen Stimmen und die Stimmen der Mehrheit der Vertreter, die Anspruch auf einen Sitz im Ministerkomitee haben, sind für Entschließungen des Komitees über folgende wichtige Fragen erforderlich:
    (i) Empfehlungen nach Artikel 15 (b);
    (ii) Fragen nach Artikel 19;
    (iii) Fragen nach Artikel 21 (a) (i) und (b);
    (iv) Fragen nach Artikel 33;
    (v) Empfehlungen für die Abänderung der Artikel 1 (d), 7, 15, 20 und 22; und
    (vi) alle sonstigen Fragen, für die das Komitee wegen ihrer Bedeutung durch eine unter den Voraussetzungen des nachstehenden Absatzes (d) angenommene Entschließung gegebenenfalls die Einstimmigkeit vorschreibt.

2 Satzung des Europarates Art. 21–25

(b) Fragen aus dem Bereich der Geschäftsordnung oder der Haushalts- oder Verwaltungsordnungen können den Gegenstand einer Entscheidung bilden, die mit einfacher Mehrheit der Stimmen aller Vertreter, die Anspruch auf einen Sitz im Ministerkomitee haben, gefaßt wird.
(c) Die in Anwendung der Artikel 4 und 5 gefaßten Entschließungen des Komitees bedürfen der Annahme durch eine Zweidrittelmehrheit aller Vertreter, die Anspruch auf einen Sitz im Ministerkomitee haben.
(d) Alle sonstigen Entschließungen des Komitees werden mit Zweidrittelmehrheit der abgegebenen Stimmen und der einfachen Mehrheit der Stimmen aller Vertreter, die Anspruch auf einen Sitz im Ministerkomitee haben, gefaßt. Zu diesen Entschließungen gehören insbesondere diejenigen über die Annahme des Haushaltsplans, der Geschäftsordnung, der Haushalts- und Verwaltungsordnungen, die Empfehlungen über die Änderung der vorstehend unter (a) (v) nicht erwähnten Artikel dieser Satzung sowie darüber, welcher Absatz dieses Artikels im Zweifelsfalle anzuwenden ist.

Artikel 21
(a) Die Sitzungen des Ministerkomitees finden, wenn dieses keine andere Entscheidung trifft, statt
   (i) unter Ausschluß der Öffentlichkeit und
   (ii) am Sitze des Rates.
(b) Das Komitee bestimmt selbst, welche Mitteilungen über die nichtöffentlichen Beratungen und über ihre Beschlüsse zu veröffentlichen sind.
(c) Das Komitee muß vor der Eröffnung der Sitzungsperioden der Beratenden Versammlung und zu Beginn dieser Sitzungsperioden zusammentreten; es tritt außerdem zusammen, wenn es von ihm für zweckmäßig erachtet wird.

KAPITEL V
Beratende Versammlung

Artikel 22
Die Beratende Versammlung ist das beratende Organ des Europarates. Sie erörtert Fragen, die in ihr Aufgabengebiet fallen, wie es in dieser Satzung umschrieben ist, und übermittelt ihre Beschlüsse dem Ministerkomitee in der Form von Empfehlungen.

Artikel 23
(a) Die Beratende Versammlung kann über alle Fragen, die nach den Begriffsbestimmungen des Kapitels 1 der Aufgabe des Europarates entsprechen und in dessen Zuständigkeit fallen, beraten und Empfehlungen ausarbeiten; sie berät ferner über jede Frage, die ihr vom Ministerkomitee zur Stellungnahme unterbreitet wird, und kann dazu Empfehlungen ausarbeiten.
(b) Die Versammlung setzt ihre Tagesordnung im Einklang mit den Bestimmungen des vorstehenden Absatzes (a) und unter Berücksichtigung der Tätigkeit der anderen europäischen zwischenstaatlichen Organisationen, denen einige oder alle Mitglieder des Rates angehören, fest.
(c) Der Präsident der Versammlung entscheidet im Zweifelsfalle, ob eine im Laufe einer Sitzungsperiode aufgeworfene Frage auf die Tagesordnung der Versammlung gehört.

Artikel 24
Die Beratende Versammlung kann unter Berücksichtigung der Bestimmungen des Artikels 38 (d) Komitees oder Ausschüsse bilden, die beauftragt sind, alle Fragen im Rahmen ihrer Zuständigkeit im Sinne der Begriffsbestimmung des Artikels 23 zu prüfen, ihr Bericht zu erstatten und zu den auf ihre Tagesordnung gesetzten Angelegenheiten sowie zu allen Verfahrensfragen Stellung zu nehmen.

Artikel 25
(a) Die Beratende Versammlung besteht aus Vertretern jedes Mitglieds, die von dessen Parlament aus seiner Mitte gewählt oder nach einem vom Parlament bestimmten Verfahren aus seiner Mitte ernannt werden; jedoch kann die Regierung eines jeden Mitglieds ergänzende Ernennungen vornehmen, wenn das Parlament nicht tagt und das in diesem Fall anzuwendende Verfahren nicht bestimmt hat. Jeder Vertreter muß Staatsangehöriger des von ihm vertretenen Mitglieds sein.
Er darf nicht gleichzeitig dem Ministerkomitee angehören.

Die Amtszeit der auf diese Weise ernannten Vertreter beginnt mit der Eröffnung der auf ihre Ernennung folgenden ordentlichen Sitzungsperiode; sie endet mit der Eröffnung der darauffolgenden oder einer späteren ordentlichen Sitzungsperiode; jedoch können Mitglieder nach Parlamentswahlen neue Ernennung vornehmen.

Nimmt ein Mitglied, weil ein Sitz durch Tod oder Rücktritt verwaist ist, oder infolge von Parlamentswahlen Neuernennungen vor, so beginnt die Amtszeit der neuen Vertreter mit der ersten auf die Ernennung folgenden Sitzung der Versammlung.

(b) Kein Vertreter kann im Laufe einer Sitzungsperiode der Versammlung ohne deren Zustimmung seines Mandates enthoben werden.

(c) Jeder Vertreter kann einen Ersatzmann haben, der im Falle der Abwesenheit des Vertreters berechtigt ist, an seiner Stelle an den Sitzungen teilzunehmen, das Wort zu ergreifen und abzustimmen. Die Bestimmungen des vorstehenden Absatzes (a) finden auch auf die Bezeichnung der Ersatzleute Anwendung.

Artikel 26
Die Mitglieder haben Anspruch auf die nachstehend angegebene Zahl von Sitzen:

Land	Sitze	Land	Sitze
Albanien	4	Luxemburg	3
Andorra	2	Malta	3
Armenien	4	Moldawien	5
Österreich	6	Monaco	2
Aserbaidschan	6	Montenegro	3
Belgien	7	Niederlande	7
Bosnien und Herzegowina	5	Norwegen	5
Bulgarien	6	Polen	12
Kroatien	5	Portugal	7
Zypern	3	Rumänien	10
Tschechische Republik	7	Russische Föderation	18
Dänemark	5	San Marino	2
Estland	3	Serbien	7
Finnland	5	Slowakische Republik	5
Frankreich	18	Slowenien	3
Georgien	5	Spanien	12
Deutschland	18	Schweden	6
Griechenland	7	Schweiz	6
Ungarn	7	»Ehemalige jugoslawische Republik Mazedonien«	3
Island	3	Türkei	12
Irland	4	Ukraine	12
Italien	18	Vereinigtes Königreich Großbritannien und Nordirland	18
Lettland	3		
Liechtenstein	2		
Litauen	4		

Artikel 27
Die Bedingungen, unter denen das Ministerkomitee insgesamt bei den Aussprachen der Beratenden Versammlung vertreten sein kann, und diejenigen, unter denen die Vertreter im Komitee und ihre Beauftragten einzeln das Wort vor der Versammlung ergreifen können, unterliegen den einschlägigen Bestimmungen der Geschäftsordnung, die nach Anhörung der Versammlung vom Komitee beschlossen werden können.

Artikel 28
(a) Die Beratende Versammlung gibt sich ihre Geschäftsordnung. Sie wählt aus ihrer Mitte ihren Präsidenten, der bis zur folgenden ordentlichen Sitzungsperiode im Amt bleibt.

(b) Der Präsident leitet die Arbeiten, nimmt aber weder an den Aussprachen noch an der Abstimmung teil. Der Ersatzmann des Präsidenten ist befugt, an seiner Stelle an den Sitzungen teilzunehmen, das Wort zu ergreifen und abzustimmen.
(c) Die Geschäftsordnung regelt insbesondere
    (i) die Frage der Beschlußfähigkeit;
    (ii) das Verfahren für die Wahl und die Dauer des Amts des Präsidenten und der anderen Mitglieder des Büros;
    (iii) Das Verfahren für die Aufstellung der Tagesordnung und für deren Bekanntgabe an die Vertreter;
    (iv) Zeitpunkt und Verfahren der Bekanntgabe der Namen der Vertreter und ihrer Ersatzleute.

Artikel 29
Vorbehaltlich der Bestimmungen des Artikels 30 bedürfen alle Entschließungen der Beratenden Versammlung der Zweidrittelmehrheit der abgegebenen Stimmen, einschließlich der Entschließungen, die zum Gegenstand haben:
(i)   Empfehlungen an das Ministerkomitee;
(ii)   Vorschläge an das Komitee über die auf die Tagesordnung der Versammlung zu setzenden Fragen;
(iii) die Bildung der Komitees oder Ausschüsse;
(iv) die Festsetzung des Eröffnungstages der Sitzungsperioden;
(v)   die Bestimmung der erforderlichen Mehrheit für die Annahme der Entschließungen, die nicht unter die vorstehenden Ziffern (i) bis (iv) fallen oder in Zweifelsfällen die Bestimmung der angemessenen Mehrheitsregel.

Artikel 30
Die Entschließungen der Beratenden Versammlung über Fragen des inneren Geschäftsganges, insbesondere über die Wahl der Mitglieder des Büros, die Ernennung der Mitglieder für die Komitees und Ausschüsse und die Annahme der Geschäftsordnung, bedürfen der von der Versammlung gemäß Artikel 29 (v) zu bestimmenden Mehrheit.

Artikel 31
Die Beratungen über die dem Ministerkomitee zu unterbreitenden Vorschläge über die Aufnahme einer Frage auf die Tagesordnung der Beratenden Versammlung dürfen sich nach Abgrenzung des Gegenstandes der Frage nur auf die Gründe beziehen, die für oder gegen diese Aufnahme sprechen.

Artikel 32
Die Beratende Versammlung tritt alljährlich zu einer ordentlichen Sitzungsperiode zusammen, deren Zeitpunkt und Dauer von der Versammlung so festgesetzt werden, daß jedes Zusammentreffen mit den Sitzungsperioden der Parlamente der Mitglieder und der Generalversammlung der Vereinten Nationen nach Möglichkeit vermieden wird. Die Dauer der ordentlichen Sitzungsperioden darf einen Monat nicht überschreiten, es sei denn, daß die Versammlung und das Ministerkomitee in beiderseitigem Einvernehmen etwas anderes beschließen.

Artikel 33
Die ordentlichen Sitzungsperioden der Beratenden Versammlung finden am Sitze des Rates statt, es sei denn, daß die Versammlung und das Ministerkomitee in beiderseitigem Einvernehmen anders entscheiden.

Artikel 34
Die Beratende Versammlung kann auf Vorschlag des Ministerkomitees oder des Präsidenten der Versammlung nach einem zwischen ihnen erzielten diesbezüglichen Einvernehmen, das sich auch auf den Zeitpunkt und den Ort bezieht, zu einer außerordentlichen Sitzungsperiode einberufen werden.

Artikel 35
Die Sitzungen der Beratenden Versammlung sind öffentlich, es sei denn, daß die Versammlung anders entscheidet.

KAPITEL VI
Sekretariat

Artikel 36
(a) Das Sekretariat besteht aus dem Generalsekretär, einem stellvertretenden Generalsekretär und dem erforderlichen Personal.
(b) Der Generalsekretär und der stellvertretende Generalsekretär werden von der Beratenden Versammlung auf Empfehlung des Ministerkomitees ernannt.
(c) Die übrigen Mitglieder des Sekretariats werden vom Generalsekretär nach Maßgabe der Verwaltungsordnung ernannt.
(d) Kein Mitglied des Sekretariats kann eine entgeltliche Stellung bei einer Regierung innehaben, Mitglied der Beratenden Versammlung oder eines nationalen Parlaments sein oder eine Tätigkeit ausüben, die mit seinen Pflichten unvereinbar ist.
(e) Jeder Angehöriger des Personals des Sekretariats hat in einer feierlichen Erklärung seine Treuepflicht gegenüber dem Europarat zu bekräftigen und zu geloben, daß er die Pflichten seiner Stellung gewissenhaft erfüllen wird, ohne sich dabei durch Erwägungen nationaler Art beeinflussen zu lassen, und daß er Weisungen im Zusammenhang mit der Erfüllung seiner Aufgaben von keiner Regierung und keiner anderen Behörde als dem Rat anfordern oder entgegennehmen und sich jeder Handlung enthalten wird, die mit seiner Stellung als eines internationalen ausschließlich dem Rat verantwortlichen Beamten unvereinbar ist. Der Generalsekretär und der stellvertretende Generalsekretär geben diese Erklärung vor dem Komitee ab; die übrigen Mitglieder des Personals geben die Erklärung vor dem Generalsekretär ab.
(f) Jedes Mitglied hat den ausschließlich internationalen Charakter der Aufgaben des Generalsekretärs und des Personals des Sekretariats zu achten und davon Abstand zu nehmen, diese Personen bei der Erfüllung ihrer Aufgaben zu beeinflussen.

Artikel 37
(a) Das Sekretariat wird am Sitze des Rates eingerichtet.
(b) Der Generalsekretär ist für die Tätigkeit des Sekretariats dem Ministerkomitee gegenüber verantwortlich. Er hat insbesondere, vorbehaltlich der Bestimmungen des Artikels 38 (d), der Beratenden Versammlung die von ihr etwa benötigten Verwaltungsdienste und sonstigen Dienste zur Verfügung zu stellen.

KAPITEL VII
Finanzen

Artikel 38
(a) Jedes Mitglied trägt die Kosten seiner eigenen Vertretung im Ministerkomitee und in der Beratenden Versammlung.
(b) Die Aufwendungen des Sekretariats und alle sonstigen gemeinsamen Aufwendungen werden in dem vom Komitee unter Zugrundelegung der Bevölkerungszahl jedes Mitglieds bestimmten Verhältnis auf alle Mitglieder umgelegt.
Der Beitrag eines jeden assoziierten Mitglieds wird vom Komitee festgesetzt.
(c) Der Haushalt des Rates wird alljährlich vom Generalsekretär unter Beachtung der Haushaltsordnung dem Komitee zur Genehmigung unterbreitet.
(d) Der Generalsekretär unterbreitet dem Ministerkomitee die Anforderungen der Versammlung, die geeignet sind, Ausgaben zu verursachen, welche den Betrag der im Haushalt für die Versammlung und ihre Arbeiten bereits bewilligten Ansätze überschreiten.
(e) Der Generalsekretär unterbreitet dem Ministerkomitee ferner einen Voranschlag der Ausgaben, die mit der Durchführung jeder der dem Komitee vorgelegten Empfehlungen verbunden sind. Ein Beschluß, dessen Durchführung zusätzliche Ausgaben verursacht, gilt erst dann als vom Ministerkomitee angenommen, wenn dieses die darauf bezüglichen zusätzlichen Kostenvoranschläge genehmigt hat.

Artikel 39
Der Generalsekretär gibt alljährlich den Regierungen der Mitglieder die Höhe ihres Beitrages bekannt. Die Beiträge gelten als am Tage dieser Bekanntgabe fällig; sie sind dem Generalsekretär spätestens innerhalb von sechs Monaten zu überweisen.

KAPITEL VIII
Vorrechte und Immunitäten

Artikel 40
(a) Dem Europarat, den Vertretern der Mitglieder und dem Sekretariat stehen im Gebiete der Mitglieder die Immunitäten und Vorrechte zu, die für die Erfüllung ihrer Aufgaben erforderlich sind. Auf Grund dieser Immunitäten dürfen insbesondere die Vertreter der Beratenden Versammlung im Gebiete der Mitglieder wegen der im Laufe der Beratungen der Versammlung, ihrer Komitees und Ausschüsse zum Ausdruck gebrachten Auffassungen oder wegen ihrer Stimmabgabe weder festgenommen noch verfolgt werden.
(b) Die Mitglieder verpflichten sich, so bald wie möglich ein Abkommen abzuschließen, um die Anwendung des vorstehenden Absatzes (a) in vollem Maße sicherzustellen. Zu diesem Zweck wird das Ministerkomitee den Regierungen der Mitglieder den Abschluß eines Abkommens empfehlen, das die in ihren Gebieten gewährten Vorrechte und Immunitäten näher bezeichnet. Außerdem wird mit der Regierung der Französischen Republik ein besonderes Abkommen getroffen, das die Vorrechte und Immunitäten bezeichnet, die dem Rat an seinem Sitze zustehen.

KAPITEL IX
Satzungsänderungen

Artikel 41
(a) Vorschläge auf Änderung dieser Satzung können dem Ministerkomitee oder, unter den in Artikel 23 vorgesehenen Bedingungen, der Beratenden Versammlung unterbreitet werden.
(b) Das Komitee empfiehlt die von ihm für wünschenswert erachteten Änderungen der Satzung und sorgt für ihre Aufnahme in ein Protokoll.
(c) Jedes Änderungsprotokoll tritt in Kraft, sobald es von zwei Dritteln der Mitglieder ratifiziert ist.
(d) Unbeschadet der Bestimmungen der vorstehenden Absätze dieses Artikels treten die Änderungen der Artikel 23 bis 35, 38 und 39 nach ihrer jeweiligen Billigung durch das Komitee und die Versammlung mit dem Datum der vom Generalsekretär ausgestellten Bescheinigung, die den Regierungen der Mitglieder zu übersenden ist und die Billigung der genannten Änderungen beglaubigt, in Kraft. Die Bestimmungen dieses Absatzes können erst vom Schluß der zweiten ordentlichen Sitzungsperiode der Versammlung an Anwendung finden.

KAPITEL X
Schlußbestimmungen

Artikel 42
(a) Diese Satzung bedarf der Ratifizierung. Die Ratifikationsurkunden werden bei der Regierung des Vereinigten Königreichs von Großbritannien und Nordirland hinterlegt.
(b) Diese Satzung tritt nach der Hinterlegung von sieben Ratifikationsurkunden in Kraft. Die Regierung des Vereinigten Königreichs gibt allen Unterzeichnerregierungen das Inkrafttreten der Satzung und die Namen der derzeitigen Mitglieder des Europarates bekannt.
(c) In der Folge wird jeder weitere Unterzeichner mit dem Tage der Hinterlegung seiner Ratifikationsurkunde Vertragspartner dieser Satzung.

Zu Urkund dessen haben die unterzeichneten, zu diesem Zweck ordnungsgemäß beglaubigten Vertreter diese Satzung unterschrieben.
Geschehen zu London am 5. Mai 1949 in französischer und englischer Sprache, wobei beide Fassungen gleichermaßen authentisch sind, in einem einzigen Exemplar, das in den Archiven der Regierung des Vereinigten Königreichs hinterlegt wird; diese übersendet beglaubigte Abschriften den anderen Regierungen der Unterzeichnerstaaten.

Übereinkommen zur Errichtung der Welthandelsorganisation (WTO)[1)]
Vom 15. April 1994

Die Vertragsparteien dieses Übereinkommens –
in der Erkenntnis, daß ihre Handels- und Wirtschaftsbeziehungen auf die Erhöhung des Lebensstandards, auf die Sicherung der Vollbeschäftigung und eines hohen und ständig steigenden Umfangs des Realeinkommens und der wirksamen Nachfrage sowie auf die Ausweitung der Produktion und des Handels mit Waren und Dienstleistungen gerichtet sein, gleichzeitig aber die optimale Nutzung der Hilfsquellen der Welt im Einklang mit dem Ziel einer nachhaltigen Entwicklung gestatten sollen, in dem Bestreben, den Schutz und die Erhaltung der Umwelt und gleichzeitig die Steigerung der dafür erforderlichen Mittel zu erreichen, und zwar in einer Weise, die mit den ihren jeweiligen wirtschaftlichen Entwicklungsstand entsprechenden Bedürfnissen und Anliegen vereinbar ist,
in der Erkenntnis, daß es positiver Bemühungen bedarf, damit sich die Entwicklungsländer, insbesondere die am wenigsten entwickelten unter ihnen, einen Anteil am Wachstum des internationalen Handels sichern, der den Erfordernissen ihrer wirtschaftlichen Entwicklung entspricht,
in dem Wunsch, zur Verwirklichung dieser Ziele durch den Abschluß von Übereinkünften beizutragen, die auf der Grundlage der Gegenseitigkeit und zum gemeinsamen Nutzen auf einen wesentlichen Abbau der Zölle und anderer Handelsschranken sowie auf die Beseitigung der Diskriminierung in den internationalen Handelsbeziehungen abzielen,
daher entschlossen, ein integriertes, funktionsfähigeres und dauerhafteres multilaterales Handelssystem zu entwickeln, welches das Allgemeine Zoll- und Handelsabkommen, die Ergebnisse früherer Handelsliberalisierungsbemühungen und sämtliche Ergebnisse der Multilateralen Handelsverhandlungen der Uruguay-Runde umfaßt,
entschlossen, die fundamentalen Grundsätze dieses multilateralen Handelssystems zu wahren und die Verwirklichung seiner Ziele zu fördern –
kommen wie folgt überein:

Artikel I Errichtung der Organisation
Die Welthandelsorganisation (im folgenden als »WTO« bezeichnet) wird hiermit errichtet.

Artikel II Wirkungsbereich der WTO
(1) Die WTO bildet den gemeinsamen institutionellen Rahmen für die Wahrnehmung der Handelsbeziehungen zwischen ihren Mitgliedern in den Angelegenheiten im Zusammenhang mit den in den Anlagen dieses Übereinkommens enthaltenen Übereinkommen und dazugehörigen Rechtsinstrumenten.
(2) Übereinkommen und die dazugehörigen Rechtsinstrumente, die in den Anlagen 1, 2 und 3 enthalten sind (im folgenden als »Multilaterale Handelsübereinkommen« bezeichnet), sind Bestandteil dieses Übereinkommens und für alle Mitglieder verbindlich.
(3) Die Übereinkommen und die dazugehörigen Rechtsinstrumente, die in Anlage 4 enthalten sind (im folgenden als »Plurilaterale Handelsübereinkommen« bezeichnet), sind ebenfalls Bestandteil dieses Übereinkommens für diejenigen Mitglieder, die sie angenommen haben, und sind für diese Mitglieder verbindlich. Die Plurilateralen Handelsübereinkommen begründen für die Mitglieder, die sie nicht angenommen haben, weder Pflichten noch Rechte.
(4) Das in Anlage 1A enthaltene Allgemeine Zoll- und Handelsübereinkommen von 1994 (im folgenden als »GATT 1994« bezeichnet) unterscheidet sich rechtlich von dem Allgemeinen Zoll- und Handelsabkommen vom 30. Oktober 1947, das der Schlußakte der Zweiten Tagung des vorbereitenden Ausschusses der Konferenz der Vereinten Nationen für Handel und Beschäftigung als Anlage beigefügt war, in seiner später berichtigten, ergänzten oder geänderten Fassung (im folgenden als »GATT 1947« bezeichnet).

---
1) Deutscher Text: *BGBl.* 1994 II S. 1625.
   Internationale Quelle: *ILM* 33 (1994) S. 15; *UNTS* Bd. 1867 S. 154.
   In Kraft getreten, auch für die Bundesrepublik Deutschland, am 1. Januar 1995.

3 Übereinkommen über die Welthandelsorganisation Art. III, IV

Artikel III Aufgaben der WTO
(1) Die WTO erleichtert die Durchführung, die Verwaltung und die Wirkungsweise dieses Übereinkommens und der Multilateralen Handelsübereinkommen sowie die Verwirklichung ihrer Ziele; sie bildet auch den Rahmen für die Durchführung, die Verwaltung und die Wirkungsweise der Plurilateralen Handelsübereinkommen.
(2) Die WTO dient als Forum für Verhandlungen zwischen ihren Mitgliedern über deren multilaterale Handelsbeziehungen in den Bereichen, die im Rahmen der in den Anlagen dieses Übereinkommens enthaltenen Übereinkünfte behandelt werden. Die WTO kann auch als Forum für weitere Verhandlungen zwischen ihren Mitgliedern über deren multilaterale Handelsbeziehungen sowie als Rahmen für die Durchführung der Ergebnisse solcher Verhandlungen dienen, wie dies von der Ministerkonferenz beschlossen wird.
(3) Die WTO verwaltet die in Anlage 2 dieses Übereinkommens enthaltene Vereinbarung über Regeln und Verfahren zur Beilegung von Streitigkeiten (im folgenden als »Vereinbarung über Streitbeilegung« oder »DSU« bezeichnet).
(4) Die WTO verwaltet das in Anlage 3 dieses Übereinkommens enthaltene Verfahren zur Überprüfung der Handelspolitiken (im folgenden als »TPRM« bezeichnet).
(5) Im Interesse einer kohärenteren Gestaltung der weltweiten wirtschaftspolitischen Entscheidungen arbeitet die WTO gegebenenfalls mit dem Internationalen Währungsfonds und mit der Internationalen Bank für Wiederaufbau und Entwicklung und den mit ihr verbundenen Institutionen zusammen.

Artikel IV Aufbau der WTO
(1) Eine Ministerkonferenz, die sich aus Vertretern aller Mitglieder zusammensetzt, tritt mindestens einmal alle zwei Jahre zusammen. Die Ministerkonferenz nimmt die Aufgaben der WTO wahr und trifft die dafür erforderlichen Maßnahmen. Die Ministerkonferenz ist befugt, in allen unter eines der Multilateralen Handelsübereinkommen fallenden Angelegenheiten auf Antrag eines Mitglieds in Übereinstimmung mit den besonderen Erfordernissen für die Beschlußfassung in diesem Übereinkommen und dem einschlägigen Multilateralen Handelsübereinkommen Beschlüsse zu fassen.
(2) Ein Allgemeiner Rat, der sich aus Vertretern aller Mitglieder zusammensetzt, tritt zusammen, wann immer dies zweckdienlich ist. Zwischen den Tagungen der Ministerkonferenz nimmt der Allgemeine Rat deren Aufgaben wahr. Der Allgemeine Rat nimmt auch die Aufgaben wahr, die ihm durch dieses Übereinkommen übertragen sind. Der Allgemeine Rat gibt sich eine Geschäftsordnung und genehmigt die Geschäftsordnungen der in Absatz 7 vorgesehenen Ausschüsse.
(3) Der Allgemeine Rat tritt gegebenenfalls zusammen, um die Aufgaben des in der Vereinbarung über Streitbeilegung vorgesehenen Streitbeilegungsgremium wahrzunehmen. Das Streitbeilegungsgremium kann einen eigenen Vorsitzenden haben und legt die Verfahrensregeln fest, die es zur Erfüllung dieser Aufgaben für notwendig erachtet.
(4) Der Allgemeine Rat tritt gegebenenfalls zusammen, um die Aufgaben des im TPRM vorgesehenen Organs zur Überprüfung der Handelspolitiken wahrzunehmen. Das Organ zur Überprüfung der Handelspolitiken kann einen eigenen Vorsitzenden haben und legt die Verfahrensregeln fest, die es zur Erfüllung dieser Aufgaben für notwendig erachtet.
(5) Ein Rat für den Handel mit Waren, ein Rat für den Handel mit Dienstleistungen und ein Rat für handelsbezogene Aspekte der Rechte des geistigen Eigentums (im folgenden als »Rat für TRIPS« bezeichnet) sind unter der allgemeinen Leitung des Allgemeinen Rates tätig. Der Rat für den Handel mit Waren überwacht die Wirkungsweise der Multilateralen Handelsübereinkommen in Anlage 1A. Der Rat für den Handel mit Dienstleistungen überwacht die Wirkungsweise des Allgemeinen Übereinkommens über den Handel mit Dienstleistungen (im folgenden als »GATS« bezeichnet). Der Rat für TRIPS überwacht die Wirkungsweise des Übereinkommens über handelsbezogene Aspekte der Rechte des geistigen Eigentums (im folgenden als »Übereinkommen über TRIPS« bezeichnet). Diese Räte erfüllen die ihnen in den betreffenden Übereinkommen und vom Allgemeinen Rat übertragenen Aufgaben. Sie geben sich Geschäftsordnungen, die der Genehmigung durch den Allgemeinen Rat bedürfen. Die Mitgliedschaft in diesen Räten steht den Vertretern aller Mitglieder offen. Diese Räte treten zur Ausübung ihrer Aufgaben je nach Notwendigkeit zusammen.

(6) Der Rat für den Handel mit Waren, der Rat für den Handel mit Dienstleistungen und der Rat für TRIPS setzen nach Bedarf nachgeordnete Gremien ein. Diese nachgeordneten Gremien geben sich Geschäftsordnungen, die der Genehmigung durch ihre jeweiligen Räte bedürfen.
(7) Die Ministerkonferenz setzt einen Ausschuß für Handel und Entwicklung, einen Ausschuß für Zahlungsbilanzbeschränkungen sowie einen Ausschuß für Haushalt, Finanzen und Verwaltung ein, welche die Aufgaben, die ihnen in diesem Übereinkommen und in den Multilateralen Handelsübereinkommen übertragen werden, sowie alle zusätzlichen Aufgaben wahrnehmen, die ihnen vom Allgemeinen Rat übertragen werden; sie kann zusätzliche Ausschüsse für die Aufgaben einsetzen, die sie für zweckdienlich erachtet. Im Rahmen seiner Aufgaben überprüft der Ausschuß für Handel und Entwicklung in regelmäßigen Zeitabständen die besonderen Bestimmungen in den Multilateralen Handelsübereinkommen zugunsten der am wenigsten entwickelten Länder, die Mitglieder sind, und erstattet dem Allgemeinen Rat Bericht, damit dieser geeignete Maßnahmen trifft. Die Mitgliedschaft in diesen Ausschüssen steht den Vertretern aller Mitglieder offen.
(8) Die nach den Plurilateralen Handelsübereinkommen vorgesehenen Organe nehmen die ihnen nach jenen Übereinkommen übertragenen Aufgaben wahr und wirken innerhalb des internationalen Rahmens der WTO. Diese Organe unterrichten den Allgemeinen Rat regelmäßig über ihre Tätigkeit.

Artikel V Beziehungen zu anderen Organisationen
(1) Der Allgemeine Rat trifft geeignete Vorkehrungen zur wirksamen Zusammenarbeit mit anderen zwischenstaatlichen Organisationen, deren Aufgaben mit denen der WTO im Zusammenhang stehen.
(2) Der Allgemeine Rat kann geeignete Vorkehrungen für Konsultationen und Zusammenarbeit mit nicht staatlichen Organisationen treffen, die sich mit Angelegenheiten befassen, die mit denen der WTO im Zusammenhang stehen.

Artikel VI Sekretariat
(1) Ein Sekretariat der WTO (im folgenden als »Sekretariat« bezeichnet) steht unter der Leitung eines Generaldirektors.
(2) Die Ministerkonferenz ernennt den Generaldirektor und nimmt Bestimmungen über die Befugnisse, die Aufgaben, die Dienstbedingungen und die Amtszeit des Generaldirektors an.
(3) Der Generaldirektor ernennt die Mitglieder des Personals des Sekretariats und legt deren Aufgaben und Dienstbedingungen in Übereinstimmung mit den von der Ministerkonferenz angenommenen Bestimmungen fest.
(4) Die Aufgaben des Generaldirektors und des Sekretariatspersonals haben ausschließlich internationalen Charakter. Bei der Wahrnehmung ihrer Pflichten dürfen der Generaldirektor und das Sekretariatspersonal Weisungen von irgendeiner Regierung oder anderen Stellen außerhalb der WTO weder einholen noch entgegennehmen. Sie haben sich jeglicher Tätigkeit zu enthalten, die sich auf ihre Stellung als internationale Beamte abträglich auswirken könnte. Die Mitglieder der WTO achten den internationalen Charakter der Aufgaben des Generaldirektors und des Sekretariatspersonals und versuchen nicht, sie in der Ausübung ihrer Pflichten zu beeinflussen.

Artikel VII Haushalt und Beiträge
(1) Der Generaldirektor legt dem Ausschuß für Haushalt, Finanzen und Verwaltung den jährlichen Haushaltsvoranschlag und Rechnungsabschluß der WTO vor. Der Ausschuß für Haushalt, Finanzen und Verwaltung prüft den vom Generaldirektor vorgelegten jährlichen Haushaltsvoranschlag und Rechnungsabschluß und richtet Empfehlungen hierüber an den Allgemeinen Rat. Der jährliche Haushaltsvoranschlag bedarf der Genehmigung durch den Allgemeinen Rat.
(2) Der Ausschuß für Haushalt, Finanzen und Verwaltung schlägt dem Allgemeinen Rat Finanzregelungen vor, die Bestimmungen über folgendes enthalten:
a) den Beitragsschlüssel, der die Ausgaben der WTO zwischen ihren Mitgliedern aufteilt;
b) die erforderlichen Maßnahmen gegenüber Mitgliedern mit Zahlungsrückständen.
Die Finanzregelungen beruhen, soweit durchführbar, auf den Regelungen und Praktiken des GATT 1947.
(3) Der Allgemeine Rat nimmt die Finanzregelungen und den jährlichen Haushaltsvoranschlag mit Zweidrittelmehrheit an, die mehr als die Hälfte der WTO-Mitglieder umfaßt.

3 Übereinkommen über die Welthandelsorganisation Art. VIII, IX

(4) Jedes Mitglied leistet umgehend seinen Beitrag an die WTO entsprechend seinem Anteil an den Ausgaben der WTO und im Einklang mit den vom Allgemeinen Rat angenommenen Finanzregelungen.

Artikel VIII Rechtsstellung der WTO
(1) Die WTO besitzt Rechtspersönlichkeit; von jedem ihrer Mitglieder wird ihr die Rechtsfähigkeit eingeräumt, die zur Wahrnehmung ihrer Aufgaben erforderlich ist.
(2) Der WTO werden von jedem ihrer Mitglieder diejenigen Vorrechte und Immunitäten eingeräumt, die zur Wahrnehmung ihrer Aufgaben erforderlich sind.
(3) Den Bediensteten der WTO und den Vertretern der Mitglieder werden in ähnlicher Weise von jedem ihrer Mitglieder diejenigen Vorrechte und Immunitäten eingeräumt, die zur unabhängigen Wahrnehmung ihrer Aufgaben im Zusammenhang mit der WTO erforderlich sind.
(4) Die der WTO, ihren Bediensteten und den Vertretern ihrer Mitglieder von einem Mitglied einzuräumenden Vorrechte und Immunitäten entsprechen den Vorrechten und Immunitäten, die in dem am 21. November 1947 von der Generalversammlung der Vereinten Nationen angenommenen Abkommen über die Vorrechte und Befreiungen der Sonderorganisationen vorgesehen sind.
(5) Die WTO kann ein Sitzabkommen schließen.

Artikel IX Beschlußfassung
(1) Die WTO setzt die nach dem GATT 1947[1] übliche Praxis der Beschlußfassung durch Konsens fort. Falls ein Beschluß nicht durch Konsens gefaßt werden kann, wird über die strittige Angelegenheit durch Abstimmung beschlossen, sofern nichts anderes vorgesehen ist. Auf den Tagungen der Ministerkonferenz und des Allgemeinen Rates verfügt jedes Mitglied der WTO über eine Stimme. Wenn die Europäischen Gemeinschaften ihr Stimmrecht ausüben, verfügen sie über eine Anzahl von Stimmen, die der Anzahl ihrer Mitgliedstaaten[2], die Mitglieder der WTO sind, entspricht. Beschlüsse der Ministerkonferenz und des Allgemeinen Rates werden mit der Mehrheit der abgegebenen Stimmen gefaßt, sofern in diesem Übereinkommen oder in dem einschlägigen Multilateralen Handelsübereinkommen nichts anderes vorgesehen ist.[3]
(2) Die Ministerkonferenz und der Allgemeine Rat sind ausschließlich befugt, dieses Übereinkommen und die Multilateralen Handelsübereinkommen auszulegen. Im Fall einer Auslegung eines Multilateralen Handelsübereinkommens der Anlage 1 üben sie ihr Befugnis auf der Grundlage einer Empfehlung desjenigen Rates aus, der die Wirkungsweise des betreffenden Übereinkommens überwacht. Der Beschluß zur Annahme einer Auslegung wird mit Dreiviertelmehrheit der Mitglieder gefaßt. Dieser Absatz wird nicht in einer Weise angewendet, welche die Änderungsbestimmungen in Artikel X unterlaufen würde.
(3) Unter außergewöhnlichen Umständen kann die Ministerkonferenz beschließen, ein Mitglied von einer Verpflichtung aus diesem Übereinkommen oder einem der Multilateralen Handelsübereinkommen zu entbinden; jedoch muß ein derartiger Beschluß von drei Vierteln[4] der Mitglieder gefaßt werden, sofern in diesem Absatz nichts anderes vorgesehen ist.
a) Ein Antrag auf Ausnahmegenehmigung betreffend dieses Übereinkommen wird der Ministerkonferenz zur Prüfung gemäß der Praxis der Beschlußfassung durch Konsens vorgelegt. Die Ministerkonferenz setzt für die Prüfung des Antrags eine Frist von längstens 90 Tagen. Wird ein Konsens während dieser Frist nicht erzielt, so wird ein Beschluß zur Gewährung einer Ausnahmegenehmigung von drei Vierteln der Mitglieder gefaßt.

---

1) Ein Beschluß des betreffenden Organs über eine ihm zur Prüfung vorgelegte Angelegenheit gilt als durch Konsens gefaßt, wenn kein auf der beschlußfassenden Tagung anwesendes Mitglied gegen den vorgeschlagenen Beschluß förmlich Einspruch erhebt. [Diese Fußnote und die folgenden sind Bestandteil des Übereinkommens.]
2) Die Anzahl der Stimmen der Europäischen Gemeinschaften und ihrer Mitgliedstaaten darf die Anzahl der Mitgliedstaaten der Europäischen Gemeinschaften in keinem Fall übersteigen.
3) Wenn der Allgemeine Rat in seiner Eigenschaft als Streitbeilegungsgremium zusammentritt, werden seine Beschlüsse nur in Übereinstimmung mit Artikel 2 Absatz 4 der Vereinbarung über Streitbeilegung gefaßt.
4) Ein Beschluß zur Gewährung einer Ausnahmegenehmigung hinsichtlich einer Verpflichtung, für die ein Übergangszeitraum oder ein Zeitraum für eine stufenweise Durchführung gilt und die das antragstellende Mitglied zum Ende des maßgebenden Zeitraums nicht eingehalten hat, wird nur durch Konsens gefaßt.

Art. X Übereinkommen über die Welthandelsorganisation 3

b) Ein Antrag auf Ausnahmegenehmigung betreffend die Multilateralen Handelsübereinkommen der Anlagen 1 A, 1 B oder 1 C und deren Anlagen wird zunächst dem Rat für den Handel mit Waren, dem Rat für den Handel mit Dienstleistungen beziehungsweise dem Rat für TRIPS zur Prüfung innerhalb einer Frist von längstens 90 Tagen vorgelegt. Mit Ablauf dieser Frist legt der zuständige Rat der Ministerkonferenz einen Bericht vor.

(4) Ein Beschluß der Ministerkonferenz zur Gewährung einer Ausnahmegenehmigung nennt die den Beschluß rechtfertigenden außergewöhnlichen Umstände, die Bedingungen für die Anwendung der Ausnahmegenehmigung sowie das Ablaufdatum der Ausnahmegenehmigung. Jede Ausnahmegenehmigung, die für einen längeren Zeitraum als ein Jahr gewährt wird, wird von der Ministerkonferenz spätestens ein Jahr nach der Gewährung und in der Folge alljährlich bis zum Ablauf der Ausnahmegenehmigung überprüft. Bei jeder Überprüfung untersucht die Ministerkonferenz, ob die die Ausnahmegenehmigung rechtfertigenden außergewöhnlichen Umstände weiterhin bestehen und ob die mit der Ausnahmegenehmigung verbundenen Bedingungen eingehalten wurden. Auf der Grundlage der jährlichen Überprüfung kann die Ministerkonferenz die Ausnahmegenehmigung verlängern, abändern oder aufheben.

(5) Für die Beschlüsse nach einem Plurilateralen Handelsübereinkommen, einschließlich der Beschlüsse über Auslegungen und Ausnahmegenehmigungen, sind die Bestimmungen des betreffenden Übereinkommens maßgebend.

Artikel X Änderungen

(1) Jedes Mitglied der WTO kann in der Ministerkonferenz Vorschläge zur Änderung dieses Übereinkommens oder der Multilateralen Handelsübereinkommen der Anlage 1 einbringen. Die in Artikel IV Absatz 5 aufgeführten Räte können ebenfalls der Ministerkonferenz Vorschläge zur Änderung der einschlägigen Multilateralen Handelsübereinkommen der Anlage 1 unterbreiten, deren Wirkungsweise sie überwachen. Innerhalb einer Frist von 90 Tagen nach förmlicher Einbringung auf der Ministerkonferenz wird, sofern die Ministerkonferenz nicht eine längere Frist beschließt, jeder Beschluß, die vorgeschlagene Änderung den Mitgliedern zur Annahme vorzulegen, von der Ministerkonferenz durch Konsens gefaßt. Sofern nicht Absatz 2, 5 oder 6 Anwendung findet, wird im Beschluß angegeben, ob Absatz 3 oder Absatz 4 anzuwenden ist. Wird ein Konsens erreicht, so legt die Ministerkonferenz die vorgeschlagene Änderung unverzüglich den Mitgliedern zur Annahme vor. Wird ein Konsens auf einer Tagung der Ministerkonferenz nicht innerhalb des festgelegten Zeitraums erreicht, so entscheidet die Ministerkonferenz mit Zweidrittelmehrheit der Mitglieder, ob die vorgeschlagene Änderung den Mitgliedern zur Annahme vorzulegen ist. Soweit nicht in den Absätzen 2, 5 und 6 etwas anderes vorgesehen ist, wird Absatz 3 auf die vorgeschlagene Änderung angewendet, sofern nicht die Ministerkonferenz mit Dreiviertelmehrheit der Mitglieder beschließt, Absatz 4 anzuwenden.

(2) Änderungen dieses Artikels und der folgenden Artikel treten nur nach Annahme durch alle Mitglieder in Kraft:
Artikel IX dieses Übereinkommens;
Artikel I und II des GATT 1994;
Artikel II Absatz 1 des GATS;
Artikel 4 des Übereinkommens über TRIPS.

(3) Änderungen dieses Übereinkommens oder der Multilateralen Handelsübereinkommen der Anlagen 1A und 1C, ausgenommen die in den Absätzen 2 und 6 genannten, die so beschaffen sind, daß sie die Rechte und Pflichten der Mitglieder ändern würden, treten für diejenigen Mitglieder, die sie angenommen haben, nach Annahme durch zwei Drittel der Mitglieder und in der Folge für jedes andere Mitglied nach der Annahme durch dieses Mitglied in Kraft. Die Ministerkonferenz kann mit Dreiviertelmehrheit der Mitglieder beschließen, daß eine gemäß diesem Absatz in Kraft getretene Änderung so beschaffen ist, daß es jedem Mitglied, das die Änderung innerhalb der von der Ministerkonferenz festgesetzten Frist nicht angenommen hat, in jedem Einzelfall freisteht, aus der WTO auszutreten oder mit Zustimmung der Ministerkonferenz Mitglied zu bleiben.

(4) Änderungen dieses Übereinkommens oder der Multilateralen Handelsübereinkommen der Anlagen 1A und 1C, ausgenommen die in den Absätzen 2 und 6 genannten, die so beschaffen sind, daß sie

3 Übereinkommen über die Welthandelsorganisation Art. XI, XII

die Rechte und Pflichten der Mitglieder nicht ändern würden, treten nach Annahme durch zwei Drittel der Mitglieder für alle Mitglieder in Kraft.

(5) Soweit nicht Absatz 2 Anwendung findet, treten Änderungen der Teile I, II und III des GATS und der einschlägigen Anlagen für diejenigen Mitglieder, die sie angenommen haben, nach Annahme durch zwei Drittel der Mitglieder und in der Folge für jedes andere Mitglied nach der Annahme durch dieses Mitglied in Kraft. Die Ministerkonferenz kann mit Dreiviertelmehrheit der Mitglieder beschließen, daß eine nach der vorstehenden Bestimmung in Kraft getretene Änderung so beschaffen ist, daß es jedem Mitglied, das die Änderung innerhalb der von der Ministerkonferenz festgesetzten Frist nicht angenommen hat, in jedem Einzelfall freisteht, aus der WTO auszutreten oder mit Zustimmung der Ministerkonferenz Mitglied zu bleiben. Änderungen der Teile IV, V und VI des GATS und der einschlägigen Anlagen treten nach Annahme durch zwei Drittel für alle Mitglieder in Kraft.

(6) Unbeschadet der anderen Bestimmungen dieses Artikels können Änderungen des Übereinkommens über TRIPS, welche die Erfordernisse des Artikels 71 Absatz 2 jenes Übereinkommens erfüllen, von der Ministerkonferenz ohne weiteres förmliches Annahmeverfahren angenommen werden.

(7) Jedes Mitglied, das eine Änderung dieses Übereinkommens oder eines Multilateralen Handelsübereinkommens der Anlage 1 annimmt, hinterlegt innerhalb der von der Ministerkonferenz festgesetzten Annahmefrist eine Annahmeurkunde beim Generaldirektor der WTO.

(8) Jedes Mitglied der WTO kann der Ministerkonferenz einen Vorschlag zur Änderung der Multilateralen Handelsübereinkommen der Anlagen 2 und 3 vorlegen. Der Beschluß zur Genehmigung von Änderungen des Multilateralen Handelsübereinkommens der Anlage 2 wird durch Konsens gefaßt; diese Änderungen treten nach Genehmigung durch die Ministerkonferenz für alle Mitglieder in Kraft. Beschlüsse zur Genehmigung von Änderungen des Multilateralen Handelsübereinkommens der Anlage 3 treten nach Genehmigung durch die Ministerkonferenz für alle Mitglieder in Kraft.

(9) Die Ministerkonferenz kann auf Antrag der Mitglieder, die Vertragsparteien eines Handelsübereinkommens sind, ausschließlich durch Konsens beschließen, das betreffende Übereinkommen in Anlage 4 aufzunehmen. Die Ministerkonferenz kann auf Antrag der Mitglieder, die Vertragsparteien eines Plurilateralen Handelsübereinkommens sind, beschließen, das betreffende Übereinkommen aus Anlage 4 zu streichen.

(10) Für Änderungen eines Plurilateralen Handelsübereinkommens gelten die Bestimmungen des betreffenden Übereinkommens.

Artikel XI Ursprüngliche Mitgliedschaft

(1) Die Vertragsparteien des GATT 1947, die zum Zeitpunkt des Inkrafttretens dieses Übereinkommens solche sind, und die Europäischen Gemeinschaften, die dieses Übereinkommen und die Multilateralen Handelsübereinkommen annehmen und für welche Listen von Zugeständnissen und Verpflichtungen dem GATT 1994 sowie Listen spezifischer Verpflichtungen dem GATS beigefügt sind, werden ursprüngliche Mitglieder der WTO.

(2) Die am wenigsten entwickelten Länder, die von den Vereinten Nationen als solche anerkannt sind, brauchen Verpflichtungen und Zugeständnisse nur insoweit zu übernehmen, als diese mit ihren jeweiligen Entwicklungs-, Finanz- und Handelserfordernissen oder ihrer administrativen und institutionellen Leistungsfähigkeit vereinbart sind.

Artikel XII Beitritt

(1) Jeder Staat oder jedes gesonderte Zollgebiet, der/das in der Wahrnehmung seiner Außenhandelsbeziehungen und hinsichtlich der übrigen in diesem Übereinkommen und in den Multilateralen Handelsübereinkommen behandelten Angelegenheiten volle Handlungsfreiheit besitzt, kann diesem Übereinkommen unter Bedingungen beitreten, die zwischen ihm und der WTO vereinbart werden. Ein solcher Beitritt gilt für dieses Übereinkommen und für die in dessen Anlagen enthaltenen Multilateralen Handelsübereinkommen.

(2) Beitrittsbeschlüsse werden von der Ministerkonferenz gefaßt. Die Ministerkonferenz genehmigt die Einigung. über die Beitrittsbedingungen mit Zweidrittelmehrheit der Mitglieder der WTO.

(3) Für den Beitritt zu einem Plurilateralen Handelsübereinkommen gelten die Bestimmungen des betreffenden Übereinkommens.

Art. XIII–XV Übereinkommen über die Welthandelsorganisation 3

Artikel XIII Nichtanwendung Multilateraler Handelsübereinkommen zwischen bestimmten Mitgliedern

(1) Dieses Übereinkommen und die Multilateralen Handelsübereinkommen der Anlagen 1 und 2 finden zwischen zwei Mitgliedern keine Anwendung, wenn eines der beiden Mitglieder zu dem Zeitpunkt, zu dem eines von ihnen Mitglied wird, der Anwendung seine Zustimmung versagt.

(2) Ursprüngliche Mitglieder der WTO, die Vertragsparteien des GATT 1947 waren, können sich im Verhältnis untereinander auf Absatz 1 nur berufen, wenn sie sich zuvor auf Artikel XXXV jenes Abkommens berufen hatten und wenn jener Artikel zwischen diesen Vertragsparteien zu dem Zeitpunkt in Kraft war, zu dem dieses Übereinkommen für sie in Kraft trat.

(3) Absatz 1 findet zwischen einem Mitglied und einem anderen Mitglied, das nach Artikel XII beigetreten ist, nur Anwendung, wenn das Mitglied, das der Anwendung nicht zustimmt, dies der Ministerkonferenz vor Genehmigung der Einigung über die Beitrittsbedingungen durch die Ministerkonferenz notifiziert hat.

(4) Die Ministerkonferenz kann die Wirkungsweise dieses Artikels in besonderen Fällen auf Antrag eines Mitglieds überprüfen und geeignete Empfehlungen aussprechen.

(5) Für die Nichtanwendung eines Plurilateralen Handelsübereinkommens zwischen Vertragsparteien des betreffenden Übereinkommens gelten die Bestimmungen des betreffenden Übereinkommens.

Artikel XIV Annahme, Inkrafttreten und Hinterlegung

(1) Dieses Übereinkommen steht den Vertragsparteien des GATT 1947 sowie den Europäischen Gemeinschaften, die nach Artikel XI dieses Übereinkommens ursprüngliche Mitglieder der WTO werden können, zur Annahme offen, die durch Unterzeichnung oder auf andere Weise erfolgen kann. Eine solche Annahme gilt für dieses Übereinkommen wie für die in dessen Anlagen enthaltenen Multilateralen Handelsübereinkommen. Dieses Übereinkommen und die in dessen Anlagen enthaltenen Multilateralen Handelsübereinkommen treten zu dem von den Ministern nach Absatz 3 der Schlußakte über die Ergebnisse der multilateralen Handelsverhandlungen der Uruguay-Runde festgesetzten Zeitpunkt in Kraft und stehen während eines Zeitraums von zwei Jahren ab diesem Zeitpunkt zur Annahme offen, sofern die Minister nicht anderes beschließen. Eine nach dem Inkrafttreten dieses Übereinkommens erfolgende Annahme wird am dreißigsten Tag nach dem Zeitpunkt der Annahme wirksam.

(2) Ein Mitglied, das dieses Übereinkommen nach seinem Inkrafttreten annimmt, erfüllt die Zugeständnisse und Verpflichtungen nach den Multilateralen Handelsübereinkommen, die im Verlauf eines Zeitraums, der mit dem Inkrafttreten dieses Übereinkommens beginnt, erfüllt werden müssen, so, als ob es dieses Übereinkommen zum Zeitpunkt seines Inkrafttretens angenommen hätte.

(3) Bis zum Inkrafttreten dieses Übereinkommens wird der Wortlaut dieses Übereinkommens und der Multilateralen Handelsübereinkommen beim Generaldirektor der Vertragsparteien des GATT 1947 hinterlegt. Der Generaldirektor übermittelt jeder Regierung und den Europäischen Gemeinschaften, die dieses Übereinkommen angenommen haben, unverzüglich eine beglaubigte Abschrift dieses Übereinkommens und der Multilateralen Handelsübereinkommen sowie eine Notifikation jeder diesbezüglichen Annahme. Dieses Übereinkommen und die Multilateralen Handelsübereinkommen sowie alle Änderungen derselben werden zum Zeitpunkt des Inkrafttretens dieses Übereinkommens beim Generaldirektor der WTO hinterlegt.

(4) Für die Annahme und das Inkrafttreten eines Plurilateralen Handelsübereinkommens gelten die Bestimmungen des betreffenden Übereinkommens. Die Übereinkommen werden beim Generaldirektor der Vertragsparteien des GATT 1947 hinterlegt. Zum Zeitpunkt des Inkrafttretens dieses Übereinkommens werden die betreffenden Übereinkommen beim Generaldirektor der WTO hinterlegt.

Artikel XV Rücktritt

(1) Jedes Mitglied kann von einem Übereinkommen zurücktreten. Der Rücktritt gilt sowohl für dieses Übereinkommen als auch für die Multilateralen Handelsübereinkommen und wird mit Ablauf von sechs Monaten nach Eingang der schriftlichen Rücktrittsanzeige beim Generaldirektor der WTO wirksam.

3 Übereinkommen über die Welthandelsorganisation Art. XVI

(2) Für den Rücktritt von einem Plurilateralen Handelsübereinkommen gelten die Bestimmungen des betreffenden Übereinkommens.

Artikel XVI Verschiedene Bestimmungen
(1) Sofern in diesem Übereinkommen oder in den Multilateralen Handelsübereinkommen nichts anderes vorgesehen läßt sich die WTO von den Beschlüssen, Verfahren und üblichen Praktiken der Vertragsparteien des GATT 1947 sowie der im Rahmen des GATT 1947 eingesetzten Organe leiten.
(2) Soweit praktisch möglich wird das Sekretariat des GATT 1947 zum Sekretariat der WTO, und der Generaldirektor der Vertragsparteien des GATT 1947 übernimmt bis zum dem Zeitpunkt, zu dem die Ministerkonferenz nach Artikel VI Absatz 2 dieses Übereinkommens einen Generaldirektor ernannt hat, die Aufgaben des Generaldirektors der WTO.
(3) Bei Vorliegen einer Normenkollision zwischen einer Bestimmung dieses Übereinkommens und einer Bestimmung eines der Multilateralen Handelsübereinkommen hat die Bestimmung dieses Übereinkommens im Ausmaß der Normenkollision Vorrang.
(4) Jedes Mitglied stellt sicher, daß seine Gesetze, sonstigen Vorschriften und Verwaltungsverfahren mit seinen Verpflichtungen aufgrund der als Anlage beigefügten Übereinkommen in Einklang stehen.
(5) Vorbehalte zu diesem Übereinkommen sind nicht zulässig. Vorbehalte zu den Multilateralen Handelsübereinkommen können nur angebracht werden, soweit dies in den betreffenden Übereinkommen vorgesehen ist. Vorbehalte zu einem Plurilateralen Handelsübereinkommen unterliegen den Bestimmungen des betreffenden Übereinkommens.
(6) Dieses Übereinkommen wird nach Artikel 102 der Charta der Vereinten Nationen registriert.

Geschehen zu Marrakesch am 15. April 1994 in einer Urschrift in englischer, französischer und spanischer Sprache, wobei jeder Wortlaut verbindlich ist.

Erläuternde Bemerkungen:
Die Begriffe »Land« oder »Länder« im Sinne dieses Übereinkommens und der Multilateralen Handelsübereinkommen gelten auch für alle gesonderten Zollgebiete, die Mitglieder der WTO sind.
Wird im Fall eines gesonderten Zollgebiets, das Mitglied der WTO ist, ein Ausdruck in diesem Übereinkommen und in den Multilateralen Handelsübereinkommen in Verbindung mit dem Wort »national« verwendet, so ist dieser Ausdruck so zu verstehen, daß er sich auf das Zollgebiet bezieht, sofern nichts anderes vorgesehen ist.

II. Grundprinzipien der Völkerrechtsordnung

Wiener Übereinkommen über diplomatische Beziehungen[1)]

Vom 18. April 1961

Die Vertragsstaaten dieses Übereinkommens –
eingedenk dessen, daß die Völker aller Staaten von alters her die besondere Stellung des Diplomaten anerkannt haben,
in Anbetracht der in der Charta der Vereinten Nationen verkündeten Ziele und Grundsätze in bezug auf die souveräne Gleichheit der Staaten, die Wahrung des Weltfriedens und der internationalen Sicherheit und auf die Förderung freundschaftlicher Beziehungen zwischen den Nationen,
überzeugt, daß ein internationales Übereinkommen über den diplomatischen Verkehr, diplomatische Vorrechte und Immunitäten geeignet ist, ungeachtet der unterschiedlichen Verfassungs- und Sozialordnungen der Nationen zur Entwicklung freundschaftlicher Beziehungen zwischen ihnen beizutragen,
in der Erkenntnis, daß diese Vorrechte und Immunitäten nicht dem Zweck dienen, einzelne zu bevorzugen, sondern zum Ziel haben, den diplomatischen Missionen als Vertretungen von Staaten die wirksame Wahrnehmung ihrer Aufgaben zu gewährleisten,
unter Bekräftigung des Grundsatzes, daß die Regeln des Völkergewohnheitsrechts auch weiterhin für alle Fragen gelten sollen, die nicht ausdrücklich in diesem Übereinkommen geregelt sind –
haben folgendes vereinbart:

Artikel 1
Im Sinne dieses Übereinkommens haben die nachstehenden Ausdrücke folgende Bedeutung:
a) der Ausdruck »Missionschef« bezeichnet die Person, die vom Entsendestaat beauftragt ist, in dieser Eigenschaft tätig zu sein;
b) der Ausdruck »Mitglieder der Mission« bezeichnet den Missionschef und die Mitglieder des Personals der Mission;
c) der Ausdruck »Mitglieder des Personals der Mission« bezeichnet die Mitglieder des diplomatischen Personals, des Verwaltungs- und technischen Personals und des dienstlichen Hauspersonals der Mission;
d) der Ausdruck »Mitglieder des diplomatischen Personals« bezeichnet die in diplomatischem Rang stehenden Mitglieder des Personals der Mission;
e) der Ausdruck »Diplomat« bezeichnet den Missionschef und die Mitglieder des diplomatischen Personals der Mission;
f) der Ausdruck »Mitglieder des Verwaltungs- und technischen Personals« bezeichnet die im Verwaltungs- und technischen Dienst der Mission beschäftigten Mitglieder ihres Personals;
g) der Ausdruck »Mitglieder des dienstlichen Hauspersonals« bezeichnet die als Hausbedienstete bei der Mission beschäftigten Mitglieder ihres Personals;
h) der Ausdruck »privater Hausangestellter« bezeichnet eine im häuslichen Dienst eines Mitglieds der Mission beschäftigte Person, die nicht Bediensteter des Entsendestaats ist;
i) der Ausdruck »Räumlichkeiten der Mission« bezeichnet ungeachtet der Eigentumsverhältnisse die Gebäude oder Gebäudeteile und das dazugehörige Gelände, die für die Zwecke der Mission verwendet werden, einschließlich der Residenz des Missionschefs.

Artikel 2
Die Aufnahme diplomatischer Beziehungen zwischen Staaten und die Errichtung ständiger diplomatischer Missionen erfolgen in gegenseitigem Einvernehmen.

Artikel 3
(1) Aufgabe einer diplomatischen Mission ist es unter anderem,
a) den Entsendestaat im Empfangsstaat zu vertreten,

---
1) Deutscher Text: *BGBl.* 1964 II S. 959.
Internationale Quelle: *UNTS* Bd. 500 S. 95.
In Kraft getreten am 24. April 1964; für die Bundesrepublik Deutschland am 11. Dezember 1964.

b) die Interessen des Entsendestaats und seiner Angehörigen im Empfangsstaat innerhalb der völkerrechtlich zulässigen Grenzen zu schützen,
c) mit der Regierung des Empfangsstaats zu verhandeln,
d) sich mit allen rechtmäßigen Mitteln über Verhältnisse und Entwicklungen im Empfangsstaat zu unterrichten und darüber an die Regierung des Entsendestaats zu berichten,
e) freundschaftliche Beziehungen zwischen Entsendestaat und Empfangsstaat zu fördern und ihre wirtschaftlichen, kulturellen und wissenschaftlichen Beziehungen auszubauen.

(2) Dieses Übereinkommen ist nicht so auszulegen, als schließe es die Wahrnehmung konsularischer Aufgaben durch eine diplomatische Mission aus.

Artikel 4
(1) Der Entsendestaat hat sich zu vergewissern, daß die Person, die er als Missionschef bei dem Empfangsstaat zu beglaubigen beabsichtigt, dessen Agrément erhalten hat.
(2) Der Empfangsstaat ist nicht verpflichtet, dem Entsendestaat die Gründe für eine Verweigerung des Agréments mitzuteilen.

Artikel 5
(1) Der Entsendestaat kann nach einer Notifikation an die beteiligten Empfangsstaaten die Beglaubigung eines Missionschefs oder gegebenenfalls die Bestellung eines Mitglieds des diplomatischen Personals für mehrere Staaten vornehmen, es sei denn, daß einer der Empfangsstaaten ausdrücklich Einspruch erhebt.
(2) Beglaubigt der Entsendestaat einen Missionschef bei einem oder mehreren weiteren Staaten, so kann er in jedem Staat, in dem der Missionschef nicht seinen ständigen Sitz hat, eine diplomatische Mission unter der Leitung eines Geschäftsträgers *ad interim* errichten.
(3) Ein Missionschef oder ein Mitglied des diplomatischen Personals der Mission kann den Entsendestaat bei jeder internationalen Organisation vertreten.

Artikel 6
Mehrere Staaten können dieselbe Person bei einem anderen Staat als Missionschef beglaubigen, es sei denn, daß der Empfangsstaat Einspruch erhebt.

Artikel 7
Vorbehaltlich der Artikel 5, 8, 9 und 11 kann der Entsendestaat die Mitglieder des Personals seiner Mission nach freiem Ermessen ernennen. Bei Militär-, Marine- und Luftwaffenattachés kann der Empfangsstaat verlangen, daß ihm ihre Namen vorher zwecks Zustimmung mitgeteilt werden.

Artikel 8
(1) Die Mitglieder des diplomatischen Personals der Mission sollen grundsätzlich Angehörige des Entsendestaats sein.
(2) Angehörige des Empfangsstaats dürfen nur mit dessen Zustimmung zu Mitgliedern des diplomatischen Personals der Mission ernannt werden; die Zustimmung kann jederzeit widerrufen werden.
(3) Der Empfangsstaat kann sich das gleiche Recht in bezug auf Angehörige eines dritten Staates vorbehalten, die nicht gleichzeitig Angehörige des Entsendestaats sind.

Artikel 9
(1) Der Empfangsstaat kann dem Entsendestaat jederzeit ohne Angabe von Gründen notifizieren, daß der Missionschef oder ein Mitglied des diplomatischen Personals der Mission *persona non grata* oder daß ein anderes Mitglied des Personals der Mission ihm nicht genehm ist. In diesen Fällen hat der Entsendestaat die betreffende Person entweder abzuberufen oder ihre Tätigkeit bei der Mission zu beenden. Eine Person kann als *non grata* oder nicht genehm erklärt werden, bevor sie im Hoheitsgebiet des Empfangsstaats eintrifft.
(2) Weigert sich der Entsendestaat oder unterläßt er es innerhalb einer angemessenen Frist, seinen Verpflichtungen auf Grund des Absatzes 1 nachzukommen, so kann der Empfangsstaat es ablehnen, die betreffende Person als Mitglied der Mission anzuerkennen.

Art. 10–16 Wiener Übereinkommen über diplomatische Beziehungen

Artikel 10
(1) Dem Ministerium für Auswärtige Angelegenheiten oder einem anderen in gegenseitigem Einvernehmen bestimmten Ministerium des Empfangsstaats ist folgendes zu notifizieren:
a) die Ernennung von Mitgliedern der Mission, ihre Ankunft und ihre endgültige Abreise oder die Beendigung ihrer dienstlichen Tätigkeit bei der Mission;
b) die Ankunft und die endgültige Abreise eines Familienangehörigen eines Mitglieds der Mission und gegebenenfalls die Tatsache, daß eine Person Familienangehöriger eines Mitglieds der Mission wird oder diese Eigenschaft verliert;
c) die Ankunft und die endgültige Abreise von privaten Hausangestellten, die bei den unter Buchstabe a bezeichneten Personen beschäftigt sind, und gegebenenfalls ihr Ausscheiden aus deren Dienst;
d) die Anstellung und die Entlassung von im Empfangsstaat ansässigen Personen als Mitglied der Mission oder als private Hausangestellte mit Anspruch auf Vorrechte und Immunitäten.
(2) Die Ankunft und die endgültige Abreise sind nach Möglichkeit im voraus zu notifizieren.

Artikel 11
(1) Ist keine ausdrückliche Vereinbarung über den Personalbestand der Mission getroffen worden, so kann der Empfangsstaat verlangen, daß dieser Bestand in den Grenzen gehalten wird, die er in Anbetracht der bei ihm vorliegenden Umstände und Verhältnisse sowie der Bedürfnisse der betreffenden Mission für angemessen und normal hält.
(2) Der Empfangsstaat kann ferner innerhalb der gleichen Grenzen, aber ohne Diskriminierung, die Zulassung von Bediensteten einer bestimmten Kategorie ablehnen.

Artikel 12
Der Entsendestaat darf ohne vorherige ausdrückliche Zustimmung des Empfangsstaats keine zur Mission gehörenden Büros an anderen Orten als denjenigen einrichten, in denen die Mission selbst ihren Sitz hat.

Artikel 13
(1) Als Zeitpunkt des Amtsantritts des Missionschefs im Empfangsstaat gilt der Tag, an welchem er nach der im Empfangsstaat geübten und einheitlich anzuwendenden Praxis entweder sein Beglaubigungsschreiben überreicht hat oder aber dem Ministerium für Auswärtige Angelegenheiten oder einem anderen in gegenseitigem Einvernehmen bestimmten Ministerium des Empfangsstaats seine Ankunft notifiziert hat und diesem eine formgetreue Abschrift seines Beglaubigungsschreibens überreicht worden ist.
(2) Die Reihenfolge der Überreichung von Beglaubigungsschreiben oder von deren formgetreuen Abschriften richtet sich nach Tag und Zeit der Ankunft des Missionschefs.

Artikel 14
(1) Die Missionschefs sind in folgende drei Klassen eingeteilt:
a) die Klasse der Botschafter oder Nuntien, die bei Staatsoberhäuptern beglaubigt sind, und sonstiger in gleichem Rang stehender Missionschefs;
b) die Klasse der Gesandten, Minister und Internuntien, die bei Staatsoberhäuptern beglaubigt sind;
c) die Klasse der Geschäftsträger, die bei Außenministern beglaubigt sind.
(2) Abgesehen von Fragen der Rangfolge und der Etikette wird zwischen den Missionschefs kein Unterschied auf Grund ihrer Klasse gemacht.

Artikel 15
Die Staaten vereinbaren die Klasse, in welche ihre Missionschefs einzuordnen sind.

Artikel 16
(1) Innerhalb jeder Klasse richtet sich die Rangfolge der Missionschefs nach Tag und Zeit ihres Amtsantritts gemäß Artikel 13.
(2) Änderungen im Beglaubigungsschreiben des Missionschefs, die keine Änderung der Klasse bewirken, lassen die Rangfolge unberührt.
(3) Dieser Artikel läßt die Übung unberührt, die ein Empfangsstaat hinsichtlich des Vorrangs des Vertreters des Heiligen Stuhls angenommen hat oder künftig annimmt.

4 Wiener Übereinkommen über diplomatische Beziehungen Art. 17–25

Artikel 17
Die Rangfolge der Mitglieder des diplomatischen Personals der Mission wird vom Missionschef dem Ministerium für Auswärtige Angelegenheiten oder dem anderen in gegenseitigem Einvernehmen bestimmten Ministerium notifiziert.

Artikel 18
Das in einem Staat beim Empfang von Missionschefs zu befolgende Verfahren muß für jede Klasse einheitlich sein.

Artikel 19
(1) Ist der Posten des Missionschefs unbesetzt oder ist der Missionschef außerstande, seine Aufgaben wahrzunehmen, so ist ein Geschäftsträger *ad interim* vorübergehend als Missionschef tätig. Den Namen des Geschäftsträgers *ad interim* notifiziert der Missionschef oder, wenn er dazu außerstande ist, das Ministerium für Auswärtige Angelegenheiten des Entsendestaats dem Ministerium für Auswärtige Angelegenheiten oder dem anderen in gegenseitigem Einvernehmen bestimmten Ministerium des Empfangsstaats.
(2) Ist kein Mitglied des diplomatischen Personals der Mission im Empfangsstaat anwesend, so kann der Entsendestaat mit Zustimmung des Empfangsstaats ein Mitglied des Verwaltungs- und technischen Personals mit der Leitung der laufenden Verwaltungsangelegenheiten der Mission beauftragen.

Artikel 20
Die Mission und ihr Chef sind berechtigt, die Flagge und das Hoheitszeichen des Entsendestaats an den Räumlichkeiten der Mission einschließlich der Residenz des Missionschefs und an dessen Beförderungsmitteln zu führen.

Artikel 21
(1) Der Empfangsstaat erleichtert nach Maßgabe seiner Rechtsvorschriften dem Entsendestaat den Erwerb der für dessen Mission in seinem Hoheitsgebiet benötigten Räumlichkeiten oder hilft ihm, sich auf andere Weise Räumlichkeiten zu beschaffen.
(2) Erforderlichenfalls hilft der Empfangsstaat ferner den Missionen bei der Beschaffung geeigneten Wohnraums für ihre Mitglieder.

Artikel 22
(1) Die Räumlichkeiten der Mission sind unverletzlich. Vertreter des Empfangsstaats dürfen sie nur mit Zustimmung des Missionschefs betreten.
(2) Der Empfangsstaat hat die besondere Pflicht, alle geeigneten Maßnahmen zu treffen, um die Räumlichkeiten der Mission vor jedem Eindringen und jeder Beschädigung zu schützen und um zu verhindern, daß der Friede der Mission gestört oder ihre Würde beeinträchtigt wird.
(3) Die Räumlichkeiten der Mission, ihre Einrichtung und die sonstigen darin befindlichen Gegenstände sowie die Beförderungsmittel der Mission genießen Immunität von jeder Durchsuchung, Beschlagnahme, Pfändung oder Vollstreckung.

Artikel 23
(1) Der Entsendestaat und der Missionschef sind hinsichtlich der in ihrem Eigentum stehenden und der von ihnen gemieteten bzw. gepachteten Räumlichkeiten der Mission von allen staatlichen, regionalen und kommunalen Steuern oder sonstigen Abgaben befreit, soweit diese nicht als Vergütung für bestimmte Dienstleistungen erhoben werden.
(2) Die in diesem Artikel vorgesehene Steuerbefreiung gilt nicht für Steuern und sonstige Abgaben, die nach den Rechtsvorschriften des Empfangsstaats von den Personen zu entrichten sind, die mit dem Entsendestaat oder dem Missionschef Verträge schließen.

Artikel 24
Die Archive und Schriftstücke der Mission sind jederzeit unverletzlich, wo immer sie sich befinden.

Artikel 25
Der Empfangsstaat gewährt der Mission jede Erleichterung zur Wahrnehmung ihrer Aufgaben.

Art. 26–31 Wiener Übereinkommen über diplomatische Beziehungen 4

Artikel 26
Vorbehaltlich seiner Gesetze und anderen Rechtsvorschriften über Zonen, deren Betreten aus Gründen der nationalen Sicherheit verboten oder geregelt ist, gewährleistet der Empfangsstaat allen Mitgliedern der Mission volle Bewegungs- und Reisefreiheit in seinem Hoheitsgebiet.

Artikel 27
(1) Der Empfangsstaat gestattet und schützt den freien Verkehr der Mission für alle amtlichen Zwecke. Die Mission kann sich im Verkehr mit der Regierung, den anderen Missionen und den Konsulaten des Entsendestaats, wo immer sie sich befinden, aller geeigneten Mittel einschließlich diplomatischer Kuriere und verschlüsselter Nachrichten bedienen. Das Errichten und Betreiben einer Funksendeanlage ist der Mission jedoch nur mit Zustimmung des Empfangsstaats gestattet.
(2) Die amtliche Korrespondenz der Mission ist unverletzlich. Als »amtliche Korrespondenz« gilt die gesamte Korrespondenz, welche die Mission und ihre Aufgaben betrifft.
(3) Das diplomatische Kuriergepäck darf weder geöffnet noch zurückgehalten werden.
(4) Gepäckstücke, die das diplomatische Kuriergepäck bilden, müssen äußerlich sichtbar als solches gekennzeichnet sein; sie dürfen nur diplomatische Schriftstücke oder für den amtlichen Gebrauch bestimmte Gegenstände enthalten.
(5) Der diplomatische Kurier muß ein amtliches Schriftstück mit sich führen, aus dem seine Stellung und die Anzahl der Gepäckstücke ersichtlich sind, die das diplomatische Kuriergepäck bilden; er wird vom Empfangsstaat bei der Wahrnehmung seiner Aufgaben geschützt. Er genießt persönliche Unverletzlichkeit und unterliegt keiner Festnahme oder Haft irgendwelcher Art.
(6) Der Entsendestaat oder die Mission kann diplomatische Kuriere *ad hoc* ernennen. Auch in diesen Fällen gilt Absatz 5; jedoch finden die darin erwähnten Immunitäten keine Anwendung mehr, sobald der Kurier das ihm anvertraute diplomatische Kuriergepäck dem Empfänger ausgehändigt hat.
(7) Diplomatisches Kuriergepäck kann dem Kommandanten eines gewerblichen Luftfahrzeugs anvertraut werden, dessen Bestimmungsort ein zugelassener Einreiseflugplatz ist. Der Kommandant muß ein amtliches Schriftstück mit sich führen, aus dem die Anzahl der Gepäckstücke ersichtlich ist, die das Kuriergepäck bilden; er gilt jedoch nicht als diplomatischer Kurier. Die Mission kann eines ihrer Mitglieder entsenden, um das diplomatische Kuriergepäck unmittelbar und ungehindert von dem Kommandanten des Luftfahrzeugs entgegenzunehmen.

Artikel 28
Die Gebühren und Kosten, welche die Mission für Amtshandlungen erhebt, sind von allen Steuern und sonstigen Abgaben befreit.

Artikel 29
Die Person des Diplomaten ist unverletzlich. Er unterliegt keiner Festnahme oder Haft irgendwelcher Art. Der Empfangsstaat behandelt ihn mit gebührender Achtung und trifft alle geeigneten Maßnahmen, um jeden Angriff auf seine Person, seine Freiheit oder seine Würde zu verhindern.

Artikel 30
(1) Die Privatwohnung des Diplomaten genießt dieselbe Unverletzlichkeit und denselben Schutz wie die Räumlichkeiten der Mission.
(2) Seine Papiere, seine Korrespondenz und – vorbehaltlich des Artikels 31 Abs. 3 – sein Vermögen sind ebenfalls unverletzlich.

Artikel 31
(1) Der Diplomat genießt Immunität von der Strafgerichtsbarkeit des Empfangsstaats. Ferner steht ihm Immunität von dessen Zivil- und Verwaltungsgerichtsbarkeit zu; ausgenommen hiervon sind folgende Fälle:
a) dingliche Klagen in bezug auf privates, im Hoheitsgebiet des Empfangsstaats gelegenes unbewegliches Vermögen, es sei denn, daß der Diplomat dieses im Auftrag des Entsendestaats für die Zwecke der Mission im Besitz hat;
b) Klagen in Nachlaßsachen, in denen der Diplomat als Testamentsvollstrecker, Verwalter, Erbe oder Vermächtnisnehmer in privater Eigenschaft und nicht als Vertreter des Entsendestaats beteiligt ist;

71

c) Klagen im Zusammenhang mit einem freien Beruf oder einer gewerblichen Tätigkeit, die der Diplomat im Empfangsstaat neben seiner amtlichen Tätigkeit ausübt.
(2) Der Diplomat ist nicht verpflichtet, als Zeuge auszusagen.
(3) Gegen einen Diplomaten dürfen Vollstreckungsmaßnahmen nur in den in Absatz 1 Buchstaben a, b und c vorgesehenen Fällen und nur unter der Voraussetzung getroffen werden, daß sie durchführbar sind, ohne die Unverletzlichkeit seiner Person oder seiner Wohnung zu beeinträchtigen.
(4) Die Immunität des Diplomaten von der Gerichtsbarkeit des Empfangsstaats befreit ihn nicht von der Gerichtsbarkeit des Entsendestaats.

Artikel 32
(1) Auf die Immunität von der Gerichtsbarkeit, die einem Diplomaten oder nach Maßgabe des Artikels 37 einer anderen Person zusteht, kann der Entsendestaat verzichten.
(2) Der Verzicht muß stets ausdrücklich erklärt werden.
(3) Strengt ein Diplomat oder eine Person, die nach Maßgabe des Artikels 37 Immunität von der Gerichtsbarkeit genießt, ein Gerichtsverfahren an, so können sie sich in bezug auf eine Widerklage, die mit der Hauptklage in unmittelbarem Zusammenhang steht, nicht auf die Immunität von der Gerichtsbarkeit berufen.
(4) Der Verzicht auf die Immunität von der Gerichtsbarkeit in einem Zivil- oder Verwaltungsgerichtsverfahren gilt nicht als Verzicht auf die Immunität von der Urteilsvollstreckung; hierfür ist ein besonderer Verzicht erforderlich.

Artikel 33
(1) Vorbehaltlich des Absatzes 3 ist ein Diplomat in bezug auf seine Dienste für den Einsendestaat von den im Empfangsstaat geltenden Vorschriften über soziale Sicherheit befreit.
(2) Die in Absatz 1 vorgesehene Befreiung gilt auch für private Hausangestellte, die ausschließlich bei einem Diplomaten beschäftigt sind, sofern sie
a) weder Angehörige des Empfangsstaats noch in demselben ständig ansässig sind und
b) den im Entsendestaat oder in einem dritten Staat geltenden Vorschriften über soziale Sicherheit unterstehen.
(3) Beschäftigt ein Diplomat Personen, auf welche die in Absatz 2 vorgesehene Befreiung keine Anwendung findet, so hat er die Vorschriften über soziale Sicherheit zu beachten, die im Empfangsstaat für Arbeitgeber gelten.
(4) Die in den Absätzen 1 und 2 vorgesehene Befreiung schließt die freiwillige Beteiligung an dem System der sozialen Sicherheit des Empfangsstaates nicht aus, sofern dieser eine solche Beteiligung zuläßt.
(5) Dieser Artikel läßt bereits geschlossene zwei- oder mehrseitige Übereinkünfte über soziale Sicherheit unberührt und steht dem künftigen Abschluß weiterer Übereinkünfte dieser Art nicht entgegen.

Artikel 34
Der Diplomat ist von allen staatlichen, regionalen und kommunalen Personal- und Realsteuern oder -abgaben befreit; ausgenommen hiervon sind
a) die normalerweise im Preis von Waren oder Dienstleistungen enthaltenen indirekten Steuern;
b) Steuern und sonstige Abgaben von privatem, im Hoheitsgebiet des Empfangsstaats gelegenem unbeweglichem Vermögen, es sei denn, daß der Diplomat es im Auftrag des Entsendestaats für die Zwecke der Mission im Besitz hat;
c) Erbschaftssteuern, die der Empfangsstaat erhebt, jedoch vorbehaltlich des Artikels 39 Abs. 4;
d) Steuern und sonstige Abgaben von privaten Einkünften, deren Quelle sich im Empfangsstaat befindet, sowie Vermögenssteuern von Kapitalanlagen in gewerblichen Unternehmen, die im Empfangsstaat gelegen sind;
e) Steuern, Gebühren und sonstige Abgaben, die als Vergütung für bestimmte Dienstleistungen erhoben werden;
f) Eintragungs-, Gerichts-, Beurkundungs-, Beglaubigungs-, Hypotheken- und Stempelgebühren in bezug auf unbewegliches Vermögen, jedoch vorbehaltlich des Artikels 23.

Art. 35–39 Wiener Übereinkommen über diplomatische Beziehungen

Artikel 35
Der Empfangsstaat befreit Diplomaten von allen persönlichen Dienstleistungen, von allen öffentlichen Dienstleistungen jeder Art und von militärischen Auflagen wie zum Beispiel Beschlagnahmen, Kontributionen und Einquartierungen.

Artikel 36
(1) Nach Maßgabe seiner geltenden Gesetze und anderen Rechtsvorschriften gestattet der Empfangsstaat die Einfuhr der nachstehend genannten Gegenstände und befreit sie von allen Zöllen, Steuern und ähnlichen Abgaben mit Ausnahme von Gebühren für Einlagerung, Beförderung und ähnliche Dienstleistungen:
a) Gegenstände für den amtlichen Gebrauch der Mission;
b) Gegenstände für den persönlichen Gebrauch des Diplomaten oder eines zu seinem Haushalt gehörenden Familienmitglieds, einschließlich der für seine Einrichtung vorgesehenen Gegenstände.
(2) Der Diplomat genießt Befreiung von der Kontrolle seines persönlichen Gepäcks, sofern nicht triftige Gründe für die Vermutung vorliegen, daß es Gegenstände enthält, für welche die in Absatz 1 erwähnten Befreiungen nicht gelten oder deren Ein- oder Ausfuhr nach dem Recht des Empfangsstaats verboten oder durch Quarantänevorschriften geregelt ist. In solchen Fällen darf die Kontrolle nur in Anwesenheit des Diplomaten oder seines ermächtigten Vertreters stattfinden.

Artikel 37
(1) Die zum Haushalt eines Diplomaten gehörenden Familienmitglieder genießen, wenn sie nicht Angehörige des Empfangsstaats sind, die in den Artikeln 29 bis 36 bezeichneten Vorrechte und Immunitäten.
(2) Mitglieder des Verwaltungs- und technischen Personals der Mission und die zu ihrem Haushalt gehörenden Familienmitglieder genießen, wenn sie weder Angehörige des Empfangsstaats noch in demselben ständig ansässig sind, die in den Artikeln 29 bis 33 bezeichneten Vorrechte und Immunitäten; jedoch ist die nicht in Ausübung ihrer dienstlichen Tätigkeit vorgenommenen Handlungen von der in Artikel 31 Abs. 1 bezeichneten Immunität von der Zivil- und Verwaltungsgerichtsbarkeit des Empfangsstaats ausgeschlossen. Sie genießen ferner die in Artikel 36 Abs. 1 bezeichneten Vorrechte in bezug auf Gegenstände, die anläßlich ihrer Ersteinrichtung eingeführt werden.
(3) Mitglieder des dienstlichen Hauspersonals der Mission, die weder Angehörige des Empfangsstaats noch in demselben ständig ansässig sind, genießen Immunität in bezug auf ihre in Ausübung ihrer dienstlichen Tätigkeit vorgenommenen Handlungen, Befreiung von Steuern und sonstigen Abgaben auf ihre Dienstbezüge sowie die in Artikel 33 vorgesehene Befreiung.
(4) Private Hausangestellte von Mitgliedern der Mission genießen, wenn sie weder Angehörige des Empfangsstaats noch in demselben ständig ansässig sind, Befreiung von Steuern und sonstigen Abgaben auf die Bezüge, die sie auf Grund ihres Arbeitsverhältnisses erhalten. Im übrigen stehen ihnen Vorrechte und Immunitäten nur in dem vom Empfangsstaat zugelassenen Umfang zu. Der Empfangsstaat darf jedoch seine Hoheitsgewalt über diese Personen nur so ausüben, daß er die Mission bei der Wahrnehmung ihrer Aufgaben nicht ungebührlich behindert.

Artikel 38
(1) Soweit der Empfangsstaat nicht zusätzliche Vorrechte und Immunitäten gewährt, genießt ein Diplomat, der Angehöriger dieses Staates oder in demselben ständig ansässig ist, Immunität von der Gerichtsbarkeit und Unverletzlichkeit lediglich in bezug auf seine Ausübung seiner dienstlichen Tätigkeit vorgenommenen Amtshandlungen.
(2) Anderen Mitgliedern des Personals der Mission und privaten Hausangestellten, die Angehörige des Empfangsstaats oder in demselben ständig ansässig sind, stehen Vorrechte und Immunitäten nur in dem vom Empfangsstaat zugelassenen Umfang zu. Der Empfangsstaat darf jedoch seine Hoheitsgewalt über diese Personen nur so ausüben, daß er die Mission bei der Wahrnehmung ihrer Aufgaben nicht ungebührlich behindert.

Artikel 39
(1) Die Vorrechte und Immunitäten stehen den Berechtigten von dem Zeitpunkt an zu, in dem sie in das Hoheitsgebiet des Empfangsstaats einreisen, um dort ihren Posten anzutreten, oder, wenn

sie sich bereits in diesem Hoheitsgebiet befinden, von dem Zeitpunkt an, in dem ihre Ernennung dem Ministerium für Auswärtige Angelegenheiten oder dem anderen in gegenseitigem Einvernehmen bestimmten Ministerium notifiziert wird.

(2) Die Vorrechte und Immunitäten einer Person, deren dienstliche Tätigkeit beendet ist, werden normalerweise im Zeitpunkt der Ausreise oder aber des Ablaufs einer hierfür gewährten angemessenen Frist hinfällig; bis zu diesem Zeitpunkt bleiben sie bestehen, und zwar auch im Fall eines bewaffneten Konflikts. In bezug auf die von der betreffenden Person in Ausübung ihrer dienstlichen Tätigkeit als Mitglied der Mission vorgenommenen Handlungen bleibt jedoch die Immunität auch weiterhin bestehen.

(3) Stirbt ein Mitglied der Mission, so genießen seine Familienangehörigen bis zum Ablauf einer angemessenen Frist für ihre Ausreise weiterhin die ihnen zustehenden Vorrechte und Immunitäten.

(4) Stirbt ein Mitglied der Mission, das weder Angehöriger des Empfangsstaats noch in demselben ständig ansässig ist, oder stirbt ein zu seinem Haushalt gehörendes Familienmitglied, so gestattet der Empfangsstaat die Ausfuhr des beweglichen Vermögens des Verstorbenen mit Ausnahme von im Inland erworbenen Vermögensgegenständen, deren Ausfuhr im Zeitpunkt des Todesfalles verboten war. Von beweglichem Vermögen, das sich nur deshalb im Empfangsstaat befindet, weil sich der Verstorbene als Mitglied der Mission oder als Familienangehöriger eines solchen in diesem Staat aufhielt, dürfen keine Erbschaftssteuern erhoben werden.

Artikel 40

(1) Reist ein Diplomat, um sein Amt anzutreten oder um auf seinen Posten oder in seinen Heimatstaat zurückzukehren, durch das Hoheitsgebiet eines dritten Staates oder befindet er sich im Hoheitsgebiet dieses Staates, der erforderlichenfalls seinen Paß mit einem Sichtvermerk versehen hat, so gewährt ihm dieser Staat Unverletzlichkeit und alle sonstigen für seine sichere Durchreise oder Rückkehr erforderlichen Immunitäten. Das gleiche gilt, wenn Familienangehörige des Diplomaten, denen Vorrechte und Immunitäten zustehen, ihn begleiten oder wenn sie getrennt von ihm reisen, um sich zu ihm zu begeben oder in ihren Heimatstaat zurückzukehren.

(2) Unter den Voraussetzungen des Absatzes 1 dürfen dritte Staaten auch die Reise von Mitgliedern des Verwaltungs- und technischen Personals und des dienstlichen Hauspersonals einer Mission sowie ihrer Familienangehörigen durch ihr Hoheitsgebiet nicht behindern.

(3) Dritte Staaten gewähren in bezug auf die amtliche Korrespondenz und sonstige amtliche Mitteilungen im Durchgangsverkehr, einschließlich verschlüsselter Nachrichten, die gleiche Freiheit und den gleichen Schutz wie der Empfangsstaat. Diplomatischen Kurieren, deren Paß erforderlichenfalls mit einem Sichtvermerk versehen wurde, und dem diplomatischen Kuriergepäck im Durchgangsverkehr gewähren sie die gleiche Unverletzlichkeit und den gleichen Schutz, die der Empfangsstaat zu gewähren verpflichtet ist.

(4) Die Verpflichtungen dritter Staaten auf Grund der Absätze 1, 2 und 3 gelten gegenüber den in jenen Absätzen bezeichneten Personen sowie in bezug auf amtliche Mitteilungen und das diplomatische Kuriergepäck auch dann, wenn diese sich infolge höherer Gewalt im Hoheitsgebiet des dritten Staates befinden.

Artikel 41

(1) Alle Personen, die Vorrechte und Immunitäten genießen, sind unbeschadet derselben verpflichtet, die Gesetze und andere Rechtsvorschriften des Empfangsstaats zu beachten. Sie sind ferner verpflichtet, sich nicht in dessen innere Angelegenheiten einzumischen.

(2) Alle Amtsgeschäfte mit dem Empfangsstaat, mit deren Wahrnehmung der Entsendestaat die Mission beauftragt, sind mit dem Ministerium für Auswärtige Angelegenheiten oder dem anderen in gegenseitigem Einvernehmen bestimmten Ministerium des Empfangsstaats zu führen oder über diese zu leiten.

(3) Die Räumlichkeiten der Mission dürfen nicht in einer Weise benutzt werden, die unvereinbar ist mit den Aufgaben der Mission, wie sie in diesem Übereinkommen, in anderen Regeln des allgemeinen Völkerrechts oder in besonderen, zwischen dem Entsendestaat und dem Empfangsstaat in Kraft befindlichen Übereinkünften niedergelegt sind.

Art. 42–50 Wiener Übereinkommen über diplomatische Beziehungen 4

Artikel 42
Ein Diplomat darf im Empfangsstaat keinen freien Beruf und keine gewerbliche Tätigkeit ausüben, die auf persönlichen Gewinn gerichtet sind.

Artikel 43
Die dienstliche Tätigkeit eines Diplomaten wird unter anderem dadurch beendet,
a) daß der Entsendestaat dem Empfangsstaat die Beendigung der dienstlichen Tätigkeit des Diplomaten notifiziert, oder
b) daß der Empfangsstaat dem Entsendestaat notifiziert, er lehne es gemäß Artikel 9 Abs. 2 ab, den Diplomaten als Mitglied der Mission anzuerkennen.

Artikel 44
Auch im Fall eines bewaffneten Konflikts gewährt der Empfangsstaat den Personen, die Vorrechte und Immunitäten genießen und nicht seine Angehörigen sind, sowie ihren Familienmitgliedern ungeachtet ihrer Staatsangehörigkeit die erforderlichen Erleichterungen, um es ihnen zu ermöglichen, sein Hoheitsgebiet so bald wie möglich zu verlassen. Insbesondere stellt er ihnen im Bedarfsfall die benötigten Beförderungsmittel für sie selbst und ihre Vermögensgegenstände zur Verfügung.

Artikel 45
Werden die diplomatischen Beziehungen zwischen zwei Staaten abgebrochen oder wird eine Mission endgültig oder vorübergehend abberufen,
a) so hat der Empfangsstaat auch im Fall eines bewaffneten Konflikts die Räumlichkeiten, das Vermögen und die Archive der Mission zu achten und zu schützen;
b) so kann der Entsendestaat einem dem Empfangsstaat genehmen dritten Staat die Obhut der Räumlichkeiten, des Vermögens und der Archive der Mission übertragen;
c) so kann der Entsendestaat einem dem Empfangsstaat genehmen dritten Staat den Schutz seiner Interessen und derjenigen seiner Angehörigen übertragen.

Artikel 46
Ein Entsendestaat kann mit vorheriger Zustimmung des Empfangsstaats auf Ersuchen eines im Empfangsstaat nicht vertretenen dritten Staates den zeitweiligen Schutz der Interessen des dritten Staates und seiner Angehörigen übernehmen.

Artikel 47
(1) Bei der Anwendung dieses Übereinkommens unterläßt der Empfangsstaat jede diskriminierende Behandlung von Staaten.
(2) Es gilt jedoch nicht als Diskriminierung,
a) wenn der Empfangsstaat eine Bestimmung dieses Übereinkommens deshalb einschränkend anwendet, weil sie im Entsendestaat auf seine eigene Mission einschränkend angewandt wird;
b) wenn Staaten auf Grund von Gewohnheit oder Vereinbarung einander eine günstigere Behandlung gewähren, als es nach diesem Übereinkommen erforderlich ist.

Artikel 48
Dieses Übereinkommen liegt für alle Mitgliedstaaten der Vereinten Nationen oder ihrer Sonderorganisationen, für Vertragsstaaten der Satzung des Internationalen Gerichtshofs und für jeden anderen Staat, den die Generalversammlung der Vereinten Nationen einlädt, Vertragspartei des Übereinkommens zu werden, wie folgt zur Unterzeichnung auf: bis zum 31. Oktober 1961 im österreichischen Bundesministerium für Auswärtige Angelegenheiten und danach bis zum 31. März 1962 am Sitz der Vereinten Nationen in New York.

Artikel 49
Dieses Übereinkommen bedarf der Ratifizierung. Die Ratifikationsurkunden sind beim Generalsekretär der Vereinten Nationen zu hinterlegen.

Artikel 50
Dieses Übereinkommen liegt zum Beitritt für jeden Staat auf, der einer der in Artikel 48 bezeichneten vier Kategorien angehört. Die Beitrittsurkunden sind beim Generalsekretär der Vereinten Nationen zu hinterlegen.

Artikel 51
(1) Dieses Übereinkommen tritt am dreißigsten Tag nach Hinterlegung der zweiundzwanzigsten Ratifikations- oder Beitrittsurkunde beim Generalsekretär der Vereinten Nationen in Kraft.
(2) Für jeden Staat, der nach Hinterlegung der zweiundzwanzigsten Ratifikations- und Beitrittsurkunde das Übereinkommen ratifiziert oder ihm beitritt, tritt es am dreißigsten Tag nach Hinterlegung seiner eigenen Ratifikations- oder Beitrittsurkunde in Kraft.

Artikel 52
Der Generalsekretär der Vereinten Nationen notifiziert allen Staaten, die einer der in Artikel 48 bezeichneten vier Kategorien angehören,
a) die Unterzeichnungen dieses Übereinkommens und die Hinterlegung der Ratifikations- oder Beitrittsurkunden gemäß den Artikeln 48, 49 und 50;
b) den Tag, an dem dieses Übereinkommen gemäß Artikel 51 in Kraft tritt.

Artikel 53
Die Urschrift dieses Übereinkommens, dessen chinesischer, englischer, französischer, russischer und spanischer Wortlaut gleichermaßen verbindlich ist, wird beim Generalsekretär der Vereinten Nationen hinterlegt; dieser übermittelt allen Staaten, die einer der in Artikel 48 bezeichneten vier Kategorien angehören, beglaubigte Abschriften.

Zu Urkund dessen haben die unterzeichneten, von ihren Regierungen hierzu gehörig befugten Bevollmächtigten dieses Übereinkommen unterschrieben.
Geschehen zu Wien am 18. April 1961.

Wiener Übereinkommen über das Recht der Verträge[1]
Vom 23. Mai 1969

Die Vertragsstaaten dieses Übereinkommens –
in Anbetracht der grundlegenden Rolle der Verträge in der Geschichte der internationalen Beziehungen;
in Erkenntnis der ständig wachsenden Bedeutung der Verträge als Quelle des Völkerrechts und als Mittel zur Entwicklung der friedlichen Zusammenarbeit zwischen den Völkern ungeachtet ihrer Verfassungs- und Gesellschaftssysteme;
im Hinblick darauf, daß die Grundsätze der freien Zustimmung und von Treu und Glauben sowie der Rechtsgrundsatz *pacta sunt servanda* allgemein anerkannt sind;
in Bekräftigung des Grundsatzes, daß Streitigkeiten über Verträge wie andere internationale Streitigkeiten durch friedliche Mittel nach den Grundsätzen der Gerechtigkeit und des Völkerrechts beigelegt werden sollen;
eingedenk der Entschlossenheit der Völker der Vereinten Nationen, Bedingungen zu schaffen, unter denen Gerechtigkeit und die Achtung der Verpflichtungen, die auf Verträgen beruhen, gewahrt werden können;
im Bewußtsein der in der Satzung der Vereinten Nationen enthaltenen völkerrechtlichen Grundsätze, darunter der Grundsätze der Gleichberechtigung und des Selbstbestimmungsrechtes der Völker, der souveränen Gleichheit und Unabhängigkeit aller Staaten, der Nichteinmischung in die inneren Angelegenheiten der Staaten, des Verbots der Drohung mit Gewalt oder der Gewaltanwendung sowie der allgemeinen Achtung und Wahrung der Menschenrechte und Grundfreiheiten für alle;
überzeugt, daß die in diesem Übereinkommen verwirklichte Kodifizierung und fortschreitende Entwicklung des Vertragsrechts die in der Satzung der Vereinten Nationen verkündeten Ziele fördern wird, nämlich die Aufrechterhaltung des Weltfriedens und der internationalen Sicherheit, die Entwicklung freundschaftlicher Beziehungen und die Verwirklichung der Zusammenarbeit zwischen den Nationen;
in Bekräftigung des Grundsatzes, daß die Sätze des Völkergewohnheitsrechts weiterhin für Fragen gelten, die in diesem Übereinkommen nicht geregelt sind –
haben folgendes vereinbart:

TEIL I
Einleitung
Artikel 1 Geltungsbereich dieses Übereinkommens
Dieses Übereinkommen findet auf Verträge zwischen Staaten Anwendung.
Artikel 2 Begriffsbestimmungen
(1)   Im Sinne dieses Übereinkommens
a) bedeutet »Vertrag« eine in Schriftform geschlossene und vom Völkerrecht bestimmte internationale Übereinkunft zwischen Staaten, gleichviel ob sie in einer oder in mehreren zusammengehörigen Urkunden enthalten ist und welche besondere Bezeichnung sie hat;
b) bedeutet »Ratifikation«, »Annahme«, »Genehmigung« und »Beitritt« jeweils die so bezeichnete völkerrechtliche Handlung, durch die ein Staat im internationalen Bereich seine Zustimmung bekundet, durch einen Vertrag gebunden zu sein;
c) bedeutet »Vollmacht« eine vom zuständigen Organ eines Staates errichtete Urkunde, durch die einzelne oder mehrere Personen benannt werden, um in Vertretung des Staates den Text eines Vertrags auszuhandeln oder als authentisch festzulegen, die Zustimmung des Staates auszudrücken, durch einen Vertrag gebunden zu sein, oder sonstige Handlungen in bezug auf einen Vertrag vorzunehmen;

---
[1] Deutscher Text: *BGBl.* 1985 II S. 927.
Internationale Quelle: *UNTS* Bd. 1155 S. 331.
In Kraft getreten am 27. Januar 1980; für die Bundesrepublik Deutschland am 20. August 1987.

5 Wiener Übereinkommen über das Recht der Verträge Art. 3–7

d) bedeutet »Vorbehalt« eine wie auch immer formulierte oder bezeichnete, von einem Staat bei der Unterzeichnung, Ratifikation, Annahme oder Genehmigung eines Vertrags oder bei dem Beitritt zu einem Vertrag abgegebene einseitige Erklärung, durch die der Staat bezweckt, die Rechtswirkung einzelner Vertragsbestimmungen in der Anwendung auf diesen Staat auszuschließen oder zu ändern;
e) bedeutet »Verhandlungsstaat« einen Staat, der am Abfassen und Annehmen des Vertragstextes teilgenommen hat;
f) bedeutet »Vertragsstaat« einen Staat, der zugestimmt hat, durch den Vertrag gebunden zu sein, gleichviel ob der Vertrag in Kraft getreten ist oder nicht;
g) bedeutet »Vertragspartei« einen Staat, der zugestimmt hat, durch den Vertrag gebunden zu sein, und für den der Vertrag in Kraft ist;
h) bedeutet »Drittstaat« einen Staat, der nicht Vertragspartei ist;
i) bedeutet »internationale Organisation« eine zwischenstaatliche Organisation.
(2) Die Bestimmungen des Absatzes 1 über die in diesem Übereinkommen verwendeten Begriffe beeinträchtigen weder die Verwendung dieser Begriffe noch die Bedeutung, die ihnen im innerstaatlichen Recht gegebenenfalls zukommt.

Artikel 3 Nicht in den Geltungsbereich dieses Übereinkommens fallende internationale Übereinkünfte
Der Umstand, daß dieses Übereinkommen weder auf die zwischen Staaten und anderen Völkerrechtssubjekten oder zwischen solchen anderen Völkerrechtssubjekten geschlossenen internationalen Übereinkünfte noch auf nicht schriftliche internationale Übereinkünfte Anwendung findet, berührt nicht
a) die rechtliche Gültigkeit solcher Übereinkünfte;
b) die Anwendung einer der in diesem Übereinkommen niedergelegten Regeln auf sie, denen sie auch unabhängig von diesem Übereinkommen auf Grund des Völkerrechts unterworfen wären;
c) die Anwendung des Übereinkommens auf die Beziehungen zwischen Staaten auf Grund internationaler Übereinkünfte, denen auch andere Völkerrechtssubjekte als Vertragsparteien angehören.

Artikel 4 Nichtrückwirkung dieses Übereinkommens
Unbeschadet der Anwendung der in diesem Übereinkommen niedergelegten Regeln, denen Verträge unabhängig von dem Übereinkommen auf Grund des Völkerrechts unterworfen wären, findet das Übereinkommen nur auf Verträge Anwendung, die von Staaten geschlossen werden, nachdem das Übereinkommen für sie in Kraft getreten ist.

Artikel 5 Gründungsverträge internationaler Organisationen und im Rahmen einer internationalen Organisation angenommene Verträge
Dieses Übereinkommen findet auf jeden Vertrag Anwendung, der die Gründungsurkunde einer internationalen Organisation bildet, sowie auf jeden im Rahmen einer internationalen Organisation angenommenen Vertrag, unbeschadet aller einschlägigen Vorschriften der Organisation.

TEIL II
Abschluß und Inkrafttreten von Verträgen

ABSCHNITT 1
Abschluß von Verträgen

Artikel 6 Vertragsfähigkeit der Staaten
Jeder Staat besitzt die Fähigkeit, Verträge zu schließen.

Artikel 7 Vollmacht
(1) Eine Person gilt hinsichtlich des Annehmens des Textes eines Vertrages oder der Festlegung seines authentischen Textes oder der Abgabe der Zustimmung eines Staates, durch einen Vertrag gebunden zu sein, als Vertreter eines Staates,
a) wenn sie eine gehörige Vollmacht vorlegt oder

b) wenn aus der Übung der beteiligten Staaten oder aus anderen Umständen hervorgeht, daß sie die Absicht hatten, diese Person als Vertreter des Staates für die genannten Zwecke anzusehen und auch keine Vollmacht zu verlangen.

(2) Kraft ihres Amtes werden, ohne eine Vollmacht vorlegen zu müssen, als Vertreter ihres Staates angesehen
a) Staatsoberhäupter, Regierungschefs und Außenminister zur Vornahme aller sich auf den Abschluß eines Vertrags beziehenden Handlungen;
b) Chefs diplomatischer Missionen zum Annehmen des Textes eines Vertrags zwischen Entsende- und Empfangsstaat;
c) die von Staaten bei einer internationalen Konferenz oder bei einer internationalen Organisation oder einem ihrer Organe beglaubigten Vertreter zum Annehmen des Textes eines Vertrags im Rahmen der Konferenz, der Organisation oder des Organs.

Artikel 8 Nachträgliche Bestätigung einer ohne Ermächtigung vorgenommenen Handlung
Eine sich auf den Abschluß eines Vertrags beziehende Handlung, die von einer Person vorgenommen wird, welche nicht nach Artikel 7 als zur Vertretung eines Staates zu diesem Zweck ermächtigt angesehen werden kann, ist ohne Rechtswirkung, sofern sie nicht nachträglich von dem Staat bestätigt wird.

Artikel 9 Annehmen des Textes
(1) Der Text eines Vertrags wird durch Zustimmung aller an seiner Abfassung beteiligten Staaten angenommen, soweit Absatz 2 nichts anderes vorsieht.
(2) Auf einer internationalen Konferenz wird der Text eines Vertrags mit den Stimmen von zwei Dritteln der anwesenden und abstimmenden Staaten angenommen, sofern sie nicht mit der gleichen Mehrheit die Anwendung einer anderen Regel beschließen.

Artikel 10 Festlegung des authentischen Textes
Der Text eines Vertrags wird als authentisch und endgültig festgelegt
a) nach dem Verfahren, das darin vorgesehen oder von den an seiner Abfassung beteiligten Staaten vereinbart wurde, oder,
b) in Ermangelung eines solchen Verfahrens, durch Unterzeichnung, Unterzeichnung *ad referendum* oder Paraphierung des Vertragswortlauts oder einer den Wortlaut enthaltenden Schlußakte einer Konferenz durch die Vertreter dieser Staaten.

Artikel 11 Arten der Zustimmung, durch einen Vertrag gebunden zu sein
Die Zustimmung eines Staates, durch einen Vertrag gebunden zu sein, kann durch Unterzeichnung, Austausch von Urkunden, die einen Vertrag bilden, Ratifikation, Annahme, Genehmigung oder Beitritt oder auf eine andere vereinbarte Art ausgedrückt werden.

Artikel 12 Zustimmung, durch einen Vertrag gebunden zu sein, durch Unterzeichnung
(1) Die Zustimmung eines Staates, durch einen Vertrag gebunden zu sein, wird durch Unterzeichnung seitens seines Vertreters ausgedrückt,
a) wenn der Vertrag vorsieht, daß der Unterzeichnung diese Wirkung zukommen soll;
b) wenn anderweitig feststeht, daß die Verhandlungsstaaten der Unterzeichnung einvernehmlich diese Wirkung beilegen wollten, oder
c) wenn die Absicht des Staates, der Unterzeichnung diese Wirkung beizulegen, aus der Vollmacht seines Vertreters hervorgeht oder während der Verhandlung zum Ausdruck gebracht wurde.
(2) Im Sinne des Absatzes 1
a) gilt die Paraphierung des Textes als Unterzeichnung des Vertrags, wenn feststeht, daß die Verhandlungsstaaten dies vereinbart haben;
b) gilt die Unterzeichnung eines Vertrags *ad referendum* durch den Vertreter eines Staates als unbedingte Vertragsunterzeichnung, wenn sie von dem Staat bestätigt wird.

5 Wiener Übereinkommen über das Recht der Verträge Art. 13–18

Artikel 13 Zustimmung, durch einen Vertrag gebunden zu sein, durch Austausch der einen Vertrag bildenden Urkunden
Die Zustimmung von Staaten, durch einen Vertrag gebunden zu sein, der durch zwischen ihnen ausgetauschte Urkunden begründet wird, findet in diesem Austausch ihren Ausdruck,
a) wenn die Urkunden vorsehen, daß ihrem Austausch diese Wirkung zukommen soll, oder
b) wenn anderweitig feststeht, daß diese Staaten dem Austausch der Urkunden einvernehmlich diese Wirkung beilegen wollten.

Artikel 14 Zustimmung, durch einen Vertrag gebunden zu sein, durch Ratifikation, Annahme oder Genehmigung
(1) Die Zustimmung eines Staates, durch einen Vertrag gebunden zu sein, wird durch Ratifikation ausgedrückt,
a) wenn der Vertrag vorsieht, daß diese Zustimmung durch Ratifikation ausgedrückt wird;
b) wenn anderweitig feststeht, daß die Verhandlungsstaaten die Ratifikation einvernehmlich für erforderlich hielten;
c) wenn der Vertreter des Staates den Vertrag unter Vorbehalt der Ratifikation unterzeichnet hat oder
d) wenn die Absicht des Staates, den Vertrag unter Vorbehalt der Ratifikation zu unterzeichnen, aus der Vollmacht seines Vertreters hervorgeht oder während der Verhandlungen zum Ausdruck gebracht wurde.
(2) Die Zustimmung eines Staates, durch einen Vertrag gebunden zu sein, wird durch Annahme oder Genehmigung unter ähnlichen Bedingungen ausgedrückt, wie sie für die Ratifikation gelten.

Artikel 15 Zustimmung, durch einen Vertrag gebunden zu sein, durch Beitritt
Die Zustimmung eines Staates, durch einen Vertrag gebunden zu sein, wird durch Beitritt ausgedrückt,
a) wenn der Vertrag vorsieht, daß die Zustimmung von diesem Staat durch Beitritt ausgedrückt werden kann;
b) wenn anderweitig feststeht, daß die Verhandlungsstaaten vereinbart haben, daß die Zustimmung von diesem Staat durch Beitritt ausgedrückt werden kann, oder
c) wenn alle Vertragsparteien nachträglich vereinbart haben, daß die Zustimmung von diesem Staat durch Beitritt ausgedrückt werden kann.

Artikel 16 Austausch oder Hinterlegung von Ratifikations-, Annahme-, Genehmigungs- oder Beitrittsurkunden
Sofern der Vertrag nichts anderes vorsieht, begründen Ratifikations-, Annahme-, Genehmigungs- oder Beitrittsurkunden die Zustimmung eines Staates, durch einen Vertrag gebunden zu sein, im Zeitpunkt
a) ihres Austausches zwischen den Vertragsstaaten;
b) ihrer Hinterlegung bei dem Verwahrer oder
c) ihrer Notifikation an die Vertragsstaaten oder den Verwahrer, wenn dies vereinbart wurde.

Artikel 17 Zustimmung, durch einen Teil eines Vertrags gebunden zu sein, sowie Wahl zwischen unterschiedlichen Bestimmungen
(1) Unbeschadet der Artikel 19 bis 23 ist die Zustimmung eines Staates, durch einen Teil des Vertrags gebunden zu sein, nur wirksam, wenn der Vertrag dies zuläßt oder die anderen Vertragsstaaten dem zustimmen.
(2) Die Zustimmung eines Staates, durch einen Vertrag gebunden zu sein, der eine Wahl zwischen unterschiedlichen Bestimmungen zuläßt, ist nur wirksam, wenn klargestellt wird, auf welche Bestimmungen sich die Zustimmung bezieht.

Artikel 18 Verpflichtung, Ziel und Zweck eines Vertrags vor seinem Inkrafttreten nicht zu vereiteln
Ein Staat ist verpflichtet, sich aller Handlungen zu enthalten, die Ziel und Zweck eines Vertrags vereiteln würden,
a) wenn er unter Vorbehalt der Ratifikation, Annahme oder Genehmigung den Vertrag unterzeichnet oder Urkunden ausgetauscht hat, die einen Vertrag bilden, solange er seine Absicht nicht klar zu erkennen gegeben hat, nicht Vertragspartei zu werden, oder

Art. 19–21 Wiener Übereinkommen über das Recht der Verträge

b) wenn er seine Zustimmung, durch den Vertrag gebunden zu sein, ausgedrückt hat, und zwar bis zum Inkrafttreten des Vertrags und unter der Voraussetzung, daß sich das Inkrafttreten nicht ungebührlich verzögert.

ABSCHNITT 2
Vorbehalte

Artikel 19 Anbringen von Vorbehalten

Ein Staat kann bei der Unterzeichnung, Ratifikation, Annahme oder Genehmigung eines Vertrags oder beim Beitritt einen Vorbehalt anbringen, sofern nicht
a) der Vertrag den Vorbehalt verbietet;
b) der Vertrag vorsieht, daß nur bestimmte Vorbehalte gemacht werden dürfen, zu denen der betreffende Vorbehalt nicht gehört, oder
c) in den unter Buchstabe a oder b nicht bezeichneten Fällen der Vorbehalt mit Ziel und Zweck des Vertrags unvereinbar ist.

Artikel 20 Annahme von Vorbehalten und Einsprüche gegen Vorbehalte

(1) Ein durch einen Vertrag ausdrücklich zugelassener Vorbehalt bedarf der nachträglichen Annahme durch die anderen Vertragsstaaten nur, wenn der Vertrag dies vorsieht.
(2) Geht aus der begrenzten Zahl der Verhandlungsstaaten sowie aus Ziel und Zweck eines Vertrags hervor, daß die Anwendung des Vertrags in seiner Gesamtheit zwischen allen Vertragsparteien eine wesentliche Voraussetzung für die Zustimmung jeder Vertragspartei ist, durch den Vertrag gebunden zu sein, so bedarf ein Vorbehalt der Annahme durch alle Vertragsparteien.
(3) Bildet ein Vertrag die Gründungsurkunde einer internationalen Organisation und sieht er nichts anderes vor, so bedarf ein Vorbehalt der Annahme durch das zuständige Organ der Organisation.
(4) In den nicht in den Absätzen 1 bis 3 bezeichneten Fällen und sofern der Vertrag nichts anderes vorsieht,
a) macht die Annahme eines Vorbehalts durch einen anderen Vertragsstaat den den Vorbehalt anbringenden Staat zur Vertragspartei im Verhältnis zu jenem anderen Staat, sofern der Vertrag für diese Staaten in Kraft getreten ist oder sobald er für sie in Kraft tritt;
b) schließt der Einspruch eines anderen Vertragsstaates gegen einen Vorbehalt das Inkrafttreten des Vertrags zwischen dem den Einspruch erhebenden und dem den Vorbehalt anbringenden Staat nicht aus, sofern nicht der den Einspruch erhebende Staat seine gegenteilige Absicht eindeutig zum Ausdruck bringt;
c) wird eine Handlung, mit der die Zustimmung eines Staates, durch den Vertrag gebunden zu sein, ausgedrückt wird und die einen Vorbehalt in sich schließt, wirksam, sobald mindestens ein anderer Vertragsstaat den Vorbehalt angenommen hat.
(5) Im Sinne der Absätze 2 und 4 und sofern der Vertrag nichts anderes vorsieht, gilt ein Vorbehalt als von einem Staat angenommen, wenn dieser bis zum Ablauf von zwölf Monaten, nachdem ihm der Vorbehalt notifiziert worden ist, oder bis zu dem Zeitpunkt, wenn dies der spätere ist, in dem er seine Zustimmung ausgedrückt hat, durch den Vertrag gebunden zu sein, keinen Einspruch gegen den Vorbehalt erhebt.

Artikel 21 Rechtswirkungen von Vorbehalten und von Einsprüchen gegen Vorbehalte

(1) Ein gegenüber einer anderen Vertragspartei nach den Artikeln 19, 20 und 23 bestehender Vorbehalt
a) ändert für den den Vorbehalt anbringenden Staat im Verhältnis zu der anderen Vertragspartei die Vertragsbestimmungen, auf die sich der Vorbehalt bezieht, in dem darin vorgesehenen Ausmaß und
b) ändert diese Bestimmungen für die andere Vertragspartei im Verhältnis zu dem den Vorbehalt anbringenden Staat in demselben Ausmaß.
(2) Der Vorbehalt ändert die Vertragsbestimmungen für die anderen Vertragsparteien untereinander nicht.
(3) Hat ein Staat, der einen Einspruch gegen einen Vorbehalt erhoben hat, dem Inkrafttreten des Vertrags zwischen sich und dem den Vorbehalt anbringenden Staat nicht widersprochen, so finden die

Bestimmungen, auf die sich der Vorbehalt bezieht, in dem darin vorgesehenen Ausmaß zwischen den beiden Staaten keine Anwendung.

Artikel 22 Zurückziehen von Vorbehalten und von Einsprüchen gegen Vorbehalte
(1) Sofern der Vertrag nichts anderes vorsieht, kann ein Vorbehalt jederzeit zurückgezogen werden; das Zurückziehen bedarf nicht der Zustimmung eines Staates, der den Vorbehalt angenommen hat.
(2) Sofern der Vertrag nichts anderes vorsieht, kann ein Einspruch gegen einen Vorbehalt jederzeit zurückgezogen werden.
(3) Sofern der Vertrag nichts anderes vorsieht oder sofern nichts anderes vereinbart ist,
a) wird das Zurückziehen eines Vorbehalts im Verhältnis zu einem anderen Vertragsstaat erst wirksam, wenn dieser Staat eine Notifikation des Zurückziehens erhalten hat;
b) wird das Zurückziehen eines Einspruchs gegen einen Vorbehalt erst wirksam, wenn der Staat, der den Vorbehalt angebracht hat, eine Notifikation des Zurückziehens erhalten hat.

Artikel 23 Verfahren bei Vorbehalten
(1) Ein Vorbehalt, die ausdrückliche Annahme eines Vorbehalts und der Einspruch gegen einen Vorbehalt bedürfen der Schriftform und sind den Vertragsstaaten sowie sonstigen Staaten mitzuteilen, die Vertragsparteien zu werden berechtigt sind.
(2) Wenn der Vertrag vorbehaltlich der Ratifikation, Annahme oder Genehmigung unterzeichnet und hierbei ein Vorbehalt angebracht wird, so ist dieser von dem ihn anbringenden Staat in dem Zeitpunkt förmlich zu bestätigen, zu dem dieser Staat seine Zustimmung ausdrückt, durch den Vertrag gebunden zu sein. In diesem Fall gilt der Vorbehalt als im Zeitpunkt seiner Bestätigung angebracht.
(3) Die vor Bestätigung eines Vorbehalts erfolgte ausdrückliche Annahme des Vorbehalts oder der vor diesem Zeitpunkt erhobene Einspruch gegen den Vorbehalt bedarf selbst keiner Bestätigung.
(4) Das Zurückziehen eines Vorbehalts oder des Einspruchs gegen einen Vorbehalt bedarf der Schriftform.

ABSCHNITT 3
Inkrafttreten und vorläufige Anwendung von Verträgen

Artikel 24 Inkrafttreten
(1) Ein Vertrag tritt in der Weise und zu dem Zeitpunkt in Kraft, die er vorsieht oder die von den Verhandlungsstaaten vereinbart werden.
(2) In Ermangelung einer solchen Bestimmung oder Vereinbarung tritt ein Vertrag in Kraft, sobald die Zustimmung aller Verhandlungsstaaten vorliegt, durch den Vertrag gebunden zu sein.
(3) Wird die Zustimmung, durch einen Vertrag gebunden zu sein, von einem Staat erst nach dem Zeitpunkt des Inkrafttretens erteilt, so tritt der Vertrag für diesen Staat zu diesem Zeitpunkt in Kraft, sofern er nichts anderes vorsieht.
(4) Vertragsbestimmungen über die Festlegung des authentischen Textes, die Zustimmung von Staaten, durch den Vertrag gebunden zu sein, die Art und den Zeitpunkt seines Inkrafttretens sowie über Vorbehalte, die Aufgaben des Verwahrers und sonstige sich notwendigerweise vor dem Inkrafttreten des Vertrags ergebende Fragen gelten von dem Zeitpunkte an, zu dem sein Text angenommen wird.

Artikel 25 Vorläufige Anwendung
(1) Ein Vertrag oder ein Teil eines Vertrags wird bis zu seinem Inkrafttreten vorläufig angewendet,
a) wenn der Vertrag dies vorsieht oder
b) wenn die Verhandlungsstaaten dies auf andere Weise vereinbart haben.
(2) Sofern der Vertrag nichts anderes vorsieht oder die Verhandlungsstaaten nichts anderes vereinbart haben, endet die vorläufige Anwendung eines Vertrags oder eines Teiles eines Vertrags hinsichtlich eines Staates, wenn dieser den anderen Staaten, zwischen denen der Vertrag vorläufig angewendet wird, seine Absicht notifiziert, nicht Vertragspartei zu werden.

TEIL III
Einhaltung, Anwendung und Auslegung von Verträgen

ABSCHNITT 1
Einhaltung von Verträgen

Artikel 26 Pacta sunt servanda
Ist ein Vertrag in Kraft, so bindet er die Vertragsparteien und ist von ihnen nach Treu und Glauben zu erfüllen.

Artikel 27 Innerstaatliches Recht und Einhaltung von Verträgen
Eine Vertragspartei kann sich nicht auf ihr innerstaatliches Recht berufen, um die Nichterfüllung eines Vertrags zu rechtfertigen. Diese Bestimmung läßt Artikel 46 unberührt.

ABSCHNITT 2
Anwendung von Verträgen

Artikel 28 Nichtrückwirkung von Verträgen
Sofern keine abweichende Absicht aus dem Vertrag hervorgeht oder anderweitig festgestellt ist, binden seine Bestimmungen eine Vertragspartei nicht in bezug auf eine Handlung oder Tatsache, die vor dem Inkrafttreten des Vertrags hinsichtlich der betreffenden Vertragspartei vorgenommen wurde oder eingetreten ist, sowie in bezug auf eine Lage, die vor dem genannten Zeitpunkt zu bestehen aufgehört hat.

Artikel 29 Räumlicher Geltungsbereich von Verträgen
Sofern keine abweichende Absicht aus dem Vertrag hervorgeht oder anderweitig festgestellt ist, bindet ein Vertrag jede Vertragspartei hinsichtlich ihres gesamten Hoheitsgebiets.

Artikel 30 Anwendung aufeinanderfolgender Verträge über denselben Gegenstand
(1) Vorbehaltlich des Artikels 103 der Satzung der Vereinten Nationen bestimmen sich die Rechte und Pflichten von Staaten, die Vertragsparteien aufeinanderfolgender Verträge über denselben Gegenstand sind, nach den folgenden Absätzen.
(2) Bestimmt ein Vertrag, daß er einem früher oder später geschlossenen Vertrag untergeordnet ist oder nicht als mit diesem unvereinbar anzusehen ist, so hat der andere Vertrag Vorrang.
(3) Sind alle Vertragsparteien eines früheren Vertrags zugleich Vertragsparteien eines späteren, ohne daß der frühere Vertrag beendet oder nach Artikel 59 suspendiert wird, so findet der frühere Vertrag nur insoweit Anwendung, als er mit dem späteren Vertrag vereinbar ist.
(4) Gehören nicht alle Vertragsparteien des früheren Vertrags zu den Vertragsparteien des späteren,
a) so findet zwischen Staaten, die Vertragsparteien beider Verträge sind, Absatz 3 Anwendung;
b) so regelt zwischen einem Staat, der Vertragspartei beider Verträge ist, und einem Staat, der Vertragspartei nur eines der beiden Verträge ist, der Vertrag, dem beide Staaten als Vertragsparteien angehören, ihre gegenseitigen Rechte und Pflichten.
(5) Absatz 4 gilt unbeschadet des Artikels 41 sowie unbeschadet aller Fragen der Beendigung oder der Suspendierung eines Vertrags nach Artikel 60 und aller Fragen der Verantwortlichkeit, die sich für einen Staat aus Abschluß oder Anwendung eines Vertrags ergeben können, dessen Bestimmungen mit seinen Pflichten gegenüber einem anderen Staat auf Grund eines anderen Vertrags unvereinbar sind.

ABSCHNITT 3
Auslegung von Verträgen

Artikel 31 Allgemeine Auslegungsregel
(1) Ein Vertrag ist nach Treu und Glauben in Übereinstimmung mit der gewöhnlichen, seinen Bestimmungen in ihrem Zusammenhang zukommenden Bedeutung und im Lichte seines Zieles und Zweckes auszulegen.

(2) Für die Auslegung eines Vertrags bedeutet der Zusammenhang außer dem Vertragswortlaut samt Präambel und Anlagen
a) jede sich auf den Vertrag beziehende Übereinkunft, die zwischen allen Vertragsparteien anläßlich des Vertragsabschlusses getroffen wurde;
b) jede Urkunde, die von einer oder mehreren Vertragsparteien anläßlich des Vertragsabschlusses abgefaßt und von den anderen Vertragsparteien als eine sich auf den Vertrag beziehende Urkunde angenommen wurde.
(3) Außer dem Zusammenhang sind in gleicher Weise zu berücksichtigen
a) jede spätere Übereinkunft zwischen den Vertragsparteien über die Auslegung des Vertrags oder die Anwendung seiner Bestimmungen;
b) jede spätere Übung bei der Anwendung des Vertrags, aus der die Übereinstimmung der Vertragsparteien über seine Auslegung hervorgeht;
c) jeder in den Beziehungen zwischen den Vertragsparteien anwendbare einschlägige Völkerrechtssatz.
(4) Eine besondere Bedeutung ist einem Ausdruck beizulegen, wenn feststeht, daß die Vertragsparteien dies beabsichtigt haben.

Artikel 32 Ergänzende Auslegungsmittel

Ergänzende Auslegungsmittel, insbesondere die vorbereitenden Arbeiten und die Umstände des Vertragsabschlusses, können herangezogen werden, um die sich unter Anwendung des Artikels 31 ergebende Bedeutung zu bestätigen oder die Bedeutung zu bestimmen, wenn die Auslegung nach Artikel 31
a) die Bedeutung mehrdeutig oder dunkel läßt oder
b) zu einem offensichtlich sinnwidrigen oder unvernünftigen Ergebnis führt.

Artikel 33 Auslegung von Verträgen mit zwei oder mehr authentischen Sprachen

(1) Ist ein Vertrag in zwei oder mehr Sprachen als authentisch festgelegt worden, so ist der Text in jeder Sprache in gleicher Weise maßgebend, sofern nicht der Vertrag vorsieht oder die Vertragsparteien vereinbaren, daß bei Abweichungen ein bestimmter Text vorgehen soll.
(2) Eine Vertragsfassung in einer anderen Sprache als einer der Sprachen, deren Text als authentisch festgelegt wurde, gilt nur dann als authentischer Wortlaut, wenn der Vertrag dies vorsieht oder die Vertragsparteien dies vereinbaren.
(3) Es wird vermutet, daß die Ausdrücke des Vertrags in jedem authentischen Text dieselbe Bedeutung haben.
(4) Außer in Fällen, in denen ein bestimmter Text nach Absatz 1 vorgeht, wird, wenn ein Vergleich der authentischen Texte einen Bedeutungsunterschied aufdeckt, der durch die Anwendung der Artikel 31 und 32 nicht ausgeräumt werden kann, diejenige Bedeutung zugrunde gelegt, die unter Berücksichtigung von Ziel und Zweck des Vertrags die Wortlaute am besten miteinander in Einklang bringt.

ABSCHNITT 4
Verträge und Drittstaaten

Artikel 34 Allgemeine Regel betreffend Drittstaaten
Ein Vertrag begründet für einen Drittstaat ohne dessen Zustimmung weder Pflichten noch Rechte.

Artikel 35 Verträge zu Lasten von Drittstaaten
Ein Drittstaat wird durch eine Vertragsbestimmung verpflichtet, wenn die Vertragsparteien beabsichtigen, durch die Vertragsbestimmung eine Verpflichtung zu begründen, und der Drittstaat diese Verpflichtung ausdrücklich in Schriftform annimmt.

Artikel 36 Verträge zugunsten von Drittstaaten
(1) Ein Drittstaat wird durch eine Vertragsbestimmung berechtigt, wenn die Vertragsparteien beabsichtigen, durch die Vertragsbestimmung dem Drittstaat oder einer Staatengruppe, zu der er gehört, oder allen Staaten ein Recht einzuräumen, und der Drittstaat dem zustimmt. Sofern der Vertrag nichts anderes vorsieht, wird die Zustimmung vermutet, solange nicht das Gegenteil erkennbar wird.

(2) Ein Staat, der ein Recht nach Absatz 1 ausübt, hat die hierfür in dem Vertrag niedergelegten oder im Einklang mit ihm aufgestellten Bedingungen einzuhalten.

Artikel 37 Aufhebung oder Änderung der Pflichten oder Rechte von Drittstaaten
(1) Ist nach Artikel 35 einem Drittstaat eine Verpflichtung erwachsen, so kann diese nur mit Zustimmung der Vertragsparteien und des Drittstaats aufgehoben oder geändert werden, sofern nicht feststeht, daß sie etwas anderes vereinbart hatten.
(2) Ist nach Artikel 36 einem Drittstaat ein Recht erwachsen, so kann dieses von den Vertragsparteien nicht aufgehoben oder geändert werden, wenn feststeht, daß beabsichtigt war, daß das Recht nur mit Zustimmung des Drittstaats aufgehoben oder geändert werden kann.

Artikel 38 Vertragsbestimmungen, die kraft internationaler Gewohnheit für Drittstaaten verbindlich werden
Die Artikel 34 bis 37 schließen nicht aus, daß eine vertragliche Bestimmung als ein Satz des Völkergewohnheitsrechts, der als solcher anerkannt ist, für einen Drittstaat verbindlich wird.

TEIL IV
Änderung und Modifikation von Verträgen

Artikel 39 Allgemeine Regel über die Änderung von Verträgen
Ein Vertrag kann durch Übereinkunft zwischen den Vertragsparteien geändert werden. Teil II findet auf eine solche Übereinkunft insoweit Anwendung, als der Vertrag nichts anderes vorsieht.

Artikel 40 Änderung mehrseitiger Verträge
(1) Sofern der Vertrag nichts anderes vorsieht, richtet sich die Änderung mehrseitiger Verträge nach den folgenden Absätzen.
(2) Vorschläge zur Änderung eines mehrseitigen Vertrags mit Wirkung zwischen allen Vertragsparteien sind allen Vertragsstaaten zu notifizieren; jeder von ihnen ist berechtigt,
a) an dem Beschluß über das auf einen solchen Vorschlag hin zu Veranlassende teilzunehmen;
b) am Aushandeln und am Abschluß einer Übereinkunft zur Änderung des Vertrags teilzunehmen.
(3) Jeder Staat, der berechtigt ist, Vertragspartei des Vertrags zu werden, ist auch berechtigt, Vertragspartei des geänderten Vertrags zu werden.
(4) Die Änderungsübereinkunft bindet keinen Staat, der schon Vertragspartei des Vertrags ist, jedoch nicht Vertragspartei der Änderungsübereinkunft wird; auf einen solchen Staat findet Artikel 30 Absatz 4 lit. b Anwendung.
(5) Ein Staat, der nach Inkrafttreten der Änderungsübereinkunft Vertragspartei des Vertrags wird, gilt, sofern er nicht eine abweichende Absicht äußert,
a) als Vertragspartei des geänderten Vertrags und
b) als Vertragspartei des nicht geänderten Vertrags im Verhältnis zu einer Vertragspartei, die durch die Änderungsübereinkunft nicht gebunden ist.

Artikel 41 Übereinkünfte zur Modifikation mehrseitiger Verträge zwischen einzelnen Vertragsparteien
(1) Zwei oder mehr Vertragsparteien eines mehrseitigen Vertrags können eine Übereinkunft schließen, um den Vertrag ausschließlich im Verhältnis zueinander zu modifizieren,
a) wenn die Möglichkeit einer solchen Modifikation in dem Vertrag vorgesehen ist oder
b) wenn die betreffende Modifikation durch den Vertrag nicht verboten ist und
   (i) die anderen Vertragsparteien in dem Genuß ihrer Rechte auf Grund des Vertrags oder in der Erfüllung ihrer Pflichten nicht beeinträchtigt und
   (ii) sich nicht auf eine Bestimmung bezieht, von der abzuweichen mit der vollen Verwirklichung von Ziel und Zweck des gesamten Vertrags unvereinbar ist.
(2) Sofern der Vertrag in einem Fall des Absatzes 1 lit. a nichts anderes vorsieht, haben die betreffenden Vertragsparteien den anderen Vertragsparteien ihre Absicht, eine Übereinkunft zu schließen, sowie die darin vorgesehene Modifikation zu notifizieren.

TEIL V
Ungültigkeit, Beendigung und Suspendierung von Verträgen

ABSCHNITT 1
Allgemeine Bestimmungen

Artikel 42 Gültigkeit und Weitergeltung von Verträgen
(1) Die Gültigkeit eines Vertrags oder der Zustimmung eines Staates, durch einen Vertrag gebunden zu sein, kann nur in Anwendung dieses Übereinkommens angefochten werden.
(2) Die Beendigung eines Vertrags, seine Kündigung oder der Rücktritt einer Vertragspartei kann nur in Anwendung der Bestimmungen des Vertrags oder dieses Übereinkommens erfolgen. Das gleiche gilt für die Suspendierung eines Vertrags.

Artikel 43 Pflichten, die das Völkerrecht unabhängig von einem Vertrag auferlegt
Die Ungültigkeit, Beendigung oder Kündigung eines Vertrags, der Rücktritt einer Vertragspartei vom Vertrag oder seine Suspendierung beeinträchtigen, soweit sie sich aus der Anwendung dieses Übereinkommens oder des Vertrags ergeben, in keiner Hinsicht die Pflicht eines Staates, eine in dem Vertrag enthaltene Verpflichtung zu erfüllen, der er auch unabhängig von dem Vertrag auf Grund des Völkerrechts unterworfen ist.

Artikel 44 Trennbarkeit von Vertragsbestimmungen
(1) Das in einem Vertrag vorgesehene oder sich aus Artikel 56 ergebende Recht einer Vertragspartei, zu kündigen, zurückzutreten oder den Vertrag zu suspendieren, kann nur hinsichtlich des gesamten Vertrags ausgeübt werden, sofern der Vertrag nichts anderes vorsieht oder die Vertragsparteien nichts anderes vereinbaren.
(2) Ein in diesem Übereinkommen anerkannter Grund dafür, einen Vertrag als ungültig zu erklären, ihn zu beenden, von ihm zurückzutreten oder ihn zu suspendieren, kann nur hinsichtlich des gesamten Vertrags geltend gemacht werden, sofern in den folgenden Absätzen oder in Artikel 60 nichts anderes vorgesehen ist.
(3) Trifft der Grund nur auf einzelne Bestimmungen zu, so kann er nur hinsichtlich dieser allein geltend gemacht werden,
a) wenn diese Bestimmungen von den übrigen Vertragsbestimmungen getrennt angewendet werden können;
b) wenn aus dem Vertrag hervorgeht oder anderweitig feststeht, daß die Annahme dieser Bestimmungen keine wesentliche Grundlage für die Zustimmung der anderen Vertragspartei oder Vertragsparteien war, durch den gesamten Vertrag gebunden zu sein, und
c) wenn die Weiteranwendung der übrigen Vertragsbestimmungen nicht unbillig ist.
(4) In den Fällen der Artikel 49 und 50 kann ein Staat, der berechtigt ist, Betrug oder Bestechung geltend zu machen, dies entweder hinsichtlich des gesamten Vertrags oder, vorbehaltlich des Absatzes 3, nur hinsichtlich einzelner Bestimmungen tun.
(5) In den Fällen der Artikel 51, 52 und 53 ist die Abtrennung einzelner Vertragsbestimmungen unzulässig.

Artikel 45 Verlust des Rechtes, Gründe dafür geltend zu machen, einen Vertrag als ungültig zu erklären, ihn zu beenden, von ihm zurückzutreten oder ihn zu suspendieren
Ein Staat kann Gründe nach den Artikeln 46 bis 50 oder 60 und 62 nicht länger geltend machen, um einen Vertrag als ungültig zu erklären, ihn zu beenden, von ihm zurückzutreten oder ihn zu suspendieren, wenn, nachdem dem Staat der Sachverhalt bekanntgeworden ist,
a) er ausdrücklich zugestimmt hat, daß der Vertrag – je nach Lage des Falles – gültig ist, in Kraft bleibt oder weiterhin angewendet wird, oder
b) auf Grund seines Verhaltens angenommen werden muß, er habe – je nach Lage des Falles – der Gültigkeit des Vertrags, seinem Inkraftbleiben oder seiner Weiteranwendung stillschweigend zugestimmt.

Art. 46–53 Wiener Übereinkommen über das Recht der Verträge

ABSCHNITT 2
Ungültigkeit von Verträgen

Artikel 46 Innerstaatliche Bestimmungen über die Zuständigkeit zum Abschluß von Verträgen
(1) Ein Staat kann sich nicht darauf berufen, daß seine Zustimmung, durch einen Vertrag gebunden zu sein, unter Verletzung einer Bestimmung seines innerstaatlichen Rechts über die Zuständigkeit zum Abschluß von Verträgen ausgedrückt wurde und daher ungültig sei, sofern nicht die Verletzung offenkundig war und eine innerstaatliche Rechtsvorschrift von grundlegender Bedeutung betraf.
(2) Eine Verletzung ist offenkundig, wenn sie für jeden Staat, der sich hierbei im Einklang mit der allgemeinen Übung und nach Treu und Glauben verhält, objektiv erkennbar ist.

Artikel 47 Besondere Beschränkungen der Ermächtigung, die Zustimmung eines Staates zum Ausdruck zu bringen
Ist die Ermächtigung eines Vertreters, die Zustimmung eines Staates auszudrücken, durch einen bestimmten Vertrag gebunden zu sein, einer besonderen Beschränkung unterworfen worden, so kann nur dann geltend gemacht werden, daß diese Zustimmung wegen Nichtbeachtung der Beschränkung ungültig sei, wenn die Beschränkung den anderen Verhandlungsstaaten notifiziert worden war, bevor der Vertreter die Zustimmung zum Ausdruck brachte.

Artikel 48 Irrtum
(1) Ein Staat kann geltend machen, daß seine Zustimmung, durch den Vertrag gebunden zu sein, wegen eines Irrtums im Vertrag ungültig sei, wenn sich der Irrtum auf eine Tatsache oder Lage bezieht, deren Bestehen der Staat im Zeitpunkt des Vertragsabschlusses annahm und die eine wesentliche Grundlage für seine Zustimmung bildete.
(2) Absatz 1 findet keine Anwendung, wenn der betreffende Staat durch sein eigenes Verhalten zu dem Irrtum beigetragen hat oder nach den Umständen mit der Möglichkeit eines Irrtums rechnen mußte.
(3) Ein ausschließlich redaktioneller Irrtum berührt die Gültigkeit eines Vertrags nicht; in diesem Fall findet Artikel 79 Anwendung.

Artikel 49 Betrug
Ist ein Staat durch das betrügerische Verhalten eines anderen Verhandlungsstaats zum Vertragsabschluß veranlaßt worden, so kann er geltend machen, daß seine Zustimmung, durch den Vertrag gebunden zu sein, wegen des Betrugs ungültig sei.

Artikel 50 Bestechung eines Staatenvertreters
Hat ein Verhandlungsstaat die Zustimmung eines anderen Staates, durch einen Vertrag gebunden zu sein, mittelbar oder unmittelbar durch Bestechung des Vertreters dieses Staates herbeigeführt, so kann dieser Staat geltend machen, daß seine Zustimmung wegen der Bestechung ungültig sei.

Artikel 51 Zwang gegen einen Staatenvertreter
Wurde die Zustimmung eines Staates, durch einen Vertrag gebunden zu sein, durch Zwang gegen seinen Vertreter mittels gegen diesen gerichteter Handlungen oder Drohungen herbeigeführt, so hat sie keine Rechtswirkung.

Artikel 52 Zwang gegen einen Staat durch Drohung mit oder Anwendung von Gewalt
Ein Vertrag ist nichtig, wenn sein Abschluß durch Drohung mit oder Anwendung von Gewalt unter Verletzung der in der Satzung der Vereinten Nationen niedergelegten Grundsätze des Völkerrechts herbeigeführt wurde.

Artikel 53 Verträge im Widerspruch zu einer zwingenden Norm des allgemeinen Völkerrechts (ius cogens)
Ein Vertrag ist nichtig, wenn er im Zeitpunkt seines Abschlusses im Widerspruch zu einer zwingenden Norm des allgemeinen Völkerrechts steht. Im Sinne dieses Übereinkommens ist eine zwingende Norm des allgemeinen Völkerrechts eine Norm, die von der internationalen Staatengemeinschaft in ihrer Gesamtheit angenommen und anerkannt wird als eine Norm, von der nicht abgewichen werden darf und die nur durch eine spätere Norm des allgemeinen Völkerrechts derselben Rechtsnatur geändert werden kann.

ABSCHNITT 3
Beendigung und Suspendierung von Verträgen

Artikel 54 Beendigung eines Vertrags oder Rücktritt vom Vertrag auf Grund seiner Bestimmungen oder durch Einvernehmen zwischen den Vertragsparteien

Die Beendigung eines Vertrags oder der Rücktritt einer Vertragspartei vom Vertrag können erfolgen
a) nach Maßgabe der Vertragsbestimmungen oder
b) jederzeit durch Einvernehmen zwischen allen Vertragsparteien nach Konsultierung der anderen Vertragsstaaten.

Artikel 55 Abnahme der Zahl der Vertragsparteien eines mehrseitigen Vertrags auf weniger als die für sein Inkrafttreten erforderliche Zahl

Sofern der Vertrag nichts anderes vorsieht, erlischt ein mehrseitiger Vertrag nicht schon deshalb, weil die Zahl der Vertragsparteien unter die für sein Inkrafttreten erforderliche Zahl sinkt.

Artikel 56 Kündigung eines Vertrags oder Rücktritt von einem Vertrag, der keine Bestimmung über Beendigung, Kündigung oder Rücktritt enthält

(1) Ein Vertrag, der keine Bestimmung über seine Beendigung enthält und eine Kündigung oder einen Rücktritt nicht vorsieht, unterliegt weder der Kündigung noch dem Rücktritt, sofern
a) nicht feststeht, daß die Vertragsparteien die Möglichkeit einer Kündigung oder eines Rücktritts zuzulassen beabsichtigten, oder
b) ein Kündigungs- oder Rücktrittsrecht sich nicht aus der Natur des Vertrags herleiten läßt.

(2) Eine Vertragspartei hat ihre Absicht, nach Absatz 1 einen Vertrag zu kündigen oder von einem Vertrag zurückzutreten, mindestens zwölf Monate im voraus zu notifizieren.

Artikel 57 Suspendierung eines Vertrags auf Grund seiner Bestimmungen oder durch Einvernehmen zwischen den Vertragsparteien

Ein Vertrag kann gegenüber allen oder einzelnen Vertragsparteien suspendiert werden
a) nach Maßgabe der Vertragsbestimmungen oder
b) jederzeit durch Einvernehmen zwischen allen Vertragsparteien nach Konsultierung der anderen Vertragsstaaten.

Artikel 58 Suspendierung eines mehrseitigen Vertrags auf Grund einer Übereinkunft zwischen einzelnen Vertragsparteien

(1) Zwei oder mehr Vertragsparteien eines mehrseitigen Vertrags können eine Übereinkunft zur zeitweiligen, nur zwischen ihnen wirksamen Suspendierung einzelner Vertragsbestimmungen schließen,
a) wenn eine solche Suspendierungsmöglichkeit im Vertrag vorgesehen ist oder
b) wenn die Suspendierung durch den Vertrag nicht verboten ist, vorausgesetzt,
  (i) daß sie die anderen Vertragsparteien im Genuß ihrer Rechte auf Grund des Vertrags oder in der Erfüllung ihrer Pflichten nicht beeinträchtigt und
  (ii) daß sie mit Ziel und Zweck des Vertrags nicht unvereinbar ist.

(2) Sofern der Vertrag in einem Fall des Absatzes 1 lit. a nichts anderes vorsieht, haben diese Vertragsparteien den anderen Vertragsparteien ihre Absicht, die Übereinkunft zu schließen, sowie diejenigen Vertragsbestimmungen zu notifizieren, die sie suspendieren wollen.

Artikel 59 Beendigung oder Suspendierung eines Vertrags durch Abschluß eines späteren Vertrags

(1) Ein Vertrag gilt als beendet, wenn alle Vertragsparteien später einen sich auf denselben Gegenstand beziehenden Vertrag schließen und
a) aus dem späteren Vertrag hervorgeht oder anderweitig feststeht, daß die Vertragsparteien beabsichtigten, den Gegenstand durch den späteren Vertrag zu regeln, oder
b) die Bestimmungen des späteren Vertrags mit denen des früheren Vertrags in solchem Maße unvereinbar sind, daß die beiden Verträge eine gleichzeitige Anwendung nicht zulassen.

(2) Der frühere Vertrag gilt als nur suspendiert, wenn eine solche Absicht der Vertragsparteien aus dem späteren Vertrag hervorgeht oder anderweitig feststeht.

Art. 60–62 Wiener Übereinkommen über das Recht der Verträge

Artikel 60 Beendigung oder Suspendierung eines Vertrags infolge Vertragsverletzung
(1) Eine erhebliche Verletzung eines zweiseitigen Vertrags durch eine Vertragspartei berechtigt die andere Vertragspartei, die Vertragsverletzung als Grund für die Beendigung des Vertrags oder für seine gänzliche oder teilweise Suspendierung geltend zu machen.
(2) Eine erhebliche Verletzung eines mehrseitigen Vertrags durch eine Vertragspartei
a) berechtigt die anderen Vertragsparteien, einvernehmlich den Vertrag ganz oder teilweise zu suspendieren oder ihn zu beenden
  (i) entweder im Verhältnis zwischen ihnen und dem vertragsbrüchigen Staat
  (ii) oder zwischen allen Vertragsparteien;
b) berechtigt eine durch die Vertragsverletzung besonders betroffene Vertragspartei, die Verletzung als Grund für die gänzliche oder teilweise Suspendierung des Vertrags im Verhältnis zwischen ihr und dem vertragsbrüchigen Staat geltend zu machen;
c) berechtigt jede Vertragspartei außer dem vertragsbrüchigen Staat, die Vertragsverletzung als Grund für die gänzliche oder teilweise Suspendierung des Vertrags in bezug auf sich selbst geltend zu machen, wenn der Vertrag so beschaffen ist, daß eine erhebliche Verletzung seiner Bestimmungen durch eine Vertragspartei die Lage jeder Vertragspartei hinsichtlich der weiteren Erfüllung ihrer Vertragsverpflichtungen grundlegend ändert.
(3) Eine erhebliche Verletzung im Sinne dieses Artikels liegt
a) in einer nach diesem Übereinkommen nicht zulässigen Ablehnung des Vertrags oder
b) in der Verletzung einer für die Erreichung des Vertragsziels oder des Vertragszwecks wesentlichen Bestimmung.
(4) Die Absätze 1 bis 3 lassen Vertragsbestimmungen unberührt, die bei einer Verletzung des Vertrags anwendbar sind.
(5) Die Absätze 1 bis 3 finden keine Anwendung auf Bestimmungen über den Schutz der menschlichen Person in Verträgen humanitärer Art, insbesondere auf Bestimmungen zum Verbot von Repressalien jeder Art gegen die durch derartige Verträge geschützten Personen.

Artikel 61 Nachträgliche Unmöglichkeit der Erfüllung
(1) Eine Vertragspartei kann die Unmöglichkeit der Vertragserfüllung als Grund für die Beendigung des Vertrags oder den Rücktritt vom Vertrag geltend machen, wenn sich die Unmöglichkeit aus dem endgültigen Verschwinden oder der Vernichtung eines zur Ausführung des Vertrags unerläßlichen Gegenstands ergibt. Eine vorübergehende Unmöglichkeit kann nur als Grund für die Suspendierung des Vertrags geltend gemacht werden.
(2) Eine Vertragspartei kann die Unmöglichkeit der Vertragserfüllung nicht als Grund für die Beendigung des Vertrags, den Rücktritt vom Vertrag oder seine Suspendierung geltend machen, wenn sie die Unmöglichkeit durch die Verletzung einer Vertragsverpflichtung oder einer sonstigen, gegenüber einer anderen Vertragspartei bestehenden internationalen Verpflichtung selbst herbeigeführt hat.

Artikel 62 Grundlegende Änderung der Umstände
(1) Eine grundlegende Änderung der beim Vertragsabschluß gegebenen Umstände, die von den Vertragsparteien nicht vorausgesehen wurde, kann nicht als Grund für die Beendigung des Vertrags oder den Rücktritt von ihm geltend gemacht werden, es sei denn
a) das Vorhandensein jener Umstände bildete eine wesentliche Grundlage für die Zustimmung der Vertragsparteien, durch den Vertrag gebunden zu sein, und
b) die Änderung der Umstände würde das Ausmaß der auf Grund des Vertrags noch zu erfüllenden Verpflichtungen tiefgreifend umgestalten.
(2) Eine grundlegende Änderung der Umstände kann nicht als Grund für die Beendigung des Vertrags oder den Rücktritt von ihm geltend gemacht werden,
a) wenn der Vertrag eine Grenze festlegt oder
b) wenn die Vertragspartei, welche die grundlegende Änderung der Umstände geltend macht, diese durch Verletzung einer Vertragsverpflichtung oder einer sonstigen, gegenüber einer anderen Vertragspartei bestehenden internationalen Verpflichtung selbst herbeigeführt hat.

(3) Kann eine Vertragspartei nach Absatz 1 oder 2 eine grundlegende Änderung der Umstände als Grund für die Beendigung des Vertrags oder den Rücktritt von ihm geltend machen, so kann sie die Änderung auch als Grund für die Suspendierung des Vertrags geltend machen.

Artikel 63 Abbruch der diplomatischen oder konsularischen Beziehungen
Der Abbruch der diplomatischen oder konsularischen Beziehungen zwischen Parteien eines Vertrags läßt die zwischen ihnen durch den Vertrag begründeten Rechtsbeziehungen unberührt, es sei denn, das Bestehen diplomatischer oder konsularischer Beziehungen ist für die Anwendung des Vertrags unerläßlich.

Artikel 64 Entstehung einer neuen zwingenden Norm des allgemeinen Völkerrechts (ius cogens)
Entsteht eine neue zwingende Norm des allgemeinen Völkerrechts, so wird jeder zu dieser Norm im Widerspruch stehende Vertrag nichtig und erlischt.

ABSCHNITT 4
Verfahren

Artikel 65 Verfahren bei Ungültigkeit oder Beendigung eines Vertrags, beim Rücktritt von einem Vertrag oder bei Suspendierung eines Vertrags
(1) Macht eine Vertragspartei auf Grund dieses Übereinkommens entweder einen Mangel in ihrer Zustimmung, durch einen Vertrag gebunden zu sein, oder einen Grund zur Anfechtung der Gültigkeit eines Vertrags, zu seiner Beendigung, zum Rücktritt vom Vertrag oder zu seiner Suspendierung geltend, so hat sie den anderen Vertragsparteien ihren Anspruch zu notifizieren. In der Notifikation sind die in bezug auf den Vertrag beabsichtigte Maßnahme und die Gründe dafür anzugeben.
(2) Erhebt innerhalb einer Frist, die außer in besonders dringenden Fällen nicht weniger als drei Monate nach Empfang der Notifikation beträgt, keine Vertragspartei Einspruch, so kann die notifizierende Vertragspartei in der in Artikel 67 vorgesehenen Form die angekündigte Maßnahme durchführen.
(3) Hat jedoch eine andere Vertragspartei Einspruch erhoben, so bemühen sich die Vertragsparteien um eine Lösung durch die in Artikel 33 der Satzung der Vereinten Nationen genannten Mittel.
(4) Die Absätze 1 bis 3 berühren nicht die Rechte oder Pflichten der Vertragsparteien auf Grund in Kraft befindlicher und für die Vertragsparteien verbindlicher Bestimmungen über die Beilegung von Streitigkeiten.
(5) Unbeschadet des Artikels 45 hindert der Umstand, daß ein Staat die nach Absatz 1 vorgeschriebene Notifikation noch nicht abgegeben hat, diesen nicht daran, eine solche Notifikation als Antwort gegenüber einer anderen Vertragspartei abzugeben, die Vertragserfüllung fordert oder eine Vertragsverletzung behauptet.

Artikel 66 Verfahren zur gerichtlichen oder schiedsgerichtlichen Beilegung oder zum Vergleich
Ist innerhalb von zwölf Monaten nach Erhebung eines Einspruchs keine Lösung nach Artikel 65 Absatz 3 erzielt worden, so sind folgende Verfahren anzuwenden:
a) Jede Partei einer Streitigkeit über die Anwendung oder Auslegung des Artikels 53 oder 64 kann die Streitigkeit durch eine Klageschrift dem Internationalen Gerichtshof zur Entscheidung unterbreiten, sofern die Parteien nicht vereinbaren, die Streitigkeit einem Schiedsverfahren zu unterwerfen;
b) jede Partei einer Streitigkeit über die Anwendung oder Auslegung eines sonstigen Artikels des Teiles V dieses Übereinkommens kann das in der Anlage zu dem Übereinkommen bezeichnete Verfahren durch einen diesbezüglichen Antrag an den Generalsekretär der Vereinten Nationen einleiten.

Artikel 67 Urkunden zur Ungültigerklärung oder Beendigung eines Vertrags, zum Rücktritt von einem Vertrag oder zur Suspendierung eines Vertrags
(1) Die Notifikation nach Artikel 65 Absatz 1 bedarf der Schriftform.
(2) Eine Handlung, durch die ein Vertrag auf Grund seiner Bestimmungen oder nach Artikel 65 Absatz 2 oder 3 dieses Übereinkommens für ungültig erklärt oder beendet wird, durch der der Rücktritt vom Vertrag erklärt oder dieser suspendiert wird, ist durch eine den anderen Vertragsparteien zu übermittelnde Urkunde vorzunehmen. Ist die Urkunde nicht vom Staatsoberhaupt, Regierungschef oder

Art. 68–71 Wiener Übereinkommen über das Recht der Verträge

Außenminister unterzeichnet, so kann der Vertreter des die Urkunde übermittelnden Staates aufgefordert werden, seine Vollmacht vorzulegen.

Artikel 68 Rücknahme von Notifikationen und Urkunden nach den Artikeln 65 und 67
Eine Notifikation oder eine Urkunde nach den Artikeln 65 und 67 kann jederzeit zurückgenommen werden, bevor sie wirksam wird.

ABSCHNITT 5
Folgen der Ungültigkeit, der Beendigung oder der Suspendierung eines Vertrags

Artikel 69 Folgen der Ungültigkeit eines Vertrags
(1) Ein Vertrag, dessen Ungültigkeit auf Grund dieses Übereinkommens festgestellt wird, ist nichtig. Die Bestimmungen eines nichtigen Vertrags haben keine rechtliche Gültigkeit.
(2) Sind jedoch, gestützt auf einen solchen Vertrag, Handlungen vorgenommen worden,
a) so kann jede Vertragspartei von jeder anderen Vertragspartei verlangen, daß diese in ihren gegenseitigen Beziehungen soweit wie möglich die Lage wiederherstellt, die bestanden hätte, wenn die Handlungen nicht vorgenommen worden wären;
b) so werden Handlungen, die vor Geltendmachung der Ungültigkeit in gutem Glauben vorgenommen wurden, nicht schon durch die Ungültigkeit des Vertrags rechtswidrig.
(3) In den Fällen der Artikel 49, 50, 51 oder 52 findet Absatz 2 keine Anwendung in bezug auf die Vertragspartei, welcher der Betrug, die Bestechung oder der Zwang zuzurechnen ist.
(4) Ist die Zustimmung eines bestimmten Staates, durch einen mehrseitigen Vertrag gebunden zu sein, mit einem Mangel behaftet, so finden die Absätze 1 bis 3 im Verhältnis zwischen diesem Staat und den Vertragsparteien Anwendung.

Artikel 70 Folgen der Beendigung eines Vertrags
(1) Sofern der Vertrag nichts anderes vorsieht oder die Vertragsparteien nichts anderes vereinbaren, hat die nach den Bestimmungen des Vertrags oder nach diesem Übereinkommen eingetretene Beendigung des Vertrags folgende Wirkungen:
a) Sie befreit die Vertragsparteien von der Verpflichtung, den Vertrag weiterhin zu erfüllen;
b) sie berührt nicht die vor Beendigung des Vertrags durch dessen Durchführung begründeten Rechte und Pflichten der Vertragsparteien und ihre dadurch geschaffene Rechtslage.
(2) Kündigt ein Staat einen mehrseitigen Vertrag oder tritt er von ihm zurück, so gilt Absatz 1 in den Beziehungen zwischen diesem Staat und jeder anderen Vertragspartei vom Zeitpunkt des Wirksamwerdens der Kündigung oder des Rücktritts an.

Artikel 71 Folgen der Ungültigkeit eines Vertrags, der im Widerspruch zu einer zwingenden Norm des allgemeinen Völkerrechts steht
(1) Im Fall eines nach Artikel 53 nichtigen Vertrags haben die Vertragsparteien
a) soweit wie möglich die Folgen von Handlungen zu beseitigen, die, gestützt auf eine zu der zwingenden Norm des allgemeinen Völkerrechts im Widerspruch stehende Bestimmung, vorgenommen wurden, und
b) ihre gegenseitigen Beziehungen mit der zwingenden Norm des allgemeinen Völkerrechts in Einklang zu bringen.
(2) Im Fall eines Vertrags, der nach Artikel 64 nichtig wird und erlischt, hat die Beendigung folgende Wirkungen:
a) Sie befreit die Vertragsparteien von der Verpflichtung, den Vertrag weiterhin zu erfüllen;
b) sie berührt nicht die vor Beendigung des Vertrags begründeten Rechte und Pflichten der Vertragsparteien und ihre dadurch geschaffene Rechtslage; solche Rechte, Pflichten und Rechtslagen dürfen danach jedoch nur insoweit aufrechterhalten werden, als ihre Aufrechterhaltung als solche nicht im Widerspruch zu der neuen zwingenden Norm des allgemeinen Völkerrechts steht.

5 Wiener Übereinkommen über das Recht der Verträge Art. 72–77

Artikel 72 Folgen der Suspendierung eines Vertrags
(1) Sofern der Vertrag nichts anderes vorsieht oder die Vertragsparteien nichts anderes vereinbaren, hat die nach den Bestimmungen des Vertrags oder nach diesem Übereinkommen erfolgte Suspendierung des Vertrags folgende Wirkungen:
a) Sie befreit die Vertragsparteien, zwischen denen der Vertrag suspendiert ist, in ihren gegenseitigen Beziehungen während der Suspendierung von der Verpflichtung, den Vertrag zu erfüllen;
b) sie berührt anderweitig die durch den Vertrag zwischen den Vertragsparteien begründeten Rechtsbeziehungen nicht.
(2) Während der Suspendierung haben sich die Vertragsparteien aller Handlungen zu enthalten, die der Wiederanwendung des Vertrags entgegenstehen könnten.

TEIL VI
Verschiedene Bestimmungen

Artikel 73 Fälle der Staatennachfolge, der Verantwortlichkeit der Staaten und des Ausbruchs von Feindseligkeiten
Dieses Übereinkommen läßt Fragen unberührt, die sich hinsichtlich eines Vertrags aus der Nachfolge von Staaten, aus der völkerrechtlichen Verantwortlichkeit eines Staates oder aus dem Ausbruch von Feindseligkeiten zwischen Staaten ergeben können.

Artikel 74 Diplomatische und konsularische Beziehungen und der Abschluß von Verträgen
Der Abbruch oder das Fehlen diplomatischer oder konsularischer Beziehungen zwischen zwei oder mehr Staaten steht dem Abschluß von Verträgen zwischen diesen Staaten nicht entgegen. Der Abschluß eines Vertrags ist als solcher ohne Wirkung in bezug auf diplomatische oder konsularische Beziehungen.

Artikel 75 Fall eines Angreiferstaats
Dieses Übereinkommen berührt keine mit einem Vertrag zusammenhängenden Verpflichtungen, welche sich für einen Angreiferstaat infolge von Maßnahmen ergeben können, die auf den Angriff des betreffenden Staates hin im Einklang mit der Satzung der Vereinten Nationen getroffen wurden.

TEIL VII
Verwahrer, Notifikation, Berechtigungen und Registrierungen

Artikel 76 Verwahrer von Verträgen
(1) Der Verwahrer eines Vertrags kann von den Verhandlungsstaaten im Vertrag selbst oder in sonstiger Weise bestimmt werden. Einzelne oder mehrere Staaten, eine internationale Organisation oder der leitende Verwaltungsbeamte einer internationalen Organisation können Verwahrer sein.
(2) Die Aufgaben des Verwahrers haben internationalen Charakter; der Verwahrer ist verpflichtet, diese Aufgaben unparteiisch wahrzunehmen. Insbesondere wird diese Verpflichtung nicht davon berührt, daß ein Vertrag zwischen einzelnen Vertragsparteien nicht in Kraft getreten ist oder daß zwischen einem Staat und einem Verwahrer über die Erfüllung von dessen Aufgaben Meinungsverschiedenheiten aufgetreten sind.

Artikel 77 Aufgaben des Verwahrers
(1) Sofern der Vertrag nichts anderes vorsieht oder die Vertragsstaaten nichts anderes vereinbaren, hat ein Verwahrer insbesondere folgende Aufgaben:
a) die Urschrift des Vertrags und der dem Verwahrer übergebenen Vollmachten zu verwahren;
b) beglaubigte Abschriften der Urschrift sowie weitere Texte des Vertrags in den nach dem Vertrag erforderlichen zusätzlichen Sprachen zu erstellen und sie den Vertragsparteien und den Staaten zu übermitteln, die berechtigt sind, Vertragsparteien zu werden;
c) Unterzeichnungen des Vertrags entgegenzunehmen sowie alle sich auf den Vertrag beziehenden Urkunden, Notifikationen und Mitteilungen entgegenzunehmen und zu verwahren;
d) zu prüfen, ob die Unterzeichnung und jede sich auf den Vertrag beziehende Urkunde, Notifikation oder Mitteilung in guter und gehöriger Form sind, und, falls erforderlich, den betreffenden Staat darauf aufmerksam zu machen;

Art. 78, 79 Wiener Übereinkommen über das Recht der Verträge

e) die Vertragsparteien sowie die Staaten, die berechtigt sind, Vertragsparteien zu werden, von Handlungen, Notifikationen und Mitteilungen zu unterrichten, die sich auf den Vertrag beziehen;
f) die Staaten, die berechtigt sind, Vertragsparteien zu werden, von dem Zeitpunkt zu unterrichten, zu dem die für das Inkrafttreten des Vertrags erforderliche Anzahl von Unterzeichnungen oder von Ratifikations-, Annahme-, Genehmigungs- oder Beitrittsurkunden vorliegt oder hinterlegt wurde;
g) den Vertrag beim Sekretariat der Vereinten Nationen registrieren zu lassen;
h) die in anderen Bestimmungen dieses Übereinkommens bezeichneten Aufgaben zu erfüllen.
(2) Treten zwischen einem Staat und dem Verwahrer über die Erfüllung von dessen Aufgaben Meinungsverschiedenheiten auf, so macht dieser die Unterzeichnerstaaten und die Vertragsstaaten oder, wenn angebracht, das zuständige Organ der internationalen Organisation darauf aufmerksam.

Artikel 78 Notifikationen und Mitteilungen
Sofern der Vertrag oder dieses Übereinkommen nichts anderes vorsieht, gilt für Notifikationen und Mitteilungen, die ein Staat auf Grund dieses Übereinkommens abzugeben hat, folgendes:
a) Ist kein Verwahrer vorhanden, so sind sie unmittelbar den Staaten zu übersenden, für die sie bestimmt sind; ist ein Verwahrer vorhanden, so sind sie diesem zu übersenden;
b) sie gelten erst dann als von dem betreffenden Staat abgegeben, wenn sie je nach Lage des Falles der Staat, dem sie übermittelt werden, oder der Verwahrer empfangen hat;
c) werden sie einem Verwahrer übermittelt, so gelten sie erst in dem Zeitpunkt als von dem Staat, für den sie bestimmt sind, empfangen, zu dem dieser nach Artikel 77 Absatz 1 lit. e von dem Verwahrer unterrichtet wurde.

Artikel 79 Berichtigung von Fehlern im Text oder in den beglaubigten Abschriften von Verträgen
(1) Kommen die Unterzeichnerstaaten und die Vertragsstaaten nach Festlegung des authentischen Textes eines Vertrags übereinstimmend zu der Ansicht, daß er einen Fehler enthält, so wird dieser, sofern die genannten Staaten nicht ein anderes Verfahren zur Berichtigung beschließen, wie folgt berichtigt:
a) Der Text wird entsprechend berichtigt und die Berichtigung von gehörig ermächtigten Vertretern paraphiert;
b) über die vereinbarte Berichtigung wird eine Urkunde errichtet oder werden mehrere Urkunden ausgetauscht oder
c) ein berichtigter Text des gesamten Vertrags wird nach demselben Verfahren hergestellt wie der ursprüngliche Text.
(2) Ist für einen Vertrag ein Verwahrer vorhanden, so notifiziert dieser den Unterzeichnerstaaten und den Vertragsstaaten den Fehler und den Berichtigungsvorschlag und setzt eine angemessene Frist, innerhalb welcher Einspruch gegen die vorgeschlagene Berichtigung erhoben werden kann. Ist nach Ablauf dieser Frist
a) kein Einspruch erhoben worden, so nimmt der Verwahrer die Berichtigung am Text vor und paraphiert sie; ferner fertigt er eine Niederschrift über die Berichtigung an und übermittelt von dieser je eine Abschrift den Vertragsparteien und den Staaten, die berechtigt sind, Vertragsparteien zu werden;
b) Einspruch erhoben worden, so teilt der Verwahrer den Unterzeichnerstaaten und den Vertragsstaaten den Einspruch mit.
(3) Die Absätze 1 und 2 finden auch Anwendung, wenn der Text in zwei oder mehr Sprachen als authentisch festgelegt wurde und sich ein Mangel an Übereinstimmung herausstellt, der nach einhelliger Auffassung der Unterzeichnerstaaten und der Vertragsstaaten behoben werden soll.
(4) Der berichtigte Text tritt *ab initio* an die Stelle des mangelhaften Textes, sofern die Unterzeichnerstaaten und die Vertragsstaaten nichts anderes beschließen.
(5) Die Berichtigung des Textes eines registrierten Vertrags ist dem Sekretariat der Vereinten Nationen zu notifizieren.
(6) Wird in einer beglaubigten Abschrift eines Vertrags ein Fehler festgestellt, so fertigt der Verwahrer eine Niederschrift über die Berichtigung an und übermittelt den Unterzeichnerstaaten und den Vertragsstaaten von dieser je eine Abschrift.

5 Wiener Übereinkommen über das Recht der Verträge Art. 80–85

Artikel 80 Registrierung und Veröffentlichung von Verträgen
(1) Verträge werden nach ihrem Inkrafttreten dem Sekretariat der Vereinten Nationen zur Registrierung beziehungsweise Aufnahme in die Akten (filing and recording) und zur Veröffentlichung übermittelt.
(2) Ist ein Verwahrer bestimmt, so gilt er als befugt, die in Absatz 1 genannten Handlungen vorzunehmen.

TEIL VIII
Schlußbestimmungen

Artikel 81 Unterzeichnung
Dieses Übereinkommen liegt für alle Mitgliedstaaten der Vereinten Nationen, einer ihrer Spezialorganisationen oder der Internationalen Atomenergie-Organisation, für Vertragsparteien des Statuts des Internationalen Gerichtshofs und für jeden anderen Staat, den die Generalversammlung der Vereinten Nationen einlädt, Vertragspartei des Übereinkommens zu werden, wie folgt zur Unterzeichnung auf: bis zum 30. November 1969 im Bundesministerium für Auswärtige Angelegenheiten der Republik Österreich und danach bis zum 30. April 1970 am Sitz der Vereinten Nationen in New York.

Artikel 82 Ratifikation
Dieses Übereinkommen bedarf der Ratifikation. Die Ratifikationsurkunden werden beim Generalsekretär der Vereinten Nationen hinterlegt.

Artikel 83 Beitritt
Dieses Übereinkommen steht jedem Staat zum Beitritt offen, der einer der in Artikel 81 bezeichneten Kategorien angehört. Die Beitrittsurkunden werden beim Generalsekretär der Vereinten Nationen hinterlegt.

Artikel 84 Inkrafttreten
(1) Dieses Übereinkommen tritt am dreißigsten Tag nach Hinterlegung der fünfunddreißigsten Ratifikations- oder Beitrittsurkunde in Kraft.
(2) Für jeden Staat, der nach Hinterlegung der fünfunddreißigsten Ratifikations- oder Beitrittsurkunde das Übereinkommen ratifiziert oder ihm beitritt, tritt es am dreißigsten Tag nach Hinterlegung seiner eigenen Ratifikations- oder Beitrittsurkunde in Kraft.

Artikel 85 Authentische Texte
Die Urschrift dieses Übereinkommens, dessen chinesischer, englischer, französischer, russischer und spanischer Text gleichermaßen authentisch ist, wird beim Generalsekretär der Vereinten Nationen hinterlegt.

Zu Urkund dessen haben die unterzeichneten, von ihren Regierungen hierzu gehörig befugten Bevollmächtigten dieses Übereinkommen unterschrieben.
Geschehen zu Wien am 23. Mai 1969.

ANHANG

(1) Der Generalsekretär der Vereinten Nationen erstellt und führt ein Verzeichnis qualifizierter Juristen als Vermittler. Zu diesem Zweck wird jeder Staat, der Mitglied der Vereinten Nationen oder Vertragspartei dieses Übereinkommens ist, ersucht, zwei Vermittler zu ernennen; die Namen der so Ernannten bilden das Verzeichnis. Die Vermittler, einschließlich der zur zeitweiligen Stellvertretung berufenen, werden für fünf Jahre ernannt; die Ernennung kann erneuert werden. Nach Ablauf der Zeit, für welche die Vermittler ernannt worden sind, nehmen diese weiterhin die Aufgaben wahr, für die sie nach Absatz 2 ausgewählt wurden.

(2) Ist nach Artikel 66 ein Antrag beim Generalsekretär gestellt worden, so legt dieser die Streitigkeit einer Vergleichskommission vor, die sich wie folgt zusammensetzt:

Der Staat oder die Staaten, die eine der Streitparteien bilden, bestellen

a) einen Vermittler mit der Staatsangehörigkeit dieses Staates oder eines dieser Staaten, der aus dem in Absatz 1 genannten Verzeichnis ausgewählt werden kann, sowie

b) einen Vermittler, der nicht die Staatsangehörigkeit dieses Staates oder eines dieser Staaten besitzt und der aus dem Verzeichnis auszuwählen ist.

Der Staat oder die Staaten, welche die andere Streitpartei bilden, bestellen in derselben Weise zwei Vermittler. Die von den Parteien ausgewählten vier Vermittler sind innerhalb von sechzig Tagen zu bestellen, nachdem der Antrag beim Generalsekretär eingegangen ist. Die vier Vermittler bestellen innerhalb von sechzig Tagen, nachdem der letzte von ihnen bestellt wurde, einen fünften Vermittler zum Vorsitzenden, der aus dem Verzeichnis auszuwählen ist.

Wird der Vorsitzende oder ein anderer Vermittler nicht innerhalb der oben hierfür vorgeschriebenen Frist bestellt, so wird er innerhalb von sechzig Tagen nach Ablauf der genannten Frist vom Generalsekretär bestellt. Der Generalsekretär kann eine der im Verzeichnis eingetragenen Personen oder ein Mitglied der Völkerrechtskommission zum Vorsitzenden ernennen. Sämtliche Fristen, innerhalb derer die Bestellungen vorzunehmen sind, können durch Vereinbarung zwischen den Streitparteien verlängert werden.

Wird die Stelle eines Vermittlers frei, so ist sie nach dem für die ursprüngliche Bestellung vorgeschriebenen Verfahren zu besetzen.

(3) Die Vergleichskommission beschließt ihr Verfahren. Mit Zustimmung der Streitparteien kann die Kommission jede Vertragspartei einladen, ihr ihre Ansichten schriftlich oder mündlich darzulegen. Entscheidungen und Empfehlungen der Kommission bedürfen der Mehrheit der fünf Mitglieder.

(4) Die Kommission kann den Streitparteien Maßnahmen aufzeigen, die eine gütliche Beilegung erleichtern könnten.

(5) Die Kommission hört die Parteien, prüft die Ansprüche und Einwendungen und macht den Parteien Vorschläge mit dem Ziel einer gütlichen Beilegung der Streitigkeit.

(6) Die Kommission erstattet innerhalb von zwölf Monaten nach ihrer Einsetzung Bericht. Der Bericht wird an den Generalsekretär gerichtet und den Streitparteien übermittelt. Der Bericht der Kommission, einschließlich der darin niedergelegten Schlußfolgerungen über Tatsachen oder in Rechtsfragen, bindet die Parteien nicht und hat nur den Charakter von Empfehlungen, die den Parteien zur Prüfung vorgelegt werden, um eine gütliche Beilegung der Streitigkeit zu erleichtern.

(7) Der Generalsekretär gewährt der Kommission jede Unterstützung und stellt ihr alle Einrichtungen zur Verfügung, derer sie bedarf. Die Kosten der Kommission werden von den Vereinten Nationen getragen.

6 Friendly Relations Declaration

Declaration on Principles of International Law concerning Friendly Relations and Co-operation among States in accordance with the Charter of the United Nations[1)]

24 October 1970

Resolution 2625 (XXV)

The General Assembly,

Recalling its resolutions 1815 (XVII) of 18 December 1962, 1966 (XVIII) of 16 December 1963, 2103 (XX) of 20 December 1965, 2181 (XXI) of 12 December 1966, 2327 (XXII) of 18 December 1967, 2463(XXIII) of 20 December 1968 and 2533 (XXIV) of 8 December 1969, in which it affirmed the importance of the progressive development and codification of the principles of international law concerning friendly relations and co-operation among States,

Having considered the report of the Special Committee on Principles of International Law concerning Friendly Relations and Co-operation among States, which met in Geneva from 31 March to 1 May 1970,

Emphasizing the paramount importance of the Charter of the United Nations for the maintenance of international peace and security and for the development of friendly relations and co-operation among States,

Deeply convinced that the adoption of the Declaration on Principles of International Law concerning Friendly Relations and Co-operation among States in accordance with the Charter of the United Nations on the occasion of the twenty-fifth anniversary of the United Nations would contribute to the strengthening of world peace and constitute a landmark in the development of international law and of relations among States, in promoting the rule of law among nations and particularly the universal application of the principles embodied in the Charter,

Considering the desirability of the wide dissemination of the text of the Declaration,

1. Approves the Declaration on Principles of International Law concerning Friendly Relations and Co-operation among States in accordance with the Charter of the United Nations, the text of which is annexed to the present resolution;
2. Expresses its appreciation to the Special Committee on Principles of International Law concerning Friendly Relations and Co-operation among States for its work resulting in the elaboration of the Declaration;
3. Recommends that all efforts be made so that the Declaration becomes generally known.

ANNEX

Preamble

The General Assembly,

Reaffirming in the terms of the Charter of the United Nations that the maintenance of international peace and security and the development of friendly relations and co-operation between nations are among the fundamental purposes of the United Nations,

Recalling that the peoples of the United Nations are determined to practise tolerance and live together in peace with one another as good neighbours,

Bearing in mind the importance of maintaining and strengthening international peace founded upon freedom, equality, justice and respect for fundamental human rights and of developing friendly relations among nations irrespective of their political, economic and social systems or the levels of their development,

Bearing in mind also the paramount importance of the Charter of the United Nations in the promotion of the rule of law among nations,

---

1) Deklaration der UN-Generalversammlung; Quelle: *UNYB* 24 (1970) S. 788; *UN Juridical Yearbook* 1970 S. 105. Ohne förmliche Abstimmung angenommen.

Considering that the faithful observance of the principles of international law concerning friendly relations and co-operation among States and the fulfillment in good faith of the obligations assumed by States, in accordance with the Charter, is of the greatest importance for the maintenance of international peace and security and for the implementation of the other purposes of the United Nations,
Noting that the great political, economic and social changes and scientific progress which have taken place in the world since the adoption of the Charter give increased importance to these principles and to the need for their more effective application in the conduct of States wherever carried on,
Recalling the established principle that outer space, including the moon and other celestial bodies, is not subject to national appropriation by claim of sovereignty, by means of use or occupation, or by any other means, and mindful of the fact that consideration is being given in the United Nations to the question of establishing other appropriate provision similarly inspired,
Convinced that the strict observance by States of the obligation not to intervene in the affairs of any other State is an essential condition to ensure that nations live together in peace with one another, since the practice of any form of intervention not only violates the spirit and letter of the Charter, but also leads to the creation of situations which threaten international peace and security,
Recalling the duty of States to refrain in their international relations from military, political, economic or any other form of coercion aimed against the political independence or territorial integrity of any State,
Considering it essential that all States shall refrain in their international relations from the threat or use of force against the territorial integrity or political independence of any State, or in any other manner inconsistent with the purposes of the United Nations,
Considering it equally essential that all States shall settle their international disputes by peaceful means in accordance with the Charter,
Reaffirming, in accordance with the Charter, the basic importance of sovereign equality and stressing that the purposes of the United Nations can be implemented only if States enjoy sovereign equality and comply fully with the requirements of this principle in their international relations,
Convinced that the subjection of peoples to alien subjugation, domination and exploitation constitutes a major obstacle to the promotion of international peace and security,
Convinced that the principle of equal rights and self-determination of peoples constitutes a significant contribution to contemporary international law, and that its effective application is of paramount importance for the promotion of friendly relations among States, based on respect for the principle of sovereign equality,
Convinced in consequence that any attempt aimed at the partial or total disruption of the national unity and territorial integrity of a State or country or at its political independence is incompatible with the purposes and principles of the Charter,
Considering the provisions of the Charter as a whole and taking into account the role of relevant resolutions adopted by the competent organs of the United Nations relating to the content of the principles,
Considering that the progressive development and codification of the following principles:
(a) The principle that States shall refrain in their international relations from the threat or use of force against the territorial integrity or political independence of any State, or in any other manner inconsistent with the purposes of the United Nations;
(b) The principle that States shall settle their international disputes by peaceful means in such a manner that international peace and security and justice are not endangered;
(c) The duty not to intervene in matters within the domestic jurisdiction of any State, in accordance with the Charter;
(d) The duty of States to co-operate with one another in accordance with the Charter;
(e) The principle of equal rights and self-determination of peoples;
(f) The principle of sovereign equality of States;

6 Friendly Relations Declaration

(g) The principle that States shall fulfil in good faith the obligations assumed by them in accordance with the Charter;
so as to secure their more effective application within the international community, would promote the realization of the purposes of the United Nations;
Having considered the principles of international law relating to friendly relations and co-operation among States,
1. Solemnly proclaims the following principles:

The principle that States shall refrain in their international relations from the threat or use of force against the territorial integrity or political independence of any State, or in any other manner inconsistent with the purposes of the United Nations

Every State has the duty to refrain in its international relations from the threat or use of force against the territorial integrity or political independence of any State, or in any other manner inconsistent with the purposes of the United Nations. Such a threat or use of force constitutes a violation of international law and the Charter of the United Nations and shall never be employed as a means of settling international issues.

A war of aggression constitutes a crime against the peace, for which there is responsibility under international law.

In accordance with the purposes and principles of the United Nations, States have the duty to refrain from propaganda for wars of aggression.

Every State has the duty to refrain from the threat or use of force to violate the existing international boundaries of another State or as a means of solving international disputes, including territorial disputes and problems concerning frontiers of States.

Every State likewise has the duty to refrain from the threat or use of force to violate international lines of demarcation, such as armistice lines, established by or pursuant to an international agreement to which it is a party or which it is otherwise bound to respect. Nothing in the foregoing shall be construed as prejudicing the positions of the parties concerned with regard to the status and effects of such lines under their special regimes or as affecting their temporary character.

States have a duty to refrain from acts of reprisal involving the use of force.

Every State has the duty to refrain from any forcible action which deprives peoples referred to in the elaboration of the principle of equal rights and self-determination of their right to self-determination and freedom and independence.

Every State has the duty to refrain from organizing or encouraging the organization of irregular forces or armed bands, including mercenaries, for incursion into the territory of another State.

Every State has the duty to refrain from organizing, instigating, assisting or participating in acts of civil strife or terrorist acts in another State or acquiescing in organized activities within its territory directed towards the commission of such acts, when the acts referred to in the present paragraph involve a threat or use of force.

The territory of a State shall not be the object of military occupation resulting from the use of force in contravention of the provisions of the Charter. The territory of a State shall not be the object of acquisition by another State resulting from the threat or use of force. No territorial acquisition resulting from the threat or use of force shall be recognized as legal.

Nothing in the foregoing shall be construed as affecting:
(a) Provisions of the Charter or any international agreement prior to the Charter régime and valid under international law; or
(b) The powers of the Security Council under the Charter.

All States shall pursue in good faith negotiations for the early conclusion of a universal treaty on general and complete disarmament under effective international control and strive to adopt appropriate measures to reduce international tensions and strengthen confidence among States.

All States shall comply in good faith with their obligations under the generally recognized principles and rules of international law with respect to the maintenance of international peace and security, and shall endeavour to make the United Nations security system based on the Charter more effective.

Nothing in the foregoing paragraphs shall be construed as enlarging or diminishing in any way the scope of the provisions of the Charter concerning cases in which the use of force is lawful.

The principle that States shall settle their international disputes by peaceful means in such a manner that international peace and security and justice are not endangered

Every State shall settle its international disputes with other States by peaceful means in such a manner that international peace and security and justice are not endangered.

States shall accordingly seek early and just settlement of their international disputes by negotiation, inquiry, mediation, conciliation, arbitration, judicial settlement, resort to regional agencies or arrangements or other peaceful means of their choice. In seeking such a settlement the parties shall agree upon such peaceful means as may be appropriate to the circumstances and nature of the dispute.

The parties to a dispute have the duty, in the event of failure to reach a solution by any one of the above peaceful means, to continue to seek a settlement of the dispute by other peaceful means agreed upon by them.

States parties to an international dispute, as well as other States, shall refrain from any action which may aggravate the situation so as to endanger the maintenance of international peace and security, and shall act in accordance with the purposes and principles of the United Nations.

International disputes shall be settled on the basis of the sovereign equality of States and in accordance with the principle of free choice of means. Recourse to, or acceptance of, a settlement procedure freely agreed to by States with regard to existing or future disputes to which they are parties shall not be regarded as incompatible with sovereign equality.

Nothing in the foregoing paragraphs prejudices or derogates from the applicable provisions of the Charter, in particular those relating to the pacific settlement of international disputes.

The principle concerning the duty not to intervene in matters within the domestic jurisdiction of any State, in accordance with the Charter

No State or group of States has the right to intervene, directly or indirectly, for any reason whatever, in the internal or external affairs of any other State. Consequently, armed intervention and all other forms of interference or attempted threats against the personality of the State or against its political, economic and cultural elements, are in violation of international law.

No State may use or encourage the use of economic, political or any other type of measures to coerce another State in order to obtain from it the subordination of the exercise of its sovereign rights and to secure from it advantages of any kind. Also, no State shall organize, assist, foment, finance, incite or tolerate subversive, terrorist or armed activities directed towards the violent overthrow of the régime of another State, or interfere in civil strife in another State.

The use of force to deprive peoples of their national identity constitutes a violation of their inalienable rights and of the principle of non-intervention.

Every State has an inalienable right to choose its political, economic, social and cultural systems, without interference in any form by another State.

Nothing in the foregoing paragraphs shall be construed as affecting the relevant provisions of the Charter relating to the maintenance of international peace and security.

The duty of States to co-operate with one another in accordance with the Charter

States have the duty to co-operate with one another, irrespective of the differences in their political, economic and social systems, in the various spheres of international relations, in order to maintain international peace and security and to promote international economic stability and progress, the general welfare of nations and international co-operation free from discrimination based on such differences.

To this end:
(a) States shall co-operate with other States in the maintenance of international peace and security;
(b) States shall co-operate in the promotion of universal respect for, and observance of, human rights and fundamental freedoms for all, and in the elimination of all forms of racial discrimination and all forms of religious intolerance;

6 Friendly Relations Declaration

(c) States shall conduct their international relations in the economic, social, cultural, technical and trade fields in accordance with the principles of sovereign equality and non-intervention;
(d) States Members of the United Nations have the duty to take joint and separate action in cooperation with the United Nations in accordance with the relevant provisions of the Charter.

States should co-operate in the economic, social and cultural fields as well as in the field of science and technology and for the promotion of international cultural and educational progress. States should co-operate in the promotion of economic growth throughout the world, especially that of the developing countries.

The principle of equal rights and self-determination of peoples

By virtue of the principle of equal rights and self-determination of peoples enshrined in the Charter of the United Nations, all peoples have the right freely to determine, without external interference, their political status and to pursue their economic, social and cultural development, and every State has the duty to respect this right in accordance with the provisions of the Charter.

Every State has the duty to promote, through joint and separate action, realization of the principle of equal rights and self-determination of peoples, in accordance with the provisions of the Charter, and to render assistance to the United Nations in carrying out the responsibilities entrusted to it by the Charter regarding the implementation of the principle, in order:

(a) To promote friendly relations and co-operation among States; and
(b) To bring a speedy end to colonialism, having due regard to the freely expressed will of the peoples concerned;

and bearing in mind that subjection of peoples to alien subjugation, domination and exploitation constitutes a violation of the principle, as well as a denial of fundamental human rights, and is contrary to the Charter.

Every State has the duty to promote through joint and separate action universal respect for and observance of human rights and fundamental freedoms in accordance with the Charter.

The establishment of a sovereign and independent State, the free association or integration with an independent State or the emergence into any other political status freely determined by a people constitute modes of implementing the right of self-determination by that people.

Every State has the duty to refrain from any forcible action which deprives peoples referred to above in the elaboration of the present principle of their right to self-determination and freedom and independence. In their actions against, and resistance to, such forcible action in pursuit of the exercise of their right to self-determination, such peoples are entitled to seek and to receive support in accordance with the purposes and principles of the Charter.

The territory of a colony or other Non-Self-Governing Territory has, under the Charter, a status separate and distinct from the territory of the State administering it; and such separate and distinct status under the Charter shall exist until the people of the colony or Non-Self-Governing Territory have exercised their right of self-determination in accordance with the Charter, and particularly its purposes and principles.

Nothing in the foregoing paragraphs shall be construed as authorizing or encouraging any action which would dismember or impair, totally or in part, the territorial integrity or political unity of sovereign and independent States conducting themselves in compliance with the principle of equal rights and self-determination of peoples as described above and thus possessed of a government representing the whole people belonging to the territory without distinction as to race, creed or colour.

Every State shall refrain from any action aimed at the partial or total disruption of the national unity and territorial integrity of any other State or country.

The principle of sovereign equality of States

All States enjoy sovereign equality. They have equal rights and duties and are equal members of the international community, notwithstanding differences of an economic, social, political or other nature. In particular, sovereign equality includes the following elements:
(a) States are juridically equal;
(b) Each State enjoys the rights inherent in full sovereignty;

(c) Each State has the duty to respect the personality of other States;
(d) The territorial integrity and political independence of the State are inviolable;
(e) Each State has the right freely to choose and develop its political, social, economic and cultural systems;
(f) Each State has the duty to comply fully and in good faith with its international obligations and to live in peace with other States.

The principle that States shall fulfil in good faith the obligations assumed by them in accordance with the Charter

Every State has the duty to fulfil in good faith the obligations assumed by it in accordance with the Charter of the United Nations.

Every State has the duty to fulfil in good faith its obligations under the generally recognized principles and rules of international law.

Every State has the duty to fulfil in good faith its obligations under international agreements valid under the generally recognized principles and rules of international law.

Where obligations arising under international agreements are in conflict with the obligations of Members of the United Nations under the Charter of the United Nations, the obligations under the Charter shall prevail.

GENERAL PART

2. Declares that:

In their interpretation and application the above principles are interrelated and each principle should be construed in the context of the other principles.

Nothing in this Declaration shall be construed as prejudicing in any manner the provisions of the Charter or the rights and duties of Member States under the Charter or the rights of peoples under the Charter, taking into account the elaboration of these rights in this Declaration.

3. Declares further that:

The principles of the Charter which are embodied in this Declaration constitute basic principles of international law, and consequently appeals to all States to be guided by these principles in their international conduct and to develop their mutual relations on the basis of the strict observance of these principles.

7 Definition of Aggression

Definition of Aggression[1)]
14 December 1974

Resolution 3314 (XXIX)

The General Assembly,
Having considered the report of the Special Committee on the Question of Defining Aggression, established pursuant to its resolution 2330(XXII) of 18 December 1967, covering the work of its seventh session held from 11 March to 12 April 1974, including the draft Definition of Aggression adopted by the Special Committee by consensus and recommended for adoption by the General Assembly,
Deeply convinced that the adoption of the Definition of Aggression would contribute to the strengthening of international peace and security,
1. Approves the Definition of Aggression, the text of which is annexed to the present resolution;
2. Expresses its appreciation to the Special Committee on the Question of Defining Aggression for its work which resulted in the elaboration of the Definition of Aggression;
3. Calls upon all States to refrain from all acts of aggression and other uses of force contrary to the Charter of the United Nations and the Declaration on Principles of International Law concerning Friendly Relations and Co-operation among States in accordance with the Charter of the United Nations;
4. Calls the attention of the Security Council to the Definition of Aggression, as set out below, and recommends that it should, as appropriate, take account of that Definition as guidance in determining, in accordance with the Charter, the existence of an act of aggression.

ANNEX
Definition of Aggression

The General Assembly,
Basing itself on the fact that one of the fundamental purposes of the United Nations is to maintain international peace and security and to take effective collective measures for the prevention and removal of threats to the peace, and for the suppression of acts of aggression or other breaches of the peace,
Recalling that the Security Council, in accordance with Article 39 of the Charter of the United Nations, shall determine the existence of any threat to the peace, breach of the peace or act of aggression and shall make recommendations, or decide what measures shall be taken in accordance with Articles 41 and 42, to maintain or restore international peace and security,
Recalling also the duty of States under the Charter to settle their international disputes by peaceful means in order not to endanger international peace, security and justice,
Bearing in mind that nothing in this Definition shall be interpreted as in any way affecting the scope of the provisions of the Charter with respect to the functions and powers of the organs of the United Nations,
Considering also that, since aggression is the most serious and dangerous form of the illegal use of force, being fraught, in the conditions created by the existence of all types of weapons of mass destruction, with the possible threat of a world conflict and all its catastrophic consequences, aggression should be defined at the present stage,
Reaffirming the duty of States not to use armed force to deprive peoples of their right to self-determination, freedom and independence, or to disrupt territorial integrity,
Reaffirming also that the territory of a State shall not be violated by being the object, even temporarily, of military occupation or of other measures of force taken by another State in contravention of the Charter, and that it shall not be the object of acquisition by another State resulting from such measures or the threat thereof,

---
1) Deklaration der UN-Generalversammlung; Quelle: *UNYB* 28 (1974) S. 846.
Ohne förmliche Abstimmung angenommen.

Reaffirming also the provisions of the Declaration on Principles of International Law concerning Friendly Relations and Co-operation among States in accordance with the Charter of the United Nations,
Convinced that the adoption of a definition of aggression ought to have the effect of deterring a potential aggressor, would simplify the determination of acts of aggression and the implementation of measures to suppress them and would also facilitate the protection of the rights and lawful interests of, and the rendering of assistance to, the victim,
Believing that, although the question whether an act of aggression has been committed must be considered in the light of all the circumstances of each particular case, it is nevertheless desirable to formulate basic principles as guidance for such determination,
Adopts the following Definition of Aggression:

Article 1
Aggression is the use of armed force by a State against the sovereignty, territorial integrity or political independence of another State, or in any other manner inconsistent with the Charter of the United Nations, as set out in this Definition. Explanatory note: In this Definition the term »State«:
(a) Is used without prejudice to questions of recognition or to whether a State is a Member of the United Nations;
(b) Includes the concept of a »group of States« where appropriate.

Article 2
The first use of armed force by a State in contravention of the Charter shall constitute *prima facie* evidence of an act of aggression although the Security Council may, in conformity with the Charter, conclude that a determination that an act of aggression has been committed would not be justified in the light of other relevant circumstances, including the fact that the acts concerned or their consequences are not of sufficient gravity.

Article 3
Any of the following acts, regardless of a declaration of war, shall, subject to and in accordance with the provisions of article 2, qualify as an act of aggression:
(a) The invasion or attack by the armed forces of a State of the territory of another State, or any military occupation, however temporary, resulting from such invasion or attack, or any annexation by the use of force of the territory of another State or part thereof;
(b) Bombardment by the armed forces of a State against the territory of another State or the use of any weapons by a State against the territory of another State;
(c) The blockade of the ports or coasts of a State by the armed forces of another State;
(d) An attack by the armed forces of a State on the land, sea or air forces, or marine and air fleets of another State;
(e) The use of armed forces of one State which are within the territory of another State with the agreement of the receiving State, in contravention of the conditions provided for in the agreement or any extension of their presence in such territory beyond the termination of the agreement;
(f) The action of a State in allowing its territory, which it has placed at the disposal of another State, to be used by that other State for perpetrating an act of aggression against a third State;
(g) The sending by or on behalf of a State of armed bands, groups, irregulars or mercenaries, which carry out acts of armed force against another State of such gravity as to amount to the acts listed above, or its substantial involvement therein.

Article 4
The acts enumerated above are not exhaustive and the Security Council may determine that other acts constitute aggression under the provisions of the Charter.

Article 5
1. No consideration of whatever nature, whether political, economic, military or otherwise, may serve as a justification for aggression.
2. A war of aggression is a crime against international peace. Aggression gives rise to international responsibility.

3. No territorial acquisition or special advantage resulting from aggression is or shall be recognized as lawful.

Article 6
Nothing in this Definition shall be construed as in any way enlarging or diminishing the scope of the Charter, including its provisions concerning cases in which the use of force is lawful.

Article 7
Nothing in this Definition, and in particular article 3, could in any way prejudice the right to self-determination, freedom and independence, as derived from the Charter, of peoples forcibly deprived of that right and referred to in the Declaration on Principles of International Law concerning Friendly Relations and Co-operation among States in accordance with the Charter of the United Nations, particularly peoples under colonial and racist régimes or other forms of alien domination; nor the right of these peoples to struggle to that end and to seek and receive support, in accordance with the principles of the Charter and in conformity with the above-mentioned Declaration.

Article 8
In their interpretation and application the above provisions are interrelated and each provision should be construed in the context of the other provisions.

Responsibility of States for internationally wrongful acts[1]

PART ONE
The internationally wrongful act of a State
CHAPTER I
General principles

Article 1 Responsibility of a State for its internationally wrongful acts
Every internationally wrongful act of a State entails the international responsibility of that State.

Article 2 Elements of an internationally wrongful act of a State
There is an internationally wrongful act of a State when conduct consisting of an action or omission:
(a) Is attributable to the State under international law; and
(b) Constitutes a breach of an international obligation of the State.

Article 3 Characterization of an act of a State as internationally wrongful
The characterization of an act of a State as internationally wrongful is governed by international law. Such characterization is not affected by the characterization of the same act as lawful by internal law.

CHAPTER II
Attribution of conduct to a State

Article 4 Conduct of organs of a State
1. The conduct of any State organ shall be considered an act of that State under international law, whether the organ exercises legislative, executive, judicial or any other functions, whatever position it holds in the organization of the State, and whatever its character as an organ of the central government or of a territorial unit of the State.
2. An organ includes any person or entity which has that status in accordance with the internal law of the State.

Article 5 Conduct of persons or entities exercising elements of governmental authority
The conduct of a person or entity which is not an organ of the State under article 4 but which is empowered by the law of that State to exercise elements of the governmental authority shall be considered an act of the State under international law, provided the person or entity is acting in that capacity in the particular instance.

Article 6 Conduct of organs placed at the disposal of a State by another State
The conduct of an organ placed at the disposal of a State by another State shall be considered an act of the former State under international law if the organ is acting in the exercise of elements of the governmental authority of the State at whose disposal it is placed.

Article 7 Excess of authority or contravention of instructions
The conduct of an organ of a State or of a person or entity empowered to exercise elements of the governmental authority shall be considered an act of the State under international law if the organ, person or entity acts in that capacity, even if it exceeds its authority or contravenes instructions.

Article 8 Conduct directed or controlled by a State
The conduct of a person or group of persons shall be considered an act of a State under international law if the person or group of persons is in fact acting on the instructions of, or under the direction or control of, that State in carrying out the conduct.

Article 9 Conduct carried out in the absence or default of the official authorities
The conduct of a person or group of persons shall be considered an act of a State under international law if the person or group of persons is in fact exercising elements of the governmental authority in

---

[1] Entwurf der UN-Völkerrechtskommission; Quelle: Anlage zur Resolution 56/83 der UN-Generalversammlung vom 12. Dezember 2001.
Von der Völkerrechtskommission verabschiedet auf ihrer 53. Tagung am 26. Juli 2001; von der UN-Generalversammlung zur Kenntnis genommen mit Resolution 56/83 vom 12. Dezember 2001.

the absence or default of the official authorities and in circumstances such as to call for the exercise of those elements of authority.

Article 10 Conduct of an insurrectional or other movement
1. The conduct of an insurrectional movement which becomes the new government of a State shall be considered an act of that State under international law.
2. The conduct of a movement, insurrectional or other, which succeeds in establishing a new State in part of the territory of a pre-existing State or in a territory under its administration shall be considered an act of the new State under international law.
3. This article is without prejudice to the attribution to a State of any conduct, however related to that of the movement concerned, which is to be considered an act of that State by virtue of articles 4 to 9.

Article 11 Conduct acknowledged and adopted by a State as its own
Conduct which is not attributable to a State under the preceding articles shall nevertheless be considered an act of that State under international law if and to the extent that the State acknowledges and adopts the conduct in question as its own.

CHAPTER III
Breach of an international obligation

Article 12 Existence of a breach of an international obligation
There is a breach of an international obligation by a State when an act of that State is not in conformity with what is required of it by that obligation, regardless of its origin or character.

Article 13 International obligation in force for a State
An act of a State does not constitute a breach of an international obligation unless the State is bound by the obligation in question at the time the act occurs.

Article 14 Extension in time of the breach of an international obligation
1. The breach of an international obligation by an act of a State not having a continuing character occurs at the moment when the act is performed, even if its effects continue.
2. The breach of an international obligation by an act of a State having a continuing character extends over the entire period during which the act continues and remains not in conformity with the international obligation.
3. The breach of an international obligation requiring a State to prevent a given event occurs when the event occurs and extends over the entire period during which the event continues and remains not in conformity with that obligation.

Article 15 Breach consisting of a composite act
1. The breach of an international obligation by a State through a series of actions or omissions defined in aggregate as wrongful occurs when the action or omission occurs which, taken with the other actions or omissions, is sufficient to constitute the wrongful act.
2. In such a case, the breach extends over the entire period starting with the first of the actions or omissions of the series and lasts for as long as these actions or omissions are repeated and remain not in conformity with the international obligation.

CHAPTER IV
Responsibility of a State in connection with the act of another State

Article 16 Aid or assistance in the commission of an internationally wrongful act
A State which aids or assists another State in the commission of an internationally wrongful act by the latter is internationally responsible for doing so if:
(a) That State does so with knowledge of the circumstances of the internationally wrongful act; and
(b) The act would be internationally wrongful if committed by that State.

Art. 17–25 Responsibility of States: ILC Articles

Article 17 Direction and control exercised over the commission of an internationally wrongful act

A State which directs and controls another State in the commission of an internationally wrongful act by the latter is internationally responsible for that act if:
(a) That State does so with knowledge of the circumstances of the internationally wrongful act; and
(b) The act would be internationally wrongful if committed by that State.

Article 18 Coercion of another State

A State which coerces another State to commit an act is internationally responsible for that act if:
(a) The act would, but for the coercion, be an internationally wrongful act of the coerced State; and
(b) The coercing State does so with knowledge of the circumstances of the act.

Article 19 Effect of this chapter

This chapter is without prejudice to the international responsibility, under other provisions of these articles, of the State which commits the act in question, or of any other State.

CHAPTER V
Circumstances precluding wrongfulness

Article 20 Consent

Valid consent by a State to the commission of a given act by another State precludes the wrongfulness of that act in relation to the former State to the extent that the act remains within the limits of that consent.

Article 21 Self-defence

The wrongfulness of an act of a State is precluded if the act constitutes a lawful measure of self-defence taken in conformity with the Charter of the United Nations.

Article 22 Countermeasures in respect of an internationally wrongful act

The wrongfulness of an act of a State not in conformity with an international obligation towards another State is precluded if and to the extent that the act constitutes a countermeasure taken against the latter State in accordance with chapter II of part three.

Article 23 Force majeure

1. The wrongfulness of an act of a State not in conformity with an international obligation of that State is precluded if the act is due to force majeure, that is the occurrence of an irresistible force or of an unforeseen event, beyond the control of the State, making it materially impossible in the circumstances to perform the obligation.
2. Paragraph 1 does not apply if:
   (a) The situation of force majeure is due, either alone or in combination with other factors, to the conduct of the State invoking it; or
   (b) The State has assumed the risk of that situation occurring.

Article 24 Distress

1. The wrongfulness of an act of a State not in conformity with an international obligation of that State is precluded if the author of the act in question has no other reasonable way, in a situation of distress, of saving the author's life or the lives of other persons entrusted to the author's care.
2. Paragraph 1 does not apply if:
   (a) The situation of distress is due, either alone or in combination with other factors, to the conduct of the State invoking it; or
   (b) The act in question is likely to create a comparable or greater peril.

Article 25 Necessity

1. Necessity may not be invoked by a State as a ground for precluding the wrongfulness of an act not in conformity with an international obligation of that State unless the act:
   (a) Is the only way for the State to safeguard an essential interest against a grave and imminent peril; and
   (b) Does not seriously impair an essential interest of the State or States towards which the obligation exists, or of the international community as a whole.

2. In any case, necessity may not be invoked by a State as a ground for precluding wrongfulness if:
   (a) The international obligation in question excludes the possibility of invoking necessity; or
   (b) The State has contributed to the situation of necessity.

Article 26 Compliance with peremptory norms
Nothing in this chapter precludes the wrongfulness of any act of a State which is not in conformity with an obligation arising under a peremptory norm of general international law.

Article 27 Consequences of invoking a circumstance precluding wrongfulness
The invocation of a circumstance precluding wrongfulness in accordance with this chapter is without prejudice to:
(a) Compliance with the obligation in question, if and to the extent that the circumstance precluding wrongfulness no longer exists;
(b) The question of compensation for any material loss caused by the act in question.

PART TWO
Content of the international responsibility of a State

CHAPTER I
General principles

Article 28 Legal consequences of an internationally wrongful act
The international responsibility of a State which is entailed by an internationally wrongful act in accordance with the provisions of part one involves legal consequences as set out in this part.

Article 29 Continued duty of performance
The legal consequences of an internationally wrongful act under this part do not affect the continued duty of the responsible State to perform the obligation breached.

Article 30 Cessation and non-repetition
The State responsible for the internationally wrongful act is under an obligation:
(a) To cease that act, if it is continuing;
(b) To offer appropriate assurances and guarantees of non-repetition, if circumstances so require.

Article 31 Reparation
1. The responsible State is under an obligation to make full reparation for the injury caused by the internationally wrongful act.
2. Injury includes any damage, whether material or moral, caused by the internationally wrongful act of a State.

Article 32 Irrelevance of internal law
The responsible State may not rely on the provisions of its internal law as justification for failure to comply with its obligations under this part.

Article 33 Scope of international obligations set out in this part
1. The obligations of the responsible State set out in this part may be owed to another State, to several States, or to the international community as a whole, depending in particular on the character and content of the international obligation and on the circumstances of the breach.
2. This part is without prejudice to any right, arising from the international responsibility of a State, which may accrue directly to any person or entity other than a State.

CHAPTER II
Reparation for injury

Article 34 Forms of reparation
Full reparation for the injury caused by the internationally wrongful act shall take the form of restitution, compensation and satisfaction, either singly or in combination, in accordance with the provisions of this chapter.

Article 35 Restitution

A State responsible for an internationally wrongful act is under an obligation to make restitution, that is, to re-establish the situation which existed before the wrongful act was committed, provided and to the extent that restitution:
(a) Is not materially impossible;
(b) Does not involve a burden out of all proportion to the benefit deriving from restitution instead of compensation.

Article 36 Compensation

1. The State responsible for an internationally wrongful act is under an obligation to compensate for the damage caused thereby, insofar as such damage is not made good by restitution.
2. The compensation shall cover any financially assessable damage including loss of profits insofar as it is established.

Article 37 Satisfaction

1. The State responsible for an internationally wrongful act is under an obligation to give satisfaction for the injury caused by that act insofar as it cannot be made good by restitution or compensation.
2. Satisfaction may consist in an acknowledgement of the breach, an expression of regret, a formal apology or another appropriate modality.
3. Satisfaction shall not be out of proportion to the injury and may not take a form humiliating to the responsible State.

Article 38 Interest

1. Interest on any principal sum due under this chapter shall be payable when necessary in order to ensure full reparation. The interest rate and mode of calculation shall be set so as to achieve that result.
2. Interest runs from the date when the principal sum should have been paid until the date the obligation to pay is fulfilled.

Article 39 Contribution to the injury

In the determination of reparation, account shall be taken of the contribution to the injury by willful or negligent action or omission of the injured State or any person or entity in relation to whom reparation is sought.

CHAPTER III
Serious breaches of obligations under peremptory norms of general international law

Article 40 Application of this chapter

1. This chapter applies to the international responsibility which is entailed by a serious breach by a State of an obligation arising under a peremptory norm of general international law.
2. A breach of such an obligation is serious if it involves a gross or systematic failure by the responsible State to fulfil the obligation.

Article 41 Particular consequences of a serious breach of an obligation under this chapter

1. States shall cooperate to bring to an end through lawful means any serious breach within the meaning of article 40.
2. No State shall recognize as lawful a situation created by a serious breach within the meaning of article 40, nor render aid or assistance in maintaining that situation.
3. This article is without prejudice to the other consequences referred to in this part and to such further consequences that a breach to which this chapter applies may entail under international law.

PART THREE
The implementation of the international responsibility of a State
CHAPTER I
Invocation of the responsibility of a State

Article 42 Invocation of responsibility by an injured State
A State is entitled as an injured State to invoke the responsibility of another State if the obligation breached is owed to:
(a) That State individually; or
(b) A group of States including that State, or the international community as a whole, and the breach of the obligation:
   (i) Specially affects that State; or
   (ii) Is of such a character as radically to change the position of all the other States to which the obligation is owed with respect to the further performance of the obligation.

Article 43 Notice of claim by an injured State
1. An injured State which invokes the responsibility of another State shall give notice of its claim to that State.
2. The injured State may specify in particular:
   (a) The conduct that the responsible State should take in order to cease the wrongful act, if it is continuing;
   (b) What form reparation should take in accordance with the provisions of part two.

Article 44 Admissibility of claims
The responsibility of a State may not be invoked if:
(a) The claim is not brought in accordance with any applicable rule relating to the nationality of claims;
(b) The claim is one to which the rule of exhaustion of local remedies applies and any available and effective local remedy has not been exhausted.

Article 45 Loss of the right to invoke responsibility
The responsibility of a State may not be invoked if:
(a) The injured State has validly waived the claim;
(b) The injured State is to be considered as having, by reason of its conduct, validly acquiesced in the lapse of the claim.

Article 46 Plurality of injured States
Where several States are injured by the same internationally wrongful act, each injured State may separately invoke the responsibility of the State which has committed the internationally wrongful act.

Article 47 Plurality of responsible States
1. Where several States are responsible for the same internationally wrongful act, the responsibility of each State may be invoked in relation to that act.
2. Paragraph 1:
   (a) Does not permit any injured State to recover, by way of compensation, more than the damage it has suffered;
   (b) Is without prejudice to any right of recourse against the other responsible States.

Article 48 Invocation of responsibility by a State other than an injured State
1. Any State other than an injured State is entitled to invoke the responsibility of another State in accordance with paragraph 2 if:
   (a) The obligation breached is owed to a group of States including that State, and is established for the protection of a collective interest of the group; or
   (b) The obligation breached is owed to the international community as a whole.

2. Any State entitled to invoke responsibility under paragraph 1 may claim from the responsible State:
   (a) Cessation of the internationally wrongful act, and assurances and guarantees of non-repetition in accordance with article 30; and
   (b) Performance of the obligation of reparation in accordance with the preceding articles, in the interest of the injured State or of the beneficiaries of the obligation breached.
3. The requirements for the invocation of responsibility by an injured State under articles 43, 44 and 45 apply to an invocation of responsibility by a State entitled to do so under paragraph 1.

CHAPTER II
Countermeasures

Article 49 Object and limits of countermeasures
1. An injured State may only take countermeasures against a State which is responsible for an internationally wrongful act in order to induce that State to comply with its obligations under part two.
2. Countermeasures are limited to the non-performance for the time being of international obligations of the State taking the measures towards the responsible State.
3. Countermeasures shall, as far as possible, be taken in such a way as to permit the resumption of performance of the obligations in question.

Article 50 Obligations not affected by countermeasures
1. Countermeasures shall not affect:
   (a) The obligation to refrain from the threat or use of force as embodied in the Charter of the United Nations;
   (b) Obligations for the protection of fundamental human rights;
   (c) Obligations of a humanitarian character prohibiting reprisals;
   (d) Other obligations under peremptory norms of general international law.
2. A State taking countermeasures is not relieved from fulfilling its obligations:
   (a) Under any dispute settlement procedure applicable between it and the responsible State;
   (b) To respect the inviolability of diplomatic or consular agents, premises, archives and documents.

Article 51 Proportionality
Countermeasures must be commensurate with the injury suffered, taking into account the gravity of the internationally wrongful act and the rights in question.

Article 52 Conditions relating to resort to countermeasures
1. Before taking countermeasures, an injured State shall:
   (a) Call on the responsible State, in accordance with article 43, to fulfil its obligations under part two;
   (b) Notify the responsible State of any decision to take countermeasures and offer to negotiate with that State.
2. Notwithstanding paragraph 1 (b), the injured State may take such urgent countermeasures as are necessary to preserve its rights.
3. Countermeasures may not be taken, and if already taken must be suspended without undue delay if:
   (a) The internationally wrongful act has ceased, and
   (b) The dispute is pending before a court or tribunal which has the authority to make decisions binding on the parties.
4. Paragraph 3 does not apply if the responsible State fails to implement the dispute settlement procedures in good faith.

Article 53 Termination of countermeasures
Countermeasures shall be terminated as soon as the responsible State has complied with its obligations under part two in relation to the internationally wrongful act.

Article 54 Measures taken by States other than an injured State
This chapter does not prejudice the right of any State, entitled under article 48, paragraph 1, to invoke the responsibility of another State, to take lawful measures against that State to ensure cessation of the breach and reparation in the interests of the injured State or of the beneficiaries of the obligation breached.

PART FOUR
General Provisions

Article 55 Lex specialis
These articles do not apply where and to the extent that the conditions for the existence of an internationally wrongful act or the content or implementation of the international responsibility of a State are governed by special rules of international law.

Article 56 Questions of State responsibility not regulated by these articles
The applicable rules of international law continue to govern questions concerning the responsibility of a State for an internationally wrongful act to the extent that they are not regulated by these articles.

Article 57 Responsibility of an international organization
These articles are without prejudice to any question of the responsibility under international law of an international organization, or of any State for the conduct of an international organization.

Article 58 Individual responsibility
These articles are without prejudice to any question of the individual responsibility under international law of any person acting on behalf of a State.

Article 59 Charter of the United Nations
These articles are without prejudice to the Charter of the United Nations.

United Nations Convention on Jurisdictional Immunities of States and Their Property[1]

Vom 2. Dezember 2004

The States Parties to the present Convention,
Considering that the jurisdictional immunities of States and their property are generally accepted as a principle of customary international law,
Having in mind the principles of international law embodied in the Charter of the United Nations,
Believing that an international convention on the jurisdictional immunities of States and their property would enhance the rule of law and legal certainty, particularly in dealings of States with natural or juridical persons, and would contribute to the codification and development of international law and the harmonization of practice in this area,
Taking into account developments in State practice with regard to the jurisdictional immunities of States and their property,
Affirming that the rules of customary international law continue to govern matters not regulated by the provisions of the present Convention,
Have agreed as follows:

Part I
Introduction

Article 1 Scope of the present Convention
The present Convention applies to the immunity of a State and its property from the jurisdiction of the courts of another State.

Article 2 Use of terms
1. For the purposes of the present Convention:
   (a) »court« means any organ of a State, however named, entitled to exercise judicial functions;
   (b) »State« means:
      (i) the State and its various organs of government;
      (ii) constituent units of a federal State or political subdivisions of the State, which are entitled to perform acts in the exercise of sovereign authority, and are acting in that capacity;
      (iii) agencies or instrumentalities of the State or other entities, to the extent that they are entitled to perform and are actually performing acts in the exercise of sovereign authority of the State;
      (iv) representatives of the State acting in that capacity;
   (c) »commercial transaction« means:
      (i) any commercial contract or transaction for the sale of goods or supply of services;
      (ii) any contract for a loan or other transaction of a financial nature, including any obligation of guarantee or of indemnity in respect of any such loan or transaction;
      (iii) any other contract or transaction of a commercial, industrial, trading or professional nature, but not including a contract of employment of persons.
2. In determining whether a contract or transaction is a »commercial transaction« under paragraph 1 (c), reference should be made primarily to the nature of the contract or transaction, but its purpose should also be taken into account if the parties to the contract or transaction have so agreed, or if, in the practice of the State of the forum, that purpose is relevant to determining the non-commercial character of the contract or transaction.
3. The provisions of paragraphs 1 and 2 regarding the use of terms in the present Convention are without prejudice to the use of those terms or to the meanings which may be given to them in other international instruments or in the internal law of any State.

---

[1] Angenommen durch Resolution 59/38 der Generalversammlung am 2. Dezember 2004; noch nicht in Kraft. Quelle: *UN Juridical Yearbook* 2004 S. 243.

Article 3 Privileges and immunities not affected by the present Convention

1. The present Convention is without prejudice to the privileges and immunities enjoyed by a State under international law in relation to the exercise of the functions of:
   (a) its diplomatic missions, consular posts, special missions, missions to international organizations or delegations to organs of international organizations or to international conferences; and
   (b) persons connected with them.
2. The present Convention is without prejudice to privileges and immunities accorded under international law to heads of State *ratione personae*.
3. The present Convention is without prejudice to the immunities enjoyed by a State under international law with respect to aircraft or space objects owned or operated by a State.

Article 4 Non-retroactivity of the present Convention

Without prejudice to the application of any rules set forth in the present Convention to which jurisdictional immunities of States and their property are subject under international law independently of the present Convention, the present Convention shall not apply to any question of jurisdictional immunities of States or their property arising in a proceeding instituted against a State before a court of another State prior to the entry into force of the present Convention for the States concerned.

Part II
General principles

Article 5 State immunity

A State enjoys immunity, in respect of itself and its property, from the jurisdiction of the courts of another State subject to the provisions of the present Convention.

Article 6 Modalities for giving effect to State immunity

1. A State shall give effect to State immunity under article 5 by refraining from exercising jurisdiction in a proceeding before its courts against another State and to that end shall ensure that its courts determine on their own initiative that the immunity of that other State under article 5 is respected.
2. A proceeding before a court of a State shall be considered to have been instituted against another State if that other State:
   (a) is named as a party to that proceeding; or
   (b) is not named as a party to the proceeding but the proceeding in effect seeks to affect the property, rights, interests or activities of that other State.

Article 7 Express consent to exercise of jurisdiction

1. A State cannot invoke immunity from jurisdiction in a proceeding before a court of another State with regard to a matter or case if it has expressly consented to the exercise of jurisdiction by the court with regard to the matter or case:
   (a) by international agreement;
   (b) in a written contract; or
   (c) by a declaration before the court or by a written communication in a specific proceeding.
2. Agreement by a State for the application of the law of another State shall not be interpreted as consent to the exercise of jurisdiction by the courts of that other State.

Article 8 Effect of participation in a proceeding before a court

1. A State cannot invoke immunity from jurisdiction in a proceeding before a court of another State if it has:
   (a) itself instituted the proceeding; or
   (b) intervened in the proceeding or taken any other step relating to the merits. However, if the State satisfies the court that it could not have acquired knowledge of facts on which a claim to immunity can be based until after it took such a step, it can claim immunity based on those facts, provided it does so at the earliest possible moment.

2. A State shall not be considered to have consented to the exercise of jurisdiction by a court of another State if it intervenes in a proceeding or takes any other step for the sole purpose of:
   (a) invoking immunity; or
   (b) asserting a right or interest in property at issue in the proceeding.
3. The appearance of a representative of a State before a court of another State as a witness shall not be interpreted as consent by the former State to the exercise of jurisdiction by the court.
4. Failure on the part of a State to enter an appearance in a proceeding before a court of another State shall not be interpreted as consent by the former State to the exercise of jurisdiction by the court.

Article 9 Counterclaims
1. A State instituting a proceeding before a court of another State cannot invoke immunity from the jurisdiction of the court in respect of any counterclaim arising out of the same legal relationship or facts as the principal claim.
2. A State intervening to present a claim in a proceeding before a court of another State cannot invoke immunity from the jurisdiction of the court in respect of any counterclaim arising out of the same legal relationship or facts as the claim presented by the State.
3. A State making a counterclaim in a proceeding instituted against it before a court of another State cannot invoke immunity from the jurisdiction of the court in respect of the principal claim.

Part III
Proceedings in which State immunity cannot be invoked

Article 10 Commercial transactions
1. If a State engages in a commercial transaction with a foreign natural or juridical person and, by virtue of the applicable rules of private international law, differences relating to the commercial transaction fall within the jurisdiction of a court of another State, the State cannot invoke immunity from that jurisdiction in a proceeding arising out of that commercial transaction.
2. Paragraph 1 does not apply:
   (a) in the case of a commercial transaction between States; or
   (b) if the parties to the commercial transaction have expressly agreed otherwise.
3. Where a State enterprise or other entity established by a State which has an independent legal personality and is capable of:
   (a) suing or being sued; and
   (b) acquiring, owning or possessing and disposing of property, including property which that State has authorized it to operate or manage,
   is involved in a proceeding which relates to a commercial transaction in which that entity is engaged, the immunity from jurisdiction enjoyed by that State shall not be affected.

Article 11 Contracts of employment
1. Unless otherwise agreed between the States concerned, a State cannot invoke immunity from jurisdiction before a court of another State which is otherwise competent in a proceeding which relates to a contract of employment between the State and an individual for work performed or to be performed, in whole or in part, in the territory of that other State.
2. Paragraph 1 does not apply if:
   (a) the employee has been recruited to perform particular functions in the exercise of governmental authority;
   (b) the employee is:
      (i) a diplomatic agent, as defined in the Vienna Convention on Diplomatic Relations of 1961;
      (ii) a consular officer, as defined in the Vienna Convention on Consular Relations of 1963;
      (iii) a member of the diplomatic staff of a permanent mission to an international organization or of a special mission, or is recruited to represent a State at an international conference; or
      (iv) any other person enjoying diplomatic immunity;

(c) the subject-matter of the proceeding is the recruitment, renewal of employment or reinstatement of an individual;
(d) the subject-matter of the proceeding is the dismissal or termination of employment of an individual and, as determined by the head of State, the head of Government or the Minister for Foreign Affairs of the employer State, such a proceeding would interfere with the security interests of that State;
(e) the employee is a national of the employer State at the time when the proceeding is instituted, unless this person has the permanent residence in the State of the forum; or
(f) the employer State and the employee have otherwise agreed in writing, subject to any considerations of public policy conferring on the courts of the State of the forum exclusive jurisdiction by reason of the subject-matter of the proceeding.

Article 12 Personal injuries and damage to property
Unless otherwise agreed between the States concerned, a State cannot invoke immunity from jurisdiction before a court of another State which is otherwise competent in a proceeding which relates to pecuniary compensation for death or injury to the person, or damage to or loss of tangible property, caused by an act or omission which is alleged to be attributable to the State, if the act or omission occurred in whole or in part in the territory of that other State and if the author of the act or omission was present in that territory at the time of the act or omission.

Article 13 Ownership, possession and use of property
Unless otherwise agreed between the States concerned, a State cannot invoke immunity from jurisdiction before a court of another State which is otherwise competent in a proceeding which relates to the determination of:
(a) any right or interest of the State in, or its possession or use of, or any obligation of the State arising out of its interest in, or its possession or use of, immovable property situated in the State of the forum;
(b) any right or interest of the State in movable or immovable property arising by way of succession, gift or *bona vacantia*; or
(c) any right or interest of the State in the administration of property, such as trust property, the estate of a bankrupt or the property of a company in the event of its winding up.

Article 14 Intellectual and industrial property
Unless otherwise agreed between the States concerned, a State cannot invoke immunity from jurisdiction before a court of another State which is otherwise competent in a proceeding which relates to:
(a) the determination of any right of the State in a patent, industrial design, trade name or business name, trademark, copyright or any other form of intellectual or industrial property which enjoys a measure of legal protection, even if provisional, in the State of the forum; or
(b) an alleged infringement by the State, in the territory of the State of the forum, of a right of the nature mentioned in subparagraph (a) which belongs to a third person and is protected in the State of the forum.

Article 15 Participation in companies or other collective bodies
1. A State cannot invoke immunity from jurisdiction before a court of another State which is otherwise competent in a proceeding which relates to its participation in a company or other collective body, whether incorporated or unincorporated, being a proceeding concerning the relationship between the State and the body or the other participants therein, provided that the body:
   (a) has participants other than States or international organizations; and
   (b) is incorporated or constituted under the law of the State of the forum or has its seat or principal place of business in that State.
2. A State can, however, invoke immunity from jurisdiction in such a proceeding if the States concerned have so agreed or if the parties to the dispute have so provided by an agreement in writing or if the instrument establishing or regulating the body in question contains provisions to that effect.

Article 16 Ships owned or operated by a State

1. Unless otherwise agreed between the States concerned, a State which owns or operates a ship cannot invoke immunity from jurisdiction before a court of another State which is otherwise competent in a proceeding which relates to the operation of that ship if, at the time the cause of action arose, the ship was used for other than government non-commercial purposes.
2. Paragraph 1 does not apply to warships, or naval auxiliaries, nor does it apply to other vessels owned or operated by a State and used, for the time being, only on government non-commercial service.
3. Unless otherwise agreed between the States concerned, a State cannot invoke immunity from jurisdiction before a court of another State which is otherwise competent in a proceeding which relates to the carriage of cargo on board a ship owned or operated by that State if, at the time the cause of action arose, the ship was used for other than government non-commercial purposes.
4. Paragraph 3 does not apply to any cargo carried on board the ships referred to in paragraph 2, nor does it apply to any cargo owned by a State and used or intended for use exclusively for government non-commercial purposes.
5. States may plead all measures of defence, prescription and limitation of liability which are available to private ships and cargoes and their owners.
6. If in a proceeding there arises a question relating to the government and non-commercial character of a ship owned or operated by a State or cargo owned by a State, a certificate signed by a diplomatic representative or other competent authority of that State and communicated to the court shall serve as evidence of the character of that ship or cargo.

Article 17 Effect of an arbitration agreement

If a State enters into an agreement in writing with a foreign natural or juridical person to submit to arbitration differences relating to a commercial transaction, that State cannot invoke immunity from jurisdiction before a court of another State which is otherwise competent in a proceeding which relates to:
(a) the validity, interpretation or application of the arbitration agreement;
(b) the arbitration procedure; or
(c) the confirmation or the setting aside of the award,
unless the arbitration agreement otherwise provides.

Part IV
State immunity from measures of constraint in connection with proceedings before a court

Article 18 State immunity from pre-judgment measures of constraint

No pre-judgment measures of constraint, such as attachment or arrest, against property of a State may be taken in connection with a proceeding before a court of another State unless and except to the extent that:
(a) the State has expressly consented to the taking of such measures as indicated:
  (i) by international agreement;
  (ii) by an arbitration agreement or in a written contract; or
  (iii) by a declaration before the court or by a written communication after a dispute between the parties has arisen; or
(b) the State has allocated or earmarked property for the satisfaction of the claim which is the object of that proceeding.

Article 19 State immunity from post-judgment measures of constraint

No post-judgment measures of constraint, such as attachment, arrest or execution, against property of a State may be taken in connection with a proceeding before a court of another State unless and except to the extent that:
(a) the State has expressly consented to the taking of such measures as indicated:
  (i) by international agreement;
  (ii) by an arbitration agreement or in a written contract; or

(iii) by a declaration before the court or by a written communication after a dispute between the parties has arisen; or
(b) the State has allocated or earmarked property for the satisfaction of the claim which is the object of that proceeding; or
(c) it has been established that the property is specifically in use or intended for use by the State for other than government non-commercial purposes and is in the territory of the State of the forum, provided that post-judgment measures of constraint may only be taken against property that has a connection with the entity against which the proceeding was directed.

Article 20 Effect of consent to jurisdiction to measures of constraint
Where consent to the measures of constraint is required under articles 18 and 19, consent to the exercise of jurisdiction under article 7 shall not imply consent to the taking of measures of constraint.

Article 21 Specific categories of property
1. The following categories, in particular, of property of a State shall not be considered as property specifically in use or intended for use by the State for other than government non-commercial purposes under article 19, subparagraph (c):
   (a) property, including any bank account, which is used or intended for use in the performance of the functions of the diplomatic mission of the State or its consular posts, special missions, missions to international organizations or delegations to organs of international organizations or to international conferences;
   (b) property of a military character or used or intended for use in the performance of military functions;
   (c) property of the central bank or other monetary authority of the State;
   (d) property forming part of the cultural heritage of the State or part of its archives and not placed or intended to be placed on sale;
   (e) property forming part of an exhibition of objects of scientific, cultural or historical interest and not placed or intended to be placed on sale.
2. Paragraph 1 is without prejudice to article 18 and article 19, subparagraphs (a) and (b).

Part V
Miscellaneous provisions

Article 22 Service of process
1. Service of process by writ or other document instituting a proceeding against a State shall be effected:
   (a) in accordance with any applicable international convention binding on the State of the forum and the State concerned; or
   (b) in accordance with any special arrangement for service between the claimant and the State concerned, if not precluded by the law of the State of the forum; or
   (c) in the absence of such a convention or special arrangement:
      (i) by transmission through diplomatic channels to the Ministry of Foreign Affairs of the State concerned; or
      (ii) by any other means accepted by the State concerned, if not precluded by the law of the State of the forum.
2. Service of process referred to in paragraph 1 (c) (i) is deemed to have been effected by receipt of the documents by the Ministry of Foreign Affairs.
3. These documents shall be accompanied, if necessary, by a translation into the official language, or one of the official languages, of the State concerned.
4. Any State that enters an appearance on the merits in a proceeding instituted against it may not thereafter assert that service of process did not comply with the provisions of paragraphs 1 and 3.

Article 23 Default judgment
1. A default judgment shall not be rendered against a State unless the court has found that:
   (a) the requirements laid down in article 22, paragraphs 1 and 3, have been complied with;

(b) a period of not less than four months has expired from the date on which the service of the writ or other document instituting a proceeding has been effected or deemed to have been effected in accordance with article 22, paragraphs 1 and 2; and

(c) the present Convention does not preclude it from exercising jurisdiction.

2. A copy of any default judgment rendered against a State, accompanied if necessary by a translation into the official language or one of the official languages of the State concerned, shall be transmitted to it through one of the means specified in article 22, paragraph 1, and in accordance with the provisions of that paragraph.

3. The time-limit for applying to have a default judgment set aside shall not be less than four months and shall begin to run from the date on which the copy of the judgment is received or is deemed to have been received by the State concerned.

Article 24 Privileges and immunities during court proceedings

1. Any failure or refusal by a State to comply with an order of a court of another State enjoining it to perform or refrain from performing a specific act or to produce any document or disclose any other information for the purposes of a proceeding shall entail no consequences other than those which may result from such conduct in relation to the merits of the case. In particular, no fine or penalty shall be imposed on the State by reason of such failure or refusal.

2. A State shall not be required to provide any security, bond or deposit, however described, to guarantee the payment of judicial costs or expenses in any proceeding to which it is a respondent party before a court of another State.

Part VI
Final clauses

Article 25 Annex

The annex to the present Convention forms an integral part of the Convention.

Article 26 Other international agreements

Nothing in the present Convention shall affect the rights and obligations of States Parties under existing international agreements which relate to matters dealt with in the present Convention as between the parties to these agreements.

Article 27 Settlement of disputes

1. States Parties shall endeavour to settle disputes concerning the interpretation or application of the present Convention through negotiation.

2. Any dispute between two or more States Parties concerning the interpretation or application of the present Convention which cannot be settled through negotiation within six months shall, at the request of any of those States Parties, be submitted to arbitration. If, six months after the date of the request for arbitration, those States Parties are unable to agree on the organization of the arbitration, any of those States Parties may refer the dispute to the International Court of Justice by request in accordance with the Statute of the Court.

3. Each State Party may, at the time of signature, ratification, acceptance or approval of, or accession to, the present Convention, declare that it does not consider itself bound by paragraph 2. The other States Parties shall not be bound by paragraph 2 with respect to any State Party which has made such a declaration.

4. Any State Party that has made a declaration in accordance with paragraph 3 may at any time withdraw that declaration by notification to the Secretary-General of the United Nations.

Article 28 Signature

The present Convention shall be open for signature by all States until 17 January 2007, at United Nations Headquarters, New York.

Article 29 Ratification, acceptance, approval or accession

1. The present Convention shall be subject to ratification, acceptance or approval.

2. The present Convention shall remain open for accession by any State.

3. The instruments of ratification, acceptance, approval or accession shall be deposited with the Secretary-General of the United Nations.

Article 30 Entry into force
1. The present Convention shall enter into force on the thirtieth day following the date of deposit of the thirtieth instrument of ratification, acceptance, approval or accession with the Secretary-General of the United Nations.
2. For each State ratifying, accepting, approving or acceding to the present Convention after the deposit of the thirtieth instrument of ratification, acceptance, approval or accession, the Convention shall enter into force on the thirtieth day after the deposit by such State of its instrument of ratification, acceptance, approval or accession.

Article 31 Denunciation
1. Any State Party may denounce the present Convention by written notification to the Secretary-General of the United Nations.
2. Denunciation shall take effect one year following the date on which notification is received by the Secretary-General of the United Nations. The present Convention shall, however, continue to apply to any question of jurisdictional immunities of States or their property arising in a proceeding instituted against a State before a court of another State prior to the date on which the denunciation takes effect for any of the States concerned.
3. The denunciation shall not in any way affect the duty of any State Party to fulfil any obligation embodied in the present Convention to which it would be subject under international law independently of the present Convention.

Article 32 Depositary and notifications
1. The Secretary-General of the United Nations is designated the depositary of the present Convention.
2. As depositary of the present Convention, the Secretary-General of the United Nations shall inform all States of the following:
   (a) signatures of the present Convention and the deposit of instruments of ratification, acceptance, approval or accession or notifications of denunciation, in accordance with articles 29 and 31;
   (b) the date on which the present Convention will enter into force, in accordance with article 30;
   (c) any acts, notifications or communications relating to the present Convention.

Article 33 Authentic texts
The Arabic, Chinese, English, French, Russian and Spanish texts of the present Convention are equally authentic.

IN WITNESS WHEREOF, the undersigned, being duly authorized thereto by their respective Governments, have signed this Convention opened for signature at United Nations Headquarters in New York on 17 January 2005.

Annex to the Convention

Understandings with respect to certain provisions of the Convention

The present annex is for the purpose of setting out understandings relating to the provisions concerned.

With respect to article 10

The term »immunity« in article 10 is to be understood in the context of the present Convention as a whole.

Article 10, paragraph 3, does not prejudge the question of »piercing the corporate veil«, questions relating to a situation where a State entity has deliberately misrepresented its financial position or subsequently reduced its assets to avoid satisfying a claim, or other related issues.

With respect to article 11

The reference in article 11, paragraph 2 (d), to the »security interests« of the employer State is intended primarily to address matters of national security and the security of diplomatic missions and consular posts.

Under article 41 of the 1961 Vienna Convention on Diplomatic Relations and article 55 of the 1963 Vienna Convention on Consular Relations, all persons referred to in those articles have the duty to respect the laws and regulations, including labour laws, of the host country. At the same time, under article 38 of the 1961 Vienna Convention on Diplomatic Relations and article 71 of the 1963 Vienna Convention on Consular Relations, the receiving State has a duty to exercise its jurisdiction in such a manner as not to interfere unduly with the performance of the functions of the mission or the consular post.

With respect to articles 13 and 14

The expression »determination« is used to refer not only to the ascertainment or verification of the existence of the rights protected, but also to the evaluation or assessment of the substance, including content, scope and extent, of such rights.

With respect to article 17

The expression »commercial transaction« includes investment matters.

With respect to article 19

The expression »entity« in subparagraph (c) means the State as an independent legal personality, a constituent unit of a federal State, a subdivision of a State, an agency or instrumentality of a State or other entity, which enjoys independent legal personality.

The words »property that has a connection with the entity« in subparagraph (c) are to be understood as broader than ownership or possession.

Article 19 does not prejudge the question of »piercing the corporate veil«, questions relating to a situation where a State entity has deliberately misrepresented its financial position or subsequently reduced its assets to avoid satisfying a claim, or other related issues.

ch
III. Menschenrechte

Allgemeine Erklärung der Menschenrechte[1]
Vom 10. Dezember 1948

Resolution 217 A (III)
Präambel

Da die Anerkennung der angeborenen Würde und der gleichen und unveräußerlichen Rechte aller Mitglieder der Gemeinschaft der Menschen die Grundlage von Freiheit, Gerechtigkeit und Frieden in der Welt bildet,

da die Nichtanerkennung und Verachtung der Menschenrechte zu Akten der Barbarei geführt haben, die das Gewissen der Menschheit mit Empörung erfüllen, und da verkündet worden ist, daß einer Welt, in der die Menschen Rede- und Glaubensfreiheit und Freiheit von Furcht und Not genießen, das höchste Streben des Menschen gilt,

da es notwendig ist, die Menschenrechte durch die Herrschaft des Rechtes zu schützen, damit der Mensch nicht gezwungen wird, als letztes Mittel zum Aufstand gegen Tyrannei und Unterdrückung zu greifen,

da es notwendig ist, die Entwicklung freundschaftlicher Beziehungen zwischen den Nationen zu fördern,

da die Völker der Vereinten Nationen in der Charta ihren Glauben an die grundlegenden Menschenrechte, an die Würde und den Wert der menschlichen Person und an die Gleichberechtigung von Mann und Frau erneut bekräftigt und beschlossen haben, den sozialen Fortschritt und bessere Lebensbedingungen in größerer Freiheit zu fördern,

da die Mitgliedstaaten sich verpflichtet haben, in Zusammenarbeit mit den Vereinten Nationen auf die allgemeine Achtung und Einhaltung der Menschenrechte und Grundfreiheiten hinzuwirken,

da ein gemeinsames Verständnis dieser Rechte und Freiheiten von größter Wichtigkeit für die volle Erfüllung dieser Verpflichtung ist,

verkündet die Generalversammlung

diese Allgemeine Erklärung der Menschenrechte als das von allen Völkern und Nationen zu erreichende gemeinsame Ideal, damit jeder einzelne und alle Organe der Gesellschaft sich diese Erklärung stets gegenwärtig halten und sich bemühen, durch Unterricht und Erziehung die Achtung vor diesen Rechten und Freiheiten zu fördern und durch fortschreitende nationale und internationale Maßnahmen ihre allgemeine und tatsächliche Anerkennung und Einhaltung durch die Bevölkerung der Mitgliedstaaten selbst wie auch durch die Bevölkerung der ihrer Hoheitsgewalt unterstehenden Gebiete zu gewährleisten.

Artikel 1 [Freiheit und Gleichheit][2]

Alle Menschen sind frei und gleich an Würde und Rechten geboren. Sie sind mit Vernunft und Gewissen begabt und sollen einander im Geiste der Brüderlichkeit begegnen.

Artikel 2 [Diskriminierungsverbot]

1. Jeder hat Anspruch auf alle in dieser Erklärung verkündeten Rechte und Freiheiten, ohne irgendeinen Unterschied, etwa nach Rasse, Hautfarbe, Geschlecht, Sprache, Religion, politischer oder sonstiger Anschauung, nationaler oder sozialer Herkunft, Vermögen, Geburt oder sonstigem Stand.
2. Des weiteren darf kein Unterschied gemacht werden auf Grund der politischen, rechtlichen oder internationalen Stellung des Landes oder Gebietes, dem eine Person angehört, gleichgültig ob

---

1) Deklaration der UN-Generalversammlung; Quelle: Auswärtiges Amt (Hrsg.), Menschenrechte in der Welt. Konventionen, Erklärungen, Perspektiven, 7. Auflage 1988, S. 19; www.un.org/depts/german/grunddok/ar217a3.html. Internationale Quelle: *UNYB* (1948-49) S. 535.
Abstimmungsverhältnis: 48 Ja-Stimmen, keine Nein-Stimmen, 8 Enthaltungen (Weißrußland, Tschechoslowakei, Polen, Saudi-Arabien, Ukraine, Südafrika, UdSSR, Jugoslawien).
2) Die Überschriften zu den Artikeln sind nicht Teil des offiziellen Dokuments.

dieses unabhängig ist, unter Treuhandschaft steht, keine Selbstregierung besitzt oder sonst in seiner Souveränität eingeschränkt ist.

Artikel 3 [Leben und Freiheit]
Jeder hat das Recht auf Leben, Freiheit und Sicherheit der Person.

Artikel 4 [Verbot von Sklaverei und Sklavenhandel]
Niemand darf in Sklaverei oder Leibeigenschaft gehalten werden; Sklaverei und Sklavenhandel in allen ihren Formen sind verboten.

Artikel 5 [Folterverbot]
Niemand darf der Folter oder grausamer, unmenschlicher oder erniedrigender Behandlung oder Strafe unterworfen werden.

Artikel 6 [Anerkennung als Rechtsperson]
Jeder hat das Recht, überall als rechtsfähig anerkannt zu werden.

Artikel 7 [Gleichheit und Nichtdiskriminierung]
Alle Menschen sind vor dem Gesetz gleich und haben ohne Unterschied Anspruch auf gleichen Schutz durch das Gesetz. Alle haben Anspruch auf gleichen Schutz gegen jede Diskriminierung, die gegen diese Erklärung verstößt, und gegen jede Aufhetzung zu einer derartigen Diskriminierung.

Artikel 8 [Rechtsschutz gegen Rechtsverletzungen]
Jeder hat Anspruch auf einen wirksamen Rechtsbehelf bei den zuständigen innerstaatlichen Gerichten gegen Handlungen, durch die seine ihm nach der Verfassung oder nach dem Gesetz zustehenden Grundrechte verletzt werden.

Artikel 9 [Schutz vor Verhaftung und Ausweisung]
Niemand darf willkürlich festgenommen, in Haft gehalten oder des Landes verwiesen werden.

Artikel 10 [Gerichtlicher Rechtsschutz]
Jeder hat bei der Feststellung seiner Rechte und Pflichten sowie bei einer gegen ihn erhobenen strafrechtlichen Beschuldigung in voller Gleichheit Anspruch auf ein gerechtes und öffentliches Verfahren vor einem unabhängigen und unparteiischen Gericht.

Artikel 11 [Unschuldsvermutung; Rückwirkungsverbot]
1. Jeder, der einer strafbaren Handlung beschuldigt wird, hat das Recht, als unschuldig zu gelten, solange seine Schuld nicht in einem öffentlichen Verfahren, in dem er alle für seine Verteidigung notwendigen Garantien gehabt hat, gemäß dem Gesetz nachgewiesen ist.
2. Niemand darf wegen einer Handlung oder Unterlassung verurteilt werden, die zur Zeit ihrer Begehung nach innerstaatlichem oder internationalem Recht nicht strafbar war. Ebenso darf keine schwerere Strafe als die zum Zeitpunkt der Begehung der strafbaren Handlung angedrohte Strafe verhängt werden.

Artikel 12 [Privatsphäre des Einzelnen]
Niemand darf willkürlichen Eingriffen in sein Privatleben, seine Familie, seine Wohnung und seinen Schriftverkehr oder Beeinträchtigungen seiner Ehre und seines Rufes ausgesetzt werden. Jeder hat Anspruch auf rechtlichen Schutz gegen solche Eingriffe oder Beeinträchtigungen.

Artikel 13 [Freizügigkeit]
1. Jeder hat das Recht, sich innerhalb eines Staates frei zu bewegen und seinen Aufenthaltsort frei zu wählen.
2. Jeder hat das Recht, jedes Land, einschließlich seines eigenen, zu verlassen und in sein Land zurückzukehren.

Artikel 14 [Asylrecht]
1. Jeder hat das Recht, in anderen Ländern vor Verfolgung Asyl zu suchen und zu genießen.
2. Dieses Recht kann nicht in Anspruch genommen werden im Falle einer Strafverfolgung, die tatsächlich auf Grund von Verbrechen nichtpolitischer Art oder auf Grund von Handlungen erfolgt, die gegen die Ziele und Grundsätze der Vereinten Nationen verstoßen.

Artikel 15 [Staatsangehörigkeit]
1. Jeder hat das Recht auf eine Staatsangehörigkeit.
2. Niemandem darf seine Staatsangehörigkeit willkürlich entzogen noch das Recht versagt werden, seine Staatsangehörigkeit zu wechseln.

Artikel 16 [Ehe und Familie]
1. Heiratsfähige Männer und Frauen haben ohne jede Beschränkung auf Grund der Rasse, der Staatsangehörigkeit oder der Religion das Recht, zu heiraten und eine Familie zu gründen. Sie haben bei der Eheschließung, während der Ehe und bei deren Auflösung gleiche Rechte.
2. Eine Ehe darf nur bei freier und uneingeschränkter Willenseinigung der künftigen Ehegatten geschlossen werden.
3. Die Familie ist die natürliche Grundeinheit der Gesellschaft und hat Anspruch auf Schutz durch Gesellschaft und Staat.

Artikel 17 [Eigentum]
1. Jeder hat das Recht, sowohl allein als auch in Gemeinschaft mit anderen Eigentum innezuhaben.
2. Niemand darf willkürlich seines Eigentums beraubt werden.

Artikel 18 [Gewissens- und Religionsfreiheit]
Jeder hat das Recht auf Gedanken-, Gewissens- und Religionsfreiheit; dieses Recht schließt die Freiheit ein, seine Religion oder seine Weltanschauung zu wechseln, sowie die Freiheit, seine Religion oder seine Weltanschauung allein oder in Gemeinschaft mit anderen, öffentlich oder privat durch Lehre, Ausübung, Gottesdienst und Kulthandlungen zu bekennen.

Artikel 19 [Meinungsäußerungs- und Informationsfreiheit]
Jeder hat das Recht auf Meinungsfreiheit und freie Meinungsäußerung; dieses Recht schließt die Freiheit ein, Meinungen ungehindert anzuhängen sowie über Medien jeder Art und ohne Rücksicht auf Grenzen Informationen und Gedankengut zu suchen, zu empfangen und zu verbreiten.

Artikel 20 [Versammlungs- und Vereinigungsfreiheit]
1. Alle Menschen haben das Recht, sich friedlich zu versammeln und zu Vereinigungen zusammenzuschließen.
2. Niemand darf gezwungen werden, einer Vereinigung anzugehören.

Artikel 21 [Politische Rechte]
1. Jeder hat das Recht, an der Gestaltung der öffentlichen Angelegenheiten seines Landes unmittelbar oder durch frei gewählte Vertreter mitzuwirken.
2. Jeder hat das Recht auf gleichen Zugang zu öffentlichen Ämtern in seinem Lande.
3. Der Wille des Volkes bildet die Grundlage für die Autorität der öffentlichen Gewalt; dieser Wille muß durch regelmäßige, unverfälschte, allgemeine und gleiche Wahlen mit geheimer Stimmabgabe oder einem gleichwertigen freien Wahlverfahren zum Ausdruck kommen.

Artikel 22 [Soziale Sicherheit]
Jeder hat als Mitglied der Gesellschaft das Recht auf soziale Sicherheit und Anspruch darauf, durch innerstaatliche Maßnahmen und internationale Zusammenarbeit sowie unter Berücksichtigung der Organisation und der Mittel jedes Staates in den Genuß der wirtschaftlichen, sozialen und kulturellen Rechte zu gelangen, die für seine Würde und die freie Entwicklung seiner Persönlichkeit unentbehrlich sind.

Artikel 23 [Arbeit]
1. Jeder hat das Recht auf Arbeit, auf freie Berufswahl, auf gerechte und befriedigende Arbeitsbedingungen sowie auf Schutz vor Arbeitslosigkeit.
2. Jeder, ohne Unterschied, hat das Recht auf gleichen Lohn für gleiche Arbeit.
3. Jeder, der arbeitet, hat das Recht auf gerechte und befriedigende Entlohnung, die ihm und seiner Familie eine der menschlichen Würde entsprechende Existenz sichert, gegebenenfalls ergänzt durch andere soziale Schutzmaßnahmen.
4. Jeder hat das Recht, zum Schutze seiner Interessen Gewerkschaften zu bilden und solchen beizutreten.

10 Allgemeine Erklärung der Menschenrechte Art. 24–30

Artikel 24 [Erholung und Freizeit]
Jeder hat das Recht auf Erholung und Freizeit und insbesondere auf eine vernünftige Begrenzung der Arbeitszeit und regelmäßigen bezahlten Urlaub.

Artikel 25 [Soziale Sicherheit]
1. Jeder hat das Recht auf einen Lebensstandard, der seine und seiner Familie Gesundheit und Wohl gewährleistet, einschließlich Nahrung, Kleidung, Wohnung, ärztliche Versorgung und notwendige soziale Leistungen, sowie das Recht auf Sicherheit im Falle von Arbeitslosigkeit, Krankheit, Invalidität oder Verwitwung, im Alter sowie bei anderweitigem Verlust seiner Unterhaltsmittel durch unverschuldete Umstände.
2. Mütter und Kinder haben Anspruch auf besondere Fürsorge und Unterstützung. Alle Kinder, eheliche wie außereheliche, genießen den gleichen sozialen Schutz.

Artikel 26 [Bildung und Ausbildung]
1. Jeder hat das Recht auf Bildung. Die Bildung ist unentgeltlich, zum mindesten der Grundschulunterricht und die grundlegende Bildung. Der Grundschulunterricht ist obligatorisch. Fach- und Berufsschulunterricht müssen allgemein verfügbar gemacht werden, und der Hochschulunterricht muß allen gleichermaßen entsprechend ihren Fähigkeiten offenstehen.
2. Die Bildung muß auf die volle Entfaltung der menschlichen Persönlichkeit und auf die Stärkung der Achtung vor den Menschenrechten und Grundfreiheiten gerichtet sein. Sie muß zu Verständnis, Toleranz und Freundschaft zwischen allen Nationen und allen rassischen oder religiösen Gruppen beitragen und der Tätigkeit der Vereinten Nationen für die Wahrung des Friedens förderlich sein.
3. Die Eltern haben ein vorrangiges Recht, die Art der Bildung zu wählen, die ihren Kindern zuteil werden soll.

Artikel 27 [Kulturelles Leben]
1. Jeder hat das Recht, am kulturellen Leben der Gemeinschaft frei teilzunehmen, sich an den Künsten zu erfreuen und am wissenschaftlichen Fortschritt und dessen Errungenschaften teilzuhaben.
2. Jeder hat das Recht auf Schutz der geistigen und materiellen Interessen, die ihm als Urheber von Werken der Wissenschaft, Literatur oder Kunst erwachsen.

Artikel 28 [Gerechte Weltordnung]
Jeder hat Anspruch auf eine soziale und internationale Ordnung, in der die in dieser Erklärung verkündeten Rechte und Freiheiten voll verwirklicht werden können.

Artikel 29 [Pflichten]
1. Jeder hat Pflichten gegenüber der Gemeinschaft, in der allein die freie und volle Entfaltung seiner Persönlichkeit möglich ist.
2. Jeder ist bei der Ausübung seiner Rechte und Freiheiten nur den Beschränkungen unterworfen, die das Gesetz ausschließlich zu dem Zweck vorsieht, die Anerkennung und Achtung der Rechte und Freiheiten anderer zu sichern und den gerechten Anforderungen der Moral, der öffentlichen Ordnung und des allgemeinen Wohles in einer demokratischen Gesellschaft zu genügen.
3. Diese Rechte und Freiheiten dürfen in keinem Fall im Widerspruch zu den Zielen und Grundsätzen der Vereinten Nationen ausgeübt werden.

Artikel 30 [Schutz vor Mißbrauch]
Keine Bestimmung dieser Erklärung darf dahin ausgelegt werden, daß sie für einen Staat, eine Gruppe oder eine Person irgendein Recht begründet, eine Tätigkeit auszuüben oder eine Handlung zu begehen, welche die Beseitigung der in dieser Erklärung verkündeten Rechte und Freiheiten zum Ziel hat.

Ergebnis des Weltgipfels 2005[1)]

Vom 16. September 2005

– Auszug –

UN-Generalversammlung, Resolution 60/1

Die Generalversammlung verabschiedet das folgende Ergebnis des Weltgipfels 2005:

Ergebnis des Weltgipfels 2005

I. Werte und Grundsätze

1. Wir, die Staats- und Regierungschefs, sind vom 14. bis 16. September 2005 am Amtssitz der Vereinten Nationen in New York zusammengetreten.
2. Wir bekräftigen unseren Glauben an die Vereinten Nationen und unser Bekenntnis zu den Zielen und Grundsätzen der Charta der Vereinten Nationen und des Völkerrechts, die unverzichtbare Grundlagen einer friedlicheren, wohlhabenderen und gerechteren Welt sind, und bekunden erneut unsere Entschlossenheit, ihre strikte Achtung zu fördern.
3. Wir bekräftigen die Millenniums-Erklärung der Vereinten Nationen, die wir am Anbruch des 21. Jahrhunderts verabschiedeten. Wir anerkennen die wertvolle Rolle, die die großen Konferenzen und Gipfeltreffen der Vereinten Nationen im Wirtschafts- und Sozialbereich und damit zusammenhängenden Gebieten, einschließlich des Millenniums-Gipfels, erfüllen, indem sie die internationale Gemeinschaft auf lokaler, nationaler, regionaler und globaler Ebene mobilisieren und als Handlungsanleitung für die Arbeit der Vereinten Nationen dienen.
4. Wir bekräftigen, dass unsere gemeinsamen Grundwerte, darunter Freiheit, Gleichheit, Solidarität, Toleranz, Achtung aller Menschenrechte, Achtung der Natur und geteilte Verantwortung, für die internationalen Beziehungen unerlässlich sind.
5. Wir sind entschlossen, im Einklang mit den Zielen und Grundsätzen der Charta in der ganzen Welt gerechten und dauerhaften Frieden herbeizuführen. Wir bekennen uns erneut dazu, alle Anstrengungen zur Wahrung der souveränen Gleichheit aller Staaten zu unterstützen, ihre territoriale Unversehrtheit und politische Unabhängigkeit zu achten, jede mit den Zielen und Grundsätzen der Vereinten Nationen unvereinbare Androhung oder Anwendung von Gewalt in unseren internationalen Beziehungen zu unterlassen und die Beilegung von Streitigkeiten mit friedlichen Mitteln und in Übereinstimmung mit den Grundsätzen der Gerechtigkeit und des Völkerrechts, das Selbstbestimmungsrecht der Völker, die sich weiterhin unter kolonialer Herrschaft und ausländischer Besetzung befinden, die Nichteinmischung in die inneren Angelegenheiten der Staaten, die Achtung der Menschenrechte und Grundfreiheiten, die Achtung der Gleichberechtigung aller ohne Unterschied nach Rasse, Geschlecht, Sprache oder Religion, die internationale Zusammenarbeit bei der Lösung internationaler Probleme wirtschaftlicher, sozialer, kultureller oder humanitärer Art sowie die nach Treu und Glauben erfolgende Erfüllung der im Einklang mit der Charta eingegangenen Verpflichtungen zu wahren.
6. Wir erklären erneut, dass ein wirksames multilaterales System, im Einklang mit dem Völkerrecht, von entscheidender Bedeutung ist, um den mannigfaltigen und miteinander verflochtenen Herausforderungen und Bedrohungen, denen sich unsere Welt gegenübersieht, besser begegnen und Fortschritte im Bereich des Friedens und der Sicherheit, der Entwicklung und der Menschenrechte erzielen zu können, unter Betonung der zentralen Rolle der Vereinten Nationen, und wir verpflichten uns, die Wirksamkeit der Organisation durch die Umsetzung ihrer Beschlüsse und Resolutionen zu fördern und zu stärken.

[1)] Deutscher Text des Sprachendienstes der Vereinten Nationen, http://www.un.org/Depts/german/gv_60/band1/ar60001.naf.
Ohne förmliche Abstimmung angenommen.

10a Resolution 60/1: Weltgipfel 2005

7. Wir sind der Überzeugung, dass wir heute mehr als je zuvor in einer globalisierten und interdependenten Welt leben. Kein Staat kann gänzlich alleine stehen. Wir erkennen an, dass die kollektive Sicherheit von einer wirksamen, im Einklang mit dem Völkerrecht durchgeführten Zusammenarbeit gegen grenzüberschreitende Bedrohungen abhängt.
8. Wir erkennen an, dass die derzeitigen Entwicklungen und Umstände von uns verlangen, umgehend einen Konsens über die großen Bedrohungen und Herausforderungen zu schaffen. Wir verpflichten uns, diesen Konsens in konkrete Maßnahmen umzusetzen und dabei auch die tieferen Ursachen dieser Bedrohungen und Herausforderungen resolut und entschlossen anzugehen.
9. Wir erkennen an, dass Frieden und Sicherheit, Entwicklung und die Menschenrechte die Säulen des Systems der Vereinten Nationen und die Grundlagen der kollektiven Sicherheit und des kollektiven Wohls sind. Wir erkennen an, dass Entwicklung, Frieden und Sicherheit sowie die Menschenrechte miteinander verflochten sind und einander gegenseitig verstärken.
10. Wir bekräftigen, dass die Entwicklung selbst ein zentrales Ziel ist und dass die nachhaltige Entwicklung in ihren wirtschaftlichen, sozialen und ökologischen Aspekten ein Schlüsselelement des übergreifenden Rahmens der Tätigkeiten der Vereinten Nationen bildet.
11. Wir erkennen an, dass gute Regierungsführung und die Herrschaft des Rechts auf nationaler und internationaler Ebene unerlässlich sind, um ein dauerhaftes Wirtschaftswachstum und eine nachhaltige Entwicklung herbeizuführen und Armut und Hunger zu beseitigen.
12. Wir bekräftigen, dass die Gleichheit der Geschlechter sowie die Förderung und der Schutz des vollen Genusses aller Menschenrechte und Grundfreiheiten für alle unabdingbar für die Förderung der Entwicklung und des Friedens und der Sicherheit sind. Wir sind entschlossen, eine Welt zu schaffen, die den künftigen Generationen gerecht wird und das Wohl des Kindes berücksichtigt.
13. Wir erklären erneut, dass alle Menschenrechte allgemein gültig und unteilbar sind, einander bedingen und miteinander verknüpft sind.
14. In Anerkennung der Vielfalt der Welt sind wir uns dessen bewusst, dass alle Kulturen und Zivilisationen zur Bereicherung der Menschheit beitragen. Wir erkennen an, wie wichtig die Achtung und das Verständnis der religiösen und kulturellen Vielfalt auf der ganzen Welt sind. Im Hinblick auf die Förderung des Weltfriedens und der internationalen Sicherheit verpflichten wir uns, für das Wohlergehen, die Freiheit und den Fortschritt der Menschheit überall zu arbeiten sowie Toleranz, Achtung, Dialog und Zusammenarbeit zwischen verschiedenen Kulturen, Zivilisationen und Völkern zu begünstigen.

...

IV. Menschenrechte und Rechtsstaatlichkeit

119. Wir verpflichten uns erneut, alle Menschenrechte, die Rechtsstaatlichkeit und die Demokratie aktiv zu schützen und zu fördern, erkennen an, dass sie miteinander verknüpft sind und sich gegenseitig verstärken und dass sie zu den universellen und unteilbaren grundlegenden Werten und Prinzipien der Vereinten Nationen gehören, und rufen alle Teile des Systems der Vereinten Nationen auf, die Menschenrechte und Grundfreiheiten im Einklang mit ihrem jeweiligen Mandat zu fördern.
120. Wir bekräftigen das feierliche Bekenntnis unserer Staaten, ihren Verpflichtungen zur Förderung der allgemeinen Achtung und der Einhaltung und des Schutzes aller Menschenrechte und Grundfreiheiten für alle im Einklang mit der Charta, der Allgemeinen Erklärung der Menschenrechte und anderen Menschenrechtsübereinkünften und dem Völkerrecht nachzukommen. Der universelle Charakter dieser Rechte und Freiheiten steht außer Frage.

Menschenrechte

121. Wir bekräftigen, dass alle Menschenrechte allgemein gültig, unteilbar und miteinander verknüpft sind und einander bedingen und gegenseitig verstärken und dass alle Menschenrechte in gerechter und gleicher Weise, auf derselben Grundlage und mit demselben Nachdruck behandelt werden müssen. Obgleich die Bedeutung nationaler und regionaler Besonderheiten und der verschiedenen historischen, kulturellen und religiösen Traditionen zu beachten ist, haben alle Staa-

ten ungeachtet ihrer politischen, wirtschaftlichen und kulturellen Systeme die Pflicht, alle Menschenrechte und Grundfreiheiten zu fördern und zu schützen.
122. Wir betonen die Verantwortung aller Staaten, im Einklang mit der Charta die Menschenrechte und Grundfreiheiten für alle ohne irgendeinen Unterschied, etwa nach Rasse, Hautfarbe, Geschlecht, Sprache, Religion, politischer oder sonstiger Anschauung, nationaler oder sozialer Herkunft, Vermögen, Geburt oder sonstigem Stand, zu achten.

...

Verantwortung für den Schutz der Bevölkerung vor Völkermord, Kriegsverbrechen, ethnischer Säuberung und Verbrechen gegen die Menschlichkeit

138. Jeder einzelne Staat hat die Verantwortung für den Schutz seiner Bevölkerung vor Völkermord, Kriegsverbrechen, ethnischer Säuberung und Verbrechen gegen die Menschlichkeit. Zu dieser Verantwortung gehört es, solche Verbrechen, einschließlich der Anstiftung dazu, mittels angemessener und notwendiger Maßnahmen zu verhüten. Wir akzeptieren diese Verantwortung und werden im Einklang damit handeln. Die internationale Gemeinschaft sollte gegebenenfalls die Staaten ermutigen und ihnen dabei behilflich sein, diese Verantwortung wahrzunehmen, und die Vereinten Nationen bei der Schaffung einer Frühwarnkapazität unterstützen.
139. Die internationale Gemeinschaft hat durch die Vereinten Nationen auch die Pflicht, geeignete diplomatische, humanitäre und andere friedliche Mittel nach den Kapiteln VI und VIII der Charta einzusetzen, um beim Schutz der Bevölkerung vor Völkermord, Kriegsverbrechen, ethnischer Säuberung und Verbrechen gegen die Menschlichkeit behilflich zu sein. In diesem Zusammenhang sind wir bereit, im Einzelfall und in Zusammenarbeit mit den zuständigen Regionalorganisationen rechtzeitig und entschieden kollektive Maßnahmen über den Sicherheitsrat im Einklang mit der Charta, namentlich Kapitel VII, zu ergreifen, falls friedliche Mittel sich als unzureichend erweisen und die nationalen Behörden offenkundig dabei versagen, ihre Bevölkerung vor Völkermord, Kriegsverbrechen, ethnischer Säuberung und Verbrechen gegen die Menschlichkeit zu schützen. Wir betonen die Notwendigkeit, dass die Generalversammlung die Verantwortung für den Schutz von Bevölkerungsgruppen vor Völkermord, Kriegsverbrechen, ethnischer Säuberung und Verbrechen gegen die Menschlichkeit und die sich daraus ergebenden Auswirkungen eingedenk der Grundsätze der Charta und des Völkerrechts weiter prüft. Wir beabsichtigen außerdem, uns erforderlichenfalls und soweit angezeigt dazu zu verpflichten, den Staaten beim Aufbau von Kapazitäten zum Schutz ihrer Bevölkerung vor Völkermord, Kriegsverbrechen, ethnischer Säuberung und Verbrechen gegen die Menschlichkeit behilflich zu sein und besonders belasteten Staaten beizustehen, bevor Krisen und Konflikte ausbrechen.

11 Völkermord-Konvention Art. I–VI

Konvention über die Verhütung und Bestrafung des Völkermordes[1)]
Vom 9. Dezember 1948

Nach Erwägung der Erklärung, die von der Generalversammlung der Vereinten Nationen in ihrer Resolution 96(I) vom 11. Dezember 1946 abgegeben wurde, daß Völkermord ein Verbrechen gemäß internationalem Recht ist, das dem Geist und den Zielen der Vereinten Nationen zuwiderläuft und von der zivilisierten Welt verurteilt wird,
In Anerkennung der Tatsache, daß der Völkermord der Menschheit in allen Zeiten der Geschichte große Verluste zugefügt hat, und
In der Überzeugung, daß zur Befreiung der Menschheit von einer solch verabscheuungswürdigen Geißel internationale Zusammenarbeit erforderlich ist,
sind die Vertragschließenden Parteien hiermit wie folgt übereingekommen:

Artikel I
Die Vertragschließenden Parteien bestätigen, daß Völkermord, ob im Frieden oder im Krieg begangen, ein Verbrechen gemäß internationalem Recht ist, zu dessen Verhütung und Bestrafung sie sich verpflichten.

Artikel II
In dieser Konvention bedeutet Völkermord eine der folgenden Handlungen, die in der Absicht begangen wird, eine nationale, ethnische, rassische oder religiöse Gruppe als solche ganz oder teilweise zu zerstören:
(a) Tötung von Mitgliedern der Gruppe;
(b) Verursachung von schwerem körperlichem oder seelischem Schaden an Mitgliedern der Gruppe;
(c) vorsätzliche Auferlegung von Lebensbedingungen für die Gruppe, die geeignet sind, ihre körperliche Zerstörung ganz oder teilweise herbeizuführen;
(d) Verhängung von Maßnahmen, die auf die Geburtenverhinderung innerhalb der Gruppe gerichtet sind;
(e) gewaltsame Überführung von Kindern der Gruppe in eine andere Gruppe.

Artikel III
Die folgenden Handlungen sind zu bestrafen:
(a) Völkermord,
(b) Verschwörung zur Begehung von Völkermord,
(c) unmittelbare und öffentliche Anreizung zur Begehung von Völkermord,
(d) Versuch, Völkermord zu begehen,
(e) Teilnahme am Völkermord.

Artikel IV
Personen, die Völkermord oder eine der sonstigen in Artikel III aufgeführten Handlungen begehen, sind zu bestrafen, gleichviel ob sie regierende Personen, öffentliche Beamte oder private Einzelpersonen sind.

Artikel V
Die Vertragschließenden Parteien verpflichten sich, in Übereinstimmung mit ihren jeweiligen Verfassungen die notwendigen gesetzgeberischen Maßnahmen zu ergreifen, um die Anwendung der Bestimmungen dieser Konvention sicherzustellen und insbesondere wirksame Strafen für Personen vorzusehen, die sich des Völkermordes oder einer der sonstigen in Artikel III aufgeführten Handlungen schuldig machen.

Artikel VI
Personen, denen Völkermord oder eine der sonstigen in Artikel III aufgeführten Handlungen zur Last gelegt wird, werden vor ein zuständiges Gericht des Staates, in dessen Gebiet die Handlung begangen

---
1) Deutscher Text: *BGBl.* 1954 II S. 730.
Internationale Quelle: *UNTS* Bd. 78 S. 277.
In Kraft getreten am 12. Januar 1951; für die Bundesrepublik Deutschland am 22. Februar 1955.

worden ist, oder vor das internationale Strafgericht gestellt, das für die Vertragschließenden Parteien, die seine Gerichtsbarkeit anerkannt haben, zuständig ist.

Artikel VII
Völkermord und die sonstigen in Artikel III aufgeführten Handlungen gelten für Auslieferungszwecke nicht als politische Straftaten.
Die Vertragschließenden Parteien verpflichten sich, in derartigen Fällen die Auslieferung gemäß ihren geltenden Gesetzen und Verträgen zu bewilligen.

Artikel VIII
Eine Vertragschließende Partei kann die zuständigen Organe der Vereinten Nationen damit befassen, gemäß der Charta der Vereinten Nationen die Maßnahmen zu ergreifen, die sie für die Verhütung und Bekämpfung von Völkermordhandlungen oder einer der sonstigen in Artikel III aufgeführten Handlungen für geeignet erachten.

Artikel IX
Streitfälle zwischen den Vertragschließenden Parteien hinsichtlich der Auslegung, Anwendung oder Durchführung dieser Konvention einschließlich derjenigen, die sich auf die Verantwortlichkeit eines Staates für Völkermord oder eine der sonstigen in Artikel III aufgeführten Handlungen beziehen, werden auf Antrag einer der an dem Streitfall beteiligten Parteien dem Internationalen Gerichtshof unterbreitet.

Artikel X
Diese Konvention, deren chinesischer, englischer, französischer, russischer und spanischer Text gleicherweise maßgebend ist, trägt das Datum des 9. Dezember 1948.

Artikel XI
Diese Konvention steht bis zum 31. Dezember 1949 jedem Mitglied der Vereinten Nationen und jedem Nicht-Mitgliedstaat, an den die Generalversammlung eine Aufforderung zur Unterzeichnung gerichtet hat, zur Unterzeichnung offen.
Diese Konvention bedarf der Ratifizierung; die Ratifikationsurkunden sind bei dem Generalsekretär der Vereinten Nationen zu hinterlegen.
Nach dem 1. Januar 1950 kann jedes Mitglied der Vereinten Nationen und jeder Nicht-Mitgliedstaat, der eine Aufforderung gemäß Absatz 1 erhalten hat, der Konvention beitreten.
Die Beitrittsurkunden sind bei dem Generalsekretär der Vereinten Nationen zu hinterlegen.

Artikel XII
Eine Vertragschließende Partei kann jederzeit durch Mitteilung an den Generalsekretär der Vereinten Nationen die Anwendung dieser Konvention auf alle oder eines der Gebiete erstrecken, für deren auswärtige Angelegenheiten diese Vertragschließende Partei verantwortlich ist.

Artikel XIII
An dem Tag, an dem die ersten zwanzig Ratifikations- oder Beitrittsurkunden hinterlegt sind, erstellt der Generalsekretär ein Protokoll und übermittelt jedem Mitglied der Vereinten Nationen und jedem der in Artikel XI in Betracht gezogenen Nicht-Mitgliedstaaten eine Abschrift desselben.
Diese Konvention tritt am neunzigsten Tage nach dem Zeitpunkt der Hinterlegung der zwanzigsten Ratifikations- oder Beitrittsurkunde in Kraft.
Eine Ratifikation oder ein Beitritt, der nach dem letzteren Zeitpunkt erfolgt, wird am neunzigsten Tage nach der Hinterlegung der Ratifikations- oder Beitrittsurkunde wirksam.

Artikel XIV
Diese Konvention bleibt für die Dauer von zehn Jahren vom Zeitpunkt ihres Inkrafttretens an in Kraft.
Danach bleibt sie für die Dauer von jeweils weiteren fünf Jahren für diejenigen Vertragschließenden Parteien in Kraft, die sie nicht mindestens sechs Monate vor Ablauf der laufenden Frist gekündigt haben.
Die Kündigung erfolgt durch schriftliche Mitteilung an den Generalsekretär der Vereinten Nationen.

11 Völkermord-Konvention Art. XV–XIX

Artikel XV
Wenn als Ergebnis von Kündigungen die Zahl der Parteien der vorliegenden Konvention auf weniger als sechzehn sinkt, tritt die Konvention mit dem Zeitpunkt außer Kraft, in dem die letzte dieser Kündigungen rechtswirkam wird.

Artikel XVI
Ein Antrag auf Revision dieser Konvention kann jederzeit von einer Vertragschließenden Partei durch eine schriftliche Mitteilung an den Generalsekretär gestellt werden.
Die Generalversammlung entscheidet über die Schritte, die gegebenenfalls auf einen solchen Antrag hin zu unternehmen sind.

Artikel XVII
Der Generalsekretär der Vereinten Nationen macht allen Mitgliedern der Vereinten Nationen und den in Artikel XI in Betracht gezogenen Nicht-Mitgliedstaaten über die folgenden Angelegenheiten Mitteilung:
(a) Unterzeichnungen, Ratifikationen und Beitritte, die gemäß Artikel XI eingegangen sind;
(b) Mitteilungen, die gemäß Artikel XII eingegangen sind;
(c) den Zeitpunkt, zu dem diese Konvention gemäß Artikel XIII in Kraft tritt;
(d) Kündigungen, die gemäß Artikel XIV eingegangen sind;
(e) Außerkrafttreten der Konvention gemäß Artikel XV;
(f) Mitteilungen, die gemäß Artikel XVI eingegangen sind.

Artikel XVIII
Das Original der vorliegenden Konvention wird in den Archiven der Vereinten Nationen hinterlegt.
Eine beglaubigte Abschrift der Konvention wird jedem Mitglied der Vereinten Nationen und jedem der in Artikel XI in Betracht gezogenen Nicht-Mitgliedstaaten übermittelt.

Artikel XIX
Diese Konvention wird am Tage ihres Inkrafttretens von dem Generalsekretär der Vereinten Nationen registriert.

Konvention zum Schutz der Menschenrechte und Grundfreiheiten[1)]
Vom 4. November 1950

Die Unterzeichnerregierungen, Mitglieder des Europarats –
in Anbetracht der Allgemeinen Erklärung der Menschenrechte, die am 10. Dezember 1948 von der Generalversammlung der Vereinten Nationen verkündet worden ist;
in der Erwägung, dass diese Erklärung bezweckt, die universelle und wirksame Anerkennung und Einhaltung der in ihr aufgeführten Rechte zu gewährleisten;
in der Erwägung, dass es das Ziel des Europarats ist, eine engere Verbindung zwischen seinen Mitgliedern herzustellen, und dass eines der Mittel zur Erreichung dieses Zieles die Wahrung und Fortentwicklung der Menschenrechte und Grundfreiheiten ist;
in Bekräftigung ihres tiefen Glaubens an diese Grundfreiheiten, welche die Grundlage von Gerechtigkeit und Frieden in der Welt bilden und die am besten durch eine wahrhaft demokratische politische Ordnung sowie durch ein gemeinsames Verständnis und ein gemeinsame Achtung der diesen Grundfreiheiten zugrunde liegenden Menschenrechte gesichert werden;
entschlossen, als Regierungen europäischer Staaten, die vom gleichen Geist beseelt sind und ein gemeinsames Erbe an politischen Überlieferungen, Idealen, Achtung der Freiheit und Rechtsstaatlichkeit besitzen, die ersten Schritte auf dem Weg zu einer kollektiven Garantie bestimmter in der Allgemeinen Erklärung aufgeführter Rechte zu unternehmen –
haben Folgendes vereinbart:

Artikel 1 Verpflichtung zur Achtung der Menschenrechte
Die Hohen Vertragsparteien sichern allen ihrer Hoheitsgewalt unterstehenden Personen die in Abschnitt I bestimmten Rechte und Freiheiten zu.

Abschnitt I
Rechte und Freiheiten

Artikel 2 Recht auf Leben
(1) Das Recht jedes Menschen auf Leben wird gesetzlich geschützt. Niemand darf absichtlich getötet werden, außer durch Vollstreckung eines Todesurteils, das ein Gericht wegen eines Verbrechens verhängt hat, für das die Todesstrafe gesetzlich vorgesehen ist.
(2) Eine Tötung wird nicht als Verletzung dieses Artikels betrachtet, wenn sie durch eine Gewaltanwendung verursacht wird, die unbedingt erforderlich ist, um
a) jemanden gegen rechtswidrige Gewalt zu verteidigen;
b) jemanden rechtmäßig festzunehmen oder jemanden, dem die Freiheit rechtmäßig entzogen ist, an der Flucht zu hindern;
c) einen Aufruhr oder Aufstand rechtmäßig niederzuschlagen.

Artikel 3 Verbot der Folter
Niemand darf der Folter oder unmenschlicher oder erniedrigender Behandlung oder Strafe unterworfen werden.

Artikel 4 Verbot der Sklaverei und der Zwangsarbeit
(1) Niemand darf in Sklaverei oder Leibeigenschaft gehalten werden.
(2) Niemand darf gezwungen werden, Zwangs- oder Pflichtarbeit zu verrichten.

[1)] Deutscher Text: BGBl. 2010 II S. 1198. Die Neufassung berücksichtigt die Konvention vom 4. November 1950 zum Schutze der Menschenrechte und Grundfreiheiten (*BGBl.* 1952 II S. 686, 953) in der Fassung des Protokolls Nr. 3 vom 6. Mai 1963 (*BGBl.* 1968 II S. 1116), des Protokolls Nr. 5 vom 20. Januar 1966 (*BGBl.* 1968 II S. 1120), des Protokolls Nr. 8 vom 19. März 1985 (*BGBl.* 1989 II S. 547), des Protokolls Nr. 11 vom 11. Mai 1994 (*BGBl.* 1985 II S. 579), und des Protokolls Nr. 14 vom 13. Mai 2004 (*BGBl.* 2006 II S. 139).
Internationale Quelle: *CETS* Nr. 5; Protokoll Nr. 3, *CETS* Nr. 45; Protokoll Nr. 5, *CETS* Nr. 55; Protokoll Nr. 8, *CETS* Nr. 118; Protokoll Nr. 11, *CETS* Nr. 155; Protokoll Nr. 14, *CETS* Nr. 194.
In Kraft getreten, auch für die Bundesrepublik Deutschland, am 3. September 1953.

(3) Nicht als Zwangs- oder Pflichtarbeit im Sinne dieses Artikels gilt:
a) eine Arbeit, die üblicherweise von einer Person verlangt wird, der unter den Voraussetzungen des Artikels 5 die Freiheit entzogen oder die bedingt entlassen worden ist;
b) eine Dienstleistung militärischer Art oder eine Dienstleistung, die an die Stelle des im Rahmen der Wehrpflicht zu leistenden Dienstes tritt, in Ländern, wo die Dienstverweigerung aus Gewissensgründen anerkannt ist;
c) eine Dienstleistung, die verlangt wird, wenn Notstände oder Katastrophen das Leben oder das Wohl der Gemeinschaft bedrohen;
d) eine Arbeit oder Dienstleistung, die zu den üblichen Bürgerpflichten gehört.

Artikel 5 Recht auf Freiheit und Sicherheit
(1) Jede Person hat das Recht auf Freiheit und Sicherheit. Die Freiheit darf nur in den folgenden Fällen und nur auf die gesetzlich vorgeschriebene Weise entzogen werden:
a) rechtmäßige Freiheitsentziehung nach Verurteilung durch ein zuständiges Gericht;
b) rechtmäßige Festnahme oder Freiheitsentziehung wegen Nichtbefolgung einer rechtmäßigen gerichtlichen Anordnung oder zur Erzwingung der Erfüllung einer gesetzlichen Verpflichtung;
c) rechtmäßige Festnahme oder Freiheitsentziehung zur Vorführung vor die zuständige Gerichtsbehörde, wenn hinreichender Verdacht besteht, dass die betreffende Person eine Straftat begangen hat, oder wenn begründeter Anlass zu der Annahme besteht, dass es notwendig ist, sie an der Begehung einer Straftat oder an der Flucht nach Begehung einer solchen zu hindern;
d) rechtmäßige Freiheitsentziehung bei Minderjährigen zum Zweck überwachter Erziehung oder zur Vorführung vor die zuständige Behörde;
e) rechtmäßige Freiheitsentziehung mit dem Ziel, eine Verbreitung ansteckender Krankheiten zu verhindern, sowie bei psychisch Kranken, Alkohol- oder Rauschgiftsüchtigen und Landstreichern;
f) rechtmäßige Festnahme oder Freiheitsentziehung zur Verhinderung der unerlaubten Einreise sowie bei Personen, gegen die ein Ausweisungs- oder Auslieferungsverfahren im Gange ist.
(2) Jeder festgenommenen Person muss innerhalb möglichst kurzer Frist in einer ihr verständlichen Sprache mitgeteilt werden, welches die Gründe für ihre Festnahme sind und welche Beschuldigungen gegen sie erhoben werden.
(3) Jede Person, die nach Absatz 1 Buchstabe c von Festnahme oder Freiheitsentziehung betroffen ist, muss unverzüglich einem Richter oder einer anderen gesetzlich zur Wahrnehmung richterlicher Aufgaben ermächtigten Person vorgeführt werden; sie hat Anspruch auf ein Urteil innerhalb angemessener Frist oder auf Entlassung während des Verfahrens. Die Entlassung kann von der Leistung einer Sicherheit für das Erscheinen vor Gericht abhängig gemacht werden.
(4) Jede Person, die festgenommen oder der die Freiheit entzogen ist, hat das Recht zu beantragen, dass ein Gericht innerhalb kurzer Frist über die Rechtmäßigkeit der Freiheitsentziehung entscheidet und ihre Entlassung anordnet, wenn die Freiheitsentziehung nicht rechtmäßig ist.
(5) Jede Person, die unter Verletzung dieses Artikels von Festnahme oder Freiheitsentziehung betroffen ist, hat Anspruch auf Schadensersatz.

Artikel 6 Recht auf ein faires Verfahren
(1) Jede Person hat ein Recht darauf, dass über Streitigkeiten in Bezug auf ihre zivilrechtlichen Ansprüche und Verpflichtungen oder über eine gegen sie erhobene strafrechtliche Anklage von einem unabhängigen und unparteiischen, auf Gesetz beruhenden Gericht in einem fairen Verfahren, öffentlich und innerhalb angemessener Frist verhandelt wird. Das Urteil muss öffentlich verkündet werden; Presse und Öffentlichkeit können jedoch während des ganzen oder eines Teiles des Verfahrens ausgeschlossen werden, wenn dies im Interesse der Moral, der öffentlichen Ordnung oder der nationalen Sicherheit in einer demokratischen Gesellschaft liegt, wenn die Interessen von Jugendlichen oder der Schutz des Privatlebens der Prozessparteien es verlangen oder – soweit das Gericht es für unbedingt erforderlich hält – wenn unter besonderen Umständen eine öffentliche Verhandlung die Interessen der Rechtspflege beeinträchtigen würde.
(2) Jede Person, die einer Straftat angeklagt ist, gilt bis zum gesetzlichen Beweis ihrer Schuld als unschuldig.

(3) Jede angeklagte Person hat mindestens[1] folgende Rechte:
a) innerhalb möglichst kurzer Frist in einer ihr verständlichen Sprache in allen Einzelheiten über Art und Grund der gegen sie erhobenen Beschuldigung unterrichtet zu werden;
b) ausreichende Zeit und Gelegenheit zur Vorbereitung ihrer Verteidigung zu haben;
c) sich selbst zu verteidigen, sich durch einen Verteidiger ihrer Wahl verteidigen zu lassen oder, falls ihr die Mittel zur Bezahlung fehlen, unentgeltlich den Beistand eines Verteidigers zu erhalten, wenn dies im Interesse der Rechtspflege erforderlich ist;
d) Fragen an Belastungszeugen zu stellen oder stellen zu lassen und die Ladung und Vernehmung von Entlastungszeugen unter denselben Bedingungen zu erwirken, wie sie für Belastungszeugen gelten;
e) unentgeltliche Unterstützung durch einen Dolmetscher zu erhalten, wenn sie die Verhandlungssprache des Gerichts nicht versteht oder spricht.

Artikel 7 Keine Strafe ohne Gesetz
(1) Niemand darf wegen einer Handlung oder Unterlassung verurteilt werden, die zur Zeit ihrer Begehung nach innerstaatlichem oder internationalem Recht nicht strafbar war. Es darf auch keine schwerere als die zur Zeit der Begehung angedrohte Strafe verhängt werden.
(2) Dieser Artikel schließt nicht aus, dass jemand wegen einer Handlung oder Unterlassung verurteilt oder bestraft wird, die zur Zeit ihrer Begehung nach den von den zivilisierten Völkern anerkannten allgemeinen Rechtsgrundsätzen strafbar war.

Artikel 8 Recht auf Achtung des Privat- und Familienlebens
(1) Jede Person hat das Recht auf Achtung ihres Privat- und Familienlebens, ihrer Wohnung und ihrer Korrespondenz.
(2) Eine Behörde darf in die Ausübung dieses Rechts nur eingreifen, soweit der Eingriff gesetzlich vorgesehen und in einer demokratischen Gesellschaft notwendig ist für die nationale oder öffentliche Sicherheit, für das wirtschaftliche Wohl des Landes, zur Aufrechterhaltung der Ordnung, zur Verhütung von Straftaten, zum Schutz der Gesundheit oder der Moral oder zum Schutz der Rechte und Freiheiten anderer.

Artikel 9 Gedanken-, Gewissens- und Religionsfreiheit
(1) Jede Person hat das Recht auf Gedanken-, Gewissens- und Religionsfreiheit; dieses Recht umfasst die Freiheit, seine Religion oder Weltanschauung zu wechseln, und die Freiheit, seine Religion oder Weltanschauung einzeln oder gemeinsam mit anderen öffentlich oder privat durch Gottesdienst, Unterricht oder Praktizieren von Bräuchen und Riten zu bekennen.
(2) Die Freiheit, seine Religion oder Weltanschauung zu bekennen, darf nur Einschränkungen unterworfen werden, die gesetzlich vorgesehen und in einer demokratischen Gesellschaft notwendig sind für die öffentliche Sicherheit, zum Schutz der öffentlichen Ordnung, Gesundheit oder Moral oder zum Schutz der Rechte und Freiheiten anderer.

Artikel 10 Freiheit der Meinungsäußerung
(1) Jede Person hat das Recht auf freie Meinungsäußerung. Dieses Recht schließt die Meinungsfreiheit und die Freiheit ein, Informationen und Ideen ohne behördliche Eingriffe und ohne Rücksicht auf Staatsgrenzen zu empfangen und weiterzugeben. Dieser Artikel hindert die Staaten nicht, für Hörfunk-, Fernseh- oder Kinounternehmen eine Genehmigung vorzuschreiben.
(2) Die Ausübung dieser Freiheiten ist mit Pflichten und Verantwortung verbunden; sie kann daher Formvorschriften, Bedingungen, Einschränkungen oder Strafdrohungen unterworfen werden, die gesetzlich vorgesehen und in einer demokratischen Gesellschaft notwendig sind für die nationale Sicherheit, die territoriale Unversehrtheit oder die öffentliche Sicherheit, zur Aufrechterhaltung der Ordnung oder zur Verhütung von Straftaten, zum Schutz der Gesundheit oder der Moral, zum Schutz des guten Rufes oder der Rechte anderer, zur Verhinderung der Verbreitung vertraulicher Informationen oder zur Wahrung der Autorität und der Unparteilichkeit der Rechtsprechung.

---

[1] In der englischen Fassung findet sich die Formulierung »minimum rights«, in der französischen Fassung »notamment«.

12 Europäische Menschenrechtskonvention Art. 11–18

Artikel 11 Versammlungs- und Vereinigungsfreiheit
(1) Jede Person hat das Recht, sich frei und friedlich mit anderen zu versammeln und sich frei mit anderen zusammenzuschließen; dazu gehört auch das Recht, zum Schutz seiner Interessen Gewerkschaften zu gründen und Gewerkschaften beizutreten.
(2) Die Ausübung dieser Rechte darf nur Einschränkungen unterworfen werden, die gesetzlich vorgesehen und in einer demokratischen Gesellschaft notwendig sind für die nationale oder öffentliche Sicherheit, zur Aufrechterhaltung der Ordnung oder zur Verhütung von Straftaten, zum Schutz der Gesundheit oder der Moral oder zum Schutz der Rechte und Freiheiten anderer. Dieser Artikel steht rechtmäßigen Einschränkungen der Ausübung dieser Rechte für Angehörige der Streitkräfte, der Polizei oder der Staatsverwaltung nicht entgegen.

Artikel 12 Recht auf Eheschließung
Männer und Frauen im heiratsfähigen Alter haben das Recht, nach den innerstaatlichen Gesetzen, welche die Ausübung dieses Rechts regeln, eine Ehe einzugehen und eine Familie zu gründen.

Artikel 13 Recht auf wirksame Beschwerde
Jede Person, die in ihren in dieser Konvention anerkannten Rechten oder Freiheiten verletzt worden ist, hat das Recht, bei einer innerstaatlichen Instanz eine wirksame Beschwerde zu erheben, auch wenn die Verletzung von Personen begangen worden ist, die in amtlicher Eigenschaft gehandelt haben.

Artikel 14 Diskriminierungsverbot
Der Genuss der in dieser Konvention anerkannten Rechte und Freiheiten ist ohne Diskriminierung insbesondere wegen des Geschlechts, der Rasse, der Hautfarbe, der Sprache, der Religion, der politischen oder sonstigen Anschauung, der nationalen oder sozialen Herkunft, der Zugehörigkeit zu einer nationalen Minderheit, des Vermögens, der Geburt oder eines sonstigen Status zu gewährleisten.

Artikel 15 Abweichen im Notstandsfall
(1) Wird das Leben der Nation durch Krieg oder einen anderen öffentlichen Notstand bedroht, so kann jede Hohe Vertragspartei Maßnahmen treffen, die von den in dieser Konvention vorgesehenen Verpflichtungen abweichen, jedoch nur, soweit es die Lage unbedingt erfordert und wenn die Maßnahmen nicht in Widerspruch zu den sonstigen völkerrechtlichen Verpflichtungen der Vertragspartei stehen.
(2) Aufgrund des Absatzes 1 darf von Artikel 2 nur bei Todesfällen infolge rechtmäßiger Kriegshandlungen und von Artikel 3, Artikel 4 Absatz 1 und Artikel 7 in keinem Fall abgewichen werden.
(3) Jede Hohe Vertragspartei, die dieses Recht auf Abweichung ausübt, unterrichtet den Generalsekretär des Europarats umfassend über die getroffenen Maßnahmen und deren Gründe. Sie unterrichtet den Generalsekretär des Europarats auch über den Zeitpunkt, zu dem diese Maßnahmen außer Kraft getreten sind und die Konvention wieder volle Anwendung findet.

Artikel 16 Beschränkungen der politischen Tätigkeit ausländischer Personen
Die Artikel 10, 11 und 14 sind nicht so auszulegen, als untersagten sie den Hohen Vertragsparteien, die politische Tätigkeit ausländischer Personen zu beschränken.

Artikel 17 Verbot des Missbrauchs der Rechte
Diese Konvention ist nicht so auszulegen, als begründe sie für einen Staat, eine Gruppe oder eine Person das Recht, eine Tätigkeit auszuüben oder eine Handlung vorzunehmen, die darauf abzielt, die in der Konvention festgelegten Rechte und Freiheiten abzuschaffen oder sie stärker einzuschränken, als es in der Konvention vorgesehen ist.

Artikel 18 Begrenzung der Rechtseinschränkungen
Die nach dieser Konvention zulässigen Einschränkungen der genannten Rechte und Freiheiten dürfen nur zu den vorgesehenen Zwecken erfolgen.

Abschnitt II
Europäischer Gerichtshof für Menschenrechte
Artikel 19 Errichtung des Gerichtshofs
Um die Einhaltung der Verpflichtungen sicherzustellen, welche die Hohen Vertragsparteien in dieser Konvention und den Protokollen dazu übernommen haben, wird ein Europäischer Gerichtshof für Menschenrechte, im Folgenden als »Gerichtshof« bezeichnet, errichtet. Er nimmt seine Aufgaben als ständiger Gerichtshof wahr.

Artikel 20 Zahl der Richter
Die Zahl der Richter des Gerichtshofs entspricht derjenigen der Hohen Vertragsparteien.

Artikel 21 Voraussetzungen für das Amt
(1) Die Richter müssen hohes sittliches Ansehen genießen und entweder die für die Ausübung hoher richterlicher Ämter erforderlichen Voraussetzungen erfüllen oder Rechtsgelehrte von anerkanntem Ruf sein.
(2) Die Richter gehören dem Gerichtshof in ihrer persönlichen Eigenschaft an.
(3) Während ihrer Amtszeit dürfen die Richter keine Tätigkeit ausüben, die mit ihrer Unabhängigkeit, ihrer Unparteilichkeit oder mit den Erfordernissen der Vollzeitbeschäftigung in diesem Amt unvereinbar ist; alle Fragen, die sich aus der Anwendung dieses Absatzes ergeben, werden vom Gerichtshof entschieden.

Art. 22 Wahl der Richter
Die Richter werden von der Parlamentarischen Versammlung für jede Hohe Vertragspartei mit der Mehrheit der abgegebenen Stimmen aus einer Liste von drei Kandidaten gewählt, die von der Hohen Vertragspartei vorgeschlagen werden.

Artikel 23 Amtszeit und Entlassung
(1) Die Richter werden für neun Jahre gewählt. Ihre Wiederwahl ist nicht zulässig.
(2) Die Amtszeit der Richter endet mit Vollendung des 70. Lebensjahrs.
(3) Die Richter bleiben bis zum Amtsantritt ihrer Nachfolger im Amt. Sie bleiben jedoch in den Rechtssachen tätig, mit denen sie bereits befasst sind.
(4) Ein Richter kann nur entlassen werden, wenn die anderen Richter mit Zweidrittelmehrheit entscheiden, dass er die erforderlichen Voraussetzungen nicht mehr erfüllt.

Artikel 24 Kanzlei und Berichterstatter
(1) Der Gerichtshof hat eine Kanzlei, deren Aufgaben und Organisation in der Verfahrensordnung des Gerichtshofs festgelegt werden.
(2) Wenn der Gerichtshof in Einzelrichterbesetzung tagt, wird er von Berichterstattern unterstützt, die ihre Aufgaben unter der Aufsicht des Präsidenten des Gerichtshofs ausüben. Sie gehören der Kanzlei des Gerichtshofs an.

Artikel 25 Plenum des Gerichtshofs
Das Plenum des Gerichtshofs
a) wählt seinen Präsidenten und einen oder zwei Vizepräsidenten für drei Jahre; ihre Wiederwahl ist zulässig;
b) bildet Kammern für einen bestimmten Zeitraum;
c) wählt die Präsidenten der Kammern des Gerichtshofs; ihre Wiederwahl ist zulässig;
d) beschließt die Verfahrensordnung des Gerichtshofs;
e) wählt den Kanzler und einen oder mehrere stellvertretende Kanzler;
f) stellt Anträge nach Artikel 26 Absatz 2.

Artikel 26 Einzelrichterbesetzung, Ausschüsse, Kammern und Große Kammer
(1) Zur Prüfung der Rechtssachen, die bei ihm anhängig gemacht werden, tagt der Gerichtshof in Einzelrichterbesetzung, in Ausschüssen mit drei Richtern, in Kammern mit sieben Richtern und in einer Großen Kammer mit siebzehn Richtern. Die Kammern des Gerichtshofs bilden die Ausschüsse für einen bestimmten Zeitraum.

(2) Auf Antrag des Plenums des Gerichtshofs kann die Anzahl der Richter je Kammer für einen bestimmten Zeitraum durch einstimmigen Beschluss des Ministerkomitees auf fünf herabgesetzt werden.
(3) Ein Richter, der als Einzelrichter tagt, prüft keine Beschwerde gegen die Hohe Vertragspartei, für die er gewählt worden ist.
(4) Der Kammer und der Großen Kammer gehört von Amts wegen der für eine als Partei beteiligte Hohe Vertragspartei gewählte Richter an. Wenn ein solcher nicht vorhanden ist oder er an den Sitzungen nicht teilnehmen kann, nimmt eine Person in der Eigenschaft eines Richters an den Sitzungen teil, die der Präsident des Gerichtshofs aus einer Liste auswählt, welche ihm die betreffende Vertragspartei vorab unterbreitet hat.
(5) Der Großen Kammer gehören ferner der Präsident des Gerichtshofs, die Vizepräsidenten, die Präsidenten der Kammern und andere nach der Verfahrensordnung des Gerichtshofs ausgewählte Richter an. Wird eine Rechtssache nach Artikel 43 an die Große Kammer verwiesen, so dürfen Richter der Kammer, die das Urteil gefällt hat, der Großen Kammer nicht angehören; das gilt nicht für den Präsidenten der Kammer und den Richter, welcher in der Kammer für die als Partei beteiligte Hohe Vertragspartei mitgewirkt hat.

Artikel 27 Befugnisse des Einzelrichters
(1) Ein Einzelrichter kann eine nach Artikel 34 erhobene Beschwerde für unzulässig erklären oder im Register streichen, wenn eine solche Entscheidung ohne weitere Prüfung getroffen werden kann.
(2) Die Entscheidung ist endgültig.
(3) Erklärt der Einzelrichter eine Beschwerde nicht für unzulässig und streicht er sie auch nicht im Register des Gerichtshofs, so übermittelt er sie zur weiteren Prüfung an einen Ausschuss oder eine Kammer.

Artikel 28 Befugnisse der Ausschüsse
(1) Ein Ausschuss, der mit einer nach Artikel 34 erhobenen Beschwerde befasst wird, kann diese durch einstimmigen Beschluss
a) für unzulässig erklären oder im Register streichen, wenn eine solche Entscheidung ohne weitere Prüfung getroffen werden kann; oder
b) für zulässig erklären und zugleich ein Urteil über die Begründetheit fällen, sofern die der Rechtssache zugrunde liegende Frage der Auslegung oder Anwendung dieser Konvention oder der Protokolle dazu Gegenstand einer gefestigten Rechtsprechung des Gerichtshofs ist.
(2) Die Entscheidungen und Urteile nach Absatz 1 sind endgültig.
(3) Ist der für die als Partei beteiligte Hohe Vertragspartei gewählte Richter nicht Mitglied des Ausschusses, so kann er von Letzterem jederzeit während des Verfahrens eingeladen werden, den Sitz eines Mitglieds im Ausschuss einzunehmen; der Ausschuss hat dabei alle erheblichen Umstände einschließlich der Frage, ob diese Vertragspartei der Anwendung des Verfahrens nach Absatz 1 Buchstabe b entgegengetreten ist, zu berücksichtigen.

Artikel 29 Entscheidungen der Kammern über die Zulässigkeit und Begründetheit
(1) Ergeht weder eine Entscheidung nach Artikel 27 oder 28 noch ein Urteil nach Artikel 28, so entscheidet eine Kammer über die Zulässigkeit und Begründetheit der nach Artikel 34 erhobenen Beschwerden. Die Entscheidung über die Zulässigkeit kann gesondert ergehen.
(2) Eine Kammer entscheidet über die Zulässigkeit und Begründetheit der nach Artikel 33 erhobenen Staatenbeschwerden. Die Entscheidung über die Zulässigkeit ergeht gesondert, sofern der Gerichtshof in Ausnahmefällen nicht anders entscheidet.

Artikel 30 Abgabe der Rechtssache an die Große Kammer
Wirft eine bei einer Kammer anhängige Rechtssache eine schwerwiegende Frage der Auslegung dieser Konvention oder der Protokolle dazu auf oder kann die Entscheidung einer ihr vorliegenden Frage zu einer Abweichung von einem früheren Urteil des Gerichtshofs führen, so kann die Kammer diese Sache jederzeit, bevor sie ihr Urteil gefällt hat, an die Große Kammer abgeben, sofern nicht eine Partei widerspricht.

Artikel 31 Befugnisse der Großen Kammer

Die Große Kammer
a) entscheidet über nach Artikel 33 oder Artikel 34 erhobene Beschwerden, wenn eine Kammer die Rechtssache nach Artikel 30 an sie abgegeben hat oder wenn die Sache nach Artikel 43 an sie verwiesen worden ist,
b) entscheidet über Fragen, mit denen der Gerichtshof durch das Ministerkomitee nach Artikel 46 Absatz 4 befasst wird, und
c) behandelt Anträge nach Artikel 47 auf Erstattung von Gutachten.

Artikel 32 Zuständigkeit des Gerichtshofs

(1) Die Zuständigkeit des Gerichtshofs umfasst alle die Auslegung und Anwendung dieser Konvention und der Protokolle dazu betreffenden Angelegenheiten, mit denen er nach den Artikeln 33, 34, 46 und 47 befasst wird.

(2) Besteht Streit über die Zuständigkeit des Gerichtshofs, so entscheidet der Gerichtshof.

Artikel 33 Staatenbeschwerden

Jede Hohe Vertragspartei kann den Gerichtshof wegen jeder behaupteten Verletzung dieser Konvention und der Protokolle dazu durch eine andere Hohe Vertragspartei anrufen.

Artikel 34 Individualbeschwerden

Der Gerichtshof kann von jeder natürlichen Person, nichtstaatlichen Organisation oder Personengruppe, die behauptet, durch eine der Hohen Vertragsparteien in einem der in dieser Konvention oder den Protokollen dazu anerkannten Rechte verletzt zu sein, mit einer Beschwerde befasst werden. Die Hohen Vertragsparteien verpflichten sich, die wirksame Ausübung dieses Rechts nicht zu behindern.

Artikel 35 Zulässigkeitsvoraussetzungen

(1) Der Gerichtshof kann sich mit einer Angelegenheit erst nach Erschöpfung aller innerstaatlichen Rechtsbehelfe in Übereinstimmung mit den allgemein anerkannten Grundsätzen des Völkerrechts und nur innerhalb einer Frist von sechs Monaten nach der endgültigen innerstaatlichen Entscheidung befassen.

(2) Der Gerichtshof befasst sich nicht mit einer nach Artikel 34 erhobenen Individualbeschwerde, die
a) anonym ist oder
b) im Wesentlichen mit einer schon vorher vom Gerichtshof geprüften Beschwerde übereinstimmt oder schon einer anderen internationalen Untersuchungs- oder Vergleichsinstanz unterbreitet worden ist und keine neuen Tatsachen enthält.

(3) Der Gerichtshof erklärt eine nach Artikel 34 erhobene Individualbeschwerde für unzulässig,
a) wenn er sie für unvereinbar mit dieser Konvention oder den Protokollen dazu, für offensichtlich unbegründet oder für missbräuchlich hält oder
b) wenn er der Ansicht ist, dass dem Beschwerdeführer kein erheblicher Nachteil entstanden ist, es sei denn, die Achtung der Menschenrechte, wie sie in dieser Konvention und den Protokollen dazu anerkannt sind, erfordert eine Prüfung der Begründetheit der Beschwerde, und vorausgesetzt, es wird aus diesem Grund nicht eine Rechtssache zurückgewiesen, die noch von keinem innerstaatlichen Gericht gebührend geprüft worden ist.

(4) Der Gerichtshof weist eine Beschwerde zurück, die er nach diesem Artikel für unzulässig hält. Er kann dies in jedem Stadium des Verfahrens tun.

Artikel 36 Beteiligung Dritter

(1) In allen bei einer Kammer oder der Großen Kammer anhängigen Rechtssachen ist die Hohe Vertragspartei, deren Staatsangehörigkeit der Beschwerdeführer besitzt, berechtigt, schriftliche Stellungnahmen abzugeben und an den mündlichen Verhandlungen teilzunehmen.

(2) Im Interesse der Rechtspflege kann der Präsident des Gerichtshofs jeder Hohen Vertragspartei, die in dem Verfahren nicht Partei ist, oder jeder betroffenen Person, die nicht Beschwerdeführer ist, Gelegenheit geben, schriftlich Stellung zu nehmen oder an den mündlichen Verhandlungen teilzunehmen.

(3) In allen bei einer Kammer oder der Großen Kammer anhängigen Rechtssachen kann der Kommissar für Menschenrechte des Europarats schriftliche Stellungnahmen abgeben und an den mündlichen Verhandlungen teilnehmen.

Artikel 37 Streichung von Beschwerden
(1) Der Gerichtshof kann jederzeit während des Verfahrens entscheiden, eine Beschwerde in seinem Register zu streichen, wenn die Umstände Grund zur Annahme geben, dass
a) der Beschwerdeführer seine Beschwerde nicht weiterzuverfolgen beabsichtigt;
b) die Streitigkeit einer Lösung zugeführt worden ist oder
c) eine weitere Prüfung der Beschwerde aus anderen vom Gerichtshof festgestellten Gründen nicht gerechtfertigt ist.

Der Gerichtshof setzt jedoch die Prüfung der Beschwerde fort, wenn die Achtung der Menschenrechte, wie sie in dieser Konvention und den Protokollen dazu anerkannt sind, dies erfordert.
(2) Der Gerichtshof kann die Wiedereintragung einer Beschwerde in sein Register anordnen, wenn er dies den Umständen nach für gerechtfertigt hält.

Artikel 38 Prüfung der Rechtssache
Der Gerichtshof prüft die Rechtssache mit den Vertretern der Parteien und nimmt, falls erforderlich, Ermittlungen vor; die betreffenden Hohen Vertragsparteien haben alle zur wirksamen Durchführung der Ermittlungen erforderlichen Erleichterungen zu gewähren.

Artikel 39 Gütliche Einigung
(1) Der Gerichtshof kann sich jederzeit während des Verfahrens zur Verfügung der Parteien halten mit dem Ziel, eine gütliche Einigung auf der Grundlage der Achtung der Menschenrechte, wie sie in dieser Konvention und den Protokollen dazu anerkannt sind, zu erreichen.
(2) Das Verfahren nach Absatz 1 ist vertraulich.
(3) Im Fall einer gütlichen Einigung streicht der Gerichtshof durch eine Entscheidung, die sich auf eine kurze Angabe des Sachverhalts und der erzielten Lösung beschränkt, die Rechtssache in seinem Register.
(4) Diese Entscheidung ist dem Ministerkomitee zuzuleiten; dieses überwacht die Durchführung der gütlichen Einigung, wie sie in der Entscheidung festgehalten wird.

Artikel 40 Öffentliche Verhandlung und Akteneinsicht
(1) Die Verhandlung ist öffentlich, soweit nicht der Gerichtshof auf Grund besonderer Umstände anders entscheidet.
(2) Die beim Kanzler verwahrten Schriftstücke sind der Öffentlichkeit zugänglich, soweit nicht der Präsident des Gerichtshofs anders entscheidet.

Artikel 41 Gerechte Entschädigung
Stellt der Gerichtshof fest, dass diese Konvention oder die Protokolle dazu verletzt worden sind, und gestattet das innerstaatliche Recht der Hohen Vertragspartei nur eine unvollkommene Wiedergutmachung für die Folgen dieser Verletzung, so spricht der Gerichtshof der verletzten Partei eine gerechte Entschädigung zu, wenn dies notwendig ist.

Artikel 42 Urteile der Kammern
Urteile der Kammern werden nach Maßgabe des Artikels 44 Absatz 2 endgültig.

Artikel 43 Verweisung an die Große Kammer
(1) Innerhalb von drei Monaten nach dem Datum des Urteils der Kammer kann jede Partei in Ausnahmefällen die Verweisung der Rechtssache an die Große Kammer beantragen.
(2) Ein Ausschuss von fünf Richtern der Großen Kammer nimmt den Antrag an, wenn die Rechtssache eine schwerwiegende Frage der Auslegung oder Anwendung dieser Konvention oder der Protokolle dazu oder eine schwerwiegende Frage von allgemeiner Bedeutung aufwirft.
(3) Nimmt der Ausschuss den Antrag an, so entscheidet die Große Kammer die Sache durch Urteil.

Artikel 44 Endgültige Urteile
(1) Das Urteil der Großen Kammer ist endgültig.

(2) Das Urteil einer Kammer wird endgültig,
a) wenn die Parteien erklären, dass sie die Verweisung der Rechtssache an die Große Kammer nicht beantragen werden;
b) drei Monate nach dem Datum des Urteils, wenn nicht die Verweisung der Rechtssache an die Große Kammer beantragt worden ist; oder
c) wenn der Ausschuss der Großen Kammer den Antrag auf Verweisung nach Artikel 43 abgelehnt hat.
(3) Das endgültige Urteil wird veröffentlicht.

Artikel 45 Begründung der Urteile und Entscheidungen
(1) Urteile sowie Entscheidungen, mit denen Beschwerden für zulässig oder für unzulässig erklärt werden, werden begründet.
(2) Bringt ein Urteil ganz oder teilweise nicht die übereinstimmende Meinung der Richter zum Ausdruck, so ist jeder Richter berechtigt, seine abweichende Meinung darzulegen.

Artikel 46 Verbindlichkeit und Durchführung der Urteile
(1) Die Hohen Vertragsparteien verpflichten sich, in allen Rechtssachen, in denen sie Partei sind, das endgültige Urteil des Gerichtshofs zu befolgen.
(2) Das endgültige Urteil des Gerichtshofs ist dem Ministerkomitee zuzuleiten; dieses überwacht seine Durchführung.
(3) Wird die Überwachung der Durchführung eines endgültigen Urteils nach Auffassung des Ministerkomitees durch eine Frage betreffend die Auslegung dieses Urteils behindert, so kann das Ministerkomitee den Gerichtshof anrufen, damit er über diese Auslegungsfrage entscheidet. Der Beschluss des Ministerkomitees, den Gerichtshof anzurufen, bedarf der Zweidrittelmehrheit der Stimmen der zur Teilnahme an den Sitzungen des Komitees berechtigten Mitglieder.
(4) Weigert sich eine Hohe Vertragspartei nach Auffassung des Ministerkomitees, in einer Rechtssache, in der sie Partei ist, ein endgültiges Urteil des Gerichtshofs zu befolgen, so kann das Ministerkomitee, nachdem es die betreffende Partei gemahnt hat, durch einen mit Zweidrittelmehrheit der Stimmen der zur Teilnahme an den Sitzungen des Komitees berechtigten Mitglieder gefassten Beschluss den Gerichtshof mit der Frage befassen, ob diese Partei ihrer Verpflichtung nach Absatz 1 nachgekommen ist.
(5) Stellt der Gerichtshof eine Verletzung des Absatzes 1 fest, so weist er die Rechtssache zur Prüfung der zu treffenden Maßnahmen an das Ministerkomitee zurück. Stellt der Gerichtshof fest, dass keine Verletzung des Absatzes 1 vorliegt, so weist er die Rechtssache an das Ministerkomitee zurück; dieses beschließt die Einstellung seiner Prüfung.

Artikel 47 Gutachten
(1) Der Gerichtshof kann auf Antrag des Ministerkomitees Gutachten über Rechtsfragen erstatten, welche die Auslegung dieser Konvention und der Protokolle dazu betreffen.
(2) Diese Gutachten dürfen keine Fragen zum Gegenstand haben, die sich auf den Inhalt oder das Ausmaß der in Abschnitt I dieser Konvention und in den Protokollen dazu anerkannten Rechte und Freiheiten beziehen, noch andere Fragen, über die der Gerichtshof oder das Ministerkomitee auf Grund eines nach dieser Konvention eingeleiteten Verfahrens zu entscheiden haben könnte.
(3) Der Beschluss des Ministerkomitees, ein Gutachten beim Gerichtshof zu beantragen, bedarf der Mehrheit der Stimmen der zur Teilnahme an den Sitzungen des Komitees berechtigten Mitglieder.

Artikel 48 Gutachterliche Zuständigkeit des Gerichtshofs
Der Gerichtshof entscheidet, ob ein vom Ministerkomitee gestellter Antrag auf Erstattung eines Gutachtens in seine Zuständigkeit nach Artikel 47 fällt.

Artikel 49 Begründung der Gutachten
(1) Die Gutachten des Gerichtshofs werden begründet.
(2) Bringt das Gutachten ganz oder teilweise nicht die übereinstimmende Meinung der Richter zum Ausdruck, so ist jeder Richter berechtigt, seine abweichende Meinung darzulegen.
(3) Die Gutachten des Gerichtshofs werden dem Ministerkomitee übermittelt.

12 Europäische Menschenrechtskonvention Art. 50–58

Artikel 50 Kosten des Gerichtshofs
Die Kosten des Gerichtshofs werden vom Europarat getragen.

Artikel 51 Vorrechte und Immunitäten der Richter
Die Richter genießen bei der Ausübung ihres Amtes die Vorrechte und Immunitäten, die in Artikel 40 der Satzung des Europarats und den auf Grund jenes Artikels geschlossenen Übereinkünften vorgesehen sind.

Abschnitt III
Verschiedene Bestimmungen

Artikel 52 Anfragen des Generalsekretärs
Auf Anfrage des Generalsekretärs des Europarats erläutert jede Hohe Vertragspartei, auf welche Weise die wirksame Anwendung aller Bestimmungen dieser Konvention in ihrem innerstaatlichen Recht gewährleistet wird.

Artikel 53 Wahrung anerkannter Menschenrechte
Diese Konvention ist nicht so auszulegen, als beschränke oder beeinträchtige sie Menschenrechte und Grundfreiheiten, die in den Gesetzen einer Hohen Vertragspartei oder in einer anderen Übereinkunft, deren Vertragspartei sie ist, anerkannt werden.

Artikel 54 Befugnisse des Ministerkomitees
Diese Konvention berührt nicht die dem Ministerkomitee durch die Satzung des Europarats übertragenen Befugnisse.

Artikel 55 Ausschluss anderer Verfahren zur Streitbeilegung
Die Hohen Vertragsparteien kommen überein, dass sie sich vorbehaltlich besonderer Vereinbarungen nicht auf die zwischen ihnen geltenden Verträge, sonstigen Übereinkünfte oder Erklärungen berufen werden, um eine Streitigkeit über die Auslegung oder Anwendung dieser Konvention einem anderen als dem in der Konvention vorgesehenen Beschwerdeverfahren zur Beilegung zu unterstellen.

Artikel 56 Räumlicher Geltungsbereich
(1) Jeder Staat kann bei der Ratifikation oder jederzeit danach durch eine an den Generalsekretär des Europarats gerichtete Notifikation erklären, dass diese Konvention vorbehaltlich des Absatzes 4 auf alle oder einzelne Hoheitsgebiete Anwendung findet, für deren internationale Beziehungen er verantwortlich ist.
(2) Die Konvention findet auf jedes in der Erklärung bezeichnete Hoheitsgebiet ab dem dreißigsten Tag nach Eingang der Notifikation beim Generalsekretär des Europarats Anwendung.
(3) In den genannten Hoheitsgebieten wird diese Konvention unter Berücksichtigung der örtlichen Notwendigkeiten angewendet.
(4) Jeder Staat, der eine Erklärung nach Absatz 1 abgegeben hat, kann jederzeit danach für eines oder mehrere der in der Erklärung bezeichneten Hoheitsgebiete erklären, dass er die Zuständigkeit des Gerichtshofs für die Entgegennahme von Beschwerden von natürlichen Personen, nichtstaatlichen Organisationen oder Personengruppen nach Artikel 34 anerkennt.

Artikel 57 Vorbehalte
(1) Jeder Staat kann bei der Unterzeichnung dieser Konvention oder bei der Hinterlegung seiner Ratifikationsurkunde einen Vorbehalt zu einzelnen Bestimmungen der Konvention anbringen, soweit ein zu dieser Zeit in seinem Hoheitsgebiet geltendes Gesetz mit der betreffenden Bestimmung nicht übereinstimmt. Vorbehalte allgemeiner Art sind nach diesem Artikel nicht zulässig.
(2) Jeder nach diesem Artikel angebrachte Vorbehalt muss mit einer kurzen Darstellung des betreffenden Gesetzes verbunden sein.

Artikel 58 Kündigung
(1) Eine Hohe Vertragspartei kann diese Konvention frühestens fünf Jahre nach dem Tag, an dem sie Vertragspartei geworden ist, unter Einhaltung einer Kündigungsfrist von sechs Monaten durch eine an den Generalsekretär des Europarats gerichtete Notifikation kündigen; dieser unterrichtet die anderen Hohen Vertragsparteien.

(2) Die Kündigung befreit die Hohe Vertragspartei nicht von ihren Verpflichtungen aus dieser Konvention in Bezug auf Handlungen, die sie vor dem Wirksamwerden der Kündigung vorgenommen hat und die möglicherweise eine Verletzung dieser Verpflichtungen darstellen.
(3) Mit derselben Maßgabe scheidet eine Hohe Vertragspartei, deren Mitgliedschaft im Europarat endet, als Vertragspartei dieser Konvention aus.
(4) Die Konvention kann in Bezug auf jedes Hoheitsgebiet, auf das sie durch eine Erklärung nach Artikel 56 anwendbar geworden ist, nach den Absätzen 1 bis 3 gekündigt werden.

Artikel 59 Unterzeichnung und Ratifikation
(1) Diese Konvention liegt für die Mitglieder des Europarats zur Unterzeichnung auf. Sie bedarf der Ratifikation. Die Ratifikationsurkunden werden beim Generalsekretär des Europarats hinterlegt.
(2) Die Europäische Union kann dieser Konvention beitreten.
(3) Diese Konvention tritt nach Hinterlegung von zehn Ratifikationsurkunden in Kraft.
(4) Für jeden Unterzeichner, der die Konvention später ratifiziert, tritt sie mit der Hinterlegung seiner Ratifikationsurkunde in Kraft.
(5) Der Generalsekretär des Europarats notifiziert allen Mitgliedern des Europarats das Inkrafttreten der Konvention, die Namen der Hohen Vertragsparteien, die sie ratifiziert haben, und jede spätere Hinterlegung einer Ratifikationsurkunde.

Geschehen zu Rom am 4. November 1950 in englischer und französischer Sprache, wobei jeder Wortlaut gleichermaßen verbindlich ist, in einer Urschrift, die im Archiv des Europarats hinterlegt wird. Der Generalsekretär übermittelt allen Unterzeichnern beglaubigte Abschriften.

Zusatzprotokoll zur Konvention zum Schutze der Menschenrechte und Grundfreiheiten[1]

Vom 20. März 1952

Die Unterzeichnerregierungen, Mitglieder des Europarats –
entschlossen, Maßnahmen zur kollektiven Gewährleistung gewisser Rechte und Freiheiten zu treffen, die in Abschnitt I der am 4. November 1950 in Rom unterzeichneten Konvention zum Schutze der Menschenrechte und Grundfreiheiten (im Folgenden als »Konvention« bezeichnet) noch nicht enthalten sind –
haben Folgendes vereinbart:

Artikel 1 Schutz des Eigentums
Jede natürliche oder juristische Person hat ein Recht auf Achtung ihres Eigentums. Niemandem darf sein Eigentum entzogen werden, es sei denn, dass das öffentliche Interesse es verlangt, und nur unter den durch Gesetz und durch die allgemeinen Grundsätze des Völkerrechts vorgesehenen Bedingungen.
Absatz 1 beeinträchtigt jedoch nicht das Recht des Staates, diejenigen Gesetze anzuwenden, die er für die Regelung der Benutzung des Eigentums im Einklang mit dem Allgemeininteresse oder zur Sicherung der Zahlung der Steuern, sonstiger Abgaben oder von Geldstrafen für erforderlich hält.

Artikel 2 Recht auf Bildung
Niemandem darf das Recht auf Bildung verwehrt werden. Der Staat hat bei Ausübung der von ihm auf dem Gebiete der Erziehung und des Unterrichts übernommenen Aufgaben das Recht der Eltern zu achten, die Erziehung und den Unterricht entsprechend ihren eigenen religiösen und weltanschaulichen Überzeugungen sicherzustellen.

Artikel 3 Recht auf freie Wahlen
Die Hohen Vertragsparteien verpflichten sich, in angemessenen Zeitabständen freie und geheime Wahlen unter Bedingungen abzuhalten, welche die freie Äußerung der Meinung des Volkes bei der Wahl der gesetzgebenden Körperschaften gewährleisten.

Artikel 4 Räumlicher Geltungsbereich
Jede Hohe Vertragspartei kann im Zeitpunkt der Unterzeichnung oder Ratifikation dieses Protokolls oder zu jedem späteren Zeitpunkt an den Generalsekretär des Europarats eine Erklärung darüber richten, in welchem Umfang sie sich zur Anwendung dieses Protokolls auf die in der Erklärung angegebenen Hoheitsgebiete verpflichtet, für deren internationale Beziehungen sie verantwortlich ist.
Jeder Hohe Vertragspartei, die eine Erklärung nach Absatz 1 abgegeben hat, kann jederzeit eine weitere Erklärung abgeben, die den Inhalt einer früheren Erklärung ändert oder die Anwendung der Bestimmungen dieses Protokolls auf irgendein Hoheitsgebiet beendet.
Eine nach diesem Artikel abgegebene Erklärung gilt als eine Erklärung im Sinne des Artikels 56 Absatz 1 der Konvention.

Artikel 5 Verhältnis zur Konvention
Die Hohen Vertragsparteien betrachten die Artikel 1, 2, 3 und 4 dieses Protokolls als Zusatzartikel zur Konvention; alle Bestimmungen der Konvention sind dementsprechend anzuwenden.

Artikel 6 Unterzeichnung und Ratifikation
Dieses Protokoll liegt für die Mitglieder des Europarats, die Unterzeichner der Konvention sind, zur Unterzeichnung auf; es wird gleichzeitig mit der Konvention oder zu einem späteren Zeitpunkt ratifiziert. Es tritt nach der Hinterlegung von zehn Ratifikationsurkunden in Kraft. Für jeden Unterzeichner, der das Protokoll später ratifiziert, tritt es mit der Hinterlegung seiner Ratifikationsurkunde in Kraft.

---

[1] Deutscher Text: *BGBl.* 2002 II S. 1072. Die Neufassung berücksichtigt die Änderungen durch das Protokoll Nr. 11 vom 11. Mai 1994, *BGBl.* 1995 II S. 579.
Internationale Quelle: *CETS* Nr. 9.
In Kraft getreten am 18. Mai 1954; für die Bundesrepublik Deutschland am 13. Februar 1957.

Art. 6 EMRK Zusatzprotokoll 12a

Die Ratifikationsurkunden werden beim Generalsekretär des Europarats hinterlegt, der allen Mitgliedern die Namen derjenigen Staaten, die das Protokoll ratifiziert haben, notifiziert.

Geschehen zu Paris am 20. März 1952 in englischer und französischer Sprache, wobei jeder Wortlaut gleichermaßen verbindlich ist, in einer Urschrift, die im Archiv des Europarats hinterlegt wird. Der Generalsekretär übermittelt allen Unterzeichnerregierungen beglaubigte Abschriften.

Protokoll Nr. 4
zur Konvention zum Schutze der Menschenrechte und Grundfreiheiten, durch das gewisse Rechte und Freiheiten gewährleistet werden, die nicht bereits in der Konvention oder im ersten Zusatzprotokoll enthalten sind[1)]

Vom 16. September 1963

Die Unterzeichnerregierungen, Mitglieder des Europarats –
entschlossen, Maßnahmen zur kollektiven Gewährleistung gewisser Rechte und Freiheiten zu treffen, die in Abschnitt I der am 4. November 1950 in Rom unterzeichneten Konvention zum Schutze der Menschenrechte und Grundfreiheiten (im Folgenden als »Konvention« bezeichnet) und in den Artikeln 1 bis 3 des am 20. März 1952 in Paris unterzeichneten ersten Zusatzprotokolls zur Konvention noch nicht enthalten sind –
haben Folgendes vereinbart:

Artikel 1 Verbot der Freiheitsentzuges wegen Schulden
Niemandem darf die Freiheit allein deshalb entzogen werden, weil er nicht in der Lage ist, eine vertragliche Verpflichtung zu erfüllen.

Artikel 2 Freizügigkeit
(1) Jede Person, die sich rechtmäßig im Hoheitsgebiet eines Staates aufhält, hat das Recht, sich dort frei zu bewegen und seinen Wohnsitz frei zu wählen.
(2) Jeder Person steht es frei, jedes Land, einschließlich seines eigenen, zu verlassen.
(3) Die Ausübung dieser Rechte darf nur Einschränkungen unterworfen werden, die gesetzlich vorgesehen und in einer demokratischen Gesellschaft notwendig sind für die nationale oder öffentliche Sicherheit, zur Aufrechterhaltung der öffentlichen Ordnung, zur Verhütung von Straftaten, zum Schutz der Gesundheit oder der Moral oder zum Schutz der Rechte und Freiheiten anderer.
(4) Die in Absatz 1 anerkannten Rechte können ferner für bestimmte Gebiete Einschränkungen unterworfen werden, die gesetzlich vorgesehen und in einer demokratischen Gesellschaft durch das öffentliche Interesse gerechtfertigt sind.

Artikel 3 Verbot der Ausweisung eigener Staatsangehöriger
(1) Niemand darf durch eine Einzel- oder Kollektivmaßnahme aus dem Hoheitsgebiet des Staates ausgewiesen werden, dessen Angehöriger er ist.
(2) Niemandem darf das Recht entzogen werden, in das Hoheitsgebiet des Staates einzureisen, dessen Angehöriger er ist.

Artikel 4 Verbot der Kollektivausweisung ausländischer Personen
Kollektivausweisungen ausländischer Personen sind nicht zulässig.

Artikel 5 Räumlicher Geltungsbereich
(1) Jede Hohe Vertragspartei kann im Zeitpunkt der Unterzeichnung oder Ratifizierung dieses Protokolls oder zu jedem späteren Zeitpunkt an den Generalsekretär des Europarats eine Erklärung darüber richten, in welchem Umfang sie sich zur Anwendung dieses Protokolls auf die in der Erklärung angegebenen Hoheitsgebiete verpflichtet, für deren internationale Beziehungen sie verantwortlich ist.
(2) Jede Hohe Vertragspartei, die eine Erklärung nach Absatz 1 abgegeben hat, kann jederzeit eine weitere Erklärung abgeben, die den Inhalt einer früheren Erklärung ändert oder die Anwendung der Bestimmungen dieses Protokolls auf irgendein Hoheitsgebiet beendet.
(3) Eine nach diesem Artikel abgegebene Erklärung gilt als eine Erklärung im Sinne des Artikels 56 Absatz 1 der Konvention.

---

1) Deutscher Text: *BGBl.* 2002 II S. 1074. Die Neufassung berücksichtigt die Änderungen durch das Protokoll Nr. 11 vom 11. Mai 1994, *BGBl.* 1995 II S. 579.
Internationale Quelle: *CETS* Nr. 46.
In Kraft getreten am 2. Mai 1968; für die Bundesrepublik Deutschland am 1. Juni 1968.

(4) Das Hoheitsgebiet eines Staates, auf das dieses Protokoll aufgrund der Ratifikation oder Annahme durch diesen Staat Anwendung findet, und jedes Hoheitsgebiet, auf welches das Protokoll auf Grund einer von diesem Staat nach diesem Artikel abgegebenen Erklärung Anwendung findet, werden als getrennte Hoheitsgebiete betrachtet, soweit die Artikel 2 und 3 auf das Hoheitsgebiet eines Staates Bezug nehmen.

(5) Jeder Staat, der eine Erklärung nach Absatz 1 oder 2 abgegeben hat, kann jederzeit danach für eines oder mehrere der in der Erklärung bezeichneten Hoheitsgebiete erklären, dass er die Zuständigkeit des Gerichtshofs, Beschwerden von natürlichen Personen, nichtstaatlichen Organisationen oder Personengruppen nach Artikel 34 der Konvention entgegenzunehmen, für die Artikel 1 bis 4 dieses Protokolls insgesamt oder für einzelne dieser Artikel annimmt.

Artikel 6 Verhältnis zur Konvention
Die Hohen Vertragsparteien betrachten die Artikel 1 bis 5 dieses Protokolls als Zusatzartikel zur Konvention; alle Bestimmungen der Konvention sind dementsprechend anzuwenden.

Artikel 7 Unterzeichnung und Ratifikation
(1) Dieses Protokoll liegt für die Mitglieder des Europarats, die Unterzeichner der Konvention sind, zur Unterzeichnung auf; es wird gleichzeitig mit der Konvention oder zu einem späteren Zeitpunkt ratifiziert. Es tritt nach der Hinterlegung von fünf Ratifikationsurkunden in Kraft. Für jeden Unterzeichner, der das Protokoll später ratifiziert, tritt es mit der Hinterlegung seiner Ratifikationsurkunde in Kraft.

(2) Die Ratifikationsurkunden werden beim Generalsekretär des Europarats hinterlegt, der allen Mitgliedern die Namen derjenigen Staaten, die das Protokoll ratifiziert haben, notifiziert.

Zu Urkund dessen haben die hierzu gehörig befugten Unterzeichneten dieses Protokoll unterschrieben.

Geschehen zu Straßburg am 16. September 1963 in englischer und französischer Sprache, wobei jeder Wortlaut gleichermaßen verbindlich ist, in einer Urschrift, die im Archiv des Europarats hinterlegt wird. Der Generalsekretär übermittelt allen Unterzeichnerstaaten beglaubigte Abschriften.

Protokoll Nr. 6
zur Konvention zum Schutze der Menschenrechte und Grundfreiheiten über die Abschaffung der Todesstrafe[1]

Vom 28. April 1983

Die Mitgliedstaaten des Europarates, die dieses Protokoll zu der am 4. November 1950 in Rom unterzeichneten Konvention zum Schutze der Menschenrechte und Grundfreiheiten (im Folgenden als »Konvention« bezeichnet) unterzeichnen –
in der Erwägung, dass die in verschiedenen Mitgliedstaaten des Europarates eingetretene Entwicklung eine allgemeine Tendenz zugunsten der Abschaffung der Todesstrafe zum Ausdruck bringt –
haben Folgendes vereinbart:

Artikel 1 Abschaffung der Todesstrafe
Die Todesstrafe ist abgeschafft. Niemand darf zu dieser Strafe verurteilt oder hingerichtet werden.

Artikel 2 Todesstrafe in Kriegszeiten
Ein Staat kann in seinem Recht die Todesstrafe für Taten vorsehen, welche in Kriegszeiten oder bei unmittelbarer Kriegsgefahr begangen werden; diese Strafe darf nur in den Fällen, die im Recht vorgesehen sind, und in Übereinstimmung mit dessen Bestimmungen angewendet werden. Der Staat übermittelt dem Generalsekretär des Europarates die einschlägigen Rechtsvorschriften.

Artikel 3 Verbot des Abweichens
Von diesem Protokoll darf nicht nach Artikel 15 der Konvention abgewichen werden.

Artikel 4 Verbot von Vorbehalten
Vorbehalte nach Artikel 57 der Konvention zu Bestimmungen dieses Protokolls sind nicht zulässig.

Artikel 5 Räumlicher Geltungsbereich
(1) Jeder Staat kann bei der Unterzeichnung oder bei der Hinterlegung seiner Ratifikations-, Annahme- oder Genehmigungsurkunde einzelne oder mehrere Hoheitsgebiete bezeichnen, auf die dieses Protokoll Anwendung findet.
(2) Jeder Staat kann jederzeit danach durch eine an den Generalsekretär des Europarats gerichtete Erklärung die Anwendung dieses Protokolls auf jedes weitere in der Erklärung bezeichnete Hoheitsgebiet erstrecken. Das Protokoll tritt für dieses Hoheitsgebiet am ersten Tag des Monats in Kraft, der dem Eingang der Erklärung beim Generalsekretär folgt.
(3) Jede nach den Absätzen 1 und 2 abgegebene Erklärung kann in Bezug auf jedes darin bezeichnete Hoheitsgebiet durch eine an den Generalsekretär gerichtete Notifikation zurückgenommen werden. Die Rücknahme wird am ersten Tag des Monats wirksam, der auf den Eingang der Notifikation beim Generalsekretär folgt.

Artikel 6 Verhältnis zur Konvention
Die Vertragsstaaten betrachten die Artikel 1 bis 5 dieses Protokolls als Zusatzartikel zur Konvention; alle Bestimmungen der Konvention sind dementsprechend anzuwenden.

Artikel 7 Unterzeichnung und Ratifikation
Dieses Protokoll liegt für die Mitgliedstaaten des Europarats, welche die Konvention unterzeichnet haben, zur Unterzeichnung auf. Es bedarf der Ratifikation, Annahme oder Genehmigung. Ein Mitgliedstaat des Europarats kann dieses Protokoll nur ratifizieren, annehmen oder genehmigen, wenn er die Konvention gleichzeitig ratifiziert oder früher ratifiziert hat. Die Ratifikations-, Annahme- oder Genehmigungsurkunden werden beim Generalsekretär des Europarats hinterlegt.

---

[1] Deutscher Text: *BGBl.* 2002 II S. 1077. Die Neufassung berücksichtigt die Änderungen durch das Protokoll Nr. 11 vom 11. Mai 1994, *BGBl.* 1995 II S. 579.
Internationale Quelle: *CETS* Nr. 114.
In Kraft getreten am 1. März 1985; für die Bundesrepublik Deutschland am 1. August 1989.

Artikel 8 Inkrafttreten

(1) Dieses Protokoll tritt am ersten Tag des Monats in Kraft, der auf den Tag folgt, an dem fünf Mitgliedstaaten des Europarats nach Artikel 7 ihre Zustimmung ausgedrückt haben, durch das Protokoll gebunden zu sein.

(2) Für jeden Mitgliedstaat, der später seine Zustimmung ausdrückt, durch das Protokoll gebunden zu sein, tritt es am ersten Tag des Monats in Kraft, der auf die Hinterlegung der Ratifikations-, Annahme- oder Genehmigungsurkunde folgt.

Artikel 9 Aufgaben des Verwahrers

Der Generalsekretär des Europarats notifiziert den Mitgliedstaaten des Europarats
a) jede Unterzeichnung;
b) jede Hinterlegung einer Ratifikations-, Annahme- oder Genehmigungsurkunde;
c) jeden Zeitpunkt des Inkrafttretens dieses Protokolls nach den Artikeln 5 und 8;
d) jede andere Handlung, Notifikation oder Mitteilung im Zusammenhang mit diesem Protokoll.

Zu Urkund dessen haben die hierzu gehörig befugten Unterzeichneten dieses Protokoll unterschrieben.

Geschehen zu Straßburg am 28. April 1983 in englischer und französischer Sprache, wobei jeder Wortlaut gleichermaßen verbindlich ist, in einer Urschrift, die im Archiv des Europarats hinterlegt wird. Der Generalsekretär des Europarats übermittelt allen Mitgliedstaaten des Europarats beglaubigte Abschriften.

Protokoll Nr. 7
zur Konvention zum Schutze der Menschenrechte und Grundfreiheiten[1]
Vom 22. November 1984

Die Mitgliedsstaaten des Europarates, die dieses Protokoll unterzeichnen –
entschlossen, weitere Maßnahmen zur kollektiven Gewährleistung gewisser Rechte und Freiheiten durch die am 4. November 1950 in Rom unterzeichnete Konvention zum Schutz der Menschenrechte und Grundfreiheiten (im folgenden als »Konvention« bezeichnet) zu treffen –
haben folgendes vereinbart:

Artikel 1 Verfahrensrechtliche Schutzvorschriften in bezug auf die Ausweisung von Ausländern
(1) Eine ausländische Person, die sich rechtmäßig im Hoheitsgebiet eines Staates aufhält, darf aus diesem nur aufgrund einer rechtmäßig ergangenen Entscheidung ausgewiesen werden; ihr muß gestattet werden,
a) Gründe vorzubringen, die gegen seine Ausweisung sprechen;
b) ihren Fall prüfen zu lassen und
c) sich zu diesem Zweck vor der zuständigen Behörde oder vor einer oder mehreren von dieser Behörde bestimmten Personen vertreten zu lassen.
(2) Eine ausländische Person kann ausgewiesen werden, bevor sie ihre Rechte nach Absatz 1 Buchstaben a, b und c ausgeübt hat, wenn die Ausweisung im Interesse der öffentlichen Ordnung erforderlich ist oder aus Gründen der nationalen Sicherheit erfolgt.

Artikel 2 Rechtsmittel in Strafsachen
(1) Wer von einem Gericht wegen einer strafbaren Handlung verurteilt worden ist, hat das Recht, das Urteil von einem übergeordneten Gericht nachprüfen zu lassen. Die Ausübung dieses Rechts, einschließlich der Gründe, aus denen es ausgeübt werden kann, richten sich nach dem Gesetz.
(2) Ausnahmen von diesem Recht sind für Straftaten geringfügiger Art, wie sie durch Gesetz näher bestimmt sind, oder in Fällen möglich, in denen das Verfahren gegen eine Person in erster Instanz vor dem obersten Gericht stattgefunden hat oder in denen sie nach einem gegen ihren Freispruch eingelegten Rechtsmittel verurteilt worden ist.

Artikel 3 Recht auf Entschädigung bei Fehlurteilen
Ist eine Person wegen einer Straftat rechtskräftig verurteilt und ist das Urteil später aufgehoben oder der Verurteilte begnadigt worden, weil eine neue oder eine neu bekannt gewordene Tatsache schlüssig beweist, daß ein Fehlurteil vorlag, so muß sie, wenn sie aufgrund eines solchen Urteils eine Strafe verbüßt hat, entsprechend dem Gesetz oder der Übung des betreffenden Staates entschädigt werden, sofern nicht nachgewiesen wird, daß das nicht rechtzeitige Bekanntwerden der betreffenden Tatsache ganz oder teilweise ihr zuzuschreiben ist.

Artikel 4 Recht, wegen derselben Sache nicht zweimal vor Gericht gestellt oder bestraft zu werden
(1) Niemand darf wegen einer Straftat, wegen der er bereits nach dem Gesetz und dem Strafverfahrensrecht eines Staates rechtskräftig verurteilt oder freigesprochen worden ist, in einem Strafverfahren desselben Staates erneut verfolgt oder bestraft werden.
(2) Absatz 1 schließt die Wiederaufnahme der Verfahrens nach dem Gesetz und dem Strafverfahrensrecht des betreffenden Staates nicht aus, falls neue oder neu bekannt gewordene Tatsachen vorliegen oder das vorausgegangene Verfahren schwere, den Ausgang des Verfahrens berührende Mängel aufweist.
(3) Von diesem Artikel darf nicht nach Artikel 15 der Konvention abgewichen werden.

---

[1] Deutscher Text nach: ÖBGBl. 1988/628; in der Fassung des Protokolls Nr. 11 vom 11. Mai 1994, *BGBl.* 1995 II S. 579. Internationale Quelle: *CETS* Nr. 117.
In Kraft getreten am 1. November 1988. Die Bundesrepublik Deutschland hat das Protokoll am 19. März 1985 unterzeichnet, aber bisher nicht ratifiziert.

Art. 5–10 EMRK Protokoll Nr. 7

Artikel 5 Gleichberechtigung der Ehegatten
Hinsichtlich der Eheschließung, während der Ehe und bei Auflösung der Ehe haben Ehegatten untereinander und in ihren Beziehungen zu ihren Kindern gleiche Rechte und Pflichten privatrechtlicher Art. Dieser Artikel verwehrt es den Staaten nicht, die im Interesse der Kinder notwendigen Maßnahmen zu treffen.

Artikel 6 Räumlicher Geltungsbereich
(1) Jeder Staat kann bei der Unterzeichnung oder bei der Hinterlegung seiner Ratifikations-, Annahme- oder Genehmigungsurkunde einzelne oder mehrere Hoheitsgebiete bezeichnen, auf die dieses Protokoll Anwendung findet, und erklären, im welchem Umfang er sich verpflichtet, dieses Protokoll auf diese Hoheitsgebiete anzuwenden.
(2) Jeder Staat kann jederzeit danach durch eine an den Generalsekretär des Europarats gerichtete Erklärung die Anwendung dieses Protokolls auf jedes weitere in der Erklärung bezeichnete Hoheitsgebiet erstrecken. Das Protokoll tritt für dieses Hoheitsgebiet am ersten Tag des Monats in Kraft, der dem Eingang der Erklärung beim Generalsekretär folgt.
(3) Jede nach den Absätzen 1 und 2 abgegebene Erklärung kann in bezug auf jedes darin bezeichnete Hoheitsgebiet durch eine an den Generalsekretär gerichtete Notifikation zurückgenommen oder geändert werden. Die Rücknahme oder Änderung wird am ersten Tag des Monats wirksam, der auf den Eingang der Notifikation beim Generalsekretär folgt.
(4) Eine nach diesem Artikel abgegebene Erklärung gilt als eine Erklärung im Sinne des Artikels 56 Absatz 1 der Konvention.
(5) Das Hoheitsgebiet eines Staates, auf das dieses Protokoll aufgrund der Ratifikation, Annahme oder Genehmigung durch diesen Staat Anwendung findet, und jedes Hoheitsgebiet, auf welches das Protokoll aufgrund einer von diesem Staat nach diesem Artikel abgegebenen Erklärung Anwendung findet, können als getrennte Hoheitsgebiete betrachtet werden, soweit Artikel 1 auf das Hoheitsgebiet eines Staates Bezug nimmt.
(6) Jeder Staat, der eine Erklärung nach Absatz 1 oder 2 abgegeben hat, kann jederzeit danach für eines oder mehrere der in der Erklärung bezeichneten Hoheitsgebiete erklären, daß er die Zuständigkeit des Gerichtshofs, Beschwerden von natürlichen Personen, nichtstaatlichen Organisationen oder Personengruppen nach Artikel 34 der Konvention entgegenzunehmen, für die Artikel 1 bis 5 dieses Protokolls annimmt.

Artikel 7 Verhältnis zur Konvention
Die Vertragsstaaten betrachten die Artikel 1 bis 6 dieses Protokolls als Zusatzartikel zur Konvention; alle Vorschriften der Konvention sind dementsprechend anzuwenden.

Artikel 8 Unterzeichnung und Ratifikation
Dieses Protokoll liegt für die Mitgliedstaaten des Europarats, welche die Konvention unterzeichnet haben, zur Unterzeichnung auf. Es bedarf der Ratifikation, Annahme oder Genehmigung. Ein Mitgliedstaat des Europarats kann dieses Protokoll nur ratifizieren, annehmen oder genehmigen, wenn er die Konvention gleichzeitig ratifiziert oder sie früher ratifiziert hat. Die Ratifikations-, Annahme- oder Genehmigungsurkunden werden beim Generalsekretär des Europarats hinterlegt.

Artikel 9 Inkrafttreten
(1) Dieses Protokoll tritt am ersten Tag des Monats in Kraft, der auf einen Zeitabschnitt von zwei Monaten nach dem Tag folgt, an dem sieben Mitgliedstaaten des Europarates nach Artikel 8 ihre Zustimmung ausgedrückt haben, durch das Protokoll gebunden zu sein.
(2) Für jeden Mitgliedstaat, der später seine Zustimmung ausdrückt, durch das Protokoll gebunden zu sein, tritt es am ersten Tag des Monats in Kraft, der auf einen Zeitabschnitt von zwei Monaten nach Hinterlegung der Ratifikations-, Annahme- oder Genehmigungsurkunde folgt.

Artikel 10 Aufgaben des Verwahrers.
Der Generalsekretär des Europarats notifiziert allen Mitgliedstaaten des Europarats
a) jede Unterzeichnung;
b) jede Hinterlegung einer Ratifikations-, Annahme- oder Genehmigungsurkunde;

c) jeden Zeitpunkt des Inkrafttretens dieses Protokolls nach den Artikeln 6 und 9;
d) jede andere Handlung, Notifikation oder Mitteilung im Zusammenhang mit diesem Protokoll.

Zu Urkund dessen haben die hierzu gehörig befugten Unterzeichneten dieses Protokoll unterschrieben.

Geschehen zu Straßburg am 22. November 1984 in englischer und französischer Sprache, wobei jeder Wortlaut gleichermaßen verbindlich ist, in einer Urschrift, die im Archiv des Europarats hinterlegt wird. Der Generalsekretär des Europarats übermittelt allen Mitgliedstaaten des Europarats beglaubigte Abschriften.

Protokoll Nr. 13
zur Konvention zum Schutz der Menschenrechte und Grundfreiheiten über die vollständige Abschaffung der Todesstrafe[1]
Vom 3. Mai 2002

– Auszug –

Die Mitgliedstaaten des Europarats, die dieses Protokoll unterzeichnen,
in der Überzeugung, dass in einer demokratischen Gesellschaft das Recht jedes Menschen auf Leben einen Grundwert darstellt und die Abschaffung der Todesstrafe für den Schutz dieses Rechts und für die volle Anerkennung der allen Menschen innewohnenden Würde von wesentlicher Bedeutung ist;
in dem Wunsch, den Schutz des Rechts auf Leben, der durch die am 4. November 1950 in Rom unterzeichnete Konvention zum Schutz der Menschenrechte und Grundfreiheiten (im Folgenden als »Konvention« bezeichnet) gewährleistet wird, zu stärken;
in Anbetracht dessen, dass das Protokoll Nr. 6 zur Konvention über die Abschaffung der Todesstrafe, das am 28. April 1983 in Straßburg unterzeichnet wurde, die Todesstrafe nicht für Taten ausschließt, die in Kriegszeiten oder bei unmittelbarer Kriegsgefahr begangen werden;
entschlossen, den letzten Schritt zu tun, um die Todesstrafe vollständig abzuschaffen,
haben Folgendes vereinbart:
Artikel 1 Abschaffung der Todesstrafe
Die Todesstrafe ist abgeschafft. Niemand darf zu dieser Strafe verurteilt oder hingerichtet werden.
Artikel 2 Verbot des Abweichens
Von diesem Protokoll darf nicht nach Artikel 15 der Konvention abgewichen werden.
Artikel 3 Verbot von Vorbehalten
Vorbehalte nach Artikel 57 der Konvention zu diesem Protokoll sind nicht zulässig.
Artikel 4 Räumlicher Geltungsbereich
(1) Jeder Staat kann bei der Unterzeichnung oder bei der Hinterlegung der Ratifikations-, Annahme- oder Genehmigungsurkunde einzelne oder mehrere Hoheitsgebiete bezeichnen, auf die dieses Protokoll Anwendung findet.
(2) Jeder Staat kann jederzeit danach durch eine an den Generalsekretär des Europarats gerichtete Erklärung die Anwendung dieses Protokolls auf jedes weitere in der Erklärung bezeichnete Hoheitsgebiet erstrecken. Das Protokoll tritt für dieses Hoheitsgebiet am ersten Tag des Monats in Kraft, der auf einen Zeitabschnitt von drei Monaten nach Eingang der Erklärung beim Generalsekretär folgt.
(3) Jede nach den Absätzen 1 und 2 abgegebene Erklärung kann in Bezug auf jedes darin bezeichnete Hoheitsgebiet durch eine an den Generalsekretär gerichtete Notifikation zurückgenommen oder geändert werden. Die Rücknahme oder Änderung wird am ersten Tag des Monats wirksam, der auf einen Zeitabschnitt von drei Monaten nach Eingang der Notifikation beim Generalsekretär folgt.
Artikel 5 Verhältnis zur Konvention
Die Vertragsstaaten betrachten die Artikel 1 bis 4 dieses Protokolls als Zusatzartikel zur Konvention; alle Bestimmungen der Konvention sind dementsprechend anzuwenden.
Artikel 6 Unterzeichnung und Ratifikation
Dieses Protokoll liegt für die Mitgliedstaaten des Europarats, welche die Konvention unterzeichnet haben, zur Unterzeichnung auf. Es bedarf der Ratifikation, Annahme oder Genehmigung. Ein Mitgliedstaat des Europarats kann dieses Protokoll nur ratifizieren, annehmen oder genehmigen, wenn er die Konvention gleichzeitig ratifiziert oder bereits zu einem früheren Zeitpunkt ratifiziert hat. Die Ratifikations-, Annahme- oder Genehmigungsurkunden werden beim Generalsekretär des Europarats hinterlegt.

---
[1] Deutscher Text: *BGBl.* 2004 II S. 983.
Internationale Quelle: *CETS* Nr. 187.
In Kraft getreten am 1. Juli 2003, für die Bundesrepublik Deutschland am 1. Februar 2005.

Artikel 7 Inkrafttreten
(1) Dieses Protokoll tritt am ersten Tag des Monats in Kraft, der auf einen Zeitabschnitt von drei Monaten nach dem Tag folgt, an dem zehn Mitgliedstaaten des Europarats nach Artikel 6 ihre Zustimmung ausgedrückt haben, durch das Protokoll gebunden zu sein.
(2) Für jeden Mitgliedstaat, der später seine Zustimmung ausdrückt, durch dieses Protokoll gebunden zu sein, tritt es am ersten Tag des Monats in Kraft, der auf einen Zeitabschnitt von drei Monaten nach der Hinterlegung der Ratifikations-, Annahme- oder Genehmigungsurkunde folgt.

...

Europäisches Übereinkommen zur Verhütung von Folter und unmenschlicher oder erniedrigender Behandlung oder Strafe[1)]

Vom 26. November 1987

Die Mitgliedstaaten des Europarats, die dieses Übereinkommen unterzeichnen –
in Anbetracht der Bestimmungen der Konvention zum Schutze der Menschenrechte und Grundfreiheiten;
eingedenk dessen, dass nach Artikel 3 der genannten Konvention niemand der Folter oder unmenschlicher oder erniedrigender Behandlung oder Strafe unterworfen werden darf;
unter Hinweis darauf, dass Personen, die sich durch eine Verletzung des Artikels 3 beschwert fühlen, die in jener Konvention vorgesehenen Verfahren in Anspruch nehmen können;
überzeugt, dass der Schutz von Personen, denen die Freiheit entzogen ist, vor Folter und unmenschlicher oder erniedrigender Behandlung oder Strafe durch nichtgerichtliche Maßnahmen vorbeugender Art, die auf Besuchen beruhen, verstärkt werden könnte –
sind wie folgt übereingekommen:

Kapitel I

Artikel 1
Es wird ein Europäischer Ausschuss zur Verhütung von Folter und unmenschlicher oder erniedrigender Behandlung oder Strafe (im Folgenden als »Ausschuss« bezeichnet) errichtet. Der Ausschuss prüft durch Besuche die Behandlung von Personen, denen die Freiheit entzogen ist, um erforderlichenfalls den Schutz dieser Personen vor Folter und unmenschlicher oder erniedrigender Behandlung oder Strafe zu verstärken.

Artikel 2
Jede Vertragspartei lässt Besuche nach diesem Übereinkommen an allen ihrer Hoheitsgewalt unterstehenden Orten zu, an denen Personen durch eine öffentliche Behörde die Freiheit entzogen ist.

Artikel 3
Bei der Anwendung dieses Übereinkommens arbeiten der Ausschuss und die zuständigen innerstaatlichen Behörden der betreffenden Vertragspartei zusammen.

Kapitel II

Artikel 4
(1) Die Zahl der Mitglieder des Ausschusses entspricht derjenigen der Vertragsparteien.
(2) Die Mitglieder des Ausschusses werden unter Persönlichkeiten von hohem sittlichem Ansehen ausgewählt, die für ihre Sachkenntnis auf dem Gebiet der Menschenrechte bekannt sind oder in den von diesem Übereinkommen erfassten Bereichen über berufliche Erfahrung verfügen.
(3) Dem Ausschuss darf jeweils nur ein Angehöriger desselben Staates angehören.
(4) Die Mitglieder sind in persönlicher Eigenschaft tätig; sie müssen unabhängig und unparteiisch sein und dem Ausschuss zur wirksamen Mitarbeit zur Verfügung stehen.

Artikel 5
(1) Die Mitglieder des Ausschusses werden vom Ministerkomitee des Europarats mit absoluter Stimmenmehrheit nach einem vom Büro der Beratenden Versammlung des Europarats aufgestellten Namensverzeichnis gewählt; die nationale Delegation jeder Vertragspartei in der Beratenden Versammlung schlägt drei Kandidaten vor, darunter mindestens zwei eigene Staatsangehörige.
Soll für einen Nichtmitgliedstaat des Europarats ein Mitglied in den Ausschuss gewählt werden, so lädt das Büro der Beratenden Versammlung das Parlament dieses Staates ein, drei Kandidaten

---

1) Deutscher Text: *BGBl.* 1989 II S. 947. Der abgedruckte Text berücksichtigt die Änderungen durch die Protokolle Nr. 1 und 2 zu dem Übereinkommen vom 4. November 1993, *BGBl.* 1996 II S. 1115, 1118.
Internationale Quelle: *CETS* Nr. 126.
In Kraft getreten am 1. Februar 1989; für die Bundesrepublik Deutschland am 1. Juni 1990.

vorzuschlagen, darunter mindestens zwei eigene Staatsangehörige. Das Ministerkomitee nimmt die Wahl nach Konsultation der betreffenden Vertragspartei vor.
(2) Nach demselben Verfahren werden freigewordene Sitze neu besetzt.
(3) Die Mitglieder des Ausschusses werden für die Dauer von vier Jahren gewählt. Sie können zweimal wiedergewählt werden. Die Amtszeit von drei der bei der ersten Wahl gewählten Mitglieder läuft jedoch nach zwei Jahren ab. Die Mitglieder, deren Amtszeit nach Ablauf der ersten Amtsperiode von zwei Jahren endet, werden vom Generalsekretär des Europarats unmittelbar nach der ersten Wahl durch das Los bestimmt.
(4) Um soweit wie möglich sicherzustellen, dass die Hälfte der Mitglieder des Ausschusses alle zwei Jahre neu gewählt wird, kann das Ministerkomitee vor jeder späteren Wahl beschließen, dass die Amtszeit eines oder mehrerer der zu wählenden Mitglieder nicht vier Jahre betragen soll, wobei sie jedoch weder länger als sechs noch kürzer als zwei Jahre sein darf.
(5) Handelt es sich um mehrere Amtszeiten und wendet das Ministerkomitee Absatz 4 an, so wird die Zuteilung der Amtszeiten vom Generalsekretär des Europarats unmittelbar nach der Wahl durch das Los bestimmt.

Artikel 6
(1) Die Sitzungen des Ausschusses finden unter Ausschluss der Öffentlichkeit statt. Der Ausschuss ist bei Anwesenheit der Mehrheit seiner Mitglieder beschlussfähig. Vorbehaltlich des Artikels 10 Absatz 2 fasst der Ausschuss seine Beschlüsse mit der Mehrheit der anwesenden Mitglieder.
(2) Der Ausschuss gibt sich eine Geschäftsordnung.
(3) Das Sekretariat des Ausschusses wird vom Generalsekretär des Europarats gestellt.

Kapitel III

Artikel 7
(1) Der Ausschuss organisiert Besuche der in Artikel 2 bezeichneten Orte. Neben regelmäßigen Besuchen kann der Ausschuss alle weiteren Besuche organisieren, die ihm nach den Umständen erforderlich erscheinen.
(2) Die Besuche werden in der Regel von mindestens zwei Mitgliedern des Ausschusses durchgeführt. Der Ausschuss kann sich, sofern er dies für notwendig hält, von Sachverständigen und Dolmetschern unterstützen lassen.

Artikel 8
(1) Der Ausschuss notifiziert der Regierung der betreffenden Vertragspartei seine Absicht, einen Besuch durchzuführen. Nach einer solchen Notifikation kann der Ausschuss die in Artikel 2 bezeichneten Orte jederzeit besuchen.
(2) Eine Vertragspartei hat dem Ausschuss zur Erfüllung seiner Aufgabe folgende Erleichterungen zu gewähren:
a) Zugang zu ihrem Hoheitsgebiet und das Recht, sich dort uneingeschränkt zu bewegen;
b) alle Auskünfte über die Orte, an denen sich Personen befinden, denen die Freiheit entzogen ist;
c) unbeschränkten Zugang zu allen Orten, an denen sich Personen befinden, denen die Freiheit entzogen ist, einschließlich des Rechts, sich innerhalb dieser Orte ungehindert zu bewegen;
d) alle sonstigen der Vertragspartei zur Verfügung stehenden Auskünfte, die der Ausschuss zur Erfüllung seiner Aufgabe benötigt. Bei der Beschaffung solcher Auskünfte beachtet der Ausschuss die innerstaatlichen Rechtsvorschriften einschließlich des Standesrechts.
(3) Der Ausschuss kann sich mit Personen, denen die Freiheit entzogen ist, ohne Zeugen unterhalten.
(4) Der Ausschuss kann sich mit jeder Person, von der er annimmt, dass sie ihm sachdienliche Auskünfte geben kann, ungehindert in Verbindung setzen.
(5) Erforderlichenfalls kann der Ausschuss den zuständigen Behörden der betreffenden Vertragspartei seine Beobachtungen sogleich mitteilen.

Artikel 9
(1) Unter außergewöhnlichen Umständen können die zuständigen Behörden der betreffenden Vertragspartei gegenüber dem Ausschuss Einwände gegen einen Besuch zu dem vom Ausschuss vorge-

schlagenen Zeitpunkt oder an dem von ihm vorgeschlagenen Ort geltend machen. Solche Einwände können nur aus Gründen der nationalen Verteidigung oder der öffentlichen Sicherheit oder wegen schwerer Störungen der Ordnung an Orten, an denen Personen die Freiheit entzogen ist, wegen des Gesundheitszustands einer Person oder einer dringenden Vernehmung in einer laufenden Ermittlung im Zusammenhang mit einer schweren Straftat erhoben werden.

(2) Werden solche Einwände erhoben, so nehmen der Ausschuss und die Vertragspartei sofort Konsultationen auf, um die Lage zu klären und zu einer Einigung über Regelungen zu gelangen, die es dem Ausschuss ermöglichen, seine Aufgaben so schnell wie möglich zu erfüllen. Diese Regelungen können die Verlegung einer Person, die der Ausschuss zu besuchen beabsichtigt, an einen anderen Ort einschließen. Solange der Besuch nicht stattgefunden hat, erteilt die Vertragspartei dem Ausschuss Auskünfte über jede betroffene Person.

Artikel 10

(1) Nach jedem Besuch verfasst der Ausschuss einen Bericht über die bei dem Besuch festgestellten Tatsachen unter Berücksichtigung von Äußerungen der betreffenden Vertragspartei. Er übermittelt ihr seinen Bericht, der die von ihm für erforderlich gehaltenen Empfehlungen enthält. Der Ausschuss kann Konsultationen mit der Vertragspartei führen, um erforderlichenfalls Verbesserungen des Schutzes von Personen vorzuschlagen, denen die Freiheit entzogen ist.

(2) Verweigert die Vertragspartei die Zusammenarbeit oder lehnt sie es ab, die Lage im Sinne der Empfehlungen des Ausschusses zu verbessern, so kann der Ausschuss, nachdem die Vertragspartei Gelegenheit hatte sich zu äußern, mit Zweidrittelmehrheit seiner Mitglieder beschließen, dazu eine öffentliche Erklärung abzugeben.

Artikel 11

(1) Die Informationen, die der Ausschuss bei einem Besuch erhält, sein Bericht und seine Konsultationen mit der betreffenden Vertragspartei sind vertraulich.

(2) Der Ausschuss veröffentlicht seinen Bericht zusammen mit einer etwaigen Stellungnahme der betreffenden Vertragspartei, wenn diese darum ersucht.

(3) Personenbezogene Daten dürfen jedoch nicht ohne ausdrückliche Zustimmung des Betroffenen veröffentlicht werden.

Artikel 12

Unter Beachtung der in Artikel 11 enthaltenen Bestimmungen über die Vertraulichkeit legt der Ausschuss dem Ministerkomitee alljährlich einen allgemeinen Bericht über seine Tätigkeit vor, welcher der Beratenden Versammlung und jedem Nichtmitgliedstaat des Europarats, der Vertragspartei des Übereinkommens ist, zugeleitet und veröffentlicht wird.

Artikel 13

Die Mitglieder des Ausschusses, die Sachverständigen und die anderen Personen, die den Ausschuss unterstützen, haben während und nach ihrer Tätigkeit die Vertraulichkeit der ihnen bei der Erfüllung ihrer Aufgaben bekannt gewordenen Tatsachen oder Angaben zu wahren.

Artikel 14

(1) Die Namen der Personen, die den Ausschuss unterstützen, werden in der Notifikation nach Artikel 8 Absatz 1 angegeben.

(2) Die Sachverständigen handeln nach den Weisungen und unter der Verantwortung des Ausschusses. Sie müssen besondere Kenntnisse und Erfahrungen in den von dem Übereinkommen erfassten Bereichen besitzen und unterliegen in derselben Weise wie die Mitglieder des Ausschusses der Pflicht zur Unabhängigkeit, Unparteilichkeit und Verfügbarkeit.

(3) Eine Vertragspartei kann ausnahmsweise erklären, dass einem Sachverständigen oder einer anderen Person, die den Ausschuss unterstützt, die Teilnahme an dem Besuch eines ihrer Hoheitsgewalt unterstehenden Ortes nicht gestattet wird.

13 Europäisches Anti-Folter-Übereinkommen Art. 15–22

Kapitel IV

Artikel 15
Jede Vertragspartei teilt dem Ausschuss Namen und Anschrift der Behörde, die für die Entgegennahme von Notifikationen an ihre Regierung zuständig ist, sowie etwa von ihr bestimmter Verbindungsbeamter mit.

Artikel 16
Der Ausschuss, seine Mitglieder und die in Artikel 7 Absatz 2 bezeichneten Sachverständigen genießen die in der Anlage zu diesem Übereinkommen bezeichneten Vorrechte und Immunitäten.

Artikel 17
(1) Dieses Übereinkommen lässt die Bestimmungen des innerstaatlichen Rechts oder internationaler Übereinkünfte unberührt, die Personen, denen die Freiheit entzogen ist, weitergehenden Schutz gewähren.
(2) Keine Bestimmung dieses Übereinkommens ist so auszulegen, dass sie die Befugnisse der Organe der Europäischen Menschenrechtskonvention oder die von den Vertragsparteien nach jener Konvention eingegangenen Verpflichtungen einschränkt oder aufhebt.
(3) Der Ausschuss besucht keine Orte, die von Vertretern oder Delegierten von Schutzmächten oder des Internationalen Komitees vom Roten Kreuz aufgrund der Genfer Abkommen vom 12. August 1949 und der Zusatzprotokolle vom 8. Juni 1977 tatsächlich und regelmäßig besucht werden.

Kapitel V

Artikel 18
(1) Dieses Übereinkommen liegt für die Mitgliedstaaten des Europarats zur Unterzeichnung auf. Es bedarf der Ratifikation, Annahme oder Genehmigung. Die Ratifikations-, Annahme- oder Genehmigungsurkunden werden beim Generalsekretär des Europarats hinterlegt.
(2) Das Ministerkomitee des Europarats kann jeden Nichtmitgliedstaat des Europarats einladen, dem Übereinkommen beizutreten.

Artikel 19
(1) Dieses Übereinkommen tritt am ersten Tag des Monats in Kraft, der auf einen Zeitabschnitt von drei Monaten nach dem Tag folgt, an dem sieben Mitgliedstaaten des Europarats nach Artikel 18 ihre Zustimmung ausgedrückt haben, durch das Übereinkommen gebunden zu sein.
(2) Für jeden Staat, der später seine Zustimmung ausdrückt, durch das Übereinkommen gebunden zu sein, tritt es am ersten Tag des Monats in Kraft, der auf einen Zeitabschnitt von drei Monaten nach Hinterlegung der Ratifikations-, Annahme-, Genehmigungs- oder Beitrittsurkunde folgt.

Artikel 20
(1) Jeder Staat kann bei der Unterzeichnung oder bei der Hinterlegung seiner Ratifikations-, Annahme-, Genehmigungs- oder Beitrittsurkunde einzelne oder mehrere Hoheitsgebiete bezeichnen, auf die dieses Übereinkommen Anwendung findet.
(2) Jeder Staat kann jederzeit danach durch eine an den Generalsekretär des Europarats gerichtete Erklärung die Anwendung dieses Übereinkommens auf jedes weitere in der Erklärung bezeichnete Hoheitsgebiet erstrecken. Das Übereinkommen tritt für dieses Hoheitsgebiet am ersten Tag des Monats in Kraft, der auf einen Zeitabschnitt von drei Monaten nach Eingang der Erklärung beim Generalsekretär folgt.
(3) Jede nach den Absätzen 1 und 2 abgegebene Erklärung kann in bezug auf jedes darin bezeichnete Hoheitsgebiet durch eine an den Generalsekretär gerichtete Notifikation zurückgenommen werden. Die Rücknahme wird am ersten Tag des Monats wirksam, der auf einen Zeitabschnitt von drei Monaten nach Eingang der Notifikation beim Generalsekretär folgt.

Artikel 21
Vorbehalte zu diesem Übereinkommen sind nicht zulässig.

Artikel 22
(1) Jede Vertragspartei kann dieses Übereinkommen jederzeit durch eine an den Generalsekretär des Europarats gerichtete Notifikation kündigen.

(2) Die Kündigung wird am ersten Tag des Monats wirksam, der auf einen Zeitabschnitt von zwölf Monaten nach Eingang der Notifikation beim Generalsekretär folgt.

Abkommen über die Rechtsstellung der Flüchtlinge[1)]
Vom 28. Juli 1951

Präambel

Die Hohen Vertragschließenden Teile
in der Erwägung, daß die Satzung der Vereinten Nationen und die am 10. Dezember 1948 von der Generalversammlung angenommene Allgemeine Erklärung der Menschenrechte den Grundsatz bestätigt haben, daß die Menschen ohne Unterschied die Menschenrechte und Grundfreiheiten genießen sollen,
in der Erwägung, daß die Organisation der Vereinten Nationen wiederholt die tiefe Verantwortung zum Ausdruck gebracht hat, die sie für die Flüchtlinge empfindet, und sich bemüht hat, diesen in möglichst großem Umfange die Ausübung der Menschenrechte und der Grundfreiheiten zu sichern,
in der Erwägung, daß es wünschenswert ist, frühere internationale Vereinbarungen über die Rechtsstellung der Flüchtlinge zu revidieren und zusammenzufassen und den Anwendungsbereich dieser Regelungen sowie den dadurch gewährleisteten Schutz durch eine neue Vereinbarung zu erweitern,
in der Erwägung, daß sich aus der Gewährung des Asylrechts nicht zumutbare schwere Belastungen für einzelne Länder ergeben können und daß eine befriedigende Lösung des Problems, dessen internationalen Umfang und Charakter die Organisation der Vereinten Nationen anerkannt hat, ohne internationale Zusammenarbeit unter diesen Umständen nicht erreicht werden kann,
in dem Wunsche, daß alle Staaten in Anerkennung des sozialen und humanitären Charakters des Flüchtlingsproblems alles in ihrer Macht stehende tun, um zu vermeiden, daß dieses Problem zwischenstaatliche Spannungen verursacht,
in Anerkenntnis dessen, daß dem Hohen Kommissar der Vereinten Nationen für Flüchtlinge die Aufgabe obliegt, die Durchführung der internationalen Abkommen zum Schutz der Flüchtlinge zu überwachen, und daß eine wirksame Koordinierung der zur Lösung dieses Problems getroffenen Maßnahmen von der Zusammenarbeit der Staaten mit dem Hohen Kommissar abhängen wird,
haben folgendes vereinbart:

KAPITEL I
Allgemeine Bestimmungen

Artikel 1 Definition des Begriffs »Flüchtling«
A. Im Sinne dieses Abkommens findet der Ausdruck »Flüchtling« auf jede Person Anwendung:
1. Die in Anwendung der Vereinbarungen vom 12. Mai 1926 und 30. Juni 1928 oder in Anwendung der Abkommen vom 28. Oktober 1933 und 10. Februar 1938 und des Protokolls vom 14. September 1939 oder in Anwendung der Verfassung der Internationalen Flüchtlingsorganisation als Flüchtling gilt.
Die von der Internationalen Flüchtlingsorganisation während der Dauer ihrer Tätigkeit getroffenen Entscheidungen darüber, daß jemand nicht als Flüchtling im Sinne ihres Statuts anzusehen ist, stehen dem Umstand nicht entgegen, daß die Flüchtlingseigenschaft Personen zuerkannt wird, die die Voraussetzungen der Ziffer 2 dieses Artikels erfüllen.
2. Die infolge von Ereignissen, die vor dem 1. Januar 1951 eingetreten sind, und aus der begründeten Furcht vor Verfolgung wegen ihrer Rasse, Religion, Nationalität, Zugehörigkeit zu einer bestimmten sozialen Gruppe oder wegen ihrer politischen Überzeugung sich außerhalb des Landes befindet, dessen Staatsangehörigkeit sie besitzt, und den Schutz dieses Landes nicht in Anspruch nehmen kann oder wegen dieser Befürchtungen nicht in Anspruch nehmen will; oder die sich als Staatenlose infolge solcher Ereignisse außerhalb des Landes befindet, in welchem sie ihren gewöhnlichen Aufenthalt hatte, und nicht dorthin zurückkehren will.
Für den Fall, daß eine Person mehr als eine Staatsangehörigkeit hat, bezieht sich der Ausdruck »das Land, dessen Staatsangehörigkeit sie besitzt« auf jedes der Länder, dessen Staatsangehörig-

---
1) Deutscher Text: *BGBl.* 1953 II S. 560.
   Internationale Quelle: *UNTS* Bd. 189 S. 137.
   In Kraft getreten, auch für die Bundesrepublik Deutschland, am 22. April 1954.

Art. 1 Abkommen über die Rechtsstellung der Flüchtlinge 14

keit diese Person hat. Als des Schutzes des Landes, dessen Staatsangehörigkeit sie hat, beraubt gilt nicht eine Person, die ohne einen stichhaltigen, auf eine begründete Befürchtung gestützten Grund den Schutz eines der Länder nicht in Anspruch genommen hat, deren Staatsangehörigkeit sie besitzt.

B. 1. Im Sinne dieses Abkommens können die im Artikel 1 Abschnitt A enthaltenen Worte »Ereignisse, die vor dem 1. Januar 1951 eingetreten sind« in dem Sinne verstanden werden, daß es sich entweder um
a) »Ereignisse, die vor dem 1. Januar 1951 in Europa eingetreten sind« – oder
b) »Ereignisse, die vor dem 1. Januar 1951 in Europa oder anderswo eingetreten sind«

handelt. Jeder vertragschließende Staat wird zugleich mit der Unterzeichnung, der Ratifikation oder dem Beitritt eine Erklärung abgegeben, welche Bedeutung er diesem Ausdruck vom Standpunkt der von ihm auf Grund dieses Abkommens übernommenen Verpflichtung zu geben beabsichtigt.

2. Jeder vertragschließende Staat, der die Formulierung zu a) angenommen hat, kann jederzeit durch eine an den Generalsekretär der Vereinten Nationen gerichtete Notifikation seine Verpflichtungen durch Annahme der Formulierung b) erweitern.

C. Eine Person, auf die die Bestimmungen des Absatzes A zutreffen, fällt nicht mehr unter dieses Abkommen,

1. wenn sie sich freiwillig erneut dem Schutz des Landes, dessen Staatsangehörigkeit sie besitzt, unterstellt; oder
2. wenn sie nach dem Verlust ihrer Staatsangehörigkeit diese freiwillig wiedererlangt hat; oder
3. wenn sie eine neue Staatsangehörigkeit erworben hat und den Schutz des Landes, dessen Staatsangehörigkeit sie erworben hat, genießt; oder
4. wenn sie freiwillig in das Land, das sie aus Furcht vor Verfolgung verlassen hat oder außerhalb dessen sie sich befindet, zurückgekehrt ist und sich dort niedergelassen hat; oder
5. wenn sie nach Wegfall der Umstände, aufgrund deren sie als Flüchtling anerkannt worden ist, es nicht mehr ablehnen kann, den Schutz des Landes in Anspruch zu nehmen, dessen Staatsangehörigkeit sie besitzt.

Hierbei wird jedoch unterstellt, daß die Bestimmung dieser Ziffer auf keinen Flüchtling im Sinne der Ziffer 1 des Abschnittes A dieses Artikels Anwendung findet, der sich auf zwingende, auf früheren Verfolgungen beruhende Gründe berufen kann, um die Inanspruchnahme des Schutzes des Landes abzulehnen, dessen Staatsangehörigkeit sie besitzt;

6. wenn es sich um eine Person handelt, die keine Staatsangehörigkeit besitzt, falls sie nach Wegfall der Umstände, auf Grund deren sie als Flüchtling anerkannt worden ist, in der Lage ist, in das Land zurückzukehren, in dem sie ihren gewöhnlichen Wohnsitz hat.

Dabei wird jedoch unterstellt, daß die Bestimmung dieser Ziffer auf keinen Flüchtling im Sinne der Ziffer 1 des Abschnittes A dieses Artikels Anwendung findet, der sich auf zwingende, auf früheren Verfolgungen beruhende Gründe berufen kann, um die Rückkehr in das Land abzulehnen, in dem er seinen gewöhnlichen Aufenthalt hatte.

D. Diese Abkommen findet keine Anwendung auf Personen, die zur Zeit den Schutz oder Beistand einer Organisation oder einer Institution der Vereinten Nationen mit Ausnahme des Hohen Kommissars der Vereinten Nationen für Flüchtlinge genießen.

Ist dieser Schutz oder diese Unterstützung aus irgendeinem Grunde weggefallen, ohne daß das Schicksal dieser Person endgültig gemäß den hierauf bezüglichen Entschließungen der Generalversammlung der Vereinten Nationen geregelt worden ist, so fallen diese Personen ipso facto unter die Bestimmungen dieses Abkommens.

E. Dieses Abkommen findet keine Anwendung auf eine Person, die von den zuständigen Behörden des Landes, in dem sie ihren Aufenthalt genommen hat, als eine Person anerkannt wird, welche die Rechte und Pflichten hat, die mit dem Besitz der Staatsangehörigkeit dieses Landes verknüpft sind.

F. Die Bestimmungen dieses Abkommens finden keine Anwendung auf Personen, in bezug auf die aus schwerwiegenden Gründen die Annahme gerechtfertigt ist,
a) daß sie ein Verbrechen gegen den Frieden, ein Kriegsverbrechen oder ein Verbrechen gegen die Menschlichkeit im Sinne der internationalen Vertragswerke begangen haben, die ausgearbeitet worden sind, um Bestimmungen bezüglich dieser Verbrechen zu treffen;
b) daß sie ein schweres nichtpolitisches Verbrechen außerhalb des Aufnahmelandes begangen haben, bevor sie dort als Flüchtling aufgenommen wurden;
c) daß sie sich Handlungen zuschulden kommen ließen, die den Zielen und Grundsätzen der Vereinten Nationen zuwiderlaufen.

Artikel 2 Allgemeine Verpflichtungen
Jeder Flüchtling hat gegenüber dem Land, in dem er sich befindet, Pflichten, zu denen insbesondere die Verpflichtung gehört, die Gesetze und sonstigen Rechtsvorschriften sowie die zur Aufrechterhaltung der öffentlichen Ordnung getroffenen Maßnahmen zu beachten.

Artikel 3 Verbot unterschiedlicher Behandlung
Die vertragschließenden Staaten werden die Bestimmungen dieses Abkommens auf Flüchtlinge ohne unterschiedliche Behandlung aus Gründen der Rasse, der Religion oder des Herkunftslandes anwenden.

Artikel 4 Religion
Die vertragschließenden Staaten werden den in ihrem Gebiet befindlichen Flüchtlingen in bezug auf die Freiheit der Religionsausübung und die Freiheit des Religionsunterrichts ihrer Kinder eine mindestens ebenso günstige Behandlung wie ihren eigenen Staatsangehörigen gewähren.

Artikel 5 Unabhängig von diesem Abkommen gewährte Rechte
Rechte und Vergünstigungen, die unabhängig von diesem Abkommen den Flüchtlingen gewährt werden, bleiben von den Bestimmungen dieses Abkommens unberührt.

Artikel 6 Der Ausdruck »unter den gleichen Umständen«
Im Sinne dieses Abkommens ist der Ausdruck »unter den gleichen Umständen« dahingehend zu verstehen, daß die betreffende Person alle Bedingungen erfüllen muß (einschließlich derjenigen, die sich auf die Dauer und die Bedingungen des vorübergehenden oder des dauernden Aufenthalts beziehen), die sie erfüllen müßte, wenn sie nicht Flüchtling wäre, um das in Betracht kommende Recht in Anspruch zu nehmen, mit Ausnahme der Bedingungen, die ihrer Natur nach ein Flüchtling nicht erfüllen kann.

Artikel 7 Befreiung von der Gegenseitigkeit
1. Vorbehaltlich der in diesem Abkommen vorgesehenen günstigeren Bestimmungen wird jeder vertragschließende Staat den Flüchtlingen die Behandlung gewähren, die er Ausländern im allgemeinen gewährt.
2. Nach dreijährigem Aufenthalt werden alle Flüchtlinge in dem Gebiet der vertragschließenden Staaten Befreiung von dem Erfordernis der gesetzlichen Gegenseitigkeit genießen.
3. Jeder vertragschließende Staat wird den Flüchtlingen weiterhin die Rechte und Vergünstigungen gewähren, auf die sie auch bei fehlender Gegenseitigkeit beim Inkrafttreten dieses Abkommens für diesen Staat bereits Anspruch hatten.
4. Die vertragschließenden Staaten werden die Möglichkeit wohlwollend in Erwägung ziehen, bei fehlender Gegenseitigkeit den Flüchtlingen Rechte und Vergünstigungen außer denen, auf die sie nach Ziffer 2 und 3 Anspruch haben, sowie Befreiung von dem Erfordernis der Gegenseitigkeit den Flüchtlingen zu gewähren, welche die Bedingungen von Ziffer 2 und 3 nicht erfüllen.
5. Die Bestimmungen der Ziffern 2 und 3 finden nicht nur auf die in den Artikeln 13, 18, 19, 21 und 22 dieses Abkommens genannten Rechte und Vergünstigungen Anwendung, sondern auch auf die in diesem Abkommen nicht vorgesehenen Rechte und Vergünstigungen.

Artikel 8 Befreiung von außergewöhnlichen Maßnahmen
Außergewöhnliche Maßnahmen, die gegen die Person, das Eigentum oder die Interessen der Staatsangehörigen eines bestimmten Staates ergriffen werden können, werden von den vertragschließenden Staaten auf einen Flüchtling, der formell ein Staatsangehöriger dieses Staates ist, allein wegen sei-

Art. 9–14 Abkommen über die Rechtsstellung der Flüchtlinge

ner Staatsangehörigkeit nicht angewendet. Die vertragschließenden Staaten, die nach dem bei ihnen geltenden Recht den in diesem Artikel aufgestellten allgemeinen Grundsatz nicht anwenden können, werden in geeigneten Fällen Befreiung zugunsten solcher Flüchtlinge gewähren.

Artikel 9 Vorläufige Maßnahmen
Keine der Bestimmungen dieses Abkommens hindert einen vertragschließenden Staat in Kriegszeiten oder bei Vorliegen sonstiger schwerwiegender und außergewöhnlicher Umstände daran, gegen eine bestimmte Person vorläufig die Maßnahmen zu ergreifen, die dieser Staat für seine Sicherheit für erforderlich hält, bis dieser vertragschließende Staat eine Entscheidung darüber getroffen hat, ob diese Person tatsächlich ein Flüchtling ist und die Aufrechterhaltung dieser Maßnahmen im vorliegenden Falle im Interesse der Sicherheit des Staates notwendig ist.

Artikel 10 Fortdauer des Aufenthalts
1. Ist ein Flüchtling während des Zweiten Weltkrieges zwangsverschickt und in das Gebiet eines der Vertragsstaaten verbracht worden und hält er sich dort auf, so wird die Dauer dieses Zwangsaufenthaltes als rechtmäßiger Aufenthalt in diesem Gebiet gelten.
2. Ist ein Flüchtling während des Zweiten Weltkrieges aus dem Gebiet eines Vertragsstaates zwangsverschickt worden und vor Inkrafttreten dieses Abkommens dorthin zurückgekehrt, um dort seinen dauernden Aufenthalt zu nehmen, so wird die Zeit vor und nach dieser Zwangsverschickung für alle Zwecke, für die ein ununterbrochener Aufenthalt erforderlich ist, als ein ununterbrochener Aufenthalt gelten.

Artikel 11 Geflüchtete Seeleute
Bei Flüchtlingen, die ordnungsgemäß als Besatzungsangehörige eines Schiffes angeheuert sind, das die Flagge eines Vertragsstaates führt, wird dieser Staat die Möglichkeit wohlwollend in Erwägung ziehen, diesen Flüchtlingen die Genehmigung zur Niederlassung in seinem Gebiet zu erteilen und ihnen Reiseausweise auszustellen oder ihnen vorläufig den Aufenthalt in seinem Gebiet zu gestatten, insbesondere um ihre Niederlassung in einem anderen Land zu erleichtern.

KAPITEL II
Rechtsstellung

Artikel 12 Personalstatut
1. Das Personalstatut jedes Flüchtlings bestimmt sich nach dem Recht des Landes seines Wohnsitzes oder, in Ermangelung eines Wohnsitzes, nach dem Recht seines Aufenthaltslandes.
2. Die von einem Flüchtling vorher erworbenen und sich aus seinem Personalstatut ergebenden Rechte, insbesondere die aus der Eheschließung, werden von jedem vertragschließenden Staat geachtet, gegebenenfalls vorbehaltlich der Formalitäten, die nach dem in diesem Staat geltenden Recht vorgesehen sind. Hierbei wird jedoch unterstellt, daß das betreffende Recht zu demjenigen gehört, das nach den Gesetzen dieses Staates anerkannt worden wäre, wenn die in Betracht kommende Person kein Flüchtling geworden wäre.

Artikel 13 Bewegliches und unbewegliches Eigentum
Die vertragschließenden Staaten werden jedem Flüchtling hinsichtlich des Erwerbs von beweglichem und unbeweglichem Eigentum und sonstiger diesbezüglicher Rechte sowie hinsichtlich von Miet-, Pacht- und sonstigen Verträgen über bewegliches und unbewegliches Eigentum eine möglichst günstige und jedenfalls nicht weniger günstige Behandlung gewähren, als sie Ausländern im allgemeinen unter den gleichen Umständen gewährt wird.

Artikel 14 Urheberrecht und gewerbliche Schutzrechte
Hinsichtlich des Schutzes von gewerblichen Rechten, insbesondere an Erfindungen, Mustern und Modellen, Warenzeichen und Handelsnamen, sowie des Schutzes von Rechten an Werken der Literatur, Kunst und Wissenschaft genießt jeder Flüchtling in dem Land, in dem er seinen gewöhnlichen Aufenthalt hat, den Schutz, der den Staatsangehörigen des Landes gewährt wird. Im Gebiete jedes anderen vertragschließenden Staates genießt er den Schutz, der in diesem Gebiet den Staatsangehörigen des Landes gewährt wird, in dem er seinen gewöhnlichen Aufenthalt hat.

14 Abkommen über die Rechtsstellung der Flüchtlinge Art. 15–19

Artikel 15 Vereinigungsrecht
Die vertragschließenden Staaten werden den Flüchtlingen, die sich rechtmäßig in ihrem Gebiet aufhalten, hinsichtlich der Vereinigungen, die nicht politischen und nicht Erwerbszwecken dienen, und den Berufsverbänden die günstigste Behandlung wie den Staatsangehörigen eines fremden Landes unter den gleichen Umständen gewähren.

Artikel 16 Zugang zu den Gerichten
1. Jeder Flüchtling hat in dem Gebiet der vertragschließenden Staaten freien und ungehinderten Zugang zu den Gerichten.
2. In dem vertragschließenden Staat, in dem ein Flüchtling seinen gewöhnlichen Aufenthalt hat, genießt er hinsichtlich des Zugangs zu den Gerichten einschließlich des Armenrechts und der Befreiung von Sicherheitsleistung für Prozeßkosten dieselbe Behandlung wie ein eigener Staatsangehöriger.
3. In den vertragschließenden Staaten, in denen ein Flüchtling nicht seinen gewöhnlichen Aufenthalt hat, genießt er hinsichtlich der in Ziffer 2 erwähnten Angelegenheit dieselbe Behandlung wie ein Staatsangehöriger des Landes, in dem er seinen gewöhnlichen Aufenthalt hat.

KAPITEL III
Erwerbstätigkeit

Artikel 17 Nichtselbständige Arbeit
1. Die vertragschließenden Staaten werden hinsichtlich der Ausübung nichtselbständiger Arbeit jedem Flüchtling, der sich rechtmäßig in ihrem Gebiet aufhält, die günstigste Behandlung gewähren, die den Staatsangehörigen eines fremden Landes unter den gleichen Umständen gewährt wird.
2. In keinem Falle werden die einschränkenden Maßnahmen, die für Ausländer oder für die Beschäftigung von Ausländern zum Schutz des eigenen Arbeitsmarktes bestehen, Anwendung auf Flüchtlinge finden, die beim Inkrafttreten dieses Abkommens durch den betreffenden Vertragsstaat bereits davon befreit waren oder eine der folgenden Bedingungen erfüllen:
a) wenn sie sich drei Jahre im Lande aufgehalten haben;
b) wenn sie mit einer Person, die die Staatsangehörigkeit des Aufenthaltslandes besitzt, die Ehe geschlossen haben. Ein Flüchtling kann sich nicht auf die Vergünstigung dieser Bestimmung berufen, wenn er seinen Ehegatten verlassen hat;
c) wenn sie ein oder mehrere Kinder haben, die die Staatsangehörigkeit des Aufenthaltslandes besitzen.
3. Die vertragschließenden Staaten werden hinsichtlich der Ausübung nichtselbständiger Arbeit Maßnahmen wohlwollend in Erwägung ziehen, um alle Flüchtlinge, insbesondere diejenigen, die im Rahmen eines Programms zur Anwerbung von Arbeitskräften oder eines Einwanderungsplanes in ihr Gebiet gekommen sind, den eigenen Staatsangehörigen rechtlich gleichzustellen.

Artikel 18 Selbständige Tätigkeit
Die vertragschließenden Staaten werden den Flüchtlingen, die sich rechtmäßig in ihrem Gebiet befinden, hinsichtlich der Ausübung einer selbständigen Tätigkeit in Landwirtschaft, Industrie, Handwerk und Handel sowie der Errichtung von Handels- und industriellen Unternehmen eine möglichst günstige und jedenfalls nicht weniger günstige Behandlung gewähren, als sie Ausländern im allgemeinen unter den gleichen Umständen gewährt wird.

Artikel 19 Freie Berufe
1. Jeder vertragschließende Staat wird den Flüchtlingen. die sich rechtmäßig in seinem Gebiet aufhalten, Inhaber von durch die zuständigen Behörden dieses Staates anerkannten Diplomen sind und einen freien Beruf auszuüben wünschen, eine möglichst günstige und jedenfalls nicht weniger günstige Behandlung gewähren, als sie Ausländern im allgemeinen unter den gleichen Umständen gewährt wird.
2. Die vertragschließenden Staaten werden alles in ihrer Macht Stehende tun, um im Einklang mit ihren Gesetzen und Verfassungen die Niederlassung solcher Flüchtlinge in den außerhalb des Mutterlandes gelegenen Gebieten sicherzustellen, für deren internationale Beziehungen sie verantwortlich sind.

KAPITEL IV
Wohlfahrt

Artikel 20 Rationierung
Falls ein Rationierungssystem besteht, dem die Bevölkerung insgesamt unterworfen ist und das die allgemeine Verteilung von Erzeugnissen regelt, an denen Mangel herrscht, werden Flüchtlinge wie Staatsangehörige behandelt.

Artikel 21 Wohnungswesen
Hinsichtlich des Wohnungswesens werden die vertragschließenden Staaten insoweit, als die Angelegenheit durch Gesetz oder sonstige Rechtsvorschriften geregelt ist oder der Überwachung öffentlicher Behörden unterliegt, den sich rechtmäßig in ihrem Gebiet aufhaltenden Flüchtlingen eine möglichst günstige und jedenfalls nicht weniger günstige Behandlung gewähren, als sie Ausländern im allgemeinen unter den gleichen Bedingungen gewährt wird.

Artikel 22 Öffentliche Erziehung
1. Die vertragschließenden Staaten werden den Flüchtlingen dieselbe Behandlung wie ihren Staatsangehörigen hinsichtlich des Unterrichts in Volksschulen gewähren.
2. Für über die Volksschule hinausgehenden Unterricht, insbesondere die Zulassung zum Studium, die Anerkennung von ausländischen Studienzeugnissen, Diplomen und akademischen Titeln, den Erlaß von Gebühren und Abgaben und die Zuerkennung von Stipendien, werden die vertragschließenden Staaten eine möglichst günstige und in keinem Falle weniger günstige Behandlung gewähren, als sie Ausländern im allgemeinen unter den gleichen Bedingungen gewährt wird.

Artikel 23 Öffentliche Fürsorge
Die vertragschließenden Staaten werden den Flüchtlingen, die sich rechtmäßig in ihrem Staatsgebiet aufhalten, auf dem Gebiet der öffentlichen Fürsorge und sonstigen Hilfeleistungen die gleiche Behandlung wie ihren eigenen Staatsangehörigen gewähren.

Artikel 24 Arbeitsrecht und soziale Sicherheit
1. Die vertragschließenden Staaten werden den Flüchtlingen, die sich rechtmäßig in ihrem Gebiet aufhalten, dieselbe Behandlung gewähren wie ihren Staatsangehörigen, wenn es sich um folgende Angelegenheiten handelt:
   a) Lohn einschließlich Familienbeihilfen, wenn diese einen Teil des Arbeitsentgelts bilden, Arbeitszeit, Überstunden, bezahlter Urlaub, Einschränkungen der Heimarbeit, Mindestalter für die Beschäftigung, Lehrzeit und Berufsausbildung, Arbeit von Frauen und Jugendlichen und der Genuß der durch Tarifverträge gebotenen Vergünstigungen, soweit alle diese Fragen durch das geltende Recht geregelt sind oder in die Zuständigkeit der Verwaltungsbehörden fallen;
   b) Soziale Sicherheit (gesetzliche Bestimmungen bezüglich der Arbeitsunfälle, der Berufskrankheiten, der Mutterschaft, der Krankheit, der Arbeitsunfähigkeit, des Alters und des Todes, der Arbeitslosigkeit, des Familienunterhalts sowie jedes anderen Wagnisses, das nach dem im betreffenden Land geltenden Recht durch ein System der sozialen Sicherheit gedeckt wird) vorbehaltlich
      (i) geeigneter Abmachungen über die Aufrechterhaltung der erworbenen Rechte und Anwartschaften,
      (ii) besonderer Bestimmungen, die nach dem im Aufenthaltsland geltenden Recht vorgeschrieben sind und die Leistungen oder Teilleistungen betreffen, die ausschließlich aus öffentlichen Mitteln bestritten werden, sowie Zuwendungen an Personen, die nicht die für die Gewährung einer normalen Rente geforderten Bedingungen der Beitragsleistung erfüllen.
2. Das Recht auf Leistung, das durch den Tod eines Flüchtlings infolge eines Arbeitsunfalles oder einer Berufskrankheit entsteht, wird nicht dadurch berührt, daß sich der Berechtigte außerhalb des Gebietes des vertragschließenden Staates aufhält.
3. Die vertragschließenden Staaten werden auf die Flüchtlinge die Vorteile der Abkommen erstrecken, die sie hinsichtlich der Aufrechterhaltung der erworbenen Rechte und Anwartschaften auf dem Gebiet der sozialen Sicherheit untereinander abgeschlossen haben oder abschließen werden, soweit die Flüchtlinge die Bedingungen erfüllen, die für Staatsangehörige der Unterzeichnerstaaten der in Betracht kommenden Abkommen vorgesehen sind.

4. Die vertragschließenden Staaten werden wohlwollend die Möglichkeit prüfen, die Vorteile ähnlicher Abkommen, die zwischen diesen vertragschließenden Staaten und Nichtvertragsstaaten in Kraft sind oder sein werden, soweit wie möglich auf Flüchtlinge auszudehnen.

KAPITEL V
Verwaltungsmaßnahmen

Artikel 25 Verwaltungshilfe
1. Würde die Ausübung eines Rechts durch einen Flüchtling normalerweise die Mitwirkung ausländischer Behörden erfordern, die er nicht in Anspruch nehmen kann, so werden die vertragschließenden Staaten, in deren Gebiet er sich aufhält, dafür sorgen, daß ihm diese Mitwirkung entweder durch ihre eigenen Behörden oder durch eine internationale Behörde zuteil wird.
2. Die in Ziffer 1 bezeichneten Behörden werden Flüchtlingen diejenigen Urkunden und Bescheinigungen ausstellen oder unter ihrer Aufsicht ausstellen lassen, die Ausländern normalerweise von den Behörden ihres Landes oder durch deren Vermittlung ausgestellt werden.
3. Die so ausgestellten Urkunden oder Bescheinigungen werden die amtlichen Schriftstücke ersetzen, die Ausländern von den Behörden ihres Landes oder durch deren Vermittlung ausgestellt werden; sie werden bis zum Beweis des Gegenteils als gültig angesehen.
4. Vorbehaltlich der Ausnahmen, die zugunsten Bedürftiger zuzulassen wären, können für die in diesem Artikel erwähnten Amtshandlungen Gebühren verlangt werden; diese Gebühren sollen jedoch niedrig sein und müssen jenen entsprechen, die von eigenen Staatsangehörigen für ähnliche Amtshandlungen erhoben werden.
5. Die Bestimmungen dieses Artikels berühren nicht die Artikel 27 und 28.

Artikel 26 Freizügigkeit
Jeder vertragschließende Staat wird den Flüchtlingen, die sich rechtmäßig in seinem Gebiet befinden, das Recht gewähren, dort ihren Aufenthalt zu wählen und sich frei zu bewegen, vorbehaltlich der Bestimmungen, die allgemein für Ausländer unter den gleichen Umständen Anwendung finden.

Artikel 27 Personalausweis
Die vertragschließenden Staaten werden jedem Flüchtling, der sich in ihrem Gebiet befindet und keinen gültigen Reiseausweis besitzt, einen Personalausweis ausstellen.

Artikel 28 Reiseausweis
1. Die vertragschließenden Staaten werden den Flüchtlingen, die sich rechtmäßig in ihrem Gebiet aufhalten, Reiseausweise ausstellen, die ihnen Reisen außerhalb dieses Gebietes gestatten, es sei denn, daß zwingende Gründe der öffentlichen Sicherheit oder Ordnung entgegenstehen; die Bestimmungen des Anhanges zu diesem Abkommen werden auf diese Ausweise Anwendung finden. Die vertragschließenden Staaten können einen solchen Reiseausweis jedem anderen Flüchtling ausstellen, der sich in ihrem Gebiet befindet; sie werden ihre Aufmerksamkeit besonders jenen Flüchtlingen zuwenden, die sich in ihrem Gebiet befinden und nicht in der Lage sind, einen Reiseausweis von dem Staat zu erhalten, in dem sie ihren rechtmäßigen Aufenthalt haben.
2. Reiseausweise, die aufgrund früherer internationaler Abkommen von den Unterzeichnerstaaten ausgestellt worden sind, werden von den vertragschließenden Staaten anerkannt und so behandelt werden, als ob sie den Flüchtlingen aufgrund dieses Artikels ausgestellt worden wären.

Artikel 29 Steuerliche Lasten
1. Die vertragschließenden Staaten werden von den Flüchtlingen keine anderen oder höheren Gebühren, Abgaben oder Steuern, gleichviel unter welcher Bezeichnung, erheben, als unter ähnlichen Verhältnissen von ihren eigenen Staatsangehörigen jetzt oder künftig erhoben werden.
2. Die Bestimmungen der vorstehenden Ziffer schließen nicht aus, die Gesetze und sonstigen Rechtsvorschriften über Gebühren für die Ausstellung von Verwaltungsurkunden einschließlich Personalausweisen an Ausländer auf Flüchtlinge anzuwenden.

Artikel 30 Überführung von Vermögenswerten
1. Jeder vertragschließende Staat wird in Übereinstimmung mit den Gesetzen und sonstigen Rechtsvorschriften des Landes den Flüchtlingen gestatten, die Vermögenswerte, die sie in sein Gebiet

gebracht haben, in das Gebiet eines anderen Landes zu überführen, in dem sie zwecks Wiederansiedlung aufgenommen worden sind.
2. Jeder vertragschließende Staat wird die Anträge von Flüchtlingen wohlwollend in Erwägung ziehen, die auf die Erlaubnis gerichtet sind, alle anderen Vermögenswerte, die zu ihrer Wiederansiedlung erforderlich sind, in ein anderes Land zu überführen, in dem sie zur Wiederansiedlung aufgenommen worden sind.

Artikel 31 Flüchtlinge, die sich nicht rechtmäßig im Aufnahmeland aufhalten
1. Die vertragschließenden Staaten werden wegen unrechtmäßiger Einreise oder Aufenthalts keine Strafen gegen Flüchtlinge verhängen, die unmittelbar aus einem Gebiet kommen, in dem ihr Leben oder ihre Freiheit im Sinne von Artikel 1 bedroht waren und die ohne Erlaubnis in das Gebiet der vertragschließenden Staaten einreisen oder sich dort aufhalten, vorausgesetzt, daß sie sich unverzüglich bei den Behörden melden und Gründe darlegen, die ihre unrechtmäßige Einreise oder ihren unrechtmäßigen Aufenthalt rechtfertigen.
2. Die vertragschließenden Staaten werden den Flüchtlingen beim Wechsel des Aufenthaltsortes keine Beschränkungen auferlegen, außer denen, die notwendig sind; diese Beschränkungen werden jedoch nur solange Anwendung finden, bis die Rechtsstellung dieser Flüchtlinge im Aufnahmeland geregelt oder es ihnen gelungen ist, in einem anderen Land Aufnahme zu erhalten. Die vertragschließenden Staaten werden diesen Flüchtlingen eine angemessene Frist sowie alle notwendigen Erleichterungen zur Aufnahme in einem anderen Land gewähren.

Artikel 32 Ausweisung
1. Die vertragschließenden Staaten werden einen Flüchtling, der sich rechtmäßig in ihrem Gebiet befindet, nur aus Gründen der öffentlichen Sicherheit oder Ordnung ausweisen.
2. Die Ausweisung eines Flüchtlings darf nur in Ausführung einer Entscheidung erfolgen, die in einem durch gesetzliche Bestimmungen geregelten Verfahren ergangen ist. Soweit nicht zwingende Gründe für die öffentliche Sicherheit entgegenstehen, soll dem Flüchtling gestattet werden, Beweise zu seiner Entlastung beizubringen, ein Rechtsmittel einzulegen und sich zu diesem Zweck vor einer zuständigen Behörde oder vor einer oder mehreren Personen, die von der zuständigen Behörde besonders bestimmt sind, vertreten zu lassen.
3. Die vertragschließenden Staaten werden einem solchen Flüchtling eine angemessene Frist gewähren, um ihm die Möglichkeit zu geben, in einem anderen Lande um rechtmäßige Aufnahme nachzusuchen. Die vertragschließenden Staaten behalten sich vor, während dieser Frist diejenigen Maßnahmen anzuwenden, die sie zur Aufrechterhaltung der inneren Ordnung für zweckdienlich erachten.

Artikel 33 Verbot der Ausweisung und Zurückweisung
1. Keiner der vertragschließenden Staaten wird einen Flüchtling auf irgendeine Weise über die Grenzen von Gebieten ausweisen oder zurückweisen, in denen sein Leben oder seine Freiheit wegen seiner Rasse, Religion, Staatsangehörigkeit, seiner Zugehörigkeit zu einer bestimmten sozialen Gruppe oder wegen seiner politischen Überzeugung bedroht sein würde.
2. Auf die Vergünstigung dieser Vorschrift kann sich jedoch ein Flüchtling nicht berufen, der aus schwerwiegenden Gründen als eine Gefahr für die Sicherheit des Landes anzusehen ist, in dem er sich befindet, oder der eine Gefahr für die Allgemeinheit dieses Staates bedeutet, weil er wegen eines Verbrechens oder eines besonders schweren Vergehens rechtskräftig verurteilt wurde.

Artikel 34 Einbürgerung
Die vertragschließenden Staaten werden soweit wie möglich die Eingliederung und Einbürgerung der Flüchtlinge erleichtern. Sie werden insbesondere bestrebt sein, Einbürgerungsverfahren zu beschleunigen und die Kosten dieses Verfahrens soweit wie möglich herabzusetzen.

KAPITEL VI
Durchführungs- und Übergangsbestimmungen
Artikel 35 Zusammenarbeit der staatlichen Behörden mit den Vereinten Nationen
1. Die vertragschließenden Staaten verpflichten sich zur Zusammenarbeit mit dem Amt des Hohen Kommissars der Vereinten Nationen für Flüchtlinge oder jeder ihm etwa nachfolgenden anderen Stelle der Vereinten Nationen bei der Ausübung seiner Befugnisse, insbesondere zur Erleichterung seiner Aufgabe, die Durchführung der Bestimmungen dieses Abkommens zu überwachen.
2. Um es dem Amt des Hohen Kommissars oder jeder ihm etwa nachfolgenden anderen Stelle der Vereinten Nationen zu ermöglichen, den zuständigen Organen der Vereinten Nationen Berichte vorzulegen, verpflichten sich die vertragschließenden Staaten, ihm in geeigneter Form die erbetenen Auskünfte und statistischen Angaben zu liefern über
   a) die Lage der Flüchtlinge,
   b) die Durchführung dieses Abkommens und
   c) die Gesetze, Verordnungen und Verwaltungsvorschriften, die in bezug auf Flüchtlinge jetzt oder künftig in Kraft sind.

Artikel 36 Auskünfte über innerstaatliche Rechtsvorschriften
Die vertragschließenden Staaten werden dem Generalsekretär der Vereinten Nationen den Wortlaut der Gesetze und sonstiger Rechtsvorschriften mitteilen, die sie etwa erlassen werden, um die Durchführung dieses Abkommens sicherzustellen.

Artikel 37 Beziehung zu früher geschlossenen Abkommen
Unbeschadet der Bestimmungen seines Artikels 28 Ziffer 2 tritt dieses Abkommen im Verhältnis zwischen den vertragschließenden Staaten an die Stelle der Vereinbarungen vom 5. Juli 1922, 31. Mai 1924, 12. Mai 1926, 30. Juni 1928 und 30. Juli 1935 sowie der Abkommen vom 28. Oktober 1933, 10. Februar 1938, des Protokolls vom 14. September 1939 und der Vereinbarung vom 15. Oktober 1946.

KAPITEL VII
Schlußbestimmungen
Artikel 38 Regelung von Streitfällen
Jeder Streitfall zwischen den Parteien dieses Abkommens über dessen Auslegung oder Anwendung, der auf andere Weise nicht beigelegt werden kann, wird auf Antrag einer der an dem Streitfall beteiligten Parteien dem Internationalen Gerichtshof vorgelegt.

Artikel 39 Unterzeichnung, Ratifikation und Beitritt
1. Dieses Abkommen liegt in Genf am 28. Juli 1951 zur Unterzeichnung auf und wird nach diesem Zeitpunkt beim Generalsekretär der Vereinten Nationen hinterlegt. Es liegt vom 28. Juli bis 31. August 1951 im Europäischen Büro der Vereinten Nationen zur Unterzeichnung auf, sodann erneut vom 17. September 1951 bis 31. Dezember 1952 am Sitz der Organisation der Vereinten Nationen.
2. Dieses Abkommen liegt zur Unterzeichnung durch alle Mitgliedstaaten der Organisation der Vereinten Nationen, durch jeden Nicht-Mitgliedstaat, der zur Konferenz der Bevollmächtigten über die Rechtsstellung der Flüchtlingen und Staatenlosen eingeladen war, sowie durch jeden anderen Staat auf, den die Vollversammlung zur Unterzeichnung einlädt. Das Abkommen ist zu ratifizieren; die Ratifikations-Urkunden sind beim Generalsekretär der Vereinten Nationen zu hinterlegen.
3. Die in Ziffer 2 dieses Artikels bezeichneten Staaten können diesem Abkommen vom 28. Juli 1951 an beitreten. Der Beitritt erfolgt durch Hinterlegung einer Beitrittsurkunde beim Generalsekretär der Vereinten Nationen.

Artikel 40 Klausel zur Anwendung auf andere Gebiete
1. Jeder Staat kann zum Zeitpunkt der Unterzeichnung, der Ratifikation oder des Beitritts erklären, daß sich die Geltung dieses Abkommens auf alle oder mehrere oder eins der Gebiete erstreckt,

die er in den internationalen Beziehungen vertritt. Eine solche Erklärung wird zu dem Zeitpunkt wirksam, an dem dieses Abkommen für den betreffenden Staat in Kraft tritt.
2. Eine Ausdehnung des Geltungsbereichs zu einem späteren Zeitpunkt erfolgt durch eine an den Generalsekretär der Vereinten Nationen zu richtende Mitteilung und wird am neunzigsten Tage nach dem Zeitpunkt wirksam, zu dem der Generalsekretär der Vereinten Nationen die Mitteilung erhalten hat, oder zu dem Zeitpunkt, an dem dieses Abkommen für den betreffenden Staat in Kraft tritt, wenn dieser letztgenannte Zeitpunkt später liegt.
3. Bei Gebieten, für die dieses Abkommen im Zeitpunkt der Unterzeichnung, Ratifikation oder des Beitritts nicht gilt, wird jeder beteiligte Staat die Möglichkeit prüfen, sobald wie möglich alle erforderlichen Maßnahmen zu ergreifen, um den Geltungsbereich dieses Abkommens auf diese Gebiete auszudehnen, gegebenenfalls unter dem Vorbehalt der Zustimmung der Regierungen dieser Gebiete, wenn eine solche aus verfassungsmäßigen Gründen erforderlich ist.

Artikel 41 Klausel für Bundesstaaten
Im Falle eines Bundes- oder Nichteinheitsstaates werden nachstehende Bestimmungen Anwendung finden:
a) Soweit es sich um die Artikel dieses Abkommens handelt, für die der Bund die Gesetzgebung hat, werden die Verpflichtungen der Bundesregierung dieselben sein wie diejenigen der Unterzeichnerstaaten, die keine Bundesstaaten sind.
b) Soweit es sich um die Artikel dieses Abkommens handelt, für die die einzelnen Länder, Provinzen oder Kantone, die aufgrund der Bundesverfassung zur Ergreifung gesetzgeberischer Maßnahmen nicht verpflichtet sind, die Gesetzgebung haben, wird die Bundesregierung sobald wie möglich diese Artikel den zuständigen Stellen der Länder, Provinzen oder Kantone befürwortend zur Kenntnis bringen.
c) Ein Bundesstaat als Unterzeichner dieses Abkommens wird auf das ihm durch den Generalsekretär der Vereinten Nationen übermittelte Ersuchen eines anderen vertragschließenden Staates hinsichtlich einzelner Bestimmungen des Abkommens eine Darstellung der geltenden Gesetzgebung und ihrer Anwendung innerhalb des Bundes und seiner Glieder übermitteln, aus der hervorgeht, inwieweit diese Bestimmungen durch Gesetzgebung oder sonstige Maßnahmen wirksam geworden sind.

Artikel 42 Vorbehalte
1. Im Zeitpunkt der Unterzeichnung, der Ratifikation oder des Beitritts kann jeder Staat zu den Artikeln des Abkommens, mit Ausnahme der Artikel 1, 3, 4, 16 (1), 33, 36 bis 46 einschließlich, Vorbehalte machen.
2. Jeder vertragschließende Staat, der gemäß Ziffer 1 dieses Artikels einen Vorbehalt gemacht hat, kann ihn jederzeit durch eine diesbezügliche, an den Generalsekretär der Vereinten Nationen zu richtende Mitteilung zurücknehmen.

Artikel 43 Inkrafttreten
1. Dieses Abkommen tritt am neunzigsten Tage nach dem Zeitpunkt der Hinterlegung der sechsten Ratifikations- oder Beitrittsurkunde in Kraft.
2. Für jeden der Staaten, die das Abkommen nach Hinterlegung der sechsten Ratifikations- oder Beitrittsurkunde ratifizieren oder ihm beitreten, tritt es am neunzigsten Tage nach dem Zeitpunkt der Hinterlegung der Ratifikations- oder Beitrittsurkunde dieses Staates in Kraft.

Artikel 44 Kündigung
1. Jeder vertragschließende Staat kann das Abkommen jederzeit durch eine an den Generalsekretär der Vereinten Nationen zu richtende Mitteilung kündigen.
2. Die Kündigung wird für den betreffenden Staat ein Jahr nach dem Zeitpunkt wirksam, an dem sie beim Generalsekretär der Vereinten Nationen eingegangen ist.
3. Jeder Staat, der eine Erklärung oder Mitteilung gemäß Artikel 40 gegeben hat, kann jederzeit später dem Generalsekretär der Vereinten Nationen mitteilen, daß das Abkommen auf ein in der Mitteilung bezeichnetes Gebiet nicht mehr Anwendung findet. Das Abkommen findet sodann ein Jahr nach dem Zeitpunkt, an dem diese Mitteilung beim Generalsekretär eingegangen ist, auf das in Betracht kommende Gebiet keine Anwendung mehr.

Artikel 45 Revision

1. Jeder vertragschließende Staat kann jederzeit mittels einer an den Generalsekretär der Vereinten Nationen zu richtenden Mitteilung die Revision dieses Abkommens beantragen.
2. Die Vollversammlung der Vereinten Nationen empfiehlt die Maßnahmen, die gegebenenfalls in bezug auf diesen Antrag zu ergreifen sind.

Artikel 46 Mitteilungen des Generalsekretärs der Vereinten Nationen

Der Generalsekretär der Vereinten Nationen macht allen Mitgliedstaaten der Vereinten Nationen und den im Artikel 39 bezeichneten Nicht-Mitgliedstaaten Mitteilung über:
a) Erklärungen und Mitteilungen gemäß Artikel 1, Abschnitt B;
b) Unterzeichnungen, Ratifikationen und Beitrittserklärungen gemäß Artikel 39;
c) Erklärungen und Anzeigen gemäß Artikel 40;
d) gemäß Artikel 42 erklärte oder zurückgenommene Vorbehalte;
e) den Zeitpunkt, an dem dieses Abkommen gemäß Artikel 43 in Kraft tritt;
f) Kündigungen und Mitteilungen gemäß Artikel 44;
g) Revisionsanträge gemäß Artikel 45.

Zu Urkund dessen haben die unterzeichneten gehörig beglaubigten Vertreter namens ihrer Regierungen dieses Abkommen unterschrieben.
Geschehen zu Genf, am achtundzwanzigsten Juli neunzehnhundertundeinundfünfzig, in einem einzigen Exemplar, dessen englischer und französischer Wortlaut in gleicher Weise maßgebend ist, das in den Archiven der Organisation der Vereinten Nationen hinterlegt wird, und von dem beglaubigte Ausfertigungen allen Mitgliedstaaten der Vereinten Nationen und den im Artikel 39 bezeichneten Nicht-Mitgliedstaaten übermittelt werden.

Protokoll über die Rechtsstellung der Flüchtlinge[1)]
Vom 31. Januar 1967

Die Vertragsstaaten dieses Protokolls,
In der Erwägung, daß das am 28. Juli 1951 in Genf beschlossene Abkommen über die Rechtsstellung von Flüchtlingen (im folgenden als das Abkommen bezeichnet) nur auf Personen Anwendung findet, die infolge von vor dem 1. Januar 1951 eingetretenen Ereignissen Flüchtlinge geworden sind,
In der Erwägung, daß seit Annahme des Abkommens neue Kategorien von Flüchtlingen entstanden sind und daß die betreffenden Flüchtlinge daher möglicherweise nicht unter das Abkommen fallen,
In der Erwägung, daß es wünschenswert ist, allen Flüchtlingen im Sinne des Abkommens unabhängig von dem Stichtag des 1. Januar 1951 die gleiche Rechtsstellung zu gewähren,
sind wie folgt übereingekommen:

Artikel I Allgemeine Bestimmungen
(1) Die Vertragsstaaten dieses Protokolls verpflichten sich, die Artikel 2 bis 34 des Abkommens auf Flüchtlinge im Sinne der nachstehenden Begriffsbestimmung anzuwenden.
(2) Außer für die Anwendung des Absatzes 3 dieses Artikels bezeichnet der Ausdruck »Flüchtling« im Sinne dieses Protokolls jede neue unter die Begriffsbestimmung des Artikels 1 des Abkommens fallende Person, als seien die Worte »infolge von Ereignissen, die vor dem 1. Januar 1951 eingetreten sind, und...« sowie die Worte »...infolge solcher Ereignisse« in Artikel 1 Abschnitt A Absatz 2 nicht enthalten.
(3) Dieses Protokoll wird von seinen Vertragsstaaten ohne jede geographische Begrenzung angewendet; jedoch finden die bereits nach Artikel 1 Abschnitt B Absatz 1 Buchstabe a) des Abkommens abgegebenen Erklärungen von Staaten, die schon Vertragsstaaten des Abkommens sind, auch aufgrund dieses Protokolls Anwendung, sofern nicht die Verpflichtungen des betreffenden Staates nach Artikel 1 Abschnitt B Absatz 2 des Abkommens erweitert worden sind.

Artikel II Zusammenarbeit der staatlichen Behörden mit den Vereinten Nationen
(1) Die Vertragsstaaten dieses Protokolls verpflichten sich zur Zusammenarbeit mit dem Amt des Hohen Flüchtlingskommissars der Vereinten Nationen oder jeder ihm etwa nachfolgenden anderen Stelle der Vereinten Nationen bei der Ausübung ihrer Befugnisse, insbesondere zur Erleichterung ihrer Aufgabe, die Anwendung des Protokolls zu überwachen.
(2) Um es dem Amt des Hohen Kommissars oder jeder ihm etwa nachfolgenden anderen Stelle der Vereinten Nationen zu ermöglichen, den zuständigen Organen der Vereinten Nationen Berichte vorzulegen, verpflichten sich die Vertragsstaaten dieses Protokolls, ihnen in geeigneter Form die erbetenen Auskünfte und statistischen Angaben zu liefern über:
a) die Lage der Flüchtlinge,
b) die Durchführung dieses Protokolls,
c) die Gesetze, Verordnungen und Verwaltungsvorschriften, die in bezug auf Flüchtlinge jetzt in Kraft sind oder künftig in Kraft sein werden.

Artikel III Auskünfte über innerstaatliche Rechtsvorschriften
Die Vertragsstaaten dieses Protokolls teilen dem Generalsekretär der Vereinten Nationen den Wortlaut der Gesetze und sonstigen Rechtsvorschriften mit, die sie gegebenenfalls erlassen werden, um die Anwendung dieses Protokolls sicherzustellen.

Artikel IV Beilegung von Streitigkeiten
Jede Streitigkeit zwischen Vertragsstaaten dieses Protokolls über dessen Auslegung oder Anwendung, die nicht auf andere Weise beigelegt werden kann, wird auf Antrag einer der Streitparteien dem Internationalen Gerichtshof unterbreitet.

---

1) Deutscher Text: *BGBl.* 1969 II S. 1294.
    Internationale Quelle: *UNTS* Bd. 606 S. 267.
    In Kraft getreten am 4. Oktober 1967; für die Bundesrepublik Deutschland am 5. November 1969.

14a Protokoll über die Rechtsstellung der Flüchtlinge Art. V–X

Artikel V Beitritt
Diese Protokoll liegt für alle Vertragsstaaten des Abkommens und jeden anderen Mitgliedstaat der Vereinten Nationen oder einer ihrer Sonderorganisationen sowie für jeden Staat zum Beitritt auf, der von der Vollversammlung eingeladen wurde, dem Protokoll beizutreten. Der Beitritt erfolgt durch Hinterlegung einer Beitrittsurkunde beim Generalsekretär der Vereinten Nationen.

Artikel VI Bundesstaatsklausel
Für Bundes- und Nichteinheitsstaaten gelten folgende Bestimmungen:
a) soweit für bestimmte Artikel des Abkommens, die nach Artikel I Absatz 1 dieses Protokolls anzuwenden sind, der Bund die Gesetzgebungszuständigkeit besitzt, hat die Bundesregierung die gleichen Verpflichtungen wie die Vertragsstaaten, die nicht Bundesstaaten sind;
b) soweit für bestimmte Artikel des Abkommens, die nach Artikel I Absatz 1 dieses Protokolls anzuwenden sind, die einzelnen Länder, Provinzen oder Kantone die Gesetzgebungszuständigkeiten besitzen, ohne nach der Verfassungsordnung des Bundes zum Erlaß von Rechtsvorschriften verpflichtet zu sein, bringt die Bundesregierung diese Artikel den zuständigen Stellen der einzelnen Länder, Provinzen oder Kantone so bald wie möglich befürwortend zur Kenntnis;
c) richtet ein Vertragsstaat dieses Protokolls über den Generalsekretär der Vereinten Nationen eine Anfrage hinsichtlich des Rechts und der Praxis des Bundes und seiner Glieder in bezug auf einzelne Bestimmungen des Abkommens, die nach Artikel I Absatz 1 des Protokolls anzuwenden sind, an einen Bundesstaat, der Vertragsstaat des Protokolls ist, so legt dieser eine Darstellung vor, aus der ersichtlich ist, inwieweit diese Bestimmungen durch den Erlaß von Rechtsvorschriften oder durch sonstige Maßnahmen wirksam geworden sind.

Artikel VII Vorbehalte und Erklärungen
(1) Im Zeitpunkt seines Beitritts kann jeder Staat zu Artikel IV dieses Protokolls und zur Anwendung jeder Bestimmung des Abkommens – mit Ausnahme der Artikel 1, 3, 4, 16 Absatz 1 und 33 – nach Artikel I des Protokolls Vorbehalte machen, jedoch unter der Voraussetzung, daß im Falle eines Vertragsstaates des Abkommens die nach dem vorliegenden Artikel gemachten Vorbehalte sich nicht auf Flüchtlinge erstrecken, für die das Abkommen gilt.
(2) Die von Vertragsstaaten des Abkommens nach dessen Artikel 42 gemachten Vorbehalte finden, sofern sie nicht zurückgezogen werden, hinsichtlich ihrer Verpflichtungen aus diesem Protokoll Anwendung.
(3) Jeder Staat, der einen Vorbehalt nach Absatz 1 dieses Artikels macht, kann ihn jederzeit durch eine an den Generalsekretär der Vereinten Nationen gerichtete diesbezügliche Mitteilung zurückziehen.
(4) Erklärungen, die ein diesem Protokoll beitretender Vertragsstaat des Abkommens nach dessen Artikel 40 Absätze 1 und 2 abgibt, gelten auch in bezug auf das Protokoll, sofern nicht der betreffende Vertragsstaat bei seinem Beitritt eine gegenteilige Notifikation an den Generalsekretär der Vereinten Nationen richtet. Artikel 40 Absätze 2 und 3 und Artikel 44 Absatz 3 des Abkommens gelten entsprechend für dieses Protokoll.

Artikel VIII Inkrafttreten
(1) Dieses Protokoll tritt am Tage der Hinterlegung der sechsten Beitrittsurkunde in Kraft.
(2) Für jeden Staat, der dem Protokoll nach Hinterlegung der sechsten Beitrittsurkunde beitritt, tritt es an dem Tage in Kraft, an dem der betreffende Staat seine Beitrittsurkunde hinterlegt.

Artikel IX Kündigung
(1) Jeder Vertragsstaat dieses Protokolls kann es jederzeit durch eine an den Generalsekretär der Vereinten Nationen gerichtete Notifikation kündigen.
(2) Die Kündigung wird für den betreffenden Vertragsstaat ein Jahr nach dem Tage wirksam, an dem sie dem Generalsekretär der Vereinten Nationen zugegangen ist.

Artikel X Notifikationen durch den Generalsekretär der Vereinten Nationen
Der Generalsekretär der Vereinten Nationen notifiziert allen in Artikel V bezeichneten Staaten den Zeitpunkt des Inkrafttretens dieses Protokolls, des Beitritts sowie der Hinterlegung und Zurücknahme

Art. XI Protokoll über die Rechtsstellung der Flüchtlinge

von Vorbehalten zu demselben, der Kündigung sowie der darauf bezüglichen Erklärungen und Notifikationen.

Artikel XI Hinterlegung des Protokolls im Archiv des Sekretariats der Vereinten Nationen
Eine Ausfertigung dieses Protokolls, dessen chinesischer, englischer, französischer, russischer und spanischer Wortlaut gleichermaßen verbindlich ist, wird nach Unterzeichnung durch den Präsidenten der Vollversammlung und den Generalsekretär der Vereinten Nationen im Archiv des Sekretariats der Vereinten Nationen hinterlegt. Der Generalsekretär übermittelt allen Mitgliedstaaten der Vereinten Nationen und den anderen in Artikel V bezeichneten Staaten beglaubigte Abschriften.

15 Übereinkommen gegen Rassendiskriminierung

Internationales Übereinkommen zur Beseitigung jeder Form von Rassendiskriminierung[1)]

Vom 7. März 1966

Die Vertragsstaaten dieses Übereinkommens –
eingedenk der Tatsache, daß die Charta der Vereinten Nationen auf dem Grundsatz der angeborenen Würde und Gleichheit aller Menschen beruht und daß alle Mitgliedstaaten gelobt haben, gemeinsam und einzeln mit der Organisation zusammenzuwirken, um eines der Ziele der Vereinten Nationen zu erreichen, das darin besteht, die allgemeine Achtung und Beachtung der Menschenrechte und Grundfreiheiten für alle ohne Unterschied der Rasse, des Geschlechts, der Sprache oder der Religion zu fördern und zu festigen;
eingedenk der in der Allgemeinen Erklärung der Menschenrechte enthaltenen feierlichen Feststellung, daß alle Menschen frei und an Würde und Rechten gleich geboren sind und daß jeder ohne irgendeinen Unterschied, insbesondere der Rasse, der Hautfarbe oder der nationalen Abstammung, Anspruch hat auf alle in der genannten Erklärung aufgeführten Rechte und Freiheiten;
in der Erwägung, daß alle Menschen vor dem Gesetz gleich sind und ein Recht auf gleichen Schutz des Gesetzes gegen jede Diskriminierung und jedes Aufreizen zur Diskriminierung haben;
in der Erwägung, daß die Vereinten Nationen den Kolonialismus und alle damit verbundenen Praktiken der Rassentrennung und der Diskriminierung verurteilt haben, gleichviel in welcher Form und wo sie vorkommen, und daß die Erklärung vom 14. Dezember 1960 (Entschließung 1514 (XV) der Generalversammlung) über die Gewährung der Unabhängigkeit an Kolonialgebiete und Kolonialvölker die Notwendigkeit einer raschen und bedingungslosen Beendigung derartiger Praktiken bejaht und feierlich verkündet hat;
eingedenk der Erklärung der Vereinten Nationen vom 20. November 1963 (Entschließung 1904 (XVIII) der Generalversammlung) über die Beseitigung jeder Form von Rassendiskriminierung – einer Erklärung, die feierlich bekräftigt, daß es notwendig ist, jede Form und jedes Anzeichen von Rassendiskriminierung überall in der Welt rasch zu beseitigen sowie Verständnis und Achtung zu wecken für die Würde der menschlichen Person;
in der Überzeugung, daß jede Lehre von einer auf Rassenunterschiede gegründeten Überlegenheit wissenschaftlich falsch, moralisch verwerflich sowie sozial ungerecht und gefährlich ist und daß eine Rassendiskriminierung, gleichviel ob in Theorie oder in Praxis, nirgends gerechtfertigt ist;
in erneuter Bekräftigung der Tatsache, daß eine Diskriminierung zwischen Menschen auf Grund ihrer Rasse, ihrer Hautfarbe oder ihres Volkstums freundschaftlichen und friedlichen Beziehungen zwischen den Völkern im Wege steht und daß sie geeignet ist, den Frieden und die Sicherheit unter den Völkern sowie das harmonische Zusammenleben der Menschen sogar innerhalb eines Staates zu stören;
in der Überzeugung, daß das Bestehen von Rassenschranken mit den Idealen jeder menschlichen Gesellschaft unvereinbar ist;
beunruhigt durch die in einigen Gebieten der Welt immer noch bestehende Rassendiskriminierung und durch die auf rassische Überlegenheit oder auf Rassenhaß gegründete Apartheids-, Segregations- oder sonstige Rassentrennungspolitik einiger Regierungen;
entschlossen, alle erforderlichen Maßnahmen zur raschen Beseitigung aller Formen und Anzeichen von Rassendiskriminierung zu treffen sowie rassenkämpferische Doktrinen und Praktiken zu verhindern und zu bekämpfen, um das gegenseitige Verständnis zwischen den Rassen zu fördern und eine internationale Gemeinschaft zu schaffen, die frei ist von jeder Form der Rassentrennung und Rassendiskriminierung;
eingedenk des 1958 von der Internationalen Arbeitsorganisation angenommenen Übereinkommens über Diskriminierung in Beschäftigung und Beruf und des 1960 von der Organisation der Vereinten

---

1) Deutscher Text: *BGBl.* 1969 II S. 962.
   Internationale Quelle: *UNTS* Bd. 660 S. 195.
   In Kraft getreten am 4. Januar 1969; für die Bundesrepublik Deutschland am 15. Juni 1969.

Nationen für Erziehung, Wissenschaft und Kultur angenommenen Übereinkommens gegen Diskriminierung im Unterrichtswesen;
in dem Wunsch, die in der Erklärung der Vereinten Nationen über die Beseitigung jeder Form von Rassendiskriminierung niedergelegten Grundsätze zu verwirklichen und die möglichst rasche Annahme praktischer Maßregeln in diesem Sinne sicherzustellen –
sind wie folgt übereingekommen:

TEIL I

Artikel 1

(1) In diesem Übereinkommen bezeichnet der Ausdruck »Rassendiskriminierung« jede auf der Rasse, der Hautfarbe, der Abstammung, dem nationalen Ursprung oder dem Volkstum beruhende Unterscheidung, Ausschließung, Beschränkung oder Bevorzugung, die zum Ziel oder zur Folge hat, daß dadurch ein gleichberechtigtes Anerkennen, Genießen oder Ausüben von Menschenrechten und Grundfreiheiten im politischen, wirtschaftlichen, sozialen, kulturellen oder jedem sonstigen Bereich des öffentlichen Lebens vereitelt oder beeinträchtigt wird.

(2) Dieses Übereinkommen findet keine Anwendung auf Unterscheidungen, Ausschließungen, Beschränkungen oder Bevorzugungen, die ein Vertragsstaat zwischen eigenen und fremden Staatsangehörigen vornimmt.

(3) Dieses Übereinkommen ist nicht so auszulegen, als berühre es die Rechtsvorschriften der Vertragsstaaten über Staatsangehörigkeit, Staatsbürgerschaft oder Einbürgerung, sofern diese Vorschriften nicht Angehörige eines bestimmten Staates diskriminieren.

(4) Sondermaßnahmen, die einzig zu dem Zweck getroffen werden, eine angemessene Entwicklung bestimmter Rassengruppen, Volksgruppen oder Personen zu gewährleisten, die Schutz benötigen, soweit ein solcher erforderlich ist, damit sie die Menschenrechte und Grundfreiheiten gleichberechtigt genießen und ausüben können, gelten nicht als Rassendiskriminierung, sofern diese Maßnahmen nicht die Beibehaltung getrennter Rechte für verschiedene Rassengruppen zur Folge haben und sofern sie nicht fortgeführt werden, nachdem die Ziele, um derentwillen sie getroffen wurden, erreicht sind.

Artikel 2

(1) Die Vertragsstaaten verurteilen die Rassendiskriminierung und verpflichten sich, mit allen geeigneten Mitteln unverzüglich eine Politik der Beseitigung der Rassendiskriminierung in jeder Form und der Förderung des Verständnisses unter allen Rassen zu verfolgen; zu diesem Zweck
a) verpflichtet sich jeder Vertragsstaat, Handlungen oder Praktiken der Rassendiskriminierung gegenüber Personen, Personengruppen oder Einrichtungen zu unterlassen und dafür zu sorgen, daß alle staatlichen und örtlichen Behörden und öffentlichen Einrichtungen im Einklang mit dieser Verpflichtung handeln,
b) verpflichtet sich jeder Vertragsstaat, eine Rassendiskriminierung durch Personen oder Organisationen weder zu fördern noch zu schützen noch zu unterstützen,
c) trifft jeder Vertragsstaat wirksame Maßnahmen, um das Vorgehen seiner staatlichen und örtlichen Behörden zu überprüfen und alle Gesetze und sonstigen Vorschriften zu ändern, aufzuheben oder für nichtig zu erklären, die eine Rassendiskriminierung – oder dort, wo eine solche bereits besteht, ihre Fortsetzung – bewirken,
d) verbietet und beendigt jeder Vertragsstaat jede durch Personen, Gruppen oder Organisationen ausgeübte Rassendiskriminierung mit allen geeigneten Mitteln einschließlich der durch die Umstände erforderlichen Rechtsvorschriften,
e) verpflichtet sich jeder Vertragsstaat, wo immer es angebracht ist, alle eine Rassenintegrierung anstrebenden vielrassischen Organisationen und Bewegungen zu unterstützen, sonstige Mittel zur Beseitigung der Rassenschranken zu fördern und allem entgegenzuwirken, was zur Rassentrennung beiträgt.

(2) Die Vertragsstaaten treffen, wenn die Umstände es rechtfertigen, auf sozialem, wirtschaftlichem, kulturellem und sonstigem Gebiet besondere und konkrete Maßnahmen, um die angemessene Entwicklung und einen hinreichenden Schutz bestimmter Rassengruppen oder ihnen angehörender Einzelpersonen sicherzustellen, damit gewährleistet wird, daß sie in vollem Umfang und gleichberechtigt

15 Übereinkommen gegen Rassendiskriminierung Art. 3–5

in den Genuß der Menschenrechte und Grundfreiheiten gelangen. Diese Maßnahmen dürfen in keinem Fall die Beibehaltung ungleicher oder getrennter Rechte für verschiedene Rassengruppen zur Folge haben, nachdem die Ziele, um derentwillen sie getroffen wurden, erreicht sind.

Artikel 3
Die Vertragsstaaten verurteilen insbesondere die Segregation und die Apartheid und verpflichten sich, alle derartigen Praktiken in ihren Hoheitsgebieten zu verhindern, zu verbieten und auszumerzen.

Artikel 4
Die Vertragsstaaten verurteilen jede Propaganda und alle Organisationen, die auf Ideen oder Theorien hinsichtlich der Überlegenheit einer Rasse oder einer Personengruppe bestimmter Hautfarbe oder Volkszugehörigkeit beruhen oder die irgendeine Form von Rassenhaß und Rassendiskriminierung zu rechtfertigen oder zu fördern suchen; sie verpflichten sich, unmittelbare und positive Maßnahmen zu treffen, um jedes Aufreizen zur Rassendiskriminierung und alle rassisch diskriminierenden Handlungen auszumerzen; zu diesem Zweck übernehmen sie unter gebührender Berücksichtigung der in der Allgemeinen Erklärung der Menschenrechte niedergelegten Grundsätze und der ausdrücklich in Artikel 5 des vorliegenden Übereinkommens genannten Rechte unter anderem folgende Verpflichtungen:
a) jede Verbreitung von Ideen, die sich auf die Überlegenheit einer Rasse oder den Rassenhaß gründen, jedes Aufreizen zur Rassendiskriminierung und jede Gewalttätigkeit oder Aufreizung dazu gegen eine Rasse oder eine Personengruppe anderer Hautfarbe oder Volkszugehörigkeit sowie jede Unterstützung rassenkämpferischer Betätigung einschließlich ihrer Finanzierung zu einer nach dem Gesetz strafbaren Handlung zu erklären,
b) alle Organisationen und alle organisierten oder sonstigen Propagandatätigkeiten, welche die Rassendiskriminierung fördern und dazu aufreizen, als gesetzwidrig zu erklären und zu verbieten und die Beteiligung an derartigen Organisationen oder Tätigkeiten als eine nach dem Gesetz strafbare Handlung anzuerkennen,
c) nicht zuzulassen, daß staatliche oder örtliche Behörden oder öffentliche Einrichtungen die Rassendiskriminierung fördern oder dazu aufreizen.

Artikel 5
Im Einklang mit den in Artikel 2 niedergelegten grundsätzlichen Verpflichtungen werden die Vertragsstaaten die Rassendiskriminierung in jeder Form verbieten und beseitigen und das Recht jedes einzelnen, ohne Unterschied der Rasse, der Hautfarbe, des nationalen Ursprungs oder des Volkstums, auf Gleichheit vor dem Gesetz gewährleisten; dies gilt insbesondere für folgende Rechte:
a) das Recht auf Gleichbehandlung vor den Gerichten und allen sonstigen Organen der Rechtspflege,
b) das Recht auf Sicherheit der Person und auf staatlichen Schutz gegen Gewalttätigkeit oder Körperverletzung, gleichviel ob sie von Staatsbediensteten oder von irgendeiner Person, Gruppe oder Einrichtung verübt werden,
c) die politischen Rechte, insbesondere das aktive und passive Wahlrecht auf der Grundlage allgemeiner und gleicher Wahlen, das Recht auf Beteiligung an der Regierung und an der Führung der öffentlichen Angelegenheiten auf jeder Ebene sowie das Recht auf gleichberechtigten Zugang zum öffentlichen Dienst,
d) sonstige Bürgerrechte, insbesondere
    i) das Recht auf Bewegungsfreiheit und freie Wahl des Aufenthaltsortes innerhalb der Staatsgrenzen,
    ii) das Recht, jedes Land einschließlich des eigenen zu verlassen und in das eigene Land zurückzukehren,
    iii) das Recht auf die Staatsangehörigkeit,
    iv) das Recht auf Ehe und auf freie Wahl des Ehegatten,
    v) das Recht, allein oder in Verbindung mit anderen Vermögen als Eigentum zu besitzen,
    vi) das Recht zu erben,
    vii) das Recht auf Gedanken-, Gewissens- und Religionsfreiheit,
    viii) das Recht auf Meinungsfreiheit und freie Meinungsäußerung,

Art. 6–8 Übereinkommen gegen Rassendiskriminierung

ix) das Recht, sich friedlich zu versammeln und friedliche Vereinigungen zu bilden,
e) wirtschaftliche, soziale und kulturelle Rechte, insbesondere
   i) das Recht auf Arbeit, auf die freie Wahl des Arbeitsplatzes, auf gerechte und befriedigende Arbeitsbedingungen, auf Schutz gegen Arbeitslosigkeit, auf gleiches Entgelt für gleiche Arbeit, auf gerechte und befriedigende Entlohnung,
   ii) das Recht, Gewerkschaften zu bilden und ihnen beizutreten,
   iii) das Recht auf Wohnung,
   iv) das Recht auf öffentliche Gesundheitsfürsorge, ärztliche Betreuung, soziale Sicherheit und soziale Dienstleistungen,
   v) das Recht auf Erziehung und Ausbildung,
   vi) das Recht auf eine gleichberechtigte Teilnahme an kulturellen Tätigkeiten,
f) das Recht auf Zugang zu jedem Ort oder Dienst, der für die Benutzung durch die Öffentlichkeit vorgesehen ist, wie Verkehrsmittel, Hotels, Gaststätten, Cafés, Theater und Parks.

Artikel 6
Die Vertragsstaaten gewährleisten jeder Person in ihrem Hoheitsbereich einen wirksamen Schutz und wirksame Rechtsbehelfe durch die zuständigen nationalen Gerichte und sonstigen staatlichen Einrichtungen gegen alle rassisch diskriminierenden Handlungen, welche ihre Menschenrechte und Grundfreiheiten im Widerspruch zu diesem Übereinkommen verletzen, sowie das Recht, bei diesen Gerichten eine gerechte und angemessene Entschädigung oder Genugtuung für jeden infolge von Rassendiskriminierung erlittenen Schaden zu verlangen.

Artikel 7
Die Vertragsstaaten verpflichten sich, unmittelbare und wirksame Maßnahmen, insbesondere auf dem Gebiet des Unterrichts, der Erziehung, Kultur und Information, zu treffen, um Vorurteile zu bekämpfen, die zu Rassendiskriminierung führen, zwischen den Völkern und Rassen- oder Volksgruppen Verständnis, Duldsamkeit und Freundschaft zu fördern sowie die Ziele und Grundsätze der Charta der Vereinten Nationen, der Allgemeinen Erklärung der Menschenrechte, der Erklärung der Vereinten Nationen über die Beseitigung jeder Form von Rassendiskriminierung und dieses Übereinkommens zu verbreiten.

TEIL II

Artikel 8
(1) Es wird ein (im folgenden als »Ausschuß« bezeichneter) Ausschuß für die Beseitigung der Rassendiskriminierung errichtet; er besteht aus achtzehn in persönlicher Eigenschaft tätigen Sachverständigen von hohem sittlichem Rang und anerkannter Unparteilichkeit, die von den Vertragsstaaten unter ihren Staatsangehörigen ausgewählt werden; dabei ist auf eine gerechte geographische Verteilung und auf die Vertretung der verschiedenen Zivilisationsformen sowie der hauptsächlichen Rechtssysteme zu achten.
(2) Die Mitglieder des Ausschusses werden in geheimer Wahl aus einer Liste von Personen gewählt, die von den Vertragsstaaten benannt worden sind. Jeder Vertragsstaat kann einen seiner eigenen Staatsangehörigen benennen.
(3) Die erste Wahl findet sechs Monate nach Inkrafttreten dieses Übereinkommens statt. Spätestens drei Monate vor jeder Wahl fordert der Generalsekretär der Vereinten Nationen die Vertragsstaaten schriftlich auf, binnen zwei Monaten ihre Benennungen einzureichen. Er stellt sodann eine alphabetische Liste aller demgemäß benannten Personen unter Angabe der sie benennenden Vertragsstaaten auf und legt sie den Vertragsstaaten vor.
(4) Die Wahl der Ausschußmitglieder findet auf einer vom Generalsekretär am Sitz der Vereinten Nationen anberaumten Sitzung der Vertragsstaaten statt. Auf dieser Sitzung, die verhandlungs- und beschlußfähig ist, wenn zwei Drittel der Vertragsstaaten vertreten sind, gelten diejenigen Bewerber als in den Ausschuß gewählt, welche die höchste Stimmenzahl und die absolute Stimmenmehrheit der anwesenden und abstimmenden Vertreter der Vertragsstaaten auf sich vereinigen.

(5) a) Die Ausschußmitglieder werden für vier Jahre gewählt. Jedoch läuft die Amtszeit von neun der bei der ersten Wahl gewählten Mitglieder nach zwei Jahren ab; unmittelbar nach der ersten Wahl werden die Namen dieser neun Mitglieder vom Vorsitzenden des Ausschusses durch das Los bestimmt.
b) Zur Besetzung eines unerwartet verwaisten Sitzes ernennt der Vertragsstaat, dessen Sachverständiger aufgehört hat, Mitglied des Ausschusses zu sein, mit Zustimmung des Ausschusses einen anderen Sachverständigen unter seinen Staatsangehörigen.
(6) Die Vertragsstaaten kommen für die Ausgaben der Ausschußmitglieder auf, solange sie Ausschußaufgaben wahrnehmen.[2]

Artikel 9
(1) Die Vertragsstaaten verpflichten sich, dem Generalsekretär der Vereinten Nationen zur Beratung durch den Ausschuß einen Bericht über die zur Durchführung dieses Übereinkommens getroffenen Gesetzgebungs-, Gerichts-, Verwaltungs- und sonstigen Maßnahmen vorzulegen, und zwar
a) binnen einem Jahr nach Inkrafttreten des Übereinkommens für den betreffenden Staat und
b) danach alle zwei Jahre und sooft es der Ausschuß verlangt. Der Ausschuß kann von den Vertragsstaaten weitere Auskünfte verlangen.
(2) Der Ausschuß berichtet der Generalversammlung der Vereinten Nationen jährlich durch den Generalsekretär über seine Tätigkeit und kann auf Grund der Prüfung der von den Vertragsstaaten eingegangenen Berichte und Auskünfte Vorschläge machen und allgemeine Empfehlungen abgeben. Diese werden der Generalversammlung zusammen mit etwaigen Stellungnahmen der Vertragsstaaten zugeleitet.

Artikel 10
(1) Der Ausschuß gibt sich eine Geschäftsordnung.
(2) Der Ausschuß wählt seinen Vorstand für zwei Jahre.
(3) Das Sekretariat des Ausschusses wird vom Generalsekretär der Vereinten Nationen gestellt.
(4) Die Sitzungen des Ausschusses finden in der Regel am Sitz der Vereinten Nationen statt.

Artikel 11
(1) Führt ein Vertragsstaat nach Ansicht eines anderen Vertragsstaats die Bestimmungen dieses Übereinkommens nicht durch, so kann dieser die Sache dem Ausschuß zur Kenntnis bringen. Der Ausschuß leitet die Mitteilung an den betreffenden Vertragsstaat weiter. Binnen drei Monaten hat der Empfangsstaat dem Ausschuß eine schriftliche Erläuterung oder Erklärung zu der Sache und über die etwa von diesem Staat geschaffene Abhilfe zu übermitteln.
(2) Wird die Sache nicht binnen sechs Monaten nach Eingang der ersten Mitteilung bei dem Empfangsstaat entweder durch zweiseitige Verhandlungen oder durch ein anderes den Parteien zur Verfügung stehendes Verfahren zur Zufriedenheit beider Parteien beigelegt, so hat jeder der beiden Staaten das Recht, die Sache erneut an den Ausschuß zu verweisen, indem er diesem und dem anderen Staat eine entsprechende Notifizierung zugehen läßt.
(3) Im Einklang mit den allgemein anerkannten Grundsätzen des Völkerrechts befaßt sich der Ausschuß mit einer nach Absatz 2 an ihn verwiesenen Sache erst dann, wenn er sich Gewißheit verschafft hat, daß alle innerstaatlichen Rechtsbehelfe eingelegt und erschöpft worden sind. Dies gilt nicht, wenn das Verfahren über Gebühr in die Länge gezogen wird.
(4) Der Ausschuß kann in jeder an ihn verwiesenen Sache von den beteiligten Vertragsstaaten alle sonstigen sachdienlichen Angaben verlangen.

---

[2] Nach der von der 14. Versammlung der Vertragsstaaten dieses Übereinkommens am 15. Januar 1992 angenommenen Resolution wird Artikel 8 Absatz 6 ersetzt durch folgenden Absatz: »Der Generalsekretär der Vereinten Nationen stellt das erforderliche Personal und die erforderlichen Einrichtungen für die wirksame Wahrnehmung der Aufgaben des Ausschusses im Rahmen des Übereinkommens bereit«.
Folgender neuer Absatz wird als Artikel 8 Absatz 7 hinzugefügt: »Die Mitglieder des nach diesem Übereinkommen errichteten Ausschusses erhalten mit Genehmigung der Generalversammlung Bezüge aus Mitteln der Vereinten Nationen zu den von der Generalversammlung beschlossenen Bedingungen.« (BGBl. 1996 II S. 283). Die Änderungen sind noch nicht in Kraft getreten.
Der Bundestag hat den Änderungen mit Gesetz vom 7. März 1996 zugestimmt (BGBl. 1996 II S. 282).

Art. 12–14 Übereinkommen gegen Rassendiskriminierung

(5) Berät der Ausschuß über eine Sache auf Grund dieses Artikels, so können die beteiligten Vertragsstaaten einen Vertreter entsenden, der während der Beratung dieser Sache ohne Stimmrecht an den Verhandlungen des Ausschusses teilnimmt.

Artikel 12

(1) a) Nachdem der Ausschuß alle von ihm für erforderlich erachteten Angaben erhalten und ausgewertet hat, ernennt der Vorsitzende eine (im folgenden als »Kommission« bezeichnete) ad-hoc-Vergleichskommission; sie besteht aus fünf Personen, die dem Ausschuß angehören können, aber nicht müssen. Die Mitglieder der Kommission werden mit einmütiger Zustimmung der Streitparteien ernannt; sie bietet den beteiligten Staaten ihre guten Dienste an, um auf der Grundlage der Achtung dieses Übereinkommens eine gütliche Beilegung herbeizuführen.

b) Können sich die an dem Streit beteiligten Staaten nicht binnen drei Monaten über die vollständige oder teilweise Zusammensetzung der Kommission einigen, so wählt der Ausschuß die von den am Streit beteiligten Staaten noch nicht einvernehmlich ernannten Kommissionsmitglieder aus seinen eigenen Reihen in geheimer Abstimmung mit Zweidrittelmehrheit seiner Mitglieder.

(2) Die Kommissionsmitglieder sind in persönlicher Eigenschaft tätig. Sie dürfen nicht Staatsangehörige der am Streit beteiligten Staaten oder eines Nichtvertragsstaats sein.

(3) Die Kommission wählt ihren Vorsitzenden und gibt sich eine Verfahrensordnung.

(4) Die Sitzungen der Kommission finden in der Regel am Sitz der Vereinten Nationen oder an einem anderen von der Kommission bestimmten geeigneten Ort statt.

(5) Das nach Artikel 10 Absatz 3 gestellte Sekretariat arbeitet auch für die Kommission, sobald ein Streit zwischen Vertragsstaaten die Kommission ins Leben ruft.

(6) Die an dem Streit beteiligten Staaten tragen zu gleichen Teilen alle Ausgaben der Kommissionsmitglieder nach Voranschlägen, die der Generalsekretär der Vereinten Nationen erstellt.

(7) Der Generalsekretär ist befugt, die Ausgaben der Kommissionsmitglieder erforderlichenfalls vor der Erstattung der Beträge durch die am Streit beteiligten Staaten nach Absatz 6 zu bezahlen.

(8) Die dem Ausschuß zugegangenen und von ihm ausgewerteten Angaben werden der Kommission zur Verfügung gestellt; diese kann die beteiligten Staaten auffordern, weitere sachdienliche Angaben beizubringen.

Artikel 13

(1) Sobald die Kommission die Sache eingehend beraten hat, verfaßt sie einen Bericht, den sie dem Vorsitzenden des Ausschusses vorlegt und der ihre Feststellung über alle auf den Streit zwischen den Parteien bezüglichen Sachfragen sowie die Empfehlungen enthält, die sie zwecks gütlicher Beilegung des Streits für angebracht hält.

(2) Der Ausschußvorsitzende leitet den Bericht der Kommission jedem am Streit beteiligten Staat zu. Diese Staaten teilen ihm binnen drei Monaten mit, ob sie die dem Bericht der Kommission enthaltenen Empfehlungen annehmen.

(3) Nach Ablauf der in Absatz 2 gesetzten Frist übermittelt der Ausschußvorsitzende den anderen Vertragsstaaten den Bericht der Kommission und die Erklärungen der beteiligten Vertragsstaaten.

Artikel 14

(1) Ein Vertragsstaat kann jederzeit erklären, daß er die Zuständigkeit des Ausschusses für die Entgegennahme und Erörterung von Mitteilungen einzelner seiner Hoheitsgewalt unterstehender Personen oder Personengruppen anerkennt, die vorgeben, Opfer einer Verletzung eines in diesem Übereinkommen vorgesehenen Rechts durch diesen Vertragsstaat zu sein. Der Ausschuß nimmt keine Mitteilung entgegen, die einen Vertragsstaat betrifft, der keine derartige Erklärung abgegeben hat.

(2) Gibt ein Vertragsstaat eine Erklärung nach Absatz 1 ab, so kann er eine Stelle innerhalb seiner nationalen Rechtsordnung errichten oder bezeichnen, die zuständig ist für die Entgegennahme und Erörterung der Petitionen einzelner seiner Hoheitsgewalt unterstehender Personen oder Personengruppen, die vorgeben, Opfer einer Verletzung eines in diesem Übereinkommen vorgesehenen Rechts zu sein, und die alle sonstigen verfügbaren örtlichen Rechtsbehelfe erschöpft haben.

(3) Eine nach Absatz 1 abgegebene Erklärung und der Name einer nach Absatz 2 errichteten oder bezeichneten Stelle werden von dem betreffenden Vertragsstaat beim Generalsekretär der Vereinten Nationen hinterlegt; dieser übermittelt den anderen Vertragsstaaten Abschriften derselben. Eine Erklärung kann jederzeit durch Notifizierung an den Generalsekretär zurückgenommen werden; dies läßt jedoch die dem Ausschuß bereits vorliegenden Mitteilungen unberührt.

(4) Die nach Absatz 2 errichtete oder bezeichnete Stelle führt ein Petitionsregister; beglaubigte Abschriften des Registers werden alljährlich auf geeignetem Wege dem Generalsekretär zu den Akten gegeben; jedoch darf der Inhalt nicht öffentlich bekanntgemacht werden.

(5) Gelingt es dem Einsender der Petition nicht, von der nach Absatz 2 errichteten oder bezeichneten Stelle Genugtuung zu erlangen, so kann er die Sache binnen sechs Monaten dem Ausschuß mitteilen.

(6) a) Der Ausschuß bringt dem Vertragsstaat, der beschuldigt wird, eine Bestimmung dieses Übereinkommens zu verletzen, jede ihm zugegangene Mitteilung vertraulich zur Kenntnis, ohne jedoch die Identität der betreffenden Person oder Personengruppe preiszugeben, sofern diese dem nicht ausdrücklich zustimmt. Der Ausschuß nimmt keine anonymen Mitteilungen entgegen.
   b) Binnen drei Monaten hat der Empfangsstaat dem Ausschuß eine schriftliche Erläuterung oder Erklärung zu der Sache und über die etwa von diesem Staat geschaffene Abhilfe zu übermitteln.

(7) a) Der Ausschuß berät über die Mitteilungen unter Berücksichtigung aller ihm von dem betreffenden Vertragsstaat und von dem Einsender der Petition zugegangenen Angaben. Der Ausschuß befaßt sich mit einer Mitteilung eines Einsenders nur dann, wenn er sich Gewißheit verschafft hat, daß dieser alle verfügbaren innerstaatlichen Rechtsbehelfe erschöpft hat. Dies gilt jedoch nicht, wenn das Verfahren über Gebühr in die Länge gezogen wird.
   b) Der Ausschuß übermittelt seine etwaigen Vorschläge und Empfehlungen dem betreffenden Vertragsstaat und dem Einsender der Petition.

(8) Der Ausschuß nimmt in seinen Jahresbericht eine Kurzdarstellung der Mitteilungen und gegebenenfalls der Erläuterungen und Erklärungen der betroffenen Vertragsstaaten und seiner eigenen Vorschläge und Empfehlungen auf.

(9) Der Ausschuß ist nur dann befugt, die in diesem Artikel vorgesehenen Aufgaben wahrzunehmen, wenn sich mindestens zehn Vertragsstaaten durch Erklärungen nach Absatz 1 gebunden haben.

Artikel 15

(1) Bis zur Verwirklichung der in der Entschließung 1514 (XV) der Generalversammlung vom 14. Dezember 1960 dargelegten Ziele der Erklärung über die Gewährung der Unabhängigkeit an Kolonialgebiete und Kolonialvölker wird das diesen Völkern in anderen internationalen Übereinkünften oder von den Vereinten Nationen und ihren Sonderorganisationen gewährte Petitionsrecht durch dieses Übereinkommen nicht eingeschränkt.

(2) a) Der nach Artikel 8 Absatz 1 errichtete Ausschuß erhält von den Stellen der Vereinten Nationen, die sich bei der Beratung von Petitionen der Einwohner von Treuhandgebieten, Hoheitsgebieten ohne Selbstregierung und allen sonstigen unter Entschließung 1514 (XV) der Generalversammlung fallenden Hoheitsgebieten mit den unmittelbar mit den Grundsätzen und Zielen dieses Übereinkommens zusammenhängenden Angelegenheiten befassen, Abschriften der Petitionen, die sich auf die in diesem Übereinkommen behandelten Fragen beziehen und diesen Stellen vorliegen, und richtet an sie Stellungnahmen und Empfehlungen zu diesen Petitionen.
   b) Der Ausschuß erhält von den zuständigen Stellen der Vereinten Nationen Abschriften der Berichte über die unmittelbar mit den Grundsätzen und Zielen dieses Übereinkommens zusammenhängenden Gesetzgebungs-, Gerichts-, Verwaltungs- und sonstigen Maßnahmen, die in den unter Buchstabe a bezeichneten Hoheitsgebieten von der Verwaltungsmacht getroffen worden sind, und richtet Stellungnahmen und Empfehlungen an diese Stellen.

(3) Der Ausschuß nimmt in seinen Bericht an die Generalversammlung eine Kurzdarstellung der ihm von den Stellen der Vereinten Nationen zugeleiteten Petitionen und Berichte sowie seine eigenen diesbezüglichen Stellungnahmen und Empfehlungen auf.

(4) Der Ausschuß verlangt vom Generalsekretär der Vereinten Nationen alle mit den Zielen dieses Übereinkommens zusammenhängenden und dem Generalsekretär zugänglichen Angaben über die in Absatz 2 Buchstabe a bezeichneten Hoheitsgebiete.

Artikel 16
Die Bestimmungen dieses Übereinkommens über die Beilegung von Streitigkeiten oder Beschwerden werden unbeschadet anderer in den Gründungsurkunden oder den Übereinkünften der Vereinten Nationen und ihrer Sonderorganisationen vorgesehener Verfahren zur Beilegung von Streitigkeiten oder Beschwerden auf dem Gebiet der Diskriminierung angewendet und hindern die Vertragsstaaten nicht daran, nach den zwischen ihnen in Kraft befindlichen allgemeinen oder besonderen internationalen Übereinkünften andere Verfahren zur Beilegung einer Streitigkeit in Anspruch zu nehmen.

TEIL III

Artikel 17
(1) Dieses Übereinkommen liegt für alle Mitgliedstaaten der Vereinten Nationen, für alle Mitglieder einer ihrer Sonderorganisationen, für alle Vertragsstaaten der Satzung des Internationalen Gerichtshofs und für jeden anderen Staat zur Unterzeichnung auf, den die Generalversammlung der Vereinten Nationen einlädt, Vertragspartei dieses Übereinkommens zu werden.
(2) Dieses Übereinkommen bedarf der Ratifizierung. Die Ratifikationsurkunden sind beim Generalsekretär der Vereinten Nationen zu hinterlegen.

Artikel 18
(1) Dieses Übereinkommen liegt für jeden in Artikel 17 Absatz 1 bezeichneten Staat zum Beitritt auf.
(2) Der Beitritt erfolgt durch Hinterlegung einer Beitrittsurkunde beim Generalsekretär der Vereinten Nationen.

Artikel 19
(1) Dieses Übereinkommen tritt am dreißigsten Tag nach Hinterlegung der siebenundzwanzigsten Ratifikations- oder Beitrittsurkunde beim Generalsekretär der Vereinten Nationen in Kraft.
(2) Für jeden Staat, der nach Hinterlegung der siebenundzwanzigsten Ratifikations- oder Beitrittsurkunde dieses Übereinkommen ratifiziert oder ihm beitritt, tritt es am dreißigsten Tag nach Hinterlegung seiner eigenen Ratifikations- oder Beitrittsurkunde in Kraft.

Artikel 20
(1) Der Generalsekretär der Vereinten Nationen nimmt Vorbehalte, die ein Staat bei der Ratifikation oder beim Beitritt macht, entgegen und leitet sie allen Staaten zu, die Vertragsparteien dieses Übereinkommens sind oder werden können. Erhebt ein Staat Einspruch gegen den Vorbehalt, so notifiziert er dem Generalsekretär binnen neunzig Tagen nach dem Datum der genannten Mitteilung, daß er ihn nicht annimmt.
(2) Mit dem Ziel und Zweck dieses Übereinkommens unvereinbare Vorbehalte sind nicht zulässig; dasselbe gilt für Vorbehalte, welche die Wirkung hätten, die Arbeit einer auf Grund dieses Übereinkommens errichteten Stelle zu behindern. Ein Vorbehalt gilt als unvereinbar oder hinderlich, wenn mindestens zwei Drittel der Vertragsstaaten Einspruch dagegen erheben.
(3) Vorbehalte können jederzeit durch eine diesbezügliche Notifikation an den Generalsekretär zurückgenommen werden. Diese Notifikationen werden mit dem Tage ihres Eingangs wirksam.

Artikel 21
Ein Vertragsstaat kann dieses Übereinkommen durch eine schriftliche Notifikation an den Generalsekretär der Vereinten Nationen kündigen. Die Kündigung wird ein Jahr nach dem Datum des Eingangs der Notifikation beim Generalsekretär wirksam.

Artikel 22
Entsteht zwischen zwei oder mehr Vertragsstaaten über die Auslegung oder Anwendung dieses Übereinkommens eine Streitigkeit, die nicht auf dem Verhandlungsweg oder nach den in diesem Übereinkommen ausdrücklich vorgesehenen Verfahren beigelegt werden kann, so wird sie auf Verlangen einer

Streitpartei dem Internationalen Gerichtshof zur Entscheidung vorgelegt, sofern nicht die Streitparteien einer anderen Art der Beilegung zustimmen.

Artikel 23
(1) Ein Vertragsstaat kann jederzeit durch eine an den Generalsekretär der Vereinten Nationen gerichtete schriftliche Notifikation eine Revision dieses Übereinkommens beantragen.
(2) Die Generalversammlung der Vereinten Nationen beschließt über etwaige hinsichtlich eines derartigen Antrags zu unternehmende Schritte.

Artikel 24
Der Generalsekretär der Vereinten Nationen unterrichtet alle in Artikel 17 Absatz 1 bezeichneten Staaten von
a) den Unterzeichnungen, Ratifikationen und Beitritten nach den Artikeln 17 und 18,
b) dem Datum des Inkrafttretens dieses Übereinkommens nach Artikel 19,
c) den nach den Artikeln 14, 20 und 23 eingegangenen Mitteilungen und Erklärungen,
d) den Kündigungen nach Artikel 21.

Artikel 25
(1) Dieses Übereinkommen, dessen chinesischer, englischer, französischer, russischer und spanischer Wortlaut gleichermaßen verbindlich ist, wird im Archiv der Vereinten Nationen hinterlegt.
(2) Der Generalsekretär der Vereinten Nationen übermittelt allen Staaten, die einer der in Artikel 17 Absatz 1 bezeichneten Kategorien angehören, beglaubigte Abschriften dieses Übereinkommens.

Zu Urkund dessen haben die von ihren Regierungen hierzu gehörig befugten Unterzeichneten dieses Übereinkommen unterschrieben, das in New York am 7. März neunzehnhundertsechsundsechzig zur Unterzeichnung aufgelegt worden ist.

Internationaler Pakt über bürgerliche und politische Rechte[1)2)]

Vom 19. Dezember 1966

Präambel

Die Vertragsstaaten dieses Paktes,

in der Erwägung, daß nach den in der Charta der Vereinten Nationen verkündeten Grundsätzen die Anerkennung der allen Mitgliedern der menschlichen Gesellschaft innewohnenden Würde und der Gleichheit und Unveräußerlichkeit ihrer Rechte die Grundlage von Freiheit, Gerechtigkeit und Frieden in der Welt bildet,

in der Erkenntnis, daß sich diese Rechte aus der dem Menschen innewohnenden Würde herleiten,

in der Erkenntnis, daß nach der Allgemeinen Erklärung der Menschenrechte das Ideal vom freien Menschen, der bürgerliche und politische Freiheit genießt und frei von Furcht und Not lebt, nur verwirklicht werden kann, wenn Verhältnisse geschaffen werden, in denen jeder seine bürgerlichen und politischen Rechte ebenso wie seine wirtschaftlichen, sozialen und kulturellen Rechte genießen kann,

in der Erwägung, daß die Charta der Vereinten Nationen die Staaten verpflichtet, die allgemeine und wirksame Achtung der Rechte und Freiheiten des Menschen zu fördern,

im Hinblick darauf, daß der einzelne gegenüber seinen Mitmenschen und der Gemeinschaft, der er angehört, Pflichten hat und gehalten ist, für die Förderung und Achtung der in diesem Pakt anerkannten Rechte einzutreten,

vereinbaren folgende Artikel:

TEIL I

Artikel 1

(1) Alle Völker haben das Recht auf Selbstbestimmung. Kraft dieses Rechts entscheiden sie frei über ihren politischen Status und gestalten in Freiheit ihre wirtschaftliche, soziale und kulturelle Entwicklung.

(2) Alle Völker können für ihre eigenen Zwecke frei über ihre natürlichen Reichtümer und Mittel verfügen, unbeschadet aller Verpflichtungen, die aus der internationalen wirtschaftlichen Zusammenarbeit auf der Grundlage des gegenseitigen Wohles sowie aus dem Völkerrecht erwachsen. In keinem Fall darf ein Volk seiner eigenen Existenzmittel beraubt werden.

(3) Die Vertragsstaaten, einschließlich der Staaten, die für die Verwaltung von Gebieten ohne Selbstregierung und von Treuhandgebieten verantwortlich sind, haben entsprechend den Bestimmungen der

---

1) Deutscher Text: *BGBl.* 1973 II S. 1534.
   Internationale Quelle: *UNTS* Bd. 999 S. 171.
   In Kraft getreten, auch für die Bundesrepublik Deutschland – mit Ausnahme des Artikels 41 –, am 23. März 1976; Artikel 41 in Kraft für die Bundesrepublik Deutschland am 28. März 1979.
2) Die Bundesrepublik Deutschland hat im Gesetz zu dem Internationalen Pakt über bürgerliche und politische Rechte, vom 15. November 1973, *BGBl.* 1973 II S. 1533, den folgenden Vorbehalt formuliert, der auch bei der Ratifikation des Paktes dem Verwahrer gegenüber erklärt worden ist:
   »1. Artikel 19, 21 und 22 in Verbindung mit Artikel 2 Abs. 1 des Paktes werden in dem Artikel 16 der Konvention zum Schutze der Menschenrechte und Grundfreiheiten vom 4. November 1950 entsprechenden Rahmen angewandt.
   2. Artikel 14 Abs. 3 Buchstabe d des Paktes wird derart angewandt, dass die persönliche Anwesenheit eines auf freiem Fuße befindlichen Angeklagten zur Revisionshauptverhandlung in das Ermessen des Gerichts gestellt wird.
   3. Artikel 14 Abs. 5 des Paktes wird derart angewandt, dass
      a) ein weiteres Rechtsmittel nicht in allen Fällen allein deshalb eröffnet werden muss, weil der Beschuldigte in der Rechtsmittelinstanz erstmals verurteilt worden ist, und
      b) bei Straftaten von geringer Schwere die Überprüfung eines nicht auf Freiheitsstrafe lautenden Urteils durch ein Gericht höherer Instanz nicht in allen Fällen ermöglicht werden muss.
   4. Artikel 15 Abs. 1 des Paktes wird derart angewandt, dass in Fällen einer Milderung der zur Zeit in Kraft befindlichen Strafvorschriften in bestimmten Ausnahmefällen das bisher geltende Recht auf Taten, die vor der Gesetzesänderung begangen wurden, anwendbar bleiben kann.«

Charta der Vereinten Nationen die Verwirklichung des Rechts auf Selbstbestimmung zu fördern und dieses Recht zu achten.

TEIL II

Artikel 2
(1) Jeder Vertragsstaat verpflichtet sich, die in diesem Pakt anerkannten Rechte zu achten und sie allen in seinem Gebiet befindlichen und seiner Herrschaftsgewalt unterstehenden Personen ohne Unterschied wie insbesondere der Rasse, der Hautfarbe, des Geschlechts, der Sprache, der Religion, der politischen oder sonstigen Anschauung, der nationalen oder sozialen Herkunft, des Vermögens, der Geburt oder des sonstigen Status zu gewährleisten.

(2) Jeder Vertragsstaat verpflichtet sich, im Einklang mit seinem verfassungsmäßigen Verfahren und mit den Bestimmungen dieses Paktes die erforderlichen Schritte zu unternehmen, um die gesetzgeberischen oder sonstigen Vorkehrungen zu treffen, die notwendig sind, um den in diesem Pakt anerkannten Rechten Wirksamkeit zu verleihen, soweit solche Vorkehrungen nicht bereits getroffen worden sind.

(3) Jeder Vertragsstaat verpflichtet sich,

a) dafür Sorge zu tragen, daß jeder, der in seinen in diesem Pakt anerkannten Rechten oder Freiheiten verletzt worden ist, das Recht hat, eine wirksame Beschwerde einzulegen, selbst wenn die Verletzung von Personen begangen worden ist, die in amtlicher Eigenschaft gehandelt haben;

b) dafür Sorge zu tragen, daß jeder, der eine solche Beschwerde erhebt, sein Recht durch das zuständige Gerichts-, Verwaltungs- oder Gesetzgebungsorgan oder durch eine andere, nach den Rechtsvorschriften des Staates zuständige Stelle feststellen lassen kann, und den gerichtlichen Rechtsschutz auszubauen;

c) dafür Sorge zu tragen, daß die zuständigen Stellen Beschwerden, denen stattgegeben wurde, Geltung verschaffen.

Artikel 3
Die Vertragsstaaten verpflichten sich, die Gleichberechtigung von Mann und Frau bei der Ausübung aller in diesem Pakt festgelegten bürgerlichen und politischen Rechte sicherzustellen.

Artikel 4
(1) Im Falle eines öffentlichen Notstandes, der das Leben der Nation bedroht und der amtlich verkündet ist, können die Vertragsstaaten Maßnahmen ergreifen, die ihre Verpflichtungen aus diesem Pakt in dem Umfang, den die Lage unbedingt erfordert, außer Kraft setzen, vorausgesetzt, daß diese Maßnahmen ihren sonstigen völkerrechtlichen Verpflichtungen nicht zuwiderlaufen und keine Diskriminierung allein wegen der Rasse, der Hautfarbe, des Geschlechts, der Sprache, der Religion oder der sozialen Herkunft enthalten.

(2) Auf Grund der vorstehenden Bestimmung dürfen die Artikel 6, 7, 8 (Absätze 1 und 2), 11, 15, 16 und 18 nicht außer Kraft gesetzt werden.

(3) Jeder Vertragsstaat, der das Recht, Verpflichtungen außer Kraft zu setzen, ausübt, hat den übrigen Vertragsstaaten durch Vermittlung des Generalsekretärs der Vereinten Nationen unverzüglich mitzuteilen, welche Bestimmungen er außer Kraft gesetzt hat und welche Gründe ihn dazu veranlaßt haben. Auf demselben Wege ist durch eine weitere Mitteilung der Zeitpunkt anzugeben, in dem eine solche Maßnahme endet.

Artikel 5
(1) Keine Bestimmung dieses Paktes darf dahin ausgelegt werden, daß sie für einen Staat, eine Gruppe oder eine Person das Recht begründet, eine Tätigkeit auszuüben oder eine Handlung zu begehen, die auf die Abschaffung der in diesem Pakt anerkannten Rechte und Freiheiten oder auf weitergehende Beschränkungen dieser Rechte und Freiheiten, als in dem Pakt vorgesehen, hinzielt.

(2) Die in einem Vertragsstaat durch Gesetze, Übereinkommen, Verordnungen oder durch Gewohnheitsrecht anerkannten oder bestehenden grundlegenden Menschenrechte dürfen nicht unter dem Vorwand beschränkt oder außer Kraft gesetzt werden, daß dieser Pakt derartige Rechte nicht oder nur in einem geringen Ausmaße anerkenne.

TEIL III

Artikel 6

(1) Jeder Mensch hat ein angeborenes Recht auf Leben. Dieses Recht ist gesetzlich zu schützen. Niemand darf willkürlich seines Lebens beraubt werden.

(2) In Staaten, in denen die Todesstrafe nicht abgeschafft worden ist, darf ein Todesurteil nur für schwerste Verbrechen auf Grund von Gesetzen verhängt werden, die zur Zeit der Begehung der Tat in Kraft waren und die den Bestimmungen dieses Paktes und der Konvention über die Verhütung und Bestrafung des Völkermordes nicht widersprechen. Diese Strafe darf nur auf Grund eines von einem zuständigen Gericht erlassenen rechtskräftigen Urteils vollstreckt werden.

(3) Erfüllt die Tötung den Tatbestand des Völkermordes, so ermächtigt dieser Artikel die Vertragsstaaten nicht, sich in irgendeiner Weise einer Verpflichtung zu entziehen, die sie nach den Bestimmungen der Konvention über die Verhütung und Bestrafung des Völkermordes übernommen haben.

(4) Jeder zum Tode Verurteilte hat das Recht, um Begnadigung oder Umwandlung der Strafe zu bitten. Amnestie, Begnadigung oder Umwandlung der Todesstrafe kann in allen Fällen gewährt werden.

(5) Die Todesstrafe darf für strafbare Handlungen, die von Jugendlichen unter 18 Jahren begangen worden sind, nicht verhängt und an schwangeren Frauen nicht vollstreckt werden.

(6) Keine Bestimmung dieses Artikels darf herangezogen werden, um die Abschaffung der Todesstrafe durch einen Vertragsstaat zu verzögern oder zu verhindern.

Artikel 7

Niemand darf der Folter oder grausamer, unmenschlicher oder erniedrigender Behandlung oder Strafe unterworfen werden. Insbesondere darf niemand ohne seine freiwillige Zustimmung medizinischen oder wissenschaftlichen Versuchen unterworfen werden.

Artikel 8

(1) Niemand darf in Sklaverei gehalten werden; Sklaverei und Sklavenhandel in allen ihren Formen sind verboten.

(2) Niemand darf in Leibeigenschaft gehalten werden.

(3) a) Niemand darf gezwungen werden, Zwangs- oder Pflichtarbeit zu verrichten;
- b) Buchstabe a ist nicht so auszulegen, daß er in Staaten, in denen bestimmte Straftaten mit einem mit Zwangsarbeit verbundenen Freiheitsentzug geahndet werden können, die Leistung von Zwangsarbeit auf Grund einer Verurteilung durch ein zuständiges Gericht ausschließt;
- c) als »Zwangs- oder Pflichtarbeit« im Sinne dieses Absatzes gilt nicht
  - i) jede nicht unter Buchstabe b genannte Arbeit oder Dienstleistung, die normalerweise von einer Person verlangt wird, der auf Grund einer rechtmäßigen Gerichtsentscheidung die Freiheit entzogen oder die aus einem solchen Freiheitsentzug bedingt entlassen worden ist;
  - ii) jede Dienstleistung militärischer Art sowie in Staaten, in denen die Wehrdienstverweigerung aus Gewissensgründen anerkannt wird, jede für Wehrdienstverweigerer gesetzlich vorgeschriebene nationale Dienstleistung;
  - iii) jede Dienstleistung im Falle von Notständen oder Katastrophen, die das Leben oder das Wohl der Gemeinschaft bedrohen;
  - iv) jede Arbeit oder Dienstleistung, die zu den normalen Bürgerpflichten gehört.

Artikel 9

(1) Jedermann hat ein Recht auf persönliche Freiheit und Sicherheit. Niemand darf willkürlich festgenommen oder in Haft gehalten werden. Niemand darf seiner Freiheit entzogen werden, es sei denn aus gesetzlich bestimmten Gründen und unter Beachtung des im Gesetz vorgeschriebenen Verfahrens.

(2) Jeder Festgenommene ist bei seiner Festnahme über die Gründe der Festnahme zu unterrichten, und die gegen ihn erhobenen Beschuldigungen sind ihm unverzüglich mitzuteilen.

(3) Jeder, der unter dem Vorwurf einer strafbaren Handlung festgenommen worden ist oder in Haft gehalten wird, muß unverzüglich einem Richter oder einer anderen gesetzlich zur Ausübung richterlicher Funktionen ermächtigten Amtsperson vorgeführt werden und hat Anspruch auf ein Gerichtsverfahren innerhalb angemessener Frist oder auf Entlassung aus der Haft. Es darf nicht die allgemeine

Regel sein, daß Personen, die eine gerichtliche Aburteilung erwarten, in Haft gehalten werden, doch kann die Freilassung davon abhängig gemacht werden, daß für das Erscheinen zur Hauptverhandlung oder zu jeder anderen Verfahrenshandlung und gegebenenfalls zur Vollstreckung des Urteils Sicherheit geleistet wird.

(4) Jeder, dem seine Freiheit durch Festnahme oder Haft entzogen ist, hat das Recht, ein Verfahren vor einem Gericht zu beantragen, damit dieses unverzüglich über die Rechtmäßigkeit der Freiheitsentziehung entscheiden und seine Entlassung anordnen kann, falls die Freiheitsentziehung nicht rechtmäßig ist.

(5) Jeder, der unrechtmäßig festgenommen oder in Haft gehalten worden ist, hat einen Anspruch auf Entschädigung.

Artikel 10
(1) Jeder, dem seine Freiheit entzogen ist, muß menschlich und mit Achtung vor der dem Menschen innewohnenden Würde behandelt werden.
(2) a) Beschuldigte sind, abgesehen von außergewöhnlichen Umständen, von Verurteilten getrennt unterzubringen und so zu behandeln, wie es ihrer Stellung als Nichtverurteilte entspricht;
b) jugendliche Beschuldigte sind von Erwachsenen zu trennen, und es hat so schnell wie möglich ein Urteil zu ergehen.
(3) Der Strafvollzug schließt eine Behandlung der Gefangenen ein, die vornehmlich auf ihre Besserung und gesellschaftliche Wiedereingliederung hinzielt. Jugendliche Straffällige sind von Erwachsenen zu trennen und ihrem Alter und ihrer Rechtsstellung entsprechend zu behandeln.

Artikel 11
Niemand darf nur deswegen in Haft genommen werden, weil er nicht in der Lage ist, eine vertragliche Verpflichtung zu erfüllen.

Artikel 12
(1) Jedermann, der sich rechtmäßig im Hoheitsgebiet eines Staates aufhält, hat das Recht, sich dort frei zu bewegen und seinen Wohnsitz frei zu wählen.
(2) Jedermann steht es frei, jedes Land einschließlich seines eigenen zu verlassen.
(3) Die oben erwähnten Rechte dürfen nur eingeschränkt werden, wenn dies gesetzlich vorgesehen und zum Schutz der nationalen Sicherheit, der öffentlichen Ordnung (ordre public), der Volksgesundheit, der öffentlichen Sittlichkeit oder der Rechte und Freiheiten anderer notwendig ist und die Einschränkungen mit den übrigen in diesem Pakt anerkannten Rechten vereinbar sind.
(4) Niemand darf willkürlich das Recht entzogen werden, in sein eigenes Land einzureisen.

Artikel 13
Ein Ausländer, der sich rechtmäßig im Hoheitsgebiet eines Vertragsstaates aufhält, kann aus diesem nur aufgrund einer rechtmäßig ergangenen Entscheidung ausgewiesen werden, und es ist ihm, sofern nicht zwingende Gründe der nationalen Sicherheit entgegenstehen, Gelegenheit zu geben, die gegen seine Ausweisung sprechenden Gründe vorzubringen und diese Entscheidung durch die zuständige Behörde oder durch eine oder mehrere von dieser Behörde besonders bestimmte Personen nachprüfen und sich dabei vertreten zu lassen.

Artikel 14
(1) Alle Menschen sind vor Gericht gleich. Jedermann hat Anspruch darauf, daß über eine gegen ihn erhobene strafrechtliche Anklage oder seine zivilrechtlichen Ansprüche und Verpflichtungen durch ein zuständiges, unabhängiges, unparteiisches und auf Gesetz beruhendes Gericht in billiger Weise und öffentlich verhandelt wird. Aus Gründen der Sittlichkeit, der öffentlichen Ordnung (ordre public) oder der nationalen Sicherheit in einer demokratischen Gesellschaft oder wenn es im Interesse des Privatlebens der Parteien erforderlich ist oder – soweit dies nach Auffassung des Gerichts unbedingt erforderlich ist – unter besonderen Umständen, in denen die Öffentlichkeit des Verfahrens die Interessen der Gerechtigkeit beeinträchtigen würde, können Presse und Öffentlichkeit während der ganzen oder eines Teils der Verhandlung ausgeschlossen werden; jedes Urteil in einer Straf- oder Zivilsache ist jedoch öffentlich zu verkünden, sofern nicht die Interessen Jugendlicher dem entgegenstehen oder das Verfahren Ehestreitigkeiten oder die Vormundschaft über Kinder betrifft.

(2) Jeder wegen einer strafbaren Handlung Angeklagte hat Anspruch darauf, bis zu dem im gesetzlichen Verfahren erbrachten Nachweis seiner Schuld als unschuldig zu gelten.
(3) Jeder wegen einer strafbaren Handlung Angeklagte hat in gleicher Weise im Verfahren Anspruch auf folgende Mindestgarantien:
a) Er ist unverzüglich und im einzelnen in einer ihm verständlichen Sprache über Art und Grund der gegen ihn erhobenen Anklage zu unterrichten;
b) er muß hinreichend Zeit und Gelegenheit zur Vorbereitung seiner Verteidigung und zum Verkehr mit einem Verteidiger seiner Wahl haben;
c) es muß ohne unangemessene Verzögerung ein Urteil gegen ihn ergehen;
d) er hat das Recht, bei der Verhandlung anwesend zu sein und sich selbst zu verteidigen oder durch einen Verteidiger seiner Wahl verteidigen zu lassen; falls er keinen Verteidiger hat, ist er über das Recht, einen Verteidiger in Anspruch zu nehmen, zu unterrichten; fehlen ihm die Mittel zur Bezahlung eines Verteidigers, so ist ihm ein Verteidiger unentgeltlich zu bestellen, wenn dies im Interesse der Rechtspflege erforderlich ist;
e) er darf Fragen an die Belastungszeugen stellen oder stellen lassen und das Erscheinen und die Vernehmung der Entlastungszeugen unter den für die Belastungszeugen geltenden Bedingungen erwirken;
f) er kann die unentgeltliche Beiziehung eines Dolmetschers verlangen, wenn er die Verhandlungssprache des Gerichts nicht versteht oder spricht;
g) er darf nicht gezwungen werden, gegen sich selbst als Zeuge auszusagen oder sich schuldig zu bekennen.
(4) Gegen Jugendliche ist das Verfahren in einer Weise zu führen, die ihrem Alter entspricht und ihre Wiedereingliederung in die Gesellschaft fördert.
(5) Jeder, der wegen einer strafbaren Handlung verurteilt worden ist, hat das Recht, das Urteil entsprechend dem Gesetz durch ein höheres Gericht nachprüfen zu lassen.
(6) Ist jemand wegen einer strafbaren Handlung rechtskräftig verurteilt und ist das Urteil später aufgehoben oder der Verurteilte begnadigt worden, weil eine neue oder eine neu bekannt gewordene Tatsache schlüssig beweist, daß ein Fehlurteil vorlag, so ist derjenige, der aufgrund eines solchen Urteils eine Strafe verbüßt hat, entsprechend dem Gesetz zu entschädigen, sofern nicht nachgewiesen wird, daß das nicht rechtzeitige Bekanntwerden der betreffenden Tatsache ganz oder teilweise ihm zuzuschreiben ist.
(7) Niemand darf wegen einer strafbaren Handlung, wegen der er bereits nach dem Gesetz und dem Strafverfahrensrecht des jeweiligen Landes rechtskräftig verurteilt oder freigesprochen worden ist, erneut verfolgt oder bestraft werden.

Artikel 15
(1) Niemand darf wegen einer Handlung oder Unterlassung verurteilt werden, die zur Zeit ihrer Begehung nach inländischem oder nach internationalem Recht nicht strafbar war. Ebenso darf keine schwerere Strafe als die im Zeitpunkt der Begehung der strafbaren Handlung angedrohte Strafe verhängt werden. Wird nach Begehung einer strafbaren Handlung durch Gesetz eine mildere Strafe eingeführt, so ist das mildere Gesetz anzuwenden.
(2) Dieser Artikel schließt die Verurteilung oder Bestrafung einer Person wegen einer Handlung oder Unterlassung nicht aus, die im Zeitpunkt ihrer Begehung nach den von der Völkergemeinschaft anerkannten allgemeinen Rechtsgrundsätzen strafbar war.

Artikel 16
Jedermann hat das Recht, überall als rechtsfähig anerkannt zu werden.

Artikel 17
(1) Niemand darf willkürlichen oder rechtswidrigen Eingriffen in sein Privatleben, seine Familie, seine Wohnung und seinen Schriftverkehr oder rechtswidrigen Beeinträchtigungen seiner Ehre und seines Rufes ausgesetzt werden.
(2) Jedermann hat Anspruch auf rechtlichen Schutz gegen solche Eingriffe oder Beeinträchtigungen.

Artikel 18
(1) Jedermann hat das Recht auf Gedanken-, Gewissens- und Religionsfreiheit. Dieses Recht umfaßt die Freiheit, eine Religion oder eine Weltanschauung eigener Wahl zu haben oder anzunehmen, und die Freiheit, seine Religion oder Weltanschauung allein oder in Gemeinschaft mit anderen, öffentlich oder privat durch Gottesdienst, Beachtung religiöser Bräuche, Ausübung und Unterricht zu bekunden.
(2) Niemand darf einem Zwang ausgesetzt werden, der seine Freiheit, eine Religion oder eine Weltanschauung seiner Wahl zu haben oder anzunehmen, beeinträchtigen würde.
(3) Die Freiheit, seine Religion oder Weltanschauung zu bekunden, darf nur den gesetzlich vorgesehenen Einschränkungen unterworfen werden, die zum Schutz der öffentlichen Sicherheit, Ordnung, Gesundheit, Sittlichkeit oder der Grundrechte und -freiheiten anderer erforderlich sind.
(4) Die Vertragsstaaten verpflichten sich, die Freiheit der Eltern und gegebenenfalls des Vormunds oder Pflegers zu achten, die religiöse und sittliche Erziehung ihrer Kinder in Übereinstimmung mit ihren eigenen Überzeugungen sicherzustellen.

Artikel 19
(1) Jedermann hat das Recht auf unbehinderte Meinungsfreiheit.
(2) Jedermann hat das Recht auf freie Meinungsäußerung; dieses Recht schließt die Freiheit ein, ohne Rücksicht auf Staatsgrenzen Informationen und Gedankengut jeder Art in Wort, Schrift oder Druck, durch Kunstwerke oder andere Mittel eigener Wahl sich zu beschaffen, zu empfangen und weiterzugeben.
(3) Die Ausübung der in Absatz 2 vorgesehenen Rechte ist mit besonderen Pflichten und einer besonderen Verantwortung verbunden. Sie kann daher bestimmten, gesetzlich vorgesehenen Einschränkungen unterworfen werden, die erforderlich sind
a) für die Achtung der Rechte oder des Rufs anderer;
b) für den Schutz der nationalen Sicherheit, der öffentlichen Ordnung (ordre public), der Volksgesundheit oder der öffentlichen Sittlichkeit.

Artikel 20
(1) Jede Kriegspropaganda wird durch Gesetz verboten.
(2) Jedes Eintreten für nationalen, rassischen oder religiösen Haß, durch das zu Diskriminierung, Feindseligkeit oder Gewalt aufgestachelt wird, wird durch Gesetz verboten.

Artikel 21
Das Recht, sich friedlich zu versammeln, wird anerkannt. Die Ausübung dieses Rechts darf keinen anderen als den gesetzlich vorgesehenen Einschränkungen unterworfen werden, die in einer demokratischen Gesellschaft im Interesse der nationalen oder der öffentlichen Sicherheit, der öffentlichen Ordnung (ordre public), zum Schutz der Volksgesundheit, der öffentlichen Sittlichkeit oder zum Schutz der Rechte und Freiheiten anderer notwendig sind.

Artikel 22
(1) Jedermann hat das Recht, sich frei mit anderen zusammenzuschließen sowie zum Schutz seiner Interessen Gewerkschaften zu bilden und ihnen beizutreten.
(2) Die Ausübung dieses Rechts darf keinen anderen als den gesetzlich vorgesehenen Einschränkungen unterworfen werden, die in einer demokratischen Gesellschaft im Interesse der nationalen oder der öffentlichen Sicherheit, der öffentlichen Ordnung (ordre public), zum Schutz der Volksgesundheit, der öffentlichen Sittlichkeit oder zum Schutze der Rechte und Freiheiten anderer notwendig sind. Dieser Artikel steht gesetzlichen Einschränkungen der Ausübung dieses Rechts für Angehörige der Streitkräfte oder der Polizei nicht entgegen.
(3) Keine Bestimmung dieses Artikels ermächtigt die Vertragsstaaten des Übereinkommens der Internationalen Arbeitsorganisation von 1948 über die Vereinigungsfreiheit und den Schutz des Vereinigungsrechts, gesetzgeberische Maßnahmen zu treffen oder Gesetze so anzuwenden, daß die Garantien des oben genannten Übereinkommens beeinträchtigt werden.

Artikel 23
(1) Die Familie ist die natürliche Kernzelle der Gesellschaft und hat Anspruch auf Schutz durch Gesellschaft und Staat.

(2) Das Recht von Mann und Frau, im heiratsfähigen Alter eine Ehe einzugehen und eine Familie zu gründen, wird anerkannt.
(3) Eine Ehe darf nur im freien und vollen Einverständnis der künftigen Ehegatten geschlossen werden.
(4) Die Vertragsstaaten werden durch geeignete Maßnahmen sicherstellen, daß die Ehegatten gleiche Rechte und Pflichten bei der Eheschließung, während der Ehe und bei Auflösung der Ehe haben. Für den nötigen Schutz der Kinder im Falle einer Auflösung der Ehe ist Sorge zu tragen.

Artikel 24
(1) Jedes Kind hat ohne Diskriminierung hinsichtlich der Rasse, der Hautfarbe, des Geschlechts, der Sprache, der Religion, der nationalen oder sozialen Herkunft, des Vermögens oder der Geburt das Recht auf diejenigen Schutzmaßnahmen durch seine Familie, die Gesellschaft und den Staat, die seine Rechtsstellung als Minderjähriger erfordert.
(2) Jedes Kind muß unverzüglich nach seiner Geburt in ein Register eingetragen werden und einen Namen erhalten.
(3) Jedes Kind hat das Recht, eine Staatsangehörigkeit zu erwerben.

Artikel 25
Jeder Staatsbürger hat das Recht und die Möglichkeit, ohne Unterschied nach den in Artikel 2 genannten Merkmalen und ohne unangemessene Einschränkungen
a) an der Gestaltung der öffentlichen Angelegenheiten unmittelbar oder durch frei gewählte Vertreter teilzunehmen;
b) bei echten, wiederkehrenden, allgemeinen, gleichen und geheimen Wahlen, bei denen die freie Äußerung des Wählerwillens gewährleistet ist, zu wählen und gewählt zu werden;
c) unter allgemeinen Gesichtspunkten der Gleichheit zu öffentlichen Ämtern seines Landes Zugang zu haben.

Artikel 26
Alle Menschen sind vor dem Gesetz gleich und haben ohne Diskriminierung Anspruch auf gleichen Schutz durch das Gesetz. In dieser Hinsicht hat das Gesetz jede Diskriminierung zu verbieten und allen Menschen gegen jede Diskriminierung, wie insbesondere wegen der Rasse, der Hautfarbe, des Geschlechts, der Sprache, der Religion, der politischen oder sonstigen Anschauung, der nationalen oder sozialen Herkunft, des Vermögens, der Geburt oder des sonstigen Status, gleichen und wirksamen Schutz zu gewährleisten.

Artikel 27
In Staaten mit ethnischen, religiösen oder sprachlichen Minderheiten darf Angehörigen solcher Minderheiten nicht das Recht vorenthalten werden, gemeinsam mit anderen Angehörigen ihrer Gruppe ihr eigenes kulturelles Leben zu pflegen, ihre eigene Religion zu bekennen und auszuüben oder sich ihrer eigenen Sprache zu bedienen.

TEIL IV

Artikel 28
(1) Es wird ein Ausschuß für Menschenrechte (im folgenden als »Ausschuß« bezeichnet) errichtet. Er besteht aus achtzehn Mitgliedern und nimmt die nachstehend festgelegten Aufgaben wahr.
(2) Der Ausschuß setzt sich aus Staatsangehörigen der Vertragsstaaten zusammen, die Persönlichkeiten von hohem sittlichen Ansehen und anerkannter Sachkenntnis auf dem Gebiet der Menschenrechte sind, wobei die Zweckmäßigkeit der Beteiligung von Personen mit juristischer Erfahrung zu berücksichtigen ist.
(3) Die Mitglieder des Ausschusses werden in ihrer persönlichen Eigenschaft gewählt und sind in dieser Eigenschaft tätig.

Artikel 29
(1) Die Mitglieder des Ausschusses werden in geheimer Wahl aus einer Liste von Personen gewählt, die die in Artikel 28 vorgeschriebenen Anforderungen erfüllen und von den Vertragsstaaten dafür vorgeschlagen worden sind.

(2) Jeder Vertragsstaat darf höchstens zwei Personen vorschlagen. Diese müssen Staatsangehörige des sie vorschlagenden Staates sein.
(3) Eine Person kann wieder vorgeschlagen werden.

Artikel 30
(1) Die erste Wahl findet spätestens sechs Monate nach Inkrafttreten dieses Paktes statt.
(2) Spätestens vier Monate vor jeder Wahl zum Ausschuß – außer bei einer Wahl zur Besetzung eines gemäß Artikel 34 für frei geworden erklärten Sitzes – fordert der Generalsekretär der Vereinten Nationen die Vertragsstaaten schriftlich auf, ihre Kandidaten für den Ausschuß innerhalb von drei Monaten vorzuschlagen.
(3) Der Generalsekretär der Vereinten Nationen fertigt eine alphabetische Liste aller auf diese Weise vorgeschlagenen Personen unter Angabe der Vertragsstaaten, die sie vorgeschlagen haben, an und übermittelt sie den Vertragsstaaten spätestens einen Monat vor jeder Wahl.
(4) Die Wahl der Ausschußmitglieder findet in einer vom Generalsekretär der Vereinten Nationen am Sitz dieser Organisation einberufenen Versammlung der Vertragsstaaten statt. In dieser Versammlung, die beschlußfähig ist, wenn zwei Drittel der Vertragsstaaten vertreten sind, gelten diejenigen Kandidaten als in den Ausschuß gewählt, die die höchste Stimmenzahl und die absolute Stimmenmehrheit der anwesenden und abstimmenden Vertreter der Vertragsstaaten auf sich vereinigen.

Artikel 31
(1) Dem Ausschuß darf nicht mehr als ein Angehöriger desselben Staates angehören.
(2) Bei den Wahlen zum Ausschuß ist auf eine gerechte geographische Verteilung der Sitze und auf die Vertretung der verschiedenen Zivilisationsformen sowie der hauptsächlichen Rechtssysteme zu achten.

Artikel 32
(1) Die Ausschußmitglieder werden für vier Jahre gewählt. Auf erneuten Vorschlag können sie wiedergewählt werden. Die Amtszeit von neun der bei der ersten Wahl gewählten Mitglieder läuft jedoch nach zwei Jahren ab; unmittelbar nach der ersten Wahl werden die Namen dieser neun Mitglieder vom Vorsitzenden der in Artikel 30 Absatz 4 genannten Versammlung durch das Los bestimmt.
(2) Für Wahlen nach Ablauf einer Amtszeit gelten die vorstehenden Artikel dieses Teils des Paktes.

Artikel 33
(1) Nimmt ein Ausschußmitglied nach einstimmiger Feststellung der anderen Mitglieder seine Aufgaben aus einem anderen Grund als wegen vorübergehender Abwesenheit nicht mehr wahr, so teilt der Vorsitzende des Ausschusses dies dem Generalsekretär der Vereinten Nationen mit, der daraufhin den Sitz des betreffenden Mitglieds für frei geworden erklärt.
(2) Der Vorsitzende teilt den Tod oder Rücktritt eines Ausschußmitglieds unverzüglich dem Generalsekretär der Vereinten Nationen mit, der den Sitz vom Tag des Todes oder vom Wirksamwerden des Rücktritts an für frei geworden erklärt.

Artikel 34
(1) Wird ein Sitz nach Artikel 33 für frei geworden erklärt und läuft die Amtszeit des zu ersetzenden Mitglieds nicht innerhalb von sechs Monaten nach dieser Erklärung ab, so teilt der Generalsekretär der Vereinten Nationen dies allen Vertragsstaaten mit, die innerhalb von zwei Monaten nach Maßgabe des Artikels 29 Kandidaten zur Besetzung des frei gewordenen Sitzes vorschlagen können.
(2) Der Generalsekretär der Vereinten Nationen fertigt eine alphabetische Liste der auf diese Weise vorgeschlagenen Personen an und übermittelt sie den Vertragsstaaten. Sodann findet die Wahl zur Besetzung des frei gewordenen Sitzes entsprechend den einschlägigen Bestimmungen dieses Teils des Paktes statt.
(3) Die Amtszeit eines Ausschußmitglieds, das auf einen nach Artikel 33 für frei geworden erklärten Sitz gewählt worden ist, dauert bis zum Ende der Amtszeit des Mitglieds, dessen Sitz im Ausschuß nach Maßgabe des genannten Artikels frei geworden ist.

Art. 35–41 Pakt über bürgerliche und politische Rechte

Artikel 35
Die Ausschußmitglieder erhalten mit Zustimmung der Generalversammlung der Vereinten Nationen aus Mitteln der Vereinten Nationen Bezüge, wobei die Einzelheiten von der Generalversammlung unter Berücksichtigung der Bedeutung der Aufgaben des Ausschusses festgesetzt werden.

Artikel 36
Der Generalsekretär der Vereinten Nationen stellt dem Ausschuß das Personal und die Einrichtungen zur Verfügung, die dieser zur wirksamen Durchführung der ihm nach diesem Pakt obliegenden Aufgaben benötigt.

Artikel 37
(1) Der Generalsekretär der Vereinten Nationen beruft die erste Sitzung des Ausschusses am Sitz der Vereinten Nationen ein.
(2) Nach seiner ersten Sitzung tritt der Ausschuß zu den in seiner Geschäftsordnung vorgesehenen Zeiten zusammen.
(3) Die Sitzungen des Ausschusses finden in der Regel am Sitz der Vereinten Nationen oder beim Büro der Vereinten Nationen in Genf statt.

Artikel 38
Jedes Ausschußmitglied hat vor Aufnahme seiner Amtstätigkeit in öffentlicher Sitzung des Ausschusses feierlich zu erklären, daß es sein Amt unparteiisch und gewissenhaft ausüben werde.

Artikel 39
(1) Der Ausschuß wählt seinen Vorstand für zwei Jahre. Eine Wiederwahl der Mitglieder des Vorstands ist zulässig.
(2) Der Ausschuß gibt sich eine Geschäftsordnung, die unter anderem folgende Bestimmungen enthalten muß:
a) Der Ausschuß ist bei Anwesenheit von zwölf Mitgliedern beschlußfähig;
b) der Ausschuß faßt seine Beschlüsse mit der Mehrheit der anwesenden Mitglieder.

Artikel 40
(1) Die Vertragsstaaten verpflichten sich, über die Maßnahmen, die sie zur Verwirklichung der in diesem Pakt anerkannten Rechte getroffen haben, und über die dabei erzielten Fortschritte Berichte vorzulegen, und zwar
a) innerhalb eines Jahres nach Inkrafttreten dieses Paktes für den betreffenden Vertragsstaat,
b) danach jeweils auf Anforderung des Ausschusses.
(2) Alle Berichte sind dem Generalsekretär der Vereinten Nationen zu übermitteln, der sie dem Ausschuß zur Prüfung zuleitet. In den Berichten ist auf etwa bestehende Umstände und Schwierigkeiten hinzuweisen, die die Durchführung dieses Paktes behindern.
(3) Der Generalsekretär der Vereinten Nationen kann nach Beratung mit dem Ausschuß den Sonderorganisationen Abschriften der in ihren Zuständigkeitsbereich fallenden Teile der Berichte zuleiten.
(4) Der Ausschuß prüft die von den Vertragsstaaten eingereichten Berichte. Er übersendet den Vertragsstaaten seine eigenen Berichte sowie ihm geeignet erscheinende allgemeine Bemerkungen. Der Ausschuß kann diese Bemerkungen zusammen mit Abschriften der von den Vertragsstaaten empfangenen Berichte auch dem Wirtschafts- und Sozialrat zuleiten.
(5) Die Vertragsstaaten können dem Ausschuß Stellungnahmen zu den nach Absatz 4 abgegebenen Bemerkungen übermitteln.

Artikel 41
(1) Ein Vertragsstaat kann aufgrund dieses Artikels jederzeit erklären, daß er die Zuständigkeit des Ausschusses zur Entgegennahme und Prüfung von Mitteilungen anerkennt, in denen ein Vertragsstaat geltend macht, ein anderer Vertragsstaat komme seinen Verpflichtungen aus diesem Pakt nicht nach. Mitteilungen aufgrund dieses Artikels können nur entgegengenommen und geprüft werden, wenn sie von einem Vertragsstaat eingereicht werden, der für sich selbst die Zuständigkeit des Ausschusses durch eine Erklärung anerkannt hat. Der Ausschuß darf keine Mitteilung entgegennehmen, die einen

Vertragsstaat betrifft, der keine derartige Erklärung abgegeben hat. Auf Mitteilungen, die aufgrund dieses Artikels eingehen, ist folgendes Verfahren anzuwenden:

a) Ist ein Vertragsstaat der Auffassung, daß ein anderer Vertragsstaat die Bestimmungen dieses Paktes nicht durchführt, so kann er den anderen Staat durch schriftliche Mitteilung darauf hinweisen. Innerhalb von drei Monaten nach Zugang der Mitteilung hat der Empfangsstaat dem Staat, der die Mitteilung übersandt hat, in bezug auf die Sache eine schriftliche Erklärung oder sonstige Stellungnahme zukommen zu lassen, die, soweit es möglich und angebracht ist, einen Hinweis auf die in der Sache durchgeführten, anhängigen oder zur Verfügung stehenden innerstaatlichen Rechtsbehelfe enthalten soll.

b) Wird die Sache nicht innerhalb von sechs Monaten nach Eingang der einleitenden Mitteilung bei dem Empfangsstaat zur Zufriedenheit der beiden beteiligten Vertragsstaaten geregelt, so hat jeder der beiden Staaten das Recht, die Sache dem Ausschuß zu unterbreiten, indem er diesem und dem anderen Staat eine entsprechende Mitteilung macht.

c) Der Ausschuß befaßt sich mit einer ihm unterbreiteten Sache erst dann, wenn er sich Gewißheit verschafft hat, daß alle in der Sache zur Verfügung stehenden innerstaatlichen Rechtsbehelfe in Übereinstimmung mit den allgemein anerkannten Grundsätzen des Völkerrechts eingelegt und erschöpft worden sind. Dies gilt nicht, wenn das Verfahren bei der Anwendung der Rechtsbehelfe unangemessen lange gedauert hat.

d) Der Ausschuß berät über Mitteilungen aufgrund dieses Artikels in nichtöffentlicher Sitzung.

e) Sofern die Voraussetzungen des Buchstaben (c) erfüllt sind, stellt der Ausschuß den beteiligten Vertragsstaaten seine guten Dienste zur Verfügung, um eine gütliche Regelung der Sache auf der Grundlage der Achtung der in diesem Pakt anerkannten Menschenrechte und Grundfreiheiten herbeizuführen.

f) Der Ausschuß kann in jeder ihm unterbreiteten Sache die unter Buchstabe (b) genannten beteiligten Vertragsstaaten auffordern, alle erheblichen Angaben beizubringen.

g) Die unter Buchstabe (b) genannten beteiligten Vertragsstaaten haben das Recht, sich vertreten zu lassen, sowie mündlich und/oder schriftlich Stellung zu nehmen, wenn die Sache vom Ausschuß verhandelt wird.

h) Der Ausschuß legt innerhalb von 12 Monaten nach Eingang der unter Buchstabe (b) vorgesehenen Mitteilung einen Bericht vor:
   i) Wenn eine Regelung im Sinne von Buchstabe (e) zustande gekommen ist, beschränkt der Ausschuß seinen Bericht auf eine kurze Darstellung des Sachverhalts und der erzielten Regelung;
   ii) wenn eine Regelung im Sinne von Buchstabe (e) nicht zustande gekommen ist, beschränkt der Ausschuß seinen Bericht auf eine kurze Darstellung des Sachverhalts; die schriftlichen Stellungnahmen und das Protokoll über die mündlichen Stellungnahmen der beteiligten Vertragsparteien sind dem Bericht beizufügen.

In jedem Falle wird der Bericht den beteiligten Vertragsstaaten übermittelt.

(2) Die Bestimmungen dieses Artikels treten in Kraft, wenn zehn Vertragsstaaten Erklärungen nach Absatz 1 abgegeben haben. Diese Erklärungen werden von den Vertragsstaaten beim Generalsekretär der Vereinten Nationen hinterlegt, der den anderen Vertragsstaaten Abschriften davon übermittelt. Eine Erklärung kann jederzeit durch eine an den Generalsekretär gerichtete Notifikation zurückgenommen werden. Eine solche Zurücknahme berührt nicht die Prüfung einer Sache, die Gegenstand einer aufgrund dieses Artikels bereits vorgenommenen Mitteilung ist; nach Eingang der Notifikation über die Zurücknahme der Erklärung beim Generalsekretär wird keine weitere Mitteilung eines Vertragsstaates entgegengenommen, es sei denn, daß der betroffene Vertragsstaat eine neue Erklärung abgegeben hat.

Artikel 42

(1) a) Wird eine nach Artikel 41 dem Ausschuß unterbreitete Sache nicht zur Zufriedenheit der beteiligten Vertragsstaaten geregelt, so kann der Ausschuß mit vorheriger Zustimmung der beteiligten Vertragsstaaten eine ad hoc-Vergleichskommission (im folgenden als »Kommission« bezeichnet) einsetzen. Die Kommission stellt den beteiligten Vertragsstaaten ihre guten

Dienste zur Verfügung, um auf der Grundlage der Achtung dieses Paktes eine gütliche Regelung der Sache herbeizuführen.
b) Die Kommission besteht aus fünf mit Einverständnis der beteiligten Vertragsstaaten ernannten Personen. Können sich die beteiligten Vertragsstaaten nicht innerhalb von drei Monaten über die vollständige oder teilweise Zusammensetzung der Kommission einigen, so wählt der Ausschuß aus seiner Mitte die Kommissionsmitglieder, über die keine Einigung erzielt worden ist, in geheimer Abstimmung mit einer Mehrheit von zwei Dritteln seiner Mitglieder.

(2) Die Mitglieder der Kommission sind in ihrer persönlichen Eigenschaft tätig. Sie dürfen nicht Staatsangehörige der beteiligten Vertragsstaaten, eines Nichtvertragsstaates oder eines Vertragsstaates sein, der eine Erklärung gemäß Artikel 41 nicht abgegeben hat.

(3) Die Kommission wählt ihren Vorsitzenden und gibt sich eine Geschäftsordnung.

(4) Die Sitzungen der Kommission finden in der Regel am Sitz der Vereinten Nationen oder beim Büro der Vereinten Nationen in Genf statt. Sie können jedoch auch an jedem anderen geeigneten Ort stattfinden, den die Kommission im Benehmen mit dem Generalsekretär der Vereinten Nationen und den beteiligten Vertragsstaaten bestimmt.

(5) Das in Artikel 36 vorgesehene Sekretariat steht auch den aufgrund dieses Artikels eingesetzten Kommissionen zur Verfügung.

(6) Die dem Ausschuß zugegangenen und von ihm zusammengestellten Angaben sind der Kommission zugänglich zu machen, und die Kommission kann die beteiligten Vertragsstaaten um weitere erhebliche Angaben ersuchen.

(7) Die Kommission legt, sobald sie die Sache vollständig geprüft hat, keinesfalls jedoch später als zwölf Monate, nachdem sie damit befaßt worden ist, dem Vorsitzenden des Ausschusses einen Bericht zur Übermittlung an die beteiligten Vertragsstaaten vor:
a) Wenn die Kommission die Prüfung der Sache nicht innerhalb von zwölf Monaten abschließen kann, beschränkt sie ihren Bericht auf eine kurze Darstellung des Standes ihrer Prüfung;
b) wenn die Sache auf der Grundlage der Achtung der in diesem Pakt anerkannten Menschenrechte gütlich geregelt worden ist, beschränkt die Kommission ihren Bericht auf eine kurze Darstellung des Sachverhalts und der erzielten Regelung;
c) wenn eine Regelung im Sinne von Buchstabe (b) nicht erzielt worden ist, nimmt die Kommission in ihren Bericht ihre Feststellungen zu allen für den Streit zwischen den beteiligten Vertragsstaaten erheblichen Sachfragen sowie ihre Ansichten über Möglichkeiten einer gütlichen Regelung auf. Der Bericht enthält auch die schriftlichen Stellungnahmen der beteiligten Vertragsstaaten und ein Protokoll über ihre mündlichen Stellungnahmen;
d) wenn der Bericht der Kommission gemäß Buchstabe (c) vorgelegt wird, teilen die beteiligten Vertragsstaaten dem Vorsitzenden des Ausschusses innerhalb von drei Monaten nach Erhalt des Berichts mit, ob sie mit dem Inhalt des Kommissionsberichts einverstanden sind.

(8) Die Bestimmungen dieses Artikels lassen die in Artikel 41 vorgesehenen Aufgaben des Ausschusses unberührt.

(9) Die beteiligten Vertragsstaaten tragen gleichermaßen alle Ausgaben der Kommissionsmitglieder auf der Grundlage von Voranschlägen, die der Generalsekretär der Vereinten Nationen erstellt.

(10) Der Generalsekretär der Vereinten Nationen ist befugt, erforderlichenfalls für die Ausgaben der Kommissionsmitglieder aufzukommen, bevor die beteiligten Vertragsstaaten sie nach Absatz 9 erstattet haben.

Artikel 43
Die Mitglieder des Ausschusses und der ad hoc-Vergleichskommission, die nach Artikel 42 bestimmt werden können, haben Anspruch auf die Erleichterungen, Vorrechte und Befreiungen, die in den einschlägigen Abschnitten des Übereinkommens über die Vorrechte und Befreiungen der Vereinten Nationen für die im Auftrag der Vereinten Nationen tätigen Sachverständigen vorgesehen sind.

Artikel 44
Die Bestimmungen über die Durchführung dieses Paktes sind unbeschadet der Verfahren anzuwenden, die auf dem Gebiet der Menschenrechte durch oder aufgrund der Satzungen und Übereinkommen der Vereinten Nationen und der Sonderorganisationen vorgeschrieben sind, und hindern die Vertragsstaa-

ten nicht, in Übereinstimmung mit den zwischen ihnen in Kraft befindlichen allgemeinen oder besonderen internationalen Übereinkünften andere Verfahren zur Beilegung von Streitigkeiten anzuwenden.

Artikel 45
Der Ausschuß legt der Generalversammlung der Vereinten Nationen auf dem Wege über den Wirtschafts- und Sozialrat einen Jahresbericht über seine Tätigkeit vor.

TEIL V

Artikel 46
Keine Bestimmung dieses Paktes ist so auszulegen, daß sie die Bestimmungen der Charta der Vereinten Nationen und der Satzungen der Sonderorganisationen beschränkt, in denen die jeweiligen Aufgaben der verschiedenen Organe der Vereinten Nationen und der Sonderorganisationen hinsichtlich der in diesem Pakt behandelten Fragen geregelt sind.

Artikel 47
Keine Bestimmung dieses Paktes ist so auszulegen, daß sie das allen Völkern innewohnende Recht auf den Genuß und die volle und freie Nutzung ihrer natürlichen Reichtümer und Mittel beeinträchtigt.

TEIL VI

Artikel 48
(1) Dieser Pakt liegt für alle Mitgliedstaaten der Vereinten Nationen, für alle Mitglieder einer ihrer Sonderorganisationen, für alle Vertragsstaaten der Satzung des Internationalen Gerichtshofs und für jeden anderen Staat, den die Generalversammlung der Vereinten Nationen einlädt, Vertragspartei dieses Paktes zu werden, zur Unterzeichnung auf.
(2) Dieser Pakt bedarf der Ratifikation. Die Ratifikationsurkunden sind beim Generalsekretär der Vereinten Nationen zu hinterlegen.
(3) Dieser Pakt liegt für jeden in Absatz 1 bezeichneten Staat zum Beitritt auf.
(4) Der Beitritt erfolgt durch Hinterlegung einer Beitrittsurkunde beim Generalsekretär der Vereinten Nationen.
(5) Der Generalsekretär der Vereinten Nationen unterrichtet alle Staaten, die diesen Pakt unterzeichnet haben oder ihm beigetreten sind, von der Hinterlegung jeder Ratifikations- oder Beitrittsurkunde.

Artikel 49
(1) Dieser Pakt tritt drei Monate nach Hinterlegung der fünfunddreißigsten Ratifikations- oder Beitrittsurkunde beim Generalsekretär der Vereinten Nationen in Kraft.
(2) Für jeden Staat, der nach Hinterlegung der fünfunddreißigsten Ratifikations- oder Beitrittsurkunde diesen Pakt ratifiziert oder ihm beitritt, tritt er drei Monate nach Hinterlegung seiner eigenen Ratifikations- oder Beitrittsurkunde in Kraft.

Artikel 50
Die Bestimmungen dieses Paktes gelten ohne Einschränkung oder Ausnahme für alle Teile eines Bundesstaates.

Artikel 51
(1) Jeder Vertragsstaat kann eine Änderung des Paktes vorschlagen und ihren Wortlaut beim Generalsekretär der Vereinten Nationen einreichen. Der Generalsekretär übermittelt sodann alle Änderungsvorschläge den Vertragsstaaten mit der Aufforderung, ihm mitzuteilen, ob sie eine Konferenz der Vertragsstaaten zur Beratung und Abstimmung über die Vorschläge befürworten. Befürwortet wenigstens ein Drittel der Vertragsstaaten eine solche Konferenz, so beruft der Generalsekretär die Konferenz unter der Schirmherrschaft der Vereinten Nationen ein. Jede Änderung, die von der Mehrheit der auf der Konferenz anwesenden und abstimmenden Vertragsstaaten angenommen wird, ist der Generalversammlung der Vereinten Nationen zur Billigung vorzulegen.
(2) Die Änderungen treten in Kraft, wenn sie von der Generalversammlung der Vereinten Nationen gebilligt und von einer Zweidrittelmehrheit der Vertragsstaaten nach Maßgabe der in ihrer Verfassung vorgesehenen Verfahren angenommen worden sind.

(3) Treten die Änderungen in Kraft, so sind sie für die Vertragsstaaten, die sie angenommen haben, verbindlich, während für die anderen Vertragsstaaten weiterhin die Bestimmungen dieses Paktes und alle früher von ihnen angenommenen Änderungen gelten.

Artikel 52
Unabhängig von den Notifikationen nach Artikel 48 Absatz 5 unterrichtet der Generalsekretär der Vereinten Nationen alle in Absatz 1 jenes Artikels bezeichneten Staaten
a) von den Unterzeichnungen, Ratifikationen und Beitritten nach Artikel 48;
b) vom Zeitpunkt des Inkrafttretens dieses Paktes nach Artikel 49 und vom Zeitpunkt des Inkrafttretens von Änderungen nach Artikel 51.

Artikel 53
(1) Dieser Pakt, dessen chinesischer, englischer, französischer, russischer und spanischer Wortlaut gleichermaßen verbindlich ist, wird im Archiv der Vereinten Nationen hinterlegt.
(2) Der Generalsekretär der Vereinten Nationen übermittelt allen in Artikel 48 bezeichneten Staaten beglaubigte Abschriften dieses Paktes.

Fakultativprotokoll zum Internationalen Pakt über bürgerliche und politische Rechte[1]

Vom 19. Dezember 1966

Die Vertragsstaaten dieses Protokolls –
in der Erwägung, daß es zur weiteren Verwirklichung der Ziele des Paktes über bürgerliche und politische Rechte (im folgenden als »Pakt« bezeichnet) und zur Durchführung seiner Bestimmungen angebracht wäre, den nach Teil IV des Paktes errichteten Ausschuß für Menschenrechte (im folgenden als »Ausschuß« bezeichnet) zu ermächtigen, nach Maßgabe dieses Protokolls Mitteilungen von Einzelpersonen, die behaupten, Opfer einer Verletzung eines in dem Pakt niedergelegten Rechts zu sein, entgegenzunehmen und zu prüfen –
haben folgendes vereinbart:

Artikel 1
Jeder Vertragsstaat des Paktes, der Vertragspartei dieses Protokolls wird, erkennt die Zuständigkeit des Ausschusses für die Entgegennahme und Prüfung von Mitteilungen seiner Herrschaftsgewalt unterstehender Einzelpersonen an, die behaupten, Opfer einer Verletzung eines in dem Pakt niedergelegten Rechts durch diesen Vertragsstaat zu sein. Der Ausschuß nimmt keine Mitteilung entgegen, die einen Vertragsstaat des Paktes betrifft, der nicht Vertragspartei dieses Protokolls ist.

Artikel 2
Vorbehaltlich des Artikels 1 können Einzelpersonen, die behaupten, in einem ihrer im Pakt niedergelegten Rechte verletzt zu sein, und die alle zur Verfügung stehenden innerstaatlichen Rechtsbehelfe erschöpft haben, dem Ausschuß eine schriftliche Mitteilung zur Prüfung einreichen.

Artikel 3
Der Ausschuß erklärt jede nach diesem Protokoll eingereichte Mitteilung für unzulässig, die anonym ist oder die er für einen Mißbrauch des Rechts auf Einreichung solcher Mitteilungen oder für unvereinbar mit den Bestimmungen des Paktes hält.

Artikel 4
(1) Vorbehaltlich des Artikels 3 bringt der Ausschuß jede ihm nach diesem Protokoll eingereichte Mitteilung dem Vertragsstaat dieses Protokolls zur Kenntnis, dem vorgeworfen wird, eine Bestimmung des Paktes verletzt zu haben.
(2) Der betroffene Staat hat dem Ausschuß innerhalb von sechs Monaten schriftliche Erklärungen oder Stellungnahmen zur Klärung der Sache zu übermitteln und die gegebenenfalls von ihm getroffenen Abhilfemaßnahmen mitzuteilen.

Artikel 5
(1) Der Ausschuß prüft die ihm nach diesem Protokoll zugegangenen Mitteilungen unter Berücksichtigung aller ihm von der Einzelperson und dem betroffenen Vertragsstaat unterbreiteten schriftlichen Angaben.

---

[1] Deutscher Text: *BGBl.* 1992 II 1247.
Internationale Quelle: *UNTS* Bd. 999 S. 171.
In Kraft getreten am 23. März 1976; für die Bundesrepublik Deutschland am 25. November 1993 mit Vorbehalt im Hinblick auf Artikel 5 Absatz 2 Buchstabe a.

(2) Der Ausschuß prüft die Mitteilung einer Einzelperson nur, wenn er sich vergewissert hat,
a) daß dieselbe Sache nicht bereits in einem anderen internationalen Untersuchungs- oder Streitregelungsverfahren geprüft wird;[2]
b) daß die Einzelperson alle zur Verfügung stehenden innerstaatlichen Rechtsbehelfe erschöpft hat. Dies gilt jedoch nicht, wenn das Verfahren bei der Anwendung der Rechtsbehelfe unangemessen lange gedauert hat.
(3) Der Ausschuß berät über Mitteilungen aufgrund dieses Protokolls in nichtöffentlicher Sitzung.
(4) Der Ausschuß teilt seine Auffassungen dem betroffenen Vertragsstaat und der Einzelperson mit.

Artikel 6
Der Ausschuß nimmt in seinen Jahresbericht nach Artikel 45 des Paktes eine Übersicht über seine Tätigkeit aufgrund dieses Protokolls auf.

Artikel 7
Bis zur Verwirklichung der Ziele der Entschließung 1514 (XV) der Generalversammlung der Vereinten Nationen vom 14. Dezember 1960 betreffend die Erklärung über die Gewährung der Unabhängigkeit an Kolonialgebiete und Kolonialvölker wird das diesen Völkern durch die Charta der Vereinten Nationen und andere internationale Übereinkommen und Vereinbarungen im Rahmen der Vereinten Nationen und ihrer Sonderorganisationen gewährte Petitionsrecht durch dieses Protokoll in keiner Weise eingeschränkt.

Artikel 8
(1) Dieses Protokoll liegt für jeden Staat, der den Pakt unterzeichnet hat, zur Unterzeichnung auf.
(2) Dieses Protokoll bedarf der Ratifikation, die von allen Staaten vorgenommen werden kann, die den Pakt ratifiziert haben oder ihm beigetreten sind. Die Ratifikationsurkunden sind beim Generalsekretär der Vereinten Nationen zu hinterlegen.
(3) Dieses Protokoll liegt für jeden Staat, der den Pakt ratifiziert hat oder ihm beigetreten ist, zum Beitritt auf.
(4) Der Beitritt erfolgt durch Hinterlegung einer Beitrittsurkunde beim Generalsekretär der Vereinten Nationen.
(5) Der Generalsekretär der Vereinten Nationen unterrichtet alle Staaten, die dieses Protokoll unterzeichnet haben oder ihm beigetreten sind, von der Hinterlegung jeder Ratifikations- oder Beitrittsurkunde.

Artikel 9
(1) Vorbehaltlich des Inkrafttretens des Paktes tritt dieses Protokoll drei Monate nach Hinterlegung der zehnten Ratifikations- oder Beitrittsurkunde beim Generalsekretär der Vereinten Nationen in Kraft.
(2) Für jeden Staat, der nach Hinterlegung der zehnten Ratifikations- oder Beitrittsurkunde dieses Protokoll ratifiziert oder ihm beitritt, tritt es drei Monate nach Hinterlegung seiner eigenen Ratifikations- oder Beitrittsurkunde in Kraft.

Artikel 10
Die Bestimmungen dieses Protokolls gelten ohne Einschränkung oder Ausnahme für alle Teile eines Bundesstaates.

Artikel 11
(1) Jeder Vertragsstaat dieses Protokolls kann eine Änderung vorschlagen und ihren Wortlaut beim Generalsekretär der Vereinten Nationen einreichen. Der Generalsekretär übermittelt sodann alle Änderungsvorschläge den Vertragsstaaten dieses Protokolls mit der Aufforderung, ihm mitzuteilen, ob

---

2) Die Bundesrepublik Deutschland hat folgenden Vorbehalt angebracht:
»Die Bundesrepublik Deutschland bringt einen Vorbehalt im Hinblick auf Artikel 5 Absatz 2 Buchstabe a dahingehend an, daß die Zuständigkeit des Ausschusses nicht für Mitteilungen gilt,
 a) die bereits in einem anderen internationalen Untersuchungs- oder Streitregelungsverfahren geprüft wurden,
 b) mit denen eine Rechtsverletzung gerügt wird, die in Ereignissen vor dem Inkrafttreten des Fakultativprotokolls für die Bundesrepublik Deutschland ihren Ursprung hat, oder
 c) mit denen eine Verletzung des Artikels 26 des Internationalen Paktes über bürgerliche und politische Rechte gerügt wird, wenn und soweit sich die gerügte Verletzung auf andere als im vorgenannten Pakt garantierte Rechte bezieht«.

16a Fakultativprotokoll zum IPBPR Art. 12–14

sie eine Konferenz der Vertragsstaaten zur Beratung und Abstimmung über die Vorschläge befürworten. Befürwortet wenigstens ein Drittel der Vertragsstaaten eine solche Konferenz, so beruft der Generalsekretär die Konferenz unter der Schirmherrschaft der Vereinten Nationen ein. Jede Änderung, die von der Mehrheit der auf der Konferenz anwesenden und abstimmenden Vertragsstaaten angenommen wird, ist der Generalversammlung der Vereinten Nationen zur Billigung vorzulegen.

(2) Die Änderungen treten in Kraft, wenn sie von der Generalversammlung der Vereinten Nationen gebilligt und von einer Zweidrittelmehrheit der Vertragsstaaten dieses Protokolls nach Maßgabe der in ihrer Verfassung vorgesehenen Verfahren angenommen worden sind.

(3) Treten die Änderungen in Kraft, so sind sie für die Vertragsstaaten, die sie angenommen haben, verbindlich, während für die anderen Vertragsstaaten weiterhin die Bestimmungen dieses Protokolls und alle früher von ihnen angenommenen Änderungen gelten.

Artikel 12

(1) Jeder Vertragsstaat kann dieses Protokoll jederzeit durch schriftliche Notifikation an den Generalsekretär der Vereinten Nationen kündigen. Die Kündigung wird drei Monate nach Eingang der Notifikation beim Generalsekretär wirksam.

(2) Die Kündigung berührt nicht die weitere Anwendung dieses Protokolls auf Mitteilungen nach Artikel 2, die vor dem Wirksamwerden der Kündigung eingegangen sind.

Artikel 13

Unabhängig von den Notifikationen nach Artikel 8 Absatz 5 dieses Protokolls unterrichtet der Generalsekretär der Vereinten Nationen alle in Artikel 48 Absatz 1 des Paktes bezeichneten Staaten
a) von den Unterzeichnungen, Ratifikationen und Beitritten nach Artikel 8;
b) vom Zeitpunkt des Inkrafttretens dieses Protokolls nach Artikel 9 und vom Zeitpunkt des Inkrafttretens von Änderungen nach Artikel 11;
c) von Kündigungen nach Artikel 12.

Artikel 14

(1) Dieses Protokoll, dessen chinesischer, englischer, französischer, russischer und spanischer Wortlaut gleichermaßen verbindlich ist, wird im Archiv der Vereinten Nationen hinterlegt.

(2) Der Generalsekretär der Vereinten Nationen übermittelt allen in Artikel 48 des Paktes bezeichneten Staaten beglaubigte Abschriften dieses Protokolls.

Zweites Fakultativprotokoll zum Internationalen Pakt über bürgerliche und politische Rechte zur Abschaffung der Todesstrafe[1)]

Vom 15. Dezember 1989

Die Vertragsstaaten dieses Protokolls –
im Vertrauen darauf, daß die Abschaffung der Todesstrafe zur Förderung der Menschenwürde und zur fortschreitenden Entwicklung der Menschenrechte beiträgt,
unter Hinweis auf Artikel 3 der am 10. Dezember 1948 angenommenen Allgemeinen Erklärung der Menschenrechte und auf Artikel 6 des am 16. Dezember 1966 angenommenen Internationalen Paktes über bürgerliche und politische Rechte,
in Anbetracht dessen, daß Artikel 6 des Internationalen Paktes über bürgerliche und politische Rechte auf die Abschaffung der Todesstrafe in einer Weise Bezug nimmt, die eindeutig zu verstehen gibt, daß die Abschaffung wünschenswert ist,
überzeugt, daß alle Maßnahmen zur Abschaffung der Todesstrafe im Hinblick auf die Wahrung des Rechtes auf Leben einen Fortschritt bedeuten,
in dem Wunsch, hiermit eine internationale Verpflichtung zur Abschaffung der Todesstrafe einzugehen –
haben folgendes vereinbart:

Artikel 1
(1) Niemand, der der Hoheitsgewalt eines Vertragsstaats dieses Fakultativprotokolls untersteht, darf hingerichtet werden.
(2) Jeder Vertragsstaat ergreift alle erforderlichen Maßnahmen, um die Todesstrafe in seinem Hoheitsbereich abzuschaffen.

Artikel 2
(1) Vorbehalte zu diesem Protokoll sind nicht zulässig, ausgenommen ein im Zeitpunkt der Ratifikation oder des Beitritts angebrachter Vorbehalt, der die Anwendung der Todesstrafe in Kriegszeiten aufgrund einer Verurteilung wegen eines in Kriegszeiten begangenen besonders schweren Verbrechens militärischer Art vorsieht.
(2) Ein Vertragsstaat, der einen solchen Vorbehalt anbringt, wird dem Generalsekretär der Vereinten Nationen im Zeitpunkt der Ratifikation oder des Beitritts die in Kriegszeiten anzuwendenden einschlägigen Bestimmungen seiner innerstaatlichen Rechtsvorschriften mitteilen.
(3) Ein Vertragsstaat, der einen solchen Vorbehalt angebracht hat, wird dem Generalsekretär der Vereinten Nationen Beginn und Ende eines für sein Hoheitsgebiet geltenden Kriegszustands notifizieren.

Artikel 3
Die Vertragsstaaten dieses Protokolls nehmen in die Berichte, die sie nach Artikel 40 des Paktes dem Ausschuß für Menschenrechte vorlegen, Angaben über die von ihnen zur Verwirklichung dieses Protokolls getroffenen Maßnahmen auf.

Artikel 4
Für die Vertragsstaaten des Paktes, die eine Erklärung nach Artikel 41 abgegeben haben, erstreckt sich die Zuständigkeit des Ausschusses für Menschenrechte zur Entgegennahme und Prüfung von Mitteilungen, in denen ein Vertragsstaat geltend macht, ein anderer Vertragsstaat komme seinen Verpflichtungen nicht nach, auf dieses Protokoll, sofern nicht der betreffende Vertragsstaat im Zeitpunkt der Ratifikation oder des Beitritts eine gegenteilige Erklärung abgegeben hat.

Artikel 5
Für die Vertragsstaaten des am 19. Dezember 1966 angenommenen (Ersten) Fakultativprotokolls zu dem Internationalen Pakt über bürgerliche und politische Rechte erstreckt sich die Zuständigkeit des

---
[1)] Deutscher Text: *BGBl.* 1992 II S. 391.
Internationale Quelle: *UNTS* Bd. 1642 S. 414.
In Kraft getreten am 11. Juli 1991; für die Bundesrepublik Deutschland am 18. November 1992.

16b Zweites Fakultativprotokoll zum IPBPR Art. 6–11

Ausschusses für Menschenrechte zur Entgegennahme und Prüfung von Mitteilungen ihrer Hoheitsgewalt unterstehender Personen auf dieses Protokoll, sofern nicht der betreffende Vertragsstaat im Zeitpunkt der Ratifikation oder des Beitritts eine gegenteilige Erklärung abgegeben hat.

Artikel 6
(1) Die Bestimmungen dieses Protokolls werden als Zusatzbestimmungen zu dem Pakt angewendet.
(2) Unbeschadet der Möglichkeit eines Vorbehalts nach Artikel 2 dieses Protokolls darf das in Artikel 1 Absatz 1 des Protokolls gewährleistete Recht nicht nach Artikel 4 des Paktes außer Kraft gesetzt werden.

Artikel 7
(1) Dieses Protokoll liegt für jeden Staat, der den Pakt unterzeichnet hat, zur Unterzeichnung auf.
(2) Dieses Protokoll bedarf der Ratifikation, die von allen Staaten vorgenommen werden kann, die den Pakt ratifiziert haben oder ihm beigetreten sind. Die Ratifikationsurkunden werden beim Generalsekretär der Vereinten Nationen hinterlegt.
(3) Dieses Protokoll steht jedem Staat, der den Pakt ratifiziert hat oder ihm beigetreten ist, zum Beitritt offen.
(4) Der Beitritt erfolgt durch Hinterlegung einer Beitrittsurkunde beim Generalsekretär der Vereinten Nationen.
(5) Der Generalsekretär der Vereinten Nationen unterrichtet alle Staaten, die dieses Protokoll unterzeichnet haben oder ihm beigetreten sind, von der Hinterlegung jeder Ratifikations- oder Beitrittsurkunde.

Artikel 8
(1) Dieses Protokoll tritt drei Monate nach Hinterlegung der zehnten Ratifikations- oder Beitrittsurkunde beim Generalsekretär der Vereinten Nationen in Kraft.
(2) Für jeden Staat, der nach Hinterlegung der zehnten Ratifikations- oder Beitrittsurkunde dieses Protokoll ratifiziert oder ihm beitritt, tritt es drei Monate nach Hinterlegung seiner eigenen Ratifikations- oder Beitrittsurkunde in Kraft.

Artikel 9
Die Bestimmungen dieses Protokolls gelten ohne Einschränkung oder Ausnahme für alle Teile eines Bundesstaats.

Artikel 10
Der Generalsekretär der Vereinten Nationen unterrichtet alle in Artikel 48 Absatz 1 des Paktes bezeichneten Staaten
a) von Vorbehalten, Mitteilungen und Notifikationen nach Artikel 2 dieses Protokolls;
b) von Erklärungen nach Artikel 4 oder 5 dieses Protokolls;
c) von Unterzeichnungen, Ratifikationen und Beitritten nach Artikel 7 dieses Protokolls;
d) vom Zeitpunkt des Inkrafttretens dieses Protokolls nach seinem Artikel 8.

Artikel 11
(1) Dieses Protokoll, dessen arabischer, chinesischer, englischer, französischer, russischer und spanischer Wortlaut gleichermaßen verbindlich ist, wird im Archiv der Vereinten Nationen hinterlegt.
(2) Der Generalsekretär der Vereinten Nationen übermittelt allen in Artikel 48 des Paktes bezeichneten Staaten beglaubigte Abschriften dieses Protokolls.

Internationaler Pakt über wirtschaftliche, soziale und kulturelle Rechte[1][2]

Vom 19. Dezember 1966

Die Vertragsstaaten dieses Paktes –
in der Erwägung, daß nach den in der Charta der Vereinten Nationen verkündeten Grundsätzen die Anerkennung der allen Mitgliedern der menschlichen Gesellschaft innewohnenden Würde und der Gleichheit und Unveräußerlichkeit ihrer Rechte die Grundlage von Freiheit, Gerechtigkeit und Frieden in der Welt bildet,
in der Erkenntnis, daß sich diese Rechte aus der dem Menschen innewohnenden Würde herleiten,
in der Erkenntnis, daß nach der Allgemeinen Erklärung der Menschenrechte das Ideal vom freien Menschen, der frei von Furcht und Not lebt, nur verwirklicht werden kann, wenn Verhältnisse geschaffen werden, in denen jeder seine wirtschaftlichen, sozialen und kulturellen Rechte ebenso wie seine bürgerlichen und politischen Rechte genießen kann,
in der Erwägung, daß die Charta der Vereinten Nationen die Staaten verpflichtet, die allgemeine und wirksame Achtung der Rechte und Freiheiten des Menschen zu fördern,
im Hinblick darauf, daß der einzelne gegenüber seinen Mitmenschen und der Gemeinschaft, der er angehört, Pflichten hat und gehalten ist, für die Förderung und Achtung der in diesem Pakt anerkannten Rechte einzutreten –
vereinbaren folgende Artikel:

TEIL I

Artikel 1
(1) Alle Völker haben das Recht auf Selbstbestimmung. Kraft dieses Rechts entscheiden sie frei über ihren politischen Status und gestalten in Freiheit ihre wirtschaftliche, soziale und kulturelle Entwicklung.
(2) Alle Völker können für ihre eigenen Zwecke frei über ihre natürlichen Reichtümer und Mittel verfügen, unbeschadet aller Verpflichtungen, die aus der internationalen wirtschaftlichen Zusammenarbeit auf der Grundlage des gegenseitigen Wohles sowie aus dem Völkerrecht erwachsen. In keinem Fall darf ein Volk seiner eigenen Existenzmittel beraubt werden.
(3) Die Vertragsstaaten, einschließlich der Staaten, die für die Verwaltung von Gebieten ohne Selbstregierung und von Treuhandgebieten verantwortlich sind, haben entsprechend der Charta der Vereinten Nationen die Verwirklichung des Rechts auf Selbstbestimmung zu fördern und dieses Recht zu achten.

TEIL II

Artikel 2
(1) Jeder Vertragsstaat verpflichtet sich, einzeln und durch internationale Hilfe und Zusammenarbeit, insbesondere wirtschaftlicher und technischer Art, unter Ausschöpfung aller seiner Möglichkeiten Maßnahmen zu treffen, um nach und nach mit allen geeigneten Mitteln, vor allem durch gesetzgeberische Maßnahmen, die volle Verwirklichung der in diesem Pakt anerkannten Rechte zu erreichen.
(2) Die Vertragsstaaten verpflichten sich, zu gewährleisten, daß die in diesem Pakt verkündeten Rechte ohne Diskriminierung hinsichtlich der Rasse, der Hautfarbe, des Geschlechts, der Sprache, der Religion, der politischen oder sonstigen Anschauung, der nationalen oder sozialen Herkunft, des Vermögens, der Geburt oder des sonstigen Status ausgeübt werden.

---
1) Deutscher Text: *BGBl.* 1973 II S. 1570.
   Internationale Quelle: *UNTS* Bd. 993 S. 3.
   In Kraft getreten, auch für die Bundesrepublik Deutschland, am 3. Januar 1976.
2) Ein Fakultativprotokoll zu dem Pakt über die Einführung einer Individualbeschwerde, von der UN-Generalversammlung mit Resolution 63/117 vom 10. Dezember 2008 angenommen, ist noch nicht in Kraft.

(3) Entwicklungsländer können unter gebührender Berücksichtigung der Menschenrechte und der Erfordernisse ihrer Volkswirtschaft entscheiden, inwieweit sie Personen, die nicht ihre Staatsangehörigkeit besitzen, die in diesem Pakt anerkannten wirtschaftlichen Rechte gewährleisten wollen.

Artikel 3
Die Vertragsstaaten verpflichten sich, die Gleichberechtigung von Mann und Frau bei der Ausübung der in diesem Pakt festgelegten wirtschaftlichen, sozialen und kulturellen Rechte sicherzustellen.

Artikel 4
Die Vertragsstaaten erkennen an, daß ein Staat die Ausübung der von ihm gemäß diesem Pakt gewährleisteten Rechte nur solchen Einschränkungen unterwerfen darf, die gesetzlich vorgesehen und mit der Natur dieser Rechte vereinbar sind und deren ausschließlicher Zweck es ist, das allgemeine Wohl in einer demokratischen Gesellschaft zu fördern.

Artikel 5
(1) Keine Bestimmung dieses Paktes darf dahin ausgelegt werden, daß sie für einen Staat, eine Gruppe oder eine Person das Recht begründet, eine Tätigkeit auszuüben oder eine Handlung zu begehen, die auf die Abschaffung der in diesem Pakt anerkannten Rechte und Freiheiten oder auf weitergehende Beschränkungen dieser Rechte und Freiheiten, als in dem Pakt vorgesehen, hinzielt.
(2) Die in einem Land durch Gesetz, Übereinkommen, Verordnungen oder durch Gewohnheitsrecht anerkannten oder bestehenden grundlegenden Menschenrechte dürfen nicht unter dem Vorwand beschränkt oder außer Kraft gesetzt werden, daß dieser Pakt derartige Rechte nicht oder nur in einem geringen Ausmaß[3] anerkenne.

TEIL III

Artikel 6
(1) Die Vertragsstaaten erkennen das Recht auf Arbeit an, welches das Recht jedes einzelnen auf die Möglichkeit, seinen Lebensunterhalt durch frei gewählte oder angenommene Arbeit zu verdienen, umfaßt, und unternehmen geeignete Schritte zum Schutz dieses Rechts.
(2) Die von einem Vertragsstaat zur vollen Verwirklichung dieses Rechts zu unternehmenden Schritte umfassen fachliche und berufliche Beratung und Ausbildungsprogramme sowie die Festlegung von Grundsätzen und Verfahren zur Erzielung einer stetigen wirtschaftlichen, sozialen und kulturellen Entwicklung und einer produktiven Vollbeschäftigung unter Bedingungen, welche die politischen und wirtschaftlichen Grundfreiheiten des einzelnen schützen.

Artikel 7
Die Vertragsstaaten erkennen das Recht eines jeden auf gerechte und günstige Arbeitsbedingungen an, durch die insbesondere gewährleistet wird
a) ein Arbeitsentgelt, das allen Arbeitnehmern mindestens sichert
   i) angemessenen Lohn und gleiches Entgelt für gleichwertige Arbeit ohne Unterschied; insbesondere wird gewährleistet, daß Frauen keine ungünstigeren Arbeitsbedingungen als Männer haben und daß sie für gleiche Arbeit gleiches Entgelt erhalten,
   ii) einen angemessenen Lebensunterhalt für sie und ihre Familien in Übereinstimmung mit diesem Pakt;
b) sichere und gesunde Arbeitsbedingungen;
c) gleiche Möglichkeiten für jedermann, in seiner beruflichen Tätigkeit entsprechend aufzusteigen, wobei keine anderen Gesichtspunkte als Beschäftigungsdauer und Befähigung ausschlaggebend sein dürfen;
d) Arbeitspausen, Freizeit, eine angemessene Begrenzung der Arbeitszeit, regelmäßiger bezahlter Urlaub sowie Vergütung gesetzlicher Feiertage.

Artikel 8
(1) Die Vertragsstaaten verpflichten sich, folgende Rechte zu gewährleisten:
a) das Recht eines jeden, zur Förderung und zum Schutz seiner wirtschaftlichen und sozialen Interessen Gewerkschaften zu bilden oder einer Gewerkschaft eigener Wahl allein nach Maßgabe

---
3) In der englischen Fassung heißt es »to a lesser extent«; im französischen Wortlaut »à un moindre degré«.

Art. 9–11 Pakt über wirtschaftliche, soziale und kulturelle Rechte 17

ihrer Vorschriften beizutreten. Die Ausübung dieses Rechts darf nur solchen Einschränkungen unterworfen werden, die gesetzlich vorgesehen und in einer demokratischen Gesellschaft im Interesse der nationalen Sicherheit oder der öffentlichen Ordnung oder zum Schutz der Rechte und Freiheiten anderer erforderlich sind;
b) das Recht der Gewerkschaften, nationale Vereinigungen oder Verbände zu gründen, sowie deren Recht, internationale Gewerkschaftsorganisationen zu bilden oder solchen beizutreten;
c) das Recht der Gewerkschaften, sich frei zu betätigen, wobei nur solche Einschränkungen zulässig sind, die gesetzlich vorgesehen und in einer demokratischen Gesellschaft im Interesse der nationalen Sicherheit oder der öffentlichen Ordnung oder zum Schutz der Rechte und Freiheiten anderer erforderlich sind;
d) das Streikrecht, soweit es in Übereinstimmung mit der innerstaatlichen Rechtsordnung ausgeübt wird.
(2) Dieser Artikel schließt nicht aus, daß die Ausübung dieser Rechte durch Angehörige der Streitkräfte, der Polizei oder der öffentlichen Verwaltung rechtlichen Einschränkungen unterworfen wird.
(3) Keine Bestimmung dieses Artikels ermächtigt die Vertragsstaaten des Übereinkommens der Internationalen Arbeitsorganisation von 1948 über die Vereinigungsfreiheit und den Schutz des Vereinigungsrechts, gesetzgeberische Maßnahmen zu treffen oder Gesetze so anzuwenden, daß die Garantien des oben genannten Übereinkommens beeinträchtigt werden.

Artikel 9
Die Vertragsstaaten erkennen das Recht eines jeden auf Soziale Sicherheit an; diese schließt die Sozialversicherung ein.

Artikel 10
Die Vertragsstaaten erkennen an,
1. daß die Familie als die natürliche Kernzelle der Gesellschaft größtmöglichen Schutz und Beistand genießen soll, insbesondere im Hinblick auf ihre Gründung und solange sie für die Betreuung und Erziehung unterhaltsberechtigter Kinder verantwortlich ist. Eine Ehe darf nur im freien Einverständnis der künftigen Ehegatten geschlossen werden;
2. daß Mütter während einer angemessenen Zeit vor und nach der Niederkunft besonderen Schutz genießen sollen. Während dieser Zeit sollen berufstätige Mütter bezahlten Urlaub oder Urlaub mit angemessenen Leistungen aus der Sozialen Sicherheit erhalten;
3. daß Sondermaßnahmen zum Schutz und Beistand für alle Kinder und Jugendlichen ohne Diskriminierung aufgrund der Abstammung oder aus sonstigen Gründen getroffen werden sollen. Kinder und Jugendliche sollen vor wirtschaftlicher und sozialer Ausbeutung geschützt werden. Ihre Beschäftigung mit Arbeiten, die ihrer Moral oder Gesundheit schaden, ihr Leben gefährden oder voraussichtlich ihre normale Entwicklung behindern, soll gesetzlich strafbar sein. Die Staaten sollen ferner Altersgrenzen festsetzen, unterhalb derer die entgeltliche Beschäftigung von Kindern gesetzlich verboten und strafbar ist.

Artikel 11
(1) Die Vertragsstaaten erkennen das Recht eines jeden auf einen angemessenen Lebensstandard für sich und seine Familie an, einschließlich ausreichender Ernährung, Bekleidung und Unterbringung, sowie auf eine stetige Verbesserung der Lebensbedingungen. Die Vertragsstaaten unternehmen geeignete Schritte, um die Verwirklichung dieses Rechts zu gewährleisten, und erkennen zu diesem Zweck die entscheidende Bedeutung einer internationalen, auf freier Zustimmung beruhenden Zusammenarbeit an.
(2) In Anerkennung des grundlegenden Rechts eines jeden, vor Hunger geschützt zu sein, werden die Vertragsstaaten einzeln und im Wege internationaler Zusammenarbeit die erforderlichen Maßnahmen, einschließlich besonderer Programme, durchführen
a) zur Verbesserung der Methoden der Erzeugung, Haltbarmachung und Verteilung von Nahrungsmitteln durch volle Nutzung der technischen und wissenschaftlichen Erkenntnisse, durch Verbreitung der ernährungswissenschaftlichen Grundsätze sowie durch die Entwicklung oder Reform

landwirtschaftlicher Systeme mit dem Ziel einer möglichst wirksamen Erschließung und Nutzung der natürlichen Hilfsquellen;
b) zur Sicherung einer dem Bedarf entsprechenden gerechten Verteilung der Nahrungsmittelvorräte der Welt unter Berücksichtigung der Probleme der Nahrungsmittel einführenden und ausführenden Länder.

Artikel 12
(1) Die Vertragsstaaten erkennen das Recht eines jeden auf das für ihn erreichbare Höchstmaß an körperlicher und geistiger Gesundheit an.
(2) Die von den Vertragsstaaten zu unternehmenden Schritte zur vollen Verwirklichung dieses Rechts umfassen die erforderlichen Maßnahmen
a) zur Senkung der Zahl der Totgeburten und der Kindersterblichkeit sowie zur gesunden Entwicklung des Kindes;
b) zur Verbesserung aller Aspekte der Umwelt- und der Arbeitshygiene;
c) zur Vorbeugung, Behandlung und Bekämpfung epidemischer, endemischer, Berufs- und sonstiger Krankheiten;
d) zur Schaffung der Voraussetzungen, die für jedermann im Krankheitsfall den Genuß medizinischer Einrichtungen und ärztlicher Betreuung sicherstellen.

Artikel 13
(1) Die Vertragsstaaten erkennen das Recht eines jeden auf Bildung an. Sie stimmen überein, daß die Bildung auf die volle Entfaltung der menschlichen Persönlichkeit und des Bewußtseins ihrer Würde gerichtet sein und die Achtung vor den Menschenrechten und Grundfreiheiten stärken muß. Sie stimmen ferner überein, daß die Bildung es jedermann ermöglichen muß, eine nützliche Rolle in einer freien Gesellschaft zu spielen, daß sie Verständnis, Toleranz und Freundschaft unter allen Völkern und allen rassischen, ethnischen und religiösen Gruppen fördern sowie die Tätigkeit der Vereinten Nationen zur Erhaltung des Friedens unterstützen muß.
(2) Die Vertragsstaaten erkennen an, daß im Hinblick auf die volle Verwirklichung dieses Rechts
a) der Grundschulunterricht für jedermann Pflicht und allen unentgeltlich zugänglich sein muß;
b) die verschiedenen Formen des höheren Schulwesens einschließlich des höheren Fach- und Berufsschulwesens auf jede geeignete Weise, insbesondere durch allmähliche Einführung der Unentgeltlichkeit, allgemein verfügbar und jedermann zugänglich gemacht werden müssen;
c) der Hochschulunterricht auf jede geeignete Weise, insbesondere durch allmähliche Einführung der Unentgeltlichkeit, jedermann gleichermaßen entsprechend seinen Fähigkeiten zugänglich gemacht werden muß;
d) eine grundlegende Bildung für Personen, die eine Grundschule nicht besucht oder nicht beendet haben, so weit wie möglich zu fördern oder zu vertiefen ist;
e) die Entwicklung eines Schulsystems auf allen Stufen aktiv voranzutreiben, ein angemessenes Stipendiensystem einzurichten und die wirtschaftliche Lage der Lehrerschaft fortlaufend zu verbessern ist.
(3) Die Vertragsstaaten verpflichten sich, die Freiheit der Eltern und gegebenenfalls des Vormunds oder Pflegers zu achten, für ihre Kinder andere als öffentliche Schulen zu wählen, die den vom Staat gegebenenfalls festgesetzten oder gebilligten bildungspolitischen Mindestnormen entsprechen, sowie die religiöse und sittliche Erziehung ihrer Kinder in Übereinstimmung mit ihren eigenen Überzeugungen sicherzustellen.
(4) Keine Bestimmung dieses Artikels darf dahin ausgelegt werden, daß sie die Freiheit natürlicher oder juristischer Personen beeinträchtigt, Bildungseinrichtungen zu schaffen und zu leiten, sofern die in Absatz 1 niedergelegten Grundsätze beachtet werden und die in solchen Einrichtungen vermittelte Bildung den vom Staat gegebenenfalls festgesetzten Mindestnormen entspricht.

Artikel 14
Jeder Vertragsstaat, der zu dem Zeitpunkt, da er Vertragspartei wird, im Mutterland oder in sonstigen seiner Hoheitsgewalt unterstehenden Gebieten noch nicht die Grundschulpflicht auf der Grundlage der Unentgeltlichkeit einführen konnte, verpflichtet sich, binnen zwei Jahren einen ausführlichen

Art. 15–19 Pakt über wirtschaftliche, soziale und kulturelle Rechte

Aktionsplan auszuarbeiten und anzunehmen, der die schrittweise Verwirklichung des Grundsatzes der unentgeltlichen allgemeinen Schulpflicht innerhalb einer angemessenen, in dem Plan festzulegenden Zahl von Jahren vorsieht.

Artikel 15
(1) Die Vertragsstaaten erkennen das Recht eines jeden an,
a) am kulturellen Leben teilzunehmen;
b) an den Errungenschaften des wissenschaftlichen Fortschritts und seiner Anwendung teilzuhaben;
c) den Schutz der geistigen und materiellen Interessen zu genießen, die ihm als Urheber von Werken der Wissenschaft, Literatur oder Kunst erwachsen.
(2) Die von den Vertragsstaaten zu unternehmenden Schritte zur vollen Verwirklichung dieses Rechts umfassen die zur Erhaltung, Entwicklung und Verbreitung von Wissenschaft und Kultur erforderlichen Maßnahmen.
(3) Die Vertragsstaaten verpflichten sich, die zu wissenschaftlicher Forschung und schöpferischer Tätigkeit unerläßliche Freiheit zu achten.
(4) Die Vertragsstaaten erkennen die Vorteile an, die sich aus der Förderung und Entwicklung internationaler Kontakte und Zusammenarbeit auf wissenschaftlichem und kulturellem Gebiet ergeben.

TEIL IV

Artikel 16
(1) Die Vertragsstaaten verpflichten sich, nach Maßgabe dieses Teiles Berichte über die von ihnen getroffenen Maßnahmen und über die Fortschritte vorzulegen, die hinsichtlich der Beachtung der in dem Pakt anerkannten Rechte erzielt wurden.
(2) a) Alle Berichte werden dem Generalsekretär der Vereinten Nationen vorgelegt, der sie abschriftlich dem Wirtschafts- und Sozialrat übermittelt, damit dieser sie nach Maßgabe dieses Paktes prüft.
b) Sind Vertragsstaaten gleichzeitig Mitglieder von Sonderorganisationen, so übermittelt der Generalsekretär der Vereinten Nationen ihre Berichte oder einschlägige Teile solcher Berichte abschriftlich auch den Sonderorganisationen, soweit diese Berichte oder Teile sich auf Angelegenheiten beziehen, die nach den Satzungen dieser Organisationen in deren Aufgabenbereich fallen.

Artikel 17
(1) Die Vertragsstaaten legen ihre Berichte abschnittsweise nach Maßgabe eines Programms vor, das vom Wirtschafts- und Sozialrat binnen eines Jahres nach Inkrafttreten dieses Paktes nach Konsultation der Vertragsstaaten und der betroffenen Sonderorganisationen aufzustellen ist.
(2) Die Berichte können Hinweise auf Umstände und Schwierigkeiten enthalten, die das Ausmaß der Erfüllung der Verpflichtungen aus diesem Pakt beeinflussen.
(3) Hat ein Vertragsstaat den Vereinten Nationen oder einer Sonderorganisation bereits sachdienliche Angaben gemacht, so brauchen diese nicht wiederholt zu werden; vielmehr genügt eine genaue Bezugnahme auf diese Angaben.

Artikel 18
Im Rahmen des ihm durch die Charta der Vereinten Nationen auf dem Gebiet der Menschenrechte und Grundfreiheiten zugewiesenen Aufgabenbereichs kann der Wirtschafts- und Sozialrat mit den Sonderorganisationen Vereinbarungen bezüglich ihrer Berichterstattung über die Fortschritte treffen, die bei der Beachtung der in ihren Tätigkeitsbereich fallenden Bestimmungen dieses Paktes erzielt wurden. Diese Berichte können Einzelheiten der von ihren zuständigen Organen angenommenen Beschlüsse und Empfehlungen über Maßnahmen zur Erfüllung dieser Bestimmungen enthalten.

Artikel 19
Der Wirtschafts- und Sozialrat kann die von Staaten nach den Artikeln 16 und 17 und die von Sonderorganisationen nach Artikel 18 vorgelegten Berichte über Menschenrechte der Menschenrechtskommission zur Prüfung und allgemeinen Empfehlung oder gegebenenfalls zur Kenntnisnahme übermitteln.

17 Pakt über wirtschaftliche, soziale und kulturelle Rechte Art. 20–27

Artikel 20
Die Vertragsstaaten und die betroffenen Sonderorganisationen können dem Wirtschafts- und Sozialrat Bemerkungen zu jeder allgemeinen Empfehlung nach Artikel 19 oder zu jeder Bezugnahme auf eine solche Empfehlung vorlegen, die in einem Bericht der Menschenrechtskommission oder einem darin erwähnten Schriftstück enthalten ist.

Artikel 21
Der Wirtschafts- und Sozialrat kann der Generalversammlung von Zeit zu Zeit Berichte mit Empfehlungen allgemeiner Art und einer Zusammenfassung der Angaben vorlegen, die er von den Vertragsstaaten und den Sonderorganisationen über Maßnahmen und Fortschritte hinsichtlich der allgemeinen Beachtung der in diesem Pakt anerkannten Rechte erhalten hat.

Artikel 22
Der Wirtschafts- und Sozialrat kann anderen Organen der Vereinten Nationen, ihren Unterorganen und denjenigen Sonderorganisationen, die sich mit technischer Hilfe befassen, alles aus den in diesem Teil erwähnten Berichten mitteilen, was diesen Stellen helfen kann, in ihrem jeweiligen Zuständigkeitsbereich über die Zweckmäßigkeit internationaler Maßnahmen zur wirksamen schrittweisen Durchführung dieses Paktes zu entscheiden.

Artikel 23
Die Vertragsstaaten stimmen überein, daß internationale Maßnahmen zur Verwirklichung der in diesem Pakt anerkannten Rechte u.a. folgendes einschließen: den Abschluß von Übereinkommen, die Annahme von Empfehlungen, die Gewährung technischer Hilfe sowie die Abhaltung von regionalen und Fachtagungen zu Konsultations- und Studienzwecken in Verbindung mit den betroffenen Regierungen.

Artikel 24
Keine Bestimmung dieses Paktes ist so auszulegen, daß sie die Bestimmungen der Charta der Vereinten Nationen und der Satzungen der Sonderorganisationen beschränkt, in denen die jeweiligen Aufgaben der verschiedenen Organe der Vereinten Nationen und der Sonderorganisationen hinsichtlich der in diesem Pakt behandelten Fragen geregelt sind.

Artikel 25
Keine Bestimmung dieses Paktes ist so auszulegen, daß sie das allen Völkern innewohnende Recht auf den Genuß und die volle und freie Nutzung ihrer natürlichen Reichtümer und Mittel beeinträchtigt.

TEIL V

Artikel 26
(1) Dieser Pakt liegt für alle Mitgliedstaaten der Vereinten Nationen, für alle Mitglieder einer ihrer Sonderorganisationen, für alle Vertragsstaaten der Satzung des Internationalen Gerichtshofs und für jeden anderen Staat, den die Generalversammlung der Vereinten Nationen einlädt, Vertragspartei dieses Paktes zu werden, zur Unterzeichnung auf.
(2) Dieser Pakt bedarf der Ratifikation. Die Ratifikationsurkunden sind beim Generalsekretär der Vereinten Nationen zu hinterlegen.
(3) Dieser Pakt liegt für jeden in Absatz 1 bezeichneten Staat zum Beitritt auf.
(4) Der Beitritt erfolgt durch Hinterlegung einer Beitrittsurkunde beim Generalsekretär der Vereinten Nationen.
(5) Der Generalsekretär der Vereinten Nationen unterrichtet alle Staaten, die diesen Pakt unterzeichnet haben oder ihm beigetreten sind, von der Hinterlegung jeder Ratifikations- oder Beitrittsurkunde.

Artikel 27
(1) Dieser Pakt tritt drei Monate nach Hinterlegung der fünfunddreißigsten Ratifikations- oder Beitrittsurkunde beim Generalsekretär der Vereinten Nationen in Kraft.
(2) Für jeden Staat, der nach Hinterlegung der fünfunddreißigsten Ratifikations- oder Beitrittsurkunde diesen Pakt ratifiziert oder ihm beitritt, tritt er drei Monate nach Hinterlegung seiner eigenen Ratifikations- oder Beitrittsurkunde in Kraft.

Artikel 28
Die Bestimmungen dieses Paktes gelten ohne Einschränkung oder Ausnahme für alle Teile eines Bundesstaates.

Artikel 29
(1) Jeder Vertragsstaat kann eine Änderung des Paktes vorschlagen und ihren Wortlaut beim Generalsekretär der Vereinten Nationen einreichen. Der Generalsekretär übermittelt sodann alle Änderungsvorschläge den Vertragsstaaten mit der Aufforderung, ihm mitzuteilen, ob sie eine Konferenz der Vertragsstaaten zur Beratung und Abstimmung über die Vorschläge befürworten. Befürwortet wenigstens ein Drittel der Vertragsstaaten eine solche Konferenz, so beruft der Generalsekretär die Konferenz unter der Schirmherrschaft der Vereinten Nationen ein. Jede Änderung, die von der Mehrheit der auf der Konferenz anwesenden und abstimmenden Vertragsstaaten angenommen wird, ist der Generalversammlung der Vereinten Nationen zur Genehmigung vorzulegen.

(2) Die Änderungen treten in Kraft, wenn sie von der Generalversammlung der Vereinten Nationen genehmigt und von einer Zweidrittelmehrheit der Vertragsstaaten nach Maßgabe der in ihrer Verfassung vorgesehenen Verfahren angenommen worden sind.

(3) Treten die Änderungen in Kraft, so sind sie für die Vertragsstaaten, die sie angenommen haben, verbindlich, während für die anderen Vertragsstaaten weiterhin die Bestimmungen dieses Paktes und alle früher von ihnen angenommenen Änderungen gelten.

Artikel 30
Unabhängig von den Notifikationen nach Artikel 26 Absatz 5 unterrichtet der Generalsekretär der Vereinten Nationen alle in Absatz 1 jenes Artikels bezeichneten Staaten
a) von den Unterzeichnungen, Ratifikationen und Beitritten nach Artikel 26;
b) vom Zeitpunkt des Inkrafttretens dieses Paktes nach Artikel 27 und vom Zeitpunkt des Inkrafttretens von Änderungen nach Artikel 29.

Artikel 31
(1) Dieser Pakt, dessen chinesischer, englischer, französischer, russischer und spanischer Wortlaut gleichermaßen verbindlich ist, wird im Archiv der Vereinten Nationen hinterlegt.

(2) Der Generalsekretär der Vereinten Nationen übermittelt allen in Artikel 26 bezeichneten Staaten beglaubigte Abschriften dieses Paktes.

18 Übereinkommen gegen Diskriminierung der Frau

Übereinkommen zur Beseitigung jeder Form von Diskriminierung der Frau[1)]

Vom 18. Dezember 1979

Die Vertragsstaaten dieses Übereinkommens –
im Hinblick darauf, daß die Charta der Vereinten Nationen den Glauben an die Grundrechte des Menschen, an Würde und Wert der menschlichen Persönlichkeit und an die Gleichberechtigung von Mann und Frau erneut bekräftigt;
im Hinblick darauf, daß die Allgemeine Erklärung der Menschenrechte den Grundsatz der Unzulässigkeit der Diskriminierung bekräftigt und feierlich feststellt, daß alle Menschen frei und an Würde und Rechten gleich geboren sind und daß jeder ohne irgendeinen Unterschied, einschließlich eines Unterschieds aufgrund des Geschlechts, Anspruch hat auf alle in der genannten Erklärung aufgeführten Rechte und Freiheiten;
im Hinblick darauf, daß die Vertragsstaaten der Internationalen Menschenrechtspakte verpflichtet sind, die Gleichberechtigung von Mann und Frau bei der Ausübung aller wirtschaftlichen, sozialen, kulturellen, bürgerlichen und politischen Rechte sicherzustellen;
in Anbetracht der unter der Schirmherrschaft der Vereinten Nationen und der Sonderorganisationen geschlossenen internationalen Übereinkommen zur Förderung der Gleichberechtigung von Mann und Frau;
im Hinblick ferner auf die Entschließungen, Erklärungen und Empfehlungen der Vereinten Nationen und der Sonderorganisationen zur Förderung der Gleichberechtigung von Mann und Frau;
jedoch besorgt darüber, daß die Frau trotz dieser verschiedenen Urkunden noch immer weitgehend diskriminiert wird;
unter Hinweis darauf, daß die Diskriminierung der Frau die Grundsätze der Gleichberechtigung und der Achtung der Menschenwürde verletzt, die Frauen daran hindert, unter den gleichen Voraussetzungen wie Männer am politischen, sozialen, wirtschaftlichen und kulturellen Leben ihres Landes teilzunehmen, das Wachstum des Wohlstands von Gesellschaft und Familie hemmt und der Frau die volle Entfaltung ihrer Fähigkeiten im Dienste ihres Landes und der Menschheit erschwert;
besorgt darüber, daß dort, wo Armut herrscht, Frauen beim Zugang zu Nahrungsmitteln, Gesundheitseinrichtungen, Bildung, Ausbildung und Beschäftigungsmöglichkeiten sowie bei der Befriedigung sonstiger Bedürfnisse am ehesten benachteiligt werden;
in der Überzeugung, daß die Errichtung der neuen Weltwirtschaftsordnung auf der Grundlage von Gleichheit und Gerechtigkeit wesentlich zur Förderung der Gleichberechtigung von Mann und Frau beitragen wird;
nachdrücklich darauf hinweisend, daß die Beseitigung der Apartheid, jeder Form von Rassismus, Rassendiskriminierung, Kolonialismus, Neokolonialismus, Aggression, ausländischer Besetzung und Fremdherrschaft sowie von Einmischung in die inneren Angelegenheiten der Staaten für die volle Ausübung der Rechte von Mann und Frau unerläßlich ist;
in Bekräftigung dessen, daß die Festigung des Weltfriedens und der internationalen Sicherheit, die internationale Entspannung, die Zusammenarbeit zwischen allen Staaten ungeachtet ihrer Gesellschafts- und Wirtschaftsordnung, die allgemeine und vollständige Abrüstung – insbesondere die nukleare Abrüstung unter strenger und wirksamer internationaler Kontrolle –, die Durchsetzung der Grundsätze der Gerechtigkeit, der Gleichberechtigung und des beiderseitigen Nutzens in den zwischenstaatlichen Beziehungen und die Verwirklichung des Rechts der unter Fremd- und Kolonialherrschaft sowie ausländischer Besetzung lebenden Völker auf Selbstbestimmung und Unabhängigkeit sowie die Achtung der nationalen Souveränität und der territorialen Unversehrtheit den sozialen Fortschritt und die soziale Entwicklung fördern und somit zur Verwirklichung der vollen Gleichberechtigung von Mann und Frau beitragen werden;

---

1) Deutscher Text: *BGBl.* 1985 II S. 648.
Internationale Quelle: *UNTS* Bd. 1249 S. 13.
In Kraft getreten am 3. September 1981; für die Bundesrepublik Deutschland am 9. August 1985.

überzeugt, daß die größtmögliche und gleichberechtigte Mitwirkung der Frau in allen Bereichen Voraussetzung für die vollständige Entwicklung eines Landes, für das Wohlergehen der Welt und für die Sache des Friedens ist;
eingedenk des bisher noch nicht voll anerkannten bedeutenden Beitrags der Frau zum Wohlergehen der Familie und zur Entwicklung der Gesellschaft, der sozialen Bedeutung der Mutterschaft und der Rolle beider Elternteile in der Familie und bei der Kindererziehung sowie in dem Bewußtsein, daß die Rolle der Frau bei der Fortpflanzung kein Grund zur Diskriminierung sein darf und daß die Kindererziehung eine Aufgabe ist, in die sich Mann und Frau sowie die Gesellschaft insgesamt teilen müssen;
in dem Bewußtsein, daß sich die traditionelle Rolle des Mannes und die Rolle der Frau in der Gesellschaft und in der Familie wandeln müssen, wenn die volle Gleichberechtigung von Mann und Frau erreicht werden soll;
entschlossen, die in der Erklärung über die Beseitigung der Diskriminierung der Frau niedergelegten Grundsätze zu verwirklichen und zu diesem Zweck die zur Beseitigung jeder Form und Erscheinungsweise einer solchen Diskriminierung erforderlichen Maßnahmen zu ergreifen –
sind wie folgt übereingekommen:

TEIL I

Artikel 1
In diesem Übereinkommen bezeichnet der Ausdruck »Diskriminierung der Frau« jede mit dem Geschlecht begründete Unterscheidung, Ausschließung oder Beschränkung, die zur Folge oder zum Ziel hat, daß die auf die Gleichberechtigung von Mann und Frau gegründete Anerkennung, Inanspruchnahme oder Ausübung der Menschenrechte und Grundfreiheiten durch die Frau – ungeachtet ihres Familienstands – im politischen, wirtschaftlichen, sozialen, kulturellen, staatsbürgerlichen oder jedem sonstigen Bereich beeinträchtigt oder vereitelt wird.

Artikel 2
Die Vertragsstaaten verurteilen jede Form von Diskriminierung der Frau; sie kommen überein, mit allen geeigneten Mitteln unverzüglich eine Politik zur Beseitigung der Diskriminierung der Frau zu verfolgen, und verpflichten sich zu diesem Zweck,
a) den Grundsatz der Gleichberechtigung von Mann und Frau in ihre Staatsverfassung oder in andere geeignete Rechtsvorschriften aufzunehmen, sofern sie dies noch nicht getan haben, und durch gesetzgeberische und sonstige Maßnahmen für die tatsächliche Verwirklichung dieses Grundsatzes zu sorgen;
b) durch geeignete gesetzgeberische und sonstige Maßnahmen, gegebenenfalls auch Sanktionen, jede Diskriminierung der Frau zu verbieten;
c) den rechtlichen Schutz der Rechte der Frau auf der Grundlage der Gleichberechtigung mit dem Mann zu gewährleisten und die Frau durch die zuständigen nationalen Gerichte und sonstigen öffentlichen Einrichtungen wirksam vor jeder diskriminierenden Handlung zu schützen;
d) Handlungen oder Praktiken zu unterlassen, welche die Frau diskriminieren, und dafür zu sorgen, daß alle staatlichen Behörden und öffentlichen Einrichtungen im Einklang mit dieser Verpflichtung handeln;
e) alle geeigneten Maßnahmen zur Beseitigung der Diskriminierung der Frau durch Personen, Organisationen oder Unternehmen zu ergreifen;
f) alle geeigneten Maßnahmen einschließlich gesetzgeberischer Maßnahmen zur Änderung oder Aufhebung aller bestehenden Gesetze, Verordnungen, Gepflogenheiten und Praktiken zu treffen, die eine Diskriminierung der Frau darstellen;
g) alle innerstaatlichen strafrechtlichen Vorschriften aufzuheben, die eine Diskriminierung der Frau darstellen.

Artikel 3
Die Vertragsstaaten treffen auf allen Gebieten, insbesondere auf politischem, sozialem, wirtschaftlichem und kulturellem Gebiet, alle geeigneten Maßnahmen einschließlich gesetzgeberischer Maßnah-

men zur Sicherung der vollen Entfaltung und Förderung der Frau, damit gewährleistet wird, daß sie die Menschenrechte und Grundfreiheiten gleichberechtigt mit dem Mann ausüben und genießen kann.

Artikel 4
(1) Zeitweilige Sondermaßnahmen der Vertragsstaaten zur beschleunigten Herbeiführung der Defacto-Gleichberechtigung von Mann und Frau gelten nicht als Diskriminierung im Sinne dieses Übereinkommens, dürfen aber keinesfalls die Beibehaltung ungleicher oder gesonderter Maßstäbe zur Folge haben; diese Maßnahmen sind aufzuheben, sobald die Ziele der Chancengleichheit und Gleichbehandlung erreicht sind.
(2) Sondermaßnahmen der Vertragsstaaten – einschließlich der in diesem Übereinkommen genannten Maßnahmen – zum Schutz der Mutterschaft gelten nicht als Diskriminierung.

Artikel 5
Die Vertragsstaaten treffen alle geeigneten Maßnahmen,
a) um einen Wandel in den sozialen und kulturellen Verhaltensmustern von Mann und Frau zu bewirken, um so zur Beseitigung von Vorurteilen sowie von herkömmlichen und allen sonstigen auf der Vorstellung von der Unterlegenheit oder Überlegenheit des einen oder anderen Geschlechts oder der stereotypen Rollenverteilung von Mann und Frau beruhenden Praktiken zu gelangen;
b) um sicherzustellen, daß die Erziehung in der Familie zu einem richtigen Verständnis der Mutterschaft als einer sozialen Aufgabe und zur Anerkennung der gemeinsamen Verantwortung von Mann und Frau für die Erziehung und Entwicklung ihrer Kinder beiträgt, wobei davon ausgegangen wird, daß das Interesse der Kinder in allen Fällen vorrangig zu berücksichtigen ist.

Artikel 6
Die Vertragsstaaten treffen alle geeigneten Maßnahmen einschließlich gesetzgeberischer Maßnahmen zur Abschaffung jeder Form des Frauenhandels und der Ausbeutung der Prostitution von Frauen.

TEIL II

Artikel 7
Die Vertragsstaaten treffen alle geeigneten Maßnahmen zur Beseitigung der Diskriminierung der Frau im politischen und öffentlichen Leben ihres Landes und gewährleisten insbesondere allen Frauen in gleicher Weise wie den Männern
a) das Stimmrecht bei allen Wahlen und Volksabstimmungen sowie das passive Wahlrecht für alle öffentlich gewählten Gremien;
b) das Recht auf Mitwirkung an der Ausarbeitung der Regierungspolitik und deren Durchführung sowie auf Bekleidung öffentlicher Ämter und auf Wahrnehmung aller öffentlichen Aufgaben auf allen Ebenen staatlicher Tätigkeit;
c) das Recht auf Mitarbeit in nichtstaatlichen Organisationen und Vereinigungen, die sich mit dem öffentlichen und politischen Leben ihres Landes befassen.

Artikel 8
Die Vertragsstaaten treffen alle geeigneten Maßnahmen, um sicherzustellen, daß Frauen unter den gleichen Bedingungen wie Männer und ohne Diskriminierung die Möglichkeit haben, ihre Regierung auf internationaler Ebene zu vertreten und an der Arbeit internationaler Organisationen mitzuwirken.

Artikel 9
(1) Die Vertragsstaaten gewähren Frauen die gleichen Rechte wie Männern hinsichtlich des Erwerbs, des Wechsels oder der Beibehaltung der Staatsangehörigkeit. Insbesondere stellen die Vertragsstaaten sicher, daß weder durch Eheschließung mit einem Ausländer noch durch Wechsel der Staatsangehörigkeit des Ehemanns im Laufe der Ehe ohne weiteres sich die Staatsangehörigkeit der Frau ändert, diese staatenlos wird oder ihr die Staatsangehörigkeit ihres Mannes aufgezwungen wird.
(2) Die Vertragsstaaten gewähren Frauen die gleichen Rechte wie Männern im Hinblick auf die Staatsangehörigkeit ihrer Kinder.

TEIL III

Artikel 10

Die Vertragsstaaten treffen alle geeigneten Maßnahmen zur Beseitigung der Diskriminierung der Frau, um ihr im Bildungsbereich die gleichen Rechte wie dem Mann zu gewährleisten und auf der Grundlage der Gleichberechtigung von Mann und Frau insbesondere folgendes sicherzustellen:

a) gleiche Bedingungen bei der Berufsberatung, bei der Zulassung zum Unterricht und beim Erwerb von Zeugnissen an Bildungseinrichtungen jeder Art sowie in ländlichen als auch in städtischen Gebieten; diese Gleichberechtigung gilt im Hinblick auf Vorschulen, allgemeinbildende Schulen, Fachschulen, allgemeine und technische Bildungseinrichtungen im tertiären Bereich sowie für jede Art der Berufsausbildung;

b) Zulassung zu denselben Bildungsprogrammen und Prüfungen sowie Lehrkräften mit gleichwertigen Qualifikationen und zu Schulanlagen und Schulausstattungen derselben Qualität;

c) Beseitigung jeder stereotypen Auffassung in bezug auf die Rolle von Mann und Frau auf allen Bildungsebenen und in allen Unterrichtsformen durch Förderung der Koedukation und sonstiger Erziehungsformen, die zur Erreichung dieses Zieles beitragen, insbesondere auch durch Überarbeitung von Lehrbüchern und Lehrplänen und durch Anpassung der Lehrmethoden;

d) Chancengleichheit bei der Erlangung von Stipendien und sonstigen Ausbildungsbeihilfen;

e) gleiche Möglichkeiten des Zugangs zu Weiterbildungsprogrammen, darunter Programme für erwachsene Analphabeten und zur funktionellen Alphabetisierung, insbesondere zur möglichst baldigen Verringerung jeden Bildungsgefälles zwischen Mann und Frau;

f) Verringerung des Prozentsatzes von Frauen, die ihre Ausbildung abbrechen, sowie Veranstaltung von Programmen für Mädchen und Frauen, die vorzeitig von der Schule abgegangen sind;

g) gleiche Möglichkeiten zur aktiven Teilnahme an Sport und Leibesübungen;

h) Zugang zu spezifischen Bildungsinformationen, die zur Gesunderhaltung und zum Wohlergehen der Familie beitragen, einschließlich Aufklärung und Beratung in bezug auf Familienplanung.

Artikel 11

(1) Die Vertragsstaaten treffen alle geeigneten Maßnahmen zur Beseitigung der Diskriminierung der Frau im Berufsleben, um ihr auf der Grundlage der Gleichberechtigung von Mann und Frau gleiche Rechte zu gewährleisten, insbesondere

a) das Recht auf Arbeit als unveräußerliches Recht jedes Menschen;

b) das Recht auf dieselben Arbeitsmöglichkeiten einschließlich der Anwendung derselben Auswahlkriterien bei der Einstellung;

c) das Recht auf freie Berufswahl und freie Wahl des Arbeitsplatzes, das Recht auf beruflichen Aufstieg, Arbeitsplatzsicherheit und alle Leistungen und Arbeitsbedingungen sowie das Recht auf Berufsausbildung und Umschulung, einschließlich einer Lehre, der Berufsfortbildung und der ständigen Weiterbildung;

d) das Recht auf gleiches Entgelt, einschließlich sonstiger Leistungen, und auf Gleichbehandlung bei gleichwertiger Arbeit sowie Gleichbehandlung bei der Bewertung der Arbeitsqualität;

e) das Recht auf soziale Sicherheit, insbesondere auf Leistungen bei Eintritt in den Ruhestand, bei Arbeitslosigkeit, Krankheit, Invalidität und im Alter oder bei sonstiger Arbeitsunfähigkeit sowie das Recht auf bezahlten Urlaub;

f) das Recht auf Schutz der Gesundheit und auf Sicherheit am Arbeitsplatz, einschließlich des Schutzes der Fortpflanzungsfähigkeit.

(2) Um eine Diskriminierung der Frau wegen Eheschließung oder Mutterschaft zu verhindern und ihr ein wirksames Recht auf Arbeit zu gewährleisten, treffen die Vertragsstaaten geeignete Maßnahmen

a) zum – mit Androhung von Sanktionen verbundenen – Verbot der Entlassung wegen Schwangerschaft oder Mutterschaftsurlaubs sowie der Diskriminierung aufgrund des Familienstands bei Entlassungen;

b) zur Einführung des bezahlten oder mit vergleichbaren sozialen Vorteilen verbundenen Mutterschaftsurlaubs ohne Verlust des bisherigen Arbeitsplatzes, des Dienstalters oder sozialer Zulagen;

c) zur Förderung der Bereitstellung der erforderlichen unterstützenden Sozialdienste, die es Eltern ermöglichen, ihre Familienpflichten mit ihren beruflichen Aufgaben und mit der Teilnahme am öffentlichen Leben zu vereinbaren, insbesondere durch Förderung der Errichtung und des Ausbaus eines Netzes von Einrichtungen zur Kinderbetreuung;
d) zur Gewährung besonderen Schutzes für Frauen während der Schwangerschaft bei Beschäftigungsarten, die sich als schädlich für Schwangere erwiesen haben.

(3) Die Gesetze zum Schutz der Frau in den in diesem Artikel genannten Bereichen werden in regelmäßigen Abständen anhand der wissenschaftlichen und technischen Erkenntnisse überprüft und erforderlichenfalls geändert, aufgehoben oder erweitert.

Artikel 12

(1) Die Vertragsstaaten treffen alle geeigneten Maßnahmen zur Beseitigung der Diskriminierung der Frau im Bereich des Gesundheitswesens, um der Frau gleichberechtigt mit dem Mann Zugang zu den Gesundheitsdiensten, einschließlich derjenigen im Zusammenhang mit der Familienplanung, zu gewährleisten.

(2) Unbeschadet des Absatzes 1 sorgen die Vertragsstaaten für angemessene und erforderlichenfalls unentgeltliche Betreuung der Frau während der Schwangerschaft sowie während und nach der Entbindung und für die ausreichende Ernährung während der Schwangerschaft und der Stillzeit.

Artikel 13

Die Vertragsstaaten treffen alle geeigneten Maßnahmen zur Beseitigung der Diskriminierung der Frau in anderen Bereichen des wirtschaftlichen und sozialen Lebens, um der Frau nach dem Gleichheitsgrundsatz die gleichen Rechte wie dem Mann zu gewährleisten, insbesondere
a) das Recht auf Familienbeihilfen;
b) das Recht, Bankdarlehen, Hypotheken und andere Finanzkredite aufzunehmen;
c) das Recht auf Teilnahme an Freizeitbeschäftigungen, Sport und allen Aspekten des kulturellen Lebens.

Artikel 14

(1) Die Vertragsstaaten berücksichtigen die besonderen Probleme der Frauen auf dem Lande und die wichtige Rolle dieser Frauen für das wirtschaftliche Überleben ihrer Familien, einschließlich ihrer Arbeit in nichtmonetären Wirtschaftsbereichen, und treffen alle geeigneten Maßnahmen, um dafür zu sorgen, daß die Bestimmungen dieses Übereinkommens auch auf Frauen in ländlichen Gebieten Anwendung finden.

(2) Die Vertragsstaaten treffen alle geeigneten Maßnahmen zur Beseitigung der Diskriminierung der Frau in ländlichen Gebieten, um dafür zu sorgen, daß sie gleichberechtigt mit dem Mann an der ländlichen Entwicklung und an den sich daraus ergebenden Vorteilen teilhaben kann, und gewährleisten ihr insbesondere das Recht auf
a) Mitwirkung – auf allen Ebenen – an der Aufstellung und Durchführung von Entwicklungsplänen;
b) Zugang zu angemessenen Gesundheitsdiensten, einschließlich Aufklärungs- und Beratungsdiensten und sonstigen Einrichtungen auf dem Gebiet der Familienplanung;
c) unmittelbare Leistungen aus Programmen der sozialen Sicherheit;
d) schulische und außerschulische Ausbildung und Bildung jeder Art, einschließlich funktioneller Alphabetisierung, sowie die Nutzung aller Gemeinschafts- und Volksbildungseinrichtungen, insbesondere zur Erweiterung ihres Fachwissens;
e) Organisierung von Selbsthilfegruppen und Genossenschaften zur Erlangung wirtschaftlicher Chancengleichheit durch selbständige oder unselbständige Arbeit;
f) Teilnahme an allen Gemeinschaftsbetätigungen;
g) Zugang zu landwirtschaftlichen Krediten und Darlehen, Vermarktungseinrichtungen und geeigneten Technologien sowie Gleichbehandlung im Rahmen von Boden- und Agrarreformen und ländlichen Umsiedlungsaktionen;
h) angemessene Lebensbedingungen, insbesondere im Hinblick auf Wohnung, sanitäre Einrichtungen, Elektrizitäts- und Wasserversorgung sowie Verkehrs- und Nachrichtenverbindungen.

TEIL IV

Artikel 15
(1) Die Vertragsstaaten stellen die Frau dem Mann vor dem Gesetz gleich.
(2) Die Vertragsstaaten gewähren der Frau in zivilrechtlichen Fragen dieselbe Rechtsfähigkeit wie dem Mann und dieselben Möglichkeiten zur Ausübung dieser Rechtsfähigkeit. Insbesondere räumen sie der Frau gleiche Rechte in bezug auf den Abschluß von Verträgen ein und gewähren ihr Gleichbehandlung in allen Stadien gerichtlicher Verfahren.
(3) Die Vertragsstaaten kommen überein, daß alle Verträge und alle sonstigen Privaturkunden, deren Rechtswirkung auf die Einschränkung der Rechtsfähigkeit der Frau gerichtet ist, nichtig sind.
(4) Die Vertragsstaaten gewähren Männern und Frauen die gleichen Rechte hinsichtlich der Rechtsvorschriften über die Freizügigkeit und die freie Wahl ihres Aufenthaltsorts und ihres Wohnsitzes.

Artikel 16
(1) Die Vertragsstaaten treffen alle geeigneten Maßnahmen zur Beseitigung der Diskriminierung der Frau in Ehe- und Familienfragen und gewährleisten auf der Grundlage der Gleichberechtigung von Mann und Frau insbesondere folgende Rechte:
a) gleiches Recht auf Eheschließung;
b) gleiches Recht auf freie Wahl des Ehegatten sowie auf Eheschließung nur mit freier und voller Zustimmung;
c) gleiche Rechte und Pflichten in der Ehe und bei deren Auflösung;
d) gleiche Rechte und Pflichten als Eltern, ungeachtet ihres Familienstands, in allen ihre Kinder betreffenden Fragen; in jedem Fall sind die Interessen der Kinder vorrangig zu berücksichtigen;
e) gleiches Recht auf freie und verantwortungsbewußte Entscheidung über Anzahl und Altersunterschied ihrer Kinder sowie auf Zugang zu den zur Ausübung dieser Rechte erforderlichen Informationen, Bildungseinrichtungen und Mitteln;
f) gleiche Rechte und Pflichten in Fragen der Vormundschaft, Pflegschaft, Personen- und Vermögenssorge, Adoption von Kindern oder ähnlichen Rechtseinrichtungen, soweit das innerstaatliche Recht derartige Rechtsinstitute kennt; in jedem Fall sind die Interessen der Kinder vorrangig zu berücksichtigen;
g) die gleichen persönlichen Rechte als Ehegatten, einschließlich des Rechts auf Wahl des Familiennamens, eines Berufs und einer Beschäftigung;
h) gleiche Rechte beider Ehegatten hinsichtlich des Eigentums an Vermögen und dessen Erwerb, Bewirtschaftung, Verwaltung und Nutzung sowie der Verfügung darüber, gleichviel ob unentgeltlich oder gegen Entgelt.
(2) Die Verlobung und Eheschließung eines Kindes haben keine Rechtswirksamkeit; es werden alle erforderlichen Maßnahmen einschließlich gesetzgeberischer Maßnahmen ergriffen, um ein Mindestalter für die Eheschließung festzulegen und die Eintragung der Eheschließung in ein amtliches Register zur Pflicht zu machen.

TEIL V

Artikel 17
(1) Zur Prüfung der Fortschritte bei der Durchführung dieses Übereinkommens wird ein (im folgenden als »Ausschuß« bezeichneter) Ausschuß für die Beseitigung der Diskriminierung der Frau eingesetzt; er besteht zum Zeitpunkt des Inkrafttretens des Übereinkommens aus achtzehn, nach Ratifikation oder Beitritt des fünfunddreißigsten Vertragsstaats aus dreiundzwanzig Sachverständigen von hohem sittlichem Rang und großer Sachkenntnis auf dem von dem Übereinkommen erfaßten Gebiet. Die Sachverständigen werden von den Vertragsstaaten unter ihren Staatsangehörigen ausgewählt und sind in persönlicher Eigenschaft tätig; dabei ist auf eine gerechte geographische Verteilung und auf Vertretung der verschiedenen Zivilisationsformen sowie der wichtigsten Rechtssysteme zu achten.
(2) Die Mitglieder des Ausschusses werden in geheimer Wahl aus einer Liste von Personen gewählt, die von den Vertragsstaaten benannt worden sind. Jeder Vertragsstaat kann einen seiner eigenen Staatsangehörigen benennen.

(3) Die erste Wahl findet sechs Monate nach Inkrafttreten dieses Übereinkommens statt. Spätestens drei Monate vor jeder Wahl fordert der Generalsekretär der Vereinten Nationen die Vertragsstaaten schriftlich auf, binnen zwei Monaten ihre Benennungen einzureichen. Er stellt sodann eine alphabetische Liste aller demgemäß benannten Personen unter Angabe der sie benennenden Vertragsstaaten auf und legt sie den Vertragsstaaten vor.

(4) Die Wahl der Ausschußmitglieder findet auf einer vom Generalsekretär am Sitz der Vereinten Nationen anberaumten Sitzung der Vertragsstaaten statt. Auf dieser Sitzung, die beschlußfähig ist, wenn zwei Drittel der Vertragsstaaten vertreten sind, gelten diejenigen Bewerber als in den Ausschuß gewählt, welche die höchste Stimmenzahl und die absolute Stimmenmehrheit der anwesenden und abstimmenden Vertreter der Vertragsstaaten auf sich vereinigen.

(5) Die Ausschußmitglieder werden für vier Jahre gewählt. Jedoch läuft die Amtszeit von neun der bei der ersten Wahl gewählten Mitglieder nach zwei Jahren ab; unmittelbar nach der ersten Wahl werden die Namen dieser neun Mitglieder vom Vorsitzenden des Ausschusses durch das Los bestimmt.

(6) Die Wahl der fünf zusätzlichen Ausschußmitglieder findet gemäß den Absätzen 2, 3 und 4 nach Ratifikation oder Beitritt des fünfunddreißigsten Vertragsstaats statt. Die Amtszeit zweier der bei dieser Gelegenheit gewählten zusätzlichen Mitglieder läuft nach zwei Jahren ab; die Namen dieser beiden Mitglieder werden vom Ausschußvorsitzenden durch das Los bestimmt.

(7) Zur Besetzung eines unerwartet verwaisten Sitzes ernennt der Vertragsstaat, dessen Sachverständiger aufgehört hat, Mitglied des Ausschusses zu sein, mit Zustimmung des Ausschusses einen anderen Sachverständigen unter seinen Staatsangehörigen.

(8) Die Ausschußmitglieder erhalten mit Zustimmung der Generalversammlung Bezüge aus Mitteln der Vereinten Nationen; die näheren Einzelheiten werden von der Generalversammlung unter Berücksichtigung der Bedeutung der Aufgaben des Ausschusses festgesetzt.

(9) Der Generalsekretär der Vereinten Nationen stellt dem Ausschuß das Personal und die Einrichtung zur Verfügung, deren dieser zur wirksamen Wahrnehmung seiner Aufgaben nach diesem Übereinkommen bedarf.

Artikel 18

(1) Die Vertragsstaaten verpflichten sich, dem Generalsekretär der Vereinten Nationen zur Beratung durch den Ausschuß einen Bericht über die zur Durchführung dieses Übereinkommens getroffenen Gesetzgebungs-, Gerichts-, Verwaltungs- und sonstigen Maßnahmen und die diesbezüglichen Fortschritte vorzulegen, und zwar

a) innerhalb eines Jahres nach Inkrafttreten des Übereinkommens für den betreffenden Staat und
b) danach mindestens alle vier Jahre und so oft es der Ausschuß verlangt.

(2) In den Berichten kann auf Faktoren und Schwierigkeiten hingewiesen werden, die das Ausmaß der Erfüllung der in diesem Übereinkommen vorgesehenen Verpflichtungen beeinflussen.

Artikel 19

(1) Der Ausschuß gibt sich eine Geschäftsordnung.
(2) Der Ausschuß wählt seinen Vorstand für zwei Jahre.

Artikel 20

(1) Der Ausschuß tritt in der Regel jährlich für höchstens zwei Wochen zur Prüfung der nach Artikel 18 vorgelegten Berichte zusammen.
(2) Die Sitzungen des Ausschusses finden in der Regel am Sitz der Vereinten Nationen oder an einem anderen vom Ausschuß bestimmten geeigneten Ort statt.

Artikel 21

(1) Der Ausschuß berichtet der Generalversammlung der Vereinten Nationen jährlich durch den Wirtschafts- und Sozialrat über seine Tätigkeit und kann aufgrund der Prüfung der von den Vertragsstaaten eingegangenen Berichte und Auskünfte Vorschläge machen und allgemeine Empfehlungen abgeben. Diese werden zusammen mit etwaigen Stellungnahmen der Vertragsstaaten in den Ausschußbericht aufgenommen.

(2) Der Generalsekretär übermittelt die Ausschußberichte der Kommission für die Rechtsstellung der Frau zur Kenntnisnahme.

Art. 22–29 Übereinkommen gegen Diskriminierung der Frau 18

Artikel 22
Die Sonderorganisationen haben das Recht, bei Beratung der Durchführung derjenigen Bestimmungen dieses Übereinkommens vertreten zu sein, die in ihren Tätigkeitsbereich fallen. Der Ausschuß kann die Sonderorganisationen bitten, Berichte über die Durchführung des Übereinkommens auf Gebieten vorzulegen, die in ihren Tätigkeitsbereich fallen.

TEIL VI

Artikel 23
Dieses Übereinkommen läßt zur Herbeiführung der Gleichberechtigung von Mann und Frau besser geeignete Bestimmungen unberührt, die enthalten sind
a) in den Rechtsvorschriften eines Vertragsstaats oder
b) in sonstigen für diesen Staat geltenden internationalen Übereinkommen, Verträgen oder Abkommen.

Artikel 24
Die Vertragsstaaten verpflichten sich, alle Maßnahmen zu treffen, die auf nationaler Ebene zur vollen Verwirklichung der in diesem Übereinkommen anerkannten Rechte erforderlich sind.

Artikel 25
(1) Dieses Übereinkommen liegt für alle Staaten zur Unterzeichnung auf.
(2) Der Generalsekretär der Vereinten Nationen wird zum Verwahrer dieses Übereinkommens bestimmt.
(3) Dieses Übereinkommen bedarf der Ratifikation. Die Ratifikationsurkunden werden beim Generalsekretär der Vereinten Nationen hinterlegt.
(4) Dieses Übereinkommen liegt für alle Staaten zum Beitritt auf. Der Beitritt erfolgt durch Hinterlegung einer Beitrittsurkunde beim Generalsekretär der Vereinten Nationen.

Artikel 26
(1) Ein Vertragsstaat kann jederzeit durch eine an den Generalsekretär der Vereinten Nationen gerichtete schriftliche Notifikation eine Revision dieses Übereinkommens beantragen.
(2) Die Generalversammlung der Vereinten Nationen beschließt über etwaige hinsichtlich eines derartigen Antrags zu unternehmende Schritte.

Artikel 27
(1) Dieses Übereinkommen tritt am dreißigsten Tag nach Hinterlegung der zwanzigsten Ratifikations- oder Beitrittsurkunde beim Generalsekretär der Vereinten Nationen in Kraft.
(2) Für jeden Staat, der nach Hinterlegung der zwanzigsten Ratifikations- oder Beitrittsurkunde dieses Übereinkommen ratifiziert oder ihm beitritt, tritt es am dreißigsten Tag nach Hinterlegung seiner Ratifikations- oder Beitrittsurkunde in Kraft.

Artikel 28
(1) Der Generalsekretär der Vereinten Nationen nimmt den Wortlaut von Vorbehalten, die ein Staat bei der Ratifikation oder beim Beitritt anbringt, entgegen und leitet ihn allen Staaten zu.
(2) Mit Ziel und Zweck dieses Übereinkommens unvereinbare Vorbehalte sind nicht zulässig.
(3) Vorbehalte können jederzeit durch eine diesbezügliche Notifikation an den Generalsekretär der Vereinten Nationen zurückgenommen werden, der sodann alle Staaten davon in Kenntnis setzt. Die Notifikation wird mit dem Tag ihres Eingangs wirksam.

Artikel 29
(1) Entsteht zwischen zwei oder mehr Vertragsstaaten über die Auslegung oder Anwendung dieses Übereinkommens eine Streitigkeit, die nicht auf dem Verhandlungsweg beigelegt werden kann, so wird sie auf Verlangen einer Partei zum Gegenstand eines Schiedsverfahrens gemacht. Können sich die Parteien innerhalb von sechs Monaten vom Zeitpunkt des Antrags auf ein Schiedsverfahren über dessen Ausgestaltung nicht einigen, so kann eine Partei die Streitigkeit dem Internationalen Gerichtshof vorlegen, indem sie einen Antrag im Einklang mit dessen Statut stellt.

18 Übereinkommen gegen Diskriminierung der Frau Art. 30

(2) Jeder Vertragsstaat kann zum Zeitpunkt der Unterzeichnung oder Ratifikation des Übereinkommens oder seines Beitritts dazu erklären, daß er sich durch Absatz 1 nicht als gebunden ansieht. Die anderen Vertragsstaaten sind gegenüber einem Vertragsstaat, der einen derartigen Vorbehalt angebracht hat, durch Absatz 1 nicht gebunden.

(3) Ein Vertragsstaat, der einen Vorbehalt nach Absatz 2 angebracht hat, kann diesen jederzeit durch eine an den Generalsekretär der Vereinten Nationen gerichtete Notifikation zurücknehmen.

Artikel 30
Dieses Übereinkommen, dessen arabischer, chinesischer, englischer, französischer, russischer und spanischer Wortlaut gleichermaßen verbindlich ist, wird beim Generalsekretär der Vereinten Nationen hinterlegt.

Zu Urkund dessen haben die hierzu gehörig befugten Unterzeichneten dieses Übereinkommen unterschrieben.

Fakultativprotokoll zu dem Übereinkommen zur Beseitigung jeder Form von Diskriminierung der Frau[1)]

Vom 6. Oktober 1999

Die Vertragsstaaten dieses Protokolls –
im Hinblick darauf, dass die Charta der Vereinten Nationen den Glauben an die Grundrechte des Menschen, an Würde und Wert der menschlichen Persönlichkeit und an die Gleichberechtigung von Mann und Frau erneut bekräftigt;
ferner im Hinblick darauf, dass die Allgemeine Erklärung der Menschenrechte feierlich feststellt, dass alle Menschen frei und an Würde und Rechten gleich geboren sind und dass jeder ohne irgendeinen Unterschied, einschließlich eines Unterschieds auf Grund des Geschlechts, Anspruch hat auf alle in der genannten Erklärung aufgeführten Rechte und Freiheiten;
unter Hinweis darauf, dass die Internationalen Menschenrechtspakte und andere internationale Menschenrechtsübereinkünfte die Diskriminierung auf Grund des Geschlechts verbieten;
ferner unter Hinweis auf das Übereinkommen zur Beseitigung jeder Form von Diskriminierung der Frau (»Übereinkommen«), in dem die Vertragsstaaten jede Form von Diskriminierung der Frau verurteilen und übereinkommen, mit allen geeigneten Mitteln unverzüglich eine Politik zur Beseitigung der Diskriminierung der Frau zu verfolgen;
in erneuter Bekräftigung ihrer Entschlossenheit, die volle Gleichberechtigung der Frau bei der Ausübung aller Menschenrechte und Grundfreiheiten zu gewährleisten und wirksame Maßnahmen zu treffen, um Verletzungen dieser Rechte und Freiheiten zu verhindern –
sind wie folgt übereingekommen:

Artikel 1
Jeder Vertragsstaat dieses Protokolls (»Vertragsstaat«) erkennt die Zuständigkeit des Ausschusses für die Beseitigung der Diskriminierung der Frau (»Ausschuss«) für die Entgegennahme und Prüfung von nach Artikel 2 eingereichten Mitteilungen an.

Artikel 2
Mitteilungen können von oder im Namen von der Hoheitsgewalt eines Vertragsstaats unterstehenden Einzelpersonen oder Personengruppen eingereicht werden, die behaupten, Opfer einer Verletzung eines im Übereinkommen niedergelegten Rechts durch diesen Vertragsstaat zu sein. Wird eine Mitteilung im Namen von Einzelpersonen oder Personengruppen eingereicht, so hat dies mit ihrer Zustimmung zu geschehen, es sei denn, der Verfasser kann rechtfertigen, ohne eine solche Zustimmung in ihrem Namen zu handeln.

Artikel 3
Mitteilungen sind schriftlich abzufassen und dürfen nicht anonym sein. Der Ausschuss nimmt keine Mitteilung entgegen, die einen Vertragsstaat des Übereinkommens betrifft, der nicht Vertragspartei dieses Protokolls ist.

Artikel 4
(1) Der Ausschuss prüft eine Mitteilung nur, wenn er sich vergewissert hat, dass alle zur Verfügung stehenden innerstaatlichen Rechtsbehelfe erschöpft worden sind, sofern nicht das Verfahren bei der Anwendung solcher Rechtsbehelfe unangemessen lange dauert oder keine wirksame Abhilfe erwarten lässt.
(2) Der Ausschuss erklärt eine Mitteilung für unzulässig, wenn
a) dieselbe Sache bereits vom Ausschuss untersucht worden ist oder in einem anderen internationalen Untersuchungs- oder Streitregelungsverfahren geprüft worden ist oder geprüft wird;
b) sie unvereinbar mit den Bestimmungen des Übereinkommens ist;
c) sie offensichtlich unbegründet ist oder nicht hinreichend begründet wird;

[1)] Deutscher Text: *BGBl.* 2001 II S. 1238.
Internationale Quelle: *UNTS* Bd. 2131 S. 83.
In Kraft getreten am 22. Dezember 2000; für die Bundesrepublik Deutschland am 15. April 2002.

d) sie einen Missbrauch des Rechts auf Einreichung einer Mitteilung darstellt;
e) sich die der Mitteilung zu Grunde liegenden Tatsachen vor dem Inkrafttreten des Protokolls für den betreffenden Vertragsstaat ereignet haben, sofern sie nicht auch nach diesem Zeitpunkt weiterbestehen.

Artikel 5
(1) Der Ausschuss kann jederzeit nach Eingang einer Mitteilung und bevor eine Entscheidung in der Sache selbst getroffen worden ist, dem betreffenden Vertragsstaat ein Gesuch zur sofortigen Prüfung übermitteln, in dem er aufgefordert wird, die vorläufigen Maßnahmen zu treffen, die gegebenenfalls erforderlich sind, um einen möglichen, nicht wieder gutzumachenden Schaden für das oder die Opfer der behaupteten Verletzung abzuwenden.
(2) Übt der Ausschuss sein Ermessen nach Absatz 1 aus, so bedeutet das keine Entscheidung über die Zulässigkeit der Mitteilung oder in der Sache selbst.

Artikel 6
(1) Sofern nicht der Ausschuss eine Mitteilung für unzulässig erachtet, ohne sich dabei an den betreffenden Vertragsstaat zu wenden, und sofern die Person oder Personen in die Offenlegung ihrer Identität gegenüber diesem Vertragsstaat einwilligen, bringt der Ausschuss jede ihm nach diesem Protokoll zugegangene Mitteilung dem Vertragsstaat vertraulich zur Kenntnis.
(2) Der betreffende Vertragsstaat übermittelt dem Ausschuss innerhalb von sechs Monaten schriftliche Erklärungen oder Darlegungen zur Klärung der Sache und der gegebenenfalls von ihm getroffenen Abhilfemaßnahmen.

Artikel 7
(1) Der Ausschuss prüft die ihm nach diesem Protokoll zugegangenen Mitteilungen unter Berücksichtigung aller ihm von oder im Namen von Einzelpersonen oder Personengruppen und von dem betreffenden Vertragsstaat unterbreiteten Angaben, wobei diese Angaben den betreffenden Parteien zuzuleiten sind.
(2) Der Ausschuss berät über Mitteilungen auf Grund dieses Protokolls in nicht öffentlicher Sitzung.
(3) Nach Prüfung einer Mitteilung übermittelt der Ausschuss den betreffenden Parteien seine Auffassungen zusammen mit etwaigen Empfehlungen.
(4) Der Vertragsstaat zieht die Auffassungen des Ausschusses zusammen mit etwaigen Empfehlungen gebührend in Erwägung und unterbreitet dem Ausschuss innerhalb von sechs Monaten eine schriftliche Antwort, einschließlich Angaben über alle unter Berücksichtigung der Auffassungen und Empfehlungen des Ausschusses getroffenen Maßnahmen.
(5) Der Ausschuss kann den Vertragsstaat auffordern, weitere Angaben über alle Maßnahmen, die der Vertragsstaat als Reaktion auf die Auffassungen oder etwaigen Empfehlungen des Ausschusses getroffen hat, vorzulegen, einschließlich, soweit dies vom Ausschuss als geeignet erachtet wird, in den folgenden Berichten des Vertragsstaats nach Artikel 18 des Übereinkommens.

Artikel 8
(1) Erhält der Ausschuss zuverlässige Angaben, die auf schwerwiegende oder systematische Verletzungen der im Übereinkommen niedergelegten Rechte durch einen Vertragsstaat hinweisen, so fordert der Ausschuss diesen Vertragsstaat auf, bei der Prüfung dieser Angaben mitzuwirken und zu diesen Angaben Stellung zu nehmen.
(2) Der Ausschuss kann unter Berücksichtigung der von dem betreffenden Vertragsstaat abgegebenen Stellungnahmen sowie aller sonstigen ihm zur Verfügung stehenden zuverlässigen Angaben eines oder mehrere seiner Mitglieder beauftragen, eine Untersuchung durchzuführen und ihm sofort zu berichten. Sofern geboten, kann die Untersuchung mit Zustimmung des Vertragsstaats einen Besuch in seinem Hoheitsgebiet einschließen.
(3) Nachdem der Ausschuss die Ergebnisse einer solchen Untersuchung geprüft hat, übermittelt er sie zusammen mit etwaigen Bemerkungen und Empfehlungen dem betreffenden Vertragsstaat.
(4) Der Vertragsstaat unterbreitet innerhalb von sechs Monaten nach Eingang der vom Ausschuss übermittelten Ergebnisse, Bemerkungen und Empfehlungen dem Ausschuss seine Stellungnahmen.

Art. 9–18 FP Diskriminierung der Frau 18a

(5) Eine solche Untersuchung ist vertraulich durchzuführen; die Mitwirkung des Vertragsstaats ist auf allen Verfahrensstufen anzustreben.

Artikel 9
(1) Der Ausschuss kann den betreffenden Vertragsstaat auffordern, in seinen Bericht nach Artikel 18 des Übereinkommens Einzelheiten über Maßnahmen aufzunehmen, die als Reaktion auf eine nach Artikel 8 dieses Protokolls durchgeführte Untersuchung getroffen wurden.
(2) Sofern erforderlich, kann der Ausschuss nach Ablauf des in Artikel 8 Absatz 4 genannten Zeitraums von sechs Monaten den betreffenden Vertragsstaat auffordern, ihn über die als Reaktion auf eine solche Untersuchung getroffenen Maßnahmen zu unterrichten.

Artikel 10
(1) Jeder Vertragsstaat kann zum Zeitpunkt der Unterzeichnung oder Ratifikation dieses Protokolls oder seines Beitritts dazu erklären, dass er die in den Artikeln 8 und 9 vorgesehene Zuständigkeit des Ausschusses nicht anerkennt.
(2) Jeder Vertragsstaat, der eine Erklärung nach Absatz 1 abgegeben hat, kann diese Erklärung jederzeit durch eine an den Generalsekretär gerichtete Notifikation zurücknehmen.

Artikel 11
Ein Vertragsstaat trifft alle geeigneten Maßnahmen, um sicherzustellen, dass seiner Hoheitsgewalt unterstehende Personen nicht deshalb einer Misshandlung oder Einschüchterung ausgesetzt werden, weil sie sich auf Grund dieses Protokolls an den Ausschuss gewandt haben.

Artikel 12
Der Ausschuss nimmt in seinen Jahresbericht nach Artikel 21 des Übereinkommens eine Zusammenfassung seiner Tätigkeit nach diesem Protokoll auf.

Artikel 13
Jeder Vertragsstaat verpflichtet sich, das Übereinkommen und dieses Protokoll weithin bekanntzumachen und zu verbreiten und den Zugang zu Angaben über die Auffassungen und Empfehlungen des Ausschusses, insbesondere in diesen Vertragsstaat betreffenden Sachen, zu erleichtern.

Artikel 14
Der Ausschuss gibt sich eine Geschäftsordnung, die bei der Erfüllung der ihm durch dieses Protokoll übertragenen Aufgaben zu beachten ist.

Artikel 15
(1) Dieses Protokoll liegt für jeden Staat, der das Übereinkommen unterzeichnet oder ratifiziert hat oder ihm beigetreten ist, zur Unterzeichnung auf.
(2) Dieses Protokoll bedarf der Ratifikation, die von allen Staaten vorgenommen werden kann, die das Übereinkommen ratifiziert haben oder ihm beigetreten sind. Die Ratifikationsurkunden werden beim Generalsekretär der Vereinten Nationen hinterlegt.
(3) Dieses Protokoll steht jedem Staat, der das Übereinkommen ratifiziert hat oder ihm beigetreten ist, zum Beitritt offen.
(4) Der Beitritt erfolgt durch Hinterlegung einer Beitrittsurkunde beim Generalsekretär der Vereinten Nationen.

Artikel 16
(1) Dieses Protokoll tritt drei Monate nach Hinterlegung der zehnten Ratifikations- oder Beitrittsurkunde beim Generalsekretär der Vereinten Nationen in Kraft.
(2) Für jeden Staat, der dieses Protokoll nach seinem Inkrafttreten ratifiziert oder ihm nach seinem Inkrafttreten beitritt, tritt es drei Monate nach Hinterlegung seiner Ratifikations- oder Beitrittsurkunde in Kraft.

Artikel 17
Vorbehalte zu diesem Protokoll sind nicht zulässig.

Artikel 18
(1) Jeder Vertragsstaat kann eine Änderung dieses Protokolls vorschlagen und ihren Wortlaut beim Generalsekretär der Vereinten Nationen einreichen. Der Generalsekretär übermittelt sodann alle Än-

derungsvorschläge den Vertragsstaaten mit der Aufforderung, ihm mitzuteilen, ob sie eine Konferenz der Vertragsstaaten zur Beratung und Abstimmung über die Vorschläge befürworten. Befürwortet wenigstens ein Drittel der Vertragsstaaten eine solche Konferenz, so beruft der Generalsekretär die Konferenz unter der Schirmherrschaft der Vereinten Nationen ein. Jede Änderung, die von der Mehrheit der auf der Konferenz anwesenden und abstimmenden Vertragsstaaten angenommen wird, ist der Generalversammlung der Vereinten Nationen zur Billigung vorzulegen.

(2) Die Änderungen treten in Kraft, wenn sie von der Generalversammlung der Vereinten Nationen gebilligt und von einer Zweidrittelmehrheit der Vertragsstaaten dieses Protokolls nach Maßgabe ihrer verfassungsrechtlichen Verfahren angenommen worden sind.

(3) Treten die Änderungen in Kraft, so sind sie für die Vertragsstaaten, die sie angenommen haben, verbindlich, während für die anderen Vertragsstaaten weiterhin dieses Protokoll und alle früher von ihnen angenommenen Änderungen gelten.

Artikel 19
(1) Jeder Vertragsstaat kann dieses Protokoll jederzeit durch schriftliche Notifikation an den Generalsekretär der Vereinten Nationen kündigen. Die Kündigung wird sechs Monate nach Eingang der Notifikation beim Generalsekretär wirksam.
(2) Die Kündigung berührt nicht die weitere Anwendung dieses Protokolls auf Mitteilungen nach Artikel 2 oder Untersuchungen nach Artikel 8, die vor dem Wirksamwerden der Kündigung eingegangen oder begonnen worden sind.

Artikel 20
Der Generalsekretär der Vereinten Nationen unterrichtet alle Staaten von
a) den Unterzeichnungen, Ratifikationen und Beitritten nach diesem Protokoll;
b) dem Zeitpunkt des Inkrafttretens dieses Protokolls und der Änderungen nach Artikel 18;
c) Kündigungen nach Artikel 19.

Artikel 21
(1) Dieses Protokoll, dessen arabischer, chinesischer, englischer, französischer, russischer und spanischer Wortlaut gleichermaßen verbindlich ist, wird im Archiv der Vereinten Nationen hinterlegt.
(2) Der Generalsekretär der Vereinten Nationen übermittelt allen in Artikel 25 des Übereinkommens bezeichneten Staaten beglaubigte Abschriften dieses Protokolls.

Übereinkommen gegen Folter und andere grausame, unmenschliche oder erniedrigende Behandlung oder Strafe[1)2)3)]
Vom 10. Dezember 1984

Präambel
Die Vertragsstaaten dieses Übereinkommens –
in der Erwägung, daß nach den in der Charta der Vereinten Nationen verkündeten Grundsätzen die Anerkennung der Gleichheit und Unveräußerlichkeit der Rechte aller Mitglieder der menschlichen Gesellschaft die Grundlage von Freiheit, Gerechtigkeit und Frieden in der Welt bildet,
in der Erkenntnis, daß sich diese Rechte aus der dem Menschen innewohnenden Würde herleiten,
in der Erwägung, daß die Charta, insbesondere Artikel 55, die Staaten verpflichtet, die allgemeine Achtung und Verwirklichung der Menschenrechte und Grundfreiheiten zu fördern,
im Hinblick auf Artikel 5 der Allgemeinen Erklärung der Menschenrechte und Artikel 7 des Internationalen Paktes über bürgerliche und politische Rechte, die beide vorsehen, daß niemand der Folter oder grausamer, unmenschlicher oder erniedrigender Behandlung oder Strafe unterworfen werden darf,
sowie im Hinblick auf die von der Generalversammlung am 9. Dezember 1975 angenommene Erklärung über den Schutz aller Personen vor Folter und anderer grausamer, unmenschlicher oder erniedrigender Behandlung oder Strafe,
in dem Wunsch, dem Kampf gegen Folter und andere grausame, unmenschliche oder erniedrigende Behandlung oder Strafe in der ganzen Welt größere Wirksamkeit zu verleihen –
sind wie folgt übereingekommen:

Teil I

Artikel 1
(1) Im Sinne dieses Übereinkommens bezeichnet der Ausdruck »Folter« jede Handlung, durch die einer Person vorsätzlich große körperliche oder seelische Schmerzen oder Leiden zugefügt werden, zum Beispiel um von ihr oder einem Dritten eine Aussage oder ein Geständnis zu erlangen, um sie für eine tatsächlich oder mutmaßlich von ihr oder einem Dritten begangene Tat zu bestrafen oder um sie oder einen Dritten einzuschüchtern oder zu nötigen, oder aus einem anderen, auf irgendeiner Art von Diskriminierung beruhenden Grund, wenn diese Schmerzen oder Leiden von einem Angehörigen des öffentlichen Dienstes oder einer anderen in amtlicher Eigenschaft handelnden Person, auf deren Veranlassung oder mit deren ausdrücklichem oder stillschweigendem Einverständnis verursacht werden. Der Ausdruck umfaßt nicht Schmerzen oder Leiden, die sich lediglich aus gesetzlich zulässigen Sanktionen ergeben, dazu gehören oder damit verbunden sind.
(2) Dieser Artikel läßt alle internationalen Übereinkünfte oder innerstaatlichen Rechtsvorschriften unberührt, die weitergehende Bestimmungen enthalten.

---

1) Deutscher Text: *BGBl.* 1990 II S. 247.
   Internationale Quelle: *UNTS* Bd. 1465 S. 85.
   In Kraft getreten am 26. Juni 1987; für die Bundesrepublik Deutschland am 31. Oktober 1990.
2) Bei der Ratifizierung des Übereinkommens hat die Bundesregierung folgenden Vorbehalt zu Art. 3 angebracht:
   »This provision prohibits the transfer of a person directly to a State where this person is exposed to a concrete danger of being subjected to torture. In the opinion of the Federal Republic of Germany, article 3 as well as the other provisions of the Convention exclusively establish State obligations that are met by the Federal Republic of Germany in conformity with the provisions of its domestic law which is in accordance with the Convention.«
3) Vgl. auch das Fakultativprotokoll zum Übereinkommen gegen Folter und andere grausame, unmenschliche oder erniedrigende Behandlung oder Strafe vom 18. Dezember 2002, *BGBl.* 2008 II S. 855.
   Internationale Quelle: *UNTS* Bd. 2375 S. 237.
   In Kraft getreten am 22. Juni 2006; für die Bundesrepublik Deutschland am 3. Januar 2009.

19 Übereinkommen gegen Folter Art. 2–6

Artikel 2
(1) Jeder Vertragsstaat trifft wirksame gesetzgeberische, verwaltungsmäßige, gerichtliche oder sonstige Maßnahmen, um Folterungen in allen seiner Hoheitsgewalt unterstehenden Gebieten zu verhindern.
(2) Außergewöhnliche Umstände gleich welcher Art, sei es Krieg oder Kriegsgefahr, innenpolitische Instabilität oder ein sonstiger öffentlicher Notstand, dürfen nicht als Rechtfertigung für Folter geltend gemacht werden.
(3) Eine von einem Vorgesetzten oder einem Träger öffentlicher Gewalt erteilte Weisung darf nicht als Rechtfertigung für Folter geltend gemacht werden.

Artikel 3
(1) Ein Vertragsstaat darf eine Person nicht in einen anderen Staat ausweisen, abschieben oder an diesen ausliefern, wenn stichhaltige Gründe für die Annahme bestehen, daß sie dort Gefahr liefe, gefoltert zu werden.
(2) Bei der Feststellung, ob solche Gründe vorliegen, berücksichtigen die zuständigen Behörden alle maßgeblichen Erwägungen einschließlich des Umstands, daß in dem betreffenden Staat eine ständige Praxis grober, offenkundiger oder massenhafter Verletzungen der Menschenrechte herrscht.

Artikel 4
(1) Jeder Vertragsstaat trägt dafür Sorge, daß nach seinem Strafrecht alle Folterhandlungen als Straftaten gelten. Das gleiche gilt für versuchte Folterung und für von irgendeiner Person begangene Handlungen, die eine Mittäterschaft oder Teilnahme an einer Folterung darstellen.
(2) Jeder Vertragsstaat bedroht diese Straftaten mit angemessenen Strafen, welche die Schwere der Tat berücksichtigen.

Artikel 5
(1) Jeder Vertragsstaat trifft die notwendigen Maßnahmen, um seine Gerichtsbarkeit über die in Artikel 4 genannten Straftaten in folgenden Fällen zu begründen:
a) wenn die Straftat in einem der Hoheitsgewalt des betreffenden Staates unterstehenden Gebiet oder an Bord eines in diesem Staat eingetragenen Schiffes oder Luftfahrzeugs begangen wird;
b) wenn der Verdächtige Angehöriger des betreffenden Staates ist;
c) wenn das Opfer Angehöriger des betreffenden Staates ist, sofern dieser Staat es für angebracht hält.
(2) Ebenso trifft jeder Vertragsstaat die notwendigen Maßnahmen, um seine Gerichtsbarkeit über diese Straftaten für den Fall zu begründen, daß der Verdächtige sich in einem der Hoheitsgewalt des betreffenden Staates unterstehenden Gebiet befindet und er ihn nicht nach Artikel 8 an einen der in Absatz 1 des vorliegenden Artikels bezeichneten Staaten ausliefert.
(3) Dieses Übereinkommen schließt eine Strafgerichtsbarkeit, die nach innerstaatlichem Recht ausgeübt wird, nicht aus.

Artikel 6
(1) Hält ein Vertragsstaat, in dessen Hoheitsgebiet sich ein der Begehung einer in Artikel 4 genannten Straftat Verdächtiger befindet, es nach Prüfung der ihm vorliegenden Informationen in Anbetracht der Umstände für gerechtfertigt, so nimmt er ihn in Haft oder trifft andere rechtliche Maßnahmen, um seine Anwesenheit sicherzustellen. Die Haft und die anderen rechtlichen Maßnahmen müssen mit dem Recht dieses Staates übereinstimmen; sie dürfen nur so lange aufrechterhalten werden, wie es notwendig ist, um die Einleitung eines Straf- oder Auslieferungsverfahrens zu ermöglichen.
(2) Dieser Staat führt unverzüglich eine vorläufige Untersuchung zur Feststellung des Sachverhalts durch.
(3) Einer auf Grund des Absatzes 1 in Haft befindlichen Person wird jede Erleichterung gewährt, damit sie mit dem nächsten zuständigen Vertreter des Staates, dessen Staatsangehörigkeit sie besitzt, oder, wenn sie staatenlos ist, mit dem Vertreter des Staates, in dem sie sich gewöhnlich aufhält, unmittelbar verkehren kann.
(4) Hat ein Staat eine Person auf Grund dieses Artikels in Haft genommen, so zeigt er unverzüglich den in Artikel 5 Absatz 1 genannten Staaten die Tatsache, daß diese Person in Haft ist, sowie die

Umstände an, welche die Haft rechtfertigen. Der Staat, der die vorläufige Untersuchung nach Absatz 2 durchführt, unterrichtet die genannten Staaten unverzüglich über das Ergebnis der Untersuchung und teilt ihnen mit, ob er seine Gerichtsbarkeit auszuüben beabsichtigt.

Artikel 7
(1) Der Vertragsstaat, der die Hoheitsgewalt über das Gebiet ausübt, in dem der einer in Artikel 4 genannten Straftat Verdächtige aufgefunden wird, unterbreitet den Fall, wenn er den Betreffenden nicht ausliefert, in den in Artikel 5 genannten Fällen seinen zuständigen Behörden zum Zweck der Strafverfolgung.
(2) Diese Behörden treffen ihre Entscheidung in der gleichen Weise wie im Fall einer gemeinrechtlichen Straftat schwerer Art nach dem Recht dieses Staates. In den in Artikel 5 Absatz 2 genannten Fällen dürfen für die Strafverfolgung und Verurteilung keine weniger strengen Maßstäbe bei der Beweisführung angelegt werden als in den in Artikel 5 Absatz 1 genannten Fällen.
(3) Jedem, gegen den ein Verfahren wegen einer der in Artikel 4 genannten Straftaten durchgeführt wird, ist während des gesamten Verfahrens eine gerechte Behandlung zu gewährleisten.

Artikel 8
(1) Die in Artikel 4 genannten Straftaten gelten als in jeden zwischen Vertragsstaaten bestehenden Auslieferungsvertrag einbezogene, der Auslieferung unterliegende Straftaten. Die Vertragsstaaten verpflichten sich, diese Straftaten als der Auslieferung unterliegende Straftaten in jeden zwischen ihnen zu schließenden Auslieferungsvertrag aufzunehmen.
(2) Erhält ein Vertragsstaat, der die Auslieferung vom Bestehen eines Vertrags abhängig macht, ein Auslieferungsersuchen von einem anderen Vertragsstaat, mit dem er keinen Auslieferungsvertrag hat, so kann er dieses Übereinkommen als Rechtsgrundlage für die Auslieferung in bezug auf solche Straftaten ansehen. Die Auslieferung unterliegt im übrigen den im Recht des ersuchten Staates vorgesehenen Bedingungen.
(3) Vertragsstaaten, welche die Auslieferung nicht vom Bestehen eines Vertrags abhängig machen, erkennen unter sich solche Straftaten als der Auslieferung unterliegende Straftaten vorbehaltlich der im Recht des ersuchten Staates vorgesehenen Bedingungen an.
(4) Solche Straftaten werden für die Zwecke der Auslieferung zwischen Vertragsstaaten so behandelt, als seien sie nicht nur an dem Ort, an dem sie sich ereignet haben, sondern auch in den Hoheitsgebieten der Staaten begangen worden, die verpflichtet sind, ihre Gerichtsbarkeit nach Artikel 5 Absatz 1 zu begründen.

Artikel 9
(1) Die Vertragsstaaten gewähren einander die weitestgehende Hilfe im Zusammenhang mit Strafverfahren, die in bezug auf eine der in Artikel 4 genannten Straftaten eingeleitet werden, einschließlich der Überlassung aller ihnen zur Verfügung stehenden und für das Verfahren erforderlichen Beweismittel.
(2) Die Vertragsstaaten kommen ihren Verpflichtungen aus Absatz 1 im Einklang mit allen möglicherweise zwischen ihnen bestehenden Verträgen über gegenseitige Rechtshilfe nach.

Artikel 10
(1) Jeder Vertragsstaat trägt dafür Sorge, daß die Erteilung von Unterricht und die Aufklärung über das Verbot der Folter als vollgültiger Bestandteil in die Ausbildung des mit dem Gesetzesvollzug betrauten zivilen und militärischen Personals, des medizinischen Personals, der Angehörigen des öffentlichen Dienstes und anderer Personen aufgenommen wird, die mit dem Gewahrsam, der Vernehmung oder der Behandlung einer Person befaßt werden können, die der Festnahme, der Haft, dem Strafvollzug oder irgendeiner anderen Form der Freiheitsentziehung unterworfen ist.
(2) Jeder Vertragsstaat nimmt dieses Verbot in die Vorschriften oder Anweisungen über die Pflichten und Aufgaben aller dieser Personen auf.

Artikel 11
Jeder Vertragsstaat unterzieht die für Vernehmungen geltenden Vorschriften, Anweisungen, Methoden und Praktiken sowie die Vorkehrungen für den Gewahrsam und die Behandlung von Personen, die der Festnahme, der Haft, dem Strafvollzug oder irgendeiner anderen Form der Freiheitsentziehung

unterworfen sind, in allen seiner Hoheitsgewalt unterstehenden Gebieten einer regelmäßigen systematischen Überprüfung, um jeden Fall von Folter zu verhüten.

Artikel 12
Jeder Vertragsstaat trägt dafür Sorge, daß seine zuständigen Behörden umgehend eine unparteiische Untersuchung durchführen, sobald ein hinreichender Grund für die Annahme besteht, daß in einem seiner Hoheitsgewalt unterstehenden Gebiet eine Folterhandlung begangen wurde.

Artikel 13
Jeder Vertragsstaat trägt dafür Sorge, daß jeder, der behauptet, er sei in einem der Hoheitsgewalt des betreffenden Staates unterstehenden Gebiet gefoltert worden, das Recht auf Anrufung der zuständigen Behörden und auf umgehende unparteiische Prüfung seines Falles durch diese Behörden hat. Es sind Vorkehrungen zu treffen, um sicherzustellen, daß der Beschwerdeführer und die Zeugen vor jeder Mißhandlung oder Einschüchterung wegen ihrer Beschwerde oder ihrer Aussagen geschützt sind.

Artikel 14
(1) Jeder Vertragsstaat stellt in seiner Rechtsordnung sicher, daß das Opfer einer Folterhandlung Wiedergutmachung erhält und ein einklagbares Recht auf gerechte und angemessene Entschädigung einschließlich der Mittel für eine möglichst vollständige Rehabilitation hat. Stirbt das Opfer infolge der Folterhandlung, so haben seine Hinterbliebenen Anspruch auf Entschädigung.
(2) Dieser Artikel berührt nicht einen nach innerstaatlichem Recht bestehenden Anspruch des Opfers oder anderer Personen auf Entschädigung.

Artikel 15
Jeder Vertragsstaat trägt dafür Sorge, daß Aussagen, die nachweislich durch Folter herbeigeführt worden sind, nicht als Beweis in einem Verfahren verwendet werden, es sei denn gegen eine der Folter angeklagte Person als Beweis dafür, daß die Aussage gemacht wurde.

Artikel 16
(1) Jeder Vertragsstaat verpflichtet sich, in jedem seiner Hoheitsgewalt unterstehenden Gebiet andere Handlungen zu verhindern, die eine grausame, unmenschliche oder erniedrigende Behandlung oder Strafe darstellen, ohne der Folter im Sinne des Artikels 1 gleichzukommen, wenn diese Handlungen von einem Angehörigen des öffentlichen Dienstes oder einer anderen in amtlicher Eigenschaft handelnden Person, auf deren Veranlassung oder mit deren ausdrücklichem oder stillschweigendem Einverständnis begangen werden. Die in den Artikeln 10, 11, 12 und 13 aufgeführten Verpflichtungen bezüglich der Folter gelten auch entsprechend für andere Formen grausamer, unmenschlicher oder erniedrigender Behandlung oder Strafe.
(2) Dieses Übereinkommen berührt nicht die Bestimmungen anderer internationaler Übereinkünfte oder innerstaatlicher Rechtsvorschriften, die grausame, unmenschliche oder erniedrigende Behandlung oder Strafe verbieten oder die sich auf die Auslieferung oder Ausweisung beziehen.

Teil II

Artikel 17
(1) Es wird ein Ausschuß gegen Folter (im folgenden als »Ausschuß« bezeichnet) errichtet, der die nachstehend festgelegten Aufgaben wahrnimmt. Der Ausschuß besteht aus zehn Sachverständigen von hohem sittlichen Ansehen und anerkannter Sachkenntnis auf dem Gebiet der Menschenrechte, die in ihrer persönlichen Eigenschaft tätig sind. Die Sachverständigen werden von den Vertragsstaaten gewählt, wobei eine ausgewogene geographische Verteilung und die Zweckmäßigkeit der Beteiligung von Personen mit juristischer Erfahrung zu berücksichtigen sind.
(2) Die Mitglieder des Ausschusses werden in geheimer Wahl aus einer Liste von Personen gewählt, die von den Vertragsstaaten vorgeschlagen worden sind. Jeder Vertragsstaat darf einen seiner Staatsangehörigen vorschlagen. Die Vertragsstaaten berücksichtigen dabei, daß es zweckmäßig ist, Personen vorzuschlagen, die auch Mitglieder des aufgrund des Internationalen Paktes über bürgerliche und politische Rechte eingesetzten Ausschusses für Menschenrechte sind und die bereit sind, dem Ausschuß gegen Folter anzugehören.

(3) Die Wahl der Ausschußmitglieder findet alle zwei Jahre in vom Generalsekretär der Vereinten Nationen einberufenen Versammlungen der Vertragsstaaten statt. In diesen Versammlungen, die beschlußfähig sind, wenn zwei Drittel der Vertragsstaaten vertreten sind, gelten diejenigen Kandidaten als in den Ausschuß gewählt, welche die höchste Stimmenzahl und die absolute Stimmenmehrheit der anwesenden und abstimmenden Vertreter der Vertragsstaaten auf sich vereinigen.
(4) Die erste Wahl findet spätestens sechs Monate nach Inkrafttreten dieses Übereinkommens statt. Spätestens vier Monate vor jeder Wahl fordert der Generalsekretär der Vereinten Nationen die Vertragsstaaten schriftlich auf, innerhalb von drei Monaten ihre Kandidaten vorzuschlagen. Der Generalsekretär fertigt eine alphabetische Liste aller auf diese Weise vorgeschlagenen Personen unter Angabe der Vertragsstaaten an, die sie vorgeschlagen haben, und übermittelt sie den Vertragsstaaten.
(5) Die Ausschußmitglieder werden für vier Jahre gewählt. Auf erneuten Vorschlag können sie wiedergewählt werden. Die Amtszeit von fünf der bei der ersten Wahl gewählten Mitglieder läuft jedoch nach zwei Jahren ab; unmittelbar nach der ersten Wahl werden die Namen dieser fünf Mitglieder vom Vorsitzenden der in Absatz 3 genannten Versammlung durch das Los bestimmt.
(6) Stirbt ein Ausschußmitglied, tritt es zurück oder kann es aus irgendeinem anderen Grund seine Aufgaben im Ausschuß nicht mehr wahrnehmen, so ernennt der Vertragsstaat, der es vorgeschlagen hat, vorbehaltlich der Zustimmung der Mehrheit der Vertragsstaaten einen anderen Sachverständigen seiner Staatsangehörigkeit, der dem Ausschuß während der restlichen Amtszeit angehört. Die Zustimmung gilt als erteilt, sofern sich nicht mindestens die Hälfte der Vertragsstaaten binnen sechs Wochen, nachdem sie vom Generalsekretär der Vereinten Nationen von der vorgeschlagenen Ernennung unterrichtet wurde, dagegen ausspricht.
(7) Die Vertragsstaaten kommen für die Ausgaben auf, die den Ausschußmitgliedern bei der Wahrnehmung von Aufgaben des Ausschusses entstehen.

Artikel 18
(1) Der Ausschuß wählt seinen Vorstand für zwei Jahre. Eine Wiederwahl der Mitglieder des Vorstands ist zulässig.
(2) Der Ausschuß gibt sich eine Geschäftsordnung, die unter anderem folgende Bestimmungen enthalten muß:
a) Der Ausschuß ist bei Anwesenheit von sechs Mitgliedern beschlußfähig;
b) der Ausschuß faßt seine Beschlüsse mit der Mehrheit der anwesenden Mitglieder.
(3) Der Generalsekretär der Vereinten Nationen stellt dem Ausschuß das Personal und die Einrichtungen zur Verfügung, die dieser zur wirksamen Durchführung der ihm nach diesem Übereinkommen obliegenden Aufgaben benötigt.
(4) Der Generalsekretär der Vereinten Nationen beruft die erste Sitzung des Ausschusses ein. Nach seiner ersten Sitzung tritt der Ausschuß zu den in seiner Geschäftsordnung vorgesehenen Zeiten zusammen.
(5) Die Vertragsstaaten kommen für die Ausgaben auf, die im Zusammenhang mit der Abhaltung von Versammlungen der Vertragsstaaten und Sitzungen des Ausschusses entstehen; dazu gehört auch die Erstattung aller Ausgaben, wie beispielsweise der Kosten für Personal und Einrichtungen, die den Vereinten Nationen nach Absatz 3 entstanden sind.

Artikel 19
(1) Die Vertragsstaaten legen dem Ausschuß über den Generalsekretär der Vereinten Nationen innerhalb eines Jahres nach Inkrafttreten dieses Übereinkommens für den betreffenden Vertragsstaat Berichte über die Maßnahmen vor, die sie zur Erfüllung ihrer Verpflichtungen aus dem Übereinkommen getroffen haben. Danach legen die Vertragsstaaten alle vier Jahre ergänzende Berichte über alle weiteren Maßnahmen sowie alle sonstigen Berichte vor, die der Ausschuß anfordert.
(2) Der Generalsekretär der Vereinten Nationen leitet die Berichte allen Vertragsstaaten zu.
(3) Der Ausschuß prüft jeden Bericht; er kann ihn mit den ihm geeignet erscheinenden allgemeinen Bemerkungen versehen und leitet diese dem betreffenden Vertragsstaat zu. Dieser kann dem Ausschuß hierzu jede Stellungnahme übermitteln, die er abzugeben wünscht.
(4) Der Ausschuß kann nach eigenem Ermessen beschließen, seine Bemerkungen nach Absatz 3 zusammen mit den hierauf eingegangenen Stellungnahmen des betreffenden Vertragsstaats in seinen

gemäß Artikel 24 erstellten Jahresbericht aufzunehmen. Auf Ersuchen des betreffenden Vertragsstaats kann der Ausschuß auch eine Abschrift des nach Absatz 1 vorgelegten Berichts beifügen.

Artikel 20
(1) Erhält der Ausschuß zuverlässige Informationen, die nach seiner Meinung wohlbegründete Hinweise darauf enthalten, daß im Hoheitsgebiet eines Vertragsstaats systematisch Folterungen stattfinden, so fordert der Ausschuß diesen Vertragsstaat auf, bei der Prüfung der Informationen mitzuwirken und zu diesem Zweck Stellungnahmen zu den Informationen abzugeben.
(2) Wenn es der Ausschuß unter Berücksichtigung der von dem betreffenden Vertragsstaat abgegebenen Stellungnahmen sowie aller sonstigen ihm zur Verfügung stehenden einschlägigen Informationen für gerechtfertigt hält, kann er eines oder mehrere seiner Mitglieder beauftragen, eine vertrauliche Untersuchung durchzuführen und ihm sofort zu berichten.
(3) Wird eine Untersuchung nach Absatz 2 durchgeführt, so bemüht sich der Ausschuß um die Mitwirkung des betreffenden Vertragsstaats. Im Einvernehmen mit diesem Vertragsstaat kann eine solche Untersuchung einen Besuch in dessen Hoheitsgebiet einschließen.
(4) Nachdem der Ausschuß die von seinem Mitglied oder seinen Mitgliedern nach Absatz 2 vorgelegten Untersuchungsergebnisse geprüft hat, übermittelt er sie zusammen mit allen angesichts der Situation geeignet erscheinenden Bemerkungen oder Vorschlägen dem betreffenden Vertragsstaat.
(5) Das gesamte in den Absätzen 1 bis 4 bezeichnete Verfahren des Ausschusses ist vertraulich; in jedem Stadium des Verfahrens wird die Mitwirkung des betreffenden Vertragsstaats angestrebt. Nachdem das mit einer Untersuchung gemäß Absatz 2 zusammenhängende Verfahren abgeschlossen ist, kann der Ausschuß nach Konsultation des betreffenden Vertragsstaats beschließen, eine Zusammenfassung der Ergebnisse des Verfahrens in seinen nach Artikel 24 erstellten Jahresbericht aufzunehmen.

Artikel 21
(1) Ein Vertragsstaat kann auf Grund dieses Artikels jederzeit erklären, daß er die Zuständigkeit des Ausschusses zur Entgegennahme und Prüfung von Mitteilungen anerkennt, in denen ein Vertragsstaat geltend macht, ein anderer Vertragsstaat komme seinen Verpflichtungen aus diesem Übereinkommen nicht nach. Diese Mitteilungen können nur dann nach den in diesem Artikel festgelegten Verfahren entgegengenommen und geprüft werden, wenn sie von einem Vertragsstaat eingereicht werden, der für sich selbst die Zuständigkeit des Ausschusses durch eine Erklärung anerkannt hat. Der Ausschuß darf keine Mitteilung auf Grund dieses Artikels behandeln, die einen Vertragsstaat betrifft, der keine derartige Erklärung abgegeben hat. Auf Mitteilungen, die auf Grund dieses Artikels eingehen, ist folgendes Verfahren anzuwenden:
a) Ist ein Vertragsstaat der Auffassung, daß ein anderer Vertragsstaat die Bestimmungen dieses Übereinkommens nicht durchführt, so kann er den anderen Staat durch eine schriftliche Mitteilung darauf hinweisen. Innerhalb von drei Monaten nach Zugang der Mitteilung hat der Empfangsstaat dem Staat, der die Mitteilung übersandt hat, in bezug auf die Sache eine schriftliche Erklärung oder sonstige Stellungnahme zukommen zu lassen, die, soweit es möglich und angebracht ist, einen Hinweis auf die in der Sache durchgeführten, anhängigen oder zur Verfügung stehenden innerstaatlichen Verfahren und Rechtsbehelfe enthalten soll;
b) wird die Sache nicht innerhalb von sechs Monaten nach Eingang der einleitenden Mitteilung bei dem Empfangsstaat zur Zufriedenheit der beiden beteiligten Vertragsstaaten geregelt, so hat jeder der beiden Staaten das Recht, die Sache dem Ausschuß zu unterbreiten, indem er diesem und dem anderen Staat eine entsprechende Mitteilung macht;
c) der Ausschuß befaßt sich mit einer ihm auf Grund dieses Artikels unterbreiteten Sache erst dann, wenn er sich Gewißheit verschafft hat, daß in der Sache alle innerstaatlichen Rechtsbehelfe in Übereinstimmung mit den allgemein anerkannten Grundsätzen des Völkerrechts eingelegt und erschöpft worden sind. Dies gilt nicht, wenn das Verfahren bei der Anwendung der Rechtsbehelfe unangemessen lange gedauert hat oder für die Person, die das Opfer einer Verletzung dieses Übereinkommens geworden ist, keine wirksame Abhilfe erwarten läßt;
d) der Ausschuß berät über Mitteilungen auf Grund dieses Artikels in nichtöffentlicher Sitzung;
e) sofern die Voraussetzungen des Buchstabens c erfüllt sind, stellt der Ausschuß den beteiligten Vertragsstaaten seine guten Dienste zur Verfügung, um eine gütliche Regelung der Sache auf

der Grundlage der Einhaltung der in diesem Übereinkommen vorgesehenen Verpflichtungen herbeizuführen. Zu diesem Zweck kann der Ausschuß gegebenenfalls eine Ad-hoc-Vergleichskommission einsetzen;
f) der Ausschuß kann in jeder ihm auf Grund dieses Artikels unterbreiteten Sache die unter Buchstabe b genannten beteiligten Vertragsstaaten auffordern, alle erheblichen Angaben beizubringen;
g) die unter Buchstabe b genannten beteiligten Vertragsstaaten haben das Recht, sich vertreten zu lassen sowie mündlich und/oder schriftlich Stellung zu nehmen, wenn die Sache vom Ausschuß verhandelt wird;
h) der Ausschuß legt innerhalb von zwölf Monaten nach Eingang der unter Buchstabe b vorgesehenen Mitteilung einen Bericht vor:
   (i) Wenn eine Regelung im Sinne des Buchstabens e zustande gekommen ist, beschränkt der Ausschuß seinen Bericht auf eine kurze Darstellung des Sachverhalts und der erzielten Regelung;
   (ii) wenn eine Regelung im Sinne des Buchstabens e nicht zustande gekommen ist, beschränkt der Ausschuß seinen Bericht auf eine kurze Darstellung des Sachverhalts; die schriftlichen Stellungnahmen und das Protokoll über die mündlichen Stellungnahmen der beteiligten Vertragsstaaten sind dem Bericht beizufügen.
In jedem Fall wird der Bericht den beteiligten Vertragsstaaten übermittelt.
(2) Die Bestimmungen dieses Artikels treten in Kraft, wenn fünf Vertragsstaaten Erklärungen nach Absatz 1 abgegeben haben. Diese Erklärungen werden von den Vertragsstaaten beim Generalsekretär der Vereinten Nationen hinterlegt, der den anderen Vertragsstaaten Abschriften davon übermittelt. Eine Erklärung kann jederzeit durch eine an den Generalsekretär gerichtete Notifikation zurückgenommen werden. Eine solche Zurücknahme berührt nicht die Prüfung einer Sache, die Gegenstand einer auf Grund dieses Artikels bereits vorgenommenen Mitteilung ist; nach Eingang der Notifikation über die Zurücknahme der Erklärung beim Generalsekretär wird keine weitere Mitteilung eines Vertragsstaats auf Grund dieses Artikels entgegengenommen, es sei denn, daß der betroffene Vertragsstaat eine neue Erklärung abgegeben hat.

Artikel 22

(1) Ein Vertragsstaat kann auf Grund dieses Artikels jederzeit erklären, daß er die Zuständigkeit des Ausschusses zur Entgegennahme und Prüfung von Mitteilungen einzelner Personen oder im Namen einzelner Personen anerkennt, die der Hoheitsgewalt des betreffenden Staates unterstehen und die geltend machen, Opfer einer Verletzung dieses Übereinkommens durch einen Vertragsstaat zu sein. Der Ausschuß darf keine Mitteilung entgegennehmen, die einen Vertragsstaat betrifft, der keine derartige Erklärung abgegeben hat.
(2) Der Ausschuß erklärt jede nach diesem Artikel eingereichte Mitteilung für unzulässig, die anonym ist oder die er für einen Mißbrauch des Rechts auf Einreichung solcher Mitteilungen oder für unvereinbar mit den Bestimmungen dieses Übereinkommens hält.
(3) Vorbehaltlich des Absatzes 2 bringt der Ausschuß jede ihm nach diesem Artikel eingereichte Mitteilung dem Vertragsstaat zur Kenntnis, der eine Erklärung nach Absatz 1 abgegeben hat und dem vorgeworfen wird, eine Bestimmung dieses Übereinkommens verletzt zu haben. Der Empfangsstaat hat dem Ausschuß innerhalb von sechs Monaten schriftliche Erläuterungen oder Stellungnahmen zur Klärung der Sache zu übermitteln und die gegebenenfalls von ihm getroffenen Abhilfemaßnahmen mitzuteilen.
(4) Der Ausschuß prüft die ihm nach diesem Artikel zugegangenen Mitteilungen unter Berücksichtigung aller ihm von der Einzelperson oder in deren Namen und von dem betroffenen Vertragsstaat unterbreiteten Informationen.
(5) Der Ausschuß prüft Mitteilungen einer Einzelperson auf Grund dieses Artikels erst dann, wenn er sich Gewißheit verschafft hat,
a) daß dieselbe Sache nicht bereits in einem anderen internationalen Untersuchungs- oder Streitregelungsverfahren geprüft wurde oder wird;
b) daß die Einzelperson alle zur Verfügung stehenden innerstaatlichen Rechtsbehelfe erschöpft hat; dies gilt nicht, wenn das Verfahren bei der Anwendung der Rechtsbehelfe unangemessen lange

gedauert hat oder für die Person, die das Opfer einer Verletzung dieses Übereinkommens geworden ist, keine wirksame Abhilfe erwarten läßt.
(6) Der Ausschuß berät über Mitteilungen auf Grund dieses Artikels in nichtöffentlicher Sitzung.
(7) Der Ausschuß teilt seine Auffassungen dem betroffenen Vertragsstaat und der Einzelperson mit.
(8) Die Bestimmungen dieses Artikels treten in Kraft, wenn fünf Vertragsstaaten Erklärungen nach Absatz 1 abgegeben haben. Diese Erklärungen werden von den Vertragsstaaten beim Generalsekretär der Vereinten Nationen hinterlegt, der den anderen Vertragsstaaten Abschriften davon übermittelt. Eine Erklärung kann jederzeit durch eine an den Generalsekretär gerichtete Notifikation zurückgenommen werden. Eine solche Zurücknahme berührt nicht die Prüfung einer Sache, die Gegenstand einer auf Grund dieses Artikels bereits vorgenommenen Mitteilung ist; nach Eingang der Notifikation über die Zurücknahme der Erklärung beim Generalsekretär wird keine weitere von einer Einzelperson oder in deren Namen gemachte Mitteilung auf Grund dieses Artikels entgegengenommen, es sei denn, daß der betroffene Vertragsstaat eine neue Erklärung abgegeben hat.

Artikel 23
Die Mitglieder des Ausschusses und der Ad-hoc-Vergleichskommissionen, die nach Artikel 21 Absatz 1 Buchstabe e bestimmt werden können, haben Anspruch auf die Erleichterungen, Vorrechte und Immunitäten, die in den einschlägigen Abschnitten des Übereinkommens über die Vorrechte und Immunitäten der Vereinten Nationen für die im Auftrag der Vereinten Nationen tätigen Sachverständigen vorgesehen sind.

Artikel 24
Der Ausschuß legt den Vertragsstaaten und der Generalversammlung der Vereinten Nationen einen Jahresbericht über seine Tätigkeit auf Grund dieses Übereinkommens vor.

Teil III

Artikel 25
(1) Dieses Übereinkommen liegt für alle Staaten zur Unterzeichnung auf.
(2) Dieses Übereinkommen bedarf der Ratifikation. Die Ratifikationsurkunden werden beim Generalsekretär der Vereinten Nationen hinterlegt.

Artikel 26
Dieses Übereinkommen steht allen Staaten zum Beitritt offen. Der Beitritt erfolgt durch Hinterlegung einer Beitrittsurkunde beim Generalsekretär der Vereinten Nationen.

Artikel 27
(1) Dieses Übereinkommen tritt am dreißigsten Tag nach Hinterlegung der zwanzigsten Ratifikations- oder Beitrittsurkunde beim Generalsekretär der Vereinten Nationen in Kraft.
(2) Für jeden Staat, der nach Hinterlegung der zwanzigsten Ratifikations- oder Beitrittsurkunde dieses Übereinkommen ratifiziert oder ihm beitritt, tritt es am dreißigsten Tag nach Hinterlegung seiner eigenen Ratifikations- oder Beitrittsurkunde in Kraft.

Artikel 28
(1) Jeder Staat kann bei der Unterzeichnung oder der Ratifikation dieses Übereinkommens oder dem Beitritt zu diesem erklären, daß er die in Artikel 20 vorgesehene Zuständigkeit des Ausschusses nicht anerkennt.
(2) Jeder Vertragsstaat, der einen Vorbehalt nach Absatz 1 gemacht hat, kann diesen Vorbehalt jederzeit durch eine an den Generalsekretär der Vereinten Nationen gerichtete Notifikation zurücknehmen.

Artikel 29
(1) Jeder Vertragsstaat kann eine Änderung dieses Übereinkommens vorschlagen und seinen Vorschlag beim Generalsekretär der Vereinten Nationen einreichen. Der Generalsekretär übermittelt sodann den Änderungsvorschlag den Vertragsstaaten mit der Aufforderung, ihm mitzuteilen, ob sie eine Konferenz der Vertragsstaaten zur Beratung und Abstimmung über den Vorschlag befürworten. Befürwortet innerhalb von vier Monaten nach dem Datum der Übermittlung wenigstens ein Drittel der Vertragsstaaten eine solche Konferenz, so beruft der Generalsekretär die Konferenz unter der Schirm-

Art. 30–33 Übereinkommen gegen Folter 19

herrschaft der Vereinten Nationen ein. Jede Änderung, die von der Mehrheit der auf der Konferenz anwesenden und abstimmenden Vertragsstaaten beschlossen wird, wird vom Generalsekretär allen Vertragsstaaten zur Annahme vorgelegt.
(2) Eine nach Absatz 1 beschlossene Änderung tritt in Kraft, wenn zwei Drittel der Vertragsstaaten dem Generalsekretär der Vereinten Nationen notifiziert haben, daß sie der Änderung nach Maßgabe der in ihrer Verfassung vorgesehenen Verfahren angenommen haben.
(3) Treten die Änderungen in Kraft, so sind sie für die Vertragsstaaten, die sie angenommen haben, verbindlich, während für die anderen Vertragsstaaten weiterhin die Bestimmungen dieses Übereinkommens und alle früher von ihnen angenommenen Änderungen gelten.

Artikel 30
(1) Jede Streitigkeit zwischen zwei oder mehr Vertragsstaaten über die Auslegung oder Anwendung dieses Übereinkommens, die nicht durch Verhandlungen beigelegt werden kann, ist auf Verlangen eines dieser Staaten einem Schiedsverfahren zu unterwerfen. Können sich die Parteien binnen sechs Monaten nach dem Zeitpunkt, zu dem das Schiedsverfahren verlangt worden ist, über seine Ausgestaltung nicht einigen, so kann jede dieser Parteien die Streitigkeit dem Internationalen Gerichtshof unterbreiten, indem sie einen seinem Statut entsprechenden Antrag stellt.
(2) Jeder Staat kann bei der Unterzeichnung oder der Ratifikation dieses Übereinkommens oder dem Beitritt zu diesem erklären, daß er sich durch Absatz 1 nicht als gebunden betrachtet. Die anderen Vertragsstaaten sind gegenüber einem Vertragsstaat, der einen solchen Vorbehalt gemacht hat, durch Absatz 1 nicht gebunden.
(3) Ein Vertragsstaat, der einen Vorbehalt nach Absatz 2 gemacht hat, kann diesen Vorbehalt jederzeit durch eine an den Generalsekretär der Vereinten Nationen gerichtete Notifikation zurücknehmen.

Artikel 31
(1) Ein Vertragsstaat kann dieses Übereinkommen durch eine an den Generalsekretär der Vereinten Nationen gerichtete schriftliche Notifikation kündigen. Die Kündigung wird ein Jahr nach Eingang der Notifikation beim Generalsekretär wirksam.
(2) Eine solche Kündigung enthebt den Vertragsstaat nicht der Verpflichtungen, die er auf Grund dieses Übereinkommens in bezug auf vor dem Wirksamwerden der Kündigung begangene Handlungen oder Unterlassungen hat; die Kündigung berührt auch nicht die weitere Prüfung einer Sache, mit welcher der Ausschuß bereits vor dem Wirksamwerden der Kündigung befaßt war.
(3) Nach dem Tag, an dem die Kündigung eines Vertragsstaats wirksam wird, darf der Ausschuß nicht mit der Prüfung einer neuen diesen Staat betreffenden Sache beginnen.

Artikel 32
Der Generalsekretär der Vereinten Nationen unterrichtet alle Mitgliedstaaten der Vereinten Nationen und alle Staaten, die dieses Übereinkommen unterzeichnet haben oder ihm beigetreten sind,
a) von den Unterzeichnungen, Ratifikationen und Beitritten nach den Artikeln 25 und 26;
b) vom Zeitpunkt des Inkrafttretens dieses Übereinkommens nach Artikel 27 und vom Zeitpunkt des Inkrafttretens von Änderungen nach Artikel 29;
c) von den Kündigungen nach Artikel 31.

Artikel 33
(1) Dieses Übereinkommen, dessen arabischer, chinesischer, englischer, französischer, russischer und spanischer Wortlaut gleichermaßen verbindlich ist, wird beim Generalsekretär der Vereinten Nationen hinterlegt.
(2) Der Generalsekretär der Vereinten Nationen übermittelt allen Staaten beglaubigte Abschriften dieses Übereinkommens.

Fakultativprotokoll
zum Übereinkommen gegen Folter und andere grausame, unmenschliche oder erniedrigende Behandlung oder Strafe
Vom 18. Dezember 2002[1)]

Präambel

Die Vertragsstaaten dieses Protokolls –
in Bekräftigung der Tatsache, dass Folter und andere grausame, unmenschliche oder erniedrigende Behandlung oder Strafe verboten sind und schwere Verletzungen der Menschenrechte darstellen,
in der Überzeugung, dass weitere Maßnahmen erforderlich sind, um die Ziele des Übereinkommens gegen Folter und andere grausame, unmenschliche oder erniedrigende Behandlung oder Strafe (im Folgenden als »Übereinkommen« bezeichnet) zu erreichen und den Schutz von Personen, denen die Freiheit entzogen ist, vor Folter und anderer grausamer, unmenschlicher oder erniedrigender Behandlung oder Strafe zu verstärken,
eingedenk dessen, dass jeder Vertragsstaat nach den Artikeln 2 und 16 des Übereinkommens verpflichtet ist, wirksame Maßnahmen zu treffen, um Folterungen und andere grausame, unmenschliche oder erniedrigende Behandlung oder Strafe in allen seiner Hoheitsgewalt unterstehenden Gebieten zu verhindern,
in der Erkenntnis, dass für die Durchführung dieser Artikel in erster Linie die Staaten verantwortlich sind, dass die Verstärkung des Schutzes von Personen, denen die Freiheit entzogen ist, und die volle Achtung ihrer Menschenrechte eine gemeinsame Verpflichtung aller sind und dass internationale Durchführungsorgane innerstaatliche Maßnahmen ergänzen und verstärken,
eingedenk dessen, dass für die wirksame Verhütung von Folter und anderer grausamer, unmenschlicher oder erniedrigender Behandlung oder Strafe Bildungsmaßnahmen und eine Kombination verschiedener gesetzgeberischer, verwaltungsrechtlicher, gerichtlicher und sonstiger Maßnahmen erforderlich sind,
ferner im Hinblick darauf, dass die Weltkonferenz über Menschenrechte mit Entschlossenheit erklärte, dass sich die Bemühungen zur vollständigen Beseitigung der Folter in erster Linie auf deren Verhütung konzentrieren sollen, und dazu aufrief, ein Fakultativprotokoll zum Übereinkommen zu beschließen, ein auf die Verhütung von Folter ausgerichtetes System regelmäßiger Besuche von Orten der Freiheitsentziehung einzurichten,
in der Überzeugung, dass der Schutz von Personen, denen die Freiheit entzogen ist, vor Folter und anderer grausamer, unmenschlicher oder erniedrigender Behandlung oder Strafe durch nichtgerichtliche Maßnahmen vorbeugender Art, die auf regelmäßigen Besuchen von Orten der Freiheitsentziehung beruhen, verstärkt werden kann –
sind wie folgt übereingekommen:

Teil I
Allgemeine Grundsätze

Artikel 1
Ziel dieses Protokolls ist es, ein System regelmäßiger Besuche einzurichten, die von unabhängigen internationalen und nationalen Stellen an Orten, an denen Personen die Freiheit entzogen ist, durchgeführt werden, um Folter und andere grausame, unmenschliche oder erniedrigende Behandlung oder Strafe zu verhindern.

Artikel 2
(1) Zum Ausschuss gegen Folter wird ein Unterausschuss zur Verhütung von Folter und anderer grausamer, unmenschlicher oder erniedrigender Behandlung oder Strafe (im Folgenden als »Unter-

---

1) Deutscher Text *BGBl.* 2008 II S. 855.
Internationale Quelle: *UNTS* Bd. 2375 S. 237.
In Kraft getreten am 22. 6. 2006; für die Bundesrepublik Deutschland am 3. 1. 2009 (BGBl. 2009 II S. 536).

ausschuss zur Verhütung von Folter« bezeichnet) errichtet, der die in diesem Protokoll festgelegten Aufgaben wahrnimmt.
(2) Der Unterausschuss zur Verhütung von Folter nimmt seine Aufgaben im Rahmen der Charta der Vereinten Nationen wahr und lässt sich von deren Zielen und Grundsätzen sowie den Normen der Vereinten Nationen für die Behandlung von Personen, denen die Freiheit entzogen ist, leiten.
(3) Der Unterausschuss zur Verhütung von Folter lässt sich ferner von den Grundsätzen der Vertraulichkeit, Unparteilichkeit, Nichtselektivität, Universalität und Objektivität leiten.
(4) Der Unterausschuss zur Verhütung von Folter und die Vertragsstaaten arbeiten bei der Durchführung dieses Protokolls zusammen.

Artikel 3
Jeder Vertragsstaat errichtet, bestimmt oder unterhält auf innerstaatlicher Ebene eine oder mehrere Stellen, die zur Verhütung von Folter und anderer grausamer, unmenschlicher oder erniedrigender Behandlung oder Strafe Besuche durchführen (im Folgenden als »nationaler Mechanismus zur Verhütung von Folter« bezeichnet).

Artikel 4
(1) Jeder Vertragsstaat gestattet Besuche nach diesem Protokoll durch die in den Artikeln 2 und 3 bezeichneten Mechanismen an allen seiner Hoheitsgewalt und Kontrolle unterstehenden Orten, an denen Personen entweder aufgrund einer Entscheidung einer Behörde oder auf deren Veranlassung oder mit deren ausdrücklichem oder stillschweigendem Einverständnis die Freiheit entzogen ist oder entzogen werden kann (im Folgenden als »Orte der Freiheitsentziehung« bezeichnet). Diese Besuche werden durchgeführt, um erforderlichenfalls den Schutz dieser Personen vor Folter und anderer grausamer, unmenschlicher oder erniedrigender Behandlung oder Strafe zu verstärken.
(2) Im Sinne dieses Protokolls bedeutet Freiheitsentziehung jede Form des Festhaltens oder der Haft oder die durch eine Justiz-, Verwaltungs- oder sonstige Behörde angeordnete Unterbringung einer Person in einer öffentlichen oder privaten Gewahrsamseinrichtung, die diese Person nicht nach Belieben verlassen darf.

Teil II
Unterausschuss zur Verhütung von Folter
Artikel 5
(1) Der Unterausschuss zur Verhütung von Folter besteht aus zehn Mitgliedern. Nach der fünfzigsten Ratifikation dieses Protokolls oder dem fünfzigsten Beitritt zu ihm erhöht sich die Zahl der Mitglieder des Unterausschusses zur Verhütung von Folter auf fünfundzwanzig.
(2) Die Mitglieder des Unterausschusses zur Verhütung von Folter werden unter Persönlichkeiten von hohem sittlichen Ansehen ausgewählt, die nachweislich über berufliche Erfahrung auf dem Gebiet der Rechtspflege, insbesondere des Strafrechts, des Strafvollzugs oder der Polizeiverwaltung, oder auf den verschiedenen für die Behandlung von Personen, denen die Freiheit entzogen ist, einschlägigen Gebieten verfügen.
(3) Bei der Zusammensetzung des Unterausschusses zur Verhütung von Folter sind eine ausgewogene geographische Verteilung und die Vertretung der verschiedenen Kulturkreise und Rechtsordnungen der Vertragsstaaten gebührend zu berücksichtigen.
(4) Bei der Zusammensetzung ist ferner eine ausgewogene Vertretung der Geschlechter auf der Grundlage der Grundsätze der Gleichstellung und Nichtdiskriminierung zu berücksichtigen.
(5) Dem Unterausschuss zur Verhütung von Folter darf jeweils nur ein Angehöriger desselben Staates angehören.
(6) Die Mitglieder des Unterausschusses zur Verhütung von Folter sind in persönlicher Eigenschaft tätig; sie müssen unabhängig und unparteiisch sein und dem Unterausschuss zur Verhütung von Folter zur wirksamen Mitarbeit zur Verfügung stehen.

19a FP zum Übereinkommen gegen Folter Art. 6–8

Artikel 6
(1) Jeder Vertragsstaat darf nach Absatz 2 bis zu zwei Kandidaten vorschlagen, die über die Befähigungen verfügen und die Voraussetzungen erfüllen, die in Artikel 5 beschrieben sind; mit seinem Vorschlag übermittelt er genauere Angaben zu den Befähigungen der Kandidaten.
(2)
a) Die Kandidaten müssen die Staatsangehörigkeit eines Vertragsstaats dieses Protokolls haben;
b) mindestens einer der beiden Kandidaten muss die Staatsangehörigkeit des vorschlagenden Vertragsstaats haben;
c) es dürfen nicht mehr als zwei Angehörige eines Vertragsstaats vorgeschlagen werden;
d) bevor ein Vertragsstaat einen Angehörigen eines anderen Vertragsstaats vorschlägt, hat er die Zustimmung des betreffenden Vertragsstaats einzuholen.
(3) Spätestens fünf Monate vor der Versammlung der Vertragsstaaten, bei der die Wahl stattfindet, fordert der Generalsekretär der Vereinten Nationen die Vertragsstaaten schriftlich auf, innerhalb von drei Monaten ihre Kandidaten vorzuschlagen. Der Generalsekretär übermittelt eine alphabetische Liste aller auf diese Weise vorgeschlagenen Personen unter Angabe der Vertragsstaaten, die sie vorgeschlagen haben.

Artikel 7
(1) Die Mitglieder des Unterausschusses zur Verhütung von Folter werden auf folgende Weise gewählt:
a) In erster Linie wird darauf geachtet, dass die Voraussetzungen und Kriterien nach Artikel 5 dieses Protokolls erfüllt sind;
b) die erste Wahl findet spätestens sechs Monate nach Inkrafttreten dieses Protokolls statt;
c) die Vertragsstaaten wählen die Mitglieder des Unterausschusses zur Verhütung von Folter in geheimer Wahl;
d) die Wahl der Mitglieder des Unterausschusses zur Verhütung von Folter findet alle zwei Jahre in vom Generalsekretär der Vereinten Nationen einberufenen Versammlungen der Vertragsstaaten statt. In diesen Versammlungen, die beschlussfähig sind, wenn zwei Drittel der Vertragsstaaten vertreten sind, gelten diejenigen Kandidaten als in den Unterausschuss zur Verhütung von Folter gewählt, welche die höchste Stimmenzahl und die absolute Stimmenmehrheit der anwesenden und abstimmenden Vertreter der Vertragsstaaten auf sich vereinigen.
(2) Sind in dem Wahlverfahren zwei Angehörige eines Vertragsstaats in den Unterausschuss zur Verhütung von Folter gewählt worden, so wird der Kandidat mit der höheren Stimmenzahl Mitglied des Unterausschusses zur Verhütung von Folter. Haben zwei Angehörige eines Vertragsstaats dieselbe Stimmenzahl erhalten, so wird folgendes Verfahren angewendet:
a) Wurde nur einer der beiden von dem Vertragsstaat, dessen Staatsangehörige sie sind, als Kandidat vorgeschlagen, so wird er Mitglied des Unterausschusses zur Verhütung von Folter;
b) wurden beide Kandidaten von dem Vertragsstaat vorgeschlagen, dessen Staatsangehörige sie sind, so wird in geheimer Wahl gesondert darüber abgestimmt, welcher Staatsangehörige Mitglied wird;
c) wurde keiner der Kandidaten von dem Vertragsstaat vorgeschlagen, dessen Staatsangehörige sie sind, so wird in geheimer Wahl gesondert darüber abgestimmt, welcher Kandidat Mitglied wird.

Artikel 8
Stirbt ein Mitglied des Unterausschusses zur Verhütung von Folter, tritt es zurück oder kann es aus irgendeinem anderen Grund seine Aufgaben nicht mehr wahrnehmen, so schlägt der Vertragsstaat, der das Mitglied vorgeschlagen hat, unter Berücksichtigung eines ausgewogenen Verhältnisses zwischen den verschiedenen Fachgebieten eine andere geeignete Person vor, die über die Befähigungen verfügt und die Voraussetzungen erfüllt, die in Artikel 5 bezeichnet sind, und die bis zur nächsten Versammlung der Vertragsstaaten dem Unterausschuss zur Verhütung von Folter vorbehaltlich der Zustimmung der Mehrheit der Vertragsstaaten angehört. Die Zustimmung gilt als erteilt, sofern sich nicht mindestens die Hälfte der Vertragsstaaten binnen sechs Wochen, nachdem sie vom Generalsekretär der Vereinten Nationen von der vorgeschlagenen Ernennung unterrichtet wurden, dagegen ausspricht.

Art. 9–12 FP zum Übereinkommen gegen Folter

Artikel 9
Die Mitglieder des Unterausschusses zur Verhütung von Folter werden für vier Jahre gewählt. Auf erneuten Vorschlag können sie einmal wiedergewählt werden. Die Amtszeit der Hälfte der bei der ersten Wahl gewählten Mitglieder läuft nach zwei Jahren ab; unmittelbar nach der ersten Wahl werden die Namen dieser Mitglieder vom Vorsitzenden der in Artikel 7 Absatz 1 Buchstabe d genannten Versammlung durch das Los bestimmt.

Artikel 10
(1) Der Unterausschuss zur Verhütung von Folter wählt seinen Vorstand für zwei Jahre. Eine Wiederwahl der Mitglieder des Vorstands ist zulässig.
(2) Der Unterausschuss zur Verhütung von Folter gibt sich eine Geschäftsordnung. Diese Geschäftsordnung muss unter anderem folgende Bestimmungen enthalten:
a) Der Unterausschuss zur Verhütung von Folter ist bei Anwesenheit der Hälfte plus eines seiner Mitglieder beschlussfähig;
b) der Unterausschuss zur Verhütung von Folter fasst seine Beschlüsse mit der Mehrheit der anwesenden Mitglieder;
c) die Sitzungen des Unterausschusses zur Verhütung von Folter finden unter Ausschluss der Öffentlichkeit statt.
(3) Der Generalsekretär der Vereinten Nationen beruft die erste Sitzung des Unterausschusses zur Verhütung von Folter ein. Nach seiner ersten Sitzung tritt der Unterausschuss zur Verhütung von Folter zu den in seiner Geschäftsordnung vorgesehenen Zeiten zusammen. Der Unterausschuss zur Verhütung von Folter und der Ausschuss gegen Folter halten ihre Tagungen mindestens einmal im Jahr gleichzeitig ab.

Teil III
Mandat des Unterausschusses zur Verhütung von Folter

Artikel 11
Der Unterausschuss zur Verhütung von Folter wird
a) die in Artikel 4 bezeichneten Orte besuchen und den Vertragsstaaten Empfehlungen hinsichtlich des Schutzes von Personen, denen die Freiheit entzogen ist, vor Folter und anderer grausamer, unmenschlicher oder erniedrigender Behandlung oder Strafe unterbreiten;
b) in Bezug auf die nationalen Mechanismen zur Verhütung von Folter
   i) die Vertragsstaaten erforderlichenfalls bei deren Einrichtung beraten und unterstützen;
   ii) unmittelbare und erforderlichenfalls vertrauliche Kontakte zu den nationalen Mechanismen zur Verhütung von Folter pflegen und ihnen Ausbildungshilfe und technische Hilfe zur Stärkung ihrer Leistungsfähigkeit anbieten;
   iii) sie bei der Beurteilung der Erfordernisse und der Mittel, die zur Verstärkung des Schutzes von Personen, denen die Freiheit entzogen ist, vor Folter und anderer grausamer, unmenschlicher oder erniedrigender Behandlung oder Strafe notwendig sind, beraten und unterstützen;
   iv) den Vertragsstaaten Empfehlungen und Beobachtungen mit dem Ziel der Stärkung der Leistungsfähigkeit und des Mandats der nationalen Mechanismen zur Verhütung von Folter und anderer grausamer, unmenschlicher oder erniedrigender Behandlung oder Strafe unterbreiten;
c) zur Verhütung von Folter im Allgemeinen mit den zuständigen Organen und Mechanismen der Vereinten Nationen sowie mit den internationalen, regionalen und nationalen Einrichtungen und Organisationen zusammenarbeiten, die auf die Verstärkung des Schutzes aller Personen vor Folter und anderer grausamer, unmenschlicher oder erniedrigender Behandlung oder Strafe hinwirken.

Artikel 12
Um dem Unterausschuss zur Verhütung von Folter die Erfüllung seines in Artikel 11 festgelegten Mandats zu ermöglichen, verpflichten sich die Vertragsstaaten,
a) den Unterausschuss zur Verhütung von Folter in ihr Hoheitsgebiet einreisen zu lassen und ihm Zugang zu allen in Artikel 4 bezeichneten Orten der Freiheitsentziehung zu gewähren;

b) dem Unterausschuss zur Verhütung von Folter alle einschlägigen Informationen zur Verfügung zu stellen, die dieser möglicherweise anfordert, um die Erfordernisse und die Maßnahmen beurteilen zu können, die zur Verstärkung des Schutzes von Personen, denen die Freiheit entzogen ist, vor Folter und anderer grausamer, unmenschlicher oder erniedrigender Behandlung oder Strafe ergriffen werden sollen;
c) Kontakte zwischen dem Unterausschuss zur Verhütung von Folter und den nationalen Mechanismen zur Verhütung von Folter zu fördern und zu erleichtern;
d) die Empfehlungen des Unterausschusses zur Verhütung von Folter zu prüfen und mit ihm in einen Dialog über mögliche Maßnahmen zu ihrer Umsetzung einzutreten.

Artikel 13
(1) Der Unterausschuss zur Verhütung von Folter erstellt, zunächst durch das Los, ein Programm regelmäßiger Besuche in den Vertragsstaaten, um sein in Artikel 11 festgelegtes Mandat zu erfüllen.
(2) Nach Beratungen teilt der Unterausschuss zur Verhütung von Folter den Vertragsstaaten sein Programm mit, damit diese unverzüglich die erforderlichen praktischen Vorkehrungen für die durchzuführenden Besuche treffen können.
(3) Die Besuche werden von mindestens zwei Mitgliedern des Unterausschusses zur Verhütung von Folter durchgeführt. Diese Mitglieder können sich erforderlichenfalls von Sachverständigen mit nachgewiesener beruflicher Erfahrung und Kenntnissen auf den von diesem Protokoll erfassten Gebieten begleiten lassen, die aus einer Liste von Sachverständigen ausgewählt werden, die auf der Grundlage von Vorschlägen der Vertragsstaaten, des Amtes des Hohen Kommissars der Vereinten Nationen für Menschenrechte und des Zentrums für internationale Verbrechensverhütung der Vereinten Nationen erstellt wird. Zur Erstellung dieser Liste schlagen die betreffenden Vertragsstaaten nicht mehr als fünf nationale Sachverständige vor. Der betreffende Vertragsstaat kann die Beteiligung eines bestimmten Sachverständigen an dem Besuch ablehnen, woraufhin der Unterausschuss zur Verhütung von Folter einen anderen Sachverständigen vorschlägt.
(4) Hält es der Unterausschuss zur Verhütung von Folter für angebracht, so kann er nach einem regelmäßigen Besuch einen kurzen Anschlussbesuch vorschlagen.

Artikel 14
(1) Um dem Unterausschuss zur Verhütung von Folter die Erfüllung seines Mandats zu ermöglichen, verpflichten sich die Vertragsstaaten dieses Protokolls,
a) ihm unbeschränkten Zugang zu allen Informationen zu gewähren, welche die Anzahl der Personen, denen an Orten der Freiheitsentziehung im Sinne des Artikels 4 die Freiheit entzogen ist, sowie die Anzahl dieser Orte und ihre Lage betreffen;
b) ihm unbeschränkten Zugang zu allen Informationen zu gewähren, welche die Behandlung dieser Personen und die Bedingungen ihrer Freiheitsentziehung betreffen;
c) ihm vorbehaltlich des Absatzes 2 unbeschränkten Zugang zu allen Orten der Freiheitsentziehung und ihren Anlagen und Einrichtungen zu gewähren;
d) ihm die Möglichkeit zu geben, mit Personen, denen die Freiheit entzogen ist, entweder direkt oder, soweit dies erforderlich erscheint, über einen Dolmetscher sowie mit jeder anderen Person, von welcher der Unterausschuss zur Verhütung von Folter annimmt, dass sie sachdienliche Auskünfte geben kann, ohne Zeugen Gespräche zu führen;
e) ihm die Entscheidung darüber zu überlassen, welche Orte er besuchen und mit welchen Personen er Gespräche führen möchte.
(2) Einwände gegen einen Besuch an einem bestimmten Ort der Freiheitsentziehung können nur aus dringenden und zwingenden Gründen der nationalen Verteidigung oder der öffentlichen Sicherheit, wegen Naturkatastrophen oder schwerer Störungen der Ordnung an dem zu besuchenden Ort, die vorübergehend die Durchführung eines solchen Besuchs verhindern, erhoben werden. Das Vorliegen eines erklärten Notstands allein darf von einem Vertragsstaat nicht als Grund für einen Einwand gegen einen Besuch geltend gemacht werden.

Artikel 15
Behörden oder Amtsträger dürfen keine Sanktionen gegen eine Person oder Organisation anordnen, anwenden, erlauben oder dulden, weil diese dem Unterausschuss zur Verhütung von Folter oder seinen Mitgliedern Auskünfte erteilt hat, unabhängig davon, ob diese Auskünfte richtig oder falsch waren; eine solche Person oder Organisation darf auch sonst in keiner Weise benachteiligt werden.

Artikel 16
(1) Der Unterausschuss zur Verhütung von Folter teilt dem Vertragsstaat und gegebenenfalls dem nationalen Mechanismus zur Verhütung von Folter seine Empfehlungen und Beobachtungen vertraulich mit.
(2) Der Unterausschuss zur Verhütung von Folter veröffentlicht seinen Bericht zusammen mit einer etwaigen Stellungnahme des betreffenden Vertragsstaats, wenn dieser darum ersucht. Macht der Vertragsstaat einen Teil des Berichts öffentlich zugänglich, so kann der Unterausschuss zur Verhütung von Folter den Bericht ganz oder teilweise veröffentlichen. Personenbezogene Daten dürfen jedoch nicht ohne ausdrückliche Zustimmung der betroffenen Person veröffentlicht werden.
(3) Der Unterausschuss zur Verhütung von Folter legt dem Ausschuss gegen Folter einen öffentlichen Jahresbericht über seine Tätigkeit vor.
(4) Weigert sich ein Vertragsstaat, mit dem Unterausschuss zur Verhütung von Folter nach den Artikeln 12 und 14 zusammenzuarbeiten oder Maßnahmen zu treffen, um die Lage im Sinne der Empfehlungen des Unterausschusses zur Verhütung von Folter zu verbessern, so kann der Ausschuss gegen Folter auf Antrag des Unterausschusses zur Verhütung von Folter mit der Mehrheit seiner Mitglieder beschließen, eine öffentliche Erklärung in der Sache abzugeben oder den Bericht des Unterausschusses zur Verhütung von Folter zu veröffentlichen, nachdem der Vertragsstaat Gelegenheit hatte, sich zu äußern.

Teil IV
Nationale Mechanismen zur Verhütung von Folter

Artikel 17
Jeder Vertragsstaat unterhält, bestimmt oder errichtet auf innerstaatlicher Ebene spätestens ein Jahr nach Inkrafttreten dieses Protokolls oder nach seiner Ratifikation oder dem Beitritt zu ihm einen oder mehrere unabhängige nationale Mechanismen zur Verhütung von Folter. Durch dezentralisierte Einheiten errichtete Mechanismen können als nationale Mechanismen zur Verhütung von Folter im Sinne dieses Protokolls bestimmt werden, wenn sie im Einklang mit dessen Bestimmungen stehen.

Artikel 18
(1) Die Vertragsstaaten garantieren die funktionale Unabhängigkeit der nationalen Mechanismen zur Verhütung von Folter sowie die Unabhängigkeit deren Personals.
(2) Die Vertragsstaaten treffen die erforderlichen Maßnahmen, um sicherzustellen, dass die Sachverständigen der nationalen Mechanismen zur Verhütung von Folter über die erforderlichen Fähigkeiten und Fachkenntnisse verfügen. Sie bemühen sich um eine ausgewogene Vertretung der Geschlechter und um eine angemessene Vertretung der ethnischen Gruppen und der Minderheiten des Landes.
(3) Die Vertragsstaaten verpflichten sich, die erforderlichen Mittel für die Arbeit der nationalen Mechanismen zur Verhütung von Folter zur Verfügung zu stellen.
(4) Bei der Errichtung der nationalen Mechanismen zur Verhütung von Folter berücksichtigen die Vertragsstaaten die Grundsätze, welche die Stellung nationaler Einrichtungen zur Förderung und zum Schutz der Menschenrechte betreffen.

Artikel 19
Den nationalen Mechanismen zur Verhütung von Folter wird zumindest die Befugnis erteilt,
a) regelmäßig die Behandlung von Personen, denen an Orten der Freiheitsentziehung im Sinne des Artikels 4 die Freiheit entzogen ist, mit dem Ziel zu prüfen, erforderlichenfalls den Schutz dieser Personen vor Folter und anderer grausamer, unmenschlicher oder erniedrigender Behandlung oder Strafe zu verstärken;

b) den zuständigen Behörden Empfehlungen mit dem Ziel zu unterbreiten, die Behandlung und die Bedingungen der Personen, denen die Freiheit entzogen ist, zu verbessern und Folter und andere grausame, unmenschliche oder erniedrigende Behandlung oder Strafe unter Berücksichtigung der einschlägigen Normen der Vereinten Nationen zu verhüten;
c) Vorschläge und Beobachtungen zu bestehenden oder im Entwurf befindlichen Rechtsvorschriften zu unterbreiten.

Artikel 20
Um den nationalen Mechanismen zur Verhütung von Folter die Erfüllung ihres Mandats zu ermöglichen, verpflichten sich die Vertragsstaaten dieses Protokolls,
a) ihnen Zugang zu allen Informationen zu gewähren, welche die Anzahl der Personen, denen an Orten der Freiheitsentziehung im Sinne des Artikels 4 die Freiheit entzogen ist, sowie die Anzahl dieser Orte und ihre Lage betreffen;
b) ihnen Zugang zu allen Informationen zu gewähren, welche die Behandlung dieser Personen und die Bedingungen ihrer Freiheitsentziehung betreffen;
c) ihnen Zugang zu allen Orten der Freiheitsentziehung und ihren Anlagen und Einrichtungen zu gewähren;
d) ihnen die Möglichkeit zu geben, mit Personen, denen die Freiheit entzogen ist, entweder direkt oder, soweit dies erforderlich erscheint, über einen Dolmetscher sowie mit jeder anderen Person, von welcher der nationale Mechanismus zur Verhütung von Folter annimmt, dass sie sachdienliche Auskünfte geben kann, ohne Zeugen Gespräche zu führen;
e) ihnen die Entscheidung darüber zu überlassen, welche Orte sie besuchen und mit welchen Personen sie Gespräche führen möchten;
f) ihnen das Recht einzuräumen, in Kontakt mit dem Unterausschuss zur Verhütung von Folter zu stehen, ihm Informationen zu übermitteln und mit ihm zusammenzutreffen.

Artikel 21
(1) Behörden oder Amtsträger dürfen keine Sanktionen gegen eine Person oder Organisation anordnen, anwenden, erlauben oder dulden, weil diese dem nationalen Mechanismus zur Verhütung von Folter Auskünfte erteilt hat, unabhängig davon, ob diese richtig oder falsch waren; eine solche Person oder Organisation darf auch sonst in keiner Weise benachteiligt werden.
(2) Vertrauliche Informationen, die vom nationalen Mechanismus zur Verhütung von Folter gesammelt werden, sind geschützt. Personenbezogene Daten dürfen nicht ohne ausdrückliche Zustimmung der betroffenen Person veröffentlicht werden.

Artikel 22
Die zuständigen Behörden des betreffenden Vertragsstaats prüfen die Empfehlungen des nationalen Mechanismus zur Verhütung von Folter und treten mit ihm in einen Dialog über mögliche Maßnahmen zu ihrer Umsetzung ein.

Artikel 23
Die Vertragsstaaten dieses Protokolls verpflichten sich, die Jahresberichte der nationalen Mechanismen zur Verhütung von Folter zu veröffentlichen und zu verbreiten.

Teil V
Erklärung

Artikel 24
(1) Die Vertragsstaaten können bei der Ratifikation eine Erklärung abgeben, durch die sie die Erfüllung ihrer Verpflichtungen nach Teil III oder Teil IV dieses Protokolls aufschieben.
(2) Dieser Aufschub gilt höchstens für drei Jahre. Aufgrund hinreichender Ausführungen durch den Vertragsstaat und Konsultation des Unterausschusses zur Verhütung von Folter kann der Ausschuss gegen Folter diesen Zeitraum um weitere zwei Jahre verlängern.

Teil VI
Finanzielle Bestimmungen

Artikel 25
(1) Die Kosten, die durch den Unterausschuss zur Verhütung von Folter bei der Durchführung dieses Protokolls entstehen, werden von den Vereinten Nationen getragen.
(2) Der Generalsekretär der Vereinten Nationen stellt das Personal und die Einrichtungen zur Verfügung, die der Unterausschuss zur Verhütung von Folter für die wirksame Erfüllung der von ihm nach diesem Protokoll wahrzunehmenden Aufgaben benötigt.

Artikel 26
(1) In Übereinstimmung mit den einschlägigen Verfahren der Generalversammlung wird ein nach der Finanzordnung und den Finanzvorschriften der Vereinten Nationen zu verwaltender Sonderfonds eingerichtet, der dazu beitragen soll, die Umsetzung der Empfehlungen, die der Unterausschuss zur Verhütung von Folter nach einem Besuch in einem Vertragsstaat unterbreitet, sowie Bildungsprogramme der nationalen Mechanismen zur Verhütung von Folter zu finanzieren.
(2) Der Sonderfonds kann durch freiwillige Beiträge von Regierungen, zwischenstaatlichen sowie nichtstaatlichen Organisationen und anderen privaten oder öffentlichen Stellen finanziert werden.

Teil VII
Schlussbestimmungen

Artikel 27
(1) Dieses Protokoll liegt für jeden Staat, der das Übereinkommen unterzeichnet hat, zur Unterzeichnung auf.
(2) Dieses Protokoll bedarf der Ratifikation, die von allen Staaten vorgenommen werden kann, die das Übereinkommen ratifiziert haben oder ihm beigetreten sind. Die Ratifikationsurkunden werden beim Generalsekretär der Vereinten Nationen hinterlegt.
(3) Dieses Protokoll steht jedem Staat, der das Übereinkommen ratifiziert hat oder ihm beigetreten ist, zum Beitritt offen.
(4) Der Beitritt erfolgt durch Hinterlegung einer Beitrittsurkunde beim Generalsekretär der Vereinten Nationen.
(5) Der Generalsekretär der Vereinten Nationen unterrichtet alle Staaten, die dieses Protokoll unterzeichnet haben oder ihm beigetreten sind, von der Hinterlegung jeder Ratifikations- oder Beitrittsurkunde.

Artikel 28
(1) Dieses Protokoll tritt am dreißigsten Tag nach Hinterlegung der zwanzigsten Ratifikations- oder Beitrittsurkunde beim Generalsekretär der Vereinten Nationen in Kraft.
(2) Für jeden Staat, der nach Hinterlegung der zwanzigsten Ratifikations- oder Beitrittsurkunde beim Generalsekretär der Vereinten Nationen dieses Protokoll ratifiziert oder ihm beitritt, tritt es am dreißigsten Tag nach Hinterlegung seiner eigenen Ratifikations- oder Beitrittsurkunde in Kraft.

Artikel 29
Dieses Protokoll gilt ohne Einschränkung oder Ausnahme für alle Teile eines Bundesstaats.

Artikel 30
Vorbehalte zu diesem Protokoll sind nicht zulässig.

Artikel 31
Dieses Protokoll lässt die Verpflichtungen von Vertragsstaaten aus regionalen Übereinkünften, durch die ein System von Besuchen an Orten der Freiheitsentziehung eingerichtet wird, unberührt. Der Unterausschuss zur Verhütung von Folter und die nach solchen regionalen Übereinkünften eingerichteten Stellen werden aufgefordert, sich zu konsultieren und zusammenzuarbeiten, um Doppelarbeit zu vermeiden und die Ziele dieses Protokolls wirksam zu fördern.

Artikel 32
Dieses Protokoll lässt die Verpflichtungen der Vertragsstaaten der vier Genfer Abkommen vom 12. August 1949 und ihrer Zusatzprotokolle vom 8. Juni 1977 sowie die Möglichkeit jedes Vertragsstaats, dem Internationalen Komitee vom Roten Kreuz in Situationen, die nicht unter das humanitäre Völkerrecht fallen, den Besuch an Orten der Freiheitsentziehung zu erlauben, unberührt.

Artikel 33
(1) Jeder Vertragsstaat kann dieses Protokoll jederzeit durch eine an den Generalsekretär der Vereinten Nationen gerichtete schriftliche Notifikation kündigen; dieser unterrichtet sodann die anderen Vertragsstaaten dieses Protokolls und des Übereinkommens. Die Kündigung wird ein Jahr nach Eingang der Notifikation beim Generalsekretär wirksam.

(2) Eine solche Kündigung enthebt den Vertragsstaat nicht der Verpflichtungen, die er aufgrund dieses Protokolls in Bezug auf Handlungen oder Situationen hat, die sich vor dem Wirksamwerden der Kündigung ereignet haben, oder der Verpflichtungen in Bezug auf die Maßnahmen, die der Unterausschuss zur Verhütung von Folter hinsichtlich des betreffenden Vertragsstaats beschlossen hat oder beschließen kann; die Kündigung berührt auch nicht die weitere Prüfung einer Sache, mit welcher der Unterausschuss zur Verhütung von Folter bereits vor dem Wirksamwerden der Kündigung befasst war.

(3) Nach dem Tag, an dem die Kündigung des Vertragsstaats wirksam wird, darf der Unterausschuss zur Verhütung von Folter nicht mit der Prüfung einer neuen diesen Staat betreffenden Sache beginnen.

Artikel 34
(1) Jeder Vertragsstaat dieses Protokolls kann eine Änderung des Protokolls vorschlagen und seinen Vorschlag beim Generalsekretär der Vereinten Nationen einreichen. Der Generalsekretär übermittelt sodann den Änderungsvorschlag den Vertragsstaaten dieses Protokolls mit der Aufforderung, ihm mitzuteilen, ob sie eine Konferenz der Vertragsstaaten zur Beratung und Abstimmung über den Vorschlag befürworten. Befürwortet innerhalb von vier Monaten nach dem Datum der Übermittlung wenigstens ein Drittel der Vertragsstaaten eine solche Konferenz, so beruft der Generalsekretär die Konferenz unter der Schirmherrschaft der Vereinten Nationen ein. Jede Änderung, die mit Zweidrittelmehrheit der auf der Konferenz anwesenden und abstimmenden Vertragsstaaten beschlossen wird, wird vom Generalsekretär der Vereinten Nationen allen Vertragsstaaten zur Annahme vorgelegt.

(2) Eine nach Absatz 1 beschlossene Änderung tritt in Kraft, wenn sie von einer Zweidrittelmehrheit der Vertragsstaaten dieses Protokolls nach Maßgabe der in ihrer Verfassung vorgesehenen Verfahren angenommen worden ist.

(3) Treten die Änderungen in Kraft, so sind sie für die Vertragsstaaten, die sie angenommen haben, verbindlich, während für die anderen Vertragsstaaten weiterhin die Bestimmungen dieses Protokolls und alle früher von ihnen angenommenen Änderungen gelten.

Artikel 35
Mitglieder des Unterausschusses zur Verhütung von Folter und der nationalen Mechanismen zur Verhütung von Folter genießen die zur unabhängigen Wahrnehmung ihrer Aufgaben erforderlichen Vorrechte und Immunitäten. Mitglieder des Unterausschusses zur Verhütung von Folter genießen die in Abschnitt 22 des Übereinkommens vom 13. Februar 1946 über die Vorrechte und Immunitäten der Vereinten Nationen festgelegten Vorrechte und Immunitäten vorbehaltlich des Abschnitts 23 dieses Übereinkommens.

Artikel 36
Besuchen die Mitglieder des Unterausschusses zur Verhütung von Folter einen Vertragsstaat, so haben sie unbeschadet der Bestimmungen und Ziele dieses Protokolls sowie der Vorrechte und Immunitäten, die sie genießen,
a) die Gesetze und sonstigen Vorschriften des besuchten Staates zu achten;
b) jede Maßnahme oder Handlung zu unterlassen, die mit der Unparteilichkeit und dem internationalen Charakter ihrer Pflichten unvereinbar ist.

Art. 37 FP zum Übereinkommen gegen Folter

Artikel 37

(1) Dieses Protokoll, dessen arabischer, chinesischer, englischer, französischer, russischer und spanischer Wortlaut gleichermaßen verbindlich ist, wird beim Generalsekretär der Vereinten Nationen hinterlegt.

(2) Der Generalsekretär der Vereinten Nationen übermittelt allen Staaten beglaubigte Abschriften dieses Protokolls.

Charta der Grundrechte der EU[1)]

Vom 7. Dezember 2000 in der am 12. Dezember 2007 in Straßburg angepassten Fassung

Präambel

Die Völker Europas sind entschlossen, auf der Grundlage gemeinsamer Werte eine friedliche Zukunft zu teilen, indem sie sich zu einer immer engeren Union verbinden.

In dem Bewusstsein ihres geistig-religiösen und sittlichen Erbes gründet sich die Union auf die unteilbaren und universellen Werte der Würde des Menschen, der Freiheit, der Gleichheit und der Solidarität. Sie beruht auf den Grundsätzen der Demokratie und der Rechtsstaatlichkeit. Sie stellt den Menschen in den Mittelpunkt ihres Handelns, indem sie die Unionsbürgerschaft und einen Raum der Freiheit, der Sicherheit und des Rechts begründet.

Die Union trägt zur Erhaltung und zur Entwicklung dieser gemeinsamen Werte unter Achtung der Vielfalt der Kulturen und Traditionen der Völker Europas sowie der nationalen Identität der Mitgliedstaaten und der Organisation ihrer staatlichen Gewalt auf nationaler, regionaler und lokaler Ebene bei. Sie ist bestrebt, eine ausgewogene und nachhaltige Entwicklung zu fördern und stellt den freien Personen-, Dienstleistungs-, Waren- und Kapitalverkehr sowie die Niederlassungsfreiheit sicher.

Zu diesem Zweck ist es notwendig, angesichts der Weiterentwicklung der Gesellschaft, des sozialen Fortschritts und der wissenschaftlichen und technologischen Entwicklungen den Schutz der Grundrechte zu stärken, indem sie in einer Charta sichtbarer gemacht werden.

Diese Charta bekräftigt unter Achtung der Zuständigkeiten und Aufgaben der Union und des Subsidiaritätsprinzips die Rechte, die sich vor allem aus den gemeinsamen Verfassungstraditionen und den gemeinsamen internationalen Verpflichtungen der Mitgliedstaaten, aus der Europäischen Konvention zum Schutz der Menschenrechte und Grundfreiheiten, aus den von der Union und dem Europarat beschlossenen Sozialchartas sowie aus der Rechtsprechung des Gerichtshofs der Europäischen Union und des Europäischen Gerichtshofs für Menschenrechte ergeben. In diesem Zusammenhang erfolgt die Auslegung der Charta durch die Gerichte der Union und der Mitgliedstaaten unter gebührender Berücksichtigung der Erläuterungen, die unter der Leitung des Präsidiums des Konvents zur Ausarbeitung der Charta formuliert und unter der Verantwortung des Präsidiums des Europäischen Konvents aktualisiert wurden.

Die Ausübung dieser Rechte ist mit Verantwortung und mit Pflichten sowohl gegenüber den Mitmenschen als auch gegenüber der menschlichen Gemeinschaft und den künftigen Generationen verbunden.

Daher erkennt die Union die nachstehend aufgeführten Rechte, Freiheiten und Grundsätze an.

Titel I
Würde des Menschen

Artikel 1 Würde des Menschen
Die Würde des Menschen ist unantastbar. Sie ist zu achten und zu schützen.

Artikel 2 Recht auf Leben
(1) Jeder Mensch hat das Recht auf Leben.
(2) Niemand darf zur Todesstrafe verurteilt oder hingerichtet werden.

Artikel 3 Recht auf Unversehrtheit
(1) Jeder Mensch hat das Recht auf körperliche und geistige Unversehrtheit.
(2) Im Rahmen der Medizin und der Biologie muss insbesondere Folgendes beachtet werden:
a) die freie Einwilligung des Betroffenen nach vorheriger Aufklärung entsprechend den gesetzlich festgelegten Einzelheiten,

---

1) Deutscher Text: *BGBl.* 2008 II S. 1166.
Internationale Quelle: *ABl. EU* 2010 Nr. C 83/389.
In Kraft, auch für die Bundesrepublik Deutschland, am 1. Dezember 2009.

b) das Verbot eugenischer Praktiken, insbesondere derjenigen, welche die Selektion von Menschen zum Ziel haben,
c) das Verbot, den menschlichen Körper und Teile davon als solche zur Erzielung von Gewinnen zu nutzen,
d) das Verbot des reproduktiven Klonens von Menschen.

Artikel 4 Verbot der Folter und unmenschlicher oder erniedrigender Strafe oder Behandlung
Niemand darf der Folter oder unmenschlicher oder erniedrigender Strafe oder Behandlung unterworfen werden.

Artikel 5 Verbot der Sklaverei und der Zwangsarbeit
(1) Niemand darf in Sklaverei oder Leibeigenschaft gehalten werden.
(2) Niemand darf gezwungen werden, Zwangs- oder Pflichtarbeit zu verrichten.
(3) Menschenhandel ist verboten.

Titel II
Freiheiten

Artikel 6 Recht auf Freiheit und Sicherheit
Jeder Mensch hat das Recht auf Freiheit und Sicherheit.

Artikel 7 Achtung des Privat- und Familienlebens
Jede Person hat das Recht auf Achtung ihres Privat- und Familienlebens, ihrer Wohnung sowie ihrer Kommunikation.

Artikel 8 Schutz personenbezogener Daten
(1) Jede Person hat das Recht auf Schutz der sie betreffenden personenbezogenen Daten.
(2) Diese Daten dürfen nur nach Treu und Glauben für festgelegte Zwecke und mit Einwilligung der betroffenen Person oder auf einer sonstigen gesetzlich geregelten legitimen Grundlage verarbeitet werden. Jede Person hat das Recht, Auskunft über die sie betreffenden erhobenen Daten zu erhalten und die Berichtigung der Daten zu erwirken.
(3) Die Einhaltung dieser Vorschriften wird von einer unabhängigen Stelle überwacht.

Artikel 9 Recht, eine Ehe einzugehen und eine Familie zu gründen
Das Recht, eine Ehe einzugehen, und das Recht, eine Familie zu gründen, werden nach den einzelstaatlichen Gesetzen gewährleistet, welche die Ausübung dieser Rechte regeln.

Artikel 10 Gedanken-, Gewissens- und Religionsfreiheit
(1) Jede Person hat das Recht auf Gedanken-, Gewissens- und Religionsfreiheit. Dieses Recht umfasst die Freiheit, die Religion oder Weltanschauung zu wechseln, und die Freiheit, seine Religion oder Weltanschauung einzeln oder gemeinsam mit anderen öffentlich oder privat durch Gottesdienst, Unterricht, Bräuche und Riten zu bekennen.
(2) Das Recht auf Wehrdienstverweigerung aus Gewissensgründen wird nach den einzelstaatlichen Gesetzen anerkannt, welche die Ausübung dieses Rechts regeln.

Artikel 11 Freiheit der Meinungsäußerung und Informationsfreiheit
(1) Jede Person hat das Recht auf freie Meinungsäußerung. Dieses Recht schließt die Meinungsfreiheit und die Freiheit ein, Informationen und Ideen ohne behördliche Eingriffe und ohne Rücksicht auf Staatsgrenzen zu empfangen und weiterzugeben.
(2) Die Freiheit der Medien und ihre Pluralität werden geachtet.

Artikel 12 Versammlungs- und Vereinigungsfreiheit
(1) Jede Person hat das Recht, sich insbesondere im politischen, gewerkschaftlichen und zivilgesellschaftlichen Bereich auf allen Ebenen frei und friedlich mit anderen zu versammeln und frei mit anderen zusammenzuschließen, was das Recht jeder Person umfasst, zum Schutz ihrer Interessen Gewerkschaften zu gründen und Gewerkschaften beizutreten.
(2) Politische Parteien auf der Ebene der Union tragen dazu bei, den politischen Willen der Unionsbürgerinnen und Unionsbürger zum Ausdruck zu bringen.

Artikel 13 Freiheit der Kunst und der Wissenschaft
Kunst und Forschung sind frei. Die akademische Freiheit wird geachtet.

Artikel 14 Recht auf Bildung
(1) Jede Person hat das Recht auf Bildung sowie auf Zugang zur beruflichen Ausbildung und Weiterbildung.
(2) Dieses Recht umfasst die Möglichkeit, unentgeltlich am Pflichtschulunterricht teilzunehmen.
(3) Die Freiheit zur Gründung von Lehranstalten unter Achtung der demokratischen Grundsätze sowie das Recht der Eltern, die Erziehung und den Unterricht ihrer Kinder entsprechend ihren eigenen religiösen, weltanschaulichen und erzieherischen Überzeugungen sicherzustellen, werden nach den einzelstaatlichen Gesetzen geachtet, welche ihre Ausübung regeln.

Artikel 15 Berufsfreiheit und Recht zu arbeiten
(1) Jede Person hat das Recht, zu arbeiten und einen frei gewählten oder angenommenen Beruf auszuüben.
(2) Alle Unionsbürgerinnen und Unionsbürger haben die Freiheit, in jedem Mitgliedstaat Arbeit zu suchen, zu arbeiten, sich niederzulassen oder Dienstleistungen zu erbringen.
(3) Die Staatsangehörigen dritter Länder, die im Hoheitsgebiet der Mitgliedstaaten arbeiten dürfen, haben Anspruch auf Arbeitsbedingungen, die denen der Unionsbürgerinnen und Unionsbürger entsprechen.

Artikel 16 Unternehmerische Freiheit
Die unternehmerische Freiheit wird nach dem Unionsrecht und den einzelstaatlichen Rechtsvorschriften und Gepflogenheiten anerkannt.

Artikel 17 Eigentumsrecht
(1) Jede Person hat das Recht, ihr rechtmäßig erworbenes Eigentum zu besitzen, zu nutzen, darüber zu verfügen und es zu vererben. Niemandem darf sein Eigentum entzogen werden, es sei denn aus Gründen des öffentlichen Interesses in den Fällen und unter den Bedingungen, die in einem Gesetz vorgesehen sind, sowie gegen eine rechtzeitige angemessene Entschädigung für den Verlust des Eigentums. Die Nutzung des Eigentums kann gesetzlich geregelt werden, soweit dies für das Wohl der Allgemeinheit erforderlich ist.
(2) Geistiges Eigentum wird geschützt.

Artikel 18 Asylrecht
Das Recht auf Asyl wird nach Maßgabe des Genfer Abkommens vom 28. Juli 1951 und des Protokolls vom 31. Januar 1967 über die Rechtsstellung der Flüchtlinge sowie nach Maßgabe des Vertrags über die Europäische Union und des Vertrags über die Arbeitsweise der Europäischen Union (im Folgenden »die Verträge«) gewährleistet.

Artikel 19 Schutz bei Abschiebung, Ausweisung und Auslieferung
(1) Kollektivausweisungen sind nicht zulässig.
(2) Niemand darf in einen Staat abgeschoben oder ausgewiesen oder an einen Staat ausgeliefert werden, in dem für sie oder ihn das ernsthafte Risiko der Todesstrafe, der Folter oder einer anderen unmenschlichen oder erniedrigenden Strafe oder Behandlung besteht.

Titel III
Gleichheit

Artikel 20 Gleichheit vor dem Gesetz
Alle Personen sind vor dem Gesetz gleich.

Artikel 21 Nichtdiskriminierung
(1) Diskriminierungen insbesondere wegen des Geschlechts, der Rasse, der Hautfarbe, der ethnischen oder sozialen Herkunft, der genetischen Merkmale, der Sprache, der Religion oder der Weltanschauung, der politischen oder sonstigen Anschauung, der Zugehörigkeit zu einer nationalen Minderheit, des Vermögens, der Geburt, einer Behinderung, des Alters oder der sexuellen Ausrichtung sind verboten.

(2) Unbeschadet besonderer Bestimmungen der Verträge ist in ihrem Anwendungsbereich jede Diskriminierung aus Gründen der Staatsangehörigkeit verboten.

Artikel 22 Vielfalt der Kulturen, Religionen und Sprachen
Die Union achtet die Vielfalt der Kulturen, Religionen und Sprachen.

Artikel 23 Gleichheit von Frauen und Männern
Die Gleichheit von Frauen und Männern ist in allen Bereichen, einschließlich der Beschäftigung, der Arbeit und des Arbeitsentgelts, sicherzustellen.
Der Grundsatz der Gleichheit steht der Beibehaltung oder der Einführung spezifischer Vergünstigungen für das unterrepräsentierte Geschlecht nicht entgegen.

Artikel 24 Rechte des Kindes
(1) Kinder haben Anspruch auf den Schutz und die Fürsorge, die für ihr Wohlergehen notwendig sind. Sie können ihre Meinung frei äußern. Ihre Meinung wird in den Angelegenheiten, die sie betreffen, in einer ihrem Alter und ihrem Reifegrad entsprechenden Weise berücksichtigt.
(2) Bei allen Kinder betreffenden Maßnahmen öffentlicher Stellen oder privater Einrichtungen muss das Wohl des Kindes eine vorrangige Erwägung sein.
(3) Jedes Kind hat Anspruch auf regelmäßige persönliche Beziehungen und direkte Kontakte zu beiden Elternteilen, es sei denn, dies steht seinem Wohl entgegen.

Artikel 25 Rechte älterer Menschen
Die Union anerkennt und achtet das Recht älterer Menschen auf ein würdiges und unabhängiges Leben und auf Teilnahme am sozialen und kulturellen Leben.

Artikel 26 Integration von Menschen mit Behinderung
Die Union anerkennt und achtet den Anspruch von Menschen mit Behinderung auf Maßnahmen zur Gewährleistung ihrer Eigenständigkeit, ihrer sozialen und beruflichen Eingliederung und ihrer Teilnahme am Leben der Gemeinschaft.

Titel IV
Solidarität

Artikel 27 Recht auf Unterrichtung und Anhörung der Arbeitnehmerinnen und Arbeitnehmer im Unternehmen
Für die Arbeitnehmerinnen und Arbeitnehmer oder ihre Vertreter muss auf den geeigneten Ebenen eine rechtzeitige Unterrichtung und Anhörung in den Fällen und unter den Voraussetzungen gewährleistet sein, die nach dem Unionsrecht und den einzelstaatlichen Rechtsvorschriften und Gepflogenheiten vorgesehen sind.

Artikel 28 Recht auf Kollektivverhandlungen und Kollektivmaßnahmen
Die Arbeitnehmerinnen und Arbeitnehmer sowie die Arbeitgeberinnen und Arbeitgeber oder ihre jeweiligen Organisationen haben nach dem Unionsrecht und den einzelstaatlichen Rechtsvorschriften und Gepflogenheiten das Recht, Tarifverträge auf den geeigneten Ebenen auszuhandeln und zu schließen sowie bei Interessenkonflikten kollektive Maßnahmen zur Verteidigung ihrer Interessen, einschließlich Streiks, zu ergreifen.

Artikel 29 Recht auf Zugang zu einem Arbeitsvermittlungsdienst
Jeder Mensch hat das Recht auf Zugang zu einem unentgeltlichen Arbeitsvermittlungsdienst.

Artikel 30 Schutz bei ungerechtfertigter Entlassung
Jede Arbeitnehmerin und jeder Arbeitnehmer hat nach dem Unionsrecht und den einzelstaatlichen Rechtsvorschriften und Gepflogenheiten Anspruch auf Schutz vor ungerechtfertigter Entlassung.

Artikel 31 Gerechte und angemessene Arbeitsbedingungen
(1) Jede Arbeitnehmerin und jeder Arbeitnehmer hat das Recht auf gesunde, sichere und würdige Arbeitsbedingungen.
(2) Jede Arbeitnehmerin und jeder Arbeitnehmer hat das Recht auf eine Begrenzung der Höchstarbeitszeit, auf tägliche und wöchentliche Ruhezeiten sowie auf bezahlten Jahresurlaub.

Artikel 32 Verbot der Kinderarbeit und Schutz der Jugendlichen am Arbeitsplatz
Kinderarbeit ist verboten. Unbeschadet günstigerer Vorschriften für Jugendliche und abgesehen von begrenzten Ausnahmen darf das Mindestalter für den Eintritt in das Arbeitsleben das Alter, in dem die Schulpflicht endet, nicht unterschreiten.

Zur Arbeit zugelassene Jugendliche müssen ihrem Alter angepasste Arbeitsbedingungen erhalten und vor wirtschaftlicher Ausbeutung und vor jeder Arbeit geschützt werden, die ihre Sicherheit, ihre Gesundheit, ihre körperliche, geistige, sittliche oder soziale Entwicklung beeinträchtigen oder ihre Erziehung gefährden könnte.

Artikel 33 Familien- und Berufsleben
(1) Der rechtliche, wirtschaftliche und soziale Schutz der Familie wird gewährleistet.

(2) Um Familien- und Berufsleben miteinander in Einklang bringen zu können, hat jeder Mensch das Recht auf Schutz vor Entlassung aus einem mit der Mutterschaft zusammenhängenden Grund sowie den Anspruch auf einen bezahlten Mutterschaftsurlaub und auf einen Elternurlaub nach der Geburt oder Adoption eines Kindes.

Artikel 34 Soziale Sicherheit und soziale Unterstützung
(1) Die Union anerkennt und achtet das Recht auf Zugang zu den Leistungen der sozialen Sicherheit und zu den sozialen Diensten, die in Fällen wie Mutterschaft, Krankheit, Arbeitsunfall, Pflegebedürftigkeit oder im Alter sowie bei Verlust des Arbeitsplatzes Schutz gewährleisten, nach Maßgabe des Unionsrechts und der einzelstaatlichen Rechtsvorschriften und Gepflogenheiten.

(2) Jeder Mensch, der in der Union seinen rechtmäßigen Wohnsitz hat und seinen Aufenthalt rechtmäßig wechselt, hat Anspruch auf die Leistungen der sozialen Sicherheit und die sozialen Vergünstigungen nach dem Unionsrecht und den einzelstaatlichen Rechtsvorschriften und Gepflogenheiten.

(3) Um die soziale Ausgrenzung und die Armut zu bekämpfen, anerkennt und achtet die Union das Recht auf eine soziale Unterstützung und eine Unterstützung für die Wohnung, die allen, die nicht über ausreichende Mittel verfügen, ein menschenwürdiges Dasein sicherstellen sollen, nach Maßgabe des Unionsrechts und der einzelstaatlichen Rechtsvorschriften und Gepflogenheiten.

Artikel 35 Gesundheitsschutz
Jeder Mensch hat das Recht auf Zugang zur Gesundheitsvorsorge und auf ärztliche Versorgung nach Maßgabe der einzelstaatlichen Rechtsvorschriften und Gepflogenheiten. Bei der Festlegung und Durchführung der Politik und Maßnahmen der Union in allen Bereichen wird ein hohes Gesundheitsschutzniveau sichergestellt.

Artikel 36 Zugang zu Dienstleistungen von allgemeinem wirtschaftlichen Interesse
Die Union anerkennt und achtet den Zugang zu Dienstleistungen von allgemeinem wirtschaftlichen Interesse, wie er durch die einzelstaatlichen Rechtsvorschriften und Gepflogenheiten im Einklang mit den Verträgen geregelt ist, um den sozialen und territorialen Zusammenhalt der Union zu fördern.

Artikel 37 Umweltschutz
Ein hohes Umweltschutzniveau und die Verbesserung der Umweltqualität müssen in die Politik der Union einbezogen und nach dem Grundsatz der nachhaltigen Entwicklung sichergestellt werden.

Artikel 38 Verbraucherschutz
Die Politik der Union stellt ein hohes Verbraucherschutzniveau sicher.

Titel V
Bürgerrechte

Artikel 39 Aktives und passives Wahlrecht bei den Wahlen zum Europäischen Parlament
(1) Die Unionsbürgerinnen und Unionsbürger besitzen in dem Mitgliedstaat, in dem sie ihren Wohnsitz haben, das aktive und passive Wahlrecht bei den Wahlen zum Europäischen Parlament unter denselben Bedingungen wie die Angehörigen des betreffenden Mitgliedstaats.

(2) Die Mitglieder des Europäischen Parlaments werden in allgemeiner, unmittelbarer, freier und geheimer Wahl gewählt.

Artikel 40 Aktives und passives Wahlrecht bei den Kommunalwahlen
Die Unionsbürgerinnen und Unionsbürger besitzen in dem Mitgliedstaat, in dem sie ihren Wohnsitz haben, das aktive und passive Wahlrecht bei Kommunalwahlen unter denselben Bedingungen wie die Angehörigen des betreffenden Mitgliedstaats.

Artikel 41 Recht auf eine gute Verwaltung
(1) Jede Person hat ein Recht darauf, dass ihre Angelegenheiten von den Organen, Einrichtungen und sonstigen Stellen der Union unparteiisch, gerecht und innerhalb einer angemessenen Frist behandelt werden.
(2) Dieses Recht umfasst insbesondere
a) das Recht jeder Person, gehört zu werden, bevor ihr gegenüber eine für sie nachteilige individuelle Maßnahme getroffen wird,
b) das Recht jeder Person auf Zugang zu den sie betreffenden Akten unter Wahrung des berechtigten Interesses der Vertraulichkeit sowie des Berufs- und Geschäftsgeheimnisses,
c) die Verpflichtung der Verwaltung, ihre Entscheidungen zu begründen.
(3) Jede Person hat Anspruch darauf, dass die Union den durch ihre Organe oder Bediensteten in Ausübung ihrer Amtstätigkeit verursachten Schaden nach den allgemeinen Rechtsgrundsätzen ersetzt, die den Rechtsordnungen der Mitgliedstaaten gemeinsam sind.
(4) Jede Person kann sich in einer der Sprachen der Verträge an die Organe der Union wenden und muss eine Antwort in derselben Sprache erhalten.

Artikel 42 Recht auf Zugang zu Dokumenten
Die Unionsbürgerinnen und Unionsbürger sowie jede natürliche oder juristische Person mit Wohnsitz oder satzungsmäßigem Sitz in einem Mitgliedstaat haben das Recht auf Zugang zu den Dokumenten der Organe, Einrichtungen und sonstigen Stellen der Union, unabhängig von der Form der für diese Dokumente verwendeten Träger.

Artikel 43 Der Europäische Bürgerbeauftragte
Die Unionsbürgerinnen und Unionsbürger sowie jede natürliche oder juristische Person mit Wohnsitz oder satzungsmäßigem Sitz in einem Mitgliedstaat haben das Recht, den Europäischen Bürgerbeauftragten im Falle von Missständen bei der Tätigkeit der Organe, Einrichtungen und sonstigen Stellen der Union, mit Ausnahme des Gerichtshofs der Europäischen Union in Ausübung seiner Rechtsprechungsbefugnisse, zu befassen.

Artikel 44 Petitionsrecht
Die Unionsbürgerinnen und Unionsbürger sowie jede natürliche oder juristische Person mit Wohnsitz oder satzungsmäßigem Sitz in einem Mitgliedstaat haben das Recht, eine Petition an das Europäische Parlament zu richten.

Artikel 45 Freizügigkeit und Aufenthaltsfreiheit
(1) Die Unionsbürgerinnen und Unionsbürger haben das Recht, sich im Hoheitsgebiet der Mitgliedstaaten frei zu bewegen und aufzuhalten.
(2) Staatsangehörigen von Drittländern, die sich rechtmäßig im Hoheitsgebiet eines Mitgliedstaats aufhalten, kann nach Maßgabe der Verträge Freizügigkeit und Aufenthaltsfreiheit gewährt werden.

Artikel 46 Diplomatischer und konsularischer Schutz
Die Unionsbürgerinnen und Unionsbürger genießen im Hoheitsgebiet eines Drittlands, in dem der Mitgliedstaat, dessen Staatsangehörigkeit sie besitzen, nicht vertreten ist, den Schutz durch die diplomatischen und konsularischen Behörden eines jeden Mitgliedstaats unter denselben Bedingungen wie Staatsangehörige dieses Staates.

Titel VI
Justizielle Rechte

Artikel 47 Recht auf einen wirksamen Rechtsbehelf und ein unparteiisches Gericht
Jede Person, deren durch das Recht der Union garantierte Rechte oder Freiheiten verletzt worden sind, hat das Recht, nach Maßgabe der in diesem Artikel vorgesehenen Bedingungen bei einem Gericht einen wirksamen Rechtsbehelf einzulegen.

Jede Person hat ein Recht darauf, dass ihre Sache von einem unabhängigen, unparteiischen und zuvor durch Gesetz errichteten Gericht in einem fairen Verfahren, öffentlich und innerhalb angemessener Frist verhandelt wird. Jede Person kann sich beraten, verteidigen und vertreten lassen.

Personen, die nicht über ausreichende Mittel verfügen, wird Prozesskostenhilfe bewilligt, soweit diese Hilfe erforderlich ist, um den Zugang zu den Gerichten wirksam zu gewährleisten.

Artikel 48 Unschuldsvermutung und Verteidigungsrechte
(1) Jeder Angeklagte gilt bis zum rechtsförmlich erbrachten Beweis seiner Schuld als unschuldig.
(2) Jedem Angeklagten wird die Achtung der Verteidigungsrechte gewährleistet.

Artikel 49 Grundsätze der Gesetzmäßigkeit und der Verhältnismäßigkeit im Zusammenhang mit Straftaten und Strafen
(1) Niemand darf wegen einer Handlung oder Unterlassung verurteilt werden, die zur Zeit ihrer Begehung nach innerstaatlichem oder internationalem Recht nicht strafbar war. Es darf auch keine schwerere Strafe als die zur Zeit der Begehung angedrohte Strafe verhängt werden. Wird nach Begehung einer Straftat durch Gesetz eine mildere Strafe eingeführt, so ist diese zu verhängen.
(2) Dieser Artikel schließt nicht aus, dass eine Person wegen einer Handlung oder Unterlassung verurteilt oder bestraft wird, die zur Zeit ihrer Begehung nach den allgemeinen, von der Gesamtheit der Nationen anerkannten Grundsätzen strafbar war.
(3) Das Strafmaß darf zur Straftat nicht unverhältnismäßig sein.

Artikel 50 Recht, wegen derselben Straftat nicht zweimal strafrechtlich verfolgt oder bestraft zu werden
Niemand darf wegen einer Straftat, derentwegen er bereits in der Union nach dem Gesetz rechtskräftig verurteilt oder freigesprochen worden ist, in einem Strafverfahren erneut verfolgt oder bestraft werden.

Titel VII
Allgemeine Bestimmungen über die Auslegung und Anwendung der Charta

Artikel 51 Anwendungsbereich
(1) Diese Charta gilt für die Organe, Einrichtungen und sonstigen Stellen der Union unter Wahrung des Subsidiaritätsprinzips und für die Mitgliedstaaten ausschließlich bei der Durchführung des Rechts der Union. Dementsprechend achten sie die Rechte, halten sie sich an die Grundsätze und fördern sie deren Anwendung entsprechend ihren jeweiligen Zuständigkeiten und unter Achtung der Grenzen der Zuständigkeiten, die der Union in den Verträgen übertragen werden.
(2) Diese Charta dehnt den Geltungsbereich des Unionsrechts nicht über die Zuständigkeiten der Union hinaus aus und begründet weder neue Zuständigkeiten noch neue Aufgaben für die Union, noch ändert sie die in den Verträgen festgelegten Zuständigkeiten und Aufgaben.

Artikel 52 Tragweite und Auslegung der Rechte und Grundsätze
(1) Jede Einschränkung der Ausübung der in dieser Charta anerkannten Rechte und Freiheiten muss gesetzlich vorgesehen sein und den Wesensgehalt dieser Rechte und Freiheiten achten. Unter Wahrung des Grundsatzes der Verhältnismäßigkeit dürfen Einschränkungen nur vorgenommen werden, wenn sie erforderlich sind und den von der Union anerkannten dem Gemeinwohl dienenden Zielsetzungen oder den Erfordernissen des Schutzes der Rechte und Freiheiten anderer tatsächlich entsprechen.
(2) Die Ausübung der durch diese Charta anerkannten Rechte, die in den Verträgen geregelt sind, erfolgt im Rahmen der in den Verträgen festgelegten Bedingungen und Grenzen.
(3) Soweit diese Charta Rechte enthält, die den durch die Europäische Konvention zum Schutz der Menschenrechte und Grundfreiheiten garantierten Rechten entsprechen, haben sie die gleiche Bedeutung und Tragweite, wie sie ihnen in der genannten Konvention verliehen wird. Diese Bestimmung steht dem nicht entgegen, dass das Recht der Union einen weiter gehenden Schutz gewährt.
(4) Soweit in dieser Charta Grundrechte anerkannt werden, wie sie sich aus den gemeinsamen Verfassungsüberlieferungen der Mitgliedstaaten ergeben, werden sie im Einklang mit diesen Überlieferungen ausgelegt.

(5) Die Bestimmungen dieser Charta, in denen Grundsätze festgelegt sind, können durch Akte der Gesetzgebung und der Ausführung der Organe, Einrichtungen und sonstigen Stellen der Union sowie durch Akte der Mitgliedstaaten zur Durchführung des Rechts der Union in Ausübung ihrer jeweiligen Zuständigkeiten umgesetzt werden. Sie können vor Gericht nur bei der Auslegung dieser Akte und bei Entscheidungen über deren Rechtmäßigkeit herangezogen werden.
(6) Den einzelstaatlichen Rechtsvorschriften und Gepflogenheiten ist, wie es in dieser Charta bestimmt ist, in vollem Umfang Rechnung zu tragen.
(7) Die Erläuterungen, die als Anleitung für die Auslegung dieser Charta verfasst wurden, sind von den Gerichten der Union und der Mitgliedstaaten gebührend zu berücksichtigen.

Artikel 53 Schutzniveau
Keine Bestimmung dieser Charta ist als eine Einschränkung oder Verletzung der Menschenrechte und Grundfreiheiten auszulegen, die in dem jeweiligen Anwendungsbereich durch das Recht der Union und das Völkerrecht sowie durch die internationalen Übereinkünfte, bei denen die Union oder alle Mitgliedstaaten Vertragsparteien sind, darunter insbesondere die Europäische Konvention zum Schutz der Menschenrechte und Grundfreiheiten, sowie durch die Verfassungen der Mitgliedstaaten anerkannt werden.

Artikel 54 Verbot des Missbrauchs der Rechte
Keine Bestimmung dieser Charta ist so auszulegen, als begründe sie das Recht, eine Tätigkeit auszuüben oder eine Handlung vorzunehmen, die darauf abzielt, die in der Charta anerkannten Rechte und Freiheiten abzuschaffen oder sie stärker einzuschränken, als dies in der Charta vorgesehen ist.

Der vorstehende Wortlaut übernimmt mit Anpassungen die am 7. Dezember 2000 proklamierte Charta und ersetzt sie ab dem Zeitpunkt des Inkrafttretens des Vertrags von Lissabon.

IV. Internationales See-, Luft- und Weltraumrecht

Seerechtsübereinkommen der Vereinten Nationen[1)]

Vom 10. Dezember 1982

– Auszug –

Inhaltsübersicht

TEIL I
Einleitung

Artikel 1	Begriffsbestimmungen und Geltungsbereich

TEIL II
Küstenmeer und Anschlußzone

ABSCHNITT 1
Allgemeine Bestimmungen

Artikel 2	Rechtsstatus des Küstenmeers, des Luftraums über dem Küstenmeer und des Meeresbodens und Meeresuntergrunds des Küstenmeers

ABSCHNITT 2
Grenzen des Küstenmeeres

Artikel 3	Breite des Küstenmeers
Artikel 4	Seewärtige Grenze des Küstenmeers
Artikel 5	Normale Basislinie
Artikel 6	Riffe
Artikel 7	Gerade Basislinien
Artikel 8	Innere Gewässer
Artikel 9	Flußmündungen
Artikel 10	Buchten
Artikel 11	Häfen
Artikel 12	Reeden
Artikel 13	Trockenfallende Erhebungen
Artikel 14	Kombination von Methoden zur Festlegung von Basislinien
Artikel 15	Abgrenzung des Küstenmeers zwischen Staaten mit gegenüberliegenden oder aneinander angrenzenden Küsten
Artikel 16	Seekarten und Verzeichnisse geographischer Koordinaten

ABSCHNITT 3
Friedliche Durchfahrt im Küstenmeer

UNTERABSCHNITT A
Regeln für alle Schiffe

Artikel 17	Recht der friedlichen Durchfahrt
Artikel 18	Bedeutung der Durchfahrt
Artikel 19	Bedeutung der friedlichen Durchfahrt
Artikel 20	Unterseeboote und andere Unterwasserfahrzeuge

[1)] Deutscher Text: *BGBl.* 1994 II S. 1799.
Internationale Quellen: *ABlEG* L 179/3, 23.6.1998; *UNTS* Bd. 1833 S. 3.
In Kraft getreten, auch für die Bundesrepublik Deutschland, am 16. November 1994.
Der Teil XI des Übereinkommens ist durch das Übereinkommen zur Durchführung des Teiles XI des Seerechtsübereinkommens der Vereinten Nationen vom 28. 7. 1994, *BGBl.* 1994 II S. 2566, weitgehend modifiziert und suspendiert worden.

21 Seerechtsübereinkommen der Vereinten Nationen

Artikel	21	Gesetze und sonstige Vorschriften des Küstenstaats über die friedliche Durchfahrt
Artikel	22	Schiffahrtswege und Verkehrstrennungsgebiete im Küstenmeer
Artikel	23	Fremde Schiffe mit Kernenergieantrieb und Schiffe, die nukleare oder sonstige ihrer Natur nach gefährliche oder schädliche Stoffe befördern
Artikel	24	Pflichten des Küstenstaats
Artikel	25	Schutzrechte des Küstenstaats
Artikel	26	Gebühren, die von fremden Schiffen erhoben werden können

UNTERABSCHNITT B
Regeln für Handelsschiffe und für Staatsschiffe, die Handelszwecken dienen

Artikel	27	Strafgerichtsbarkeit an Bord eines fremden Schiffes
Artikel	28	Zivilgerichtsbarkeit in bezug auf fremde Schiffe

UNTERABSCHNITT C
Regeln für Kriegsschiffe und sonstige Staatsschiffe, die anderen als Handelszwecken dienen

Artikel	29	Definition der Kriegsschiffe
Artikel	30	Nichteinhaltung der Gesetze und sonstigen Vorschriften des Küstenstaats durch Kriegsschiffe
Artikel	31	Verantwortlichkeit des Flaggenstaats für Schäden, die ein Kriegsschiff oder ein sonstiges Staatsschiff, das anderen als Handelszwecken dient, verursacht
Artikel	32	Immunitäten der Kriegsschiffe und der sonstigen Staatsschiffe, die anderen als Handelszwecken dienen

ABSCHNITT 4
Anschlußzone

Artikel	33	Anschlußzone

TEIL III
Meerengen, die der internationalen Schiffahrt dienen

ABSCHNITT 1
Allgemeine Bestimmungen

Artikel	34	Rechtsstatus der Gewässer von Meerengen, die der internationalen Schiffahrt dienen
Artikel	35	Geltungsbereich dieses Teils
Artikel	36	Durch Hohe See oder ausschließliche Wirtschaftszonen führende Seewege in Meerengen, die der internationalen Schiffahrt dienen

ABSCHNITT 2
Transitdurchfahrt

Artikel	37	Geltungsbereich dieses Abschnitts
Artikel	38	Recht der Transitdurchfahrt
Artikel	39	Pflichten der Schiffe und Luftfahrzeuge während der Transitdurchfahrt
Artikel	40	Forschungs- und Vermessungsarbeiten
Artikel	41	Schiffahrtswege und Verkehrstrennungsgebiete in Meerengen, die der internationalen Schiffahrt dienen
Artikel	42	Gesetze und sonstige Vorschriften der Meerengenanliegerstaaten zur Transitdurchfahrt
Artikel	43	Navigationshilfen, Sicherheitsanlagen und andere Einrichtungen sowie Verhütung, Verringerung und Überwachung der Verschmutzung
Artikel	44	Pflichten der Meerengenanliegerstaaten

ABSCHNITT 3
Friedliche Durchfahrt

Artikel 45	Friedliche Durchfahrt

TEIL IV
Archipelstaaten

Artikel 46	Begriffsbestimmungen
Artikel 47	Archipelbasislinien
Artikel 48	Messung der Breite des Küstenmeers, der Anschlußzone, der ausschließlichen Wirtschaftszone und des Festlandsockels
Artikel 49	Rechtsstatus der Archipelgewässer, des Luftraums über den Archipelgewässern sowie ihres Meeresbodens und Meeresuntergrunds
Artikel 50	Abgrenzung der inneren Gewässer
Artikel 51	Bestehende Übereinkünfte, herkömmliche Fischereirechte und vorhandene unterseeische Kabel
Artikel 52	Recht der friedlichen Durchfahrt
Artikel 53	Recht der Durchfahrt auf Archipelschiffahrtswegen
Artikel 54	Pflichten der Schiffe und Luftfahrzeuge während ihrer Durchfahrt, Forschungs- und Vermessungsarbeiten, Pflichten des Archipelstaats und Gesetze und sonstige Vorschriften des Archipelstaats zur Durchfahrt auf Archipelschiffahrtswegen

TEIL V
Ausschließliche Wirtschaftszone

Artikel 55	Besondere Rechtsordnung der ausschließlichen Wirtschaftszone
Artikel 56	Rechte, Hoheitsbefugnisse und Pflichten des Küstenstaats in der ausschließlichen Wirtschaftszone
Artikel 57	Breite der ausschließlichen Wirtschaftszone
Artikel 58	Rechte und Pflichten anderer Staaten in der ausschließlichen Wirtschaftszone
Artikel 59	Grundlage für die Lösung von Konflikten über die Zuweisung von Rechten und Hoheitsbefugnissen in der ausschließlichen Wirtschaftszone
Artikel 60	Künstliche Inseln, Anlagen und Bauwerke in der ausschließlichen Wirtschaftszone
Artikel 61	Erhaltung der lebenden Ressourcen
Artikel 62	Nutzung der lebenden Ressourcen
Artikel 63	Bestände, die innerhalb der ausschließlichen Wirtschaftszonen mehrerer Küstenstaaten oder sowohl innerhalb der ausschließlichen Wirtschaftszone als auch in einem seewärts an sie angrenzenden Gebiet vorkommen
Artikel 64	Weit wandernde Arten
Artikel 65	Meeressäugetiere
Artikel 66	Anadrome Bestände
Artikel 67	Katadrome Arten
Artikel 68	Seßhafte Arten
Artikel 69	Recht der Binnenstaaten
Artikel 70	Recht der geographisch benachteiligten Staaten
Artikel 71	Nichtanwendbarkeit der Artikel 69 und 70
Artikel 72	Einschränkungen der Übertragung von Rechten
Artikel 73	Durchsetzung der Gesetze und sonstigen Vorschriften des Küstenstaats
Artikel 74	Abgrenzung der ausschließlichen Wirtschaftszone zwischen Staaten mit gegenüberliegenden oder aneinander angrenzenden Küsten
Artikel 75	Seekarten und Verzeichnisse geographischer Koordinaten

21 Seerechtsübereinkommen der Vereinten Nationen

TEIL VI
Festlandsockel

Artikel 76	Definition des Festlandsockels
Artikel 77	Rechte des Küstenstaats am Festlandsockel
Artikel 78	Rechtsstatus der Gewässer und des Luftraums über dem Festlandsockel sowie Rechte und Freiheiten anderer Staaten
Artikel 79	Unterseeische Kabel und Rohrleitungen auf dem Festlandsockel
Artikel 80	Künstliche Inseln, Anlagen und Bauwerke auf dem Festlandsockel
Artikel 81	Bohrarbeiten auf dem Festlandsockel
Artikel 82	Zahlungen und Leistungen aus der Ausbeutung des Festlandsockels jenseits von 200 Seemeilen
Artikel 83	Abgrenzung des Festlandsockels zwischen Staaten mit gegenüberliegenden oder aneinander angrenzenden Küsten
Artikel 84	Seekarten und Verzeichnisse geographischer Koordinaten
Artikel 85	Anlage von Tunneln

TEIL VII
Hohe See

ABSCHNITT 1
Allgemeine Bestimmungen

Artikel 86	Anwendung dieses Teils
Artikel 87	Freiheit der Hohen See
Artikel 88	Bestimmung der Hohen See für friedliche Zwecke
Artikel 89	Ungültigkeit von Souveränitätsansprüchen über die Hohe See
Artikel 90	Recht der Schiffahrt
Artikel 91	Staatszugehörigkeit der Schiffe
Artikel 92	Rechtsstellung der Schiffe
Artikel 93	Schiffe, welche die Flagge der Vereinten Nationen, ihrer Sonderorganisationen oder der Internationalen Atomenergie-Organisation führen
Artikel 94	Pflichten des Flaggenstaats
Artikel 95	Immunität von Kriegsschiffen auf Hoher See
Artikel 96	Immunität von Schiffen, die im Staatsdienst ausschließlich für andere als Handelszwecke genutzt werden
Artikel 97	Strafgerichtsbarkeit in bezug auf Zusammenstöße oder andere mit der Führung eines Schiffes zusammenhängende Ereignisse
Artikel 98	Pflicht zur Hilfeleistung
Artikel 99	Verbot der Beförderung von Sklaven
Artikel 100	Pflicht zur Zusammenarbeit bei der Bekämpfung der Seeräuberei
Artikel 101	Definition der Seeräuberei
Artikel 102	Seeräuberei durch ein Kriegsschiff, Staatsschiff oder staatliches Luftfahrzeug, dessen Besatzung gemeutert hat
Artikel 103	Definition eines Seeräuberschiffs oder -luftfahrzugs
Artikel 104	Beibehaltung oder Verlust der Staatszugehörigkeit eines Seeräuberschiffs oder -luftfahrzeugs
Artikel 105	Aufbringen eines Seeräuberschiffs oder -luftfahrzugs
Artikel 106	Haftung für Aufbringen ohne hinreichenden Grund
Artikel 107	Schiffe und Luftfahrzeuge, die zum Aufbringen wegen Seeräuberei berechtigt sind
Artikel 108	Unerlaubter Verkehr mit Suchtstoffen oder psychotropen Stoffen
Artikel 109	Nicht genehmigte Rundfunksendungen von Hoher See aus
Artikel 110	Recht zum Betreten
Artikel 111	Recht der Nacheile

Seerechtsübereinkommen der Vereinten Nationen 21

Artikel 112	Recht zum Legen unterseeischer Kabel und Rohrleitungen
Artikel 113	Unterbrechung oder Beschädigung eines unterseeischen Kabels oder einer unterseeischen Rohrleitung
Artikel 114	Unterbrechung oder Beschädigung eines unterseeischen Kabels oder einer unterseeischen Rohrleitung durch Eigentümer eines anderen unterseeischen Kabels oder einer anderen unterseeischen Rohrleitung
Artikel 115	Entschädigung für Verluste, die durch die Vermeidung der Beschädigung eines unterseeischen Kabels oder einer unterseeischen Rohrleitung entstanden sind

ABSCHNITT 2
Erhaltung und Bewirtschaftung der lebenden Ressourcen der Hohen See

Artikel 116	Recht zur Fischerei auf Hoher See
Artikel 117	Pflicht der Staaten, in bezug auf ihre Angehörigen Maßnahmen zur Erhaltung der lebenden Ressourcen der Hohen See zu ergreifen
Artikel 118	Zusammenarbeit der Staaten bei der Erhaltung und Bewirtschaftung der lebenden Ressourcen
Artikel 119	Erhaltung der lebenden Ressourcen der Hohen See
Artikel 120	Meeressäugetiere

TEIL VIII
Ordnung der Inseln

Artikel 121	Ordnung der Inseln

TEIL IX
Umschlossene oder halbumschlossene Meere

Artikel 122	Definition
Artikel 123	Zusammenarbeit bei Anliegerstaaten von umschlossenen oder halbumschlossenen Meeren

TEIL X
Recht der Binnenstaaten auf Zugang zum und vom Meer und Transitfreiheiten

Artikel 124	Begriffsbestimmungen
Artikel 125	Recht auf Zugang zum und vom Meer und Transitfreiheit
Artikel 126	Ausschluß der Anwendung der Meistbegünstigungsklausel
Artikel 127	Zölle, Steuern und sonstige Abgaben
Artikel 128	Freizonen und andere Zollerleichterungen
Artikel 129	Zusammenarbeit beim Bau und bei der Verbesserung von Verkehrsmitteln
Artikel 130	Maßnahmen zur Vermeidung oder Beseitigung von Verzögerungen oder sonstigen Schwierigkeiten technischer Art im Transitverkehr
Artikel 131	Gleichbehandlung in Seehäfen
Artikel 132	Gewährung größerer Transiterleichterungen

TEIL XI
Das Gebiet

Artikel 133 bis 191 sind nicht abgedruckt.

TEIL XII
Schutz und Bewahrung der Meeresumwelt

ABSCHNITT 1
Allgemeine Bestimmungen

Artikel 192	Allgemeine Verpflichtung

21 Seerechtsübereinkommen der Vereinten Nationen

Artikel 193	Souveränes Recht der Staaten auf Ausbeutung ihrer natürlichen Ressourcen
Artikel 194	Maßnahmen zur Verhütung, Verringerung und Überwachung der Verschmutzung der Meeresumwelt
Artikel 195	Verpflichtung, keine Schäden oder Gefahren zu verlagern und keine Art der Verschmutzung in eine andere umzuwandeln
Artikel 196	Anwendung von Technologien oder Zuführung fremder oder neuer Arten

ABSCHNITT 2
Weltweite und regionale Zusammenarbeit

Artikel 197	Zusammenarbeit auf weltweiter oder regionaler Ebene
Artikel 198	Benachrichtigung über unmittelbar bevorstehende oder tatsächliche Schäden
Artikel 199	Notfallpläne gegen Verschmutzung
Artikel 200	Studien, Forschungsprogramme und Austausch von Informationen und Daten
Artikel 201	Wissenschaftliche Kriterien für die Ausarbeitung von Vorschriften

ABSCHNITT 3
Technische Hilfe

Artikel 202	Wissenschaftliche und technische Hilfe an Entwicklungsstaaten
Artikel 203	Vorrangige Behandlung der Entwicklungsstaaten

ABSCHNITT 4
Ständige Überwachung und ökologische Beurteilung

Artikel 204	Ständige Überwachung der Gefahren und der Auswirkungen der Verschmutzung
Artikel 205	Veröffentlichung von Berichten
Artikel 206	Beurteilung möglicher Auswirkungen von Tätigkeiten

ABSCHNITT 5
Internationale Regeln und innerstaatliche Rechtsvorschriften zur Verhütung, Verringerung und Überwachung der Verschmutzung der Meeresumwelt

Artikel 207	Verschmutzung vom Land aus
Artikel 208	Verschmutzung durch Tätigkeiten auf dem Meeresboden, die unter nationale Hoheitsbefugnisse fallen
Artikel 209	Verschmutzung durch Tätigkeiten im Gebiet
Artikel 210	Verschmutzung durch Einbringen
Artikel 211	Verschmutzung durch Schiffe
Artikel 212	Verschmutzung aus der Luft oder durch die Luft

ABSCHNITT 6
Durchsetzung

Artikel 213	Durchsetzung in bezug auf Verschmutzung vom Land aus
Artikel 214	Durchsetzung in bezug auf Verschmutzung durch Tätigkeiten auf dem Meeresboden
Artikel 215	Durchsetzung in bezug auf Verschmutzung durch Tätigkeiten im Gebiet
Artikel 216	Durchsetzung in bezug auf Verschmutzung durch Einbringen
Artikel 217	Durchsetzung durch Flaggenstaaten
Artikel 218	Durchsetzung durch Hafenstaaten
Artikel 219	Maßnahmen betreffend die Seetüchtigkeit von Schiffen zur Vermeidung von Verschmutzung
Artikel 220	Durchsetzung durch Küstenstaaten
Artikel 221	Maßnahmen zur Vermeidung von Verschmutzung durch Seeunfälle
Artikel 222	Durchsetzung in bezug auf Verschmutzung aus der Luft oder durch die Luft

ABSCHNITT 7
Schutzbestimmungen

Artikel 223	Maßnahmen zur Erleichterung der Verfahren
Artikel 224	Ausübung von Durchsetzungsbefugnissen
Artikel 225	Pflicht zur Vermeidung nachteiliger Folgen bei der Ausübung von Durchsetzungsbefugnissen
Artikel 226	Untersuchung fremder Schiffe
Artikel 227	Nichtdiskriminierung in bezug auf fremde Schiffe
Artikel 228	Aussetzung und Beschränkungen im Fall von Strafverfahren
Artikel 229	Einleitung zivilgerichtlicher Verfahren
Artikel 230	Geldstrafen und Wahrung der anerkannten Rechte des Angeklagten
Artikel 231	Benachrichtigung des Flaggenstaats und anderer betroffener Staaten
Artikel 232	Haftung der Staaten aufgrund von Durchsetzungsmaßnahmen
Artikel 233	Schutzbestimmungen in bezug auf Meerengen, die der internationalen Schiffahrt dienen

ABSCHNITT 8
Eisbedeckte Gebiete

Artikel 234	Eisbedeckte Gebiete

ABSCHNITT 9
Verantwortlichkeit und Haftung

Artikel 235	Verantwortlichkeit und Haftung

ABSCHNITT 10
Staatenimmunität

Artikel 236	Staatenimmunität

ABSCHNITT 11
Verpflichtungen aufgrund anderer Übereinkünfte über den Schutz und die Bewahrung der Meeresumwelt

Artikel 237	Verpflichtungen aufgrund anderer Übereinkünfte über den Schutz und die Bewahrung der Meeresumwelt

TEIL XIII
Wissenschaftliche Meeresforschung
Artikel 238 bis 265 sind nicht abgedruckt.

TEIL XIV
Entwicklung und Weitergabe von Meerestechnologie
Artikel 266 bis 278 sind nicht abgedruckt.

TEIL XV
Beilegung von Streitigkeiten

ABSCHNITT 1
Allgemeine Bestimmungen

Artikel 279	Verpflichtung zur Beilegung von Streitigkeiten durch friedliche Mittel
Artikel 280	Beilegung von Streitigkeiten durch die von den Parteien gewählten friedlichen Mittel
Artikel 281	Verfahren für den Fall, daß keine Beilegung durch die Parteien erzielt worden ist
Artikel 282	Verpflichtungen aus allgemeinen, regionalen oder zweiseitigen Übereinkünften
Artikel 283	Verpflichtung zum Meinungsaustausch
Artikel 284	Vergleich

21 Seerechtsübereinkommen der Vereinten Nationen

Artikel 285 Anwendung dieses Abschnitts auf nach Teil XI unterbreitete Streitigkeiten

ABSCHNITT 2
Obligatorische Verfahren, die zu bindenden Entscheidungen führen

Artikel 286 Anwendung der Verfahren nach diesem Abschnitt
Artikel 287 Wahl des Verfahrens
Artikel 288 Zuständigkeit
Artikel 289 Sachverständige
Artikel 290 Vorläufige Maßnahmen
Artikel 291 Zugang
Artikel 292 Sofortige Freigabe von Schiffen und Besatzungen
Artikel 293 Anwendbares Recht
Artikel 294 Vorverfahren
Artikel 295 Erschöpfung der innerstaatlichen Rechtsmittel
Artikel 296 Endgültigkeit und Verbindlichkeit der Entscheidungen

ABSCHNITT 3
Grenzen und Ausnahmen der Anwendbarkeit des Abschnitts 2

Artikel 297 Grenzen der Anwendbarkeit des Abschnitts 2
Artikel 298 Fakultative Ausnahmen der Anwendbarkeit des Abschnitts 2
Artikel 299 Recht der Parteien auf Vereinbarung eines Verfahrens

TEIL XVI
Allgemeine Bestimmungen

Artikel 300 Treu und Glauben und Rechtsmißbrauch
Artikel 301 Friedliche Nutzung der Meere
Artikel 302 Preisgabe von Informationen
Artikel 303 Im Meer gefundene archäologische und historische Gegenstände
Artikel 304 Verantwortlichkeit und Haftung für Schäden

TEIL XVII
Schlußbestimmungen

Artikel 305 Unterzeichnung
Artikel 306 Ratifikation und förmliche Bestätigung
Artikel 307 Beitritt
Artikel 308 Inkrafttreten
Artikel 309 Vorbehalte und Ausnahmen
Artikel 310 Erklärungen
Artikel 311 Verhältnis zu anderen Übereinkommen und internationalen Übereinkünften
Artikel 312 Änderung
Artikel 313 Änderung durch vereinfachtes Verfahren
Artikel 314 Änderungen der Bestimmungen dieses Übereinkommens, die sich ausschließlich auf Tätigkeiten im Gebiet beziehen
Artikel 315 Änderungen: Unterzeichnung, Ratifikation, Beitritt und verbindliche Wortlaute
Artikel 316 Inkrafttreten von Änderungen
Artikel 317 Kündigung
Artikel 318 Status der Anlagen
Artikel 319 Verwahrer
Artikel 320 Verbindliche Wortlaute

Die Vertragsstaaten dieses Übereinkommens –

von dem Bestreben geleitet, alle das Seerecht betreffenden Fragen im Geiste gegenseitiger Verständigung und Zusammenarbeit zu regeln, und eingedenk der historischen Bedeutung dieses Übereinkommens als eines wichtigen Beitrags zur Erhaltung von Frieden, Gerechtigkeit und Fortschritt für alle Völker der Welt;

im Hinblick darauf, daß die Entwicklungen seit den 1958 und 1960 in Genf abgehaltenen Seerechtskonferenzen der Vereinten Nationen die Notwendigkeit eines neuen allgemein annehmbaren Seerechtsübereinkommens verstärkt haben;

in dem Bewußtsein, daß die Probleme des Meeresraums eng miteinander verbunden sind und als Ganzes betrachtet werden müssen;

in der Erkenntnis, daß es wünschenswert ist, durch dieses Übereinkommen unter gebührender Berücksichtigung der Souveränität aller Staaten eine Rechtsordnung für die Meere und Ozeane zu schaffen, die den internationalen Verkehr erleichtern sowie die Nutzung der Meere und Ozeane zu friedlichen Zwecken, die ausgewogene und wirkungsvolle Nutzung ihrer Ressourcen, die Erhaltung ihrer lebenden Ressourcen und die Untersuchung, den Schutz und die Bewahrung der Meeresumwelt fördern wird;

in dem Bewußtsein, daß die Erreichung dieser Ziele zur Verwirklichung einer gerechten und ausgewogenen internationalen Wirtschaftsordnung beitragen wird, welche die Interessen und Bedürfnisse der gesamten Menschheit und vor allem die besonderen Interessen und Bedürfnisse der Entwicklungsländer, ob Küsten- oder Binnenländer, berücksichtigt;

in dem Wunsch, durch dieses Übereinkommen die in der Resolution 2749 (XXV) vom 17. Dezember 1970 enthaltenen Grundsätze weiterzuentwickeln, in der die Generalversammlung der Vereinten Nationen feierlich unter anderem erklärte, daß das Gebiet des Meeresbodens und des Meeresuntergrunds jenseits der Grenzen des Bereichs nationaler Hoheitsbefugnisse sowie seine Ressourcen gemeinsames Erbe der Menschheit sind, deren Erforschung und Ausbeutung zum Nutzen der gesamten Menschheit ungeachtet der geographischen Lage der Staaten durchgeführt werden;

überzeugt, daß die in diesem Übereinkommen verwirklichte Kodifizierung und fortschreitende Entwicklung des Seerechts zur Festigung des Friedens, der Sicherheit, der Zusammenarbeit und der freundschaftlichen Beziehungen zwischen allen Nationen in Übereinstimmung mit den Grundsätzen der Gerechtigkeit und Gleichberechtigung beitragen und den wirtschaftlichen und sozialen Fortschritt aller Völker der Welt in Übereinstimmung mit den Zielen und Grundsätzen der Vereinten Nationen fördern werden, wie sie in deren Charta verkündet sind;

in Bekräftigung des Grundsatzes, daß für Fragen, die in diesem Übereinkommen nicht geregelt sind, weiterhin die Regeln und Grundsätze des allgemeinen Völkerrechts gelten –

haben folgendes vereinbart:

TEIL I
Einleitung
Artikel 1 Begriffsbestimmungen und Geltungsbereich
(1) Im Sinne dieses Übereinkommens
1. bedeutet »Gebiet« den Meeresboden und den Meeresuntergrund jenseits der Grenzen des Bereichs nationaler Hoheitsbefugnisse;
2. bedeutet »Behörde« die Internationale Meeresbodenbehörde;
3. bedeutet »Tätigkeiten im Gebiet« alle Tätigkeiten zur Erforschung und Ausbeutung der Ressourcen des Gebiets;
4. bedeutet »Verschmutzung der Meeresumwelt« die unmittelbare oder mittelbare Zuführung von Stoffen oder Energie durch den Menschen in die Meeresumwelt einschließlich der Flußmündungen, aus der sich abträgliche Wirkungen wie eine Schädigung der lebenden Ressourcen sowie der Tier- und Pflanzenwelt des Meeres, eine Gefährdung der menschlichen Gesundheit, eine Behinderung der maritimen Tätigkeiten einschließlich der Fischerei und der sonstigen rechtmäßigen Nutzung des Meeres, eine Beeinträchtigung des Gebrauchswerts des Meerwassers und eine Verringerung der Annehmlichkeiten der Umwelt ergeben oder ergeben können;

5. a) bedeutet »Einbringen« (dumping)
   (i) jede vorsätzliche Beseitigung von Abfällen oder sonstigen Stoffen von Schiffen, Luftfahrzeugen, Plattformen oder sonstigen auf See errichteten Bauwerken aus,
   (ii) jede vorsätzliche Beseitigung von Schiffen, Luftfahrzeugen, Plattformen oder sonstigen auf See errichteten Bauwerken;
   b) umfaßt »Einbringen« nicht
   (i) die Beseitigung von Abfällen oder sonstigen Stoffen, die mit dem normalen Betrieb von Schiffen, Luftfahrzeugen, Plattformen oder sonstigen auf See errichteten Bauwerken sowie mit ihrer Ausrüstung zusammenhängen oder davon herrühren, mit Ausnahme von Abfällen oder sonstigen Stoffen, die durch zur Beseitigung dieser Stoffe betriebene Schiffe, Luftfahrzeuge, Plattformen oder sonstige auf See errichtete Bauwerke befördert oder auf sie verladen werden, sowie von Abfällen oder sonstigen Stoffen, die aus der Behandlung solcher Abfälle oder sonstigen Stoffe auf solchen Schiffen, Luftfahrzeugen, Plattformen oder Bauwerken herrühren,
   (ii) das Absetzen von Stoffen zu einem anderen Zweck als dem der bloßen Beseitigung, sofern es nicht den Zielen dieses Übereinkommens widerspricht.
(2) 1. »Vertragsstaaten« bedeutet Staaten, die zugestimmt haben, durch dieses Übereinkommen gebunden zu sein, und für die es in Kraft ist.
   2. Dieses Übereinkommen gilt sinngemäß für die in Artikel 305 Absatz 1 Buchstaben b), c), d), e) und f) bezeichneten Rechtsträger, die zu den jeweils für sie geltenden Bedingungen Vertragsparteien des Übereinkommens werden, und insoweit bezieht sich der Begriff »Vertragsstaaten« auf diese Rechtsträger.

TEIL II
Küstenmeer und Anschlußzone

ABSCHNITT 1
Allgemeine Bestimmungen

Artikel 2 Rechtsstatus des Küstenmeers, des Luftraums über dem Küstenmeer und des Meeresbodens und Meeresuntergrunds des Küstenmeers
(1) Die Souveränität eines Küstenstaats erstreckt sich jenseits seines Landgebiets und seiner inneren Gewässer sowie im Fall eines Archipelstaats jenseits seiner Archipelgewässer auf einen angrenzenden Meeresstreifen, der als Küstenmeer bezeichnet wird.
(2) Diese Souveränität erstreckt sich sowohl auf den Luftraum über dem Küstenmeer als auch auf den Meeresboden und Meeresuntergrund des Küstenmeers.
(3) Die Souveränität über das Küstenmeer wird nach Maßgabe dieses Übereinkommens und der sonstigen Regeln des Völkerrechts ausgeübt.

ABSCHNITT 2
Grenzen des Küstenmeeres

Artikel 3 Breite des Küstenmeers
Jeder Staat hat das Recht, die Breite seines Küstenmeers bis zu einer Grenze festzulegen, die höchstens 12 Seemeilen von den in Übereinstimmung mit diesem Übereinkommen festgelegten Basislinien entfernt sein darf.

Artikel 4 Seewärtige Grenze des Küstenmeers
Die seewärtige Grenze des Küstenmeers ist die Linie, auf der jeder Punkt vom nächstgelegenen Punkt der Basislinie um die Breite des Küstenmeers entfernt ist.

Artikel 5 Normale Basislinie
Soweit in diesem Übereinkommen nichts anderes bestimmt wird, ist die normale Basislinie für die Messung der Breite des Küstenmeers die Niedrigwasserlinie entlang der Küste, wie sie in den vom Küstenstaat amtlich anerkannten Seekarten großen Maßstabs eingetragen ist.

Art. 6–10 Seerechtsübereinkommen der Vereinten Nationen

Artikel 6 Riffe
Bei Inseln, die sich auf Atollen befinden oder von Riffen gesäumt sind, ist die Basislinie für die Messung der Breite des Küstenmeers die seewärtige Niedrigwasserlinie des Riffes, wie sie durch das entsprechende Symbol auf den vom Küstenstaat amtlich anerkannten Seekarten angegeben ist.

Artikel 7 Gerade Basislinien
(1) Wo die Küste tiefe Einbuchtungen und Einschnitte aufweist oder wo sich eine Inselkette entlang der Küste in ihrer unmittelbaren Nähe erstreckt, kann zur Festlegung der Basislinie, von der aus die Breite des Küstenmeers gemessen wird, die Methode der geraden Basislinien angewandt werden, die geeignete Punkte miteinander verbinden.
(2) Wo wegen eines Deltas oder anderer natürlicher Gegebenheiten die Küstenlinie sehr veränderlich ist, können die geeigneten Punkte auf der am weitesten seewärts verlaufenden Niedrigwasserlinie gewählt werden; diese geraden Basislinien bleiben ungeachtet eines späteren Rückgangs der Niedrigwasserlinie so lange gültig, bis sie vom Küstenstaat in Übereinstimmung mit diesem Übereinkommen geändert werden.
(3) Der Verlauf gerader Basislinien darf nicht erheblich von der allgemeinen Richtung der Küste abweichen; die innerhalb dieser Linien gelegenen Seegebiete müssen mit dem Landgebiet so eng verbunden sein, daß sie der Ordnung der inneren Gewässer unterstellt werden können.
(4) Gerade Basislinien dürfen nicht zu und von trockenfallenden Erhebungen gezogen werden, es sei denn, daß Leuchttürme oder ähnliche ständig über den Wasserspiegel hinausragende Anlagen auf ihnen errichtet sind oder daß die Ziehung der Basislinien zu und von solchen Erhebungen allgemeine internationale Anerkennung gefunden hat.
(5) Wo die Methode der geraden Basislinien nach Absatz 1 anwendbar ist, können bei der Festlegung bestimmter Basislinien die dem betreffenden Gebiet eigenen wirtschaftlichen Interessen, deren Vorhandensein und Bedeutung durch lange Übung eindeutig erwiesen sind, berücksichtigt werden.
(6) Ein Staat darf das System der geraden Basislinien nicht so anwenden, daß dadurch das Küstenmeer eines anderen Staates von der Hohen See oder einer ausschließlichen Wirtschaftszone abgeschnitten wird.

Artikel 8 Innere Gewässer
(1) Soweit in Teil IV nichts anderes bestimmt ist, gehören die landwärts der Basislinie des Küstenmeers gelegenen Gewässer zu den inneren Gewässern des Staates.
(2) Wo die Festlegung einer geraden Basislinie nach der in Artikel 7 bezeichneten Methode dazu führt, daß Gebiete, die vorher nicht als innere Gewässer galten, in diese einbezogen werden, besteht in solchen Gewässern das in diesem Übereinkommen vorgesehene Recht der friedlichen Durchfahrt.

Artikel 9 Flußmündungen
Mündet ein Fluß unmittelbar ins Meer, so ist die Basislinie eine Gerade, die quer über die Mündung des Flusses zwischen den Punkten gezogen wird, die auf der Niedrigwasserlinie seiner Ufer liegen.

Artikel 10 Buchten
(1) Dieser Artikel bezieht sich nur auf Buchten, deren Küsten zu einem einzigen Staat gehören.
(2) Eine Bucht im Sinne dieses Übereinkommens ist ein deutlich erkennbarer Einschnitt, dessen Länge in einem solchen Verhältnis zur Breite seiner Öffnung steht, daß er von Land umschlossene Gewässer enthält und mehr als eine bloße Krümmung der Küste bildet. Ein Einschnitt gilt jedoch nur dann als Bucht, wenn seine Fläche so groß oder größer ist als die eines Halbkreises, dessen Durchmesser eine quer über die Öffnung dieses Einschnitts gezogene Linie ist.
(3) Für Messungszwecke ist die Fläche eines Einschnitts jene Fläche, die innerhalb der Niedrigwasserlinie entlang der Küste des Einschnitts und einer die Niedrigwassermarken seiner natürlichen Öffnungspunkte verbindenden Linie liegt. Hat ein Einschnitt wegen vorhandener Inseln mehr als eine Öffnung, so hat der Durchmesser des Halbkreises eine Länge, die der Summe jener Strecken gleich ist, die über die verschiedenen Öffnungen führen. Inseln innerhalb eines Einschnitts werden seiner Wasserfläche zugerechnet.

(4) Ist die Entfernung zwischen den Niedrigwassermarken der natürlichen Öffnungspunkte einer Bucht nicht größer als 24 Seemeilen, so kann eine Abschlußlinie zwischen diesen beiden Niedrigwassermarken gezogen werden; die so eingeschlossenen Gewässer gelten als innere Gewässer.
(5) Ist die Entfernung zwischen den Niedrigwassermarken der natürlichen Öffnungspunkte einer Bucht größer als 24 Seemeilen, so wird eine gerade Basislinie von 24 Seemeilen innerhalb der Bucht in der Weise gezogen, daß mit einer Linie dieser Länge die größtmögliche Wasserfläche eingeschlossen wird.
(6) Die vorstehenden Bestimmungen finden weder auf sogenannte »historische« Buchten noch auf Fälle Anwendung, in denen das in Artikel 7 vorgesehene System der geraden Basislinien angewandt wird.

Artikel 11 Häfen
Für die Abgrenzung des Küstenmeers gelten die äußersten ständigen Hafenanlagen, die Bestandteil des Hafensystems sind, als Teil der Küste. Anlagen vor der Küste und künstliche Inseln gelten nicht als ständige Hafenanlagen.

Artikel 12 Reeden
Reeden, die üblicherweise zum Laden, Entladen und Ankern von Schiffen dienen, werden in das Küstenmeer einbezogen, wenn sie ganz oder teilweise außerhalb der seewärtigen Grenze des Küstenmeers gelegen wären.

Artikel 13 Trockenfallende Erhebungen
(1) Eine trockenfallende Erhebung ist natürlich entstandenes Land, das bei Ebbe von Wasser umgeben ist und über den Wasserspiegel hinausragt, bei Flut jedoch unter Wasser liegt. Ist eine trockenfallende Erhebung ganz oder teilweise um nicht mehr als die Breite des Küstenmeers vom Festland oder einer Insel entfernt, so kann die Niedrigwasserlinie dieser Erhebung als Basislinie für die Messung der Breite des Küstenmeers verwendet werden.
(2) Ist die gesamte trockenfallende Erhebung um mehr als die Breite des Küstenmeers vom Festland oder einer Insel entfernt, so hat die Erhebung kein eigenes Küstenmeer.

Artikel 14 Kombination von Methoden zur Festlegung von Basislinien
Der Küstenstaat kann Basislinien nach einer oder mehreren der in den vorstehenden Artikeln vorgesehenen Methoden festlegen, um unterschiedlichen Gegebenheiten gerecht zu werden.

Artikel 15 Abgrenzung des Küstenmeers zwischen Staaten mit gegenüberliegenden oder aneinander angrenzenden Küsten
Liegen die Küsten zweier Staaten einander gegenüber oder grenzen sie aneinander an, so ist mangels einer gegenteiligen Vereinbarung zwischen diesen beiden Staaten keiner von ihnen berechtigt, sein Küstenmeer über die Mittellinie auszudehnen, auf der jeder Punkt gleich weit von den nächstgelegenen Punkten der Basislinien entfernt ist, von denen aus die Breite des Küstenmeers jedes der beiden Staaten gemessen wird. Diese Bestimmung findet jedoch keine Anwendung, wenn es aufgrund historischer Rechtstitel oder anderer besonderer Umstände erforderlich ist, die Küstenmeere der beiden Staaten abweichend davon gegeneinander abzugrenzen.

Artikel 16 Seekarten und Verzeichnisse geographischer Koordinaten
(1) Die in Übereinstimmung mit den Artikeln 7, 9 und 10 festgelegten Basislinien zur Messung der Breite des Küstenmeers oder die daraus abgeleiteten Grenzen sowie die in Übereinstimmung mit den Artikeln 12 und 15 gezogenen Abgrenzungslinien werden in Seekarten eingetragen, deren Maßstab oder Maßstäbe zur genauen Feststellung ihres Verlaufs ausreichen. Statt dessen kann auch ein Verzeichnis der geographischen Koordinaten von Punkten unter genauer Angabe der geodätischen Daten verwendet werden.
(2) Der Küstenstaat veröffentlicht diese Seekarten oder Verzeichnisse geographischer Koordinaten ordnungsgemäß und hinterlegt jeweils eine Ausfertigung davon beim Generalsekretär der Vereinten Nationen.

Art. 17–21 Seerechtsübereinkommen der Vereinten Nationen

ABSCHNITT 3
Friedliche Durchfahrt im Küstenmeer
UNTERABSCHNITT A
Regeln für alle Schiffe

Artikel 17 Recht der friedlichen Durchfahrt
Vorbehaltlich dieses Übereinkommens genießen die Schiffe aller Staaten, ob Küsten- oder Binnenstaaten, das Recht der friedlichen Durchfahrt durch das Küstenmeer.

Artikel 18 Bedeutung der Durchfahrt
(1) »Durchfahrt« bedeutet die Fahrt durch das Küstenmeer zu dem Zweck,
a) es ohne Einlaufen in die inneren Gewässer oder Anlaufen einer Reede oder Hafenanlage außerhalb der inneren Gewässer zu durchqueren oder
b) in die inneren Gewässer einzulaufen oder sie zu verlassen oder eine solche Reede oder Hafenanlage anzulaufen oder zu verlassen.
(2) Die Durchfahrt muß ohne Unterbrechung und zügig erfolgen. Die Durchfahrt schließt jedoch das Anhalten und Ankern ein, aber nur insoweit, als dies zur normalen Schiffahrt gehört oder infolge höherer Gewalt oder eines Notfalls oder zur Hilfeleistung für Personen, Schiffe oder Luftfahrzeuge in Gefahr oder Not erforderlich wird.

Artikel 19 Bedeutung der friedlichen Durchfahrt
(1) Die Durchfahrt ist friedlich, solange sie nicht den Frieden, die Ordnung oder die Sicherheit des Küstenstaats beeinträchtigt. Die Durchfahrt hat in Übereinstimmung mit diesem Übereinkommen und den sonstigen Regeln des Völkerrechts zu erfolgen.
(2) Die Durchfahrt eines fremden Schiffes gilt als Beeinträchtigung des Friedens, der Ordnung oder der Sicherheit des Küstenstaats, wenn das Schiff im Küstenmeer eine der folgenden Tätigkeiten vornimmt:
a) eine Androhung oder Anwendung von Gewalt, die gegen die Souveränität, die territoriale Unversehrtheit oder die politische Unabhängigkeit des Küstenstaats gerichtet ist oder sonst die in der Charta der Vereinten Nationen niedergelegten Grundsätze des Völkerrechts verletzt;
b) eine Übung oder ein Manöver mit Waffen jeder Art;
c) eine Handlung, die auf das Sammeln von Informationen zum Schaden der Verteidigung oder Sicherheit des Küstenstaats gerichtet ist;
d) eine Propagandahandlung, die auf die Beeinträchtigung der Verteidigung oder Sicherheit des Küstenstaats gerichtet ist;
e) das Starten, Landen oder Anbordnehmen von Luftfahrzeugen;
f) das Aussetzen, Landen oder Anbordnehmen von militärischem Gerät;
g) das Laden oder Entladen von Waren, Zahlungsmitteln oder Personen entgegen den Zoll- und sonstigen Finanzgesetzen, Einreise- oder Gesundheitsgesetzen und diesbezüglichen sonstigen Vorschriften des Küstenstaats;
h) eine vorsätzliche schwere Verschmutzung entgegen diesem Übereinkommen;
i) Fischereitätigkeiten;
j) Forschungs- oder Vermessungsarbeiten;
k) eine Handlung, die auf die Störung eines Nachrichtenübermittlungssystems oder anderer Einrichtungen oder Anlagen des Küstenstaats gerichtet ist;
l) eine andere Tätigkeit, die nicht unmittelbar mit der Durchfahrt zusammenhängt.

Artikel 20 Unterseeboote und andere Unterwasserfahrzeuge
Unterseeboote und andere Unterwasserfahrzeuge müssen im Küstenmeer über Wasser fahren und ihre Flagge zeigen.

Artikel 21 Gesetze und sonstige Vorschriften des Küstenstaats über die friedliche Durchfahrt
(1) Der Küstenstaat kann in Übereinstimmung mit diesem Übereinkommen und den sonstigen Regeln des Völkerrechts Gesetze und sonstige Vorschriften über die friedliche Durchfahrt durch das Küstenmeer in bezug auf alle oder einzelne der folgenden Bereiche erlassen:
a) Sicherheit der Schiffahrt und Regelung des Seeverkehrs;

b) Schutz der Seezeichen und Navigationseinrichtungen und anderer Einrichtungen oder Anlagen;
c) Schutz von Kabeln und Rohrleitungen;
d) Erhaltung der lebenden Ressourcen des Meeres;
e) Verhütung von Verstößen gegen die Fischereigesetze und diesbezüglichen sonstigen Vorschriften des Küstenstaats;
f) Schutz der Umwelt des Küstenstaats und Verhütung, Verringerung und Überwachung ihrer Verschmutzung;
g) wissenschaftliche Meeresforschung und hydrographische Vermessungen;
h) Verhütung von Verstößen gegen die Zoll- und sonstigen Finanzgesetze, Einreise- oder Gesundheitsgesetze und diesbezüglichen sonstigen Vorschriften des Küstenstaats.

(2) Diese Gesetze und sonstigen Vorschriften dürfen sich nicht auf den Entwurf, den Bau, die Bemannung oder die Ausrüstung von fremden Schiffen erstrecken, sofern sie nicht allgemein anerkannten internationalen Regeln oder Normen Wirksamkeit verleihen.

(3) Der Küstenstaat veröffentlicht diese Gesetze und sonstigen Vorschriften ordnungsgemäß.

(4) Fremde Schiffe, die das Recht der friedlichen Durchfahrt durch das Küstenmeer ausüben, müssen diese Gesetze und sonstigen Vorschriften sowie alle allgemein anerkannten internationalen Vorschriften über die Verhütung von Zusammenstößen auf See einhalten.

Artikel 22 Schiffahrtswege und Verkehrstrennungsgebiete im Küstenmeer

(1) Der Küstenstaat kann, wo es die Sicherheit der Schiffahrt erfordert, von fremden Schiffen, die das Recht der friedlichen Durchfahrt durch sein Küstenmeer ausüben, verlangen, daß sie diejenigen Schiffahrtswege und Verkehrstrennungsgebiete benutzen, die er zur Regelung der Durchfahrt von Schiffen festlegen oder vorschreiben kann.

(2) Insbesondere kann von Tankschiffen, Schiffen mit Kernenergieantrieb und Schiffen, die nukleare oder sonstige ihrer Natur nach gefährliche oder schädliche Stoffe oder Materialien befördern, verlangt werden, bei der Durchfahrt nur diese Schiffahrtswege zu benutzen.

(3) Wenn der Küstenstaat aufgrund dieses Artikels Schiffahrtswege festlegt und Verkehrstrennungsgebiete vorschreibt, hat er folgendes zu berücksichtigen:
a) die Empfehlungen der zuständigen internationalen Organisation;
b) alle üblicherweise für die internationale Schiffahrt benutzten Fahrwasser;
c) die besonderen Merkmale bestimmter Schiffe und Fahrwasser und
d) die Verkehrsdichte.

(4) Der Küstenstaat trägt diese Schiffahrtswege und Verkehrstrennungsgebiete deutlich in Seekarten ein und veröffentlicht diese ordnungsgemäß.

Artikel 23 Fremde Schiffe mit Kernenergieantrieb und Schiffe, die nukleare oder sonstige ihrer Natur nach gefährliche oder schädliche Stoffe befördern

Fremde Schiffe mit Kernenergieantrieb und Schiffe, die nukleare oder sonstige ihrer Natur nach gefährliche oder schädliche Stoffe befördern, müssen bei der Ausübung des Rechts der friedlichen Durchfahrt durch das Küstenmeer die Dokumente mitführen und die besonderen Vorsichtsmaßnahmen beachten, die in internationalen Übereinkünften für solche Schiffe vorgeschrieben sind.

Artikel 24 Pflichten des Küstenstaats

(1) Der Küstenstaat darf, außer in den von diesem Übereinkommen vorgesehenen Fällen, die friedliche Durchfahrt fremder Schiffe durch das Küstenmeer nicht behindern. Insbesondere darf der Küstenstaat bei der Anwendung des Übereinkommens oder der in Übereinstimmung mit ihm erlassenen Gesetze oder sonstigen Vorschriften nicht
a) fremden Schiffen Auflagen machen, die im Ergebnis eine Verweigerung oder Beeinträchtigung der Ausübung des Rechts der friedlichen Durchfahrt bewirken, oder
b) die Schiffe eines bestimmten Staates oder Schiffe, die Ladung nach oder von einem bestimmten Staat oder in dessen Auftrag befördern, rechtlich oder tatsächlich diskriminieren.

(2) Der Küstenstaat macht alle in seinem Küstenmeer für die Schiffahrt bestehenden und ihm zur Kenntnis gelangten Gefahren in geeigneter Weise bekannt.

Artikel 25 Schutzrechte des Küstenstaats
(1) Der Küstenstaat kann in seinem Küstenmeer die erforderlichen Maßnahmen ergreifen, um eine nichtfriedliche Durchfahrt zu verhindern.
(2) Der Küstenstaat ist ferner berechtigt, in bezug auf Schiffe, die in seine inneren Gewässer einlaufen oder eine Hafenanlage außerhalb der inneren Gewässer anlaufen wollen, die erforderlichen Maßnahmen zu ergreifen, um jede Verletzung der Bedingungen zu verhindern, die für das Einlaufen solcher Schiffe in die inneren Gewässer oder für ihr Anlaufen solcher Anlagen bestehen.
(3) Der Küstenstaat kann, ohne fremde Schiffe untereinander rechtlich oder tatsächlich zu diskriminieren, in bestimmten Gebieten seines Küstenmeers die friedliche Durchfahrt fremder Schiffe vorübergehend aussetzen, sofern dies für den Schutz seiner Sicherheit, einschließlich Waffenübungen, unerläßlich ist. Eine solche Aussetzung wird erst nach ordnungsgemäßer Bekanntmachung wirksam.

Artikel 26 Gebühren, die von fremden Schiffen erhoben werden können
(1) Für die bloße Durchfahrt durch das Küstenmeer dürfen von fremden Schiffen keine Abgaben erhoben werden.
(2) Von einem das Küstenmeer durchfahrenden fremden Schiff dürfen Gebühren nur als Vergütung für bestimmte, dem Schiff geleistete Dienste erhoben werden. Diese Gebühren sind ohne Diskriminierung zu erheben.

UNTERABSCHNITT B
Regeln für Handelsschiffe und für Staatsschiffe, die Handelszwecken dienen

Artikel 27 Strafgerichtsbarkeit an Bord eines fremden Schiffes
(1) Die Strafgerichtsbarkeit des Küstenstaats soll an Bord eines das Küstenmeer durchfahrenden fremden Schiffes nicht ausgeübt werden, um wegen einer während der Durchfahrt an Bord des Schiffes begangenen Straftat eine Person festzunehmen oder eine Untersuchung durchzuführen, außer in folgenden Fällen:
a) wenn sich die Folgen der Straftat auf den Küstenstaat erstrecken;
b) wenn die Straftat geeignet ist, den Frieden des Landes oder die Ordnung im Küstenmeer zu stören;
c) wenn die Hilfe der örtlichen Behörden vom Kapitän des Schiffes oder von einem Diplomaten oder Konsularbeamten des Flaggenstaats erbeten worden ist oder
d) wenn solche Maßnahmen zur Unterdrückung des unerlaubten Verkehrs mit Suchtstoffen oder psychotropen Stoffen erforderlich sind.
(2) Absatz 1 berührt nicht das Recht des Küstenstaats, alle nach seinen Gesetzen zulässigen Maßnahmen zur Festnahme oder Untersuchung an Bord eines fremden Schiffes zu ergreifen, das nach Verlassen der inneren Gewässer das Küstenmeer durchfährt.
(3) In den in den Absätzen 1 und 2 vorgesehenen Fällen hat der Küstenstaat, bevor er irgendwelche Maßnahmen ergreift, auf Ersuchen des Kapitäns einen Diplomaten oder Konsularbeamten des Flaggenstaats zu benachrichtigen und die Verbindung zwischen diesem Diplomaten oder Konsularbeamten und der Besatzung des Schiffes zu erleichtern. In dringenden Fällen kann diese Benachrichtigung erfolgen, während die Maßnahmen durchgeführt werden.
(4) Bei der Prüfung der Frage, ob oder auf welche Weise eine Festnahme erfolgen soll, tragen die örtlichen Behörden den Interessen der Schiffahrt gebührend Rechnung.
(5) Abgesehen von der Anwendung des Teils XII oder von Fällen von Verstößen gegen die in Übereinstimmung mit Teil V erlassenen Gesetze und sonstigen Vorschriften darf der Küstenstaat an Bord eines sein Küstenmeer durchfahrenden fremden Schiffes keine Maßnahmen ergreifen, um wegen einer Straftat, die vor der Einfahrt des Schiffes in das Küstenmeer begangen wurde, eine Person festzunehmen oder eine Untersuchung durchzuführen, wenn dieses Schiff aus einem fremden Hafen kommt und das Küstenmeer nur durchfährt, ohne in die inneren Gewässer einzulaufen.

Artikel 28 Zivilgerichtsbarkeit in bezug auf fremde Schiffe
(1) Der Küstenstaat soll ein das Küstenmeer durchfahrendes fremdes Schiff weder anhalten noch umleiten, um seine Zivilgerichtsbarkeit gegenüber einer an Bord des Schiffes befindlichen Person auszuüben.

(2) Der Küstenstaat darf Vollstreckungs- oder Sicherungsmaßnahmen in Zivilsachen gegen das Schiff nur wegen Verbindlichkeiten oder der Haftung ergreifen, die für das Schiff selbst während oder wegen seiner Durchfahrt durch die Gewässer des Küstenstaats entstanden sind.

(3) Absatz 2 berührt nicht das Recht des Küstenstaats, in Übereinstimmung mit seinen Rechtsvorschriften Vollstreckungs- oder Sicherungsmaßnahmen in Zivilsachen gegen ein fremdes Schiff zu ergreifen, das in seinem Küstenmeer liegt oder dieses nach Verlassen der inneren Gewässer durchfährt.

UNTERABSCHNITT C
Regeln für Kriegsschiffe und sonstige Staatsschiffe, die anderen als Handelszwecken dienen

Artikel 29 Definition der Kriegsschiffe

Im Sinne dieses Übereinkommens bedeutet »Kriegsschiff« ein zu den Streitkräften eines Staates gehörendes Schiff, das die äußeren Kennzeichen eines solchen Schiffes seiner Staatszugehörigkeit trägt; es muß unter dem Befehl eines Offiziers stehen, der sich im Dienst des jeweiligen Staates befindet und dessen Name in der entsprechenden Rangliste der Streitkräfte oder in einer gleichwertigen Liste enthalten ist; die Besatzung muß den Regeln der militärischen Disziplin unterliegen.

Artikel 30 Nichteinhaltung der Gesetze und sonstigen Vorschriften des Küstenstaats durch Kriegsschiffe

Wenn ein Kriegsschiff die Gesetze und sonstigen Vorschriften des Küstenstaats über die Durchfahrt durch das Küstenmeer nicht einhält und eine ihm übermittelte Aufforderung, sie einzuhalten, mißachtet, kann der Küstenstaat von dem Kriegsschiff verlangen, das Küstenmeer sofort zu verlassen.

Artikel 31 Verantwortlichkeit des Flaggenstaats für Schäden, die ein Kriegsschiff oder ein sonstiges Staatsschiff, das anderen als Handelszwecken dient, verursacht

Der Flaggenstaat ist völkerrechtlich verantwortlich für jeden dem Küstenstaat zugefügten Verlust oder Schaden, der sich aus der Nichteinhaltung der Gesetze und sonstigen Vorschriften des Küstenstaats über die Durchfahrt durch das Küstenmeer oder der Bestimmungen dieses Übereinkommens oder der sonstigen Regeln des Völkerrechts durch ein Kriegsschiff oder ein sonstiges Staatsschiff, das anderen als Handelszwecken dient, ergibt.

Artikel 32 Immunitäten der Kriegsschiffe und der sonstigen Staatsschiffe, die anderen als Handelszwecken dienen

Vorbehaltlich der in Unterabschnitt A und in den Artikeln 30 und 31 vorgesehenen Ausnahmen berührt dieses Übereinkommen nicht die Immunitäten der Kriegsschiffe und der sonstigen Staatsschiffe, die anderen als Handelszwecken dienen.

ABSCHNITT 4
Anschlußzone

Artikel 33 Anschlußzone

(1) In einer an sein Küstenmeer angrenzenden Zone, die als Anschlußzone bezeichnet wird, kann der Küstenstaat die erforderliche Kontrolle ausüben, um

a) Verstöße gegen seine Zoll- und sonstigen Finanzgesetze, Einreise- oder Gesundheitsgesetze und diesbezüglichen sonstigen Vorschriften in seinem Hoheitsgebiet oder in seinem Küstenmeer zu verhindern;

b) Verstöße gegen diese Gesetze und sonstigen Vorschriften, die in seinem Hoheitsgebiet oder in seinem Küstenmeer begangen worden sind, zu ahnden.

(2) Die Anschlußzone darf sich nicht weiter als 24 Seemeilen über die Basislinien hinaus erstrecken, von denen aus die Breite des Küstenmeers gemessen wird.

TEIL III
Meerengen, die der internationalen Schiffahrt dienen

ABSCHNITT 1
Allgemeine Bestimmungen

Artikel 34 Rechtsstatus der Gewässer von Meerengen, die der internationalen Schiffahrt dienen

(1) Die in diesem Teil festgelegte Durchfahrtsordnung für Meerengen, die der internationalen Schiffahrt dienen, berührt im übrigen nicht den Rechtsstatus der solche Meerengen bildenden Gewässer oder die Ausübung der Souveränität oder der Hoheitsbefugnisse über diese Gewässer und deren Luftraum, Meeresboden und Meeresuntergrund durch die Meerengenanliegerstaaten.

(2) Die Souveränität oder die Hoheitsbefugnisse der Meerengenanliegerstaaten werden nach Maßgabe dieses Teiles und der sonstigen Regeln des Völkerrechts ausgeübt.

Artikel 35 Geltungsbereich dieses Teils

Dieser Teil berührt nicht

a) die Gebiete innerer Gewässer innerhalb einer Meerenge, es sei denn, die Festlegung einer geraden Basislinie nach der in Artikel 7 bezeichneten Methode führt dazu, daß Gebiete, die vorher nicht als innere Gewässer galten, in diese einbezogen werden;

b) den Rechtsstatus der Gewässer außerhalb der Küstenmeere der Meerengenanliegerstaaten als ausschließliche Wirtschaftszone oder als Hohe See oder

c) die Rechtsordnung in Meerengen, in denen die Durchfahrt ganz oder teilweise durch lange bestehende und in Kraft befindliche internationale Übereinkünfte geregelt ist, die sich im besonderen auf diese Meerengen beziehen.

Artikel 36 Durch Hohe See oder ausschließliche Wirtschaftszonen führende Seewege in Meerengen, die der internationalen Schiffahrt dienen

Dieser Teil gilt nicht für eine Meerenge, die der internationalen Schiffahrt dient, wenn ein in navigatorischer und hydrographischer Hinsicht gleichermaßen geeigneter, durch die Hohe See oder eine ausschließliche Wirtschaftszone führender Seeweg durch die Meerenge vorhanden ist; auf diesen Seewegen finden die anderen diesbezüglichen Teile dieses Übereinkommens einschließlich der Bestimmungen über die Freiheit der Schiffahrt und des Überflugs Anwendung.

ABSCHNITT 2
Transitdurchfahrt

Artikel 37 Geltungsbereich dieses Abschnitts

Dieser Abschnitt gilt für Meerengen, die der internationalen Schiffahrt zwischen einem Teil der Hohen See oder einer ausschließlichen Wirtschaftszone und einem anderen Teil der Hohen See oder einer ausschließlichen Wirtschaftszone dienen.

Artikel 38 Recht der Transitdurchfahrt

(1) In den in Artikel 37 bezeichneten Meerengen genießen alle Schiffe und Luftfahrzeuge das Recht der Transitdurchfahrt, das nicht behindert werden darf; jedoch gilt in einer Meerenge, die durch eine Insel eines Meerengenanliegerstaats und sein Festland gebildet wird, das Recht der Transitdurchfahrt nicht, wenn seewärts der Insel ein in navigatorischer und hydrographischer Hinsicht gleichermaßen geeigneter Seeweg durch die Hohe See oder eine ausschließliche Wirtschaftszone vorhanden ist.

(2) »Transitdurchfahrt« bedeutet die in Übereinstimmung mit diesem Teil erfolgende Ausübung der Freiheit der Schiffahrt und des Überflugs lediglich zum Zweck des ununterbrochenen und zügigen Transits durch die Meerenge zwischen einem Teil der Hohen See oder einer ausschließlichen Wirtschaftszone und einem anderen Teil der Hohen See oder einer ausschließlichen Wirtschaftszone. Jedoch schließt das Erfordernis des ununterbrochenen und zügigen Transits die Durchfahrt durch die Meerenge zu dem Zweck nicht aus, einen Meerengenanliegerstaat unter Beachtung seiner Einreisebedingungen aufzusuchen, zu verlassen oder von ihm zurückzukehren.

(3) Jede Tätigkeit, die keine Ausübung des Rechts der Transitdurchfahrt durch eine Meerenge ist, unterliegt den anderen anwendbaren Bestimmungen dieses Übereinkommens.

Artikel 39 Pflichten der Schiffe und Luftfahrzeuge während der Transitdurchfahrt
(1) Schiffe und Luftfahrzeuge müssen, wenn sie das Recht der Transitdurchfahrt ausüben,
a) die Meerenge unverzüglich durchfahren oder überfliegen;
b) sich jeder Androhung oder Anwendung von Gewalt enthalten, die gegen die Souveränität, die territoriale Unversehrtheit oder die politische Unabhängigkeit eines Meerengenanliegerstaats gerichtet ist oder sonst die in der Charta der Vereinten Nationen niedergelegten Grundsätze des Völkerrechts verletzt;
c) sich jeder Tätigkeit enthalten, die nicht mit ihrem normalen ununterbrochenen und zügigen Transit zusammenhängt, sofern sie nicht durch höhere Gewalt oder einen Notfall erforderlich wird;
d) die anderen einschlägigen Bestimmungen dieses Teiles befolgen.
(2) Schiffe in der Transitdurchfahrt müssen
a) die allgemein anerkannten internationalen Vorschriften, Verfahren und Gebräuche für die Sicherheit auf See einschließlich der Internationalen Regeln zur Verhütung von Zusammenstößen auf See befolgen;
b) die allgemein anerkannten internationalen Vorschriften, Verfahren und Gebräuche zur Verhütung, Verringerung und Überwachung der Verschmutzung durch Schiffe befolgen.
(3) Luftfahrzeuge in der Transitdurchfahrt müssen
a) die von der Internationalen Zivilluftfahrt-Organisation aufgestellten Regeln für die Luftfahrt einhalten, soweit sie auf zivile Luftfahrzeuge Anwendung finden; Staatsluftfahrzeuge halten sich in der Regel an solche Sicherheitsmaßnahmen und fliegen jederzeit mit der gebotenen Rücksicht auf die Sicherheit der Luftfahrt;
b) jederzeit die von der zuständigen international bestimmten Luftverkehrskontrollbehörde zugewiesene Funkfrequenz oder die entsprechende internationale Notfunkfrequenz abhören.

Artikel 40 Forschungs- und Vermessungsarbeiten
Während der Transitdurchfahrt dürfen fremde Schiffe, einschließlich solcher für wissenschaftliche Meeresforschung oder hydrographische Vermessung, ohne vorherige Genehmigung der Meerengenanliegerstaaten keine Forschungs- oder Vermessungsarbeiten durchführen.

Artikel 41 Schiffahrtswege und Verkehrstrennungsgebiete in Meerengen, die der internationalen Schiffahrt dienen
(1) In Übereinstimmung mit diesem Teil können Meerengenanliegerstaaten für die Schiffahrt in Meerengen Schiffahrtswege festlegen und Verkehrstrennungsgebiete vorschreiben, wo es die sichere Durchfahrt der Schiffe erfordert.
(2) Wenn es die Umstände erfordern, können diese Staaten nach ordnungsgemäßer Bekanntmachung vorher von ihnen festgelegte Schiffahrtswege oder Verkehrstrennungsgebiete ersetzen.
(3) Diese Schiffahrtswege und Verkehrstrennungsgebiete haben den allgemein anerkannten internationalen Vorschriften zu entsprechen.
(4) Bevor die Meerengenanliegerstaaten Schiffahrtswege festlegen oder ersetzen oder Verkehrstrennungsgebiete vorschreiben oder ersetzen, unterbreiten sie der zuständigen internationalen Organisation Vorschläge zur Annahme. Die Organisation darf nur solche Schiffahrtswege und Verkehrstrennungsgebiete annehmen, die mit den Meerengenanliegerstaaten vereinbart werden konnten; danach können diese Staaten sie festlegen, vorschreiben oder ersetzen.
(5) Werden für eine Meerenge Schiffahrtswege oder Verkehrstrennungsgebiete durch die Gewässer von zwei oder mehr Meerengenanliegerstaaten vorgeschlagen, so arbeiten die betreffenden Staaten bei der Ausarbeitung der Vorschläge in Konsultation mit der zuständigen Organisation zusammen.
(6) Die Meerengenanliegerstaaten tragen alle von ihnen festgelegten Schiffahrtswege und vorgeschriebenen Verkehrstrennungsgebiete deutlich in Seekarten ein und veröffentlichen diese ordnungsgemäß.
(7) Schiffe in der Transitdurchfahrt müssen die in Übereinstimmung mit diesem Artikel festgelegten Schiffahrtswege und Verkehrstrennungsgebiete beachten.

Artikel 42 Gesetze und sonstige Vorschriften der Meerengenanliegerstaaten zur Transitdurchfahrt
(1) Vorbehaltlich dieses Abschnitts können die Meerengenanliegerstaaten Gesetze und sonstige Vorschriften zur Transitdurchfahrt durch Meerengen für folgende Bereiche erlassen:
a) Sicherheit der Schiffahrt und Regelung des Seeverkehrs nach Artikel 41;
b) Verhütung, Verringerung und Überwachung der Verschmutzung, indem sie den anwendbaren internationalen Vorschriften über das Einleiten von Öl, ölhaltigen Abfällen und anderen schädlichen Stoffen in der Meerenge Wirksamkeit verleihen;
c) für Fischereifahrzeuge ein Fischereiverbot einschließlich des Verstauens von Fischfanggerät;
d) das Laden oder Entladen von Waren, Zahlungsmitteln oder Personen entgegen den Zoll- und sonstigen Finanzgesetzen, Einreise- oder Gesundheitsgesetzen und diesbezüglichen sonstigen Vorschriften der Meerengenanliegerstaaten.
(2) Diese Gesetze und sonstigen Vorschriften dürfen fremde Schiffe untereinander weder rechtlich noch tatsächlich diskriminieren, und ihre Anwendung darf im Ergebnis nicht eine Verweigerung, Behinderung oder Beeinträchtigung des Rechts der Transitdurchfahrt nach diesem Abschnitt bewirken.
(3) Die Meerengenanliegerstaaten veröffentlichen diese Gesetze und sonstigen Vorschriften ordnungsgemäß.
(4) Fremde Schiffe, die das Recht der Transitdurchfahrt ausüben, müssen diese Gesetze und sonstigen Vorschriften einhalten.
(5) Verletzt ein Staatenimmunität genießendes Schiff oder Luftfahrzeug diese Gesetze und sonstigen Vorschriften oder andere Bestimmungen dieses Teiles, so trägt der Flaggenstaat des Schiffes beziehungsweise der Eintragungsstaat des Luftfahrzeugs die völkerrechtliche Verantwortlichkeit für jeden den Meerengenanliegerstaaten zugefügten Verlust oder Schaden.

Artikel 43 Navigationshilfen, Sicherheitsanlagen und andere Einrichtungen sowie Verhütung, Verringerung und Überwachung der Verschmutzung
Benutzerstaaten und Meerengenanliegerstaaten sollen einvernehmlich zusammenarbeiten,
a) um in einer Meerenge die erforderlichen Navigationshilfen und Sicherheitsanlagen oder andere Einrichtungen zur Erleichterung der internationalen Schiffahrt einzurichten und zu unterhalten und
b) um Verschmutzung durch Schiffe zu verhüten, zu verringern und zu überwachen.

Artikel 44 Pflichten der Meerengenanliegerstaaten
Meerengenanliegerstaaten dürfen die Transitdurchfahrt nicht behindern und machen alle ihnen bekannten Gefahren für die Schiffahrt in der Meerenge oder den Überflug über der Meerenge in geeigneter Weise bekannt. Die Ausübung des Rechts der Transitdurchfahrt darf nicht ausgesetzt werden.

ABSCHNITT 3
Friedliche Durchfahrt

Artikel 45 Friedliche Durchfahrt
(1) Die Ordnung der friedlichen Durchfahrt nach Teil II Abschnitt 3 gilt in den der internationalen Schiffahrt dienenden Meerengen,
a) die nach Artikel 38 Absatz 1 von der Anwendung der Ordnung der Transitdurchfahrt ausgeschlossen sind oder
b) die das Küstenmeer eines Staates mit einem Teil der Hohen See oder mit der ausschließlichen Wirtschaftszone eines anderen Staates verbinden.
(2) Die Ausübung des Rechts der friedlichen Durchfahrt durch solche Meerengen darf nicht ausgesetzt werden.

TEIL IV
Archipelstaaten

Artikel 46 Begriffsbestimmungen
Im Sinne dieses Übereinkommens
a) bedeutet »Archipelstaat« einen Staat, der vollständig aus einem oder mehreren Archipelen und gegebenenfalls anderen Inseln besteht;
b) bedeutet »Archipel« eine Gruppe von Inseln einschließlich Teilen von Inseln, dazwischenliegende Gewässer und andere natürliche Gebilde, die so eng miteinander in Beziehung stehen, daß diese Inseln, Gewässer und anderen natürlichen Gebilde eine wirkliche geographische, wirtschaftliche und politische Einheit bilden, oder die von alters her als solche angesehen worden sind.

Artikel 47 Archipelbasislinien
(1) Ein Archipelstaat kann gerade Archipelbasislinien ziehen, welche die äußersten Punkte der äußersten Inseln und trockenfallenden Riffe des Archipels verbinden, sofern davon die Hauptinseln und ein Gebiet umschlossen sind, in dem das Verhältnis der Wasserfläche zur Landfläche einschließlich der Atolle zwischen 1 zu 1 und 9 zu 1 beträgt.
(2) Die Länge derartiger Basislinien darf 100 Seemeilen nicht überschreiten; jedoch dürfen bis zu 3 Prozent der Gesamtzahl der einen einzelnen Archipel umschließenden Basislinien diese Länge überschreiten, wobei die Länge nicht mehr als 125 Seemeilen betragen darf.
(3) Der Verlauf dieser Basislinien darf nicht erheblich vom allgemeinen Umriß des Archipels abweichen.
(4) Derartige Basislinien dürfen nicht zu und von trockenfallenden Erhebungen gezogen werden, es sei denn, daß Leuchttürme oder ähnliche ständig über den Wasserspiegel hinausragende Anlagen auf ihnen errichtet sind oder daß die trockenfallende Erhebung ganz oder teilweise um nicht mehr als die Breite des Küstenmeers von der nächstgelegenen Insel entfernt ist.
(5) Ein Archipelstaat darf das System derartiger Basislinien nicht so anwenden, daß dadurch das Küstenmeer eines anderen Staates von der Hohen See oder einer ausschließlichen Wirtschaftszone abgeschnitten wird.
(6) Liegt ein Teil der Archipelgewässer eines Archipelstaats zwischen zwei Teilen eines unmittelbar angrenzenden Nachbarstaats, so gelten die bestehenden Rechte und alle sonstigen berechtigten Interessen, die der letztgenannte Staat herkömmlicherweise in diesen Gewässern ausgeübt hat, sowie alle vertraglich zwischen beiden Staaten vereinbarten Rechte fort und sind zu beachten.
(7) Zum Zweck der Berechnung des Verhältnisses der Wasser- zur Landfläche nach Absatz 1 können zu Landflächen auch Gewässer gezählt werden, die innerhalb der Saumriffe von Inseln und Atollen liegen, einschließlich desjenigen Teiles eines steil abfallenden Ozeanplateaus, der von einer Kette am Rand des Plateaus liegender Kalksteininseln und trockenfallender Riffe ganz oder fast ganz umschlossen ist.
(8) Die nach diesem Artikel gezogenen Basislinien werden in Seekarten eingetragen, deren Maßstab oder Maßstäbe zur genauen Feststellung ihres Verlaufs ausreichen. Statt dessen können auch Verzeichnisse der geographischen Koordinaten von Punkten unter genauer Angabe der geodätischen Daten verwendet werden.
(9) Der Archipelstaat veröffentlicht diese Seekarten oder Verzeichnisse geographischer Koordinaten ordnungsgemäß und hinterlegt jeweils eine Ausfertigung davon beim Generalsekretär der Vereinten Nationen.

Artikel 48 Messung der Breite des Küstenmeers, der Anschlußzone, der ausschließlichen Wirtschaftszone und des Festlandsockels
Die Breite des Küstenmeers, der Anschlußzone, der ausschließlichen Wirtschaftszone und des Festlandsockels wird von den in Übereinstimmung mit Artikel 47 gezogenen Archipelbasislinien aus gemessen.

Artikel 49 Rechtsstatus der Archipelgewässer, des Luftraums über den Archipelgewässern sowie ihres Meeresbodens und Meeresuntergrunds
(1) Die Souveränität eines Archipelstaats erstreckt sich auf die Gewässer, die von den in Übereinstimmung mit Artikel 47 gezogenen Archipelbasislinien umschlossen sind; sie werden unabhängig von ihrer Tiefe oder ihrer Entfernung von der Küste als Archipelgewässer bezeichnet.
(2) Diese Souveränität erstreckt sich sowohl auf den Luftraum über den Archipelgewässern als auch auf deren Meeresboden und Meeresuntergrund und die darin enthaltenen Ressourcen.
(3) Diese Souveränität wird nach Maßgabe dieses Teiles ausgeübt.
(4) Die in diesem Teil festgelegte Ordnung der Durchfahrt auf Archipelschiffahrtswegen berührt im übrigen nicht den Rechtsstatus der Archipelgewässer einschließlich der Schiffahrtswege oder die Ausübung der Souveränität des Archipelstaats über diese Gewässer und deren Luftraum, Meeresboden und Meeresuntergrund sowie die darin enthaltenen Ressourcen.

Artikel 50 Abgrenzung der inneren Gewässer
Innerhalb seiner Archipelgewässer kann der Archipelstaat in Übereinstimmung mit den Artikeln 9, 10 und 11 Abschlußlinien zur Abgrenzung der inneren Gewässer ziehen.

Artikel 51 Bestehende Übereinkünfte, herkömmliche Fischereirechte und vorhandene unterseeische Kabel
(1) Unbeschadet des Artikels 49 beachtet ein Archipelstaat bestehende Übereinkünfte mit anderen Staaten und erkennt herkömmliche Fischereirechte sowie andere rechtmäßige Tätigkeiten der unmittelbar angrenzenden Nachbarstaaten in bestimmten Gebieten innerhalb der Archipelgewässer an. Die Bedingungen der Ausübung solcher Rechte und Tätigkeiten, einschließlich ihrer Natur, ihres Ausmaßes und ihres Anwendungsbereichs, werden auf Ersuchen eines der betroffenen Staaten durch zweiseitige Übereinkünfte zwischen ihnen geregelt. Solche Rechte dürfen dritten Staaten oder ihren Angehörigen nicht übertragen und nicht mit ihnen geteilt werden.
(2) Ein Archipelstaat nimmt Rücksicht auf die vorhandenen von anderen Staaten gelegten unterseeischen Kabel, die durch seine Gewässer führen, ohne das Ufer zu berühren. Ein Archipelstaat gestattet die Unterhaltung und den Ersatz dieser Kabel, nachdem ihm ihre Lage und die Absicht, sie zu reparieren oder zu ersetzen, ordnungsgemäß mitgeteilt worden sind.

Artikel 52 Recht der friedlichen Durchfahrt
(1) Vorbehaltlich des Artikels 53 und unbeschadet des Artikels 50 genießen die Schiffe aller Staaten das Recht der friedlichen Durchfahrt durch die Archipelgewässer, wie es in Teil II Abschnitt 3 geregelt ist.
(2) Der Archipelstaat kann, ohne fremde Schiffe untereinander rechtlich oder tatsächlich zu diskriminieren, in bestimmten Gebieten seiner Archipelgewässer die Ausübung des Rechts der friedlichen Durchfahrt fremder Schiffe vorübergehend aussetzen, sofern dies für den Schutz seiner Sicherheit unerläßlich ist. Eine solche Aussetzung wird erst nach ordnungsgemäßer Bekanntmachung wirksam.

Artikel 53 Recht der Durchfahrt auf Archipelschiffahrtswegen
(1) Ein Archipelstaat kann in seinen Archipelgewässern und seinem angrenzenden Küstenmeer Schiffahrtswege und darüberliegende Flugstrecken festlegen, die für die ununterbrochene und zügige Durchfahrt fremder Schiffe sowie den ununterbrochenen und zügigen Durchflug fremder Luftfahrzeuge geeignet sind.
(2) Alle Schiffe und Luftfahrzeuge genießen auf diesen Schiffahrtswegen und Flugstrecken das Recht der Durchfahrt auf Archipelschiffahrtswegen.
(3) »Durchfahrt auf Archipelschiffahrtswegen« bedeutet die in Übereinstimmung mit diesem Übereinkommen erfolgende Ausübung des Rechts auf Schiffahrt und Überflug in normaler Weise lediglich zum Zweck des ununterbrochenen, zügigen und unbehinderten Transits zwischen einem Teil der Hohen See oder einer ausschließlichen Wirtschaftszone und einem anderen Teil der Hohen See oder einer ausschließlichen Wirtschaftszone.
(4) Diese Schiffahrtswege und Flugstrecken müssen durch die Archipelgewässer und das angrenzende Küstenmeer führen und alle üblichen Durchfahrtswege einschließen, die der internationalen Schiffahrt oder dem internationalen Überflug durch beziehungsweise über die Archipelgewässer die-

nen; diese Schiffahrtswege müssen den Fahrwassern folgen, die von der Schiffahrt üblicherweise genutzt werden, wobei jedoch die Einrichtung mehrerer gleichermaßen geeigneter Wege zwischen denselben Eingangs- und Ausgangspunkten nicht erforderlich ist.

(5) Diese Schiffahrtswege und Flugstrecken werden durch eine Reihe fortlaufender Mittellinien bestimmt, die von den Eingangspunkten zu den Ausgangspunkten der Durchfahrtswege führen. Bei der Durchfahrt auf Archipelschiffahrtswegen dürfen Schiffe und Luftfahrzeuge nicht mehr als 25 Seemeilen nach jeder Seite von diesen Mittellinien abweichen; sie dürfen sich dabei aber den Küsten höchstens bis zu einer Entfernung nähern, die 10 Prozent der Gesamtentfernung zwischen den nächstgelegenen Punkten der Inseln beiderseits des Schiffahrtswegs beträgt.

(6) Ein Archipelstaat, der Schiffahrtswege aufgrund dieses Artikels festlegt, kann auch Verkehrstrennungsgebiete für die sichere Durchfahrt von Schiffen durch enge Fahrwasser innerhalb solcher Schiffahrtswege vorschreiben.

(7) Wenn es die Umstände erfordern, kann ein Archipelstaat nach ordnungsgemäßer Bekanntmachung die vorher von ihm festgelegten Schiffahrtswege oder vorgeschriebenen Verkehrstrennungsgebiete durch andere Schiffahrtswege oder Verkehrstrennungsgebiete ersetzen.

(8) Diese Schiffahrtswege und Verkehrstrennungsgebiete haben den allgemein anerkannten internationalen Vorschriften zu entsprechen.

(9) Wenn ein Archipelstaat Schiffahrtswege festlegt oder ersetzt oder Verkehrstrennungsgebiete vorschreibt oder ersetzt, unterbreitet er der zuständigen internationalen Organisation Vorschläge zur Annahme. Die Organisation darf nur solche Schiffahrtswege und Verkehrstrennungsgebiete annehmen, die mit dem Archipelstaat vereinbart werden konnten; danach kann er sie festlegen, vorschreiben oder ersetzen.

(10) Der Archipelstaat trägt die Mittellinien der von ihm festgelegten Schiffahrtswege und vorgeschriebenen Verkehrstrennungsgebiete deutlich in Seekarten ein und veröffentlicht diese ordnungsgemäß.

(11) Bei der Durchfahrt auf Archipelschiffahrtswegen müssen Schiffe die in Übereinstimmung mit diesem Artikel festgelegten Schiffahrtswege und Verkehrstrennungsgebiete beachten.

(12) Wenn ein Archipelstaat keine Schiffahrtswege oder Flugstrecken festgelegt hat, kann das Recht der Durchfahrt auf Archipelschiffahrtswegen auf den Wegen und Strecken ausgeübt werden, die üblicherweise der internationalen Schiffahrt und Luftfahrt dienen.

Artikel 54 Pflichten der Schiffe und Luftfahrzeuge während ihrer Durchfahrt, Forschungs- und Vermessungsarbeiten, Pflichten des Archipelstaats und Gesetze und sonstige Vorschriften des Archipelstaats zur Durchfahrt auf Archipelschiffahrtswegen

Die Artikel 39, 40, 42 und 44 gelten sinngemäß für die Durchfahrt auf Archipelschiffahrtswegen.

TEIL V
Ausschließliche Wirtschaftszone

Artikel 55 Besondere Rechtsordnung der ausschließlichen Wirtschaftszone

Die ausschließliche Wirtschaftszone ist ein jenseits des Küstenmeers gelegenes und an dieses angrenzendes Gebiet, das der in diesem Teil festgelegten besonderen Rechtsordnung unterliegt, nach die Rechte und Hoheitsbefugnisse des Küstenstaats und die Rechte und Freiheiten anderer Staaten durch die diesbezüglichen Bestimmungen dieses Übereinkommens geregelt werden.

Artikel 56 Rechte, Hoheitsbefugnisse und Pflichten des Küstenstaats in der ausschließlichen Wirtschaftszone

(1) In der ausschließlichen Wirtschaftszone hat der Küstenstaat

a) souveräne Rechte zum Zweck der Erforschung und Ausbeutung, Erhaltung und Bewirtschaftung der lebenden und nichtlebenden natürlichen Ressourcen der Gewässer über dem Meeresboden, des Meeresbodens und seines Untergrunds sowie hinsichtlich anderer Tätigkeiten zur wirtschaftlichen Erforschung und Ausbeutung der Zone wie der Energieerzeugung aus Wasser, Strömung und Wind;

b) Hoheitsbefugnisse, wie in den diesbezüglichen Bestimmungen dieses Übereinkommens vorgesehen, in bezug auf
  i) die Errichtung und Nutzung von künstlichen Inseln, von Anlagen und Bauwerken;
  ii) die wissenschaftliche Meeresforschung;
  iii) den Schutz und die Bewahrung der Meeresumwelt;
c) andere in diesem Übereinkommen vorgesehene Rechte und Pflichten.
(2) Der Küstenstaat berücksichtigt bei der Ausübung seiner Rechte und der Erfüllung seiner Pflichten aus diesem Übereinkommen in der ausschließlichen Wirtschaftszone gebührend die Rechte und Pflichten anderer Staaten und handelt in einer Weise, die mit dem Übereinkommen vereinbar ist.
(3) Die in diesem Artikel niedergelegten Rechte hinsichtlich des Meeresbodens und seines Untergrunds werden in Übereinstimmung mit Teil VI ausgeübt.

Artikel 57 Breite der ausschließlichen Wirtschaftszone
Die ausschließliche Wirtschaftszone darf sich nicht weiter als 200 Seemeilen von den Basislinien erstrecken, von denen aus die Breite des Küstenmeeres gemessen wird.

Artikel 58 Rechte und Pflichten anderer Staaten in der ausschließlichen Wirtschaftszone
(1) Alle Staaten, ob Küsten- oder Binnenstaaten, genießen in der ausschließlichen Wirtschaftszone vorbehaltlich der diesbezüglichen Bestimmungen dieses Übereinkommens die in Artikel 87 genannten Freiheiten der Schiffahrt, des Überflugs und der Verlegung unterseeischer Kabel und Rohrleitungen sowie andere völkerrechtlich zulässige, mit diesen Freiheiten zusammenhängende Nutzungen des Meeres, insbesondere im Rahmen des Einsatzes von Schiffen und Luftfahrzeugen sowie des Betriebs unterseeischer Kabel und Rohrleitungen, die mit den anderen Bestimmungen des Übereinkommens vereinbar sind.
(2) Die Artikel 88 bis 115 und sonstige diesbezügliche Regeln des Völkerrechts gelten für die ausschließliche Wirtschaftszone, soweit sie mit diesem Teil nicht unvereinbar sind.
(3) Die Staaten berücksichtigen bei der Ausübung ihrer Rechte und der Erfüllung ihrer Pflichten aus diesem Übereinkommen in der ausschließlichen Wirtschaftszone gebührend die Rechte und Pflichten des Küstenstaats und halten die von ihm in Übereinstimmung mit dem Übereinkommen und den sonstigen Regeln des Völkerrechts erlassenen Gesetze und sonstigen Vorschriften ein, soweit sie mit diesem Teil nicht unvereinbar sind.

Artikel 59 Grundlage für die Lösung von Konflikten über die Zuweisung von Rechten und Hoheitsbefugnissen in der ausschließlichen Wirtschaftszone
In Fällen, in denen dieses Übereinkommen weder dem Küstenstaat noch anderen Staaten Rechte oder Hoheitsbefugnisse innerhalb der ausschließlichen Wirtschaftszone zuweist und ein Konflikt zwischen den Interessen des Küstenstaats und denen eines oder mehrerer anderer Staaten entsteht, soll dieser Konflikt auf der Grundlage der Billigkeit und unter Berücksichtigung aller maßgeblichen Umstände gelöst werden, wobei der Bedeutung dieser Interessen für die einzelnen Parteien sowie für die internationale Gemeinschaft als Ganzes Rechnung zu tragen ist.

Artikel 60 Künstliche Inseln, Anlagen und Bauwerke in der ausschließlichen Wirtschaftszone
(1) In der ausschließlichen Wirtschaftszone hat der Küstenstaat das ausschließliche Recht zur Errichtung sowie zur Genehmigung und Regelung der Errichtung, des Betriebs und der Nutzung von
a) künstlichen Inseln;
b) Anlagen und Bauwerken für die in Artikel 56 vorgesehenen und für andere wirtschaftliche Zwecke;
c) Anlagen und Bauwerken, welche die Ausübung der Rechte des Küstenstaats in der Zone beeinträchtigen können.
(2) Der Küstenstaat hat über diese künstlichen Inseln, Anlagen und Bauwerke ausschließlich Hoheitsbefugnisse, einschließlich derjenigen in bezug auf Zoll- und sonstige Finanzgesetze, Gesundheits-, Sicherheits- und Einreisegesetze und diesbezügliche sonstige Vorschriften.
(3) Die Errichtung solcher künstlichen Inseln, Anlagen oder Bauwerke ist ordnungsgemäß bekanntzumachen, und es sind ständige Warneinrichtungen zu unterhalten. Alle aufgegebenen oder nicht mehr benutzten Anlagen oder Bauwerke sind zu beseitigen, um die Sicherheit der Schiffahrt zu gewährleis-

ten; dabei sind die allgemein anerkannten internationalen Normen zu berücksichtigen, die in dieser Hinsicht von der zuständigen internationalen Organisation festgelegt sind. Bei der Beseitigung ist auch auf die Fischerei, den Schutz der Meeresumwelt sowie auf die Rechte und Pflichten anderer Staaten gebührend Rücksicht zu nehmen. Tiefe, Lage und Ausdehnungen nicht vollständig beseitigter Anlagen oder Bauwerke sind in geeigneter Weise bekanntzumachen.

(4) Der Küstenstaat kann, wo es notwendig ist, um diese künstlichen Inseln, Anlagen und Bauwerke angemessene Sicherheitszonen einrichten, in denen er geeignete Maßnahmen ergreifen kann, um die Sicherheit der Schiffahrt sowie der künstlichen Inseln, Anlagen und Bauwerke zu gewährleisten.

(5) Die Breite der Sicherheitszonen wird vom Küstenstaat unter Berücksichtigung der geltenden internationalen Normen festgelegt. Diese Zonen sind so anzulegen, daß sie in sinnvoller Weise der Art und Aufgabe der künstlichen Inseln, Anlagen oder Bauwerke entsprechen; sie dürfen sich nicht über eine Entfernung von 500 Metern hinaus erstrecken, gemessen von jedem Punkt des äußeren Randes der künstlichen Inseln, Anlagen oder Bauwerke, sofern nicht allgemein anerkannte internationale Normen etwas anderes gestatten oder die zuständige internationale Organisation etwas anderes empfiehlt. Die Ausdehnung der Sicherheitszonen ist ordnungsgemäß bekanntzumachen.

(6) Alle Schiffe müssen diese Sicherheitszonen beachten und die allgemein anerkannten internationalen Normen über die Schiffahrt in der Nähe von künstlichen Inseln, Anlagen, Bauwerken und Sicherheitszonen einhalten.

(7) Künstliche Inseln, Anlagen und Bauwerke und die sie umgebenden Sicherheitszonen dürfen dort nicht errichtet werden, wo dies die Benutzung anerkannter und für die internationale Schiffahrt wichtiger Schiffahrtswege behindern kann.

(8) Künstliche Inseln, Anlagen und Bauwerke haben nicht den Status von Inseln. Sie haben kein eigenes Küstenmeer, und ihr Vorhandensein berührt nicht die Abgrenzung des Küstenmeers, der ausschließlichen Wirtschaftszone oder des Festlandsockels.

Artikel 61 Erhaltung der lebenden Ressourcen

(1) Der Küstenstaat legt die zulässige Fangmenge für die lebenden Ressourcen in seiner ausschließlichen Wirtschaftszone fest.

(2) Der Küstenstaat sorgt unter Berücksichtigung der besten ihm zur Verfügung stehenden wissenschaftlichen Angaben durch geeignete Erhaltungs- und Bewirtschaftungsmaßnahmen dafür, daß der Fortbestand der lebenden Ressourcen in der ausschließlichen Wirtschaftszone nicht durch übermäßige Ausbeutung gefährdet wird. Zur Erreichung dieses Zieles arbeiten der Küstenstaat und die zuständigen internationalen Organisationen, gleichviel ob subregionaler, regionaler oder weltweiter Art, soweit angemessen, zusammen.

(3) Diese Maßnahmen müssen auch darauf gerichtet sein, die Populationen befischter Arten auf einem Stand zu erhalten oder auf diesen zurückzuführen, der den größtmöglich erreichbaren Dauerertrag sichert, wie er sich im Hinblick auf die in Betracht kommenden Umwelt- und Wirtschaftsfaktoren, einschließlich der wirtschaftlichen Bedürfnisse der vom Fischfang lebenden Küstengemeinden und der besonderen Bedürfnisse der Entwicklungsstaaten, ergibt, wobei die Fischereistrukturen, die gegenseitige Abhängigkeit der Bestände sowie alle allgemein empfohlenen internationalen Mindestnormen, gleichviel ob subregionaler, regionaler oder weltweiter Art, zu berücksichtigen sind.

(4) Beim Ergreifen dieser Maßnahmen berücksichtigt der Küstenstaat die Wirkung auf jene Arten, die mit den befischten Arten vergesellschaftet oder von ihnen abhängig sind, um die Populationen dieser vergesellschafteten oder abhängigen Arten über einem Stand zu erhalten oder auf diesen zurückzuführen, auf dem ihre Fortpflanzung nicht ernstlich gefährdet wird.

(5) Die verfügbaren wissenschaftlichen Informationen, die statistischen Angaben über Fänge und Fischereiaufwand und andere für die Erhaltung der Fischbestände wesentliche Daten werden regelmäßig mitgeteilt und ausgetauscht, gegebenenfalls im Rahmen der zuständigen internationalen Organisationen, gleichviel ob subregionaler, regionaler oder weltweiter Art, sowie unter Beteiligung aller betroffenen Staaten einschließlich derjenigen, deren Angehörige in der ausschließlichen Wirtschaftszone fischen dürfen.

Artikel 62 Nutzung der lebenden Ressourcen
(1) Der Küstenstaat setzt sich zum Ziel, die optimale Nutzung der lebenden Ressourcen in der ausschließlichen Wirtschaftszone zu fördern; dies gilt unbeschadet des Artikels 61.
(2) Der Küstenstaat legt seine Kapazität zum Fang der lebenden Ressourcen in der ausschließlichen Wirtschaftszone fest. Hat der Küstenstaat nicht die Kapazität zum Fang der gesamten zulässigen Fangmenge, so gewährt er anderen Staaten durch Abkommen oder andere Vereinbarungen und entsprechend den in Absatz 4 vorgesehenen Bedingungen, Gesetzen und sonstigen Vorschriften Zugang zum Überschuß der zulässigen Fangmenge; dabei sind vor allem die Artikel 69 und 70 zu berücksichtigen, insbesondere in bezug auf die dort erwähnten Entwicklungsstaaten.
(3) Gewährt ein Küstenstaat anderen Staaten nach diesem Artikel Zugang zu seiner ausschließlichen Wirtschaftszone, so berücksichtigt er dabei alle in Betracht kommenden Faktoren, unter anderem die Bedeutung der lebenden Ressourcen des jeweiligen Gebiets für die Wirtschaft des betreffenden Küstenstaats und seine sonstigen nationalen Interessen, die Bestimmungen der Artikel 69 und 70, die Bedürfnisse der Entwicklungsstaaten der Subregion oder Region am Fang eines Teiles des Überschusses und die Notwendigkeit, wirtschaftliche Störungen in Staaten auf ein Mindestmaß zu beschränken, deren Angehörige gewohnheitsmäßig in dieser Zone gefischt haben oder die wesentliche Bemühungen zur Erforschung und Bestimmung der Bestände unternommen haben.
(4) Angehörige anderer Staaten, die in der ausschließlichen Wirtschaftszone fischen, haben die Erhaltungsmaßnahmen und die anderen Bedingungen einzuhalten, die in den Gesetzen und sonstigen Vorschriften des Küstenstaats festgelegt sind. Diese Gesetze und sonstigen Vorschriften müssen mit diesem Übereinkommen vereinbar sein; sie können sich insbesondere auf folgendes beziehen:
a) die Erteilung von Genehmigungen für Fischer, Fischereifahrzeuge und -ausrüstung, einschließlich der Zahlung von Gebühren und anderen Formen des Entgelts, die im Fall von Küstenstaaten, die Entwicklungsstaaten sind, aus einer angemessenen Gegenleistung im Bereich der Finanzierung, Ausrüstung und technischen Entwicklung der Fischereiwirtschaft bestehen können;
b) die Bestimmung der Arten, die gefangen werden dürfen, und die Festlegung von Fangquoten entweder in bezug auf einzelne Bestände oder Gruppen von Beständen oder in bezug auf den Fang durch jedes Schiff während eines bestimmten Zeitabschnitts oder in bezug auf den Fang durch Angehörige eines Staates während eines bestimmten Zeitabschnitts;
c) die Regelung der Fangzeiten und -gebiete, der Art, Größe und Anzahl von Fanggerät und der Art, Größe und Anzahl der Fischereifahrzeuge, die eingesetzt werden dürfen;
d) die Festlegung des Alters und der Größe von Fischen und anderen Arten, die gefangen werden dürfen;
e) die Bestimmung der Angaben, die von Fischereifahrzeugen zu machen sind, einschließlich statistischer Angaben über Fänge und Fischereiaufwand sowie Positionsmeldungen der Schiffe;
f) die Verpflichtung, bestimmte Fischereiforschungsprogramme mit Genehmigung und unter Kontrolle des Küstenstaats durchzuführen, und die Regelung der Durchführung dieser Forschungsaufgaben einschließlich der Probenentnahme aus den Fängen, der Verwendung der Proben sowie der Mitteilung damit verbundener wissenschaftlicher Daten;
g) die Entsendung von Beobachtern oder Praktikanten an Bord dieser Schiffe durch den Küstenstaat;
h) die Anlandung des gesamten oder eines Teiles des Fanges dieser Schiffe in den Häfen des Küstenstaats;
i) die Bedingungen für gemeinschaftliche Unternehmungen oder sonstige Formen der Zusammenarbeit;
j) die Erfordernisse für die Ausbildung von Personal und die Weitergabe von Fischereitechnologie einschließlich der Verbesserung der Fähigkeit des Küstenstaats, Fischereiforschung zu betreiben;
k) die Durchsetzungsverfahren.
(5) Die Küstenstaaten geben ihre Gesetze und sonstigen Vorschriften über Erhaltung und Bewirtschaftung ordnungsgemäß bekannt.

Artikel 63 Bestände, die innerhalb der ausschließlichen Wirtschaftszonen mehrerer Küstenstaaten oder sowohl innerhalb der ausschließlichen Wirtschaftszone als auch in einem seewärts an sie angrenzenden Gebiet vorkommen

(1) Kommen derselbe Bestand oder Bestände miteinander vergesellschafteter Arten innerhalb der ausschließlichen Wirtschaftszonen von zwei oder mehr Küstenstaaten vor, so bemühen sich diese Staaten entweder unmittelbar oder im Rahmen geeigneter subregionaler oder regionaler Organisationen, die erforderlichen Maßnahmen zu vereinbaren, um unbeschadet der anderen Bestimmungen dieses Teiles die Erhaltung und Entwicklung dieser Bestände zu koordinieren und zu gewährleisten.

(2) Kommen derselbe Bestand oder Bestände miteinander vergesellschafteter Arten sowohl innerhalb der ausschließlichen Wirtschaftszone als auch in einem seewärts an sie angrenzenden Gebiet vor, so bemühen sich der Küstenstaat und die Staaten, die diese Bestände in dem angrenzenden Gebiet befischen, entweder unmittelbar oder im Rahmen geeigneter subregionaler oder regionaler Organisationen, die zur Erhaltung dieser Bestände in dem angrenzenden Gebiet erforderlichen Maßnahmen zu vereinbaren.

Artikel 64 Weit wandernde Arten

(1) Der Küstenstaat und andere Staaten, deren Angehörige in der Region die in Anlage 1 aufgeführten weit wandernden Arten befischen, arbeiten unmittelbar oder im Rahmen geeigneter internationaler Organisationen zusammen, um die Erhaltung dieser Arten zu gewährleisten und ihre optimale Nutzung in der gesamten Region sowohl innerhalb als auch außerhalb der ausschließlichen Wirtschaftszone zu fördern. In Regionen, für die es keine geeignete internationale Organisation gibt, arbeiten der Küstenstaat und die anderen Staaten, deren Angehörige diese Arten in der Region befischen, bei der Errichtung einer solchen Organisation zusammen und beteiligen sich an ihrer Arbeit.

(2) Absatz 1 gilt zusätzlich zu den anderen Bestimmungen dieses Teiles.

Artikel 65 Meeressäugetiere

Dieser Teil schränkt nicht das Recht eines Küstenstaats oder gegebenenfalls die Zuständigkeit einer internationalen Organisation ein, die Ausbeutung von Meeressäugetieren stärker als in diesem Teil vorgesehen zu verbieten, zu begrenzen oder zu regeln. Die Staaten arbeiten zusammen, um die Meeressäugetiere zu erhalten; sie setzen sich im Rahmen der geeigneten internationalen Organisationen insbesondere für die Erhaltung, Bewirtschaftung und Erforschung der Wale ein.

Artikel 66 Anadrome Bestände

(1) Staaten, aus deren Flüssen anadrome Bestände stammen, haben das vorrangige Interesse an diesen Beständen und sind für sie in erster Linie verantwortlich.

(2) Der Ursprungsstaat anadromer Bestände gewährleistet ihre Erhaltung durch die Einführung geeigneter Maßnahmen zur Regelung der Fischerei in allen Gewässern landwärts der äußeren Grenzen seiner ausschließlichen Wirtschaftszone und der in Absatz 3 Buchstabe b) genannten Fischerei. Der Ursprungsstaat kann nach Konsultationen mit den anderen in den Absätzen 3 und 4 bezeichneten Staaten, die diese Bestände befischen, die zulässigen Gesamtfangmengen für die aus seinen Flüssen stammenden Bestände festlegen.

(3) a) Die Fischerei nach anadromen Beständen darf nur in den Gewässern landwärts der äußeren Grenzen der ausschließlichen Wirtschaftszonen ausgeübt werden; ausgenommen sind Fälle, in denen diese Bestimmung zu wirtschaftlichen Störungen für einen anderen als den Ursprungsstaat führen würde. Hinsichtlich der Fischerei außerhalb der äußeren Grenzen der ausschließlichen Wirtschaftszonen konsultieren die beteiligten Staaten einander, um Einvernehmen über die Bedingungen dieser Fischerei unter gebührender Berücksichtigung der Erhaltungserfordernisse und der Bedürfnisse des Ursprungsstaats in bezug auf diese Bestände zu erzielen.

b) Der Ursprungsstaat trägt dazu bei, wirtschaftliche Störungen in anderen Staaten, die diese Bestände befischen, auf ein Mindestmaß zu beschränken, wobei er die übliche Fangmenge und die Fangmethoden dieser anderen Staaten sowie aller Gebiete berücksichtigt, in denen diese Fischerei ausgeübt wird.

c) Die unter Buchstabe b) bezeichneten Staaten, die durch Vereinbarung mit dem Ursprungsstaat an Maßnahmen zur Erneuerung anadromer Bestände, insbesondere durch Aufwendungen für diesen Zweck, teilnehmen, werden vom Ursprungsstaat bei der Befischung der aus seinen Flüssen stammenden Bestände besonders berücksichtigt.

d) Die Durchsetzung der Vorschriften über anadrome Bestände außerhalb der ausschließlichen Wirtschaftszone erfolgt auf der Grundlage von Vereinbarungen zwischen dem Ursprungsstaat und den anderen beteiligten Staaten.

(4) In Fällen, in denen anadrome Bestände in die Gewässer landwärts der äußeren Grenzen der ausschließlichen Wirtschaftszone eines anderen als des Ursprungsstaats wandern oder durch diese Gewässer wandern, arbeitet dieser andere Staat mit dem Ursprungsstaat bei der Erhaltung und Bewirtschaftung dieser Bestände zusammen.

(5) Der Ursprungsstaat anadromer Bestände und die anderen Staaten, die diese Bestände befischen, schließen Vereinbarungen zur Durchführung dieses Artikels, gegebenenfalls im Rahmen regionaler Organisationen.

Artikel 67 Katadrome Arten

(1) Ein Küstenstaat, in dessen Gewässern katadrome Arten den größeren Teil ihres Lebenszyklus verbringen, ist für die Bewirtschaftung dieser Arten verantwortlich und gewährleistet den Ein- und Austritt der wandernden Fische.

(2) Die Fischerei auf katadrome Arten darf nur in Gewässern landwärts der äußeren Grenzen der ausschließlichen Wirtschaftszonen ausgeübt werden. Wird die Fischerei in ausschließlichen Wirtschaftszonen ausgeübt, so erfolgt sie nach Maßgabe dieses Artikels und der anderen Bestimmungen dieses Übereinkommens über die Fischerei in diesen Zonen.

(3) In Fällen, in denen katadrome Fische durch die ausschließliche Wirtschaftszone eines anderen Staates wandern, sei es als Jungfisch oder als heranreifender Fisch, wird die Bewirtschaftung einschließlich des Fanges dieser Fische durch Vereinbarung zwischen dem in Absatz 1 genannten Staat und dem anderen beteiligten Staat geregelt. Diese Vereinbarung muß die rationelle Bewirtschaftung der Arten gewährleisten und die Verantwortung des in Absatz 1 genannten Staates für den Fortbestand dieser Arten berücksichtigen.

Artikel 68 Seßhafte Arten

Dieser Teil findet keine Anwendung auf seßhafte Arten, wie sie in Artikel 77 Absatz 4 definiert sind.

Artikel 69 Recht der Binnenstaaten

(1) Binnenstaaten haben das Recht, auf der Grundlage der Billigkeit an der Ausbeutung eines angemessenen Teiles des Überschusses der lebenden Ressourcen der ausschließlichen Wirtschaftszonen von Küstenstaaten derselben Subregion oder Region teilzunehmen; dabei sind die in Betracht kommenden wirtschaftlichen und geographischen Gegebenheiten aller beteiligten Staaten zu berücksichtigen und die Bestimmungen dieses Artikels und der Artikel 61 und 62 zu beachten.

(2) Die Umstände und Einzelheiten für diese Teilnahme werden von den beteiligten Staaten durch zweiseitige, subregionale oder regionale Übereinkünfte festgelegt, wobei unter anderem folgendes zu berücksichtigen ist:

a) die Notwendigkeit, schädliche Auswirkungen auf Fischergemeinden oder auf die Fischereiwirtschaft des Küstenstaats zu vermeiden;

b) der Umfang, in dem der Binnenstaat in Übereinstimmung mit diesem Artikel aufgrund geltender zweiseitiger, subregionaler oder regionaler Übereinkünfte an der Ausbeutung der lebenden Ressourcen der ausschließlichen Wirtschaftszonen anderer Küstenstaaten teilnimmt oder teilzunehmen berechtigt ist;

c) der Umfang, in dem andere Binnenstaaten und geographisch benachteiligte Staaten an der Ausbeutung der lebenden Ressourcen der ausschließlichen Wirtschaftszone des Küstenstaats teilnehmen, und die daraus folgende Notwendigkeit, eine besondere Belastung für einen einzelnen Küstenstaat oder einen Teil davon zu vermeiden;

d) die Nahrungsmittelbedürfnisse der Bevölkerung der betreffenden Staaten.

(3) Nähert sich die Fangkapazität eines Küstenstaats einem Zustand, der ihn in die Lage versetzen würde, die gesamte zulässige Fangmenge der lebenden Ressourcen in seiner ausschließlichen Wirtschaftszone zu fischen, so arbeiten der Küstenstaat und die anderen beteiligten Staaten bei der Festlegung ausgewogenere Vereinbarungen auf zweiseitiger, subregionaler oder regionaler Grundlage zusammen, um die Teilnahme von Binnenstaaten derselben Subregion oder Region, die Entwicklungsstaaten sind, an der Ausbeutung der lebenden Ressourcen der ausschließlichen Wirtschaftszonen von Küstenstaaten der Subregion oder Region zu ermöglichen, soweit dies unter den gegebenen Umständen angemessen ist, und zu Bedingungen, die für alle Parteien zufriedenstellend sind. Bei der Durchführung dieser Bestimmung sind die in Absatz 2 genannten Faktoren ebenfalls zu berücksichtigen.

(4) Entwickelte Binnenstaaten sind nach diesem Artikel berechtigt, an der Ausbeutung der lebenden Ressourcen nur in den ausschließlichen Wirtschaftszonen entwickelter Küstenstaaten derselben Subregion oder Region teilzunehmen, wobei zu berücksichtigen ist, in welchem Umfang der Küstenstaat, der anderen Staaten Zugang zu den lebenden Ressourcen seiner ausschließlichen Wirtschaftszone gewährt, der Notwendigkeit Rechnung getragen hat, schädliche Auswirkungen auf Fischergemeinden und wirtschaftliche Störungen in Staaten, deren Angehörige gewohnheitsmäßig in der Zone Fischfang betrieben haben, auf ein Mindestmaß zu beschränken.

(5) Die vorstehenden Bestimmungen berühren nicht die in Subregionen oder Regionen vereinbarten Regelungen, in denen die Küstenstaaten den Binnenstaaten derselben Subregion oder Region gleiche Rechte oder Vorzugsrechte für die Ausbeutung der lebenden Ressourcen in den ausschließlichen Wirtschaftszonen gewähren.

Artikel 70 Recht der geographisch benachteiligten Staaten

(1) Geographisch benachteiligte Staaten haben das Recht, auf der Grundlage der Billigkeit an der Ausbeutung eines angemessenen Teiles des Überschusses der lebenden Ressourcen der ausschließlichen Wirtschaftszonen von Küstenstaaten derselben Subregion oder Region teilzunehmen; dabei sind die in Betracht kommenden wirtschaftlichen und geographischen Gegebenheiten aller beteiligten Staaten zu berücksichtigen und die Bestimmungen dieses Artikels und der Artikel 61 und 62 zu beachten.

(2) Im Sinne dieses Teiles bedeutet »geographisch benachteiligte Staaten« diejenigen Küstenstaaten – einschließlich Staaten, die an umschlossenen oder halbumschlossenen Meeren liegen –, deren geographische Lage sie von der Ausbeutung der lebenden Ressourcen der ausschließlichen Wirtschaftszonen anderer Staaten in der Subregion oder Region für die angemessene Versorgung mit Fisch zu Nahrungszwecken für ihre gesamte oder einen Teil ihrer Bevölkerung abhängig macht, sowie jene Küstenstaaten, die keine eigene ausschließliche Wirtschaftszone beanspruchen können.

(3) Die Umstände und Einzelheiten für diese Teilnahme werden von den beteiligten Staaten durch zweiseitige, subregionale oder regionale Übereinkünfte festgelegt, wobei unter anderem folgendes zu berücksichtigen ist:
a) die Notwendigkeit, schädliche Auswirkungen auf Fischergemeinden oder auf die Fischereiwirtschaft des Küstenstaats zu vermeiden;
b) der Umfang, in dem der geographisch benachteiligte Staat in Übereinstimmung mit diesem Artikel aufgrund geltender zweiseitiger, subregionaler oder regionaler Übereinkünfte an der Ausbeutung der lebenden Ressourcen der ausschließlichen Wirtschaftszonen anderer Küstenstaaten teilnimmt oder teilzunehmen berechtigt ist;
c) der Umfang, in dem andere geographisch benachteiligte Staaten und Binnenstaaten an der Ausbeutung der lebenden Ressourcen der ausschließlichen Wirtschaftszone des Küstenstaats teilnehmen, und die daraus folgende Notwendigkeit, eine besondere Belastung für einen einzelnen Küstenstaat oder einen Teil davon zu vermeiden;
d) die Nahrungsmittelbedürfnisse der Bevölkerung der betreffenden Staaten.

(4) Nähert sich die Fangkapazität eines Küstenstaats einem Zustand, der ihn in die Lage versetzen würde, die gesamte zulässige Fangmenge der lebenden Ressourcen in seiner ausschließlichen Wirtschaftszone zu fischen, so arbeiten der Küstenstaat und die anderen beteiligten Staaten bei der Festlegung ausgewogener Vereinbarungen auf zweiseitiger, subregionaler oder regionaler Grundlage zusammen, um die Teilnahme von geographisch benachteiligten Staaten derselben Subregion oder Re-

gion, die Entwicklungsstaaten sind, an der Ausbeutung der lebenden Ressourcen der ausschließlichen Wirtschaftszonen von Küstenstaaten der Subregion oder Region zu ermöglichen, soweit dies unter den gegebenen Umständen angemessen ist, und zu Bedingungen, die für alle Parteien zufriedenstellend sind. Bei der Durchführung dieser Bestimmung sind die in Absatz 3 genannten Faktoren ebenfalls zu berücksichtigen.
(5) Entwickelte geographisch benachteiligte Staaten sind nach diesem Artikel berechtigt, an der Ausbeutung der lebenden Ressourcen nur in den ausschließlichen Wirtschaftszonen entwickelter Küstenstaaten derselben Subregion oder Region teilzunehmen, wobei zu berücksichtigen ist, in welchem Umfang der Küstenstaat, der anderen Staaten Zugang zu den lebenden Ressourcen seiner ausschließlichen Wirtschaftszone gewährt, der Notwendigkeit Rechnung getragen hat, schädliche Auswirkungen auf Fischergemeinden und wirtschaftliche Störungen in Staaten, deren Angehörige gewohnheitsmäßig in der Zone Fischfang betrieben haben, auf ein Mindestmaß zu beschränken.
(6) Die vorstehenden Bestimmungen berühren nicht die in Subregionen oder Regionen vereinbarten Regelungen, in denen die Küstenstaaten den geographisch benachteiligten Staaten derselben Subregion oder Region gleiche Rechte oder Vorzugsrechte für die Ausbeutung der lebenden Ressourcen in den ausschließlichen Wirtschaftszonen gewähren.

Artikel 71 Nichtanwendbarkeit der Artikel 69 und 70
Die Artikel 69 und 70 finden keine Anwendung auf einen Küstenstaat, dessen Wirtschaft weitestgehend von der Ausbeutung der lebenden Ressourcen seiner ausschließlichen Wirtschaftszone abhängig ist.

Artikel 72 Einschränkungen der Übertragung von Rechten
(1) Die in den Artikeln 69 und 70 vorgesehenen Rechte zur Ausbeutung von lebenden Ressourcen dürfen, sofern die beteiligten Staaten nichts anderes vereinbaren, nicht unmittelbar oder mittelbar durch Verpachtung oder Lizenzerteilung, durch Schaffung gemeinschaftlicher Unternehmungen oder auf andere eine solche Übertragung bewirkende Weise auf dritte Staaten oder ihre Angehörigen übertragen werden.
(2) Der vorstehende Absatz schließt nicht aus, daß die beteiligten Staaten von dritten Staaten oder internationalen Organisationen technische oder finanzielle Hilfe erhalten, die ihnen die Ausübung ihrer Rechte nach den Artikeln 69 und 70 erleichtern soll, sofern dies nicht die in jenem Absatz genannte Wirkung hat.

Artikel 73 Durchsetzung der Gesetze und sonstigen Vorschriften des Küstenstaats
(1) Der Küstenstaat kann bei der Ausübung seiner souveränen Rechte zur Erforschung, Ausbeutung, Erhaltung und Bewirtschaftung der lebenden Ressourcen in der ausschließlichen Wirtschaftszone die erforderlichen Maßnahmen einschließlich des Anhaltens, der Überprüfung, des Festhaltens und gerichtlicher Verfahren ergreifen, um die Einhaltung der von ihm in Übereinstimmung mit diesem Übereinkommen erlassenen Gesetze und sonstigen Vorschriften sicherzustellen.
(2) Festgehaltene Schiffe und ihre Besatzung werden nach Hinterlegung einer angemessenen Kaution oder anderen Sicherheit sofort freigegeben.
(3) Die vom Küstenstaat vorgesehenen Strafen für Verstöße gegen die Fischereigesetze und diesbezüglichen sonstigen Vorschriften in der ausschließlichen Wirtschaftszone dürfen Haft nicht einschließen, sofern die beteiligten Staaten nichts Gegenteiliges vereinbart haben, und auch keine sonstige Form der körperlichen Bestrafung.
(4) Wird ein fremdes Schiff festgehalten oder zurückgehalten, so setzt der Küstenstaat sofort den Flaggenstaat auf geeigneten Wegen von den ergriffenen Maßnahmen sowie von allen später verhängten Strafen in Kenntnis.

Artikel 74 Abgrenzung der ausschließlichen Wirtschaftszone zwischen Staaten mit gegenüberliegenden oder aneinander angrenzenden Küsten
(1) Die Abgrenzung der ausschließlichen Wirtschaftszone zwischen Staaten mit gegenüberliegenden oder aneinander angrenzenden Küsten erfolgt durch Übereinkunft auf der Grundlage des Völkerrechts im Sinne des Artikels 38 des Statuts des Internationalen Gerichtshofs, um eine der Billigkeit entsprechende Lösung zu erzielen.

(2) Kommt innerhalb einer angemessenen Frist keine Übereinkunft zustande, so nehmen die beteiligten Staaten die in Teil XV vorgesehene Verfahren in Anspruch.
(3) Bis zum Abschluß der in Absatz 1 vorgesehenen Übereinkunft bemühen sich die beteiligten Staaten nach besten Kräften und im Geist der Verständigung und Zusammenarbeit, vorläufige Vereinbarungen praktischer Art zu treffen und während dieser Übergangszeit die Erzielung der endgültigen Übereinkunft nicht zu gefährden oder zu verhindern. Diese Vereinbarungen lassen die endgültige Abgrenzung unberührt.
(4) Ist zwischen den beteiligten Staaten eine Übereinkunft in Kraft, so werden Fragen der Abgrenzung der ausschließlichen Wirtschaftszone in Übereinstimmung mit dieser Übereinkunft geregelt.

Artikel 75 Seekarten und Verzeichnisse geographischer Koordinaten

(1) Vorbehaltlich dieses Teiles werden die seewärtigen Grenzlinien der ausschließlichen Wirtschaftszone und die in Übereinstimmung mit Artikel 74 gezogenen Abgrenzungslinien in Seekarten eingetragen, deren Maßstab oder Maßstäbe zur genauen Feststellung ihres Verlaufs ausreichen. Gegebenenfalls können statt dieser seewärtigen Grenzlinien oder Abgrenzungslinien auch Verzeichnisse der geographischen Koordinaten von Punkten unter genauer Angabe der geodätischen Daten verwendet werden.
(2) Der Küstenstaat veröffentlicht diese Seekarten oder Verzeichnisse geographischer Koordinaten ordnungsgemäß und hinterlegt jeweils eine Ausfertigung davon beim Generalsekretär der Vereinten Nationen.

TEIL VI
Festlandsockel

Artikel 76 Definition des Festlandsockels

(1) Der Festlandsockel eines Küstenstaats umfaßt den jenseits seines Küstenmeers gelegenen Meeresboden und Meeresuntergrund der Unterwassergebiete, die sich über die gesamte natürliche Verlängerung seines Landgebiets bis zur äußeren Kante des Festlandrands erstrecken oder bis zu einer Entfernung von 200 Seemeilen von den Basislinien, von denen aus die Breite des Küstenmeers gemessen wird, wo die äußere Kante des Festlandrands in einer geringeren Entfernung verläuft.
(2) Der Festlandsockel eines Küstenstaats erstreckt sich nicht über die in den Absätzen 4 bis 6 vorgesehenen Grenzen hinaus.
(3) Der Festlandrand umfaßt die unter Wasser gelegene Verlängerung der Landmasse des Küstenstaats und besteht aus dem Meeresboden und dem Meeresuntergrund des Sockels, des Abhangs und des Anstiegs. Er umfaßt weder den Tiefseeboden mit seinen unterseeischen Bergrücken noch dessen Untergrund.
(4) a) Wenn sich der Festlandrand über 200 Seemeilen von den Basislinien, von denen aus die Breite des Küstenmeers gemessen wird, hinaus erstreckt, legt der Küstenstaat die äußere Kante des Festlandrands für die Zwecke dieses Übereinkommens fest, und zwar entweder
  i) durch eine Linie, die nach Absatz 7 über die äußersten Festpunkte gezogen wird, an denen die Dicke des Sedimentgesteins jeweils mindestens 1 Prozent der kürzesten Entfernung von diesem Punkt bis zum Fuß des Festlandabhangs beträgt, oder
  ii) durch eine Linie, die nach Absatz 7 über Festpunkte gezogen wird, die nicht weiter als 60 Seemeilen vom Fuß des Festlandabhangs entfernt sind.
  b) Solange das Gegenteil nicht bewiesen ist, wird der Fuß des Festlandabhangs als der Punkt des stärksten Gefällwechsels an seiner Basis festgelegt.
(5) Die Festpunkte auf der nach Absatz 4 Buchstabe a) Ziffern i) und ii) gezogenen und auf dem Meeresboden verlaufenden Linie der äußeren Grenzen des Festlandsockels dürfen entweder nicht weiter als 350 Seemeilen von den Basislinien, von denen aus die Breite des Küstenmeers gemessen wird, oder nicht weiter als 100 Seemeilen von der 2 500-Meter-Wassertiefenlinie, einer die Tiefpunkte von 2 500 Metern verbindenden Linie, entfernt sein.
(6) Ungeachtet des Absatzes 5 darf auf unterseeischen Bergrücken die äußere Grenze des Festlandsockels 350 Seemeilen von den Basislinien, von denen aus die Breite des Küstenmeers gemessen wird,

nicht überschreiten. Dieser Absatz bezieht sich nicht auf unterseeische Erhebungen, die natürliche Bestandteile des Festlandrands sind, wie seine Plateaus, Anstiege, Gipfel, Bänke und Ausläufer.
(7) Wo sich der Festlandsockel über 200 Seemeilen von den Basislinien hinaus erstreckt, von denen aus die Breite des Küstenmeers gemessen wird, legt der Küstenstaat die äußeren Grenzen seines Festlandsockels durch gerade Linien fest, die nicht länger als 60 Seemeilen sind und die Festpunkte verbinden, welche durch Koordinaten der Breite und Länge angegeben werden.
(8) Der Küstenstaat übermittelt der Kommission zur Begrenzung des Festlandsockels, die nach Anlage II auf der Grundlage einer gerechten geographischen Vertretung gebildet wird, Angaben über die Grenzen seines Festlandsockels, sofern sich dieser über 200 Seemeilen von den Basislinien hinaus erstreckt, von denen aus die Breite des Küstenmeers gemessen wird. Die Kommission richtet an die Küstenstaaten Empfehlungen in Fragen, die sich auf die Festlegung der äußeren Grenzen ihrer Festlandsockel beziehen. Die von einem Küstenstaat auf der Grundlage dieser Empfehlungen festgelegten Grenzen des Festlandsockels sind endgültig und verbindlich.
(9) Der Küstenstaat hinterlegt beim Generalsekretär der Vereinten Nationen Seekarten und sachbezogene Unterlagen, einschließlich geodätischer Daten, welche die äußeren Grenzen seines Festlandsockels dauerhaft beschreiben. Der Generalsekretär veröffentlicht diese ordnungsgemäß.
(10) Dieser Artikel berührt nicht die Frage der Abgrenzung des Festlandsockels zwischen Staaten mit gegenüberliegenden oder aneinander angrenzenden Küsten.

Artikel 77 Rechte des Küstenstaats am Festlandsockel
(1) Der Küstenstaat übt über den Festlandsockel souveräne Rechte zum Zweck seiner Erforschung und der Ausbeutung seiner natürlichen Ressourcen aus.
(2) Die in Absatz 1 genannten Rechte sind insoweit ausschließlich, als niemand ohne ausdrückliche Zustimmung des Küstenstaats den Festlandsockel erforschen oder seine natürlichen Ressourcen ausbeuten darf, selbst wenn der Küstenstaat diese Tätigkeiten unterläßt.
(3) Die Rechte des Küstenstaats am Festlandsockel sind weder von einer tatsächlichen oder nominellen Besitzergreifung noch von einer ausdrücklichen Erklärung abhängig.
(4) Die in diesem Teil genannten natürlichen Ressourcen umfassen die mineralischen und sonstigen nichtlebenden Ressourcen des Meeresbodens und seines Untergrunds sowie die zu den seßhaften Arten gehörenden Lebewesen, das heißt solche, die im nutzbaren Stadium entweder unbeweglich auf oder unter dem Meeresboden verbleiben oder sich nur in ständigem körperlichen Kontakt mit dem Meeresboden oder seinem Untergrund fortbewegen können.

Artikel 78 Rechtsstatus der Gewässer und des Luftraums über dem Festlandsockel sowie Rechte und Freiheiten anderer Staaten
(1) Die Rechte des Küstenstaats am Festlandsockel berühren weder den Rechtsstatus der darüber befindlichen Gewässer noch den des Luftraums über diesen Gewässern.
(2) Die Ausübung der Rechte des Küstenstaats über den Festlandsockel darf die Schiffahrt sowie sonstige Rechte und Freiheiten anderer Staaten nach diesem Übereinkommen weder beeinträchtigen noch in ungerechtfertigter Weise behindern.

Artikel 79 Unterseeische Kabel und Rohrleitungen auf dem Festlandsockel
(1) Alle Staaten haben das Recht, in Übereinstimmung mit diesem Artikel auf dem Festlandsockel unterseeische Kabel und Rohrleitungen zu legen.
(2) Der Küstenstaat darf das Legen oder die Unterhaltung dieser Kabel oder Rohrleitungen nicht behindern, vorbehaltlich seines Rechts, angemessene Maßnahmen zur Erforschung des Festlandsockels, zur Ausbeutung seiner natürlichen Ressourcen und zur Verhütung, Verringerung und Überwachung der Verschmutzung durch Rohrleitungen zu ergreifen.
(3) Die Festlegung der Trasse für das Legen solcher Rohrleitungen auf dem Festlandsockel bedarf der Zustimmung des Küstenstaats.
(4) Dieser Teil berührt nicht das Recht des Küstenstaats, Bedingungen für Kabel oder Rohrleitungen festzulegen, die in sein Hoheitsgebiet oder sein Küstenmeer führen, oder seine Hoheitsbefugnisse über Kabel und Rohrleitungen zu begründen, die im Zusammenhang mit der Erforschung seines

Festlandsockels, der Ausbeutung seiner Ressourcen oder dem Betrieb von seinen Hoheitsbefugnissen unterliegenden künstlichen Inseln, Anlagen oder Bauwerken gebaut oder genutzt werden.
(5) Beim Legen unterseeischer Kabel oder Rohrleitungen nehmen die Staaten auf die bereits vorhandenen Kabel oder Rohrleitungen gebührende Rücksicht. Insbesondere dürfen die Möglichkeiten für die Reparatur vorhandener Kabel oder Rohrleitungen nicht beeinträchtigt werden.

Artikel 80 Künstliche Inseln, Anlagen und Bauwerke auf dem Festlandsockel
Artikel 60 gilt sinngemäß für künstliche Inseln, Anlagen und Bauwerke auf dem Festlandsockel.

Artikel 81 Bohrarbeiten auf dem Festlandsockel
Der Küstenstaat hat das ausschließliche Recht, Bohrarbeiten auf dem Festlandsockel für alle Zwecke zu genehmigen und zu regeln.

Artikel 82 Zahlungen und Leistungen aus der Ausbeutung des Festlandsockels jenseits von 200 Seemeilen
(1) Der Küstenstaat erbringt Zahlungen oder Sachleistungen im Zusammenhang mit der Ausbeutung der nichtlebenden Ressourcen des Festlandsockels jenseits von 200 Seemeilen von den Basislinien, von denen aus die Breite des Küstenmeers gemessen wird.
(2) Die Zahlungen und Leistungen erfolgen jährlich aus der gesamten Produktion einer Abbaustätte, nachdem die ersten fünf Jahre des Abbaus an dieser Stätte abgelaufen sind. Für das sechste Jahr beträgt der Satz der Zahlungen oder Leistungen 1 Prozent des Wertes oder des Umfangs der Produktion dieser Abbaustätte. Dieser Satz erhöht sich in jedem folgenden Jahr um 1 Prozent bis zum zwölften Jahr und verbleibt danach bei 7 Prozent. Ressourcen, die im Zusammenhang mit der Ausbeutung verwendet werden, gehören nicht zur Produktion.
(3) Ein Entwicklungsstaat, der Nettoimporteur einer von seinem Festlandsockel gewonnenen mineralischen Ressource ist, ist von solchen Zahlungen oder Leistungen in bezug auf diese mineralische Ressource befreit.
(4) Die Zahlungen oder Leistungen erfolgen über die Behörde; diese verteilt sie an die Vertragsstaaten nach gerechten Verteilungsmaßstäben unter Berücksichtigung der Interessen und Bedürfnisse der Entwicklungsstaaten, insbesondere der am wenigsten entwickelten und der Binnenstaaten unter ihnen.

Artikel 83 Abgrenzung des Festlandsockels zwischen Staaten mit gegenüberliegenden oder aneinander angrenzenden Küsten
(1) Die Abgrenzung des Festlandsockels zwischen Staaten mit gegenüberliegenden oder aneinander angrenzenden Küsten erfolgt durch Übereinkunft auf der Grundlage des Völkerrechts im Sinne des Artikels 38 des Statuts des Internationalen Gerichtshofs, um eine der Billigkeit entsprechende Lösung zu erzielen.
(2) Kommt innerhalb einer angemessenen Frist keine Übereinkunft zustande, so nehmen die beteiligten Staaten die in Teil XV vorgesehenen Verfahren in Anspruch.
(3) Bis zum Abschluß der in Absatz 1 vorgesehenen Übereinkunft bemühen sich die beteiligten Staaten nach besten Kräften und im Geist der Verständigung und Zusammenarbeit, vorläufige Vereinbarungen praktischer Art zu treffen und während dieser Übergangszeit die Erzielung der endgültigen Übereinkunft nicht zu gefährden oder zu verhindern. Diese Vereinbarungen lassen die endgültige Abgrenzung unberührt.
(4) Ist zwischen den beteiligten Staaten eine Übereinkunft in Kraft, so werden Fragen der Abgrenzung des Festlandsockels in Übereinstimmung mit dieser Übereinkunft geregelt.

Artikel 84 Seekarten und Verzeichnisse geographischer Koordinaten
(1) Vorbehaltlich dieses Teils werden die äußeren Grenzlinien des Festlandsockels und die in Übereinstimmung mit Artikel 83 gezogenen Abgrenzungslinien in Seekarten eingetragen, deren Maßstab oder Maßstäbe zur genauen Feststellung ihres Verlaufs ausreichen. Gegebenenfalls können statt dieser äußeren Grenzlinien oder Abgrenzungslinien auch Verzeichnisse der geographischen Koordinaten von Punkten unter genauer Angabe der geodätischen Daten verwendet werden.
(2) Der Küstenstaat veröffentlicht diese Seekarten oder Verzeichnisse geographischer Koordinaten ordnungsgemäß und hinterlegt jeweils eine Ausfertigung davon beim Generalsekretär der Vereinten

Nationen und, sofern die äußeren Grenzlinien des Festlandsockels darauf eingetragen sind, beim Generalsekretär der Behörde.

Artikel 85 Anlage von Tunneln
Dieser Teil berührt nicht das Recht des Küstenstaats, den Meeresuntergrund unabhängig von der Tiefe des darüber befindlichen Wassers durch Anlage von Tunneln zu nutzen.

TEIL VII
Hohe See

ABSCHNITT 1
Allgemeine Bestimmungen

Artikel 86 Anwendung dieses Teils
Dieser Teil gilt für alle Teile des Meeres, die nicht zur ausschließlichen Wirtschaftszone, zum Küstenmeer oder zu den inneren Gewässern eines Staates oder zu den Archipelgewässern eines Archipelstaats gehören. Dieser Artikel hat keinesfalls Beschränkungen der Freiheiten zur Folge, die allen Staaten in Übereinstimmung mit Artikel 58 in der ausschließlichen Wirtschaftszone genießen.

Artikel 87 Freiheit der Hohen See
(1) Die Hohe See steht allen Staaten, ob Küsten- oder Binnenstaaten, offen. Die Freiheit der Hohen See wird gemäß den Bedingungen dieses Übereinkommens und den sonstigen Regeln des Völkerrechts ausgeübt. Sie umfaßt für Küsten- und Binnenstaaten unter anderem
a) die Freiheit der Schiffahrt,
b) die Freiheit des Überflugs,
c) die Freiheit, vorbehaltlich des Teiles VI, unterseeische Kabel und Rohrleitungen zu legen,
d) die Freiheit, vorbehaltlich des Teiles VI, künstliche Inseln und andere nach dem Völkerrecht zulässige Anlagen zu errichten,
e) die Freiheit der Fischerei unter den Bedingungen des Abschnitts 2,
f) die Freiheit der wissenschaftlichen Forschung vorbehaltlich der Teile VI und XIII.
(2) Diese Freiheiten werden von jedem Staat unter gebührender Berücksichtigung der Interessen anderer Staaten an der Ausübung der Freiheit der Hohen See sowie der Rechte ausgeübt, die dieses Übereinkommen im Hinblick auf die Tätigkeiten im Gebiet vorsieht.

Artikel 88 Bestimmung der Hohen See für friedliche Zwecke
Die Hohe See ist friedlichen Zwecken vorbehalten.

Artikel 89 Ungültigkeit von Souveränitätsansprüchen über die Hohe See
Kein Staat darf den Anspruch erheben, irgendeinen Teil der Hohen See seiner Souveränität zu unterstellen.

Artikel 90 Recht der Schiffahrt
Jeder Staat, ob Küsten- oder Binnenstaat, hat das Recht, Schiffe, die seine Flagge führen, auf der Hohen See fahren zu lassen.

Artikel 91 Staatszugehörigkeit der Schiffe
(1) Jeder Staat legt die Bedingungen fest, zu denen er Schiffen seine Staatszugehörigkeit gewährt, sie in seinem Hoheitsgebiet in das Schiffregister einträgt und ihnen das Recht einräumt, seine Flagge zu führen. Schiffe besitzen die Staatszugehörigkeit des Staates, dessen Flagge zu führen sie berechtigt sind. Zwischen dem Staat und dem Schiff muß eine echte Verbindung bestehen.
(2) Jeder Staat stellt den Schiffen, denen er das Recht einräumt, seine Flagge zu führen, entsprechende Dokumente aus.

Artikel 92 Rechtsstellung der Schiffe
(1) Schiffe fahren unter der Flagge eines einzigen Staates und unterstehen auf Hoher See seiner ausschließlichen Hoheitsgewalt, mit Ausnahme der besonderen Fälle, die ausdrücklich in internationalen Verträgen oder in diesem Übereinkommen vorgesehen sind. Ein Schiff darf seine Flagge während einer Fahrt oder in einem angelaufenen Hafen nicht wechseln, außer im Fall eines tatsächlichen Eigentumsübergangs oder eines Wechsels des Registers.

(2) Ein Schiff, das unter den Flaggen von zwei oder mehr Staaten fährt, von denen es nach Belieben Gebrauch macht, kann keine dieser Staatszugehörigkeiten gegenüber dritten Staaten geltend machen; es kann einem Schiff ohne Staatszugehörigkeit gleichgestellt werden.

Artikel 93 Schiffe, welche die Flagge der Vereinten Nationen, ihrer Sonderorganisationen oder der Internationalen Atomenergie-Organisation führen
Durch die vorstehenden Artikel wird die Frage der Schiffe, die im Dienst der Vereinten Nationen, ihrer Sonderorganisationen oder der Internationalen Atomenergie-Organisation stehen und deren Flagge führen, nicht berührt.

Artikel 94 Pflichten des Flaggenstaats
(1) Jeder Staat übt seine Hoheitsgewalt und Kontrolle in verwaltungsmäßigen, technischen und sozialen Angelegenheiten über die seine Flagge führenden Schiffe wirksam aus.
(2) Insbesondere hat jeder Staat
a) ein Schiffsregister zu führen, das die Namen und Einzelheiten der seine Flagge führenden Schiffe enthält, mit Ausnahme derjenigen Schiffe, die wegen ihrer geringen Größe nicht unter die allgemein anerkannten internationalen Vorschriften fallen;
b) die Hoheitsgewalt nach seinem innerstaatlichen Recht über jedes seine Flagge führende Schiff sowie dessen Kapitän, Offiziere und Besatzung in bezug auf die das Schiff betreffende verwaltungsmäßigen, technischen und sozialen Angelegenheiten auszuüben.
(3) Jeder Staat ergreift für die seine Flagge führenden Schiffe die Maßnahmen, die zur Gewährleistung der Sicherheit auf See erforderlich sind, unter anderem in bezug auf
a) den Bau, die Ausrüstung und die Seetüchtigkeit der Schiffe;
b) die Bemannung der Schiffe, die Arbeitsbedingungen und die Ausbildung der Besatzungen, unter Berücksichtigung der anwendbaren internationalen Übereinkünfte;
c) die Verwendung von Signalen, die Aufrechterhaltung von Nachrichtenverbindungen und die Verhütung von Zusammenstößen.
(4) Diese Maßnahmen umfassen solche, die notwendig sind, um sicherzustellen,
a) daß jedes Schiff vor der Eintragung in das Schiffregister und danach in angemessenen Abständen von einem befähigten Schiffsbesichtiger besichtigt wird und diejenigen Seekarten, nautischen Veröffentlichungen sowie Navigationsausrüstungen und -instrumente an Bord hat, die für die sichere Fahrt des Schiffes erforderlich sind;
b) daß jedes Schiff einem Kapitän und Offizieren mit geeigneter Befähigung, insbesondere im Hinblick auf Seemannschaft, Navigation, Nachrichtenwesen und Schiffsmaschinentechnik, unterstellt ist und daß die Besatzung nach Befähigung und Anzahl dem Typ, der Größe, der Maschinenanlage und der Ausrüstung des Schiffes entspricht;
c) daß der Kapitän, die Offiziere und, soweit erforderlich, die Besatzung mit den anwendbaren internationalen Vorschriften zum Schutz des menschlichen Lebens auf See, zur Verhütung von Zusammenstößen, zur Verhütung, Verringerung und Überwachung der Meeresverschmutzung sowie zur Unterhaltung von Funkverbindungen vollständig vertraut und verpflichtet sind, sie zu beachten.
(5) Wenn ein Staat Maßnahmen nach den Absätzen 3 und 4 ergreift, ist er verpflichtet, sich an die allgemein anerkannten internationalen Vorschriften, Verfahren und Gebräuche zu halten und alle erforderlichen Vorkehrungen zu treffen, um ihre Beachtung sicherzustellen.
(6) Ein Staat, der eindeutige Gründe zu der Annahme hat, daß keine ordnungsgemäße Hoheitsgewalt und Kontrolle über ein Schiff ausgeübt worden sind, kann dem Flaggenstaat die Tatsachen mitteilen. Nach Empfang einer solchen Mitteilung untersucht der Flaggenstaat die Angelegenheit und ergreift gegebenenfalls die notwendigen Abhilfemaßnahmen.
(7) Jeder Staat läßt über jeden Seeunfall oder jedes andere mit der Führung eines Schiffes zusammenhängende Ereignis auf Hoher See, an dem ein seine Flagge führendes Schiff beteiligt war und wodurch der Tod oder schwere Verletzungen von Angehörigen eines anderen Staates oder an der Meeresumwelt verursacht wurden, von oder vor einer entsprechend befähigten Person oder Personen eine Untersuchung durchführen. Der Flaggenstaat und der andere Staat arbeiten bei der Durchführung jeder vom letzteren vorgenom-

menen Untersuchung über einen solchen Seeunfall oder ein solches mit der Führung eines Schiffes zusammenhängende Ereignis zusammen.

Artikel 95 Immunität von Kriegsschiffen auf Hoher See
Kriegsschiffe genießen auf Hoher See vollständige Immunität von der Hoheitsgewalt jedes anderen als des Flaggenstaats.

Artikel 96 Immunität von Schiffen, die im Staatsdienst ausschließlich für andere als Handelszwecke genutzt werden
Einem Staat gehörende oder von ihm eingesetzte Schiffe, die im Staatsdienst ausschließlich für andere als Handelszwecke genutzt werden, genießen auf Hoher See vollständige Immunität von der Hoheitsgewalt jedes anderen als des Flaggenstaats.

Artikel 97 Strafgerichtsbarkeit in bezug auf Zusammenstöße oder andere mit der Führung eines Schiffes zusammenhängende Ereignisse
(1) Im Fall eines Zusammenstoßes oder eines anderen mit der Führung eines Schiffes zusammenhängenden Ereignisses auf Hoher See, welche die strafrechtliche oder disziplinarische Verantwortlichkeit des Kapitäns oder einer sonstigen im Dienst des Schiffes stehenden Person nach sich ziehen könnten, darf ein Straf- oder Disziplinarverfahren gegen diese Personen nur von den Justiz- oder Verwaltungsbehörden des Flaggenstaats oder des Staates eingeleitet werden, dessen Staatsangehörigkeit die betreffende Person besitzt.
(2) In Disziplinarangelegenheiten ist nur der Staat, der ein Kapitänspatent, ein Befähigungszeugnis oder eine andere Erlaubnis erteilt hat, zuständig, die Entziehung dieser Urkunden nach dem vorgeschriebenen gesetzlichen Verfahren zu erklären, auch wenn der Inhaber nicht die Staatsangehörigkeit des ausstellenden Staates besitzt.
(3) Ein Festhalten oder ein Zurückhalten des Schiffes darf, selbst zu Untersuchungszwecken, nur von den Behörden des Flaggenstaats angeordnet werden.

Artikel 98 Pflicht zur Hilfeleistung
(1) Jeder Staat verpflichtet den Kapitän eines seine Flagge führenden Schiffes, soweit der Kapitän ohne ernste Gefährdung des Schiffes, der Besatzung oder der Fahrgäste dazu imstande ist,
a) jeder Person, die auf See in Lebensgefahr angetroffen wird, Hilfe zu leisten;
b) so schnell wie möglich Personen in Seenot zu Hilfe zu eilen, wenn er von ihrem Hilfsbedürfnis Kenntnis erhält, soweit diese Handlung vernünftigerweise von ihm erwartet werden kann;
c) nach einem Zusammenstoß dem anderen Schiff, dessen Besatzung und dessen Fahrgästen Hilfe zu leisten und diesem Schiff nach Möglichkeit den Namen seines eigenen Schiffes, den Registerhafen und den nächsten Anlaufhafen mitzuteilen.
(2) Alle Küstenstaaten fördern die Errichtung, den Einsatz und die Unterhaltung eines angemessenen und wirksamen Such- und Rettungsdienstes, um die Sicherheit auf und über der See zu gewährleisten; sie arbeiten erforderlichenfalls zu diesem Zweck mit den Nachbarstaaten mittels regionaler Übereinkünfte zusammen.

Artikel 99 Verbot der Beförderung von Sklaven
Jeder Staat ergreift wirksame Maßnahmen, um die Beförderung von Sklaven auf Schiffen, die seine Flagge zu führen berechtigt sind, zu verhindern und zu bestrafen sowie die unrechtmäßige Verwendung seiner Flagge zu diesem Zweck zu verhindern. Jeder Sklave, der auf einem Schiff gleich welcher Flagge Zuflucht nimmt, ist ipso facto frei.

Artikel 100 Pflicht zur Zusammenarbeit bei der Bekämpfung der Seeräuberei
Alle Staaten arbeiten in größtmöglichem Masse zusammen, um die Seeräuberei auf Hoher See oder an jedem anderen Ort zu bekämpfen, der keiner staatlichen Hoheitsgewalt untersteht.

21 Seerechtsübereinkommen der Vereinten Nationen Art. 101–108

Artikel 101 Definition der Seeräuberei
Seeräuberei ist jede der folgenden Handlungen:
a) jede rechtswidrige Gewalttat oder Freiheitsberaubung oder jede Plünderung, welche die Besatzung oder die Fahrgäste eines privaten Schiffes oder Luftfahrzeugs zu privaten Zwecken begehen und die gerichtet ist
  i) auf Hoher See gegen ein anderes Schiff oder Luftfahrzeug oder gegen Personen oder Vermögenswerte an Bord dieses Schiffes oder Luftfahrzeugs;
  ii) an einem Ort, der keiner staatlichen Hoheitsgewalt untersteht, gegen ein Schiff, ein Luftfahrzeug, Personen oder Vermögenswerte;
b) jede freiwillige Beteiligung am Einsatz eines Schiffes oder Luftfahrzeugs in Kenntnis von Tatsachen, aus denen sich ergibt, daß es ein Seeräuberschiff oder -luftfahrzeug ist;
c) jede Anstiftung zu einer unter Buchstabe a) oder b) bezeichneten Handlung oder jede absichtliche Erleichterung einer solchen Handlung.

Artikel 102 Seeräuberei durch ein Kriegsschiff, Staatsschiff oder staatliches Luftfahrzeug, dessen Besatzung gemeutert hat
Seeräuberische Handlungen, wie in Artikel 101 definiert, die von einem Kriegsschiff, Staatsschiff oder staatlichen Luftfahrzeug begangen werden, dessen Besatzung gemeutert und die Gewalt über das Schiff oder Luftfahrzeug erlangt hat, werden den von einem privaten Schiff oder Luftfahrzeug begangenen Handlungen gleichgestellt.

Artikel 103 Definition eines Seeräuberschiffs oder -luftfahrzeugs
Ein Schiff oder Luftfahrzeug gilt als Seeräuberschiff oder -luftfahrzeug, wenn es von den Personen, unter deren tatsächlicher Gewalt es steht, dazu bestimmt ist, zur Begehung einer Handlung nach Artikel 101 benutzt zu werden. Das gleiche gilt für ein Schiff oder Luftfahrzeug, das zur Begehung einer derartigen Handlung benutzt worden ist, solange es unter der Gewalt der Personen verbleibt, die sich dieser Handlung schuldig gemacht haben.

Artikel 104 Beibehaltung oder Verlust der Staatszugehörigkeit eines Seeräuberschiffs oder -luftfahrzeugs
Ein Schiff oder Luftfahrzeug kann seine Staatszugehörigkeit beibehalten, obwohl es zum Seeräuberschiff oder -luftfahrzeug geworden ist. Die Beibehaltung oder der Verlust der Staatszugehörigkeit bestimmt sich nach dem Recht des Staates, der sie gewährt hat.

Artikel 105 Aufbringen eines Seeräuberschiffs oder -luftfahrzeugs
Jeder Staat kann auf Hoher See oder an jedem anderen Ort, der keiner staatlichen Hoheitsgewalt untersteht, ein Seeräuberschiff oder -luftfahrzeug oder ein durch Seeräuberei erbeutetes und in die Gewalt von Seeräubern stehendes Schiff oder Luftfahrzeug aufbringen, die Personen an Bord des Schiffes oder Luftfahrzeugs festnehmen und die dort befindlichen Vermögenswerte beschlagnahmen. Die Gerichte des Staates, der das Schiff oder Luftfahrzeug aufgebracht hat, können über die zu verhängenden Strafen entscheiden sowie die Maßnahmen festlegen, die hinsichtlich des Schiffes, des Luftfahrzeugs oder der Vermögenswerte zu ergreifen sind, vorbehaltlich der Rechte gutgläubiger Dritter.

Artikel 106 Haftung für Aufbringen ohne hinreichenden Grund
Erfolgte das Aufbringen eines der Seeräuberei verdächtigen Schiffes oder Luftfahrzeugs ohne hinreichenden Grund, so haftet der aufbringende Staat dem Staat, dessen Zugehörigkeit das Schiff oder Luftfahrzeug besitzt, für jeden durch das Aufbringen verursachten Verlust oder Schaden.

Artikel 107 Schiffe und Luftfahrzeuge, die zum Aufbringen wegen Seeräuberei berechtigt sind
Ein Aufbringen wegen Seeräuberei darf nur von Kriegsschiffen oder Militärluftfahrzeugen oder von anderen Schiffen oder Luftfahrzeugen vorgenommen werden, die deutlich als im Staatsdienst stehend gekennzeichnet und als solche erkennbar sind und die hierzu befugt sind.

Artikel 108 Unerlaubter Verkehr mit Suchtstoffen oder psychotropen Stoffen
(1) Alle Staaten arbeiten bei der Bekämpfung des unerlaubten Verkehrs mit Suchtstoffen und psychotropen Stoffen zusammen, an dem Schiffe auf Hoher See unter Verletzung internationaler Übereinkünfte beteiligt sind.

Art. 109–111 Seerechtsübereinkommen der Vereinten Nationen 21

(2) Jeder Staat, der begründeten Anlaß zu der Annahme hat, daß ein seine Flagge führendes Schiff am unerlaubten Verkehr mit Suchtstoffen oder psychotropen Stoffen beteiligt ist, kann andere Staaten um Zusammenarbeit zur Unterbindung dieses Verkehrs ersuchen.

Artikel 109 Nicht genehmigte Rundfunksendungen von Hoher See aus
(1) Alle Staaten arbeiten bei der Bekämpfung nicht genehmigter Rundfunksendungen von der Hohen See aus zusammen.
(2) Im Sinne dieses Übereinkommens bedeutet »nicht genehmigte Rundfunksendungen« die Übertragung von Hörfunk- oder Fernsehsendungen zum Empfang durch die Allgemeinheit von einem Schiff oder einer Anlage auf Hoher See aus unter Verletzung internationaler Vorschriften, jedoch ausschließlich der Übermittlung von Notrufen.
(3) Wer nicht genehmigte Rundfunksendungen verbreitet, kann gerichtlich verfolgt werden
a) vom Flaggenstaat des Schiffes;
b) vom Staat, in dem die Anlage eingetragen ist;
c) vom Staat, dessen Angehöriger die betreffende Person ist;
d) von jedem Staat, in dem die Sendungen empfangen werden können, oder
e) von jedem Staat, in dem genehmigte Funkverbindungen dadurch gestört werden.
(4) Auf Hoher See kann ein Staat, der nach Absatz 3 Gerichtsbarkeit hat, in Übereinstimmung mit Artikel 110 alle Personen festnehmen oder alle Schiffe festhalten, die nicht genehmigte Rundfunksendungen verbreiten, und das Sendegerät beschlagnahmen.

Artikel 110 Recht zum Betreten
(1) Abgesehen von den Fällen, in denen ein Eingreifen auf vertraglich begründeten Befugnissen beruht, darf ein Kriegsschiff, das auf Hoher See einem fremden Schiff begegnet, ausgenommen ein Schiff, das nach den Artikeln 95 und 96 vollständige Immunität genießt, dieses nur anhalten, wenn begründeter Anlaß für den Verdacht besteht, daß
a) das Schiff Seeräuberei betreibt;
b) das Schiff Sklavenhandel betreibt;
c) das Schiff nicht genehmigte Rundfunksendungen verbreitet und der Flaggenstaat des Kriegsschiffs nach Artikel 109 Gerichtsbarkeit hat;
d) das Schiff keine Staatszugehörigkeit besitzt oder
e) das Schiff, obwohl es eine fremde Flagge führt oder sich weigert, seine Flagge zu zeigen, in Wirklichkeit dieselbe Staatszugehörigkeit wie das Kriegsschiff besitzt.
(2) In den in Absatz 1 vorgesehenen Fällen kann das Kriegsschiff die Berechtigung des Schiffes zur Flaggenführung überprüfen. Zu diesem Zweck kann es ein Boot unter dem Kommando eines Offiziers zu dem verdächtigen Schiff entsenden. Bleibt der Verdacht nach Prüfung der Dokumente bestehen, so kann es eine weitere Untersuchung an Bord des Schiffes vornehmen, die so rücksichtsvoll wie möglich durchzuführen ist.
(3) Erweist sich der Verdacht als unbegründet und hat das angehaltene Schiff keine den Verdacht rechtfertigende Handlung begangen, so ist ihm jeder Verlust oder Schaden zu ersetzen.
(4) Diese Bestimmungen gelten sinngemäß für Militärluftfahrzeuge.
(5) Diese Bestimmungen gelten auch für jedes andere ordnungsgemäß befugte Schiff oder Luftfahrzeug, das deutlich als im Staatsdienst stehend gekennzeichnet und als solches erkennbar ist.

Artikel 111 Recht der Nacheile
(1) Die Nacheile nach einem fremden Schiff kann vorgenommen werden, wenn die zuständigen Behörden des Küstenstaats guten Grund zu der Annahme haben, daß das Schiff gegen die Gesetze und sonstigen Vorschriften dieses Staates verstoßen hat. Diese Nacheile muß beginnen, solange sich das fremde Schiff oder eines seiner Boote innerhalb der inneren Gewässer, der Archipelgewässer, des Küstenmeers oder der Anschlußzone des nacheilenden Staates befindet, und darf außerhalb des Küstenmeers oder der Anschlußzone nur dann fortgesetzt werden, wenn sie nicht unterbrochen wurde. Ein Schiff, das ein innerhalb des Küstenmeers oder der Anschlußzone fahrendes fremdes Schiff zum Stoppen auffordert, muß sich zum Zeitpunkt, in dem das fremde Schiff diese Aufforderung erhält, nicht selbst innerhalb des Küstenmeeres oder der Anschlußzone befinden. Befindet sich das fremde

Schiff in einer Anschlußzone, wie sie in Artikel 33 bestimmt ist, so darf die Nacheile nur wegen einer Verletzung der Rechte vorgenommen werden, zu deren Schutz diese Zone errichtet wurde.
(2) Das Recht der Nacheile gilt sinngemäß für die in der ausschließlichen Wirtschaftszone oder auf dem Festlandsockel einschließlich der Sicherheitszonen um Anlagen auf dem Festlandsockel begangenen Verstöße gegen die Gesetze und sonstigen Vorschriften des Küstenstaats, die in Übereinstimmung mit diesem Übereinkommen auf die ausschließliche Wirtschaftszone oder den Festlandsockel einschließlich dieser Sicherheitszonen anwendbar sind.
(3) Das Recht der Nacheile endet, sobald das verfolgte Schiff das Küstenmeer seines eigenen oder eines dritten Staates erreicht.
(4) Die Nacheile gilt erst dann als begonnen, wenn sich das nacheilende Schiff durch die ihm zur Verfügung stehenden geeigneten Mittel davon überzeugt hat, daß das verfolgte Schiff, eines seiner Boote oder andere im Verband arbeitende Fahrzeuge, die das verfolgte Schiff als Mutterschiff benutzen, sich innerhalb der Grenzen des Küstenmeers oder gegebenenfalls innerhalb der Anschlußzone, der ausschließlichen Wirtschaftszone oder über dem Festlandsockel befinden. Die Nacheile darf erst begonnen werden, nachdem ein Sicht- oder Schallsignal zum Stoppen aus einer Entfernung gegeben wurde, in der es von dem fremden Schiff wahrgenommen werden kann.
(5) Das Recht der Nacheile darf nur von Kriegsschiffen oder Militärluftfahrzeugen oder von anderen Schiffen oder Luftfahrzeugen ausgeübt werden, die deutlich als im Staatsdienst stehend gekennzeichnet und als solche erkennbar sind und die hierzu befugt sind.
(6) Erfolgt die Nacheile durch ein Luftfahrzeug, so
a) finden die Absätze 1 bis 4 sinngemäß Anwendung;
b) muß das Luftfahrzeug, welches das Schiff zum Stoppen auffordert, dieses so lange selbst aktiv verfolgen, bis ein von ihm herbeigerufenes Schiff oder anderes Luftfahrzeug des Küstenstaats an Ort und Stelle eintrifft, um die Nacheile fortzusetzen, es sei denn, das Luftfahrzeug kann das Schiff selbst festhalten. Um das Festhalten eines Schiffes außerhalb des Küstenmeers zu rechtfertigen, genügt es nicht, daß dieses von dem Luftfahrzeug bei einer tatsächlichen oder vermuteten Rechtsverletzung lediglich gesichtet wurde, sondern es muß auch von dem Luftfahrzeug selbst oder anderen Luftfahrzeugen oder Schiffen, welche die Nacheile ohne Unterbrechung fortsetzen, zum Stoppen aufgefordert und verfolgt worden sein.
(7) Die Freigabe eines Schiffes, das im Hoheitsbereich eines Staates festgehalten und zur Untersuchung durch die zuständigen Behörden dieses Staates in einen seiner Häfen geleitet wurde, kann nicht allein aus dem Grund gefordert werden, daß das Schiff auf seiner Fahrt, weil die Umstände dies erforderlich machten, über einen Teil der ausschließlichen Wirtschaftszone oder der Hohen See geleitet wurde.
(8) Wurde ein Schiff außerhalb des Küstenmeeres unter Umständen gestoppt oder festgehalten, welche die Ausübung des Rechts der Nacheile nicht rechtfertigen, so ist ihm jeder dadurch erlittene Verlust oder Schaden zu ersetzen.

Artikel 112 Recht zum Legen unterseeischer Kabel und Rohrleitungen
(1) Jeder Staat hat das Recht, auf dem Boden der Hohen See jenseits des Festlandsockels unterseeische Kabel und Rohrleitungen zu legen.
(2) Artikel 79 Absatz 5 findet auf diese Kabel und Rohrleitungen Anwendung.

Artikel 113 Unterbrechung oder Beschädigung eines unterseeischen Kabels oder einer unterseeischen Rohrleitung
Jeder Staat erläßt die erforderlichen Gesetze und sonstigen Vorschriften, die vorsehen, daß jede vorsätzliche oder fahrlässige Unterbrechung oder Beschädigung eines unterseeischen Kabels auf Hoher See durch ein seine Flagge führendes Schiff oder durch eine seiner Gerichtsbarkeit unterstehende Person, wenn dadurch die Telegrafen- und Fernsprechverbindungen unterbrochen oder gestört werden könnten, sowie jede in gleicher Weise erfolgte Unterbrechung oder Beschädigung unterseeischer Rohrleitungen oder Hochspannungskabel eine strafbare Handlung ist. Diese Bestimmung gilt auch für ein Verhalten, das darauf gerichtet oder dazu geeignet ist, eine solche Unterbrechung oder Beschädigung herbeizuführen. Sie findet jedoch keine Anwendung, wenn die Unterbrechung oder Beschädigung durch Personen verursacht wurde, die lediglich das rechtmäßige Ziel verfolgten, ihr Leben oder

ihr Schiff zu schützen, nachdem sie alle erforderlichen Vorkehrungen zur Vermeidung einer derartigen Unterbrechung oder Beschädigung getroffen hatten.

Artikel 114 Unterbrechung oder Beschädigung eines unterseeischen Kabels oder einer unterseeischen Rohrleitung durch Eigentümer eines anderen unterseeischen Kabels oder einer anderen unterseeischen Rohrleitung
Jeder Staat erläßt die erforderlichen Gesetze und sonstigen Vorschriften, die vorsehen, daß die seiner Gerichtsbarkeit unterstehenden Personen, die Eigentümer eines unterseeischen Kabels oder einer unterseeischen Rohrleitung auf Hoher See sind und beim Legen oder bei der Reparatur dieses Kabels oder dieser Rohrleitung die Unterbrechung oder Beschädigung eines anderen Kabels oder einer anderen Rohrleitung verursachen, die dadurch entstandenen Reparaturkosten tragen.

Artikel 115 Entschädigung für Verluste, die durch die Vermeidung der Beschädigung eines unterseeischen Kabels oder einer unterseeischen Rohrleitung entstanden sind
Jeder Staat erläßt die erforderlichen Gesetze und sonstigen Vorschriften, um sicherzustellen, daß Schiffseigentümer, die beweisen können, daß sie einen Anker, ein Netz oder ein anderes Fischfanggerät geopfert haben, um die Beschädigung eines unterseeischen Kabels oder einer unterseeischen Rohrleitung zu vermeiden, vom Eigentümer des Kabels oder der Rohrleitung entschädigt werden, sofern der Schiffseigentümer zuvor alle angemessenen Vorsichtsmaßnahmen ergriffen hat.

ABSCHNITT 2
Erhaltung und Bewirtschaftung der lebenden Ressourcen der Hohen See
Artikel 116 Recht zur Fischerei auf Hoher See
Jeder Staat hat das Recht, daß seine Angehörigen Fischerei auf Hoher See ausüben können, vorbehaltlich
a) seiner vertraglichen Verpflichtungen;
b) der Rechte und Pflichten sowie der Interessen der Küstenstaaten, wie sie unter anderem in Artikel 63 Absatz 2 und in den Artikeln 64 bis 67 vorgesehen sind, und
c) der Bestimmungen dieses Abschnitts.

Artikel 117 Pflicht der Staaten, in bezug auf ihre Angehörigen Maßnahmen zur Erhaltung der lebenden Ressourcen der Hohen See zu ergreifen
Jeder Staat ist verpflichtet, in bezug auf seine Angehörigen die erforderlichen Maßnahmen zur Erhaltung der lebenden Ressourcen der Hohen See zu ergreifen oder mit anderen Staaten zu diesem Zweck zusammenzuarbeiten.

Artikel 118 Zusammenarbeit der Staaten bei der Erhaltung und Bewirtschaftung der lebenden Ressourcen
Die Staaten arbeiten bei der Erhaltung und Bewirtschaftung der lebenden Ressourcen in den Gebieten der Hohen See zusammen. Staaten, deren Angehörige dieselben lebenden Ressourcen oder verschiedene lebende Ressourcen in demselben Gebiet ausbeuten, nehmen Verhandlungen auf, um die für die Erhaltung der betreffenden lebenden Ressourcen erforderlichen Maßnahmen zu ergreifen. Gegebenenfalls arbeiten sie bei der Errichtung subregionaler oder regionaler Fischereiorganisationen zu diesem Zweck zusammen.

Artikel 119 Erhaltung der lebenden Ressourcen der Hohen See
(1) Bei der Festlegung der zulässigen Fangmenge und anderer Maßnahmen für die Erhaltung der lebenden Ressourcen der Hohen See
a) ergreifen die Staaten Maßnahmen, die auf der Grundlage der besten den betreffenden Staaten zur Verfügung stehenden wissenschaftlichen Angaben darauf gerichtet sind, die Populationen befischter Arten auf einem Stand zu erhalten oder auf diesen zurückzuführen, der den größtmöglichen Dauerertrag sichert, wie er sich im Hinblick auf die in Betracht kommenden Umwelt- und Wirtschaftsfaktoren, einschließlich der besonderen Bedürfnisse der Entwicklungsstaaten, ergibt, wobei die Fischereistrukturen, die gegenseitige Abhängigkeit der Bestände sowie alle allgemein empfohlenen internationalen Mindestnormen, gleichviel ob subregionaler, regionaler oder weltweiter Art, zu berücksichtigen sind;

b) berücksichtigen die Staaten die Wirkung auf jene Arten, die mit den befischten Arten vergesellschaftet oder von ihnen abhängig sind, um die Populationen dieser vergesellschafteten oder abhängigen Arten über einem Stand zu erhalten oder auf diesem zurückzuführen, auf dem ihre Fortpflanzung nicht ernstlich gefährdet wird.

(2) Die verfügbaren wissenschaftlichen Informationen, die statistischen Angaben über Fänge und Fischereiaufwand und andere für die Erhaltung der Fischbestände wesentliche Daten werden regelmäßig mitgeteilt und ausgetauscht, gegebenenfalls im Rahmen der zuständigen internationalen Organisationen, gleichviel ob subregionaler, regionaler oder weltweiter Art, sowie unter Beteiligung aller betroffenen Staaten.

(3) Die betroffenen Staaten stellen sicher, daß durch die Erhaltungsmaßnahmen und ihre Anwendung die Fischer irgendeines Staates weder rechtlich noch tatsächlich diskriminiert werden.

Artikel 120 Meeressäugetiere
Artikel 65 findet auch auf die Erhaltung und Bewirtschaftung der Meeressäugetiere der Hohen See Anwendung.

TEIL VIII
Ordnung der Inseln

Artikel 121 Ordnung der Inseln
(1) Eine Insel ist eine natürlich entstandene Landfläche, die vom Wasser umgeben ist und bei Flut über den Wasserspiegel hinausragt.
(2) Sofern in Absatz 3 nichts anderes vorgesehen ist, bestimmen sich das Küstenmeer, die Anschlußzone, die ausschließliche Wirtschaftszone und der Festlandsockel einer Insel nach den für andere Landgebiete geltenden Bestimmungen dieses Übereinkommens.
(3) Felsen, die für die menschliche Besiedlung nicht geeignet sind oder ein wirtschaftliches Eigenleben nicht zulassen, haben keine ausschließliche Wirtschaftszone und keinen Festlandsockel.

TEIL IX
Umschlossene oder halbumschlossene Meere

Artikel 122 Definition
Im Sinne dieses Übereinkommens bedeutet »umschlossenes oder halbumschlossenes Meer« einen Meerbusen, ein Becken oder ein Meer, die von zwei oder mehr Staaten umgeben und mit einem anderen Meer oder dem Ozean durch einen engen Ausgang verbunden sind oder die ganz oder überwiegend aus den Küstenmeeren und den ausschließlichen Wirtschaftszonen von zwei oder mehr Küstenstaaten bestehen.

Artikel 123 Zusammenarbeit bei Anliegerstaaten von umschlossenen oder halbumschlossenen Meeren
Die Anliegerstaaten eines umschlossenen oder halbumschlossenen Meeres sollen bei der Ausübung ihrer Rechte und der Erfüllung ihrer Pflichten aus diesem Übereinkommen zusammenarbeiten. Zu diesem Zweck bemühen sie sich unmittelbar oder im Rahmen einer geeigneten regionalen Organisation,
a) die Bewirtschaftung, Erhaltung, Erforschung und Ausbeutung der lebenden Ressourcen des Meeres zu koordinieren;
b) die Ausübung ihrer Rechte und die Erfüllung ihrer Pflichten hinsichtlich des Schutzes und der Bewahrung der Meeresumwelt zu koordinieren;
c) ihre wissenschaftliche Forschungspolitik zu koordinieren und gegebenenfalls gemeinsame wissenschaftliche Forschungsprogramme in diesem Gebiet durchzuführen;
d) andere interessierte Staaten oder internationale Organisationen gegebenenfalls aufzufordern, mit ihnen bei der Verwirklichung der Bestimmungen dieses Artikels zusammenzuarbeiten.

Art. 124–129 Seerechtsübereinkommen der Vereinten Nationen

TEIL X
Recht der Binnenstaaten auf Zugang zum und vom Meer und Transitfreiheiten

Artikel 124 Begriffsbestimmungen
(1) Im Sinne dieses Übereinkommens
a) bedeutet »Binnenstaat« einen Staat, der keine Meeresküste hat;
b) bedeutet »Transitstaat« einen Staat mit oder ohne Meeresküste, der zwischen einem Binnenstaat und dem Meer liegt und durch dessen Hoheitsgebiet Transitverkehr geführt wird;
c) bedeutet »Transitverkehr« den Transit von Personen, Gepäck, Gütern und Verkehrsmitteln durch das Hoheitsgebiet eines oder mehrerer Transitstaaten, wenn der Durchgang durch dieses Hoheitsgebiet mit oder ohne Umladen, Lagern, Löschen von Ladung oder Wechsel des Verkehrsmittels nur Teil eines gesamten Weges ist, der im Hoheitsgebiet des Binnenstaats beginnt oder endet;
d) bedeutet »Verkehrsmittel«
   i) rollendes Eisenbahnmaterial, See- und Binnenschiffe und Straßenfahrzeuge;
   ii) Träger und Lasttiere, wenn es die örtlichen Bedingungen erfordern.
(2) Binnenstaaten und Transitstaaten können durch Vereinbarung in die Verkehrsmittel Rohrleitungen und Gasleitungen sowie andere als die in Absatz 1 genannten einbeziehen.

Artikel 125 Recht auf Zugang zum und vom Meer und Transitfreiheit
(1) Die Binnenstaaten haben das Recht auf Zugang zum und vom Meer zur Ausübung der in diesem Übereinkommen vorgesehenen Rechte einschließlich der Rechte, die sich auf die Freiheit der Hohen See und das gemeinsame Erbe der Menschheit beziehen. Zu diesem Zweck genießen die Binnenstaaten die Freiheit des Transits durch das Hoheitsgebiet der Transitstaaten mit allen Verkehrsmitteln.
(2) Die Umstände und Einzelheiten für die Ausübung der Transitfreiheit werden zwischen den betreffenden Binnenstaaten und Transitstaaten durch zweiseitige, subregionale oder regionale Übereinkünfte vereinbart.
(3) Die Transitstaaten haben in Ausübung ihrer vollen Souveränität über ihr Hoheitsgebiet das Recht, alle erforderlichen Maßnahmen zu ergreifen, um sicherzustellen, daß die in diesem Teil für die Binnenstaaten vorgesehenen Rechte und Erleichterungen in keiner Weise ihre berechtigten Interessen beeinträchtigen.

Artikel 126 Ausschluß der Anwendung der Meistbegünstigungsklausel
Die Bestimmungen dieses Übereinkommens sowie besondere Übereinkünfte betreffend die Ausübung des Rechts auf Zugang zum und vom Meer, die Rechte und Erleichterungen aufgrund der besonderen geographischen Lage der Binnenstaaten vorsehen, sind von der Anwendung der Meistbegünstigungsklausel ausgeschlossen.

Artikel 127 Zölle, Steuern und sonstige Abgaben
(1) Der Transitverkehr unterliegt keinen Zöllen, Steuern oder sonstigen Abgaben mit Ausnahme der Gebühren, die für besondere Dienstleistungen im Zusammenhang mit diesem Verkehr erhoben werden.
(2) Die für die Binnenstaaten im Transit bereitgestellten und von ihnen benutzten Verkehrsmittel und anderen Einrichtungen unterliegen keinen höheren Steuern oder sonstigen Abgaben als denjenigen, die für die Benutzung von Verkehrsmitteln des Transitstaats erhoben werden.

Artikel 128 Freizonen und andere Zollerleichterungen
Zur Erleichterung des Transitverkehrs können in den Ein- und Ausgangshäfen der Transitstaaten durch Vereinbarung zwischen diesen und den Binnenstaaten Freizonen oder andere Zollerleichterungen vorgesehen werden.

Artikel 129 Zusammenarbeit beim Bau und bei der Verbesserung von Verkehrsmitteln
Sind in Transitstaaten keine Verkehrsmittel vorhanden, um die Transitfreiheit zu verwirklichen, oder sind die vorhandenen Mittel, einschließlich der Hafenanlagen und -ausrüstungen, in irgendeiner Hinsicht unzureichend, so können die betreffenden Transitstaaten und Binnenstaaten bei ihrem Bau oder ihrer Verbesserung zusammenarbeiten.

21 Seerechtsübereinkommen der Vereinten Nationen Art. 130–194

Artikel 130 Maßnahmen zur Vermeidung oder Beseitigung von Verzögerungen oder sonstigen Schwierigkeiten technischer Art im Transitverkehr
(1) Die Transitstaaten ergreifen alle geeigneten Maßnahmen, um Verzögerungen oder sonstige Schwierigkeiten technischer Art im Transitverkehr zu vermeiden.
(2) Falls solche Verzögerungen oder Schwierigkeiten auftreten, arbeiten die zuständigen Behörden der betreffenden Transitstaaten und Binnenstaaten zusammen, um sie zügig zu beheben.

Artikel 131 Gleichbehandlung in Seehäfen
Schiffe, welche die Flagge von Binnenstaaten führen, genießen in den Seehäfen dieselbe Behandlung wie andere fremde Schiffe.

Artikel 132 Gewährung größerer Transiterleichterungen
Dieses Übereinkommen bewirkt nicht die Aufhebung von Transiterleichterungen, die größer als die in dem Übereinkommen vorgesehen sind und zwischen seinen Vertragsstaaten vereinbart sind oder von einem Vertragsstaat gewährt werden. Es schließt auch die Gewährung größerer Erleichterungen in Zukunft nicht aus.

TEIL XI
Das Gebiet
Artikel 133 bis 191 sind nicht abgedruckt.

TEIL XII
Schutz und Bewahrung der Meeresumwelt

ABSCHNITT 1
Allgemeine Bestimmungen

Artikel 192 Allgemeine Verpflichtung
Die Staaten sind verpflichtet, die Meeresumwelt zu schützen und zu bewahren.

Artikel 193 Souveränes Recht der Staaten auf Ausbeutung ihrer natürlichen Ressourcen
Die Staaten haben das souveräne Recht, ihre natürlichen Ressourcen im Rahmen ihrer Umweltpolitik und in Übereinstimmung mit ihrer Pflicht zum Schutz und zur Bewahrung der Meeresumwelt auszubeuten.

Artikel 194 Maßnahmen zur Verhütung, Verringerung und Überwachung der Verschmutzung der Meeresumwelt
(1) Die Staaten ergreifen, je nach den Umständen einzeln oder gemeinsam, alle mit diesem Übereinkommen übereinstimmenden Maßnahmen, die notwendig sind, um die Verschmutzung der Meeresumwelt ungeachtet ihrer Ursache zu verhüten, zu verringern und zu überwachen; sie setzen zu diesem Zweck die geeignetsten ihnen zur Verfügung stehenden Mittel entsprechend ihren Möglichkeiten ein und bemühen sich, ihre diesbezügliche Politik aufeinander abzustimmen.
(2) Die Staaten ergreifen alle notwendigen Maßnahmen, damit die ihren Hoheitsbefugnissen oder ihrer Kontrolle unterstehenden Tätigkeiten so durchgeführt werden, daß anderen Staaten und ihrer Umwelt kein Schaden durch Verschmutzung zugefügt wird, und damit eine Verschmutzung als Folge von Ereignissen oder Tätigkeiten, die ihren Hoheitsbefugnissen oder ihrer Kontrolle unterstehen, sich nicht über die Gebiete hinaus ausbreitet, in denen sie in Übereinstimmung mit diesem Übereinkommen souveräne Rechte ausüben.
(3) Die nach diesem Teil ergriffenen Maßnahmen haben alle Ursachen der Verschmutzung der Meeresumwelt zu erfassen. Zu diesen Maßnahmen gehören unter anderem solche, die darauf gerichtet sind, soweit wie möglich auf ein Mindestmaß zu beschränken
a) das Freisetzen von giftigen oder schädlichen Stoffen oder von Schadstoffen, insbesondere von solchen, die beständig sind, vom Land aus, aus der Luft oder durch die Luft oder durch Einbringen;
b) die Verschmutzung durch Schiffe, insbesondere Maßnahmen, um Unfälle zu verhüten und Notfällen zu begegnen, die Sicherheit beim Einsatz auf See zu gewährleisten, absichtliches oder unab-

sichtliches Einleiten zu verhüten und den Entwurf, den Bau, die Ausrüstung, den Betrieb und die Bemannung von Schiffen zu regeln;
c) die Verschmutzung durch Anlagen und Geräte, die bei der Erforschung oder Ausbeutung der natürlichen Ressourcen des Meeresbodens und seines Untergrunds eingesetzt werden, insbesondere Maßnahmen, um Unfälle zu verhüten und Notfällen zu begegnen, die Sicherheit beim Einsatz auf See zu gewährleisten und den Entwurf, den Bau, die Ausrüstung, den Betrieb und die Besetzung solcher Anlagen oder Geräte zu regeln;
d) die Verschmutzung durch andere Anlagen und Geräte, die in der Meeresumwelt betrieben werden, insbesondere Maßnahmen, um Unfälle zu verhüten und Notfällen zu begegnen, die Sicherheit beim Einsatz auf See zu gewährleisten und den Entwurf, den Bau, die Ausrüstung, den Betrieb und die Besetzung solcher Anlagen oder Geräte zu regeln.

(4) Beim Ergreifen von Maßnahmen zur Verhütung, Verringerung oder Überwachung der Verschmutzung der Meeresumwelt enthalten sich die Staaten jedes ungerechtfertigten Eingriffs in Tätigkeiten, die andere Staaten in Ausübung ihrer Rechte und in Erfüllung ihrer Pflichten im Einklang mit diesem Übereinkommen durchführen.

(5) Zu den in Übereinstimmung mit diesem Teil ergriffenen Maßnahmen gehören die erforderlichen Maßnahmen zum Schutz und zur Bewahrung seltener oder empfindlicher Ökosysteme sowie des Lebensraums gefährdeter, bedrohter oder vom Aussterben bedrohter Arten und anderer Formen der Tier- und Pflanzenwelt des Meeres.

Artikel 195 Verpflichtung, keine Schäden oder Gefahren zu verlagern und keine Art der Verschmutzung in eine andere umzuwandeln
Beim Ergreifen von Maßnahmen zur Verhütung, Verringerung und Überwachung der Verschmutzung der Meeresumwelt handeln die Staaten so, daß sie Schäden oder Gefahren weder unmittelbar noch mittelbar von einem Gebiet in ein anderes verlagern oder eine Art der Verschmutzung in eine andere umwandeln.

Artikel 196 Anwendung von Technologien oder Zuführung fremder oder neuer Arten
(1) Die Staaten ergreifen alle notwendigen Maßnahmen zur Verhütung, Verringerung und Überwachung der Verschmutzung der Meeresumwelt, die sich aus der Anwendung von Technologien im Rahmen ihrer Hoheitsbefugnisse oder unter ihrer Kontrolle oder aus der absichtlichen oder zufälligen Zuführung fremder oder neuer Arten in einen bestimmten Teil der Meeresumwelt, die dort beträchtliche und schädliche Veränderungen hervorrufen können, ergibt.
(2) Dieser Artikel berührt nicht die Anwendung der Bestimmungen dieses Übereinkommens über die Verhütung, Verringerung und Überwachung der Verschmutzung der Meeresumwelt.

ABSCHNITT 2
Weltweite und regionale Zusammenarbeit
Artikel 197 Zusammenarbeit auf weltweiter oder regionaler Ebene
Die Staaten arbeiten auf weltweiter und gegebenenfalls auf regionaler Ebene unmittelbar oder im Rahmen der zuständigen internationalen Organisationen bei der Abfassung und Ausarbeitung von mit diesem Übereinkommen übereinstimmenden internationalen Regeln, Normen und empfohlenen Gebräuchen und Verfahren zum Schutz und zur Bewahrung der Meeresumwelt zusammen, wobei sie charakteristische regionale Eigenheiten berücksichtigen.

Artikel 198 Benachrichtigung über unmittelbar bevorstehende oder tatsächliche Schäden
Erhält ein Staat von Fällen Kenntnis, in denen die Meeresumwelt von Verschmutzungsschäden unmittelbar bedroht ist oder solche Schäden erlitten hat, so benachrichtigt er sofort die anderen Staaten, die nach seinem Dafürhalten von diesen Schäden betroffen werden können, sowie die zuständigen internationalen Organisationen.

Artikel 199 Notfallpläne gegen Verschmutzung
In den in Artikel 198 bezeichneten Fällen arbeiten die Staaten des betroffenen Gebiets entsprechend ihren Möglichkeiten und die zuständigen internationalen Organisationen soweit wie möglich zusammen, um die Auswirkungen der Verschmutzung zu beseitigen und Schäden zu verhüten oder auf ein

Mindestmaß zu beschränken. Zu diesem Zweck erarbeiten und fördern die Staaten gemeinsam Notfallpläne, um Verschmutzungsereignissen in der Meeresumwelt zu begegnen.

Artikel 200 Studien, Forschungsprogramme und Austausch von Informationen und Daten
Die Staaten arbeiten unmittelbar oder im Rahmen der zuständigen internationalen Organisationen zusammen, um Studien zu fördern, wissenschaftliche Forschungsprogramme durchzuführen und den Austausch der über die Verschmutzung der Meeresumwelt gewonnenen Informationen und Daten anzuregen. Sie bemühen sich, aktiv an regionalen und weltweiten Programmen teilzunehmen, um Kenntnisse zur Beurteilung von Art und Umfang der Verschmutzung, ihrer Angriffsstellen, Wege und Gefahren sowie von Möglichkeiten der Abhilfe zu gewinnen.

Artikel 201 Wissenschaftliche Kriterien für die Ausarbeitung von Vorschriften
Unter Berücksichtigung der nach Artikel 200 gewonnenen Informationen und Daten arbeiten die Staaten unmittelbar oder im Rahmen der zuständigen internationalen Organisationen bei der Festlegung geeigneter wissenschaftlicher Kriterien für die Abfassung und Ausarbeitung von Regeln, Normen und empfohlenen Gebräuchen und Verfahren zur Verhütung, Verringerung und Überwachung der Verschmutzung der Meeresumwelt zusammen.

ABSCHNITT 3
Technische Hilfe
Artikel 202 Wissenschaftliche und technische Hilfe an Entwicklungsstaaten
Die Staaten werden unmittelbar oder im Rahmen der zuständigen internationalen Organisationen
a) Programme für Hilfe an die Entwicklungsstaaten im Bereich der Wissenschaft, des Bildungswesens, der Technik und in anderen Bereichen fördern, um die Meeresumwelt zu schützen und zu bewahren und die Meeresverschmutzung zu verhüten, zu verringern und zu überwachen. Diese Hilfe umfaßt unter anderem
  i) die Ausbildung ihres wissenschaftlichen und technischen Personals;
  ii) die Erleichterung ihrer Teilnahme an entsprechenden internationalen Programmen;
  iii) ihre Belieferung mit den erforderlichen Ausrüstungen und Einrichtungen;
  iv) die Verbesserung ihrer Fähigkeit zur Herstellung solcher Ausrüstungen;
  v) die Beratung über Einrichtungen für Forschungs-, Überwachungs-, Bildungs- und andere Programme und die Entwicklung solcher Einrichtungen;
b) insbesondere Entwicklungsstaaten geeignete Hilfe leisten, um die Auswirkungen größerer Ereignisse, die eine starke Verschmutzung der Meeresumwelt hervorrufen können, auf ein Mindestmaß zu beschränken;
c) insbesondere Entwicklungsstaaten geeignete Hilfe bei der Ausarbeitung ökologischer Beurteilungen leisten.

Artikel 203 Vorrangige Behandlung der Entwicklungsstaaten
Die Entwicklungsstaaten erhalten für die Zwecke der Verhütung, Verringerung und Überwachung der Verschmutzung der Meeresumwelt oder der möglichst weitgehenden Einschränkung ihrer Auswirkungen eine vorrangige Behandlung durch internationale Organisationen
a) bei der Zuweisung entsprechender finanzieller Mittel und technischer Hilfe und
b) bei der Inanspruchnahme ihrer Sonderdienste.

ABSCHNITT 4
Ständige Überwachung und ökologische Beurteilung
Artikel 204 Ständige Überwachung der Gefahren und der Auswirkungen der Verschmutzung
(1) Die Staaten bemühen sich, soweit möglich und im Einklang mit den Rechten anderer Staaten, unmittelbar oder im Rahmen der zuständigen internationalen Organisationen die Gefahren und Auswirkungen der Verschmutzung der Meeresumwelt mit anerkannten wissenschaftlichen Methoden zu beobachten, zu messen, zu beurteilen und zu analysieren.

(2) Insbesondere überwachen die Staaten ständig die Auswirkungen aller Tätigkeiten, die sie genehmigen oder selbst durchführen, um festzustellen, ob diese Tätigkeiten die Meeresumwelt verschmutzen können.

Artikel 205 Veröffentlichung von Berichten
Die Staaten veröffentlichen Berichte über die in Anwendung des Artikels 204 erzielten Ergebnisse oder stellen solche Berichte in angemessenen Zeitabständen den zuständigen internationalen Organisationen zur Verfügung; diese sollen sie allen Staaten zugänglich machen.

Artikel 206 Beurteilung möglicher Auswirkungen von Tätigkeiten
Haben Staaten begründeten Anlaß zu der Annahme, daß geplante, ihren Hoheitsbefugnissen oder ihrer Kontrolle unterstehende Tätigkeiten eine wesentliche Verschmutzung oder beträchtliche und schädliche Veränderungen der Meeresumwelt zur Folge haben können, so beurteilen sie soweit durchführbar die möglichen Auswirkungen dieser Tätigkeiten auf die Meeresumwelt und berichten über die Ergebnisse dieser Beurteilungen in der in Artikel 205 vorgesehenen Weise.

ABSCHNITT 5
Internationale Regeln und innerstaatliche Rechtsvorschriften zur Verhütung, Verringerung und Überwachung der Verschmutzung der Meeresumwelt

Artikel 207 Verschmutzung vom Land aus
(1) Die Staaten erlassen Gesetze und sonstige Vorschriften zur Verhütung, Verringerung und Überwachung der Verschmutzung der Meeresumwelt vom Land aus, einschließlich der von Flüssen, Flußmündungen, Rohrleitungen und Ausflußanlagen ausgehenden Verschmutzung; dabei berücksichtigen sie international vereinbarte Regeln, Normen und empfohlene Gebräuche und Verfahren.
(2) Die Staaten ergreifen andere Maßnahmen, die zur Verhütung, Verringerung und Überwachung einer solchen Verschmutzung notwendig sein können.
(3) Die Staaten bemühen sich, ihre diesbezügliche Politik auf geeigneter regionaler Ebene aufeinander abzustimmen.
(4) Die Staaten bemühen sich, insbesondere im Rahmen der zuständigen internationalen Organisationen oder einer diplomatischen Konferenz, weltweite und regionale Regeln, Normen und empfohlene Gebräuche und Verfahren zur Verhütung, Verringerung und Überwachung der Verschmutzung der Meeresumwelt vom Land aus aufzustellen, wobei sie charakteristische regionale Eigenheiten, die Wirtschaftskraft der Entwicklungsstaaten und die Notwendigkeit ihrer wirtschaftlichen Entwicklung berücksichtigen. Diese Regeln, Normen und empfohlenen Gebräuche und Verfahren werden nach Bedarf von Zeit zu Zeit überprüft.
(5) Zu den in den Absätzen 1, 2 und 4 genannten Gesetzen, sonstigen Vorschriften, Maßnahmen, Regeln, Normen und empfohlenen Gebräuchen und Verfahren gehören diejenigen, die darauf gerichtet sind, das Freisetzen von giftigen oder schädlichen Stoffen oder von Schadstoffen, insbesondere von solchen, die beständig sind, in die Meeresumwelt soweit wie möglich auf ein Mindestmaß zu beschränken.

Artikel 208 Verschmutzung durch Tätigkeiten auf dem Meeresboden, die unter nationale Hoheitsbefugnisse fallen
(1) Die Küstenstaaten erlassen Gesetze und sonstige Vorschriften zur Verhütung, Verringerung und Überwachung der Verschmutzung der Meeresumwelt, die sich aus oder im Zusammenhang mit unter ihre Hoheitsbefugnisse fallenden Tätigkeiten auf dem Meeresboden ergibt oder von künstlichen Inseln, Anlagen und Bauwerken herrührt, die aufgrund der Artikel 60 und 80 unter ihre Hoheitsbefugnisse fallen.
(2) Die Staaten ergreifen andere Maßnahmen, die zur Verhütung, Verringerung und Überwachung einer solchen Verschmutzung notwendig sein können.
(3) Diese Gesetze, sonstigen Vorschriften und Maßnahmen dürfen nicht weniger wirkungsvoll sein als die internationalen Regeln, Normen und empfohlenen Gebräuche und Verfahren.
(4) Die Staaten bemühen sich, ihre diesbezügliche Politik auf geeigneter regionaler Ebene aufeinander abzustimmen.

(5) Die Staaten stellen, insbesondere im Rahmen der zuständigen internationalen Organisationen oder einer diplomatischen Konferenz, weltweite und regionale Regeln, Normen und empfohlene Gebräuche und Verfahren zur Verhütung, Verringerung und Überwachung der in Absatz 1 genannten Verschmutzung der Meeresumwelt auf. Diese Regeln, Normen und empfohlenen Gebräuche und Verfahren werden nach Bedarf von Zeit zu Zeit überprüft.

Artikel 209 Verschmutzung durch Tätigkeiten im Gebiet
(1) Zur Verhütung, Verringerung und Überwachung der Verschmutzung der Meeresumwelt durch Tätigkeiten im Gebiet werden in Übereinstimmung mit Teil XI internationale Regeln, Vorschriften und Verfahren aufgestellt. Diese Regeln, Vorschriften und Verfahren werden nach Bedarf von Zeit zu Zeit überprüft.
(2) Vorbehaltlich der einschlägigen Bestimmungen dieses Abschnitts erlassen die Staaten Gesetze und sonstige Vorschriften zur Verhütung, Verringerung und Überwachung der Verschmutzung der Meeresumwelt durch Tätigkeiten im Gebiet, die von Schiffen oder mittels Anlagen, Bauwerken und anderen Geräten durchgeführt werden, die ihre Flagge führen, in ihr Register eingetragen sind oder mit ihrer Genehmigung betrieben werden. Diese Gesetze und sonstigen Vorschriften dürfen nicht weniger wirkungsvoll sein als die in Absatz 1 genannten internationalen Regeln, Vorschriften und Verfahren.

Artikel 210 Verschmutzung durch Einbringen
(1) Die Staaten erlassen Gesetze und sonstige Vorschriften zur Verhütung, Verringerung und Überwachung der Verschmutzung der Meeresumwelt durch Einbringen.
(2) Die Staaten ergreifen andere Maßnahmen, die zur Verhütung, Verringerung und Überwachung einer solchen Verschmutzung notwendig sein können.
(3) Diese Gesetze, sonstigen Vorschriften und Maßnahmen müssen sicherstellen, daß das Einbringen nicht ohne Erlaubnis der zuständigen Behörden der Staaten erfolgt.
(4) Die Staaten bemühen sich, insbesondere im Rahmen der zuständigen internationalen Organisationen oder einer diplomatischen Konferenz, weltweite und regionale Regeln, Normen und empfohlene Gebräuche und Verfahren zur Verhütung, Verringerung und Überwachung einer solchen Verschmutzung aufzustellen. Diese Regeln, Normen und empfohlenen Gebräuche und Verfahren werden nach Bedarf von Zeit zu Zeit überprüft.
(5) Das Einbringen innerhalb des Küstenmeers und der ausschließlichen Wirtschaftszone oder auf dem Festlandsockel darf nicht ohne ausdrückliche vorherige Genehmigung des Küstenstaats erfolgen; dieser ist berechtigt, ein solches Einbringen nach angemessener Erörterung mit anderen Staaten, die wegen ihrer geographischen Lage dadurch Nachteile erleiden könnten, zu erlauben, zu regeln und zu überwachen.
(6) Die innerstaatlichen Gesetze, sonstigen Vorschriften und Maßnahmen dürfen bei der Verhütung, Verringerung und Überwachung dieser Verschmutzung nicht weniger wirkungsvoll sein als die weltweiten Regeln und Normen.

Artikel 211 Verschmutzung durch Schiffe
(1) Die Staaten stellen im Rahmen der zuständigen internationalen Organisation oder einer allgemeinen diplomatischen Konferenz internationale Regeln und Normen zur Verhütung, Verringerung und Überwachung der Verschmutzung der Meeresumwelt durch Schiffe auf und fördern, wo es angebracht ist in derselben Weise, die Annahme von Systemen der Schiffswegeführung, um die Gefahr von Unfällen, die eine Verschmutzung der Meeresumwelt, einschließlich der Küste, und eine Schädigung damit zusammenhängender Interessen der Küstenstaaten durch Verschmutzung verursachen könnten, auf ein Mindestmaß zu beschränken. Diese Regeln und Normen werden in derselben Weise nach Bedarf von Zeit zu Zeit überprüft.
(2) Die Staaten erlassen Gesetze und sonstige Vorschriften zur Verhütung, Verringerung und Überwachung der Verschmutzung der Meeresumwelt durch Schiffe, die ihre Flagge führen oder in ihr Schiffsregister eingetragen sind. Diese Gesetze und sonstigen Vorschriften dürfen nicht weniger wirkungsvoll sein als die allgemein anerkannten internationalen Regeln und Normen, die im Rahmen

der zuständigen internationalen Organisation oder einer allgemeinen diplomatischen Konferenz aufgestellt worden sind.

(3) Staaten, die fremden Schiffen für das Einlaufen in ihre Häfen oder inneren Gewässer oder für das Anlegen an ihren vor der Küste liegenden Umschlagplätzen besondere Bedingungen zur Verhütung, Verringerung und Überwachung der Verschmutzung der Meeresumwelt auferlegen, machen diese ordnungsgemäß bekannt und teilen sie der zuständigen internationalen Organisation mit. Werden solche Bedingungen in gleichlautender Form von zwei oder mehr Küstenstaaten in dem Bestreben festgesetzt, ihre Politik aufeinander abzustimmen, so wird in der Mitteilung angegeben, welche Staaten an einer solchen gemeinsamen Regelung beteiligt sind. Jeder Staat verlangt von dem Kapitän eines seine Flagge führenden oder in sein Schiffsregister eingetragenen Schiffes, wenn es sich im Küstenmeer eines an der gemeinsamen Regelung beteiligten Staates befindet, daß er auf Ersuchen dieses Staates darüber Auskunft gibt, ob er zu einem Staat derselben Region weiterfährt, der an der gemeinsamen Regelung beteiligt ist, und, sofern dies zutrifft, angibt, ob das Schiff die von diesem Staat für das Einlaufen in seine Häfen festgelegten Bedingungen erfüllt. Dieser Artikel berührt nicht die fortgesetzte Ausübung des Rechts eines Schiffes auf friedliche Durchfahrt oder die Anwendung des Artikels 25 Absatz 2.

(4) Die Küstenstaaten können in Ausübung ihrer Souveränität innerhalb ihres Küstenmeers Gesetze und sonstige Vorschriften zur Verhütung, Verringerung und Überwachung der Meeresverschmutzung durch fremde Schiffe, einschließlich der Schiffe, die das Recht der friedlichen Durchfahrt ausüben, erlassen. Diese Gesetze und sonstigen Vorschriften dürfen in Übereinstimmung mit Teil II Abschnitt 3 die friedliche Durchfahrt fremder Schiffe nicht behindern.

(5) Die Küstenstaaten können zum Zweck der Durchsetzung nach Abschnitt 6 für ihre ausschließlichen Wirtschaftszonen Gesetze und sonstige Vorschriften zur Verhütung, Verringerung und Überwachung der Verschmutzung durch Schiffe erlassen, die den allgemein anerkannten internationalen, im Rahmen der zuständigen internationalen Organisation oder einer allgemeinen diplomatischen Konferenz aufgestellten Regeln und Normen entsprechen und diesen Wirksamkeit verleihen.

(6) a) Reichen die in Absatz 1 genannten internationalen Regeln und Normen nicht aus, um besonderen Umständen gerecht zu werden, und hat ein Küstenstaat begründeten Anlaß zu der Annahme, daß es in einem bestimmten, genau bezeichneten Gebiet seiner ausschließlichen Wirtschaftszone aus anerkannten technischen Gründen im Zusammenhang mit den ozeanographischen und ökologischen Verhältnissen dieses Gebiets, mit seiner Nutzung oder mit dem Schutz seiner Ressourcen und mit der besonderen Art des Verkehrs in diesem Gebiet erforderlich ist, besondere obligatorische Maßnahmen zur Verhütung der Verschmutzung durch Schiffe zu ergreifen, so kann der Küstenstaat, nachdem er jeden anderen betroffenen Staat im Rahmen der zuständigen internationalen Organisation angemessen konsultiert hat, an diese Organisation eine Mitteilung über das betreffende Gebiet richten, in der er wissenschaftliche und technische Begründungen sowie Informationen über die notwendigen Auffanganlagen vorlegt. Innerhalb von 12 Monaten nach Empfang dieser Mitteilung entscheidet die Organisation, ob die Verhältnisse in dem Gebiet den obengenannten Erfordernissen entsprechen. Entscheidet die Organisation in diesem Sinne, so kann der Küstenstaat für dieses Gebiet zur Verhütung, Verringerung und Überwachung der Verschmutzung durch Schiffe Gesetze und sonstige Vorschriften erlassen, die den von der Organisation für Sondergebiete zugelassenen internationalen Regeln und Normen oder Schiffahrtsgebräuchen Wirksamkeit verleihen. Diese Gesetze und sonstigen Vorschriften werden auf fremde Schiffe erst nach Ablauf von 15 Monaten nach Vorlage der Mitteilung an die Organisation anwendbar.

b) Der Küstenstaat veröffentlicht die Grenzen jedes solchen bestimmten, genau bezeichneten Gebiets.

c) Beabsichtigt der Küstenstaat, für dasselbe Gebiet zusätzliche Gesetze und sonstige Vorschriften zur Verhütung, Verringerung und Überwachung der Verschmutzung durch Schiffe zu erlassen, so setzt er die Organisation zugleich mit der obengenannten Mitteilung davon in Kenntnis. Diese zusätzlichen Gesetze und sonstigen Vorschriften können sich auf das Einleiten oder auf Schiffahrtsgebräuche beziehen, dürfen jedoch fremde Schiffe nicht verpflichten, andere Normen betreffend Entwurf, Bau, Bemannung oder Ausrüstung zu beachten als die allgemein anerkannten internationalen Regeln und Normen; sie werden auf fremde Schiffe nach Ablauf von 15 Monaten nach Vorlage der Mitteilung an die Organisation anwendbar, sofern die Organisation ihnen innerhalb von 12 Monaten nach Vorlage der Mitteilung zustimmt.

(7) Die in diesem Artikel genannten internationalen Regeln und Normen sollen unter anderem die Verpflichtung vorsehen, die Küstenstaaten umgehend zu benachrichtigen, deren Küsten oder damit zusammenhängende Interessen möglicherweise durch Ereignisse einschließlich Seeunfälle beeinträchtigt werden, bei denen es zu einem Einleiten kommt oder kommen könnte.

Artikel 212 Verschmutzung aus der Luft oder durch die Luft

(1) Die Staaten erlassen Gesetze und sonstige Vorschriften zur Verhütung, Verringerung und Überwachung der Verschmutzung der Meeresumwelt aus der Luft oder durch die Luft für den ihrer Souveränität unterstehenden Luftraum und für Schiffe, die ihre Flagge führen, oder für Schiffe oder Luftfahrzeuge, die in ihr Register eingetragen sind; dabei berücksichtigen sie international vereinbarte Regeln, Normen und empfohlene Gebräuche und Verfahren sowie die Sicherheit der Luftfahrt.

(2) Die Staaten ergreifen andere Maßnahmen, die zur Verhütung, Verringerung und Überwachung einer solchen Verschmutzung notwendig sein können.

(3) Die Staaten bemühen sich, insbesondere im Rahmen der zuständigen internationalen Organisationen oder einer diplomatischen Konferenz, weltweite und regionale Regeln, Normen und empfohlene Gebräuche und Verfahren zur Verhütung, Verringerung und Überwachung einer solchen Verschmutzung aufzustellen.

ABSCHNITT 6
Durchsetzung

Artikel 213 Durchsetzung in bezug auf Verschmutzung vom Land aus
Die Staaten setzen ihre in Übereinstimmung mit Artikel 207 erlassenen Gesetze und sonstigen Vorschriften durch; sie erlassen Gesetze und sonstige Vorschriften und ergreifen andere Maßnahmen, die zur Durchführung anwendbarer internationaler Regeln und Normen notwendig sind, welche im Rahmen der zuständigen internationalen Organisationen oder einer diplomatischen Konferenz zur Verhütung, Verringerung und Überwachung der Verschmutzung der Meeresumwelt vom Land aus aufgestellt worden sind.

Artikel 214 Durchsetzung in bezug auf Verschmutzung durch Tätigkeiten auf dem Meeresboden
Die Staaten setzen ihre in Übereinstimmung mit Artikel 208 erlassenen Gesetze und sonstigen Vorschriften durch; sie erlassen Gesetze und sonstige Vorschriften und ergreifen andere Maßnahmen, die zur Durchführung anwendbarer internationaler Regeln und Normen notwendig sind, die im Rahmen der zuständigen internationalen Organisationen oder einer diplomatischen Konferenz zur Verhütung, Verringerung und Überwachung der Verschmutzung der Meeresumwelt aufgestellt worden sind, welche sich aus oder im Zusammenhang mit unter ihre Hoheitsbefugnisse fallenden Tätigkeiten auf dem Meeresboden ergibt oder von künstlichen Inseln, Anlagen und Bauwerken herrührt, die aufgrund der Artikel 60 und 80 unter ihre Hoheitsbefugnisse fallen.

Artikel 215 Durchsetzung in bezug auf Verschmutzung durch Tätigkeiten im Gebiet
Die Durchsetzung der in Übereinstimmung mit Teil XI aufgestellten internationalen Regeln, Vorschriften und Verfahren zur Verhütung, Verringerung und Überwachung der Verschmutzung der Meeresumwelt durch Tätigkeiten im Gebiet ist in jenem Teil geregelt.

Artikel 216 Durchsetzung in bezug auf Verschmutzung durch Einbringen
(1) Die in Übereinstimmung mit diesem Übereinkommen erlassenen Gesetze und sonstigen Vorschriften und die im Rahmen der zuständigen internationalen Organisationen oder einer diplomatischen Konferenz aufgestellten anwendbaren internationalen Regeln und Normen zur Verhütung, Ver-

ringerung und Überwachung der Verschmutzung der Meeresumwelt durch Einbringen werden durchgesetzt
a) vom Küstenstaat im Hinblick auf das Einbringen in seinem Küstenmeer, in seiner ausschließlichen Wirtschaftszone oder auf seinem Festlandsockel;
b) vom Flaggenstaat im Hinblick auf Schiffe, die seine Flagge führen, oder Schiffe oder Luftfahrzeuge, die in sein Register eingetragen sind;
c) von jedem Staat im Hinblick auf das Laden von Abfällen oder sonstigen Stoffen in seinem Hoheitsgebiet oder auf seinen vor der Küste liegenden Umschlagplätzen.
(2) Kein Staat ist aufgrund dieses Artikels verpflichtet, ein Verfahren einzuleiten, wenn ein anderer Staat ein solches Verfahren in Übereinstimmung mit diesem Artikel bereits eingeleitet hat.

Artikel 217 Durchsetzung durch Flaggenstaaten

(1) Die Staaten stellen sicher, daß die ihre Flagge führenden oder in ihr Schiffsregister eingetragenen Schiffe die anwendbaren internationalen Regeln und Normen, die im Rahmen der zuständigen internationalen Organisation oder einer allgemeinen diplomatischen Konferenz aufgestellt worden sind, sowie die Gesetze und sonstigen Vorschriften einhalten, die sie in Übereinstimmung mit diesem Übereinkommen erlassen haben, um die Verschmutzung der Meeresumwelt durch Schiffe zu verhüten, zu verringern und zu überwachen; demgemäß erlassen die Staaten Gesetze und sonstige Vorschriften und ergreifen die erforderlichen sonstigen Maßnahmen zu ihrer Durchführung. Die Flaggenstaaten sorgen dafür, daß diese Regeln, Normen, Gesetze und sonstigen Vorschriften wirksam durchgesetzt werden, unabhängig davon, wo ein Verstoß erfolgt.
(2) Die Staaten ergreifen insbesondere geeignete Maßnahmen, um Schiffen, die ihre Flagge führen oder in ihr Schiffsregister eingetragen sind, das Auslaufen so lange zu verbieten, bis sie unter Einhaltung der in Absatz 1 genannten internationalen Regeln und Normen, einschließlich der Bestimmungen über Entwurf, Bau, Ausrüstung und Bemannung der Schiffe, in See gehen können.
(3) Die Staaten stellen sicher, daß die ihre Flagge führenden oder in ihr Schiffsregister eingetragenen Schiffe Zeugnisse an Bord mitführen, die nach den in Absatz 1 genannten internationalen Regeln und Normen erforderlich sind und demgemäß ausgestellt wurden. Die Staaten stellen sicher, daß die ihre Flagge führenden Schiffe regelmäßig überprüft werden, um festzustellen, ob die Zeugnisse mit dem tatsächlichen Zustand des Schiffes übereinstimmen. Diese Zeugnisse werden von anderen Staaten als Nachweis für den Zustand des Schiffes anerkannt; sie messen ihnen die gleiche Gültigkeit wie den von ihnen selbst ausgestellten Zeugnissen bei, sofern nicht eindeutige Gründe für die Annahme bestehen, daß der Zustand des Schiffes in wesentlichen Punkten den Angaben der Zeugnisse nicht entspricht.
(4) Verstößt ein Schiff gegen die im Rahmen der zuständigen internationalen Organisation oder einer allgemeinen diplomatischen Konferenz aufgestellten Regeln und Normen, so sorgt der Flaggenstaat unbeschadet der Artikel 218, 220 und 228 für eine sofortige Untersuchung; gegebenenfalls leitet er ein Verfahren betreffend den angeblichen Verstoß ein, unabhängig davon, wo dieser erfolgte oder wo die durch diesen Verstoß verursachte Verschmutzung eintrat oder festgestellt wurde.
(5) Die Flaggenstaaten können für die Untersuchung des Verstoßes jeden anderen Staat, dessen Mitarbeit bei der Klärung der Umstände des Falles nützlich sein könnte, um Hilfe ersuchen. Die Staaten bemühen sich, entsprechenden Ersuchen der Flaggenstaaten nachzukommen.
(6) Die Staaten untersuchen auf schriftliches Ersuchen eines jeden Staates jeden Verstoß, der angeblich von ihre Flagge führenden Schiffen begangen wurde. Sind die Flaggenstaaten überzeugt, daß genügend Beweise für die Einleitung eines Verfahrens wegen des angeblichen Verstoßes vorliegen, so leiten sie unverzüglich ein solches Verfahren in Übereinstimmung mit ihren Gesetzen ein.
(7) Die Flaggenstaaten unterrichten den ersuchenden Staat und die zuständige internationale Organisation umgehend über die ergriffenen Maßnahmen und deren Ergebnis. Diese Auskünfte stehen allen Staaten zur Verfügung.
(8) Die Strafen, die in den Gesetzen und sonstigen Vorschriften der Staaten für die ihre Flagge führenden Schiffe vorgesehen sind, müssen streng genug sein, um von Verstößen abzuschrecken, gleichviel wo diese erfolgen.

Artikel 218 Durchsetzung durch Hafenstaaten
(1) Befindet sich ein Schiff freiwillig in einem Hafen oder an einem vor der Küste liegenden Umschlagplatz eines Staates, so kann dieser Staat Untersuchungen durchführen und, wenn die Beweislage dies rechtfertigt, ein Verfahren wegen jedes Einleitens aus diesem Schiff außerhalb der inneren Gewässer, des Küstenmeers oder der ausschließlichen Wirtschaftszone dieses Staates eröffnen, wenn das Einleiten gegen die anwendbaren internationalen Regeln und Normen verstößt, die im Rahmen der zuständigen internationalen Organisation oder einer allgemeinen diplomatischen Konferenz aufgestellt worden sind.
(2) Ein Verfahren nach Absatz 1 darf nicht wegen eines Verstoßes durch Einleiten in den inneren Gewässern, dem Küstenmeer oder der ausschließlichen Wirtschaftszone eines anderen Staates eröffnet werden, sofern nicht dieser Staat, der Flaggenstaat oder ein durch einen Verstoß durch Einleiten geschädigter oder bedrohter Staat darum ersucht oder der Verstoß eine Verschmutzung in den inneren Gewässern, dem Küstenmeer oder der ausschließlichen Wirtschaftszone des das Verfahren eröffnenden Staates verursacht hat oder wahrscheinlich verursachen wird.
(3) Befindet sich ein Schiff freiwillig in einem Hafen oder an einem vor der Küste liegenden Umschlagplatz eines Staates, so entspricht dieser Staat nach Möglichkeit dem Ersuchen jedes anderen Staates, einen in Absatz 1 genannten Verstoß durch Einleiten zu untersuchen, von dem angenommen wird, daß er in den inneren Gewässern, dem Küstenmeer oder der ausschließlichen Wirtschaftszone des ersuchenden Staates erfolgt ist und diese Zonen schädigte oder zu schädigen drohte. Ebenso entspricht der Staat nach Möglichkeit dem Ersuchen des Flaggenstaats, einen solchen Verstoß unabhängig davon zu untersuchen, wo er erfolgte.
(4) Die Unterlagen über die von einem Hafenstaat nach diesem Artikel durchgeführte Untersuchung werden dem Flaggenstaat oder dem Küstenstaat auf Ersuchen übermittelt. Jedes Verfahren, das der Hafenstaat auf der Grundlage dieser Untersuchung einleitet, kann vorbehaltlich des Abschnitts 7 auf Ersuchen des Küstenstaats ausgesetzt werden, wenn der Verstoß in seinen inneren Gewässern, seinem Küstenmeer oder seiner ausschließlichen Wirtschaftszone erfolgt ist. Das Beweismaterial, die Unterlagen des Falles sowie jede Kaution oder andere finanzielle Sicherheit, die bei den Behörden des Hafenstaats hinterlegt worden ist, werden dann dem Küstenstaat übermittelt. Diese Übermittlung schließt die Fortsetzung des Verfahrens im Hafenstaat aus.

Artikel 219 Maßnahmen betreffend die Seetüchtigkeit von Schiffen zur Vermeidung von Verschmutzung
Vorbehaltlich des Abschnitts 7 ergreifen Staaten, die auf Ersuchen oder von sich aus festgestellt haben, daß ein Schiff in einem ihrer Häfen oder an einem ihrer vor der Küste liegenden Umschlagplätze gegen anwendbare internationale Regeln und Normen über die Seetüchtigkeit der Schiffe verstößt und dadurch die Meeresumwelt zu schädigen droht, nach Möglichkeit Verwaltungsmaßnahmen, um das Schiff am Auslaufen zu hindern. Diese Staaten können dem Schiff lediglich das Anlaufen der nächstgelegenen geeigneten Reparaturwerft erlauben; sobald die Ursachen des Verstoßes behoben sind, gestatten sie dem Schiff, seine Fahrt sogleich fortzusetzen.

Artikel 220 Durchsetzung durch Küstenstaaten
(1) Befindet sich ein Schiff freiwillig in einem Hafen oder an einem vor der Küste liegenden Umschlagplatz eines Staates, so kann dieser Staat vorbehaltlich des Abschnitts 7 ein Verfahren wegen jedes Verstoßes gegen seine in Übereinstimmung mit diesem Übereinkommen erlassenen Gesetze und sonstigen Vorschriften oder anwendbare internationale Regeln und Normen zur Verhütung, Verringerung und Überwachung der Verschmutzung durch Schiffe einleiten, wenn der Verstoß im Küstenmeer oder in der ausschließlichen Wirtschaftszone dieses Staates erfolgt ist.
(2) Bestehen eindeutige Gründe für die Annahme, daß ein im Küstenmeer eines Staates fahrendes Schiff während seiner Durchfahrt durch das Küstenmeer gegen die in Übereinstimmung mit diesem Übereinkommen erlassenen Gesetze und sonstigen Vorschriften dieses Staates oder gegen anwendbare internationale Regeln und Normen zur Verhütung, Verringerung und Überwachung der Verschmutzung durch Schiffe verstoßen hat, so kann dieser Staat unbeschadet der Anwendung der diesbezüglichen Bestimmungen des Teiles II Abschnitt 3 im Zusammenhang mit dem Verstoß eine Überprüfung an Bord des Schiffes durchführen und, wenn die Beweislage dies rechtfertigt, in Übereinstim-

mung mit seinem innerstaatlichen Recht und vorbehaltlich des Abschnitts 7 ein Verfahren einleiten und insbesondere das Zurückhalten des Schiffes anordnen.
(3) Bestehen eindeutige Gründe für die Annahme, daß ein in der ausschließlichen Wirtschaftszone oder im Küstenmeer eines Staates fahrendes Schiff in der ausschließlichen Wirtschaftszone gegen anwendbare internationale Regeln und Normen zur Verhütung, Verringerung und Überwachung der Verschmutzung durch Schiffe oder gegen die solchen Regeln und Normen entsprechenden und ihnen Wirksamkeit verleihenden Gesetze und sonstigen Vorschriften dieses Staates verstoßen hat, so kann dieser Staat das Schiff auffordern, Angaben über seine Identität und sein Registerhafen, seinen letzten und nächsten Anlaufhafen und andere sachdienliche Angaben zu machen, die erforderlich sind, um festzustellen, ob ein Verstoß erfolgt ist.
(4) Die Staaten erlassen Gesetze und sonstige Vorschriften und ergreifen andere Maßnahmen, damit ihre Flagge führende Schiffe den Ersuchen um Angaben nach Absatz 3 entsprechen.
(5) Bestehen eindeutige Gründe für die Annahme, daß ein in der ausschließlichen Wirtschaftszone oder im Küstenmeer eines Staates fahrendes Schiff in der ausschließlichen Wirtschaftszone einen in Absatz 3 genannten Verstoß begangen hat, der zu einem beträchtlichen Einleiten führt, das eine erhebliche Verschmutzung der Meeresumwelt verursacht oder zu verursachen droht, so kann dieser Staat, um festzustellen, ob ein Verstoß vorliegt, eine Überprüfung an Bord des Schiffes durchführen, wenn sich das Schiff geweigert hat, Angaben zu machen, oder wenn die seitens des Schiffes gemachten Angaben offensichtlich von der tatsächlichen Lage abweichen und die Umstände des Falles eine solche Überprüfung rechtfertigen.
(6) Gibt es einen eindeutigen objektiven Beweis dafür, daß ein in der ausschließlichen Wirtschaftszone oder im Küstenmeer eines Staates fahrendes Schiff in der ausschließlichen Wirtschaftszone einen in Absatz 3 genannten Verstoß begangen hat, der zu einem Einleiten führt, das schwere Schäden für die Küste oder damit zusammenhängende Interessen des Küstenstaats oder für Ressources seines Küstenmeers oder seiner ausschließlichen Wirtschaftszone verursacht oder zu verursachen droht, so kann dieser Staat, wenn die Beweislage dies rechtfertigt, in Übereinstimmung mit seinem innerstaatlichen Recht und vorbehaltlich des Abschnitts 7 ein Verfahren einleiten und insbesondere das Zurückhalten des Schiffes anordnen.
(7) Ungeachtet des Absatzes 6 gestattet der Küstenstaat dem Schiff die Weiterfahrt in allen Fällen, für die geeignete Verfahren durch die zuständige internationale Organisation festgelegt oder anderweitig vereinbart wurden, um die Erfüllung der Verpflichtungen betreffend die Hinterlegung einer Kaution oder eine andere geeignete finanzielle Sicherheit zu gewährleisten, wenn der Küstenstaat durch diese Verfahren gebunden ist.
(8) Die Absätze 3, 4, 5, 6 und 7 gelten auch für die nach Artikel 211 Absatz 6 erlassenen innerstaatlichen Gesetze und sonstigen Vorschriften.

Artikel 221 Maßnahmen zur Vermeidung von Verschmutzung durch Seeunfälle
(1) Dieser Teil berührt nicht das Recht der Staaten, nach Völkergewohnheitsrecht und aufgrund völkerrechtlicher Verträge außerhalb des Küstenmeers dem tatsächlichen oder drohenden Schaden angepaßte Maßnahmen zu ergreifen und durchzusetzen, um ihre Küste oder damit zusammenhängende Interessen, einschließlich der Fischerei, vor tatsächlicher oder drohender Verschmutzung infolge eines Seeunfalls oder damit zusammenhängender Handlung zu schützen, welche erwartungsgemäß schädliche Folgen größeren Umfangs haben können.
(2) Im Sinne dieses Artikels bedeutet »Seeunfall« einen Schiffszusammenstoß, das Stranden, ein sonstiges mit der Führung eines Schiffes zusammenhängendes Ereignis oder einen anderen Vorfall an Bord oder außerhalb eines Schiffes, durch die Sachschaden an Schiff oder Ladung entsteht oder unmittelbar zu entstehen droht.

Artikel 222 Durchsetzung in bezug auf Verschmutzung aus der Luft oder durch die Luft
Die Staaten setzen in dem ihrer Souveränität unterstehenden Luftraum oder hinsichtlich der Schiffe, die ihre Flagge führen, oder der Schiffe oder Luftfahrzeuge, die in ihr Register eingetragen sind, ihre in Übereinstimmung mit Artikel 212 Absatz 1 und mit anderen Bestimmungen dieses Übereinkommens erlassenen Gesetze und sonstigen Vorschriften durch; sie erlassen Gesetze und sonstige Vorschriften und ergreifen andere Maßnahmen, um die im Rahmen der zuständigen internationalen Or-

ganisationen oder einer diplomatischen Konferenz aufgestellten anwendbaren internationalen Regeln und Normen zur Verhütung, Verringerung und Überwachung der Verschmutzung der Meeresumwelt aus der Luft oder durch die Luft im Einklang mit allen diesbezüglichen internationalen Regeln und Normen betreffend die Sicherheit der Luftfahrt durchzuführen.

ABSCHNITT 7
Schutzbestimmungen
Artikel 223 Maßnahmen zur Erleichterung der Verfahren
Ist nach diesem Teil ein Verfahren eingeleitet worden, so ergreifen die Staaten Maßnahmen zur Erleichterung der Anhörung von Zeugen und der Zulassung des Beweismaterials, das von Behörden eines anderen Staates oder von der zuständigen internationalen Organisation vorgelegt wird, und erleichtern die Teilnahme amtlicher Vertreter der zuständigen internationalen Organisation, des Flaggenstaats und jedes Staates, der von einer Verschmutzung aufgrund eines Verstoßes betroffen ist, an diesem Verfahren. Die an einem solchen Verfahren teilnehmenden amtlichen Vertreter haben alle Rechte und Pflichten, die ihnen nach innerstaatlichem Recht oder Völkerrecht zustehen.

Artikel 224 Ausübung von Durchsetzungsbefugnissen
Die Durchsetzungsbefugnisse gegenüber fremden Schiffen aufgrund dieses Teiles dürfen nur von amtlich beauftragten Personen oder von Kriegsschiffen, Militärluftfahrzeugen oder anderen Schiffen oder Luftfahrzeugen ausgeübt werden, die deutlich als im Staatsdienst stehend gekennzeichnet und als solche erkennbar sind und die hierzu befugt sind.

Artikel 225 Pflicht zur Vermeidung nachteiliger Folgen bei der Ausübung von Durchsetzungsbefugnissen
Bei der Ausübung ihrer Durchsetzungsbefugnisse gegenüber fremden Schiffen aufgrund dieses Übereinkommens dürfen die Staaten die Sicherheit der Schiffahrt nicht gefährden und ein Schiff nicht auf andere Weise gefährden oder zu einem unsicheren Hafen oder Ankerplatz bringen oder die Meeresumwelt einer unverhältnismäßig großen Gefahr aussetzen.

Artikel 226 Untersuchung fremder Schiffe
(1) a) Die Staaten dürfen ein fremdes Schiff nicht länger aufhalten, als es für die Zwecke der in den Artikeln 216, 218 und 220 vorgesehenen Untersuchungen unerläßlich ist. Jede Überprüfung an Bord eines fremden Schiffes hat sich auf eine Prüfung der Zeugnisse, Aufzeichnungen und sonstigen Dokumente zu beschränken, die das Schiff nach allgemein anerkannten internationalen Regeln und Normen mitführen muß, oder auf die Prüfung ähnlicher mitgeführter Dokumente; eine weitergehende Überprüfung an Bord des Schiffes darf nur nach einer solchen Prüfung und nur dann vorgenommen werden, wenn
   i) eindeutige Gründe für die Annahme bestehen, daß der Zustand des Schiffes oder seiner Ausrüstung in wesentlichen Punkten den Angaben dieser Dokumente nicht entspricht;
   ii) der Inhalt dieser Dokumente nicht ausreicht, um einen mutmaßlichen Verstoß zu bestätigen oder nachzuweisen oder
   iii) das Schiff keine gültigen Zeugnisse und Aufzeichnungen mitführt.
  b) Ergibt die Untersuchung, daß ein Verstoß gegen die anwendbaren Gesetze und sonstigen Vorschriften oder internationale Regeln und Normen zum Schutz und zur Bewahrung der Meeresumwelt vorliegt, so wird das Schiff in Anwendung angemessener Verfahren, wie der Hinterlegung einer Kaution oder der Leistung einer anderen geeigneten finanziellen Sicherheit, sofort freigegeben.
  c) Unbeschadet der anwendbaren internationalen Regeln und Normen über die Seetüchtigkeit von Schiffen kann die Freigabe eines Schiffes, wenn sie eine unverhältnismäßig große Gefahr einer Schädigung der Meeresumwelt darstellen würde, verweigert oder davon abhängig gemacht werden, daß das Schiff die nächstgelegene geeignete Reparaturwerft anläuft. Wird die Freigabe verweigert oder von Bedingungen abhängig gemacht, so muß der Flaggenstaat des Schiffes sofort benachrichtigt werden; er kann in Übereinstimmung mit Teil XV die Freigabe des Schiffes zu erreichen suchen.

(2) Die Staaten arbeiten bei der Entwicklung von Verfahren zur Vermeidung unnötiger Überprüfungen an Bord von Schiffen auf See zusammen.

Artikel 227 Nichtdiskriminierung in bezug auf fremde Schiffe
Bei der Ausübung ihrer Rechte und der Erfüllung ihrer Pflichten aus diesem Teil dürfen die Staaten die Schiffe eines anderen Staates rechtlich oder tatsächlich nicht diskriminieren.

Artikel 228 Aussetzung und Beschränkungen im Fall von Strafverfahren
(1) Ein Verfahren zur Ahndung eines Verstoßes gegen die anwendbaren Gesetze und sonstigen Vorschriften oder internationale Regeln und Normen zur Verhütung, Verringerung und Überwachung der Verschmutzung durch Schiffe, den ein fremdes Schiff außerhalb des Küstenmeers des das Verfahren einleitenden Staates begangen hat, wird ausgesetzt, wenn der Flaggenstaat innerhalb von sechs Monaten nach Einleitung des ersten Verfahrens selbst ein Verfahren zur Ahndung desselben Verstoßes einleitet, sofern sich das erste Verfahren nicht auf eine schwere Schädigung des Küstenstaats bezieht oder der betreffende Flaggenstaat wiederholt seine Verpflichtung mißachtet hat, die anwendbaren internationalen Regeln und Normen in bezug auf die von seinen Schiffen begangenen Verstöße wirksam durchzusetzen. Hat der Flaggenstaat die Aussetzung des Verfahrens in Übereinstimmung mit diesem Artikel verlangt, so stellt er dem Staat, der zuvor das Verfahren eingeleitet hat, zu gegebener Zeit die vollständigen Unterlagen des Falles und die Verhandlungsprotokolle zur Verfügung. Ist das vom Flaggenstaat eingeleitete Verfahren zum Abschluß gebracht worden, so wird das ausgesetzte Verfahren eingestellt. Nach Zahlung der Verfahrenskosten wird jede im Zusammenhang mit dem ausgesetzten Verfahren hinterlegte Kaution oder andere finanzielle Sicherheit vom Küstenstaat freigegeben.
(2) Ein Verfahren gegen ein fremdes Schiff zur Ahndung von Verstößen darf nicht mehr eingeleitet werden, wenn seit dem Tag, an dem der Verstoß begangen wurde, drei Jahre vergangen sind; ein Verfahren darf auch dann nicht von einem Staat eingeleitet werden, wenn ein anderer Staat unter Beachtung des Absatzes 1 ein Verfahren eingeleitet hat.
(3) Dieser Artikel berührt nicht das Recht des Flaggenstaats, ungeachtet früherer Verfahren seitens eines anderen Staates nach seinen eigenen Gesetzen Maßnahmen einschließlich eines Verfahrens zur Ahndung von Verstößen zu ergreifen.

Artikel 229 Einleitung zivilgerichtlicher Verfahren
Dieses Übereinkommen berührt nicht das Recht auf Einleitung eines zivilgerichtlichen Verfahrens wegen einer Forderung aus Verlusten oder Schäden, die durch Verschmutzung der Meeresumwelt entstanden sind.

Artikel 230 Geldstrafen und Wahrung der anerkannten Rechte des Angeklagten
(1) Bei Verstößen von fremden Schiffen außerhalb des Küstenmeers gegen innerstaatliche Gesetze und sonstige Vorschriften oder anwendbare internationale Regeln und Normen zur Verhütung, Verringerung und Überwachung der Verschmutzung der Meeresumwelt dürfen nur Geldstrafen verhängt werden.
(2) Bei Verstößen von fremden Schiffen im Küstenmeer gegen innerstaatliche Gesetze und sonstige Vorschriften oder anwendbare internationale Regeln und Normen zur Verhütung, Verringerung und Überwachung der Verschmutzung der Meeresumwelt dürfen nur Geldstrafen verhängt werden, ausgenommen im Fall einer vorsätzlichen schweren Verschmutzungshandlung im Küstenmeer.
(3) Bei der Durchführung eines Verfahrens wegen solcher von einem fremden Schiff begangener Verstöße, die zur Verhängung von Strafen führen können, sind die anerkannten Rechte des Angeklagten zu wahren.

Artikel 231 Benachrichtigung des Flaggenstaats und anderer betroffener Staaten
Die Staaten benachrichtigen den Flaggenstaat und jeden anderen betroffenen Staat umgehend von allen nach Abschnitt 6 gegen fremde Schiffe ergriffenen Maßnahmen und legen dem Flaggenstaat alle amtlichen Berichte über diese Maßnahmen vor. Bei Verstößen, die im Küstenmeer begangen wurden, ist der Küstenstaat an diese Verpflichtungen nur in bezug auf Maßnahmen gebunden, die im Verlauf eines Verfahrens ergriffen wurden. Die Diplomaten oder Konsularbeamten und, soweit möglich, die Schiffahrtsbehörde des Flaggenstaats werden sofort von allen nach Abschnitt 6 gegen eine fremdes Schiff ergriffenen Maßnahmen unterrichtet.

Artikel 232 Haftung der Staaten aufgrund von Durchsetzungsmaßnahmen
Die Staaten haften für ihnen zuzurechnende Schäden oder Verluste, die sich aus den nach Abschnitt 6 ergriffenen Maßnahmen ergeben, wenn diese Maßnahmen unrechtmäßig sind oder über die in Anbetracht der verfügbaren Informationen vernünftigerweise erforderlichen Maßnahmen hinausgehen. Die Staaten sehen den Rechtsweg zu ihren Gerichten für Klagen wegen solcher Schäden oder Verluste vor.

Artikel 233 Schutzbestimmungen in bezug auf Meerengen, die der internationalen Schiffahrt dienen
Die Abschnitte 5, 6 und 7 berühren nicht die Rechtsordnung von Meerengen, die der internationalen Schiffahrt dienen. Hat jedoch ein fremdes Schiff, das nicht in Abschnitt 10 genannt ist, einen Verstoß gegen die in Artikel 42 Absatz 1 Buchstaben a) und b) genannten Gesetze und sonstigen Vorschriften begangen, durch den ein schwerer Schaden für die Meeresumwelt der Meerengen entstanden ist oder zu entstehen droht, so können die Meerengenanliegerstaaten geeignete Durchsetzungsmaßnahmen ergreifen, wobei sie diesen Abschnitt sinngemäß beachten.

ABSCHNITT 8
Eisbedeckte Gebiete

Artikel 234 Eisbedeckte Gebiete
Die Küstenstaaten haben das Recht, nichtdiskriminierende Gesetze und sonstige Vorschriften zur Verhütung, Verringerung und Überwachung der Meeresverschmutzung durch Schiffe in eisbedeckten Gebieten innerhalb der ausschließlichen Wirtschaftszone zu erlassen und durchzusetzen, wenn dort besonders strenge klimatische Bedingungen und das diese Gebiete während des größten Teiles des Jahres bedeckende Eis Hindernisse oder außergewöhnliche Gefahren für die Schiffahrt schaffen und die Verschmutzung der Meeresumwelt das ökologische Gleichgewicht ernstlich schädigen oder endgültig zerstören könnte. Diese Gesetze und sonstigen Vorschriften müssen die Schiffahrt sowie den Schutz und die Bewahrung der Meeresumwelt auf der Grundlage der besten verfügbaren wissenschaftlichen Angaben gebührend berücksichtigen.

ABSCHNITT 9
Verantwortlichkeit und Haftung

Artikel 235 Verantwortlichkeit und Haftung
(1) Die Staaten sind für die Erfüllung ihrer internationalen Verpflichtungen betreffend den Schutz und die Bewahrung der Meeresumwelt verantwortlich. Sie haften in Übereinstimmung mit dem Völkerrecht.
(2) Die Staaten stellen sicher, daß in Übereinstimmung mit ihrem Rechtssystem der Rechtsweg für umgehende und angemessene Entschädigung oder sonstigen Ersatz für Schäden gegeben ist, die durch Verschmutzung der Meeresumwelt seitens ihrer Gerichtsbarkeit unterstehender natürlicher oder juristischer Personen verursacht wurden.
(3) Um eine umgehende und angemessene Entschädigung für alle durch Verschmutzung der Meeresumwelt verursachten Schäden zu gewährleisten, arbeiten die Staaten bei der Anwendung des geltenden Völkerrechts und der Weiterentwicklung des Völkerrechts betreffend die Verantwortlichkeit und Haftung bezüglich der Bewertung von Schäden, der Entschädigung und der Beilegung damit zusammenhängender Streitigkeiten sowie gegebenenfalls bei der Entwicklung von Kriterien und Verfahren für die Leistung einer angemessenen Entschädigung, wie etwa Pflichtversicherung oder Entschädigungsfonds, zusammen.

ABSCHNITT 10
Staatenimmunität

Artikel 236 Staatenimmunität
Die Bestimmungen dieses Übereinkommens über den Schutz und die Bewahrung der Meeresumwelt finden keine Anwendung auf Kriegsschiffe, Flottenhilfsschiffe oder sonstige Schiffe oder Luftfahrzeuge, die einem Staat gehören oder von ihm eingesetzt sind und die zum gegebenen Zeitpunkt im Staatsdienst ausschließlich für andere als Handelszwecke genutzt werden. Jedoch stellt jeder Staat

Art. 237–282 Seerechtsübereinkommen der Vereinten Nationen 21

durch geeignete Maßnahmen, die den Einsatz oder die Einsatzfähigkeit solcher ihm gehörender oder von ihm eingesetzter Schiffe oder Luftfahrzeuge nicht beeinträchtigen, sicher, daß diese, soweit zumutbar und durchführbar, in einer Weise betrieben werden, die mit dem Übereinkommen vereinbar ist.

ABSCHNITT 11
Verpflichtungen aufgrund anderer Übereinkünfte über den Schutz und die Bewahrung der Meeresumwelt

Artikel 237 Verpflichtungen aufgrund anderer Übereinkünfte über den Schutz und die Bewahrung der Meeresumwelt
(1) Dieser Teil berührt weder die bestimmten Verpflichtungen, die Staaten aufgrund früher geschlossener besonderer Übereinkommen und Abkommen über den Schutz und die Bewahrung der Meeresumwelt übernommen haben, noch Übereinkünfte, die zur Ausgestaltung der in diesem Übereinkommen enthaltenen allgemeinen Grundsätze geschlossen werden können.
(2) Die von den Staaten aufgrund besonderer Übereinkünfte übernommenen bestimmten Verpflichtungen hinsichtlich des Schutzes und der Bewahrung der Meeresumwelt sollen in einer Weise erfüllt werden, die mit den allgemeinen Grundsätzen und Zielen dieses Übereinkommens vereinbar ist.

TEIL XIII
Wissenschaftliche Meeresforschung
Artikel 238 bis 265 sind nicht abgedruckt.

TEIL XIV
Entwicklung und Weitergabe von Meerestechnologie
Artikel 266 bis 278 sind nicht abgedruckt.

TEIL XV
Beilegung von Streitigkeiten

ABSCHNITT 1
Allgemeine Bestimmungen

Artikel 279 Verpflichtung zur Beilegung von Streitigkeiten durch friedliche Mittel
Die Vertragsstaaten legen alle zwischen ihnen entstehenden Streitigkeiten über die Auslegung oder Anwendung dieses Übereinkommens durch friedliche Mittel in Übereinstimmung mit Artikel 2 Absatz 3 der Charta der Vereinten Nationen bei und bemühen sich zu diesem Zweck um eine Lösung durch die in Artikel 33 Absatz 1 der Charta genannten Mittel.

Artikel 280 Beilegung von Streitigkeiten durch die von den Parteien gewählten friedlichen Mittel
Dieser Teil beeinträchtigt nicht das Recht der Vertragsstaaten, jederzeit zu vereinbaren, eine zwischen ihnen entstehende Streitigkeit über die Auslegung oder Anwendung dieses Übereinkommens durch friedliche Mittel eigener Wahl beizulegen.

Artikel 281 Verfahren für den Fall, daß keine Beilegung durch die Parteien erzielt worden ist
(1) Haben Vertragsstaaten, die Parteien einer Streitigkeit über die Auslegung oder Anwendung dieses Übereinkommens sind, vereinbart, deren Beilegung durch ein friedliches Mittel eigener Wahl anzustreben, so finden die in diesem Teil vorgesehenen Verfahren nur Anwendung, wenn eine Beilegung durch dieses Mittel nicht erzielt worden ist und wenn die Vereinbarung zwischen den Parteien ein weiteres Verfahren nicht ausschließt.
(2) Haben die Parteien auch eine Frist vereinbart, so gilt Absatz 1 erst nach Ablauf dieser Frist.

Artikel 282 Verpflichtungen aus allgemeinen, regionalen oder zweiseitigen Übereinkünften
Haben Vertragsstaaten, die Parteien einer Streitigkeit über die Auslegung oder Anwendung dieses Übereinkommens sind, im Rahmen einer allgemeinen, regionalen oder zweiseitigen Übereinkunft

oder auf andere Weise vereinbart, eine solche Streitigkeit auf Antrag einer der Streitparteien einem Verfahren zu unterwerfen, das zu einer bindenden Entscheidung führt, so findet dieses Verfahren anstelle der in diesem Teil vorgesehenen Verfahren Anwendung, sofern die Streitparteien nichts anderes vereinbaren.

Artikel 283 Verpflichtung zum Meinungsaustausch
(1) Entsteht zwischen Vertragsstaaten eine Streitigkeit über die Auslegung oder Anwendung dieses Übereinkommens, so nehmen die Streitparteien umgehend einen Meinungsaustausch über die Beilegung der Streitigkeit durch Verhandlung oder andere friedliche Mittel auf.
(2) Die Parteien nehmen auch dann umgehend einen Meinungsaustausch auf, wenn ein Verfahren zur Beilegung einer solchen Streitigkeit ohne Beilegung beendet worden ist oder wenn eine Beilegung zwar erzielt worden ist, aber die Umstände Konsultationen über die Art ihrer Durchführung erforderlich machen.

Artikel 284 Vergleich
(1) Jeder Vertragsstaat, der Partei einer Streitigkeit über die Auslegung oder Anwendung dieses Übereinkommens ist, kann die andere Partei oder die anderen Parteien auffordern, die Streitigkeit einem Vergleichsverfahren in Übereinstimmung mit Anlage V Abschnitt 1 oder einem anderen Vergleichsverfahren zu unterwerfen.
(2) Wird der Aufforderung entsprochen und einigen sich die Parteien über das anzuwendende Vergleichsverfahren, so kann jede Partei die Streitigkeit diesem Verfahren unterwerfen.
(3) Wird der Aufforderung nicht entsprochen oder einigen sich die Parteien nicht über das Verfahren, so gilt das Vergleichsverfahren als beendet.
(4) Ist eine Streitigkeit einem Vergleichsverfahren unterworfen worden, so kann dieses nur in Übereinstimmung mit dem vereinbarten Vergleichsverfahren beendet werden, sofern die Parteien nichts anderes vereinbaren.

Artikel 285 Anwendung dieses Abschnitts auf nach Teil XI unterbreitete Streitigkeiten
Dieser Abschnitt findet auf jede Streitigkeit Anwendung, die aufgrund des Teils XI Abschnitt 5 in Übereinstimmung mit den im vorliegenden Teil vorgesehenen Verfahren beizulegen ist. Ist ein Rechtsträger, der nicht Vertragsstaat ist, Partei einer solchen Streitigkeit, so findet der vorliegende Abschnitt sinngemäß Anwendung.

ABSCHNITT 2
Obligatorische Verfahren, die zu bindenden Entscheidungen führen

Artikel 286 Anwendung der Verfahren nach diesem Abschnitt
Vorbehaltlich des Abschnitts 3 wird jede Streitigkeit über die Auslegung oder Anwendung dieses Übereinkommens, die nicht in Anwendung des Abschnitts 1 beigelegt worden ist, auf Antrag einer Streitpartei dem aufgrund des vorliegenden Abschnitts zuständigen Gerichtshof oder Gericht unterbreitet.

Artikel 287 Wahl des Verfahrens
(1) Einem Staat steht es frei, wenn er dieses Übereinkommen unterzeichnet, ratifiziert oder ihm beitritt, oder zu jedem späteren Zeitpunkt, durch eine schriftliche Erklärung eines oder mehrere der folgenden Mittel zur Beilegung von Streitigkeiten über die Auslegung oder Anwendung des Übereinkommens zu wählen:
a) den in Übereinstimmung mit Anlage VI errichteten Internationalen Seegerichtshof;
b) den Internationalen Gerichtshof;
c) ein in Übereinstimmung mit Anlage VII gebildetes Schiedsgericht;
d) ein in Übereinstimmung mit Anlage VIII für eine oder mehrere der dort aufgeführten Arten von Streitigkeiten gebildetes besonderes Schiedsgericht.
(2) Eine nach Absatz 1 abgegebene Erklärung berührt nicht die Verpflichtung eines Vertragsstaats, die Zuständigkeit der Kammer für Meeresbodenstreitigkeiten des Internationalen Seegerichtshofs in dem Umfang und in der Art anzuerkennen, wie in Teil XI Abschnitt 5 vorgesehen, noch wird sie durch eine solche Verpflichtung berührt.

Art. 288–290 Seerechtsübereinkommen der Vereinten Nationen

(3) Ist ein Vertragsstaat Partei einer nicht von einer gültigen Erklärung erfaßten Streitigkeit, so wird angenommen, daß er dem Schiedsverfahren in Übereinstimmung mit Anlage VII zugestimmt hat.
(4) Haben die Streitparteien demselben Verfahren zur Beilegung der Streitigkeit zugestimmt, so kann sie nur diesem Verfahren unterworfen werden, sofern die Parteien nichts anderes vereinbaren.
(5) Haben die Streitparteien nicht demselben Verfahren zur Beilegung der Streitigkeit zugestimmt, so kann sie nur einem Schiedsverfahren in Übereinstimmung mit Anlage VII unterworfen werden, sofern die Parteien nichts anderes vereinbaren.
(6) Eine nach Absatz 1 abgegebene Erklärung bleibt noch drei Monate in Kraft, nachdem eine Mitteilung des Widerrufs beim Generalsekretär der Vereinten Nationen hinterlegt worden ist.
(7) Eine neue Erklärung, eine Mitteilung des Widerrufs oder das Außerkrafttreten einer Erklärung berührt nicht das anhängige Verfahren vor einem Gerichtshof oder einem Gericht, die aufgrund dieses Artikels zuständig sind, sofern die Parteien nichts anderes vereinbaren.
(8) Die in diesem Artikel genannten Erklärungen und Mitteilungen werden beim Generalsekretär der Vereinten Nationen hinterlegt; dieser übermittelt den Vertragsstaaten Abschriften davon.

Artikel 288 Zuständigkeit
(1) Ein Gerichtshof oder Gericht nach Artikel 287 ist für jede Streitigkeit über die Auslegung oder Anwendung dieses Übereinkommens zuständig, die ihm in Übereinstimmung mit diesem Teil unterbreitet wird.
(2) Ein Gerichtshof oder Gericht nach Artikel 287 ist auch für jede Streitigkeit zuständig, welche die Auslegung oder Anwendung einer mit den Zielen dieses Übereinkommens zusammenhängenden internationalen Übereinkunft betrifft und ihm in Übereinstimmung mit der Übereinkunft unterbreitet wird.
(3) Die Kammer für Meeresbodenstreitigkeiten des in Übereinstimmung mit Anlage VI errichteten Internationalen Seegerichtshof und jede andere Kammer oder jedes andere Schiedsgericht nach Teil XI Abschnitt 5 sind für jede Angelegenheit zuständig, die ihnen in Übereinstimmung damit unterbreitet wird.
(4) Wird die Zuständigkeit eines Gerichtshofs oder Gerichts bestritten, so entscheidet der Gerichtshof oder das Gericht darüber.

Artikel 289 Sachverständige
Bei einer Streitigkeit über wissenschaftliche oder technische Angelegenheiten kann ein Gerichtshof oder Gericht in Ausübung seiner Zuständigkeit nach diesem Abschnitt – auf Antrag einer Partei oder von Amts wegen – in Konsultation mit den Parteien mindestens zwei wissenschaftliche oder technische Sachverständige vorzugsweise aus der maßgeblichen in Übereinstimmung mit Anlage VIII Artikel 2 aufgestellten Liste auswählen, die an der Verhandlung vor dem Gerichtshof oder Gericht ohne Stimmrecht teilnehmen.

Artikel 290 Vorläufige Maßnahmen
(1) Ist ein Gerichtshof oder Gericht, dem eine Streitigkeit ordnungsgemäß unterbreitet worden ist, der Auffassung, aufgrund dieses Teils oder des Teils XI Abschnitt 5 prima facie (nach dem ersten Anschein) zuständig zu sein, so kann der Gerichtshof oder das Gericht die vorläufigen Maßnahmen anordnen, die sie unter den gegebenen Umständen für erforderlich halten, um bis zur endgültigen Entscheidung die Rechte jeder Streitpartei zu sichern oder schwere Schäden für die Meeresumwelt zu verhindern.
(2) Vorläufige Maßnahmen können geändert oder widerrufen werden, sobald die Umstände, die sie rechtfertigen, sich geändert haben oder nicht mehr bestehen.
(3) Vorläufige Maßnahmen können aufgrund dieses Artikels nur auf Antrag einer Streitpartei und nur, nachdem die Parteien Gelegenheit zur Anhörung erhalten haben, angeordnet, geändert oder widerrufen werden.
(4) Der Gerichtshof oder das Gericht teilt den Streitparteien und, wenn der Gerichtshof oder das Gericht dies für angebracht hält, anderen Vertragsstaaten umgehend die Anordnung, die Änderung oder den Widerruf vorläufiger Maßnahmen mit.

(5) Bis zur Bildung eines aufgrund dieses Abschnitts mit einer Streitigkeit befaßten Schiedsgerichts kann ein von den Parteien einvernehmlich bestimmter Gerichtshof oder ein so bestimmtes Gericht oder, falls ein solches Einvernehmen nicht binnen zwei Wochen nach dem Tag der Beantragung vorläufiger Maßnahmen zustande kommt, der Internationale Seegerichtshof oder – bei Tätigkeiten im Gebiet – die Kammer für Meeresbodenstreitigkeiten vorläufige Maßnahmen in Übereinstimmung mit diesem Artikel anordnen, ändern oder widerrufen, sofern sie der Auffassung ist, daß das zu bildende Gericht prima facie (nach dem ersten Anschein) zuständig wäre und die Dringlichkeit der Lage dies erfordert. Das Gericht, dem die Streitigkeit unterbreitet worden ist, kann nach seiner Bildung diese vorläufigen Maßnahmen im Einklang mit den Absätzen 1 bis 4 ändern, widerrufen oder bestätigen.
(6) Die Streitparteien befolgen umgehend die aufgrund dieses Artikels angeordneten vorläufigen Maßnahmen.

Artikel 291 Zugang
(1) Den Vertragsstaaten stehen alle in diesem Teil aufgeführten Verfahren zur Beilegung von Streitigkeiten offen.
(2) Die in diesem Teil aufgeführten Verfahren zur Beilegung von Streitigkeiten stehen Rechtsträgern, die nicht Vertragsstaaten sind, nur so weit offen, wie in diesem Übereinkommen ausdrücklich vorgesehen.

Artikel 292 Sofortige Freigabe von Schiffen und Besatzungen
(1) Haben die Behörden eines Vertragsstaats ein Schiff zurückgehalten, das die Flagge eines anderen Vertragsstaats führt, und wird behauptet, daß der zurückhaltende Staat die Bestimmungen dieses Übereinkommens über die sofortige Freigabe des Schiffes oder seiner Besatzung nach Hinterlegung einer angemessenen Kaution oder anderen finanziellen Sicherheiten nicht eingehalten hat, so kann die Frage der Freigabe einem von den Parteien einvernehmlich bestimmten Gerichtshof oder Gericht unterbreitet werden; kommt binnen 10 Tagen nach dem Zeitpunkt des Zurückhaltens kein Einvernehmen zustande, so kann die Frage einem Gerichtshof oder einem Gericht, dem der zurückhaltende Staat nach Artikel 287 zugestimmt hat, oder dem Internationalen Seegerichtshof unterbreitet werden, sofern die Parteien nichts anderen vereinbaren.
(2) Der Antrag auf Freigabe kann nur vom Flaggenstaat des Schiffes oder im Namen dieses Staates gestellt werden.
(3) Der Antrag auf Freigabe wird von dem Gerichtshof oder Gericht unverzüglich behandelt, wobei nur die Frage der Freigabe behandelt wird; die Sache selbst, deren Gegenstand das Schiff, sein Eigentümer oder seine Besatzung ist, wird dadurch bezüglich des Verfahrens vor der zuständigen innerstaatlichen Instanz nicht berührt. Die Behörden des zurückhaltenden Staates bleiben befugt, das Schiff oder seine Besatzung jederzeit freizugeben.
(4) Nach Hinterlegung der von dem Gerichtshof oder Gericht bestimmten Kaution oder anderen finanziellen Sicherheit führen die Behörden des zurückhaltenden Staates sofort die Entscheidung des Gerichtshofs oder Gerichts über die Freigabe des Schiffes oder seiner Besatzung aus.

Artikel 293 Anwendbares Recht
(1) Ein nach diesem Abschnitt zuständiger Gerichtshof oder ein so zuständiges Gericht wendet dieses Übereinkommen und sonstige mit dem Übereinkommen nicht unvereinbare Regeln des Völkerrechts an.
(2) Absatz 1 berührt nicht die Befugnis des aufgrund dieses Abschnitts zuständigen Gerichtshofs oder Gerichts, einen Fall ex aequo et bono zu entscheiden, sofern die Parteien dies vereinbaren.

Artikel 294 Vorverfahren
(1) Ein Gerichtshof oder Gericht nach Artikel 287, bei dem wegen einer in Artikel 297 genannten Streitigkeit eine Klageschrift eingereicht wird, entscheidet auf Ersuchen einer Partei oder kann von Amts wegen entscheiden, ob das Begehren eine mißbräuchliche Inanspruchnahme des Rechtswegs darstellt oder ob es prima facie (nach dem ersten Anschein) begründet ist. Entscheidet der Gerichtshof oder das Gericht, daß das Begehren eine mißbräuchliche Inanspruchnahme des Rechtswegs darstellt oder prima facie (nach dem ersten Anschein) unbegründet ist, so wird der Fall von ihm nicht weiter behandelt.

(2) Nach Eingang der Klageschrift unterrichtet der Gerichtshof oder das Gericht die andere Partei oder die anderen Parteien sofort von der Klageschrift und setzt eine angemessene Frist, innerhalb deren sie den Gerichtshof oder das Gericht ersuchen können, eine Entscheidung in Übereinstimmung mit Absatz 1 zu treffen.
(3) Dieser Artikel berührt nicht das Recht einer Streitpartei, in Übereinstimmung mit den anwendbaren Verfahrensregeln prozeßhindernde Einreden geltend zu machen.

Artikel 295 Erschöpfung der innerstaatlichen Rechtsmittel
Eine Streitigkeit zwischen Vertragsstaaten über die Auslegung oder Anwendung dieses Übereinkommens kann den in diesem Abschnitt vorgesehenen Verfahren nur dann unterworfen werden, wenn die innerstaatlichen Rechtsmittel entsprechend den Erfordernissen des Völkerrechts erschöpft sind.

Artikel 296 Endgültigkeit und Verbindlichkeit der Entscheidungen
(1) Jede Entscheidung, die von einem nach diesem Abschnitt zuständigen Gerichtshof oder Gericht getroffen wird, ist endgültig und wird von allen Streitparteien befolgt.
(2) Die Entscheidung ist nur für die Parteien und nur in bezug auf die betreffende Streitigkeit bindend.

ABSCHNITT 3
Grenzen und Ausnahmen der Anwendbarkeit des Abschnitts 2
Artikel 297 Grenzen der Anwendbarkeit des Abschnitts 2
(1) Streitigkeiten über die Auslegung oder Anwendung dieses Übereinkommens hinsichtlich der Ausübung der in dem Übereinkommen vorgesehenen souveränen Rechte oder Hoheitsbefugnisse durch einen Küstenstaat werden in folgenden Fällen den in Abschnitt 2 vorgesehenen Verfahren unterworfen:
a) wenn behauptet wird, daß ein Küstenstaat gegen die Bestimmungen dieses Übereinkommens hinsichtlich der Freiheiten und der Rechte der Schiffahrt, des Überflugs oder der Verlegung unterseeischer Kabel und Rohrleitungen oder hinsichtlich anderer völkerrechtlich zulässiger Nutzungen des Meeres nach Artikel 58 verstoßen hat,
b) wenn behauptet wird, daß ein Staat in Ausübung der genannten Freiheiten, Rechte oder Nutzungen gegen dieses Übereinkommen oder gegen Gesetze oder sonstige Vorschriften des Küstenstaats verstoßen hat, die dieser im Einklang mit dem Übereinkommen und sonstigen mit dem Übereinkommen nicht unvereinbaren Regeln des Völkerrechts erlassen hat, oder
c) wenn behauptet wird, daß ein Küstenstaat gegen bestimmte auf ihn anwendbare internationale Regeln und Normen zum Schutz und zur Bewahrung der Meeresumwelt verstoßen hat, die durch dieses Übereinkommen oder durch eine zuständige internationale Organisation oder eine diplomatische Konferenz in Übereinstimmung mit dem Übereinkommen festgelegt worden sind.
(2) a) Streitigkeiten über die Auslegung oder Anwendung dieses Übereinkommens hinsichtlich der wissenschaftlichen Meeresforschung werden in Übereinstimmung mit Abschnitt 2 beigelegt; der Küstenstaat ist jedoch nicht verpflichtet, zuzustimmen, daß einer solchen Beilegung eine Streitigkeit unterworfen ist, die sich ergibt
    i) aus der Ausübung eines Rechts oder des Ermessens in Übereinstimmung mit Artikel 246 durch den Küstenstaat oder
    ii) aus einem Beschluß des Küstenstaats, die Unterbrechung oder Einstellung eines Forschungsvorhabens in Übereinstimmung mit Artikel 253 anzuordnen.
b) Eine Streitigkeit, die sich aus einer Behauptung des Forschungsstaates ergibt, daß der Küstenstaat bei einem bestimmten Vorhaben die ihm nach den Artikeln 246 und 253 zustehenden Rechte nicht in einer Weise ausübt, die mit diesem Übereinkommen vereinbar ist, wird auf Antrag einer Partei dem Vergleichsverfahren nach Anlage V Abschnitt 2 unterworfen; jedoch darf die Vergleichskommission die Ausübung des Ermessens des Küstenstaats, nach Artikel 246 Absatz 6 bestimmte Gebiete zu bezeichnen oder in Übereinstimmung mit Artikel 246 Absatz 5 die Zustimmung zu versagen, nicht in Frage stellen.
(3) a) Streitigkeiten über die Auslegung oder Anwendung dieses Übereinkommens hinsichtlich der Fischerei werden in Übereinstimmung mit Abschnitt 2 beigelegt; der Küstenstaat ist jedoch

nicht verpflichtet, zuzustimmen, daß einer solchen Beilegung eine Streitigkeit unterworfen wird, die seine souveränen Rechte oder deren Ausübung in bezug auf die lebenden Ressourcen seiner ausschließlichen Wirtschaftszone betrifft, einschließlich seiner Ermessensbefugnis, die zulässige Fangmenge, seine Fangkapazität, die Zuweisung von Überschüssen an andere Staaten sowie die in seinen Gesetzen und sonstigen Vorschriften über die Erhaltung und Bewirtschaftung festgelegten Bedingungen zu bestimmen.

b) Falls eine Beilegung aufgrund des Abschnitt 1 nicht erzielt worden ist, wird eine Streitigkeit auf Antrag einer Streitpartei dem in Anlage V Abschnitt 2 vorgesehenen Vergleichsverfahren unterworfen, wenn behauptet wird,
  i) daß ein Küstenstaat seine Verpflichtungen in offenkundiger Weise nicht eingehalten hat, durch geeignete Erhaltungs- und Bewirtschaftungsmaßnahmen sicherzustellen, daß der Fortbestand der lebenden Ressourcen in der ausschließlichen Wirtschaftszone nicht ernsthaft gefährdet wird,
  ii) daß es ein Küstenstaat willkürlich abgelehnt hat, auf Ersuchen eines anderen Staates die zulässige Fangmenge und seine Kapazität zum Fang lebender Ressourcen in bezug auf Bestände festzulegen, an deren Fang dieser andere Staat interessiert ist, oder
  iii) daß es ein Küstenstaat willkürlich abgelehnt hat, nach den Artikeln 62, 69 und 70 und den von ihm im Einklang mit diesem Übereinkommen festgelegten Bedingungen einem anderen Staat den Überschuß, der nach seiner Erklärung vorhanden ist, ganz oder zum Teil zuzuweisen.

c) In keinem Fall ersetzt die Vergleichskommission das Ermessen des Küstenstaats durch ihr eigenes.

d) Der Bericht der Vergleichskommission wird den geeigneten internationalen Organisationen übermittelt.

e) Beim Aushandeln der in den Artikeln 69 und 70 vorgesehenen Übereinkünfte nehmen die Vertragsstaaten, sofern sie nichts anderes vereinbaren, eine Bestimmung über die von ihnen zu ergreifenden Maßnahmen auf, um die Möglichkeit von Meinungsverschiedenheiten über die Auslegung oder Anwendung der Übereinkunft auf ein Mindestmaß zu beschränken, sowie über das von ihnen einzuschlagende Verfahren, falls dennoch Meinungsverschiedenheiten entstehen.

Artikel 298 Fakultative Ausnahmen der Anwendbarkeit des Abschnitts 2

(1) Ein Staat kann unbeschadet der Verpflichtungen aus Abschnitt 1, wenn er dieses Übereinkommen unterzeichnet, ratifiziert oder ihm beitritt, oder zu jedem späteren Zeitpunkt schriftlich erklären, daß er einem oder mehreren der in Abschnitt 2 vorgesehenen Verfahren in bezug auf eine oder mehrere der folgenden Arten von Streitigkeiten nicht zustimmt:

a) i) Streitigkeiten über die Auslegung oder Anwendung der Artikel 15, 74 und 83 betreffend die Abgrenzung von Meeresgebieten oder über historische Buchten oder historische Rechtstitel; jedoch stimmt ein Staat, der die Erklärung abgegeben hat, beim Entstehen einer solchen Streitigkeit nach Inkrafttreten dieses Übereinkommens und wenn innerhalb einer angemessenen Frist in Verhandlungen zwischen den Parteien keine Einigung erzielt wird, auf Antrag einer Streitpartei der Unterwerfung der Angelegenheit unter ein Vergleichsverfahren nach Anlage V Abschnitt 2 zu; jede Streitigkeit, die notwendigerweise die gleichzeitige Prüfung einer nicht beigelegten Streitigkeit betreffend die Souveränität oder andere Rechte über ein Festland- oder Inselgebiet umfaßt, ist von dieser Unterwerfung ausgenommen;
  ii) nachdem die Vergleichskommission ihren Bericht vorgelegt hat, der mit Gründen zu versehen ist, handeln die Parteien auf seiner Grundlage eine Übereinkunft aus; führen diese Verhandlungen nicht zu einer Übereinkunft, so unterwerfen die Parteien die Frage im gegenseitigen Einvernehmen einem der in Abschnitt 2 vorgesehenen Verfahren, sofern sie nichts anderes vereinbaren;
  iii) der vorliegende Buchstabe bezieht sich nicht auf Streitigkeiten über die Abgrenzung von Meeresgebieten, die zwischen den Parteien durch eine Vereinbarung endgültig beigelegt wor-

den sind, noch auf Streitigkeiten, die in Übereinstimmung mit einer zweiseitigen oder mehrseitigen, diese Parteien bindenden Übereinkunft beizulegen sind;
b) Streitigkeiten über militärische Handlungen, einschließlich militärischer Handlungen von Staatsschiffen und staatlichen Luftfahrzeugen, die anderen als Handelszwecken dienen, und Streitigkeiten über Vollstreckungshandlungen in Ausübung souveräner Rechte oder von Hoheitsbefugnissen, die nach Artikel 297 Absatz 2 oder 3 von der Gerichtsbarkeit eines Gerichtshofs oder Gerichts ausgenommen sind;
c) Streitigkeiten, bei denen der Sicherheitsrat der Vereinten Nationen die ihm durch die Charta der Vereinten Nationen übertragenen Aufgaben wahrnimmt, sofern der Sicherheitsrat nicht beschließt, den Gegenstand von seiner Tagesordnung abzusetzen, oder die Parteien auffordert, die Streitigkeit mit den in diesem Übereinkommen vorgesehenen Mitteln beizulegen.
(2) Ein Vertragsstaat, der eine Erklärung nach Absatz 1 abgegeben hat, kann diese jederzeit zurücknehmen oder sich damit einverstanden erklären, eine durch die Erklärung ausgenommene Streitigkeit einem Verfahren nach diesem Übereinkommen zu unterwerfen.
(3) Ein Vertragsstaat, der eine Erklärung nach Absatz 1 abgegeben hat, ist nicht berechtigt, eine Streitigkeit, die zu der Art der ausgenommenen Streitigkeiten gehört, im Verhältnis zu einem anderen Vertragsstaat ohne dessen Zustimmung einem Verfahren nach diesem Übereinkommen zu unterwerfen.
(4) Hat ein Vertragsstaat eine Erklärung nach Absatz 1 Buchstabe a) abgegeben, so kann ein anderer Vertragsstaat eine Streitigkeit, die zu einer der ausgenommenen Arten gehört, im Verhältnis zu dem Vertragsstaat, der die Erklärung abgegeben hat, dem in der Erklärung angegebenen Verfahren unterwerfen.
(5) Eine neue Erklärung oder die Rücknahme der Erklärung berührt nicht das vor einem Gerichtshof oder Gericht in Übereinstimmung mit diesem Artikel anhängige Verfahren, sofern die Parteien nichts anderes vereinbaren.
(6) Die in diesem Artikel vorgesehenen Erklärungen und Mitteilungen ihrer Rücknahme werden beim Generalsekretär der Vereinten Nationen hinterlegt; dieser übermittelt den Vertragsstaaten Abschriften davon.

Artikel 299 Recht der Parteien auf Vereinbarung eines Verfahrens
(1) Eine Streitigkeit, die nach Artikel 297 oder durch eine Erklärung nach Artikel 298 von den in Abschnitt 2 vorgesehenen Verfahren zur Beilegung von Streitigkeiten ausgenommen ist, kann diesen Verfahren nur durch Vereinbarung der Streitparteien unterworfen werden.
(2) Dieser Abschnitt beeinträchtigt nicht das Recht der Streitparteien, ein anderes Verfahren zur Beilegung der Streitigkeit zu vereinbaren oder diese gütlich beizulegen.

TEIL XVI
Allgemeine Bestimmungen
Artikel 300 Treu und Glauben und Rechtsmißbrauch
Die Vertragsstaaten erfüllen die aufgrund dieses Übereinkommens übernommenen Verpflichtungen nach Treu und Glauben und üben die in dem Übereinkommen anerkannten Rechte, Hoheitsbefugnisse und Freiheiten in einer Weise aus, die keinen Rechtsmißbrauch darstellt.
Artikel 301 Friedliche Nutzung der Meere
Bei der Ausübung ihrer Rechte und in Erfüllung ihrer Pflichten aufgrund dieses Übereinkommens enthalten sich die Vertragsstaaten jeder Androhung oder Anwendung von Gewalt, die gegen die territoriale Unversehrtheit oder die politische Unabhängigkeit eines Staates gerichtet oder sonst mit den in der Charta der Vereinten Nationen niedergelegten Grundsätzen des Völkerrechts unvereinbar ist.
Artikel 302 Preisgabe von Informationen
Unbeschadet des Rechts eines Vertragsstaats, die in diesem Übereinkommen vorgesehenen Verfahren zur Beilegung von Streitigkeiten anzuwenden, ist das Übereinkommen nicht so auszulegen, als habe ein Vertragsstaat in Erfüllung seiner Verpflichtungen aus dem Übereinkommen Informationen zu erteilen, deren Preisgabe seinen wesentlichen Sicherheitsinteressen entgegensteht.

21 Seerechtsübereinkommen der Vereinten Nationen Art. 303–307

Artikel 303 Im Meer gefundene archäologische und historische Gegenstände
(1) Die Staaten haben die Pflicht, im Meer gefundene Gegenstände archäologischer oder historischer Art zu schützen, und arbeiten zu diesem Zweck zusammen.
(2) Um den Verkehr mit diesen Gegenständen zu kontrollieren, kann der Küstenstaat in Anwendung des Artikels 33 davon ausgehen, daß ihre ohne seine Einwilligung erfolgende Entfernung vom Meeresboden innerhalb der in jenem Artikel bezeichneten Zone zu einem Verstoß gegen die in jenem Artikel genannten Gesetze und sonstigen Vorschriften in seinem Hoheitsgebiet oder in seinem Küstenmeer führen würde.
(3) Dieser Artikel berührt nicht die Rechte feststellbarer Eigentümer, das Bergungsrecht oder sonstige seerechtliche Vorschriften sowie Gesetze und Verhaltensweisen auf dem Gebiet des Kulturaustauschs.
(4) Dieser Artikel berührt nicht andere internationale Übereinkünfte und Regeln des Völkerrechts über den Schutz von Gegenständen archäologischer oder historischer Art.

Artikel 304 Verantwortlichkeit und Haftung für Schäden
Die Bestimmungen dieses Übereinkommens über die Verantwortlichkeit und Haftung für Schäden berühren nicht die Anwendung geltender Regeln und die Entwicklung weiterer Regeln über die völkerrechtliche Verantwortlichkeit und Haftung.

TEIL XVII
Schlußbestimmungen

Artikel 305 Unterzeichnung
(1) Dieses Übereinkommen liegt zur Unterzeichnung auf
a) für alle Staaten;
b) für Namibia, vertreten durch den Rat der Vereinten Nationen für Namibia;
c) für alle assoziierten Staaten mit Selbstregierung, die diesen Status in einem von den Vereinten Nationen entsprechend der Resolution 1514 (XV) der Generalversammlung überwachten und gebilligten Akt der Selbstbestimmung gewählt haben und für die in diesem Übereinkommen geregelten Angelegenheiten zuständig sind, einschließlich der Zuständigkeit, Verträge über diese Angelegenheiten zu schließen;
d) für alle assoziierten Staaten mit Selbstregierung, die entsprechend ihren jeweiligen Assoziierungsurkunden für die in diesem Übereinkommen geregelten Angelegenheiten zuständig sind, einschließlich der Zuständigkeit, Verträge über diese Angelegenheiten zu schließen;
e) für alle Gebiete mit voller innerer Selbstregierung, die als solche von den Vereinten Nationen anerkannt sind, jedoch noch nicht die volle Unabhängigkeit im Einklang mit der Resolution 1514 (XV) der Generalversammlung erlangt haben, und die für die in diesem Übereinkommen geregelten Angelegenheiten zuständig sind, einschließlich der Zuständigkeit, Verträge über diese Angelegenheiten zu schließen;
f) für internationale Organisationen in Übereinstimmung mit Anlage IX.
(2) Dieses Übereinkommen liegt bis zum 9. Dezember 1984 im Ministerium für Auswärtige Angelegenheiten von Jamaika sowie vom 1. Juli 1983 bis zum 9. Dezember 1984 am Sitz der Vereinten Nationen in New York zur Unterzeichnung auf.

Artikel 306 Ratifikation und förmliche Bestätigung
Dieses Übereinkommen bedarf der Ratifikation durch die Staaten und die anderen in Artikel 305 Absatz 1 Buchstaben b), c), d) und e) bezeichneten Rechtsträger und der förmlichen Bestätigung in Übereinstimmung mit Anlage IX durch die in Artikel 305 Absatz 1 Buchstabe f) bezeichneten Rechtsträger. Die Ratifikationsurkunden und die Urkunden der förmlichen Bestätigung werden beim Generalsekretär der Vereinten Nationen hinterlegt.

Artikel 307 Beitritt
Dieses Übereinkommen steht den Staaten und den anderen in Artikel 305 bezeichneten Rechtsträgern zum Beitritt offen. Der Beitritt durch die in Artikel 305 Absatz 1 Buchstabe f) bezeichneten Rechts-

träger erfolgt in Übereinstimmung mit Anlage IX. Die Beitrittsurkunden werden beim Generalsekretär der Vereinten Nationen hinterlegt.

Artikel 308 Inkrafttreten
(1) Dieses Übereinkommen tritt 12 Monate nach Hinterlegung der sechzigsten Ratifikations- oder Beitrittsurkunde in Kraft.
(2) Für jeden Staat, der dieses Übereinkommen nach Hinterlegung der sechzigsten Ratifikations- oder Beitrittsurkunde ratifiziert oder ihm beitritt, tritt das Übereinkommen vorbehaltlich des Absatzes 1 am dreißigsten Tag nach Hinterlegung seiner eigenen Ratifikations- oder Beitrittsurkunde in Kraft.
(3) Die Versammlung der Behörde tritt am Tag des Inkrafttretens dieses Übereinkommens zusammen und wählt den Rat der Behörde. Der erste Rat setzt sich in einer Weise zusammen, die dem Zweck des Artikels 161 entspricht, sofern jener Artikel nicht genau angewendet werden kann.
(4) Die von der Vorbereitungskommission ausgearbeiteten Regeln, Vorschriften und Verfahren werden bis zu ihrer förmlichen Annahme durch die Behörde in Übereinstimmung mit Teil XI vorläufig angewendet.
(5) Die Behörde und ihre Organe handeln in Übereinstimmung mit der Resolution II der Dritten Seerechtskonferenz der Vereinten Nationen in bezug auf vorbereitende Investitionen und mit den von der Vorbereitungskommission entsprechend dieser Resolution gefaßten Beschlüssen.

Artikel 309 Vorbehalte und Ausnahmen
Vorbehalte oder Ausnahmen zu diesem Übereinkommen sind nur zulässig, wenn sie ausdrücklich in anderen Artikeln des Übereinkommens vorgesehen sind.

Artikel 310 Erklärungen
Artikel 309 schließt nicht aus, daß ein Staat bei der Unterzeichnung oder der Ratifikation dieses Übereinkommens oder bei seinem Beitritt Erklärungen gleich welchen Wortlauts oder welcher Bezeichnung abgibt, um unter anderem seine Gesetze und sonstigen Vorschriften mit den Bestimmungen des Übereinkommens in Einklang zu bringen, vorausgesetzt, daß diese Erklärungen nicht darauf abzielen, die Rechtswirkung der Bestimmungen des Übereinkommens in ihrer Anwendung auf diesem Staat auszuschließen oder zu ändern.

Artikel 311 Verhältnis zu anderen Übereinkommen und internationalen Übereinkünften
(1) Dieses Übereinkommen hat zwischen den Vertragsstaaten Vorrang vor den Genfer Übereinkommen vom 29. April 1958 über das Seerecht.
(2) Dieses Übereinkommen ändert nicht die Rechte und Pflichten der Vertragsstaaten aus anderen Übereinkünften, die mit dem Übereinkommen vereinbar sind und andere Vertragsstaaten in dem Genuß ihrer Rechte oder in der Erfüllung ihrer Pflichten aus dem Übereinkommen nicht beeinträchtigen.
(3) Zwei oder mehr Vertragsstaaten können Übereinkünfte schließen, welche die Anwendung von Bestimmungen dieses Übereinkommens modifizieren oder suspendieren und nur auf die Beziehung zwischen ihnen Anwendung finden; diese Übereinkünfte dürfen sich jedoch nicht auf eine Bestimmung beziehen, von der abzuweichen mit der Verwirklichung von Ziel und Zweck des Übereinkommens unvereinbar ist; die Übereinkünfte dürfen ferner die Anwendung der in dem Übereinkommen enthaltenen wesentlichen Grundsätze nicht beeinträchtigen; die Bestimmungen der Übereinkünfte dürfen die anderen Vertragsstaaten in dem Genuß ihrer Rechte oder in der Erfüllung ihrer Pflichten aus dem Übereinkommen nicht beeinträchtigen.
(4) Vertragsstaaten, die eine Übereinkunft nach Absatz 3 schließen wollen, notifizieren den anderen Vertragsstaaten über den Verwahrer dieses Übereinkommens ihre Absicht, die Übereinkunft zu schließen, sowie die darin vorgesehenen Modifikation oder Suspendierung.
(5) Dieser Artikel berührt nicht internationale Übereinkünfte, die durch andere Artikel dieses Übereinkommens ausdrücklich zugelassen oder gewahrt sind.
(6) Die Vertragsstaaten kommen überein, daß der in Artikel 136 niedergelegte wesentliche Grundsatz über das gemeinsame Erbe der Menschheit nicht geändert werden darf und daß sie nicht Vertragspartei einer Übereinkunft werden, die von diesem Grundsatz abweicht.

Artikel 312 Änderung
(1) Nach Ablauf von 10 Jahren nach dem Tag, an dem dieses Übereinkommen in Kraft tritt, kann ein Vertragsstaat durch eine an den Generalsekretär der Vereinten Nationen gerichtete schriftliche Mitteilung bestimmte Änderungen des Übereinkommens vorschlagen, die sich nicht auf Tätigkeiten im Gebiet beziehen, und um die Einberufung einer Konferenz zur Prüfung der vorgeschlagenen Änderungen ersuchen. Der Generalsekretär leitet diese Mitteilung an alle Vertragsstaaten weiter. Befürwortet innerhalb von 12 Monaten nach Weiterleitung der Mitteilung mindestens die Hälfte der Vertragsstaaten das Ersuchen, so beruft der Generalsekretär die Konferenz ein.
(2) Auf der Änderungskonferenz wird das gleiche Verfahren zur Beschlußfassung angewendet wie auf der Dritten Seerechtskonferenz der Vereinten Nationen, sofern die Konferenz nichts anderes beschließt. Die Konferenz soll sich nach Kräften bemühen, Änderungen durch Konsens zu vereinbaren; es soll so lange nicht über Änderungen abgestimmt werden, bis alle Bemühungen um einen Konsens erschöpft sind.

Artikel 313 Änderung durch vereinfachtes Verfahren
(1) Ein Vertragsstaat kann durch eine an den Generalsekretär der Vereinten Nationen gerichtete schriftliche Mitteilung eine Änderung dieses Übereinkommens vorschlagen, die sich nicht auf Tätigkeiten im Gebiet bezieht und ohne Einberufung einer Konferenz durch das in diesem Artikel festgelegte vereinfachte Verfahren angenommen werden soll. Der Generalsekretär leitet die Mitteilung an alle Vertragsstaaten weiter.
(2) Erhebt ein Vertragsstaat innerhalb von 12 Monaten nach dem Tag der Weiterleitung der Mitteilung Einspruch gegen die vorgeschlagene Änderung oder gegen den Vorschlag, sie durch vereinfachtes Verfahren anzunehmen, so gilt die Änderung als abgelehnt. Der Generalsekretär notifiziert dies umgehend allen Vertragsstaaten.
(3) Hat 12 Monate nach dem Tag der Weiterleitung der Mitteilung kein Vertragsstaat gegen die vorgeschlagene Änderung oder gegen den Vorschlag, sie durch vereinfachtes Verfahren anzunehmen, Einspruch erhoben, so gilt die vorgeschlagene Änderung als angenommen. Der Generalsekretär notifiziert allen Vertragsstaaten, daß die vorgeschlagene Änderung angenommen worden ist.

Artikel 314 Änderungen der Bestimmungen dieses Übereinkommens, die sich ausschließlich auf Tätigkeiten im Gebiet beziehen
(1) Ein Vertragsstaat kann durch eine an den Generalsekretär der Behörde gerichtete schriftliche Mitteilung eine Änderung der Bestimmungen dieses Übereinkommens vorschlagen, die sich ausschließlich auf Tätigkeiten im Gebiet beziehen, darunter der Bestimmungen der Anlage VI Abschnitt 4. Der Generalsekretär leitet diese Mitteilung an alle Vertragsstaaten weiter. Ist die vorgeschlagene Änderung vom Rat genehmigt worden, so bedarf sie der Genehmigung durch die Versammlung. Die Vertreter der Vertragsstaaten in diesen Organen sind bevollmächtigt, die vorgeschlagene Änderung zu prüfen und zu genehmigen. Die vorgeschlagene Änderung gilt als angenommen, so wie sie von dem Rat und der Versammlung genehmigt wurde.
(2) Vor der Genehmigung einer Änderung nach Absatz 1 tragen der Rat und die Versammlung dafür Sorge, daß die Änderung das System der Erforschung und Ausbeutung der Ressourcen des Gebiets bis zur Überprüfungskonferenz in Übereinstimmung mit Artikel 155 nicht beeinträchtigt.

Artikel 315 Änderungen: Unterzeichnung, Ratifikation, Beitritt und verbindliche Wortlaute
(1) Die angenommenen Änderungen dieses Übereinkommens liegen für die Vertragsstaaten 12 Monate nach der Annahme am Sitz der Vereinten Nationen in New York zur Unterzeichnung auf, sofern in der Änderung selbst nichts anderes vorgesehen ist.
(2) Die Artikel 306, 307 und 320 finden auf alle Änderungen dieses Übereinkommens Anwendung.

Artikel 316 Inkrafttreten von Änderungen
(1) Änderungen dieses Übereinkommens, mit Ausnahme der in Absatz 5 bezeichneten, treten für die Vertragsstaaten, die sie ratifizieren oder ihnen beitreten, am dreißigsten Tag nach Hinterlegung der Ratifikations- oder Beitrittsurkunden von zwei Dritteln der Vertragsstaaten oder von 60 Vertragsstaaten, je nachdem, welche Zahl größer ist, in Kraft. Solche Änderungen beeinträchtigen andere Vertragsstaaten nicht in dem Genuß ihrer Rechte oder in der Erfüllung ihrer Pflichten aus dem Übereinkommen.

(2) Eine Änderung kann für ihr Inkrafttreten eine größere als die nach diesem Artikel erforderliche Anzahl von Ratifikationen oder Beitritten vorsehen.
(3) Für jeden Vertragsstaat, der eine in Absatz 1 genannte Änderung nach Hinterlegung der erforderlichen Anzahl von Ratifikations- oder Beitrittsurkunden ratifiziert oder ihr beitritt, tritt die Änderung am dreißigsten Tag nach Hinterlegung seiner Ratifikations- oder Beitrittsurkunde in Kraft.
(4) Ein Staat, der nach dem Inkrafttreten einer Änderung in Übereinstimmung mit Absatz 1 Vertragspartei dieses Übereinkommens wird, gilt, sofern er keine abweichende Absicht äußert,
a) als Vertragspartei des so geänderten Übereinkommens und
b) als Vertragspartei des nicht geänderten Übereinkommens gegenüber jedem Vertragsstaat, der durch die Änderung nicht gebunden ist.
(5) Eine Änderung, die sich ausschließlich auf Tätigkeiten im Gebiet bezieht, sowie eine Änderung der Anlage VI tritt für alle Vertragsstaaten ein Jahr nach Hinterlegung der Ratifikations- oder Beitrittsurkunden von drei Vierteln der Vertragsstaaten in Kraft.
(6) Ein Staat, der nach dem Inkrafttreten von Änderungen in Übereinstimmung mit Absatz 5 Vertragspartei dieses Übereinkommens wird, gilt als Vertragspartei des so geänderten Übereinkommens.

Artikel 317 Kündigung
(1) Ein Vertragsstaat kann durch eine an den Generalsekretär der Vereinten Nationen gerichtete schriftliche Notifikation dieses Übereinkommen kündigen; er kann die Kündigung begründen. Das Fehlen einer Begründung berührt nicht die Gültigkeit der Kündigung. Die Kündigung wird ein Jahr nach Eingang der Notifikation wirksam; sofern in der Notifikation nicht ein späterer Zeitpunkt angegeben ist.
(2) Die Kündigung entbindet den Staat nicht von den finanziellen und vertraglichen Verpflichtungen, die ihm als Vertragspartei dieses Übereinkommens erwachsen sind, noch berührt die Kündigung Rechte, Pflichten oder die Rechtslage, die sich für den betreffenden Staat aus der Durchführung des Übereinkommens ergeben, bevor es für ihn außer Kraft tritt.
(3) Die Kündigung berührt nicht die Pflicht eines Vertragsstaats, eine in diesem Übereinkommen enthaltene Verpflichtung zu erfüllen, der er nach dem Völkerrecht unabhängig von dem Übereinkommen unterworfen ist.

Artikel 318 Status der Anlagen
Die Anlagen sind Bestandteil dieses Übereinkommens; sofern nicht ausdrücklich etwas anderes vorgesehen ist, schließt eine Bezugnahme auf das Übereinkommen oder auf einen seiner Teile auch eine Bezugnahme auf die betreffenden Anlagen ein.

Artikel 319 Verwahrer
(1) Der Generalsekretär der Vereinten Nationen ist Verwahrer dieses Übereinkommens und seiner Änderungen.
(2) Neben seinen Aufgaben als Verwahrer wird der Generalsekretär wie folgt tätig:
a) Er berichtet allen Vertragsstaaten, der Behörde und den zuständigen internationalen Organisationen über Fragen allgemeiner Art, die in bezug auf dieses Übereinkommen entstanden sind;
b) er notifiziert der Behörde die Ratifikationen, förmlichen Bestätigungen und Beitritte betreffend dieses Übereinkommen und seine Änderungen sowie die Kündigung des Übereinkommens;
c) er notifiziert den Vertragsstaaten die in Übereinstimmung mit Artikel 311 Absatz 4 geschlossenen Übereinkünfte;
d) er leitet die in Übereinstimmung mit diesem Übereinkommen angenommenen Änderungen an die Vertragsstaaten zur Ratifikation oder zum Beitritt weiter;
e) er beruft die notwendigen Tagungen der Vertragsstaaten in Übereinstimmung mit diesem Übereinkommen ein.
(3) a) Der Generalsekretär übermittelt ferner den in Artikel 156 genannten Beobachtern
   i) die in Absatz 2 Buchstabe a) genannten Berichte;
   ii) die in Absatz 2 Buchstaben b) und c) genannten Notifikationen und
   iii) den Wortlaut der in Absatz 2 Buchstabe d) genannten Änderungen zur Kenntnisnahme.

b) Der Generalsekretär lädt ferner diese Beobachter ein, an den in Absatz 2 Buchstabe e) genannten Tagungen der Vertragsstaaten als Beobachter teilzunehmen.

Artikel 320 Verbindliche Wortlaute
Die Urschrift dieses Übereinkommens, dessen arabischer, chinesischer, englischer, französischer, russischer und spanischer Wortlaut gleichermaßen verbindlich ist, wird im Einklang mit Artikel 305 Absatz 2 beim Generalsekretär der Vereinten Nationen hinterlegt.

Zu Urkund dessen haben die unterzeichneten, hierzu gehörig befugten Bevollmächtigten dieses Übereinkommen unterschrieben.
Geschehen zu Montego Bay am 10. Dezember 1982.

Statut des Internationalen Seegerichtshofs[1)]
– Auszug –

Artikel 1 Allgemeine Bestimmungen
(1) Der Internationale Seegerichtshof wird in Übereinstimmung mit diesem Übereinkommen und diesem Statut errichtet und nimmt seine Aufgaben nach deren Bestimmungen wahr.
(2) Der Gerichtshof hat seinen Sitz in der Freien und Hansestadt Hamburg in der Bundesrepublik Deutschland.
(3) Der Gerichtshof kann an einem anderen Ort tagen und seine Aufgaben wahrnehmen, wenn er es für wünschenswert hält.
(4) Wird eine Streitigkeit dem Gerichtshof unterbreitet, so gelten hierfür die Bestimmungen der Teile XI und XV.

Abschnitt 1
Organisation des Gerichtshofs

Artikel 2 Zusammensetzung
(1) Der Gerichtshof besteht aus 21 unabhängigen Mitgliedern; sie werden unter Personen ausgewählt, die wegen ihrer Unparteilichkeit und Ehrenhaftigkeit höchstes Ansehen genießen und anerkannte fachliche Eignung auf dem Gebiet des Seerechts besitzen.
(2) Bei der Zusammensetzung des Gerichtshof sind eine Vertretung der hauptsächlichen Rechtssysteme der Welt und eine gerechte geographische Verteilung zu gewährleisten.

Artikel 3 Mitglieder
(1) Nicht mehr als ein Mitglied des Gerichtshofs darf Angehöriger desselben Staates sein. Wer im Hinblick auf die Mitgliedschaft beim Gerichtshof als Angehöriger mehr als eines Staates angesehen werden kann, gilt als Angehöriger des Staates, in dem er gewöhnlich seine bürgerlichen und politischen Rechte ausübt.
(2) Jede von der Generalversammlung der Vereinten Nationen festgelegte geographische Gruppe muss durch mindestens drei Mitglieder vertreten sein.

Artikel 4 Benennungen und Wahlen
(1) Jeder Vertragsstaat darf höchstens zwei Personen benennen, welche die in Artikel 2 dieser Anlage vorgeschriebenen Voraussetzungen erfüllen. Die Mitglieder des Gerichtshofs werden aus der Liste der so benannten Personen gewählt.
(2) Mindestens drei Monate vor dem Tag der Wahl fordert im Fall der ersten Wahl der Generalsekretär der Vereinten Nationen und im Fall nachfolgender Wahlen der Kanzler des Gerichtshofs die Vertragsstaaten schriftlich auf, innerhalb von zwei Monaten die Kandidaten für den Gerichtshof zu benennen. Er stellt eine alphabetische Liste aller so benannten Personen unter Angabe der Vertragsstaaten auf, die sie benannt haben; er übermittelt die Liste den Vertragsstaaten vor dem siebenten Tag des letzten Monats vor dem Tag jeder Wahl.
(3) Die erste Wahl findet innerhalb von sechs Monaten nach dem Inkrafttreten dieses Übereinkommens statt.
(4) Die Mitglieder des Gerichtshofs werden in geheimer Abstimmung gewählt. Im Fall der ersten Wahl erfolgt die Wahl auf einer Sitzung der Vertragsstaaten, die vom Generalsekretär der Vereinten Nationen einberufen wird; im Fall nachfolgender Wahlen erfolgt sie nach einem von den Vertragsstaaten vereinbarten Verfahren. Auf der Sitzung ist Beschlussfähigkeit gegeben, wenn zwei Drittel der Vertragsstaaten vertreten sind. Es werden diejenigen Kandidaten zu Mitgliedern des Gerichtshofs gewählt, welche die meisten Stimmen und eine Zweidrittelmehrheit der anwesenden und abstimmenden Vertragsstaaten auf sich vereinen, wobei diese Mehrheit die Mehrheit der Vertragsstaaten einschließen muss.

---
1) Anlage VI zum Seerechtsübereinkommen der Vereinten Nationen, *BGBl.* 1994 II S. 1996.

21a Statut des Internationalen Seegerichtshofs Art. 5–12

Artikel 5 Amtszeit
(1) Die Mitglieder des Gerichtshofs werden für die Dauern von neun Jahren gewählt und sind wiederwählbar; jedoch endet für die bei der ersten Wahl gewählten Mitglieder die Amtszeit von sieben Mitgliedern nach drei Jahren von weiteren sieben nach sechs Jahren.
(2) Die Mitglieder des Gerichtshofs, deren Amtszeit nach Ablauf der genannten Anfangszeit von drei und sechs Jahren endet, werden vom Generalsekretär der Vereinten Nationen unmittelbar nach der ersten Wahl durch das Los bestimmt.
(3) Die Mitglieder des Gerichtshof bleiben im Amt, bis ihre Sitze neu besetzt sind. Auch nachdem sie ersetzt sind, erledigen sie alle Fälle, mit denen sie vorher befasst waren.
(4) Bei Rücktritt eines Mitglieds des Gerichtshofs ist das Rücktrittsschreiben an den Präsidenten des Gerichtshofs zu richten. Mit Eingang des Rücktrittsschreibens wird der Sitz frei.

Artikel 6 Freigewordene Sitze
(1) Freigewordene Sitze werden nach dem für die erste Wahl vorgesehenen Verfahren besetzt, vorbehaltlich folgender Bestimmung: Der Kanzler lässt binnen einem Monat nach Freiwerden des Sitzes die in Artikel 4 dieser Anlage vorgesehenen Aufforderungen ergehen, und der Zeitpunkt der Wahl wird vom Präsidenten des Gerichtshofs nach Konsultation mit den Vertragsstaaten festgelegt.
(2) Ein Mitglied des Gerichtshofs, das an Stelle eines Mitglieds gewählt wird, dessen Amtszeit noch nicht abgelaufen ist, übt sein Amt für die restliche Amtszeit seines Vorgängers aus.

Artikel 7 Unvereinbare Tätigkeiten
(1) Ein Mitglied des Gerichtshofs darf weder ein politisches Amt noch ein Amt in der Verwaltung ausüben noch sich aktiv an den Arbeiten eines Unternehmens im Zusammenhang mit der Erforschung und Ausbeutung der Ressourcen des Meeres oder Meeresbodens oder einer sonstigen kommerziellen Nutzung des Meeres oder Meeresbodens beteiligen oder ein finanzielles Interesse daran haben.
(2) Ein Mitglied des Gerichtshofs darf nicht als Bevollmächtigter, Rechtsbeistand oder Anwalt in irgendeiner Sache tätig werden.
(3) Bestehen Zweifel in diesen Fragen, so entscheidet der Gerichtshof mit der Mehrheit der übrigen anwesenden Mitglieder.

Artikel 8 Voraussetzungen für die Teilnahme der Mitglieder an einer bestimmten Sache
(1) Ein Mitglied des Gerichtshofs darf nicht an der Entscheidung einer Sache teilnehmen, an der es vorher als Bevollmächtigter, Rechtsbeistand oder Anwalt einer der Parteien, als Mitglied eines nationalen oder internationalen Gerichts oder Gerichtshofs oder in anderer Eigenschaft beteiligt war.
(2) Ist ein Mitglied des Gerichtshofs der Auffassung, aus einem besonderen Grund an der Entscheidung einer bestimmten Sache nicht teilnehmen zu sollen, so macht es dem Präsidenten des Gerichtshofs davon Mitteilung.
(3) Ist der Präsident der Auffassung, dass ein Mitglied des Gerichtshofs aus einem besonderen Grund an der Verhandlung einer bestimmten Sache nicht mitwirken sollte, so setzt er es davon in Kenntnis.
(4) Bestehen Zweifel in diesen Fragen, so entscheidet der Gerichtshof mit der Mehrheit der übrigen anwesenden Mitglieder.

Artikel 9 Folge des Wegfalls der erforderlichen Voraussetzungen
Erfüllt ein Mitglied nach einhelliger Meinung der übrigen Mitglieder des Gerichtshofs nicht mehr die erforderlichen Voraussetzungen, so erklärt der Präsident des Gerichtshofs den Sitz für frei.

Artikel 10 Vorrechte und Immunitäten
Die Mitglieder des Gerichtshofs genießen bei der Ausübung ihres Amtes diplomatische Vorrechte und Immunitäten.

Artikel 11 Feierliche Erklärung der Mitglieder
Jedes Mitglied des Gerichtshofs gibt vor Antritt seines Amtes in öffentlicher Sitzung die feierliche Erklärung ab, dass es seine Befugnisse unparteiisch und gewissenhaft ausüben wird.

Artikel 12 Präsident, Vizepräsident und Kanzler
(1) Der Gerichtshof wählt seinen Präsidenten und seinen Vizepräsidenten für die Dauer von drei Jahren; sie können wiedergewählt werden.

(2) Der Gerichtshof ernennet seinen Kanzler und kann für die Ernennung der erforderlichen sonstigen Beamten sorgen.
(3) Der Präsident und der Kanzler wohnen am Sitz des Gerichtshofs.

Artikel 13 Beschlussfähigkeit
(1) Alle verfügbaren Mitglieder des Gerichtshofs wirken an den Verhandlungen mit; der Gerichtshof ist beschlussfähig, wenn 11 gewählte Mitglieder anwesend sind.
(2) Vorbehaltlich des Artikels 17 dieser Anlage bestimmt der Gerichtshof, welche Mitglieder für die Bildung des Gerichtshofs zur Prüfung einer bestimmten Streitigkeit verfügbar sind, wobei die reibungslose Tätigkeit der Kammern nach den Artikeln 14 und 15 dieser Anlage zu berücksichtigen ist.
(3) Alle dem Gerichtshof unterbreiteten Streitigkeiten und Anträge werden vom Gerichtshof behandelt und entschieden, sofern nicht Artikel 14 dieser Anlage Anwendung findet oder die Parteien beantragen, dass in Übereinstimmung mit Artikel 15 dieser Anlage zu verfahren ist.

Artikel 14 Kammer für Meeresbodenstreitigkeiten
In Übereinstimmung mit Abschnitt 4 dieser Anlage wird eine Kammer für Meeresbodenstreitigkeiten gebildet. Ihre Zuständigkeit, Befugnisse und Aufgaben sind in Teil XI Abschnitt 5 festgelegt.

Artikel 15 Sonderkammern
(1) Der Gerichtshof kann aus drei oder mehr seiner gewählten Mitglieder bestehende Kammern bilden, wenn er dies zur Behandlung bestimmter Arten von Streitigkeiten für erforderlich hält.
(2) Der Gerichtshof bildet eine Kammer zur Behandlung einer bestimmten ihm unterbreiteten Streitigkeit, wenn die Parteien dies beantragen. Die Zusammensetzung einer solchen Kammer wird vom Gerichtshof mit Zustimmung der Parteien festgelegt.
(3) Zur raschen Erledigung der Geschäfte bildet der Gerichtshof jährlich eine Kammer aus fünf seiner gewählten Mitglieder, die im abgekürzten Verfahren Streitigkeiten behandeln und entscheiden kann. Zwei weitere Mitglieder werden ausgewählt, um diejenigen Mitglieder zu ersetzen, die an einem bestimmten Verfahren nicht teilnehmen können.
(4) Die in diesem Artikel vorgesehenen Kammern behandeln und entscheiden Streitigkeiten, wenn die Parteien dies beantragen.
(5) Jedes Urteil einer der in diesem Artikel und in Artikel 14 dieser Anlage vorgesehenen Kammern gilt als Urteil des Gerichtshofs.

Artikel 16 Regeln des Gerichtshofs
Der Gerichtshof erlässt Regeln für die Wahrnehmung seiner Aufgaben. Er legt insbesondere seine Verfahrensordnung fest.

Artikel 17 Staatsangehörigkeit der Mitglieder
(1) Mitglieder des Gerichtshofs, die Staatsangehörige einer der Streitparteien sind, behalten das Recht auf Mitwirkung als Mitglieder des Gerichtshofs.
(2) Gehört dem Gerichtshof, der eine Streitigkeit behandelt, ein Mitglied an, das Staatsangehöriger einer der Parteien ist, so kann jede andere Partei eine Person ihrer Wahl bestimmen, die als Mitglied des Gerichtshofs mitwirkt.
(3) Gehört dem Gerichtshof, der eine Streitigkeit behandelt, kein Mitglied an, das Staatsangehöriger einer der Partein ist, so kann jede der Parteien eine Person ihrer Wahl bestimmen, die als Mitglied des Gerichtshofs mitwirkt.
(4) Dieser Artikel findet auf die in den Artikeln 14 und 15 dieser Anlage bezeichneten Kammern Anwendung. In diesen Fällen ersucht der Präsident in Konsultation mit den Parteien so viele der die Kammer bildenden Mitglieder des Gerichtshofs wie nötig, ihren Platz an diejenigen Mitglieder des Gerichtshofs, die Staatsangehörige der beteiligten Parteien sind, oder, in Ermangelung oder bei Verhinderung solcher Mitglieder, an die von den Parteien besonders bestimmten Mitglieder abzutreten.
(5) Bilden mehrere Parteien eine Streitgenossenschaft, so gelten sie für die Zwecke der vorstehenden Bestimmungen als nur eine Partei. Im Zweifelsfall entscheidet der Gerichtshof.

(6) Die in Übereinstimmung mit den Absätzen 2, 3 und 4 bestimmten Mitglieder müssen die Voraussetzungen der Artikel 2, 8 und 11 dieser Anlage erfüllen. Sie wirken völlig gleichberechtigt mit ihren Kollegen an der Entscheidung mit.

Artikel 18 Vergütung der Mitglieder
(1) Jedes gewählte Mitglied des Gerichtshofs erhält ein Jahresgehalt und eine Sonderzulage für jeden Tag, an dem es seine Aufgaben wahrnimmt; jedoch darf die dem Mitglied als Sonderzulage ausgezahlte Gesamtsumme in einem Jahr nicht den Betrag des Jahresgehalts übersteigen.
(2) Der Präsident erhält eine besondere Jahreszulage.
(3) Der Vizepräsident erhält eine Sonderzulage für jeden Tag, an dem er das Amt des Präsidenten ausübt.
(4) Die nach Artikel 17 dieser Anlage bestimmten Mitglieder, die nicht gewählte Mitglieder des Gerichtshofs sind, erhalten eine Entschädigung für jeden Tag, an dem sie ihre Aufgaben wahrnehmen.
(5) Die Gehälter, Zulagen und Entschädigungen werden von Zeit zu Zeit auf Sitzungen der Vertragsstaaten unter Berücksichtigung des Arbeitsanfalls des Gerichtshofs festgesetzt. Sie dürfen während der Amtszeit nicht herabgesetzt werden.
(6) Das Gehalt des Kanzlers wird auf Vorschlag des Gerichtshofs auf Sitzungen der Vertragsstaaten festgesetzt.
(7) Auf Sitzungen der Vertragsstaaten beschlossene Regelungen bestimmen, unter welchen Voraussetzungen den Mitgliedern des Gerichtshofs und dem Kanzler ein Ruhegehalt gewährt wird und ihnen Reisekosten erstattet werden.
(8) Die Gehälter, Zulagen und Entschädigungen sind von jeder Steuer befreit.

Artikel 19 Kosten des Gerichtshofs
(1) Die Kosten des Gerichtshofs werden zu den auf Sitzungen der Vertragsstaaten festgelegten Bedingungen und in der dort bestimmten Weise von den Vertragsstaaten und von der Behörde getragen.
(2) Ist ein Rechtsträger, der weder ein Vertragsstaat noch die Behörde ist, Partei einer beim Gerichtshof anhängigen Sache, so setzt der Gerichtshof den Beitrag dieser Partei zu den Kosten des Gerichtshofs fest.

Abschnitt 2
Zuständigkeit

Artikel 20 Zugang zum Gerichtshof
(1) Der Gerichtshof steht den Vertragsstaaten offen.
(2) Der Gerichtshof steht Rechtsträgern, die nicht Vertragsstaaten sind, in allen Fällen offen, die in Teil XI ausdrücklich vorgesehen sind, oder für jede Streitigkeit, die aufgrund einer sonstigen Übereinkunft unterbreitet wird, die dem Gerichtshof die von allen Parteien dieser Streitigkeit angenommene Zuständigkeit überträgt.

Artikel 21 Zuständigkeit
Die Zuständigkeit des Gerichtshofs erstreckt sich auf alle ihm in Übereinstimmung mit diesem Übereinkommen unterbreiteten Streitigkeiten und Anträge sowie auf alle in einer sonstigen Übereinkunft, die dem Gerichtshof die Zuständigkeit überträgt, besonders vorgesehenen Angelegenheiten.

Artikel 22 Unterbreitung von Streitigkeiten aufgrund sonstiger Übereinkünfte
Mit Zustimmung aller Parteien eines Vertrags oder einer sonstigen Übereinkunft, die bereits in Kraft sind und von dem vorliegenden Übereinkommen erfasste Gegenstände behandeln, können Streitigkeiten über die Auslegung oder Anwendung des Vertrags oder der sonstigen Übereinkünfte in Übereinstimmung mit einer solchen Übereinkunft dem Gerichtshof unterbreitet werden.

Artikel 23 Anwendbares Recht
Der Gerichtshof entscheidet alle Streitigkeiten und Anträge in Übereinstimmung mit Artikel 293.

Art. 24–30 Statut des Internationalen Seegerichtshofs

Abschnitt 3
Verfahren

Artikel 24 Einleitung des Verfahrens
(1) Streitigkeiten werden dem Gerichtshof ja nach Art des Falles entweder durch Notifikation einer besonderen Übereinkunft oder durch eine Klageschrift unterbreitet, die an den Kanzler zu richten sind. In beiden Fällen sind der Streitgegenstand und die Parteien anzugeben.
(2) Der Kanzler übermittelt die besondere Übereinkunft oder die Klageschrift umgehend allen Betroffenen.
(3) Der Kanzler unterrichtet auch alle Vertragstaaten.

Artikel 25 Vorläufige Maßnahmen
(1) Der Gerichtshof und seine Kammer für Meeresbodenstreitigkeiten sind in Übereinstimmung mit Artikel 290 befugt, vorläufige Maßnahmen anzuordnen.
(2) Tagt der Gerichtshof nicht oder sind nicht genügend Mitglieder für die Beschlussfähigkeit verfügbar, so werden die vorläufigen Maßnahmen von der Kammer für abgekürzte Verfahren angeordnet, die nach Artikel 15 Absatz 3 dieser Anlage gebildet wird. Ungeachtet des Absatzes 4 jenes Artikels können solche vorläufigen Maßnahmen auf Antrag einer Streitpartei beschlossen werden. Sie können vom Gerichtshof überprüft und geändert werden.

Artikel 26 Verhandlungen
(1) Die Verhandlungen werden vom Präsidenten oder, wenn dieser verhindert ist, vom Vizepräsidenten geleitet. Sind beide verhindert, so übernimmt der dienstälteste anwesende Richter des Gerichtshofs den Vorsitz.
(2) Die mündliche Verhandlung ist öffentlich, sofern nicht der Gerichtshof etwas anderes beschließt oder die Parteien den Ausschluss der Öffentlichkeit beantragen.

Artikel 27 Prozessführung
Der Gerichtshof erlässt Verfügungen für die Führung des Prozesses, bestimmt die Form und die Fristen für die Einbringung der Schlussanträge durch jede Partei und trifft alle Maßnahmen, die sich auf die Beweisaufnahme beziehen.

Artikel 28 Nichterscheinen
Erscheint eine der Parteien nicht vor dem Gerichtshof oder unterlässt sie es, sich zur Sache zu äußern, so kann die andere Partei den Gerichtshof ersuchen, das Verfahren fortzuführen und seine Entscheidung zu fällen. Abwesenheit oder Versäumnis einer Partei, sich zur Sache zu äußern, stellt kein Hindernis für das Verfahren dar. Bevor der Gerichtshof seine Entscheidung fällt, muss er sich nicht nur vergewissern, dass er für die Streitigkeit zuständig ist, sondern auch, dass das Begehren in tatsächlicher und rechtlicher Hinsicht begründet ist.

Artikel 29 Mehrheit für die Entscheidung
(1) Die Entscheidungen des Gerichtshofs werden mit Stimmenmehrheit seiner anwesenden Mitglieder gefasst.
(2) Bei Stimmengleichheit gibt die Stimme der Präsidenten oder des ihn vertretenden Mitglieds des Gerichtshofs den Ausschlag.

Artikel 30 Urteil
(1) Das Urteil ist zu begründen.
(2) Es enthält die Namen der Mitglieder des Gerichtshofs, die an der Entscheidung teilgenommen haben.
(3) Bringt das Urteil im ganzen oder zum Teil nicht die übereinstimmende Meinung der Mitglieder des Gerichtshofs zum Ausdruck, so ist jedes Mitglied berechtigt, ihm eine Darlegung seiner persönlichen oder abweichenden Meinung beizufügen.
(3) Das Urteil wird vom Präsidenten und vom Kanzler unterzeichnet. Nach ordnungsmäßer Benachrichtigung der Streitparteien wird es in öffentlicher Sitzung verlesen.

Artikel 31 Antrag auf Beitritt
(1) Ist ein Vertragsstaat der Auffassung, ein rechtliches Interesse zu haben, das durch die Entscheidung einer Streitigkeit berührt werden könnte, so kann er beim Gerichtshof einen Antrag zu dem Verfahren stellen.
(2) Der Gerichtshof entscheidet über diesen Antrag.
(3) Wird einem Antrag auf Beitritt stattgegeben, so ist die Entscheidung des Gerichtshofs über die Streitigkeit für den beitretenden Vertragsstaat nur in bezug auf die Sache bindend, derentwegen der Vertragsstaat dem Verfahren beigetreten ist.

Artikel 32 Recht auf Beitritt in Fällen der Auslegung oder Anwendung
(1) Handelt es sich um die Auslegung oder Anwendung dieses Übereinkommens, so unterrichtet der Kanzler unverzüglich alle Vertragsstaaten.
(2) Handelt es sich nach Artikel 21 oder 22 dieser Anlage um die Auslegung oder Anwendung einer internationalen Übereinkunft, so unterrichtet der Kanzler alle Vertragsparteien der Übereinkunft.
(3) Jede der in den Absätzen 1 und 2 bezeichneten Vertragsparteien ist berechtigt, dem Verfahren beizutreten; macht sie von diesem Recht Gebrauch, so ist die in dem Urteil enthaltene Auslegung auch für sie bindend.

Artikel 33 Endgültigkeit und Verbindlichkeit der Entscheidungen
(1) Die Entscheidung des Gerichtshofs ist endgültig und muss von allen Streitparteien befolgt werden.
(2) Die Entscheidung ist nur für die Parteien in bezug auf die Streitigkeit bindend, über die entschieden wurde.
(3) Bestehen Meinungsverschiedenheiten über Sinn oder Tragweite der Entscheidung, so obliegt es dem Gerichtshof, sie auf Antrag einer Partei auszulegen.

Artikel 34 Kosten
Sofern der Gerichtshof nicht anders entscheidet, trägt jede Partei ihre eigenen Kosten.

Abschnitt 4
Kammer für Meeresbodenstreitigkeiten
Artikel 35 bis 40 sind nicht abgedruckt.

Abschnitt 5
Änderungen

Artikel 41
(1) Änderungen dieser Anlage mit Ausnahme von Änderungen des Abschnitts 4 dürfen nur in Übereinstimmung mit Artikel 313 oder durch Konsens auf einer in Übereinstimmung mit diesem Übereinkommen einberufenen Konferenz angenommen werden.
(2) Änderungen des Abschnitts 4 dürfen nur in Übereinstimmung mit Artikel 314 angenommen werden.
(3) Der Gerichtshof kann Änderungen dieses Statuts, die er für notwendig erachtet, durch schriftliche Mitteilung an die Vertragsstaaten zur Prüfung nach den Absätzen 1 und 2 vorschlagen.

Abkommen über die Internationale Zivilluftfahrt[1)]
Vom 7. Dezember 1944

– Auszug –

Präambel
IN DER ERWÄGUNG, dass die zukünftige Entwicklung der internationalen Zivilluftfahrt in hohem Maße dazu beitragen kann, Freundschaft und Verständnis zwischen den Staaten und Völkern der Welt zu wecken und zu erhalten, ihr Missbrauch jedoch zu einer Bedrohung der allgemeinen Sicherheit werden kann; und
IN DER ERWÄGUNG, dass es wünschenswert ist, zwischen den Staaten und Völkern Unstimmigkeiten zu vermeiden und jene Zusammenarbeit zu fördern, von der der Friede der Welt abhängt;
HABEN die unterzeichneten Regierungen sich auf gewisse Grundsätze und Übereinkommen geeinigt, damit die internationale Zivilluftfahrt sich sicher und geordnet entwickeln kann, und damit die internationalen Luftverkehrsdienste auf der Grundlage gleicher Möglichkeiten eingerichtet und gesund und wirtschaftlich betrieben werden können;
Sie haben demgemäß zu diesem Zweck dieses Abkommen abgeschlossen.

TEIL I
Die Luftfahrt
Kapitel I
Allgemeine Grundsätze und Anwendung des Abkommens

Artikel 1 Lufthoheit
Die Vertragsstaaten erkennen an, dass jeder Staat über seinem Hoheitsgebiet volle und ausschließliche Souveränität besitzt.

Artikel 2 Hoheitsgebiet
Für die Zwecke dieses Abkommens gelten als Gebiet eines Staates die der Staatshoheit, der Oberhoheit, dem Schutze oder der Mandatsgewalt dieses Staates unterstehenden Landgebiete und angrenzenden Hoheitsgewässer.

Artikel 3 Privat- und Staatsluftfahrzeuge
a) Dieses Abkommen findet nur auf Privatluftfahrzeuge Anwendung; auf Staatsluftfahrzeuge ist es nicht anwendbar.
b) Luftfahrzeuge, die im Militär-, Zoll- und Polizeidienst verwendet werden, gelten als Staatsluftfahrzeuge.
c) Staatsluftfahrzeuge eines Vertragsstaats dürfen das Hoheitsgebiet eines anderen Staates nur auf Grund einer durch besondere Vereinbarung oder auf andere Weise erteilten Ermächtigung und nur nach Maßgabe der in dieser festgesetzten Bedingungen überfliegen oder dort landen.
d) Die Vertragsstaaten verpflichten sich, bei dem Erlass von Vorschriften für ihre Staatsluftfahrzeuge auf die Sicherheit des Verkehrs der Privatluftfahrzeuge gebührend Rücksicht zu nehmen.

Artikel 3bis
a) Die Vertragsstaaten anerkennen, dass sich jeder Staat der Anwendung von Waffen gegen im Flug befindliche Zivilluftfahrzeuge enthalten muss und dass im Falle des Ansteuerns das Leben der Personen an Bord und die Sicherheit des Luftfahrzeugs nicht gefährdet werden dürfen. Diese

---

1) Deutscher Text: *BGBl.* 1956 II S. 412. Die hier abgedruckte Fassung berücksichtigt die Einfügung des Art. 3bis durch das Protokoll vom 10. Mai 1984, *BGBl.* 1996 II S. 211.
Internationale Quelle: *UNTS* Bd. 15 S. 295.
In Kraft getreten am 4. April 1947, für die Bundesrepublik Deutschland am 8. Juni 1956.

Bestimmung ist nicht so auszulegen, als ändere sie in irgendeiner Weise die in der Charta der Vereinten Nationen niedergelegten Rechte und Pflichten der Staaten.

b) Die Vertragsstaaten anerkennen, dass jeder Staat in Wahrnehmung seiner Staatshoheit berechtigt ist, die Landung eines Ziviluftfahrzeuges auf einem bestimmten Flughafen zu verlangen, wenn dieses unbefugt sein Hoheitsgebiet überfliegt oder wenn ausreichende Gründe für die Schlussfolgerung vorliegen, dass es zu Zwecken benutzt wird, die mit den Zielen dieses Abkommens unvereinbar sind; er kann einem solchen Luftfahrzeug auch alle sonstigen Anweisungen erteilen, um derartige Verletzungen zu beenden. Zu diesem Zweck können sich die Vertragsstaaten aller geeigneten Mittel bedienen, die im Einklang mit den einschlägigen Regeln des Völkerrechts stehen, einschließlich der einschlägigen Bestimmungen dieses Abkommens, insbesondere mit Absatz a dieses Artikels. Jeder Vertragsstaat erklärt sich einverstanden, seine geltenden Vorschriften über das Abfangen von Ziviluftfahrzeugen zu veröffentlichen.

c) Jedes Ziviluftfahrzeug hat eine in Übereinstimmung mit Absatz b dieses Artikels erteilte Anweisung zu befolgen. Zu diesem Zweck nimmt jeder Vertragsstaat alle erforderlichen Bestimmungen in seine nationalen Gesetze oder Vorschriften auf, um eine derartige Befolgung für alle Ziviluftfahrzeuge verbindlich zu machen, die in diesem Staat eingetragen sind oder von einem Halter betrieben werden, der seinen Hauptgeschäftssitz oder seinen ständigen Aufenthalt in diesem Staat hat. Jeder Vertragsstaat unterwirft jegliche Verletzung dieser anzuwendenden Gesetze oder Vorschriften schweren Sanktionen und unterbreitet den Fall seinen zuständigen Behörden gemäß seinen Gesetzen oder Vorschriften.

d) Jeder Vertragsstaat trifft geeignete Maßnahmen im Hinblick auf ein Verbot der vorsätzlichen Verwendung eines Ziviluftfahrzeuges, das in diesem Staat eingetragen ist oder von einem Halter betrieben wird, der seinen Hauptgeschäftssitz oder seinen ständigen Aufenthalt in diesem Staat hat, für Zwecke, die mit den Zielen dieses Abkommens unvereinbar sind. Diese Bestimmung lässt Absatz a unberührt und schränkt die Absätze b und c dieses Artikels nicht ein.

Artikel 4 Missbrauch der Zivilluftfahrt
Jeder Vertragsstaat erklärt sich einverstanden, die Zivilluftfahrt nicht für Zwecke zu benutzen, die mit den Zielen dieses Abkommens unvereinbar sind.

Kapitel II
Flüge über dem Hoheitsgebiet von Vertragsstaaten

Artikel 5 Recht auf nichtplanmäßige Flüge
Jeder Vertragsstaat erklärt sich einverstanden, dass alle nicht im planmäßigen internationalen Fluglinienverkehr eingesetzten Luftfahrzeuge der anderen Vertragsstaaten vorbehaltlich der Beachtung der Bestimmungen dieses Abkommens berechtigt sind, ohne Einholung einer vorherigen Erlaubnis in sein Hoheitsgebiet einzufliegen oder es ohne Aufenthalt zu durchfliegen, und dort nicht gewerbliche Landungen vorzunehmen, vorbehaltlich des Rechts des überflogenen Staates, eine Landung zu verlangen. Jeder Vertragsstaat behält sich jedoch das Recht vor, aus Gründen der Flugsicherheit zu verlangen, dass Luftfahrzeuge, die sich in unzugängliche Gebiete oder solche ohne genügende Luftfahrteinrichtungen begeben wollen, vorgeschriebene Strecken einhalten oder eine Sondererlaubnis für solche Flüge einholen.

Werden die genannten Luftfahrzeuge außerhalb des planmäßigen internationalen Fluglinienverkehrs zur entgeltlichen oder mietweisen Beförderung von Fluggästen, Fracht oder Post verwendet, so haben sie nach Maßgabe der Bestimmungen des Artikels 7 auch das Recht, Fluggäste, Fracht oder Post aufzunehmen und abzusetzen, vorbehaltlich des Rechts eines jeden Staates, in dem die Aufnahme oder das Absetzen erfolgt, die ihm wünschenswert erscheinenden Vorschriften, Bedingungen oder Einschränkungen aufzuerlegen.

Artikel 6 Fluglinienverkehr
Planmäßiger internationaler Fluglinienverkehr über oder in das Hoheitsgebiet eines Vertragsstaates darf nur mit der besonderen Erlaubnis oder einer sonstigen Ermächtigung dieses Staates und nur in Übereinstimmung mit den Bedingungen dieser Erlaubnis oder Ermächtigung betrieben werden.

Art. 7–11 Abkommen über die Internationale Zivilluftfahrt

Artikel 7 Kabotage
Jeder Vertragsstaat ist berechtigt, den Luftfahrzeugen anderer Vertragsstaaten die Erlaubnis zu verweigern, innerhalb seines Hoheitsgebiets Fluggäste, Post und Fracht zur entgeltlichen Beförderung nach einem anderen Ort innerhalb seines Hoheitsgebiets aufzunehmen. Jeder Vertragsstaat verpflichtet sich, keine Übereinkommen zu treffen, die auf der Grundlage der Ausschließlichkeit einem anderen Staat oder einem Luftverkehrsunternehmen eines anderen Staates ein solches Recht ausdrücklich zusichern, und auch kein solches ausschließliches Recht von einem anderen Staat zu erwerben.

Artikel 8 Unbemannte Luftfahrzeuge
Luftfahrzeuge, die unbemannt geflogen werden können, dürfen das Hoheitsgebiet eines Vertragsstaats ohne Führer nur mit besonderer Ermächtigung dieses Staates und nur in Übereinstimmung mit den Bedingungen dieser Ermächtigung überfliegen. Jeder Vertragsstaat verpflichtet sich, dafür zu sorgen, dass Flüge solcher unbemannter Luftfahrzeuge in für Zivilluftfahrzeuge offen stehenden Gebieten so überwacht werden, dass eine Gefahr für Zivilluftfahrzeuge vermieden wird.

Artikel 9 Sperrgebiete
a) Jeder Vertragsstaat kann aus Gründen der militärischen Notwendigkeit oder der öffentlichen Sicherheit das Überfliegen bestimmter Gebiete seines Hoheitsgebietes durch Luftfahrzeuge anderer Staaten einheitlich beschränken oder verbieten vorausgesetzt, dass in dieser Hinsicht zwischen den eigenen im internationalen planmäßigen Fluglinienverkehr eingesetzten Luftfahrzeugen und den in gleicher Weise eingesetzten Luftfahrzeugen der anderen Vertragsstaaten kein Unterschied gemacht wird. Die Sperrgebiete müssen sich nach Ausdehnung und Lage in vernünftigen Grenzen halten, damit sie die Luftfahrt nicht unnötig behindern. Beschreibungen solcher Sperrgebiete im Hoheitsgebiet eines Vertragsstaats und alle späteren Änderungen sind den anderen Vertragsstaaten und der Internationalen Zivilluftfahrt-Organisation sobald wie möglich mitzuteilen.
b) Jeder Vertragsstaat behält sich ferner das Recht vor, unter außergewöhnlichen Umständen oder während der Zeit eines Notstandes oder im Interesse der öffentlichen Sicherheit mit sofortiger Wirkung das Überfliegen seines gesamten Hoheitsgebietes oder eines Teiles davon zeitweilig zu beschränken oder zu verbieten, unter der Bedingung, dass diese Beschränkung oder dieses Verbot ohne Unterschied der Staatszugehörigkeit auf die Luftfahrzeuge aller anderen Staaten angewendet wird.
c) Jeder Vertragsstaat kann nach den von ihm erlassenen Vorschriften von jedem Luftfahrzeug, das in die in den Absätzen a) und b) genannten Gebiete einfliegt, verlangen, dass es sobald wie möglich auf einem bestimmten Flughafen innerhalb seines Hoheitsgebiets landet.

Artikel 10 Landung auf Zollflughäfen
Abgesehen von Fällen, in denen Luftfahrzeuge nach den Bestimmungen dieses Abkommens oder auf Grund einer besonderen Ermächtigung das Hoheitsgebiet eines Vertragsstaats ohne Landung überfliegen dürfen, hat jedes Luftfahrzeug, das in das Hoheitsgebiet eines Vertragsstaates einfliegt, auf einem von diesem Staat für Zwecke der Zollabfertigung oder sonstiger Untersuchung bestimmten Flughafen zu landen, sofern die Vorschriften dieses Staates es verlangen. Beim Verlassen des Hoheitsgebietes eines Vertragsstaats hat das Luftfahrzeug von einem auf gleiche Weise bestimmten Zollflughafen abzufliegen. Einzelheiten über alle als solche bestimmten Zollflughäfen sind von jedem Staat zu veröffentlichen und der gemäß Teil II dieses Abkommens errichteten Internationalen Zivilluftfahrt-Organisation zur Mitteilung an alle anderen Vertragsstaaten zu übersenden.

Artikel 11 Anwendbarkeit von Luftverkehrsvorschriften
Vorbehaltlich der Bestimmungen dieses Abkommens sind die Gesetze und Vorschriften eines Vertragsstaates über den Ein- oder Ausflug der in der internationalen Luftfahrt verwendeten Luftfahrzeuge nach oder aus seinem Hoheitsgebiet oder über den Betrieb und den Verkehr dieser Luftfahrzeuge innerhalb seines Hoheitsgebiets auf die Luftfahrzeuge aller Vertragsstaaten ohne Unterschied der Staatszugehörigkeit anzuwenden; sie sind von diesen Luftfahrzeugen beim Einflug, Ausflug und innerhalb des Hoheitsgebiets dieses Staates zu befolgen.

Artikel 12 Luftverkehrsregeln
Jeder Vertragsstaat verpflichtet sich, durch Maßnahmen sicherzustellen, dass jedes sein Hoheitsgebiet überfliegende oder darin verkehrende sowie jedes mit seinem Staatszugehörigkeitszeichen versehene Luftfahrzeug, wo immer es sich befinden mag, die in dem entsprechenden Hoheitsgebiet geltenden Flug- und Luftverkehrsregeln und -vorschriften befolgt. Jeder Vertragsstaat verpflichtet sich, seine eigenen diesbezüglichen Vorschriften so weit wie möglich denjenigen anzugleichen, die jeweils auf Grund dieses Abkommens erlassen werden. Über dem offenen Meer gelten die auf Grund dieses Abkommens aufgestellten Regeln. Jeder Vertragsstaat verpflichtet sich, die Verfolgung aller Personen sicherzustellen, welche die anzuwendenden Vorschriften verletzen.

Artikel 13 Einflug- und Abfertigungsvorschriften
Die Gesetze und Vorschriften eines Vertragsstaats über den Ein- und Ausflug von Fluggästen, Besatzungen oder Fracht eines Luftfahrzeugs nach oder aus seinem Hoheitsgebiet, wie z.B. Einreise-, Abfertigungs-, Einwanderungs-, Pass-, Zoll- und Quarantänevorschriften, sind durch oder in Bezug auf die Fluggäste, Besatzungen oder Fracht bei dem Ein- oder Ausflug sowie während des Aufenthalts im Hoheitsgebiet dieses Staates zu befolgen.

Artikel 14 Verhütung der Verbreitung von Krankheiten
Jeder Vertragsstaat erklärt sich damit einverstanden, wirksame Maßnahmen zu treffen, um zu verhindern, dass Cholera, Typhus (epidemisch), Pocken, Gelbfieber, Pest und sonstige durch die Vertragsstaaten jeweils zu bezeichnende ansteckende Krankheiten durch die Luftfahrt verbreitet werden. Zu diesem Zweck halten die Vertragsstaaten enge Verbindung mit den Stellen, die mit internationalen Vorschriften für die auf Luftfahrzeuge anwendbaren sanitären Maßnahmen befasst sind. Hierdurch wird die Anwendung eines auf diesem Gebiet bestehenden internationalen Abkommens, dessen Vertragsparteien die Vertragsstaaten sein können, nicht beeinträchtigt.

Artikel 15 Flughafen- und ähnliche Gebühren
Jeder Flughafen in einem Vertragsstaat, der den inländischen Luftfahrzeugen zur öffentlichen Benutzung zur Verfügung steht, steht vorbehaltlich der Bestimmungen des Artikels 68 unter einheitlichen Bedingungen gleicherweise den Luftfahrzeugen aller anderen Vertragsstaaten offen. Dieselben einheitlichen Bedingungen finden Anwendung für die Luftfahrzeuge eines jeden Vertragsstaats bei der Benutzung aller Lufteinrichtungen, einschließlich des Funk- und Wetterdienste, die der Öffentlichkeit für die Sicherheit und schnelle Abwicklung des Luftverkehrs zur Verfügung gestellt werden. Alle Gebühren, die von einem Vertragsstaat für die Benutzung der Flughäfen und Luftfahrteinrichtungen durch Luftfahrzeuge eines anderen Vertragsstaats erhoben werden oder deren Erhebung von einem Vertragsstaat zugelassen wird, dürfen
a) für Luftfahrzeuge, die nicht im planmäßigen internationalen Fluglinienverkehr verwendet werden, nicht höher sein als die Gebühren, die inländische Luftfahrzeuge derselben Klasse, die in gleichartiger Weise verwendet werden, bezahlen würden, und
b) für Luftfahrzeuge, die im planmäßigen internationalen Fluglinienverkehr verwendet werden, nicht höher sein als die Gebühren, die inländische Luftfahrzeuge, die in einem gleichartigem internationalen Fluglinienverkehr verwendet werden, bezahlen würden.

Alle diese Gebühren sind zu veröffentlichen und der Internationalen Zivilluftfahrt-Organisation mitzuteilen; die für die Benutzung von Flughäfen und anderen Einrichtungen erhobenen Gebühren unterliegen auf Vorstellung eines interessierten Vertragsstaats einer Nachprüfung durch den Rat, der einen diesbezüglichen Bericht abfasst und dem beteiligten Staat oder den beteiligten Staaten Empfehlungen zur Erwägung vorlegt. Die Vertragsstaaten erheben keine Gebühren, Taxen oder sonstigen Abgaben für ihr Hoheitsgebiet lediglich für das Recht der Durchreise, Einreise oder Ausreise eines Luftfahrzeugs eines Vertragsstaats oder der an Bord befindlichen Personen oder Güter.

Artikel 16 Untersuchung von Luftfahrzeugen
Die zuständigen Behörden jedes Vertragsstaates sind berechtigt, die Luftfahrzeuge eines anderen Vertragsstaats bei der Landung oder beim Abflug ohne unbillige Verzögerung zu untersuchen und die Zeugnisse und anderen durch dieses Abkommen vorgeschriebenen Papiere zu prüfen.

...

Vereinbarung über den Durchflug im Internationalen Fluglinienverkehr[1)]
Vom 7. Dezember 1944

Die Mitgliedstaaten der Internationalen Zivilluftfahrt-Organisation, welche diese Vereinbarung über den Durchflug im Internationalen Fluglinienverkehr unterzeichnen und annehmen, erklären folgendes:

Artikel I

Abschnitt 1
Jeder Vertragsstaat gewährt den anderen Vertragsstaaten im planmäßigen internationalen Fluglinienverkehr folgende Freiheiten der Luft:
1. das Recht, sein Hoheitsgebiet ohne Landung zu überfliegen;
2. das Recht, zu nicht-gewerblichen Zwecken zu landen.

Die in diesem Abschnitt gewährten Rechte finden keine Anwendung auf Flughäfen, die unter Ausschluß jedes planmäßigen internationalen Fluglinienverkehrs zu militärischen Zwecken benutzt werden. Die Ausübung dieser Rechte in Gebieten, in denen offene Feindseligkeiten stattfinden oder die militärisch besetzt sind, und in Kriegszeiten längs der Nachschubwege zu diesen Gebieten, ist von der Zustimmung der zuständigen militärischen Behörden abhängig.

Abschnitt 2
Die genannten Rechte werden in Übereinstimmung mit der Vorläufigen Vereinbarung über die Internationale Zivilluftfahrt und nach Inkrafttreten des Abkommens über die Internationale Zivilluftfahrt, beide am 7. Dezember 1944 in Chicago abgefaßt, in Übereinstimmung mit diesem ausgeübt.

Abschnitt 3
Ein Vertragsstaat, der den Luftverkehrsunternehmen eines anderen Vertragsstaats das Recht zu nichtgewerblichen Landungen gewährt, kann von diesen Luftverkehrsunternehmen verlangen, daß sie an den Landungsorten angemessene gewerbliche Verkehrsdienste anbieten.
Ein solches Verlangen darf keine unterschiedliche Behandlung der die gleiche Strecke betreibenden Luftverkehrsunternehmen mit sich bringen, wird die Kapazität der Luftfahrzeuge berücksichtigen und derart ausgeübt werden, daß es den normalen Betrieb des betreffenden internationalen Fluglinienverkehrs sowie die Rechte und Verpflichtungen eines Vertragsstaats nicht benachteiligt.

Abschnitt 4
Vorbehaltlich der Bestimmungen dieser Vereinbarung kann jeder Vertragsstaat
1. die Strecke bezeichnen, die innerhalb seines Hoheitsgebiets von jedem internationalen Fluglinienverkehr einzuhalten ist, sowie die Flughäfen, die von diesem benutzt werden dürfen;
2. einem Fluglinienverkehr gerechte und angemessene Gebühren für die Benutzung der Flughäfen und sonstigen Luftfahrteinrichtungen auferlegen oder ihre Auferlegung gestatten; diese Gebühren dürfen nicht höher sein als diejenigen, welche seine nationalen, in ähnlichem internationalen Fluglinienverkehr eingesetzten Luftfahrzeuge für die Benutzung dieser Flughäfen und Luftfahrteinrichtungen zu zahlen hätten. Diese Gebühren unterliegen jedoch auf Vorstellung eines beteiligten Vertragsstaats einer Nachprüfung durch den Rat der Internationalen Zivilluftfahrt-Organisation, die auf Grund des erwähnten Abkommens errichtet wird; der Rat erstattet einen Bericht und legt dem beteiligten Staat oder den beteiligten Staaten diesbezügliche Empfehlungen zur Erwägung vor.

Abschnitt 5
Jeder Vertragsstaat behält sich das Recht vor, einem Luftverkehrsunternehmen eines anderen Staates ein Zeugnis oder eine Genehmigung zu verweigern oder zu widerrufen, falls ihm nicht zur Genüge dargetan ist, daß ein wesentlicher Teil des Eigentums und die tatsächliche Kontrolle in den Händen

---

1) Deutscher Text: *BGBl.* 1956 II S. 442.
   Internationale Quelle: *UNTS* Bd. 84 S. 389.
   In Kraft getreten am 30. Januar 1945; für die Bundesrepublik Deutschland am 8. Juni 1956.

von Staatsangehörigen eines Vertragsstaats liegen, oder falls ein solches Luftverkehrsunternehmen die Gesetze des Staates, über dessen Gebiet es Luftverkehr betreibt, nicht befolgt oder seine Verpflichtungen aus dieser Vereinbarung nicht erfüllt.

Artikel II

Abschnitt 1

Ist ein Vertragsstaat der Ansicht, daß Maßnahmen eines anderen Vertragsstaats auf Grund dieser Vereinbarung ihm Unrecht oder Härten zufügen, so kann er beim Rat beantragen, die Sachlage zu prüfen. Daraufhin untersucht der Rat die Angelegenheit und beruft die beteiligten Staaten zur Beratung ein. Gelingt es nicht, durch eine solche Beratung die Schwierigkeit zu beheben, so kann der Rat zweckdienliche Feststellungen treffen und den beteiligten Vertragsstaaten Empfehlungen erteilen. Unterläßt es danach ein beteiligter Vertragsstaat nach Ansicht des Rats ungerechtfertigterweise, geeignete Abhilfemaßnahmen zu treffen, so kann der Rat der Versammlung der erwähnten Organisationen empfehlen, die Rechte des Vertragsstaats aus dieser Vereinbarung so lange auszusetzen, bis Abhilfemaßnahmen getroffen worden sind. Die Versammlung kann diese Rechte mit einer Mehrheit von zwei Dritteln so lange aussetzen, wie es ihr angemessen erscheint oder bis der Rat feststellt, daß der Staat Abhilfemaßnahmen getroffen hat.

Abschnitt 2

Kann eine Meinungsverschiedenheit zwischen zwei oder mehr Vertragsstaaten über Auslegung oder Anwendung dieser Vereinbarung nicht durch Verhandlung beigelegt werden, so finden die Bestimmungen des Kapitels XVIII des erwähnten Abkommens, die sich auf Meinungsverschiedenheiten über dessen Auslegung oder Anwendung beziehen, entsprechende Anwendung.

Artikel III

Diese Vereinbarung bleibt so lange in Kraft wie das erwähnte Abkommen; jedoch kann jeder Vertragsstaat, der Partei dieser Vereinbarung ist, sie mit einjähriger Frist durch Anzeige an die Regierung der Vereinigten Staaten von Amerika kündigen; diese unterrichtet alle anderen Vertragsstaaten unverzüglich von der Kündigung und dem Ausscheiden.

Artikel IV

Bis zum Inkrafttreten des erwähnten Abkommens gelten alle darauf bezüglichen Verweisungen, abgesehen von denen des Artikels II Abschnitt 2 und des Artikels V, als Verweisungen auf die am 7. Dezember 1944 in Chicago abgefaßte Vorläufige Vereinbarung über die Internationale Zivilluftfahrt, und Verweisungen auf die Internationale Zivilluftfahrt-Organisation, die Versammlung und den Rat gelten als Verweisungen auf die Vorläufige Internationale Zivilluftfahrt-Organisation, die Vorläufige Versammlung und den Vorläufigen Rat.

Artikel V

Im Sinne dieser Vereinbarung hat der Ausdruck »Hoheitsgebiet« die in Artikel 2 des erwähnten Abkommens festgelegte Bedeutung.

Artikel VI
Unterzeichnung und Annahme der Vereinbarung

Die unterzeichneten Delegierten der Internationalen Zivilluftfahrt-Konferenz, die in Chicago am 1. November 1944 zusammengetreten ist, haben ihre Unterschriften mit der Maßgabe unter diese Vereinbarung gesetzt, daß die Regierung der Vereinigten Staaten von Amerika sobald wie möglich von jeder Regierung, in deren Namen diese Vereinbarung unterzeichnet worden ist, darüber unterrichtet wird, ob diese Unterzeichnung eine Annahme der Vereinbarung durch die betreffende Regierung und eine für sie bindende Verpflichtung darstellt.

Jeder Mitgliedstaat der Internationalen Zivilluftfahrt-Organisation kann diese Vereinbarung als eine ihn bindende Verpflichtung annehmen, indem er der Regierung der Vereinigten Staaten die Annahme anzeigt; diese wird mit dem Tage des Eingangs der Anzeige bei der genannten Regierung wirksam.

Art. VI Durchflug im Internationalen Fluglinienverkehr

Diese Vereinbarung tritt zwischen Vertragsstaaten mit ihrer Annahme durch einen jeden von ihnen in Kraft. Danach wird sie auch in bezug auf jeden weiteren Staat, welcher der Regierung der Vereinigten Staaten die Annahme anzeigt, mit dem Tage des Eingangs der Anzeige bei der genannten Regierung bindend. Die Regierung der Vereinigten Staaten unterrichtet alle Staaten, die diese Vereinbarung unterzeichnet und angenommen haben, über den Zeitpunkt jeder Annahme dieser Vereinbarung sowie über den Zeitpunkt des Inkrafttretens für jeden Staat, der die Vereinbarung angenommen hat.

Zu Urkund dessen unterschreiben die unterzeichneten, hierzu gehörig beglaubigten Bevollmächtigten diese Vereinbarung im Namen ihrer Regierungen an den neben ihren Unterschriften vermerkten Daten.
Geschehen zu Chicago am 7. Dezember 1944 in englischer Sprache. Eine Fassung in Englisch, Französisch und Spanisch, die in jeder Sprache in gleicher Weise maßgebend ist, wird in Washington D. C., zur Unterzeichnung aufgelegt. Beide Fassungen werden im Archiv der Regierung der Vereinigten Staaten von Amerika hinterlegt; diese Regierung übermittelt den Regierungen aller Staaten, die diese Vereinbarung unterzeichnen und annehmen, beglaubigte Ausfertigungen.

Antarktis-Vertrag[1)]

Vom 1. Dezember 1959

Die Regierungen Argentiniens, Australiens, Belgiens, Chiles, der Französischen Republik, Japans, Neuseelands, Norwegens, der Südafrikanischen Union, der Union der Sozialistischen Sowjetrepubliken, des Vereinigten Königreichs Großbritannien und Nordirland und der Vereinigten Staaten von Amerika –
in der Erkenntnis, daß es im Interesse der ganzen Menschheit liegt, die Antarktis für alle Zeiten ausschließlich für friedliche Zwecke zu nutzen und nicht zum Schauplatz oder Gegenstand internationaler Zwietracht werden zu lassen;
in Anerkennung der bedeutenden wissenschaftlichen Fortschritte, die sich aus der internationalen Zusammenarbeit bei der wissenschaftlichen Forschung in der Antarktis ergeben;
überzeugt, daß die Schaffung eines festen Fundaments für die Fortsetzung und den Ausbau dieser Zusammenarbeit auf der Grundlage der Freiheit der wissenschaftlichen Forschung in der Antarktis, wie sie während des Internationalen Geophysikalischen Jahres gehandhabt wurde, den Interessen der Wissenschaft und dem Fortschritt der ganzen Menschheit entspricht;
sowie in der Überzeugung, daß ein Vertrag, der die Nutzung der Antarktis für ausschließlich friedliche Zwecke und die Erhaltung der internationalen Eintracht in der Antarktis sichert, die in der Charta der Vereinten Nationen niedergelegten Ziele und Grundsätze fördern wird –
sind wie folgt übereingekommen:

Artikel I
(1) Die Antarktis wird nur für friedliche Zwecke genutzt. Es werden unter anderem alle Maßnahmen militärischer Art wie die Einrichtung militärischer Stützpunkte und Befestigungen, die Durchführung militärischer Manöver sowie die Erprobung von Waffen jeder Art verboten.
(2) Dieser Vertrag steht dem Einsatz militärischen Personals oder Materials für die wissenschaftliche Forschung oder für sonstige friedliche Zwecke nicht entgegen.

Artikel II
Die Freiheit der wissenschaftlichen Forschung in der Antarktis und die Zusammenarbeit zu diesem Zweck, wie sie während des Internationalen Geophysikalischen Jahres gehandhabt wurden, bestehen nach Maßgabe dieses Vertrags fort.

Artikel III
(1) Um die in Artikel II vorgesehene internationale Zusammenarbeit bei der wissenschaftlichen Forschung in der Antarktis zu fördern, vereinbaren die Vertragsparteien, daß, soweit möglich und durchführbar,
a) Informationen über Pläne für wissenschaftliche Programme in der Antarktis ausgetauscht werden, um ein Höchstmaß an Wirtschaftlichkeit und Leistungsfähigkeit der Unternehmungen zu ermöglichen;
b) wissenschaftliches Personal in der Antarktis zwischen Expeditionen und Stationen ausgetauscht wird;
c) wissenschaftliche Beobachtungen und Ergebnisse aus der Antarktis ausgetauscht und ungehindert zur Verfügung gestellt werden.
(2) Bei der Durchführung dieses Artikels wird die Herstellung von Arbeitsbeziehungen auf der Grundlage der Zusammenarbeit mit denjenigen Sonderorganisationen der Vereinten Nationen und anderen internationalen Organisationen, die ein wissenschaftliches oder technisches Interesse an der Antarktis haben, auf jede Weise gefördert.

[1)] Deutscher Text: *BGBl.* 1978 II S. 1518.
Internationale Quelle: *UNTS* Bd. 402 S. 71.
In Kraft getreten am 23. Juni 1961; für die Bundesrepublik Deutschland am 5. Februar 1979.

Artikel IV
(1) Dieser Vertrag ist nicht so auszulegen,
a) als stelle er einen Verzicht einer Vertragspartei auf vorher geltend gemachte Rechte oder Ansprüche auf Gebietshoheit in der Antarktis dar;
b) als stelle er einen vollständigen oder teilweisen Verzicht einer Vertragspartei auf die Grundlage eines Anspruchs auf Gebietshoheit in der Antarktis dar, die sich aus ihrer Tätigkeit oder derjenigen ihrer Staatsangehörigen in der Antarktis oder auf andere Weise ergeben könnte;
c) als greife er der Haltung einer Vertragspartei hinsichtlich ihrer Anerkennung oder Nichtanerkennung des Rechts oder Anspruchs oder der Grundlage für den Anspruch eines anderen Staates auf Gebietshoheit in der Antarktis vor.

(2) Handlungen oder Tätigkeiten, die während der Geltungsdauer dieses Vertrags vorgenommen werden, bilden keine Grundlage für die Geltendmachung, Unterstützung oder Ablehnung eines Anspruchs auf Gebietshoheit in der Antarktis und begründen dort keine Hoheitsrechte. Solange dieser Vertrag in Kraft ist, werden keine neuen Ansprüche oder Erweiterungen bestehender Ansprüche auf Gebietshoheit in der Antarktis geltend gemacht.

Artikel V
(1) Kernexplosionen und die Beseitigung radioaktiven Abfalls sind in der Antarktis verboten.
(2) Werden internationale Übereinkünfte über die Nutzung der Kernenergie einschließlich von Kernexplosionen und der Beseitigung radioaktiven Abfalls geschlossen, denen alle Vertragsparteien angehören, deren Vertreter zur Teilnahme an den in Artikel IX vorgesehenen Tagungen berechtigt sind, so finden die durch solche Übereinkünfte festgelegten Vorschriften in der Antarktis Anwendung.

Artikel VI
Dieser Vertrag gilt für das Gebiet südlich von 600° südlicher Breite einschließlich aller Eisbänke; jedoch läßt dieser Vertrag die Rechte oder die Ausübung der Rechte eines Staates nach dem Völkerrecht in bezug auf die Hohe See in jenem Gebiet unberührt.

Artikel VII
(1) Um die Ziele dieses Vertrags zu erreichen und die Einhaltung seiner Bestimmungen zu gewährleisten, hat jede Vertragspartei, deren Vertreter zur Teilnahme an den in Artikel IX vorgesehenen Tagungen berechtigt sind, das Recht, Beobachter zu benennen, welche die im vorliegenden Artikel erwähnten Inspektionen durchführen. Die Beobachter müssen Staatsangehörige der sie benennenden Vertragspartei sein. Die Namen der Beobachter werden jeder anderen Vertragspartei mitgeteilt, die das Recht hat, Beobachter zu benennen; ihre Abberufung wird ebenfalls mitgeteilt.
(2) Jeder nach Absatz 1 benannte Beobachter hat jederzeit völlig freien Zugang zu allen Gebieten der Antarktis.
(3) Alle Gebiet der Antarktis einschließlich aller Stationen, Einrichtungen und Ausrüstungen in jenen Gebieten sowie alle Schiffe und Luftfahrzeuge an Punkten zum Absetzen oder Aufnehmen von Ladung oder Personal in der Antarktis stehen jedem nach Absatz 1 benannten Beobachter jederzeit zur Inspektion offen.
(4) Jede der Vertragsparteien, die ein Recht auf Benennung von Beobachtern haben, kann jederzeit Luftbeobachtungen über einzelnen oder allen Gebieten der Antarktis durchführen.
(5) Jede Vertragspartei unterrichtet zu dem Zeitpunkt, zu dem dieser Vertrag für sie in Kraft tritt, und danach jeweils im voraus die anderen Vertragsparteien
a) über alle nach und innerhalb der Antarktis von ihren Schiffen oder Staatsangehörigen durchgeführten Expeditionen und alle in ihrem Hoheitsgebiet organisierten oder von dort aus durchgeführten Expeditionen nach der Antarktis;
b) über alle von ihren Staatsangehörigen besetzten Stationen in der Antarktis und
c) über alles militärische Personal oder Material, das sie unter den in Artikel I Absatz 2 vorgesehenen Bedingungen in die Antarktis verbringen will.

Artikel VIII

(1) Um den nach Artikel VII Absatz 1 benannten Beobachtern und dem nach Artikel III Absatz 1 Buchstabe b ausgetauschten wissenschaftlichen Personal sowie den diese Personen begleitenden Mitarbeitern die Wahrnehmung ihrer Aufgaben nach diesem Vertrag zu erleichtern, unterstehen sie – unbeschadet der Haltung der Vertragsparteien bezüglich der Gerichtsbarkeit über alle anderen Personen in der Antarktis – in bezug auf alle Handlungen oder Unterlassungen, die sie während ihres der Wahrnehmung ihrer Aufgaben dienenden Aufenthalts in der Antarktis begehen, nur der Gerichtsbarkeit der Vertragspartei, deren Staatsangehörige sie sind.

(2) Unbeschadet des Absatzes 1 werden bis zur Annahme von Maßnahmen nach Artikel IX Absatz 1 Buchstabe e die Vertragsparteien, die an einer Streitigkeit über die Ausübung von Gerichtsbarkeit in der Antarktis beteiligt sind, einander umgehend konsultieren, um zu einer für alle Seiten annehmbaren Lösung zu gelangen.

Artikel IX

(1) Vertreter der in der Präambel genannten Vertragsparteien halten binnen zwei Monaten nach Inkrafttreten dieses Vertrags in der Stadt Canberra und danach in angemessenen Abständen und an geeigneten Orten Tagungen ab, um Informationen auszutauschen, sich über Fragen von gemeinsamem Interesse im Zusammenhang mit der Antarktis zu konsultieren und Maßnahmen auszuarbeiten, zu erörtern und ihren Regierungen zu empfehlen, durch welche die Grundsätze und Ziele des Vertrags gefördert werden, darunter Maßnahmen

a)   zur Nutzung der Antarktis für ausschließlich friedliche Zwecke;
b)   zur Erleichterung der internationalen wissenschaftlichen Forschung in der Antarktis;
c)   zur Erleichterung der internationalen wissenschaftlichen Zusammenarbeit in der Antarktis;
d)   zur Erleichterung der Ausübung der Inspektionsrechte nach Artikel VII;
e)   im Zusammenhang mit Fragen betreffend die Ausübung von Gerichtsbarkeit in der Antarktis;
f)   zur Erhaltung und zum Schutz der lebenden Schätze in der Antarktis.

(2) Jede Vertragspartei, die durch Beitritt nach Artikel XIII Vertragspartei geworden ist, ist zur Benennung von Vertretern berechtigt, die an den in Absatz 1 genannten Tagungen teilnehmen, solange die betreffende Vertragspartei durch die Ausführung erheblicher wissenschaftlicher Forschungsarbeiten in der Antarktis wie die Einrichtung einer wissenschaftlichen Station oder die Entsendung einer wissenschaftlichen Expedition ihr Interesse an der Antarktis bekundet.

(3) Berichte der in Artikel VII genannten Beobachter werden den Vertretern der Vertragsparteien übermittelt, die an den in Absatz 1 genannten Tagungen teilnehmen.

(4) Die in Artikel 1 genannten Maßnahmen werden wirksam, sobald sie von allen Vertragsparteien genehmigt worden sind, deren Vertreter zur Teilnahme an den zur Erörterung dieser Maßnahmen abgehaltenen Tagungen berechtigt waren.

(5) Einzelne oder alle der in diesem Vertrag vorgesehenen Rechte können vom Tag des Inkrafttretens des Vertrags an ausgeübt werden, gleichviel ob Maßnahmen zur Erleichterung der Ausübung solcher Rechte nach diesem Artikel vorgeschlagen, erörtert oder genehmigt worden sind.

Artikel X

Jede Vertragspartei verpflichtet sich, geeignete, im Einklang mit der Charta der Vereinten Nationen stehende Anstrengungen zu unternehmen, um zu verhindern, daß in der Antarktis eine Tätigkeit entgegen den Grundsätzen oder Zielen dieses Vertrags aufgenommen wird.

Artikel XI

(1) Entsteht zwischen zwei oder mehr Vertragsparteien eine Streitigkeit über die Auslegung oder Anwendung dieses Vertrags, so konsultieren die betreffenden Vertragsparteien einander, um die Streitigkeit durch Verhandlung, Untersuchung, Vermittlung, Vergleich, Schiedsverfahren, gerichtliche Beilegung oder sonstige friedliche Mittel ihrer Wahl beilegen zu lassen.

(2) Jede derartige Streitigkeit, die nicht auf diese Weise beigelegt werden kann, wird – jeweils mit Zustimmung aller Streitparteien – dem Internationalen Gerichtshof zur Beilegung unterbreitet; wird keine Einigkeit über die Verweisung an den Internationalen Gerichtshof erzielt, so sind die

Streitparteien nicht von der Verpflichtung befreit, sich weiterhin zu bemühen, die Streitigkeit durch eines der verschiedenen in Absatz 1 genannten friedlichen Mittel beizulegen.

Artikel XII
(1) a) Dieser Vertrag kann jederzeit durch einhellige Übereinstimmung der Vertragsparteien, deren Vertreter zur Teilnahme an den in Artikel IX vorgesehenen Tagungen berechtigt sind, geändert oder ergänzt werden. Eine solche Änderung oder Ergänzung tritt in Kraft, wenn die Verwahrregierung von allen diesen Vertragsparteien die Anzeige erhalten hat, daß sie sie ratifiziert haben.
   b) Danach tritt eine solche Änderung oder Ergänzung für jede andere Vertragspartei in Kraft, wenn deren Ratifikationsanzeige bei der Verwahrregierung eingegangen ist. Jede Vertragspartei, von der binnen zwei Jahren nach Inkrafttreten der Änderung oder Ergänzung nach Buchstabe a keine Ratifikationsanzeige eingegangen ist, gilt mit Ablauf dieser Frist als von dem Vertrag zurückgetreten.
(2) a) Eine Konferenz aller Vertragsparteien wird so bald wie möglich abgehalten, um die Wirkungsweise dieses Vertrags zu überprüfen, wenn nach Ablauf von dreißig Jahren nach Inkrafttreten des Vertrags eine der Vertragsparteien, deren Vertreter zur Teilnahme an den in Artikel IX vorgesehenen Tagungen berechtigt sind, durch eine Mitteilung an die Verwahrregierung darum ersucht.
   b) Jede Änderung oder Ergänzung dieses Vertrags, die auf einer solchen Konferenz von der Mehrheit der dort vertretenen Vertragsparteien einschließlich einer Mehrheit derjenigen genehmigt worden ist, deren Vertreter zur Teilnahme an den in Artikel IX vorgesehenen Tagungen berechtigt sind, wird von der Verwahrregierung allen Vertragsparteien sofort nach Abschluß der Konferenz mitgeteilt und tritt gemäß Absatz 1 in Kraft.
   c) Ist eine solche Änderung oder Ergänzung nicht binnen zwei Jahren nach Mitteilung an alle Vertragsparteien gemäß Absatz 1 Buchstabe a in Kraft getreten, so kann jede Vertragspartei jederzeit nach Ablauf dieser Frist der Verwahrregierung ihren Rücktritt von diesem Vertrag mitteilen; der Rücktritt wird zwei Jahre nach Eingang der Mitteilung bei der Verwahrregierung wirksam.

Artikel XIII
(1) Dieser Vertrag bedarf der Ratifikation durch die Unterzeichnerstaaten. Er liegt für jeden Staat zum Beitritt auf, der Mitglied der Vereinten Nationen ist, sowie für jeden anderen Staat, der mit Zustimmung aller Vertragsparteien, deren Vertreter zur Teilnahme an den in Artikel IX vorgesehenen Tagungen berechtigt sind, zum Beitritt eingeladen wird.
(2) Die Ratifikation dieses Vertrags oder der Beitritt dazu wird durch jeden Staat nach Maßgabe seiner verfassungsrechtlichen Verfahren durchgeführt.
(3) Ratifikationsurkunden und Beitrittsurkunden werden bei der Regierung der Vereinigten Staaten von Amerika hinterlegt, die hiermit zur Verwahrregierung bestimmt wird.
(4) Die Verwahrregierung teilt allen Unterzeichnerstaaten und beitretenden Staaten den Tag der Hinterlegung jeder Ratifikations- oder Beitrittsurkunde sowie den Tag des Inkrafttretens des Vertrags und etwaiger Änderungen oder Ergänzungen desselben mit.
(5) Nach Hinterlegung der Ratifikationsurkunden durch alle Unterzeichnerstaaten tritt dieser Vertrag für jene Staaten und für Staaten in Kraft, die Beitrittsurkunden hinterlegt haben. Danach tritt der Vertrag für jeden beitretenden Staat mit Hinterlegung seiner Beitrittsurkunde in Kraft.
(6) Die Verwahrregierung läßt diesen Vertrag nach Artikel 102 der Charta der Vereinten Nationen registrieren.

Artikel XIV
Dieser Vertrag, der in englischer, französischer, russischer und spanischer Sprache abgefaßt ist, wobei jede Fassung gleichermaßen verbindlich ist, wird im Archiv der Regierung der Vereinigten Staaten

von Amerika hinterlegt; diese übermittelt den Regierungen der Unterzeichnerstaaten und beitretenden Staaten gehörig beglaubigte Abschriften.

Zu Urkund dessen haben die unterzeichneten, gehörig befugten Bevollmächtigten diesen Vertrag unterschrieben.
Geschehen zu Washington am 1. Dezember 1959.

Vertrag über die Grundsätze zur Regelung der Tätigkeiten von Staaten bei der Erforschung und Nutzung des Weltraums einschließlich des Mondes und anderer Himmelskörper[1)]
Vom 27. Januar 1967

Die Vertragsstaaten –
angespornt durch die großartigen Aussichten, die der Vorstoß des Menschen in den Weltraum der Menschheit eröffnet,
in Anerkennung des gemeinsamen Interesses der gesamten Menschheit an der fortschreitenden Erforschung und Nutzung des Weltraums zu friedlichen Zwecken,
in der Überzeugung, daß es wünschenswert ist, die Erforschung und Nutzung des Weltraums zum Wohle aller Völker ohne Ansehen ihres wirtschaftlichen und wissenschaftlichen Entwicklungsstandes fortzuführen,
in dem Wunsch, sowohl in wissenschaftlicher wie in rechtlicher Hinsicht zu einer umfassenden internationalen Zusammenarbeit bei der Erforschung und Nutzung des Weltraums zu friedlichen Zwecken beizutragen,
im Vertrauen darauf, daß eine solche Zusammenarbeit das gegenseitige Verständnis zwischen den Staaten und Völkern fördern und die freundschaftlichen Beziehungen zwischen ihnen verstärken wird,
eingedenk der von der Generalversammlung der Vereinten Nationen am 13. Dezember 1963 einstimmig als Entschließung Nr. 1962 (XVIII) angenommen »Erklärung über die Rechtsgrundsätze zur Regelung der Tätigkeiten von Staaten bei der Erforschung und Nutzung des Weltraums«,
eingedenk der von der Generalversammlung der Vereinten Nationen am 17. Oktober 1963 einstimmig angenommenen Entschließung Nr. 1884 (XVIII), in der die Staaten aufgefordert werden, weder Gegenstände mit Kernwaffen oder anderen Massenvernichtungswaffen in Erdumlaufbahnen zu bringen noch Himmelskörper mit derartigen Waffen zu bestücken,
unter Berücksichtigung der Entschließung Nr. 110 (II) der Generalversammlung der Vereinten Nationen vom 3. November 1947, mit der jede Propaganda verurteilt wird, die dazu bestimmt oder geeignet ist, eine Bedrohung oder einen Bruch des Friedens oder eine Aggression hervorzurufen oder zu unterstützen, und in der Erwägung, daß diese Entschließung auch für den Weltraum gilt,
in der Überzeugung, daß ein Vertrag über die Grundsätze zur Regelung der Tätigkeiten von Staaten bei der Erforschung und Nutzung des Weltraums einschließlich des Mondes und anderer Himmelskörper die Ziele und Grundsätze der Charta der Vereinten Nationen fördern wird –
sind wie folgt übereingekommen:

Artikel I
Die Erforschung und Nutzung des Weltraums einschließlich des Mondes und anderer Himmelskörper wird zum Vorteil und im Interesse aller Länder ohne Ansehen ihres wirtschaftlichen und wissenschaftlichen Entwicklungsstandes durchgeführt und ist Sache der gesamten Menschheit.
Allen Staaten steht es frei, den Weltraum einschließlich des Mondes und anderer Himmelskörper ohne jegliche Diskriminierung, gleichberechtigt und im Einklang mit dem Völkerrecht zu erforschen und zu nutzen; es besteht uneingeschränkter Zugang zu allen Gebieten auf Himmelskörpern.
Die wissenschaftliche Forschung im Weltraum einschließlich des Mondes und anderer Himmelskörper ist frei; die Staaten erleichtern und fördern die internationale Zusammenarbeit bei dieser Forschung.

Artikel II
Der Weltraum einschließlich des Mondes und anderer Himmelskörper unterliegt keiner nationalen Aneignung durch Beanspruchung der Hoheitsgewalt, durch Benutzung oder Okkupation oder durch andere Mittel.

---
1) Deutscher Text: *BGBl.* 1969 II S. 1969.
   Internationale Quelle: *UNTS* Bd. 610 S. 205.
   In Kraft getreten am 10. Oktober 1967; für die Bundesrepublik Deutschland am 10. Februar 1971.

25 Weltraum-Vertrag Art. III–VIII

Artikel III
Bei der Erforschung und Nutzung des Weltraums einschließlich des Mondes und anderer Himmelskörper üben die Vertragsstaaten ihre Tätigkeit in Übereinstimmung mit dem Völkerrecht einschließlich der Charta der Vereinten Nationen im Interesse der Erhaltung des Weltfriedens und der internationalen Sicherheit sowie der Förderung internationaler Zusammenarbeit und Verständigung aus.

Artikel IV
Die Vertragsstaaten verpflichten sich, keine Gegenstände, die Kernwaffen oder andere Massenvernichtungswaffen tragen, in eine Erdumlaufbahn zu bringen und weder Himmelskörper mit derartigen Waffen zu bestücken noch solche Waffen im Weltraum zu stationieren.
Der Mond und die anderen Himmelskörper werden von allen Vertragsstaaten ausschließlich zu friedlichen Zwecken benutzt. Die Errichtung militärischer Stützpunkte, Anlagen und Befestigungen, das Erproben von Waffen jeglicher Art und die Durchführung militärischer Übungen auf Himmelskörpern sind verboten. Die Verwendung von Militärpersonal für die wissenschaftliche Forschung und andere friedliche Zwecke ist nicht untersagt. Ebensowenig ist die Benutzung jeglicher für die friedliche Erforschung des Mondes und anderer Himmelskörper notwendiger Ausrüstungen oder Anlagen untersagt.

Artikel V
Die Vertragsstaaten betrachten Raumfahrer als Boten der Menschheit im Weltraum und gewähren ihnen bei Unfall oder wenn in Not oder bei einer Notlandung oder -wasserung im Hoheitsgebiet eines anderen Vertragsstaats oder auf hoher See jede mögliche Hilfe. Nehmen Raumfahrer eine Notlandung oder -wasserung vor, so werden sie rasch und unbehelligt in den Staat zurückgeführt, in dem ihr Raumfahrzeug registriert ist.
Bei Tätigkeiten im Weltraum und auf Himmelskörpern gewähren die Raumfahrer eines Vertragsstaates den Raumfahrern anderer Vertragsstaaten jede mögliche Hilfe.
Jeder Vertragsstaat unterrichtet sofort die anderen Vertragsstaaten oder den Generalsekretär der Vereinten Nationen über alle von ihm im Weltraum einschließlich des Mondes und anderer Himmelskörper entdeckten Erscheinungen, die eine Gefahr für Leben oder Gesundheit von Raumfahrern darstellen könnten.

Artikel VI
Die Vertragsstaaten sind völkerrechtlich verantwortlich für nationale Tätigkeiten im Weltraum einschließlich des Mondes und anderer Himmelskörper, gleichviel ob staatliche Stellen oder nichtstaatliche Rechtsträger dort tätig werden, und sorgen dafür, daß nationale Tätigkeiten nach Maßgabe dieses Vertrags durchgeführt werden. Tätigkeiten nichtstaatlicher Rechtsträger im Weltraum einschließlich des Mondes und anderer Himmelskörper bedürfen der Genehmigung und ständigen Aufsicht durch den zuständigen Vertragsstaat. Wird eine internationale Organisation im Weltraum einschließlich des Mondes und anderer Himmelskörper tätig, so sind sowohl die internationale Organisation als auch die dieser Organisation angehörenden Vertragsstaaten für die Befolgung dieses Vertrags verantwortlich.

Artikel VII
Jeder Vertragsstaat, der einen Gegenstand in den Weltraum einschließlich des Mondes und anderer Himmelskörper startet oder starten läßt, sowie jeder Vertragsstaat, von dessen Hoheitsgebiet oder Anlagen aus ein Gegenstand gestartet wird, haftet völkerrechtlich für jeden Schaden, den ein solcher Gegenstand oder dessen Bestandteile einem anderen Vertragsstaat oder dessen natürlichen oder juristischen Personen auf der Erde, im Luftraum oder im Weltraum einschließlich des Mondes oder anderer Himmelskörper zufügen.

Artikel VIII
Ein Vertragsstaat, in dem ein in den Weltraum gestarteter Gegenstand registriert ist, behält die Hoheitsgewalt und Kontrolle über diesen Gegenstand und dessen gesamte Besatzung, während sie sich im Weltraum oder auf einem Himmelskörper befinden. Das Eigentum an Gegenständen, die in den Weltraum gestartet werden, einschließlich der auf einem Himmelskörper gelandeten oder zusammengebauten Gegenstände, und an ihren Bestandteilen wird durch ihren Aufenthalt im Weltraum oder auf einem Himmelskörper oder durch ihre Rückkehr zur Erde nicht berührt. Werden solche Gegenstände

oder Bestandteile davon außerhalb der Grenzen des Vertragsstaats aufgefunden, in dem sie registriert sind, so werden sie dem betreffenden Staat zurückgegeben; dieser teilt auf Ersuchen vor ihrer Rückgabe Erkennungsmerkmale mit.

Artikel IX
Bei der Erforschung und Nutzung des Weltraums einschließlich des Mondes und anderer Himmelskörper lassen sich die Vertragsstaaten von dem Grundsatz der Zusammenarbeit und gegenseitigen Hilfe leiten und üben ihre gesamte Tätigkeit im Weltraum einschließlich des Mondes und anderer Himmelskörper mit gebührender Rücksichtnahme auf die entsprechenden Interessen aller anderen Vertragsstaaten aus. Die Vertragsstaaten führen die Untersuchung und Erforschung des Weltraums einschließlich des Mondes und anderer Himmelskörper so durch, daß deren Kontamination vermieden und in der irdischen Umwelt jede ungünstige Veränderung infolge des Einbringens außerirdischer Stoffe verhindert wird; zu diesem Zweck treffen sie, soweit erforderlich, geeignete Maßnahmen. Hat ein Vertragsstaat Grund zu der Annahme, daß ein von ihm oder seinen Staatsangehörigen geplantes Unternehmen oder Experiment im Weltraum einschließlich des Mondes und anderer Himmelskörper eine möglicherweise schädliche Beeinträchtigung von Tätigkeiten anderer Vertragsstaaten bei der friedlichen Erforschung und Nutzung des Weltraums einschließlich des Mondes und anderer Himmelskörper verursachen könnte, so leitet er geeignete internationale Konsultationen ein, bevor er das Unternehmen oder Experiment in Angriff nimmt. Hat ein Vertragsstaat Grund zu der Annahme, daß ein von einem anderen Vertragsstaat geplantes Unternehmen oder Experiment im Weltraum einschließlich des Mondes und anderer Himmelskörper eine möglicherweise schädliche Beeinträchtigung von Tätigkeiten bei der friedlichen Erforschung und Nutzung des Weltraums einschließlich des Mondes und anderer Himmelskörper verursachen könnte, so kann er Konsultationen über das Unternehmen oder Experiment verlangen.

Artikel X
Um die internationale Zusammenarbeit bei der Erforschung und Nutzung des Weltraums einschließlich des Mondes und anderer Himmelskörper im Einklang mit den Zielen dieses Vertrages zu fördern, prüfen die Vertragsstaaten auf der Grundlage der Gleichberechtigung jegliches Ersuchen anderer Vertragsstaaten, ihnen Gelegenheit zur Beobachtung des Flugs von Weltraumgegenständen zu geben, die von jenen Staaten gestartet werden.
Die Art dieser Beobachtungsgelegenheit und die Bedingungen, zu denen sie gegebenenfalls gewährt wird, bedürfen der Festlegung durch Übereinkunft zwischen den betreffenden Staaten.

Artikel XI
Um die internationale Zusammenarbeit bei der friedlichen Erforschung und Nutzung des Weltraums zu fördern, unterrichten die Vertragsstaaten, die im Weltraum einschließlich des Mondes und anderer Himmelskörper tätig sind, den Generalsekretär der Vereinten Nationen sowie die Öffentlichkeit und die wissenschaftliche Welt in größtmöglichem Umfang, soweit irgend tunlich, von der Art, der Durchführung, den Orten und den Ergebnissen dieser Tätigkeiten. Der Generalsekretär der Vereinten Nationen ist gehalten, diese Informationen unmittelbar nach ihrem Eingang wirksam weiterzuverbreiten.

Artikel XII
Alle Stationen, Einrichtungen, Geräte und Raumfahrzeuge auf dem Mond und anderen Himmelskörpern sind Vertretern anderer Vertragsstaaten auf der Grundlage der Gegenseitigkeit zugänglich. Die Vertreter melden einen geplanten Besuch so rechtzeitig an, daß geeignete Konsultationen stattfinden und größtmögliche Vorsichtsmaßnahmen getroffen werden können, um in der zu besuchenden Anlage die Sicherheit zu gewährleisten und eine Beeinträchtigung des normalen Betriebs zu vermeiden.

Artikel XIII
Dieser Vertrag findet Anwendung auf alle Tätigkeiten der Vertragsstaaten bei der Erforschung und Nutzung des Weltraums einschließlich des Mondes und anderer Himmelskörper, gleichviel ob sie von

einem Vertragsstaat allein oder gemeinsam mit anderen Staaten durchgeführt werden; hierunter fallen auch Tätigkeiten im Rahmen zwischenstaatlicher Organisationen. Treten in Verbindung mit Tätigkeiten zwischenstaatlicher Organisationen zur Erforschung und Nutzung des Weltraums einschließlich des Mondes und anderer Himmelskörper in der Praxis Fragen auf, so werden sie von den Vertragsstaaten entweder mit der zuständigen zwischenstaatlichen Organisation oder mit einem oder mehreren Mitgliedstaaten dieser Organisation geregelt, die Vertragsstaaten sind.

Artikel XIV
(1) Dieser Vertrag liegt für alle Staaten zur Unterzeichnung auf. Jeder Staat, der ihn vor seinem Inkrafttreten nach Absatz 3 nicht unterzeichnet hat, kann ihm jederzeit beitreten.
(2) Dieser Vertrag bedarf der Ratifizierung durch die Unterzeichnerstaaten. Die Ratifikations- und Beitrittsurkunden sind bei den Regierungen der Union der Sozialistischen Sowjetrepubliken, des Vereinigten Königreichs Großbritannien und Nordirland sowie der Vereinigten Staaten von Amerika zu hinterlegen, die hiermit zu Verwahrregierungen bestimmt werden.
(3) Dieser Vertrag tritt in Kraft, sobald fünf Regierungen einschließlich der darin zu Verwahrregierungen bestimmten ihre Ratifikationsurkunden hinterlegt haben.
(4) Für Staaten, deren Ratifikations- oder Beitrittsurkunden nach dem Inkrafttreten dieses Vertrages hinterlegt werden, tritt er mit Hinterlegung ihrer Ratifikations- oder Beitrittsurkunden in Kraft.
(5) Die Verwahrregierungen unterrichten alsbald alle Unterzeichnerstaaten und alle beitretenden Staaten über den Zeitpunkt jeder Unterzeichnung und jeder Hinterlegung einer Ratifikations- oder Beitrittsurkunde zu diesem Vertrag, den Zeitpunkt seines Inkrafttretens und über sonstige Mitteilungen.
(6) Dieser Vertrag wird von den Verwahrregierungen nach Artikel 102 der Charta der Vereinten Nationen registriert.

Artikel XV
Jeder Vertragsstaat kann Änderungen dieses Vertrags vorschlagen. Änderungen treten für jeden Vertragsstaat, der sie annimmt, in Kraft, sobald die Mehrheit der Vertragsstaaten sie angenommen hat; für jeden weiteren Vertragsstaat treten sie mit der Annahme durch diesen in Kraft.

Artikel XVI
Jeder Vertragsstaat kann diesen Vertrag ein Jahr nach dessen Inkrafttreten durch eine schriftliche, an die Verwahrregierungen gerichtete Notifikation für sich kündigen. Die Kündigung wird ein Jahr nach Eingang dieser Notifikation wirksam.

Artikel XVII
Dieser Vertrag, dessen chinesischer, englischer, französischer, russischer und spanischer Wortlaut gleichermaßen verbindlich ist, wird in den Archiven der Verwahrregierungen hinterlegt. Beglaubigte Abschriften dieses Vertrags werden den Regierungen der Staaten, die ihn unterzeichnen oder ihm beitreten, von den Verwahrregierungen zugeleitet.

Zu Urkund dessen haben die Unterzeichneten, hierzu gehörig befugt, diesen Vertrag unterschrieben. Geschehen zu London, Moskau und Washington am 27. Januar 1967 in drei Urschriften.

V. Umweltrecht

Wiener Übereinkommen zum Schutz der Ozonschicht[1)]
Vom 22. März 1985

Präambel

Die Vertragsparteien dieses Übereinkommens –
im Bewußtsein der möglicherweise schädlichen Einwirkungen jeder Veränderung der Ozonschicht auf die menschliche Gesundheit und die Umwelt,
unter Hinweis auf die einschlägigen Bestimmungen der Erklärung der Konferenz der Vereinten Nationen über die Umwelt des Menschen, insbesondere auf den Grundsatz 21, der folgendes vorsieht:
»Die Staaten haben nach der Charta der Vereinten Nationen und den Grundsätzen des Völkerrechts das souveräne Recht, ihre eigenen Naturschätze gemäß ihrer eigenen Umweltpolitik zu nutzen, sowie die Pflicht, dafür zu sorgen, daß durch Tätigkeiten, die innerhalb ihres Hoheitsbereichs oder unter ihrer Kontrolle ausgeübt werden, der Umwelt in anderen Staaten oder in Gebieten außerhalb der nationalen Hoheitsbereiche kein Schaden zugefügt wird«,
unter Berücksichtigung der Gegebenheiten und besonderen Bedürfnisse der Entwicklungsländer,
eingedenk der im Rahmen sowohl internationaler als auch nationaler Organisationen durchgeführten Arbeiten und Untersuchungen und insbesondere des Weltaktionsplans für die Ozonschicht des Umweltprogramms der Vereinten Nationen
sowie eingedenk der auf nationaler und internationaler Ebene bereits getroffenen Vorsorgemaßnahmen zum Schutz der Ozonschicht,
im Bewußtsein, daß Maßnahmen zum Schutz der Ozonschicht vor Veränderungen infolge menschlicher Tätigkeiten internationale Zusammenarbeit und internationales Handeln erfordern und auf einschlägigen wissenschaftlichen und technischen Erwägungen beruhen sollten,
sowie im Bewußtsein der Notwendigkeit, weitere Forschungsarbeiten und systematische Beobachtungen durchzuführen, um die wissenschaftlichen Kenntnisse über die Ozonschicht und mögliche schädliche Auswirkungen einer Veränderung dieser Schicht zu vertiefen,
entschlossen, die menschliche Gesundheit und die Umwelt vor schädlichen Auswirkungen von Veränderungen der Ozonschicht zu schützen –
sind wie folgt übereingekommen:

Artikel 1 Begriffsbestimmungen
Im Sinne dieses Übereinkommens
1. bedeutet »Ozonschicht« die Schicht atmosphärischen Ozons oberhalb der planetarischen Grenzschicht;
2. bedeutet »schädliche Auswirkungen« Änderung der belebten oder unbelebten Umwelt, einschließlich Klimaänderungen, die erhebliche abträgliche Wirkungen auf die menschliche Gesundheit oder auf die Zusammensetzung, Widerstandsfähigkeit und Produktivität naturbelassener und vom Menschen beeinflußter Ökosysteme oder auf Materialien haben, die für die Menschheit nützlich sind;
3. bedeutet »alternative Technologie oder Ausrüstung« Technologie oder Ausrüstung, deren Verwendung es möglich macht, Emissionen von Stoffen, die schädliche Auswirkungen auf die Ozonschicht haben oder wahrscheinlich haben, zu verringern oder wirksam auszuschließen;
4. bedeutet »alternative Stoffe« Stoffe, die schädliche Auswirkungen auf die Ozonschicht verringern, ausschließen oder vermeiden;
5. bedeutet »Vertragsparteien« Vertragsparteien dieses Übereinkommens, sofern sich aus dem Wortlaut nichts anderes ergibt;
6. bedeutet »Organisation der regionalen Wirtschaftsintegration« eine von souveränen Staaten einer bestimmten Region gebildete Organisation, die für die durch das Übereinkommen oder seine

---

1) Deutscher Text: *BGBl.* 1988 II S. 902.
   Internationale Quelle: *UNTS* Bd. 1513 S. 293.
   In Kraft getreten am 22. September 1988; für die Bundesrepublik Deutschland am 29. Dezember 1988.

Protokolle erfaßten Angelegenheiten zuständig und im Einklang mit ihren internen Verfahren ordnungsgemäß ermächtigt ist, die betreffenden Übereinkünfte zu unterzeichnen, zu ratifizieren, anzunehmen, zu genehmigen oder ihnen beizutreten;
7. bedeutet »Protokolle« Protokolle zu diesem Übereinkommen.

Artikel 2 Allgemeine Verpflichtungen
(1) Die Vertragsparteien treffen geeignete Maßnahmen im Einklang mit diesem Übereinkommen und denjenigen in Kraft befindlichen Protokollen, deren Vertragspartei sie sind, um die menschliche Gesundheit und die Umwelt vor schädlichen Auswirkungen zu schützen, die durch menschliche Tätigkeiten, welche die Ozonschicht verändern oder wahrscheinlich verändern, verursacht werden oder wahrscheinlich verursacht werden.
(2) Zu diesem Zweck werden die Vertragsparteien entsprechend den ihnen zur Verfügung stehenden Mitteln und ihren Möglichkeiten
a) durch systematische Beobachtungen, Forschung und Informationsaustausch zusammenarbeiten, um die Auswirkungen menschlicher Tätigkeiten auf die Ozonschicht und die Auswirkungen einer Veränderung der Ozonschicht auf die menschliche Gesundheit und die Umwelt besser zu verstehen und zu bewerten;
b) geeignete Gesetzgebungs- und Verwaltungsmaßnahmen treffen und bei der Angleichung der entsprechenden Politiken zur Regelung, Begrenzung, Verringerung oder Verhinderung menschlicher Tätigkeiten in ihrem Hoheitsbereich oder unter ihrer Kontrolle zusammenarbeiten, sofern es sich erweist, daß diese Tätigkeiten infolge einer tatsächlichen oder wahrscheinlichen Veränderung der Ozonschicht schädliche Auswirkungen haben oder wahrscheinlich haben;
c) bei der Ausarbeitung vereinbarter Maßnahmen, Verfahren und Normen zur Durchführung des Übereinkommens im Hinblick auf die Annahme von Protokollen und Anlagen zusammenarbeiten;
d) mit zuständigen internationalen Stellen zusammenarbeiten, um das Übereinkommen und die Protokolle, deren Vertragspartei sie sind, wirksam durchzuführen.
(3) Das Übereinkommen beeinträchtigt nicht das Recht der Vertragsparteien, im Einklang mit dem Völkerrecht innerstaatliche Maßnahmen zusätzlich zu den in den Absätzen 1 und 2 genannten zu treffen; es beeinträchtigt auch nicht von einer Vertragspartei bereits getroffene zusätzliche innerstaatliche Maßnahmen, sofern diese mit den Verpflichtungen der betreffenden Vertragspartei aus dem Übereinkommen nicht unvereinbar sind.
(4) Die Anwendung dieses Artikels beruht auf einschlägigen wissenschaftlichen und technischen Erwägungen.

Artikel 3 Forschung und systematische Beobachtungen
(1) Die Vertragsparteien verpflichten sich, soweit es angebracht ist, unmittelbar oder über zuständige internationale Stellen Forschungsarbeiten und wissenschaftliche Bewertungen in bezug auf folgende Bereiche einzuleiten und dabei zusammenzuarbeiten:
a) physikalische und chemische Vorgänge, welche die Ozonschicht beeinflussen können;
b) Auswirkungen auf die menschliche Gesundheit und andere biologische Auswirkungen, die durch Veränderungen der Ozonschicht bedingt sind, insbesondere solche, die durch Änderungen der Sonnenstrahlung im ultravioletten Bereich, die biologisch wirksam ist (UV-B), hervorgerufen werden;
c) klimatische Auswirkungen, die durch Veränderungen der Ozonschicht bedingt sind;
d) Auswirkungen von Veränderungen der Ozonschicht und der sich daraus ergebenden Änderung der UV-B-Strahlung auf natürliche und synthetische Materialien, die für die Menschheit nützlich sind;
e) Stoffe, Verhaltensweisen, Verfahren und Tätigkeiten, welche die Ozonschicht beeinflussen können, und ihre kumulativen Auswirkungen;
f) alternative Stoffe und Technologien;
g) damit zusammenhängende sozio-ökonomische Angelegenheiten,
und wie in den Anlagen I und II näher ausgeführt.

(2) Die Vertragsparteien verpflichten sich, soweit es angebracht ist, unmittelbar oder über zuständige internationale Stellen und unter voller Berücksichtigung innerstaatlicher Rechtsvorschriften und einschlägiger laufender Tätigkeiten auf nationaler und internationaler Ebene gemeinsame oder einander ergänzende Programme zur systematischen Beobachtung des Zustands der Ozonschicht und anderer einschlägiger Parameter, wie in Anlage I ausgeführt, zu fördern oder aufzustellen.

(3) Die Vertragsparteien verpflichten sich, unmittelbar oder über zuständige internationale Stellen zusammenzuarbeiten, um für die regelmäßige und rechtzeitige Sammlung, Bestätigung und Übermittlung von Forschungs- und Beobachtungsdaten durch geeignete Weltdatenzentren Sorge zu tragen.

Artikel 4 Zusammenarbeit im rechtlichen, wissenschaftlichen und technischen Bereich

(1) Die Vertragsparteien erleichtern und fördern den Austausch wissenschaftlicher, technischer, sozio-ökonomischer, kommerzieller und rechtlicher Informationen, die für dieses Übereinkommen erheblich sind, wie in Anlage II näher ausgeführt. Diese Informationen werden den von den Vertragsparteien einvernehmlich festgelegten Stellen geliefert. Jede Stelle, die Informationen erhält, die von der liefernden Vertragspartei als vertraulich betrachtet werden, stellt sicher, daß diese Informationen nicht preisgegeben werden, und faßt sie zusammen, um ihre Vertraulichkeit zu schützen, bevor sie allen Vertragsparteien zur Verfügung gestellt werden.

(2) Die Vertragsparteien arbeiten im Einklang mit ihren innerstaatlichen Gesetzen, sonstigen Vorschriften und Gepflogenheiten sowie unter Berücksichtigung insbesondere der Bedürfnisse der Entwicklungsländer zusammen, um unmittelbar oder über zuständige internationale Stellen die Entwicklung und Weitergabe von Technologie und Kenntnissen zu fördern. Diese Zusammenarbeit erfolgt insbesondere durch

a) Erleichterung des Erwerbs alternativer Technologie durch andere Vertragsparteien;
b) Versorgung mit Informationen über alternative Technologie und Ausrüstung sowie mit besonderen Handbüchern oder Anleitungen dazu;
c) Versorgung mit Ausrüstung und Einrichtungen, die für Forschung und systematische Beobachtungen erforderlich sind;
d) angemessene Ausbildung von wissenschaftlichem und technischem Personal.

Artikel 5 Übermittlung von Informationen

Die Vertragsparteien übermitteln der nach Artikel 6 eingesetzten Konferenz der Vertragsparteien über das Sekretariat Informationen über die von ihnen zur Durchführung dieses Übereinkommens und der Protokolle, deren Vertragspartei sie sind, getroffenen Maßnahmen in der Form und in den Zeitabständen, die auf den Tagungen der Vertragsparteien der jeweiligen Übereinkunft festgelegt werden.

Artikel 6 Konferenz der Vertragsparteien

(1) Hiermit wird eine Konferenz der Vertragsparteien eingesetzt. Die erste Tagung der Konferenz der Vertragsparteien wird von dem nach Artikel 7 vorläufig bestimmten Sekretariat spätestens ein Jahr nach Inkrafttreten dieses Übereinkommens einberufen. Danach finden ordentliche Tagungen der Konferenz der Vertragsparteien in regelmäßigen Abständen statt, die von der Konferenz auf ihrer ersten Tagung festgelegt werden.

(2) Außerordentliche Tagungen der Konferenz der Vertragsparteien finden statt, wenn es die Konferenz für notwendig erachtet oder eine Vertragspartei schriftlich beantragt, sofern dieser Antrag innerhalb von sechs Monaten nach seiner Übermittlung durch das Sekretariat von mindestens einem Drittel der Vertragsparteien unterstützt wird.

(3) Die Konferenz der Vertragsparteien vereinbart und beschließt durch Konsens für sich selbst und für gegebenenfalls von ihr einzusetzende Nebenorgane eine Geschäftsordnung und eine Finanzordnung sowie die finanziellen Regelungen für die Arbeit des Sekretariats.

(4) Die Konferenz der Vertragsparteien prüft laufend die Durchführung des Übereinkommens; außerdem

a) legt sie die Form und die Zeitabstände für die Übermittlung der nach Artikel 5 vorzulegenden Informationen fest und prüft diese Informationen sowie die von Nebenorganen vorgelegten Berichte;

b) prüft sie die wissenschaftlichen Informationen über die Ozonschicht, über mögliche Veränderungen dieser Schicht und über mögliche Auswirkungen solcher Veränderungen;
c) fördert sie nach Artikel 2 die Angleichung geeigneter Politiken, Strategien und Maßnahmen zur Verringerung der Freisetzung von Stoffen, die eine Veränderung der Ozonschicht verursachen oder wahrscheinlich verursachen, und gibt Empfehlungen zu anderen Maßnahmen im Zusammenhang mit dem Übereinkommen;
d) beschließt sie nach den Artikeln 3 und 4 Programme für Forschungsarbeiten, systematische Beobachtungen, wissenschaftliche und technologische Zusammenarbeit, Informationsaustausch und die Weitergabe von Technologie und Kenntnissen;
e) prüft sie und beschließt gegebenenfalls nach den Artikeln 9 und 10 Änderungen des Übereinkommens und seiner Anlagen;
f) prüft sie Änderungen von Protokollen sowie von Anlagen solcher Protokolle und empfiehlt, wenn sie sich dafür entscheidet, den Vertragsparteien des betreffenden Protokolls, die Änderungen zu beschließen;
g) prüft sie und beschließt gegebenenfalls nach Artikel 10 weitere Anlagen des Übereinkommens;
h) prüft sie und beschließt gegebenenfalls Protokolle nach Artikel 8;
i) setzt sie die zur Durchführung des Übereinkommens für notwendig erachteten Nebenorgane ein;
j) nimmt sie gegebenenfalls für wissenschaftliche Forschungsarbeiten, systematische Beobachtungen und andere mit den Zielen des Übereinkommens zusammenhängende Tätigkeiten die Dienste zuständiger internationaler Stellen und wissenschaftlicher Ausschüsse in Anspruch, insbesondere die der Weltorganisation für Meteorologie und der Weltgesundheitsorganisation sowie des Koordinierungsausschusses für die Ozonschicht, und verwendet, soweit es angebracht ist, Informationen, die von diesen Stellen und Ausschüssen stammen;
k) prüft und ergreift sie weitere Maßnahmen, die zur Erreichung der Zwecke des Übereinkommens erforderlich sind.

(5) Die Vereinten Nationen, ihre Sonderorganisationen und die Internationale Atomenergie-Organisation sowie jeder Staat, der nicht Vertragspartei des Übereinkommens ist, können sich auf den Tagungen der Konferenz der Vertragsparteien durch Beobachter vertreten lassen. Jede Stelle, national oder international, staatlich oder nichtstaatlich, die auf Gebieten im Zusammenhang mit dem Schutz der Ozonschicht fachlich befähigt ist und dem Sekretariat ihren Wunsch mitgeteilt hat, sich auf einer Tagung der Konferenz der Vertragsparteien als Beobachter vertreten zu lassen, kann zugelassen werden, sofern nicht mindestens ein Drittel der anwesenden Vertragsparteien widerspricht. Die Zulassung und Teilnahme von Beobachtern unterliegen der von der Konferenz der Vertragsparteien beschlossenen Geschäftsordnung.

Artikel 7 Sekretariat
(1) Das Sekretariat hat folgende Aufgaben:
a) Es veranstaltet die in den Artikeln 6, 8, 9 und 10 vorgesehenen Tagungen und stellt die entsprechenden Dienste bereit;
b) es erarbeitet und übermittelt Berichte aufgrund der nach den Artikeln 4 und 5 erhaltenen Informationen sowie der Informationen, die von den Tagungen der nach Artikel 6 eingesetzten Nebenorgane stammen;
c) es nimmt die ihm aufgrund eines Protokolls übertragenen Aufgaben wahr;
d) es erarbeitet Berichte über seine Tätigkeiten bei der Durchführung seiner Aufgaben im Rahmen dieses Übereinkommens und legt sie der Konferenz der Vertragsparteien vor;
e) es sorgt für die notwendige Koordinierung mit anderen einschlägigen internationalen Stellen und schließt insbesondere die für die wirksame Erfüllung seiner Aufgaben notwendigen verwaltungsmäßigen und vertraglichen Vereinbarungen;
f) es nimmt sonstige Aufgaben wahr, die von der Konferenz der Vertragsparteien bestimmt werden.

(2) Die Sekretariatsaufgaben werden bis zum Abschluß der ersten ordentlichen Tagung der Konferenz der Vertragsparteien, die nach Artikel 6 abgehalten wird, vorläufig vom Umweltprogramm der Vereinten Nationen wahrgenommen. Auf ihrer ersten ordentlichen Tagung bestimmt die Konferenz der Vertragsparteien das Sekretariat aus der Reihe der bestehenden zuständigen internationalen Or-

ganisationen, welche ihre Bereitschaft bekundet haben, die in dem Übereinkommen vorgesehenen Sekretariatsaufgaben wahrzunehmen.

Artikel 8 Beschlußfassung über Protokolle
(1) Die Konferenz der Vertragsparteien kann auf einer Tagung Protokolle nach Artikel 2 beschließen.
(2) Der Wortlaut eines vorgeschlagenen Protokolls wird den Vertragsparteien mindestens sechs Monate vor der betreffenden Tagung vom Sekretariat übermittelt.

Artikel 9 Änderung des Übereinkommens oder von Protokollen
(1) Jede Vertragspartei kann Änderungen dieses Übereinkommens oder eines Protokolls vorschlagen. In diesen Änderungen werden unter anderem einschlägige wissenschaftliche und technische Erwägungen gebührend berücksichtigt.
(2) Änderungen des Übereinkommens werden auf einer Tagung der Konferenz der Vertragsparteien beschlossen. Änderungen eines Protokolls werden auf einer Tagung der Vertragsparteien des betreffenden Protokolls beschlossen. Der Wortlaut einer vorgeschlagenen Änderung des Übereinkommens oder, sofern in einem Protokoll nichts anderes vorgesehen ist, des betreffenden Protokolls wird den Vertragsparteien mindestens sechs Monate vor der Tagung, auf der die Änderung zur Beschlußfassung vorgeschlagen wird, vom Sekretariat übermittelt. Das Sekretariat übermittelt vorgeschlagene Änderungen auch den Unterzeichnern des Übereinkommens zur Kenntnisnahme.
(3) Die Vertragsparteien bemühen sich nach Kräften um eine Einigung durch Konsens über eine vorgeschlagene Änderung des Übereinkommens. Sind alle Bemühungen um einen Konsens erschöpft und wird keine Einigung erzielt, so wird als letztes Mittel die Änderung mit Dreiviertelmehrheit der auf der Sitzung anwesenden und abstimmenden Vertragsparteien beschlossen und vom Verwahrer allen Vertragsparteien zur Ratifikation, Genehmigung oder Annahme vorgelegt.
(4) Das Verfahren nach Absatz 3 gilt für Änderungen von Protokollen; jedoch reicht für die Beschlußfassung darüber eine Zweidrittelmehrheit der auf der Sitzung anwesenden und abstimmenden Vertragsparteien des Protokolls aus.
(5) Die Ratifikation, Genehmigung oder Annahme von Änderungen wird dem Verwahrer schriftlich notifiziert. Nach Absatz 3 oder 4 beschlossene Änderungen treten zwischen den Vertragsparteien, die sie angenommen haben, am neunzigsten Tag nach dem Zeitpunkt in Kraft, zu dem der Verwahrer die Notifikation der Ratifikation, Genehmigung oder Annahme durch mindestens drei Viertel der Vertragsparteien des Übereinkommens oder durch mindestens zwei Drittel der Vertragsparteien des betreffenden Protokolls, sofern in dem Protokoll nichts anderes vorgesehen ist, empfangen hat. Danach treten die Änderungen für jede andere Vertragspartei am neunzigsten Tag nach dem Zeitpunkt in Kraft, zu dem die betreffende Vertragspartei ihre Urkunde über die Ratifikation, Genehmigung oder Annahme der Änderungen hinterlegt hat.
(6) Im Sinne dieses Artikels bedeutet »anwesende und abstimmende Vertragsparteien« die anwesenden Vertragsparteien, die eine Ja-Stimme oder eine Nein-Stimme abgeben.

Artikel 10 Beschlußfassung über Anlagen und Änderung von Anlagen
(1) Die Anlagen dieses Übereinkommens oder eines Protokolls sind Bestandteil des Übereinkommens beziehungsweise des betreffenden Protokolls; sofern nicht ausdrücklich etwas anderes vorgesehen ist, stellt eine Bezugnahme auf das Übereinkommen oder seine Protokolle gleichzeitig eine Bezugnahme auf die Anlagen dar. Diese Anlagen beschränken sich auf wissenschaftliche, technische und verwaltungsmäßige Angelegenheiten.
(2) Sofern in einem Protokoll in bezug auf seine Anlagen nichts anderes vorgesehen ist, findet folgendes Verfahren auf den Vorschlag weiterer Anlagen des Übereinkommens oder von Anlagen eines Protokolls, die Beschlußfassung darüber und das Inkrafttreten derselben Anwendung:
a) Anlagen des Übereinkommens werden nach dem in Artikel 9 Absätze 2 und 3 festgelegten Verfahren vorgeschlagen und beschlossen; Anlagen eines Protokolls werden nach dem in Artikel 9 Absätze 2 und 4 festgelegten Verfahren vorgeschlagen und beschlossen;
b) eine Vertragspartei, die eine weitere Anlage des Übereinkommens oder eine Anlage eines Protokolls, dessen Vertragspartei sie ist, nicht zu genehmigen vermag, notifiziert dies schriftlich dem

Verwahrer innerhalb von sechs Monaten nach dem Zeitpunkt, zu dem dieser mitgeteilt hat, daß die Anlage beschlossen worden ist. Der Verwahrer verständigt unverzüglich alle Vertragsparteien vom Empfang jeder derartigen Notifikation. Eine Vertragspartei kann jederzeit eine Anlage annehmen, gegen die sie zuvor Einspruch eingelegt hatte; diese Anlage tritt daraufhin für die betreffende Vertragspartei in Kraft;

c) nach Ablauf von sechs Monaten nach dem Zeitpunkt, zu dem der Verwahrer die Mitteilung versandt hat, wird die Anlage für alle Vertragsparteien des Übereinkommens oder des betreffenden Protokolls, die keine Notifikation nach Buchstabe b) vorgelegt haben, wirksam.

(3) Der Vorschlag von Änderungen von Anlagen des Übereinkommens oder eines Protokolls, die Beschlußfassung darüber und das Inkrafttreten derselben unterliegen demselben Verfahren wie der Vorschlag von Anlagen des Übereinkommens oder von Anlagen eines Protokolls, die Beschlußfassung darüber und das Inkrafttreten derselben. In den Anlagen und ihren Änderungen werden unter anderem einschlägige wissenschaftliche und technische Erwägungen gebührend berücksichtigt.

(4) Hat eine weitere Anlage oder eine Änderung einer Anlage eine Änderung des Übereinkommens oder eines Protokolls zur Folge, so tritt die weitere Anlage oder die geänderte Anlage erst in Kraft, wenn die Änderung des Übereinkommens oder des betreffenden Protokolls selbst in Kraft tritt.

Artikel 11 Beilegung von Streitigkeiten

(1) Im Fall einer Streitigkeit zwischen Vertragsparteien über die Auslegung oder Anwendung dieses Übereinkommens bemühen sich die betroffenen Parteien um eine Lösung durch Verhandlungen.

(2) Können die betroffenen Parteien eine Einigung durch Verhandlungen nicht erreichen, so können sie gemeinsam die guten Dienste einer dritten Partei in Anspruch nehmen oder um deren Vermittlung ersuchen.

(3) Bei der Ratifikation, der Annahme oder der Genehmigung des Übereinkommens oder beim Beitritt zum Übereinkommen oder jederzeit danach können ein Staat oder eine Organisation der regionalen Wirtschaftsintegration gegenüber dem Verwahrer schriftlich erklären, daß sie für eine Streitigkeit, die nicht nach Absatz 1 oder 2 gelöst wird, eines der folgenden Mittel der Streitbeilegung oder beide als obligatorisch anerkennen:

a) ein Schiedsverfahren nach dem von der Konferenz der Vertragsparteien auf ihrer ersten ordentlichen Tagung anzunehmenden Verfahren;

b) Vorlage der Streitigkeit an den Internationalen Gerichtshof.

(4) Haben die Parteien nicht nach Absatz 3 demselben oder einem der Verfahren zugestimmt, so wird die Streitigkeit einem Vergleich nach Absatz 5 unterworfen, sofern die Parteien nichts anderes vereinbaren.

(5) Eine Vergleichskommission wird auf Antrag einer der Streitparteien gebildet. Die Kommission setzt sich aus einer gleichen Anzahl von durch jede der betroffenen Parteien bestellten und einem von den durch jede Partei bestellten Mitgliedern gemeinsam gewählten Vorsitzenden zusammen. Die Kommission fällt einen endgültigen Spruch mit empfehlender Wirkung, den die Parteien nach Treu und Glauben berücksichtigen.

(6) Dieser Artikel findet auf jedes Protokoll Anwendung, sofern in dem betreffenden Protokoll nichts anderes vorgesehen ist.

Artikel 12 Unterzeichnung

Dieses Übereinkommen liegt für Staaten und für Organisationen der regionalen Wirtschaftsintegration vom 22. März 1985 bis zum 21. September 1985 im Bundesministerium für Auswärtige Angelegenheiten der Republik Österreich in Wien und vom 22. September 1985 bis zum 21. März 1986 am Sitz der Vereinten Nationen in New York zur Unterzeichnung auf.

Artikel 13 Ratifikation, Annahme oder Genehmigung

(1) Dieses Übereinkommen und jedes Protokoll bedürfen der Ratifikation, Annahme oder Genehmigung durch die Staaten und durch die Organisationen der regionalen Wirtschaftsintegration. Die Ratifikations-, Annahme- oder Genehmigungsurkunden werden beim Verwahrer hinterlegt.

(2) Jede in Absatz 1 bezeichnete Organisation, die Vertragspartei des Übereinkommens oder eines Protokolls wird, ohne daß einer ihrer Mitgliedstaaten Vertragspartei ist, ist durch alle Verpflichtun-

gen aus dem Übereinkommen beziehungsweise dem Protokoll gebunden. Sind ein oder mehrere Mitgliedstaaten einer solchen Organisation Vertragspartei des Übereinkommens oder des betreffenden Protokolls, so entscheiden die Organisation und ihre Mitgliedstaaten über ihre jeweiligen Verantwortlichkeiten hinsichtlich der Erfüllung ihrer Verpflichtungen aus dem Übereinkommen beziehungsweise dem Protokoll. In diesen Fällen sind die Organisation und die Mitgliedstaaten nicht berechtigt, die Rechte aufgrund des Übereinkommens oder des betreffenden Protokolls gleichzeitig auszuüben.
(3) In ihren Ratifikations-, Annahme- oder Genehmigungsurkunden erklären die in Absatz 1 bezeichneten Organisationen den Umfang ihrer Zuständigkeiten in bezug auf die durch das Übereinkommen oder das betreffende Protokoll erfaßten Angelegenheiten. Diese Organisationen teilen dem Verwahrer auch jede wesentliche Änderung des Umfangs ihrer Zuständigkeiten mit.

Artikel 14 Beitritt
(1) Dieses Übereinkommen und jedes Protokoll stehen von dem Tag an, an dem sie nicht mehr zur Unterzeichnung aufliegen, Staaten und Organisationen der regionalen Wirtschaftsintegration zum Beitritt offen. Die Beitrittsurkunden werden beim Verwahrer hinterlegt.
(2) In ihren Beitrittsurkunden erklären die in Absatz 1 bezeichneten Organisationen den Umfang ihrer Zuständigkeiten in bezug auf die durch das Übereinkommen oder das betreffende Protokoll erfaßten Angelegenheiten. Diese Organisationen teilen dem Verwahrer auch jede wesentliche Änderung des Umfangs ihrer Zuständigkeiten mit.
(3) Artikel 13 Absatz 2 findet auf Organisationen der regionalen Wirtschaftsintegration, die dem Übereinkommen oder einem Protokoll beitreten, Anwendung.

Artikel 15 Stimmrecht
(1) Jede Vertragspartei dieses Übereinkommens oder eines Protokolls hat eine Stimme.
(2) Unbeschadet des Absatzes 1 üben die Organisationen der regionalen Wirtschaftsintegration in Angelegenheiten ihrer Zuständigkeit ihr Stimmrecht mit der Anzahl von Stimmen aus, die der Anzahl ihrer Mitgliedstaaten entspricht, die Vertragsparteien des Übereinkommens oder des betreffenden Protokolls sind. Diese Organisationen üben ihr Stimmrecht nicht aus, wenn ihre Mitgliedstaaten ihr Stimmrecht ausüben, und umgekehrt.

Artikel 16 Verhältnis zwischen dem Übereinkommen und seinen Protokollen
(1) Ein Staat oder eine Organisation der regionalen Wirtschaftsintegration kann nicht Vertragspartei eines Protokolls werden, ohne Vertragspartei des Übereinkommens zu sein oder gleichzeitig zu werden.
(2) Beschlüsse betreffend ein Protokoll werden nur von den Vertragsparteien dieses Protokolls gefaßt.

Artikel 17 Inkrafttreten
(1) Dieses Übereinkommen tritt am neunzigsten Tag nach dem Zeitpunkt der Hinterlegung der zwanzigsten Ratifikations-, Annahme-, Genehmigungs- oder Beitrittsurkunde in Kraft.
(2) Jedes Protokoll tritt, sofern in dem Protokoll nichts anderes vorgesehen ist, am neunzigsten Tag nach dem Zeitpunkt der Hinterlegung der elften Urkunde über die Ratifikation, Annahme oder Genehmigung des Protokolls oder über den Beitritt dazu in Kraft.
(3) Für jede Vertragspartei, die nach der Hinterlegung der zwanzigsten Ratifikations-, Annahme-, Genehmigungs- oder Beitrittsurkunde das Übereinkommen ratifiziert, annimmt oder genehmigt oder ihm beitritt, tritt das Übereinkommen am neunzigsten Tag nach dem Zeitpunkt der Hinterlegung der Ratifikations-, Annahme-, Genehmigungs- oder Beitrittsurkunde durch die betreffende Vertragspartei in Kraft.
(4) Jedes Protokoll tritt, sofern in dem Protokoll nichts anderes vorgesehen ist, für eine Vertragspartei, die das Protokoll nach dem Inkrafttreten gemäß Absatz 2 ratifiziert, annimmt oder genehmigt oder ihm beitritt, am neunzigsten Tag nach dem Zeitpunkt in Kraft, zu dem diese Vertragspartei ihre Ratifikations-, Annahme-, Genehmigungs- oder Beitrittsurkunde hinterlegt, oder zu dem Zeitpunkt, zu dem das Übereinkommen für diese Vertragspartei in Kraft tritt, falls dies der spätere Zeitpunkt ist.

(5) Für die Zwecke der Absätze 1 und 2 zählt eine von einer Organisation der regionalen Wirtschaftsintegration hinterlegte Urkunde nicht als zusätzliche Urkunde zu den von den Mitgliedstaaten der betreffenden Organisation hinterlegten Urkunden.

Artikel 18 Vorbehalte
Vorbehalte zu diesem Übereinkommen sind nicht zulässig.

Artikel 19 Rücktritt
(1) Eine Vertragspartei kann jederzeit nach Ablauf von vier Jahren nach dem Zeitpunkt, zu dem dieses Übereinkommen für sie in Kraft getreten ist, durch eine an den Verwahrer gerichtete schriftliche Notifikation vom Übereinkommen zurücktreten.
(2) Sofern in einem Protokoll nichts anderes vorgesehen ist, kann eine Vertragspartei des Protokolls jederzeit nach Ablauf von vier Jahren nach dem Zeitpunkt, zu dem das Protokoll für sie in Kraft getreten ist, durch eine an den Verwahrer gerichtete schriftliche Notifikation vom Protokoll zurücktreten.
(3) Der Rücktritt wird nach Ablauf eines Jahres nach dem Eingang der Notifikation beim Verwahrer oder zu einem gegebenenfalls in der Rücktrittsnotifikation genannten späteren Zeitpunkt wirksam.
(4) Eine Vertragspartei, die vom Übereinkommen zurücktritt, gilt auch als von den Protokollen zurückgetreten, deren Vertragspartei sie ist.

Artikel 20 Verwahrer
(1) Der Generalsekretär der Vereinten Nationen übernimmt die Aufgaben des Verwahrers dieses Übereinkommens und der Protokolle.
(2) Der Verwahrer unterrichtet die Vertragsparteien insbesondere
a) von der Unterzeichnung des Übereinkommens und jedes Protokolls sowie von der Hinterlegung der Ratifikations-, Annahme-, Genehmigungs- oder Beitrittsurkunden nach den Artikeln 13 und 14;
b) von dem Zeitpunkt, zu dem das Übereinkommen und jedes Protokoll nach Artikel 17 in Kraft treten;
c) von Rücktrittsnotifikationen nach Artikel 19;
d) von Änderungen, die in bezug auf das Übereinkommen oder ein Protokoll beschlossen worden sind, von ihrer Annahme durch die Vertragsparteien sowie vom Zeitpunkt ihres Inkrafttretens nach Artikel 9;
e) von allen Mitteilungen im Zusammenhang mit der Beschlußfassung über Anlagen, ihrer Genehmigung und ihrer Änderung nach Artikel 10;
f) von Notifikationen der Organisationen der regionalen Wirtschaftsintegration über den Umfang ihrer Zuständigkeiten in bezug auf Angelegenheiten, die durch das Übereinkommen und durch Protokolle erfaßt sind, sowie über jede Änderung dieses Umfangs;
g) von Erklärungen nach Artikel 11 Absatz 3.

Artikel 21 Verbindliche Wortlaute
Die Urschrift dieses Übereinkommens, dessen arabischer, chinesischer, englischer, französischer, russischer und spanischer Wortlaut gleichermaßen verbindlich ist, wird beim Generalsekretär der Vereinten Nationen hinterlegt.

Zu Urkund dessen haben die hierzu gehörig befugten Unterzeichneten dieses Übereinkommen unterschrieben.
Geschehen zu Wien am 22. März 1985.

Montrealer Protokoll
über Stoffe, die zum Abbau der Ozonschicht führen[1)]

Vom 16. September 1987
– einschließlich der 1990 in London, 1992 in Kopenhagen, 1995 in Wien, 1997 in Montreal und 1999 in Peking beschlossenen Änderungen und/oder Anpassungen –
– Auszug –

Präambel

Die Vertragsparteien dieses Protokolls –
als Vertragsparteien des Wiener Übereinkommens zum Schutz der Ozonschicht,
eingedenk ihrer Verpflichtung aufgrund des Übereinkommens, geeignete Maßnahmen zu treffen, um die menschliche Gesundheit und die Umwelt vor schädlichen Auswirkungen zu schützen, die durch menschliche Tätigkeiten, welche die Ozonschicht verändern oder wahrscheinlich verändern, verursacht werden oder wahrscheinlich verursacht werden,
in der Erkenntnis, dass weltweite Emissionen bestimmter Stoffe zu einem erheblichen Abbau der Ozonschicht führen und sie auf andere Weise verändern können, was wahrscheinlich schädliche Auswirkungen auf die menschliche Gesundheit und die Umwelt zur Folge hat,
im Bewusstsein der möglichen klimatischen Auswirkungen von Emissionen dieser Stoffe,
im Bewusstsein, dass Maßnahmen, die zum Schutz der Ozonschicht vor einem Abbau getroffen werden, auf einschlägigen wissenschaftlichen Kenntnissen beruhen sollten, wobei technische und wirtschaftliche Erwägungen zu berücksichtigen sind,
entschlossen, die Ozonschicht durch Vorsorgemaßnahmen zur ausgewogenen Regelung der gesamten weltweiten Emissionen von Stoffen, die zu einem Abbau der Ozonschicht führen, zu schützen, mit dem Endziel, diese Stoffe auf der Grundlage der Entwicklung wissenschaftlicher Kenntnisse zu beseitigen, wobei technische und wirtschaftliche Erwägungen sowie die Entwicklungsbedürfnisse der Entwicklungsländer zu berücksichtigen sind,
in der Erkenntnis, dass besondere Vorkehrungen zur Deckung des Bedarfs der Entwicklungsländer notwendig sind, einschließlich der Bereitstellung zusätzlicher finanzieller Mittel und des Zugangs zu einschlägigen Technologien, wobei zu berücksichtigen ist, dass sich der Umfang der erforderlichen Mittel vorhersehen lässt und dass die Mittel die internationalen Möglichkeiten zur Behandlung des wissenschaftlich belegten Problems des Ozonabbaus und seiner schädlichen Auswirkungen erheblich verändern können,
im Hinblick auf die Vorsorgemaßnahmen zur Regelung der Emissionen bestimmter Fluorchlorkohlenwasserstoffe, die bereits auf nationaler und regionaler Ebene getroffen worden sind,
angesichts der Bedeutung der Förderung der internationalen Zusammenarbeit bei der Erforschung, Entwicklung und Weitergabe alternativer Technologien im Zusammenhang mit der Regelung und Verminderung der Emissionen von Stoffen, die zu einem Abbau der Ozonschicht führen, wobei die Bedürfnisse der Entwicklungsländer besonders zu berücksichtigen sind –
sind wie folgt übereingekommen:

---

1) Deutscher Text: *BGBl.* 2003 II S. 346. Die Neufassung berücksichtigt: 1. das Montrealer Protokoll vom 16. September 1987 über Stoffe, die zu einem Abbau der Ozonschicht führen (*BGBl.* 1988 II S. 1015), 2. die von der Zweiten Tagung der Vertragsparteien des Montrealer Protokolls in London am 29. Juni 1990 beschlossene Änderung und die beschlossenen Anpassungen (*BGBl.* 1991 II S. 1332 und S. 1349), 3. die von der Vierten Tagung in Kopenhagen am 25. November 1992 beschlossene Änderung und die beschlossenen Anpassungen (*BGBl.* 1993 II S. 2183 und S. 2196), 4. die von der Siebten Tagung in Wien am 7. Dezember 1995 beschlossenen Anpassungen (*Bundesanzeiger* 1996 S. 6650), 5. die von der Neunten Tagung in Montreal am 17. September 1997 beschlossene Änderung und die beschlossenen Anpassungen (*BGBl.* 1998 II S. 2691 und S. 2733) sowie 6. die von der Elften Tagung in Peking am 3. Dezember 1999 beschlossene Änderung und die beschlossenen Anpassungen (*BGBl.* 2002 II S. 923 und S. 928). Internationale Quelle: *ILM* 26 (1987) S. 1550, Änderung *ILM* 30 (1991) S. 541, Anpassungen *ILM* 30 (1991) S. 539, Änderung *ILM* 32 (1993) S. 878, Anpassungen *ILM* 32 (1993) S. 875, Anpassungen *UNEP/OzL. Pro.* 7/12, Änderung und Anpassungen *UNEP/OzL. Pro.* 9/12, Änderung und Anpassungen *UNEP/OzL. Pro.* 11/10.
In Kraft getreten, auch für die Bundesrepublik Deutschland, am 1. Januar 1989.

26a Montrealer Protokoll Art. 1, 2

Artikel 1 Begriffsbestimmungen
Im Sinne dieses Protokolls
1. bedeutet »Übereinkommen« das am 22. März 1985 angenommene Wiener Übereinkommen zum Schutz der Ozonschicht;
2. bedeutet »Vertragsparteien« die Vertragsparteien des Protokolls, sofern sich aus dem Wortlaut nichts anderes ergibt;
3. bedeutet »Sekretariat« das Sekretariat des Übereinkommens;
4. bedeutet »geregelter Stoff« einen in Anlage A, Anlage B, Anlage C oder Anlage E zu dem Protokoll aufgeführten Stoff, gleichviel ob er allein oder in einem Gemisch vorkommt. Der Ausdruck umfasst die Isomere eines solchen Stoffes, sofern in der betreffenden Anlage nichts anderes bestimmt ist, nicht jedoch einen geregelten Stoff oder ein Gemisch, soweit sie in einem hergestellten Erzeugnis mit Ausnahme von Behältern für den Transport oder die Lagerung dieser Stoffe enthalten sind;
5. bedeutet »Produktion« die Menge der erzeugten geregelten Stoffe abzüglich der Menge, die durch von den Vertragsparteien zu genehmigende Verfahren vernichtet worden ist, und abzüglich der Menge, die zur Gänze als Ausgangsmaterial zur Herstellung anderer Chemikalien verwendet worden ist. Die wiederverwertete und wiederverwendete Menge ist nicht als »Produktion« anzusehen;
6. bedeutet »Verbrauch« die Produktion geregelter Stoffe zuzüglich der Einfuhren und abzüglich der Ausfuhren;
7. bedeutet »berechneter Umfang« der Produktion, der Einfuhren, der Ausfuhren und des Verbrauchs den in Übereinstimmung mit Artikel 3 bestimmten Umfang;
8. bedeutet »industrielle Rationalisierung« die Übertragung des gesamten oder eines Teiles des berechneten Umfangs der Produktion von einer Vertragspartei auf eine andere, um Wirtschaftlichkeit zu erreichen oder auf erwartete Versorgungsmängel aufgrund von Betriebsschließungen zu reagieren.

Artikel 2 Regelungsmaßnahmen
(1) Ersetzt durch Artikel 2A.
(2) Ersetzt durch Artikel 2B.
(3) Ersetzt durch Artikel 2A.
(4) Ersetzt durch Artikel 2A.
(5) Jede Vertragspartei kann für einen oder mehrere Regelungszeiträume einen beliebigen Teil des in den Artikeln 2A bis 2F und Artikel 2H festgelegten berechneten Umfangs ihrer Produktion auf eine andere Vertragspartei übertragen, sofern der gesamte berechnete Umfang der zusammengefassten Produktion der betreffenden Vertragsparteien für jede Gruppe geregelter Stoffe die in den genannten Artikeln für diese Gruppe festgelegten Produktionsgrenzen nicht überstiegt. Eine solche Übertragung der Produktion wird dem Sekretariat von jeder der betroffenen Vertragsparteien unter Angabe der Bedingungen der Übertragung und des Zeitraums, für den sie gelten soll, notifiziert.
(5bis) Jede nicht von Artikel 5 Absatz 1 erfasste Vertragspartei kann für einen oder mehrere Regelungszeiträume einen beliebigen Teil des in Artikel 2F festgelegten berechneten Umfangs ihres Verbrauchs auf eine andere derartige Vertragspartei übertragen, sofern der berechnete Umfang des Verbrauchs der geregelten Stoffe in Gruppe I der Anlage A der Vertragspartei, die den Teil des berechneten Umfangs ihres Verbrauchs überträgt, im Jahr 1989 0,25 kg pro Kopf nicht überstieg und sofern der gesamte berechnete Umfang des zusammengefassten Verbrauchs der betreffenden Vertragsparteien die in Artikel 2F festgelegten Verbrauchsgrenzen nicht übersteigt. Eine solche Übertragung des Verbrauchs wird dem Sekretariat von jeder der betroffenen Vertragsparteien unter Angabe der Bedingungen der Übertragung und des Zeitraums, für den sie gelten soll, notifiziert.
(6) Jede nicht von Artikel 5 erfasste Vertragspartei, die vor dem 16. September 1987 mit dem Bau von Anlagen zur Herstellung geregelter Stoffe in Anlage A oder Anlage B begonnen oder den Auftrag dafür erteilt und vor dem 1. Januar 1987 innerstaatliche Rechtsvorschriften dafür verabschiedet hat, kann die Produktion aus solchen Anlagen zu ihrer Produktion von 1986 hinzufügen, um den berechneten Umfang ihrer Produktion für 1986 zu bestimmen, vorausgesetzt, dass diese Anlagen bis zum

Art. 2A Montrealer Protokoll 26a

31. Dezember 1990 fertiggestellt sind und die Produktion den jährlichen berechneten Umfang des Verbrauchs dieser Vertragspartei an geregelten Stoffen nicht über 0,5 kg pro Kopf steigen lässt.

(7) Jede Übertragung von Produktion nach Absatz 5 oder jede Hinzufügung von Produktion nach Absatz 6 wird dem Sekretariat spätestens zum Zeitpunkt der Übertragung oder der Hinzufügung notifiziert.

(8) a) Vertragsparteien, die Mitgliedstaaten einer Organisation der regionalen Wirtschaftsintegration im Sinne des Artikels 1 Absatz 6 des Übereinkommens sind, können vereinbaren, dass sie ihre Verpflichtungen bezüglich des Verbrauchs aufgrund dieses Artikels und der Artikel 2A bis 2I gemeinsam erfüllen werden; jedoch darf der gesamte berechnete Umfang ihres zusammengefassten Verbrauchs den in diesem Artikel und den Artikeln 2A bis 2I vorgeschriebenen Umfang nicht übersteigen.

b) Die Vertragsparteien einer solchen Vereinbarung unterrichten das Sekretariat vor dem Tag der Verminderung des Verbrauchs, die Gegenstand der Vereinbarung ist, über die Bedingungen der Vereinbarung.

c) Eine solche Vereinbarung tritt nur in Kraft, wenn alle Mitgliedstaaten der Organisation der regionalen Wirtschaftsintegration und die betreffende Organisation Vertragsparteien des Protokolls sind und dem Sekretariat die Art der Durchführung notifiziert haben.

(9) a) Auf der Grundlage der Bewertungen nach Artikel 6 können die Vertragsparteien beschließen,
    i)   ob Anpassungen der Ozonabbaupotentiale in Anlage A, Anlage B, Anlage C und/oder Anlage E vorgenommen werden sollen, und wenn ja, welche, und
    ii)   ob weitere Anpassungen und Verminderungen der Produktion oder des Verbrauchs der geregelten Stoffe vorgenommen werden sollen, und wenn ja, welcher Rahmen, welche Höhe und welcher Zeitplan für solche Anpassungen und Verminderungen gelten sollen.

b) Vorschläge zu solchen Anpassungen werden den Vertragsparteien mindestens sechs Monate vor der Tagung der Vertragsparteien, auf der sie zur Beschlussfassung vorgeschlagen werden, vom Sekretariat übermittelt.

c) Bei solchen Beschlüssen bemühen sich die Vertragsparteien nach Kräften um eine Einigung durch Konsens. Sind alle Bemühungen um einen Konsens erschöpft und wird keine Einigung erzielt, so werden als letztes Mittel solche Beschlüsse mit einer Zweidrittelmehrheit der anwesenden und abstimmenden Vertragsparteien angenommen, die eine Mehrheit der in Artikel 5 Absatz 1 bezeichneten anwesenden und abstimmenden Vertragsparteien und eine Mehrheit der nicht in jenem Artikel bezeichneten anwesenden und abstimmenden Vertragsparteien vertritt.

d) Die Beschlüsse, die für alle Vertragsparteien bindend sind, werden umgehend vom Verwahrer den Vertragsparteien mitgeteilt. Sofern in den Beschlüssen nichts anderes vorgesehen ist, treten sie nach Ablauf von sechs Monaten nach dem Tag der Absendung der Mitteilung durch den Verwahrer in Kraft.

(10) Auf der Grundlage der Bewertungen nach Artikel 6 des Protokolls und in Übereinstimmung mit dem in Artikel 9 des Übereinkommens vorgesehenen Verfahren können die Vertragsparteien beschließen,

a) ob irgendwelche Stoffe und gegebenenfalls welche Stoffe in eine Anlage des Protokolls aufgenommen oder in einer Anlage gestrichen werden sollen,

b) welches Verfahren, welcher Rahmen und welcher Zeitplan für Regelungsmaßnahmen für diese Stoffe gelten sollen.

(11) Ungeachtet der Bestimmungen dieses Artikels und der Artikel 2A bis 2I kann jede Vertragspartei strengere Maßnahmen als in diesem Artikel und den Artikeln 2A bis 2I vorgeschriebene treffen.

Artikel 2A FCKW[1)]

(1) Jede Vertragspartei sorgt dafür, dass während des Zeitraums von zwölf Monaten, der am ersten Tag des siebten Monats nach Inkrafttreten dieses Protokolls beginnt, und in jedem Zwölfmonatszeitraum danach der berechnete Umfang ihres Verbrauchs der geregelten Stoffe in Gruppe I der Anlage A denjenigen von 1986 nicht übersteigt. Am Ende desselben Zeitraums sorgt jede Vertragspartei, die

---

1) Ähnliche Regelungen enthält das Protokoll in den Art. 2B bis 2I für Halogene, sonstige halogenierte FCKW, Tetrachlorkohlenstoff, Methylchloroform, teilhalogenierte Fluorchlorkohlenwasserstoffe, teilhalogenierte Fluorbromkohlenwasserstoffe, Methylbromid und Bromchlormethan.

353

26a Montrealer Protokoll Art. 2A

einen oder mehrere dieser Stoffe herstellt, dafür, dass der berechnete Umfang ihrer Produktion der Stoffe denjenigen von 1986 nicht übersteigt; jedoch kann dieser Umfang gegenüber demjenigen von 1986 um höchstens 10 v. H. zugenommen haben. Eine solche Zunahme ist nur zur Befriedigung der grundlegenden nationalen Bedürfnisse der in Artikel 5 bezeichneten Vertragsparteien und zum Zweck der industriellen Rationalisierung zwischen den Vertragsparteien zulässig.

(2) Jede Vertragspartei sorgt dafür, dass während des Zeitraums vom 1. Juli 1991 bis zum 31. Dezember 1992 der berechnete Umfang ihres Verbrauchs und ihrer Produktion der geregelten Stoffe in Gruppe I der Anlage A 150 v. H. desjenigen von 1986 nicht übersteigt; mit Wirkung vom 1. Januar 1993 läuft der Regelungszeitraum von zwölf Monaten für diese geregelten Stoffe vom 1. Januar bis zum 31. Dezember jedes Jahres.

(3) Jede Vertragspartei sorgt dafür, dass während des Zeitraums von zwölf Monaten, der am 1. Januar 1994 beginnt, und in jedem Zwölfmonatszeitraum danach der berechnete Umfang ihres Verbrauchs der geregelten Stoffe in Gruppe I der Anlage A jährlich 25 v. H. desjenigen von 1986 nicht übersteigt. Jede Vertragspartei, die einen oder mehrere dieser Stoffe herstellt, sorgt während derselben Zeiträume dafür, dass der berechnete Umfang ihrer Produktion dieser Stoffe jährlich 25 v. H. desjenigen von 1986 nicht übersteigt. Zur Befriedigung der grundlegenden nationalen Bedürfnisse der in Artikel 5 Absatz 1 bezeichneten Vertragsparteien kann jedoch der berechnete Umfang ihrer Produktion diese Grenze um bis zu 10 v. H. desjenigen von 1986 übersteigen.

(4) Jede Vertragspartei sorgt dafür, dass während des Zeitraums von zwölf Monaten, der am 1. Januar 1996 beginnt, und in jedem Zwölfmonatszeitraum danach der berechnete Umfang ihres Verbrauchs der geregelten Stoffe in Gruppe I der Anlage A Null nicht übersteigt. Jede Vertragspartei, die einen oder mehrere dieser Stoffe herstellt, sorgt während derselben Zeiträume dafür, dass der berechnete Umfang ihrer Produktion dieser Stoffe Null nicht übersteigt. Zur Befriedigung der grundlegenden nationalen Bedürfnisse der in Artikel 5 Absatz 1 bezeichneten Vertragsparteien kann jedoch der berechnete Umfang ihrer Produktion diese Grenze um eine Menge übersteigen, die dem Jahresdurchschnitt ihrer Produktion der geregelten Stoffe in Gruppe I der Anlage A für grundlegende nationale Bedürfnisse während des Zeitraums 1995 bis einschließlich 1997 entspricht. Dieser Absatz findet Anwendung, soweit nicht die Vertragsparteien beschließen, den Umfang der Produktion oder des Verbrauchs zu gestatten, der zur Erfüllung von Zwecken notwendig ist, die von ihnen einvernehmlich als wesentlich erachtet werden.

(5) Jede Vertragspartei sorgt dafür, dass während des Zeitraums von zwölf Monaten, der am 1. Januar 2003 beginnt, und in jedem Zwölfmonatszeitraum danach der berechnete Umfang ihrer Produktion der geregelten Stoffe in Gruppe I der Anlage A für grundlegende nationale Bedürfnisse der in Artikel 5 Absatz 1 bezeichneten Vertragsparteien 80 v. H. des Jahresdurchschnitts ihrer Produktion dieser Stoffe für grundlegende nationale Bedürfnisse während des Zeitraums 1995 bis einschließlich 1997 nicht übersteigt.

(6) Jede Vertragspartei sorgt dafür, dass während des Zeitraums von zwölf Monaten, der am 1. Januar 2005 beginnt, und in jedem Zwölfmonatszeitraum danach der berechnete Umfang ihrer Produktion der geregelten Stoffe in Gruppe I der Anlage A für grundlegende nationale Bedürfnisse der in Artikel 5 Absatz 1 bezeichneten Vertragsparteien 50 v. H. des Jahresdurchschnitts ihrer Produktion dieser Stoffe für grundlegende nationale Bedürfnisse während des Zeitraums 1995 bis einschließlich 1997 nicht übersteigt.

(7) Jede Vertragspartei sorgt dafür, dass während des Zeitraums von zwölf Monaten, der am 1. Januar 2007 beginnt, und in jedem Zwölfmonatszeitraum danach der berechnete Umfang ihrer Produktion der geregelten Stoffe in Gruppe I der Anlage A für grundlegende nationale Bedürfnisse der in Artikel 5 Absatz 1 bezeichneten Vertragsparteien 15 v. H. des Jahresdurchschnitts ihrer Produktion dieser Stoffe für grundlegende nationale Bedürfnisse während des Zeitraums 1995 bis einschließlich 1997 nicht übersteigt.

(8) Jede Vertragspartei sorgt dafür, dass während des Zeitraums von zwölf Monaten, der am 1. Januar 2010 beginnt, und in jedem Zwölfmonatszeitraum danach der berechnete Umfang ihrer Produktion der geregelten Stoffe in Gruppe I der Anlage A für grundlegende nationale Bedürfnisse der in Artikel 5 Absatz 1 bezeichneten Vertragsparteien Null nicht übersteigt.

(9) Zur Berechnung der grundlegenden nationalen Bedürfnisse nach den Absätzen 4 bis 8 umfasst die Berechnung des Jahresdurchschnitts der Produktion einer Vertragspartei auch die Produktionsberechtigungen, die sie nach Artikel 2 Absatz 5 übertragen hat, und schließt die Produktionsberechtigungen aus, die sie nach Artikel 2 Absatz 5 erworben hat.

...

Artikel 3 Berechnung der Grundlagen für Regelungen
Für die Zwecke der Artikel 2, 2A bis 2I und 5 bestimmt jede Vertragspartei für jede Gruppe von Stoffen in Anlage A, Anlage B, Anlage C oder Anlage E den berechneten Umfang
a) ihrer Produktion durch
  i) Multiplikation der jährlichen Produktion jedes geregelten Stoffes mit dem in Anlage A, Anlage B, Anlage C oder Anlage E für diesen Stoff festgelegten Ozonabbaupotential und
  ii) Addition der Ergebnisse für jede Gruppe;
b) ihrer Einfuhren und Ausfuhren durch sinngemäße Anwendung des unter Buchstabe a vorgesehenen Verfahrens;
c) ihres Verbrauchs durch Addition des berechneten Umfangs ihrer Produktion und ihrer Einfuhren und Subtraktion des berechneten Umfangs ihrer Ausfuhren, bestimmt nach den Buchstaben a und b. Vom 1. Januar 1993 an werden jedoch Ausfuhren geregelter Stoffe an Nichtvertragsparteien bei der Berechnung des Umfangs des Verbrauchs der ausführenden Vertragspartei nicht abgezogen.

Artikel 4 Regelung des Handels mit Nichtvertragsparteien
(1) Mit Wirkung vom 1. Januar 1990 verbietet jede Vertragspartei die Einfuhr der geregelten Stoffe in Anlage A aus jedem Staat, der nicht Vertragspartei des Protokolls ist.
(1bis) Innerhalb eines Jahres nach Inkrafttreten dieses Absatzes verbietet jede Vertragspartei die Einfuhr der geregelten Stoffe in Anlage B aus jedem Staat, der nicht Vertragspartei des Protokolls ist.
(1ter) Innerhalb eines Jahres nach Inkrafttreten dieses Absatzes verbietet jede Vertragspartei die Einfuhr aller geregelten Stoffe in Gruppe II der Anlage C aus jedem Staat, der nicht Vertragspartei des Protokolls ist.
(1^{qua}) Innerhalb eines Jahres nach Inkrafttreten dieses Absatzes verbietet jede Vertragspartei die Einfuhr des geregelten Stoffes in Anlage E aus jedem Staat, der nicht Vertragspartei des Protokolls ist.
(1^{quin}) Mit Wirkung vom 1. Januar 2004 verbietet jede Vertragspartei die Einfuhr der geregelten Stoffe in Gruppe I der Anlage C aus jedem Staat, der nicht Vertragspartei des Protokolls ist.
(1^{sex}) Innerhalb eines Jahres nach Inkrafttreten dieses Absatzes verbietet jede Vertragspartei die Einfuhr des geregelten Stoffes in Gruppe II der Anlage C aus jedem Staat, der nicht Vertragspartei des Protokolls ist.
(2) Mit Wirkung vom 1. Januar 1993 verbietet jede Vertragspartei die Ausfuhr aller geregelten Stoffe in Anlage A in jeden Staat, der nicht Vertragspartei des Protokolls ist.
(2bis) Vom Ablauf eines Jahres nach Inkrafttreten dieses Absatzes an verbietet jede Vertragspartei die Ausfuhr aller geregelten Stoffe in Anlage B in jeden Staat, der nicht Vertragspartei des Protokolls ist.
(2ter) Vom Ablauf eines Jahres nach Inkrafttreten dieses Absatzes an verbietet jede Vertragspartei die Ausfuhr aller geregelten Stoffe in Gruppe II der Anlage C in jeden Staat, der nicht Vertragspartei des Protokolls ist.
(2^{qua}) Vom Ablauf eines Jahres nach Inkrafttreten dieses Absatzes an verbietet jede Vertragspartei die Ausfuhr des geregelten Stoffes in Anlage E in jeden Staat, der nicht Vertragspartei des Protokolls ist.
(2^{quin}) Mit Wirkung vom 1. Januar 2004 verbietet jede Vertragspartei die Ausfuhr der geregelten Stoffe in Gruppe I der Anlage C in jeden Staat, der nicht Vertragspartei des Protokolls ist.
(2^{sex}) Innerhalb eines Jahres nach Inkrafttreten dieses Absatzes verbietet jede Vertragspartei die Ausfuhr des geregelten Stoffes in Gruppe III der Anlage C in jeden Staat, der nicht Vertragspartei des Protokolls ist.

(3) Bis zum 1. Januar 1992 erarbeiten die Vertragsparteien nach den in Artikel 10 des Übereinkommens vorgesehenen Verfahren in einer Anlage eine Liste der Erzeugnisse, die geregelte Stoffe in Anlage A enthalten. Vertragsparteien, die gegen die Anlage nicht Einspruch nach diesen Verfahren eingelegt haben, verbieten innerhalb eines Jahres nach Inkrafttreten der Anlage die Einfuhr dieser Erzeugnisse aus Staaten, die nicht Vertragsparteien des Protokolls sind.

(3bis) Innerhalb von drei Jahren nach Inkrafttreten dieses Absatzes erarbeiten die Vertragsparteien nach den in Artikel 10 des Übereinkommens vorgesehenen Verfahren in einer Anlage eine Liste der Erzeugnisse, die geregelte Stoffe in Anlage B enthalten. Vertragsparteien, die gegen die Anlage nicht Einspruch nach diesen Verfahren eingelegt haben, verbieten innerhalb eines Jahres nach Inkrafttreten der Anlage die Einfuhr dieser Erzeugnisse aus Staaten, die nicht Vertragsparteien des Protokolls sind.

(3ter) Innerhalb von drei Jahren nach Inkrafttreten dieses Absatzes erarbeiten die Vertragsparteien nach den in Artikel 10 des Übereinkommens vorgesehenen Verfahren in einer Anlage eine Liste der Erzeugnisse, die geregelte Stoffe in Gruppe II der Anlage C enthalten. Vertragsparteien, die gegen die Anlage nicht Einspruch nach diesen Verfahren eingelegt haben, verbieten innerhalb eines Jahres nach Inkrafttreten der Anlage die Einfuhr dieser Erzeugnisse aus Staaten, die nicht Vertragsparteien des Protokolls sind.

(4) Bis zum 1. Januar 1994 befinden die Vertragsparteien darüber, ob es durchführbar ist, die Einfuhr von Erzeugnissen, die mit geregelten Stoffen in Anlage A hergestellt werden, jedoch keine geregelten Stoffe in Anlage A enthalten, aus Staaten, die nicht Vertragsparteien des Protokolls sind, zu verbieten oder zu beschränken. Wenn dies für durchführbar befunden wird, erarbeiten die Vertragsparteien nach den in Artikel 10 des Übereinkommens vorgesehenen Verfahren in einer Anlage eine Liste solcher Erzeugnisse. Vertragsparteien, die gegen die Anlage nicht Einspruch nach diesen Verfahren eingelegt haben, verbieten innerhalb eines Jahres nach Inkrafttreten der Anlage die Einfuhr dieser Erzeugnisse aus Staaten, die nicht Vertragsparteien des Protokolls sind.

(4bis) Innerhalb von fünf Jahren nach Inkrafttreten dieses Absatzes befinden die Vertragsparteien darüber, ob es durchführbar ist, die Einfuhr von Erzeugnissen, die mit geregelten Stoffen in Anlage B hergestellt werden, jedoch keine geregelten Stoffe in Anlage B enthalten, aus Staaten, die nicht Vertragsparteien des Protokolls sind, zu verbieten oder zu beschränken. Wenn dies für durchführbar befunden wird, erarbeiten die Vertragsparteien nach den in Artikel 10 des Übereinkommens vorgesehenen Verfahren in einer Anlage eine Liste solcher Erzeugnisse. Vertragsparteien, die gegen die Anlage nicht Einspruch nach diesen Verfahren eingelegt haben, verbieten oder beschränken innerhalb eines Jahres nach Inkrafttreten der Anlage die Einfuhr dieser Erzeugnisse aus Staaten, die nicht Vertragsparteien des Protokolls sind.

(4ter) Innerhalb von fünf Jahren nach Inkrafttreten dieses Absatzes befinden die Vertragsparteien darüber, ob es durchführbar ist, die Einfuhr von Erzeugnissen, die mit geregelten Stoffen in Gruppe II der Anlage C hergestellt werden, jedoch keine solchen Stoffe enthalten, aus Staaten, die nicht Vertragsparteien des Protokolls sind, zu verbieten oder zu beschränken. Wenn dies für durchführbar befunden wird, erarbeiten die Vertragsparteien nach den in Artikel 10 des Übereinkommens vorgesehenen Verfahren in einer Anlage eine Liste solcher Erzeugnisse. Vertragsparteien, die gegen die Anlage nicht Einspruch nach diesen Verfahren eingelegt haben, verbieten oder beschränken innerhalb eines Jahres nach Inkrafttreten der Anlage die Einfuhr dieser Erzeugnisse aus Staaten, die nicht Vertragsparteien des Protokolls sind.

(5) Jede Vertragspartei wird nach besten Kräften bestrebt sein, der Ausfuhr von Technologie zur Herstellung und Verwendung geregelter Stoffe in den Anlagen A, B, C und E in Staaten, die nicht Vertragsparteien des Protokolls sind, entgegenzuwirken.

(6) Jede Vertragspartei sieht davon ab, neue Subventionen, Hilfen, Kredite, Garantien oder Versicherungsprogramme für die Ausfuhr von Erzeugnissen, Ausrüstung, Anlagen oder Technologie, welche die Herstellung geregelter Stoffe in den Anlagen A, B, C und E erleichtern, in Staaten zur Verfügung zu stellen, die nicht Vertragsparteien des Protokolls sind.

(7) Die Absätze 5 und 6 gelten nicht für Erzeugnisse, Ausrüstung, Anlagen oder Technologie, welche die Einkapselung, Rückgewinnung, Verwertung oder Vernichtung geregelter Stoffe in den Anla-

Art. 4A–5 Montrealer Protokoll 26a

gen A, B, C und E verbessern, die Entwicklung alternativer Stoffe fördern oder sonst zur Verminderung der Emissionen geregelter Stoffe in den Anlagen A, B, C und E beitragen.
(8) Ungeachtet der Bestimmungen dieses Artikels können die in den Absätzen 1 bis 4ter bezeichneten Einfuhren aus jedem Staat, der nicht Vertragspartei des Protokolls ist, und die in den Absätzen 1 bis 4ter bezeichneten Ausfuhren in jeden Staat, der nicht Vertragspartei des Protokolls ist, erlaubt werden, wenn eine Tagung der Vertragsparteien feststellt, dass der betreffende Staat den Artikel 2, die Artikel 2A bis 2I und den vorliegenden Artikel voll einhält und diesbezügliche Daten nach Artikel 7 vorgelegt hat.
(9) Im Sinne dieses Artikels umfasst der Begriff »Staat, der nicht Vertragspartei des Protokolls ist« im Hinblick auf einen bestimmten geregelten Stoff einen Staat oder eine Organisation der regionalen Wirtschaftsintegration, die nicht zugestimmt haben, durch die Regelungsmaßnahmen für diesen Stoff gebunden zu sein.
(10) Bis zum 1. Januar 1996 prüfen die Vertragsparteien, ob sie dieses Protokoll ändern sollen, um die in diesem Artikel genannten Maßnahmen auf den Handel mit geregelten Stoffen in Gruppe I der Anlage C und in Anlage E mit Staaten, die nicht Vertragsparteien des Protokolls sind, auszudehnen.

Artikel 4A Regelung des Handels mit Vertragsparteien
(1) Ist eine Vertragspartei, obwohl sie alle durchführbaren Schritte zur Erfüllung ihrer Verpflichtungen aus dem Protokoll unternommen hat, nach Ablauf der für sie geltenden Auslauffrist für einen geregelten Stoff nicht in der Lage, die Produktion dieses Stoffes für den nationalen Verbrauch außer für die Erfüllung von Zwecken, die von den Vertragsparteien einvernehmlich als wesentlich erachtet worden sind, einzustellen, so verbietet sie die Ausfuhr gebrauchter, wiederverwerteter und zurückgewonnener Mengen dieser Stoffe, sofern die Ausfuhr nicht zum Zweck der Vernichtung geschieht.
(2) Absatz 1 dieses Artikels gilt unbeschadet der Wirkungsweise des Artikels 11 des Übereinkommens und nach Artikel 8 des Protokolls entwickelten Nichteinhaltungsverfahrens.

Artikel 4B Lizenzerteilung
(1) Jede Vertragspartei richtet bis zum 1. Januar 2000 oder innerhalb von drei Monaten ab dem Zeitpunkt, zu dieser Artikel für sie in Kraft tritt, je nachdem welcher Zeitpunkt der spätere ist, ein System zur Lizenzerteilung für die Einfuhr und Ausfuhr von neuen, gebrauchten, wiederverwerteten und zurückgewonnenen geregelten Stoffen der Anlagen A, B, C und E ein und setzt es um.
(2) Ungeachtet des Absatzes 1 dieses Artikels kann jede der in Artikel 5 Absatz 1 bezeichneten Vertragsparteien, die sich nicht in der Lage sieht, ein System zur Lizenzerteilung für die Einfuhr und Ausfuhr von geregelten Stoffen der Anlagen C und E einzurichten und umzusetzen, solche Maßnahmen bis 1. Januar 2005 beziehungsweise 1. Januar 2002 hinauszuschieben.
(3) Innerhalb von drei Monaten ab dem Zeitpunkt der Einführung ihres Systems zur Lizenzerteilung berichtet jede Vertragspartei dem Sekretariat über die Einrichtung und die Wirkungsweise des Systems.
(4) Das Sekretariat erstellt in regelmäßigen Abständen eine Liste der Vertragsparteien, die ihm über ihre Systeme zur Lizenzerteilung berichtet haben, und übermittelt sie allen Vertragsparteien; das Sekretariat übersendet diese Angaben an den Durchführungsausschuss zur Prüfung und zur Abgabe geeigneter Empfehlungen an die Vertragsparteien.

Artikel 5 Besondere Lage der Entwicklungsländer
(1) Jede Vertragspartei, die ein Entwicklungsland ist und deren jährlicher berechneter Umfang des Verbrauchs der geregelten Stoffe in Anlage A am Tag des Inkrafttretens dieses Protokolls für diese Vertragspartei oder zu irgendeiner Zeit danach bis zum 1. Januar 1999 unter 0,3 kg pro Kopf liegt, kann die Erfüllung der in den Artikeln 2A bis 2E vorgesehenen Regelungsmaßnahmen um zehn Jahre verschieben, um ihre grundlegenden nationalen Bedürfnisse zu decken; jedoch findet jede weitere Änderung der Anpassungen oder der Änderung, die auf der zweiten Tagung der Vertragsparteien am 29. Juni 1999 in London angenommen wurden, auf die in diesem Absatz bezeichneten Vertragsparteien Anwendung, nachdem die in Absatz 8 vorgesehene Überprüfung stattgefunden hat, und gründet sich auf die Schlussfolgerungen dieser Überprüfung.

357

(1bis) Unter Berücksichtigung der Überprüfung nach Absatz 8 des vorliegenden Artikels, der Bewertungen nach Artikel 6 und aller anderen zweckdienlichen Informationen beschließen die Vertragsparteien bis zum 1. Januar 1996 nach dem in Artikel 2 Absatz 9 dargelegten Verfahren
a) in Bezug auf Artikel 2F Absätze 1 bis 6 das Bezugsjahr, die Ausgangsmengen, die Regelungszeitpläne und die Auslauffristen für den Verbrauch der geregelten Stoffe in Gruppe I der Anlage C, die auf die in Absatz 1 des vorliegenden Artikels bezeichneten Vertragsparteien Anwendung finden;
b) in Bezug auf Artikel 2G die Auslauffrist für die Produktion und den Verbrauch der geregelten Stoffe in Gruppe II der Anlage C, die auf die in Absatz 1 des vorliegenden Artikels bezeichneten Vertragsparteien Anwendung findet, und
c) in Bezug auf Artikel 2H das Bezugsjahr, die Ausgangsmengen und die Regelungszeitpläne für die Produktion und den Verbrauch des geregelten Stoffes in Anlage E, die auf die in Absatz 1 des vorliegenden Artikels bezeichneten Vertragsparteien Anwendung finden.

(2) Eine in Absatz 1 bezeichnete Vertragspartei darf jedoch weder einen jährlichen berechneten Umfang des Verbrauchs der geregelten Stoffe in Anlage A von 0,3 kg pro Kopf noch einen jährlichen berechneten Umfang des Verbrauchs der geregelten Stoffe in Anlage B von 0,2 kg pro Kopf überschreiten.

(3) Bei der Durchführung der in den Artikeln 2A bis 2E festgelegten Regelungsmaßnahmen hat jede in Absatz 1 bezeichnete Vertragspartei das Recht,
a) für geregelte Stoffe nach Anlage A entweder den Durchschnitt des jährlichen berechneten Umfangs ihres Verbrauchs von 1995 bis 1997 oder einen berechneten Umfang des Verbrauchs von 0,3 kg pro Kopf als Grundlage für die Feststellung der Einhaltung der Regelungsmaßnahmen in Bezug auf den Verbrauch zu benutzen, wenn dieser Wert niedriger ist;
b) für geregelte Stoffe nach Anlage B den Durchschnitt des jährlichen berechneten Umfangs ihres Verbrauchs von 1998 bis 2000 oder einen berechneten Umfang des Verbrauchs von 0,2 kg pro Kopf als Grundlage für die Feststellung der Einhaltung der Regelungsmaßnahmen in Bezug auf den Verbrauch zu benutzen, wenn dieser Wert niedriger ist;
c) für geregelte Stoffe nach Anlage A entweder den Durchschnitt des jährlichen berechneten Umfangs ihrer Produktion von 1995 bis 1997 oder einen berechneten Umfang der Produktion von 0,3 kg pro Kopf als Grundlage für die Feststellung der Einhaltung der Regelungsmaßnahmen in Bezug auf die Produktion zu benutzen, wenn dieser Wert niedriger ist;
d) für geregelte Stoffe nach Anlage B entweder den Durchschnitt des jährlichen berechneten Umfangs ihrer Produktion von 1998 bis 2000 oder einen berechneten Umfang der Produktion von 0,2 kg pro Kopf als Grundlage für die Feststellung der Einhaltung der Regelungsmaßnahmen in Bezug auf die Produktion zu benutzen, wenn dieser Wert niedriger ist.

(4) Sieht sich eine in Absatz 1 bezeichnete Vertragspartei zu irgendeiner Zeit, bevor die in den Artikeln 2A bis 2I bezeichneten Verpflichtungen hinsichtlich der Regelungsmaßnahmen auf sie Anwendung finden, nicht in der Lage, eine ausreichende Versorgung mit geregelten Stoffen zu erlangen, so kann sie dies dem Sekretariat notifizieren. Das Sekretariat übermittelt eine Kopie dieser Notifikation umgehend den Vertragsparteien; diese beraten die Angelegenheit auf ihrer nächsten Tagung und beschließen angemessene Maßnahmen.

(5) Die Entwicklung der Fähigkeit der in Absatz 1 bezeichneten Vertragsparteien zur Erfüllung ihrer Verpflichtungen, die in den Artikeln 2A bis 2E und Artikel 2I bezeichneten Regelungsmaßnahmen und alle in den Artikeln 2F bis 2H bezeichneten Regelungsmaßnahmen, die nach Absatz 1bis des vorliegenden Artikels beschlossen werden, einzuhalten, und die Umsetzung dieser Maßnahmen durch diese Vertragsparteien sind abhängig von der wirksamen Durchführung der in Artikel 10 vorgesehenen finanziellen Zusammenarbeit und der in Artikel 10A vorgesehenen Weitergabe von Technologie.

(6) Jede in Absatz 1 bezeichnete Vertragspartei kann dem Sekretariat jederzeit schriftlich notifizieren, dass sie, obwohl sie alle durchführbaren Schritte unternommen hat, aufgrund der unzureichenden Durchführung der Artikel 10 und 10A nicht in der Lage ist, einzelne oder alle in den Artikeln 2A bis 2E und 2I genannten Verpflichtungen oder einzelne oder alle in den Artikeln 2F bis 2H genannten Verpflichtungen, die nach Absatz 1bis des vorliegenden Artikels beschlossen werden, zu er-

Art. 5 Montrealer Protokoll 26a

füllen. Das Sekretariat übermittelt eine Kopie der Notifikation umgehend den Vertragsparteien; diese beraten die Angelegenheit auf ihrer nächsten Tagung unter gebührender Berücksichtigung des Absatzes 5 und beschließen angemessene Maßnahmen.

(7) In der Zeit zwischen der Notifikation und der Tagung der Vertragsparteien, auf der die in Absatz 6 bezeichneten angemessenen Maßnahmen beschlossen werden sollen, oder während eines weiteren Zeitraums, wenn die Tagung der Vertragsparteien dies beschließt, werden die in Artikel 8 bezeichneten Verfahren bei Nichteinhaltung gegen die notifizierende Vertragspartei nicht angewendet.

(8) Eine Tagung der Vertragsparteien überprüft spätestens 1995 die Lage der in Absatz 1 bezeichneten Vertragsparteien, einschließlich der wirksamen Durchführung der finanziellen Zusammenarbeit und der Weitergabe von Technologie an diese Vertragsparteien, und beschließt die für notwendig befundenen Revisionen in Bezug auf den für diese Vertragsparteien geltenden Zeitplan für die Regelungsmaßnahmen.

(8bis) Auf der Grundlage der aus der Überprüfung nach Absatz 8 gezogenen Schlussfolgerungen
a) kann eine in Absatz 1 bezeichnete Vertragspartei in Bezug auf die in Anlage A geregelten Stoffe die Erfüllung der von der zweiten Tagung der Vertragsparteien am 29. Juni 1990 in London beschlossenen Regelungsmaßnahmen um zehn Jahre verschieben, um ihre grundlegenden nationalen Bedürfnisse zu decken; Bezugnahmen des Protokolls auf Artikel 2A und 2B sind entsprechend auszulegen;
b) kann eine in Absatz 1 bezeichnete Vertragspartei in Bezug auf die in Anlage B geregelten Stoffe die Erfüllung der von der zweiten Tagung der Vertragsparteien am 29. Juni 1990 in London beschlossenen Regelungsmaßnahmen um zehn Jahre verschieben, um ihre grundlegenden nationalen Bedürfnisse zu decken; Bezugnahmen des Protokolls auf Artikel 2C bis 2E sind entsprechend auszulegen.

(8ter) Nach Absatz 1bis ist Folgendes zu beachten:
a) Jede in Absatz 1 bezeichnete Vertragspartei sorgt dafür, dass während des Zeitraums von zwölf Monaten, der am 1. Januar 2016 beginnt, und in jedem Zwölfmonatszeitraum danach der berechnete Umfang ihres Verbrauchs der geregelten Stoffe in Gruppe I der Anlage C jährlich denjenigen von 2015 nicht übersteigt. Ab dem 1. Januar 2016 erfüllt jede in Absatz 1 bezeichnete Vertragspartei die in Artikel 2F Absatz 8 aufgeführten Regelungsmaßnahmen und verwendet als Grundlage hierfür den Durchschnitt des berechneten Umfangs ihrer Produktion und ihres Verbrauchs von 2015;
b) jede in Absatz 1 bezeichnete Vertragspartei sorgt dafür, dass während des Zeitraums von zwölf Monaten, der am 1. Januar 2040 beginnt, und in jedem Zwölfmonatszeitraum danach der berechnete Umfang ihres Verbrauchs der geregelten Stoffe in Gruppe I der Anlage C Null nicht übersteigt;
c) jede in Absatz 1 bezeichnete Vertragspartei erfüllt die Bestimmungen des Artikels 2G;
d) in Bezug auf den in Anlage E geregelten Stoff gilt Folgendes:
    i) ab dem 1. Januar 2002 erfüllt jede in Absatz 1 bezeichnete Vertragspartei die in Artikel 2H Absatz 1 aufgeführten Regelungsmaßnahmen und verwendet als Grundlage hierfür den Durchschnitt des jährlichen berechneten Umfangs ihres Verbrauchs beziehungsweise ihrer Produktion während des Zeitraums von 1995 bis einschließlich 1998;
    ii) jede in Absatz 1 bezeichnete Vertragspartei sorgt dafür, dass während des Zeitraums von zwölf Monaten, der am 1. Januar 2005 beginnt, und in jedem Zwölfmonatszeitraum danach der berechnete Umfang ihres Verbrauchs und ihrer Produktion des geregelten Stoffes in Anlage E jährlich 80 v. H. des Durchschnitts des jährlichen berechneten Umfangs ihres Verbrauchs beziehungsweise ihrer Produktion während des Zeitraums von 1995 bis einschließlich 1998 nicht übersteigt;
    iii) jede in Absatz 1 bezeichnete Vertragspartei sorgt dafür, dass während des Zeitraums von zwölf Monaten, der am 1. Januar 2015 beginnt, und in jedem Zwölfmonatszeitraum danach der berechnete Umfang ihres Verbrauchs und ihrer Produktion des geregelten Stoffes in Anlage E Null nicht übersteigt. Dieser Absatz findet Anwendung, soweit nicht die Vertragsparteien beschließen, den Umfang der Produktion oder des Verbrauchs zu gestatten, der

zur Erfüllung von Zwecken notwendig ist, die von ihnen einvernehmlich als unabdingbar erachtet werden;
iv) der berechnete Umfang des Verbrauchs und der Produktion nach diesem Artikel schließt nicht die Mengen ein, die von der Vertragspartei in Quarantänefällen und vor dem Versand verwendet werden.

(9) Die Beschlüsse der Vertragsparteien nach den Absätzen 4, 6 und 7 werden nach demselben Verfahren gefasst, das für die Beschlussfassung nach Artikel 10 gilt.

Artikel 6 Bewertung und Überprüfung der Regelungsmaßnahmen
Erstmalig 1990 und danach mindestens alle vier Jahre bewerten die Vertragsparteien die in Artikel 2 und den Artikeln 2A bis 2I vorgesehenen Regelungsmaßnahmen auf der Grundlage verfügbarer wissenschaftlicher, umweltbezogener, technischer und wirtschaftlicher Informationen. Mindestens ein Jahr vor jeder Bewertung berufen die Vertragsparteien geeignete Gruppen von Sachverständigen ein, die auf den genannten Gebieten fachlich befähigt sind, und bestimmen die Zusammensetzung und die Aufgaben dieser Gruppen. Innerhalb eines Jahres nach der Einberufung teilen die Gruppen den Vertragsparteien über das Sekretariat ihre Schlussfolgerungen mit.

Artikel 7 Datenberichterstattung
(1) Jede Vertragspartei übermittelt dem Sekretariat innerhalb von drei Monaten nach dem Tag, an dem sie Vertragspartei wird, statistische Daten über ihre Produktion, ihre Einfuhren und ihre Ausfuhren jedes der geregelten Stoffe in Anlage A für das Jahr 1986 oder, wenn solche Daten nicht vorliegen, bestmögliche Schätzungen.
(2) Jede Vertragspartei übermittelt dem Sekretariat spätestens drei Monate nach dem Tag, an dem die in dem Protokoll für die Stoffe in den Anlagen B, C beziehungsweise E festgelegten Bestimmungen für diese Vertragsparteien in Kraft treten, statistische Daten über ihre Produktion, ihre Einfuhren und ihre Ausfuhren jedes der geregelten Stoffe
– in Anlage B und in den Gruppen I und II der Anlage C für das Jahr 1989,
– in Anlage E für das Jahr 1991
oder wenn solche Daten nicht vorliegen, bestmögliche Schätzungen.
(3) Jede Vertragspartei übermittelt dem Sekretariat statistische Daten über ihre jährliche Produktion (im Sinne des Artikels 1 Nummer 5) jedes der in den Anlagen A, B, C und E geregelten Stoffe sowie gesondert für jeden Stoff über
– Mengen, die als Ausgangsmaterial zur Herstellung anderer Stoffe verwendet wurden,
– Mengen, die durch von den Vertragsparteien genehmigte Verfahren vernichtet wurden,
– Einfuhren aus sowie Ausfuhren nach Vertragsparteien und Nichtvertragsparteien
für das Jahr, in dem die Bestimmungen betreffend die Stoffe in den Anlagen A, B, C beziehungsweise E für diese Vertragspartei in Kraft getreten sind, sowie für jedes darauf folgende Jahr. Jede Vertragspartei übermittelt dem Sekretariat statistische Daten über die jährliche Menge des in Anlage E aufgeführten geregelten Stoffes, die zu Quarantänezwecken und vor dem Versand verwendet wird. Die Daten werden spätestens neun Monate nach Ablauf des Jahres übermittelt, auf das sie sich beziehen.
(3bis) Jede Vertragspartei übermittelt dem Sekretariat gesondert statistische Daten über ihre jährlichen Einfuhren und Ausfuhren jedes der in Gruppe II der Anlage A und in Gruppe I der Anlage C aufgeführten geregelten Stoffe, die wiederverwertet worden sind.
(4) Für die in Artikel 2 Absatz 8 Buchstabe a bezeichneten Vertragsparteien sind die Erfordernisse der Absätze 1, 2, 3 und 3bis des vorliegenden Artikels im Hinblick auf statistische Daten über Einfuhren und Ausfuhren erfüllt, wenn die betreffende Organisation der regionalen Wirtschaftsintegration Daten über Einfuhren und Ausfuhren zwischen der Organisation und Staaten, die nicht Mitglieder dieser Organisation sind, zur Verfügung stellt.

Artikel 8 Nichteinhaltung
Die Vertragsparteien beraten und genehmigen auf ihrer ersten Tagung Verfahren und institutionelle Mechanismen für die Feststellung der Nichteinhaltung der Bestimmungen dieses Protokolls und das Vorgehen gegenüber Vertragsparteien, die das Protokoll nicht einhalten.

Art. 9, 10 Montrealer Protokoll

Artikel 9 Forschung, Entwicklung, öffentliches Bewusstsein und Informationsaustausch
(1) Die Vertragsparteien arbeiten im Einklang mit ihren innerstaatlichen Gesetzen, sonstigen Vorschriften und Gepflogenheiten und unter Berücksichtigung insbesondere der Bedürfnisse der Entwicklungsländer zusammen, um unmittelbar oder über zuständige internationale Stellen Forschung, Entwicklung und Informationsaustausch in folgenden Bereichen zu fördern:
a) geeignetste Technologien zur Verbesserung der Einkapselung, Rückgewinnung, Verwertung oder Vernichtung von geregelten Stoffen oder zur sonstigen Verminderung der Emissionen solcher Stoffe;
b) mögliche Alternativen für geregelte Stoffe, für Erzeugnisse, die solche Stoffe enthalten, und für Erzeugnisse, die mit solchen Stoffen hergestellt werden;
c) Kosten und Nutzen einschlägiger Regelungsstrategien.
(2) Die Vertragsparteien arbeiten einzeln, gemeinsam oder über zuständige internationale Stellen zusammen bei der Förderung des öffentlichen Bewusstseins über die Auswirkungen der Emissionen geregelter und anderer zu einem Abbau der Ozonschicht führender Stoffe auf die Umwelt.
(3) Innerhalb von zwei Jahren nach Inkrafttreten dieses Protokolls und danach alle zwei Jahre legt jede Vertragspartei dem Sekretariat eine Zusammenfassung der nach diesem Artikel durchgeführten Tätigkeiten vor.

Artikel 10 Finanzierungsmechanismus
(1) Die Vertragsparteien legen einen Mechanismus fest mit dem Ziel, den in Artikel 5 Absatz 1 bezeichneten Vertragsparteien finanzielle und technische Zusammenarbeit einschließlich der Weitergabe von Technologien zur Verfügung zu stellen, um ihnen die Einhaltung der in den Artikeln 2A bis 2E und Artikel 2I festgelegten Regelungsmaßnahmen sowie aller in den Artikeln 2F bis 2H festgelegten Regelungsmaßnahmen, die nach Artikel 5 Absatz 1bis beschlossen worden sind, zu ermöglichen. Der Mechanismus, der durch Beiträge gespeist wird, die zusätzlich zu anderen finanziellen Zuwendungen an die in dem genannten Absatz bezeichneten Vertragsparteien geleistet werden, dient zur Deckung aller vereinbarten Mehrkosten dieser Vertragsparteien, um ihnen die Einhaltung der Regelungsmaßnahmen des Protokolls zu ermöglichen. Eine als Anhaltspunkt dienende Liste der Kategorien von Mehrkosten wird von der Tagung der Vertragsparteien beschlossen.
(2) Der nach Absatz 1 festgelegte Mechanismus umfasst einen Multilateralen Fonds. Er kann auch andere Arten der multilateralen, regionalen und bilateralen Zusammenarbeit einschließen.
(3) Der Multilaterale Fonds hat die Aufgabe,
a) die vereinbarten Mehrkosten durch Zuschüsse beziehungsweise Darlehen zu Vorzugsbedingungen nach Kriterien, die von den Vertragsparteien beschlossen werden, zu decken;
b) die Tätigkeiten einer Verrechnungsstelle zu finanzieren, um
   i) den in Artikel 5 Absatz 1 bezeichneten Vertragsparteien durch landesspezifische Untersuchungen und sonstige technische Zusammenarbeit zu helfen, ihre Bedürfnisse im Hinblick auf die Zusammenarbeit zu ermitteln;
   ii) die technische Zusammenarbeit zu erleichtern, um diesen ermittelten Bedürfnissen gerecht zu werden;
   iii) nach Artikel 9 Informationen und einschlägige Materialien zu verteilen, Arbeits- und Schulungsseminare sowie sonstige verwandte Tätigkeiten zugunsten der Vertragsparteien, die Entwicklungsländer sind, durchzuführen und
   iv) sonstige multilaterale, regionale und bilaterale Zusammenarbeit für Vertragsparteien, die Entwicklungsländer sind, zu erleichtern und zu überwachen;
c) die Sekretariatsdienste des Multilateralen Fonds und damit verbundene begleitende Kosten zu finanzieren.
(4) Der Multilaterale Fonds untersteht den Vertragsparteien, die seine allgemeine Politik bestimmen.
(5) Die Vertragsparteien gründen einen Exekutivausschuss zur Planung und Überwachung der Durchführung bestimmter Arbeitsgrundsätze, Leitlinien und Verwaltungsregelungen, einschließlich der Vergabe von Geldmitteln, zu dem Zweck, die Ziele des Multilateralen Fonds zu erreichen. Der Exekutivausschuss nimmt seine in seinem von den Vertragsparteien vereinbarten Mandat festgelegten Aufgaben und Verantwortlichkeiten unter Mitwirkung und mit Unterstützung der Internationalen

Bank für Wiederaufbau und Entwicklung (Weltbank), des Umweltprogramms der Vereinten Nationen, des Entwicklungsprogramms der Vereinten Nationen oder anderer geeigneter Gremien entsprechend ihrem jeweiligen Fachgebiet wahr. Die Mitglieder des Exekutivausschusses, die auf der Grundlage einer ausgewogenen Vertretung der in Artikel 5 Absatz 1 bezeichneten Vertragsparteien und der nicht in jenem Absatz bezeichneten Vertragsparteien ausgewählt werden, werden von den Vertragsparteien bestätigt.

(6) Der Multilaterale Fonds wird aus Beiträgen der nicht in Artikel 5 Absatz 1 bezeichneten Vertragsparteien in konvertierbarer Währung oder unter bestimmten Umständen in Sachleistungen und/ oder in der Landeswährung auf der Grundlage des Beitragsschlüssels der Vereinten Nationen finanziert. Andere Vertragsparteien werden zur Beitragsleistung ermutigt. Bilaterale und in durch Beschluss der Vertragsparteien vereinbarten besonderen Fällen regionale Zusammenarbeit können bis zu einem Prozentsatz und nach Kriterien, die durch Beschluss der Vertragsparteien festzulegen sind, als Beitrag zum Multilateralen Fonds angesehen werden, vorausgesetzt, dass zunächst folgende Bedingungen erfüllt sind:
a) Die Zusammenarbeit dient ausschließlich der Erfüllung der Bestimmungen dieses Protokolls;
b) sie stellt zusätzliche Mittel zur Verfügung;
c) sie deckt die vereinbarten Mehrkosten.

(7) Die Vertragsparteien beschließen den Programmhaushalt des Multilateralen Fonds für jede Rechnungsperiode und den Beitragsanteil der einzelnen Vertragsparteien zu diesem Haushalt.

(8) Die Mittel des Multilateralen Fonds werden in Zusammenarbeit mit der begünstigten Vertragspartei vergeben.

(9) Beschlüsse der Vertragsparteien nach diesem Artikel werden, wenn möglich, durch Konsens gefasst. Sind alle Bemühungen um einen Konsens erschöpft und wird keine Einigung erzielt, so werden die Beschlüsse mit einer Zweidrittelmehrheit der anwesenden und abstimmenden Vertragsparteien gefasst, die eine Mehrheit der in Artikel 5 Absatz 1 bezeichneten anwesenden und abstimmenden Vertragsparteien und eine Mehrheit der nicht in jenem Absatz bezeichneten anwesenden und abstimmenden Vertragsparteien vertritt.

(10) Der in diesem Artikel vorgesehene Finanzierungsmechanismus lässt künftige Regelungen, die möglicherweise im Hinblick auf andere Umweltfragen entwickelt werden, unberührt.

Artikel 10A Weitergabe von Technologie
Jede Vertragspartei unternimmt im Einklang mit den im Rahmen des Finanzierungsmechanismus geförderten Programmen alle durchführbaren Schritte, um sicherzustellen
a) dass die besten verfügbaren umweltverträglichen Ersatzprodukte und damit zusammenhängenden Technologien rasch an die in Artikel 5 Absatz 1 bezeichneten Vertragsparteien weitergegeben werden und
b) dass die unter Buchstabe a vorgesehene Weitergabe unter gerechten und möglichst günstigen Bedingungen stattfindet.

Artikel 11 Tagungen der Vertragsparteien
(1) Die Vertragsparteien halten in regelmäßigen Abständen Tagungen ab. Das Sekretariat beruft die erste Tagung der Vertragsparteien spätestens ein Jahr nach Inkrafttreten dieses Protokolls in Verbindung mit einer Tagung der Konferenz der Vertragsparteien des Übereinkommens ein, wenn eine Tagung der Konferenz innerhalb dieses Zeitraums geplant ist.

(2) Spätere ordentliche Tagungen der Vertragsparteien finden, wenn die Vertragsparteien nichts anderes beschließen, in Verbindung mit Tagungen der Konferenz der Vertragsparteien des Übereinkommens statt. Außerordentliche Tagungen der Vertragsparteien finden zu jeder anderen Zeit statt, wenn es die Tagung der Vertragsparteien für notwendig erachtet oder eine Vertragspartei schriftlich beantragt, sofern dieser Antrag innerhalb von sechs Monaten nach seiner Übermittlung durch das Sekretariat von mindestens einem Drittel der Vertragsparteien unterstützt wird.

(3) Auf ihrer ersten Tagung nehmen die Vertragsparteien folgende Aufgaben wahr:
a) Sie beschließen durch Konsens eine Geschäftsordnung für ihre Tagungen;
b) sie beschließen durch Konsens die in Artikel 13 Absatz 2 bezeichnete Finanzordnung;
c) sie setzen die in Artikel 6 bezeichneten Gruppen ein und bestimmen ihre Aufgaben;

d) sie beraten und beschließen die in Artikel 8 bezeichneten Verfahren und institutionellen Mechanismen;
e) sie beginnen mit der Ausarbeitung der Arbeitspläne nach Artikel 10 Absatz 3.

(4) Die Tagungen der Vertragsparteien haben folgende Aufgaben:
a) Sie überprüfen die Durchführung des Protokolls;
b) sie beschließen Anpassungen und Verminderungen nach Artikel 2 Absatz 9;
c) sie beschließen die Aufnahme, Eingliederung oder Streichung von Stoffen in einer Anlage und die damit zusammenhängenden Regelungsmaßnahmen nach Artikel 2 Absatz 10;
d) sie legen erforderlichenfalls Leitlinien und Verfahren für die Bereitstellung von Informationen nach Artikel 7 und Artikel 9 Absatz 3 fest;
e) sie überprüfen nach Artikel 10 Absatz 2 vorgelegte Anträge auf technische Unterstützung;
f) sie überprüfen die vom Sekretariat nach Artikel 12 Buchstabe c ausgearbeiteten Berichte;
g) sie bewerten nach Artikel 6 die Regelungsmaßnahmen;
h) sie beraten und beschließen nach Bedarf Änderungsvorschläge zu dem Protokoll oder einer Anlage oder Vorschläge für neue Anlagen;
i) sie beraten und beschließen den Haushalt für die Durchführung des Protokolls;
j) sie beraten und ergreifen weitere Maßnahmen, die zur Erreichung der Zwecke des Protokolls erforderlich sind.

(5) Die Vereinten Nationen, ihre Sonderorganisationen und die Internationale Atomenergie-Organisation sowie jeder Staat, der nicht Vertragspartei des Protokolls ist, können auf den Tagungen der Vertragsparteien als Beobachter vertreten sein. Jede Stelle, national oder international, staatlich oder nichtstaatlich, die auf Gebieten im Zusammenhang mit dem Schutz der Ozonschicht fachlich befähigt ist und dem Sekretariat ihren Wunsch mitgeteilt hat, auf einer Tagung der Vertragsparteien als Beobachter vertreten zu sein, kann zugelassen werden, sofern nicht mindestens ein Drittel der anwesenden Vertragsparteien widerspricht. Die Zulassung und Teilnahme von Beobachtern unterliegen der von den Vertragsparteien beschlossenen Geschäftsordnung.

Artikel 12 Sekretariat
Für die Zwecke dieses Protokolls hat das Sekretariat folgende Aufgaben:
a) Es veranstaltet die in Artikel 11 vorgesehenen Tagungen der Vertragsparteien und stellt die entsprechenden Dienste bereit;
b) es nimmt die nach Artikel 7 bereitgestellten Daten entgegen und stellt sie einer Vertragspartei auf Ersuchen zur Verfügung;
c) es erarbeitet Berichte aufgrund von Informationen, die nach den Artikeln 7 und 9 eingehen, und verteilt sie regelmäßig an die Vertragsparteien;
d) es notifiziert den Vertragsparteien jeden nach Artikel 10 eingegangenen Antrag auf technische Unterstützung, um die Bereitstellung solcher Unterstützung zu erleichtern;
e) es ermutigt Nichtvertragsparteien, an den Tagungen der Vertragsparteien als Beobachter teilzunehmen und im Einklang mit den Bestimmungen des Protokolls zu handeln;
f) es stellt diesen als Beobachter teilnehmenden Nichtvertragsparteien gegebenenfalls die unter den Buchstaben c und d bezeichneten Informationen und Anträge zur Verfügung;
g) es nimmt zur Erreichung der Zwecke des Protokolls sonstige Aufgaben wahr, die ihm von den Vertragsparteien übertragen werden.

Artikel 13 Finanzielle Bestimmungen
(1) Die für die Durchführung dieses Protokolls erforderlichen Mittel einschließlich derjenigen für die Arbeit des Sekretariats im Zusammenhang mit dem Protokoll stammen ausschließlich aus Beiträgen der Vertragsparteien.
(2) Auf ihrer ersten Tagung beschließen die Vertragsparteien durch Konsens die Finanzordnung für die Durchführung des Protokolls.

Artikel 14 Verhältnis dieses Protokolls zum Übereinkommen
Sofern in diesem Protokoll nichts anderes vorgesehen ist, gelten die Bestimmungen des Übereinkommens, die sich auf seine Protokolle beziehen, für das Protokoll.

Artikel 15 Unterzeichnung
Dieses Protokoll liegt für Staaten und für Organisationen der regionalen Wirtschaftsintegration am 16. September 1987 in Montreal, vom 17. September 1987 bis zum 16. Januar 1988 in Ottawa und vom 17. Januar 1988 bis zum 15. September 1988 am Sitz der Vereinten Nationen in New York zur Unterzeichnung auf.

Artikel 16 Inkrafttreten
(1) Dieses Protokoll tritt am 1. Januar 1989 in Kraft, sofern mindestens elf Ratifikations-, Annahme-, Genehmigungs- oder Beitrittsurkunden zu dem Protokoll von Staaten oder Organisationen der regionalen Wirtschaftsintegration, die mindestens zwei Drittel des geschätzten weltweiten Verbrauchs der geregelten Stoffe im Jahr 1986 vertreten, hinterlegt und die Bestimmungen des Artikels 17 Absatz 1 des Übereinkommens erfüllt sind. Sind diese Bedingungen bis zu dem genannten Tag nicht erfüllt, so tritt das Protokoll am neunzigsten Tag nach dem Zeitpunkt in Kraft, zu dem die Bedingungen erfüllt worden sind.

(2) Für die Zwecke des Absatzes 1 zählt eine von einer Organisation der regionalen Wirtschaftsintegration hinterlegte Urkunde nicht als zusätzliche Urkunde zu den von den Mitgliedstaaten der betreffenden Organisation hinterlegten Urkunden.

(3) Nach Inkrafttreten des Protokolls wird ein Staat oder eine Organisation der regionalen Wirtschaftsintegration am neunzigsten Tag nach dem Zeitpunkt der Hinterlegung der Ratifikations-, Annahme-, Genehmigungs- oder Beitrittsurkunde Vertragspartei des Protokolls.

Artikel 17 Vertragsparteien, die nach dem Inkrafttreten beitreten
Vorbehaltlich des Artikels 5 erfüllt jeder Staat oder jede Organisation der regionalen Wirtschaftsintegration, die nach Inkrafttreten dieses Protokolls beitreten, sofort sämtliche in Artikel 2 sowie in den Artikeln 2A bis 2I und 4 vorgesehenen Verpflichtungen, die zu dem betreffenden Zeitpunkt für die Staaten und Organisationen der regionalen Wirtschaftsintegration gelten, die an dem Tag Vertragsparteien wurden, an dem das Protokoll in Kraft trat.

Artikel 18 Vorbehalte
Vorbehalte zu diesem Protokoll sind nicht zulässig.

Artikel 19 Rücktritt
Jede Vertragspartei kann jederzeit nach Ablauf von vier Jahren nach dem Zeitpunkt, zu dem sie die in Artikel 2A Absatz 1 vorgesehenen Verpflichtungen übernommen hat, durch eine an den Verwahrer gerichtete schriftliche Notifikation von dem Protokoll zurücktreten. Der Rücktritt wird nach Ablauf eines Jahres nach dem Eingang der Notifikation beim Verwahrer oder zu einem gegebenenfalls in der Rücktrittsnotifikation genannten späteren Zeitpunkt wirksam.

Artikel 20 Verbindliche Wortlaute
Die Urschrift dieses Protokolls, dessen arabischer, chinesischer, englischer, französischer, russischer und spanischer Wortlaut gleichermaßen verbindlich ist, wird beim Generalsekretär der Vereinten Nationen hinterlegt.

Zu Urkund dessen haben die hierzu gehörig befugten Unterzeichneten dieses Protokoll unterschrieben.
Geschehen zu Montreal am 16. September 1987.

Basler Übereinkommen
über die Kontrolle der grenzüberschreitenden Verbringung gefährlicher Abfälle und ihrer Entsorgung[1)]

Vom 22. März 1989

– Auszug –

...

Artikel 1 Geltungsbereich des Übereinkommens
(1) Folgende Abfälle, die Gegenstand grenzüberschreitender Verbringung sind, gelten im Sinne dieses Übereinkommens als »gefährliche Abfälle«:
a) Abfälle, die einer in Anlage I enthaltenen Gruppe angehören, es sei denn, sie besitzen keine der in Anlage III aufgeführten Eigenschaften, und
b) Abfälle, die nicht unter Buchstabe a fallen, aber nach den innerstaatlichen Rechtsvorschriften der Vertragspartei, die Ausfuhr-, Einfuhr- oder Durchfuhrstaat ist, als gefährliche Abfälle bezeichnet sind oder als solche gelten.

(2) Abfälle, die einer in Anlage II enthaltenen Gruppe angehören und Gegenstand grenzüberschreitender Verbringung sind, gelten im Sinne dieses Übereinkommens als »andere Abfälle«.

(3) Abfälle, die wegen ihrer Radioaktivität anderen internationalen, insbesondere für radioaktives Material geltenden Kontrollsystemen, einschließlich internationaler Übereinkünfte unterliegen, sind vom Geltungsbereich dieses Übereinkommens ausgenommen.

(4) Abfälle, die durch den üblichen Betrieb eines Schiffes entstehen und deren Einleiten durch eine andere internationale Übereinkunft geregelt ist, sind von dem Geltungsbereich dieses Übereinkommens ausgenommen.

Artikel 2 Begriffsbestimmungen
Im Sinne dieses Übereinkommens
1. bedeutet »Abfälle« Stoffe oder Gegenstände, die entsorgt werden, zur Entsorgung bestimmt sind oder aufgrund der innerstaatlichen Rechtsvorschriften entsorgt werden müssen;
2. bedeutet »Behandlung« die Sammlung, Beförderung und Entsorgung gefährlicher Abfälle oder anderer Abfälle, einschließlich der nachfolgenden Überwachung der Deponien;
3. bedeutet »grenzüberschreitende Verbringung« jede Verbringung gefährlicher Abfälle oder anderer Abfälle aus einem der Hoheitsgewalt eines Staates unterstehenden Gebiet in oder durch ein der Hoheitsgewalt eines anderen Staates unterstehendes Gebiet oder in oder durch ein nicht der Hoheitsgewalt eines Staates unterstehendes Gebiet; in die Verbringung müssen mindestens zwei Staaten einbezogen sein;
4. bedeutet »Entsorgung« jedes in Anlage IV aufgeführte Verfahren;
5. bedeutet »zugelassene Deponie oder Anlage« eine Deponie oder Anlage für die Entsorgung gefährlicher Abfälle oder anderer Abfälle, für die von einer zuständigen Behörde des Staates, in dem sich die Deponie oder Anlage befindet, eine Betriebsgenehmigung oder -erlaubnis erteilt wurde;
6. bedeutet »zuständige Behörde« eine von einer Vertragspartei bestimmte staatliche Behörde, die innerhalb eines von der Vertragspartei nach eigenem Ermessen festgelegten geographischen Gebiets für die Entgegennahme der Notifikation über eine grenzüberschreitende Verbringung gefährlicher Abfälle oder anderer Abfälle und aller diesbezüglichen Informationen sowie für die Beantwortung einer solchen Notifikation nach Artikel 6 verantwortlich ist;
7. bedeutet »Anlaufstelle« die in Artikel 5 genannte Stelle einer Vertragspartei, die für die Entgegennahme und Mitteilung der Informationen nach den Artikeln 13 und 15 verantwortlich ist;

---

1) Deutscher Text: *BGBl.* 1994 II S. 2704.
 Internationale Quelle: *ABl.* EG 1993 Nr. L 39/1.
 In Kraft getreten am 5. Mai 1992, am 7. Februar 1994 für sämtliche Mitgliedstaaten der EG in Bezug auf Gemeinschaftsangelegenheiten, für die Bundesrepublik Deutschland im Übrigen am 20. Juli 1995.

8. bedeutet »umweltgerechte Behandlung gefährlicher Abfälle oder anderer Abfälle« alle praktisch durchführbaren Maßnahmen, die sicherstellen, dass gefährliche Abfälle oder andere Abfälle so behandelt werden, dass der Schutz der menschlichen Gesundheit und der Umwelt vor den nachteiligen Auswirkungen, die solche Abfälle haben können, gewährleistet ist;
9. bedeutet »der Hoheitsgewalt eines Staates unterstehendes Gebiet« jedes Land- oder Meeresgebiet und jeden Luftraum, innerhalb dessen ein Staat nach dem Völkerrecht verwaltungsrechtliche Zuständigkeit in bezug auf den Schutz der menschlichen Gesundheit oder der Umwelt ausübt;
10. bedeutet »Ausfuhrstaat« eine Vertragspartei, von der aus eine grenzüberschreitende Verbringung gefährlicher Abfälle geplant ist oder eingeleitet wird;
11. bedeutet »Einfuhrstaat« eine Vertragspartei, in die eine grenzüberschreitende Verbringung gefährlicher Abfälle oder anderer Abfälle zum Zweck der Entsorgung oder zum Zweck des Verladens vor der Entsorgung in einem nicht der Hoheitsgewalt eines Staates unterstehenden Gebiet geplant ist oder stattfindet;
12. bedeutet »Durchfuhrstaat« jeden Staat, der nicht Ausfuhr- oder Einfuhrstaat ist, durch den eine Verbringung gefährlicher Abfälle oder anderer Abfälle geplant ist oder stattfindet;
13. bedeutet »betroffene Staaten« Vertragsparteien, die Ausfuhr-, Einfuhr- oder Durchfuhrstaaten sind, gleichviel ob sie Vertragsparteien sind oder nicht;
14. bedeutet »Person« jede natürliche oder juristische Person;
15. bedeutet »Exporteur« jede Person unter der Hoheitsgewalt des Ausfuhrstaats, welche die Ausfuhr gefährlicher Abfälle oder anderer Abfälle veranlasst oder vornimmt;
16. bedeutet »Importeur« jede Person unter der Hoheitsgewalt des Einfuhrstaats, welche die Einfuhr gefährlicher Abfälle oder anderer Abfälle veranlasst oder vornimmt;
17. bedeutet »Beförderer« jede Person, welche gefährliche Abfälle oder andere Abfälle befördert;
18. bedeutet »Erzeuger« jede Person, durch deren Tätigkeit gefährliche Abfälle oder andere Abfälle anfallen, oder, ist diese Person nicht bekannt, die Person, die im Besitz dieser Abfälle ist und/oder sie kontrolliert;
19. bedeutet »Entsorger« jede Person, an die gefährliche Abfälle oder andere Abfälle versandt werden und welche die Entsorgung dieser Abfälle durchführt;
20. bedeutet »Organisation der politischen und/oder wirtschaftlichen Integration« eine von souveränen Staaten gegründete Organisation, der ihre Mitgliedstaaten Zuständigkeit für die durch dieses Übereinkommen geregelten Angelegenheiten übertragen haben und die nach ihren eigenen Verfahren ordnungsgemäß ermächtigt ist, das Übereinkommen zu unterzeichnen, zu ratifizieren, anzunehmen, zu genehmigen, förmlich zu bestätigen oder ihm beizutreten;
21. bedeutet »unerlaubter Verkehr« jede in Artikel 9 aufgeführte grenzüberschreitende Verbringung gefährlicher Abfälle oder anderer Abfälle.

Artikel 3 Innerstaatliche Begriffsbestimmungen von gefährlichen Abfällen
(1) Jede Vertragspartei teilt binnen sechs Monaten, nachdem sie Vertragspartei dieses Übereinkommens geworden ist, dem Sekretariat des Übereinkommens mit, welche außer den in den Anlagen I und II aufgeführten Abfälle aufgrund innerstaatlicher Rechtsvorschriften als gefährlich gelten oder bezeichnet sind, sowie die Vorschriften für die Verfahren der grenzüberschreitenden Verbringung, die auf solche Abfälle Anwendung finden.
(2) Jede Vertragspartei teilt in der Folge dem Sekretariat jede bedeutende Änderung der nach Absatz 1 erteilten Informationen mit.
(3) Das Sekretariat teilt allen Vertragsparteien die nach den Absätzen 1 und 2 bei ihm eingegangenen Informationen sofort mit.
(4) Die Vertragsparteien sind dafür verantwortlich, dass die ihnen vom Sekretariat nach Absatz 3 übermittelten Informationen ihren Exporteuren zur Verfügung gestellt werden.

Artikel 4 Allgemeine Verpflichtungen
(1)
a) Vertragsparteien, die ihr Recht wahrnehmen, die Einfuhr gefährlicher Abfälle oder anderer Abfälle zum Zweck ihrer Entsorgung zu verbieten, unterrichten die übrigen Vertragsparteien nach Artikel 13 von ihrem Beschluss.

Art. 4 Basler Abfall-Übereinkommen

b) Die Vertragsparteien verbieten oder erteilen keine Erlaubnis für die Ausfuhr gefährlicher Abfälle und anderer Abfälle in die Vertragsparteien, welche die Einfuhr solcher Abfälle verboten haben, wenn sie nach Buchstabe a davon in Kenntnis gesetzt worden sind.

c) Die Vertragsparteien verbieten oder erteilen keine Erlaubnis für die Ausfuhr gefährlicher Abfälle und anderer Abfälle, wenn der Einfuhrstaat nicht seine schriftliche Einwilligung zu der bestimmten Einfuhr erteilt hat, für den Fall, dass dieser Einfuhrstaat die Einfuhr dieser Abfälle nicht verboten hat.

(2) Jede Vertragspartei trifft geeignete Maßnahmen, um

a) sicherzustellen, dass die Erzeugung gefährlicher Abfälle und anderer Abfälle im Inland auf ein Mindestmaß beschränkt wird, wobei soziale, technologische und wirtschaftliche Gesichtspunkte berücksichtigt werden;

b) die Verfügbarkeit geeigneter Entsorgungsanlagen für eine umweltgerechte Behandlung gefährlicher Abfälle und anderer Abfälle unabhängig vom Ort ihrer Entsorgung sicherzustellen, die sich nach Möglichkeit im Inland befinden sollen;

c) sicherzustellen, dass die an der Behandlung gefährlicher Abfälle oder anderer Abfälle im Inland beteiligten Personen die notwendigen Vorkehrungen treffen, damit eine infolge dieser Behandlung entstehende Verschmutzung durch gefährliche Abfälle und andere Abfälle verhindert wird; sollte es zu einer solchen Verschmutzung kommen, so sind deren Folgen für die menschliche Gesundheit und die Umwelt auf ein Mindestmaß zu beschränken;

d) sicherzustellen, dass die grenzüberschreitende Verbringung gefährlicher Abfälle und anderer Abfälle auf ein Mindestmaß beschränkt wird, das mit der umweltgerechten und wirksamen Behandlung solcher Abfälle vereinbar ist, und die so durchgeführt wird, dass die menschliche Gesundheit und die Umwelt vor den nachteiligen Auswirkungen, die dadurch entstehen können, geschützt sind;

e) die Ausfuhr gefährlicher Abfälle oder anderer Abfälle in einen Staat oder eine Gruppe von Staaten, die einer Organisation der wirtschaftlichen und/oder politischen Integration angehören und die Vertragsparteien sind, insbesondere Entwicklungsländer, die durch ihre Rechtsvorschriften alle Einfuhren verboten haben, nicht zu erlauben oder wenn sie Grund zu der Annahme hat, dass die Abfälle im Sinne der von den Vertragsparteien auf ihrer ersten Tagung zu beschließenden Kriterien nicht umweltgerecht behandelt werden;

f) zu verlangen, dass den betroffenen Staaten Informationen über eine geplante grenzüberschreitende Verbringung gefährlicher Abfälle und anderer Abfälle nach Anlage V A übermittelt werden, damit sie die Auswirkungen der geplanten Verbringung auf die menschliche Gesundheit und die Umwelt beurteilen können;

g) die Einfuhr gefährlicher Abfälle und anderer Abfälle zu verhindern, wenn sie Grund zu der Annahme hat, dass die fraglichen Abfälle nicht umweltgerecht behandelt werden;

h) mit anderen Vertragsparteien und anderen interessierten Organisationen unmittelbar und über das Sekretariat bei Tätigkeiten zusammenzuarbeiten, einschließlich der Verbreitung von Informationen über die grenzüberschreitende Verbringung gefährlicher Abfälle und anderer Abfälle, damit die umweltgerechte Behandlung solcher Abfälle verbessert und der unerlaubte Verkehr verhindert werden.

(3) Die Vertragsparteien sind der Auffassung, dass der unerlaubte Verkehr mit gefährlichen Abfällen oder anderen Abfällen eine Straftat darstellt.

(4) Jede Vertragspartei trifft geeignete rechtliche, verwaltungsmäßige und sonstige Maßnahmen, um dieses Übereinkommen durchzuführen und ihm Geltung zu verschaffen, einschließlich Maßnahmen zur Verhinderung und Bestrafung übereinkommenswidriger Verhaltensweisen.

(5) Die Vertragsparteien erlauben weder die Ausfuhr gefährlicher Abfälle oder anderer Abfälle in eine Nichtvertragspartei noch deren Einfuhr aus einer Nichtvertragspartei.

(6) Die Vertragsparteien kommen überein, die Ausfuhr gefährlicher Abfälle oder anderer Abfälle zur Entsorgung innerhalb des Gebiets südlich von 60 Grad südlicher Breite nicht zu erlauben, gleichviel ob solche Abfälle Gegenstand einer grenzüberschreitenden Verbringung sind.

(7) Jede Vertragspartei wird außerdem
a) allen Personen unter ihrer Hoheitsgewalt die Beförderung oder die Entsorgung gefährlicher Abfälle oder anderer Abfälle verbieten, sofern diese Personen nicht ermächtigt oder befugt sind, Tätigkeiten dieser Art auszuüben;
b) verlangen, dass gefährliche Abfälle und andere Abfälle, die Gegenstand einer grenzüberschreitenden Verbringung sein sollen, in Übereinstimmung mit allgemein angenommenen und anerkannten internationalen Regeln und Normen im Bereich der Verpackung, der Kennzeichnung und der Beförderung verpackt, gekennzeichnet und befördert werden und dass einschlägigen international anerkannten Gepflogenheiten gebührend Rechnung getragen wird;
c) verlangen, dass den gefährlichen Abfällen und anderen Abfällen vom Ausgangspunkt der grenzüberschreitenden Verbringung bis zum Ort der Entsorgung ein Begleitpapier beigefügt ist.

(8) Jede Vertragspartei verlangt, dass gefährliche Abfälle oder andere Abfälle, die ausgeführt werden sollen, im Einfuhrstaat oder anderswo umweltgerecht behandelt werden. Die technischen Richtlinien für die umweltgerechte Behandlung der von diesem Übereinkommen erfassten Abfälle werden von den Vertragsparteien auf ihrer ersten Tagung beschlossen.

(9) Die Vertragsparteien treffen geeignete Maßnahmen, damit die grenzüberschreitende Verbringung gefährlicher Abfälle und anderer Abfälle nur zugelassen wird, wenn
a) der Ausfuhrstaat nicht über die technische Fähigkeit und die notwendigen Anlagen, die Mittel oder die geeigneten Deponien verfügt, um die fraglichen Abfälle umweltgerecht und wirksam zu entsorgen,
b) die fraglichen Abfälle als Rohstoff für Verwertungs- und Aufbereitungsindustrien im Einfuhrstaat benötigt werden oder
c) die betreffende grenzüberschreitende Verbringung mit anderen von den Vertragsparteien zu beschließenden Kriterien übereinstimmt; diese Kriterien dürfen jedoch nicht von den Zielen dieses Übereinkommens abweichen.

(10) Die in diesem Übereinkommen vorgesehenen Verpflichtungen der Staaten, in denen gefährliche Abfälle und andere Abfälle erzeugt werden, wonach diese Abfälle umweltgerecht zu behandeln sind, dürfen unter keinen Umständen auf die Einfuhr- oder Durchfuhrstaaten übertragen werden.

(11) Dieses Übereinkommen hindert eine Vertragspartei nicht daran, zusätzliche Anforderungen aufzustellen, die mit dem Übereinkommen im Einklang stehen und den Regeln des Völkerrechts entsprechen, um die menschliche Gesundheit und die Umwelt besser zu schützen.

(12) Dieses Übereinkommen berührt weder die Souveränität der Staaten über ihr nach dem Völkerrecht festgelegtes Küstenmeer, die souveränen Rechte und die Hoheitsbefugnisse, welche die Staaten nach dem Völkerrecht in ihrer ausschließlichen Wirtschaftszone und auf ihrem Festlandsockel ausüben, noch die Wahrnehmung der im Völkerrecht vorgesehenen und in einschlägigen internationalen Übereinkünften niedergelegten Rechte und Freiheiten der Schifffahrt durch Schiffe und des Überflugs durch Luftfahrzeuge aller Staaten.

(13) Die Vertragsparteien verpflichten sich, die Möglichkeiten für eine Verringerung der Menge und/oder des Verschmutzungspotentials gefährlicher Abfälle und anderer Abfälle, die in andere Länder und insbesondere in Entwicklungsländer ausgeführt werden, regelmäßig zu überprüfen.

Artikel 5 Bestimmung der zuständigen Behörden und der Anlaufstelle
Um die Durchführung dieses Übereinkommens zu erleichtern, werden die Vertragsparteien
1. eine oder mehrere zuständige Behörden und eine Anlaufstelle bestimmen oder einrichten. Im Fall eines Durchfuhrstaats wird eine zuständige Behörde zur Entgegennahme der Notifikation bestimmt;
2. dem Sekretariat binnen drei Monaten nach dem Zeitpunkt, zu dem das Übereinkommen für sie in Kraft getreten ist, mitteilen, welche Stellen sie als Anlaufstelle und als zuständige Behörden bestimmt haben;
3. dem Sekretariat jede Änderung in bezug auf die nach Absatz 2 vorgenommenen Bestimmungen binnen eines Monats nach dem Zeitpunkt, zu dem der Beschluss über die Änderung getroffen wurde, mitteilen.

Art. 6 Basler Abfall-Übereinkommen

Artikel 6 Grenzüberschreitende Verbringung zwischen Vertragsparteien
(1) Der Ausfuhrstaat teilt über seine zuständige Behörde der zuständigen Behörde der betroffenen Staaten schriftlich jede vorgesehene grenzüberschreitende Verbringung gefährlicher Abfälle oder anderer Abfälle mit oder verlangt vom Erzeuger oder Exporteur, dass er dies tut. Diese Notifikation enthält die in Anlage V A angegebenen Erklärungen und Informationen in einer für den Einfuhrstaat annehmbaren Sprache. An jeden betroffenen Staat braucht nur eine Notifikation gerichtet zu werden.
(2) Der Einfuhrstaat bestätigt der notifizierenden Stelle den Eingang der Notifikation, wobei er seine Zustimmung zu der Verbringung mit oder ohne Auflagen erteilt, die Erlaubnis für die Verbringung verweigert oder zusätzliche Informationen verlangt. Eine Abschrift der endgültigen Antwort des Einfuhrstaats wird den zuständigen Behörden der betroffenen Staaten übersandt, die Vertragsparteien sind.
(3) Der Ausfuhrstaat erlaubt dem Erzeuger oder Exporteur erst dann, mit der grenzüberschreitenden Verbringung zu beginnen, wenn er die schriftliche Bestätigung erhalten hat, dass
a) die notifizierende Stelle die schriftliche Zustimmung des Einfuhrstaats erhalten hat und
b) die notifizierende Stelle vom Einfuhrstaat die Bestätigung erhalten hat, dass zwischen dem Exporteur und dem Entsorger ein Vertrag vorhanden ist, in dem die umweltgerechte Behandlung der fraglichen Abfälle ausdrücklich festgelegt ist.
(4) Jeder Durchfuhrstaat, der Vertragspartei ist, bestätigt der notifizierenden Stelle umgehend den Eingang der Notifikation. Er kann der notifizierenden Stelle danach binnen 60 Tagen eine schriftliche Antwort zukommen lassen, in der er seine Zustimmung zu der Verbringung mit oder ohne Auflagen erteilt, die Erlaubnis für die Verbringung verweigert oder zusätzliche Informationen verlangt. Der Ausfuhrstaat erlaubt erst dann, mit der grenzüberschreitenden Verbringung zu beginnen, wenn er die schriftliche Zustimmung des Durchfuhrstaats erhalten hat. Beschließt eine Vertragspartei jedoch zu irgendeinem Zeitpunkt, im allgemeinen oder unter bestimmten Voraussetzungen keine vorherige schriftliche Zustimmung zu der grenzüberschreitenden Verbringung gefährlicher Abfälle oder anderer Abfälle in der Durchfuhr zu verlangen, oder ändert sie ihre Vorschriften in dieser Hinsicht, so teilt sie nach Artikel 13 den übrigen Vertragsparteien ihren Beschluss sofort mit. Geht in diesem letzteren Fall binnen 60 Tagen nach Eingang der Notifikation des Durchfuhrstaats keine Antwort bei dem Ausfuhrstaat ein, so kann dieser die Ausfuhr durch den Durchfuhrstaat erlauben.
(5) Werden bei einer grenzüberschreitenden Verbringung von Abfällen diese nicht von allen Beteiligten rechtlich als gefährliche Abfälle bezeichnet oder betrachtet, sondern nur
a) vom Ausfuhrstaat, so finden die Vorschriften des Absatzes 9, die für den Importeur oder Entsorger und den Einfuhrstaat gelten, sinngemäß auf den Exporteur beziehungsweise den Ausfuhrstaat Anwendung;
b) vom Einfuhrstaat oder von den Einfuhr- und Durchfuhrstaaten, die Vertragsparteien sind, so finden die Vorschriften der Absätze 1, 3, 4 und 6, die für den Exporteur und den Ausfuhrstaat gelten, sinngemäß auf den Importeur oder Entsorger beziehungsweise den Einfuhrstaat Anwendung oder
c) von einem Durchfuhrstaat, der Vertragspartei ist, so findet Absatz 4 auf diesen Staat Anwendung.
(6) Der Ausfuhrstaat kann, vorbehaltlich der schriftlichen Zustimmung der betroffenen Staaten, dem Erzeuger oder dem Exporteur erlauben, eine allgemeine Notifikation zu verwenden, wenn gefährliche Abfälle oder andere Abfälle mit den gleichen physikalischen und chemischen Eigenschaften regelmäßig über dasselbe Ausreisezollamt des Ausfuhrstaats und über dasselbe Einreisezollamt des Einfuhrstaats und im Fall einer Durchfuhr über dasselbe Einreise- und Ausreisezollamt des Durchfuhrstaats oder der Durchfuhrstaaten an denselben Entsorger versandt werden.
(7) Die betroffenen Staaten können ihre schriftliche Zustimmung zu der Verwendung der in Absatz 6 genannten allgemeinen Notifikation von der Erteilung bestimmter Informationen abhängig machen, so etwa von Angaben über die genauen Mengen oder periodischen Listen der zu versendenden gefährlichen Abfälle oder anderen Abfälle.
(8) Die in den Absätzen 6 und 7 genannten allgemeinen Notifikation und die schriftliche Zustimmung können wiederholte Sendungen gefährlicher Abfälle oder anderer Abfälle für eine Zeitspanne von höchstens 12 Monaten erfassen.
(9) Die Vertragsparteien verlangen, dass jede Person, die für eine grenzüberschreitende Verbringung gefährlicher Abfälle oder anderer Abfälle die Verantwortung übernimmt, das Begleitpapier entweder

bei Lieferung oder bei Übernahme des betreffenden Abfalls unterzeichnet. Sie verlangen auch, dass der Entsorger sowohl den Exporteur als auch die zuständige Behörde des Ausfuhrstaats von der Übernahme der betreffenden Abfälle durch den Entsorger sowie zu gegebener Zeit vom Abschluss der Entsorgung entsprechend den in der Notifikation angegebenen Einzelheiten informiert. Geht eine derartige Information im Ausfuhrstaat nicht ein, so teilt die zuständige Behörde des Ausfuhrstaats oder der Exporteur dem Einfuhrstaat dies mit.

(10) Die aufgrund dieses Artikels erforderliche Notifikation und Antwort werden der zuständigen Behörde der betroffenen Vertragsparteien oder im Fall von Nichtvertragsparteien der entsprechenden staatlichen Behörde übermittelt.

(11) Jede grenzüberschreitende Verbringung gefährlicher Abfälle oder anderer Abfälle muss je nach den Vorschriften des Einfuhr- oder Durchfuhrstaats, der Vertragspartei ist, durch eine Versicherung, Bürgschaft oder Garantieleistung abgesichert sein.

Artikel 7 Grenzüberschreitende Verbringung aus einer Vertragspartei durch Staaten, die nicht Vertragsparteien sind

Artikel 6 Absatz 2 des Übereinkommens findet sinngemäß auf die grenzüberschreitende Verbringung gefährlicher Abfälle oder anderer Abfälle aus einer Vertragspartei durch einen oder mehrere Staaten Anwendung, die nicht Vertragsparteien sind.

Artikel 8 Wiedereinfuhrpflicht

Kann eine grenzüberschreitende Verbringung gefährlicher Abfälle oder anderer Abfälle, der die betroffenen Staaten vorbehaltlich dieses Übereinkommens zugestimmt haben, nicht entsprechend den vertraglichen Bedingungen zu Ende geführt werden, so sorgt der Ausfuhrstaat dafür, dass die betreffenden Abfälle vom Exporteur in den Ausfuhrstaat zurückgeführt werden, falls binnen 90 Tagen, nachdem der Einfuhrstaat den Ausfuhrstaat und das Sekretariat unterrichtet hat, oder binnen einer anderen von den betroffenen Staaten vereinbarten Frist keine anderen Regelungen für ihre umweltgerechte Entsorgung getroffen werden können. Zu diesem Zweck werden der Ausfuhrstaat und jeder Durchfuhrstaat, der Vertragspartei ist, die Rückführung dieser Abfälle in den Ausfuhrstaat nicht ablehnen, aufhalten oder verhindern.

Artikel 9 Unerlaubter Verkehr

(1) Als unerlaubter Verkehr im Sinne dieses Übereinkommens gilt jede grenzüberschreitende Verbringung gefährlicher Abfälle oder anderer Abfälle,
a) die ohne eine nach dem Übereinkommen erforderliche Notifikation an alle betroffenen Staaten erfolgt,
b) die ohne die nach dem Übereinkommen erforderliche Zustimmung eines betroffenen Staates erfolgt,
c) die mit einer durch Fälschung, irreführende Angaben oder Betrug erlangten Zustimmung der betroffenen Staaten erfolgt,
d) die im wesentlichen nicht mit den Papieren übereinstimmt oder
e) die zu einer vorsätzlichen Beseitigung [z.B. Einbringen (dumping)] gefährlicher Abfälle oder anderer Abfälle entgegen diesem Übereinkommen und allgemeinen Grundsätzen des Völkerrechts führt.

(2) Gilt eine grenzüberschreitende Verbringung gefährlicher Abfälle oder anderer Abfälle infolge des Verhaltens des Exporteurs oder des Erzeugers als unerlaubter Verkehr, so sorgt der Ausfuhrstaat dafür, dass die betreffenden Abfälle
a) vom Exporteur oder vom Erzeuger oder, falls notwendig, von ihm selbst in den Ausfuhrstaat zurückgeführt werden oder, falls dies praktisch nicht möglich ist,
b) in Übereinstimmung mit diesem Übereinkommen anderweitig entsorgt werden, und zwar binnen 30 Tagen, nachdem der Ausfuhrstaat über den unerlaubten Verkehr unterrichtet wurde, oder binnen einer anderen von den betroffenen Staaten zu vereinbarenden Frist. Zu diesem Zweck werden die betroffenen Vertragsparteien die Rückführung dieser Abfälle in den Ausfuhrstaat nicht ablehnen, aufhalten oder verhindern.

(3) Gilt eine grenzüberschreitende Verbringung gefährlicher Abfälle oder anderer Abfälle infolge des Verhaltens des Importeurs oder des Entsorgers als unerlaubter Verkehr, so sorgt der Einfuhrstaat dafür, dass die betreffenden Abfälle vom Importeur oder vom Entsorger oder, falls notwendig, von ihm selbst binnen 30 Tagen, nachdem der Einfuhrstaat von dem unerlaubten Verkehr Kenntnis erhalten hat, oder binnen einer anderen von den betroffenen Staaten zu vereinbarenden Frist umweltgerecht entsorgt werden. Zu diesem Zweck arbeiten die betroffenen Vertragsparteien nach Bedarf bei einer umweltgerechten Entsorgung der Abfälle zusammen.
(4) Kann die Verantwortung für den unerlaubten Verkehr weder dem Exporteur oder Erzeuger noch dem Importeur oder Entsorger zugewiesen werden, so arbeiten die betroffenen Vertragsparteien oder gegebenenfalls andere Vertragsparteien zusammen, um sicherzustellen, dass die betreffenden Abfälle so bald wie möglich im Ausfuhrstaat, im Einfuhrstaat oder gegebenenfalls anderswo umweltgerecht entsorgt werden.
(5) Jede Vertragspartei erlässt geeignete innerstaatliche Rechtsvorschriften zur Verhütung und Ahndung des unerlaubten Verkehrs. Die Vertragsparteien arbeiten im Hinblick auf die Verwirklichung der Ziele dieses Artikels zusammen.

Artikel 10 Internationale Zusammenarbeit
(1) Die Vertragsparteien arbeiten zusammen, um die umweltgerechte Behandlung gefährlicher Abfälle und anderer Abfälle zu verbessern und zu verwirklichen.
(2) Zu diesem Zweck werden die Vertragsparteien
a) auf Anfrage Informationen auf zweiseitiger oder mehrseitiger Grundlage zur Förderung der umweltgerechten Behandlung gefährlicher Abfälle und anderer Abfälle einschließlich der Harmonisierung technischer Normen und Gepflogenheiten für die angemessene Behandlung gefährlicher Abfälle und anderer Abfälle zur Verfügung stellen;
b) bei der Überwachung der Auswirkungen der Behandlung gefährlicher Abfälle auf die menschliche Gesundheit und die Umwelt zusammenarbeiten;
c) vorbehaltlich ihrer innerstaatlichen Gesetze, sonstigen Vorschriften und Leitvorstellungen bei der Entwicklung und Durchführung neuer umweltgerechter, abfallarmer Technologien und der Verbesserung bestehender Technologien zusammenarbeiten, um so weit wie möglich die Erzeugung gefährlicher Abfälle und anderer Abfälle zu vermeiden und wirksamere und leistungsfähigere Methoden zu verwirklichen, die ihre umweltgerechte Behandlung gewährleisten, einschließlich der Untersuchung der wirtschaftlichen, sozialen und umweltbezogenen Auswirkungen, die durch die Einführung solcher neuen oder verbesserten Technologien entstehen;
d) vorbehaltlich ihrer innerstaatlichen Gesetze, sonstigen Vorschriften und Leitvorstellungen aktiv bei der Weitergabe von Technologie und Behandlungssystemen in bezug auf die umweltgerechte Behandlung gefährlicher Abfälle und anderer Abfälle zusammenarbeiten. Sie arbeiten auch bei der Entwicklung der technischen Mittel unter den Vertragsparteien zusammen, insbesondere wenn diese fachliche Unterstützung auf diesem Gebiet bedürfen und darum ersuchen;
e) bei der Entwicklung geeigneter technischer Richtlinien und/ oder Handhabungscodes zusammenzuarbeiten.
(3) Die Vertragsparteien wenden geeignete Mittel zur Zusammenarbeit an, um den Entwicklungsländern bei der Durchführung des Artikels 4 Absatz 2 Buchstaben a, b, c und d zu helfen.
(4) Unter Berücksichtigung der Bedürfnisse der Entwicklungsländer wird die Zusammenarbeit zwischen den Vertragsparteien und den zuständigen internationalen Organisationen ermutigt, um unter anderem das Bewusstsein der Öffentlichkeit, die Entwicklung umweltgerechter Behandlung gefährlicher Abfälle und anderer Abfälle und die Einführung neuer abfallarmer Technologien zu fördern.

Artikel 11 Zweiseitige, mehrseitige und regionale Übereinkünfte
(1) Unbeschadet des Artikels 4 Absatz 5 können die Vertragsparteien zweiseitige, mehrseitige und regionale Übereinkünfte oder andere Vereinbarungen über die grenzüberschreitende Verbringung gefährlicher Abfälle oder anderer Abfälle mit Vertragsparteien oder Nichtvertragsparteien schließen, sofern diese Übereinkünfte oder anderen Vereinbarungen nicht von der in diesem Übereinkommen vorgeschriebenen umweltgerechten Behandlung gefährlicher Abfälle und anderer Abfälle abweichen. Diese Übereinkünfte oder anderen Vereinbarungen müssen Bestimmungen enthalten, die nicht weni-

ger umweltgerecht sind als die in dem Übereinkommen vorgesehen; dabei sind die Interessen der Entwicklungsländer besonders zu berücksichtigen.

(2) Die Vertragsparteien notifizieren dem Sekretariat alle in Absatz 1 genannten zweiseitigen, mehrseitigen oder regionalen Übereinkünfte oder anderen Vereinbarungen sowie alle Übereinkünfte und anderen Vereinbarungen, die sie, bevor dieses Übereinkommen für sie in Kraft trat, zum Zweck der Kontrolle der ausschließlich zwischen den Vertragsparteien der Übereinkünfte erfolgenden grenzüberschreitenden Verbringung gefährlicher Abfälle und anderer Abfälle geschlossen haben. Das Übereinkommen berührt nicht die aufgrund solcher Übereinkünfte erfolgende grenzüberschreitende Verbringung, sofern die Übereinkünfte mit der in dem Übereinkommen vorgeschriebenen umweltgerechten Behandlung gefährlicher Abfälle und anderer Abfälle vereinbar sind.

Artikel 12 Konsultationen über Haftungsfragen

Die Vertragsparteien arbeiten zusammen, um so bald wie möglich ein Protokoll anzunehmen, das geeignete Regeln und Verfahren hinsichtlich der Haftung und des Ersatzes für Schäden festlegt, die sich aus der grenzüberschreitenden Verbringung und der Entsorgung gefährlicher Abfälle und anderer Abfälle ergeben.

Artikel 13 Übermittlung von Informationen

(1) Die Vertragsparteien sorgen dafür, dass im Fall eines ihnen bekannt werdenden Unfalls, der sich bei der grenzüberschreitenden, Verbringung gefährlicher Abfälle oder anderer Abfälle oder bei deren Entsorgung ereignet und der in anderen Staaten die menschliche Gesundheit und die Umwelt gefährden könnte, diese Staaten sofort benachrichtigt werden.

(2) Die Vertragsparteien informieren einander über das Sekretariat von
a) Änderungen hinsichtlich der Bestimmung der zuständigen Behörden und/oder Anlaufstellen nach Artikel 5;
b) Änderungen ihrer innerstaatlichen Begriffsbestimmung von gefährlichen Abfällen nach Artikel 3; und, so bald wie möglich, von
c) den von ihnen getroffenen Beschlüssen, der Einfuhr gefährlicher Abfälle oder anderer Abfälle zum Zweck der Entsorgung in dem ihrer staatlichen Hoheitsgewalt unterstehenden Gebiet ganz oder teilweise nicht zuzustimmen;
d) den von ihnen getroffenen Beschlüssen, die Ausfuhr gefährlicher Abfälle oder anderer Abfälle zu beschränken oder zu verbieten;
e) allen anderen in Absatz 4 vorgeschriebenen Informationen.

(3) Die Vertragsparteien übermitteln entsprechend ihren innerstaatlichen Gesetzen und sonstigen Vorschriften der nach Artikel 15 eingesetzten Konferenz der Vertragsparteien vor dem Ende jedes Kalenderjahres über das Sekretariat einen Bericht über das vorangegangene Kalenderjahr mit folgenden Informationen:
a) die von ihnen nach Artikel 5 bestimmten zuständigen Behörden und Anlaufstellen;
b) Informationen über die grenzüberschreitende Verbringung gefährlicher Abfälle oder anderer Abfälle, an der sie beteiligt waren, darunter
    i) die Menge der ausgeführten gefährlichen Abfälle und anderen Abfälle, ihre Gruppe, ihre Eigenschaften, ihren Bestimmungsort, einen etwaigen Bestimmungsort, einen etwaigen Durchfuhrstaat und die Entsorgungsmethode entsprechend den Angaben in der Antwort auf die Notifikation;
    ii) die Menge der eingeführten gefährlichen Abfälle und anderen Abfälle, ihre Gruppe, Eigenschaften, Herkunft und Entsorgungsmethoden;
    iii) Entsorgungen, die nicht planmäßig verliefen;
    iv) Bemühungen zur Verringerung der Menge der gefährlichen Abfälle oder anderen Abfälle, die grenzüberschreitend verbracht werden sollen;
c) Informationen, über die von ihnen getroffenen Maßnahmen zur Durchführung dieses Übereinkommens;
d) Informationen über die von ihnen zusammengestellten verfügbaren aussagefähigen Statistiken über die Auswirkungen der Erzeugung, Beförderung und Entsorgung gefährlicher Abfälle oder anderer Abfälle auf die menschliche Gesundheit und die Umwelt;

e) Informationen über die nach Artikel 11 dieses Übereinkommens geschlossenen zweiseitigen, mehrseitigen und regionalen Übereinkünfte und anderen Vereinbarungen;
f) Informationen über Unfälle, die sich bei der grenzüberschreitenden Verbringung und bei der Entsorgung gefährlicher Abfälle und anderer Abfälle ereignet haben, sowie über die zu ihrer Bewältigung getroffenen Maßnahmen;
g) Informationen über die in dem ihrer innerstaatlichen Hoheitsgewalt unterstehenden Gebiet angewandten Entsorgungsverfahren;
h) Informationen über Maßnahmen zur Entwicklung von Technologien zur Verringerung und/oder Vermeidung des Anfalls von gefährlichen Abfällen und anderen Abfällen und
i) alle weiteren Informationen, die von der Konferenz der Vertragsparteien als sachdienlich erachtet werden.

(4) Die Vertragsparteien sorgen in Übereinstimmung mit ihren innerstaatlichen Gesetzen und sonstigen Vorschriften dafür, dass Abschriften jeder Notifikation über eine bestimmte grenzüberschreitende Verbringung gefährlicher Abfälle oder anderer Abfälle und der Antwort darauf an das Sekretariat gesandt werden, wenn eine Vertragspartei, die der Ansicht ist, dass ihre Umwelt durch diese grenzüberschreitende Verbringung beeinträchtigt werden könnte, darum ersucht.

Artikel 14 Finanzielle Fragen

(1) Die Vertragsparteien kommen überein, dass entsprechend den besonderen Bedürfnissen verschiedener Regionen und Subregionen regionale oder subregionale Zentren für Ausbildung und für die Weitergabe von Technologie in bezug auf die Behandlung gefährlicher Abfälle und anderer Abfälle und der möglichst weitgehenden Vermeidung ihrer Erzeugung errichtet werden sollen. Die Vertragsparteien beschließen die Schaffung angemessener Mechanismen zur freiwilligen Finanzierung.

(2) Die Vertragsparteien erwägen die Errichtung eines revolvierenden Fonds, der als Übergangslösung in Notfällen helfen kann, die durch die grenzüberschreitende Verbringung gefährlicher Abfälle und anderer Abfälle oder die Entsorgung dieser Abfälle entstehenden Schäden auf ein Mindestmaß zu beschränken.

...

Artikel 17 Änderung des Übereinkommens

(1) Jede Vertragspartei kann Änderungen dieses Übereinkommens und jede Vertragspartei eines Protokolls kann Änderungen des betreffenden Protokolls vorschlagen. In diesen Änderungen werden unter anderem einschlägige wissenschaftliche und technische Erwägungen gebührend berücksichtigt.
(2) Änderungen dieses Übereinkommens werden auf einer Tagung der Konferenz der Vertragsparteien beschlossen. Änderungen eines Protokolls werden auf einer Tagung der Vertragsparteien des betreffenden Protokolls beschlossen. Der Wortlaut einer vorgeschlagenen Änderung des Übereinkommens oder, sofern in einem Protokoll nichts anderes vorgesehen ist, des betreffenden Protokolls wird den Vertragsparteien mindestens sechs Monate vor der Tagung, auf der die Änderung zur Beschlussfassung vorgeschlagen wird, vom Sekretariat übermittelt. Das Sekretariat übermittelt vorgeschlagene Änderungen, auch den Unterzeichnern des Übereinkommens zur Kenntnisnahme.
(3) Die Vertragsparteien bemühen sich nach Kräften um eine Einigung durch Konsens über eine vorgeschlagene Änderung dieses Übereinkommens. Sind alle Bemühungen um einen Konsens erschöpft und wird keine Einigung erzielt, so wird als letztes Mittel die Änderung mit Dreiviertelmehrheit der auf der Tagung anwesenden und abstimmenden Vertragsparteien beschlossen und vom Verwahrer allen Vertragsparteien zur Ratifikation, Genehmigung, förmlichen Bestätigung oder Annahme vorgelegt.
(4) Das Verfahren nach Absatz 3 gilt für Änderungen von Protokollen; jedoch reicht für die Beschlussfassung darüber eine Zweidrittelmehrheit der auf der Tagung anwesenden und abstimmenden Vertragsparteien des Protokolls aus.
(5) Die Urkunde über die Ratifikation, Genehmigung, förmliche Bestätigung oder Annahme von Änderungen wird beim Verwahrer hinterlegt. Nach Absatz 3 oder 4 beschlossene Änderungen treten zwischen den Vertragsparteien, die sie angenommen haben, am neunzigsten Tag nach dem Zeitpunkt

in Kraft, zu dem der Verwahrer die Urkunde über die Ratifikation, Genehmigung, förmliche Bestätigung oder Annahme von mindestens drei Vierteln der Vertragsparteien, welche die Änderungen angenommen haben, oder von mindestens zwei Dritteln der Vertragsparteien des betreffenden Protokolls, welche die Änderungen angenommen haben, empfangen hat, sofern in dem Protokoll nichts anderes vorgesehen ist. Danach treten die Änderungen für jede andere Vertragspartei am neunzigsten Tag nach dem Zeitpunkt in Kraft, zu dem die betreffende Vertragspartei ihre Urkunde über die Ratifikation, Genehmigung förmliche Bestätigung oder Annahme der Änderungen hinterlegt hat.

(6) Im Sinne dieses Artikels bedeutet »anwesende und abstimmende Vertragsparteien« die anwesenden Vertragsparteien, die eine Ja-Stimme oder eine Nein-Stimme abgeben.

Artikel 18 Beschlussfassung über Anlagen und Änderungen von Anlagen

(1) Die Anlagen dieses Übereinkommens oder eines Protokolls sind Bestandteil des Übereinkommens beziehungsweise des betreffenden Protokolls; sofern nicht ausdrücklich etwas anderes vorgesehen ist, stellt eine Bezugnahme auf das Übereinkommen oder seine Protokolle gleichzeitig eine Bezugnahme auf die Anlagen dar. Diese Anlagen beschränken sich auf wissenschaftliche, technische und verwaltungsmäßige Angelegenheiten.

(2) Sofern in einem Protokoll in bezug auf seine Anlagen nichts anderes vorgesehen ist, findet folgendes Verfahren auf den Vorschlag weiterer Anlagen des Übereinkommens oder von Anlagen eines Protokolls, die Beschlussfassung darüber und das Inkrafttreten derselben Anwendung:
a) Anlagen dieses Übereinkommens und seiner Protokolle werden nach dem in Artikel 17 Absätze 2, 3 und 4 festgelegten Verfahren vorgeschlagen und beschlossen;
b) eine Vertragspartei, die eine weitere Anlage dieses Übereinkommens oder eine Anlage eines Protokolls, dessen Vertragspartei sie ist, nicht anzunehmen vermag, notifiziert dies schriftlich dem Verwahrer binnen sechs Monaten nach dem Zeitpunkt, zu dem dieser mitgeteilt hat, dass die Anlage beschlossen worden ist. Der Verwahrer verständigt unverzüglich alle Vertragsparteien vom Empfang jeder derartigen Notifikation. Eine Vertragspartei kann jederzeit eine Anlage annehmen, gegen die sie zuvor Einspruch eingelegt hatte; diese Anlage tritt daraufhin für die betreffende Vertragspartei in Kraft;
c) nach Ablauf von sechs Monaten nach dem Zeitpunkt, zu dem der Verwahrer die Mitteilung versandt hat, wird die Anlage für alle Vertragsparteien dieses Übereinkommens oder des betreffenden Protokolls, die keine Notifikation nach Buchstabe b vorgelegt haben, wirksam.

(3) Der Vorschlag von Änderungen von Anlagen dieses Übereinkommens oder eines Protokolls, die Beschlussfassung darüber und das Inkrafttreten derselben unterliegen demselben Verfahren wie der Vorschlag von Anlagen des Übereinkommens oder von Anlagen eines Protokolls, die Beschlussfassung darüber und das Inkrafttreten derselben. In den Anlagen und ihren Änderungen werden unter anderem einschlägige wissenschaftliche und technische Erwägungen gebührend berücksichtigt.

(4) Hat eine weitere Anlage oder eine Änderung einer Anlage eine Änderung dieses Übereinkommens oder eines Protokolls zur Folge, so tritt die weitere oder die geänderte Anlage erst in Kraft, wenn die Änderung des Übereinkommens oder des betreffenden Protokolls in Kraft tritt.

Artikel 19 Nachprüfung

Jede Vertragspartei, die Grund zu der Annahme hat, dass eine andere Vertragspartei ihren Pflichten aus diesem Übereinkommen zuwiderhandelt oder zuwidergehandelt hat, kann das Sekretariat davon in Kenntnis setzen; in diesem Fall unterrichtet sie gleichzeitig und sofort unmittelbar oder über das Sekretariat die Vertragspartei, gegen welche die Behauptung vorgebracht wird. Alle diesbezüglichen Informationen sollen den Vertragsparteien vom Sekretariat übermittelt werden.

Artikel 20 Beilegung von Streitigkeiten

(1) Im Falle einer Streitigkeit zwischen Vertragsparteien über die Auslegung oder Einhaltung dieses Übereinkommens oder eines dazugehörigen Protokolls bemühen sich diese Vertragsparteien, die Streitigkeit durch Verhandlung oder andere friedliche Mittel eigener Wahl beizulegen.

(2) Können die betroffenen Vertragsparteien ihre Streitigkeiten nicht durch die in Absatz 1 bezeichneten Mittel beilegen, so wird die Streitigkeit, falls die Streitparteien dies vereinbaren, dem Internationalen Gerichtshof oder einem Schiedsverfahren unter den in Anlage VI über das Schiedsverfahren

festgelegten Bedingungen unterbreitet. Können sich die Vertragsparteien nicht darüber einigen, die Streitigkeit dem Internationalen Gerichtshof vorzulegen oder einem Schiedsverfahren zu unterwerfen, so sind sie dadurch nicht der Verantwortung enthoben, sich weiterhin um eine Lösung durch die in Absatz 1 bezeichneten Mittel zu bemühen.

(3) Bei der Ratifikation, der Annahme, der Genehmigung, der förmlichen Bestätigung oder beim Beitritt zu diesem Übereinkommen oder jederzeit danach können ein Staat oder eine Organisation der wirtschaftlichen und/oder politischen Integration erklären, dass sie ipso facto und ohne besondere Übereinkunft gegenüber jeder Vertragspartei, welche dieselbe Verpflichtung übernimmt, folgendes als obligatorisch anerkennen:

a) die Vorlage der Streitigkeit an den Internationalen Gerichtshof und/oder

b) die Unterwerfung der Streitigkeit unter ein Schiedsverfahren in Übereinstimmung mit den in Anlage VI festgelegten Verfahren.

Diese Erklärung wird dem Sekretariat schriftlich notifiziert, das sie an die Vertragsparteien weiterleitet.

Artikel 21 Unterzeichnung

Dieses Übereinkommen liegt für Staaten, für Namibia, vertreten durch den Rat der Vereinten Nationen für Namibia, und für Organisationen der wirtschaftlichen und/oder politischen Integration am 22. März 1989 in Basel, vom 23. März 1989 bis zum 30. Juni 1989 im Eidgenössischen Departement für auswärtige Angelegenheiten der Schweiz in Bern und vom 1. Juli 1989 bis zum 22. März 1990 am Sitz der Vereinten Nationen in New York zur Unterzeichnung auf.

Artikel 22 Ratifikation, Annahme, förmliche Bestätigung oder Genehmigung

(1) Dieses Übereinkommen bedarf der Ratifikation, Annahme oder Genehmigung durch Staaten und Namibia, vertreten durch den Rat der Vereinten Nationen für Namibia, sowie der förmlichen Bestätigung oder Genehmigung durch Organisationen der wirtschaftlichen und/oder politischen Integration. Die Ratifikations- und Annahmeurkunden, die Urkunden der förmlichen Bestätigung oder die Genehmigungsurkunden werden beim Verwahrer hinterlegt.

(2) Jede in Absatz 1 bezeichnete Organisation, die Vertragspartei dieses Übereinkommens wird, ohne dass einer ihrer Mitgliedstaaten Vertragspartei ist, ist durch alle Verpflichtungen aus dem Übereinkommen gebunden. Sind ein oder mehrere Mitgliedstaaten einer solchen Organisation Vertragspartei des Übereinkommens, so entscheiden die Organisationen und die Mitgliedstaaten über ihre jeweiligen Verantwortlichkeiten hinsichtlich der Erfüllung ihrer Verpflichtungen aus dem Übereinkommen. In diesen Fällen sind die Organisation und die Mitgliedstaaten nicht berechtigt, die Rechte aufgrund des Übereinkommens gleichzeitig auszuüben.

(3) In ihren Urkunden der förmlichen Bestätigung oder Genehmigungsurkunden erklären die in Absatz 1 bezeichneten Organisationen den Umfang ihrer Zuständigkeiten in bezug auf die durch dieses Übereinkommen erfassten Angelegenheiten. Diese Organisationen teilen dem Verwahrer auch jede wesentliche Änderung des Umfangs ihrer Zuständigkeiten mit, der diese Mitteilung an die Vertragsparteien weiterleitet.

Artikel 23 Beitritt

(1) Dieses Übereinkommen steht von dem Tag an, an dem es nicht mehr zur Unterzeichnung aufliegt, Staaten, Namibia vertreten durch den Rat der Vereinten Nationen für Namibia, und Organisationen der wirtschaftlichen und/oder politischen Integration zum Beitritt offen. Die Beitrittsurkunden werden beim Verwahrer hinterlegt.

(2) In ihren Beitrittsurkunden erklären die in Absatz 1 bezeichneten Organisationen den Umfang ihrer Zuständigkeiten in bezug auf die durch dieses Übereinkommen erfassten Angelegenheiten. Diese Organisationen teilen dem Verwahrer auch jede wesentliche Änderung des Umfangs ihrer Zuständigkeiten mit.

(3) Artikel 22 Absatz 2 findet auf Organisationen der wirtschaftlichen und/oder politischen Integration Anwendung, die diesem Übereinkommen beitreten.

Artikel 24 Stimmrecht

(1) Unbeschadet des Absatzes 2 hat jede Vertragspartei dieses Übereinkommens eine Stimme.

(2) Die Organisationen der wirtschaftlichen und/oder politischen Integration üben in Angelegenheiten, die nach Artikel 22 Absatz 3 und Artikel 23 Absatz 2 in ihre Zuständigkeit fallen, ihr Stimmrecht mit der Anzahl der Stimmen aus, die der Anzahl ihrer Mitgliedstaaten entspricht, die Vertragsparteien dieses Übereinkommens oder des betreffenden Protokolls sind. Diese Organisationen üben ihr Stimmrecht nicht aus, wenn ihre Mitgliedstaaten ihr Stimmrecht ausüben, und umgekehrt.

Artikel 25 Inkrafttreten
(1) Dieses Übereinkommen tritt an neunzigsten Tag nach dem Zeitpunkt der Hinterlegung der zwanzigsten Ratifikations- oder Annahmeurkunde, Urkunde der förmlichen Bestätigung, Genehmigungs- oder Beitrittsurkunde in Kraft.
(2) Für jeden Staat oder jede Organisation der wirtschaftlichen und/oder politischen Integration, die nach dem Zeitpunkt der Hinterlegung der zwanzigsten Ratifikations-, Annahme- oder Genehmigungsurkunde, Urkunde der förmlichen Bestätigung oder Beitrittsurkunde dieses Übereinkommens ratifiziert, annimmt, genehmigt oder förmlich bestätigt oder ihm beitritt, tritt das Übereinkommen am neunzigsten Tag nach dem Zeitpunkt der Hinterlegung der Ratifikations-, Annahme- oder Genehmigungsurkunde, der Urkunde der förmlichen Bestätigung oder der Beitrittsurkunde durch den betreffenden Staat oder die betreffende Organisation der wirtschaftlichen und/oder politischen Integration in Kraft.
(3) Für die Zwecke der Absätze 1 und 2 zählt eine von einer Organisation der wirtschaftlichen und/oder politischen Integration hinterlegte Urkunde nicht als zusätzliche Urkunde zu den von den Mitgliedstaaten der betreffenden Organisation hinterlegten Urkunden.

Artikel 26 Vorbehalte und Erklärungen
(1) Vorbehalte oder Ausnahmen zu diesem Übereinkommen sind nicht zulässig.
(2) Absatz 1 schließt nicht aus, dass ein Staat oder eine Organisation der wirtschaftlichen und/oder politischen Integration bei der Unterzeichnung, Ratifikation, Annahme, Genehmigung oder förmlichen Bestätigung dieses Übereinkommens oder beim Beitritt dazu Erklärungen oder Stellungnahmen, gleich welchen Wortlauts oder welcher Bezeichnung abgibt, um unter anderem die anwendbaren Gesetze und sonstigen Vorschriften mit den Bestimmungen des Übereinkommens in Einklang zu bringen, vorausgesetzt, dass diese Erklärungen oder Stellungnahmen nicht darauf abzielen, die Rechtswirkungen der Bestimmungen des Übereinkommens in ihrer Anwendung auf diesen Staat auszuschließen oder zu ändern.

Artikel 27 Rücktritt
(1) Eine Vertragspartei kann jederzeit nach Ablauf von drei Jahren nach dem Zeitpunkt, zu dem dieses Übereinkommen für sie in Kraft getreten ist, durch eine an den Verwahrer gerichtete schriftliche Notifikation vom Übereinkommen zurücktreten.
(2) Der Rücktritt wird ein Jahr nach dem Eingang der Notifikation beim Verwahrer oder zu einem gegebenenfalls in der Notifikation genannten späteren Zeitpunkt wirksam.

Artikel 28 Verwahrer
Der Generalsekretär der Vereinten Nationen ist Verwahrer dieses Übereinkommens und jedes dazugehörigen Protokolls.

Artikel 29 Verbindliche Wortlaute
Der urschriftliche arabische, chinesische, englische, französische, russische und spanische Wortlaut dieses Übereinkommens ist gleichermaßen verbindlich.

Zu Urkund dessen haben die hierzu gehörig befugten Unterzeichneten dieses Übereinkommen unterschrieben.
Geschehen zu Basel am 22. März 1989.

Rahmenübereinkommen der Vereinten Nationen über Klimaänderungen[1)]
Vom 9. Mai 1992

Die Vertragsparteien dieses Übereinkommens –
in der Erkenntnis, daß Änderungen des Erdklimas und ihre nachteiligen Auswirkungen die ganze Menschheit mit Sorge erfüllen,
besorgt darüber, daß menschliche Tätigkeiten zu einer wesentlichen Erhöhung der Konzentrationen von Treibhausgasen in der Atmosphäre geführt haben, daß diese Erhöhung den natürlichen Treibhauseffekt verstärkt und daß dies im Durchschnitt zu einer zusätzlichen Erwärmung der Erdoberfläche und der Atmosphäre führen wird und sich auf die natürlichen Ökosysteme und die Menschen nachteilig auswirken kann,
in Anbetracht dessen, daß der größte Teil der früheren und gegenwärtigen weltweiten Emissionen von Treibhausgasen aus den entwickelten Ländern stammt, daß die Pro-Kopf-Emissionen in den Entwicklungsländern noch verhältnismäßig gering sind und daß der Anteil der aus den Entwicklungsländern stammenden weltweiten Emissionen zunehmen wird, damit sie ihre sozialen und Entwicklungsbedürfnisse befriedigen können,
im Bewußtsein der Rolle und der Bedeutung von Treibhausgassenken und -speichern in Land- und Meeresökosystemen,
in Anbetracht dessen, daß es viele Unsicherheiten bei der Vorhersage von Klimaänderungen gibt, vor allem in bezug auf den zeitlichen Ablauf, das Ausmaß und die regionale Struktur dieser Änderungen,
in der Erkenntnis, daß angesichts des globalen Charakters der Klimaänderungen alle Länder aufgerufen sind, so umfassend wie möglich zusammenzuarbeiten und sich an einem wirksamen und angemessenen internationalen Handeln entsprechend ihren gemeinsamen, aber unterschiedlichen Verantwortlichkeiten, ihren jeweiligen Fähigkeiten sowie ihrer sozialen und wirtschaftlichen Lage zu beteiligen,
unter Hinweis auf die einschlägigen Bestimmungen der am 16. Juni 1972 in Stockholm angenommenen Erklärung der Konferenz der Vereinten Nationen über die Umwelt des Menschen,
sowie unter Hinweis darauf, daß die Staaten nach der Charta der Vereinten Nationen und den Grundsätzen des Völkerrechts das souveräne Recht haben, ihre eigenen Ressourcen gemäß ihrer eigenen Umwelt- und Entwicklungspolitik zu nutzen, sowie die Pflicht, dafür zu sorgen, daß durch Tätigkeiten, die innerhalb ihres Hoheitsbereichs oder unter ihrer Kontrolle ausgeübt werden, der Umwelt in anderen Staaten oder in Gebieten außerhalb der nationalen Hoheitsbereiche kein Schaden zugefügt wird,
in Bekräftigung des Grundsatzes der Souveränität der Staaten bei der internationalen Zusammenarbeit zur Bekämpfung von Klimaänderungen,
in Anerkennung dessen, daß die Staaten wirksame Rechtsvorschriften im Bereich der Umwelt erlassen sollten, daß Normen, Verwaltungsziele und Prioritäten im Bereich der Umwelt- und Entwicklungsbedingungen widerspiegeln sollten, auf die sie sich beziehen, und daß die von einigen Staaten angewendeten Normen für andere Länder, insbesondere die Entwicklungsländer, unangemessen sein und zu nicht vertretbaren wirtschaftlichen und sozialen Kosten führen können,
unter Hinweis auf die Bestimmungen der Resolution 44/228 der Generalversammlung vom 22. Dezember 1989 über die Konferenz der Vereinten Nationen über Umwelt und Entwicklung sowie der Resolutionen 43/53 vom 6. Dezember 1988, 44/207 vom 22. Dezember 1989, 45/212 vom 21. Dezember 1990 und 46/169 vom 19. Dezember 1991 über den Schutz des Weltklimas für die heutigen und die kommenden Generationen,
sowie unter Hinweis auf die Bestimmungen der Resolution 44/206 der Generalversammlung vom 22. Dezember 1989 über die möglichen schädlichen Auswirkungen eines Ansteigens des Meeresspiegels auf Inseln und Küstengebiete, insbesondere tiefliegende Küstengebiete, sowie die einschlägigen

---

1) Deutscher Text: *BGBl.* 1993 II S. 1784.
 Internationale Quelle: *UNTS* Bd. 1771 S. 1007; *ABl. EG* 1994 Nr. L 33/13.
 In Kraft getreten, auch für die Bundesrepublik Deutschland, am 21. März 1994.

Bestimmungen der Resolution 44/172 der Generalversammlung vom 19. Dezember 1989 über die Durchführung des Aktionsplans zur Bekämpfung der Wüstenbildung,
ferner unter Hinweis auf das Wiener Übereinkommen von 1985 zum Schutz der Ozonschicht sowie das Montrealer Protokoll von 1987 über Stoffe, die zu einem Abbau der Ozonschicht führen, in seiner am 29. Juni 1990 angepaßten und geänderten Fassung,
in Anbetracht der am 7. November 1990 angenommenen Ministererklärung der Zweiten Weltklimakonferenz,
im Bewußtsein der wertvollen analytischen Arbeit, die von vielen Staaten im Bereich der Klimaänderungen geleistet wird, und der wichtigen Beiträge der Weltorganisation für Meteorologie, des Umweltprogramms der Vereinten Nationen und anderer Organe, Organisationen und Gremien der Vereinten Nationen sowie anderer internationaler und zwischenstaatlicher Gremien zum Austausch der Ergebnisse der wissenschaftlichen Forschung und zur Koordinierung der Forschung,
in der Erkenntnis, daß die für das Verständnis und die Behandlung des Problems der Klimaänderungen notwendigen Schritte für die Umwelt sowie sozial und wirtschaftlich am wirksamsten sind, wenn sie auf einschlägigen wissenschaftlichen, technischen und wirtschaftlichen Erwägungen beruhen und unter Berücksichtigung neuer Erkenntnisse in diesen Bereichen laufend neu bewertet werden,
in der Erkenntnis, daß verschiedene Maßnahmen zur Bewältigung der Klimaänderungen ihre wirtschaftliche Berechtigung in sich selbst haben und außerdem zur Lösung anderer Umweltprobleme beitragen können,
sowie in der Erkenntnis, daß die entwickelten Länder auf der Grundlage klarer Prioritäten in flexibler Weise Sofortmaßnahmen ergreifen müssen, die einen ersten Schritt in Richtung auf eine umfassende Bewältigungsstrategie auf weltweiter, nationaler und, sofern vereinbart, regionaler Ebene darstellen, die alle Treibhausgase berücksichtigt und ihrem jeweiligen Beitrag zur Verstärkung des Treibhauseffekts gebührend Rechnung trägt,
ferner in der Erkenntnis, daß tiefliegende und andere kleine Inselländer, Länder mit tiefliegenden Küsten-, Trocken- und Halbtrockengebieten oder Gebieten, die Überschwemmungen, Dürre und Wüstenbildung ausgesetzt sind, und Entwicklungsländer mit empfindlichen Gebirgsökosystemen besonders anfällig für die nachteiligen Auswirkungen der Klimaänderungen sind,
in der Erkenntnis, daß sich für diejenigen Länder, vor allem unter den Entwicklungsländern, deren Wirtschaft in besonderem Maß von der Gewinnung, Nutzung und Ausfuhr fossiler Brennstoffe abhängt, aus den Maßnahmen zur Begrenzung der Treibhausgasemissionen besondere Schwierigkeiten ergeben,
in Bestätigung dessen, daß Maßnahmen zur Bewältigung der Klimaänderungen eng mit der sozialen und wirtschaftlichen Entwicklung koordiniert werden sollten, damit nachteilige Auswirkungen auf diese Entwicklung vermieden werden, wobei die legitimen vorrangigen Bedürfnisse der Entwicklungsländer in bezug auf nachhaltiges Wirtschaftswachstum und die Beseitigung der Armut voll zu berücksichtigen sind,
in der Erkenntnis, daß alle Länder, insbesondere die Entwicklungsländer, Zugang zu Ressourcen haben müssen, die für eine nachhaltige soziale und wirtschaftliche Entwicklung notwendig sind, und daß die Entwicklungsländer, um dieses Ziel zu erreichen, ihren Energieverbrauch werden steigern müssen, allerdings unter Berücksichtigung der Möglichkeit, zu einer besseren Energieausnutzung zu gelangen und die Treibhausgasemissionen im allgemeinen in den Griff zu bekommen, unter anderem durch den Einsatz neuer Technologien zu wirtschaftlich und sozial vorteilhaften Bedingungen,
entschlossen, das Klimasystem für heutige und künftige Generationen zu schützen –
sind wie folgt übereingekommen:

Artikel 1 Begriffsbestimmungen
Im Sinne dieses Übereinkommens
1. bedeutet »nachteilige Auswirkungen der Klimaänderungen« die sich aus den Klimaänderungen ergebenden Veränderungen der belebten oder unbelebten Umwelt, die erhebliche schädliche Wirkungen auf die Zusammensetzung, Widerstandsfähigkeit oder Produktivität naturbelassener und vom Menschen beeinflußter Ökosysteme oder auf die Funktionsweise des sozioökonomischen Systems oder die Gesundheit und das Wohlergehen des Menschen haben;

Art. 2, 3 VN-Rahmenübereinkommen über Klimaänderungen

2. bedeutet »Klimaänderungen« Änderungen des Klimas, die unmittelbar oder mittelbar auf menschliche Tätigkeiten zurückzuführen sind, welche die Zusammensetzung der Erdatmosphäre verändern, und die zu den über vergleichbare Zeiträume beobachteten natürlichen Klimaschwankungen hinzukommen;
3. bedeutet »Klimasystem« die Gesamtheit der Atmosphäre, Hydrosphäre, Biosphäre und Geosphäre sowie deren Wechselwirkungen;
4. bedeutet »Emissionen« die Freisetzung von Treibhausgasen oder deren Vorläufersubstanzen in die Atmosphäre über einem bestimmten Gebiet und in einem bestimmten Zeitraum;
5. bedeutet »Treibhausgase« sowohl die natürlichen als auch die anthropogenen gasförmigen Bestandteile der Atmosphäre, welche die infrarote Strahlung aufnehmen und wieder abgeben;
6. bedeutet »Organisation der regionalen Wirtschaftsintegration« eine von souveränen Staaten einer bestimmten Region gebildete Organisation, die für die durch dieses Übereinkommen oder seine Protokolle erfaßten Angelegenheiten zuständig und im Einklang mit ihren internen Verfahren ordnungsgemäß ermächtigt ist, die betreffenden Übereinkünfte zu unterzeichnen, zu ratifizieren, anzunehmen, zu genehmigen oder ihnen beizutreten;
7. bedeutet »Speicher« einen oder mehrere Bestandteile des Klimasystems, in denen ein Treibhausgas oder eine Vorläufersubstanz eines Treibhausgases zurückgehalten wird;
8. bedeutet »Senke« einen Vorgang, eine Tätigkeit oder einen Mechanismus, durch die ein Treibhausgas, ein Aerosol oder eine Vorläufersubstanz eines Treibhausgases aus der Atmosphäre entfernt wird;
9. bedeutet »Quelle« einen Vorgang oder eine Tätigkeit, durch die ein Treibhausgas, ein Aerosol oder eine Vorläufersubstanz eines Treibhausgases in die Atmosphäre freigesetzt wird.

Artikel 2 Ziel

Das Endziel dieses Übereinkommens und aller damit zusammenhängenden Rechtsinstrumente, welche die Konferenz der Vertragsparteien beschließt, ist es, in Übereinstimmung mit den einschlägigen Bestimmungen des Übereinkommens die Stabilisierung der Treibhausgaskonzentrationen in der Atmosphäre auf einem Niveau zu erreichen, auf dem eine gefährliche anthropogene Störung des Klimasystems verhindert wird. Ein solches Niveau sollte innerhalb eines Zeitraums erreicht werden, der ausreicht, damit sich die Ökosysteme auf natürliche Weise den Klimaänderungen anpassen können, die Nahrungsmittelerzeugung nicht bedroht wird und die wirtschaftliche Entwicklung auf nachhaltige Weise fortgeführt werden kann.

Artikel 3 Grundsätze

Bei Maßnahmen zur Verwirklichung des Zieles des Übereinkommens und zur Durchführung seiner Bestimmungen lassen sich die Vertragsparteien unter anderem von folgenden Grundsätzen leiten:
1. Die Vertragsparteien sollen auf der Grundlage der Gerechtigkeit und entsprechend ihren gemeinsamen, aber unterschiedlichen Verantwortlichkeiten und ihren jeweiligen Fähigkeiten das Klimasystem zum Wohl heutiger und künftiger Generationen schützen. Folglich sollen die Vertragsparteien, die entwickelte Länder sind, bei der Bekämpfung der Klimaänderungen und ihrer nachteiligen Auswirkungen die Führung übernehmen.
2. Die speziellen Bedürfnisse und besonderen Gegebenheiten der Vertragsparteien, die Entwicklungsländer sind, vor allem derjenigen, die besonders anfällig für die nachteiligen Auswirkungen der Klimaänderungen sind, sowie derjenigen Vertragsparteien, vor allem unter den Entwicklungsländern, die nach dem Übereinkommen eine unverhältnismäßige oder ungewöhnliche Last zu tragen hätten, sollen voll berücksichtigt werden.
3. Die Vertragsparteien sollen Vorsorgemaßnahmen treffen, um den Ursachen der Klimaänderungen vorzubeugen, sie zu verhindern oder so gering wie möglich zu halten und die nachteiligen Auswirkungen der Klimaänderungen abzuschwächen. In Fällen, in denen ernsthafte oder nicht wiedergutzumachende Schäden drohen, soll das Fehlen einer völligen wissenschaftlichen Gewißheit nicht als Grund für das Aufschieben solcher Maßnahmen dienen, wobei zu berücksichtigen ist, daß Politiken und Maßnahmen zur Bewältigung der Klimaänderungen kostengünstig sein sollten, um weltweite Vorteile zu möglichst geringen Kosten zu gewährleisten. Zur Erreichung dieses Zweckes sollen die Politiken und Maßnahmen die unterschiedlichen sozioökonomischen

Zusammenhänge berücksichtigen, umfassend sein, alle wichtigen Quellen, Senken und Speicher von Treibhausgasen und die Anpassungsmaßnahmen erfassen sowie alle Wirtschaftsbereiche einschließen. Bemühungen zur Bewältigung der Klimaänderungen können von interessierten Vertragsparteien gemeinsam unternommen werden.

4. Die Vertragsparteien haben das Recht, eine nachhaltige Entwicklung zu fördern, und sollten dies tun. Politiken und Maßnahmen zum Schutz des Klimasystems vor vom Menschen verursachten Veränderungen sollen den speziellen Verhältnissen jeder Vertragspartei angepaßt sein und in die nationalen Entwicklungsprogramme eingebunden werden, wobei zu berücksichtigen ist, daß wirtschaftliche Entwicklung eine wesentliche Voraussetzung für die Annahme von Maßnahmen zur Bekämpfung der Klimaänderungen ist.

5. Die Vertragsparteien sollen zusammenarbeiten, um ein tragfähiges und offenes internationales Wirtschaftssystem zu fördern, das zu nachhaltigem Wirtschaftswachstum und nachhaltiger Entwicklung in allen Vertragsparteien, insbesondere denjenigen, die Entwicklungsländer sind, führt und sie damit in die Lage versetzt, die Probleme der Klimaänderungen besser zu bewältigen. Maßnahmen zur Bekämpfung der Klimaänderungen, einschließlich einseitiger Maßnahmen, sollen weder ein Mittel willkürlicher oder ungerechtfertigter Diskriminierung noch eine verschleierte Beschränkung des internationalen Handels sein.

Artikel 4 Verpflichtungen

(1) Alle Vertragsparteien werden unter Berücksichtigung ihrer gemeinsamen, aber unterschiedlichen Verantwortlichkeiten und ihrer speziellen nationalen und regionalen Entwicklungsprioritäten, Ziele und Gegebenheiten

a) nach Artikel 12 nationale Verzeichnisse erstellen, in regelmäßigen Abständen aktualisieren, veröffentlichen und der Konferenz der Vertragsparteien zur Verfügung stellen, in denen die anthropogenen Emissionen aller nicht durch das Montrealer Protokoll geregelten Treibhausgase aus Quellen und der Abbau solcher Gase durch Senken aufgeführt sind, wobei von der Konferenz der Vertragsparteien zu vereinbarende, vergleichbare Methoden anzuwenden sind;

b) nationale und gegebenenfalls regionale Programme erarbeiten, umsetzen, veröffentlichen und regelmäßig aktualisieren, in denen Maßnahmen zur Abschwächung der Klimaänderungen durch die Bekämpfung anthropogener Emissionen aller nicht durch das Montrealer Protokoll geregelten Treibhausgase aus Quellen und den Abbau solcher Gase durch Senken sowie Maßnahmen zur Erleichterung einer angemessenen Anpassung an die Klimaänderungen vorgesehen sind;

c) die Entwicklung, Anwendung und Verbreitung – einschließlich der Weitergabe – von Technologien, Methoden und Verfahren zur Bekämpfung, Verringerung oder Verhinderung anthropogener Emissionen von nicht durch das Montrealer Protokoll geregelten Treibhausgasen in allen wichtigen Bereichen, namentlich Energie, Verkehr, Industrie, Landwirtschaft, Forstwirtschaft und Abfallwirtschaft, fördern und dabei zusammenarbeiten;

d) die nachhaltige Bewirtschaftung fördern sowie die Erhaltung und gegebenenfalls Verbesserung von Senken und Speichern aller nicht durch das Montrealer Protokoll geregelten Treibhausgase, darunter Biomasse, Wälder und Meere sowie andere Ökosysteme auf dem Land, an der Küste und im Meer, fördern und dabei zusammenarbeiten;

e) bei der Vorbereitung auf die Anpassung an die Auswirkungen der Klimaänderungen zusammenarbeiten; angemessene integrierte Pläne für die Bewirtschaftung von Küstengebieten, für Wasservorräte und die Landwirtschaft sowie für den Schutz und die Wiederherstellung von Gebieten, die von Dürre und Wüstenbildung – vor allem in Afrika – sowie von Überschwemmungen betroffen sind, entwickeln und ausarbeiten;

f) in ihren einschlägigen Politiken und Maßnahmen in den Bereichen Soziales, Wirtschaft und Umwelt soweit wie möglich Überlegungen zu Klimaänderungen einbeziehen und geeignete Methoden, beispielsweise auf nationaler Ebene erarbeitete und festgelegte Verträglichkeitsprüfungen, anwenden, um die nachteiligen Auswirkungen der Vorhaben oder Maßnahmen, die sie zur Abschwächung der Klimaänderungen oder zur Anpassung daran durchführen, auf Wirtschaft, Volksgesundheit und Umweltqualität so gering wie möglich zu halten;

g) wissenschaftliche, technologische, technische, sozioökonomische und sonstige Forschungsarbeiten sowie die systematische Beobachtung und die Entwicklung von Datenarchiven, die sich mit dem Klimasystem befassen und dazu bestimmt sind, das Verständnis zu fördern und die verbleibenden Unsicherheiten in bezug auf Ursachen, Wirkungen, Ausmaß und zeitlichen Ablauf der Klimaänderungen sowie die wirtschaftlichen und sozialen Folgen verschiedener Bewältigungsstrategien zu verringern oder auszuschließen, fördern und dabei zusammenarbeiten;
h) den umfassenden, ungehinderten und umgehenden Austausch einschlägiger wissenschaftlicher, technologischer, technischer, sozioökonomischer und rechtlicher Informationen über das Klimasystem und die Klimaänderungen sowie über die wirtschaftlichen und sozialen Folgen verschiedener Bewältigungsstrategien fördern und dabei zusammenarbeiten;
i) Bildung, Ausbildung und öffentliches Bewußtsein auf dem Gebiet der Klimaänderungen fördern und dabei zusammenarbeiten sowie zu möglichst breiter Beteiligung an diesem Prozeß, auch von nichtstaatlichen Organisationen, ermutigen;
j) nach Artikel 12 der Konferenz der Vertragsparteien Informationen über die Durchführung des Übereinkommens zuleiten.

(2) Die Vertragsparteien, die entwickelte Länder sind, und die anderen in Anlage I aufgeführten Vertragsparteien übernehmen folgende spezifischen Verpflichtungen:

a) Jede dieser Vertragsparteien beschließt nationale[2] Politiken und ergreift entsprechende Maßnahmen zur Abschwächung der Klimaänderungen, indem sie ihre anthropogenen Emissionen von Treibhausgasen begrenzt und ihre Treibhausgassenken und -speicher schützt und erweitert. Diese Politiken und Maßnahmen werden zeigen, daß die entwickelten Länder bei der Änderung der längerfristigen Trends bei anthropogenen Emissionen in Übereinstimmung mit dem Ziel des Übereinkommens die Führung übernehmen, und zwar in der Erkenntnis, daß eine Rückkehr zu einem früheren Niveau anthropogener Emissionen von Kohlendioxid und anderen nicht durch das Montrealer Protokoll geregelten Treibhausgasen bis zum Ende dieses Jahrzehnts zu einer solchen Änderung beitragen würde. Sie berücksichtigen die unterschiedlichen Ausgangspositionen und Ansätze sowie die unterschiedlichen Wirtschaftsstrukturen und Ressourcen dieser Vertragsparteien und tragen der Notwendigkeit, ein starkes und nachhaltiges Wirtschaftswachstum aufrechtzuerhalten, den verfügbaren Technologien und anderen Einzelumständen sowie der Tatsache Rechnung, daß jede dieser Vertragsparteien zu dem weltweiten Bemühen um die Verwirklichung des Zieles gerechte und angemessene Beiträge leisten muß. Diese Vertragsparteien können solche Politiken und Maßnahmen gemeinsam mit anderen Vertragsparteien durchführen und können andere Vertragsparteien dabei unterstützen, zur Verwirklichung des Zieles des Übereinkommens und insbesondere dieses Buchstabens beizutragen;
b) um Fortschritte in dieser Richtung zu fördern, übermittelt jede dieser Vertragsparteien innerhalb von sechs Monaten nach Inkrafttreten des Übereinkommens für diese Vertragspartei und danach in regelmäßigen Abständen gemäß Artikel 12 ausführliche Angaben über ihre unter Buchstabe a) vorgesehenen Politiken und Maßnahmen sowie über ihre sich daraus ergebenden voraussichtlichen anthropogenen Emissionen von nicht durch das Montrealer Protokoll geregelten Treibhausgasen aus Quellen und den Abbau solcher Gase durch Senken für den unter Buchstabe a) genannten Zeitraum mit dem Ziel, einzeln oder gemeinsam die anthropogenen Emissionen von Kohlendioxid und anderen nicht durch das Montrealer Protokoll geregelten Treibhausgasen auf das Niveau von 1990 zurückzuführen. Diese Angaben werden von der Konferenz der Vertragsparteien auf ihrer ersten Tagung und danach in regelmäßigen Abständen gemäß Artikel 7 überprüft werden;
c) bei der Berechnung der Emissionen von Treibhausgasen aus Quellen und des Abbaus solcher Gase durch Senken für die Zwecke des Buchstabens b) sollen die besten verfügbaren wissenschaftlichen Kenntnisse auch über die tatsächliche Kapazität von Senken und die jeweiligen Beiträge solcher Gase zu Klimaänderungen berücksichtigt werden. Die Konferenz der Vertragspar-

---

[2] Dies schließt die von Organisationen der regionalen Wirtschaftsintegration beschlossenen Politiken und Maßnahmen ein.

teien erörtert und vereinbart auf ihrer ersten Tagung die Methoden für diese Berechnung und überprüft sie danach in regelmäßigen Abständen;
d) die Konferenz der Vertragsparteien überprüft auf ihrer ersten Tagung, ob die Buchstaben a) und b) angemessen sind. Eine solche Überprüfung erfolgt unter Berücksichtigung der besten verfügbaren wissenschaftlichen Informationen und Beurteilungen betreffend Klimaänderungen und deren Auswirkungen sowie unter Berücksichtigung einschlägiger technischer, sozialer und wirtschaftlicher Informationen. Auf der Grundlage dieser Überprüfung ergreift die Konferenz der Vertragsparteien geeignete Maßnahmen, zu denen auch die Beschlußfassung über Änderungen der unter den Buchstaben a) und b) vorgesehenen Verpflichtungen gehören kann. Die Konferenz der Vertragsparteien entscheidet auf ihrer ersten Tagung auch über die Kriterien für eine gemeinsame Umsetzung im Sinne des Buchstabens a). Eine zweite Überprüfung der Buchstaben a) und b) findet bis zum 31. Dezember 1998 statt; danach erfolgen weitere Überprüfungen in von der Konferenz der Vertragsparteien festgelegten regelmäßigen Abständen, bis das Ziel des Übereinkommens verwirklicht ist;
e) jede dieser Vertragsparteien
   i) koordiniert, soweit dies angebracht ist, mit den anderen obengenannten Vertragsparteien einschlägige Wirtschafts- und Verwaltungsinstrumente, die im Hinblick auf die Verwirklichung des Zieles des Übereinkommens entwickelt wurden;
   ii) bestimmt und überprüft in regelmäßigen Abständen ihre eigenen Politiken und Praktiken, die zu Tätigkeiten ermutigen, die zu einem höheren Niveau der anthropogenen Emissionen von nicht durch das Montrealer Protokoll geregelten Treibhausgasen führen, als sonst entstünde;
f) die Konferenz der Vertragsparteien überprüft bis zum 31. Dezember 1998 die verfügbaren Informationen in der Absicht, mit Zustimmung der betroffenen Vertragspartei Beschlüsse über angebracht erscheinende Änderungen der in den Anlagen I und II enthaltenen Listen zu fassen;
g) jede nicht in Anlage I aufgeführte Vertragspartei kann in ihrer Ratifikations-, Annahme-, Genehmigungs- oder Beitrittsurkunde oder zu jedem späteren Zeitpunkt dem Verwahrer ihre Absicht notifizieren, durch die Buchstaben a) und b) gebunden zu sein. Der Verwahrer unterrichtet die anderen Unterzeichner und Vertragsparteien über jede derartige Notifikation.

(3) Die Vertragsparteien, die entwickelte Länder sind, und die anderen in Anlage II aufgeführten entwickelten Vertragsparteien stellen neue und zusätzliche finanzielle Mittel bereit, um die vereinbarten vollen Kosten zu tragen, die den Vertragsparteien, die Entwicklungsländer sind, bei der Erfüllung ihrer Verpflichtungen nach Artikel 12 Absatz 1 entstehen. Sie stellen auch finanzielle Mittel, einschließlich derjenigen für die Weitergabe von Technologie, bereit, soweit die Vertragsparteien, die Entwicklungsländer sind, sie benötigen, um die vereinbarten vollen Mehrkosten zu tragen, die bei der Durchführung der durch Absatz 1 erfaßten Maßnahmen entstehen, die zwischen einer Vertragspartei, die Entwicklungsland ist, und der oder den in Artikel 11 genannten internationalen Einrichtungen nach Artikel 11 vereinbart werden. Bei der Erfüllung dieser Verpflichtungen wird berücksichtigt, daß der Fluß der Finanzmittel angemessen und berechenbar sein muß und daß ein angemessener Lastenausgleich unter den Vertragsparteien, die entwickelte Länder sind, wichtig ist.

(4) Die Vertragsparteien, die entwickelte Länder sind, und die anderen in Anlage II aufgeführten entwickelten Vertragsparteien unterstützen die für die nachteiligen Auswirkungen der Klimaänderungen besonders anfälligen Vertragsparteien, die Entwicklungsländer sind, außerdem dabei, die durch die Anpassung an diese Auswirkungen entstehenden Kosten zu tragen.

(5) Die Vertragsparteien, die entwickelte Länder sind, und die anderen in Anlage II aufgeführten entwickelten Vertragsparteien ergreifen alle nur möglichen Maßnahmen, um die Weitergabe von umweltverträglichen Technologien und Know-how an andere Vertragsparteien, insbesondere solche, die Entwicklungsländer sind, oder den Zugang dazu, soweit dies angebracht ist, zu fördern, zu erleichtern und zu finanzieren, um es ihnen zu ermöglichen, die Bestimmungen des Übereinkommens durchzuführen. Dabei unterstützen die Vertragsparteien, die entwickelte Länder sind, die Entwicklung und Stärkung der im Land vorhandenen Fähigkeiten und Technologien der Vertragsparteien, die Entwicklungsländer sind. Andere Vertragsparteien und Organisationen, die dazu in der Lage sind, können auch zur Erleichterung der Weitergabe solcher Technologien beitragen.

(6) Die Konferenz der Vertragsparteien gewährt den in Anlage I aufgeführten Vertragsparteien, die sich im Übergang zur Marktwirtschaft befinden, ein gewisses Maß an Flexibilität bei der Erfüllung ihrer in Absatz 2 genannten Verpflichtungen, auch hinsichtlich des als Bezugsgröße gewählten früheren Niveaus der anthropogenen Emissionen von nicht durch das Montrealer Protokoll geregelten Treibhausgasen, um die Fähigkeit dieser Vertragsparteien zu stärken, das Problem der Klimaänderungen zu bewältigen.

(7) Der Umfang, in dem Vertragsparteien, die Entwicklungsländer sind, ihre Verpflichtungen aus dem Übereinkommen wirksam erfüllen, wird davon abhängen, inwieweit Vertragsparteien, die entwickelte Länder sind, ihre Verpflichtungen aus dem Übereinkommen betreffend finanzielle Mittel und die Weitergabe von Technologie wirksam erfüllen, wobei voll zu berücksichtigen ist, daß die wirtschaftliche und soziale Entwicklung sowie die Beseitigung der Armut für die Entwicklungsländer erste und dringlichste Anliegen sind.

(8) Bei der Erfüllung der in diesem Artikel vorgesehenen Verpflichtungen prüfen die Vertragsparteien eingehend, welche Maßnahmen nach dem Übereinkommen notwendig sind, auch hinsichtlich der Finanzierung, der Versicherung und der Weitergabe von Technologie, um den speziellen Bedürfnissen und Anliegen der Vertragsparteien, die Entwicklungsländer sind, zu entsprechen, die sich aus den nachteiligen Auswirkungen der Klimaänderungen oder der Durchführung von Gegenmaßnahmen ergeben, insbesondere

a) in kleinen Inselländern;
b) in Ländern mit tiefliegenden Küstengebieten;
c) in Ländern mit Trocken- und Halbtrockengebieten, Waldgebieten und Gebieten, die von Waldschäden betroffen sind;
d) in Ländern mit Gebieten, die häufig von Naturkatastrophen heimgesucht werden;
e) in Ländern mit Gebieten, die Dürre und Wüstenbildung ausgesetzt sind;
f) in Ländern mit Gebieten hoher Luftverschmutzung in den Städten;
g) in Ländern mit Gebieten, in denen sich empfindliche Ökosysteme einschließlich Gebirgsökosystemen befinden;
h) in Ländern, deren Wirtschaft in hohem Maß entweder von Einkünften, die durch die Gewinnung, Verarbeitung und Ausfuhr fossiler Brennstoffe und verwandter energieintensiver Produkte erzielt werden, oder vom Verbrauch solcher Brennstoffe und Produkte abhängt;
i) in Binnen- und Transitländern.

Darüber hinaus kann die Konferenz der Vertragsparteien gegebenenfalls Maßnahmen mit Bezug auf diesen Absatz ergreifen.

(9) Die Vertragsparteien tragen bei ihren Maßnahmen hinsichtlich der Finanzierung und der Weitergabe von Technologie den speziellen Bedürfnissen und der besonderen Lage der am wenigsten entwickelten Länder voll Rechnung.

(10) Die Vertragsparteien berücksichtigen nach Artikel 10 bei der Erfüllung der Verpflichtungen aus dem Übereinkommen die Lage derjenigen Vertragsparteien, insbesondere unter den Entwicklungsländern, deren Wirtschaft für die nachteiligen Auswirkungen der Durchführung von Maßnahmen zur Bekämpfung der Klimaänderungen anfällig ist. Dies gilt namentlich für Vertragsparteien, deren Wirtschaft in hohem Maß entweder von Einkünften, die durch die Gewinnung, Verarbeitung und Ausfuhr fossiler Brennstoffe und verwandter energieintensiver Produkte erzielt werden, oder vom Verbrauch solcher Brennstoffe und Produkte oder von der Verwendung fossiler Brennstoffe, die diese Vertragsparteien nur sehr schwer durch Alternativen ersetzen können, abhängt.

Artikel 5 Forschung und systematische Beobachtung

Bei der Erfüllung ihrer Verpflichtungen nach Artikel 4 Absatz 1 Buchstabe g) werden die Vertragsparteien

a) internationale und zwischenstaatliche Programme und Netze oder Organisationen unterstützen und gegebenenfalls weiterentwickeln, deren Ziel es ist, Forschung, Datensammlung und systematische Beobachtung festzulegen, durchzuführen, zu bewerten und zu finanzieren, wobei Doppelarbeit soweit wie möglich vermieden werden sollte;

b) internationale und zwischenstaatliche Bemühungen unterstützen, um die systematische Beobachtung und die nationalen Möglichkeiten und Mittel der wissenschaftlichen und technischen Forschung, vor allem in den Entwicklungsländern, zu stärken und den Zugang zu Daten, die aus Gebieten außerhalb der nationalen Hoheitsbereiche stammen, und deren Analysen sowie den Austausch solcher Daten und Analysen zu fördern;
c) die speziellen Sorgen und Bedürfnisse der Entwicklungsländer berücksichtigen und an der Verbesserung ihrer im Land vorhandenen Möglichkeiten und Mittel zur Beteiligung an den unter den Buchstaben a) und b) genannten Bemühungen mitwirken.

Artikel 6 Bildung, Ausbildung und öffentliches Bewußtsein
Bei der Erfüllung ihrer Verpflichtungen nach Artikel 4 Absatz 1 Buchstabe i) werden die Vertragsparteien
a) auf nationaler und gegebenenfalls auf subregionaler und regionaler Ebene in Übereinstimmung mit den innerstaatlichen Gesetzen und sonstigen Vorschriften und im Rahmen ihrer Möglichkeiten folgendes fördern und erleichtern:
  i) die Entwicklung und Durchführung von Bildungsprogrammen und Programmen zur Förderung des öffentlichen Bewußtseins in bezug auf die Klimaänderungen und ihre Folgen,
  ii) den öffentlichen Zugang zu Informationen über die Klimaänderungen und ihre Folgen,
  iii) die Beteiligung der Öffentlichkeit an der Beschäftigung mit den Klimaänderungen und ihren Folgen sowie die Entwicklung geeigneter Gegenmaßnahmen,
  iv) die Ausbildung wissenschaftlichen, technischen und leitenden Personals;
b) auf internationaler Ebene, gegebenenfalls unter Nutzung bestehender Gremien, bei folgenden Aufgaben zusammenarbeiten und sie unterstützen:
  i) Entwicklung und Austausch von Bildungsmaterial und Unterlagen zur Förderung des öffentlichen Bewußtseins in bezug auf die Klimaänderungen und ihre Folgen;
  ii) Entwicklung und Durchführung von Bildungs- und Ausbildungsprogrammen, unter anderem durch die Stärkung nationaler Institutionen und den Austausch oder die Entsendung von Personal zur Ausbildung von Sachverständigen auf diesem Gebiet, vor allem für Entwicklungsländer.

Artikel 7 Konferenz der Vertragsparteien
(1) Hiermit wird eine Konferenz der Vertragsparteien eingesetzt.
(2) Die Konferenz der Vertragsparteien als oberstes Gremium dieses Übereinkommens überprüft in regelmäßigen Abständen die Durchführung des Übereinkommens und aller damit zusammenhängenden Rechtsinstrumente, die sie beschließt, und faßt im Rahmen ihres Auftrags die notwendigen Beschlüsse, um die wirksame Durchführung des Übereinkommens zu fördern. Zu diesem Zweck wird sie wie folgt tätig:
a) Sie prüft anhand des Zieles des Übereinkommens, der bei seiner Durchführung gewonnenen Erfahrungen und der Weiterentwicklung der wissenschaftlichen und technologischen Kenntnisse in regelmäßigen Abständen die Verpflichtungen der Vertragsparteien und die institutionellen Regelungen aufgrund des Übereinkommens;
b) sie fördert und erleichtert den Austausch von Informationen über die von den Vertragsparteien beschlossenen Maßnahmen zur Bekämpfung der Klimaänderungen und ihrer Folgen unter Berücksichtigung der unterschiedlichen Gegebenheiten, Verantwortlichkeiten und Fähigkeiten der Vertragsparteien und ihrer jeweiligen Verpflichtungen aus dem Übereinkommen;
c) auf Ersuchen von zwei oder mehr Vertragsparteien erleichtert sie die Koordinierung der von ihnen beschlossenen Maßnahmen zur Bekämpfung der Klimaänderungen und ihrer Folgen unter Berücksichtigung der unterschiedlichen Gegebenheiten, Verantwortlichkeiten und Fähigkeiten der Vertragsparteien und ihrer jeweiligen Verpflichtungen aus dem Übereinkommen;
d) sie fördert und leitet in Übereinstimmung mit dem Ziel und den Bestimmungen des Übereinkommens die Entwicklung und regelmäßige Verfeinerung vergleichbarer Methoden, die von der Konferenz der Vertragsparteien zu vereinbaren sind, unter anderem zur Aufstellung von Verzeichnissen der Emissionen von Treibhausgasen aus Quellen und des Abbaus solcher Gase durch Sen-

ken und zur Beurteilung der Wirksamkeit der zur Begrenzung der Emissionen und Förderung des Abbaus dieser Gase ergriffenen Maßnahmen;
e) auf der Grundlage aller ihr nach dem Übereinkommen zur Verfügung gestellten Informationen beurteilt sie die Durchführung des Übereinkommens durch die Vertragsparteien, die Gesamtwirkung der aufgrund des Übereinkommens ergriffenen Maßnahmen, insbesondere die Auswirkungen auf die Umwelt, die Wirtschaft und den Sozialbereich sowie deren kumulative Wirkung, und die bei der Verwirklichung des Zieles des Übereinkommens erreichten Fortschritte;
f) sie prüft und beschließt regelmäßige Berichte über die Durchführung des Übereinkommens und sorgt für deren Veröffentlichung;
g) sie gibt Empfehlungen zu allen für die Durchführung des Übereinkommens erforderlichen Angelegenheiten ab;
h) sie bemüht sich um die Aufbringung finanzieller Mittel nach Artikel 4 Absätze 3, 4 und 5 sowie Artikel 11;
i) sie setzt die zur Durchführung des Übereinkommens für notwendig erachteten Nebenorgane ein;
j) sie überprüft die ihr von ihren Nebenorganen vorgelegten Berichte und gibt ihnen Richtlinien vor;
k) sie vereinbart und beschließt durch Konsens für sich selbst und ihre Nebenorgane eine Geschäfts- und eine Finanzordnung;
l) sie bemüht sich um – und nutzt gegebenenfalls – die Dienste und Mitarbeit zuständiger internationaler Organisationen und zwischenstaatlicher und nichtstaatlicher Gremien sowie die von diesen zur Verfügung gestellten Informationen;
m) sie erfüllt die zur Verwirklichung des Zieles des Übereinkommens notwendigen sonstigen Aufgaben sowie alle anderen ihr aufgrund des Übereinkommens zugewiesenen Aufgaben.

(3) Die Konferenz der Vertragsparteien beschließt auf ihrer ersten Tagung für sich selbst und für die nach dem Übereinkommen eingesetzten Nebenorgane eine Geschäftsordnung, die das Beschlußverfahren in Angelegenheiten vorsieht, für die nicht bereits im Übereinkommen selbst entsprechende Verfahren vorgesehen sind. Diese Verfahren können auch die Mehrheiten für bestimmte Beschlußfassungen festlegen.

(4) Die erste Tagung der Konferenz der Vertragsparteien wird von dem in Artikel 21 vorgesehenen vorläufigen Sekretariat einberufen und findet spätestens ein Jahr nach Inkrafttreten des Übereinkommens statt. Danach finden ordentliche Tagungen der Konferenz der Vertragsparteien einmal jährlich statt, sofern nicht die Konferenz der Vertragsparteien etwas anderes beschließt.

(5) Außerordentliche Tagungen der Konferenz der Vertragsparteien finden statt, wenn es die Konferenz für notwendig erachtet oder eine Vertragspartei es schriftlich beantragt, sofern dieser Antrag innerhalb von sechs Monaten nach seiner Übermittlung durch das Sekretariat von mindestens einem Drittel der Vertragsparteien unterstützt wird.

(6) Die Vereinten Nationen, ihre Sonderorganisationen und die Internationale Atomenergie-Organisation sowie jeder Mitgliedstaat einer solchen Organisation oder jeder Beobachter bei einer solchen Organisation, der nicht Vertragspartei des Übereinkommens ist, können auf den Tagungen der Konferenz der Vertragsparteien als Beobachter vertreten sein. Jede Stelle, national oder international, staatlich oder nichtstaatlich, die in vom Übereinkommen erfaßten Angelegenheiten fachlich befähigt ist und dem Sekretariat ihren Wunsch mitgeteilt hat, auf einer Tagung der Konferenz der Vertragsparteien als Beobachter vertreten zu sein, kann als solcher zugelassen werden, sofern nicht mindestens ein Drittel der anwesenden Vertragsparteien widerspricht. Die Zulassung und Teilnahme von Beobachtern unterliegen der von der Konferenz der Vertragsparteien beschlossenen Geschäftsordnung.

Artikel 8 Sekretariat
(1) Hiermit wird ein Sekretariat eingesetzt.
(2) Das Sekretariat hat folgende Aufgaben:
a) Es veranstaltet die Tagungen der Konferenz der Vertragsparteien und ihrer aufgrund des Übereinkommens eingesetzten Nebenorgane und stellt die erforderlichen Dienste bereit;
b) es stellt die ihm vorgelegten Berichte zusammen und leitet sie weiter;

c) es unterstützt die Vertragsparteien, insbesondere diejenigen, die Entwicklungsländer sind, auf Ersuchen bei der Zusammenstellung und Weiterleitung der nach dem Übereinkommen erforderlichen Informationen;
d) es erarbeitet Berichte über seine Tätigkeit und legt sie der Konferenz der Vertragsparteien vor;
e) es sorgt für die notwendige Koordinierung mit den Sekretariaten anderer einschlägiger internationaler Stellen;
f) es trifft unter allgemeiner Aufsicht der Konferenz der Vertragsparteien die für die wirksame Erfüllung seiner Aufgaben notwendigen verwaltungsmäßigen und vertraglichen Vorkehrungen;
g) es nimmt die anderen im Übereinkommen und dessen Protokollen vorgesehenen Sekretariatsaufgaben sowie sonstige Aufgaben wahr, die ihm von der Konferenz der Vertragsparteien zugewiesen werden.

(3) Die Konferenz der Vertragsparteien bestimmt auf ihrer ersten Tagung ein ständiges Sekretariat und sorgt dafür, daß es ordnungsgemäß arbeiten kann.

Artikel 9 Nebenorgan für wissenschaftliche und technologische Beratung

(1) Hiermit wird ein Nebenorgan für wissenschaftliche und technologische Beratung eingesetzt, das der Konferenz der Vertragsparteien und gegebenenfalls deren anderen Nebenorganen zu gegebener Zeit Informationen und Gutachten zu wissenschaftlichen und technologischen Fragen in Zusammenhang mit dem Übereinkommen zur Verfügung stellt. Dieses Organ steht allen Vertragsparteien zur Teilnahme offen; es ist fachübergreifend. Es umfaßt Regierungsvertreter, die in ihrem jeweiligen Zuständigkeitsgebiet fachlich befähigt sind. Es berichtet der Konferenz der Vertragsparteien regelmäßig über alle Aspekte seiner Arbeit.

(2) Unter Aufsicht der Konferenz der Vertragsparteien und unter Heranziehung bestehender zuständiger internationaler Gremien wird dieses Organ wie folgt tätig:
a) Es stellt Beurteilungen zum Stand der wissenschaftlichen Kenntnisse auf dem Gebiet der Klimaänderungen und ihrer Folgen zur Verfügung;
b) es verfaßt wissenschaftliche Beurteilungen über die Auswirkungen der zur Durchführung des Übereinkommens ergriffenen Maßnahmen;
c) es bestimmt innovative, leistungsfähige und dem Stand der Technik entsprechende Technologien und Know-how und zeigt Möglichkeiten zur Förderung der Entwicklung solcher Technologien und zu ihrer Weitergabe auf;
d) es gibt Gutachten zu wissenschaftlichen Programmen, zur internationalen Zusammenarbeit bei der Forschung und Entwicklung im Zusammenhang mit den Klimaänderungen und zu Möglichkeiten ab, den Aufbau der im Land vorhandenen Kapazitäten in den Entwicklungsländern zu unterstützen;
e) es beantwortet wissenschaftliche, technologische und methodologische Fragen, die ihm von der Konferenz der Vertragsparteien und ihren Nebenorganen vorgelegt werden.

(3) Die weiteren Einzelheiten der Aufgaben und des Mandats dieses Organs können von der Konferenz der Vertragsparteien festgelegt werden.

Artikel 10 Nebenorgan für die Durchführung des Übereinkommens

(1) Hiermit wird ein Nebenorgan für die Durchführung des Übereinkommens eingesetzt, das die Konferenz der Vertragsparteien bei der Beurteilung und Überprüfung der wirksamen Durchführung des Übereinkommens unterstützt. Dieses Organ steht allen Vertragsparteien zur Teilnahme offen; es umfaßt Regierungsvertreter, die Sachverständige auf dem Gebiet der Klimaänderungen sind. Es berichtet der Konferenz der Vertragsparteien regelmäßig über alle Aspekte seiner Arbeit.

(2) Unter Aufsicht der Konferenz der Vertragsparteien wird dieses Organ wie folgt tätig:
a) Es prüft die nach Artikel 12 Absatz 1 übermittelten Informationen, um die Gesamtwirkung der von den Vertragsparteien ergriffenen Maßnahmen anhand der neuesten wissenschaftlichen Beurteilungen der Klimaänderungen zu beurteilen;
b) es prüft die nach Artikel 12 Absatz 2 übermittelten Informationen, um die Konferenz der Vertragsparteien bei der Durchführung der in Artikel 4 Absatz 2 Buchstabe d) geforderten Überprüfung zu unterstützen;

c) es unterstützt die Konferenz der Vertragsparteien gegebenenfalls bei der Vorbereitung und Durchführung ihrer Beschlüsse.

Artikel 11 Finanzierungsmechanismus
(1) Hiermit wird ein Mechanismus zur Bereitstellung finanzieller Mittel in Form unentgeltlicher Zuschüsse oder zu Vorzugsbedingungen, auch für die Weitergabe von Technologie, festgelegt. Er arbeitet unter Aufsicht der Konferenz der Vertragsparteien und ist dieser gegenüber verantwortlich; die Konferenz der Vertragsparteien entscheidet über seine Politiken, seine Programmprioritäten und seine Zuteilungskriterien im Zusammenhang mit dem Übereinkommen. Die Erfüllung seiner Aufgaben wird einer oder mehreren bestehenden internationalen Einrichtungen anvertraut.
(2) Der Finanzierungsmechanismus wird auf der Grundlage einer gerechten und ausgewogenen Vertretung aller Vertragsparteien mit einer transparenten Leitungsstruktur errichtet.
(3) Die Konferenz der Vertragsparteien und die Einrichtung oder Einrichtungen, denen die Erfüllung der Aufgaben des Finanzierungsmechanismus anvertraut ist, vereinbaren Vorkehrungen, durch die den obigen Absätzen Wirksamkeit verliehen wird, darunter folgendes:
a) Modalitäten, durch die sichergestellt wird, daß die finanzierten Vorhaben zur Bekämpfung der Klimaänderungen mit den von der Konferenz der Vertragsparteien aufgestellten Politiken, Programmprioritäten und Zuteilungskriterien im Einklang stehen;
b) Modalitäten, durch die ein bestimmter Finanzierungsbeschluß anhand dieser Politiken, Programmprioritäten und Zuteilungskriterien überprüft werden kann;
c) Erstattung regelmäßiger Berichte an die Konferenz der Vertragsparteien durch die Einrichtung oder Einrichtungen über deren Finanzierungstätigkeiten entsprechend der in Absatz 1 vorgesehenen Verantwortlichkeit;
d) Festlegung der Höhe des zur Durchführung dieses Übereinkommens erforderlichen und verfügbaren Betrages sowie der Bedingungen, unter denen dieser Betrag in regelmäßigen Abständen überprüft wird, in berechenbarer und nachvollziehbarer Weise.
(4) Die Konferenz der Vertragsparteien trifft auf ihrer ersten Tagung Vorkehrungen zur Durchführung der obigen Bestimmungen, wobei sie die in Artikel 21 Absatz 3 vorgesehenen vorläufigen Regelungen überprüft und berücksichtigt und entscheidet, ob diese vorläufigen Regelungen beibehalten werden sollen. Innerhalb der darauffolgenden vier Jahre überprüft die Konferenz der Vertragsparteien den Finanzierungsmechanismus und ergreift angemessene Maßnahmen.
(5) Die Vertragsparteien, die entwickelte Länder sind, können auch finanzielle Mittel im Zusammenhang mit der Durchführung des Übereinkommens auf bilateralem, regionalem oder multilateralem Weg zur Verfügung stellen, welche die Vertragsparteien, die Entwicklungsländer sind, in Anspruch nehmen können.

Artikel 12 Weiterleitung von Informationen über die Durchführung des Übereinkommens
(1) Nach Artikel 4 Absatz 1 übermittelt jede Vertragspartei der Konferenz der Vertragsparteien über das Sekretariat folgende Informationen:
a) ein nationales Verzeichnis der anthropogenen Emissionen aller nicht durch das Montrealer Protokoll geregelten Treibhausgase aus Quellen und des Abbaus solcher Gase durch Senken, soweit es die ihr zur Verfügung stehenden Mittel erlauben, unter Verwendung vergleichbarer Methoden, die von der Konferenz der Vertragsparteien gefördert und vereinbart werden;
b) eine allgemeine Beschreibung der von der Vertragspartei ergriffenen oder geplanten Maßnahmen zur Durchführung des Übereinkommens;
c) alle sonstigen Informationen, die nach Auffassung der Vertragspartei für die Verwirklichung des Zieles des Übereinkommens wichtig und zur Aufnahme in ihre Mitteilung geeignet sind, darunter soweit möglich Material, das zur Berechnung globaler Emissionstrends von Bedeutung ist.
(2) Jede Vertragspartei, die ein entwickeltes Land ist, und jede andere in Anlage I aufgeführte Vertragspartei nimmt in ihre Mitteilung folgende Informationen auf:
a) eine genaue Beschreibung der Politiken und Maßnahmen, die sie zur Erfüllung ihrer Verpflichtungen nach Artikel 4 Absatz 2 Buchstaben a) und b) beschlossen hat;
b) eine genaue Schätzung der Auswirkungen, welche die unter Buchstabe a) vorgesehenen Politiken und Maßnahmen auf die anthropogenen Emissionen von Treibhausgasen aus Quellen und den

Abbau solcher Gase durch Senken innerhalb des in Artikel 4 Absatz 2 Buchstabe a) genannten Zeitraums haben werden.
(3) Außerdem macht jede Vertragspartei, die ein entwickeltes Land ist, und jede andere in Anlage II aufgeführte entwickelte Vertragspartei Angaben über die nach Artikel 4 Absätze 3, 4 und 5 ergriffenen Maßnahmen.
(4) Die Vertragsparteien, die Entwicklungsländer sind, können auf freiwilliger Grundlage Vorhaben zur Finanzierung vorschlagen, unter Angabe der Technologien, Materialien, Ausrüstungen, Techniken oder Verfahren, die zur Durchführung solcher Vorhaben notwendig wären, und, wenn möglich, unter Vorlage einer Schätzung aller Mehrkosten, der Verringerung von Emissionen von Treibhausgasen und des zusätzlichen Abbaus solcher Gase sowie einer Schätzung der sich daraus ergebenden Vorteile.
(5) Jede Vertragspartei, die ein entwickeltes Land ist, und jede andere in Anlage I aufgeführte Vertragspartei übermittelt ihre erste Mitteilung innerhalb von sechs Monaten nach Inkrafttreten des Übereinkommens für diese Vertragspartei. Jede nicht darin aufgeführte Vertragspartei übermittelt ihre erste Mitteilung innerhalb von drei Jahren nach Inkrafttreten des Übereinkommens für diese Vertragspartei oder nach der Bereitstellung finanzieller Mittel gemäß Artikel 4 Absatz 3. Vertragsparteien, die zu den am wenigsten entwickelten Ländern gehören, können ihre erste Mitteilung nach eigenem Ermessen übermitteln. Die Konferenz der Vertragsparteien bestimmt die Zeitabstände, in denen alle Vertragsparteien ihre späteren Mitteilungen zu übermitteln haben, wobei der in diesem Absatz dargelegte gestaffelte Zeitplan zu berücksichtigen ist.
(6) Die von den Vertragsparteien nach diesem Artikel übermittelten Angaben werden vom Sekretariat so schnell wie möglich an die Konferenz der Vertragsparteien und an alle betroffenen Nebenorgane weitergeleitet. Falls erforderlich, können die Verfahren zur Übermittlung von Informationen von der Konferenz der Vertragsparteien überarbeitet werden.
(7) Von ihrer ersten Tagung an sorgt die Konferenz der Vertragsparteien dafür, daß den Vertragsparteien, die Entwicklungsländer sind, auf Ersuchen technische und finanzielle Hilfe bei der Zusammenstellung und Übermittlung von Informationen nach diesem Artikel sowie bei der Bestimmung des technischen und finanziellen Bedarfs zur Durchführung der vorgeschlagenen Vorhaben und der Bekämpfungsmaßnahmen nach Artikel 4 gewährt wird. Solche Hilfe kann je nach Bedarf von anderen Vertragsparteien, von den zuständigen internationalen Organisationen und vom Sekretariat zur Verfügung gestellt werden.
(8) Jede Gruppe von Vertragsparteien kann vorbehaltlich der von der Konferenz der Vertragsparteien angenommenen Leitlinien und vorbehaltlich vorheriger Notifikation an die Konferenz der Vertragsparteien in Erfüllung ihrer Verpflichtungen nach diesem Artikel eine gemeinsame Mitteilung übermitteln, sofern diese Angaben über die Erfüllung der jeweiligen Einzelverpflichtungen aus dem Übereinkommen durch die einzelnen Vertragsparteien enthält.
(9) Alle beim Sekretariat eingehenden Informationen, die eine Vertragspartei im Einklang mit den von der Konferenz der Vertragsparteien festzulegenden Kriterien als vertraulich eingestuft hat, werden vom Sekretariat zusammengefaßt, um ihre Vertraulichkeit zu schützen, bevor sie einem der an der Weiterleitung und Überprüfung von Informationen beteiligten Gremien zur Verfügung gestellt werden.
(10) Vorbehaltlich des Absatzes 9 und unbeschadet des Rechts einer jeden Vertragspartei, ihre Mitteilung jederzeit zu veröffentlichen, macht das Sekretariat die von den Vertragsparteien nach diesem Artikel übermittelten Mitteilungen zu dem Zeitpunkt öffentlich verfügbar, zu dem sie der Konferenz der Vertragsparteien vorgelegt werden.

Artikel 13 Lösung von Fragen der Durchführung des Übereinkommens
Die Konferenz der Vertragsparteien prüft auf ihrer ersten Tagung die Einführung eines mehrseitigen Beratungsverfahrens zur Lösung von Fragen der Durchführung des Übereinkommens, das den Vertragsparteien auf Ersuchen zur Verfügung steht.

Artikel 14 Beilegung von Streitigkeiten
(1) Im Fall einer Streitigkeit zwischen zwei oder mehr Vertragsparteien über die Auslegung oder Anwendung des Übereinkommens bemühen sich die betroffenen Vertragsparteien um eine Beilegung der Streitigkeit durch Verhandlungen oder andere friedliche Mittel ihrer Wahl.

(2) Bei der Ratifikation, der Annahme oder der Genehmigung des Übereinkommens oder beim Beitritt zum Übereinkommen oder jederzeit danach kann eine Vertragspartei, die keine Organisation der regionalen Wirtschaftsintegration ist, in einer dem Verwahrer vorgelegten schriftlichen Urkunde erklären, daß sie in bezug auf jede Streitigkeit über die Auslegung oder Anwendung des Übereinkommens folgende Verfahren gegenüber jeder Vertragspartei, welche dieselbe Verpflichtung übernimmt, von Rechts wegen und ohne besondere Übereinkunft als obligatorisch anerkennt:
a) Vorlage der Streitigkeit an den Internationalen Gerichtshof und/oder
b) ein Schiedsverfahren nach Verfahren, die von der Konferenz der Vertragsparteien so bald wie möglich in einer Anlage über ein Schiedsverfahren beschlossen werden.
Eine Vertragspartei, die eine Organisation der regionalen Wirtschaftsintegration ist, kann in bezug auf ein Schiedsverfahren nach dem unter Buchstabe b) vorgesehenen Verfahren eine Erklärung mit gleicher Wirkung abgeben.
(3) Eine nach Absatz 2 abgegebene Erklärung bleibt in Kraft, bis sie gemäß den darin enthaltenen Bestimmungen erlischt, oder bis zum Ablauf von drei Monaten nach Hinterlegung einer schriftlichen Rücknahmenotifikation beim Verwahrer.
(4) Eine neue Erklärung, eine Rücknahmenotifikation oder das Erlöschen einer Erklärung berührt nicht die beim Internationalen Gerichtshof oder bei dem Schiedsgericht anhängigen Verfahren, sofern die Streitparteien nichts anderes vereinbaren.
(5) Vorbehaltlich des Absatzes 2 wird die Streitigkeit auf Ersuchen einer der Streitparteien einem Vergleichsverfahren unterworfen, wenn nach Ablauf von zwölf Monaten, nachdem eine Vertragspartei einer anderen notifiziert hat, daß eine Streitigkeit zwischen ihnen besteht, die betreffenden Vertragsparteien ihre Streitigkeit nicht durch die in Absatz 1 genannten Mittel beilegen konnten.
(6) Auf Ersuchen einer der Streitparteien wird eine Vergleichskommission gebildet. Die Kommission besteht aus einer jeweils gleichen Anzahl von durch die betreffenden Parteien ernannten Mitgliedern sowie einem Vorsitzenden, der gemeinsam von den durch die Parteien ernannten Mitgliedern gewählt wird. Die Kommission fällt einen Spruch mit Empfehlungscharakter, den die Parteien nach Treu und Glauben prüfen.
(7) Weitere Verfahren in Zusammenhang mit dem Vergleichsverfahren werden von der Konferenz der Vertragsparteien so bald wie möglich in einer Anlage über ein Vergleichsverfahren beschlossen.
(8) Dieser Artikel findet auf jedes mit dem Übereinkommen in Zusammenhang stehende Rechtsinstrument Anwendung, das die Konferenz der Vertragsparteien beschließt, sofern das Instrument nichts anderes bestimmt.

Artikel 15 Änderungen des Übereinkommens
(1) Jede Vertragspartei kann Änderungen des Übereinkommens vorschlagen.
(2) Änderungen des Übereinkommens werden auf einer ordentlichen Tagung der Konferenz der Vertragsparteien beschlossen. Der Wortlaut einer vorgeschlagenen Änderung des Übereinkommens wird den Vertragsparteien mindestens sechs Monate vor der Sitzung, auf die die Änderung zur Beschlußfassung vorgeschlagen wird, vom Sekretariat übermittelt. Das Sekretariat übermittelt vorgeschlagene Änderungen auch den Unterzeichnern des Übereinkommens und zur Kenntnisnahme dem Verwahrer.
(3) Die Vertragsparteien bemühen sich nach Kräften um eine Einigung durch Konsens über eine vorgeschlagene Änderung des Übereinkommens. Sind alle Bemühungen um einen Konsens erschöpft und wird keine Einigung erzielt, so wird als letztes Mittel die Änderung mit Dreiviertelmehrheit der auf der Sitzung anwesenden und abstimmenden Vertragsparteien beschlossen. Die beschlossene Änderung wird vom Sekretariat dem Verwahrer übermittelt, der sie an alle Vertragsparteien zur Annahme weiterleitet.
(4) Die Annahmeurkunden in bezug auf jede Änderung werden beim Verwahrer hinterlegt. Eine nach Absatz 3 beschlossene Änderung tritt für die Vertragsparteien, die sie angenommen haben, am neunzigsten Tag nach dem Zeitpunkt in Kraft, zu dem Annahmeurkunden von mindestens drei Vierteln der Vertragsparteien des Übereinkommens beim Verwahrer eingegangen sind.
(5) Für jede andere Vertragspartei tritt die Änderung am neunzigsten Tag nach dem Zeitpunkt in Kraft, zu dem diese Vertragspartei ihre Urkunde über die Annahme der betreffenden Änderung beim Verwahrer hinterlegt hat.

(6) Im Sinne dieses Artikels bedeutet »anwesende und abstimmende Vertragsparteien« die anwesenden Vertragsparteien, die eine Ja-Stimme oder eine Nein-Stimme abgeben.

Artikel 16 Beschlußfassung über Anlagen und Änderung von Anlagen des Übereinkommens
(1) Die Anlagen des Übereinkommens sind Bestandteil des Übereinkommens; sofern nicht ausdrücklich etwas anderes vorgesehen ist, stellt eine Bezugnahme auf das Übereinkommen gleichzeitig eine Bezugnahme auf die Anlagen dar. Unbeschadet des Artikels 14 Absatz 2 Buchstabe b) und Absatz 7 sind solche Anlagen auf Listen, Formblätter und andere erläuternde Materialien wissenschaftlicher, technischer, verfahrensmäßiger oder verwaltungstechnischer Art beschränkt.
(2) Anlagen des Übereinkommens werden nach dem in Artikel 15 Absätze 2, 3 und 4 festgelegten Verfahren vorgeschlagen und beschlossen.
(3) Eine Anlage, die nach Absatz 2 beschlossen worden ist, tritt für alle Vertragsparteien des Übereinkommens sechs Monate nach dem Zeitpunkt in Kraft, zu dem der Verwahrer diesen Vertragsparteien mitgeteilt hat, daß die Anlage beschlossen worden ist; ausgenommen sind die Vertragsparteien, die dem Verwahrer innerhalb dieses Zeitraums schriftlich notifiziert haben, daß sie die Anlage nicht annehmen. Für die Vertragsparteien, die ihre Notifikation über die Nichtannahme zurücknehmen, tritt die Anlage am neunzigsten Tag nach dem Zeitpunkt in Kraft, zu dem die Rücknahmenotifikation beim Verwahrer eingeht.
(4) Der Vorschlag von Änderungen von Anlagen des Übereinkommens, die Beschlußfassung darüber und das Inkrafttreten derselben unterliegen demselben Verfahren wie der Vorschlag von Anlagen des Übereinkommens, die Beschlußfassung darüber und das Inkrafttreten derselben nach den Absätzen 2 und 3.
(5) Hat die Beschlußfassung über eine Anlage oder eine Änderung einer Anlage eine Änderung des Übereinkommens zur Folge, so tritt diese Anlage oder Änderung einer Anlage erst in Kraft, wenn die Änderung des Übereinkommens selbst in Kraft tritt.

Artikel 17 Protokolle
(1) Die Konferenz der Vertragsparteien kann auf jeder ordentlichen Tagung Protokolle des Übereinkommens beschließen.
(2) Der Wortlaut eines vorgeschlagenen Protokolls wird den Vertragsparteien mindestens sechs Monate vor der betreffenden Tagung vom Sekretariat übermittelt.
(3) Die Voraussetzungen für das Inkrafttreten eines Protokolls werden durch das Protokoll selbst festgelegt.
(4) Nur Vertragsparteien des Übereinkommens können Vertragsparteien eines Protokolls werden.
(5) Beschlüsse aufgrund eines Protokolls werden nur von den Vertragsparteien des betreffenden Protokolls gefaßt.

Artikel 18 Stimmrecht
(1) Jede Vertragspartei des Übereinkommens hat eine Stimme, sofern nicht in Absatz 2 etwas anderes bestimmt ist.
(2) Organisationen der regionalen Wirtschaftsintegration üben in Angelegenheiten ihrer Zuständigkeit ihr Stimmrecht mit der Anzahl von Stimmen aus, die der Anzahl ihrer Mitgliedstaaten entspricht, die Vertragsparteien des Übereinkommens sind. Eine solche Organisation übt ihr Stimmrecht nicht aus, wenn einer ihrer Mitgliedstaaten sein Stimmrecht ausübt, und umgekehrt.

Artikel 19 Verwahrer
Der Generalsekretär der Vereinten Nationen ist Verwahrer des Übereinkommens und der nach Artikel 17 beschlossenen Protokolle.

Artikel 20 Unterzeichnung
Dieses Übereinkommen liegt während der Konferenz der Vereinten Nationen über Umwelt und Entwicklung in Rio de Janeiro und danach vom 20. Juni 1992 bis zum 19. Juni 1993 am Sitz der Vereinten Nationen in New York für die Mitgliedstaaten der Vereinten Nationen oder einer ihrer Sonderorganisationen oder für Vertragsstaaten des Statuts des Internationalen Gerichtshofs sowie für Organisationen der regionalen Wirtschaftsintegration zur Unterzeichnung auf.

Art. 21–25 VN-Rahmenübereinkommen über Klimaänderungen 28

Artikel 21 Vorläufige Regelungen
(1) Bis zum Abschluß der ersten Tagung der Konferenz der Vertragsparteien werden die in Artikel 8 genannten Sekretariatsaufgaben vorläufig durch das von der Generalversammlung der Vereinten Nationen in ihrer Resolution 45/212 vom 21. Dezember 1990 eingesetzte Sekretariat übernommen.
(2) Der Leiter des in Absatz 1 genannten vorläufigen Sekretariats arbeitet eng mit der Zwischenstaatlichen Sachverständigengruppe über Klimaänderungen (Intergovernmental Panel on Climate Change) zusammen, um sicherzustellen, daß die Gruppe dem Bedarf an objektiver wissenschaftlicher und technischer Beratung entsprechen kann. Andere maßgebliche wissenschaftliche Gremien können auch befragt werden.
(3) Die Globale Umweltfazilität des Entwicklungsprogramms der Vereinten Nationen, des Umweltprogramms der Vereinten Nationen und der Internationalen Bank für Wiederaufbau und Entwicklung ist die internationale Einrichtung, der vorläufig die Erfüllung der Aufgaben des in Artikel 11 vorgesehenen Finanzierungsmechanismus anvertraut ist. Hierzu sollte die Globale Umweltfazilität angemessen umstrukturiert werden und allen Staaten offenstehen, damit sie den Anforderungen des Artikels 11 gerecht werden kann.

Artikel 22 Ratifikation, Annahme, Genehmigung oder Beitritt
(1) Das Übereinkommen bedarf der Ratifikation, der Annahme, der Genehmigung oder des Beitritts durch die Staaten und durch die Organisationen der regionalen Wirtschaftsintegration. Es steht von dem Tag an, an dem es nicht mehr zur Unterzeichnung aufliegt, zum Beitritt offen. Die Ratifikations-, Annahme-, Genehmigungs- oder Beitrittsurkunden werden beim Verwahrer hinterlegt.
(2) Jede Organisation der regionalen Wirtschaftsintegration, die Vertragspartei des Übereinkommens wird, ohne daß einer ihrer Mitgliedstaaten Vertragspartei ist, ist durch alle Verpflichtungen aus dem Übereinkommen gebunden. Sind ein oder mehrere Mitgliedstaaten einer solchen Organisation Vertragspartei des Übereinkommens, so entscheiden die Organisation und ihre Mitgliedstaaten über ihre jeweiligen Verantwortlichkeiten hinsichtlich der Erfüllung ihrer Verpflichtungen aus dem Übereinkommen. In diesen Fällen sind die Organisation und die Mitgliedstaaten nicht berechtigt, die Rechte aufgrund des Übereinkommens gleichzeitig auszuüben.
(3) In ihren Ratifikations-, Annahme-, Genehmigungs- oder Beitrittsurkunden erklären die Organisationen der regionalen Wirtschaftsintegration den Umfang ihrer Zuständigkeiten in bezug auf die durch das Übereinkommen erfaßten Angelegenheiten. Diese Organisationen teilen auch jede wesentliche Änderung des Umfangs ihrer Zuständigkeiten dem Verwahrer mit, der seinerseits die Vertragsparteien unterrichtet.

Artikel 23 Inkrafttreten
(1) Das Übereinkommen tritt am neunzigsten Tag nach dem Zeitpunkt der Hinterlegung der fünfzigsten Ratifikations-, Annahme-, Genehmigungs- oder Beitrittsurkunde in Kraft.
(2) Für jeden Staat oder für jede Organisation der regionalen Wirtschaftsintegration, die nach Hinterlegung der fünfzigsten Ratifikations-, Annahme-, Genehmigungs- oder Beitrittsurkunde das Übereinkommen ratifiziert, annimmt, genehmigt oder ihm beitritt, tritt das Übereinkommen am neunzigsten Tag nach dem Zeitpunkt der Hinterlegung der Ratifikations-, Annahme-, Genehmigungs- oder Beitrittsurkunde durch den Staat oder die Organisation der regionalen Wirtschaftsintegration in Kraft.
(3) Für die Zwecke der Absätze 1 und 2 zählt eine von einer Organisation der regionalen Wirtschaftsintegration hinterlegte Urkunde nicht als zusätzliche Urkunde zu den von den Mitgliedstaaten der Organisation hinterlegten Urkunden.

Artikel 24 Vorbehalte
Vorbehalte zu dem Übereinkommen sind nicht zulässig.

Artikel 25 Rücktritt
(1) Eine Vertragspartei kann jederzeit nach Ablauf von drei Jahren nach dem Zeitpunkt, zu dem das Übereinkommen für sie in Kraft getreten ist, durch eine an den Verwahrer gerichtete schriftliche Notifikation vom Übereinkommen zurücktreten.

(2) Der Rücktritt wird nach Ablauf eines Jahres nach dem Eingang der Rücktrittsnotifikation beim Verwahrer oder zu einem gegebenenfalls in der Rücktrittsnotifikation genannten späteren Zeitpunkt wirksam.

(3) Eine Vertragspartei, die vom Übereinkommen zurücktritt, gilt auch als von den Protokollen zurückgetreten, deren Vertragspartei sie ist.

Artikel 26 Verbindliche Wortlaute
Die Urschrift dieses Übereinkommens, dessen arabischer, chinesischer, englischer, französischer, russischer und spanischer Wortlaut gleichermaßen verbindlich ist, wird beim Generalsekretär der Vereinten Nationen hinterlegt.

Zu Urkund dessen haben die hierzu gehörig befugten Unterzeichneten dieses Übereinkommen unterschrieben.

Geschehen zu New York am 9. Mai 1992.

Protokoll von Kyoto zum Rahmenübereinkommen der Vereinten Nationen über Klimaänderungen[1]

Vom 11. Dezember 1997

– Auszug –

Die Vertragsparteien dieses Protokolls –
als Vertragsparteien des Rahmenübereinkommens der Vereinten Nationen über Klimaänderungen, im folgenden als »Übereinkommen« bezeichnet,
in Verfolgung des in Artikel 2 des Übereinkommens festgelegten Endziels,
eingedenk der Bestimmungen des Übereinkommens,
geleitet von Artikel 3 des Übereinkommens,
in Anwendung des durch Beschluß 1/CP.1 der Konferenz der Vertragsparteien des Übereinkommens auf ihrer ersten Tagung angenommenen Berliner Mandats –
sind wie folgt übereingekommen:

Artikel 1
Für die Zwecke dieses Protokolls finden die in Artikel 1 des Übereinkommens enthaltenen Begriffsbestimmungen Anwendung. Darüber hinaus
1. bedeutet »Konferenz der Vertragsparteien« die Konferenz der Vertragsparteien des Übereinkommens;
2. bedeutet »Übereinkommen« das am 9. Mai 1992 in New York angenommene Rahmenübereinkommen der Vereinten Nationen über Klimaänderungen;
3. bedeutet »Zwischenstaatliche Sachverständigengruppe für Klimaänderungen« die 1988 von der Weltorganisation für Meteorologie und dem Umweltprogramm der Vereinten Nationen gemeinsam eingerichtete Zwischenstaatliche Sachverständigengruppe für Klimaänderungen (Intergovernmental Panel on Climate Change);
4. bedeutet »Montrealer Protokoll« das am 16. September 1987 in Montreal angenommene und später angepaßte und geänderte Montrealer Protokoll über Stoffe, die zu einem Abbau der Ozonschicht führen;
5. bedeutet »anwesende und abstimmende Vertragsparteien« die anwesenden Vertragsparteien, die eine Ja- oder eine Nein-Stimme abgeben;
6. bedeutet »Vertragspartei« eine Vertragspartei dieses Protokolls, sofern sich aus dem Zusammenhang nichts anderes ergibt;
7. bedeutet »in Anlage I aufgeführte Vertragspartei« eine Vertragspartei, die in Anlage I des Übereinkommens in seiner jeweils geänderten Fassung aufgeführt ist, oder eine Vertragspartei, die eine Notifikation nach Artikel 4 Absatz 2 Buchstabe g des Übereinkommens übermittelt hat.

Artikel 2
(1) Um eine nachhaltige Entwicklung zu fördern, wird jede in Anlage I aufgeführte Vertragspartei bei der Erfüllung ihrer quantifizierten Emissionsbegrenzungs- und -reduktionsverpflichtungen nach Artikel 3
a) entsprechend ihren nationalen Gegebenheiten Politiken und Maßnahmen wie die folgenden umsetzen und/oder näher ausgestalten:
    i) Verbesserung der Energieeffizienz in maßgeblichen Bereichen der Volkswirtschaft;
    ii) Schutz und Verstärkung von Senken und Speichern von nicht durch das Montrealer Protokoll geregelten Treibhausgasen unter Berücksichtigung der eigenen Verpflichtungen im Rahmen einschlägiger internationaler Umweltübereinkünfte sowie Förderung nachhaltiger Waldbewirtschaftungsmethoden, Aufforstung und Wiederaufforstung;
    iii) Förderung nachhaltiger landwirtschaftlicher Bewirtschaftungsformen unter Berücksichtigung von Überlegungen zu Klimaänderungen;

---

[1] Deutscher Text: *BGBl.* 2002 II S. 967.
Internationale Quelle: *UNTS* Bd. 2303 S. 148; *ABl. EG* 2002 Nr. L 130/4.
Inkrafttreten, auch für die Bundesrepublik Deutschland, am 16. Februar 2005.

iv) Erforschung und Förderung, Entwicklung und vermehrte Nutzung von neuen und erneuerbaren Energieformen, von Technologien zur Bindung von Kohlendioxid und von fortschrittlichen und innovativen umweltverträglichen Technologien;
v) fortschreitende Verringerung oder schrittweise Abschaffung von Marktverzerrungen, steuerlichen Anreizen, Steuer- und Zollbefreiungen und Subventionen, die im Widerspruch zum Ziel des Übereinkommens stehen, in allen Treibhausgase emittierenden Sektoren und Anwendung von Marktinstrumenten;
vi) Ermutigung zu geeigneten Reformen in maßgeblichen Bereichen mit dem Ziel, Politiken und Maßnahmen zur Begrenzung oder Reduktion von Emissionen von nicht durch das Montrealer Protokoll geregelten Treibhausgasen zu fördern;
vii) Maßnahmen zur Begrenzung und/oder Reduktion von Emissionen von nicht durch das Montrealer Protokoll geregelten Treibhausgasen im Verkehrsbereich;
viii) Begrenzung und/oder Reduktion von Methanemissionen durch Rückgewinnung und Nutzung im Bereich der Abfallwirtschaft sowie bei Gewinnung, Beförderung und Verteilung von Energie;

b) mit den anderen in Anlage I aufgeführten Vertragsparteien nach Artikel 4 Absatz 2 Buchstabe e Ziffer i des Übereinkommens zusammenarbeiten, um die Wirksamkeit der aufgrund dieses Artikels beschlossenen einzelnen Politiken und Maßnahmen sowie deren Wirksamkeit in ihrer Kombination zu verstärken. Zu diesem Zweck unternehmen diese Vertragsparteien Schritte, um die eigenen Erfahrungen sowie Informationen über diese Politiken und Maßnahmen auszutauschen, wozu auch die Entwicklung von Möglichkeiten zur Verbesserung ihrer Vergleichbarkeit, Transparenz und Wirksamkeit gehören. Die als Tagung der Vertragsparteien dieses Protokolls dienende Konferenz der Vertragsparteien wird auf ihrer ersten Tagung oder möglichst bald danach unter Berücksichtigung aller einschlägigen Informationen über Möglichkeiten der Erleichterung dieser Zusammenarbeit beraten.

(2) Die in Anlage I aufgeführten Vertragsparteien setzen ihre Bemühungen um eine Begrenzung oder Reduktion der Emissionen von nicht durch das Montrealer Protokoll geregelten Treibhausgasen aus dem Luftverkehr und der Seeschiffahrt im Rahmen der Internationalen Zivilluftfahrt-Organisation beziehungsweise der Internationalen Seeschiffahrts-Organisation fort.

(3) Die in Anlage I aufgeführten Vertragsparteien sind unter Berücksichtigung des Artikels 3 des Übereinkommens bestrebt, die Politiken und Maßnahmen aufgrund dieses Artikels in einer Weise umzusetzen, daß die nachteiligen Auswirkungen so gering wie möglich gehalten werden, darunter auch die nachteiligen Auswirkungen der Klimaänderungen, die Auswirkungen auf den Welthandel und die Auswirkungen auf den Sozialbereich, die Umwelt und die Wirtschaft anderer Vertragsparteien, vor allem der Vertragsparteien, die Entwicklungsländer sind, und insbesondere derjenigen, die in Artikel 4 Absätze 8 und 9 des Übereinkommens bezeichnet sind. Die als Tagung der Vertragsparteien dieses Protokolls dienende Konferenz der Vertragsparteien kann gegebenenfalls weitere Schritte zur Förderung der Durchführung dieses Absatzes unternehmen.

(4) Beschließt die als Tagung der Vertragsparteien dieses Protokolls dienende Konferenz der Vertragsparteien, daß es nützlich wäre, irgendwelche der in Absatz 1 Buchstabe a genannten Politiken und Maßnahmen unter Berücksichtigung der unterschiedlichen nationalen Gegebenheiten und der möglichen Auswirkungen zu koordinieren, so prüft sie Mittel und Wege, um Einzelheiten der Koordinierung dieser Politiken und Maßnahmen festzulegen.

Artikel 3
(1) Die in Anlage I aufgeführten Vertragsparteien sorgen einzeln oder gemeinsam dafür, daß ihre gesamten anthropogenen Emissionen der in Anlage A aufgeführten Treibhausgase in Kohlendioxidäquivalenten die ihnen zugeteilten Mengen, berechnet auf der Grundlage ihrer in Anlage B niedergelegten quantifizierten Emissionsbegrenzungs- und -reduktionsverpflichtungen und in Übereinstimmung mit diesem Artikel, nicht überschreiten, mit dem Ziel, innerhalb des Verpflichtungszeitraums 2008 bis 2012 ihre Gesamtemissionen solcher Gase um mindestens 5 v.H. unter das Niveau von 1990 zu senken.

Art. 3 Kyoto-Protokoll 28a

(2) Jede in Anlage I aufgeführte Vertragspartei muß bis zum Jahr 2005 bei der Erfüllung ihrer Verpflichtungen aus diesem Protokoll nachweisbare Fortschritte erzielt haben.

(3) Die Nettoänderungen der Emissionen von Treibhausgasen aus Quellen und des Abbaus solcher Gase durch Senken als Folge unmittelbar vom Menschen verursachter Landnutzungsänderungen und forstwirtschaftlicher Maßnahmen, die auf Aufforstung, Wiederaufforstung und Entwaldung seit 1990 begrenzt sind, gemessen als nachprüfbare Veränderungen der Kohlenstoffbestände in jedem Verpflichtungszeitraum, werden zur Erfüllung der jeder in Anlage I aufgeführten Vertragspartei obliegenden Verpflichtungen nach diesem Artikel verwendet. Die Emissionen von Treibhausgasen aus Quellen und der Abbau solcher Gase durch Senken, die mit diesen Maßnahmen verbunden sind, werden nach Maßgabe der Artikel 7 und 8 in transparenter und nachprüfbarer Weise gemeldet und überprüft.

(4) Vor der ersten Tagung der als Tagung der Vertragsparteien dieses Protokolls dienenden Konferenz der Vertragsparteien stellt jede in Anlage I aufgeführte Vertragspartei Daten zur Prüfung durch das Nebenorgan für wissenschaftliche und technologische Beratung bereit, anhand derer die Höhe ihrer Kohlenstoffbestände im Jahr 1990 bestimmt und die Veränderungen ihrer Kohlenstoffbestände in den Folgejahren geschätzt werden können. Die als Tagung der Vertragsparteien des Protokolls dienende Konferenz der Vertragsparteien beschließt auf ihrer ersten Tagung oder möglichst bald danach über Modalitäten, Regeln und Leitlinien im Hinblick darauf, welche zusätzlichen vom Menschen verursachten Tätigkeiten in bezug auf Änderungen der Emissionen von Treibhausgasen aus Quellen und des Abbaus solcher Gase durch Senken in den Kategorien landwirtschaftliche Böden sowie Landnutzungsänderungen und Forstwirtschaft den den in Anlage I aufgeführten Vertragsparteien zugeteilten Mengen hinzugerechnet oder von ihnen abgezogen werden, und auf welche Weise dies erfolgen soll, wobei Unsicherheiten, die Transparenz der Berichterstattung, die Nachprüfbarkeit, die methodische Arbeit der Zwischenstaatlichen Sachverständigengruppe zu Klimaänderungen, die von dem Nebenorgan für wissenschaftliche und technologische Beratung nach Artikel 5 abgegebenen Empfehlungen und die Beschlüsse der Konferenz der Vertragsparteien zu berücksichtigen sind. Ein solcher Beschluß kommt in dem zweiten und den nachfolgenden Verpflichtungszeiträumen zur Anwendung. Eine Vertragspartei hat die Wahl, einen solchen Beschluß über diese zusätzlichen vom Menschen verursachten Tätigkeiten auf ihren ersten Verpflichtungszeitraum anzuwenden, sofern diese Tätigkeiten ab 1990 stattgefunden haben.

(5) Die in Anlage I aufgeführten und im Übergang zur Marktwirtschaft befindlichen Vertragsparteien, deren Basisjahr oder Basiszeitraum in Anwendung des Beschlusses 9/CP.2 der Konferenz der Vertragsparteien auf deren zweiter Tagung festgelegt wurde, verwenden dieses Basisjahr oder diesen Basiszeitraum bei der Erfüllung ihrer in diesem Artikel genannten Verpflichtungen. Jede andere in Anlage I aufgeführte und im Übergang zur Marktwirtschaft befindliche Vertragspartei, die ihre erste nationale Mitteilung nach Artikel 12 des Übereinkommens noch nicht vorgelegt hat, kann der als Tagung der Vertragsparteien dieses Protokolls dienenden Konferenz der Vertragsparteien auch notifizieren, daß sie ein anderes, früheres Basisjahr oder einen anderen, früheren Basiszeitraum als 1990 bei der Erfüllung ihrer in diesem Artikel genannten Verpflichtungen anzuwenden gedenkt. Die als Tagung der Vertragsparteien des Protokolls dienende Konferenz der Vertragsparteien entscheidet über die Annahme einer solchen Notifikation.

(6) Unter Berücksichtigung des Artikels 4 Absatz 6 des Übereinkommens wird den in Anlage I aufgeführten Vertragsparteien, die sich im Übergang zur Marktwirtschaft befinden, von der als Tagung der Vertragsparteien dieses Protokolls dienenden Konferenz der Vertragsparteien bei der Erfüllung ihrer Verpflichtungen aus dem Protokoll mit Ausnahme derjenigen, die in diesem Artikel genannt sind, ein gewisses Maß an Flexibilität gewährt.

(7) In dem ersten Verpflichtungszeitraum für eine quantifizierte Emissionsbegrenzung und -reduktion von 2008 bis 2012 entspricht die jeder in Anlage I aufgeführten Vertragspartei zugeteilte Menge dem für sie in Anlage B niedergelegten Prozentanteil ihrer gesamten anthropogenen Emissionen der in Anlage A aufgeführten Treibhausgase in Kohlendioxidäquivalenten im Jahr 1990 oder dem nach Absatz 5 bestimmten Basisjahr oder Basiszeitraum, multipliziert mit fünf. Diejenigen in Anlage I aufgeführten Vertragsparteien, für die Landnutzungsänderungen und Forstwirtschaft 1990 eine Nettoquelle von Treibhausgasemissionen darstellten, beziehen in ihr Emissionsbasisjahr 1990 oder ihren entspre-

chenden Emissionsbasiszeitraum die gesamten anthropogenen Emissionen aus Quellen in Kohlendioxidäquivalenten abzüglich des Abbaus solcher Emissionen durch Senken im Jahr 1990 durch Landnutzungsänderungen ein, um die ihnen zugeteilte Menge zu berechnen.

(8) Jede in Anlage I aufgeführte Vertragspartei kann für die in Absatz 7 bezeichnete Berechnung das Jahr 1995 als ihr Basisjahr für wasserstoffhaltige Fluorkohlenwasserstoffe, perfluorierte Kohlenwasserstoffe und Schwefelhexafluorid verwenden.

(9) Die für Folgezeiträume geltenden Verpflichtungen der in Anlage I aufgeführten Vertragsparteien werden durch Änderungen der Anlage B festgelegt, die in Übereinstimmung mit Artikel 21 Absatz 7 beschlossen werden. Die als Tagung der Vertragsparteien dieses Protokolls dienende Konferenz der Vertragsparteien leitet die Erörterung derartiger Verpflichtungen mindestens sieben Jahre vor Ablauf des in Absatz 1 genannten ersten Verpflichtungszeitraums ein.

(10) Alle Emissionsreduktionseinheiten oder jeder Teil einer zugeteilten Menge, die eine Vertragspartei nach Artikel 6 oder Artikel 17 von einer anderen Vertragspartei erwirbt, werden der der erwerbenden Vertragspartei zugeteilten Menge hinzugerechnet.

(11) Alle Emissionsreduktionseinheiten oder jeder Teil einer zugeteilten Menge, die eine Vertragspartei nach Artikel 6 oder Artikel 17 einer anderen Vertragspartei überträgt, werden von der der übertragenden Vertragspartei zugeteilten Menge abgezogen.

(12) Alle zertifizierten Emissionsreduktionen, die eine Vertragspartei nach Artikel 12 von einer anderen Vertragspartei erwirbt, werden der der erwerbenden Vertragspartei zugeteilten Menge hinzugerechnet.

(13) Sind die Emissionen einer in Anlage I aufgeführten Vertragspartei in einem Verpflichtungszeitraum niedriger als die ihr zugeteilte Menge nach diesem Artikel, so wird diese Differenz auf Ersuchen dieser Vertragspartei der ihr zugeteilten Menge für nachfolgende Verpflichtungszeiträume hinzugerechnet.

(14) Jede in Anlage I aufgeführte Vertragspartei ist bestrebt, die in Absatz 1 genannten Verpflichtungen in einer Weise zu erfüllen, daß nachteilige Auswirkungen auf den Sozialbereich, die Umwelt und die Wirtschaft der Vertragsparteien, die Entwicklungsländer sind, insbesondere derjenigen, die in Artikel 4 Absätze 8 und 9 des Übereinkommens bezeichnet sind, so gering wie möglich gehalten werden. In Einklang mit maßgeblichen Beschlüssen der Konferenz der Vertragsparteien über die Durchführung dieser Absätze prüft die als Tagung der Vertragsparteien dieses Protokolls dienende Konferenz der Vertragsparteien auf ihrer ersten Tagung, welche Schritte erforderlich sind, um die nachteiligen Auswirkungen der Klimaänderungen und/oder die Auswirkungen von Gegenmaßnahmen auf die in jenen Absätzen genannten Vertragsparteien so gering wie möglich zu halten. Zu den zu prüfenden Fragen gehören die Schaffung von Finanzierung, die Versicherung und die Weitergabe von Technologie.

Artikel 4

(1) Ist zwischen in Anlage I aufgeführten Vertragsparteien eine Vereinbarung getroffen worden, ihre Verpflichtungen nach Artikel 3 gemeinsam zu erfüllen, so wird angenommen, daß sie diese Verpflichtungen erfüllt haben, sofern die Gesamtmenge ihrer zusammengefaßten anthropogenen Emissionen der in Anlage A aufgeführten Treibhausgase in Kohlendioxidäquivalenten die ihnen zugeteilten Mengen, berechnet auf der Grundlage ihrer in Anlage B niedergelegten quantifizierten Emissionsbegrenzungs- und -reduktionsverpflichtungen und in Übereinstimmung mit Artikel 3, nicht überschreitet. Das jeder der Parteien der Vereinbarung zugeteilte Emissionsniveau wird in der Vereinbarung festgelegt.

(2) Die Parteien einer solchen Vereinbarung notifizieren dem Sekretariat die Bedingungen der Vereinbarung am Tag der Hinterlegung ihrer Ratifikations-, Annahme-, Genehmigungs- oder Beitrittsurkunden zu diesem Protokoll. Das Sekretariat unterrichtet seinerseits die Vertragsparteien und Unterzeichner des Übereinkommens über die Bedingungen der Vereinbarung.

(3) Jede Vereinbarung bleibt während der Dauer des in Artikel 3 Absatz 7 vorgesehenen Verpflichtungszeitraums in Kraft.

(4) Wenn gemeinsam handelnde Vertragsparteien im Rahmen oder zusammen mit einer Organisation der regionalen Wirtschaftsintegration handeln, läßt eine Änderung der Zusammensetzung dieser

Organisation nach Annahme dieses Protokolls die bestehenden Verpflichtungen aus dem Protokoll unberührt. Jede Änderung der Zusammensetzung der Organisation betrifft nur diejenigen in Artikel 3 genannten Verpflichtungen, die nach dieser Änderung beschlossen werden.
(5) Gelingt es den Parteien einer solchen Vereinbarung nicht, ihr zusammengefaßtes Gesamtniveau der Emissionsreduktionen zu erreichen, so ist jede von ihnen für ihr in der Vereinbarung vorgesehenes eigenes Emissionsniveau verantwortlich.
(6) Wenn gemeinsam handelnde Vertragsparteien im Rahmen oder zusammen mit einer Organisation der regionalen Wirtschaftsintegration handeln, die selbst Vertragspartei dieses Protokolls ist, ist jeder Mitgliedstaat dieser Organisation der regionalen Wirtschaftsintegration einzeln sowie zusammen mit der nach Artikel 24 handelnden Organisation der regionalen Wirtschaftsintegration im Fall des Nichterreichens des zusammengefaßten Gesamtniveaus der Emissionsreduktionen für sein in Übereinstimmung mit diesem Artikel notifiziertes Emissionsniveau verantwortlich.

...

Artikel 6
(1) Zur Erfüllung ihrer Verpflichtungen nach Artikel 3 kann jede in Anlage I aufgeführte Vertragspartei Emissionsreduktionseinheiten, die sich aus Projekten zur Reduktion der anthropogenen Emissionen von Treibhausgasen aus Quellen oder zur Verstärkung des anthropogenen Abbaus solcher Gase durch Senken in jedem Bereich der Wirtschaft ergeben, jeder anderen in Anlage I aufgeführten Vertragspartei übertragen oder von jeder anderen in Anlage I aufgeführten Vertragspartei erwerben, sofern
a) ein derartiges Projekt von den beteiligten Vertragsparteien gebilligt worden ist;
b) ein derartiges Projekt zu einer Reduktion der Emissionen aus Quellen oder zu einer Verstärkung des Abbaus durch Senken führt, die zu den ohne das Projekt entstehenden hinzukommt;
c) sie keine Emissionsreduktionseinheiten erwirbt, wenn sie die in den Artikeln 5 und 7 genannten Verpflichtungen nicht erfüllt, und
d) der Erwerb von Emissionsreduktionseinheiten ergänzend zu Maßnahmen im eigenen Land zur Erfüllung der Verpflichtungen nach Artikel 3 erfolgt.
(2) Die als Tagung der Vertragsparteien dieses Protokolls dienende Konferenz der Vertragsparteien kann auf ihrer ersten Tagung oder möglichst bald danach Leitlinien für die Durchführung dieses Artikels, einschließlich Nachprüfung und Berichterstattung, weiter ausarbeiten.
(3) Eine in Anlage I aufgeführte Vertragspartei kann Rechtsträger ermächtigen, sich unter ihrer Verantwortung an Maßnahmen zu beteiligen, die zur Schaffung, zur Übertragung oder zum Erwerb von Emissionsreduktionseinheiten nach diesem Artikel führen.
(4) Wird in Übereinstimmung mit den einschlägigen Bestimmungen des Artikels 8 eine Frage bezüglich der Erfüllung der in diesem Artikel bezeichneten Anforderungen durch eine in Anlage I aufgeführte Vertragspartei festgestellt, so können Übertragung und Erwerb von Emissionsreduktionseinheiten nach der Feststellung der Frage fortgesetzt werden, mit der Maßgabe, daß die betreffenden Einheiten von einer Vertragspartei bis zur Klärung etwaiger Fragen der Einhaltung nicht zur Erfüllung ihrer Verpflichtungen aus Artikel 3 genutzt werden dürfen.

...

Artikel 12
(1) Hiermit wird ein Mechanismus für umweltverträgliche Entwicklung festgelegt.
(2) Zweck des Mechanismus für umweltverträgliche Entwicklung ist es, die nicht in Anlage I aufgeführten Vertragsparteien dabei zu unterstützen, eine nachhaltige Entwicklung zu erreichen und zum Endziel des Übereinkommens beizutragen, und die in Anlage I aufgeführten Vertragsparteien dabei zu unterstützen, die Erfüllung ihrer quantifizierten Emissionsbegrenzungs- und -reduktionsverpflichtungen aus Artikel 3 zu erreichen.
(3) Im Rahmen des Mechanismus für umweltverträgliche Entwicklung
a) werden die nicht in Anlage I aufgeführten Vertragsparteien Nutzen aus Projektmaßnahmen ziehen, aus denen sich zertifizierte Emissionsreduktionen ergeben;

b) können die in Anlage I aufgeführten Vertragsparteien die sich aus diesen Projektmaßnahmen ergebenden zertifizierten Emissionsreduktionen als Beitrag zur Erfüllung eines Teiles ihrer quantifizierten Emissionsbegrenzungs- und -reduktionsverpflichtungen aus Artikel 3 entsprechend den Entscheidungen der als Tagung der Vertragsparteien dieses Protokolls dienenden Konferenz der Vertragsparteien verwenden.

(4) Der Mechanismus für umweltverträgliche Entwicklung unterliegt der Weisungsbefugnis und Leitung der als Tagung der Vertragsparteien dieses Protokolls dienenden Konferenz der Vertragsparteien und wird von einem Exekutivrat des Mechanismus für umweltverträgliche Entwicklung beaufsichtigt.

(5) Die sich aus jeder Projektmaßnahme ergebenden Emissionsreduktionen werden von Einrichtungen zertifiziert, die von der als Tagung der Vertragsparteien dieses Protokolls dienenden Konferenz der Vertragsparteien zu benennen sind, und zwar auf folgender Grundlage:

a) freiwillige Teilnahme, die von jeder beteiligten Vertragspartei gebilligt wird;

b) reale, meßbare und langfristige Vorteile in bezug auf die Abschwächung der Klimaänderungen und

c) Emissionsreduktionen, die zusätzlich zu denen entstehen, die ohne die zertifizierte Projektmaßnahme entstehen würden.

(6) Der Mechanismus für umweltverträgliche Entwicklung hilft bei Bedarf bei der Beschaffung von Finanzierungsmitteln für zertifizierte Projektmaßnahmen.

(7) Die als Tagung der Vertragsparteien dieses Protokolls dienende Konferenz der Vertragsparteien erarbeitet auf ihrer ersten Tagung Modalitäten und Verfahren mit dem Ziel, die Transparenz, Effizienz und Zurechenbarkeit durch eine unabhängige Rechnungsprüfung und Kontrolle der Projektmaßnahmen zu gewährleisten.

(8) Die als Tagung der Vertragsparteien dieses Protokolls dienende Konferenz der Vertragsparteien stellt sicher, daß ein Teil der Erlöse aus zertifizierten Projektmaßnahmen dazu verwendet wird, die Verwaltungskosten zu decken sowie die für die nachteiligen Auswirkungen der Klimaänderungen besonders anfälligen Vertragsparteien, die Entwicklungsländer sind, dabei zu unterstützen, die Anpassungskosten zu tragen.

(9) Die Teilnahme an dem Mechanismus für umweltverträgliche Entwicklung, einschließlich der in Absatz 3 Buchstabe a genannten Maßnahmen und des Erwerbs zertifizierter Emissionsreduktionen, steht privaten und/oder öffentlichen Einrichtungen offen und unterliegt den vom Exekutivrat des Mechanismus für umweltverträgliche Entwicklung erteilten Maßgaben.

(10) Zertifizierte Emissionsreduktionen, die in der Zeit zwischen dem Jahr 2000 und dem Beginn des ersten Verpflichtungszeitraums erworben werden, können als Beitrag zur Erfüllung der Verpflichtungen in dem ersten Verpflichtungszeitraum genutzt werden.

Artikel 13
(1) Die Konferenz der Vertragsparteien als oberstes Gremium des Übereinkommens dient als Tagung der Vertragsparteien dieses Protokolls.
...

Artikel 14
(1) Das nach Artikel 8 des Übereinkommens eingesetzte Sekretariat dient als Sekretariat dieses Protokolls.
...

Artikel 17
Die Konferenz der Vertragsparteien legt die maßgeblichen Grundsätze, Modalitäten, Regeln und Leitlinien, insbesondere für die Kontrolle, die Berichterstattung und die Rechenschaftslegung beim Handel mit Emissionen, fest. Die in Anlage B aufgeführten Vertragsparteien können sich an dem Handel mit Emissionen beteiligen, um ihre Verpflichtungen aus Artikel 3 zu erfüllen. Ein derartiger Handel erfolgt ergänzend zu den im eigenen Land ergriffenen Maßnahmen zur Erfüllung der quantifizierten Emissionsbegrenzungs- und -reduktionsverpflichtungen aus Artikel 3.

Artikel 18
Die als Tagung der Vertragsparteien dieses Protokolls dienende Konferenz der Vertragsparteien genehmigt auf ihrer ersten Tagung geeignete und wirksame Verfahren und Mechanismen zur Feststellung und Behandlung von Fällen der Nichteinhaltung der Bestimmungen des Protokolls, unter anderem durch Zusammenstellung einer indikativen Liste der Folgen, wobei der Ursache, der Art, dem Grad und der Häufigkeit der Nichteinhaltung Rechnung getragen wird. Alle in diesem Artikel genannten Verfahren und Mechanismen, die verbindliche Folgen haben, werden durch Änderung des Protokolls beschlossen.

...

Artikel 23
Der Generalsekretär der Vereinten Nationen ist Verwahrer dieses Protokolls.

Artikel 24
(1) Dieses Protokoll liegt für die Staaten und Organisationen der regionalen Wirtschaftsintegration, die Vertragsparteien des Übereinkommens sind, zur Unterzeichnung auf; es bedarf der Ratifikation, der Annahme oder der Genehmigung durch sie. Es liegt vom 16. März 1998 bis 15. März 1999 am Sitz der Vereinten Nationen in New York zur Unterzeichnung auf. Das Protokoll steht von dem Tag an, an dem es nicht mehr zur Unterzeichnung aufliegt, zum Beitritt offen. Die Ratifikations-, Annahme-, Genehmigungs- oder Beitrittsurkunden werden beim Verwahrer hinterlegt.

...

Artikel 25
(1) Dieses Protokoll tritt am neunzigsten Tag nach dem Zeitpunkt in Kraft, zu dem mindestens 55 Vertragsparteien des Übereinkommens, darunter in Anlage I aufgeführte Vertragsparteien, auf die insgesamt mindestens 55 v.H. der gesamten Kohlendioxidemissionen der in Anlage I aufgeführten Vertragsparteien im Jahr 1990 entfallen, ihre Ratifikations-, Annahme-, Genehmigungs- oder Beitrittsurkunden hinterlegt haben.
(2) Im Sinne dieses Artikels bedeutet »die gesamten Kohlendioxidemissionen der in Anlage I aufgeführten Vertragsparteien im Jahr 1990« die Menge, die von den in Anlage I aufgeführten Vertragsparteien in ihren ersten nach Artikel 12 des Übereinkommens vorgelegten nationalen Mitteilungen an oder vor dem Tag der Annahme dieses Protokolls mitgeteilt wird.
(3) Für jeden Staat oder für jede Organisation der regionalen Wirtschaftsintegration, die nach Erfüllung der in Absatz 1 vorgesehenen Bedingungen für das Inkrafttreten dieses Protokolls ratifiziert, annimmt, genehmigt oder ihm beitritt, tritt dieses Protokoll am neunzigsten Tag nach dem Zeitpunkt der Hinterlegung der Ratifikations-, Annahme-, Genehmigungs- oder Beitrittsurkunde in Kraft.
(4) Für die Zwecke dieses Artikels zählt eine von einer Organisation der regionalen Wirtschaftsintegration hinterlegte Urkunde nicht als zusätzliche Urkunde zu den von den Mitgliedstaaten der Organisation hinterlegten Urkunden.

Artikel 26
Vorbehalte zu diesem Protokoll sind nicht zulässig.

...

Geschehen zu Kyoto am 11. Dezember 1997.
Zu Urkund dessen haben die hierzu gehörig befugten Unterzeichneten dieses Protokoll an den angegebenen Tagen mit ihrer Unterschrift versehen.

29 Rio-Erklärung über Umwelt und Entwicklung Grundsätze 1–7

Rio-Erklärung über Umwelt und Entwicklung[1)]
Vom 14. Juni 1992

Die Konferenz der Vereinten Nationen über Umwelt und Entwicklung,
zum Abschluss ihrer Tagung vom 3. bis 14. Juni 1992 in Rio de Janeiro,
in Bekräftigung der am 16. Juni 1972 in Stockholm verabschiedeten Erklärung der Konferenz der Vereinten Nationen über die Umwelt des Menschen sowie in dem Bemühen, darauf aufzubauen,
mit dem Ziel, durch die Schaffung von neuen Ebenen der Zusammenarbeit zwischen den Staaten, wichtigen Teilen der Gesellschaft und den Menschen eine neue und gerechte weltweite Partnerschaft aufzubauen,
bemüht um internationale Übereinkünfte, die die Interessen aller achten und die Unversehrtheit des globalen Umwelt- und Entwicklungssystems schützen,
anerkennend, dass die Erde, unsere Heimat, ein Ganzes darstellt, dessen Teile miteinander in Wechselbeziehung stehen,
erklärt Folgendes:

Grundsatz 1
Die Menschen stehen im Mittelpunkt der Bemühungen um eine nachhaltige Entwicklung. Sie haben das Recht auf ein gesundes und produktives Leben im Einklang mit der Natur.

Grundsatz 2
Die Staaten haben im Einklang mit der Charta der Vereinten Nationen und den Grundsätzen des Völkerrechts das souveräne Recht, ihre eigenen Ressourcen entsprechend ihrer eigenen Umwelt- und Entwicklungspolitik auszubeuten, und haben die Verantwortung, dafür Sorge zu tragen, dass Tätigkeiten unter ihrer Hoheitsgewalt oder Kontrolle der Umwelt anderer Staaten oder Gebiete jenseits der Grenzen des Bereichs nationaler Hoheitsbefugnisse keinen Schaden zufügen.

Grundsatz 3
Das Recht auf Entwicklung muss so verwirklicht werden, dass den Entwicklungs- und Umweltbedürfnissen der heutigen und der kommenden Generationen in gerechter Weise entsprochen wird.

Grundsatz 4
Damit eine nachhaltige Entwicklung zustande kommt, muss der Umweltschutz Bestandteil des Entwicklungsprozesses sein und darf nicht von diesem getrennt betrachtet werden.

Grundsatz 5
Alle Staaten und alle Menschen müssen bei der grundlegenden Aufgabe, als unverzichtbare Voraussetzung für die nachhaltige Entwicklung die Armut zu beseitigen, zusammenarbeiten, um Ungleichheiten im Lebensstandard zu verringern und den Bedürfnissen der Mehrheit der Menschen in der Welt besser gerecht zu werden.

Grundsatz 6
Erhöhter Vorrang gebührt der besonderen Situation und den besonderen Bedürfnissen der Entwicklungsländer, vor allem der am wenigsten entwickelten Länder und der Länder, die im Hinblick auf die Umwelt am meisten gefährdet sind. Internationale Maßnahmen im Bereich Umwelt und Entwicklung sollten außerdem auf die Interessen und Bedürfnisse aller Länder gerichtet sein.

Grundsatz 7
Die Staaten werden in einem Geist der weltweiten Partnerschaft zusammenarbeiten, um die Gesundheit und die Unversehrtheit des Ökosystems der Erde zu erhalten, zu schützen und wiederherzustellen. Angesichts der unterschiedlichen Beiträge zur globalen Umweltverschlechterung tragen die Staaten gemeinsame, wenngleich unterschiedliche Verantwortlichkeiten. Die entwickelten Staaten erkennen

---

1) Quelle: Deutscher Übersetzungsdienst der Vereinten Nationen,
http://www.un.org/Depts/german/conf/fs_konferenzen.html.
Internationale Quelle: *ILM* 31 (1992) S. 876.
Angenommen auf der Konferenz der Vereinten Nationen über Umwelt und Entwicklung, Rio de Janeiro, 3.-14. Juni 1992.

die Verantwortung an, die sie in Anbetracht des Drucks, den ihre Gesellschaften auf die globale Umwelt ausüben, sowie in Anbetracht der ihnen zur Verfügung stehenden Technologien und Finanzmittel bei dem weltweiten Streben nach nachhaltiger Entwicklung tragen.

Grundsatz 8
Um nachhaltige Entwicklung und eine höhere Lebensqualität für alle Menschen herbeizuführen, sollten die Staaten nicht nachhaltige Produktionsweisen und Konsumgewohnheiten abbauen und beseitigen und eine geeignete Bevölkerungspolitik fördern.

Grundsatz 9
Die Staaten sollten zusammenarbeiten, um den Ausbau der eigenen Kapazitäten für eine nachhaltige Entwicklung zu stärken, indem sie das wissenschaftliche Verständnis durch den Austausch wissenschaftlicher und technologischer Kenntnisse vertiefen und die Entwicklung, Anpassung, Verbreitung und Weitergabe von Technologien fördern.

Grundsatz 10
Umweltfragen sind am besten auf entsprechender Ebene unter Beteiligung aller betroffenen Bürger zu behandeln. Auf nationaler Ebene erhält jeder Einzelne angemessenen Zugang zu den im Besitz öffentlicher Stellen befindlichen Informationen über die Umwelt, einschließlich Informationen über Gefahrstoffe und gefährliche Tätigkeiten in ihren Gemeinden, sowie die Gelegenheit zur Teilhabe an Entscheidungsprozessen. Die Staaten erleichtern und fördern die öffentliche Bewusstseinsbildung und die Beteiligung der Öffentlichkeit, indem sie Informationen in großem Umfang verfügbar machen. Wirksamer Zugang zu Gerichts- und Verwaltungsverfahren, so auch zu Abhilfe und Wiedergutmachung, wird gewährt.

Grundsatz 11
Die Staaten werden wirksame Umweltgesetze verabschieden. Umweltnormen sowie Bewirtschaftungsziele und -prioritäten sollten dem Umwelt- und Entwicklungskontext entsprechen, für den sie gelten. Normen, die in einigen Ländern Anwendung finden, können in anderen Ländern, insbesondere in Entwicklungsländern, unangemessen sein und zu nicht vertretbaren wirtschaftlichen und sozialen Kosten führen.

Grundsatz 12
Die Staaten sollten gemeinsam daran arbeiten, ein stützendes und offenes Weltwirtschaftssystem zu fördern, das in allen Ländern zu Wirtschaftswachstum und nachhaltiger Entwicklung führt und es gestattet, besser gegen die Probleme der Umweltverschlechterung vorzugehen. Umweltbezogene handelspolitische Maßnahmen sollten weder ein Mittel willkürlicher oder ungerechtfertigter Diskriminierung noch eine verdeckte Beschränkung des internationalen Handels darstellen. Einseitige Maßnahmen zur Bewältigung von Umweltproblemen außerhalb des Hoheitsbereichs des Einfuhrlands sollten vermieden werden. Maßnahmen zur Bewältigung grenzüberschreitender oder weltweiter Umweltprobleme sollten soweit möglich auf internationalem Konsens beruhen.

Grundsatz 13
Die Staaten werden innerstaatliche Rechtsvorschriften betreffend die Haftung für Umweltverschmutzungen und andere Umweltschäden und betreffend die Entschädigung der Opfer schaffen. Außerdem werden die Staaten zügig und entschlossener zusammenarbeiten, um das Völkerrecht im Bereich der Haftung und Entschädigung für nachteilige Auswirkungen von Umweltschäden, die durch Tätigkeiten unter ihrer Hoheitsgewalt oder Kontrolle in Gebieten außerhalb ihrer Hoheitsbefugnisse verursacht werden, weiterzuentwickeln.

Grundsatz 14
Die Staaten sollten tatkräftig zusammenarbeiten, um die Verlegung und den Transfer in andere Länder von Tätigkeiten und Stoffen, die zu einer starken Beeinträchtigung der Umwelt führen oder sich für die Gesundheit des Menschen als schädlich erweisen, zu erschweren oder zu verhindern.

Grundsatz 15
Zum Schutz der Umwelt wenden die Staaten im Rahmen ihrer Möglichkeiten allgemein den Vorsorgegrundsatz an. Drohen schwerwiegende oder bleibende Schäden, so darf ein Mangel an vollständiger

29 Rio-Erklärung über Umwelt und Entwicklung Grundsätze 16–26

wissenschaftlicher Gewissheit kein Grund dafür sein, kostenwirksame Maßnahmen zur Vermeidung von Umweltverschlechterungen aufzuschieben.

Grundsatz 16
Die nationalen Behörden sollten bestrebt sein, die Internalisierung von Umweltkosten und den Einsatz wirtschaftlicher Instrumente zu fördern, wobei sie unter gebührender Berücksichtigung des öffentlichen Interesses und unter Vermeidung von Verzerrungen im Welthandel und bei den internationalen Investitionen den Ansatz verfolgen sollten, dass grundsätzlich der Verursacher die Kosten der Verschmutzung zu tragen hat.

Grundsatz 17
Als nationales Instrument sind bei Vorhaben, die geeignet sind, erhebliche nachteilige Auswirkungen auf die Umwelt zu haben und der Entscheidung durch eine zuständige nationale Behörde bedürfen, Umweltverträglichkeitsprüfungen durchzuführen.

Grundsatz 18
Die Staaten haben andere Staaten sofort über Naturkatastrophen oder andere Notfälle zu unterrichten, die geeignet sind, zu plötzlichen schädlichen Auswirkungen auf deren Umwelt zu führen. Die Völkergemeinschaft macht alle Anstrengungen, um den so betroffenen Staaten zu helfen.

Grundsatz 19
Die Staaten haben möglicherweise betroffene Staaten über Tätigkeiten, die schwerwiegende nachteilige grenzüberschreitende Auswirkungen auf die Umwelt haben können, im voraus und rechtzeitig zu unterrichten, ihnen sachdienliche Informationen zur Verfügung zu stellen und sie frühzeitig und in redlicher Absicht zu konsultieren.

Grundsatz 20
Frauen kommt bei der Bewirtschaftung der Umwelt und der Entwicklung eine grundlegende Rolle zu. Ihre volle Einbeziehung ist daher eine wesentliche Voraussetzung für die Herbeiführung nachhaltiger Entwicklung.

Grundsatz 21
Die Kreativität, die Ideale und der Mut der Jugend der Welt sollten mobilisiert werden, um eine weltweite Partnerschaft zu schaffen und so eine nachhaltige Entwicklung herbeizuführen und eine bessere Zukunft für alle zu sichern.

Grundsatz 22
Indigenen Bevölkerungsgruppen und ihren Gemeinschaften sowie anderen ortsansässigen Gemeinschaften kommt wegen ihres Wissens und ihrer überlieferten Bräuche eine grundlegende Rolle bei der Bewirtschaftung der Umwelt und der Entwicklung zu. Die Staaten sollten die Identität, die Kultur und die Interessen dieser Gruppen und Gemeinschaften anerkennen und gebührend unterstützen und ihre wirksame Teilhabe an der Herbeiführung einer nachhaltigen Entwicklung ermöglichen.

Grundsatz 23
Die Umwelt und die natürlichen Ressourcen der Völker, die in Unterdrückung, unter Fremdherrschaft und unter Besatzung leben, sind zu schützen.

Grundsatz 24
Kriegshandlungen haben ihrer Natur nach zerstörerische Auswirkungen auf die nachhaltige Entwicklung. Aus diesem Grund haben die Staaten die völkerrechtlichen Bestimmungen über den Schutz der Umwelt in Zeiten bewaffneter Auseinandersetzungen zu achten und soweit erforderlich zusammen weiterzuentwickeln.

Grundsatz 25
Frieden, Entwicklung und Umweltschutz bedingen einander und sind unteilbar.

Grundsatz 26
Die Staaten werden alle ihre Streitigkeiten im Umweltbereich friedlich und mit geeigneten Mitteln im Einklang mit der Charta der Vereinten Nationen beilegen.

Grundsatz 27

Die Staaten und Völker müssen in gutem Glauben und im Geist der Partnerschaft bei der Erfüllung der in dieser Erklärung enthaltenen Grundsätze sowie bei der Weiterentwicklung des Völkerrechts auf dem Gebiet der nachhaltigen Entwicklung zusammenarbeiten.

VI. Internationales Wirtschaftsrecht

Allgemeines Zoll- und Handelsabkommen 1994[1)]
Vom 15. April 1994[2)] (ABl. Nr. L 336 S. 11)
– Auszug –

1. Das Allgemeine Zoll- und Handelsabkommen 1994 (»GATT 1994«) besteht aus:
   a) den Bestimmungen des Allgemeinen Zoll- und Handelsabkommens vom 30. Oktober 1947 im Anhang zu der zum Abschluß der zweiten Tagung des Vorbereitungsausschusses der VN-Konferenz über Handel und Beschäftigung angenommenen Schlußakte (mit Ausnahme des Protokolls über die vorläufige Anwendung) in der durch die Rechtsinstrumente, die vor dem Inkrafttreten des WTO-Abkommens in Kraft getreten sind, berichtigten, geänderten oder modifizierten Fassung:
   b) den nachstehend aufgeführten Rechtsinstrumenten, die aufgrund des GATT 1947 vor dem Inkrafttreten des WTO-Abkommens in Kraft getreten sind:
      i) Protokolle und Bestätigungen zu den Zollzugeständnissen;
      ii) Beitrittsprotokolle (mit Ausnahme der Bestimmungen, die a) die vorläufige Anwendung und die Kündigung der vorläufigen Anwendung betreffen und b) bestimmen, daß Teil II des GATT 1947 vorläufig so weit in vollem Umfang angewendet wird, wie dies mit den am Datum des Protokolls in Kraft befindlichen Rechtsvorschriften zu vereinbaren ist);
      iii) Beschlüsse über Befreiungen gemäß Artikel XXV des GATT 1947, die zum Zeitpunkt des Inkrafttretens des WTO-Abkommens noch in Kraft sind[3)];
      iv) sonstige Beschlüsse der VERTRAGSPARTEIEN des GATT 1947;
   c) den nachstehenden Vereinbarungen:
      i) Vereinbarung zur Auslegung des Artikels II Absatz 1 Buchstabe b) des Allgemeinen Zoll- und Handelsabkommens 1994;
      ii) Vereinbarung zur Auslegung des Artikels XVII des Allgemeinen Zoll- und Handelsabkommens 1994;
      iii) Vereinbarung über Zahlungsbilanzbestimmungen des Allgemeinen Zoll- und Handelsabkommens 1994;
      iv) Vereinbarung zur Auslegung des Artikels XXIV des Allgemeinen Zoll- und Handelsabkommens 1994;
      v) Vereinbarung über Befreiungen von Verpflichtungen nach dem Allgemeinen Zoll- und Handelsabkommen 1994;
      vi) Vereinbarung zur Auslegung des Artikels XXVIII des Allgemeinen Zoll- und Handelsabkommens 1994;
   d) dem Marrakesch-Protokoll zum GATT 1994.
2. Erläuterungen
   a) In den Bestimmungen des GATT 1994 bezeichnet der Ausdruck »Vertragspartei« ein »Mitglied«. Die Ausdrücke »wenig entwickelte Vertragspartei« und »entwickelte Vertragspartei« bezeichnen ein »Entwicklungsland-Mitglied« und ein »Industrieland-Mitglied«. Der Ausdruck »Exekutivsekretär« bezeichnet den »Generaldirektor der WTO«.

---

1) Verkündet als Anhang 1a, »Multilaterale Handelsübereinkünfte« zum Übereinkommen zur Errichtung der Welthandelsorganisation (WTO) v. 15. 4. 1994 (ABl. Nr. L 336 S. 11).
2) Das Abkommen wurde ratifiziert durch Beschl. v. 22. 12. 1994 (ABl. Nr. L 336 S. 1).
3) **Amtl. Anm.:** Die gemäß diesem Artikel gewährten Befreiungen sind in Fußnote 7 auf den Seiten 11 und 12 in Abschnitt II des Dokuments MTN/FA vom 15. Dezember 1993 und in Dok. MTN/FA/Corr. vom 21. März 1994 aufgeführt. Auf ihrer ersten Tagung erstellt die Ministerkonferenz eine überarbeitete Liste der nach diesem Artikel gewährten Befreiungen, die auch alle aufgrund des GATT 1947 seit dem 15. Dezember 1993 und vor dem Inkrafttreten des WTO-Abkommens gewährten Befreiungen einbezieht und in der die bis dahin abgelaufenen Befreiungen gestrichen sind.

b) In Artikel XV Absätze 1, 2 und 8 und in Artikel XXXVIII sowie in den Anmerkungen zu den Artikeln XII und XVIII und in den Bestimmungen des Artikels XV Absätze 2, 3, 6, 7 und 9 des GATT 1994 über besondere Devisenabkommen gelten die Verweise auf die gemeinsam handelnden VERTRAGSPARTEIEN als Verweise auf die WTO. Die anderen Aufgaben, die das GATT 1994 den gemeinsam handelnden VERTRAGSPARTEIEN überträgt, werden von der Ministerkonferenz zugewiesen.

c) i) Der Wortlaut des GATT 1994 ist in englischer, französischer und spanischer Sprache verbindlich.

ii) Im Wortlaut des GATT 1994 in französischer Sprache sind die in Anhang A zu Dokument MTN.TNC/41 angegebenen Berichtigungen vorzunehmen.

iii) Der verbindliche Wortlaut des GATT 1994 in spanischer Sprache ist vorbehaltlich der in Anhang B zu Dokument MTN.TNC/41 angegebenen Berichtigungen der Wortlaut in Band IV der Reihe Basic Instruments and Selected Documents.

3. a) Teil II des GATT 1994 gilt nicht für Maßnahmen, die ein Mitglied aufgrund spezifischer zwingender Rechtsvorschriften trifft, die von diesem Mitglied erlassen wurden, bevor es Vertragspartei des GATT 1947 wurde, und die die Verwendung, den Verkauf oder die Vermietung von im Ausland gebauten oder im Ausland instand gesetzten Schiffen zu gewerblichen Zwecken zwischen Orten innerhalb der Hoheitsgewässer oder der Gewässer einer ausschließlichen Wirtschaftszone verbieten. Diese Ausnahme gilt für: a) die Beibehaltung oder alsbaldige Verlängerung einer abweichenden Rechtsvorschrift; und b) die Änderung einer abweichenden Rechtsvorschrift, soweit diese Änderung die Übereinstimmung der Vorschrift mit Teil II des GATT 1947 nicht mindert. Diese Ausnahme beschränkt sich auf Maßnahmen aufgrund der oben beschriebenen Rechtsvorschriften, die vor dem Zeitpunkt des Inkrafttretens des WTO-Abkommens notifiziert und spezifiziert wurden. Werden solche Rechtsvorschriften in der Folge so geändert, daß ihre Übereinstimmung mit Teil II des GATT 1994 gemindert wird, findet dieser Absatz auf sie keine Anwendung mehr.

b) Die Ministerkonferenz überprüft diese Ausnahme spätestens fünf Jahre nach dem Inkrafttreten des WTO-Abkommens und danach alle zwei Jahre, solange die Ausnahme in Kraft ist, um festzustellen, ob die Bedingungen, die die Ausnahme erforderlich machten, noch bestehen.

c) Ein Mitglied, für dessen Maßnahmen diese Ausnahme gilt, übermittelt jährlich genaue statistische Angaben, die den Fünfjahresdurchschnitt der tatsächlichen und zu erwartenden Lieferungen der Schiffe, für die diese Ausnahme gilt, und zusätzliche Angaben über deren Verwendung, Verkauf, Vermietung oder Instandsetzung enthalten.

d) Einem Mitglied, nach dessen Auffassung die Auswirkungen dieser Ausnahme eine gegenseitige verhältnismäßige Beschränkung der Verwendung, des Verkaufs, der Vermietung oder der Instandsetzung von Schiffen rechtfertigt, die im Hoheitsgebiet des Mitglieds, das sich auf die Ausnahme beruft, gebaut wurden, steht es frei, eine solche Beschränkung, die es zuvor der Ministerkonferenz notifizieren muß, einzuführen.

e) Diese Ausnahme gilt unbeschadet der Lösungen für spezifische Aspekte der unter diese Ausnahme fallenden Rechtsvorschriften, die im Rahmen sektoraler Übereinkommen oder in anderem Rahmen ausgehandelt werden.

Art. I GATT 1994/1947 30

Allgemeines Zoll- und Handelsabkommen (GATT) vom 30. Oktober 1947 in der vom 1. März 1969 an geltenden Fassung[1)]

BGBl. 1951 II S. 173; UNTS 55 S. 94; in Kraft für die Bundesrepublik am 1. Oktober 1951; kodifizierte Fassung in: Deutsches Handelsarchiv 1969, S. 2663; GATT, Basic Instruments and Selected Documents IV (1969), S. 1

Die Regierungen des Australischen Bundes, des Königreichs Belgien, der Vereinigten Staaten von Brasilien, von Birma, Kanada, Ceylon, der Republik Chile, der Republik China, der Republik Kuba, der Tschechoslowakischen Republik, der Französischen Republik, von Indien, Libanon, des Großherzogtums Luxemburg, des Königreichs der Niederlande, von Neuseeland, des Königreichs Norwegen, von Pakistan, Süd-Rhodesien, Syrien, der Südafrikanischen Union, des Vereinigten Königreichs von Großbritannien und Nordirland und der Vereinigten Staaten von Amerika haben
in der Erkenntnis, daß ihre Handels- und Wirtschaftsbeziehungen auf die Erhöhung des Lebensstandards, auf die Verwirklichung der Vollbeschäftigung, auf ein hohes und ständig steigendes Niveau des Realeinkommens und der wirksamen Nachfrage, auf die volle Erschließung der Hilfsquellen der Welt, auf die Steigerung der Produktion und des Austausches von Waren gerichtet sein sollen, und
in dem Wunsche, zur Verwirklichung dieser Ziele durch den Abschluß von Vereinbarungen beizutragen, die auf der Grundlage der Gegenseitigkeit und zum gemeinsamen Nutzen auf einen wesentlichen Abbau der Zölle und anderer Handelsschranken sowie auf die Beseitigung der Diskriminierung im internationalen Handel abzielen,
durch ihre Vertreter folgendes vereinbart:

Teil I

Artikel I Allgemeine Meistbegünstigung
1. Bei Zöllen und Belastungen aller Art, die anläßlich oder im Zusammenhang mit der Einfuhr oder Ausfuhr oder bei der internationalen Überweisung von Zahlungen für Einfuhren oder Ausfuhren auferlegt werden, bei dem Erhebungsverfahren für solche Zölle und Belastungen, bei allen Vorschriften und Förmlichkeiten im Zusammenhang mit der Einfuhr oder Ausfuhr und bei allen in Artikel III Absätze 2 und 4[2)] behandelten Angelegenheiten werden alle Vorteile, Vergünstigungen, Vorrechte oder Befreiungen, die eine Vertragspartei für eine Ware gewährt, welche aus einem anderen Land stammt oder für dieses bestimmt ist, unverzüglich und bedingungslos für alle gleichartigen Waren gewährt, die aus den Gebieten der anderen Vertragsparteien stammen oder für diese bestimmt sind.
2. Absatz 1 macht die Beseitigung von Präferenzen bei Einfuhrzöllen oder sonstigen Belastungen der Einfuhr nicht erforderlich, sofern sie nicht höher sind als in Absatz 4 vorgesehen und sich in folgendem Rahmen halten:
    a) Präferenzen, die ausschließlich zwischen zwei oder mehr der in Anlage A genannten Gebiete in Kraft sind, vorbehaltlich der dort festgesetzten Bedingungen;
    b) Präferenzen, die ausschließlich zwischen zwei oder mehr Gebieten in Kraft sind, welche am 1. Juli 1939 unter gemeinsamer Souveränität standen oder durch ein Protektorats- oder Souveränitätsverhältnis miteinander verbunden waren und in den Anlagen B, C und D genannt sind, vorbehaltlich der dort festgesetzten Bedingungen;
    c) Präferenzen, die ausschließlich zwischen den Vereinigten Staaten von Amerika und der Republik Korea in Kraft sind;
    d) Präferenzen, die ausschließlich zwischen den in Anlage E und F genannten benachbarten Staaten in Kraft sind.

---

1) Das GATT 1947 wird duch Ziffer 1a) des GATT 1994 (vgl. S. 407) in dieses inkorporiert. Deshalb wird die Bezeichnung GATT 1994/1947 verwendet.
2) Verweis auf ergänzende Anmerkungen zu den jeweiligen Vorschriften, die im Anhang I zu dem Abkommen enthalten sind.

3. Absatz 1 findet keine Anwendung auf Präferenzen zwischen den Staaten, die früher Teile des Osmanischen Reiches waren und am 21. Juli 1923 von ihm abgetrennt wurden, sofern diese Präferenzen nach Artikel XXV Absatz 5[1)] gebilligt werden, der hierbei unter Berücksichtigung von Artikel XXIX Absatz 1 anzuwenden ist.

4. ¹Bei einer Ware, für die gemäß Absatz 2 eine Präferenz zugelassen ist, darf die Präferenzspanne,[2)] soweit sie in der entsprechenden Liste zu diesem Abkommen nicht ausdrücklich als Präferenzhöchstspanne festgesetzt ist, folgende Grenze nicht überschreiten:
   a) Bei Zöllen oder sonstigen Belastungen für eine in einer solchen Liste angeführte Ware: die Differenz zwischen dem Meistbegünstigungszollsatz und dem Präferenzzollsatz, die in der Liste vorgesehen sind; ist kein Präferenzzollsatz vorgesehen, so wird im Sinne dieses Absatzes der am 10. April 1947 in Kraft befindliche Präferenzzollsatz als geltend angewendet; ist kein Meistbegünstigungszollsatz vorgesehen, so darf die Präferenzspanne die Differenz nicht überschreiten, die am 10. April 1947 zwischen dem Meistbegünstigungszollsatz und dem Präferenzzollsatz bestand;
   b) Bei Zöllen oder sonstigen Belastungen für eine in einer solchen Liste nicht angeführte Ware: die Differenz, die am 10. April 1947 zwischen dem Meistbegünstigungszollsatz und dem Präferenzzollsatz bestand.

²Bei den in Anlage G genannten Vertragsparteien wird der unter den Buchstaben a) und b) angeführte Stichtag des 10. April 1947 durch die in dieser Anlage festgesetzten Stichtage ersetzt.

Artikel II Listen der Zugeständnisse

1. a) Jede Vertragspartei gewährt dem Handel der anderen Vertragsparteien eine nicht weniger günstige Behandlung, als in dem betreffenden Teil der entsprechenden Liste zu diesem Abkommen vorgesehen ist.
   b) Die im Teil I der Liste einer Vertragspartei angeführten, aus den Gebieten anderer Vertragsparteien stammenden Waren sind bei der Einfuhr in ein Gebiet, auf das sich die Liste bezieht, vorbehaltlich der in dieser Liste festgesetzten Bedingungen und näheren Bestimmungen von allen Zöllen im eigentlichen Sinne befreit, welche die in der Liste vorgesehenen Zollsätze übersteigen. Desgleichen sind diese Waren von allen anderen Abgaben und Belastungen jeder Art befreit, die anläßlich oder im Zusammenhang mit der Einfuhr auferlegt werden, soweit sie die Abgaben und Belastungen übersteigen, die am Tag des Datums dieses Abkommens auferlegt werden oder nach diesem Zeitpunkt auf Grund der zu diesem Zeitpunkt im Einfuhrland geltenden Rechtsvorschriften unmittelbar oder zwangsläufig aufzuerlegen sind.
   c) Die im Teil II der Liste einer Vertragspartei angeführten Waren, die aus Gebieten stammen, welche nach Artikel I Anspruch auf Präferenzbehandlung bei der Einfuhr in das Gebiet haben, auf das sich die Liste bezieht, sind vorbehaltlich der in dieser Liste festgesetzten Bedingungen und näheren Bestimmungen bei der Einfuhr von allen Zöllen im eigentlichen Sinne befreit, welche die im Teil II der Liste vorgesehenen Zollsätze übersteigen. Desgleichen sind diese Waren von allen anderen Abgaben und Belastungen jeder Art befreit, die anläßlich oder im Zusammenhang mit der Einfuhr auferlegt werden, soweit sie die Abgaben und Belastungen übersteigen, die am Tag des Datums dieses Abkommens auferlegt werden oder nach diesem Zeitpunkt auf Grund der zu diesem Zeitpunkt im Einfuhrland geltenden Rechtsvorschriften unmittelbar oder zwangsläufig aufzuerlegen sind. Die Bestimmungen dieses Artikels schließen nicht aus, daß eine Vertragspartei die am Tag des Datums dieses Abkommens bestehenden Vorschriften über die Zulassungsbedingungen für die Einfuhr von Waren zu Präferenzzöllen beibehält.

---

1) Im authentischen englischen Text wird irrtümlich auf »subparagraph 5 (a)« verwiesen.
2) Verweis auf ergänzende Anmerkungen zu den jeweiligen Vorschriften, die im Anhang I zu dem Abkommen enthalten sind.

2. Die Bestimmungen dieses Artikels schließen nicht aus, daß eine Vertragspartei einer Ware bei der Einfuhr jederzeit folgende Belastungen auferlegt:
   a) die einer inneren Abgabe gleichwertige Belastung, soweit sie mit Artikel III Absatz 2[1)] vereinbar ist und gleichartigen inländischen Waren oder solchen Waren auferlegt wird, aus denen die eingeführte Ware ganz oder teilweise hergestellt ist;
   b) Antidumping- oder Ausgleichszölle gemäß Artikel VI[1)];
   c) Gebühren oder andere Belastungen, die den Kosten der erbrachten Dienstleistungen entsprechen.
3. Eine Vertragspartei darf ihre Methode zur Ermittlung des Zollwerts oder zur Umrechnung von Währungen nicht derart ändern, daß dadurch der Wert eines Zugeständnisses beeinträchtigt wird, das in der entsprechenden Liste zu diesem Abkommen vorgesehen ist.
4. [1]Wenn eine Vertragspartei für eine in der entsprechenden Liste zu diesem Abkommen angeführte Ware rechtlich oder tatsächlich ein Einfuhrmonopol einführt, beibehält oder genehmigt, darf dieses Monopol keinen Schutz bewirken, der im Durchschnitt das in der Liste vorgesehene Ausmaß übersteigt, es sei denn, daß dies in der Liste vorgesehen oder sonst zwischen den Vertragsparteien, die das Zugeständnis ursprünglich vereinbart haben, abgemacht ist. [2]Die Bestimmungen dieses Absatzes hindern die Vertragsparteien nicht, inländische Erzeuger auf jede nach anderen Bestimmungen dieses Abkommens zulässige Art zu unterstützen.[1)]
5. [1]Ist eine Vertragspartei der Ansicht, daß eine Ware durch eine andere Vertragspartei nicht die Behandlung erfährt, die ihres Erachtens mit einem Zugeständnis in der entsprechenden Liste zu diesem Abkommen beabsichtigt war, so macht sie die andere Vertragspartei unmittelbar auf diese Angelegenheit aufmerksam. [2]Wenn diese anerkennt, daß die von der ersten Vertragspartei geforderte Behandlung beabsichtigt war, jedoch erklärt, daß diese Behandlung nicht gewährt werden kann, weil ein Gericht oder eine andere zuständige Behörde entschieden hat, die Ware könne nach dem eigenen Zolltarifrecht nicht so tarifiert werden, daß sie die in diesem Abkommen beabsichtigte Behandlung genießt, so treten die beiden Vertragsparteien und die anderen wesentlich interessierten Vertragsparteien unverzüglich in neue Verhandlungen ein, um zu einer ausgleichenden Regelung der Angelegenheit zu gelangen.
6. a) In den Listen der Vertragsparteien, die dem Internationalen Währungsfonds als Mitglieder angehören, sind die spezifischen Zölle und Abgaben sowie die von diesen Vertragsparteien angewendeten Präferenzspannen für die spezifischen Zölle und Abgaben in den Währungen der Vertragsparteien in dem am Tag des Datums dieses Abkommens vom Währungsfonds angenommenen oder vorläufig anerkannten Pariwert ausgedrückt. Wird nun dieser Pariwert im Einklang mit dem Abkommen über den Internationalen Währungsfonds um mehr als 20 v.H. herabgesetzt, so können diese spezifischen Zölle und Abgaben sowie die Präferenzspannen dieser Herabsetzung angeglichen werden; Voraussetzung hierfür ist, daß die VERTRAGSPARTEIEN (d.h. die nach Artikel XXV gemeinsam vorgehenden Vertragsparteien) anerkennen, daß derartige Angleichungen den Wert der in der entsprechenden Liste oder an sonstigen Stellen dieses Abkommens vorgesehenen Zugeständnisse nicht beeinträchtigen, wobei sie alle Umstände gebührend berücksichtigen, welche die Notwendigkeit oder Dringlichkeit derartiger Angleichungen beeinflussen.
   b) Für eine Vertragspartei, die nicht Mitglied des Fonds ist, gelten dieselben Bestimmungen von dem Zeitpunkt an, zu dem sie Mitglied des Fonds wird oder gemäß Artikel XV ein Sonderabkommen über den Zahlungsverkehr abschließt.
7. Die Listen zu diesem Abkommen bilden einen Bestandteil seines Teils I[2)].

---

1) Verweis auf ergänzende Anmerkungen zu den jeweiligen Vorschriften, die im Anhang I zu dem Abkommen enthalten sind.
2) Hier nicht wiedergegeben.

Teil II
Artikel III[1] **Gleichstellung ausländischer mit inländischen Waren auf dem Gebiet der inneren Abgaben und Rechtsvorschriften**
1. Die Vertragsparteien erkennen an, daß die inneren Abgaben und sonstigen Belastungen, die Gesetze, Verordnungen und sonstige Vorschriften über den Verkauf, das Angebot, den Einkauf, die Beförderung, Verteilung oder Verwendung von Waren im Inland sowie inländische Mengenvorschriften über die Mischung, Veredelung oder Verwendung von Waren nach bestimmten Mengen oder Anteilen auf eingeführte oder inländische Waren nicht derart angewendet werden sollen, daß die inländische Erzeugung geschützt wird.[1]
2. [1]Waren, die aus dem Gebiet einer Vertragspartei in das Gebiet einer anderen Vertragspartei eingeführt werden, dürfen weder direkt noch indirekt höheren inneren Abgaben oder sonstigen Belastungen unterworfen werden als gleichartige inländische Waren. [2]Auch sonst darf eine Vertragspartei innere Abgaben oder sonstige Belastungen auf eingeführte oder inländische Waren nicht in einer Weise anwenden, die den Grundsätzen des Absatzes 1 widerspricht.[1]
3. Eine Vertragspartei, die eine innere Abgabe erhebt, welche zwar mit Absatz 2 unvereinbar, aber nach einem am 10. April 1947 in Kraft befindlichen Handelsabkommen ausdrücklich gestattet ist, in dem der Einfuhrzoll für die besteuerte Ware gegen eine Erhöhung gebunden ist, kann die Anwendung des Absatzes 2 auf die Abgabe aufschieben, bis sie von den Verpflichtungen des betreffenden Handelsabkommens Befreiung erlangen und den Zoll so weit erhöhen kann, wie es erforderlich ist, um die Beseitigung des durch die Abgabe gewährten Schutzes auszugleichen.
4.[2] [1]Waren, die aus dem Gebiet einer Vertragspartei in das Gebiet einer anderen Vertragspartei eingeführt werden, dürfen hinsichtlich aller Gesetze, Verordnungen und sonstigen Vorschriften über den Verkauf, das Angebot, den Einkauf, die Beförderung, Verteilung oder Verwendung im Inland keine weniger günstige Behandlung erfahren als gleichartige Waren inländischen Ursprungs. [2]Dieser Absatz schließt die Anwendung unterschiedlicher inländischer Beförderungstarife nicht aus, sofern diese ausschließlich durch die Wirtschaftlichkeit der Beförderungsmittel, nicht aber durch den Ursprung der Waren bedingt sind.
5. [1]Eine Vertragspartei darf keine inländische Mengenvorschrift über die Mischung, Veredelung oder Verwendung von Waren nach bestimmten Mengen oder Anteilen erlassen oder beibehalten, die mittelbar oder unmittelbar bestimmt, daß eine festgesetzte Menge oder ein bestimmter Anteil der Ware, auf die sich die Vorschrift bezieht, aus inländischen Produktionsquellen stammen muß. [2]Auch sonst darf eine Vertragspartei inländische Mengenvorschriften nicht in einer Weise anwenden, die den Grundsätzen des Absatzes 1 widerspricht.[1]
6. Absatz 5 gilt nicht für inländische Mengenvorschriften, die im Gebiet einer Vertragspartei je nach ihrer Wahl am 1. Juli 1939, 10. April 1947 oder 24. März 1948 in Kraft waren; Voraussetzung hierfür ist, daß eine derartige dem Absatz 5 entgegenstehende Vorschrift nicht in einer die Einfuhr schädigenden Weise geändert wird und daß sie bei Verhandlungen wie ein Zoll behandelt wird.
7. Eine inländische Mengenvorschrift über die Mischung, Veredelung oder Verwendung von Waren nach bestimmten Mengen oder Anteilen darf nicht derart angewendet werden, daß die Menge oder der Anteil unter die ausländischen Versorgungsquellen aufgeteilt wird.
8. a) Dieser Artikel gilt nicht für Gesetze, Verordnungen oder sonstige Vorschriften über die Beschaffung von Waren durch staatliche Stellen, sofern die Waren für staatliche Zwecke, nicht aber für den kommerziellen Wiederverkauf oder für die Erzeugung von Waren zum kommerziellen Verkauf erworben werden.

---
1) Verweis auf ergänzende Anmerkungen zu den jeweiligen Vorschriften, die im Anhang I zu dem Abkommen enthalten sind.
2) Die deutsche Übersetzung des Art. III Abs. 4 Satz 1 bringt den Regelungsgehalt der Bestimmung nicht klar zum Ausdruck. Im authentischen englischen Wortlaut heißt es wie folgt: »The products of the territory of any contracting party imported into the territory of any other contracting party shall be accorded treatment no less favourable than that accorded to like products of national origin in respect of all laws, regulations and requirements affecting their internal sale, offering for sale, purchase, transportation, distribution or use«.

b) Dieser Artikel schließt nicht aus, daß inländischen Erzeugern Subventionen gewährt werden; dies gilt auch für inländischen Erzeugern gewährte Zuwendungen, die aus den Erträgnissen innerer Abgaben oder sonstiger Belastungen stammen, welche im Einklang mit den Bestimmungen dieses Artikels auferlegt werden, sowie für Subventionen in Form des staatlichen Ankaufs inländischer Waren.

9. ¹Die Vertragsparteien erkennen an, daß inländische Maßnahmen zur Festsetzung von Höchstpreisen, auch wenn sie mit den übrigen Bestimmungen dieses Artikels im Einklang stehen, die Interessen von Vertragsparteien schädigen können, welche die eingeführten Waren liefern. ²Demnach werden Vertragsparteien, die derartige Maßnahmen anwenden, die Interessen ausführender Vertragsparteien berücksichtigen, um schädigende Wirkungen soweit wie möglich zu vermeiden.

10. Dieser Artikel schließt nicht aus, daß eine Vertragspartei innerstaatliche Vorschriften über mengenmäßige Beschränkungen für belichtete Kinofilme, die den Vorschriften des Artikels IV entsprechen, erläßt oder beibehält.

...

Artikel V Freiheit der Durchfuhr

1. ¹Waren (einschließlich Gepäck), Wasserfahrzeuge und andere Beförderungsmittel gelten als auf der Durchfuhr durch das Gebiet einer Vertragspartei befindlich, wenn die Durchfuhr durch dieses Gebiet – mit oder ohne Umladung, Einlagerung, Umpackung oder Änderung der Beförderungsart – nur ein Teil des Gesamtbeförderungsweges ist, dessen Anfang und Ende außerhalb der Grenzen der Vertragspartei liegen, durch deren Gebiet die Durchfuhr stattfindet. ²Ein solcher Verkehr wird in diesem Artikel als »Durchfuhrverkehr« bezeichnet.

2. ¹Für den Verkehr durch das Gebiet jeder Vertragspartei nach und aus dem Gebiet der anderen Vertragsparteien besteht Durchfuhrfreiheit bei Benutzung der für den internationalen Durchfuhrverkehr am besten geeigneten Verkehrswege. ²Es darf kein Unterschied gemacht werden auf Grund der Flagge der Wasserfahrzeuge, des Ursprungs-, Herkunfts-, Eingangs-, Austritts- oder Bestimmungsortes oder auf Grund von Umständen, die das Eigentum an den Waren, Wasserfahrzeugen oder anderen Beförderungsmitteln betreffen.

3. Jede Vertragspartei kann verlangen, daß der Durchfuhrverkehr durch ihr Gebiet beim zuständigen Zollamt angemeldet wird; der Durchfuhrverkehr aus oder nach dem Gebiet einer anderen Vertragspartei darf aber, außer bei Verletzung der Zollvorschriften, nicht unnötig verzögert oder beschränkt werden; er ist von Zöllen, anderen Durchfuhrabgaben und Durchfuhrbelastungen zu befreien, mit Ausnahme der Beförderungskosten oder sonstigen Belastungen, die dem aus der Durchfuhr entstehenden Verwaltungsaufwand und den Kosten der erbrachten Dienstleistungen entsprechen.

4. Alle Belastungen und Vorschriften, denen die Vertragsparteien den Durchfuhrverkehr nach oder aus dem Gebiet anderer Vertragsparteien unterwerfen, müssen unter Berücksichtigung der Verkehrsbedingungen angemessen sein.

5. Hinsichtlich aller im Zusammenhang mit der Durchfuhr bestehenden Belastungen, Vorschriften und Förmlichkeiten darf eine Vertragspartei den Durchfuhrverkehr aus und nach dem Gebiet einer anderen Vertragspartei nicht weniger günstig behandeln als den Durchfuhrverkehr nach oder aus einem dritten Land.[1)]

6. ¹Eine Vertragspartei darf die Waren, die durch das Gebiet einer anderen Vertragspartei durchgeführt worden sind, nicht weniger günstig behandeln, als sie diese Waren behandelt hätte, wenn sie ohne eine solche Durchfuhr von ihrem Ursprungsort an ihren Bestimmungsort befördert worden wären. ²Es steht jedoch jeder Vertragspartei frei, ihre am Tag des Datums dieses Abkommens geltenden Vorschriften über die unmittelbare Beförderung für alle Waren beizubehalten, bei denen die unmittelbare Beförderung eine Voraussetzung für die Einfuhr zu Präferenzzöllen ist oder mit dem von dieser Vertragspartei vorgeschriebenen Verfahren für die Zollwertermittlung zusammenhängt.

---

1) Verweis auf ergänzende Anmerkungen zu den jeweiligen Vorschriften, die im Anhang I zu dem Abkommen enthalten sind.

7. Dieser Artikel gilt nicht für Luftfahrzeuge, die sich auf dem Durchflug befinden; er gilt jedoch für die Durchfuhr von Waren (einschließlich Gepäck) auf dem Luftweg.

Artikel VI Antidumping- und Ausgleichszölle

1. ¹Die Vertragsparteien erkennen an, daß ein Dumping, durch das Waren eines Landes unter ihrem normalen Wert auf den Markt eines anderen Landes gebracht werden, zu verurteilen ist, wenn es eine bedeutende Schädigung eines im Gebiet einer Vertragspartei bestehenden Wirtschaftszweiges verursacht oder zu verursachen droht oder wenn es die Errichtung eines inländischen Wirtschaftszweiges erheblich verzögert. ²Eine Ware gilt dann im Sinne dieses Artikels als unter ihrem normalen Wert auf den Markt eines Einfuhrlandes gebracht, wenn der Preis einer von einem Land in ein anderes Land ausgeführten Ware
   a) niedriger ist als der vergleichbare Preis einer gleichartigen Ware im normalen Handelsverkehr, die zur Verwendung im Ausfuhrland bestimmt ist, oder
   b) bei Fehlen eines derartigen Inlandspreises niedriger ist als
      i) der höchste vergleichbare Preis einer im normalen Handelsverkehr zur Ausfuhr nach einem dritten Land bestimmten gleichartigen Ware oder
      ii) die Herstellungskosten dieser Ware im Ursprungsland, zuzüglich einer angemessenen Spanne für Veräußerungskosten und Gewinn.

   ³In jedem Falle müssen Unterschiede in den Verkaufsbedingungen und in der Besteuerung sowie sonstige die Vergleichbarkeit der Preise beeinflussende Unterschiede gebührend berücksichtigt werden.¹⁾

2. ¹Um ein Dumping unwirksam zu machen oder zu verhindern, kann eine Vertragspartei für jede Ware, die Gegenstand eines Dumpings ist, einen Antidumpingzoll bis zur Höhe der Dumpingspanne erheben. ²Dumpingspanne im Sinne dieses Artikels ist der nach Absatz 1 festgestellte Preisunterschied.¹⁾

3. ¹Für eine Ware aus dem Gebiet einer Vertragspartei, die in das Gebiet einer anderen Vertragspartei eingeführt wird, darf kein Ausgleichszoll erhoben werden, der den geschätzten Betrag der Prämie oder Subvention übersteigt, von der festgestellt worden ist, daß sie im Ursprungs- oder Ausfuhrland mittelbar oder unmittelbar für die Herstellung, Gewinnung oder Ausfuhr dieser Ware gewährt wird, einschließlich jeder besonderen, für die Beförderung einer bestimmten Ware gewährten Subvention. ²Der Begriff »Ausgleichszoll« bedeutet einen Sonderzoll, der erhoben wird, um jede mittelbar oder unmittelbar für die Herstellung, Gewinnung oder Ausfuhr einer Ware gewährte Prämie oder Subvention unwirksam zu machen.¹⁾

4. Eine Ware aus dem Gebiet einer Vertragspartei darf bei der Einfuhr in das Gebiet einer anderen Vertragspartei wegen der Befreiung dieser Ware von Zöllen oder Abgaben, die eine gleichartige, zur Verwendung im Ursprungs- oder Ausfuhrland bestimmte Ware belasten, oder wegen der Vergütung solcher Zölle oder Abgaben nicht mit einem Antidumping- oder Ausgleichszoll belegt werden.

5. Eine Ware aus dem Gebiet einer Vertragspartei darf bei der Einfuhr in das Gebiet einer anderen Vertragspartei nicht zugleich Antidumpingzöllen und Ausgleichszöllen unterworfen werden, um ein und demselben Zustand zu begegnen, der sich entweder aus einem Dumping oder einer Ausfuhrsubventionierung ergibt.

6. a) Eine Vertragspartei darf bei der Einfuhr einer Ware aus dem Gebiet einer anderen Vertragspartei Antidumping- oder Ausgleichszölle nur erheben, wenn sie feststellt, daß durch das Dumping oder die Subventionierung ein bestehender inländischer Wirtschaftszweig bedeutend geschädigt wird oder geschädigt zu werden droht oder daß dadurch die Errichtung eines inländischen Wirtschaftszweiges erheblich verzögert wird.
   b) Die VERTRAGSPARTEIEN können durch Erteilung einer Ausnahmegenehmigung eine Vertragspartei von der Verpflichtung unter Buchstabe a) entbinden und ihr somit gestatten, bei der Einfuhr einer Ware Antidumping- oder Ausgleichszölle zu erheben, um ein Dumping oder eine Subventionierung unwirksam zu machen, durch die ein Wirtschaftszweig im Gebiet einer

---

1) Verweis auf ergänzende Anmerkungen zu den jeweiligen Vorschriften, die im Anhang I zu dem Abkommen enthalten sind.

anderen Vertragspartei, welche die betreffende Ware in das Gebiet der einführenden Vertragspartei ausführt, bedeutend geschädigt wird oder geschädigt zu werden droht. Gelangen die VERTRAGSPARTEIEN zu der Auffassung, daß ein Wirtschaftszweig im Gebiet einer anderen Vertragspartei, welche die betreffende Ware in das Gebiet der einführenden Vertragspartei ausführt, durch eine Subventionierung bedeutend geschädigt wird oder geschädigt zu werden droht, so werden sie die einführende Vertragspartei durch Erteilung einer Ausnahmegenehmigung von der Verpflichtung unter Buchstabe a) entbinden und ihr somit die Erhebung eines Ausgleichszolles gestatten.[1]

c) Würde unter außergewöhnlichen Umständen eine Verzögerung eine schwer gutzumachende Schädigung verursachen, so kann jedoch eine Vertragspartei einen Ausgleichszoll zu dem unter Buchstabe b) bezeichneten Zweck auch ohne vorherige Zustimmung der VERTRAGSPARTEIEN erheben; Voraussetzung hierfür ist, daß die VERTRAGSPARTEIEN von einem solchen Vorgehen sofort unterrichtet werden und daß der Ausgleichszoll unverzüglich aufgehoben wird, wenn die VERTRAGSPARTEIEN ihn nicht billigen.

7. Von einem System, das dazu bestimmt ist, unabhängig von den Bewegungen der Ausfuhrpreise den Inlandspreis eines Grundstoffs oder die Einnahmen inländischer Erzeuger aus einem Grundstoff zu stabilisieren, und welches zeitweise dazu führt, daß dieser Grundstoff für die Ausfuhr unter dem vergleichbaren für eine gleichartige Ware auf dem Inlandsmarkt geforderten Preis verkauft wird, wird nicht angenommen, daß es zu einer bedeutenden Schädigung im Sinne des Absatzes 6 führt, wenn durch Konsultation zwischen den an dem betreffenden Grundstoff wesentlich interessierten Vertragsparteien festgestellt wird, daß dieses System

a) beim Verkauf des Grundstoffes für die Ausfuhr auch schon zu einem höheren Preis als dem vergleichbaren für eine gleichartige Ware auf dem Inlandsmarkt geforderten Preis geführt hat und

b) sich infolge einer wirksamen Produktionslenkung oder aus sonstigen Gründen so auswirkt, daß es die Ausfuhr nicht übermäßig fördert und auch sonst die Interessen anderer Vertragsparteien nicht ernstlich schädigt.

Artikel VII Zollwert

1. [1]Die Vertragsparteien erkennen die Gültigkeit der allgemeinen, in den folgenden Absätzen festgelegten Bewertungsgrundsätze an und verpflichten sich, sie auf alle Waren anzuwenden, die bei der Einfuhr oder Ausfuhr Zöllen oder sonstigen Belastungen[1] und Beschränkungen unterliegen, welche auf dem Wert beruhen oder irgendwie vom Wert abhängig sind. [2]Außerdem werden sie auf Antrag einer anderen Vertragspartei die Handhabung ihrer Gesetze und sonstigen Vorschriften über den Zollwert im Hinblick auf diese Grundsätze überprüfen. [3]Die VERTRAGSPARTEIEN können von Vertragsparteien Berichte über die von ihnen nach diesem Artikel eingeleiteten Schritte anfordern.

2. a) Der Zollwert eingeführter Waren soll auf Grund des wirklichen Wertes der eingeführten Ware, für die der Zoll berechnet wird, oder auf Grund des Wertes gleichartiger Waren, nicht aber auf Grund des Wertes von Waren inländischen Ursprungs oder auf Grund willkürlich angenommener oder fiktiver Werte ermittelt werden.[1]

b) Der »wirkliche Wert« einer Ware soll der Preis sein, zu dem diese oder eine gleichartige Ware im normalen Handelsverkehr unter Bedingungen des freien Wettbewerbs in dem durch die Rechtsvorschriften des Einfuhrlandes bestimmten Zeitpunkt und Ort verkauft oder angeboten wird.

Soweit bei einem bestimmten Geschäft der Preis dieser oder einer gleichartigen Ware von der Menge abhängt, soll der zugrunde zu legende Preis sich einheitlich

i) entweder auf vergleichbare Mengen

ii) oder auf Mengen beziehen, die für den Importeur nicht weniger günstig sind als die Mengen, in denen der überwiegende Teil dieser Ware im Handel zwischen dem Ausfuhrland und dem Einfuhrland verkauft wird.[1]

---

[1] Verweis auf ergänzende Anmerkungen zu den jeweiligen Vorschriften, die im Anhang I zu dem Abkommen enthalten sind.

c) Ist der wirkliche Wert gemäß Buchstabe b) nicht feststellbar, so soll der Zollwert auf Grund des feststellbaren Wertes ermittelt werden, der dem wirklichen Wert am nächsten kommt.[1)]
3. Der Zollwert einer eingeführten Ware soll den Betrag einer im Ursprungs- oder Ausfuhrland erhobenen inneren Abgabe nicht einschließen, von der diese Ware befreit ist oder die vergütet worden ist oder noch vergütet wird.
4. a) Muß eine Vertragspartei bei Durchführung des Absatzes 2 einen in der Währung eines anderen Landes ausgedrückten Preis in ihre eigene Währung umrechnen, so ist, soweit in diesem Absatz nichts anderes bestimmt ist, für die betreffende Währung ein Umrechnungskurs anzuwenden, der entweder auf dem gemäß dem Abkommen über den Internationalen Währungsfonds festgesetzten Pariwert oder auf dem vom Währungsfonds anerkannten Umrechnungskurs oder auf dem Pariwert, der gemäß einem nach Artikel XV dieses Abkommens abgeschlossenen Sonderabkommens über den Zahlungsverkehr festgesetzt ist.
b) Besteht weder ein solcher festgesetzter Pariwert, noch ein solcher anerkannter Umrechnungskurs, so ist ein Umrechnungskurs anzuwenden, der dem jeweiligen tatsächlichen Kurswert dieser Währung bei Handelsgeschäften entspricht.
c) Die VERTRAGSPARTEIEN stellen für Vertragsparteien im Einvernehmen mit dem Internationalen Währungsfonds Regeln zur Umrechnung derjenigen ausländischen Währungen auf, für die in Übereinstimmung mit dem Abkommen über den Internationalen Währungsfonds multiple Wechselkurse beibehalten werden. Auf solche ausländischen Währungen kann jede Vertragspartei diese Regeln bei der Durchführung des Absatzes 2 wahlweise an Stelle der Pariwerte anwenden. Bis zur Annahme dieser Regeln durch die VERTRAGSPARTEIEN kann jede Vertragspartei auf solche ausländischen Währungen bei der Durchführung des Absatzes 2 Umrechnungsregeln anwenden, die so beschaffen sind, daß sich der tatsächliche Wert der ausländischen Währung bei Handelsgeschäften ergibt.
d) Aus diesem Absatz kann für eine Vertragspartei keine Verpflichtung abgeleitet werden, ihr Verfahren der Währungsumrechnung für die Ermittlung des Zollwertes, das in ihrem Gebiet am Tag des Datums dieses Abkommens angewendet wird, zu ändern, wenn dies eine allgemeine Erhöhung der zu erhebenden Zölle bewirken würde.
5. Die Grundlagen und Verfahren zur Ermittlung des Wertes von Waren, die Zöllen oder sonstigen Belastungen und Beschränkungen unterliegen, welche auf dem Wert beruhen oder irgendwie vom Wert abhängig sind, sollen dauerhaft sein und so veröffentlicht werden, daß die Wirtschaftskreise den Zollwert mit genügender Sicherheit schätzen können.

...

Artikel IX Ursprungsbezeichnungen
1. Jede Vertragspartei gewährt den Waren aus den Gebieten anderer Vertragsparteien hinsichtlich der Vorschriften über die Kennzeichnung eine nicht weniger günstige Behandlung als gleichartigen Waren eines dritten Landes.
2. Die Vertragsparteien erkennen an, daß bei dem Erlaß und der Anwendung von Gesetzen und sonstigen Vorschriften über Ursprungsbezeichnungen die Schwierigkeiten und Behinderungen, die durch solche Maßnahmen für den Handel und die Produktion der Ausfuhrländer entstehen können, auf ein Mindestmaß herabgesetzt werden sollen; dabei ist die Notwendigkeit, den Verbraucher vor mißbräuchlich verwendeten oder irreführenden Bezeichnungen zu schützen, gebührend zu berücksichtigen.
3. Soweit verwaltungstechnisch durchführbar, sollen die Vertragsparteien die Anbringung vorgeschriebener Ursprungsbezeichnungen im Zeitpunkt der Einfuhr gestatten.
4. Die Gesetze und sonstigen Vorschriften der Vertragsparteien über die Kennzeichnung eingeführter Waren müssen derart sein, daß sie ohne ernstliche Beschädigung oder wesentliche Wertminderung der Ware sowie ohne übermäßige Erhöhung ihrer Kosten befolgt werden können.
5. Im allgemeinen soll eine Vertragspartei keine besondere Abgabe oder Strafe dafür vorsehen, daß die Vorschriften über die Kennzeichnung vor der Einfuhr nicht beachtet worden sind; dies gilt nicht, wenn die Berichtigung der Kennzeichnung übermäßig verzögert wird, irreführende Kenn-

zeichen angebracht worden sind oder die vorgeschriebene Kennzeichnung vorsätzlich unterlassen worden ist.

6. [1]Die Vertragsparteien werden zusammenarbeiten, um zu verhindern, daß Handelsbezeichnungen dazu verwendet werden, den wirklichen Ursprung einer Ware zum Nachteil besonderer regionaler oder geographischer Bezeichnungen von Waren aus dem Gebiet einer Vertragspartei unrichtig anzugeben, die diese Bezeichnungen gesetzlich schützt. [2]Jede Vertragspartei wird die von einer anderen Vertragspartei vorgebrachten Anträge und Vorstellungen über die Erfüllung der in Satz 1 festgelegten Verpflichtung in bezug auf die ihr von der anderen Vertragspartei mitgeteilten Warenbezeichnungen eingehend und wohlwollend prüfen.

Artikel X Veröffentlichung und Anwendung von Handelsvorschriften

1. [1]Die bei einer Vertragspartei geltenden Gesetze, sonstigen Vorschriften, Gerichts- und Verwaltungsentscheidungen von allgemeiner Bedeutung, welche die Tarifierung oder die Ermittlung des Zollwertes von Waren, die Sätze von Zöllen, Abgaben und sonstigen Belastungen, die Vorschriften, Beschränkungen und Verbote hinsichtlich der Einfuhr und Ausfuhr sowie die Überweisung von Zahlungsmitteln für Einfuhren oder Ausfuhren betreffen oder sich auf den Verkauf, die Verteilung, Beförderung, Versicherung, Lagerung, Überprüfung, Ausstellung, Veredlung, Vermischung oder eine andere Verwendung dieser Waren beziehen, werden unverzüglich so veröffentlicht, daß Regierungen und Wirtschaftskreise sich mit ihnen vertraut machen können. [2]Internationale handelspolitische Vereinbarungen, die zwischen der Regierung oder einer Regierungsstelle einer Vertragspartei und der Regierung oder einer Regierungsstelle einer anderen Vertragspartei in Kraft sind, werden ebenfalls veröffentlicht. [3]Dieser Absatz verpflichtet eine Vertragspartei nicht zur Preisgabe vertraulicher Informationen, deren Veröffentlichung die Durchführung der Rechtsvorschriften behindern oder sonst dem öffentlichen Interesse zuwiderlaufen oder die berechtigten Wirtschaftsinteressen bestimmter öffentlicher oder privater Unternehmen schädigen würde.

2. Eine Vertragspartei darf eine von ihr getroffene Maßnahme von allgemeiner Bedeutung, die eine Erhöhung der Sätze der auf Grund bestehender und einheitlicher Übung auferlegten Zölle oder sonstiger Einfuhrbelastungen bewirkt, oder die zur Anwendung neuer oder erschwerender Vorschriften, Beschränkungen oder Verbote für die Einfuhr oder für die Überweisung von Zahlungsmitteln für Einfuhren führt, nicht vor ihrer amtlichen Veröffentlichung in Kraft setzen.

3. a) Jede Vertragspartei wird alle ihre Gesetze, sonstigen Vorschriften und Entscheidungen der in Absatz 1 genannten Art einheitlich unparteiisch und gerecht anwenden.
   b) Jede Vertragspartei wird Gerichte, Schiedsgerichte, Verwaltungsgerichte oder entsprechende Verfahren beibehalten oder so bald wie möglich einführen, die unter anderem dem Zweck dienen, Verwaltungsakte in Zollangelegenheiten unverzüglich zu überprüfen und richtigzustellen. Diese Gerichte und Verfahren müssen von den Verwaltungsbehörden unabhängig sein; ihre Entscheidungen müssen von den genannten Behörden durchgeführt werden und für deren Tätigkeit maßgebend sein, sofern nicht bei einem Gericht höherer Instanz innerhalb der für Importeure vorgeschriebenen Rechtsmittelfrist ein Rechtsmittel eingelegt wurde; der Zentralbehörde einer solchen Verwaltung steht es jedoch frei, Schritte zu unternehmen, um die Überprüfung der Angelegenheit in einem anderen Verfahren zu erreichen, wenn berechtigter Grund zur Annahme besteht, daß die Entscheidung den bestehenden Rechtsgrundsätzen oder dem Sachverhalt nicht entspricht.
   c) Die Bestimmungen unter Buchstabe b) erfordern nicht die Beseitigung oder die Ersetzung der am Tage des Datums dieses Abkommens im Gebiet einer Vertragspartei geltenden Verfahren, die tatsächlich eine objektive und unparteiische Überprüfung der Verwaltungsakte gewährleisten, selbst wenn solche Verfahren nicht vollständig oder formell von den Verwaltungsbehörden unabhängig sind. Jede Vertragspartei, die solche Verfahren anwendet, wird darüber den VERTRAGSPARTEIEN auf Antrag ausführlich Auskunft erteilen, damit sie feststellen können, ob diese Verfahren den Vorschriften dieses Buchstaben entsprechen.

Artikel XI[1]) Allgemeine Beseitigung von mengenmäßigen Beschränkungen

1. Außer Zöllen, Abgaben und sonstigen Belastungen darf eine Vertragspartei bei der Einfuhr einer Ware aus dem Gebiet einer anderen Vertragspartei oder bei der Ausfuhr einer Ware oder ihrem Verkauf zwecks Ausfuhr in das Gebiet einer anderen Vertragspartei Verbote oder Beschränkungen, sei es in Form von Kontingenten, Einfuhr- und Ausfuhrbewilligungen oder in Form von anderen Maßnahmen, weder erlassen noch beibehalten
2. ¹Absatz 1 erstreckt sich nicht auf folgende Fälle:
    a) Ausfuhrverbote oder Ausfuhrbeschränkungen, die vorübergehend angewendet werden, um einen kritischen Mangel an Lebensmitteln oder anderen für die ausführende Vertragspartei wichtigen Waren zu verhüten oder zu beheben;
    b) Einfuhr- und Ausfuhrverbote oder Einfuhr- und Ausfuhrbeschränkungen, die zur Anwendung von Normen oder Vorschriften über die Sortierung, die Einteilung nach Güteklassen und den Absatz von Waren im internationalen Handel notwendig sind;
    c) Beschränkungen der Einfuhr von Erzeugnissen der Landwirtschaft oder Fischerei in jeglicher Form,[1]) die zur Durchführung von staatlichen Maßnahmen erforderlich sind, sofern diese Maßnahmen dazu dienen,
        i) die Mengen des gleichartigen inländischen Erzeugnisses oder in Ermangelung einer erheblichen inländischen Produktion dieser Art die Mengen des entsprechenden, inländischen Ersatzerzeugnisses, die verkauft oder hergestellt werden dürfen, zu beschränken; oder
        ii) einen vorübergehenden Überschuß des gleichartigen inländischen Erzeugnisses oder in Ermangelung einer erheblichen inländischen Produktion dieser Art einen vorübergehenden Überschuß des entsprechenden inländischen Ersatzerzeugnisses dadurch zu beseitigen, daß dieser Überschuß bestimmten Verbrauchergruppen kostenlos oder unter dem Marktpreis zur Verfügung gestellt wird; oder
        iii) die zulässige Produktion eines tierischen Erzeugnisses, die vollständig oder größtenteils von der eingeführten Ware unmittelbar abhängt, mengenmäßig zu beschränken, sofern die Inlandsproduktion dieser Ware verhältnismäßig geringfügig ist.

    ²Jede Vertragspartei, die bei der Einfuhr eines Erzeugnisses Beschränkungen nach Buchstabe c) anwendet, wird die Gesamtmenge oder den Gesamtwert des während einer bestimmten künftigen Zeitspanne zur Einfuhr zugelassenen Erzeugnisses sowie jede Änderung dieser Menge oder dieses Wertes veröffentlichen. ³Ferner dürfen die nach Ziffer i) angewandten Beschränkungen nicht so beschaffen sein, daß sie zu einer Verminderung der Gesamteinfuhr im Verhältnis zur gesamten Inlandsproduktion führen, verglichen mit dem Verhältnis, das sich aller Voraussicht nach zwischen beiden ergeben würde, wenn keine Beschränkungen bestünden. ⁴Zur Feststellung dieses Verhältnisses wird die Vertragspartei das während einer früheren Vergleichsperiode bestehende Verhältnis sowie alle besonderen Umstände[1]) gebührend berücksichtigen, die den Handel mit dem betreffenden Erzeugnis beeinflußt haben oder noch beeinflussen.

Artikel XII[1]) Beschränkungen zum Schutze der Zahlungsbilanz

1. Ungeachtet des Artikels XI Absatz 1 kann eine Vertragspartei zum Schutze ihrer finanziellen Lage gegenüber dem Ausland und zum Schutze ihrer Zahlungsbilanz Menge und Wert der zur Einfuhr zugelassenen Waren nach Maßgabe der folgenden Bestimmungen dieses Artikels beschränken.
2. a) Eine Vertragspartei darf Einfuhrbeschränkungen nach diesem Artikel nur einführen, beibehalten oder verschärfen, soweit dies erforderlich ist,
        i) um der unmittelbar drohenden Gefahr einer bedeutenden Abnahme ihrer Währungsreserven vorzubeugen oder eine solche Abnahme aufzuhalten, oder
        ii) um ihre Währungsreserven, falls diese sehr niedrig sind, in maßvoller Weise zu steigern.

    In beiden Fällen sind alle besonderen Umstände gebührend zu berücksichtigen, die den Bestand oder den Bedarf der betreffenden Vertragspartei an Währungsreserven beeinflussen;

---
1) Verweis auf ergänzende Anmerkungen zu den jeweiligen Vorschriften, die im Anhang I zu dem Abkommen enthalten sind.

verfügt sie über besondere Auslandskredite oder andere Hilfsquellen, so ist die Notwendigkeit einer geeigneten Verwendung dieser Kredite oder Hilfsquellen ebenfalls gebührend zu berücksichtigen.
- b) Vertragsparteien, die Beschränkungen nach Buchstabe a) anwenden, werden diese entsprechend der fortschreitenden Besserung der unter dem Buchstaben a) beschriebenen Lage stufenweise abbauen und sie nur beibehalten, soweit die Lage ihre Anwendung noch rechtfertigt. Sie werden die Beschränkungen aufheben, sobald die Lage ihre Einführung oder Beibehaltung nach Buchstabe a) nicht mehr rechtfertigen würde.
3. a) Die Vertragsparteien verpflichten sich, bei der Durchführung ihrer Wirtschaftspolitik gebührend zu berücksichtigen, daß es notwendig ist, das Gleichgewicht ihrer Zahlungsbilanz auf einer gesunden und dauerhaften Grundlage aufrechtzuerhalten oder wiederherzustellen, und daß es erstrebenswert ist, eine unwirtschaftliche Verwendung der Produktionsfaktoren zu vermeiden. Sie halten es für wünschenswert, daß zur Erreichung dieser Ziele in weitestmöglichem Umfang Maßnahmen getroffen werden, die den internationalen Handel nicht einschränken, sondern ausweiten.
- b) Vertragsparteien, die Beschränkungen nach diesem Artikel anwenden, können bestimmen, wie stark sich diese auf die Einfuhr der verschiedenen Waren oder Warengruppen auswirken sollen, um so der Einfuhr wichtiger Waren den Vorrang zu geben.
- c) Vertragsparteien, die Beschränkungen nach diesem Artikel anwenden, verpflichten sich,
  - i) eine unnötige Schädigung der Handels- oder Wirtschaftsinteressen anderer Vertragsparteien zu vermeiden,[1]
  - ii) die Beschränkungen derart anzuwenden, daß die Einfuhr von Waren in handelsüblichen Mindestmengen, deren Fortfall eine Beeinträchtigung der normalen Handelsverbindungen zur Folge hätte, nicht in unbilliger Weise verhindert wird, und
  - iii) keine Beschränkungen anzuwenden, welche die Einfuhr von Warenmustern oder die Einhaltung der Vorschriften über Patente, Warenzeichen, Urheberrechte und verwandte Gebiete verhindern.
- d) Die Vertragsparteien erkennen an, daß die von einer Vertragspartei zur Erreichung und Erhaltung der produktiven Vollbeschäftigung oder zur Erschließung der wirtschaftlichen Hilfsquellen durchgeführte Wirtschaftspolitik bei dieser Vertragspartei einen starken Einfuhrbedarf hervorrufen können, der eine Bedrohung ihrer Währungsreserven im Sinne von Absatz 2 Buchstabe a) zur Folge haben könnte. Demnach ist eine Vertragspartei, die im übrigen nach diesem Artikel handelt, nicht verpflichtet, Beschränkungen deswegen aufzuheben oder zu ändern, weil eine Änderung ihrer Wirtschaftspolitik die von der Vertragspartei nach diesem Artikel angewandten Beschränkungen unnötig machen würde.
4. a) Wendet eine Vertragspartei neue Beschränkungen an oder erhöht sie das allgemeine Niveau der bestehenden Beschränkungen durch eine wesentliche Verschärfung der nach diesem Artikel angewandten Maßnahmen, so wird sie unverzüglich nach der Einführung oder Verschärfung dieser Beschränkungen (oder, soweit tunlich, vorher) mit den VERTRAGSPARTEIEN Konsultationen führen über die Art ihrer Zahlungsbilanzschwierigkeiten, über andere mögliche Abhilfemaßnahmen und über die etwaigen Auswirkungen dieser Beschränkungen auf die Wirtschaft anderer Vertragsparteien.
- b) Die VERTRAGSPARTEIEN werden zu einem von ihnen zu bestimmenden Zeitpunkt[1] alle dann nach diesem Artikel noch angewandten Beschränkungen überprüfen. Die Vertragsparteien, die Beschränkungen nach diesem Artikel anwenden, werden mit den VERTRAGSPARTEIEN jährlich, erstmalig ein Jahr nach dem obengenannten Zeitpunkt, in Konsultationen nach Buchstabe a) eintreten.
- c) i) Gelangen die VERTRAGSPARTEIEN bei den nach Absatz 4 Buchstabe a) oder b) geführten Konsultationen zu der Auffassung, daß die Beschränkungen gegen diesen Artikel oder gegen Artikel XIII (vorbehaltlich des Artikels XIV) verstoßen, so geben sie an,

---
1) Verweis auf ergänzende Anmerkungen zu den jeweiligen Vorschriften, die im Anhang I zu dem Abkommen enthalten sind.

inwiefern ein Verstoß vorliegt; sie können den Rat erteilen, die Beschränkungen in geeigneter Weise zu ändern.

ii) Stellen die VERTRAGSPARTEIEN jedoch auf Grund der Konsultationen fest, daß die Anwendung der Beschränkungen einen schwerwiegenden Verstoß gegen diesen Artikel oder gegen den Artikel XIII (vorbehaltlich des Artikel XIV) darstellt, und den Handel einer Vertragspartei schädigt oder zu schädigen droht, so bringen sie dies der Vertragspartei, welche diese Beschränkungen anwendet, zur Kenntnis und erteilen entsprechende Empfehlungen, um sicherzustellen, daß innerhalb einer festgesetzten Frist die Anwendung der Beschränkungen mit diesen Bestimmungen in Einklang gebracht wird. Leistet die Vertragspartei diesen Empfehlungen innerhalb der festgesetzten Frist nicht Folge, so können die VERTRAGSPARTEIEN eine Vertragspartei, deren Handel durch die Beschränkungen geschädigt wird, gegenüber der die Beschränkungen anwendenden Vertragspartei von Verpflichtungen aus diesem Abkommen entbinden, soweit dies nach ihrer Feststellung den Umständen angemessen ist.

d) Die VERTRAGSPARTEIEN werden eine Vertragspartei, die Beschränkungen nach diesem Artikel anwendet, auf Antrag einer anderen Vertragspartei, die glaubhaft machen kann, daß die Beschränkungen gegen diesen Artikel oder gegen den Artikel XIII (vorbehaltlich des Artikels XIV) verstoßen und daß ihr Handel dadurch geschädigt wird, einladen, in Konsultationen mit ihnen einzutreten. Eine solche Einladung darf jedoch nur ausgesprochen werden, wenn sich die VERTRAGSPARTEIEN vergewissert haben, daß unmittelbare Besprechungen zwischen den betreffenden Vertragsparteien erfolglos geblieben sind. Wird bei diesen Konsultationen eine Einigung nicht erzielt, und stellen die VERTRAGSPARTEIEN fest, daß die Beschränkungen in einer Weise angewendet werden, die gegen diese Bestimmungen verstößt und den Handel der antragstellenden Vertragspartei schädigt oder zu schädigen droht, so empfehlen die VERTRAGSPARTEIEN die Aufhebung oder Änderung der Beschränkungen. Werden die Beschränkungen innerhalb einer von den VERTRAGSPARTEIEN festzusetzenden Frist nicht aufgehoben oder geändert, so können die VERTRAGSPARTEIEN die antragstellende Vertragspartei gegenüber der die Beschränkungen anwendenden Vertragspartei von Verpflichtungen aus diesem Abkommen entbinden, soweit dies nach ihrer Feststellung den Umständen angemessen ist.

e) Die VERTRAGSPARTEIEN werden bei Anwendung dieses Absatzes alle besonderen außenwirtschaftlichen Umstände gebührend berücksichtigen, welche die Ausfuhr der die Beschränkungen anwendenden Vertragspartei beeinträchtigen.[1)]

f) Feststellungen nach diesem Absatz müssen rasch, möglichst innerhalb von sechzig Tagen nach Einleitung der Konsultationen, getroffen werden.

5. [1]Erweist sich die Anwendung von Einfuhrbeschränkungen nach diesem Artikel als nachhaltig und weitverbreitet und somit als Anzeichen eines Ungleichgewichts, das den internationalen Handel einschränkt, so leiten die VERTRAGSPARTEIEN Besprechungen ein, um zu prüfen, ob von den Vertragsparteien, deren Zahlungsbilanz stark angespannt ist, oder von den Vertragsparteien, deren Zahlungsbilanz sich außergewöhnlich günstig entwickelt, oder von einer hierzu berufenen zwischenstaatlichen Organisation sonstige Maßnahmen getroffen werden können, um die Ursachen dieses Ungleichgewichts zu beseitigen. [2]Die von den VERTRAGSPARTEIEN zu diesen Besprechungen eingeladenen Vertragsparteien sind verpflichtet, daran teilzunehmen.

Artikel XIII[1)] Nichtdiskriminierende Anwendung mengenmäßiger Beschränkungen

1. Eine Vertragspartei darf bei der Einfuhr einer Ware aus dem Gebiet einer anderen Vertragspartei oder bei der Ausfuhr einer für das Gebiet einer anderen Vertragspartei bestimmten Ware keine Verbote oder Beschränkungen anwenden, es sei denn, daß die Einfuhr einer gleichartigen Ware

---

1) Verweis auf ergänzende Anmerkungen zu den jeweiligen Vorschriften, die im Anhang I dem Abkommen enthalten sind.

aus dritten Ländern oder die Ausfuhr einer gleichartigen Ware nach dritten Ländern entsprechend verboten oder beschränkt wird.
2. Bei der Anwendung von Einfuhrbeschränkungen auf eine Ware werden die Vertragsparteien eine Streuung des Handels mit dieser Ware anstreben, die soweit wie möglich den Anteilen entspricht, welche ohne solche Beschränkungen voraussichtlich auf die verschiedenen Vertragsparteien entfallen würden; zu diesem Zweck werden sie folgende Bestimmungen beachten:
   a) Sofern dies durchführbar ist, sind Kontingente festzusetzen, welche die Gesamtmenge der zugelassenen Einfuhren umfassen (nach Lieferländern aufgeteilt oder nicht); ihre Höhe ist nach Absatz 3 Buchstabe b) dieses Artikels zu veröffentlichen;
   b) Ist die Festsetzung von Kontingenten nicht durchführbar, so können die Beschränkungen durch die Erteilung von Einfuhrlizenzen oder Einfuhrbewilligungen ohne Kontingentierung gehandhabt werden;
   c) Außer zur Anwendung der nach Buchstabe d) dieses Absatzes aufgeteilten Kontingente wird eine Vertragspartei nicht vorschreiben, daß Einfuhrlizenzen oder Einfuhrbewilligungen für die Einfuhr der betreffenden Ware aus einem bestimmten Land oder einer bestimmten Bezugsquelle verwendet werden müssen;
   d) Teilt eine Vertragspartei, die Beschränkungen anwendet, ein Kontingent unter Lieferländern auf, so kann sie mit allen an der Lieferung der betreffenden Ware wesentlich interessierten Vertragsparteien eine Vereinbarung über die Aufteilung des Kontingents anstreben. Erweist sich dies als nicht durchführbar, so räumt die betreffende Vertragspartei den an der Lieferung der Ware wesentlich interessierten Vertragsparteien Anteile ein, die etwa ihrem Verhältnis an der mengen- oder wertmäßigen Gesamteinfuhr dieser Ware während einer früheren Vergleichsperiode entsprechen; dabei sind alle besonderen Umstände gebührend zu berücksichtigen, die den Handel mit dieser Ware beeinflußt haben oder noch beeinflussen. Es dürfen keine Bedingungen oder Förmlichkeiten auferlegt werden, die eine Vertragspartei an der vollen Ausnutzung des ihr eingeräumten Anteils der Gesamtmenge oder des Gesamtwerts hindern, sofern die Einfuhr innerhalb des Zeitraumes erfolgt, auf den sich das Kontingent bezieht.[1)]
3. a) Werden im Zusammenhang mit Einfuhrbeschränkungen Einfuhrbewilligungen ausgestellt, so erteilt die diese Beschränkungen anwendende Vertragspartei auf Antrag einer am Handel mit der betreffenden Ware interessierten Vertragspartei alle einschlägigen Auskünfte über die Handhabung der Beschränkungen, über die innerhalb eines nicht weit zurückliegenden Zeitraumes erteilten Einfuhrbewilligungen und über deren Aufteilung auf die Lieferländer; hierbei besteht jedoch keine Verpflichtung zur Erteilung von Auskünften über die Namen der Einfuhr- oder Lieferfirmen.
   b) Werden im Zusammenhang mit Einfuhrbeschränkungen Kontingente festgesetzt, so veröffentlicht die diese Beschränkungen anwendende Vertragspartei die Gesamtmenge oder den Gesamtwert der Waren, die innerhalb eines bestimmten künftigen Zeitraumes eingeführt werden dürfen, sowie jede Änderung dieser Menge oder dieses Wertes. Sind die betreffenden Waren im Zeitpunkt einer solchen Veröffentlichung bereits unterwegs, so darf ihnen der Eingang nicht verwehrt werden; es ist jedoch statthaft, sie, soweit durchführbar, auf die in der betreffenden Zeitspanne zur Einfuhr zugelassene Menge und, soweit notwendig, auf die in der darauffolgenden Zeitspanne oder den darauffolgenden Zeitspannen zur Einfuhr zugelassene Menge anzurechnen; diese Vorschrift gilt als erfüllt, wenn eine Vertragspartei von diesen Beschränkungen Waren zu befreien pflegt, die innerhalb von dreißig Tagen nach einer solchen Veröffentlichung zum freien Verkehr eingeführt oder aus einem Zollager zum freien Verkehr abgefertigt werden.
   c) Werden Kontingente unter Lieferländern aufgeteilt, so wird die diese Beschränkungen anwendende Vertragspartei alle anderen an der Lieferung der betreffenden Ware interessierten Vertragsparteien über die den verschiedenen Lieferländern jeweils eingeräumten Anteile an Mengen- oder Wertkontingenten unverzüglich unterrichten und diese veröffentlichen.

[1)] Verweis auf ergänzende Anmerkungen zu den jeweiligen Vorschriften, die im Anhang I zu dem Abkommen enthalten sind.

4. Bei den nach Absatz 1 Buchstabe d) dieses Artikels und nach Artikel XI Absatz 2 Buchstabe c) angewendeten Beschränkungen ist die Wahl der Vergleichsperiode für eine Ware und die Beurteilung der besonderen Umstände,[1)] die den Handel mit dieser Ware betreffen, zunächst der die Beschränkung anwendenden Vertragspartei vorbehalten; diese Vertragspartei wird jedoch auf Antrag einer an der Lieferung dieser Ware wesentlich interessierten anderen Vertragspartei oder auf Antrag der VERTRAGSPARTEIEN unverzüglich mit der anderen Vertragspartei oder den VERTRAGSPARTEIEN Konsultationen führen über eine etwa erforderliche Änderung des festgestellten Verhältnisses oder der gewählten Vergleichsperiode, über die Überprüfung der zu berücksichtigenden besonderen Umstände oder über die Beseitigung von Bedingungen, Förmlichkeiten und anderen Bestimmungen, die hinsichtlich der Einräumung eines angemessenen Kontingents oder dessen unbeschränkter Ausnützung einseitig festgesetzt wurden.
5. Dieser Artikel findet auf jedes Zollkontingent Anwendung, das von einer Vertragspartei festgesetzt oder beibehalten wird; soweit anwendbar, erstrecken sich die Grundsätze dieses Artikels auch auf Ausfuhrbeschränkungen.

Artikel XIV[1)] Ausnahmen von der Regel der Nicht-Diskriminierung
1. Eine Vertragspartei, die Beschränkungen nach Artikel XII oder Artikel XVIII Abschnitt B anwendet, kann hierbei von Artikel XIII abweichen, soweit dies die gleiche Wirkung hat wie Zahlungs- und Transferbeschränkungen bei laufenden internationalen Geschäften, die sie gleichzeitig nach den Artikeln VIII oder XIV des Abkommens über den Internationalen Währungsfonds oder ähnlichen Bestimmungen eines nach Artikel XV Absatz 6 abgeschlossenen Sonderabkommens über den Zahlungsverkehr anwenden darf.[1)]
2. Eine Vertragspartei, die Einfuhrbeschränkungen nach Artikel XII oder Artikel XVII Abschnitt B anwendet, kann mit Einwilligung der VERTRAGSPARTEIEN bei einem kleinen Teil ihres Außenhandels vorübergehend von Artikel XIII abweichen, wenn die Vorteile für sie selbst oder die beteiligten Vertragsparteien den Schaden erheblich überwiegen, der dadurch für den Handel anderer Vertragsparteien entsteht.[1)]
3. Artikel XIII schließt nicht aus, daß eine Gruppe von Gebieten mit einem gemeinsamen Quotenanteil beim Internationalen Währungsfonds Beschränkungen, die mit Artikel XII oder Artikel XVIII Abschnitt B im Einklang stehen, auf die Einfuhr aus anderen Ländern, nicht jedoch auf ihren Handel miteinander anwendet, sofern diese Beschränkungen im übrigen mit Artikel XIII vereinbar sind.
4. Die Artikel XI bis XV und Artikel XVIII Abschnitt B schließen nicht aus, daß eine Vertragspartei, die Einfuhrbeschränkungen nach Artikel XII oder nach Artikel XVIII Abschnitt B anwendet, Maßnahmen zur Lenkung ihrer Ausfuhren trifft, um ihre Einnahmen an Devisen zu erhöhen, die sie verwenden kann, ohne von Artikel XIII abzuweichen.
5. Die Artikel XI bis XV und Artikel XVIII Abschnitt B schließen nicht aus, daß eine Vertragspartei
   a) mengenmäßige Beschränkungen anwendet, welche die gleiche Wirkung haben wie Zahlungsbeschränkungen, die nach Artikel VII Abschnitt 3b) des Abkommens über den Internationalen Währungsfonds zulässig sind, oder
   b) mengenmäßige Beschränkungen im Rahmen der Präferenzregelungen nach Anlage A anwendet, solange das Ergebnis der dort erwähnten Verhandlungen noch aussteht.

Artikel XV Bestimmungen über den Zahlungsverkehr
1. Die VERTRAGSPARTEIEN werden bestrebt sein, mit dem Internationalen Währungsfonds zusammenzuarbeiten, damit bei den in die Zuständigkeit des Fonds fallenden Fragen des Zahlungsverkehrs und bei den in die Zuständigkeit der VERTRAGSPARTEIEN fallenden Fragen der mengenmäßigen Beschränkungen und anderer handelspolitischer Maßnahmen eine einheitliche Politik verfolgt wird.
2. [1]In allen Fällen, in denen sich die VERTRAGSPARTEIEN mit Fragen der Währungsreserven, der Zahlungsbilanz oder des Zahlungsverkehrs mit dem Ausland zu befassen haben, führen sie eingehende Konsultationen mit dem Fonds. [2]Hierbei erkennen die VERTRAGSPARTEIEN alle Anga-

---

1) Verweis auf ergänzende Anmerkungen zu den jeweiligen Vorschriften, die im Anhang I zu dem Abkommen enthalten sind.

Art. XV GATT 1994/1947

ben statistischer oder anderer Art an, die ihnen vom Fonds hinsichtlich der Devisenbestände, der Währungsreserven und der Zahlungsbilanz übermittelt werden; sie erkennen ferner die Feststellungen des Fonds darüber an, ob die von einer Vertragspartei hinsichtlich des Zahlungsverkehrs getroffenen Maßnahmen mit dem Abkommen über den Internationalen Währungsfonds oder mit einem gegebenenfalls zwischen der betreffenden Vertragspartei und den VERTRAGSPARTEIEN abgeschlossenen Sonderabkommen über den Zahlungsverkehr im Einklang stehen. ³Bei der Beschlußfassung in Fällen, in denen die in den Artikeln XII Absatz 2 Buchstabe a) oder XVIII Absatz 9 genannten Merkmale zur Erörterung stehen, erkennen die VERTRAGSPARTEIEN die Feststellungen des Fonds darüber an, was im Einzelfall eine bedeutende Abnahme, einen sehr niedrigen Stand oder eine maßvolle Steigerung der Währungsreserven einer Vertragspartei darstellt; das gleiche gilt von den Feststellungen des Fonds über die finanzielle Seite anderer Angelegenheiten, die in den betreffenden Konsultationen behandelt werden.

3. Die VERTRAGSPARTEIEN werden bestrebt sein, mit dem Fonds Verfahrensregeln für die in Absatz 2 vorgesehenen Konsultationen zu vereinbaren.
4. Die Vertragsparteien werden davon Abstand nehmen, durch Maßnahmen im Zahlungsverkehr den Zweck dieses Abkommens oder durch handelspolitische Maßnahmen den Zweck des Abkommens über den Internationalen Währungsfonds zu vereiteln.¹⁾
5. Gelangen die VERTRAGSPARTEIEN zu irgendeinem Zeitpunkt zu der Auffassung, daß eine Vertragspartei bei Einfuhr Zahlungs- und Transferbeschränkungen in einer Weise anwendet, die gegen die Ausnahmebestimmungen dieses Abkommens über mengenmäßige Beschränkungen verstößt, so werden sie dem Fonds hierüber Bericht erstatten.
6. ¹Vertragsparteien, die nicht Mitglieder des Fonds sind, müssen innerhalb einer von den VERTRAGSPARTEIEN nach Konsultationen mit dem Fonds festzustellenden Frist Mitglieder des Fonds werden oder anderenfalls mit den VERTRAGSPARTEIEN ein Sonderabkommen über den Zahlungsverkehr abschließen. ²Hört eine Vertragspartei auf, Mitglied des Fonds zu sein, so schließt sie unverzüglich mit den VERTRAGSPARTEIEN ein Sonderabkommen über den Zahlungsverkehr. ³Jedes nach diesem Absatz abgeschlossene Sonderabkommen wird sodann Bestandteil der Verpflichtungen der betreffenden Vertragspartei aus dem Allgemeinen Abkommen.
7. a) Ein Sonderabkommen zwischen einer Vertragspartei und den VERTRAGSPARTEIEN über den Zahlungsverkehr nach Absatz 6 muß den VERTRAGSPARTEIEN die Gewähr dafür bieten, daß die Ziele des Allgemeinen Abkommens nicht durch Maßnahmen der betreffenden Vertragspartei auf dem Gebiet des Zahlungsverkehrs vereitelt werden.
   b) Ein solches Sonderabkommen darf der betreffenden Vertragspartei auf dem Gebiet des Zahlungsverkehrs keine Verpflichtungen auferlegen, die in ihrer Gesamtheit stärkere Einschränkungen enthalten, als im Abkommen über den Internationalen Währungsfonds für dessen Mitglieder vorgesehen sind.
8. Vertragsparteien, die nicht Mitglieder des Fonds sind, erteilen den VERTRAGSPARTEIEN alle im Rahmen des Artikels VIII Abschnitt 5 des Abkommens über den Internationalen Währungsfonds liegenden Auskünfte, deren die VERTRAGSPARTEIEN bedürfen, um die ihnen mit dem Allgemeinen Abkommen übertragenen Aufgaben zu erfüllen.
9. Dieses Abkommen schließt aus, daß eine Vertragspartei
   a) Kontrollen oder Beschränkungen des Zahlungsverkehrs anwendet, die mit dem Abkommen über den Internationalen Währungsfonds oder mit einem von ihr mit den VERTRAGSPARTEIEN abgeschlossenen Sonderabkommen über den Zahlungsverkehr im Einklang stehen;
   b) Beschränkungen oder Kontrollen der Einfuhr oder Ausfuhr anwendet, die lediglich die Wirkung haben, über die nach den Artikeln XI, XII, XIII und XIV zulässigen Auswirkungen hinaus diesen Kontrollen und Beschränkungen des Zahlungsverkehrs Wirksamkeit zu verleihen.

---

1) Verweis auf ergänzende Anmerkungen zu den jeweiligen Vorschriften, die im Anhang I zu dem Abkommen enthalten sind.

Artikel XVI[1]) Subventionen
Abschnitt A – Subventionen im allgemeinen
1. [1]Wenn eine Vertragspartei eine Subvention, einschließlich jeder Form von Einkommens- oder Preisstützung, gewährt oder beibehält, die mittelbar oder unmittelbar die Wirkung hat, die Ausfuhr einer Ware aus ihrem Gebiet zu steigern oder die Einfuhr einer Ware in ihr Gebiet zu vermindern, so notifiziert diese Vertragspartei den VERTRAGSPARTEIEN das Ausmaß und die Art dieser Subventionierung, ihre voraussichtlichen Auswirkungen auf die Menge der betreffenden eingeführten oder ausgeführten Waren sowie die Umstände, welche die Subventionierung notwendig machen. [2]Wird festgestellt, daß in einem bestimmten Fall eine solche Subventionierung zu einer ernsthaften Schädigung der Interessen einer Vertragspartei führt oder zu führen droht, so erörtert die Vertragspartei, welche die Subvention gewährt, auf Antrag mit der betroffenen Vertragspartei oder den betroffenen Vertragsparteien oder mit den VERTRAGSPARTEIEN die Möglichkeit der Einschränkung dieser Subventionierung.

Abschnitt B – Zusätzliche Bestimmungen über Ausfuhrsubventionen[1])
2. Die Vertragsparteien erkennen an, daß die Gewährung einer Subvention bei der Ausfuhr einer Ware durch eine Vertragspartei für andere einführende oder ausführende Vertragsparteien nachteilige Auswirkungen haben, unbillige Störungen ihrer normalen Handelsinteressen hervorrufen und die Erreichung der Ziele dieses Abkommens behindern kann.
3. [1]Die Vertragsparteien sollen daher bestrebt sein, die Gewährung von Subventionen bei der Ausfuhr von Grundstoffen zu vermeiden. [2]Gewährt eine Vertragspartei dennoch mittelbar oder unmittelbar eine Subvention, gleich welcher Art, die eine Steigerung der Ausfuhr eines Grundstoffes aus ihrem Gebiet bewirkt, so darf sie diese Situation nicht so handhaben, daß sie dadurch mehr als einen angemessenen Anteil an dem Welthandel mit diesem Erzeugnis erhält; dabei sind die Anteile der Vertragsparteien an dem Handel mit der betreffenden Ware während einer früheren Vergleichsperiode sowie alle etwaigen besonderen Umstände zu berücksichtigen, die diesen Handel beeinflußt haben oder noch beeinflussen.[1])
4. [1]Ferner werden die Vertragsparteien mit Wirkung vom 1. Januar 1958 oder einem anderen geeigneten, möglichst bald darauf folgenden Zeitpunkt bei der Ausfuhr von anderen Waren als Grundstoffen weder mittelbar noch unmittelbar Subventionen, gleich welcher Art, gewähren, die den Verkauf solcher Waren durch Ausfuhr zu einem Preis ermöglichen, der unter dem vergleichbaren Inlandspreis einer gleichartigen Ware liegt. [2]Bis zum 31. Dezember 1957 wird keine Vertragspartei eine solche Subventionierung durch Einführung neuer oder Erhöhung bestehender Subventionen über den am 1. Januar 1955 bestehenden Umfang hinaus erweitern.[1])
5. Die VERTRAGSPARTEIEN werden die Auswirkung dieses Artikels von Zeit zu Zeit überprüfen, um an Hand der Erfahrungen zu ermitteln, inwieweit er sich als geeignet erweist, die Ziele dieses Abkommens zu fördern und eine den Handel und die Interessen der Vertragsparteien stark schädigende Subventionierung zu vermeiden.

Artikel XVII Staatliche Handelsunternehmen
1.[1]) a) Jede Vertragspartei, die an irgendeinem Ort ein staatliches Unternehmen errichtet oder betreibt oder einem Unternehmen rechtlich oder tatsächlich ausschließliche oder besondere Vorrechte[1]) gewährt, verpflichtet sich sicherzustellen, daß dieses Unternehmen bei seinen Käufen oder Verkäufen, die Einfuhren oder Ausfuhren zur Folge haben, die allgemeinen Grundsätze der Nicht-Diskriminierung beachtet, die nach diesem Abkommen für staatliche Maßnahmen in bezug auf die Ein- oder Ausfuhr durch Privatunternehmen vorgeschrieben sind.
b) Auf Grund des Buchstaben a) sind die staatlichen Unternehmen verpflichtet, unter gebührender Berücksichtigung der anderen Bestimmungen dieses Abkommens solche Käufe und Verkäufe ausschließlich auf Grund von kommerziellen Erwägungen,[1]) wie Preis, Qualität, verfügbare Menge, Marktgängigkeit, Beförderungsverhältnisse und andere den Kauf oder Verkauf betreffenden Umstände, vorzunehmen und den Unternehmen anderer Vertragsparteien eine

---

1) Verweis auf ergänzende Anmerkungen zu den jeweiligen Vorschriften, die im Anhang I zu dem Abkommen enthalten sind.

ausreichende Möglichkeit zur Beteiligung an diesen Käufen oder Verkäufen unter Bedingungen des freien Wettbewerbs und auf der Grundlage der üblichen Geschäftspraxis zu geben.
  c) Eine Vertragspartei wird ein ihrer Rechtshoheit unterstehendes Unternehmen (gleichviel, ob es sich um eines der in Buchstabe a) bezeichneten oder um ein anderes Unternehmen handelt) nicht daran hindern, nach den in den Buchstaben a) und b) enthaltenen Grundsätzen zu handeln.
2. ¹Absatz 1 findet keine Anwendung auf die Einfuhr von Waren, die weder zum Wiederverkauf noch zur Erzeugung von zum Verkauf bestimmten Waren,¹⁾ sondern zum unmittelbaren oder Letztverbrauch für staatliche Zwecke bestimmt sind. ²Hinsichtlich solcher Einfuhren gewährt jede Vertragspartei dem Handel der anderen Vertragsparteien eine billige und angemessene Behandlung.
3. Die Vertragsparteien erkennen an, daß sich aus der Tätigkeit der in Absatz 1 Buchstabe a) bezeichneten Unternehmen starke Hindernisse für den Handel ergeben können; für die Ausweitung des internationalen Handels ist es daher wichtig, solche Hindernisse durch Verhandlungen auf der Grundlage der Gegenseitigkeit und zum gemeinsamen Nutzen zu begrenzen oder zu verringern.¹⁾
4. a) Die Vertragsparteien werden den VERTRAGSPARTEIEN die Waren notifizieren, die von Unternehmen der in Absatz 1 Buchstabe a) bezeichneten Art in ihr Gebiet eingeführt oder aus ihrem Gebiet ausgeführt werden.
  b) Eine Vertragspartei, die für die Einfuhr einer Ware, die nicht Gegenstand eines Zugeständnisses nach Artikel II ist, ein Monopol errichtet, beibehält oder genehmigt, teilt den VERTRAGSPARTEIEN auf Antrag einer anderen Vertragspartei, die einen bedeutenden Handel mit dieser Ware aufweist, den Aufschlag¹⁾ auf den Einfuhrpreis dieser Ware während einer nicht weit zurückliegenden Vergleichsperiode mit, oder, falls dies nicht möglich ist, den Preis, der bei dem Wiederverkauf der Ware gefordert wird.
  c) Die VERTRAGSPARTEIEN können auf Antrag einer Vertragspartei, die der begründeten Ansicht ist, daß die Tätigkeit eines Unternehmens der in Absatz 1 Buchstabe a) bezeichneten Art ihre aus diesem Abkommen herrührenden Interessen schädigt, von der Vertragspartei, die ein solches Unternehmen errichtet, beibehält oder genehmigt, Auskünfte über die Tätigkeit dieses Unternehmens im Hinblick auf die Durchführung dieses Abkommens verlangen.
  d) Dieser Absatz verpflichtet eine Vertragspartei nicht zur Preisgabe vertraulicher Informationen, deren Veröffentlichung die Durchführung der Rechtsvorschriften behindern oder sonst dem öffentlichen Interesse zuwiderlaufen oder die berechtigten Wirtschaftsinteressen bestimmter Unternehmen schädigen würde.

...

Artikel XIX Notstandsmaßnahmen bei der Einfuhr bestimmter Waren

1. a) Wird infolge unvorhergesehener Entwicklungen und der Auswirkungen der von einer Vertragspartei auf Grund dieses Abkommens eingegangenen Verpflichtungen, einschließlich der Zollzugeständnisse, eine Ware in das Gebiet dieser Vertragspartei in derart erhöhten Mengen und unter derartigen Bedingungen eingeführt, daß dadurch den inländischen Erzeugern gleichartiger oder unmittelbar konkurrierender Waren in diesem Gebiet ein ernsthafter Schaden zugefügt wird oder zugefügt zu werden droht, so steht es dieser Vertragspartei frei, ihre hinsichtlich einer solchen Ware übernommene Verpflichtung ganz oder teilweise aufzuheben oder das betreffende Zugeständnis zurückzunehmen oder abzuändern, soweit und solange dies zur Verhütung oder Behebung des Schadens erforderlich ist.
  b) Wird eine Ware, die Gegenstand eines Zugeständnisses hinsichtlich einer Präferenz ist, in das Gebiet einer Vertragspartei unter den in Buchstabe a) angeführten Umständen eingeführt, so daß dadurch den inländischen Erzeugern gleichartiger oder unmittelbar konkurrierender Waren in dem Gebiet einer Vertragspartei, die eine solche Präferenz erhält oder erhalten hat, ein ernsthafter Schaden zugefügt wird oder zugefügt zu werden droht, so steht es der

---

1) Verweis auf ergänzende Anmerkungen zu den jeweiligen Vorschriften, die im Anhang I zu dem Abkommen enthalten sind.

einführenden Vertragspartei frei, auf Antrag dieser anderen Vertragspartei ihre diesbezügliche Verpflichtung ganz oder teilweise aufzuheben oder das Zugeständnis hinsichtlich dieser Ware zurückzunehmen oder abzuändern, soweit und solange dies zur Verhütung oder Behebung des Schadens erforderlich ist.

2. [1]Bevor eine Vertragspartei eine Maßnahme auf Grund des Absatzes 1 trifft, wird sie dies den VERTRAGSPARTEIEN solange wie möglich im voraus schriftlich mitteilen; sie wird den VERTRAGSPARTEIEN und den Vertragsparteien, die als Ausfuhrländer der betreffenden Ware ein wesentliches Interesse haben, Gelegenheit geben, mit ihr Konsultationen über die beabsichtigte Maßnahme zu führen. [2]Bezieht sich eine solche Mitteilung auf ein Zugeständnis hinsichtlich einer Präferenz, so ist dabei die Vertragspartei anzugeben, die diese Maßnahme beantragt hat. [3]In Fällen besonderer Dringlichkeit, in denen ein Aufschub eine schwer gutzumachende Schädigung verursachen würde, kann eine Maßnahme nach Absatz 1 vorläufig ohne vorherige Konsultationen getroffen werden, jedoch unter der Bedingung, daß diese unmittelbar nach Einleitung dieser Maßnahme stattfinden.

3. a) Gelangen die interessierten Vertragsparteien hinsichtlich dieser Maßnahme nicht zu einem Einvernehmen, so steht es der Vertragspartei, die diese Maßnahme zu treffen oder weiterhin anzuwenden beabsichtigt, frei, dies trotzdem zu tun; in diesem Fall steht es den hiervon betroffenen Vertragsparteien frei, spätestens neunzig Tage danach und frühestens dreißig Tage nach Eingang einer entsprechenden schriftlichen Mitteilung bei den VERTRAGSPARTEIEN die Anwendung im wesentlichen gleichwertiger Zugeständnisse oder sonstiger Verpflichtungen aus diesem Abkommen auf den Handel der eine solche Maßnahme anwendenden Vertragspartei, oder im Fall des Absatzes 1 Buchstabe b) auf den Handel der eine solche Maßnahme beantragenden Vertragspartei auszusetzen, sofern die VERTRAGSPARTEIEN dies nicht mißbilligen.

b) Wird ohne vorherige Konsultation eine Maßnahme nach Absatz 2 getroffen, die inländischen Erzeugern der dadurch betroffenen Ware im Gebiet einer Vertragspartei einen ernsthaften Schaden zufügt oder zuzufügen droht, so steht es einer Vertragspartei abweichend von den in Buchstabe a) enthaltenen Bestimmungen frei, gleichzeitig mit der Einleitung dieser Maßnahme und während der Dauer der Konsultationen Zugeständnisse oder sonstige Verpflichtungen auszusetzen, soweit dies zur Verhütung oder Behebung des Schadens erforderlich ist, falls ein Aufschub eine schwer gutzumachende Schädigung zur Folge hätte.

Artikel XX Allgemeine Ausnahmen
Unter dem Vorbehalt, daß die folgenden Maßnahmen nicht so angewendet werden, daß sie zu einer willkürlichen und ungerechtfertigten Diskriminierung zwischen Ländern, in denen gleiche Verhältnisse bestehen, oder zu einer verschleierten Beschränkung des internationalen Handels führen, darf keine Bestimmung dieses Abkommens so ausgelegt werden, daß sie eine Vertragspartei daran hindert, folgende Maßnahmen[1)] zu beschließen oder durchzuführen:

a) Maßnahmen zum Schutze der öffentlichen Sittlichkeit;
b) Maßnahmen zum Schutze des Lebens und der Gesundheit von Menschen, Tieren und Pflanzen;
c) Maßnahmen für die Ein- oder Ausfuhr von Gold oder Silber;
d) Maßnahmen, die zur Anwendung von Gesetzen oder sonstigen Vorschriften erforderlich sind, welche nicht gegen dieses Abkommen verstoßen, einschließlich der Bestimmungen über die Durchführung der Zollvorschriften, über die Ausübung der nach Artikel II Absatz 4 und Artikel XVII gehandhabten Monopole, über den Schutz von Patenten, Warenzeichen und Urheberrechten sowie über die Verhinderung irreführender Praktiken;
e) Maßnahmen hinsichtlich der in Strafvollzugsanstalten hergestellten Waren;
f) Maßnahmen zum Schutze nationalen Kulturgutes von künstlerischem, geschichtlichem oder archäologischem Wert;

---

1) Im authentischen englischen Wortlaut des Art. XX lit. a), b) und d) heißt es jeweils, dass es sich um Maßnahmen »necessary to...« sowie in Art. XX lit. c) »relating to...« handeln muss.

g) Maßnahmen zur Erhaltung erschöpflicher Naturschätze, sofern solche Maßnahmen im Zusammenhang mit Beschränkungen der inländischen Produktion oder des inländischen Verbrauches angewendet werden;
h) Maßnahmen zur Durchführung von Verpflichtungen im Rahmen eines zwischenstaatlichen Grundstoffabkommens, das bestimmten, den VERTRAGSPARTEIEN vorgelegten und von ihnen nicht abgelehnten Merkmalen entspricht oder das selbst den VERTRAGSPARTEIEN vorgelegt und von ihnen nicht abgelehnt wird;[1)]
i) Maßnahmen, die Beschränkungen der Ausfuhr inländischer Rohstoffe zur Folge haben, welche benötigt werden, um für eine Zeit, in der ihr Inlandspreis im Rahmen eines staatlichen Stabilisierungsplanes unter dem Weltmarktpreis gehalten wird, einem Zweig der inländischen verarbeitenden Industrie die erforderlichen Mengen dieser Rohstoffe zu sichern; derartige Beschränkungen dürfen jedoch keine Steigerung der Ausfuhr dieses inländischen Industriezweiges und keine Erhöhung des ihr gewährten Schutzes bewirken und auch nicht von den Bestimmungen dieses Abkommens über die Nicht-Diskriminierung abweichen;
j) Maßnahmen, die für den Erwerb oder die Verteilung von Waren wesentlich sind, an denen ein allgemeiner oder örtlicher Mangel besteht; diese Maßnahmen müssen jedoch dem Grundsatz entsprechen, daß allen Vertragsparteien ein angemessener Anteil an der internationalen Versorgung mit solchen Waren zusteht; sind diese Maßnahmen mit den anderen Bestimmungen dieses Abkommens nicht vereinbar, so müssen sie aufgehoben werden, sobald die Gründe für ihre Einführung nicht mehr bestehen. Die VERTRAGSPARTEIEN werden spätestens am 30. Juni 1960 prüfen, ob es notwendig ist, diesen Buchstaben beizubehalten.

Artikel XXI Ausnahmen zur Wahrung der Sicherheit
Die Bestimmungen dieses Abkommens hindern eine Vertragspartei nicht daran,
a) Auskünfte zu verweigern, deren Preisgabe nach ihrer Auffassung ihren wesentlichen Sicherheitsinteressen zuwiderläuft;
b) Maßnahmen zu treffen, die nach ihrer Auffassung zum Schutz ihrer wesentlichen Sicherheitsinteressen notwendig sind
   i) in Bezug auf spaltbare Stoffe oder die Rohstoffe, aus denen sie erzeugt werden;
   ii) beim Handel mit Waffen, Munition und Kriegsmaterial sowie bei dem mittelbar oder unmittelbar zur Versorgung von Streitkräften dienenden Handel mit anderen Waren und Materialien;
   iii) in Kriegszeiten oder bei sonstigen ernsten Krisen in den internationalen Beziehungen;
c) Maßnahmen auf Grund ihrer Verpflichtungen aus der Satzung der Vereinten Nationen zur Erhaltung des internationalen Friedens und der internationalen Sicherheit zu treffen.

Artikel XXII Konsultationen
1. Jede Vertragspartei wird Vorstellungen einer anderen Vertragspartei, welche die Anwendung dieses Abkommens betreffen, wohlwollend prüfen und ausreichende Gelegenheit zu Konsultationen geben.
2. Die VERTRAGSPARTEIEN können auf Antrag einer Vertragspartei mit einer oder mehreren Vertragsparteien Konsultationen über jede Angelegenheit führen, für die durch Konsultationen nach Absatz 1 keine zufriedenstellende Lösung erreicht werden konnte.

Artikel XXIII Schutz der Zugeständnisse und sonstigen Vorteile
1. [1]Ist eine Vertragspartei der Auffassung, daß Zugeständnisse oder sonstige Vorteile, die sich mittelbar oder unmittelbar auf Grund dieses Abkommens für sie ergeben, zunichte gemacht oder geschmälert werden, oder daß die Erreichung eines der Ziele dieses Abkommens dadurch behindert wird, a) daß eine andere Vertragspartei ihre Verpflichtungen aus diesem Abkommen nicht erfüllt, oder b) daß eine andere Vertragspartei eine bestimmte Maßnahme trifft, auch wenn diese nicht gegen dieses Abkommen verstößt, oder c) daß irgendeine andere Sachlage gegeben ist, so kann diese Vertragspartei zur Erzielung einer befriedigenden Regelung der Angelegenheit der anderen Vertragspartei und sonstigen Vertragsparteien, die sie als beteiligt ansieht, schriftliche Vorstel-

lungen oder Vorschläge machen. ²Jede Vertragspartei wird solche Vorstellungen oder Vorschläge wohlwollend prüfen.
2. ¹Kommt zwischen den beteiligten Vertragsparteien innerhalb einer angemessenen Zeitspanne keine befriedigende Regelung zustande oder handelt es sich um eine Schwierigkeit der in Absatz 1 Buchstabe c) genannten Art, so kann die Angelegenheit den VERTRAGSPARTEIEN vorgelegt werden. ²Die VERTRAGSPARTEIEN prüfen unverzüglich alle ihnen auf diese Weise vorgelegten Fragen und richten an die von ihnen als interessiert angesehenen VERTRAGSPARTEIEN nach ihrem Ermessen geeignete Empfehlungen oder Weisungen in dieser Frage. ³Die VERTRAGS-PARTEIEN können, wenn sie es für erforderlich halten, Vertragsparteien, den Wirtschafts- und Sozialrat der Vereinten Nationen und jede andere zuständige zwischenstaatliche Organisation zu Rate ziehen. ⁴Sind die VERTRAGSPARTEIEN der Ansicht, daß die Umstände hinreichend schwer wiegen, um eine solche Maßnahme zu rechtfertigen, können sie eine oder mehrere Vertragsparteien ermächtigen, in bezug auf eine oder mehrere andere Vertragsparteien die Erfüllung der Zugeständnisse oder sonstiger Verpflichtungen aus diesem Abkommen, die sie unter den obwaltenden Verhältnissen für angemessen erachten, auszusetzen. ⁵Wird die Erfüllung eines Zugeständnisses oder einer sonstigen Verpflichtung gegenüber einer Vertragspartei tatsächlich ausgesetzt, so steht es dieser Vertragspartei frei, dem Geschäftsführenden Sekretär der VERTRAGSPARTEIEN spätestens sechzig Tage nach Einleitung dieser Maßnahme ihre Absicht, von diesem Abkommen zurückzutreten, schriftlich mitzuteilen. ⁶Dieser Rücktritt wird nach Ablauf von sechzig Tagen nach dem Tage, an dem der Geschäftsführende Sekretär diese Mitteilung erhält, wirksam.

Teil III

Artikel XXIV Geltungsbereich – Grenzverkehr – Zollunionen und Freihandelszonen

1. ¹Dieses Abkommen gilt für das Zollgebiet des Mutterlandes jeder Vertragspartei und für jedes andere Zollgebiet, für das es nach Artikel XXVI angenommen wurde oder nach Artikel XXXIII oder auf Grund des Protokolls über die Vorläufige Anwendung angewendet wird. ²Hinsichtlich des Geltungsbereichs dieses Abkommens gilt jedes dieser Zollgebiete als Vertragspartei mit der Maßgabe, daß aus diesem Absatz Rechte und Verpflichtungen zwischen zwei oder mehr Zollgebieten, für die dieses Abkommen von einer einzigen Vertragspartei gemäß Satz 1 angenommen wurde oder angewendet wird, nicht abgeleitet werden können.
2. Zollgebiet im Sinne dieses Abkommens ist jedes Gebiet, in dem für einen wesentlichen Teil seines Handels mit anderen Gebieten ein eigener Zolltarif oder sonstige eigene Handelsvorschriften bestehen.
3. Die Bestimmungen dieses Abkommens sind nicht so auszulegen, daß sie Vorteile ausschließen,
    a) die eine Vertragspartei ihren Nachbarländern zur Erleichterung des Grenzverkehrs gewährt oder
    b) die dem Handel mit dem Freistaat Triest von benachbarten Ländern gewährt werden, sofern diese Vorteile zu den Bestimmungen der nach dem Zweiten Weltkrieg geschlossenen Friedensverträge nicht im Widerspruch stehen.
4. ¹Die Vertragsparteien erkennen an, daß es wünschenswert ist, durch freiwillige Vereinbarungen zur Förderung der wirtschaftlichen Integration der teilnehmenden Länder eine größere Freiheit des Handels herbeizuführen. ²Sie erkennen ferner an, daß es der Zweck von Zollunionen und Freihandelszonen sein soll, den Handel zwischen den teilnehmenden Gebieten zu erleichtern, nicht aber dem Handel anderer Vertragsparteien mit diesen Gebieten Schranken zu setzen.
5. Demgemäß schließt dieses Abkommen nicht aus, daß Gebiete von Vertragsparteien zu Zollunionen oder Freihandelszonen zusammengeschlossen oder vorläufige Vereinbarungen zur Bildung solcher Unionen oder Zonen abgeschlossen werden; Voraussetzung hierfür ist
    a) im Fall einer Zollunion oder einer mit dem Ziel der Bildung einer Zollunion getroffenen vorläufigen Vereinbarung, daß die bei der Bildung der Union oder beim Abschluß der vorläufigen Vereinbarung eingeführten Zölle und Handelsvorschriften für den Handel mit den an der Union oder Vereinbarung nicht teilnehmenden Vertragsparteien in ihrer Gesamtheit

nicht höher oder einschränkender sind als die allgemeine Belastung durch Zölle und Handelsvorschriften, die in den teilnehmenden Gebieten vor der Bildung der Union oder dem Abschluß der vorläufigen Vereinbarung bestand;

b) im Fall einer Freihandelszone oder einer mit dem Ziel der Bildung einer Freihandelszone getroffenen vorläufigen Vereinbarung, daß die in den teilnehmenden Gebieten beibehaltenen und bei der Bildung der Zone oder dem Abschluß der vorläufigen Vereinbarung geltenden Zölle und Handelsvorschriften für den Handel mit den in die Zone nicht einbezogenen oder an der Vereinbarung nicht teilnehmenden Vertragsparteien nicht höher oder einschränkender sind als die entsprechenden Zölle und Handelsvorschriften, die in den teilnehmenden Gebieten vor der Bildung der Zone oder dem Abschluß der vorläufigen Vereinbarung bestanden;

c) daß jede vorläufige Vereinbarung im Sinne der Buchstaben a) oder b) einen Plan und ein Programm zur Bildung der betreffenden Zollunion oder Freihandelszone innerhalb einer angemessenen Zeitspanne enthält.

6. Beabsichtigt eine Vertragspartei bei Erfüllung der Voraussetzungen des Absatzes 5 Buchstabe a), entgegen den Bestimmungen des Artikels II einen Zollsatz zu erhöhen, so wird das Verfahren nach Artikel XXVIII angewendet. Bei der ausgleichenden Regelung ist der Ausgleich gebührend zu berücksichtigen, der sich bereits aus der Herabsetzung der entsprechenden Zollsätze der anderen, an der Zollunion teilnehmenden Gebiete ergeben hat.

7. a) Jede Vertragspartei, die beschließt, einer Zollunion, einer Freihandelszone oder einer vorläufigen Vereinbarung mit dem Ziel der Bildung einer solchen Union oder Zone beizutreten, notifiziert dies unverzüglich den VERTRAGSPARTEIEN und übermittelt ihnen die Auskünfte über die geplante Union oder Zone, deren die VERTRAGSPARTEIEN bedürfen, um den Vertragsparteien die Berichte zu erstatten und die Empfehlungen zu erteilen, die sie für angezeigt erachten.

b) Gelangen die VERTRAGSPARTEIEN, nachdem sie Plan und Programm einer in Absatz 5 erwähnten vorläufigen Vereinbarung in Konsultationen mit den Parteien dieser Vereinbarung und unter gebührender Berücksichtigung der ihnen nach Buchstabe a) übermittelten Auskünfte geprüft haben, zu der Auffassung, daß diese Vereinbarung wahrscheinlich nicht innerhalb der von den teilnehmenden Parteien vorgesehenen Zeitspanne zur Bildung einer Zollunion oder einer Freihandelszone führen wird, oder daß die Zeitspanne nicht angemessen ist, so werden die VERTRAGSPARTEIEN den Parteien der Vereinbarung Empfehlungen erteilen. Die teilnehmenden Parteien werden die Vereinbarung weder beibehalten noch in Kraft setzen, wenn sie nicht bereit sind, sie gemäß den Empfehlungen abzuändern.

c) Jede wesentliche Änderung des in Absatz 5 Buchstabe c) erwähnten Planes oder Programms ist den VERTRAGSPARTEIEN mitzuteilen; diese können die beteiligten Vertragsparteien ersuchen, Konsultationen mit ihnen zu führen, wenn es wahrscheinlich ist, daß die Änderung die Bildung der Zollunion oder der Freihandelszone gefährdet oder übermäßig verzögert.

8. In diesem Abkommen bedeutet

a) »Zollunion« die Ersetzung von zwei oder mehr Zollgebieten durch ein einziges Zollgebiet,
   i) wobei zwischen diesen Gebieten die Zölle und beschränkenden Handelsvorschriften (ausgenommen die nach den Artikeln XI, XII, XIII, XIV, XV und XX erforderlichenfalls gestatteten) für annähernd den gesamten Handel oder wenigstens für annähernd den gesamten Handel mit den aus den teilnehmenden Gebieten der Union stammenden Waren beseitigt werden, und
   ii) wobei die Mitglieder der Zollunion, vorbehaltlich der Bestimmungen des Absatzes 9, im Handel mit nicht teilnehmenden Gebieten im wesentlichen dieselben Zölle und Handelsvorschriften anwenden;

b) »Freihandelszone« eine Gruppe von zwei oder mehr Zollgebieten, zwischen denen die Zölle und beschränkenden Handelsvorschriften (ausgenommen die nach den Artikeln XI, XII, XIII, XIV, XV und XX erforderlichenfalls gestatteten) für annähernd den gesamten Handel mit den aus den teilnehmenden Gebieten der Zone stammenden Waren beseitigt werden.

9. ¹Die in Artikel I Absatz 2 angeführten Präferenzen werden durch die Bildung einer Zollunion oder einer Freihandelszone nicht berührt; sie können jedoch durch Verhandlungen mit den betroffenen Vertragsparteien beseitigt oder den neuen Verhältnissen angepaßt werden. ²Dieses Verfahren für Verhandlungen mit den betroffenen Vertragsparteien findet insbesondere auf diejenigen Präferenzen Anwendung, deren Beseitigung gemäß Absatz 8 Buchstabe a) Ziffer (i) und Absatz 8 Buchstabe b) erforderlich ist.
10. Die VERTRAGSPARTEIEN können Vorschläge, die nicht vollständig mit den Erfordernissen der Absätze 5 bis 9 im Einklang stehen, mit einer Mehrheit von zwei Dritteln annehmen, sofern derartige Vorschläge zur Bildung einer Zollunion oder einer Freihandelszone im Sinne dieses Artikels führen.
11. Unter Berücksichtigung der außergewöhnlichen Umstände, die sich aus der Errichtung Indiens und Pakistans als unabhängige Staaten ergeben, und in Anerkennung der Tatsache, daß diese zwei Staaten lange eine wirtschaftliche Einheit gebildet haben, kommen die Vertragsparteien überein, daß die Bestimmungen dieses Abkommens beide Länder nicht daran hindern, besondere Abmachungen über ihren gegenseitigen Handel zu treffen, so lange die endgültige Regelung ihrer gegenseitigen Handelsbeziehungen noch aussteht.
12. Jede Vertragspartei wird alle in ihrer Macht stehenden geeigneten Maßnahmen treffen, um in ihrem Gebiet die Beachtung dieses Abkommens durch die regionalen und örtlichen Regierungs- und Verwaltungsstellen sicherzustellen.

Artikel XXV Gemeinsames Vorgehen der Vertragsparteien
1. ¹Die Vertreter der Vertragsparteien treten periodisch zusammen, um die Durchführung derjenigen Bestimmungen dieses Abkommens sicherzustellen, die ein gemeinsames Vorgehen erfordern, und um allgemein die Durchführung dieses Abkommens und die Erreichung seiner Ziele zu erleichtern. ²Sooft in diesem Abkommen die gemeinsam handelnden Vertragsparteien erwähnt sind, werden sie als VERTRAGSPARTEIEN bezeichnet.
2. Der Generalsekretär der Vereinten Nationen wird ersucht, die erste Sitzung der VERTRAGSPARTEIEN einzuberufen; diese soll spätestens am 1. März 1948 stattfinden.
3. Jede Vertragspartei verfügt bei allen Sitzungen der VERTRAGSPARTEIEN über eine Stimme.
4. Sofern in diesem Abkommen nichts anderes bestimmt ist, werden Beschlüsse der VERTRAGSPARTEIEN mit Mehrheit der abgegebenen Stimmen gefaßt.
5. ¹Unter außergewöhnlichen, in diesem Abkommen nicht anderweitig vorgesehenen Umständen können die VERTRAGSPARTEIEN eine Vertragspartei von einer der ihr durch dieses Abkommen auferlegten Verpflichtung befreien, vorausgesetzt, daß ein solcher Beschluß mit Zweidrittelmehrheit der abgegebenen Stimmen gebilligt wird und daß diese Mehrheit mehr als die Hälfte der Vertragsparteien umfaßt. ²Durch eine solche Abstimmung können die VERTRAGSPARTEIEN gleichfalls
   i) bestimmte Arten von außergewöhnlichen Umständen bezeichnen, unter denen andere Abstimmungsbedingungen für die Befreiungen von Verpflichtungen gelten, und
   ii) die für die Anwendung dieses Absatzes erforderlichen Vorbedingungen festlegen.[1)]

...

---

1) Im authentischen englischen Text wird irrtümlich auf »subparagraph« verwiesen.

Vom Abdruck der Anlagen A – H wurde abgesehen.

Anlage I

Anmerkungen und ergänzende Bestimmungen

Zu Artikel I
Absatz 1
Die in Artikel I Absatz 1 unter Hinweis auf Artikel III Absätze 2 und 4 und die in Artikel II Absatz 2 Buchstabe b) unter Hinweis auf Artikel VI enthaltenen Verpflichtungen gelten für das Protokoll über die Vorläufige Anwendung als zu Teil II gehörig.
Die Hinweise auf Artikel III Absatz 2 und 4 im vorstehenden Absatz sowie in Artikel I Absatz 1 finden erst Anwendung, nachdem Artikel III durch das Inkrafttreten des Protokolls vom 14. September 1948[1)] zur Änderung des Teils II und des Artikels XXVI des Allgemeinen Zoll- und Handelsabkommens geändert worden ist.
Absatz 4
Der Begriff »Präferenzspanne« bedeutet die absolute Differenz zwischen dem Meistbegünstigungszollsatz und dem Präferenzzollsatz für dieselbe Ware, nicht aber das Verhältnis zwischen diesen Zollsätzen. Beispiele:
1. Beträgt der Meistbegünstigungszollsatz 36 vom Hundert des Wertes und der Präferenzzollsatz 24 vom Hundert des Wertes, so ergibt sich eine Präferenzspanne von 12 vom Hundert des Wertes, nicht aber von einem Drittel des Meistbegünstigungszollsatzes.
2. Beträgt der Meistbegünstigungszollsatz 35 vom Hundert des Wertes und der Präferenzzollsatz zwei Drittel des Meistbegünstigungszollsatzes, so ergibt sich eine Präferenzspanne von 12 vom Hundert des Wertes.
3. Beträgt der Meistbegünstigungszollsatz 2 Franken für ein Kilogramm und der Präferenzzollsatz 1,50 Franken für ein Kilogramm, so ergibt sich eine Präferenzspanne von 0,50 Franken für ein Kilogramm.

Folgende Arten von Zollmaßnahmen stehen nicht im Widerspruch zu der allgemeinen Bindung der Präferenzspannen, wenn sie nach einheitlich festgelegten Verfahren getroffen werden:
i) die Wiederanwendung der Tarifierung oder des Zollsatzes auf eine eingeführte Ware, soweit sie für diese Ware zutreffen, wenn die Anwendung dieser Tarifierung oder dieses Zollsatzes auf diese Ware am 10. April 1947 vorübergehend ausgesetzt war oder ruhte;
ii) die Einreihung einer bestimmten Ware unter eine andere als die Tarifposition, unter die sie am 10. April 1947 eingereiht war, wenn das Zolltarifrecht eindeutig vorsieht, daß diese Ware unter mehrere Tarifpositionen eingereiht werden kann.

Zu Artikel II
Absatz 2 Buchstabe a)
Der Hinweis auf Artikel III Absatz 2 in Artikel II Absatz 2 Buchstabe a) findet erst dann Anwendung, nachdem Artikel III durch das Inkrafttreten des Protokolls vom 14. September 1948[1)] zur Änderung des Teils II und des Artikels XXVI des Allgemeinen Zoll- und Handelsabkommens geändert worden ist.
Absatz 2 Buchstabe b)
Siehe Anmerkung zu Artikel I Absatz 1.
Absatz 4
Sofern nicht ausdrücklich zwischen den Vertragsparteien, die das Zugeständnis ursprünglich ausgehandelt haben, anderweitig vereinbart, finden die Bestimmungen dieses Absatzes unter Beachtung des Artikels 31 der Havanna-Charta Anwendung.

Zu Artikel III
Innere Abgaben oder sonstige Belastungen, Gesetze, Verordnungen oder sonstige Vorschriften der in Absatz 1 erwähnten Art, die sowohl auf eingeführte als auch auf gleichartige inländische Waren Anwendung finden und bei den eingeführten Waren im Zeitpunkt oder am Ort der Einfuhr erhoben

---
1) Das Protokoll ist am 14. 12. 1948 in Kraft getreten.

oder angewendet werden, gelten dennoch als innere Abgaben oder sonstige innere Belastungen oder als Gesetze, Verordnungen oder sonstige Vorschriften im Sinne des Absatzes 1 und fallen demnach unter Artikel III.
Absatz 1
Die Anwendung des Absatzes 1 auf innere Abgaben, die von regionalen oder örtlichen Regierungs- oder Verwaltungsstellen innerhalb des Gebietes einer Vertragspartei erhoben werden, unterliegt dem Artikel XXIV Absatz 12. Der Ausdruck »geeignete Maßnahmen« in dem genannten Absatz bedeutet nicht, daß beispielsweise geltende Rechtsvorschriften aufgehoben werden müssen, die diese Stellen zur Erhebung innerer Abgaben ermächtigen, welche zwar nicht mit dem Wortlaut, wohl aber mit dem Sinn des Artikels III vereinbar sind, wenn die Aufhebung für diese Stellen große finanzielle Härten zur Folge hätte. Handelt es sich um eine durch regionale oder örtliche Regierungs- oder Verwaltungsstellen erhobene Abgabe, die sowohl mit dem Wortlaut als auch mit dem Sinn des Artikels III unvereinbar ist, so bedeutet der Ausdruck »geeignete Maßnahmen«, daß eine Vertragspartei die unzulässige Abgabe während einer Übergangszeit schrittweise beseitigen kann, wenn die sofortige Aufhebung ernste verwaltungstechnische und finanzielle Schwierigkeiten hervorrufen würde.
Absatz 2
Eine Abgabe, die dem Absatz 2 Satz 1 entspricht, gilt nur dann als mit Satz 2 unvereinbar, wenn die belastete Ware mit einer anderen unmittelbar konkurrierenden oder zum gleichen Zweck geeigneten, aber nicht mit einer ähnlichen Abgabe belasteten Ware im Wettbewerb steht.
Absatz 5
Vorschriften, die mit Absatz 5 Satz 1 in Einklang stehen, gelten nicht als mit Satz 2 unvereinbar, wenn alle diesen Vorschriften unterliegenden Waren im Inland in bedeutenden Mengen erzeugt werden. Eine Vorschrift kann nicht mit der Begründung als nach Satz 2 zulässig gerechtfertigt werden, daß die Kontingentierung für die der Vorschrift unterliegenden Waren ein angemessenes Verhältnis zwischen eingeführten und inländischen Waren herbeiführt.

Zu Artikel V
Absatz 5
Für die Beförderungskosten gilt der in Absatz 5 aufgestellte Grundsatz, wenn es sich um gleichartige Waren handelt, die unter gleichartigen Bedingungen auf derselben Strecke befördert werden.

Zu Artikel VI
Absatz 1
1. Das von geschäftlich verbundenen Unternehmen geübte verschleierte Dumping (d.h. der Verkauf durch einen Importeur zu einem Preis, der sowohl unter dem von einem mit ihm geschäftlich verbundenen Exporteur in Rechnung gestellten als auch unter dem im Ausfuhrland üblichen Preis liegt) stellt eine Form von Preisdumping dar, bei dem die Dumpingspanne auf Grund des Preises berechnet werden kann, zu dem die Waren durch den Importeur weiterverkauft werden.
2. Es wird anerkannt, daß sich bei Einfuhren aus einem Land, dessen Handel ganz oder nahezu ganz einem staatlichen Monopol unterliegt und in dem alle Inlandspreise vom Staat festgesetzt werden, besondere Schwierigkeiten bei der Feststellung der Vergleichbarkeit der Preise im Sinne des Absatzes 1 ergeben können; die einführenden Vertragsparteien werden in solchen Fällen unter Umständen der Tatsache Rechnung tragen müssen, daß ein genauer Vergleich mit den Inlandspreisen dieses Landes nicht in jedem Fall angebracht ist.
Absätze 2 und 3
Anmerkung 1. – Wie auch sonst oft in der Zollpraxis üblich, kann eine Vertragspartei eine angemessene Sicherheit (Bargeld oder sonstige Sicherheitsleistung) für die Entrichtung eines Antidumping- oder Ausgleichszolls bis zur endgültigen Feststellung des Sachverhalts in allen Fällen verlangen, in denen ein Verdacht auf Dumping oder Subventionierung besteht.
Anmerkung 2. – Die Anwendung multipler Wechselkurse kann unter gewissen Umständen eine Exportsubvention darstellen, der durch Ausgleichszölle nach Absatz 3 begegnet werden kann; sie kann aber auch durch eine teilweise Abwertung einer Landeswährung ein Dumping darstellen, dem durch Maßnahmen nach Absatz 2 begegnet werden kann. Unter »Anwendung multipler Wechselkurse« sind Praktiken zu verstehen, die von Regierungen ausgeübt oder gebilligt werden.

Absatz 6 Buchstabe b)
Eine Ausnahmegenehmigung nach diesem Buchstaben wird nur auf Antrag der Vertragspartei erteilt, die einen Antidumping- oder Ausgleichszoll zu erheben beabsichtigt.
Zu Artikel VII
Absatz 1
Unter »sonstigen Belastungen« sind nicht innere Abgaben oder das Äquivalent innerer Abgaben zu verstehen, die anläßlich oder im Zusammenhang mit der Einfuhr erhoben werden.
Absatz 2
1. Artikel VII läßt die Annahme zu, daß der »wirkliche Wert« dargestellt wird durch den Rechnungspreis zuzüglich aller im Rechnungspreis etwa nicht enthaltenen rechtlich zulässigen Kosten, die zu den echten Elementen des »wirklichen Wertes« gehören, sowie zuzüglich jedes außergewöhnlichen Preisnachlasses oder jeder sonstigen Ermäßigung des üblichen Wettbewerbspreises.
2. Artikel VII Absatz 2 Buchstabe b) gestattet es einer Vertragspartei, die Worte »im normalen Handelsverkehr unter Bedingungen des freien Wettbewerbs« dahin auszulegen, daß hierdurch jedes Geschäft ausgeschlossen ist, bei dem Käufer und Verkäufer nicht voneinander unabhängig sind und bei dem die Zahlung des Preises nicht die einzige Leistung ist.
3. Der Begriff »Bedingungen des freien Wettbewerbs« gestattet es einer Vertragspartei, Preise nicht zu berücksichtigen, auf die besondere Preisnachlässe gewährt worden sind, welche nur Alleinvertretern zugestanden werden.
4. Der Wortlaut der Buchstaben a) und b) gestattet den Vertragsparteien eine einheitliche Feststellung des Zollwertes entweder 1. auf der Grundlage des von einem bestimmten Exporteur für die eingeführte Ware berechneten Preises oder 2. auf der Grundlage des allgemeinen Preisniveaus gleichartiger Waren.

...

Zu den Artikeln XI, XII, XIII, XIV und XVIII
Die Begriffe »Einfuhrbeschränkungen« und »Ausfuhrbeschränkungen« in den Artikeln XI, XII, XIII, XIV und XVIII umfassen auch Beschränkungen, die sich aus der Abwicklung von Handelsgeschäften durch den Staat ergeben.
Zu Artikel XI
Absatz 2 Buchstabe c)
Der Ausdruck »in jeglicher Form« bezieht sich auch auf wenig veredelte und noch verderbliche gleiche Erzeugnisse, die in unmittelbarem Wettbewerb mit dem frischen Erzeugnis stehen und bei unbehinderter Einfuhr die dem frischen Erzeugnis auferlegten Beschränkungen unwirksam machen könnten.
Absatz 2 letzter Satz
Der Ausdruck »besondere Umstände« umfaßt auch die Schwankungen in der relativen Produktivität der in- und ausländischen Erzeuger oder der verschiedenen ausländischen Erzeuger untereinander, jedoch nicht die Schwankungen, die künstlich durch Mittel hervorgerufen werden, die nach diesem Abkommen unzulässig sind.
Zu Artikel XII
Die VERTRAGSPARTEIEN tragen dafür Sorge, daß bei Konsultationen nach diesem Artikel strengste Geheimhaltung gewahrt wird.
Absatz 3 Buchstabe c) Ziffer (i)
Vertragsparteien, die Beschränkungen anwenden, werden bemüht sein, eine schwerwiegende Schädigung der Ausfuhr einer Ware zu vermeiden, von der die Wirtschaft einer Vertragspartei weitgehend abhängig ist.
Absatz 4 Buchstabe b)
Es besteht Einverständnis, daß dieser Zeitpunkt innerhalb einer Frist von neunzig Tagen nach dem Inkrafttreten der Änderungen dieses Artikels gemäß dem Protokoll zur Änderung der Präambel und der Teile II und III dieses Abkommens liegen muß. Gelangen die VERTRAGSPARTEIEN jedoch zu der Auffassung, daß die Umstände zu dem vorgesehenen Zeitpunkt für die Anwendung des Absatzes 4 Buchstabe b nicht günstig sind, so können sie einen späteren Zeitpunkt festsetzen; dieser muß jedoch

innerhalb einer Frist von dreißig Tagen nach dem Zeitpunkt liegen, an dem die Verpflichtungen aus Artikel VIII Abschnitte 2, 3 und 4 des Abkommens über den Internationalen Währungsfonds für diejenigen Vertragsparteien wirksam werden, die Mitglieder des Fonds sind und deren gemeinsamer Außenhandel mindestens 50 vom Hundert des Gesamtaußenhandels aller Vertragsparteien darstellt.
Absatz 4 Buchstabe e)
Es besteht Einverständnis, daß Absatz 4 Buchstabe e) keine neuen Merkmale für die Einführung oder Beibehaltung mengenmäßiger Beschränkungen aus Zahlungsbilanzgründen enthält. Es soll hierdurch lediglich sichergestellt werden, daß alle außenwirtschaftlichen Umstände, wie Änderungen der Austauschverhältnisse im Außenhandel, mengenmäßige Beschränkungen, übermäßige Zölle und Subventionen voll berücksichtigt werden, die zu den Zahlungsbilanzschwierigkeiten der Vertragspartei, welche die Beschränkungen anwendet, beitragen.

Zu Artikel XIII
Absatz 2 Buchstabe d)
»Kommerzielle Erwägungen« sind nicht als ein Maßstab für die Aufteilung der Kontingente erwähnt worden, weil die Auffassung bestand, daß die Anwendung dieses Maßstabes durch staatliche Behörden nicht immer durchführbar sein dürfte. Überdies könnte eine Vertragspartei, soweit dies durchführbar ist, diese Erwägungen vorbringen, wenn sie bestrebt ist, eine Vereinbarung im Sinne der in Absatz 2 einleitend aufgestellten allgemeinen Regel zu erzielen.
Absatz 4
Siehe die Anmerkung über »besondere Umstände« zu Artikel XI Absatz 2 letzter Satz.

Zu Artikel XIV
Absatz 1
Dieser Absatz schließt nicht aus, daß die VERTRAGSPARTEIEN bei den Konsultationen nach Artikel XII Abs. 4 u. Artikel XVIII Abs. 12 Art, Auswirkungen und Gründe von Diskriminierungen auf dem Gebiet der Einfuhrbeschränkungen eingehend prüfen.
Absatz 2
Ein Fall nach Absatz 2 liegt vor, wenn eine Vertragspartei, die aus laufenden Geschäften stammende Guthaben besitzt, keine Möglichkeit findet, diese ohne eine gewisse Diskriminierung zu verwenden.

Zu Artikel XV
Absatz 4
Das Wort »vereiteln« soll unter anderem bedeuten, daß im Widerspruch zum Wortlaut eines Artikels dieses Abkommens stehende Maßnahmen im Zahlungsverkehr nicht als eine Verletzung dieses Artikels angesehen werden, wenn ihre praktische Handhabung keine wesentliche Abweichung von ihrem Sinn ergibt. So wäre es nicht als eine Verletzung der Artikel XI und XIII anzusehen, wenn eine Vertragspartei im Rahmen einer in Übereinstimmung mit dem Abkommen über den Internationalen Währungsfonds angewandten Kontrolle des Zahlungsverkehrs fordern würde, daß die Bezahlung ihrer Ausfuhren in ihrer eigenen Währung oder in der Währung eines oder mehrerer Mitglieder des Internationalen Währungsfonds zu erfolgen hat. Ein weiteres Beispiel wäre, daß eine Vertragspartei auf einer Einfuhrbewilligung das Land bezeichnet, aus dem die Einfuhr genehmigt wird, und zwar nicht, um ein zusätzliches Element der Diskriminierung in ihr Einfuhrbewilligungsverfahren einzuführen, sondern um die Durchführung zulässiger Maßnahmen zur Kontrolle des Zahlungsverkehrs sicherzustellen.

Zu Artikel XVI
Es gilt nicht als Subvention, wenn eine ausgeführte Ware von Zöllen oder sonstigen Abgaben befreit wird, die von einer gleichartigen, zum freien Verkehr im Inland bestimmten Ware erhoben werden, oder wenn solche Zölle und sonstigen Abgaben bis zu einer Höhe erstattet oder vergütet werden, die nicht über die angefallenen Beträge hinausgeht.
Abschnitt B
1. Abschnitt B schließt nicht aus, daß eine Vertragspartei in Übereinstimmung mit dem Abkommen über den Internationalen Währungsfonds multiple Wechselkurse anwendet.
2. Grundstoffe im Sinne des Abschnitts B sind alle Erzeugnisse der Landwirtschaft, Forstwirtschaft und Fischerei und alle mineralischen Erzeugnisse, und zwar in ihrer natürlichen Form oder in der üblichen, für ihren Absatz in größeren Mengen auf dem Weltmarkt erforderlichen Veredelung.

Absatz 3
1. Die Tatsache, daß eine Vertragspartei eine bestimmte Ware während der vorhergehenden Vergleichsperiode nicht ausgeführt hat, schließt an sich nicht aus, daß sie ihr Recht auf einen Anteil am Handel mit dieser Ware geltend macht.
2. Ein System, das dazu bestimmt ist, unabhängig von den Bewegungen der Ausfuhrpreise den Inlandspreis eines Grundstoffs oder die Einnahmen inländischer Erzeuger aus einem solchen Grundstoff zu stabilisieren, und das zeitweise dazu führt, daß dieser Grundstoff für die Ausfuhr unter dem vergleichbaren, für eine gleichartige Ware auf dem Inlandsmarkt geforderten Preis verkauft wird, gilt nicht als Exportsubventionierung im Sinne des Absatzes 3, wenn die VERTRAGSPARTEIEN feststellen, daß dieses System
   a) beim Verkauf des Grundstoffs für die Ausfuhr auch schon zu einem höheren Preis als dem vergleichbaren für eine gleichartige Ware auf dem Inlandsmarkt geforderten Preis geführt hat oder dazu führen soll, und
   b) sich infolge einer wirksamen Produktionslenkung oder aus sonstigen Gründen so auswirkt oder auswirken soll, daß es die Ausfuhr nicht übermäßig fördert und auch sonst die Interessen anderer Vertragsparteien nicht ernstlich schädigt.

Ungeachtet einer solchen Feststellung durch die VERTRAGSPARTEIEN unterliegen Maßnahmen im Rahmen eines derartigen Systems dem Absatz 3, wenn sie nicht nur mit den von den Erzeugern für die betreffende Ware etwa bereitgestellten Mitteln, sondern ganz oder teilweise mit staatlichen Mitteln finanziert werden.

Absatz 4
Absatz 4 zielt darauf hin, daß die Vertragsparteien vor Ablauf des Jahres 1957 versuchen sollen, eine Vereinbarung über die Beseitigung aller noch bestehenden Subventionen mit Wirkung vom 1. Januar 1958 zu treffen oder, falls dies nicht gelingt, sich über die Verlängerung der Geltungsdauer der Stillhaltebestimmung bis zu dem Zeitpunkt zu verständigen, zu dem sie frühestens eine solche Vereinbarung erzielen zu können glauben.

Zu Artikel XVII
Absatz 1
Die Tätigkeit der von Vertragsparteien geschaffenen Handelsorganisationen, die sich mit Ankauf oder Verkauf beschäftigen, unterliegt den Bestimmungen der Buchstaben a) und b).
Die Tätigkeit der von Vertragsparteien geschaffenen Handelsorganisationen, die sich nicht mit Ankäufen oder Verkäufen beschäftigen, sondern Regelungen für den Privathandel treffen, wird durch die in Betracht kommenden Artikel dieses Abkommens geregelt.
Dieser Artikel schließt nicht aus, daß ein staatliches Unternehmen eine Ware auf verschiedenen Märkten zu verschiedenen Preisen verkauft, sofern dies aus kommerziellen Gründen geschieht, um dem Angebot und der Nachfrage auf den Ausfuhrmärkten Rechnung zu tragen.
Absatz 1 Buchstabe a)
Staatliche Maßnahmen, die zur Durchsetzung bestimmter Normen hinsichtlich Qualität und Leistung im Außenhandel durchgeführt werden, oder Vorrechte, die für die Ausbeutung einheimischer Naturschätze gewährt werden, die aber die Regierung nicht ermächtigen, die Handelstätigkeit des betreffenden Unternehmens zu regeln, stellen keine »ausschließlichen oder besonderen Vorrechte« dar.
Absatz 1 Buchstabe b)
Ein Land, das eine zweckgebundene Anleihe erhält, kann diese Anleihe als eine »kommerzielle Erwägung« ansehen, wenn es Waren, die es benötigt, im Ausland erwirbt.
Absatz 2
Das Wort »Waren« bezieht sich nur auf Waren im handelsüblichen Sinne, nicht aber auf die entgeltliche Inanspruchnahme oder Leistung von Diensten.
Absatz 3
Die von den Vertragsparteien nach diesem Absatz vereinbarten Verhandlungen können die Senkung von Zöllen und sonstigen Einfuhr- und Ausfuhrbelastungen oder den Abschluß einer anderen, alle Teile zufriedenstellenden Abmachung zum Gegenstand haben, die mit diesem Abkommen im Einklang steht. (Siehe Artikel II Absatz 4 und die Anmerkung dazu.)

Absatz 4 Buchstabe b)
In Absatz 4 Buchstabe b) bedeutet der Begriff »Aufschlag auf den Einfuhrpreis« die Spanne, um die der vom Einfuhrmonopol für die eingeführte Ware geforderte Preis (ohne die inneren Abgaben im Sinne von Artikel III, die Kosten für Beförderung und Verteilung, die sonstigen mit dem Ankauf, dem Verkauf oder einer späteren Veredelung verbundenen Kosten sowie eine angemessene Gewinnspanne) den Preis bei der Anlieferung (landed cost) übersteigt.

. . .

Zu Artikel XX
Buchstabe h)
Die in diesem Buchstaben vorgesehene Ausnahme gilt für alle Grundstoffabkommen, die den vom Wirtschafts- und Sozialrat in seiner Entschließung Nr. 30 (IV) vom 28. März 1947 gebilligten Grundsätzen entsprechen.

. . .

Vereinbarung über Regeln und Verfahren zur Beilegung von Streitigkeiten, Anlage 2 zum WTO-Übereinkommen[1)]

Vom 15. April 1994

Artikel 1 Geltungsbereich und Anwendung
(1) Die Regeln und Verfahren dieser Vereinbarung gelten für Streitigkeiten, die aufgrund der Bestimmungen über Konsultationen und Streitbeilegung der in Anhang 1 dieser Vereinbarung genannten Übereinkommen (im folgenden als »unter die Vereinbarung fallende Übereinkommen« bezeichnet) vorgebracht werden. Die Regeln und Verfahren dieser Vereinbarung gelten auch für Konsultationen und die Beilegung von Streitigkeiten zwischen Mitgliedern hinsichtlich ihrer Rechte und Pflichten nach den Bestimmungen des Übereinkommens zur Errichtung der Welthandelsorganisation (im folgenden als »WTO-Übereinkommen« bezeichnet) und der vorliegenden Vereinbarung entweder allein oder in Verbindung mit einem anderen unter die Vereinbarung fallenden Übereinkommen.
(2) Die Regeln und Verfahren dieser Vereinbarung gelten vorbehaltlich besonderer oder zusätzlicher Regeln und Verfahren über Streitbeilegung, die in den unter die Vereinbarung fallenden Übereinkommen laut Anhang 2 dieser Vereinbarung enthalten sind. Soweit ein Unterschied zwischen den Regeln und Verfahren dieser Vereinbarung und den besonderen oder zusätzlichen der in Anhang 2 dargelegten Regeln und Verfahren besteht, sind die besonderen oder zusätzlichen Regeln und Verfahren in Anhang 2 maßgebend. Bei Streitigkeiten, die Regeln und Verfahren aus mehr als einem unter die Vereinbarung fallenden Übereinkommen betreffen, wenn ein Konflikt zwischen besonderen und zusätzlichen Regeln und Verfahren der Überprüfung unterliegenden Übereinkommen besteht und wenn die Streitparteien sich nicht innerhalb von zwanzig Tagen nach Einsetzung des Panels auf Regeln und Verfahren einigen können, legt der Vorsitzende des in Artikel 2 Absatz 1 vorgesehenen Streitbeilegungsgremiums (im folgenden in dieser Vereinbarung als »DSB« bezeichnet) nach Rücksprache mit den Streitparteien die zu beachtenden Regeln und Verfahren innerhalb von zehn Tagen nach Antrag durch ein Mitglied fest. Der Vorsitzende des DSB läßt sich von dem Grundsatz leiten, daß nach Möglichkeit die besonderen und zusätzlichen Regeln und Verfahren angewendet werden sollen und daß die in dieser Vereinbarung enthaltenen Regeln und Verfahren nur angewendet werden sollen, soweit dies zur Vermeidung von Konflikten notwendig ist.

Artikel 2 Verwaltung
(1) Das DSB wird hiermit gebildet, um diese Regeln und Verfahren und, soweit in einem unter die Vereinbarung fallenden Überkommen nichts anderes vereinbart ist, die Bestimmungen über Konsultationen und Streitbeilegung der unter die Vereinbarung fallenden Übereinkommen anzuwenden. Demgemäß hat das DSB die Befugnis, Panels einzusetzen, Berichte der Panels und des Berufungsgremiums anzunehmen, die Überwachung der Umsetzung von Entscheidungen und Empfehlungen durchzuführen und die Aussetzung von Zugeständnissen oder sonstigen Verpflichtungen aus den unter die Vereinbarung fallenden Übereinkommen zu genehmigen. Hinsichtlich der Streitigkeiten, die aufgrund eines unter die Vereinbarung fallenden Übereinkommens entstehen, das ein plurilaterales Handelsübereinkommen ist, bezeichnet der dort verwendete Begriff »Mitglied« nur solche Mitglieder, die Vertragsparteien des betreffenden Plurilateralen Handelsübereinkommens sind. Wendet das DSB die Streitbeilegungsbestimmungen eines Plurilateralen Handelsübereinkommens an, so dürfen sich nur solche Mitglieder an den vom DSB hinsichtlich dieser Streitigkeit getroffenen Entscheidungen oder ergriffenen Maßnahmen beteiligen, die Vertragsparteien des betreffenden Übereinkommens sind.
(2) Das DSB unterrichtet die entsprechenden WTO-Räte und -Ausschüsse über alle Entwicklungen bei Streitigkeiten, die mit Bestimmungen der entsprechenden unter die Vereinbarung fallenden Übereinkommen zusammenhängen.
(3) Das DSB tritt so oft wie nötig zusammen, um seine Aufgaben innerhalb der in dieser Vereinbarung festgelegten Zeiträume zu erfüllen.

---

1) Deutscher Text: *BGBl.* 1994 II S. 1749.
   Internationale Quelle: *UNTS* Bd. 1869 S. 401; *ILM* 33 (1994) S. 1226.
   In Kraft getreten für die Bundesrepublik Deutschland am 1. Januar 1995.

(4) Sofern die Regeln und Verfahren dieser Vereinbarung vorsehen, daß das DSB eine Entscheidung zu treffen hat, erfolgt diese durch Konsens.

Artikel 3 Allgemeine Bestimmungen

(1) Die Mitglieder bekräftigen die Einhaltung der Grundsätze über die Streitbeilegung, die bisher aufgrund der Artikel XXII und XXIII des GATT 1947 angewendet und hierin weiterentwickelt und abgeändert wurden.

(2) Das Streitbeilegungssystem der WTO ist ein zentrales Element zur Schaffung von Sicherheit und Vorhersehbarkeit im multilateralen Handelssystem. Die Mitglieder erkennen an, daß es dazu dient, die Rechte und Pflichten der Mitglieder aus den unter die Vereinbarung fallenden Übereinkommen zu bewahren und die geltenden Bestimmungen dieser Übereinkommen im Einklang mit den herkömmlichen Regeln der Auslegung des Völkerrechts zu klären. Die Empfehlungen und Entscheidungen des DSB können die in den unter die Vereinbarung fallenden Übereinkommen enthaltenen Rechte und Pflichten weder ergänzen noch einschränken.

(3) Die sofortige Klärung von Situationen, in denen ein Mitglied der Auffassung ist, daß Vorteile, die sich für das Mitglied mittelbar oder unmittelbar aufgrund der unter die Vereinbarung fallenden Übereinkommen ergeben, durch Maßnahmen eines anderen Mitglieds geschmälert werden, trägt wesentlich zum wirksamen Funktionieren der WTO und zur Erhaltung eines ausgewogenen Verhältnisses zwischen den Rechten und Pflichten der Mitglieder bei.

(4) Die Empfehlungen oder Entscheidungen des DSB haben zum Ziel, eine zufriedenstellende Regelung der Angelegenheit in Übereinstimmung mit den Rechten und Pflichten aus dieser Vereinbarung und den unter die Vereinbarung fallenden Übereinkommen zu erreichen.

(5) Alle Lösungen von Angelegenheiten, die aufgrund der Bestimmungen über Konsultationen und Streitbeilegung der unter die Vereinbarung fallenden Übereinkommen förmlich vorgebracht werden, einschließlich Schiedssprüche, müssen mit diesen Übereinkommen vereinbar sein und dürfen Vorteile, die sich für ein Mitglied aus diesen Übereinkommen ergeben, weder zunichte machen oder schmälern noch die Erreichung eines der Ziele dieser Übereinkommen behindern.

(6) Gemeinsam vereinbarte Lösungen von Angelegenheiten, die aufgrund der Bestimmungen über Konsultationen und Streitbeilegung der unter die Vereinbarung fallenden Übereinkommen förmlich vorgebracht werden, werden dem DSB und den entsprechenden Räten und Ausschüssen mitgeteilt, in denen jedes Mitglied jeden damit im Zusammenhang stehenden Punkt zur Sprache bringen kann.

(7) Bevor ein Mitglied einen Fall vorbringt, soll es prüfen, ob Maßnahmen nach diesen Verfahren erfolgreich wären. Das Ziel des Streitbeilegungsmechanismus ist die positive Lösung einer Streitigkeit. Eine für die Streitparteien beiderseits akzeptable und mit den unter die Vereinbarung fallenden Übereinkommen übereinstimmende Lösung ist eindeutig vorzuziehen. Kommt eine einvernehmlich vereinbarte Lösung nicht zustande, so besteht das erste Ziel des Streitbeilegungsmechanismus gewöhnlich in der Rücknahme der betreffenden Maßnahmen, wenn diese als mit den Bestimmungen eines der unter die Vereinbarung fallenden Übereinkommen unvereinbar befunden werden. Auf Schadenersatzleistungen soll nur dann zurückgegriffen werden, wenn die sofortige Rücknahme der Maßnahme praktisch nicht möglich ist, und als vorübergehende Maßnahme bis zur Rücknahme der Maßnahme, die mit einem unter die Vereinbarung fallenden Übereinkommen unvereinbar ist. Das letzte Mittel, das dem Mitglied, welches die Streitbeilegungsverfahren in Anspruch nimmt, aufgrund dieser Vereinbarung zur Verfügung steht, ist die Möglichkeit, die Anwendung von Zugeständnissen oder sonstigen Verpflichtungen aus den unter die Vereinbarung fallenden Übereinkommen zum Nachteil des anderen Mitglieds auszusetzen, wobei solche Maßnahmen der Genehmigung durch den DSB bedürfen.

(8) In Fällen, in denen Pflichten aus einem unter die Vereinbarung fallenden Übereinkommen verletzt werden, wird die Maßnahme prima facie als Fall der Zunichtemachung oder Schmälerung von Vorteilen betrachtet. Das heißt, es wird gewöhnlich angenommen, daß ein Verstoß gegen die Regeln eine nachteilige Auswirkung auf andere Mitglieder hat, die Vertragsparteien des betreffenden unter die Vereinbarung fallenden Übereinkommens sind, und daß es in solchen Fällen dem Mitglied, gegen das die Beschwerde vorgebracht wird, obliegt, die Anschuldigung zu widerlegen.

(9) Diese Vereinbarung läßt die Rechte der Mitglieder unberührt, eine verbindliche Auslegung von Bestimmungen eines unter die Vereinbarung fallenden Übereinkommens durch Beschlußfassung im

Art. 4 Regeln und Verfahren zur Beilegung von Streitigkeiten

Rahmen des WTO-Übereinkommens oder eines unter die Vereinbarung fallenden Plurilateralen Handelsübereinkommens zu erwirken.

(10) Es wird davon ausgegangen, daß Anträge auf einen Vergleich und die Inanspruchnahme der Streitbeilegungsverfahren nicht als streitige Handlungen beabsichtigt oder zu betrachten sind und daß sich beim Entstehen einer Streitigkeit alle Mitglieder nach Treu und Glauben an diesen Verfahren beteiligen in dem Bemühen, die Streitigkeit beizulegen. Es wird außerdem davon ausgegangen, daß Beschwerden und Gegenbeschwerden in bezug auf unterschiedliche Angelegenheiten nicht miteinander verknüpft werden sollen.

(11) Diese Vereinbarung wird nur auf neue Anträge auf Konsultationen aufgrund der Konsultationsbestimmungen der unter die Vereinbarung fallenden Übereinkommen angewendet, die an oder nach dem Tag des Inkrafttretens des WTO-Übereinkommens gestellt werden. Auf Streitigkeiten, für die der Antrag auf Konsultationen nach dem GATT 1947 oder nach einer anderen Vorläuferübereinkunft der unter die Vereinbarung fallenden Übereinkommen vor dem Inkrafttreten des WTO-Übereinkommens gestellt wurde, finden weiterhin die einschlägigen Streitbeilegungsregeln und -verfahren Anwendung, die unmittelbar vor Inkrafttreten des WTO-Übereinkommens wirksam waren.

(12) Ungeachtet des Absatzes 11 hat die beschwerdeführende Partei, wenn eine Beschwerde auf der Grundlage eines unter die Vereinbarung fallenden Übereinkommens von einem Mitglied, das Entwicklungsstaat ist, gegen ein Mitglied, das Industriestaat ist, vorgebracht wird, das Recht, sich alternativ zu den Bestimmungen der Artikel 4, 5, 6 und 12 dieser Vereinbarung auf die entsprechenden Bestimmungen der Entscheidung vom 5. April 1966 (BISD 14S/18) zu berufen; ist das Panel jedoch der Auffassung, daß der in Absatz 7 jener Entscheidung vorgesehene Zeitrahmen für die Vorlage seines Berichts nicht ausreicht, so kann mit Einverständnis der beschwerdeführenden Partei dieser Zeitrahmen verlängert werden. Soweit Unterschiede zwischen den Regeln und Verfahren der Artikel 4, 5, 6 und 12 und den entsprechenden Regeln und Verfahren der Entscheidung vorhanden sind, sind letztere maßgebend.

Artikel 4 Konsultationen

(1) Die Mitglieder bekräftigen ihre Entschlossenheit, die Wirksamkeit der von den Mitgliedern angewendeten Konsultationsverfahren zu stärken und zu verbessern.

(2) Jedes Mitglied verpflichtet sich, die Vorstellungen eines anderen Mitglieds in bezug auf Maßnahmen wohlwollend zu prüfen, die im Hoheitsgebiet des erstgenannten Mitglieds getroffen worden sind und die Wirksamkeit eines der unter die Vereinbarung fallenden Übereinkommen beeinflussen, und es räumt ausreichend Gelegenheit zu Konsultationen ein.

(3) Wird ein Antrag auf Konsultationen nach einem unter die Vereinbarung fallenden Übereinkommen gestellt, so nimmt das Mitglied, an das der Antrag gerichtet ist, soweit nichts anderes einvernehmlich vereinbart wird, zu dem Antrag innerhalb von zehn Tagen nach dessen Eingang Stellung und eröffnet nach Treu und Glauben die Konsultationen innerhalb einer Frist von nicht mehr als dreißig Tagen nach Eingang des Antrags mit dem Ziel, eine für alle Seiten zufriedenstellende Lösung herbeizuführen. Nimmt das Mitglied nicht innerhalb von zehn Tagen nach Eingang des Antrags Stellung oder eröffnet es die Konsultationen nicht innerhalb von nicht mehr als dreißig Tagen oder einer anderen einvernehmlich vereinbarten Frist nach Eingang des Antrags, so kann das Mitglied, das die Konsultationen beantragt hat, unmittelbar die Einsetzung eines Panels beantragen.

(4) Alle derartigen Anträge auf Konsultationen werden dem DSB und den entsprechenden Räten und Ausschüssen von dem Mitglied, das die Konsultationen beantragt, angezeigt. Jeder Antrag auf Konsultationen wird schriftlich gestellt mit einer Begründung des Antrags einschließlich Angaben über die strittigen Maßnahmen und eines Hinweises auf die Rechtsgrundlage der Beschwerde.

(5) Im Verlauf von Konsultationen aufgrund der Bestimmungen eines unter die Vereinbarung fallenden Übereinkommens und vor Inanspruchnahme weiterer Maßnahmen aufgrund dieser Vereinbarung sollen Mitglieder versuchen, einen zufriedenstellenden Ausgleich in der Angelegenheit zu finden.

(6) Die Konsultationen sind vertraulich und lassen die Rechte jedes Mitglieds in weiteren Verfahren unberührt.

(7) Kann eine Streitigkeit durch die Konsultationen nicht innerhalb von sechzig Tagen nach Eingang des Antrags auf Konsultationen beigelegt werden, so kann die beschwerdeführende Partei die

Einsetzung eines Panels beantragen. Die beschwerdeführende Partei kann die Einsetzung eines Panels innerhalb der Frist von sechzig Tagen beantragen, wenn die in Konsultationen stehenden Parteien gemeinsam der Auffassung sind, daß es in den Konsultationen nicht gelungen ist, die Streitigkeit beizulegen.

(8) In dringenden Fällen, darunter solche, die verderbliche Güter betreffen, nehmen die Mitglieder die Konsultationen innerhalb von nicht mehr als zehn Tagen nach Eingang des Antrags auf. Gelingt es in den Konsultationen nicht, die Streitigkeit innerhalb von zwanzig Tagen nach Eingang des Antrags beizulegen, so kann die beschwerdeführende Partei die Einsetzung eines Panels beantragen.

(9) In dringenden Fällen, darunter solche, die verderbliche Güter betreffen, bemühen sich die Streitparteien, die Panels und das Berufungsgremium nach besten Kräften, das Verfahren soweit wie möglich zu beschleunigen.

(10) Während der Konsultationen sollen die Mitglieder den speziellen Problemen und Interessen der Mitglieder, die Entwicklungsstaaten sind, besonders Rechnung tragen.

(11) Sobald ein Mitglied, das nicht zu den in Konsultationen stehenden Mitgliedern gehört, der Auffassung ist, daß es ein wesentliches Handelsinteresse an den Konsultationen hat, die nach Artikel XXII Absatz 1 des GATT 1994 und Artikel XXII Absatz 1 des GATS oder nach den entsprechenden Bestimmungen anderer unter die Vereinbarung fallender Übereinkommen gehalten werden, so kann dieses Mitglied innerhalb von zehn Tagen, nachdem der Antrag auf Konsultationen entsprechend den oben genannten Artikeln in Umlauf gebracht wurde, den in Konsultationen stehenden Mitgliedern und dem DSB seinen Wunsch mitteilen, an den Konsultationen teilzunehmen. Dieses Mitglied nimmt an den Konsultationen teil, sofern das Mitglied, an das der Antrag auf Konsultationen gerichtet war, zustimmt, daß die Behauptung eines wesentlichen Interesses begründet ist. In diesem Fall unterrichten sie den DSB davon. Wird der Antrag auf Teilnahme an den Konsultationen abgelehnt, so steht es dem antragstellenden Mitglied frei, Konsultationen nach Artikel XXII Absatz 1 oder Artikel XXIII Absatz 1 des GATT 1994, nach Artikel XXII Absatz 1 oder Artikel XXIII Absatz 1 des GATS oder nach den entsprechenden Bestimmungen in anderen unter die Vereinbarung fallenden Übereinkommen zu beantragen.

Artikel 5 Gute Dienste, Vergleich und Vermittlung

(1) Gute Dienste, Vergleich und Vermittlung sind Verfahren, die freiwillig angewendet werden, wenn die Streitparteien sich darauf einigen.

(2) Verfahren, in denen gute Dienste, Vergleich und Vermittlung zum Tragen kommen, und insbesondere Standpunkte, die von den Streitparteien während dieser Verfahren eingenommen werden, sind vertraulich und lassen die Rechte jeder Partei in allen weiteren Verhandlungen im Rahmen dieser Verfahren unberührt.

(3) Gute Dienste, Vergleich oder Vermittlung können von jeder Streitpartei jederzeit beantragt werden. Sie können jederzeit beginnen und jederzeit beendet werden. Sobald die Verfahren der guten Dienste, des Vergleichs oder der Vermittlung beendet sind, kann die beschwerdeführende Partei die Einsetzung eines Panels beantragen.

(4) Werden die guten Dienste, der Vergleich oder die Vermittlung innerhalb von sechzig Tagen nach Eingang eines Antrags auf Konsultationen aufgenommen, so muß die beschwerdeführende Partei eine Frist von sechzig Tagen nach Eingang des Konsultationsantrags verstreichen lassen, bevor sie die Einsetzung eines Panels beantragt. Die beschwerdeführende Partei kann während der Frist der sechzig Tage die Einsetzung eines Panels beantragen, wenn die Streitparteien gemeinsam der Auffassung sind, daß durch die guten Dienste, den Vergleich oder die Vermittlung die Streitigkeit nicht beigelegt werden konnte.

(5) Falls die Streitparteien Einvernehmen erzielen, können die Verfahren der guten Dienste, des Vergleichs oder der Vermittlung während des Panelverfahrens fortgeführt werden.

(6) Der Generaldirektor kann kraft seines Amtes gute Dienste, Vergleich oder Vermittlung in der Absicht anbieten, Mitglieder bei der Streitbeilegung zu unterstützen.

Artikel 6 Einsetzung der Panels

(1) Falls die beschwerdeführende Partei dies beantragt, wird ein Panel spätestens auf der nächsten DSB-Sitzung nach derjenigen eingesetzt, auf der der Antrag zum ersten Mal als DSB-Tagesord-

Art. 7, 8 Regeln und Verfahren zur Beilegung von Streitigkeiten

nungspunkt erscheint, sofern das DSB auf dieser Sitzung nicht durch Konsens beschließt, kein Panel einzusetzen.
(2) Der Antrag auf Einsetzung eines Panels muß schriftlich erfolgen. Er muß Angaben enthalten, ob Konsultationen stattgefunden haben, die einzelnen strittigen Maßnahmen nennen und eine kurze Zusammenfassung der Rechtsgrundlage der Beschwerde geben, die zur Verdeutlichung des Problems ausreicht. Beantragt der Antragsteller die Einsetzung eines Panels, das nicht das übliche Mandat hat, so muß der schriftliche Antrag den vorgeschlagenen Wortlaut des besonderen Mandats enthalten.

Artikel 7 Mandat des Panels
(1) Die Panels haben folgendes Mandat, sofern die Streitparteien nicht innerhalb von zwanzig Tagen nach Einsetzung eines Panels etwas anderes vereinbaren:
»Sie prüfen im Licht der einschlägigen Bestimmungen in (Bezeichnung/ des/der unter die Vereinbarung fallenden Übereinkommen/s, auf das/die sich die Streitparteien beziehen) die von (Name der Partei) in Dokument ... dem DSB unterbreitete Angelegenheit und treffen Feststellungen, die den DSB bei seinen in diesem/diesen Übereinkommen vorgesehenen Empfehlungen oder Entscheidungen unterstützen.«
(2) Die Panels stützen sich auf die einschlägigen Bestimmungen aller unter die Vereinbarung fallenden Übereinkommen, auf die sich die Streitparteien beziehen.
(3) Bei der Einsetzung eines Panels kann das DSB seinen Vorsitzenden ermächtigen, das Mandat des Panels nach Konsultation mit den Streitparteien vorbehaltlich des Absatzes 1 festzulegen. Das so festgelegte Mandat wird an alle Mitglieder verteilt. Wird ein anderes als das übliche Mandat vereinbart, so kann jedes Mitglied jeden damit zusammenhängenden Punkt im DSB zur Debatte stellen.

Artikel 8 Zusammensetzung der Panels
(1) Die Panels bestehen aus hochqualifizierten Einzelpersonen, die dem öffentlichen Dienst angehören können, aber nicht müssen, darunter Personen, die in einem Panel tätig waren oder einem Panel einen Fall unterbreitet haben, als Vertreter eines Mitglieds oder einer Vertragspartei des GATT 1947 oder als Vertreter in einem Rat oder Ausschuß eines unter die Vereinbarung fallenden Übereinkommens oder eines Vorläuferübereinkommens beziehungsweise im Sekretariat tätig waren und die auf dem Gebiet des internationalen Handelsrechts oder der internationalen Handelspolitik gelehrt oder veröffentlicht haben oder als hochrangige Bedienstete eines Mitglieds im Bereich der Handelspolitik tätig waren.
(2) Bei der Auswahl der Mitglieder des Panels sollen die Unabhängigkeit der Mitglieder, ein ausreichend weitgefächerter Hintergrund und ein breites Spektrum an Erfahrungen gewährleistet sein.
(3) Staatsangehörige von Mitgliedern, deren Regierungen Streitparteien oder Dritte im Sinne des Artikels 10 Absatz 2 sind, dürfen nicht in einem mit dieser Angelegenheit befaßten Panel tätig sein, sofern die Streitparteien nichts anderes vereinbaren.
(4) Zur Erleichterung der Auswahl der Mitglieder des Panels führt das Sekretariat eine Liste von Einzelpersonen, die dem öffentlichen Dienst angehören können, aber nicht müssen, und die über die in Absatz 1 genannten Qualifikationen verfügen, aus der gegebenenfalls die Panel-Mitglieder ausgewählt werden können. Diese Liste umfaßt das am 30. November 1984 (BISD 31S/9) erstellte Verzeichnis der nicht dem öffentlichen Dienst angehörenden Panel-Mitglieder, sowie andere aufgrund eines unter die Vereinbarung fallenden Übereinkommens erstellte Verzeichnisse und Listen; sie übernimmt die Namen der Einzelpersonen, die bei Inkrafttreten des WTO-Übereinkommens in diesen Verzeichnissen und Listen aufgeführt sind. Die Mitglieder können in regelmäßigen Abständen Namen von Einzelpersonen, die dem öffentlichen Dienst angehören können, aber nicht müssen, zur Aufnahme in die Liste vorschlagen, wobei sie einschlägige Informationen über deren Sachkenntnisse auf dem Gebiet des internationalen Handels und der Sektoren oder Fachgebiete der unter die Vereinbarung fallenden Übereinkommen angeben; diese Namen werden nach Genehmigung durch den DSB in die Liste aufgenommen. Die Liste enthält für jede Einzelperson Angaben über besondere Erfahrungs- und Sachkenntnisgebiete in den Sektoren oder Fachbereichen der unter die Vereinbarung fallenden Übereinkommen.

(5) Panels bestehen aus drei Panel-Mitgliedern, sofern die Streitparteien sich nicht innerhalb von zehn Tagen nach Einsetzung des Panels auf ein fünfköpfiges Panel einigen. Die Mitglieder werden umgehend über die Zusammensetzung des Panels in Kenntnis gesetzt.
(6) Das Sekretariat schlägt den Streitparteien Nominierungen für das Panel vor. Die Streitparteien dürfen Nominierungen nur aus zwingenden Gründen ablehnen.
(7) Wird innerhalb von zwanzig Tagen nach Einsetzung eines Panels keine Einigung über die Panel-Mitglieder erzielt, so bestimmt der Generaldirektor auf Ersuchen einer Partei nach Rücksprache mit dem Vorsitzenden des DSB und dem Vorsitzenden des entsprechenden Ausschusses oder Rates die Zusammensetzung des Panels, indem er die Panel-Mitglieder ernennt, die er in Übereinstimmung mit den einschlägigen besonderen oder zusätzlichen Regeln oder Verfahren der unter die Vereinbarung fallenden Übereinkommen, die streitig sind, als am geeignetsten erachtet, nachdem er sich mit den Streitparteien beraten hat. Der Vorsitzende des DSB unterrichtet die Mitglieder über die Zusammensetzung des auf diese Weise gebildeten Panels spätestens zehn Tage, nachdem er einen entsprechenden Antrag erhalten hat.
(8) Die Mitglieder verpflichten sich, ihren Bediensteten in der Regel die Tätigkeit als Panel-Mitglieder zu gestatten.
(9) Die Panel-Mitglieder gehören dem Panel in persönlicher Eigenschaft und nicht als Vertreter einer Regierung oder einer Organisation an. Die Mitglieder dürfen ihnen daher keine Weisungen erteilen oder versuchen, sie als Einzelpersonen hinsichtlich der Angelegenheiten vor einem Panel zu beeinflussen.
(10) Liegt eine Streitigkeit zwischen einem Mitglied, das Entwicklungsstaat ist, und einem Mitglied, das Industriestaat ist, vor, so wird auf Ersuchen des Mitglieds, das Entwicklungsstaat ist, mindestens ein Panel-Mitglied aus einem Mitglied, das Entwicklungsstaat ist, gewählt.
(11) Die Kosten für die Panel-Mitglieder, einschließlich Reisekosten und Tagegelder, werden aus dem WTO-Haushalt entsprechend den Kriterien getragen, die der Allgemeine Rat, gestützt auf Empfehlungen des Ausschusses für Haushalt, Finanzen und Verwaltung, verabschiedet.

Artikel 9 Verfahren für mehrere Beschwerdeführer
(1) Wenn mehr als ein Mitglied die Einsetzung eines Panels wegen derselben Angelegenheit beantragt, kann ein einziges Panel zur Prüfung dieser Beschwerden eingesetzt werden, wobei die Rechte aller betroffenen Mitglieder berücksichtigt werden. Nach Möglichkeit soll immer ein einziges Panel zur Prüfung solcher Beschwerden eingesetzt werden.
(2) Das einzige Panel führt seine Prüfung so durch und unterbreitet seine Ergebnisse dem DSB derart, daß die Rechte, welche die Streitparteien gehabt hätten, wenn mehrere Panels die Beschwerden geprüft hätten, nicht beeinträchtigt werden. Auf Antrag einer Streitpartei legt das Panel getrennte Berichte über die betreffende Streitigkeit vor. Die schriftlichen Vorlagen jedes einzelnen Beschwerdeführers werden den anderen Beschwerdeführern zur Verfügung gestellt, und jeder Beschwerdeführer hat das Recht, anwesend zu sein, wenn einer der anderen Beschwerdeführer vor dem Panel seine Stellungnahme abgibt.
(3) Wird mehr als ein Panel zur Prüfung der Beschwerden über dieselbe Angelegenheit eingesetzt, so sind soweit möglich dieselben Einzelpersonen in den getrennten Panels tätig, und der Zeitplan für das Panelverfahren über diese Streitigkeiten wird abgestimmt.

Artikel 10 Dritte
(1) Während des Panelverfahrens wird den Interessen der Streitparteien und denen anderer Mitglieder eines unter die Vereinbarung fallenden Übereinkommens, das in der Streitigkeit zur Entscheidung steht, voll Rechnung getragen.
(2) Jedes Mitglied, das ein wesentliches Interesse an einer Angelegenheit hat, mit der ein Panel befaßt ist, und das dem DSB sein Interesse angezeigt hat (im folgenden als »Dritter« bezeichnet), hat die Möglichkeit, vom Panel gehört zu werden und dem Panel schriftliche Vorlagen zu unterbreiten. Diese Vorlagen werden auch an die Streitparteien verteilt und finden Eingang in den Panelbericht.
(3) Dritte erhalten die Vorlagen der Streitparteien für die erste Sitzung des Panels.
(4) Ist ein Dritter der Auffassung, daß eine Maßnahme, die bereits Gegenstand eines Panelverfahrens ist, Vorteile zunichte macht oder schmälert, die sich für ihn aus einem unter die Vereinbarung fal-

Art. 11, 12 Regeln und Verfahren zur Beilegung von Streitigkeiten 31

lenden Übereinkommen ergeben, so kann dieses Mitglied die aufgrund dieser Vereinbarung üblichen Streitbeilegungsverfahren in Anspruch nehmen. Eine derartige Streitigkeit wird nach Möglichkeit an das ursprüngliche Panel verwiesen.

Artikel 11 Aufgabe der Panels
Die Aufgabe der Panels besteht darin, das DSB bei der Wahrnehmung seiner Aufgaben aufgrund dieser Vereinbarung und der unter die Vereinbarung fallenden Übereinkommen zu unterstützen. Demgemäß nimmt das Panel eine objektive Beurteilung der vor ihm liegenden Angelegenheit vor, einschließlich einer objektiven Beurteilung des Sachverhalts und der Anwendbarkeit sowie der Vereinbarkeit mit den einschlägigen unter die Vereinbarung fallenden Übereinkommen, und trifft andere Feststellungen, die dem DSB helfen, die in den unter die Vereinbarung fallenden Übereinkommen vorgesehenen Empfehlungen abzugeben oder Entscheidungen zu treffen. Die Panels sollen sich regelmäßig mit den Streitparteien beraten und ihnen ausreichend Gelegenheit geben, eine für alle Seiten zufriedenstellende Lösung zu finden.

Artikel 12 Panelverfahren
(1) Die Panels sollen die Arbeitsverfahren in Anhang 3 befolgen, sofern das Panel nicht nach Rücksprache mit den Streitparteien etwas anderes beschließt.
(2) Die Panelverfahren sollen ausreichend flexibel sein, damit hochwertige Panelberichte sichergestellt sind, ohne die Panelverhandlung ungebührlich zu verzögern.
(3) Nach Rücksprache mit den Streitparteien legen die Panel-Mitglieder sobald wie möglich und nach Möglichkeit innerhalb einer Woche, nachdem die Zusammensetzung und das Mandat des Panels vereinbart wurden, den Zeitplan für die Panelverhandlung fest, wobei gegebenenfalls Artikel 4 Absatz 9 Berücksichtigung findet.
(4) Bei der Festlegung des Zeitplans für die Panelverhandlung räumt das Panel den Streitparteien genügend Zeit ein, damit sie ihre Vorlagen vorbereiten können.
(5) Die Panels sollen für die schriftlichen Vorlagen der Parteien genaue Stichtage festlegen, und die Parteien sollen diese Stichtage einhalten.
(6) Jede Streitpartei hinterlegt ihre schriftlichen Vorlagen beim Sekretariat zur sofortigen Übermittlung an das Panel und die andere Streitpartei oder die anderen Streitparteien. Die beschwerdeführende Partei unterbreitet ihre erste Vorlage vor der ersten Vorlage der erwidernden Partei, sofern das Panel nicht bei der Festlegung des in Absatz 3 bezeichneten Zeitplans und nach Rücksprache mit den Streitparteien entscheidet, daß die Parteien ihre ersten Vorlagen gleichzeitig unterbreiten. Wird für die Hinterlegung der ersten Vorlagen eine zeitliche Abfolge entschieden, so legt das Panel einen festen Zeitplan für den Eingang der Vorlage der erwidernden Partei fest. Alle weiteren schriftlichen Vorlagen werden gleichzeitig unterbreitet.
(7) Gelingt es den Streitparteien nicht, eine für alle Beteiligten zufriedenstellende Lösung zu finden, so legt das Panel dem DSB seine Feststellungen in Form eines schriftlichen Berichts vor. In solchen Fällen legt das Panel die Sachverhaltsfeststellungen, die Anwendbarkeit der einschlägigen Bestimmungen und die wesentliche Begründung ihrer Feststellungen und Empfehlungen dar. Konnte die zwischen den Parteien streitige Angelegenheit bereinigt werden, so beschränkt sich der Bericht des Panels auf eine kurze Beschreibung des Falles und auf die Feststellung, daß eine Lösung gefunden wurde.
(8) Um die Wirksamkeit des Verfahrens zu erhöhen, darf der Zeitraum, in dem das Panel seine Prüfung durchführt, von dem Zeitpunkt an, zu dem die Zusammensetzung und das Mandat des Panels vereinbart wurden, bis zu dem Zeitpunkt, zu dem den Streitparteien der Schlußbericht zugestellt wird, in der Regel sechs Monate nicht überschreiten. In dringenden Fällen, darunter solche, die verderbliche Güter betreffen, setzt das Panel sich das Ziel, seinen Bericht den Streitparteien innerhalb von drei Monaten zuzustellen.
(9) Ist das Panel der Auffassung, daß es seinen Bericht nicht innerhalb von sechs Monaten oder in dringenden Fällen nicht innerhalb von drei Monaten zustellen kann, so teilt es dem DSB schriftlich die Gründe für die Verzögerung und den Zeitraum mit, innerhalb dessen es seinen Bericht voraussichtlich zustellen wird. Der Zeitraum zwischen der Einsetzung des Panels und der Verteilung des Berichts an die Mitglieder soll neun Monate keinesfalls überschreiten.

(10) Im Zusammenhang mit Konsultationen über eine Maßnahme, die von einem Mitglied, das Entwicklungsstaat ist, ergriffen wurde, können die Parteien eine Verlängerung der in Artikel 4 Absätze 7 und 8 festgelegten Zeiträume vereinbaren. Können sich die Streitparteien nach Ablauf des festgelegten Zeitraums nicht darauf einigen, daß die Konsultationen abgeschlossen sind, so entscheidet der Vorsitzende des DSB nach Rücksprache mit den Parteien, ob der festgelegte Zeitraum verlängert wird und gegebenenfalls wie lange. Darüber hinaus räumt das Panel bei Prüfung der Beschwerde gegen ein Mitglied, das Entwicklungsstaat ist, diesem Mitglied genügend Zeit für die Vorbereitung und Darlegung seiner Beweisführung ein. Artikel 20 Absatz 1 und Artikel 21 Absatz 4 bleiben von Maßnahmen aufgrund des vorliegenden Absatzes unberührt.

(11) Sofern eine oder mehrere Parteien Mitglieder sind, die Entwicklungsstaaten sind, gibt der Panelbericht ausdrücklich an, in welcher Form den einschlägigen Bestimmungen der unter die Vereinbarung fallenden Übereinkommen über unterschiedliche Behandlung und Meistbegünstigung von Mitgliedern, die Entwicklungsstaaten sind, Rechnung getragen wurde, welche im Laufe des Streitbeilegungsverfahrens von dem Mitglied, das Entwicklungsstaat ist, geltend gemacht worden sind.

(12) Das Panel kann seine Arbeit jederzeit auf Antrag der beschwerdeführenden Partei für einen Zeitraum von höchstens zwölf Monaten aussetzen. Im Fall einer solchen Aussetzung werden die in den Absätzen 8 und 9 dieses Artikels, in Artikel 20 Absatz 1 und in Artikel 21 Absatz 4 festgelegten Fristen um den Zeitraum verlängert, für den die Arbeit ausgesetzt wurde. Wird die Arbeit des Panels für mehr als zwölf Monate ausgesetzt, so erlischt die Genehmigung für die Einsetzung des Panels.

Artikel 13 Recht auf Information
(1) Jedes Panel hat das Recht, von jeder Einzelperson oder jedem Gremium, die es für geeignet hält, Informationen oder fachlichen Rat einzuholen. Bevor ein Panel jedoch Informationen oder fachlichen Rat von einer Einzelperson oder einem Gremium unter der Hoheitsgewalt eines Mitglieds einholt, unterrichtet es die Behörden des betreffenden Mitglieds. Ein Mitglied soll umgehend und umfassend auf einen Antrag eines Panels auf Erteilung von Informationen reagieren, die das Panel für notwendig und angebracht hält. Vertrauliche Informationen, die erteilt werden, dürfen nicht ohne die förmliche Genehmigung durch die Einzelperson, das Gremium oder die Behörden des Mitglieds offengelegt werden, welche die Informationen erteilen.
(2) Die Panels können von jeder einschlägigen Stelle Informationen erbitten und Sachverständige befragen, um deren Gutachten zu bestimmten Aspekten der Angelegenheit einzuholen. Bei einer von einer Streitpartei aufgeworfenen Sachfrage, die eine wissenschaftliche oder technische Angelegenheit betrifft, kann ein Panel einen schriftlichen Gutachterbericht von einer Sachverständigengutachtergruppe einholen. Die Regeln über die Einsetzung einer solchen Gruppe und deren Verfahrensordnung sind in Anhang 4 dargelegt.

Artikel 14 Vertraulichkeit
(1) Die Beratungen des Panels sind vertraulich.
(2) Die Berichte der Panels werden in Abwesenheit der Streitparteien unter Berücksichtigung der unterbreiteten Informationen und der abgegebenen Stellungnahmen erstellt.
(3) Die von einzelnen Panel-Mitgliedern im Panelbericht geäußerten Auffassungen sind anonym.

Artikel 15 Zwischenprüfung
(1) Nach Erörterung der unterbreiteten Erwiderungen und mündlichen Ausführungen legt das Panel den Streitparteien die beschreibenden Teile (Sachlage und Beweisführung) seines Berichtsentwurfs vor. Innerhalb einer vom Panel festgelegten Frist legen die Parteien schriftlich ihre Stellungnahmen vor.
(2) Nach Ablauf der Frist für den Eingang der Stellungnahmen der Streitparteien händigt das Panel den Parteien einen Zwischenbericht aus, der sowohl die beschreibenden Teile als auch die Feststellungen und Schlußfolgerungen des Panels enthält. Innerhalb eines vom Panel festgesetzten Zeitraums kann eine Partei schriftlich beantragen, daß das Panel bestimmte Aspekte des Zwischenberichts vor der Verteilung des Abschlußberichts an die Mitglieder überprüft. Auf Antrag einer Partei beraumt das Panel eine weitere Sitzung mit den Parteien über die in der schriftlichen Stellungnahme genannten Punkte an. Erhält das Panel von keiner Partei eine Stellungnahme innerhalb des dafür vorgesehenen

Art. 16, 17 Regeln und Verfahren zur Beilegung von Streitigkeiten

Zeitraums, so wird der Zwischenbericht als der Abschlußbericht des Panels betrachtet und umgehend an die Mitglieder verteilt.
(3) Die Feststellungen in dem Abschlußbericht enthalten eine Erörterung der in der Zwischenprüfung vorgelegten Beweisführung. Die Zwischenprüfung erfolgt innerhalb des in Artikel 12 Absatz 8 festgelegten Zeitraums.

Artikel 16 Annahme der Panelberichte
(1) Um den Mitgliedern ausreichend Zeit für die Prüfung der Panelberichte zu geben, werden die Berichte nicht vor Ablauf von 20 Tagen nach ihrer Verteilung an die Mitglieder zur Annahme durch den DSB vorgesehen.
(2) Mitglieder, die Einwände gegen einen Panelbericht haben, reichen eine schriftliche Begründung für ihre Einwände so rechtzeitig ein, daß sie mindestens 10 Tage vor der Sitzung des DSB, auf welcher der Panelbericht erörtert wird, verteilt werden kann.
(3) Die Streitparteien haben das Recht, an der Erörterung des Panelberichts durch den DSB voll teilzunehmen, und ihre Ansichten werden vollständig zu Protokoll genommen.
(4) Innerhalb von 60 Tagen nach der Verteilung eines Panelberichts an die Mitglieder wird der Bericht auf einer DSB-Sitzung angenommen, es sei denn, daß eine Streitpartei dem DSB förmlich ihre Entscheidung anzeigt, Rechtsmittel einzulegen, oder das DSB durch Konsens entscheidet, den Bericht nicht anzunehmen. Zeigt eine Partei ihre Entscheidung an, Rechtsmittel einzulegen, so wird die Annahme des Panelberichts durch den DSB nicht erörtert, bevor das Rechtsmittelverfahren abgeschlossen ist. Dieses Annahmeverfahren läßt das Recht der Mitglieder auf Äußerung ihrer Auffassungen über einen Panelbericht unberührt.

Artikel 17 Rechtsmittelprüfung/Ständiges Berufungsgremium
(1) Das DSB setzt ein Ständiges Berufungsgremium ein. Das Berufungsgremium befaßt sich mit Berufungen von Panelentscheidungen. Es setzt sich aus sieben Personen zusammen, von denen drei mit jeweils einem Fall befassen. Dem Berufungsgremium angehörende Personen wechseln turnusmäßig. Dieser Wechsel wird in den Arbeitsverfahren des Berufungsgremiums festgelegt.
(2) Das DSB ernennt Personen, die im Berufungsgremium tätig sind, für eine Amtszeit von vier Jahren; jede Person kann einmal wiederernannt werden. Die Amtszeit von drei der sieben Personen, die unmittelbar nach Inkrafttreten des WTO-Übereinkommens ernannt werden, endet jedoch nach Ablauf von zwei Jahren, wobei das Los entscheidet. Frei werdende Sitze werden wieder besetzt, sobald sie frei werden. Eine Person, die ernannt wird, um eine Person zu ersetzen, deren Amtszeit noch nicht abgelaufen ist, nimmt die Aufgabe für den Rest der Amtszeit des Vorgängers wahr.
(3) Das Berufungsgremium umfaßt anerkannte und angesehene Fachleute mit ausgewiesenen Sachkenntnissen auf den Gebieten Recht, internationaler Handel und allgemein den Gegenständen der unter die Vereinbarung fallenden Übereinkommen. Diese müssen von einer Regierung unabhängig sein. Die Mitgliedschaft im Berufungsgremium soll weitgehend die Mitgliedschaft in der WTO widerspiegeln. Alle im Berufungsgremium tätigen Personen müssen jederzeit und kurzfristig verfügbar und in bezug auf Tätigkeiten im Bereich der Streitbeilegung und andere entsprechende Tätigkeiten der WTO auf dem laufenden sein. Sie dürfen sich nicht an der Erörterung von Streitigkeiten beteiligen, die zu einem mittelbaren oder unmittelbaren Interessenkonflikt führen würden.
(4) Nur Streitparteien, keine Dritten, dürfen gegen eine Panelentscheidung Rechtsmittel einlegen. Dritte, die dem DSB nach Artikel 10 Absatz 2 ein wesentliches Interesse an der Angelegenheit angezeigt haben, können dem Berufungsgremium schriftliche Vorlagen unterbreiten und erhalten die Gelegenheit, vor dem Berufungsgremium gehört zu werden.
(5) In der Regel sollen die Verfahren von dem Zeitpunkt an, zu dem eine Streitpartei förmlich ihre Entscheidung anzeigt, Rechtsmittel einzulegen, bis zu dem Zeitpunkt, zu dem das Berufungsgremium seinen Bericht verteilt, 60 Tage nicht überschreiten. Bei der Festlegung seines Zeitplans soll das Berufungsgremium gegebenenfalls dem Artikel 4 Absatz 9 Rechnung tragen. Ist das Berufungsgremium der Auffassung, daß es seinen Bericht nicht innerhalb von 60 Tagen vorlegen kann, so teilt es dem DSB schriftlich die Gründe für die Verzögerung und den Zeitraum mit, innerhalb dessen es seinen Bericht voraussichtlich unterbreiten wird. Das Verfahren darf keinesfalls länger dauern als 90 Tage.

(6) Ein Rechtsmittel beschränkt sich auf die in dem Panelbericht behandelten Rechtsfragen und auf die Rechtsauslegung durch das Panel.
(7) Das Berufungsgremium erhält entsprechend seinen Anforderungen Unterstützung in Verwaltungs- und Rechtsfragen.
(8) Die Kosten für die im Berufungsgremium tätigen Personen, einschließlich Reisekosten und Tagegeldern, werden aus dem WTO-Haushalt entsprechend den Kriterien getragen, die der Allgemeine Rat, gestützt auf Empfehlungen des Ausschusses für Haushalt, Finanzen und Verwaltung, verabschiedet.

Verfahren für die Rechtsmittelprüfung
(9) Die Arbeitsverfahren werden vom Berufungsgremium nach Rücksprache mit dem Vorsitzenden des DSB und dem Generaldirektor festgelegt und den Mitgliedern zur Kenntnisnahme übermittelt.
(10) Die Verfahren vor dem Berufungsgremium sind vertraulich. Die Berichte des Berufungsgremiums werden in Abwesenheit der Streitparteien unter Berücksichtigung der unterbreiteten Informationen und der abgegebenen Stellungnahmen erstellt.
(11) Die von einzelnen im Berufungsgremium tätigen Personen im Bericht des Berufungsgremiums geäußerten Auffassungen sind anonym.
(12) Das Berufungsgremium befaßt sich mit jeder nach Absatz 6 während des Berufungsverfahrens aufgeworfenen Frage.
(13) Das Berufungsgremium kann die rechtlichen Feststellungen und die Schlußfolgerungen des Panels bestätigen, abändern oder aufheben.

Annahme von Berichten des Berufungsgremiums
(14) Ein Bericht des Berufungsgremiums wird vom DSB angenommen und von den Streitparteien bedingungslos übernommen, sofern das DSB nicht innerhalb von dreißig Tagen nach Verteilung des Berichts an die Mitglieder durch Konsens beschließt, den Bericht des Berufungsgremiums nicht anzunehmen. Dieses Annahmeverfahren läßt das Recht der Mitglieder auf Äußerung ihrer Auffassungen über einen Bericht des Berufungsgremiums unberührt.

Artikel 18 Mitteilungen an das Panel oder das Berufungsgremium
(1) Es darf keine einseitigen Mitteilungen an das Panel oder das Berufungsgremium über Angelegenheiten geben, die dem Panel oder Berufungsgremium vorliegen.
(2) Schriftliche Vorlagen an das Panel oder das Berufungsgremium werden vertraulich behandelt; sie werden den Streitparteien jedoch zugänglich gemacht. Diese Vereinbarung hindert eine Streitpartei nicht daran, Stellungnahmen zu ihrer eigenen Position der Öffentlichkeit bekanntzugeben. Die Mitglieder behandeln Informationen vertraulich, die ein anderes Mitglied, das diese als vertraulich bezeichnet, dem Panel oder dem Berufungsgremium vorgelegt hat. Eine Streitpartei stellt auch auf Antrag eines Mitglieds eine nichtvertrauliche Zusammenfassung der in seinen Vorlagen enthaltenen Informationen zur Verfügung, die der Öffentlichkeit bekanntgegeben werden könnte.

Artikel 19 Empfehlungen des Panels und des Berufungsgremiums
(1) Kommt ein Panel oder das Berufungsgremium zu dem Schluß, daß eine Maßnahme mit einem unter die Vereinbarung fallenden Übereinkommen unvereinbar ist, so empfiehlt es, daß das betreffende Mitglied die Maßnahme mit dem Übereinkommen in Einklang bringt. Zusätzlich zu seinen Empfehlungen kann das Panel oder das Berufungsgremium Möglichkeiten vorschlagen, wie das betreffende Mitglied die Empfehlungen umsetzen könnte.
(2) Nach Artikel 3 Absatz 2 können das Panel und das Berufungsgremium mit ihren Feststellungen und Empfehlungen die in den unter die Vereinbarung fallenden Übereinkommen enthaltenen Rechte und Pflichten weder ergänzen noch schmälern.

Artikel 20 Zeitrahmen für Entscheidungen des DSB
Sofern die Streitparteien nichts anderes vereinbart haben, darf der Zeitraum von der Einsetzung des Panels durch das DSB bis zu dem Zeitpunkt, zu dem das DSB den Bericht des Panels oder des Berufungsgremiums zur Annahme prüft, in der Regel neun Monate nicht übersteigen, wenn gegen den Bericht keine Berufung, oder zwölf Monate, wenn gegen den Bericht Berufung eingelegt wurde. Hat entweder das Panel oder das Berufungsgremium Maßnahmen nach Artikel 12 Absatz 9 oder Artikel

Art. 21 Regeln und Verfahren zur Beilegung von Streitigkeiten 31

17 Absatz 5 ergriffen, um den Zeitraum bis zur Vorlage seines Berichts zu verlängern, so werden den oben genannten Zeiträumen die zusätzlich benötigten Zeiten hinzugefügt.

Artikel 21 Überwachung der Umsetzung der Empfehlungen und Entscheidungen

(1) Die umgehende Beachtung der Empfehlungen und Entscheidungen des DSB ist für die wirksame Beilegung von Streitigkeiten zum Wohl aller Mitglieder wesentlich.

(2) Besondere Aufmerksamkeit ist den Angelegenheiten zu widmen, welche die Interessen von Mitgliedern, die Entwicklungsstaaten sind, berühren und sich auf Maßnahmen beziehen, die Gegenstand der Streitbeilegung gewesen sind.

(3) Auf einer Sitzung des DSB, die innerhalb von 30 Tagen nach der Annahme des Berichts des Panels oder des Berufungsgremiums abgehalten wird, unterrichtet das betreffende Mitglied das DSB über seine Absichten hinsichtlich der Umsetzung der Empfehlungen und Entscheidungen des DSB. Ist es unmöglich, die Empfehlungen und Entscheidungen sofort umzusetzen, so wird dem betreffenden Mitglied ein angemessener Zeitraum dafür eingeräumt. Als angemessener Zeitraum gilt folgendes:

a. Der von dem betreffenden Mitglied vorgeschlagene Zeitraum, sofern das DSB diesem zugestimmt hat; oder, falls diese Zustimmung fehlt,

b. ein von den Streitparteien innerhalb von 45 Tagen nach Annahme der Empfehlungen und Entscheidungen gemeinsam vereinbarter Zeitraum; oder, falls diese Vereinbarung fehlt,

c. ein durch bindendes Schiedsverfahren innerhalb von 90 Tagen nach Annahme der Empfehlungen und Entscheidungen festgelegter Zeitraum. In einem solchen Schiedsverfahren sollte Richtschnur für einen Schiedsrichter sein, daß der angemessene Zeitraum zur Umsetzung von Empfehlungen des Panels oder des Berufungsgremiums 15 Monate ab Annahme des Berichts des Panels oder des Berufungsgremiums nicht überschreiten sollte. Jedoch kann dieser Zeitraum je nach den besonderen Umständen kürzer oder länger sein.

(4) Außer wenn das Panel oder das Berufungsgremium den Zeitraum für die Vorlage seines Berichts nach Artikel 12 Absatz 9 oder Artikel 17 Absatz 5 verlängert hat, darf der Zeitraum zwischen der Einsetzung des Panels durch das DSB und der Entscheidung über den angemessenen Zeitraum 15 Monate nicht überschreiten, sofern die Streitparteien nicht etwas anderes vereinbaren. Hat entweder das Panel oder das Berufungsgremium den Zeitraum bis zur Vorlage seines Berichts verlängert, so wird die zusätzlich erforderliche Zeit dem Zeitraum vom 15 Monaten hinzugefügt; der Gesamtzeitraum darf jedoch 18 Monate nicht überschreiten, es sei denn, die Streitparteien kommen überein, daß außergewöhnliche Umstände vorliegen.

(5) Bei einer Meinungsverschiedenheit über die Frage, ob Maßnahmen zur Umsetzung der Empfehlungen und Entscheidungen ergriffen wurden oder ob sie mit den unter die Vereinbarung fallenden Übereinkommen vereinbar sind, wird eine solche Streitigkeit unter Inanspruchnahme dieser Streitbeilegungsverfahren entschieden, wobei nach Möglichkeit auch auf das ursprüngliche Panel zurückgegriffen wird. Das Panel verteilt seinen Bericht innerhalb von 90 Tagen, nachdem die Angelegenheit an es verwiesen wurde. Ist das Panel der Auffassung, daß es seinen Bericht nicht innerhalb dieses Zeitrahmens vorlegen kann, so teilt es dem DSB schriftlich die Gründe für die Verzögerung und den Zeitraum mit, innerhalb dessen es voraussichtlich seinen Bericht vorlegen wird.

(6) Das DSB überwacht die Umsetzung der angenommenen Empfehlungen oder Entscheidungen. Die Frage der Umsetzung der Empfehlungen oder Entscheidungen kann im DSB von jedem Mitglied jederzeit nach deren Annahme aufgeworfen werden. Sofern das DSB nichts anderes beschließt, wird die Frage der Umsetzung der Empfehlungen oder Entscheidungen auf die Tagesordnung der Sitzung des DSB sechs Monate nach der Entscheidung über den angemessenen Zeitraum gemäß Absatz 3 gesetzt und so lange auf der Tagesordnung des DSB bleiben, bis die Frage geklärt ist. Spätestens 10 Tage vor jeder derartigen Sitzung des DSB legt das betreffende Mitglied dem DSB einen schriftlichen Sachstandsbericht über seine Fortschritte hinsichtlich der Umsetzung der Empfehlungen oder Entscheidungen vor.

(7) Handelt es sich um eine Angelegenheit, die von einem Mitglied, das Entwicklungsstaat ist, unterbreitet wurde, so prüft das DSB, welche weiteren Maßnahmen es ergreifen könnte, die unter den gegebenen Umständen angebracht wären.

(8) Handelt es sich um einen von einem Mitglied, das Entwicklungsstaat ist, vorgebrachten Fall, so berücksichtigt das DSB bei der Erörterung möglicher angemessener Maßnahmen nicht nur das Handelsvolumen, das von den beanstandeten Maßnahmen betroffen ist, sondern auch deren Folgen für die Volkswirtschaft der betreffenden Mitglieder, die Entwicklungsstaaten sind.

Artikel 22 Entschädigung und Aussetzung von Zugeständnissen
(1) Eine Entschädigung und die Aussetzung von Zugeständnissen oder sonstigen Pflichten sind vorübergehende Maßnahmen, die zur Verfügung stehen, wenn die Empfehlungen und Entscheidungen nicht innerhalb eines angemessenen Zeitraums umgesetzt werden. Jedoch erhält weder eine Entschädigung noch die Aussetzung von Zugeständnissen oder sonstigen Pflichten Vorrang vor der vollen Umsetzung einer Empfehlung, eine Maßnahme mit den unter die Vereinbarung fallenden Übereinkommen in Einklang zu bringen. Eine Entschädigung erfolgt freiwillig und muß, falls sie gewährt wird, mit den unter die Vereinbarung fallenden Übereinkommen vereinbar sein.

(2) Gelingt es dem betreffenden Mitglied nicht, eine mit den unter die Vereinbarung fallenden Übereinkommen als unvereinbar erachtete Maßnahme mit der Vereinbarung in Einklang zu bringen oder sonst die Empfehlungen und Entscheidungen innerhalb des nach Artikel 21 Absatz 3 festgelegten angemessenen Zeitraums zu beachten, so nimmt dieses Mitglied, falls es darum ersucht wird, vor Ablauf dieses Zeitraums Verhandlungen mit jeder Partei auf, die das Streitbeilegungsverfahren angestrengt hat, mit dem Ziel, einvernehmlich eine Entschädigung festzulegen. Wird innerhalb von 20 Tagen nach Ablauf des angemessenen Zeitraums eine zufriedenstellende Einigung hinsichtlich der Entschädigung nicht erzielt, so kann jede Partei, die das Streitbeilegungsverfahren angestrengt hat, das DSB um die Genehmigung bitten, die Anwendung von Zugeständnissen oder sonstigen Pflichten aus den unter die Vereinbarung fallenden Übereinkommen gegenüber dem betreffenden Mitglied auszusetzen.

(3) In ihren Erwägungen, welche Zugeständnisse oder sonstigen Pflichten auszusetzen sind, wendet die beschwerdeführende Partei folgende Grundsätze und Verfahren an:
a. Der allgemeine Grundsatz lautet, daß die beschwerdeführende Partei zunächst versuchen soll, Zugeständnisse oder sonstige Pflichten hinsichtlich desselben Sektors/derselben Sektoren wie des-/derjenigen auszusetzen, in dem/denen das Panel oder das Berufungsgremium einen Verstoß oder eine sonstige Zunichtemachung oder Schmälerung festgestellt hat;
b. ist diese Partei der Auffassung, daß es nicht möglich oder wirksam ist, Zugeständnisse oder sonstige Pflichten hinsichtlich desselben Sektors/derselben Sektoren auszusetzen, so kann sie versuchen, Zugeständnisse oder sonstige Pflichten in anderen Sektoren unter demselben Übereinkommen auszusetzen;
c. ist diese Partei der Auffassung, daß es nicht möglich oder wirksam ist, Zugeständnisse oder sonstige Pflichten in bezug auf andere Sektoren unter demselben Übereinkommen auszusetzen, und daß die Umstände ernst genug sind, so kann sie versuchen, Zugeständnisse oder sonstige Pflichten aus einem anderen unter die Vereinbarung fallenden Übereinkommen auszusetzen;
d. bei der Anwendung der oben genannten Grundsätze berücksichtigt diese Partei
   i. den Handel in dem Sektor oder aufgrund des Übereinkommens, zu dem das Panel oder das Berufungsgremium einen Verstoß oder eine Zunichtemachung oder Schmälerung festgestellt hat, sowie die Bedeutung dieses Handels für die betreffende Partei;
   ii. die weitergehenden wirtschaftlichen Aspekte, die mit der Zunichtemachung oder der Schmälerung zusammenhängen, sowie die weiteren wirtschaftlichen Folgen der Aussetzung von Zugeständnissen oder sonstigen Pflichten;
e. beschließt die betreffende Partei, eine Genehmigung zur Aussetzung von Zugeständnissen oder sonstigen Pflichten nach Buchstabe b oder c zu beantragen, so gibt sie in ihrem Antrag die Gründe dafür an. Der Antrag an das DSB wird gleichzeitig auch den entsprechenden Räten und im Fall eines Antrags nach Buchstabe b auch den entsprechenden Gremien zugeleitet, die für die betreffenden Sektoren zuständig sind;
f. für die Zwecke dieses Absatzes hat der Begriff »Sektor« folgende Bedeutung:
   i. in bezug auf Waren alle Waren;
   ii. in bezug auf Dienstleistungen einen Hauptsektor der gültigen »Liste zur Klassifizierung der Dienstleistungssektoren«, die diese Hauptsektoren ausweist;

Art. 22 Regeln und Verfahren zur Beilegung von Streitigkeiten

    iii. in bezug auf handelsbezogene Rechte des geistigen Eigentums alle Kategorien von Rechten des geistigen Eigentums, die unter Teil II Abschnitte 1 bis 7 fallen, oder die Pflichten aus Teil III oder Teil IV des TRIPS-Übereinkommens;
  g. für die Zwecke dieses Absatzes hat der Begriff »Übereinkommen« folgende Bedeutung:
    i. in bezug auf Waren die in Anlage 1A des WTO-Übereinkommens genannten Übereinkommen in ihrer Gesamtheit sowie die Plurilateralen Handelsübereinkommen, soweit die betreffenden Streitparteien Vertragsparteien dieser Übereinkommen sind;
    ii. in bezug auf Dienstleistungen das GATS;
    iii. in bezug auf die Rechte des geistigen Eigentums das TRIPS-Übereinkommen.

(4) Der von dem DSB genehmigte Umfang einer Aussetzung von Zugeständnissen oder sonstigen Pflichten muß dem Umfang der zunichte gemachten oder geschmälerten Vorteile entsprechen.

(5) Das DSB darf die Aussetzung von Zugeständnissen oder sonstigen Pflichten nicht genehmigen, wenn ein unter die Vereinbarung fallendes Übereinkommen eine solche Aussetzung verbietet.

(6) Tritt die in Absatz 2 beschriebene Situation ein, so erteilt das DSB auf Antrag innerhalb von 30 Tagen nach Ablauf des angemessenen Zeitraums die Genehmigung, Zugeständnisse oder sonstige Pflichten auszusetzen, sofern es nicht durch Konsens beschließt, den Antrag abzulehnen. Erhebt das betreffende Mitglied jedoch Einspruch gegen die Aussetzung in dem vorgeschlagenen Umfang oder behauptet es, daß die in Absatz 3 festgelegten Grundsätze und Verfahren nicht beachtet wurden, als eine beschwerdeführende Partei die Genehmigung beantragte, Zugeständnisse oder sonstige Pflichten nach Absatz 3 Buchstabe b oder c auszusetzen, so wird die Angelegenheit einem Schiedsverfahren unterbreitet. Dieses Schiedsverfahren wird vom ursprünglichen Panel durchgeführt, falls Mitglieder zur Verfügung stehen, oder von einem vom Generaldirektor ernannten Schiedsrichter; es muß innerhalb von 60 Tagen nach Ablauf des angemessenen Zeitraums abgeschlossen sein. Während des Schiedsverfahrens werden Zugeständnisse oder sonstige Pflichten nicht ausgesetzt.

(7) Der nach Absatz 6 tätige Schiedsrichter prüft nicht die Art der auszusetzenden Zugeständnisse oder sonstigen Pflichten, sondern stellt fest, ob der Umfang einer solchen Aussetzung dem Umfang der zunichte gemachten oder geschmälerten Vorteile entspricht. Der Schiedsrichter kann auch feststellen, ob die vorgeschlagene Aussetzung von Zugeständnissen oder sonstigen Pflichten nach dem unter die Vereinbarung fallenden Übereinkommen gestattet ist. Enthält die einem Schiedsgerichtsverfahren unterbreitete Angelegenheit jedoch die Behauptung, daß die in Absatz 3 festgelegten Grundsätze und Verfahren nicht beachtet wurden, so prüft der Schiedsrichter diese Behauptung. Stellt der Schiedsrichter fest, daß diese Grundsätze und Verfahren nicht beachtet wurden, so wendet die beschwerdeführende Partei diese in Übereinstimmung mit Absatz 3 an. Die Parteien nehmen die Entscheidung des Schiedsrichters als endgültig an, und die betreffenden Parteien dürfen kein zweites Schiedsverfahren anstrengen. Das DSB wird umgehend von der Entscheidung des Schiedsrichters in Kenntnis gesetzt; es erteilt auf Antrag die Genehmigung für die Aussetzung von Zugeständnissen oder sonstigen Pflichten, wenn der Antrag mit der Entscheidung des Schiedsrichters vereinbar ist, sofern das DSB nicht durch Konsens beschließt, den Antrag abzulehnen.

(8) Die Aussetzung von Zugeständnissen oder sonstigen Pflichten ist vorübergehend und wird nur so lange angewendet, bis die Maßnahme, die mit dem unter die Vereinbarung fallenden Übereinkommen als unvereinbar betrachtet wird, eingestellt worden ist oder bis das Mitglied, das Empfehlungen oder Entscheidungen umsetzen muß, eine Lösung für die Zunichtemachung oder Schmälerung der Vorteile vorlegt, oder bis eine für alle Seiten zufriedenstellende Lösung gefunden wird. Nach Artikel 21 Absatz 6 überwacht das DSB weiterhin die Umsetzung der angenommenen Empfehlungen oder Entscheidungen, einschließlich der Fälle, in denen eine Entschädigung geleistet ist oder andere Zugeständnisse oder sonstige Pflichten ausgesetzt wurden, die Empfehlungen, eine Maßnahme mit den unter die Vereinbarung fallenden Übereinkommen in Einklang zu bringen, jedoch nicht umgesetzt wurden.

(9) Eine Berufung auf die Streitbeilegungsbestimmungen der unter die Vereinbarung fallenden Übereinkommen ist hinsichtlich der Maßnahmen möglich, die deren Einhaltung betreffen und die von regionalen oder kommunalen Verwaltungen oder Behörden innerhalb des Hoheitsgebiets eines Mitglieds ergriffen werden. Hat das DSB entschieden, daß eine Bestimmung eines unter die Vereinbarung fallenden

Übereinkommens nicht beachtet wurde, so ergreift das verantwortliche Mitglied die ihm zur Verfügung stehenden angemessenen Maßnahmen, um deren Einhaltung sicherzustellen. Die Bestimmungen der unter die Vereinbarung fallenden Übereinkommen und der vorliegenden Vereinbarung, die sich auf Entschädigung und die Aussetzung von Zugeständnissen und sonstigen Pflichten beziehen, finden auf die Fälle Anwendung, in denen es nicht möglich war, diese Einhaltung zu gewährleisten.

Artikel 23 Stärkung des multilateralen Systems
(1) Bemühen sich Mitglieder um die Beseitigung einer Verletzung von Pflichten oder einer sonstigen Zunichtemachung oder Schmälerung von Vorteilen aus den unter die Vereinbarung fallenden Übereinkommen oder einer Behinderung bei der Erreichung eines der Ziele der unter die Vereinbarung fallenden Übereinkommen, so halten sie sich an die Regeln und Verfahren dieser Vereinbarung und befolgen sie.
(2) In solchen Fällen werden die Mitglieder
a. nicht die Feststellung treffen, daß eine Verletzung vorliegt, daß Vorteile zunichte gemacht oder geschmälert wurden oder daß die Erreichung eines der Ziele der unter die Vereinbarung fallenden Übereinkommen behindert wurde, es sei denn durch Inanspruchnahme der Streitbeilegung in Übereinstimmung mit den Regeln und Verfahren der vorliegenden Vereinbarung; sie werden jede derartige Feststellung mit dem vom DSB angenommenen Bericht des Panels oder des Berufungsgremiums oder einem aufgrund dieser Vereinbarung gefaßten Schiedsspruch in Einklang bringen;
b. die in Artikel 21 festgelegten Verfahren zur Festsetzung des angemessenen Zeitraums, in dem das betreffende Mitglied Empfehlungen und Entscheidungen umzusetzen hat, befolgen und
c. die in Artikel 22 festgelegten Verfahren zur Festsetzung des Umfangs, in dem Zugeständnisse oder sonstige Pflichten ausgesetzt werden dürfen, befolgen und die Genehmigung des DSB in Übereinstimmung mit diesem Verfahren einholen, bevor sie Zugeständnisse oder sonstige Pflichten nach den unter die Vereinbarung fallenden Übereinkommen als Reaktion auf die Unterlassung des betreffenden Mitglieds aussetzen, die Empfehlungen und Entscheidungen innerhalb dieses angemessenen Zeitraums umzusetzen

Artikel 24 Besondere Verfahren im Zusammenhang mit Mitgliedern, die am wenigsten entwickelte Staaten sind
(1) In allen Phasen der Ermittlung der Gründe für eine Streitigkeit und ein Streitbeilegungsverfahren, an denen ein Mitglied, das ein am wenigsten entwickelter Staat ist, beteiligt ist, wird der speziellen Lage der Mitglieder, die am wenigsten entwickelte Staaten sind, besonders Rechnung getragen. In diesem Zusammenhang halten sich die Mitglieder gebührend davor zurück, im Rahmen dieser Verfahren Angelegenheiten aufzuwerfen, an denen ein Mitglied, das ein am wenigsten entwickelter Staat ist, beteiligt ist. Wird festgestellt, daß ein Zunichtemachen oder eine Schmälerung auf eine Maßnahme zurückgeht, die von einem Mitglied, das ein am wenigsten entwickelter Staat ist, ergriffen wurde, so halten sich die beschwerdeführenden Parteien bei einem Antrag auf Entschädigung oder auf Genehmigung der Aussetzung von Zugeständnissen oder anderen Pflichten aufgrund dieser Verfahren gebührend zurück.
(2) In Fällen der Streitbeilegung, an denen ein Mitglied, das ein am wenigsten entwickelter Staat ist, beteiligt ist und in denen eine zufriedenstellende Lösung im Verlauf der Konsultationen nicht gefunden wird, bietet der Generaldirektor oder der Vorsitzende des DSB auf Antrag des Mitglieds, das ein am wenigsten entwickelter Staat ist, seine guten Dienste, einen Vergleich und seine Vermittlung an mit dem Ziel, den Parteien bei der Beilegung der Streitigkeit zu helfen, bevor die Einsetzung eines Panels beantragt wird. Der Generaldirektor oder der Vorsitzende des DSB kann sich im Rahmen der oben genannten Hilfe jedes Rates bedienen, den er für zweckdienlich hält.

Artikel 25 Schiedsverfahren
(1) Ein beschleunigtes Schiedsverfahren innerhalb der WTO als alternatives Mittel der Streitbeilegung kann die Lösung bestimmter Streitigkeiten erleichtern, die von beiden Parteien klar definierte Streitfragen betreffen.
(2) Sofern in dieser Vereinbarung nichts anderes vorgesehen ist, bedarf ein Schiedsverfahren der einvernehmlichen Zustimmung der Parteien, die sich auf die zu befolgenden Verfahren einigen müs-

Art. 26 Regeln und Verfahren zur Beilegung von Streitigkeiten 31

sen. Das Einvernehmen über die Inanspruchnahme eines Schiedsverfahrens wird allen Mitgliedern rechtzeitig vor dem eigentlichen Beginn der Schiedsgerichtsverhandlung angezeigt.
(3) Andere Mitglieder können nur mit Zustimmung der Parteien, die sich auf die Inanspruchnahme eines Schiedsverfahrens geeinigt haben, Parteien in einem Schiedsverfahren werden. Die an dem Verfahren beteiligten Parteien stimmen zu, den Schiedsspruch zu befolgen. Die Schiedssprüche werden dem DSB und dem Rat oder dem Ausschuß jedes betroffenen Übereinkommens angezeigt, in dem jedes Mitglied jede damit zusammenhängende Frage aufwerfen kann.
(4) Die Artikel 21 und 22 dieser Vereinbarung gelten sinngemäß für Schiedssprüche.

Artikel 26
(1) **Nichtverletzungsbeschwerden der in Artikel XXIII Absatz 1 Buchstabe b des GATT 1994 beschriebenen Art**
Soweit Artikel XXIII Absatz 1 Buchstabe b des GATT 1994 auf ein unter die Vereinbarung fallendes Übereinkommen Anwendung findet, kann ein Panel oder das Berufungsgremium nur dann Entscheidungen fällen oder Empfehlungen aussprechen, wenn eine Streitpartei der Auffassung ist, daß Vorteile, die sich unmittelbar oder mittelbar aufgrund des entsprechenden unter die Vereinbarung fallenden Übereinkommens für sie ergeben, durch Maßnahmen eines Mitglieds zunichte gemacht oder geschmälert werden, oder daß die Erreichung eines der Ziele jenes Übereinkommens behindert wird, gleichviel ob diese Maßnahme zu den Bestimmungen jenes Übereinkommens in Widerspruch steht. Sofern und soweit die betreffende Partei der Auffassung ist und ein Panel oder ein Berufungsgremium feststellt, daß ein Fall eine Maßnahme betrifft, die nicht zu den Bestimmungen eines unter die Vereinbarung fallenden Übereinkommens im Widerspruch steht, auf das Artikel XXIII Absatz 1 Buchstabe b des GATT 1994 anzuwenden sind, finden die Verfahren in dieser Vereinbarung Anwendung mit folgender Maßgabe:
a. Die beschwerdeführende Partei legt eine ausführliche Begründung für ihre Beschwerde vor, die eine Maßnahme betrifft, welche nicht zu dem entsprechenden unter die Vereinbarung fallenden Übereinkommen im Widerspruch steht;
b. wird festgestellt, daß eine Maßnahme Vorteile aus dem entsprechenden unter die Vereinbarung fallenden Übereinkommen zunichte macht oder schmälert oder die Erreichung von Zielen eines solchen Übereinkommens behindert, ohne dieses zu verletzen, besteht keine Verpflichtung zur Einstellung der Maßnahme. In solchen Fällen empfiehlt das Panel oder das Berufungsgremium jedoch dem betreffenden Mitglied, einen für alle Seiten zufriedenstellenden Ausgleich herbeizuführen;
c. ungeachtet des Artikels 21 kann das in Artikel 21 Absatz 3 vorgesehene Schiedsverfahren auf Antrag einer der Parteien eine Entscheidung über den Umfang der zunichte gemachten oder geschmälerten Vorteile umfassen und Wege und Mittel zur Erzielung eines für alle Seiten zufriedenstellenden Ausgleichs vorschlagen; diese Vorschläge sind für die Streitparteien nicht bindend;
d. ungeachtet des Artikels 22 Absatz 1 kann eine Entschädigung Teil eines für alle Seiten zufriedenstellenden Ausgleichs als endgültige Streitbeilegung sein.

(2) **Beschwerden der in Artikel XXIII Absatz 1 Buchstabe c des GATT 1994 beschriebenen Art**
Sofern Artikel XXIII Absatz 1 Buchstabe c des GATT 1994 auf ein unter die Vereinbarung fallendes Übereinkommen Anwendung findet, kann ein Panel oder ein Berufungsgremium nur dann Entscheidungen fällen oder Empfehlungen aussprechen, wenn eine Streitpartei der Auffassung ist, daß Vorteile, die sich unmittelbar oder mittelbar aus dem unter die Vereinbarung fallenden Übereinkommen für sie ergeben, zunichte gemacht oder geschmälert werden oder daß die Erreichung eines der Ziele jenes Übereinkommens aufgrund einer Situation behindert wird, die sich von den Situationen unterscheidet, auf die Artikel XXIII Absatz 1 Buchstabe a und b des GATT 1994 Anwendung findet. Sofern und soweit diese Partei der Auffassung ist und ein Panel oder ein Berufungsgremium feststellt, daß die Angelegenheit unter diesen Absatz fällt, werden die Verfahren dieser Vereinbarung nur bis zu dem Zeitpunkt angewendet, zu dem der Panelbericht an die Mitglieder verteilt worden ist. Die Streitbeilegungsregeln und -verfahren des Beschlusses vom 12. April 1989 (BISD 36S/61-67) gel-

ten für die Prüfung der Annahme und für die Überwachung und Umsetzung der Empfehlungen und Entscheidungen. Außerdem gilt folgendes:
a. Die beschwerdeführende Partei bringt eine ausführliche Begründung aller Argumente bei, die hinsichtlich der unter diesen Absatz fallenden Streitfragen vorgebracht werden;
b. stellt ein Panel in Fällen, die unter diesen Absatz fallende Angelegenheiten betreffen, fest, daß Fälle auch Angelegenheiten der Streitbeilegung betreffen, die nicht unter diesen Absatz fallen, so übermittelt das Panel einen Bericht an das DSB, in dem solche Angelegenheiten angesprochen werden, und einen gesonderten Bericht über Angelegenheiten, die unter diesen Absatz fallen.

Artikel 27 Verantwortlichkeiten des Sekretariats

(1) Das Sekretariat ist dafür verantwortlich, die Panels zu unterstützen, insbesondere in bezug auf die rechtlichen Hintergründe, die Vorgeschichte und Verfahrensfragen der behandelten Angelegenheiten; es leistet Sekretariatsarbeit und technische Unterstützung.

(2) Das Sekretariat hilft zwar den Mitgliedern auf deren Antrag bei einer Streitbeilegung, doch kann außerdem die Notwendigkeit bestehen, Mitgliedern, die Entwicklungsstaaten sind, bei einer Streitbeilegung zusätzlich juristischen Rat und rechtliche Hilfe zukommen zu lassen. Zu diesem Zweck stellt das Sekretariat jedem Mitglied, das Entwicklungsstaat ist und das einen entsprechenden Antrag stellt, einen befähigten Rechtsgelehrten der WTO-Dienste für technische Zusammenarbeit zur Verfügung. Dieser Fachmann hilft dem Mitglied, das Entwicklungsstaat ist, in einer Weise, welche die Unparteilichkeit des Sekretariats weiterhin gewährleistet.

(3) Das Sekretariat führt für interessierte Mitglieder spezielle Fortbildungskurse über diese Streitbeilegungsverfahren und -praktiken durch, damit die Fachleute der Mitglieder in dieser Hinsicht besser informiert sind.

Anhang 1

Unter die Vereinbarung fallende Übereinkommen

A) Übereinkommen zur Errichtung der Welthandelsorganisation
B) Multilaterale Handelsübereinkommen
Anlage 1A: Multilaterale Übereinkommen über den Handel mit Waren Anlage 1B: Allgemeines Übereinkommen über den Handel mit Dienstleistungen Anlage 1C: Übereinkommen über handelsbezogene Aspekte der Rechte des geistigen Eigentums Anlage 2: Vereinbarung über Regeln und Verfahren zur Beilegung von Streitigkeiten
C) Plurilaterale Handelsübereinkommen
Anlage 4: Übereinkommen über den Handel mit Zivilluftfahrzeugen Übereinkommen über öffentliches Beschaffungswesen Internationales Übereinkommen über Milcherzeugnisse Internationales Übereinkommen über Rindfleisch
Die Anwendbarkeit dieser Vereinbarung auf Plurilaterale Handelsübereinkommen bedarf der Annahme einer Entscheidung der Vertragsparteien des einzelnen Übereinkommens, in der die Bedingungen für die Anwendbarkeit der Vereinbarung auf das jeweilige Übereinkommen dargelegt werden, einschließlich besonderer oder zusätzlicher Regeln oder Verfahren, die in den Anhang 2 einbezogen werden sollen und dem DSB angezeigt werden.

Art. 1 Bilaterales Investitionsschutzabkommen (Oman)

Musterabkommen eines bilateralen Investitionsschutzabkommens (Oman)[1)]

Die Bundesrepublik Deutschland
und
das Sultanat Oman
(im Folgenden als »Vertragsstaaten« und einzeln als »Vertragsstaat« bezeichnet) –
in dem Wunsch, die wirtschaftliche Zusammenarbeit zwischen beiden Ländern zu vertiefen und günstige Bedingungen für Kapitalanlagen von Investoren des einen Staates im Hoheitsgebiet des anderen Staates zu schaffen,
in der Erkenntnis, dass eine Förderung und ein vertraglicher Schutz dieser Kapitalanlagen geeignet sind, den Wohlstand beider Völker durch ihre positiven Auswirkungen, wie die Belebung wirtschaftlicher Initiativen und den Kapital- und Technologietransfer zwischen beiden Ländern, zu mehren –
haben Folgendes vereinbart:

Artikel 1 Begriffsbestimmungen
Für die Zwecke dieses Vertrags
1. umfasst der Begriff »Kapitalanlagen« Vermögenswerte jeder Art, die in Übereinstimmung mit den Gesetzen und sonstigen Vorschriften in einem Vertragsstaat angelegt werden, insbesondere, aber nicht ausschließlich:
    a) Eigentum an beweglichen und unbeweglichen Sachen sowie sonstige dingliche Rechte wie Hypotheken, Pfandrechte und ähnliche Rechte;
    b) Anteilsrechte an Gesellschaften und andere Arten von Beteiligungen an Gesellschaften;
    c) Ansprüche auf Geld, das verwendet wurde, um einen wirtschaftlichen Wert zu schaffen, oder Ansprüche auf Leistungen, die einen wirtschaftlichen Wert haben, und sonstige Geldansprüche;
    d) Rechte des geistigen Eigentums, wie insbesondere Urheberrechte, Patente, Gebrauchsmuster, gewerbliche Muster und Modelle, Marken, Handelsnamen, Betriebs und Geschäftsgeheimnisse, technische Verfahren, Knowhow und Goodwill;
    e) gesetzlich oder vertraglich erteilte Konzessionen und Lizenzen einschließlich Konzessionen für die Suche nach, die Gewinnung, die Nutzung und den Anbau von natürlichen Rohstoffen;
   eine Änderung der Form, in der Vermögenswerte in Übereinstimmung mit den Gesetzen und sonstigen Vorschriften des Vertragsstaats, in dessen Hoheitsgebiet die Kapitalanlage vorgenommen wurde, angelegt oder wiederangelegt werden, lässt ihre Eigenschaft als Kapitalanlage unberührt;
2. bezeichnet der Begriff »Erträge« diejenigen Beträge, die auf eine Kapitalanlage oder Wiederanlage für einen bestimmten Zeitraum anfallen, wie Gewinnanteile, Dividenden, Zinsen, Lizenz- oder andere Entgelte;
3. bezeichnet der Begriff »Investor«
    a) in Bezug auf die Bundesrepublik Deutschland:
        – Deutsche im Sinne des Grundgesetzes der Bundesrepublik Deutschland,
        – jede juristische Person sowie jede Handelsgesellschaft oder sonstige Gesellschaft oder Vereinigung mit oder ohne Rechtspersönlichkeit, die ihren Sitz im Hoheitsgebiet der Bundesrepublik Deutschland hat, gleichviel, ob ihre Tätigkeit auf Gewinn gerichtet ist oder nicht,

---

1) Der bisherigen deutschen Praxis beim Abschluss bilateraler Investitionsschutzabkommen lag ein »Musterabkommen« zugrunde, welches informell vom Bundesministerium für Wirtschaft und Technologie erstellt und regelmäßig angepasst wurde. Seitdem die Zuständigkeit für ausländische Direktinvestitionen mit dem Inkrafttreten des Vertrags von Lissabon zum 1.12.2009 auf die EU übergangen ist, hat Deutschland keine Verhandlungen über bilaterale Investitionsschutzabkommen mit Drittstaaten mehr aufgenommen. Die Herausgeber haben sich dennoch dazu entschlossen, das letzte bilaterale Abkommen mit dem Sultanat Oman in die Sammlung aufzunehmen. Es stimmt in allen wesentlichen Teilen mit dem früheren deutschen »Musterabkommen« überein und ist insofern repräsentativ für die bisherige deutsche Praxis im Bereich bilateraler Investitionsschutzabkommen.

b) in Bezug auf das Sultanat Oman:
   – jede natürliche Person, die in Übereinstimmung mit den Gesetzen des Sultanats Oman dessen Staatsangehörigkeit besitzt,
   – jede juristische Person, die in Übereinstimmung mit den Gesetzen des Sultanats Oman ihren Sitz in dessen Hoheitsgebiet hat;
4. bezeichnet der Begriff »Hoheitsgebiet« das Land, den Luftraum und das Küstenmeer sowie die ausschließliche Wirtschaftszone und den Festlandsockel, über die ein Vertragsstaat im Einklang mit dem Völkerrecht und nationalem Recht souveräne Rechte oder Hoheitsbefugnisse ausübt.

Artikel 2 Förderung und Schutz von Kapitalanlagen
(1) Jeder Vertragsstaat wird Kapitalanlagen von Investoren des anderen Vertragsstaats nach Möglichkeit fördern, günstige Bedingungen für diese Kapitalanlagen schaffen und diese Kapitalanlagen in Übereinstimmung mit seinen Rechtsvorschriften zulassen.
(2) Jeder Vertragsstaat wird in seinem Hoheitsgebiet Kapitalanlagen von Investoren des anderen Vertragsstaats in jedem Fall gerecht und billig behandeln und ihnen den vollen Schutz des Vertrags gewähren. Erträge aus der Kapitalanlage und im Fall ihrer Wiederanlage auch deren Erträge genießen die gleiche Behandlung und den gleichen Schutz des Vertrags wie die Kapitalanlage.
(3) Ein Vertragsstaat wird die Verwaltung, die Erhaltung, den Gebrauch, die Nutzung oder die Verfügung über die Kapitalanlagen von Investoren des anderen Vertragsstaats in seinem Hoheitsgebiet in keiner Weise durch willkürliche oder diskriminierende Maßnahmen beeinträchtigen.
(4) Die Vertragsstaaten werden im Rahmen ihrer Rechtsvorschriften Anträge auf die Einreise und den Aufenthalt von Personen des einen Vertragsstaats, die im Zusammenhang mit einer Kapitalanlage in das Hoheitsgebiet des anderen Vertragsstaats einreisen wollen, in gutem Glauben prüfen; das Gleiche gilt für Arbeitnehmer, die im Zusammenhang mit einer Kapitalanlage in das Hoheitsgebiet des anderen Vertragsstaats einreisen und sich dort aufhalten wollen, um eine Tätigkeit als Arbeitnehmer auszuüben. Das Gleiche gilt auch für Arbeitsgenehmigungen.

Artikel 3 Inländerbehandlung und Meistbegünstigung von Kapitalanlagen
(1) Jeder Vertragsstaat behandelt Kapitalanlagen in seinem Hoheitsgebiet, die sich im Besitz oder unter dem Einfluss von Investoren des anderen Vertragsstaats befinden, nicht weniger günstig als Kapitalanlagen der eigenen Investoren oder Investoren dritter Staaten.
(2) Jeder Vertragsstaat behandelt Investoren des anderen Vertragsstaats hinsichtlich ihrer Betätigung, insbesondere, aber nicht ausschließlich in Bezug auf die Verwaltung, die Erhaltung, den Betrieb, die Nutzung oder die Verfügung über ihre Kapitalanlagen, nicht weniger günstig als seine eigenen Investoren oder Investoren dritter Staaten, je nachdem, was für die Investoren günstiger ist.
(3) Als eine »weniger günstige Behandlung« im Sinne dieses Artikels ist insbesondere anzusehen: die ungleiche Behandlung im Falle von Einschränkungen des Bezugs von Roh- und Hilfsstoffen, Energie und Brennstoffen sowie Produktions- und Betriebsmitteln aller Art sowie die ungleiche Behandlung im Falle von Behinderungen des Absatzes von Erzeugnissen im In- und Ausland. Maßnahmen, die aus Gründen der öffentlichen Sicherheit und Ordnung, der Volksgesundheit oder Sittlichkeit zu treffen sind, gelten nicht als »weniger günstige Behandlung« im Sinne dieses Artikels.
(4) Diese Behandlung bezieht sich nicht auf Vorrechte, die ein Vertragsstaat den Investoren dritter Staaten wegen seiner Mitgliedschaft in einer Zoll- oder Wirtschaftsunion, einem gemeinsamen Markt, einer Freihandelszone oder wegen seiner Assoziierung damit sowie wegen jeder anderen Form der regionalen Wirtschaftsintegration oder aufgrund von Doppelbesteuerungsabkommen oder sonstigen Vereinbarungen über Steuerfragen einräumt.
(5) Fragen der Besteuerung von Einkommen und Vermögen werden in Übereinstimmung mit dem Abkommen zur Vermeidung der Doppelbesteuerung bezüglich der Steuern auf Einkommen und Vermögen zwischen den Vertragsstaaten behandelt. Falls es ein solches Abkommen zwischen den Vertragsstaaten nicht gibt, findet das einschlägige nationale Steuerrecht Anwendung.
(6) Die Absätze 1 und 2 verpflichten das Sultanat Oman nicht dazu, Investoren des anderen Vertragsstaats in Bezug auf Land und Grundbesitz dieselben Rechte zu gewähren wie eigenen Investoren. Das Gleiche gilt für Fördermittel und weiche Kredite in Verbindung mit spezifischen Entwicklungs- und Sozialprogrammen.

Art. 4–6 Bilaterales Investitionsschutzabkommen (Oman) 32

(7) Die Investoren des jeweiligen Vertragsstaats können genehmigte internationale Transportmittel für den Transport von Personen oder Investitionsgütern im unmittelbaren Zusammenhang mit einer Kapitalanlage im Sinne dieses Vertrags frei wählen, unbeschadet entsprechender zwei- oder mehrseitiger Übereinkünfte, die für einen der beiden Vertragsstaaten verbindlich sind.

Artikel 4 Entschädigung im Fall von Enteignung und Verstaatlichung
(1) Kapitalanlagen von Investoren eines Vertragsstaats genießen im Hoheitsgebiet des anderen Vertragsstaats vollen Schutz und volle Sicherheit.
(2) Kapitalanlagen von Investoren eines Vertragsstaats dürfen im Hoheitsgebiet des anderen Vertragsstaats in Übereinstimmung mit den Gesetzen des letzteren Vertragsstaats nur zum allgemeinen Wohl, auf der Grundlage der Nichtdiskriminierung und gegen umgehende, wertentsprechende und tatsächlich verwertbare Entschädigung direkt oder indirekt enteignet, verstaatlicht oder anderen Maßnahmen unterworfen werden, die in ihren Auswirkungen einer Enteignung oder Verstaatlichung (im Folgenden als »Enteignung« bezeichnet) gleichkommen. Die Entschädigung muss dem Wert der enteigneten Kapitalanlage unmittelbar vor dem Zeitpunkt entsprechen, in dem die tatsächliche oder drohende Enteignung öffentlich bekannt wurde.
(3) Die Entschädigung muss unverzüglich geleistet werden. Sie ist vom Zeitpunkt der Enteignung bis zum Zeitpunkt der Zahlung mit einem handelsüblichen angemessenen Zinssatz, der auf dem entsprechenden Euribor basiert, zu verzinsen; sie muss tatsächlich verwertbar und frei transferierbar sein. Spätestens im Zeitpunkt der Enteignung muss in geeigneter Weise für die Festsetzung und Leistung der Entschädigung Vorsorge getroffen sein. Die Rechtmäßigkeit der Enteignung und die Höhe der Entschädigung müssen in einem ordentlichen Rechtsverfahren in Übereinstimmung mit dem entsprechenden innerstaatlichen Rechtssystem nachgeprüft werden können.
(4) Hinsichtlich der in diesem Artikel geregelten Angelegenheiten genießen die Investoren eines Vertragsstaats im Hoheitsgebiet des anderen Vertragsstaats Meistbegünstigung.

Artikel 5 Entschädigung für Verluste
(1) Investoren eines Vertragsstaats, die durch Krieg oder sonstige bewaffnete Auseinandersetzungen, Revolution, Staatsnotstand oder Aufruhr im Hoheitsgebiet des anderen Vertragsstaats Verluste an Kapitalanlagen erleiden, werden von diesem Vertragsstaat nicht weniger günstig behandelt als seine eigenen Investoren oder Investoren dritter Staaten, je nachdem, was für die Investoren günstiger ist. Solche Zahlungen müssen frei transferierbar sein.
(2) Absatz 1 gilt auch für Investoren eines Vertragsstaats, die aufgrund einer der in diesem Absatz beschriebenen Situationen Verluste im Hoheitsgebiet des anderen Vertragsstaats erleiden, und zwar durch:
a) Beschlagnahme ihres Eigentums durch die Streitkräfte oder Behörden des anderen Vertragsstaats oder
b) Zerstörung ihres Eigentums durch die Streitkräfte oder Behörden des anderen Vertragsstaats, die nicht durch Kampfhandlungen verursacht wurde oder aufgrund der Lage nicht zwingend erforderlich war.

Artikel 6 Transfers
(1) Jeder Vertragsstaat gewährleistet den Investoren des anderen Vertragsstaats den freien Transfer der im Zusammenhang mit einer in seinem Hoheitsgebiet vorgenommenen Kapitalanlage stehenden Zahlungen, insbesondere
a) des Kapitals und zusätzlicher Beträge zur Aufrechterhaltung, Erhöhung oder Ausweitung vorhandener Kapitalanlagen sowie aller anderen Beträge, die zur Deckung von Kosten in Verbindung mit der Verwaltung der Kapitalanlagen dienen;
b) der Erträge;
c) zur Rückzahlung von Darlehen in Bezug auf eine Kapitalanlage;
d) des Erlöses aus der vollständigen oder teilweisen Liquidation oder Veräußerung der Kapitalanlage;
e) der in Artikel 4 und Artikel 5 vorgesehenen Entschädigungen;

f) der Löhne, Entgelte und sonstiger Einnahmen von Staatsangehörigen des anderen Vertragsstaats sowie von Staatsangehörigen aller Drittstaaten, die die Genehmigung besitzen, Aktivitäten in Bezug auf eine Kapitalanlage zu unternehmen.
(2) Transfers nach diesem Artikel, den Artikeln 4, 5 und 7 erfolgen unverzüglich zu dem am Tag des Transfers geltenden Marktkurs. Als »unverzüglich« durchgeführt gilt ein Transfer, der innerhalb einer Frist erfolgt, die normalerweise zur Erfüllung der Transferformalitäten erforderlich ist. Die Frist beginnt mit der Einreichung des entsprechenden Antrags und darf unter keinen Umständen zwei Monate überschreiten.
(3) Gibt es keinen Devisenmarkt, so gilt der Kreuzkurs, der sich aus denjenigen Umrechnungskursen ergibt, die der Internationale Währungsfonds zum Zeitpunkt der Zahlung Umrechnungen der betreffenden Währungen in Sonderziehungsrechte zugrunde legen würde.

Artikel 7 Subrogation
Leistet ein Vertragsstaat oder seine zuständige Behörde seinen Investoren Zahlungen aufgrund einer Gewährleistung für eine Kapitalanlage im Hoheitsgebiet des anderen Vertragsstaats, so erkennt dieser andere Vertragsstaat unbeschadet der Rechte des erstgenannten Vertragsstaats aus Artikel 9 die Übertragung aller Rechte oder Ansprüche dieser Investoren kraft Gesetzes oder aufgrund Rechtsgeschäfts auf den erstgenannten Vertragsstaat an. Ferner erkennt der andere Vertragsstaat den Eintritt des erstgenannten Vertragsstaats in alle diese Rechte oder Ansprüche (übertragene Ansprüche) an, welche der erstgenannte Vertragsstaat in demselben Umfang wie sein Rechtsvorgänger auszuüben berechtigt ist. Für den Transfer von Zahlungen aufgrund der übertragenen Ansprüche gelten Artikel 4 Absätze 2 und 3 und Artikel 5 entsprechend.

Artikel 8 Anwendbarkeit anderer Regeln und Bestimmungen
(1) Ergibt sich aus den Rechtsvorschriften eines Vertragsstaats oder aus völkerrechtlichen Verpflichtungen, die neben diesem Vertrag zwischen den Vertragsstaaten bestehen oder in Zukunft begründet werden, eine allgemeine oder besondere Regelung, durch die den Kapitalanlagen der Investoren des anderen Vertragsstaats eine günstigere Behandlung als nach diesem Vertrag zu gewähren ist, so geht eine solche Regelung diesem Vertrag insoweit vor, als sie günstiger ist.
(2) Jeder Vertragsstaat wird jede andere Verpflichtung einhalten, die er in Bezug auf Kapitalanlagen von Investoren des anderen Vertragsstaats in seinem Hoheitsgebiet übernommen hat.
(3) Kapitalanlagen, die Gegenstand einer besonderen Verpflichtung eines Vertragsstaats im Hinblick auf einen Investor des anderen Vertragsstaats sind, unterliegen den Bedingungen dieser Verpflichtung insoweit, als Letztere für den Investor günstigere Bestimmungen enthält als dieser Vertrag.

Artikel 9 Beilegung von Streitigkeiten zwischen den Vertragsstaaten
(1) Streitigkeiten zwischen den Vertragsstaaten über die Auslegung oder Anwendung dieses Vertrags sollen, soweit möglich, durch die Regierungen der beiden Vertragsstaaten gütlich auf diplomatischem Weg beigelegt werden.
(2) Kann eine Streitigkeit innerhalb einer Frist von sechs Monaten ab dem Zeitpunkt, an dem ein Vertragsstaat um Verhandlungen ersucht hat, nicht beigelegt werden, so ist sie auf Verlangen eines der beiden Vertragsstaaten einem Schiedsgericht zu unterbreiten.
(3) Das Schiedsgericht wird von Fall zu Fall gebildet, indem jeder Vertragsstaat ein Mitglied bestellt und beide Mitglieder sich auf den Angehörigen eines dritten Staates als Obmann einigen, der von den Regierungen der beiden Vertragsstaaten zu bestellen ist. Die Mitglieder sind innerhalb von zwei Monaten, der Obmann innerhalb von drei Monaten zu bestellen, nachdem der eine Vertragsstaat dem anderen mitgeteilt hat, dass er die Streitigkeit einem Schiedsgericht unterbreiten will.
(4) Werden die in Absatz 3 genannten Fristen nicht eingehalten, so kann in Ermangelung einer anderen Vereinbarung jeder Vertragsstaat den Präsidenten des Internationalen Gerichtshofs bitten, die erforderlichen Ernennungen vorzunehmen. Besitzt der Präsident die Staatsangehörigkeit eines der beiden Vertragsstaaten oder ist er aus einem anderen Grund verhindert, so soll der Vizepräsident die Ernennungen vornehmen. Besitzt auch der Vizepräsident die Staatsangehörigkeit eines der beiden Vertragsstaaten oder ist auch er verhindert, so soll das im Rang nächstfolgende Mitglied des Ge-

richtshofs, das nicht die Staatsangehörigkeit eines der beiden Vertragsstaaten besitzt, die Ernennungen vornehmen.
(5) Das Schiedsgericht entscheidet über Streitigkeiten in Übereinstimmung mit diesem Vertrag und den Grundsätzen des Völkerrechts.
(6) Das Schiedsgericht entscheidet mit Stimmenmehrheit. Seine Entscheidungen sind endgültig und rechtsverbindlich. Jeder Vertragsstaat trägt die Kosten seines Mitglieds sowie seiner Vertretung in dem Verfahren vor dem Schiedsgericht; die Kosten des Obmanns sowie die sonstigen Kosten werden von den beiden Vertragsstaaten zu gleichen Teilen getragen. Das Schiedsgericht kann eine andere Kostenregelung treffen. Im Übrigen regelt das Schiedsgericht sein Verfahren selbst. Sollten zwischen den Vertragsstaaten Streitigkeiten in Bezug auf die Bedeutung oder den Anwendungsbereich einer Entscheidung entstehen, kann jeder Vertragsstaat das Schiedsgericht dazu auffordern, seine Entscheidung auszulegen.

Artikel 10 Beilegung von Streitigkeiten zwischen einem Investor und einem Vertragsstaat
(1) Streitigkeiten in Bezug auf Kapitalanlagen zwischen einem der Vertragsstaaten und einem Investor des anderen Vertragsstaats sollen, soweit möglich, zwischen den Streitparteien gütlich beigelegt werden.
(2) Kann die Streitigkeit innerhalb einer Frist von drei Monaten ab dem Zeitpunkt ihrer Geltendmachung nicht beigelegt werden, so wird sie auf Verlangen des Investors alternativ oder nacheinander unterbreitet:
a) dem zuständigen Gericht des Vertragsstaats, in dessen Hoheitsgebiet die Kapitalanlage erfolgt ist;
b) einem internationalen Schiedsverfahren, das entweder unterliegt:
   – dem Übereinkommen zur Beilegung von Investitionsstreitigkeiten zwischen Staaten und Angehörigen anderer Staaten (ICSID) vom 18. März 1965 oder
   – den Schlichtungsregeln der Kommission der Vereinten Nationen für internationales Handelsrecht (UNCITRAL) oder
   – den Schlichtungsregeln der Internationalen Handelskammer (ICC) oder
   – jedweder anderen Form von Schlichtungsvereinbarung, die von den Streitparteien getroffen wurde.
Jeder Vertragsstaat erklärt hiermit sein Einverständnis mit diesen internationalen Schiedsverfahren.
(3) Der Schiedsspruch eines Schiedsgerichts ist endgültig und rechtsverbindlich für die Streitparteien, und er wird nach innerstaatlichem Recht vollstreckt.
(4) Der an der Streitigkeit beteiligte Vertragsstaat wird während eines Schiedsverfahrens oder der Vollstreckung eines Schiedsspruchs nicht als Einwand geltend machen, dass der Investor des anderen Vertragsstaats im Rahmen eines Entschädigungs-, Garantie- oder Versicherungsvertrags eine Entschädigung für einen Teil des Schadens oder den Gesamtschaden erhalten hat.

Artikel 11 Geltungsbereich des Vertrags
(1) Dieser Vertrag gilt für alle Kapitalanlagen, die vor oder nach seinem Inkrafttreten vorgenommen wurden, er gilt jedoch nicht für Ansprüche oder Streitigkeiten in Bezug auf Kapitalanlagen, die vor seinem Inkrafttreten entstanden sind oder zwischen den beteiligten Parteien beigelegt wurden.
(2) Dieser Vertrag gilt unabhängig davon, ob zwischen den beiden Vertragsstaaten diplomatische oder konsularische Beziehungen bestehen.

Artikel 12 Inkrafttreten, Geltungsdauer und Kündigung
(1) Dieser Vertrag bedarf der Ratifikation; die Ratifikationsurkunden werden so bald wie möglich ausgetauscht.
(2) Dieser Vertrag tritt einen Monat nach Austausch der Ratifikationsurkunden in Kraft. Er bleibt zwanzig Jahre lang in Kraft; nach deren Ablauf verlängert sich die Geltungsdauer um fünfzehn Jahre, sofern nicht einer der beiden Vertragsstaaten den Vertrag mit einer Frist von zwölf Monaten vor Ablauf schriftlich auf diplomatischem Weg kündigt. Nach Ablauf dieser Zeitspanne bleibt er auf unbegrenzte Zeit in Kraft, sofern er nicht von einem der beiden Vertragsstaaten mit einer Frist von zwölf Monaten schriftlich auf diplomatischem Weg gekündigt wird.

32 Bilaterales Investitionsschutzabkommen (Oman) Art. 12

(3) Für Kapitalanlagen, die bis zum Zeitpunkt des Außerkrafttretens dieses Vertrags vorgenommen worden sind, gelten die vorstehenden Artikel noch für weitere zwanzig Jahre vom Tag des Außerkrafttretens des Vertrags an.

(4) Mit Inkrafttreten dieses Vertrags tritt der Vertrag vom 25. Juni 1979 zwischen der Bundesrepublik Deutschland und dem Sultanat Oman über die Förderung und den gegenseitigen Schutz von Kapitalanlagen außer Kraft.

Geschehen zu Maskat am 30. Mai 2007, entsprechend 13 Jamadi El-Awwal 1428, in zwei Urschriften, jede in deutscher, arabischer und englischer Sprache, wobei jeder Wortlaut verbindlich ist. Bei unterschiedlicher Auslegung des deutschen und des arabischen Wortlauts ist der englische Wortlaut maßgebend.

Übereinkommen zur Beilegung von Investitionsstreitigkeiten zwischen Staaten und Angehörigen anderer Staaten[1)]

Vom 18. März 1965

Präambel

Die Vertragsstaaten –
eingedenk der Notwendigkeit, zugunsten der wirtschaftlichen Entwicklung international zusammenzuarbeiten, und eingedenk der Bedeutung, welche internationalen privaten Investitionen auf diesem Gebiet zukommt,
im Hinblick darauf, daß im Zusammenhang mit derartigen Investitionen Streitigkeiten zwischen Vertragsstaaten und Angehörigen anderer Vertragsstaaten jederzeit entstehen können,
in der Erkenntnis, daß solche Streitigkeiten zwar für gewöhnlich Gegenstand innerstaatlicher Verfahren sind, in bestimmten Fällen jedoch ein internationales Verfahren zu ihrer Beilegung angebracht sein kann,
in Anbetracht der besonderen Bedeutung, die sie der Schaffung internationaler Vergleichs- und Schiedseinrichtungen beimessen, denen Vertragsstaaten und Angehörige anderer Vertragsstaaten auf Wunsch solche Streitigkeiten unterbreiten können,
in dem Wunsch, derartige Einrichtungen unter den Auspizien der Internationalen Bank für Wiederaufbau und Entwicklung zu schaffen,
in der Erkenntnis, daß die gegenseitige Einwilligung der Parteien, solche Streitigkeiten unter Inanspruchnahme der genannten Einrichtungen einem Vergleichs- oder Schiedsverfahren zu unterwerfen, eine rechtsverbindliche Vereinbarung darstellt, die insbesondere erfordert, daß jede Empfehlung der Vermittler gebührend berücksichtigt und jedem Schiedsspruch nachgekommen wird, und
mit der Erklärung, daß allein die Ratifizierung, Annahme oder Genehmigung dieses Übereinkommens durch einen Vertragsstaat nicht dessen Verpflichtung bedeutet, eine bestimmte Streitigkeit ohne seine Zustimmung einem Vergleichs- oder Schiedsverfahren zu unterwerfen –
sind wie folgt übereingekommen:

KAPITEL I
Das Internationale Zentrum zur Beilegung von Investitionsstreitigkeiten

ABSCHNITT 1
Gründung und Organisation

Artikel 1

(1) Hiermit wird ein Internationales Zentrum zur Beilegung von Investitionsstreitigkeiten (im folgenden als »Zentrum« bezeichnet) errichtet.

(2) Zweck des Zentrums ist es, nach Maßgabe dieses Übereinkommens Vergleichs- und Schiedseinrichtungen zur Beilegung von Investitionsstreitigkeiten zwischen Vertragsstaaten und Angehörigen anderer Vertragsstaaten zur Verfügung zu stellen.

Artikel 2

Sitz des Zentrums ist der Sitz der Internationalen Bank für Wiederaufbau und Entwicklung (im folgenden als »Bank« bezeichnet). Der Sitz kann durch einen vom Verwaltungsrat mit Zweidrittelmehrheit seiner Mitglieder gefaßten Beschluß an einen anderen Ort verlegt werden.

Artikel 3

Das Zentrum besteht aus einem Verwaltungsrat und einem Sekretariat. Es führt je ein Verzeichnis von Vermittlern und von Schiedsrichtern.

---

1) Deutscher Text: *BGBl.* 1969 II S. 371.
 Internationale Quelle: *UNTS* Bd. 575 S. 159.
 In Kraft getreten am 14. Oktober 1966; für die Bundesrepublik Deutschland am 18. Mai 1969.

ABSCHNITT 2
Der Verwaltungsrat

Artikel 4
(1) Der Verwaltungsrat besteht aus einem Vertreter jedes Vertragsstaats. Nimmt ein Vertreter an einer Sitzung nicht teil oder ist er verhindert, so kann ein Stellvertreter für ihn tätig werden.
(2) Erfolgt keine andere Ernennung, so sind der von einem Vertragsstaat ernannte Gouverneur der Bank und dessen Stellvertreter von Amts wegen Vertreter und Stellvertreter.

Artikel 5
Der Präsident der Bank ist von Amts wegen Vorsitzender des Verwaltungsrats (im folgenden als »Vorsitzender« bezeichnet), hat jedoch kein Stimmrecht. Ist er abwesend oder verhindert oder ist die Stelle des Präsidenten der Bank nicht besetzt, so handelt der amtierende Präsident als Vorsitzender des Verwaltungsrats.

Artikel 6
(1) Unbeschadet der ihm in anderen Bestimmungen dieses Übereinkommens zugewiesenen Befugnisse und Aufgaben hat der Verwaltungsrat folgende Aufgaben:
a) er beschließt die Verwaltungs- und die Finanzordnung für das Zentrum;
b) er beschließt die Verfahrensordnung für die Einleitung von Vergleichs- und von Schiedsverfahren;
c) er beschließt die Verfahrensordnungen für das Vergleichs- und das Schiedsverfahren (im folgenden als »Vergleichsordnung« und »Schiedsordnung« bezeichnet);
d) er genehmigt die Vereinbarungen mit der Bank über die Benutzung ihrer Verwaltungseinrichtungen und Verwaltungsdienste;
e) er bestimmt die Anstellungsbedingungen für den Generalsekretär und die Stellvertretenden Generalsekretäre;
f) er beschließt den jährlichen Haushaltsplan der Einnahmen und Ausgaben des Zentrums;
g) er genehmigt den jährlichen Tätigkeitsbericht des Zentrums.
Beschlüsse nach den Buchstaben a, b, c und f bedürfen einer Zweidrittelmehrheit der Mitglieder des Verwaltungsrats.
(2) Der Verwaltungsrat kann die Ausschüsse einsetzen, die er für erforderlich hält.
(3) Ferner übt der Verwaltungsrat alle sonstigen Befugnisse aus und nimmt alle sonstigen Aufgaben wahr, die er zur Durchführung dieses Übereinkommens für erforderlich hält.

Artikel 7
(1) Der Verwaltungsrat hält eine Jahrestagung sowie zusätzliche Tagungen ab, soweit letztere vom Rat beschlossen oder vom Vorsitzenden oder auf Wunsch von mindestens fünf Ratsmitgliedern vom Generalsekretär anberaumt werden.
(2) Jedes Mitglied des Verwaltungsrats hat eine Stimme; soweit in diesem Übereinkommen nichts anderes vorgesehen ist, werden alle dem Rat vorgelegten Fragen mit der Mehrheit der abgegebenen Stimmen entschieden.
(3) Bei allen Tagungen ist der Verwaltungsrat verhandlungs- und beschlußfähig, wenn mehr als die Hälfte seiner Mitglieder anwesend ist.
(4) Der Verwaltungsrat kann mit Zweidrittelmehrheit seiner Mitglieder eine Verfahrensregelung annehmen, wonach der Vorsitzende den Rat schriftlich abstimmen lassen kann, ohne ihn einzuberufen. Eine solche Abstimmung ist nur dann gültig, wenn die Mehrheit der Ratsmitglieder innerhalb der in der Verfahrensregelung festgesetzten Frist daran teilgenommen hat.

Artikel 8
Für die Wahrnehmung ihrer Aufgaben erhalten die Mitglieder und der Vorsitzende des Verwaltungsrats vom Zentrum keine Vergütung.

ABSCHNITT 3
Das Sekretariat

Artikel 9
Das Sekretariat besteht aus einem Generalsekretär, einem oder mehreren Stellvertretenden Generalsekretären und dem Personal.

Artikel 10
(1) Der Generalsekretär und die Stellvertretenden Generalsekretäre werden auf Vorschlag des Vorsitzenden vom Verwaltungsrat mit Zweidrittelmehrheit seiner Mitglieder auf höchstens sechs Jahre gewählt; ihre Wiederwahl ist zulässig. Nach Konsultierung der Mitglieder des Verwaltungsrats schlägt der Vorsitzende einen oder mehrere Kandidaten für jedes Amt vor.
(2) Das Amt des Generalsekretärs und des Stellvertretenden Generalsekretärs ist unvereinbar mit der Ausübung eines politischen Amtes. Sofern nicht der Verwaltungsrat eine Ausnahme zuläßt, dürfen der Generalsekretär und die Stellvertretenden Generalsekretäre weder eine abhängige noch eine sonstige berufliche Tätigkeit ausüben.
(3) Ist der Generalsekretär abwesend oder verhindert oder ist sein Amt nicht besetzt, so nimmt der Stellvertretende Generalsekretär die Aufgaben des Generalsekretärs wahr. Sind mehrere Stellvertretende Generalsekretäre vorhanden, so bestimmt der Verwaltungsrat im voraus, in welcher Reihenfolge sie diese Aufgaben wahrnehmen sollen.

Artikel 11
Der Generalsekretär ist der gesetzliche Vertreter des Zentrums, leitet es und ist für dessen Verwaltung, einschließlich der Anstellung des Personals, nach Maßgabe dieses Übereinkommens und der vom Verwaltungsrat beschlossenen Regelungen verantwortlich. Er amtiert als Kanzler und ist befugt, die auf Grund dieses Übereinkommens erlassenen Schiedssprüche zu beurkunden und Abschriften davon zu beglaubigen.

ABSCHNITT 4
Verzeichnisse

Artikel 12
Das Vermittlerverzeichnis und das Schiedsrichterverzeichnis enthalten die Namen geeigneter Personen, die nach den folgenden Bestimmungen benannt worden sind und der Aufnahme in das Verzeichnis zugestimmt haben.

Artikel 13
(1) Jeder Vertragsstaat kann für jedes Verzeichnis vier Personen benennen, die nicht seine Staatsangehörigen zu sein brauchen.
(2) Der Vorsitzende kann für jedes Verzeichnis zehn Personen benennen. Die vom Vorsitzenden für ein Verzeichnis benannten Personen müssen alle verschiedener Staatsangehörigkeit sein.

Artikel 14
(1) Die für die Verzeichnisse benannten Personen müssen ein hohes sittliches Ansehen sowie eine anerkannte Befähigung auf den Gebieten des Rechts, des Handels, der Industrie oder des Finanzwesens besitzen und jede Gewähr dafür bieten, daß sie ihr Amt unabhängig ausüben werden. Bei den für das Schiedsrichterverzeichnis benannten Personen ist die Befähigung auf dem Gebiet des Rechts besonders wichtig.
(2) Der Vorsitzende hat bei seinen Benennungen ferner zu berücksichtigen, daß in diesen Verzeichnissen die hauptsächlichen Rechtssysteme der Welt und die Hauptformen wirtschaftlicher Betätigungen vertreten sein sollen.

Artikel 15
(1) Die Benennungen gelten für sechs Jahre und können erneuert werden.
(2) Im Falle des Todes oder Rücktritts einer Person, die in einem der beiden Verzeichnisse geführt ist, kann die Stelle, die sie benannt hat, für die verbleibende Amtszeit einen Nachfolger benennen.
(3) Die in die Verzeichnisse aufgenommenen Personen werden darin bis zur Benennung ihrer Nachfolger geführt.

Artikel 16
(1) Eine Person kann in beiden Verzeichnissen geführt werden.
(2) Wird eine Person von mehreren Vertragsstaaten oder von mindestens einem Vertragsstaat und dem Vorsitzenden für dasselbe Verzeichnis benannt, so gilt sie als von der Stelle benannt, die sie zuerst benannt hat; ist jedoch die Person auch von dem Staat benannt worden, dessen Staatsangehörigkeit sie besitzt, so gilt sie als von diesem Staat benannt.
(3) Alle Benennungen werden dem Generalsekretär notifiziert und werden mit Eingang der Notifikation wirksam.

ABSCHNITT 5
Finanzierung des Zentrums

Artikel 17
Können die Ausgaben des Zentrums nicht aus den für die Inanspruchnahme seiner Dienste gezahlten Gebühren oder aus anderen Einkünften bestritten werden, so wird der Fehlbetrag von den Vertragsstaaten, die Mitglieder der Bank sind, im Verhältnis ihrer Zeichnungen auf das Grundkapital der Bank und von den Staaten, die nicht Mitglieder der Bank sind, nach Maßgabe der vom Verwaltungsrat beschlossenen Regelungen gedeckt.

ABSCHNITT 6
Rechtsstellung, Immunitäten und Vorrechte

Artikel 18
Das Zentrum besitzt volle internationale Rechtspersönlichkeit. Es besitzt unter anderem die Fähigkeit,
a) Verträge zu schließen,
b) bewegliches und unbewegliches Vermögen zu erwerben und darüber zu verfügen,
c) vor Gericht zu klagen und verklagt zu werden.

Artikel 19
Das Zentrum genießt, um seine Aufgaben wahrnehmen zu können, im Hoheitsgebiet jedes Vertragsstaats die in diesem Abschnitt vorgesehenen Immunitäten und Vorrechte.

Artikel 20
Das Zentrum, sein Eigentum und seine sonstigen Vermögenswerte genießen Immunität von jedem Gerichtsverfahren, sofern es nicht darauf verzichtet.

Artikel 21
Der Vorsitzende, die Mitglieder des Verwaltungsrats, die als Vermittler, Schiedsrichter oder Mitglieder eines in Artikel 52 Absatz 3 vorgesehenen Ausschusses tätigen Personen sowie die Bediensteten des Sekretariats
a) sind wegen der von ihnen in Ausübung ihrer amtlichen Tätigkeit vorgenommenen Handlungen von der Gerichtsbarkeit befreit, falls nicht das Zentrum diese Immunität aufhebt,
b) genießen, falls sie nicht Angehörige des Staates sind, in dem sie ihre amtliche Tätigkeit ausüben, dieselben Befreiungen auf dem Gebiet der Einwanderung, der Ausländermeldepflicht, der Wehrpflicht und der Pflicht zu ähnlichen Leistungen sowie dieselben Erleichterungen im Devisen- und Reiseverkehr, wie sie von den Vertragsstaaten den in vergleichbarem Rang stehenden Vertretern und Bediensteten anderer Vertragsstaaten gewährt werden.

Artikel 22
Artikel 21 findet auf die Personen Anwendung, die als Parteien, Bevollmächtigte, Rechtsbeistände, Anwälte, Zeugen oder Sachverständige an Verfahren nach diesem Übereinkommen beteiligt sind; jedoch findet Buchstabe b nur auf ihre Reisen nach und von dem Ort, an dem das Verfahren stattfindet, und ihren Aufenthalt dort Anwendung.

Artikel 23
(1) Die Archive des Zentrums sind unverletzlich, wo immer sie sich befinden.
(2) Jeder Vertragsstaat gewährt dem Zentrum für dessen amtliche Mitteilungen eine ebenso günstige Behandlung wie anderen internationalen Organisationen.

Art. 24–26 ICSID-Übereinkommen

Artikel 24

(1) Das Zentrum, sein Eigentum, seine sonstigen Vermögenswerte und seine Einkünfte sowie seine nach diesem Übereinkommen gestatteten Betätigungen sind von allen Steuern und Zöllen befreit. Das Zentrum ist ferner von jeder Haftung für die Einziehung oder Zahlung von Steuern oder Zöllen befreit.

(2) Aufwandsentschädigungen, die das Zentrum dem Vorsitzenden oder den Mitgliedern des Verwaltungsrats zahlt, sowie Bezüge, Aufwandsentschädigungen oder andere Vergütungen, die das Zentrum den Bediensteten des Sekretariats zahlt, sind von jeder Steuer befreit, sofern nicht der Empfänger Angehöriger des Staates ist, in dem er seine amtliche Tätigkeit ausübt.

(3) Honorare oder Aufwandsentschädigungen, die Personen für ihre Tätigkeit als Vermittler oder Schiedsrichter oder Mitglied eines in Artikel 52 Absatz 3 vorgesehenen Ausschusses in Verfahren nach diesem Übereinkommen erhalten, sind von Steuern befreit, wenn die einzige Rechtsgrundlage für eine solche Steuer der Sitz des Zentrums oder der Ort ist, an dem ein solches Verfahren stattfindet oder an dem solche Honorare oder Aufwandsentschädigungen gezahlt werden.

KAPITEL II
Die Zuständigkeit des Zentrums

Artikel 25

(1) Die Zuständigkeit des Zentrums erstreckt sich auf alle unmittelbar mit einer Investition zusammenhängenden Rechtsstreitigkeiten zwischen einem Vertragsstaat (oder einer von diesem abhängigen Gebietskörperschaft oder Stelle, die er dem Zentrum benennt) einerseits und einem Angehörigen eines anderen Vertragsstaats andererseits, wenn die Parteien schriftlich eingewilligt haben, die Streitigkeiten dem Zentrum zu unterbreiten. Haben die Parteien ihre Zustimmung erteilt, so kann keine von ihnen sie einseitig zurücknehmen.

(2) Der Ausdruck »Angehöriger eines anderen Vertragsstaats« bedeutet:
a) jede natürliche Person, die im Zeitpunkt, zu dem die Parteien der Unterwerfung der Streitigkeit unter ein Vergleichs- oder Schiedsverfahren zugestimmt haben, sowie im Zeitpunkt, zu dem der Antrag nach Artikel 28 Absatz 3 oder nach Artikel 36 Absatz 3 registriert worden ist, die Staatsangehörigkeit eines anderen Vertragsstaats besessen hat als des Staates, der Streitpartei ist; ausgenommen sind Personen, die in einem dieser Zeitpunkte auch die Staatsangehörigkeit des Vertragsstaats besessen haben, der Streitpartei ist;
b) jede juristische Person, die im Zeitpunkt, zu dem die Parteien der Unterwerfung der Streitigkeit unter ein Vergleichs- oder Schiedsverfahren zugestimmt haben, die Staatsangehörigkeit eines anderen Vertragsstaats besessen hat als des Staates, der Streitpartei ist, sowie jede juristische Person, die im gleichen Zeitpunkt die Staatsangehörigkeit des Vertragsstaats besessen hat, der Streitpartei ist, wenn die Parteien übereingekommen sind, diese juristische Person wegen der von ausländischen Interessen über sie ausgeübten Kontrolle als Angehörigen eines anderen Vertragsstaats im Sinne dieses Übereinkommens zu betrachten.

(3) Die Zustimmung einer von einem Vertragsstaat abhängigen Gebietskörperschaft oder Stelle bedarf der Genehmigung dieses Staates, sofern er nicht dem Zentrum mitteilt, daß die Genehmigung nicht erforderlich ist.

(4) Jeder Vertragsstaat kann bei der Ratifikation, der Annahme oder der Genehmigung des Übereinkommens oder zu jedem späteren Zeitpunkt dem Zentrum notifizieren, welche Arten von Streitigkeiten er der Zuständigkeit des Zentrums zu unterwerfen beabsichtigt und welche nicht. Der Generalsekretär übermittelt die Notifikation sofort allen Vertragsstaaten. Diese Notifikation stellt nicht die nach Absatz 1 erforderliche Zustimmung dar.

Artikel 26

Die Zustimmung der Parteien zum Schiedsverfahren im Rahmen dieses Übereinkommens gilt, sofern nicht etwas anderes erklärt wird, zugleich als Verzicht auf jeden anderen Rechtsbehelf. Als Bedingung für seine Zustimmung zum Schiedsverfahren nach diesem Übereinkommen kann ein Vertragsstaat Erschöpfung der innerstaatlichen Verwaltungs- oder Gerichtsverfahren verlangen.

Artikel 27
(1) Kein Vertragsstaat wird hinsichtlich einer Streitigkeit, die einer seiner Angehörigen und ein anderer Vertragsstaat im gegenseitigen Einvernehmen dem Schiedsverfahren nach diesem Übereinkommen unterwerfen wollen oder bereits unterworfen haben, diplomatischen Schutz gewähren oder einen völkerrechtlichen Anspruch geltend machen, es sei denn, daß der andere Vertragsstaat den in der Streitsache erlassenen Schiedsspruch nicht befolgt.
(2) Informelle diplomatische Schritte, die lediglich darauf gerichtet sind, die Beilegung der Streitigkeit zu erleichtern, fallen nicht unter den Begriff des diplomatischen Schutzes im Sinne von Absatz 1.

KAPITEL III
Das Vergleichsverfahren

ABSCHNITT 1
Antrag auf Einleitung des Vergleichsverfahrens

Artikel 28
(1) Wünscht ein Vertragsstaat oder ein Angehöriger eines Vertragsstaats ein Vergleichsverfahren einzuleiten, so richtet er einen diesbezüglichen schriftlichen Antrag an den Generalsekretär, der ihn der anderen Partei in Abschrift zuleitet.
(2) Der Antrag hat Angaben über den Streitgegenstand, die Identität der Parteien und ihre Zustimmung zum Vergleichsverfahren nach Maßgabe der Verfahrensordnung für die Einleitung von Vergleichs- und von Schiedsverfahren zu enthalten.
(3) Der Generalsekretär registriert den Antrag, sofern er nicht auf Grund der darin enthaltenen Angaben feststellt, daß die Streitigkeit offensichtlich nicht in die Zuständigkeit des Zentrums fällt. Er notifiziert den Parteien unverzüglich die Registrierung oder deren Ablehnung.

ABSCHNITT 2
Bildung der Vergleichskommission

Artikel 29
(1) Die Vergleichskommission (im folgenden als »Kommission« bezeichnet) wird so bald wie möglich nach der gemäß Artikel 28 erfolgten Registrierung des Antrags gebildet.
(2) a) Die Kommission besteht aus einem Einzelvermittler oder einer ungeraden Anzahl von Vermittlern, die entsprechend der Vereinbarung der Parteien ernannt werden.
  b) Können die Parteien sich nicht über die Anzahl der Vermittler und die Art ihrer Ernennung einigen, so besteht die Kommission aus drei Vermittlern, wobei jede Partei einen Vermittler ernennt und der dritte, der den Vorsitz in der Kommission führt, in gegenseitigem Einvernehmen von den Parteien ernannt wird.

Artikel 30
Ist die Kommission nicht binnen 90 Tagen nach der gemäß Artikel 28 Absatz 3 vorgenommenen Absendung der Notifikation der Registrierung des Antrags durch den Generalsekretär oder binnen einer anderen von den Parteien vereinbarten Frist gebildet worden, so ernennt der Vorsitzende auf Antrag einer der Parteien und, soweit möglich, nach Konsultierung beider Parteien den oder die noch nicht ernannten Vermittler.

Artikel 31
(1) Zu Vermittlern können, außer bei Ernennung durch den Vorsitzenden nach Artikel 30, Personen ernannt werden, die nicht im Vermittlerverzeichnis geführt sind.
(2) Zu Vermittlern ernannte Personen, die nicht im Vermittlerverzeichnis geführt sind, müssen die in Artikel 14 Absatz 1 vorgesehenen Eigenschaften besitzen.

Art. 32–36 ICSID-Übereinkommen

ABSCHNITT 3
Das Verfahren vor der Kommission

Artikel 32
(1) Die Kommission entscheidet selbst über ihre Zuständigkeit.
(2) Jede Einrede, die eine Partei mit der Begründung erhebt, daß die Streitigkeit nicht in die Zuständigkeit des Zentrums oder aus anderem Grund nicht in die Zuständigkeit der Kommission fällt, wird von der Kommission geprüft, die darüber entscheidet, ob diese Einrede als Vorfrage zu behandeln oder mit der Hauptsache zu verbinden ist.

Artikel 33
Jedes Vergleichsverfahren wird gemäß diesem Abschnitt und, sofern die Parteien nichts anderes vereinbaren, gemäß der Vergleichsordnung geführt, die im Zeitpunkt der Zustimmung der Parteien zum Vergleichsverfahren gilt. Ergibt sich eine Verfahrensfrage, die weder in diesem Abschnitt noch in der Vergleichsordnung noch in einer anderen von den Parteien angenommenen Regelung behandelt ist, so wird sie von der Kommission entschieden.

Artikel 34
(1) Die Kommission hat die Aufgabe, die zwischen den Parteien bestehenden Streitfragen zu klären und sich zu bemühen, eine für beide Seiten annehmbare Lösung herbeizuführen. Zu diesem Zweck kann die Kommission in jedem Stadium des Verfahrens und wiederholt Empfehlungen für die Beilegung an die Parteien richten. Die Parteien haben nach Treu und Glauben mit der Kommission zusammenzuarbeiten, um ihr die Erfüllung ihrer Aufgaben zu ermöglichen, und haben ihren Empfehlungen größte Beachtung zu schenken.
(2) Gelangen die Parteien zu einer Einigung, so fertigt die Kommission einen Bericht an, in dem die Streitfragen aufgezählt werden und die Einigung zwischen den Parteien festgestellt wird. Kommt die Kommission in irgendeinem Stadium des Verfahrens zu der Auffassung, daß keine Möglichkeit einer Einigung zwischen den Parteien besteht, so schließt sie das Verfahren und fertigt einen Bericht an, in dem festgestellt wird, daß die Streitigkeit Gegenstand eines Vergleichsverfahrens war und die Parteien keine Einigung erzielt haben. Erscheint eine Partei nicht vor der Kommission oder nimmt sie nicht am Verfahren teil, so schließt die Kommission das Verfahren und fertigt einen Bericht an, in dem festgestellt wird, daß die Partei nicht erschienen ist oder nicht an dem Verfahren teilgenommen hat.

Artikel 35
Sofern die Parteien nichts anderes vereinbaren, kann sich keine von ihnen anläßlich eines anderen Verfahrens vor einem Schiedsgericht, einem Gericht oder einer sonstigen Stelle auf die von der anderen Partei während des Vergleichsverfahrens abgegebenen Meinungsäußerungen, Erklärungen, Zugeständnisse oder Beilegungsangebote, auf den Bericht oder die Empfehlungen der Kommission berufen.

KAPITEL IV
Das Schiedsverfahren

ABSCHNITT 1
Antrag auf Einleitung des Schiedsverfahrens

Artikel 36
(1) Wünscht ein Vertragsstaat oder ein Angehöriger eines Vertragsstaats ein Schiedsverfahren einzuleiten, so richtet er einen diesbezüglichen schriftlichen Antrag an den Generalsekretär, der ihn der anderen Partei in Abschrift zuleitet.
(2) Der Antrag hat Angaben über den Streitgegenstand, die Identität der Parteien und ihre Zustimmung zum Schiedsverfahren nach Maßgabe der Verfahrensordnung für die Einleitung von Vergleichs- und von Schiedsverfahren zu enthalten.
(3) Der Generalsekretär registriert den Antrag, sofern er nicht auf Grund der darin enthaltenen Angaben feststellt, daß die Streitigkeit offensichtlich nicht in die Zuständigkeit des Zentrums fällt. Er notifiziert den Parteien unverzüglich die Registrierung oder deren Ablehnung.

ABSCHNITT 2
Bildung des Gerichts

Artikel 37
(1) Das Schiedsgericht (im folgenden als »Gericht« bezeichnet) wird so bald wie möglich nach der gemäß Artikel 36 erfolgten Registrierung des Antrags gebildet.
(2) a) Das Gericht besteht aus einem Einzelschiedsrichter oder einer ungeraden Anzahl von Schiedsrichtern, die entsprechend der Vereinbarung der Parteien ernannt werden.
  b) Können die Parteien sich nicht über die Anzahl der Schiedsrichter und die Art ihrer Ernennung einigen, so besteht das Gericht aus drei Schiedsrichtern, wobei jede Partei einen Schiedsrichter ernennt und der dritte, der den Vorsitz im Gericht führt, im gegenseitigen Einvernehmen von den Parteien ernannt wird.

Artikel 38
Ist das Gericht nicht binnen 90 Tagen nach der gemäß Artikel 36 Absatz 3 vorgenommenen Absendung der Notifikation der Registrierung des Antrags durch den Generalsekretär oder binnen einer anderen von den Parteien vereinbarten Frist gebildet worden, so ernennt der Vorsitzende auf Antrag einer der Parteien und, soweit möglich, nach Konsultierung beider Parteien den oder die noch nicht ernannten Schiedsrichter. Die vom Vorsitzenden nach diesem Artikel ernannten Schiedsrichter dürfen weder dem Vertragsstaat, der Streitpartei ist, angehören noch demjenigen, dessen Angehöriger Streitpartei ist.

Artikel 39
Die Mehrheit der Schiedsrichter muß anderen Staaten als demjenigen, der Streitpartei ist, und als demjenigen, dessen Angehöriger Streitpartei ist, angehören; diese Bestimmung findet jedoch keine Anwendung, wenn die Parteien im gegenseitigen Einvernehmen den Einzelschiedsrichter oder alle Mitglieder des Gerichts ernennen.

Artikel 40
(1) Zu Schiedsrichtern können, außer bei Ernennung durch den Vorsitzenden nach Artikel 38, Personen ernannt werden, die nicht im Schiedsrichterverzeichnis geführt sind.
(2) Zu Schiedsrichtern ernannte Personen, die nicht im Schiedsrichterverzeichnis geführt sind, müssen die in Artikel 14 Absatz 1 vorgesehenen Eigenschaften besitzen.

ABSCHNITT 3
Befugnisse und Aufgaben des Gerichts

Artikel 41
(1) Das Gericht entscheidet selbst über seine Zuständigkeit.
(2) Jede Einrede, die eine Partei mit der Begründung erhebt, daß die Streitigkeit nicht in die Zuständigkeit des Zentrums oder aus anderem Grund nicht in die Zuständigkeit des Gerichts fällt, wird vom Gericht geprüft, das darüber entscheidet, ob diese Einrede als Vorfrage zu behandeln oder mit der Hauptsache zu verbinden ist.

Artikel 42
(1) Das Gericht entscheidet die Streitigkeit gemäß den von den Parteien vereinbarten Rechtsvorschriften. Liegt eine solche Vereinbarung nicht vor, so wendet das Gericht das Recht des Vertragsstaats, der Streitpartei ist, – einschließlich seines internationalen Privatrechts – sowie die einschlägigen Regeln des Völkerrechts an.
(2) Das Gericht kann eine Entscheidung nicht mit der Begründung ablehnen, daß das Recht zu dem streitigen Punkt schweigt oder unklar ist.
(3) Die Absätze 1 und 2 lassen die Befugnisse des Gerichts unberührt, bei Einwilligung der Parteien ex aequo et bono zu entscheiden.

Artikel 43
Sofern die Parteien nicht anderes vereinbaren, kann das Gericht, wenn es dies für nötig hält, jederzeit während des Verfahrens
a) die Parteien auffordern, alle Urkunden oder sonstigen Beweismittel vorzulegen,

b) sich an Ort und Stelle begeben und dort alle Untersuchungen vornehmen, die es für erforderlich erachtet.

Artikel 44
Jedes Schiedsverfahren wird gemäß diesem Abschnitt und, sofern die Parteien nichts anderes vereinbaren, gemäß der Schiedsordnung geführt, die im Zeitpunkt der Zustimmung der Parteien zum Schiedsverfahren gilt. Ergibt sich eine Verfahrensfrage, die weder in diesem Abschnitt noch in der Schiedsordnung noch in einer anderen von den Parteien angenommenen Regelung behandelt ist, so wird sie vom Gericht entschieden.

Artikel 45
(1) Erscheint eine Partei nicht vor dem Gericht oder vertritt sie ihre Sache nicht, so bedeutet das nicht, daß sie dem Vorbringen der anderen Partei zustimmt.
(2) Wenn eine Partei in irgendeinem Stadium des Verfahrens nicht vor dem Gericht erscheint oder ihre Sache nicht vertritt, kann die andere Partei das Gericht ersuchen, die ihm vorgelegten Fragen zu behandeln und einen Schiedsspruch zu erlassen. Das Gericht benachrichtigt die säumige Partei von dem Ersuchen und hat ihr, bevor es seinen Spruch erlässt, eine First zu gewähren, sofern es nicht überzeugt ist, daß diese Partei nicht die Absicht hat, vor dem Gericht zu erscheinen oder ihre Sache zu vertreten.

Artikel 46
Sofern die Parteien nichts anderes vereinbaren, entscheidet das Gericht auf Antrag einer Partei über alle unmittelbar mit dem Streitgegenstand zusammenhängenden Zwischenanträge, Zusatzanträge oder Anträge nach Art der Widerklage, wenn sich die Zustimmung der Parteien auf diese Anträge erstreckt und sie außerdem in die Zuständigkeit des Zentrums fallen.

Artikel 47
Sofern die Parteien nichts anderes vereinbaren, kann das Gericht, wenn die Umstände dies nach seiner Ansicht erfordern, vorläufige Maßnahmen zur Sicherung der Rechte beider Parteien empfehlen.

ABSCHNITT 4
Der Schiedsspruch

Artikel 48
(1) Das Gericht entscheidet alle Fragen mit Stimmenmehrheit aller seiner Mitglieder.
(2) Der Schiedsspruch ist schriftlich zu erlassen und von den Mitgliedern des Gerichts zu unterzeichnen, die für ihn gestimmt haben.
(3) Der Schiedsspruch hat alle dem Gericht vorgelegten Fragen zu behandeln und ist zu begründen.
(4) Jedes Mitglied des Gerichts kann dem Schiedsspruch seine – der Auffassung der Mehrheit zustimmende oder davon abweichende – eigene Meinung oder nur die Feststellung seiner abweichenden Meinung beifügen.
(5) Das Zentrum veröffentlicht den Schiedsspruch nur mit Zustimmung der Parteien.

Artikel 49
(1) Der Generalsekretär übermittelt den Parteien unverzüglich beglaubigte Abschriften des Schiedsspruchs. Der Schiedsspruch gilt als an dem Tag der Absendung dieser Abschriften erlassen.
(2) Auf einen binnen 45 Tagen nach Erlaß des Schiedsspruchs einzureichenden Antrag einer Partei kann das Gericht nach Benachrichtigung der anderen Partei über jede Frage entscheiden, die es in dem Schiedsspruch zu behandeln unterlassen hat, und jeden in dem Schiedsspruch enthaltenen Schreib-, Rechen- oder ähnlichen Fehler berichtigen. Seine Entscheidung ist Bestandteil des Schiedsspruchs und wird den Parteien in derselben Form wie der Schiedsspruch bekanntgegeben. Die in Artikel 51 Absatz 2 und Artikel 52 Absatz 2 vorgesehenen Fristen beginnen mit dem Tag des Erlasses der Entscheidung zu laufen.

ABSCHNITT 5
Auslegung des Schiedsspruchs, Wiederaufnahmeverfahren und Aufhebung des Schiedsspruchs

Artikel 50
(1) Entstehen Streitigkeiten zwischen den Parteien über Sinn oder Tragweite des Schiedsspruchs, so kann jede Partei einen schriftlichen Antrag auf Auslegung des Schiedsspruchs an den Generalsekretär richten.
(2) Der Antrag ist nach Möglichkeit dem Gericht vorzulegen, das den Schiedsspruch erlassen hat. Ist dies nicht möglich, so wird ein neues Gericht nach Abschnitt 2 dieses Kapitels gebildet. Das Gericht kann beschließen, die Vollstreckung des Schiedsspruchs bis zur Entscheidung über den Auslegungsantrag auszusetzen, wenn dies die Umstände nach seiner Auffassung erfordern.

Artikel 51
(1) Wird einer Partei eine Tatsache bekannt, die geeignet ist, den Schiedsspruch entscheidend zu beeinflussen, so kann sie beim Generalsekretär schriftlich ein Wiederaufnahmeverfahren beantragen, sofern die Tatsache dem Gericht und der antragstellenden Partei vor Erlaß des Schiedsspruchs unbekannt war und die Unkenntnis der antragstellenden Partei nicht auf Fahrlässigkeit beruhte.
(2) Der Antrag ist binnen 90 Tagen nach Bekanntwerden einer solchen Tatsache und in jedem Fall binnen drei Jahren nach Erlaß des Schiedsspruchs zu stellen.
(3) Der Antrag ist nach Möglichkeit dem Gericht vorzulegen, das den Schiedsspruch erlassen hat. Ist dies nicht möglich, so wird ein neues Gericht nach Abschnitt 2 dieses Kapitels gebildet.
(4) Das Gericht kann beschließen, die Vollstreckung des Schiedsspruchs bis zur Entscheidung über den Wiederaufnahmeantrag auszusetzen, wenn dies die Umstände nach seiner Auffassung erfordern. Ersucht die antragstellende Partei um einen Aufschub der Vollstreckung des Schiedsspruchs, so wird die Vollstreckung vorläufig ausgesetzt, bis das Gericht über dieses Ersuchen entschieden hat.

Artikel 52
(1) Jede Partei kann beim Generalsekretär schriftlich die Aufhebung eines Schiedsspruchs aus einem oder mehreren der folgenden Gründe beantragen:
a) nicht ordnungsgemäße Bildung des Gerichts,
b) offensichtliche Überschreitung der Befugnisse des Gerichts,
c) Bestechung eines Mitglieds des Gerichts,
d) schwerwiegende Abweichung von einer grundlegenden Verfahrensvorschrift,
e) Fehlen der Begründung des Schiedsspruchs.
(2) Der Antrag ist binnen 120 Tagen nach Erlaß des Schiedsspruchs zu stellen, sofern nicht die Aufhebung wegen Bestechung verlangt wird; in diesem Fall ist der Antrag binnen 120 Tagen nach Entdecken der Bestechung, jedenfalls aber binnen drei Jahren nach Erlaß des Schiedsspruchs zu stellen.
(3) Nach Eingang des Antrags ernennt der Vorsitzende unverzüglich aus dem Kreis der im Schiedsrichterverzeichnis geführten Personen einen aus drei Mitgliedern bestehenden Ad-hoc-Ausschuß. Die Mitglieder dieses Ausschusses dürfen weder Mitglied des Gerichts gewesen sein, das den Schiedsspruch erlassen hat, noch die gleiche Staatsangehörigkeit besitzen wie ein Mitglied des Gerichts, noch die Staatsangehörigkeit des Staates, der Streitpartei ist, oder des Staates, dessen Angehöriger Streitpartei ist, besitzen, noch von einem dieser Staaten für das Schiedsrichterverzeichnis benannt worden sein, noch das Amt eines Vermittlers in der gleichen Sache ausgeübt haben. Der Ausschuß ist befugt, den Schiedsspruch aus einem der in Absatz 1 aufgeführten Gründe ganz oder teilweise aufzuheben.
(4) Die Artikel 41 bis 45, 48, 49, 53 und 54 sowie die Kapitel VI und VII sind auf das Verfahren vor dem Ausschuß sinngemäß anzuwenden.
(5) Der Ausschuß kann beschließen, die Vollstreckung des Schiedsspruchs bis zur Entscheidung über den Aufhebungsantrag auszusetzen, wenn dies die Umstände nach seiner Auffassung erfordern. Ersucht die antragstellende Partei um einen Aufschub der Vollstreckung des Schiedsspruchs, so wird die Vollstreckung vorläufig ausgesetzt, bis der Ausschuß über dieses Ersuchen entschieden hat.

Art. 53–57 ICSID-Übereinkommen

(6) Wird der Schiedsspruch aufgehoben, so ist die Streitigkeit auf Antrag einer der Parteien einem neuen nach Abschnitt 2 dieses Kapitels gebildeten Gericht zu unterbreiten.

ABSCHNITT 6
Anerkennung und Vollstreckung des Schiedsspruchs

Artikel 53

(1) Der Schiedsspruch ist für die Partei bindend und unterliegt keiner Berufung und auch keinen anderen Rechtsmitteln als denen, die in diesem Übereinkommen vorgesehen sind. Jede Partei hat den Schiedsspruch genau zu befolgen, soweit nicht die Vollstreckung auf Grund dieses Übereinkommens ausgesetzt ist.

(2) Im Sinne dieses Abschnitts umfaßt der Ausdruck »Schiedsspruch« jede Entscheidung über die Auslegung, die Wiederaufnahme oder die Aufhebung nach den Artikeln 50, 51 oder 52.

Artikel 54

(1) Jeder Vertragsstaat erkennt jeden im Rahmen dieses Übereinkommens erlassenen Schiedsspruch als bindend an und sorgt für die Vollstreckung der darin auferlegten finanziellen Verpflichtungen in seinem Hoheitsgebiet, als handle es sich um ein rechtskräftiges Urteil eines seiner innerstaatlichen Gerichte. Ein Vertragsstaat mit bundesstaatlicher Verfassung kann für die Vollstreckung des Schiedsspruchs durch seine Bundesgerichte sorgen und bestimmen, daß diese einen derartigen Schiedsspruch als rechtskräftiges Urteil der Gerichte eines Gliedstaats behandeln.

(2) Eine Partei, die Anerkennung und Vollstreckung eines Schiedsspruchs im Hoheitsgebiet eines Vertragsstaats begehrt, hat dem zuständigen innerstaatlichen Gericht oder einer anderen von diesem Staat dafür bestimmten amtlichen Stelle eine vom Generalsekretär beglaubigte Abschrift des Schiedsspruchs vorzulegen. Jeder Vertragsstaat teilt dem Generalsekretär mit, welches Gericht zuständig oder welche amtliche Stelle bestimmt ist, und unterrichtet ihn über etwaige Änderungen.

(3) Auf die Vollstreckung des Schiedsspruchs sind die Rechtsvorschriften für die Vollstreckung von Urteilen anzuwenden, die in dem Staat gelten, in dessen Hoheitsgebiet die Vollstreckung begehrt wird.

Artikel 55

Artikel 54 darf nicht so ausgelegt werden, als schaffe er eine Ausnahme von dem in einem Vertragsstaat geltenden Recht über die Immunität dieses Staates oder eines fremden Staates von der Vollstreckung.

KAPITEL V
Ersetzung und Ablehnung von Vermittlern und Schiedsrichtern

Artikel 56

(1) Ist eine Kommission oder ein Gericht gebildet und hat das Verfahren begonnen, so kann die Zusammensetzung nicht mehr geändert werden. Jedoch werden die durch Tod, eingetretene Unfähigkeit zur Ausübung des Amtes oder Rücktritt eines Vermittlers oder Schiedsrichters freigewordenen Stellen nach Kapitel III Abschnitt 2 oder Kapitel IV Abschnitt 2 besetzt.

(2) Jedes Mitglied einer Kommission oder eines Gerichts übt dieses Amt weiterhin aus, auch wenn sein Name nicht mehr in dem Verzeichnis steht.

(3) Tritt ein von einer Partei ernannter Vermittler oder Schiedsrichter ohne Zustimmung der Kommission, der er angehört, oder des Gerichts, dem er angehört, zurück, so besetzt der Vorsitzende die freie Stelle, indem er eine Person aus dem entsprechenden Verzeichnis auswählt.

Artikel 57

Eine Partei kann der Kommission oder dem Gericht gegenüber ein Mitglied mit der Begründung ablehnen, daß dieses offensichtlich nicht die in Artikel 14 Absatz 1 geforderten Eigenschaften besitzt. Eine Partei in einem Schiedsverfahren kann ferner einen Schiedsrichter mit der Begründung ablehnen, daß dieser die in Kapitel IV Abschnitt 2 festgesetzten Bedingungen für die Ernennung zum Schiedsrichter nicht erfüllt hat.

33 ICSID-Übereinkommen Art. 58–64

Artikel 58
Die Entscheidung über einen Antrag auf Ablehnung eines Vermittlers oder Schiedsrichters wird von den übrigen Mitgliedern der Kommission oder des Gerichts getroffen. Bei Stimmengleichheit oder bei einem Antrag auf Ablehnung eines Einzelvermittlers oder -schiedsrichters oder einer Mehrheit der Kommission oder des Gerichts wird die Entscheidung vom Vorsitzenden des Verwaltungsrats getroffen. Wird der Antrag als begründet anerkannt, so wird der betreffende Vermittler oder Schiedsrichter nach Kapitel III Abschnitt 2 oder Kapitel IV Abschnitt 2 ersetzt.

KAPITEL VI
Kosten des Verfahrens

Artikel 59
Die von den Parteien für die Inanspruchnahme der Einrichtungen des Zentrums zu entrichtenden Gebühren werden vom Generalsekretär nach den vom Verwaltungsrat angenommenen Regelungen festgesetzt.

Artikel 60
(1) Die Kommissionen und Gerichte setzen innerhalb der vom Verwaltungsrat gesetzten Grenzen und nach Konsultierung des Generalsekretärs die Honorare und die zu erstattenden Kosten ihrer Mitglieder fest.
(2) Ungeachtet des Absatzes 1 können die Parteien im Einvernehmen mit der Kommission oder dem Gericht die Honorare und die zu erstattenden Kosten der Mitglieder im voraus festsetzen.

Artikel 61
(1) Im Vergleichsverfahren werden die Honorare und die zu erstattenden Kosten der Kommissionsmitglieder sowie die Gebühren für die Inanspruchnahme der Einrichtungen des Zentrums zu gleichen Teilen von den Parteien getragen. Jede Partei trägt alle anderen Kosten, die ihr im Zusammenhang mit dem Verfahren entstehen.
(2) Im Schiedsverfahren setzt das Gericht, soweit die Parteien nichts anderes vereinbaren, die ihnen im Zusammenhang mit dem Verfahren entstandenen Kosten fest und entscheidet über die Aufteilung und die Art der Zahlung dieser Kosten, der Honorare und Kosten der Gerichtsmitglieder sowie der Gebühren für die Inanspruchnahme der Einrichtungen des Zentrums. Diese Entscheidung ist Bestandteil des Schiedsspruchs.

KAPITEL VII
Ort des Verfahrens

Artikel 62
Die Vergleichs- und Schiedsverfahren finden vorbehaltlich der folgenden Bestimmungen am Sitz des Zentrums statt.

Artikel 63
Wenn die Parteien dies beschließen, können Vergleichs- und Schiedsverfahren stattfinden:
a) am Sitz des Ständigen Schiedshofs oder einer anderen geeigneten öffentlichen oder privaten Institution, mit der das Zentrum entsprechende Abmachungen getroffen hat,
b) an jedem anderen von der Kommission oder dem Gericht nach Konsultierung des Generalsekretärs gebilligten Ort.

KAPITEL VIII
Streitigkeiten zwischen Vertragsstaaten

Artikel 64
Jede zwischen Vertragsstaaten entstehende Streitigkeit über die Auslegung oder Anwendung dieses Übereinkommens, die nicht auf gütlichem Wege beigelegt wird, ist auf Antrag einer Streitpartei dem Internationalen Gerichtshof zu unterbreiten, sofern sich die beteiligten Staaten nicht auf eine andere Art der Beilegung einigen.

KAPITEL IX
Änderungen

Artikel 65

Jeder Vertragsstaat kann Änderungen dieses Übereinkommens vorschlagen. Ein Änderungsvorschlag ist dem Generalsekretär spätestens 90 Tage vor der Tagung des Verwaltungsrats, auf welcher der Vorschlag geprüft werden soll, mitzuteilen und ist von ihm unverzüglich allen Mitgliedern des Verwaltungsrats zu übermitteln.

Artikel 66

(1) Wenn der Verwaltungsrat dies mit Zweidrittelmehrheit seiner Mitglieder beschließt, wird der Änderungsvorschlag zum Zwecke der Ratifizierung, Annahme oder Genehmigung allen Vertragsstaaten zugeleitet. Jede Änderung tritt 30 Tage nach dem Tag in Kraft, an dem die Verwahrstelle dieses Übereinkommens an die Vertragsstaaten die schriftliche Mitteilung abgesandt hat, daß alle Vertragsstaaten die Änderung ratifiziert, angenommen oder genehmigt haben.

(2) Keine Änderung berührt die auf diesem Übereinkommen beruhenden Rechte und Pflichten eines Vertragsstaats, einer von diesem abhängigen Gebietskörperschaft oder Stelle oder eines Angehörigen dieses Staates, die sich aus einer vor Inkrafttreten der Änderung erteilten Zustimmung zur Zuständigkeit des Zentrums ergeben.

KAPITEL X
Schlußbestimmungen

Artikel 67

Dieses Übereinkommen liegt für die Mitgliedstaaten der Bank zur Unterzeichnung auf. Es liegt ferner für jeden anderen Staat zur Unterzeichnung auf, der Vertragspartei des Statuts des Internationalen Gerichtshofs ist und den der Verwaltungsrat mit Zweidrittelmehrheit seiner Mitglieder zur Unterzeichnung des Übereinkommens eingeladen hat.

Artikel 68

(1) Dieses Übereinkommen bedarf der Ratifikation, der Annahme oder der Genehmigung der Unterzeichnerstaaten im Einklang mit ihren verfassungsmäßigen Verfahren.

(2) Dieses Übereinkommen tritt 30 Tage nach Hinterlegung der zwanzigsten Ratifikations-, Annahme- oder Genehmigungsurkunde in Kraft. Für jeden Staat, der seine Ratifikations-, Annahme- oder Genehmigungsurkunde später hinterlegt, tritt es 30 Tage nach dieser Hinterlegung in Kraft.

Artikel 69

Jeder Vertragsstaat trifft alle gesetzgeberischen oder sonstigen Maßnahmen, die erforderlich sind, um diesem Übereinkommen in seinem Hoheitsgebiet Wirksamkeit zu verbleiben.

Artikel 70

Dieses Übereinkommen findet auf alle Hoheitsgebiete Anwendung, die ein Vertragsstaat völkerrechtlich vertritt, mit Ausnahme derjenigen, die der betreffende Staat bei der Ratifikation, der Annahme oder der Genehmigung oder später durch eine an die Verwahrstelle dieses Übereinkommens gerichtete Notifikation ausnimmt.

Artikel 71

Jeder Vertragsstaat kann dieses Übereinkommen durch eine an dessen Verwahrstelle gerichtete Notifikation kündigen. Die Kündigung wird sechs Monate nach Eingang dieser Notifikation wirksam.

Artikel 72

Eine Notifikation eines Vertragsstaats nach den Artikeln 70 und 71 berührt nicht die auf diesem Übereinkommen beruhenden Rechte und Pflichten des betreffenden Staates, einer von diesem abhängigen Gebietskörperschaft oder Stelle oder eines Angehörigen dieses Staates, die sich aus einer vor Eingang dieser Notifikation bei der Verwahrstelle erteilten Zustimmung zur Zuständigkeit des Zentrums ergeben.

Artikel 73
Die Ratifikations-, Annahme- oder Genehmigungsurkunden zu diesem Übereinkommen und allen etwaigen Änderungen werden bei der Bank hinterlegt, die als Verwahrstelle dieses Übereinkommens handelt. Die Verwahrstelle übermittelt den Mitgliedstaaten der Bank und allen anderen zur Unterzeichnung dieses Übereinkommens eingeladenen Staaten beglaubigte Abschriften dieses Übereinkommens.

Artikel 74
Die Verwahrstelle läßt dieses Übereinkommen nach Artikel 102 der Satzung der Vereinten Nationen und nach den Regelungen, die auf Grund dieser Bestimmung von der Generalversammlung angenommen worden sind, beim Sekretariat der Vereinten Nationen registrieren.

Artikel 75
Die Verwahrstelle notifiziert allen Unterzeichnerstaaten
a) die Unterzeichnungen nach Artikel 67,
b) die Hinterlegung von Ratifikations-, Annahme- oder Genehmigungsurkunden nach Artikel 73,
c) den Tag des Inkrafttretens dieses Übereinkommens nach Artikel 68,
d) die Ausnahmen von der räumlichen Anwendung nach Artikel 70,
e) den Tag des Inkrafttretens jeder Änderung dieses Übereinkommens nach Artikel 66,
f) die Kündigung nach Artikel 71.

Geschehen zu Washington in englischer, französischer und spanischer Sprache, wobei jeder Wortlaut gleichermaßen verbindlich ist, in einer Urschrift, die im Archiv der Internationalen Bank für Wiederaufbau und Entwicklung hinterlegt bleibt, welche durch ihre nachstehende Unterschrift angezeigt hat, daß sie die ihr in diesem Übereinkommen zugewiesenen Aufgaben annimmt.

VII. Streitbeilegung, Kriegsverhütung, Verteidigung und Rüstungskontrolle

Abkommen zur friedlichen Erledigung internationaler Streitfälle (I. Haager Abkommen von 1907)[1)]

Vom 18. Oktober 1907

– Auszug –

Seine Majestät der Deutsche Kaiser, König von Preußen,
(Die Namen der weiteren Staatsoberhäupter sind nicht abgedruckt.)
von dem festen Willen beseelt, zur Aufrechterhaltung des allgemeinen Friedens mitzuwirken, entschlossen, mit allen ihren Kräften die friedliche Erledigung internationaler Streitigkeiten zu begünstigen,
in Anerkennung der Solidarität, welche die Glieder der Gemeinschaft der zivilisierten Nationen verbindet,
gewillt, die Herrschaft des Rechtes auszubreiten und das Gefühl der internationalen Gerechtigkeit zu stärken,
überzeugt, daß die dauernde Einrichtung einer allen zugänglichen Schiedsgerichtsbarkeit im Schoße der unabhängigen Mächte wirksam zu diesem Ergebnis beitragen kann,
in Erwägung der Vorteile einer allgemeinen und regelmäßigen Einrichtung des Schiedsverfahrens,
mit dem Erlauchten Urheber der Internationalen Friedenskonferenz der Ansicht, daß es von Wichtigkeit ist, in einer internationalen Vereinbarung die Grundsätze der Billigkeit und des Rechtes festzulegen, auf denen die Sicherheit der Staaten und die Wohlfahrt der Völker beruhen,
von dem Wunsche erfüllt, zu diesem Zwecke größere Sicherheit für die praktische Betätigung der Untersuchungskommissionen und der Schiedsgerichte zu gewinnen und für Streitfragen, die ein abgekürztes Verfahren gestatten, die Anrufung der Schiedssprechung zu erleichtern,
haben für nötig befunden, das von der Ersten Friedenskonferenz hergestellte Werk zur friedlichen Erledigung internationaler Streitfälle in gewissen Punkten zu verbessern und zu ergänzen.
Die hohen vertragschließenden Teile haben beschlossen, zu diesem Ende ein neues Abkommen zu treffen, und haben zu Ihren Bevollmächtigten ernannt:
(Die Namen der einzelnen Bevollmächtigten sind nicht abgedruckt.)
welche, nachdem sie ihre Vollmachten hinterlegt und diese in guter und gehöriger Form befunden haben, über folgende Bestimmungen übereingekommen sind:

ERSTER TITEL
Erhaltung des allgemeinen Friedens

Artikel 1

Um in den Beziehungen zwischen den Staaten die Anrufung der Gewalt soweit wie möglich zu verhüten, erklären sich die Vertragsmächte einverstanden, alle ihre Bemühungen aufwenden zu wollen, um die friedliche Erledigung der internationalen Streitfragen zu sichern.

ZWEITER TITEL
Gute Dienste und Vermittelung

Artikel 2

Die Vertragsmächte kommen überein, im Falle einer ernsten Meinungsverschiedenheit oder eines Streites, bevor sie zu den Waffen greifen, die guten Dienste oder die Vermittelung einer befreundeten Macht oder mehrerer befreundeter Mächte anzurufen, soweit dies die Umstände gestatten werden.

Artikel 3

Unabhängig hiervon halten die Vertragsmächte es für nützlich und wünschenswert, daß eine Macht oder mehrere Mächte, die am Streite nicht beteiligt sind, aus eigenem Antriebe den im Streite befind-

---

1) Deutscher Text: *RGBl.* 1910 S. 5.
 Internationale Quelle: Martens, *Nouveau Recueil Général de Traités*, Reihe III Bd. 3 S. 360.
 In Kraft getreten, auch für das Deutsche Reich, am 26. Januar 1910.

lichen Staaten ihre guten Dienste oder ihre Vermittelung anbieten, soweit sich die Umstände hierfür eignen.
Das Recht, gute Dienste oder Vermittelung anzubieten, steht den am Streite nicht beteiligten Staaten auch während des Ganges der Feindseligkeiten zu.
Die Ausübung dieses Rechtes kann niemals von einem der streitenden Teile als unfreundliche Handlung angesehen werden.

Artikel 4
Die Aufgabe des Vermittlers besteht darin, die einander entgegengesetzten Ansprüche auszugleichen und Verstimmungen zu beheben, die zwischen den im Streite befindlichen Staaten etwa entstanden sind.

Artikel 5
Die Tätigkeit des Vermittlers hört auf, sobald, sei es durch einen der streitenden Teile, sei es durch den Vermittler selbst festgestellt wird, daß die von diesem vorgeschlagenen Mittel der Verständigung nicht angenommen werden.

Artikel 6
Gute Dienste und Vermittelung, seien sie auf Anrufen der im Streite befindlichen Teile eingetreten oder aus dem Antriebe der am Streite nicht beteiligten Mächte hervorgegangen, haben ausschließlich die Bedeutung eines Rates und niemals verbindliche Kraft.

Artikel 7
Die Annahme der Vermittelung kann, unbeschadet anderweitiger Vereinbarung, nicht die Wirkung haben, die Mobilmachung und andere den Krieg vorbereitende Maßnahmen zu unterbrechen, zu verzögern oder zu hemmen.
Erfolgt sie nach Eröffnung der Feindseligkeiten, so werden von ihr, unbeschadet anderweitiger Vereinbarung, die im Gange befindlichen militärischen Unternehmungen nicht unterbrochen.

Artikel 8
Die Vertragsmächte sind einverstanden, unter Umständen, die dies gestatten, die Anwendung einer besonderen Vermittelung in folgender Form zu empfehlen:
Bei ernsten, den Frieden gefährdenden Streitfragen, wählt jeder der im Streite befindlichen Staaten eine Macht, die er mit der Aufgabe betraut, in unmittelbare Verbindung mit der von der anderen Seite gewählten Macht zu treten, den Bruch der friedlichen Beziehungen zu verhüten.
Während der Dauer dieses Auftrags, die, unbeschadet anderweitiger Abrede, eine Frist von dreißig Tagen nicht überschreiten darf, stellen die streitenden Staaten jedes unmittelbare Benehmen über den Streit ein, welcher als ausschließlich den vermittelnden Mächten übertragen gilt. Diese sollen alle Bemühungen aufwenden, um die Streitfrage zu erledigen.
Kommt es zum wirklichen Bruche der friedlichen Beziehungen, so bleiben diese Mächte mit der gemeinsamen Aufgabe betraut, jede Gelegenheit zu benutzen, um den Frieden wiederherzustellen.

DRITTER TITEL
Internationale Untersuchungskommissionen

Artikel 9
Bei internationalen Streitigkeiten, die weder die Ehre noch wesentliche Interessen berühren und einer verschiedenen Würdigung von Tatsachen entspringen, erachten die Vertragsmächte es für nützlich und wünschenswert, daß die Parteien, die sich auf diplomatischem Wege nicht haben einigen können, soweit es die Umstände gestatten, eine internationale Untersuchungskommission einsetzen mit dem Auftrage, die Lösung dieser Streitigkeiten zu erleichtern, indem sie durch eine unparteiische und gewissenhafte Prüfung die Tatfragen aufklären.

...

VIERTER TITEL
Internationale Schiedssprechung
ERSTES KAPITEL
Schiedswesen

Artikel 37

Die internationale Schiedssprechung hat zum Gegenstande die Erledigung von Streitigkeiten zwischen den Staaten durch Richter ihrer Wahl auf Grund der Achtung vor dem Rechte.

Die Anrufung der Schiedssprechung schließt die Verpflichtung in sich, sich nach Treu und Glauben dem Schiedsspruche zu unterwerfen.

Artikel 38

In Rechtsfragen und in erster Linie in Fragen der Auslegung oder der Anwendung internationaler Vereinbarungen wird die Schiedssprechung von den Vertragsmächten als das wirksamste und zugleich der Billigkeit am meisten entsprechende Mittel anerkannt, um die Streitigkeiten zu erledigen, die nicht auf diplomatischem Wege haben beseitigt werden können.

Demzufolge wäre es wünschenswert, daß bei Streitigkeiten über die vorerwähnten Fragen die Vertragsmächte eintretenden Falles die Schiedssprechung anrufen, soweit es die Umstände gestatten.

Artikel 39

Schiedsabkommen werden für bereits entstandene oder für etwa entstehende Streitverhältnisse abgeschlossen.

Sie können sich auf alle Streitigkeiten oder nur auf Streitigkeiten einer bestimmten Art beziehen.

Artikel 40

Unabhängig von den allgemeinen und besonderen Verträgen, die schon jetzt den Vertragsmächten die Verpflichtung zur Anrufung der Schiedssprechung auferlegen, behalten diese Mächte sich vor, neue allgemeine oder besondere Übereinkommen abzuschließen, um die obligatorische Schiedssprechung auf alle Fälle auszudehnen, die ihr nach ihrer Ansicht unterworfen werden können.

ZWEITES KAPITEL
Ständiger Schiedshof

Artikel 41

Um die unmittelbare Anrufung der Schiedssprechung für die internationalen Streitfragen zu erleichtern, die nicht auf diplomatischem Wege haben erledigt werden können, machen sich die Vertragsmächte anheischig, den Ständigen Schiedshof, der jederzeit zugänglich ist und, unbeschadet anderweitiger Abrede der Parteien, nach Maßgabe der in diesem Abkommen enthaltenen Bestimmungen über das Verfahren tätig wird, in der ihm von der Ersten Friedenskonferenz gegebenen Einrichtung zu erhalten.

Artikel 42

Der Ständige Schiedshof ist für alle Schiedsfälle zuständig, sofern nicht zwischen den Parteien über die Einsetzung eines besonderen Schiedsgerichts Einverständnis besteht.

Artikel 43

Der Ständige Schiedshof hat seinen Sitz im Haag.

Ein Internationales Bureau dient dem Schiedshofe für die Bureaugeschäfte. Es vermittelt die auf den Zusammentritt des Schiedshofs sich beziehenden Mitteilungen; es hat das Archiv unter seiner Obhut und besorgt alle Verwaltungsgeschäfte.

Die Vertragsmächte machen sich anheischig, dem Bureau möglichst bald beglaubigte Abschrift einer jeden zwischen ihnen getroffenen Schiedsabrede sowie eines jeden Schiedsspruchs mitzuteilen, der sie betrifft und durch besondere Schiedsgerichte erlassen ist.

Sie machen sich anheischig, dem Bureau ebenso die Gesetze, allgemeinen Anordnungen und Urkunden mitzuteilen, die gegebenen Falles die Vollziehung der von dem Schiedshof erlassenen Sprüche dartun.

34 I. Haager Abkommen von 1907 Art. 44–47

Artikel 44
Jede Vertragsmacht benennt höchstens vier Personen von anerkannter Sachkunde in Fragen des Völkerrechts, die sich der höchsten sittlichen Achtung erfreuen und bereit sind, ein Schiedsrichteramt zu übernehmen.
Die so benannten Personen sollen unter dem Titel von Mitgliedern des Schiedshofs in einer Liste eingetragen werden; diese soll allen Vertragsmächten durch das Bureau mitgeteilt werden.
Jede Änderung in der Liste der Schiedsrichter wird durch das Bureau zur Kenntnis der Vertragsmächte gebracht.
Zwei oder mehrere Mächte können sich über die gemeinschaftliche Benennung eines Mitglieds oder mehrerer Mitglieder verständigen.
Dieselbe Person kann von verschiedenen Mächten benannt werden.
Die Mitglieder des Schiedshofs werden für einen Zeitraum von sechs Jahren ernannt. Ihre Wiederernennung ist zulässig.
Im Falle des Todes oder des Ausscheidens eines Mitglieds des Schiedshofs erfolgt sein Ersatz in der für seine Ernennung vorgesehenen Weise und für einen neuen Zeitraum von sechs Jahren.

Artikel 45
Wollen die Vertragsmächte sich zur Erledigung einer unter ihnen entstandenen Streitfrage an den Schiedshof wenden, so muß die Auswahl der Schiedsrichter, welche berufen sind, das für die Entscheidung dieser Streitfrage zuständige Schiedsgericht zu bilden, aus der Gesamtliste der Mitglieder des Schiedshofs erfolgen.
In Ermangelung einer Bildung des Schiedsgerichts mittels Verständigung der Parteien wird in folgender Weise verfahren:
Jede Partei ernennt zwei Schiedsrichter, von denen nur einer ihr Staatsangehöriger sein oder unter den von ihr benannten Mitgliedern des Ständigen Schiedshofs ausgewählt werden darf. Diese Schiedsrichter wählen gemeinschaftlich einen Obmann.
Bei Stimmengleichheit wird die Wahl des Obmanns einer dritten Macht anvertraut, über deren Bezeichnung sich die Parteien einigen.
Kommt eine Einigung hierüber nicht zu stande, so bezeichnet jede Partei eine andere Macht, und die Wahl des Obmanns erfolgt durch die so bezeichneten Mächte in Übereinstimmung.
Können sich diese beiden Mächte binnen zwei Monaten nicht einigen, so schlägt jede von ihnen zwei Personen vor, die aus der Liste der Mitglieder des Ständigen Schiedshofs, mit Ausnahme der von den Parteien benannten Mitglieder, genommen und nicht Staatsangehörige einer von ihnen sind. Das Los bestimmt, welche unter den so vorgeschlagenen Personen der Obmann sein soll.

Artikel 46
Sobald das Schiedsgericht gebildet ist, teilen die Parteien dem Bureau ihren Entschluß, sich an den Schiedshof zu wenden, den Wortlaut ihres Schiedsvertrags und die Namen der Schiedsrichter mit.
Das Bureau gibt unverzüglich jedem Schiedsrichter den Schiedsvertrag und die Namen der übrigen Mitglieder des Schiedsgerichts bekannt.
Das Schiedsgericht tritt an dem von den Parteien festgesetzten Tage zusammen. Das Bureau sorgt für seine Unterbringung.
Die Mitglieder des Schiedsgerichts genießen während der Ausübung ihres Amtes und außerhalb ihres Heimatlandes die diplomatischen Vorrechte und Befreiungen.

Artikel 47
Das Bureau ist ermächtigt, sein Geschäftslokal und seine Geschäftseinrichtung den Vertragsmächten für die Tätigkeit eines jeden besonderen Schiedsgerichts zur Verfügung zu stellen.
Die Schiedsgerichtsbarkeit des Ständigen Schiedshofs kann unter den durch die allgemeinen Anordnungen festgesetzten Bedingungen auf Streitigkeiten zwischen anderen Mächten als Vertragsmächten oder zwischen Vertragsmächten und anderen Mächten erstreckt werden, wenn die Parteien übereingekommen sind, diese Schiedsgerichtsbarkeit anzurufen.

Art. 48–52   I. Haager Abkommen von 1907

Artikel 48
Die Vertragsmächte betrachten es als Pflicht, in dem Falle, wo ein ernsthafter Streit zwischen zwei oder mehreren von ihnen auszubrechen droht, diese daran zu erinnern, daß ihnen der Ständige Schiedshof offen steht.
Sie erklären demzufolge, daß die Handlung, womit den im Streite befindlichen Teilen die Bestimmungen dieses Abkommens in Erinnerung gebracht werden, und der im höheren Interesse des Friedens erteilte Rat, sich an den Ständigen Schiedshof zu wenden, immer nur als Betätigung guter Dienste angesehen werden dürfen.
Im Falle eines Streites zwischen zwei Mächten kann stets eine jede von ihnen an das Internationale Bureau eine Note richten, worin sie erklärt, daß sie bereit sei, den Streitfall einer Schiedssprechung zu unterbreiten.
Das Bureau hat die Erklärung sogleich zur Kenntnis der anderen Macht zu bringen.

Artikel 49
Der Ständige Verwaltungsrat, der aus den im Haag beglaubigten diplomatischen Vertretern der Vertragsmächte und dem Niederländischen Minister der auswärtigen Angelegenheiten als Vorsitzenden besteht, hat das Internationale Bureau unter seiner Leitung und Aufsicht.
Der Verwaltungsrat erläßt seine Geschäftsordnung sowie alle sonst notwendigen allgemeinen Anordnungen.
Er entscheidet alle Verwaltungsfragen, die sich etwa in Beziehung auf den Geschäftsbetrieb des Schiedshofs erheben.
Er hat volle Befugnis, die Beamten und Angestellten des Bureaus zu ernennen, ihres Dienstes vorläufig zu entheben oder zu entlassen.
Er setzt die Gehälter und Löhne fest und beaufsichtigt das Kassenwesen.
Die Anwesenheit von neun Mitgliedern in den ordnungsmäßig berufenen Versammlungen genügt zur gültigen Beratung des Verwaltungsrats. Die Beschlußfassung erfolgt nach Stimmenmehrheit.
Der Verwaltungsrat teilt die von ihm genehmigten allgemeinen Anordnungen unverzüglich den Vertragsmächten mit. Er legt ihnen jährlich einen Bericht vor über die Arbeiten des Schiedshofs, über den Betrieb der Verwaltungsgeschäfte und über die Ausgaben. Der Bericht enthält ferner eine Zusammenstellung des wesentlichen Inhalts der dem Bureau von den Mächten auf Grund des Artikel 43 Abs. 3, 4 mitgeteilten Urkunden.

Artikel 50
Die Kosten des Bureaus werden von den Vertragsmächten nach dem für das Internationale Bureau des Weltpostvereins festgestellten Verteilungsmaßstabe getragen.
Die Kosten, die den beitretenden Mächten zur Last fallen, werden von dem Tage an berechnet, wo ihr Beitritt wirksam wird.

DRITTES KAPITEL
Schiedsverfahren

Artikel 51
Um die Entwicklung der Schiedssprechung zu fördern, haben die Vertragsmächte folgende Bestimmungen festgestellt, die auf das Schiedsverfahren Anwendung finden sollen, soweit nicht die Parteien über andere Bestimmungen übereingekommen sind.

Artikel 52
Die Mächte, welche die Schiedssprechung anrufen, unterzeichnen einen Schiedsvertrag, worin der Streitgegenstand, die Frist für die Ernennung der Schiedsrichter, die Form, die Reihenfolge und die Fristen für die im Artikel 63 vorgesehenen Mitteilungen sowie die Höhe des von jeder Partei als Kostenvorschuß zu hinterlegenden Betrags bestimmt werden.
Der Schiedsvertrag bestimmt gegebenen Falles ferner die Art der Ernennung der Schiedsrichter, alle etwaigen besonderen Befugnisse des Schiedsgerichts, dessen Sitz, die Sprache, deren es sich bedienen wird, und die Sprachen, deren Gebrauch vor ihm gestattet sein soll, sowie überhaupt alle Punkte, worüber die Parteien sich geeinigt haben.

Artikel 53
Der Ständige Schiedshof ist für die Feststellung des Schiedsvertrags zuständig, wenn die Parteien darin einig sind, sie ihm zu überlassen.
Er ist ferner auf Antrag auch nur einer der Parteien zuständig, wenn zuvor eine Verständigung auf diplomatischem Wege vergeblich versucht worden ist und es sich handelt:
1. um einen Streitfall, der unter ein nach dem Inkrafttreten dieses Abkommens abgeschlossenes oder erneuertes allgemeines Schiedsabkommen fällt, sofern letzteres für jeden einzelnen Streitfall einen Schiedsvertrag vorsieht und dessen Feststellung der Zuständigkeit des Schiedshofs weder ausdrücklich noch stillschweigend entzieht. Doch ist, wenn die Gegenpartei erklärt, daß nach ihrer Auffassung der Streitfall nicht zu den der obligatorischen Schiedssprechung unterliegenden Streitfällen gehört, die Anrufung des Schiedshofes nicht zulässig, es sei denn, daß das Schiedsabkommen dem Schiedsgerichte die Befugnis zur Entscheidung dieser Vorfrage überträgt;
2. um einen Streitfall, der aus den bei einer Macht von einer anderen Macht für deren Angehörige eingeforderten Vertragsschulden herrührt und für dessen Beilegung das Anerbieten schiedsgerichtlicher Erledigung angenommen worden ist. Diese Bestimmung findet keine Anwendung, wenn die Annahme unter der Bedingung erfolgt ist, daß der Schiedsvertrag auf einem anderen Wege festgestellt werden soll.

Artikel 54
In den Fällen des vorstehenden Artikels erfolgt die Feststellung des Schiedsvertrags durch eine Kommission von fünf Mitgliedern, welche auf die im Artikel 45 Abs. 3 bis 6 angegebene Weise bestimmt werden.
Das fünfte Mitglied ist von Rechts wegen Vorsitzender der Kommission.

Artikel 55
Das Schiedsrichteramt kann einem einzigen Schiedsrichter oder mehreren Schiedsrichtern übertragen werden, die von den Parteien nach ihrem Belieben ernannt oder von ihnen unter den Mitgliedern des durch dieses Abkommen festgesetzten Ständigen Schiedshofs gewählt werden.
In Ermangelung einer Bildung des Schiedsgerichts durch Verständigung der Parteien wird in der im Artikel 45 Abs. 3 bis 6 angegebenen Weise verfahren.

Artikel 56
Wird ein Souverän oder ein sonstiges Staatsoberhaupt zum Schiedsrichter gewählt, so wird das Schiedsverfahren von ihm geregelt.

Artikel 57
Der Obmann ist von Rechts wegen Vorsitzender des Schiedsgerichts.
Gehört dem Schiedsgericht kein Obmann an, so ernennt es selbst seinen Vorsitzenden.

Artikel 58
Im Falle der Feststellung des Schiedsvertrags durch eine Kommission, so wie sie im Artikel 54 vorgesehen ist, soll, unbeschadet anderweitiger Abrede, die Kommission selbst das Schiedsgericht sein.

Artikel 59
Im Falle des Todes, des Rücktritts oder der aus irgend einem Grunde stattfindenden Verhinderung eines der Schiedsrichter erfolgt sein Ersatz in der für seine Ernennung vorgesehenen Weise.

Artikel 60
In Ermangelung einer Bestimmung durch die Parteien hat das Schiedsgericht seinen Sitz im Haag.
Das Schiedsgericht kann seinen Sitz auf dem Gebiet einer dritten Macht nur mit deren Zustimmung haben.
Der einmal bestimmte Sitz kann von dem Schiedsgerichte nur mit Zustimmung der Parteien verlegt werden.

Artikel 61
Hat der Schiedsvertrag die zu gebrauchenden Sprachen nicht bestimmt, so wird darüber durch das Schiedsgericht entschieden.

Artikel 62
Die Parteien haben das Recht, bei dem Schiedsgerichte besondere Agenten zu bestellen mit der Aufgabe, zwischen ihnen und dem Schiedsgericht als Mittelspersonen zu dienen.
Sie sind außerdem berechtigt, mit der Wahrnehmung ihrer Rechte und Interessen vor dem Schiedsgerichte Rechtsbeistände oder Anwälte zu betrauen, die zu diesem Zwecke von ihnen bestellt werden.
Die Mitglieder des Ständigen Schiedshofs dürfen als Agenten, Rechtsbeistände oder Anwälte nur zugunsten der Macht tätig sein, die sie zu Mitgliedern des Schiedshofs ernannt hat.

Artikel 63
Das Schiedsverfahren zerfällt regelmäßig in zwei gesonderte Abschnitte: das schriftliche Vorverfahren und die Verhandlung.
Das schriftliche Vorverfahren besteht in der von den betreffenden Agenten an die Mitglieder des Schiedsgerichts und an die Gegenpartei zu machenden Mitteilung der Schriftsätze, der Gegenschriftsätze und der etwa weiter erforderlichen Rückäußerungen; die Parteien fügen alle in der Sache in Bezug genommenen Aktenstücke und Urkunden bei. Diese Mitteilungen erfolgen unmittelbar oder durch Vermittlung des Internationalen Bureaus in der Reihenfolge und in den Fristen, wie solche durch den Schiedsvertrag bestimmt sind.
Die im Schiedsvertrage festgesetzten Fristen können verlängert werden durch Übereinkommen der Parteien oder durch das Schiedsgericht, wenn dieses es für notwendig erachtet, um zu einer gerechten Entscheidung zu gelangen.
Die Verhandlung besteht in dem mündlichen Vortrage der Rechtsbehelfe der Parteien vor dem Schiedsgerichte.

Artikel 64
Jedes von einer Partei vorgelegte Schriftstück muß der anderen Partei in beglaubigter Abschrift mitgeteilt werden.

Artikel 65
Abgesehen von besonderen Umständen tritt das Schiedsgericht erst nach dem Schlusse des Vorverfahrens zusammen.

Artikel 66
Die Verhandlung wird vom Vorsitzenden geleitet.
Sie erfolgt öffentlich nur, wenn ein Beschluß des Schiedsgerichts mit Zustimmung der Parteien dahin ergeht.
Über die Verhandlung wird ein Protokoll aufgenommen von Sekretären, die der Vorsitzende ernennt. Dieses Protokoll wird vom Vorsitzenden und einem der Sekretäre unterzeichnet; es hat allein öffentliche Beweiskraft.

Artikel 67
Nach dem Schlusse des Vorverfahrens ist das Schiedsgericht befugt, alle neuen Aktenstücke oder Urkunden von der Verhandlung auszuschließen, die ihm etwa eine Partei ohne Einwilligung der anderen vorlegen will.

Artikel 68
Dem Schiedsgerichte steht es jedoch frei, neue Aktenstücke oder Urkunden, auf welche etwa die Agenten oder Rechtsbeistände der Parteien seine Aufmerksamkeit lenken, in Betracht zu ziehen.
In diesem Falle ist das Schiedsgericht befugt, die Vorlegung dieser Aktenstücke oder Urkunden zu verlangen, unbeschadet der Verpflichtung, der Gegenpartei davon Kenntnis zu geben.

Artikel 69
Das Schiedsgericht kann außerdem von den Agenten der Parteien die Vorlegung aller nötigen Aktenstücke verlangen und alle nötigen Aufklärungen erfordern. Im Falle der Verweigerung nimmt das Schiedsgericht von ihr Vermerk.

Artikel 70
Die Agenten und die Rechtsbeistände der Parteien sind befugt, beim Schiedsgerichte mündlich alle Rechtsbehelfe vorzubringen, die sie zur Verteidigung ihrer Sache für nützlich halten.

Artikel 71
Sie haben das Recht, Einreden sowie einen Zwischenstreit zu erheben. Die Entscheidungen des Schiedsgerichts über diese Punkte sind endgültig und können zu weiteren Erörterungen nicht Anlaß geben.

Artikel 72
Die Mitglieder des Schiedsgerichts sind befugt, an die Agenten und die Rechtsbeistände der Parteien Fragen zu richten und von ihnen Aufklärungen über zweifelhafte Punkte zu erfordern.
Weder die gestellten Fragen noch die von Mitgliedern des Schiedsgerichts im Laufe der Verhandlung gemachten Bemerkungen dürfen als Ausdruck der Meinung des ganzen Schiedsgerichts oder seiner einzelnen Mitglieder angesehen werden.

Artikel 73
Das Schiedsgericht ist befugt, seine Zuständigkeit zu bestimmen, indem es den Schiedsvertrag sowie die sonstigen Staatsverträge, die für den Gegenstand angeführt werden können, auslegt und die Grundsätze des Rechtes anwendet.

Artikel 74
Dem Schiedsgerichte steht es zu, auf das Verfahren sich beziehende Anordnungen zur Leitung der Streitsache zu erlassen, die Formen, die Reihenfolge und die Fristen zu bestimmen, in denen jede Partei ihre Schlußanträge zu stellen hat, und zu allen Förmlichkeiten zu schreiten, welche die Beweisaufnahme mit sich bringt.

Artikel 75
Die Parteien verpflichten sich, dem Schiedsgericht in dem weitesten Umfange, den sie für möglich halten, alle für die Entscheidung der Streitigkeit notwendigen Mittel zu gewähren.

Artikel 76
Das Schiedsgericht wird sich zur Bewirkung aller Zustellungen, die es im Gebiet einer dritten Vertragsmacht herbeizuführen hat, unmittelbar an die Regierung dieser Macht wenden. Das gleiche gilt, wenn es sich um die Herbeiführung irgendwelcher Beweisaufnahmen an Ort und Stelle handelt.
Die zu diesem Zwecke erlassenen Ersuchen sind nach Maßgabe derjenigen Mittel zu erledigen, über welche die ersuchte Macht nach ihrer inneren Gesetzgebung verfügt. Sie können nur abgelehnt werden, wenn diese Macht sie für geeignet hält, ihre Hoheitsrechte oder ihre Sicherheit zu gefährden.
Auch steht dem Schiedsgerichte stets frei, die Vermittlung der Macht in Anspruch zu nehmen, in deren Gebiet es seinen Sitz hat.

Artikel 77
Nachdem die Agenten und die Rechtsbeistände der Parteien alle Aufklärungen und Beweise zugunsten ihrer Sache vorgetragen haben, spricht der Vorsitzende den Schluß der Verhandlung aus

Artikel 78
Die Beratung des Schiedsgerichts erfolgt nicht öffentlich und bleibt geheim.
Jede Entscheidung ergeht nach der Mehrheit der Mitglieder des Schiedsgerichts.

Artikel 79
Der Schiedsspruch ist mit Gründen zu versehen. Er enthält die Namen der Schiedsrichter und wird von dem Vorsitzenden und dem Bureauvorstand oder dem dessen Tätigkeit wahrnehmenden Sekretär unterzeichnet.

Artikel 80
Der Schiedsspruch wird in öffentlicher Sitzung des Schiedsgerichts in Gegenwart oder nach gehöriger Ladung der Agenten und Rechtsbeistände der Parteien verlesen.

Artikel 81
Der gehörig verkündete und den Agenten der Parteien zugestellte Schiedsspruch entscheidet das Streitverhältnis endgültig und mit Ausschließung der Berufung.

Artikel 82
Alle Streitfragen, die etwa zwischen den Parteien wegen der Auslegung und der Ausführung des Schiedsspruchs entstehen, unterliegen, unbeschadet anderweitiger Abrede, der Beurteilung des Schiedsgerichts, das den Spruch erlassen hat.

Artikel 83
Die Parteien können sich im Schiedsvertrage vorbehalten, die Nachprüfung (Revision) des Schiedsspruchs zu beantragen.

Der Antrag muß in diesem Falle, unbeschadet anderweitiger Abrede, bei dem Schiedsgericht angebracht werden, das den Spruch erlassen hat. Er kann nur auf die Ermittelung einer neuen Tatsache gegründet werden, die einen entscheidenden Einfluß auf den Spruch auszuüben geeignet gewesen wäre und bei Schluß der Verhandlung dem Schiedsgerichte selbst und der Partei, welche die Nachprüfung beantragt hat, unbekannt war.

Das Nachprüfungsverfahren kann nur eröffnet werden durch einen Beschluß des Schiedsgerichts, der das Vorhandensein der neuen Tatsache ausdrücklich feststellt, ihr die im vorstehenden Absatze bezeichneten Merkmale zuerkennt und den Antrag insoweit für zulässig erklärt.

Der Schiedsvertrag bestimmt die Frist, innerhalb deren der Nachprüfungsantrag gestellt werden muß.

Artikel 84
Der Schiedsspruch bindet nur die streitenden Parteien.

Wenn es sich um die Auslegung eines Abkommens handelt, an dem sich noch andere Mächte beteiligt haben, als die streitenden Teile, so benachrichtigen diese rechtzeitig alle Signatarmächte. Jede dieser Mächte hat das Recht, sich an der Streitsache zu beteiligen. Wenn eine oder mehrere von ihnen von dieser Berechtigung Gebrauch gemacht haben, so ist die in dem Schiedsspruch enthaltene Auslegung auch in Ansehung ihrer bindend.

Artikel 85
Jede Partei trägt ihre eigenen Kosten selbst und die Kosten des Schiedsgerichts zu gleichem Anteile.

VIERTES KAPITEL
Abgekürztes Schiedsverfahren

Artikel 86
Um die Betätigung des Schiedswesens bei Streitigkeiten zu erleichtern, die ihrer Natur nach ein abgekürztes Verfahren gestatten, stellen die Vertragsmächte die nachstehenden Regeln auf, die befolgt werden sollen, soweit nicht abweichende Abmachungen bestehen, und unter dem Vorbehalte, daß geeigneten Falles die nicht widersprechenden Bestimmungen des dritten Kapitels zur Anwendung kommen.

Artikel 87
Jede der streitenden Parteien ernennt einen Schiedsrichter. Die beiden so bestellten Schiedsrichter wählen einen Obmann. Wenn sie sich hierüber nicht einigen, so schlägt jeder zwei Personen vor, die aus der allgemeinen Liste der Mitglieder des Ständigen Schiedshofs, mit Ausnahme der von den Parteien selbst benannten Mitglieder, genommen und nicht Staatsangehörige einer von ihnen sind; das Los bestimmt, welche unter den so vorgeschlagenen Personen der Obmann sein soll.

Der Obmann sitzt dem Schiedsgerichte vor, das seine Entscheidungen nach Stimmenmehrheit fällt.

Artikel 88
In Ermangelung einer vorherigen Vereinbarung bestimmt das Schiedsgericht, sobald es gebildet ist, die Frist, binnen deren ihm die beiden Parteien ihre Schriftsätze einreichen müssen.

Artikel 89
Jede Partei wird vor dem Schiedsgerichte durch einen Agenten vertreten; dieser dient als Mittelsperson zwischen dem Schiedsgericht und der Regierung, die ihn bestellt hat.

Artikel 90
Das Verfahren ist ausschließlich schriftlich. Doch hat jede Partei das Recht, das Erscheinen von Zeugen und Sachverständigen zu verlangen. Das Schiedsgericht ist seinerseits befugt, von den Agenten

der beiden Parteien sowie von den Sachverständigen und Zeugen, deren Erscheinen es für nützlich hält, mündliche Aufklärungen zu verlangen.

FÜNFTER TITEL
Schlußbestimmungen
Artikel 91 bis 97 sind nicht abgedruckt.

Zu Urkund dessen haben die Bevollmächtigten dieses Abkommen mit ihren Unterschriften versehen. Geschehen im Haag am achtzehnten Oktober neunzehnhundertsieben in einer einzigen Ausfertigung, die im Archive der Regierung der Niederlande hinterlegt bleiben soll und wovon beglaubigte Abschriften den Vertragsmächten auf diplomatischem Wege übergeben werden sollen.

Vertrag über die Ächtung des Krieges (Briand-Kellogg-Pakt)[1)]

Vom 27. August 1928

Der Deutsche Reichspräsident, der Präsident der Vereinigten Staaten von Amerika, Seine Majestät der König der Belgier, der Präsident der Französischen Republik, Seine Majestät der König von Großbritannien, Irland und den Britischen Dominions in Übersee, Kaiser von Indien, Seine Majestät der König von Italien, Seine Majestät der Kaiser von Japan, der Präsident der Republik Polen der Präsident der Tschechoslowakischen Republik,

tief durchdrungen von ihrer erhabenen Pflicht, die Wohlfahrt der Menschheit zu fördern,

in der Überzeugung, daß die Zeit gekommen ist, einen offenen Verzicht auf den Krieg als Werkzeug nationaler Politik auszusprechen, um die jetzt zwischen ihren Völkern bestehenden friedlichen und freundschaftlichen Beziehungen dauernd aufrechtzuerhalten,

in der Überzeugung, daß jede Veränderung in ihren gegenseitigen Beziehungen nur durch friedliche Mittel angestrebt werden und nur das Ergebnis eines friedlichen und geordneten Verfahrens sein sollte, und daß jede Signatarmacht, die in Zukunft danach strebt, ihre nationalen Interessen dadurch zu fördern, daß sie zum Kriege schreitet, dadurch der Vorteile, die dieser Vertrag gewährt, verlustig erklärt werden sollte,

in der Hoffnung, daß, durch ihr Beispiel ermutigt, alle anderen Nationen der Welt sich diesem im Interesse der Menschheit gelegenen Bestreben anschließen werden und durch ihren Beitritt zu diesem Vertrage, sobald er in Kraft tritt, ihre Völker an seinen segensreichen Bestimmungen teilnehmen lassen werden, und daß sich so die zivilisierten Nationen der Welt in dem gemeinsamen Verzicht auf den Krieg als Werkzeug ihrer nationalen Politik zusammenfinden werden,

haben beschlossen, einen Vertrag zu schließen, und zu diesem Zweck zu ihren Bevollmächtigten ernannt:

(Die Namen der Bevollmächtigten sind nicht abgedruckt.)

die nach Austausch ihrer in guter und gehöriger Form befundenen Vollmachten die folgenden Artikel vereinbart haben:

Artikel I
Die Hohen Vertragschließenden Parteien erklären feierlich im Namen ihrer Völker, daß sie den Krieg als Mittel für die Lösung internationaler Streitfälle verurteilen und auf ihn als Werkzeug nationaler Politik in ihren gegenseitigen Beziehungen verzichten.

Artikel II
Die Hohen Vertragschließenden Parteien vereinbaren, daß die Regelung und Entscheidung aller Streitigkeiten oder Konflikte, die zwischen ihnen entstehen könnten, welcher Art oder welchen Ursprungs sie auch sein mögen, niemals anders als durch friedliche Mittel angestrebt werden soll.

Artikel III
Dieser Vertrag soll durch die in der Präambel genannten Hohen Vertragschließenden Parteien gemäß den Vorschriften ihrer Verfassungen ratifiziert werden und soll zwischen ihnen in Kraft treten, sobald alle Ratifikationsurkunden in Washington hinterlegt worden sind.

Dieser Vertrag soll, nachdem er gemäß dem vorhergehenden Absatz in Kraft getreten ist, solange als notwendig für den Beitritt aller anderen Mächte der Welt offenstehen. Jede Urkunde über den Beitritt einer Macht soll in Washington hinterlegt werden, und der Vertrag soll sofort nach der Hinterlegung zwischen der so beigetretenen Macht und den anderen an ihm beteiligten Mächten in Kraft treten.

---

1) Deutscher Text: *RGBl.* 1929 II S. 97.
   Internationale Quelle: *LNTS* Bd. 94 S. 57.
   In Kraft getreten, auch für das Deutsche Reich, am 24. Juli 1929.

35 Vertrag über die Ächtung des Krieges Art. III

Die Regierung der Vereinigten Staaten ist verpflichtet, jeder in der Präambel genannten und jeder später diesem Vertrage beitretenden Regierung eine beglaubigte Abschrift des Vertrages und jeder Ratifikationsurkunde oder Beitrittserklärung zu übermitteln. Die Regierung der Vereinigten Staaten ist ferner verpflichtet, diese Regierungen sofort telegraphisch von der bei ihr erfolgten Hinterlegung jeder Ratifikationsurkunde oder Beitrittserklärung in Kenntnis zu setzen.

Zu Urkund dessen haben die Bevollmächtigten diesen Vertrag in französischer und englischer Sprache, wobei beide Texte gleichwertig sind, unterzeichnet und ihre Siegel darunter gesetzt.
Geschehen in Paris, am siebenundzwanzigsten August im Jahre Eintausendneunhundertachtundzwanzig.

Statut des Internationalen Gerichtshofs[1]
Vom 26. Juni 1945

Artikel 1 [Errichtung][2]
Der durch die Charta der Vereinten Nationen als Hauptrechtsprechungsorgan der Vereinten Nationen eingesetzte Internationale Gerichtshof wird nach Maßgabe dieses Statuts errichtet und nimmt seine Aufgaben nach Maßgabe seiner Bestimmungen wahr.

KAPITEL I
Organisation des Gerichtshofs

Artikel 2 [Unabhängigkeit der Richter]
Der Gerichtshof besteht aus unabhängigen Richtern, die ohne Rücksicht auf ihre Staatsangehörigkeit unter Personen von hohem sittlichen Ansehen ausgewählt werden, welche die in ihrem Staat für die höchsten richterlichen Ämter erforderlichen Voraussetzungen erfüllen oder Völkerrechtsgelehrte von anerkanntem Ruf sind.

Artikel 3 [Staatsangehörigkeit der Richter]
(1) Der Gerichtshof besteht aus fünfzehn Mitgliedern, von denen nicht mehr als eines Angehöriger desselben Staates sein darf.
(2) Wer im Hinblick auf die Mitgliedschaft beim Gerichtshof als Angehöriger mehr als eines Staates angesehen werden kann, gilt als Angehöriger des Staates, in dem er gewöhnlich seine bürgerlichen und politischen Rechte ausübt.

Artikel 4 [Wahl der Richter]
(1) Die Mitglieder des Gerichtshofs werden von der Generalversammlung und vom Sicherheitsrat auf Grund einer Liste von Personen, die von den nationalen Gruppen des Ständigen Schiedshofs benannt worden sind, nach Maßgabe der folgenden Bestimmungen gewählt.
(2) Im Falle der im Ständigen Schiedshof nicht vertretenen Mitglieder der Vereinten Nationen werden die Bewerber von nationalen Gruppen benannt, die zu diesem Zweck von ihren Regierungen unter den gleichen Bedingungen bestimmt werden, wie sie Artikel 44 des Haager Abkommens von 1907 zur friedlichen Erledigung internationaler Streitfälle für die Mitglieder des Ständigen Schiedshofs vorschreibt.
(3) Die Bedingungen, unter denen ein Staat, der Vertragspartei dieses Statuts, aber nicht Mitglied der Vereinten Nationen ist, an der Wahl der Mitglieder des Gerichtshofs teilnehmen kann, werden in Ermangelung einer besonderen Übereinkunft auf Empfehlung des Sicherheitsrats von der Generalversammlung festgelegt.

Artikel 5 [Wahlvorschläge]
(1) Mindestens drei Monate vor dem Tag der Wahl fordert der Generalsekretär der Vereinten Nationen die Mitglieder des Ständigen Schiedshofs, die den Vertragsstaaten dieses Statuts angehören, sowie die Mitglieder der nach Artikel 4 Absatz 2 bestimmten nationalen Gruppen auf, innerhalb einer bestimmten Frist nach nationalen Gruppen Personen zu benennen, die in der Lage sind, das Amt eines Mitglieds des Gerichtshofs wahrzunehmen.
(2) Eine Gruppe darf nicht mehr als vier Personen benennen, davon höchstens zwei ihrer eigenen Staatsangehörigkeit. Die Zahl der von einer Gruppe benannten Bewerber darf nicht größer sein als die doppelte Zahl der zu besetzenden Sitze.

---

1) Deutscher Text: *BGBl.* 1973 II S. 505.
   Internationale Quelle: *UNCIO* Bd. 15 S. 355.
   In Kraft getreten am 24. Oktober 1945; für die Bundesrepublik Deutschland am 18. September 1973.
2) Die Überschriften zu den Artikeln sind nicht Teil des offiziellen Dokuments.

Artikel 6 [Verfahren der Kandidatenwahl]
Jeder nationalen Gruppe wird empfohlen, vor diesen Benennungen ihren obersten Gerichtshof, ihre rechtswissenschaftlichen Fakultäten und Rechtsschulen sowie ihre dem Rechtsstudium gewidmeten nationalen Akademien und nationalen Abteilungen internationaler Akademien zu konsultieren.

Artikel 7 [Kandidatenliste]
(1) Der Generalsekretär stellt eine alphabetische Liste aller so benannten Personen auf. Sofern nicht in Artikel 12 Absatz 2 etwas anderes bestimmt ist, sind nur diese Personen wählbar.
(2) Der Generalsekretär legt diese Liste der Generalversammlung und dem Sicherheitsrat vor.

Artikel 8 [Wahl durch Generalversammlung und Sicherheitsrat]
Die Generalversammlung und der Sicherheitsrat nehmen unabhängig voneinander die Wahl der Mitglieder des Gerichtshofs vor.

Artikel 9 [Ausgewogene Zusammensetzung]
Bei jeder Wahl haben die Wähler darauf zu achten, daß jede einzelne der zu wählenden Personen die erforderliche Befähigung besitzt und daß diese Personen in ihrer Gesamtheit eine Vertretung der großen Kulturkreise und der hauptsächlichen Rechtssysteme der Welt gewährleisten.

Artikel 10 [Wahlverfahren]
(1) Diejenigen Bewerber, die in der Generalversammlung und im Sicherheitsrat die absolute Mehrheit der Stimmen erhalten, sind gewählt.
(2) Abstimmungen im Sicherheitsrat bei der Wahl der Richter und bei der Benennung der Mitglieder der in Artikel 12 vorgesehenen Kommission erfolgen ohne Unterscheidung zwischen ständigen und nichtständigen Mitgliedern des Sicherheitsrats.
(3) Erhält mehr als ein Angehöriger desselben Staates sowohl in der Generalversammlung als auch im Sicherheitsrat die absolute Mehrheit der Stimmen, so gilt nur der älteste von ihnen als gewählt.

Artikel 11 [Weitere Wahlgänge]
Bleiben nach dem ersten Wahlgang noch Sitze frei, so findet in derselben Weise ein zweiter und erforderlichenfalls ein dritter Wahlgang statt.

Artikel 12 [Vermittlungskommission]
(1) Bleiben nach dem dritten Wahlgang noch Sitze frei, so kann jederzeit auf Antrag der Generalversammlung oder des Sicherheitsrats eine aus sechs Mitgliedern bestehende Vermittlungskommission gebildet werden, wobei drei Mitglieder von der Generalversammlung und drei vom Sicherheitsrat ernannt werden; die Kommission hat mit absoluter Stimmenmehrheit für jeden noch freien Sitz einen Namen auszuwählen, welcher der Generalversammlung und dem Sicherheitsrat getrennt zur Annahme vorgelegt wird.
(2) Die Vermittlungskommission kann auf ihre Liste den Namen jeder Person setzen, auf welche sie sich einstimmig geeinigt hat und welche die erforderlichen Voraussetzungen erfüllt, auch wenn sie nicht in der in Artikel 7 genannten Vorschlagsliste aufgeführt war.
(3) Stellt die Vermittlungskommission fest, daß es ihr nicht gelingt, die Wahl durchzuführen, so besetzen die bereits gewählten Mitglieder des Gerichtshofs innerhalb einer vom Sicherheitsrat festzusetzenden Frist die freien Sitze durch eine Auswahl unter denjenigen Bewerbern, die in der Generalversammlung oder im Sicherheitsrat Stimmen erhalten haben.
(4) Bei Stimmengleichheit unter den Richtern gibt die Stimme des ältesten Richters den Ausschlag.

Artikel 13 [Neunjährige Amtszeit]
(1) Die Mitglieder des Gerichtshofs werden für die Dauer von neun Jahren gewählt und sind wiederwählbar; jedoch endet für fünf bei der ersten Wahl gewählte Richter die Amtszeit nach drei Jahren und für weitere fünf nach sechs Jahren.
(2) Die Richter, deren Amtszeit nach Ablauf der genannten Anfangszeit von drei und sechs Jahren endet, werden vom Generalsekretär unmittelbar nach Abschluß der ersten Wahl durch das Los bestimmt.
(3) Die Mitglieder des Gerichtshofs bleiben bis zu ihrer Ablösung im Amt. Danach erledigen sie alle Fälle, mit denen sie bereits befaßt sind.

(4) Bei Rücktritt eines Mitglieds des Gerichtshofs ist das Rücktrittsschreiben an den Präsidenten des Gerichtshofs zur Weiterleitung an den Generalsekretär zu richten. Mit der Benachrichtigung des letzteren wird der Sitz frei.

Artikel 14 [Nachwahlen]
Freigewordene Sitze werden nach dem für die erste Wahl vorgesehenen Verfahren besetzt, vorbehaltlich folgender Bestimmung: Der Generalsekretär läßt binnen einem Monat nach Freiwerden des Sitzes die in Artikel 5 vorgesehenen Aufforderungen ergehen, und der Zeitpunkt der Wahl wird vom Sicherheitsrat festgesetzt.

Artikel 15 [Amtszeit bei Nachwahl]
Ein Mitglied des Gerichtshofs, das an Stelle eines Mitglieds gewählt ist, dessen Amtszeit noch nicht abgelaufen ist, beendet die Amtszeit seines Vorgängers.

Artikel 16 [Verbot anderweitiger Beschäftigung]
(1) Ein Mitglied des Gerichtshofs darf weder ein politisches Amt noch ein Amt in der Verwaltung ausüben noch sich einer anderen Beschäftigung beruflicher Art widmen.
(2) Im Zweifelsfall entscheidet der Gerichtshof.

Artikel 17 [Inkompatibilität]
(1) Ein Mitglied des Gerichtshofs darf nicht als Bevollmächtigter, Beistand oder Anwalt in irgendeiner Sache tätig werden.
(2) Ein Mitglied darf nicht an der Erledigung einer Sache teilnehmen, in der es vorher als Bevollmächtigter, Beistand oder Anwalt einer der Parteien, als Mitglied eines nationalen oder internationalen Gerichts, einer Untersuchungskommission oder in anderer Eigenschaft berufen war.
(3) Im Zweifelsfall entscheidet der Gerichtshof.

Artikel 18 [Unabsetzbarkeit]
(1) Ein Mitglied des Gerichtshofs kann seines Amtes nur dann enthoben werden, wenn es nach einstimmiger Auffassung der übrigen Mitglieder nicht mehr die erforderlichen Voraussetzungen erfüllt.
(2) Dies wird dem Generalsekretär förmlich durch den Kanzler notifiziert.
(3) Mit dieser Notifikation wird der Sitz frei.

Artikel 19 [Diplomatischer Status]
Die Mitglieder des Gerichtshofs genießen bei der Wahrnehmung ihres Amtes diplomatische Vorrechte und Immunitäten.

Artikel 20 [Verpflichtungserklärung bei Amtsantritt]
Jedes Mitglied des Gerichtshofs hat vor Antritt seines Amtes in öffentlicher Sitzung die feierliche Erklärung abzugeben, daß es seine Befugnisse unparteiisch und gewissenhaft ausüben wird.

Artikel 21 [Präsident, Kanzler]
(1) Der Gerichtshof wählt seinen Präsidenten und seinen Vizepräsidenten für die Dauer von drei Jahren; Wiederwahl ist zulässig.
(2) Der Gerichtshof ernennt seinen Kanzler und kann für die Ernennung der erforderlichen sonstigen Bediensteten sorgen.

Artikel 22 [Sitz Den Haag]
(1) Sitz des Gerichtshofs ist Den Haag. Der Gerichtshof kann jedoch anderswo tagen und seine Tätigkeit ausüben, wenn er es für wünschenswert hält.
(2) Der Präsident und der Kanzler wohnen am Sitz des Gerichtshofs.

Artikel 23 [Sitzungsperiode, Anwesenheitspflicht]
(1) Der Gerichtshof tagt ständig außer während der Gerichtsferien, deren Zeitpunkt und Dauer er festsetzt.
(2) Die Mitglieder des Gerichtshofs haben Anspruch auf regelmäßigen Urlaub, dessen Zeitpunkt und Dauer der Gerichtshof unter Berücksichtigung der Entfernung zwischen Den Haag und dem Heimatort der einzelnen Richter festsetzt.

(3) Die Mitglieder des Gerichtshofs sind verpflichtet, dem Gerichtshof jederzeit zur Verfügung zu stehen, sofern sie sich nicht im Urlaub befinden oder durch Krankheit oder sonstige dem Präsidenten ordnungsgemäß darzulegende schwerwiegende Gründe verhindert sind.

Artikel 24 [Befangenheit]
(1) Glaubt ein Mitglied des Gerichtshofs, bei der Entscheidung einer bestimmten Sache aus einem besonderen Grund nicht mitwirken zu sollen, so macht es davon dem Präsidenten Mitteilung.
(2) Hält der Präsident die Teilnahme eines Mitglieds des Gerichtshofs an der Verhandlung einer bestimmten Sache aus einem besonderen Grund für unangebracht, so setzt er das Mitglied hiervon in Kenntnis.
(3) Besteht in einem solchen Fall Unstimmigkeit zwischen dem Mitglied des Gerichtshofs und dem Präsidenten, so entscheidet der Gerichtshof.

Artikel 25 [Plenum, Quorum]
(1) Sofern nicht in diesem Statut ausdrücklich etwas anderes vorgesehen ist, tagt der Gerichtshof in Vollsitzungen.
(2) Die Verfahrensordnung des Gerichtshofs kann vorsehen, daß je nach den Umständen abwechselnd ein oder mehrere Richter von der Teilnahme an der Verhandlung befreit werden können, jedoch mit der Maßgabe, daß die Zahl der Richter, die zur Bildung des Gerichtshofs zur Verfügung stehen, nicht unter elf sinkt.
(3) Der Gerichtshof ist beschlußfähig, wenn neun Richter anwesend sind.

Artikel 26 [Kammern]
(1) Der Gerichtshof kann jederzeit eine oder mehrere Kammern bilden, die je nach Beschluß des Gerichtshofs aus drei oder mehr Richtern bestehen, um bestimmte Arten von Rechtssachen zu entscheiden, beispielsweise Fälle aus dem Bereich des Arbeitsrechts, des Durchfuhr- und des Verkehrsrechts.
(2) Der Gerichtshof kann jederzeit eine Kammer zur Entscheidung einer bestimmten Sache bilden. Die Anzahl der Richter dieser Kammer wird vom Gerichtshof mit Zustimmung der Parteien festgesetzt.
(3) Die in diesem Artikel vorgesehenen Kammern verhandeln und entscheiden, wenn die Parteien dies beantragen.

Artikel 27 [Kammerurteile]
Jedes Urteil, das von einer der in den Artikeln 26 und 29 vorgesehenen Kammern erlassen wird, gilt als Urteil des Gerichtshofs.

Artikel 28 [Auswärtige Kammertagungen]
Die in den Artikeln 26 und 29 vorgesehenen Kammern können mit Zustimmung der Parteien anderswo als in Den Haag tagen und ihre Tätigkeit ausüben.

Artikel 29 [Kammer für abgekürztes Verfahren]
Zur raschen Erledigung der Fälle bildet der Gerichtshof jährlich eine Kammer aus fünf Richtern, die auf Antrag der Parteien im abgekürzten Verfahren verhandeln und entscheiden können. Zusätzlich werden zwei Richter ausgewählt, um diejenigen Richter zu ersetzen, die an den Sitzungen nicht teilnehmen können.

Artikel 30 [Verfahrensordnung]
(1) Der Gerichtshof erläßt Vorschriften für die Wahrnehmung seiner Aufgaben. Er legt insbesondere seine Verfahrensordnung fest.
(2) Die Verfahrensordnung des Gerichtshofs kann Beisitzer vorsehen, die ohne Stimmrecht an den Sitzungen des Gerichtshofs oder seiner Kammern teilnehmen.

Artikel 31 [Ad-hoc-Richter]
(1) Richter, die Staatsangehörige der Parteien sind, behalten das Recht, an den Sitzungen über die vor dem Gerichtshof anhängige Sache teilzunehmen.
(2) Gehört dem Gerichtshof ein Richter an, der Staatsangehöriger einer der Parteien ist, so kann jede andere Partei eine Person ihrer Wahl bestimmen, die als Richter an den Sitzungen teilnimmt. Sie ist

vorzugsweise unter den Personen auszuwählen, die nach den Artikeln 4 und 5 als Bewerber benannt worden sind.
(3) Gehört dem Gerichtshof kein Richter an, der Staatsangehöriger einer der Parteien ist, so kann jede der Parteien auf die in Absatz 2 vorgesehene Weise einen Richter bestimmen.
(4) Dieser Artikel findet auf die in den Artikeln 26 und 29 vorgesehenen Fälle Anwendung. In diesen Fällen ersucht der Präsident ein oder erforderlichenfalls zwei Mitglieder des Gerichtshofs, welche die Kammer bilden, ihren Platz an die Mitglieder des Gerichtshofs, welche Staatsangehörige der beteiligten Parteien sind, oder, in Ermangelung oder bei Verhinderung solcher Mitglieder, an die von den Parteien besonders bestimmten Richter abzutreten.
(5) Bilden mehrere Parteien eine Streitgenossenschaft, so gelten sie für die Zwecke der vorstehenden Bestimmungen als eine Partei. Im Zweifelsfall entscheidet der Gerichtshof.
(6) Die nach den Absätzen 2, 3 und 4 bestimmten Richter müssen die Voraussetzungen der Artikel 2, 17 Absatz 2, 20 und 24 erfüllen. Sie wirken völlig gleichberechtigt mit ihren Kollegen an der Entscheidung mit.

Artikel 32 [Gehälter]
(1) Die Mitglieder des Gerichtshofs erhalten ein Jahresgehalt.
(2) Der Präsident erhält eine besondere Jahreszulage.
(3) Der Vizepräsident erhält eine Sonderzulage für jeden Tag, an dem er das Amt des Präsidenten wahrnimmt.
(4) Die nach Artikel 31 bestimmten Richter mit Ausnahme der Mitglieder des Gerichtshofs erhalten eine Entschädigung für jeden Tag, an dem sie ihre Tätigkeit ausüben.
(5) Die Gehälter, Zulagen und Entschädigungen werden von der Generalversammlung festgesetzt. Sie dürfen während der Amtszeit nicht herabgesetzt werden.
(6) Das Gehalt des Kanzlers wird auf Vorschlag des Gerichtshofs von der Generalversammlung festgesetzt.
(7) Eine von der Generalversammlung beschlossene Regelung setzt die Voraussetzungen fest, unter denen den Mitgliedern des Gerichtshofs und dem Kanzler ein Ruhegehalt gewährt wird, sowie die Voraussetzungen, unter denen den Mitgliedern des Gerichtshofs und dem Kanzler Reisekosten erstattet werden.
(8) Die Gehälter, Zulagen und Entschädigungen sind von jeder Besteuerung befreit.

Artikel 33 [Gerichtskosten]
Die Kosten des Gerichtshofs werden in der von der Generalversammlung bestimmten Weise von den Vereinten Nationen getragen.

KAPITEL II
Zuständigkeit des Gerichtshofs

Artikel 34 [Parteifähigkeit]
(1) Nur Staaten sind berechtigt, als Parteien vor dem Gerichtshof aufzutreten.
(2) Der Gerichtshof kann nach Maßgabe seiner Verfahrensordnung öffentlich-rechtliche internationale Organisationen um Auskünfte betreffend bei ihm anhängige Rechtssachen ersuchen; er nimmt auch derartige Auskünfte entgegen, wenn diese Organisationen sie ihm von sich aus erteilen.
(3) Steht die Auslegung der Gründungsurkunde einer öffentlich-rechtlichen internationalen Organisation oder die Auslegung einer auf Grund dieser Urkunde angenommenen internationalen Übereinkunft in einer vor dem Gerichtshof anhängigen Rechtssache in Frage, so notifiziert der Kanzler dies der betreffenden Organisation und übermittelt ihr Abschriften des gesamten schriftlichen Verfahrens.

Artikel 35 [Zugang zum Gerichtshof]
(1) Der Zugang zum Gerichtshof steht den Staaten offen, die Vertragsparteien dieses Statuts sind.
(2) Die Bedingungen, unter denen der Zugang zum Gerichtshof anderen Staaten offensteht, werden vorbehaltlich der besonderen Bestimmungen geltender Verträge vom Sicherheitsrat festgelegt; daraus darf für die Parteien keine Ungleichheit vor dem Gerichtshof entstehen.

(3) Ist ein Staat, der nicht Mitglied der Vereinten Nationen ist, Streitpartei, so setzt der Gerichtshof den Beitrag dieser Partei zu den Kosten des Gerichtshofs fest. Dies gilt nicht, wenn sich der Staat an den Kosten des Gerichtshofs beteiligt.

Artikel 36 [Zuständigkeit, Fakultativklausel][1)]
(1) Die Zuständigkeit des Gerichtshofs erstreckt sich auf alle ihm von den Parteien unterbreiteten Rechtssachen sowie auf alle in der Charta der Vereinten Nationen oder in geltenden Verträgen und Übereinkommen besonders vorgesehenen Angelegenheiten.
(2) Die Vertragsstaaten dieses Statuts können jederzeit erklären, daß sie die Zuständigkeit des Gerichtshofs von Rechts wegen und ohne besondere Übereinkunft gegenüber jedem anderen Staat, der dieselbe Verpflichtung übernimmt, für alle Rechtsstreitigkeiten über folgende Gegenstände als obligatorisch anerkennen:
a) die Auslegung eines Vertrags;
b) jede Frage des Völkerrechts;
c) das Bestehen jeder Tatsache, die, wäre sie bewiesen, die Verletzung einer internationalen Verpflichtung darstellt;
d) Art oder Umfang der wegen Verletzung einer internationalen Verpflichtung geschuldeten Wiedergutmachung.
(3) Die oben bezeichnete Erklärung kann vorbehaltlos oder vorbehaltlich einer entsprechenden Verpflichtung mehrerer oder einzelner Staaten oder für einen bestimmten Zeitabschnitt abgegeben werden.
(4) Die Erklärungen sind beim Generalsekretär der Vereinten Nationen zu hinterlegen; dieser übermittelt den Vertragsparteien dieses Statuts und dem Kanzler des Gerichtshofs eine Abschrift.
(5) Nach Artikel 36 des Statuts des Ständigen Internationalen Gerichtshofs abgegebene Erklärungen, deren Geltungsdauer noch nicht abgelaufen ist, gelten nach Maßgabe ihrer Bedingungen für ihre restliche Geltungsdauer im Verhältnis zwischen den Vertragsparteien dieses Statuts als Annahme der obligatorischen Gerichtsbarkeit des Internationalen Gerichtshofs.
(6) Wird die Zuständigkeit des Gerichtshofs bestritten, so entscheidet dieser.

Artikel 37 [Nachfolge in Zuständigkeit des Ständigen Internationalen Gerichtshofs]
Ist in einem geltenden Vertrag oder Übereinkommen die Verweisung einer Sache an ein vom Völkerbund einzusetzendes Gericht oder an den Ständigen Internationalen Gerichtshof vorgesehen, so wird

---

1) Deutschland hat mit nachstehender Erklärung am 1. Mai 2008 nach Art. 36 Abs. 2 IGH-Statut die Zuständigkeit des IGH anerkannt:
»1. Die Regierung der Bundesrepublik Deutschland erkennt im Einklang mit Artikel 36 Abs. 2 des Statuts des Gerichtshofs die Zuständigkeit des Internationalen Gerichtshofs von Rechts wegen und ohne besondere Übereinkunft gegenüber jedem anderen Staat, der dieselbe Verpflichtung übernimmt, bis zu einem an den Generalsekretär der Vereinten Nationen gerichteten Widerruf, der vom Zeitpunkt der Notifikation sofortige Wirkung entfaltet, für alle Streitigkeiten, die nach dem Datum dieser Erklärung entstehen, in Bezug auf Situationen oder Tatsachen, die auf das genannte Datum erfolgen, an, mit Ausnahme von:
  (i) Streitigkeiten, hinsichtlich derer sich die Streitparteien geeinigt haben oder einigen, sie durch ein anderes Mittel der friedlichen Streitbeilegung beizulegen, oder hinsichtlich derer sie übereinstimmend ein anderes Mittel der friedlichen Streitbeilegung gewählt haben;
  (ii) Streitigkeiten, welche
    a) die Verwendung von Streitkräften im Ausland, die Mitwirkung hieran oder die Entscheidung hierüber betreffen, daraus herrühren oder damit in Zusammenhang stehen, oder
    b) die Nutzung des Hoheitsgebietes der Bundesrepublik Deutschland einschließlich des dazugehörenden Luftraumes sowie den deutschen souveränen Rechte und Hoheitsbefugnissen unterliegenden Seegebieten für militärische Zwecke betreffen, daraus herrühren oder damit in Zusammenhang stehen;
  (iii) Streitigkeiten, bezüglich derer eine andere Streitpartei die obligatorische Gerichtsbarkeit des Internationalen Gerichtshofs nur im Zusammenhang mit oder für die Zwecke der Streitigkeit angenommen hat, oder in Fällen, in denen die Annahme der obligatorischen Gerichtsbarkeit des Gerichtshofs im Namen einer anderen Streitpartei weniger als zwölf Monate vor der Einreichung der Klageschrift, mit der die Streitigkeit beim Gerichtshof anhängig gemacht wird, hinterlegt oder ratifiziert wurde.
2. Die Regierung der Bundesrepublik Deutschland behält sich ferner das Recht vor, einen der vorstehenden Vorbehalte oder einen späteren Vorbehalt jederzeit durch eine an den Generalsekretär der Vereinten Nationen gerichtete Notifikation mit Wirkung vom Zeitpunkt dieser Notifikation zu erweitern, zu ändern oder zu widerrufen.«

die Sache im Verhältnis zwischen den Vertragsparteien dieses Statuts an den Internationalen Gerichtshof verwiesen.

Artikel 38 [Anwendbares Recht]
(1) Der Gerichtshof, dessen Aufgabe es ist, die ihm unterbreiteten Streitigkeiten nach dem Völkerrecht zu entscheiden, wendet an
a) internationale Übereinkünfte allgemeiner oder besonderer Natur, in denen von den streitenden Staaten ausdrücklich anerkannte Regeln festgelegt sind;
b) das internationale Gewohnheitsrecht als Ausdruck einer allgemeinen, als Recht anerkannten Übung;
c) die von den Kulturvölkern anerkannten allgemeinen Rechtsgrundsätze;
d) vorbehaltlich des Artikels 59 richterliche Entscheidungen und die Lehrmeinung der fähigsten Völkerrechtler der verschiedenen Nationen als Hilfsmittel zur Feststellung von Rechtsnormen.
(2) Diese Bestimmung läßt die Befugnis des Gerichtshofs unberührt, mit Zustimmung der Parteien ex aequo et bono zu entscheiden.

KAPITEL III
Verfahren

Artikel 39 [Gerichtssprache]
(1) Die Amtssprachen des Gerichtshofs sind Französisch und Englisch. Kommen die Parteien überein, das gesamte Verfahren in französischer Sprache zu führen, so wird das Urteil in dieser Sprache gefällt. Kommen die Parteien überein, das gesamte Verfahren in englischer Sprache zu führen, so wird das Urteil in dieser Sprache gefällt.
(2) In Ermangelung einer Vereinbarung über die anzuwendende Sprache kann sich jede Partei bei ihren Vorträgen nach Belieben einer der beiden Sprachen bedienen; das Urteil des Gerichtshofs ergeht alsdann in französischer und englischer Sprache. In diesem Fall hat der Gerichtshof gleichzeitig zu bestimmen, welcher der beiden Wortlaute maßgebend ist.
(3) Auf Antrag einer Partei gestattet ihr der Gerichtshof die Benutzung einer anderen Sprache als der französischen oder englischen.

Artikel 40 [Klageerhebung]
(1) Die Rechtssachen werden beim Gerichtshof je nach Art des Falles durch Notifizierung des Schiedsvertrags oder durch eine Klageschrift anhängig gemacht, die an den Kanzler zu richten sind. In beiden Fällen sind der Streitgegenstand und die Parteien anzugeben.
(2) Der Kanzler übermittelt die Klageschrift umgehend allen Beteiligten.
(3) Er unterrichtet auch die Mitglieder der Vereinten Nationen über den Generalsekretär sowie alle sonstigen zum Gerichtshof zugelassenen Staaten.

Artikel 41 [Vorsorgliche Maßnahmen]
(1) Der Gerichtshof ist befugt, wenn er es nach den Umständen für erforderlich hält, diejenigen vorsorglichen Maßnahmen zu bezeichnen, die zur Sicherung der Rechte der Parteien getroffen werden müssen.
(2) Vorbehaltlich der endgültigen Entscheidung werden diese Maßnahmen den Parteien und dem Sicherheitsrat umgehend angezeigt.

Artikel 42 [Prozeßbevollmächtigte, Rechtsbeistände]
(1) Die Parteien werden durch Bevollmächtigte vertreten.
(2) Sie können sich vor dem Gerichtshof der Hilfe von Beiständen oder Anwälten bedienen.
(3) Die Bevollmächtigten, Beistände und Anwälte der Parteien vor dem Gerichtshof genießen die zur unabhängigen Wahrnehmung ihrer Aufgaben erforderlichen Vorrechte und Immunitäten.

Artikel 43 [Verfahren]
(1) Das Verfahren gliedert sich in ein schriftliches und ein mündliches Verfahren.
(2) Das schriftliche Verfahren umfaßt die Übermittlung der Schriftsätze, Gegenschriftsätze und gegebenenfalls der Repliken sowie aller zur Unterstützung vorgelegten Schriftstücke und Urkunden an die Richter und die Parteien.

(3) Die Übermittlung erfolgt durch den Kanzler in der Reihenfolge und innerhalb der Fristen, die der Gerichtshof bestimmt.
(4) Jedes von einer Partei vorgelegte Schriftstück ist der anderen Partei in beglaubigter Abschrift zu übermitteln.
(5) Das mündliche Verfahren besteht in der Anhörung der Zeugen, Sachverständigen, Bevollmächtigten, Beistände und Anwälte durch den Gerichtshof.

Artikel 44 [Zustellungen]
(1) Für alle Zustellungen an andere Personen als die Bevollmächtigten, Beistände und Anwälte wendet sich der Gerichtshof unmittelbar an die Regierung des Staates, in dessen Hoheitsgebiet die Zustellung erfolgen soll.
(2) Das gleiche gilt, wenn an Ort und Stelle Beweis erhoben werden soll.

Artikel 45 [Mündliche Verhandlung]
Die Verhandlungen werden vom Präsidenten oder, wenn dieser verhindert ist, vom Vizepräsidenten geleitet; sind beide verhindert, so übernimmt der dienstälteste anwesende Richter den Vorsitz.

Artikel 46 [Öffentlichkeit]
Die mündliche Verhandlung ist öffentlich, sofern nicht der Gerichtshof etwas anderes beschließt oder die Parteien den Ausschluß der Öffentlichkeit beantragen.

Artikel 47 [Protokoll]
(1) Über jede mündliche Verhandlung wird ein Protokoll aufgenommen, das vom Kanzler und vom Präsidenten unterschrieben wird.
(2) Dieses Protokoll allein ist maßgebend.

Artikel 48 [Prozeßleitung]
Der Gerichtshof erläßt Verfügungen für die Führung des Verfahrens, bestimmt die Form und die Fristen für die Einbringung der Schlußanträge durch jede Partei und trifft alle auf die Beweisaufnahme bezüglichen Maßnahmen.

Artikel 49 [Urkunden, Auskünfte]
Der Gerichtshof kann schon vor Beginn der Verhandlung von den Bevollmächtigten die Vorlage aller Urkunden und die Erteilung aller Auskünfte verlangen. Im Fall einer Weigerung stellt der Gerichtshof diese ausdrücklich fest.

Artikel 50 [Gutachten]
Der Gerichtshof kann jederzeit Personen, Personengemeinschaften, Dienststellen, Kommissionen oder sonstige Einrichtungen seiner Wahl mit der Vornahme einer Untersuchung oder der Abgabe eines Gutachtens beauftragen.

Artikel 51 [Zeugen, Sachverständige]
Während der Verhandlung werden den Zeugen und Sachverständigen alle zweckdienlichen Fragen unter den Bedingungen vorgelegt, die der Gerichtshof in der in Artikel 30 vorgesehenen Verfahrensordnung festsetzt.

Artikel 52 [Präklusion von Beweismitteln]
Nachdem der Gerichtshof innerhalb der hierfür festgesetzten Fristen die Beweismittel und Zeugenaussagen erhalten hat, kann er alle weiteren mündlichen oder schriftlichen Beweismittel zurückweisen, die ihm eine Partei ohne Zustimmung der anderen vorzulegen wünscht.

Artikel 53 [Versäumnisurteil]
(1) Erscheint eine der Parteien nicht vor dem Gerichtshof oder verzichtet sie darauf, sich zur Sache zu äußern, so kann die andere Partei den Gerichtshof ersuchen, im Sinne ihrer Anträge zu entscheiden.
(2) Bevor der Gerichtshof diesem Ersuchen stattgibt, muß er sich nicht nur vergewissern, daß er nach den Artikeln 36 und 37 zuständig ist, sondern auch, daß die Anträge tatsächlich und rechtlich begründet sind.

Artikel 54 [Beratung]
(1) Sobald die Bevollmächtigten, Beistände und Anwälte unter Aufsicht des Gerichtshofs ihr Vorbringen abgeschlossen haben, erklärt der Präsident die Verhandlung für geschlossen.

(2) Der Gerichtshof zieht sich zur Beratung zurück.
(3) Die Beratungen des Gerichtshofs sind und bleiben geheim.

Artikel 55 [Abstimmung]
(1) Die Entscheidungen des Gerichtshofs werden mit Stimmenmehrheit der anwesenden Richter gefaßt.
(2) Bei Stimmengleichheit gibt die Stimme des Präsidenten oder des ihn vertretenden Richters den Ausschlag.

Artikel 56 [Gründe]
(1) Das Urteil ist mit Gründen zu versehen.
(2) Es enthält die Namen der Richter, die bei der Entscheidung mitgewirkt haben.

Artikel 57 [Sondervotum]
Bringt das Urteil im ganzen oder in einzelnen Teilen nicht die übereinstimmende Ansicht der Richter zum Ausdruck, so ist jeder Richter berechtigt, ihm eine Darlegung seiner persönlichen Ansicht beizufügen.

Artikel 58 [Unterzeichnung, Verkündung]
Das Urteil wird vom Präsidenten und vom Kanzler unterschrieben. Nach ordnungsgemäßer Benachrichtigung der Bevollmächtigten wird es in öffentlicher Sitzung verlesen.

Artikel 59 [Materielle Rechtskraft]
Die Entscheidung des Gerichtshofs ist nur für die Streitparteien und nur in bezug auf die Sache bindend, in der entschieden wurde.

Artikel 60 [Formelle Rechtskraft, Auslegungsverfahren]
Das Urteil ist endgültig und unterliegt keinem Rechtsmittel. Bestehen Meinungsverschiedenheiten über seinen Sinn oder Tragweite des Urteils, so obliegt es dem Gerichtshof, es auf Antrag einer Partei auszulegen.

Artikel 61 [Wiederaufnahme]
(1) Die Wiederaufnahme des Verfahrens kann nur beantragt werden, wenn eine Tatsache von entscheidender Bedeutung bekannt wird, die vor Verkündung des Urteils dem Gerichtshof und auch der die Wiederaufnahme beantragenden Partei unbekannt war, sofern diese Unkenntnis nicht schuldhaft war.
(2) Das Wiederaufnahmeverfahren wird durch einen Beschluß des Gerichtshofs eröffnet, der das Vorliegen der neuen Tatsache ausdrücklich feststellt, ihr die für die Eröffnung des Wiederaufnahmeverfahrens erforderlichen Merkmale zuerkennt und deshalb den Antrag für zulässig erklärt.
(3) Der Gerichtshof kann die Eröffnung des Wiederaufnahmeverfahrens von der vorherigen Vollstreckung des Urteils abhängig machen.
(4) Der Wiederaufnahmeantrag ist binnen sechs Monaten nach Bekanntwerden der neuen Tatsache zu stellen.
(5) Nach Ablauf von zehn Jahren nach Erlaß des Urteils kann kein Wiederaufnahmeantrag mehr gestellt werden.

Artikel 62 [Nebenintervention]
(1) Glaubt ein Staat, ein rechtliches Interesse zu haben, das durch die Entscheidung der Sache berührt werden könnte, so kann er beim Gerichtshof einen Antrag auf Beitritt zu dem Verfahren stellen.
(2) Der Gerichtshof entscheidet über diesen Antrag.

Artikel 63 [Nebenintervention bei Streit über multilaterale Verträge]
(1) Handelt es sich um die Auslegung einer Übereinkunft, an der andere Staaten als die Streitparteien beteiligt sind, so unterrichtet der Kanzler unverzüglich diese Staaten.
(2) Jeder dieser Staaten ist berechtigt, dem Verfahren beizutreten; macht er von diesem Recht Gebrauch, so ist die in dem Urteil enthaltene Auslegung auch für ihn bindend.

Artikel 64 [Parteikosten]
Sofern der Gerichtshof nicht etwas anderes beschließt, trägt jede Partei ihre eigenen Kosten.

KAPITEL IV
Gutachten

Artikel 65 [Antrag]
(1) Der Gerichtshof kann ein Gutachten zu jeder Rechtsfrage auf Antrag jeder Einrichtung abgeben, die durch die Charta der Vereinten Nationen oder im Einklang mit ihren Bestimmungen zur Einholung eines solchen Gutachtens ermächtigt ist.
(2) Die Fragen, zu denen das Gutachten des Gerichtshofs eingeholt wird, werden diesem in einem schriftlichen Antrag vorgelegt, der eine genaue Darstellung der Frage enthält, zu der das Gutachten angefordert wird, und dem alle Urkunden beigefügt werden, die zur Klärung der Frage dienen können.

Artikel 66 [Verfahren]
(1) Der Kanzler setzt alle Staaten, die vor dem Gerichtshof auftreten können, umgehend von dem Antrag auf ein Gutachten in Kenntnis.
(2) Der Kanzler setzt ferner jeden Staat, der vor dem Gerichtshof auftreten kann, und jede internationale Organisation, die nach Ansicht des Gerichtshofs oder, wenn dieser nicht tagt, nach Ansicht seines Präsidenten über die Frage Auskunft geben können, durch eine besondere und direkte Mitteilung davon in Kenntnis, daß der Gerichtshof bereit ist, innerhalb einer vom Präsidenten festzusetzenden Frist schriftliche Darstellungen entgegenzunehmen oder während einer zu diesem Zweck anberaumten öffentlichen Sitzung mündliche Darstellungen zu hören.
(3) Hat einer der Staaten, die vor dem Gerichtshof auftreten können, die in Absatz 2 vorgesehene besondere Mitteilung nicht erhalten, so kann er den Wunsch äußern, eine schriftliche Darstellung vorzulegen oder gehört zu werden; der Gerichtshof entscheidet darüber.
(4) Staaten und Organisationen, die schriftliche oder mündliche Darstellungen abgegeben haben, sind berechtigt, zu den von anderen Staaten oder Organisationen abgegebenen Darstellungen in der Form, in dem Umfang und innerhalb der Fristen Stellung zu nehmen, die der Gerichtshof oder, wenn er nicht tagt, der Präsident im Einzelfall festsetzt. Dazu übermittelt der Kanzler die schriftlichen Darstellungen zu gegebener Zeit den Staaten und Organisationen, die selbst solche Darstellungen vorgelegt haben.

Artikel 67 [Verkündung]
Der Gerichtshof gibt seine Gutachten in öffentlicher Sitzung ab, nachdem der Generalsekretär und die Vertreter der Mitglieder der Vereinten Nationen sowie der sonstigen Staaten und internationalen Organisationen, die unmittelbar beteiligt sind, benachrichtigt wurden.

Artikel 68 [Analoge Anwendbarkeit der Regeln über streitige Verfahren]
Bei der Ausübung seiner gutachterlichen Tätigkeit läßt sich der Gerichtshof außerdem von den Bestimmungen dieses Statuts leiten, die auf Streitsachen Anwendung finden, soweit er für anwendbar hält.

KAPITEL V
Änderungen

Artikel 69 [Verfahren der Chartaänderung]
Änderungen dieses Statuts werden nach dem gleichen Verfahren durchgeführt, das für Änderungen der Charta der Vereinten Nationen vorgesehen ist, jedoch vorbehaltlich der Bestimmungen, welche die Generalversammlung auf Empfehlung des Sicherheitsrats für die Beteiligung der Staaten beschließt, die Vertragsparteien dieses Statuts, aber nicht Mitglieder der Vereinten Nationen sind.

Artikel 70 [Vorschlagsrecht des Gerichtshofes]
Der Gerichtshof kann Änderungen dieses Statuts, die er für nötig erachtet, durch schriftliche Mitteilung an den Generalsekretär zur Prüfung nach Artikel 69 vorschlagen.

Nordatlantikvertrag[1)]
Vom 4. April 1949

Die Parteien dieses Vertrags bekräftigen erneut ihren Glauben an die Ziele und Grundsätze der Satzung der Vereinten Nationen und ihren Wunsch, mit allen Völkern und allen Regierungen in Frieden zu leben.
Sie sind entschlossen, die Freiheit, das gemeinsame Erbe und die Zivilisation ihrer Völker, die auf den Grundsätzen der Demokratie, der Freiheit der Person und der Herrschaft des Rechts beruhen, zu gewährleisten.
Sie sind bestrebt, die innere Festigkeit und das Wohlergehen im nordatlantischen Gebiet zu fördern.
Sie sind entschlossen, ihre Bemühungen für die gemeinsame Verteidigung und für die Erhaltung des Friedens und der Sicherheit zu vereinigen.
Sie vereinbaren daher diesen Nordatlantikvertrag:

Artikel 1
Die Parteien verpflichten sich, in Übereinstimmung mit der Satzung der Vereinten Nationen jeden internationalen Streitfall, an dem sie beteiligt sind, auf friedlichem Wege so zu regeln, daß der internationale Friede, die Sicherheit und die Gerechtigkeit nicht gefährdet werden, und sich in ihren internationalen Beziehungen jeder Gewaltandrohung oder Gewaltanwendung zu enthalten, die mit den Zielen der Vereinten Nationen nicht vereinbar ist.

Artikel 2
Die Parteien werden zur weiteren Entwicklung friedlicher und freundschaftlicher internationaler Beziehungen beitragen, indem sie ihre freien Einrichtungen festigen, ein besseres Verständnis für die Grundsätze herbeiführen, auf denen diese Einrichtungen beruhen, und indem sie die Voraussetzungen für die innere Festigkeit und das Wohlergehen fördern. Sie werden bestrebt sein, Gegensätze in ihrer internationalen Wirtschaftspolitik zu beseitigen und die wirtschaftliche Zusammenarbeit zwischen einzelnen oder allen Parteien zu fördern.

Artikel 3
Um die Ziele dieses Vertrags besser zu verwirklichen, werden die Parteien einzeln und gemeinsam durch ständige und wirksame Selbsthilfe und gegenseitige Unterstützung die eigene und die gemeinsame Widerstandskraft gegen bewaffnete Angriffe erhalten und fortentwickeln.

Artikel 4
Die Parteien werden einander konsultieren, wenn nach Auffassung einer von ihnen die Unversehrtheit des Gebiets, die politische Unabhängigkeit oder die Sicherheit einer der Parteien bedroht sind.

Artikel 5
Die Parteien vereinbaren, daß ein bewaffneter Angriff gegen eine oder mehrere von ihnen in Europa oder Nordamerika als ein Angriff gegen sie alle angesehen werden wird; sie vereinbaren daher, daß im Falle eines solchen bewaffneten Angriffs jede von ihnen in Ausübung des in Artikel 51 der Satzung der Vereinten Nationen anerkannten Rechts der individuellen oder kollektiven Selbstverteidigung der Partei oder den Parteien, die angegriffen werden, Beistand leistet, indem jede von ihnen unverzüglich für sich und im Zusammenwirken mit den anderen Parteien die Maßnahmen, einschließlich der Anwendung von Waffengewalt, trifft, die sie für erforderlich erachtet, um die Sicherheit des nordatlantischen Gebiets wiederherzustellen und zu erhalten.
Von jedem bewaffneten Angriff und allen daraufhin getroffenen Gegenmaßnahmen ist unverzüglich dem Sicherheitsrat Mitteilung zu machen. Die Maßnahmen sind einzustellen, sobald der Sicherheitsrat

---
[1)] Deutscher Text: *BGBl.* 1955 II S. 289; in der Fassung des Protokolls zu dem Nordatlantikvertrag, *BGBl.* 1955 II S. 293. Die 28 Vertragsstaaten sind Albanien, Belgien, Bulgarien, Dänemark, Deutschland, Estland, Frankreich, Griechenland, Island, Italien, Kanada, Kroatien, Lettland, Litauen, Luxemburg, Niederlande, Norwegen, Polen, Portugal, Rumänien, Slowakei, Slowenien, Spanien, die Tschechische Republik, Ungarn, Türkei, das Vereinigte Königreich von Großbritannien und Nordirland und die Vereinigten Staaten von Amerika.
Internationale Quelle: *UNTS* Bd. 34 S. 243, Bd. 126 S. 350, Bd. 243 S. 308.
In Kraft getreten am 24. August 1949; für die Bundesrepublik Deutschland am 6. Mai 1955.

diejenigen Schritte unternommen hat, die notwendig sind, um den internationalen Frieden und die internationale Sicherheit wiederherzustellen und zu erhalten.

Artikel 6
Im Sinne des Artikels 5 gilt als bewaffneter Angriff auf eine oder mehrere der Parteien jeder bewaffnete Angriff
(i) auf das Gebiet eines dieser Staaten in Europa oder Nordamerika, auf die algerischen Departements Frankreichs, auf das Gebiet der Türkei oder auf die Gebietshoheit einer der Parteien unterliegenden Inseln im nordatlantischen Gebiet nördlich des Wendekreises des Krebses;
(ii) auf die Streitkräfte, Schiffe oder Flugzeuge einer der Parteien, wenn sie sich in oder über diesen Gebieten oder irgendeinem anderen europäischen Gebiet, in dem eine der Parteien bei Inkrafttreten des Vertrags eine Besatzung unterhält, oder wenn sie sich im Mittelmeer oder im nordatlantischen Gebiet nördlich des Wendekreises des Krebses befinden.

Artikel 7
Dieser Vertrag berührt weder die Rechte und Pflichten, welche sich für die Parteien, die Mitglieder der Vereinten Nationen sind, aus deren Satzung ergeben, oder die in erster Linie bestehende Verantwortlichkeit des Sicherheitsrats für die Erhaltung des internationalen Friedens und der internationalen Sicherheit, noch kann er in solcher Weise ausgelegt werden.

Artikel 8
Jede Partei erklärt, daß keine der internationalen Verpflichtungen, die gegenwärtig zwischen ihr und einer anderen Partei oder einem dritten Staat bestehen, den Bestimmungen dieses Vertrags widersprechen, und verpflichtet sich, keine diesem Vertrag widersprechende internationale Verpflichtung einzugehen.

Artikel 9
Die Parteien errichten hiermit einen Rat, in dem jede von ihnen vertreten ist, um Fragen zu prüfen, welche die Durchführung dieses Vertrags betreffen. Der Aufbau dieses Rats ist so zu gestalten, daß er jederzeit schnell zusammentreten kann. Der Rat errichtet, soweit erforderlich, nachgeordnete Stellen; insbesondere setzt er unverzüglich einen Verteidigungsausschuß ein, der Maßnahmen zur Durchführung der Artikel 3 und 5 zu empfehlen hat.

Artikel 10
Die Parteien können durch einstimmigen Beschluß jeden anderen europäischen Staat, der in der Lage ist, die Grundsätze dieses Vertrags zu fördern und zur Sicherheit des nordatlantischen Gebiets beizutragen, zum Beitritt einladen. Jeder so eingeladene Staat kann durch Hinterlegung seiner Beitrittsurkunde bei der Regierung der Vereinigten Staaten von Amerika Mitglied dieses Vertrages werden. Die Regierung der Vereinigten Staaten von Amerika unterrichtet jede der Parteien von der Hinterlegung einer solchen Beitrittsurkunde.

Artikel 11
Der Vertrag ist von den Parteien in Übereinstimmung mit ihren verfassungsmäßigen Verfahren zu ratifizieren und in seinen Bestimmungen durchzuführen. Die Ratifikationsurkunden werden sobald wie möglich bei der Regierung der Vereinigten Staaten von Amerika hinterlegt, die alle anderen Unterzeichnerstaaten von jeder Hinterlegung unterrichtet. Der Vertrag tritt zwischen den Staaten, die ihn ratifiziert haben, in Kraft, sobald die Ratifikationsurkunden der Mehrzahl der Unterzeichnerstaaten, einschließlich derjenigen Belgiens, Kanadas, Frankreichs, Luxemburgs, der Niederlande, des Vereinigten Königreichs und der Vereinigten Staaten, hinterlegt worden sind; für andere Staaten tritt er am Tage der Hinterlegung ihrer Ratifikationsurkunden in Kraft.

Artikel 12
Nach zehnjähriger Geltungsdauer des Vertrags oder zu jedem späteren Zeitpunkt werden die Parteien auf Verlangen einer von ihnen miteinander beraten, um den Vertrag unter Berücksichtigung der Umstände zu überprüfen, die dann den Frieden und die Sicherheit des nordatlantischen Gebiets berühren, zu denen auch die Entwicklung allgemeiner und regionaler Vereinbarungen gehört, die im Rahmen der Satzung der Vereinten Nationen zur Aufrechterhaltung des internationalen Friedens und der internationalen Sicherheit dienen.

Artikel 13
Nach zwanzigjähriger Geltungsdauer des Vertrags kann jede Partei aus dem Vertrag ausscheiden, und zwar ein Jahr, nachdem sie der Regierung der Vereinigten Staaten von Amerika die Kündigung mitgeteilt hat; diese unterrichtet die Regierungen der anderen Parteien von der Hinterlegung jeder Kündigungsmitteilung.

Artikel 14
Der Vertrag, dessen englischer und französischer Wortlaut in gleicher Weise maßgebend ist, wird in den Archiven der Vereinigten Staaten von Amerika hinterlegt. Diese Regierung übermittelt den Regierungen der anderen Unterzeichnerstaaten ordnungsgemäß beglaubigte Abschriften.

Zu Urkund dessen haben die unterzeichneten Bevollmächtigten diesen Vertrag unterschrieben. Geschehen zu Washington am 4. April 1949.

Europäisches Übereinkommen zur friedlichen Beilegung von Streitigkeiten[1)]

Vom 29. April 1957

Präambel

Die Unterzeichnerregierungen, Mitglieder des Europarats,
in der Erwägung, daß es das Ziel des Europarats ist, eine engere Verbindung zwischen seinen Mitgliedern herbeizuführen,
in der Überzeugung, daß die Festigung eines auf Gerechtigkeit beruhenden Friedens für die Erhaltung der menschlichen Gesellschaft und Zivilisation von lebenswichtiger Bedeutung ist,
entschlossen, alle etwa zwischen ihnen entstehenden Streitigkeiten mit friedlichen Mitteln beizulegen,
sind wie folgt übereingekommen:

Kapitel I
Gerichtliche Beilegung

Artikel 1 [Streitigkeiten zur Vorlage beim Internationalen Gerichtshof]
Die Hohen Vertragschließenden Parteien werden alle zwischen ihnen entstehenden völkerrechtlichen Streitigkeiten dem Internationalen Gerichtshof zur Entscheidung vorlegen, insbesondere Streitigkeiten über
a) die Auslegung eines Vertrags;
b) eine Frage des Völkerrechts;
c) das Bestehen einer Tatsache, die, wenn sie bewiesen wäre, die Verletzung einer internationalen Verpflichtung bedeuten würde;
d) Art und Umfang der wegen Verletzung einer internationalen Verpflichtung geschuldeten Wiedergutmachung.

Artikel 2 [Möglichkeit eines Vergleichsverfahrens]
(1) Artikel 1 läßt die Verpflichtungen unberührt, durch welche die Hohen Vertragsschließenden Parteien die Gerichtsbarkeit des Internationalen Gerichtshofs zur Beilegung anderer als der in Artikel 1 erwähnten Streitigkeiten anerkannt haben oder anerkennen werden.
(2) Die an einer Streitigkeit beteiligten Parteien können vereinbaren, der gerichtlichen Beilegung ein Vergleichsverfahren vorausgehen zu lassen.

Artikel 3 [Zutritt zum Internationalen Gerichtshof]
Die Hohen Vertragschließenden Parteien, welche nicht Parteien des Statuts des Internationalen Gerichtshofs sind, treffen die erforderlichen Maßnahmen, um Zutritt zum Internationalen Gerichtshof zu erhalten.

Kapitel II
Vergleichsverfahren

Artikel 4 [Vergleichsverfahren]
(1) Die Hohen Vertragschließenden Parteien werden alle zwischen ihnen entstehenden Streitigkeiten, die nicht unter Artikel 1 fallen, einem Vergleichsverfahren unterwerfen.
(2) Die an einer im vorliegenden Artikel bezeichneten Streitigkeit beteiligten Parteien können jedoch vereinbaren, die Streitigkeit ohne vorausgehendes Vergleichsverfahren einem Schiedsgericht vorzulegen.

Artikel 5 [Vergleichskommission]
Entsteht eine Streitigkeit der in Artikel 4 bezeichneten Art, so wird sie einer in der Sache zuständigen Ständigen Vergleichskommission vorgelegt, sofern eine solche bereits von den beteiligten Parteien

---

1) Deutscher Text: *BGBl.* 1961 II S. 82.
Internationale Quelle: *UNTS* Bd. 320 S. 243; *CETS* Nr. 23.
In Kraft getreten am 30. April 1958, für die Bundesrepublik Deutschland am 18. April 1961.

eingesetzt worden ist. Vereinbaren die Parteien, diese Kommission nicht anzurufen, oder besteht eine solche nicht, so wird die Streitigkeit einer Besonderen Vergleichskommission vorgelegt, welche die Parteien innerhalb von drei Monaten, nachdem die eine Partei bei der anderen einen entsprechenden Antrag gestellt hat, zu bilden haben.

Artikel 6 [Bildung der besonderen Vergleichskommission]
Sofern die beteiligten Parteien nicht anderes vereinbaren, wird die Besondere Vergleichskommission wie folgt gebildet:
Die Kommission besteht aus fünf Mitgliedern. Jede Partei ernennt ein Mitglied, das sie unter ihren Staatsangehörigen auswählen kann. Die drei anderen Mitglieder einschließlich des Vorsitzenden werden im gegenseitigen Einvernehmen unter den Angehörigen dritter Staaten ausgewählt. Diese drei Kommissionsmitglieder müssen verschiedenen Staaten angehören und dürfen weder ihren gewöhnlichen Aufenthalt im Hoheitsgebiet der beteiligten Parteien haben, noch in deren Diensten stehen.

Artikel 7 [Ernennung der Kommissionsmitglieder]
Erfolgt die Ernennung der gemeinsam zu bestellenden Kommissionsmitglieder nicht innerhalb der in Artikel 5 vorgesehenen Frist, so wird die Regierung eines dritten Staates, die von den Parteien im gegenseitigen Einvernehmen auszuwählen ist oder, wenn ein Einvernehmen nicht binnen drei Monaten zustande kommt, der Präsident des Internationalen Gerichtshofs mit der Vornahme der erforderlichen Ernennungen betraut. Besitzt dieser die Staatsangehörigkeit einer am Streit beteiligten Partei, so wird diese Aufgabe dem Vizepräsidenten oder dem dienstältesten Richter des Gerichtshofs übertragen, der nicht Staatsangehöriger einer am Streit beteiligten Partei ist.

Artikel 8 [Wiederbesetzung der Sitze]
Sitze, die durch Todesfall, Rücktritt oder sonstige Verhinderung frei werden, sind in kürzester Frist nach dem für die Ernennung vorgesehenen Verfahren wieder zu besetzen.

Artikel 9 [Darstellung des Streitgegenstandes]
(1) Streitigkeiten werden der Besonderen Vergleichskommission durch einen Antrag vorgelegt, der von den beiden Parteien im gegenseitigen Einvernehmen oder, in Ermangelung eines solchen, von einer der beiden Parteien an den Vorsitzenden gerichtet wird.
(2) Der Antrag enthält eine kurze Darstellung des Streitgegenstandes und das Ersuchen an die Kommission, alle Maßnahmen zu treffen, die geeignet sind, zu einem Vergleich zu führen.
(3) Geht der Antrag nur von einer Partei aus, so hat diese ihn unverzüglich der Gegenpartei zu notifizieren.

Artikel 10 [Unterstützung der Kommission]
(1) Die Besondere Vergleichskommission tritt, sofern die Parteien nichts anderes vereinbaren, am Sitz des Europarats oder an einem anderen von ihrem Vorsitzenden bestimmten Ort zusammen.
(2) Die Kommission kann jederzeit den Generalsekretär des Europarats um seine Unterstützung ersuchen.

Artikel 11 [Öffentlichkeit der Sitzungen]
Die Sitzungen der Besonderen Vergleichskommission sind nur dann öffentlich, wenn die Kommission dies mit Zustimmung der Parteien beschließt.

Artikel 12 [Aufgabe der Bevollmächtigten]
(1) Sofern die Parteien nichts anderes vereinbaren, setzt die Besondere Vergleichskommission selbst ihr Verfahren fest, das den Grundsatz des beiderseitigen Gehörs vorsehen muß. Für die Untersuchung hat sich die Kommission, vorbehaltlich der Bestimmungen dieses Übereinkommens, an den Dritten Titel des Haager Übereinkommens vom 18. Oktober 1907 zur friedlichen Erledigung internationaler Streitfälle zu halten, es sei denn, daß sie hierüber einen gegenteiligen Beschluß faßt.
(2) Die Parteien werden bei der Vergleichskommission durch Bevollmächtigte vertreten, deren Aufgabe es ist, als Mittelspersonen zwischen ihnen und der Kommission zu handeln; die Parteien können außerdem Rechtsbeistände und Sachverständige, die sie zu diesem Zweck ernennen, hinzuziehen sowie die Vernehmung aller Personen beantragen, deren Aussage ihnen sachdienlich erscheint.

(3) Die Kommission ist ihrerseits berechtigt, von den Bevollmächtigten, Rechtsbeiständen und Sachverständigen beider Parteien sowie von allen Personen, die mit Zustimmung ihrer Regierung vorzuladen sie für sachdienlich hält, mündliche Auskünfte zu verlangen.

Artikel 13 [Stimmenmehrheit]
Sofern die Parteien nichts anderes vereinbaren, werden die Beschlüsse der Besonderen Vergleichskommission mit Stimmenmehrheit gefaßt; außer in Verfahrensfragen ist die Kommission nur dann beschlußfähig, wenn alle Mitglieder anwesend sind.

Artikel 14 [Sachdienliche Urkunden und Auskünfte]
Die Parteien erleichtern die Arbeiten der Besonderen Vergleichskommission und lassen ihr insbesondere in größtmöglichem Ausmaße alle sachdienlichen Urkunden und Auskünfte zukommen. Sie werden alle ihnen zu Gebote stehenden Mittel einsetzen, um in ihrem Hoheitsgebiet entsprechend ihren Rechtsvorschriften der Vergleichskommission die Vorladung und Vernehmung von Zeugen und Sachverständigen sowie die Vornahme des Augenscheins zu ermöglichen.

Artikel 15 [Protokoll der Untersuchung]
(1) Der Besonderen Vergleichskommission obliegt es, die streitigen Fragen zu klären, zu diesem Zweck im Wege der Untersuchung oder auf andere Weise alle sachdienlichen Auskünfte zu sammeln und sich zu bemühen, einen Vergleich zwischen den Parteien herbeizuführen. Sie kann nach Prüfung des Falles den Parteien die Bedingungen der ihr angemessen erscheinenden Regelung bekannt geben und ihnen eine Frist zur Abgabe einer Erklärung setzen.
(2) Zum Abschluß ihrer Arbeiten setzt die Kommission ein Protokoll auf, das je nach Lage des Falles feststellt, daß sich die Parteien verständigt haben und gegebenenfalls unter welchen Bedingungen diese Verständigung zustande gekommen ist, oder aber, daß eine Einigung zwischen den Parteien nicht erzielt werden konnte. In dem Protokoll wird nicht erwähnt, ob die Kommission ihre Beschlüsse einstimmig oder mit Stimmenmehrheit gefaßt hat.
(3) Die Arbeiten der Kommission müssen, sofern die Parteien nichts anderes vereinbaren, binnen sechs Monaten nach dem Tage beendet sein, an dem die Kommission mit der Streitigkeit befaßt worden ist.

Artikel 16 [Zustimmung zur Protokollveröffentlichung]
Das Protokoll der Kommission ist den Parteien unverzüglich zur Kenntnis zu bringen. Es darf nur mit ihrer Zustimmung veröffentlicht werden.

Artikel 17 [Vergütung der Kommissionsmitglieder]
(1) Für die Dauer seiner Tätigkeit erhält jedes Kommissionsmitglied eine Vergütung, deren Höhe die Parteien im gegenseitigen Einvernehmen festsetzen und zu gleichen Teilen tragen.
(2) Die bei der Tätigkeit der Kommission entstehenden allgemeinen Kosten werden in der gleichen Weise aufgeteilt.

Artikel 18 [Gerichtliche Entscheidung über die Rechtsfragen]
Bei Streitigkeiten, die sowohl im Vergleichsverfahren zu regelnde Fragen als auch gerichtlich beizulegende Fragen umfassen, ist jede am Streit beteiligte Partei berechtigt zu verlangen, daß die gerichtliche Entscheidung über die Rechtsfragen dem Vergleichsverfahren vorausgeht.

Kapitel III
Schiedsverfahren

Artikel 19 [Auswahl der Streitigkeiten für das Schiedsverfahren]
Die Hohen Vertragschließenden Parteien unterwerfen dem Schiedsverfahren mit Ausnahme der in Artikel 1 bezeichneten alle zwischen ihnen entstehenden Streitigkeiten, über die deshalb kein Vergleich zustande gekommen ist, weil die Parteien vereinbart haben, ein vorausgehendes Vergleichsverfahren nicht in Anspruch zu nehmen oder weil ein solches Verfahren erfolglos geblieben ist.

Artikel 20 [Auswahl der Schiedsrichter]
(1) Die antragstellende Partei gibt der anderen Partei den Anspruch, den sie im Schiedsverfahren geltend zu machen beabsichtigt, die Gründe, auf die sie ihren Anspruch stützt, sowie den Namen des von ihr ernannten Schiedsrichters bekannt.

Art. 21–28 Europäisches Übereinkommen zur Streitbeilegung 38

(2) Sofern die beteiligten Parteien nichts anderes vereinbaren, wird das Schiedsgericht wie folgt gebildet: Das Schiedsgericht besteht aus fünf Mitgliedern. Jede Partei ernennt ein Mitglied, das sie unter ihren Staatsangehörigen auswählen kann. Die drei anderen Schiedsrichter einschließlich des Vorsitzenden werden im gegenseitigen Einvernehmen unter den Angehörigen dritter Staaten ausgewählt. Sie müssen verschiedenen Staaten angehören und dürfen weder ihren gewöhnlichen Aufenthalt im Hoheitsgebiet der beteiligten Parteien haben noch in deren Diensten stehen.

Artikel 21 [Frist für die Ernennung der Mitglieder des Schiedsgericht]
Erfolgt die Ernennung der Mitglieder des Schiedsgerichts nicht binnen drei Monaten, nachdem die eine Partei an die andere das Ersuchen gerichtet hat, ein Schiedsgericht zu bestellen, so wird die von den Parteien gemeinsam bezeichnete Regierung eines dritten Staats oder, wenn eine Einigung nicht binnen drei Monaten zustande kommt, der Präsident des Internationalen Gerichtshofs mit der Vornahme der erforderlichen Ernennungen betraut. Besitzt dieser die Staatsangehörigkeit einer am Streit beteiligten Partei, so wird diese Aufgabe dem Vizepräsidenten oder dem dienstältesten Richter des Gerichtshofs übertragen, der nicht Staatsangehöriger einer am Streit beteiligten Partei ist.

Artikel 22 [Wiederbesetzung der Sitze]
Sitze, die durch Todesfall, Rücktritt oder sonstige Verhinderung frei werden, sind in kürzester Frist nach dem für die Ernennung vorgesehenen Verfahren wieder zu besetzen.

Artikel 23 [Schließung eines Schiedsvertrages]
Die Parteien schließen einen Schiedsvertrag, in dem sie den Streitgegenstand und das Verfahren festlegen.

Artikel 24 [Verwendung der Bestimmungen des Haager Übereinkommens]
Enthält der Schiedsvertrag bezüglich der in Artikel 23 bezeichneten Punkte keine hinreichend genauen Angaben, so finden nach Möglichkeit die Bestimmungen des Vierten Titels des Haager Übereinkommens vom 18. Oktober 1907 zur friedlichen Erledigung internationaler Streitfälle Anwendung.

Artikel 25 [Frist zum Zustandekommen]
Kommt ein Schiedsvertrag nicht binnen drei Monaten nach der Bestellung des Schiedsgerichts zustande, so wird das Schiedsgericht auf Antrag einer der beiden Parteien mit der Angelegenheit befaßt.

Artikel 26 [Entscheidungsfindung]
Falls der Schiedsvertrag keine entsprechenden Bestimmungen enthält oder ein Schiedsvertrag nicht besteht, entscheidet das Schiedsgericht ex aequo et bono unter Berücksichtigung der allgemeinen Grundsätze des Völkerrechts vorbehaltlich der für die Parteien verbindlichen vertraglichen Verpflichtungen und endgültigen Entscheidungen internationaler Gerichte.

Kapitel IV
Allgemeine Bestimmungen

Artikel 27 [Keine Anwendung des Übereinkommens]
Dieses Übereinkommen findet keine Anwendung
a) auf Streitigkeiten, die Tatsachen oder Verhältnisse aus der Zeit vor dem Inkrafttreten dieses Übereinkommens zwischen den am Streit beteiligten Parteien betreffen;
b) auf Streitigkeiten über Fragen, die nach Völkerrecht in die ausschließlich innerstaatliche Zuständigkeit fallen.

Artikel 28 [Verfahrenswahl einer verbindlichen Entscheidung]
(1) Dieses Übereinkommen findet keine Anwendung auf Streitigkeiten, die auf Grund einer zwischen den Parteien getroffenen oder in der Folge zu treffenden Vereinbarung einem anderen Verfahren zur friedlichen Beilegung zu unterwerfen sind. Hinsichtlich der in Artikel 1 bezeichneten Streitigkeiten verzichten jedoch die Hohen Vertragschließenden Parteien darauf, sich untereinander auf Vereinbarungen zu berufen, die kein zu einer verbindlichen Entscheidung führendes Verfahren vorsehen.
(2) Durch dieses Übereinkommen wird die Anwendung der am 4. November 1950 unterzeichneten Konvention zum Schutze der Menschenrechte und Grundfreiheiten und des am 20. März 1952 unterzeichneten Zusatzprotokolls zu dieser Konvention nicht berührt.

Artikel 29 [Zuständigkeit nach dem innerstaatlichen Recht einer Partei]

(1) Fällt der Gegenstand einer Streitigkeit nach dem innerstaatlichen Recht einer Partei in die Zuständigkeit ihrer Gerichts- oder Verwaltungsbehörden, so kann diese Partei Widerspruch dagegen erheben, daß die Streitigkeit einem in diesem Übereinkommen vorgesehenen Verfahren unterworfen wird, bevor die zuständige Behörde innerhalb einer angemessenen Frist eine endgültige Entscheidung getroffen hat.

(2) Ist eine endgültige Entscheidung im innerstaatlichen Rechtsbereich ergangen, so ist es mit Ablauf von fünf Jahren nach dieser Entscheidung nicht mehr zulässig, die in diesem Übereinkommen vorgesehenen Verfahren in Anspruch zu nehmen.

Artikel 30 [Genugtuung der geschädigten Partei]

Steht der Durchführung einer gerichtlichen Entscheidung oder eines Schiedsspruchs eine von einem Gericht oder einer anderen Behörde einer am Streit beteiligten Partei getroffene Entscheidung oder Verfügung entgegen und können nach dem innerstaatlichen Recht dieser Partei die Folgen dieser Entscheidung oder Verfügung nicht oder nur unvollkommen beseitigt werden, so hat der Internationale Gerichtshof oder das Schiedsgericht nötigenfalls der geschädigten Partei eine angemessene Genugtuung zuzuerkennen.

Artikel 31 [Vorläufige Maßnahmen]

(1) In allen Fällen, in denen die Streitigkeit Gegenstand eines Gerichts- oder Schiedsgerichtsverfahrens ist, insbesondere, wenn die zwischen den Parteien streitige Frage aus bereits vollzogenen oder unmittelbar bevorstehenden Handlungen herrührt, ordnet der Internationale Gerichtshof gemäß Artikel 41 seines Statuts oder das Schiedsgericht so schnell wie möglich an, welche vorläufigen Maßnahmen zu treffen sind. Die am Streit beteiligten Parteien sind verpflichtet, diese Anordnung zu befolgen.

(2) Ist eine Vergleichskommission mit der Streitigkeit befaßt, so kann sie den Parteien diejenigen vorläufigen Maßnahmen empfehlen, die sie für zweckdienlich hält.

(3) Die Parteien enthalten sich jeder Maßnahme, die eine nachteilige Rückwirkung auf die Durchführung der gerichtlichen Entscheidung oder des Schiedsspruchs oder auf die von der Vergleichskommission vorgeschlagene Regelung haben könnte und nehmen keinerlei Handlungen vor, die geeignet sind, die Streitigkeit zu verschärfen oder auszudehnen.

Artikel 32 [Interesse eines Drittstaates]

(1) Dieses Übereinkommen findet zwischen den Parteien auch dann Anwendung, wenn ein dritter Staat, gleichgültig, ob er Vertragspartei des Übereinkommens ist oder nicht, an der Streitigkeit ein Interesse hat.

(2) Im Vergleichsverfahren können die Parteien im gegenseitigen Einvernehmen einen dritten Staat zur Teilnahme auffordern.

Artikel 33 [Beitritt eines Drittstaates zum Verfahren]

(1) Hat beim Gerichts- oder Schiedsverfahren ein dritter Staat nach seiner Auffassung ein berechtigtes Interesse an einer Streitigkeit, so kann er beim Internationalen Gerichtshof oder beim Schiedsgericht beantragen, seinen Beitritt zum Verfahren zuzulassen.

(2) Über diesen Antrag entscheidet der Internationale Gerichtshof oder das Schiedsgericht.

Artikel 34 [Nichtanwendung bestimmter Kapitel]

(1) Jede der Hohen Vertragschließenden Parteien kann bei Hinterlegung ihrer Ratifikationsurkunde erklären, daß sie
a) das Kapitel III über das Schiedsverfahren oder
b) die Kapitel II und III über das Vergleichs- und das Schiedsverfahren nicht anwenden wird.

(2) Eine Hohe Vertragschließende Partei kann sich nur auf diejenigen Bestimmungen dieses Übereinkommens berufen, die sie selbst angenommen hat.

Artikel 35 [Vorbehalte]

(1) Die Hohen Vertragschließenden Parteien können nur solche Vorbehalte erklären, die darauf abzielen, diejenigen Streitigkeiten von der Anwendung dieses Übereinkommens auszuschließen, die sich auf bestimmte Einzelfälle oder besondere, genau bezeichnete Materien wie zum Beispiel den Gebietsstand beziehen oder in genau umschriebene Kategorien fallen. Hat eine Hohe Vertragschließende

Partei einen Vorbehalt gemacht, so können sich die anderen Parteien ihr gegenüber auf den gleichen Vorbehalt berufen.
(2) Ein von einer Partei gemachter Vorbehalt ist, sofern nicht ausdrücklich etwas anderes erklärt wird, so zu verstehen, daß er sich nicht auf das Vergleichsverfahren erstreckt.
(3) Mit Ausnahme des in Absatz 4 vorgesehenen Falls ist jeder Vorbehalt anläßlich der Hinterlegung der Ratifikationsurkunde zu diesem Übereinkommen zu erklären.
(4) Erkennt eine Hohe Vertragschließende Partei die obligatorische Gerichtsbarkeit des Internationalen Gerichtshofs gemäß Artikel 36 Absatz 2 seines Statuts unter Vorbehalten an oder ändert sie diese Vorbehalte, so kann diese Hohe Vertragschließende Partei durch eine einfache Erklärung, vorbehaltlich der Absätze 1 und 2 des vorliegenden Artikels, dieselben Vorbehalte zu diesem Übereinkommen machen. Diese Vorbehalte entbinden die betreffende Hohe Vertragschließende Partei nicht von den Verpflichtungen aus diesem Übereinkommen in bezug auf Streitigkeiten, die Tatsachen oder Verhältnisse betreffen, welche vor dem Zeitpunkt der Erklärung dieser Vorbehalte entstanden sind. Diese Streitigkeiten müssen jedoch innerhalb eines Jahres nach dem genannten Zeitpunkt einer Behandlung nach einem gemäß diesem Übereinkommen anwendbaren Verfahren unterworfen werden.

Artikel 36 [Rücknahme der Vorbehalte]
Eine Hohe Vertragschließende Partei, die dieses Übereinkommen nur teilweise oder unter Vorbehalten angenommen hat, kann jederzeit durch eine einfache Erklärung den Umfang ihrer Verpflichtung erweitern oder ihre Vorbehalte ganz oder teilweise zurücknehmen.

Artikel 37 [Abschriften der Erklärungen]
Die in Artikel 35 Absatz 4 und in Artikel 36 vorgesehenen Erklärungen sind an den Generalsekretär des Europarats zu richten, der den Hohen Vertragschließenden Parteien Abschriften übermittelt.

Artikel 38 [Streitigkeiten über die Auslegung oder Anwendung dieses Übereinkommens]
(1) Streitigkeiten über die Auslegung oder Anwendung dieses Übereinkommens einschließlich solcher über die Einordnung der Streitigkeiten und die Tragweite etwaiger Vorbehalte sind dem Internationalen Gerichtshof vorzulegen. Jedoch kann der Einwand, eine Hohe Vertragschließende Partei sei in einem bestimmten Fall nicht verpflichtet, eine Streitigkeit dem Schiedsverfahren zu unterwerfen, dem Internationalen Gerichtshof nur binnen drei Monaten nach dem Zeitpunkt zur Entscheidung vorgelegt werden, zu dem die eine Partei der anderen in der Absicht notifiziert hat, das Schiedsverfahren in Anspruch zu nehmen. Nach Ablauf dieser Frist ist das Schiedsgericht für die Entscheidung über diesen Einwand zuständig. Die Entscheidung des Internationalen Gerichtshofs ist für die mit der Streitigkeit befaßten Stellen bindend.
(2) Wird der Internationale Gerichtshof gemäß Absatz (1) angerufen, so tritt bis zu seiner Entscheidung eine Unterbrechung des betreffenden Vergleichs- oder Schiedsverfahrens ein.

Artikel 39 [Durchführung der Entscheidung]
(1) Die Hohen Vertragschließenden Parteien werden der Entscheidung des Internationalen Gerichtshofs oder dem Schiedsspruch des Schiedsgerichts in jeder Streitigkeit, an der sie beteiligt sind, nachkommen.
(2) Erfüllt eine an einer Streitigkeit beteiligte Partei nicht die Verpflichtungen, die sich für sie aus einer Entscheidung des Internationalen Gerichtshofs oder einem Schiedsspruch des Schiedsgerichts ergeben, so kann sich die andere Partei an das Ministerkomitee des Europarats wenden; dieses kann, soweit es dies für erforderlich erachtet, mit Zweidrittelmehrheit der zur Teilnahme an seinen Sitzungen berechtigten Vertreter Empfehlungen aussprechen, um die Durchführung der Entscheidung oder des Schiedsspruchs sicherzustellen.

Artikel 40 [Kündigung]
(1) Eine Hohe Vertragschließende Partei kann dieses Übereinkommen erst nach Ablauf von fünf Jahren nach dem Zeitpunkt, in dem es für sie in Kraft tritt, und unter Einhaltung einer Kündigungsfrist von sechs Monaten durch eine an den Generalsekretär des Europarats gerichtete Mitteilung kündigen; dieser setzt die anderen Hohen Vertragschließenden Parteien davon in Kenntnis.
(2) Die Kündigung entbindet die betreffende Hohe Vertragschließende Partei nicht von den Verpflichtungen aus diesem Übereinkommen in bezug auf Streitigkeiten, die Tatsachen oder Verhältnisse

betreffen, welche vor dem Zeitpunkt der Mitteilung der Kündigung gemäß Absatz (1) entstanden sind. Diese Streitigkeiten müssen jedoch innerhalb eines Jahres nach dem genannten Zeitpunkt einer Behandlung nach einem gemäß diesem Übereinkommen anwendbaren Verfahren unterworfen werden.

(3) Mit der gleichen Maßgabe hört jede Hohe Vertragschließende Partei, deren Mitgliedschaft beim Europarat endet, ein Jahr nach dem genannten Zeitpunkt auf, Vertragspartei dieses Übereinkommens zu sein.

Artikel 41 [Inkrafttreten]
(1) Dieses Übereinkommen liegt zur Unterzeichnung durch die Mitglieder des Europarats auf. Es bedarf der Ratifizierung. Die Ratifikationsurkunden werden beim Generalsekretär des Europarats hinterlegt.
(2) Dieses Übereinkommen tritt mit dem Tage der Hinterlegung der zweiten Ratifikationsurkunde in Kraft.
(3) Für jede Unterzeichnerregierung, die das Übereinkommen zu einem späteren Zeitpunkt ratifiziert, tritt es mit dem Tag der Hinterlegung ihrer Ratifikationsurkunde in Kraft.
(4) Der Generalsekretär des Europarats notifiziert allen Mitgliedern des Europarats das Inkrafttreten des Übereinkommens, die Namen der Hohen Vertragschließenden Parteien, die es ratifiziert haben, sowie jede später erfolgende Hinterlegung einer Ratifikationsurkunde.

Zu Urkund dessen haben die hierzu gehörig befugten Unterzeichneten dieses Übereinkommen mit ihrer Unterschrift versehen.

Geschehen zu Straßburg am 29. April 1957 in englischer und französischer Sprache, wobei jeder Wortlaut gleichermaßen verbindlich ist, in einer Urschrift, die im Archiv des Europarats hinterlegt wird. Der Generalsekretär übermittelt jeder Unterzeichnerregierung eine beglaubigte Abschrift.

Vertrag über das Verbot von Kernwaffenversuchen in der Atmosphäre, im Weltraum und unter Wasser[1)2)]
Vom 5. August 1963

Die Regierungen der Union der Sozialistischen Sowjetrepubliken, des Vereinigten Königreichs Großbritannien und Nordirland und der Vereinigten Staaten von Amerika, im folgenden als »ursprüngliche Vertragsparteien« bezeichnet –
in Bekundung ihres Hauptziels, das im möglichst baldigen Abschluß einer Übereinkunft über eine allgemeine und vollständige, unter strenger internationaler Kontrolle stehende und den Zielen der Vereinten Nationen entsprechende Abrüstung besteht, die dem Wettrüsten ein Ende setzen und den Anreiz zur Herstellung und Erprobung von Waffen jeder Art einschließlich der Kernwaffen beseitigen würde,
in dem Bestreben, die Einstellung aller Versuchsexplosionen von Kernwaffen für alle Zeiten herbeizuführen, entschlossen, die auf dieses Ziel gerichteten Verhandlungen fortzusetzen, und in dem Wunsch, der Verseuchung der Umwelt des Menschen durch radioaktive Stoffe ein Ende zu bereiten –
sind wie folgt übereingekommen:

Artikel I
(1) Jede Vertragspartei verpflichtet sich, Versuchsexplosionen von Kernwaffen und andere nukleare Explosionen zu verbieten, zu verhindern und nicht durchzuführen, und zwar an jedem ihrer Hoheitsgewalt oder Kontrolle unterstehenden Ort
a) in der Atmosphäre; jenseits der Atmosphäre einschließlich des Weltraums; sowie unter Wasser einschließlich der Hoheitsgewässer und der Hohen See;
b) in jedem anderen Bereich, wenn eine solche Explosion das Vorhandensein radioaktiven Schuttes außerhalb der Hoheitsgrenzen des Staates verursacht, unter dessen Hoheitsgewalt oder Kontrolle die Explosion durchgeführt wird. Hierbei gilt als vereinbart, daß die Bestimmungen dieses Buchstabens nicht den Abschluß eines Vertrags präjudizieren, der ein ständiges Verbot aller nuklearen Versuchsexplosionen einschließlich aller derartigen unterirdischen Explosionen führt, den die Vertragsparteien anstreben, wie sie in der Präambel dieses Vertrags festgestellt haben.
(2) Jede Vertragspartei verpflichtet sich ferner, die Durchführung von Versuchsexplosionen von Kernwaffen sowie anderer nuklearer Explosionen, die in einem der in Absatz 1 erwähnten Bereiche stattfinden oder die in dem genannten Absatz bezeichnete Wirkung haben würden, weder zu veranlassen noch zu fördern noch sich in irgendeiner Weise daran zu beteiligen, an welchem Ort es auch immer sei.

Artikel II
(1) Jede Vertragspartei kann Änderungen zu diesem Vertrag vorschlagen. Der Wortlaut eines Änderungsvorschlags wird den Verwahrregierungen übermittelt, die ihn allen Vertragsparteien zuleiten. Danach berufen die Verwahrregierungen auf Antrag von mindestens einem Drittel der Vertragsparteien eine Konferenz ein, zu der alle Vertragsparteien eingeladen werden, um die Änderung zu prüfen.
(2) Jede Änderung dieses Vertrags bedarf der Zustimmung durch die Mehrheit der Stimmen aller Vertragsparteien einschließlich aller ursprünglichen Vertragsparteien. Die Änderung tritt für alle Vertragsparteien in Kraft, sobald von der Mehrheit aller Vertragsparteien, einschließlich aller ursprünglichen Vertragsparteien, Ratifikationsurkunden hinterlegt worden sind.

Artikel III
(1) Dieser Vertrag liegt für alle Staaten zur Unterzeichnung auf. Jeder Staat, der den Vertrag nicht vor seinem nach Absatz 3 erfolgenden Inkrafttreten unterzeichnet, kann ihm jederzeit beitreten.

---
1) Deutscher Text: *BGBl.* 1964 II S. 907.
   Internationale Quelle: *UNTS* Bd. 480 S. 43.
   In Kraft getreten am 10. Oktober 1963; für die Bundesrepublik Deutschland am 1. Dezember 1964.
2) Der Vertrag über das umfassende Verbot von Nuklearversuchen, vom 24. September 1996, BGBl. 1998 II S. 1211, hat zwar bereits 155 Ratifikationserklärungen erhalten (15. Dezember 2011), ist aber noch nicht in Kraft, weil die essentiellen Atommächte sich bisher nicht gebunden haben.

(2) Dieser Vertrag bedarf der Ratifikation durch die Unterzeichnerstaaten. Die Ratifikations- und die Beitrittsurkunden sind bei den Regierungen der ursprünglichen Vertragsparteien – Union der Sozialistischen Sowjetrepubliken, Vereinigtes Königreich Großbritannien und Nordirland sowie Vereinigte Staaten von Amerika – zu hinterlegen; diese werden hiermit zu Verwahrregierungen bestimmt.
(3) Dieser Vertrag tritt nach seiner Ratifikation durch alle ursprünglichen Vertragsparteien und der Hinterlegung ihrer Ratifikationsurkunden in Kraft.
(4) Für Staaten, deren Ratifikations- oder Beitrittsurkunden nach dem Inkrafttreten dieses Vertrags hinterlegt werden, tritt er am Tag der Hinterlegung ihrer Ratifikations- oder Beitrittsurkunden in Kraft.
(5) Die Verwahrregierungen unterrichten alle Unterzeichnerstaaten und beitretenden Staaten sogleich vom Zeitpunkt jeder Unterzeichnung und jeder Hinterlegung einer Ratifikations- oder Beitrittsurkunde zu diesem Vertrag, vom Zeitpunkt seines Inkrafttretens und vom Zeitpunkt des Eingangs von Anträgen auf Einberufung einer Konferenz oder sonstiger Mitteilungen.
(6) Dieser Vertrag wird von den Verwahrregierungen gemäß Artikel 102 der Charta der Vereinten Nationen registriert.

Artikel IV
Dieser Vertrag hat unbegrenzte Geltungsdauer.
Jede Vertragspartei ist in Ausübung ihrer nationalen Souveränität berechtigt, von dem Vertrag zurückzutreten, wenn sie feststellt, daß durch außergewöhnliche, den Gegenstand dieses Vertrags berührende Ereignisse eine Gefährdung der lebenswichtigen Interessen ihres Landes eingetreten ist. Sie zeigt diesen Rücktritt allen anderen Vertragsparteien drei Monate im voraus an.

Artikel V
Dieser Vertrag, dessen englischer und russischer Wortlaut gleichermaßen verbindlich ist, wird in den Archiven der Verwahrregierungen hinterlegt. Die Verwahrregierungen übermitteln den Regierungen der Unterzeichnerstaaten und beitretenden Staaten beglaubigte Abschriften.

Zu Urkund dessen haben die hierzu gehörig befugten Unterzeichneten diesen Vertrag unterschrieben.
Geschehen in der Stadt Moskau am 5. August 1963 in drei Urschriften.

Vertrag über die Nichtverbreitung von Kernwaffen[1)]
Vom 1. Juli 1968

Die diesen Vertrag schließenden Staaten, im folgenden als »Vertragsparteien« bezeichnet, –
in Anbetracht der Verwüstung, die ein Atomkrieg über die ganze Menschheit bringen würde, und angesichts der hieraus folgenden Notwendigkeit, alle Anstrengungen zur Abwendung der Gefahr eines solchen Krieges zu unternehmen und Maßnahmen zur Gewährleistung der Sicherheit der Völker zu ergreifen,
von der Auffassung geleitet, daß die Verbreitung von Kernwaffen die Gefahr eines Atomkrieges ernstlich erhöhen würde,
im Einklang mit Entschließungen der Generalversammlung der Vereinten Nationen, worin der Abschluß einer Übereinkunft zur Verhinderung der weiteren Verbreitung von Kernwaffen gefordert wird,
unter Übernahme der Verpflichtung, zusammenzuarbeiten, um die Anwendung der Sicherungsmaßnahmen der Internationalen Atomenergie-Organisation auf friedliche nukleare Tätigkeiten zu erleichtern,
in dem Willen, Forschung, Entwicklung und sonstige Bemühungen zu unterstützen, die darauf gerichtet sind, im Rahmen des Sicherungssystems der Internationalen Atomenergie-Organisation die Anwendung des Grundsatzes einer wirksamen Sicherungsüberwachung des Flusses von Ausgangs- und besonderem spaltbarem Material zu fördern, und zwar durch Verwendung von Instrumenten und andere technische Verfahren an bestimmten strategischen Punkten,
in Bekräftigung des Grundsatzes, daß die Vorteile der friedlichen Anwendung der Kerntechnik einschließlich aller technologischen Nebenprodukte, die Kernwaffenstaaten gegebenenfalls bei der Entwicklung von Kernsprengkörpern gewinnen, allen Vertragsparteien, gleichviel ob Kernwaffenstaaten oder Nichtkernwaffenstaaten, für friedlich Zwecke zugänglich sein sollen,
in der Überzeugung, daß im Verfolg dieses Grundsatzes alle Vertragsparteien berechtigt sind, an dem weitestmöglichen Austausch wissenschaftlicher Informationen zur Weiterentwicklung der Anwendung der Kernenergie für friedliche Zwecke teilzunehmen und allein oder in Zusammenarbeit mit anderen Staaten zu dieser Weiterentwicklung beizutragen,
in der Absicht, zum frühestmöglichen Zeitpunkt die Beendigung des nuklearen Wettrüstens herbeizuführen und auf die nukleare Abrüstung gerichtete wirksame Maßnahmen zu ergreifen,
mit der eindringlichen Empfehlung einer Zusammenarbeit aller Staaten zur Verwirklichung dieses Zieles,
eingedenk der in der Präambel des Vertrages von 1963 über das Verbot von Kernwaffenversuchen in der Atmosphäre, im Weltraum und unter Wasser durch dessen Vertragsparteien bekundeten Entschlossenheit, darauf hinzuwirken, daß alle Versuchsexplosionen von Kernwaffen für alle Zeiten eingestellt werden, und auf dieses Ziel gerichtete Verhandlungen fortzusetzen,
in dem Wunsch, die internationale Entspannung zu fördern und das Vertrauen zwischen den Staaten zu stärken, damit die Einstellung der Produktion von Kernwaffen, die Auflösung aller vorhandenen Vorräte an solchen Waffen und die Entfernung der Kernwaffen und ihrer Einsatzmittel aus den nationalen Waffenbeständen aufgrund eines Vertrags über allgemeine und vollständige Abrüstung unter strenger und wirksamer internationaler Kontrolle erleichtert wird,
eingedenk dessen, daß die Staaten im Einklang mit der Charta der Vereinten Nationen in ihren internationalen Beziehungen jede gegen die territoriale Unversehrtheit oder die politische Unabhängigkeit eines Staates gerichtete oder sonst mit den Zielen der Vereinten Nationen unvereinbare Androhung oder Anwendung von Gewalt unterlassen müssen und daß die Herstellung und Wahrung des Weltfriedens und der internationalen Sicherheit unter möglichst geringer Abzweigung menschlicher und wirtschaftlicher Hilfsquellen der Welt für Rüstungszwecke zu fördern ist –
sind wie folgt übereingekommen:

---

1) Deutscher Text: *BGBl.* 1974 II S. 786.
Internationale Quelle: *UNTS* Bd. 729 S. 161.
In Kraft getreten am 5. März 1970; für die Bundesrepublik Deutschland am 2. Mai 1975.

40 Vertrag über die Nichtverbreitung von Kernwaffen Art. I–IV

Artikel I
Jeder Kernwaffenstaat, der Vertragspartei ist, verpflichtet sich, Kernwaffen und sonstige Kernsprengkörper oder die Verfügungsgewalt darüber an niemanden unmittelbar oder mittelbar weiterzugeben und einen Nichtkernwaffenstaat weder zu unterstützen noch zu ermutigen noch zu veranlassen, Kernwaffen oder sonstige Kernsprengkörper herzustellen oder sonstwie zu erwerben oder die Verfügungsgewalt darüber zu erlangen.

Artikel II
Jeder Nichtkernwaffenstaat, der Vertragspartei ist, verpflichtet sich, Kernwaffen oder sonstige Kernsprengkörper oder die Verfügungsgewalt darüber von niemandem unmittelbar oder mittelbar anzunehmen, Kernwaffen oder sonstige Kernsprengkörper weder herzustellen noch sonstwie zu erwerben und keine Unterstützung zur Herstellung von Kernwaffen oder sonstigen Kernsprengkörpern zu suchen oder anzunehmen.

Artikel III
(1) Jeder Nichtkernwaffenstaat, der Vertragspartei ist, verpflichtet sich, Sicherungsmaßnahmen anzunehmen, wie sie in einer mit der Internationalen Atomenergie-Organisation nach Maßgabe ihrer Satzung und ihres Sicherungssystems auszuhandelnden und zu schließenden Übereinkunft festgelegt werden, wobei diese Sicherungsmaßnahmen ausschließlich dazu dienen, die Erfüllung seiner Verpflichtungen aus diesem Vertrag nachzuprüfen, damit verhindert wird, daß Kernenergie von der friedlichen Nutzung abgezweigt und für Kernwaffen oder sonstige Kernsprengkörper verwendet wird. Die Verfahren für die nach diesem Artikel erforderlichen Sicherungsmaßnahmen werden in Bezug auf Ausgangs- und besonderes spaltbares Material durchgeführt, gleichviel ob es in einer Hauptkernanlage hergestellt, verarbeitet oder verwendet wird oder sich außerhalb einer solchen Anlage befindet. Die nach diesem Artikel erforderlichen Sicherungsmaßnahmen finden Anwendung auf alles Ausgangs- und besondere spaltbare Material bei allen friedlichen nuklearen Tätigkeiten, die im Hoheitsgebiet dieses Staates, unter seiner Hoheitsgewalt oder unter seiner Kontrolle an irgendeinem Ort durchgeführt werden.
(2) Jeder Staat, der Vertragspartei ist, verpflichtet sich,
a) Ausgangs- und besonderes spaltbares Material oder
b) Ausrüstungen und Materialien, die eigens für die Verarbeitung, Verwendung oder Herstellung von besonderem spaltbarem Material vorgesehen oder hergerichtet sind, einem Nichtkernwaffenstaat für friedliche Zwecke nur dann zur Verfügung zu stellen, wenn das Ausgangs- oder besondere spaltbare Material den nach diesem Artikel erforderlichen Sicherungsmaßnahmen unterliegt.
(3) Die nach diesem Artikel erforderlichen Sicherungsmaßnahmen werden so durchgeführt, daß sie mit Artikel IV in Einklang stehen und keine Behinderung darstellen für die wirtschaftliche und technologische Entwicklung der Vertragsparteien oder für die internationale Zusammenarbeit auf dem Gebiet friedlicher nuklearer Tätigkeiten, einschließlich des internationalen Austausches von Kernmaterial und Ausrüstungen für die Verarbeitung, Verwendung oder Herstellung von Kernmaterial für friedliche Zwecke in Übereinstimmung mit diesem Artikel und dem in der Präambel niedergelegten Grundsatz der Sicherungsüberwachung.
(4) Nichtkernwaffenstaaten, die Vertragspartei sind, schließen entweder einzeln oder gemeinsam mit anderen Staaten nach Maßgabe der Satzung der Internationalen Atomenergie-Organisation Übereinkünfte mit dieser, um den Erfordernissen dieses Artikels nachzukommen. Verhandlungen über derartige Übereinkünfte werden binnen 180 Tagen nach dem ursprünglichen Inkrafttreten dieses Vertrags aufgenommen. Staaten, die ihre Ratifikations- oder Beitrittsurkunde nach Ablauf der Frist von 180 Tagen hinterlegen, nehmen Verhandlungen über derartige Übereinkünfte spätestens am Tag der Hinterlegung auf. Diese Übereinkünfte treten spätestens achtzehn Monate nach dem Tag des Verhandlungsbeginns in Kraft.

Artikel IV
(1) Dieser Vertrag ist nicht so auszulegen, als werde dadurch das unveräußerliche Recht aller Vertragsparteien beeinträchtigt, unter Wahrung der Gleichbehandlung und in Übereinstimmung mit den

Artikeln I und II die Erforschung, Erzeugung und Verwendung der Kernenergie für friedliche Zwecke zu entwickeln.
(2) Alle Vertragsparteien verpflichten sich, den weitestmöglichen Austausch von Ausrüstungen, Material und wissenschaftlichen und technologischen Informationen zur friedlichen Nutzung der Kernenergie zu erleichtern, und sind berechtigt, daran teilzunehmen. Vertragsparteien, die hierzu in der Lage sind, arbeiten ferner zusammen, um allein oder gemeinsam mit anderen Staaten oder internationalen Organisationen zur Weiterentwicklung der Anwendung der Kernenergie für friedliche Zwecke, besonders im Hoheitsgebiet von Nichtkernwaffenstaaten, die Vertragspartei sind, unter gebührender Berücksichtigung der Bedürfnisse der Entwicklungsgebiete der Welt beizutragen.

Artikel V
Jede Vertragspartei verpflichtet sich, geeignete Maßnahmen zu treffen, um sicherzustellen, daß im Einklang mit diesem Vertrag unter geeigneter internationaler Beobachtung und durch geeignete internationale Verfahren die möglichen Vorteile aus jeglicher friedlichen Anwendung von Kernsprengungen Nichtkernwaffenstaaten, die Vertragspartei sind, auf der Grundlage der Gleichbehandlung zugänglich gemacht werden und daß die diesen Vertragsparteien für die verwendeten Sprengkörper berechneten Gebühren so niedrig wie möglich sind und keine Kosten für Forschung und Entwicklung enthalten. Nichtkernwaffenstaaten, die Vertragspartei sind, können diese Vorteile aufgrund einer oder mehrerer internationaler Sonderübereinkünfte durch eine geeignete internationale Organisation erlangen, in der Nichtkernwaffenstaaten angemessen vertreten sind. Verhandlungen hierüber werden so bald wie möglich nach Inkrafttreten dieses Vertrags aufgenommen. Nichtkernwaffenstaaten, die Vertragspartei sind, können diese Vorteile, wenn sie es wünschen, auch aufgrund zweiseitiger Übereinkünfte erlangen.

Artikel VI
Jede Vertragspartei verpflichtet sich, in redlicher Absicht Verhandlungen zu führen über wirksame Maßnahmen zur Beendigung des nuklearen Wettrüstens in naher Zukunft und zur nuklearen Abrüstung sowie über einen Vertrag zur allgemeinen und vollständigen Abrüstung unter strenger und wirksamer internationaler Kontrolle.

Artikel VII
Dieser Vertrag beeinträchtigt nicht das Recht einer Gruppe von Staaten, regionale Verträge zu schließen, um sicherzustellen, daß ihre Hoheitsgebiete völlig frei von Kernwaffen sind.

Artikel VIII
(1) Jede Vertragspartei kann Änderungen dieses Vertrags vorschlagen. Der Wortlaut jedes Änderungsvorschlags wird den Verwahrregierungen übermittelt, die ihn allen Vertragsparteien zuleiten. Daraufhin berufen die Verwahrregierungen auf Antrag von mindestens einem Drittel der Vertragsparteien zur Prüfung des Änderungsvorschlags eine Konferenz ein, zu der sie alle Vertragsparteien einladen.
(2) Jede Änderung dieses Vertrags bedarf der Genehmigung durch Stimmenmehrheit aller Vertragsparteien einschließlich der Stimmen aller Kernwaffenstaaten, die Vertragspartei sind, und aller sonstigen Vertragsparteien, die im Zeitpunkt der Zuleitung des Änderungsvorschlags Mitglied des Gouverneursrats der Internationalen Atomenergie-Organisation sind. Die Änderung tritt für jede Vertragspartei, die ihre Ratifikationsurkunde zu der Änderung hinterlegt hat, in Kraft mit der Hinterlegung von Ratifikationsurkunden durch die Mehrheit aller Vertragsparteien einschließlich der Ratifikationsurkunden aller Kernwaffenstaaten, die Vertragspartei sind, und aller sonstigen Vertragsparteien, die im Zeitpunkt der Zuleitung des Änderungsvorschlags Mitglied des Gouverneursrats der Internationalen Atomenergie-Organisation sind. Danach tritt die Änderung für jede weitere Vertragspartei mit der Hinterlegung ihrer Ratifikationsurkunde zu der Änderung in Kraft.
(3) Fünf Jahre nach dem Inkrafttreten dieses Vertrags wird in Genf, Schweiz, eine Konferenz der Vertragsparteien zu dem Zweck abgehalten, die Wirkungsweise dieses Vertrags zu überprüfen, um sicherzustellen, daß die Ziele der Präambel und die Bestimmungen des Vertrags verwirklicht werden. Danach kann eine Mehrheit der Vertragsparteien in Abständen von je fünf Jahren die Einberufung

weiterer Konferenzen mit demselben Ziel der Überprüfung der Wirkungsweise des Vertrags erreichen, indem sie den Verwahrregierungen einen diesbezüglichen Vorschlag unterbreitet.

Artikel IX
(1) Dieser Vertrag liegt für alle Staaten zur Unterzeichnung auf. Jeder Staat, der den Vertrag nicht vor seinem nach Absatz 3 erfolgten Inkrafttreten unterzeichnet, kann ihm jederzeit beitreten.
(2) Dieser Vertrag bedarf der Ratifikation durch die Unterzeichnerstaaten. Die Ratifikations- und die Beitrittsurkunden sind bei den Regierungen der Union der Sozialistischen Sowjetrepubliken, des Vereinigten Königreichs Großbritannien und Nordirland sowie der Vereinigten Staaten von Amerika zu hinterlegen; diese werden hiermit zu Verwahrregierungen bestimmt.
(3) Dieser Vertrag tritt in Kraft, sobald die Staaten, deren Regierungen zu Verwahrern des Vertrags bestimmt worden sind, und vierzig sonstige Unterzeichnerstaaten ihn ratifiziert und ihre Ratifikationsurkunden hinterlegt haben. Für die Zwecke dieses Vertrags gilt als Kernwaffenstaat jeder Staat, der vor dem 1. Januar 1967 eine Kernwaffe oder einen sonstigen Kernsprengkörper hergestellt und gezündet hat.
(4) Für Staaten, deren Ratifikations- oder Beitrittsurkunde nach dem Inkrafttreten dieses Vertrags hinterlegt wird, tritt er am Tag der Hinterlegung ihrer Ratifikations- oder Beitrittsurkunde in Kraft.
(5) Die Verwahrregierungen unterrichten alle Unterzeichnerstaaten und beitretenden Staaten sogleich vom Zeitpunkt jeder Unterzeichnung und jeder Hinterlegung einer Ratifikations- oder Beitrittsurkunde, vom Zeitpunkt des Inkrafttretens dieses Vertrags und vom Zeitpunkt des Eingangs von Anträgen auf Einberufung einer Konferenz oder von sonstigen Mitteilungen.
(6) Dieser Vertrag wird von den Verwahrregierungen nach Artikel 102 der Charta der Vereinten Nationen registriert.

Artikel X
(1) Jede Vertragspartei ist in Ausübung ihrer staatlichen Souveränität berechtigt, von diesem Vertrag zurückzutreten, wenn sie entscheidet, daß durch außergewöhnliche, mit dem Inhalt dieses Vertrags zusammenhängende Ereignisse eine Gefährdung der höchsten Interessen ihres Landes eingetreten ist. Sie teilt diesen Rücktritt allen anderen Vertragsparteien sowie dem Sicherheitsrat der Vereinten Nationen drei Monate im voraus mit. Diese Mitteilung hat eine Darlegung der außergewöhnlichen Ereignisse zu enthalten, durch die ihrer Ansicht nach eine Gefährdung ihrer höchsten Interessen eingetreten ist.
(2) Fünfundzwanzig Jahre nach Inkrafttreten dieses Vertrags wird eine Konferenz einberufen, die beschließen soll, ob der Vertrag auf unbegrenzte Zeit in Kraft bleibt oder um eine oder mehrere bestimmte Frist oder Fristen verlängert wird. Dieser Beschluß bedarf der Mehrheit der Vertragsparteien.[2]

Artikel XI
Dieser Vertrag, dessen chinesischer, englischer, französischer, russischer und spanischer Wortlaut gleichermaßen verbindlich ist, wird in den Archiven der Verwahrregierung hinterlegt. Diese übermitteln den Regierungen der Unterzeichnerstaaten und der beitretenden Staaten gehörig beglaubigte Abschriften.

Zu Urkund dessen haben die hierzu gehörig befugten Unterzeichneten diesen Vertrag unterschrieben. Geschehen in drei Urschriften zu London, Moskau und Washington am 1. Juli 1968.

---

2) Die Vertragsparteien haben am 11. Mai 1995 gemäß Artikel X Absatz 2 ohne Abstimmung im Konsens entschieden, daß der Vertrag auf unbestimmte Zeit in Kraft bleibt (BGBl. 1995 II S. 984).

Diplomatic Protection[1), Entwurf der Völkerrechtskommission der Vereinten Nationen

PART ONE
General provisions

Article 1 Definition and scope
For the purposes of the present draft articles, diplomatic protection consists of the invocation by a State, through diplomatic action or other means of peaceful settlement, of the responsibility of another State for an injury caused by an internationally wrongful act of that State to a natural or legal person that is a national of the former State with a view to the implementation of such responsibility.

Article 2 Right to exercise diplomatic protection
A State has the right to exercise diplomatic protection in accordance with the present draft articles.

PART TWO
Nationality

CHAPTER I
General principles

Article 3 Protection by the State of nationality
1. The State entitled to exercise diplomatic protection is the State of nationality.
2. Notwithstanding paragraph 1, diplomatic protection may be exercised by a State in respect of a person that is not its national in accordance with draft article 8.

CHAPTER II
Natural persons

Article 4 State of nationality of a natural person
For the purposes of the diplomatic protection of a natural person, a State of nationality means a State whose nationality that person has acquired, in accordance with the law of that State, by birth, descent, naturalization, succession of States or in any other manner, not inconsistent with international law.

Article 5 Continuous nationality of a natural person
1. A State is entitled to exercise diplomatic protection in respect of a person who was a national of that State continuously from the date of injury to the date of the official presentation of the claim. Continuity is presumed if that nationality existed at both these dates.
2. Notwithstanding paragraph 1, a State may exercise diplomatic protection in respect of a person who is its national at the date of the official presentation of the claim but was not a national at the date of injury, provided that the person had the nationality of a predecessor State or lost his or her previous nationality and acquired, for a reason unrelated to the bringing of the claim, the nationality of the former State in a manner not inconsistent with international law.
3. Diplomatic protection shall not be exercised by the present State of nationality in respect of a person against a former State of nationality of that person for an injury caused when that person was a national of the former State of nationality and not of the present State of nationality.
4. A State is no longer entitled to exercise diplomatic protection in respect of a person who acquires the nationality of the State against which the claim is brought after the date of the official presentation of the claim.

---

1) Quelle: Anlage zur Resolution 62/67 der UN-Generalversammlung vom 6. Dezember 2007.
Von der Völkerrechtskommission verabschiedet auf ihrer 58. Tagung am 8. August 2006; von der Generalversammlung zur Kenntnis genommen mit Resolution 61/35 vom 4. Dezember 2006. Über die Ausarbeitung eines völkerrechtlichen Übereinkommens ist noch nicht entschieden worden.

Article 6 Multiple nationality and claim against a third State
1. Any State of which a dual or multiple national is a national may exercise diplomatic protection in respect of that national against a State of which that person is not a national.
2. Two or more States of nationality may jointly exercise diplomatic protection in respect of a dual or multiple national.

Article 7 Multiple nationality and claim against a State of nationality
A State of nationality may not exercise diplomatic protection in respect of a person against a State of which that person is also a national unless the nationality of the former State is predominant, both at the date of injury and at the date of the official presentation of the claim.

Article 8 Stateless persons and refugees
1. A State may exercise diplomatic protection in respect of a stateless person who, at the date of injury and at the date of the official presentation of the claim, is lawfully and habitually resident in that State.
2. A State may exercise diplomatic protection in respect of a person who is recognized as a refugee by that State, in accordance with internationally accepted standards, when that person, at the date of injury and at the date of the official presentation of the claim, is lawfully and habitually resident in that State.
3. Paragraph 2 does not apply in respect of an injury caused by an internationally wrongful act of the State of nationality of the refugee.

CHAPTER III
Legal persons

Article 9 State of nationality of a corporation
For the purposes of the diplomatic protection of a corporation, the State of nationality means the State under whose law the corporation was incorporated. However, when the corporation is controlled by nationals of another State or States and has no substantial business activities in the State of incorporation, and the seat of management and the financial control of the corporation are both located in another State, that State shall be regarded as the State of nationality.

Article 10 Continuous nationality of a corporation
1. A State is entitled to exercise diplomatic protection in respect of a corporation that was a national of that State, or its predecessor State, continuously from the date of injury to the date of the official presentation of the claim. Continuity is presumed if that nationality existed at both these dates.
2. A State is no longer entitled to exercise diplomatic protection in respect of a corporation that acquires the nationality of the State against which the claim is brought after the presentation of the claim.
3. Notwithstanding paragraph 1, a State continues to be entitled to exercise diplomatic protection in respect of a corporation which was its national at the date of injury and which, as the result of the injury, has ceased to exist according to the law of the State of incorporation.

Article 11 Protection of shareholders
A State of nationality of shareholders in a corporation shall not be entitled to exercise diplomatic protection in respect of such shareholders in the case of an injury to the corporation unless:
(a) The corporation has ceased to exist according to the law of the State of incorporation for a reason unrelated to the injury; or
(b) The corporation had, at the date of injury, the nationality of the State alleged to be responsible for causing the injury, and incorporation in that State was required by it as a precondition for doing business there.

Article 12 Direct injury to shareholders
To the extent that an internationally wrongful act of a State causes direct injury to the rights of shareholders as such, as distinct from those of the corporation itself, the State of nationality of any such shareholders is entitled to exercise diplomatic protection in respect of its nationals.

Article 13 Other legal persons
The principles contained in this chapter shall be applicable, as appropriate, to the diplomatic protection of legal persons other than corporations.

PART THREE
Local remedies

Article 14 Exhaustion of local remedies
1. A State may not present an international claim in respect of an injury to a national or other person referred to in draft article 8 before the injured person has, subject to draft article 15, exhausted all local remedies.
2. »Local remedies« means legal remedies which are open to an injured person before the judicial or administrative courts or bodies, whether ordinary or special, of the State alleged to be responsible for causing the injury.
3. Local remedies shall be exhausted where an international claim, or request for a declaratory judgement related to the claim, is brought preponderantly on the basis of an injury to a national or other person referred to in draft article 8.

Article 15 Exceptions to the local remedies rule
Local remedies do not need to be exhausted where:
(a) There are no reasonably available local remedies to provide effective redress, or the local remedies provide no reasonable possibility of such redress;
(b) There is undue delay in the remedial process which is attributable to the State alleged to be responsible;
(c) There was no relevant connection between the injured person and the State alleged to be responsible at the date of injury;
(d) The injured person is manifestly precluded from pursuing local remedies; or
(e) The State alleged to be responsible has waived the requirement that local remedies be exhausted.

PART FOUR
Miscellaneous provisions

Article 16 Actions or procedures other than diplomatic protection
The rights of States, natural persons, legal persons or other entities to resort under international law to actions or procedures other than diplomatic protection to secure redress for injury suffered as a result of an internationally wrongful act, are not affected by the present draft articles.

Article 17 Special rules of international law
The present draft articles do not apply to the extent that they are inconsistent with special rules of international law, such as treaty provisions for the protection of investments.

Article 18 Protection of ships' crews
The right of the State of nationality of the members of the crew of a ship to exercise diplomatic protection is not affected by the right of the State of nationality of a ship to seek redress on behalf of such crew members, irrespective of their nationality, when they have been injured in connection with an injury to the vessel resulting from an internationally wrongful act.

Article 19 Recommended practice
A State entitled to exercise diplomatic protection according to the present draft articles, should:
(a) Give due consideration to the possibility of exercising diplomatic protection, especially when a significant injury has occurred;
(b) Take into account, wherever feasible, the views of injured persons with regard to resort to diplomatic protection and the reparation to be sought; and
(c) Transfer to the injured person any compensation obtained for the injury from the responsible State subject to any reasonable deductions.

VIII. Kriegsrecht

Abkommen, betreffend die Gesetze und Gebräuche des Landkriegs (IV. Haager Abkommen von 1907)[1)]

Vom 18. Oktober 1907

Seine Majestät der Deutsche Kaiser, König von Preußen,
(Die Namen der weiteren Staatsoberhäupter sind nicht abgedruckt.)
in der Erwägung, daß bei allem Bemühen, Mittel zu suchen, um den Frieden zu sichern und bewaffnete Streitigkeiten zwischen den Völkern zu verhüten, es doch von Wichtigkeit ist, auch den Fall ins Auge zu fassen, wo ein Ruf zu den Waffen durch Ereignisse herbeigeführt wird, die ihre Fürsorge nicht hat abwenden können,
von dem Wunsche beseelt, selbst in diesem äußersten Falle den Interessen der Menschlichkeit und den sich immer steigernden Forderungen der Zivilisation zu dienen,
in der Meinung, daß es zu diesem Zwecke von Bedeutung ist, die allgemeinen Gesetze und Gebräuche des Krieges einer Durchsicht zu unterziehen, sei es, um sie näher zu bestimmen, sei es, um ihnen gewisse Grenzen zu ziehen, damit sie soviel wie möglich von ihrer Schärfe verlieren,
haben eine Vervollständigung und in gewissen Punkten eine bestimmtere Fassung des Werkes der Ersten Friedenskonferenz für nötig befunden, die im Anschluß an die Brüsseler Konferenz von 1874, ausgehend von den durch eine weise und hochherzige Fürsorge eingegebenen Gedanken, Bestimmungen zur Feststellung und Regelung der Gebräuche des Landkriegs angenommen hat.
Nach der Auffassung der hohen vertragschließenden Teile sollen diese Bestimmungen, deren Abfassung durch den Wunsch angeregt wurde, die Leiden des Krieges zu mildern, soweit es die militärischen Interessen gestatten, den Kriegführenden als allgemeine Richtschnur für ihr Verhalten in den Beziehungen untereinander und mit der Bevölkerung dienen.
Es war indessen nicht möglich, sich schon jetzt über Bestimmungen zu einigen, die sich auf alle in der Praxis vorkommenden Fälle erstrecken.
Andererseits konnte es nicht in der Absicht der hohen vertragschließenden Teile liegen, daß die nicht vorgesehenen Fälle in Ermangelung einer schriftlichen Abrede der willkürlichen Beurteilung der militärischen Befehlshaber überlassen bleiben.
Solange, bis ein vollständigeres Kriegsgesetzbuch festgestellt werden kann, halten es die hohen vertragschließenden Teile für zweckmäßig, festzusetzen, daß in den Fällen, die in den Bestimmungen der von ihnen angenommenen Ordnung nicht einbegriffen sind, die Bevölkerung und die Kriegführenden unter dem Schutze und der Herrschaft der Grundsätze des Völkerrechts bleiben, wie sie sich ergeben aus den unter gesitteten Völkern feststehenden Gebräuchen, aus den Gesetzen der Menschlichkeit und aus den Forderungen des öffentlichen Gewissens.
Sie erklären, daß namentlich die Artikel 1 und 2 der angenommenen Ordnung in diesem Sinne zu verstehen sind.
Die hohen vertragschließenden Teile, die hierüber ein neues Abkommen abzuschließen wünschen, haben zu Ihren Bevollmächtigten ernannt:
(Die Namen der Bevollmächtigten sind nicht abgedruckt.)
welche, nachdem sie ihre Vollmachten hinterlegt und diese in guter und gehöriger Form befunden haben, über folgende Bestimmungen übereingekommen sind:

Artikel 1 [Verpflichtung zur Umsetzung][2)]
Die Vertragsmächte werden ihren Landheeren Verhaltungsmaßregeln geben, welche der dem vorliegenden Abkommen beigefügten Ordnung der Gesetze und Gebräuche des Landkriegs entsprechen.

---
1) Deutscher Text: *RGBl.* 1910 S. 107.
   Internationale Quelle: Martens, *Nouveau Recueil Général de Traités*, Reihe III Bd. 3 S. 461.
   In Kraft getreten, auch für das Deutsche Reich, am 26. Januar 1910.
2) Die Überschriften zu den Artikeln sind nicht Teil des offiziellen Dokuments.

Artikel 2 [Allbeteiligungsklausel]
Die Bestimmungen der im Artikel 1 angeführten Ordnung sowie des vorliegenden Abkommens finden nur zwischen den Vertragsmächten Anwendung und nur dann, wenn die Kriegführenden sämtlich Vertragsparteien sind.

Artikel 3 [Verantwortlichkeit bei Vertragsverletzung]
Die Kriegspartei, welche die Bestimmungen der bezeichneten Ordnung verletzen sollte, ist gegebenen Falles zum Schadensersatze verpflichtet. Sie ist für alle Handlungen verantwortlich, die von den zu ihrer bewaffneten Macht gehörenden Personen begangen werden.

Artikel 4 [Ersetzung des Abkommens von 1899]
Dieses Abkommen tritt nach seiner Ratifikation für die Beziehungen zwischen den Vertragsmächten an die Stelle des Abkommens vom 29. Juli 1899, betreffend die Gesetze und Gebräuche des Landkriegs.

Das Abkommen von 1899 bleibt in Kraft für die Beziehungen zwischen den Mächten, die es unterzeichnet haben, die aber das vorliegende Abkommen nicht gleichermaßen ratifizieren sollten.

Artikel 5 [Ratifikation]
Dieses Abkommen soll möglichst bald ratifiziert werden.

Die Ratifikationsurkunden sollen im Haag hinterlegt werden.

Die erste Hinterlegung von Ratifikationsurkunden wird durch ein Protokoll festgestellt, das von den Vertretern der daran teilnehmenden Mächte und von dem Niederländischen Minister der auswärtigen Angelegenheiten unterzeichnet wird.

Die späteren Hinterlegungen von Ratifikationsurkunden erfolgen mittels einer schriftlichen, an die Regierung der Niederlande gerichteten Anzeige, der die Ratifikationsurkunde beizufügen ist.

Beglaubigte Abschrift des Protokolls über die erste Hinterlegung von Ratifikationsurkunden, der im vorstehenden Absatz erwähnten Anzeigen sowie der Ratifikationsurkunden wird durch die Regierung der Niederlande den zur Zweiten Friedenskonferenz eingeladenen Mächten sowie den anderen Mächten, die dem Abkommen beigetreten sind, auf diplomatischem Wege mitgeteilt werden. In den Fällen des vorstehenden Absatzes wird die bezeichnete Regierung ihnen zugleich bekanntgeben, an welchem Tage sie die Anzeige erhalten hat.

Artikel 6 [Beitritt]
Die Mächte, die nicht unterzeichnet haben, können diesem Abkommen später beitreten.

Die Macht, die beizutreten wünscht, hat ihre Absicht der Regierung der Niederlande schriftlich anzuzeigen und ihr dabei die Beitrittsurkunde zu übersenden, die im Archive der bezeichneten Regierung hinterlegt werden wird.

Diese Regierung wird unverzüglich allen anderen Mächten beglaubigte Abschrift der Anzeige wie der Beitrittsurkunde übersenden und zugleich angeben, an welchem Tage sie die Anzeige erhalten hat.

Artikel 7 [Inkrafttreten]
Dieses Abkommen wird wirksam für die Mächte, die an der ersten Hinterlegung von Ratifikationsurkunden teilgenommen haben, sechzig Tage nach dem Tage, an dem das Protokoll über diese Hinterlegung aufgenommen ist, und für die später ratifizierenden oder beitretenden Mächte sechzig Tage, nachdem die Regierung der Niederlande die Anzeige von ihrer Ratifikation oder von ihrem Beitritt erhalten hat.

Artikel 8 [Kündigung]
Sollte eine der Vertragsmächte dieses Abkommen kündigen wollen, so soll die Kündigung schriftlich der Regierung der Niederlande erklärt werden, die unverzüglich beglaubigte Abschrift der Erklärung allen anderen Mächten mitteilt und ihnen zugleich bekanntgibt, an welchem Tage sie die Erklärung erhalten hat.

Die Kündigung soll nur in Ansehung der Macht wirksam sein, die sie erklärt hat, und erst ein Jahr, nachdem die Erklärung bei der Regierung der Niederlande eingegangen ist.

Artikel 9 [Vertragsregister]
Ein im Niederländischen Ministerium der auswärtigen Angelegenheiten geführtes Register soll den Tag der gemäß Artikel 5 Abs. 3, 4 erfolgten Hinterlegung von Ratifikationsurkunden angeben sowie

den Tag, an dem die Anzeigen von dem Beitritt (Artikel 6 Abs. 2) oder von der Kündigung (Artikel 8 Abs. 1) eingegangen sind.
Jede Vertragsmacht hat das Recht, von diesem Register Kenntnis zu nehmen und beglaubigte Auszüge daraus zu verlangen.

Zu Urkund dessen haben die Bevollmächtigten dieses Abkommen mit ihren Unterschriften versehen. Geschehen im Haag am achtzehnten Oktober neunzehnhundertsieben in einer einzigen Ausfertigung, die im Archive der Regierung der Niederlande hinterlegt bleiben soll und wovon beglaubigte Abschriften den zu der Zweiten Friedenskonferenz eingeladenen Mächten auf diplomatischem Wege übergeben werden sollen.

42a Haager Landkriegsordnung Art. 1–23

Anlage zum Abkommen
Ordnung der Gesetze und Gebräuche des Landkriegs

ERSTER ABSCHNITT
Kriegführende

ERSTES KAPITEL
Begriff der Kriegführenden

Artikel 1 [Streitkräfte: Heer, Milizen, Freiwilligen-Korps]
Die Gesetze, die Rechte und die Pflichten des Krieges gelten nicht nur für das Heer, sondern auch für die Milizen und Freiwilligen-Korps, wenn sie folgende Bedingungen in sich vereinigen:
1. daß jemand an ihrer Spitze steht, der für seine Untergebenen verantwortlich ist,
2. daß sie ein bestimmtes aus der Ferne erkennbares Abzeichen tragen,
3. daß sie die Waffen offen führen und
4. daß sie bei ihren Unternehmungen die Gesetze und Gebräuche des Krieges beobachten.

In den Ländern, in denen Milizen oder Freiwilligen-Korps das Heer oder einen Bestandteil des Heeres bilden, sind diese unter der Bezeichnung »Heer« einbegriffen.

Artikel 2 [Levée en masse]
Die Bevölkerung eines nicht besetzten Gebiets, die beim Herannahen des Feindes aus eigenem Antriebe zu den Waffen greift, um die eindringenden Truppen zu bekämpfen, ohne Zeit gehabt zu haben, sich nach Artikel 1 zu organisieren, wird als kriegführend betrachtet, wenn sie die Waffen offen führt und die Gesetze und Gebräuche des Krieges beobachtet.

Artikel 3 [Kombattanten und Nichtkombattanten]
Die bewaffnete Macht der Kriegsparteien kann sich zusammensetzen aus Kombattanten und Nichtkombattanten. Im Falle der Gefangennahme durch den Feind haben die einen wie die anderen Anspruch auf Behandlung als Kriegsgefangene.

ZWEITES KAPITEL
Kriegsgefangene

Das zweite Kapitel (Artikel 4 bis 20) ist nicht abgedruckt, da es mit Abschluß des III. Genfer Abkommens vom 12. August 1949 über die Behandlung der Kriegsgefangenen durch die umfangreichen Regelungen dieses Abkommens ergänzt wurde (Artikel 135).

DRITTES KAPITEL
Kranke und Verwundete

Artikel 21 [Genfer Abkommen]
Die Pflichten der Kriegführenden in Ansehung der Behandlung von Kranken und Verwundeten bestimmen sich nach dem Genfer Abkommen.

ZWEITER ABSCHNITT
Feindseligkeiten

ERSTES KAPITEL
Mittel zur Schädigung des Feindes, Belagerungen und Beschießungen

Artikel 22 [Beschränkung der Kriegsmittel]
Die Kriegführenden haben kein unbeschränktes Recht in der Wahl der Mittel zur Schädigung des Feindes.

Artikel 23 [Verbote]
Abgesehen von den durch Sonderverträge aufgestellten Verboten, ist namentlich untersagt:
a) die Verwendung von Gift oder vergifteten Waffen,
b) die meuchlerische Tötung oder Verwundung von Angehörigen des feindlichen Volkes oder Heeres,

Art. 24–30 Haager Landkriegsordnung

c) die Tötung oder Verwundung eines die Waffen streckenden oder wehrlosen Feindes, der sich auf Gnade oder Ungnade ergeben hat,
d) die Erklärung, daß kein Pardon gegeben wird,
e) der Gebrauch von Waffen, Geschossen oder Stoffen, die geeignet sind, unnötig Leiden zu verursachen,
f) der Mißbrauch der Parlamentärflagge, der Nationalflagge oder der militärischen Abzeichen oder der Uniform des Feindes sowie der besonderen Abzeichen des Genfer Abkommens,
g) die Zerstörung oder Wegnahme feindlichen Eigentums außer in den Fällen, wo diese Zerstörung oder Wegnahme durch die Erfordernisse des Krieges dringend erheischt wird,
h) die Aufhebung oder zeitweilige Außerkraftsetzung der Rechte und Forderungen von Angehörigen der Gegenpartei oder die Ausschließung ihrer Klagbarkeit.

Den Kriegführenden ist ebenfalls untersagt, Angehörige der Gegenpartei zur Teilnahme an den Kriegsunternehmungen gegen ihr Land zu zwingen; dies gilt auch für den Fall, daß sie vor Ausbruch des Krieges angeworben waren.

Artikel 24 [Kriegslist, Informationssammlung]
Kriegslisten und die Anwendung der notwendigen Mittel, um sich Nachrichten über den Gegner und das Gelände zu verschaffen, sind erlaubt.

Artikel 25 [Unverteidigte Plätze]
Es ist untersagt, unverteidigte Städte, Dörfer, Wohnstätten oder Gebäude, mit welchen Mitteln es auch sei, anzugreifen oder zu beschießen.

Artikel 26 [Ankündigung vor Beschießungen]
Der Befehlshaber einer angreifenden Truppe soll vor Beginn der Beschießung, den Fall eines Sturmangriffs ausgenommen, alles, was an ihm liegt, tun, um die Behörden davon zu benachrichtigen.

Artikel 27 [Gotteshäuser, Kulturgüter, Einrichtungen der Krankenversorgung]
Bei Belagerungen und Beschießungen sollen alle erforderlichen Vorkehrungen getroffen werden, um die dem Gottesdienste, der Kunst, der Wissenschaft und der Wohltätigkeit gewidmeten Gebäude, die geschichtlichen Denkmäler, die Hospitäler und Sammelplätze für Kranke und Verwundete soviel wie möglich zu schonen, vorausgesetzt, daß sie nicht gleichzeitig zu einem militärischen Zwecke Verwendung finden. Pflicht der Belagerten ist es, diese Gebäude oder Sammelplätze mit deutlichen besonderen Zeichen zu versehen und diese dem Belagerer vorher bekanntzugeben.

Artikel 28 [Plünderungsverbot]
Es ist untersagt, Städte oder Ansiedelungen, selbst wenn sie im Sturme genommen sind, der Plünderung preiszugeben.

ZWEITES KAPITEL
Spione

Artikel 29 [Begriff]
Als Spion gilt nur, wer heimlich oder unter falschem Vorwand in dem Operationsgebiet eines Kriegführenden Nachrichten einzieht oder einzuziehen sucht in der Absicht, sie der Gegenpartei mitzuteilen.
Demgemäß sind Militärpersonen in Uniform, die in das Operationsgebiet des feindlichen Heeres eingedrungen sind, um sich Nachrichten zu verschaffen, nicht als Spione zu betrachten. Desgleichen gelten nicht als Spione: Militärpersonen und Nichtmilitärpersonen, die den ihnen erteilten Auftrag, Mitteilungen an ihr eigenes oder an das feindliche Heer zu überbringen, offen ausführen. Dahin gehören ebenfalls Personen, die in Luftschiffen befördert werden, um Mitteilungen zu überbringen oder um überhaupt Verbindungen zwischen den verschiedenen Teilen eines Heeres oder eines Gebiets aufrechtzuerhalten.

Artikel 30 [Bestrafung]
Der auf der Tat ertappte Spion kann nicht ohne vorausgegangenes Urteil bestraft werden.

42a Haager Landkriegsordnung Art. 31–39

Artikel 31 [Frühere Spione]
Ein Spion, welcher zu dem Heere, dem er angehört, zurückgekehrt ist und später vom Feinde gefangengenommen wird, ist als Kriegsgefangener zu behandeln und kann für früher begangene Spionage nicht verantwortlich gemacht werden.

DRITTES KAPITEL
Parlamentäre

Artikel 32 [Begriff, Unverletzlichkeit]
Als Parlamentär gilt, wer von einem der Kriegführenden bevollmächtigt ist, mit dem anderen in Unterhandlungen zu treten, und sich mit der weißen Fahne zeigt. Er hat Anspruch auf Unverletzlichkeit, ebenso der ihn begleitende Trompeter, Hornist oder Trommler, Fahnenträger und Dolmetscher.

Artikel 33 [Behandlung]
Der Befehlshaber, zu dem ein Parlamentär gesandt wird, ist nicht verpflichtet, ihn unter allen Umständen zu empfangen.

Er kann alle erforderlichen Maßregeln ergreifen, um den Parlamentär zu verhindern, seine Sendung zur Einziehung von Nachrichten zu benutzen.

Er ist berechtigt, bei vorkommendem Mißbrauche den Parlamentär zeitweilig zurückzuhalten.

Artikel 34 [Verwirkung der Unverletzlichkeit]
Der Parlamentär verliert seinen Anspruch auf Unverletzlichkeit, wenn der bestimmte, unwiderlegbare Beweis vorliegt, daß er seine bevorrechtigte Stellung dazu benutzt hat, um Verrat zu üben oder dazu anzustiften.

VIERTES KAPITEL
Kapitulationen

Artikel 35 [Verbindlichkeit]
Die zwischen den abschließenden Parteien vereinbarten Kapitulationen sollen den Forderungen der militärischen Ehre Rechnung tragen.

Einmal abgeschlossen, sollen sie von beiden Parteien gewissenhaft beobachtet werden.

FÜNFTES KAPITEL
Waffenstillstand

Artikel 36 [Wirkung, Dauer]
Der Waffenstillstand unterbricht die Kriegsunternehmungen kraft eines wechselseitigen Übereinkommens der Kriegsparteien. Ist eine bestimmte Dauer nicht vereinbart worden, so können die Kriegsparteien jederzeit die Feindseligkeiten wieder aufnehmen, doch nur unter der Voraussetzung, daß der Feind, gemäß den Bedingungen des Waffenstillstandes, rechtzeitig benachrichtigt wird.

Artikel 37 [Geltungsbereich]
Der Waffenstillstand kann ein allgemeiner oder ein örtlich begrenzter sein. Der erstere unterbricht die Kriegsunternehmungen der kriegführenden Staaten allenthalben, der letztere nur für bestimmte Teile der kriegführenden Heere und innerhalb eines bestimmten Bereichs.

Artikel 38 [Bekanntmachung, Inkrafttreten]
Der Waffenstillstand muß in aller Form und rechtzeitig den zuständigen Behörden und den Truppen bekanntgemacht werden. Die Feindseligkeiten sind sofort nach der Bekanntmachung oder zu dem festgesetzten Zeitpunkt einzustellen.

Artikel 39 [Regelung der gegenseitigen Beziehungen]
Es ist Sache der abschließenden Parteien, in den Bedingungen des Waffenstillstandes festzusetzen, welche Beziehungen etwa auf dem Kriegsschauplatze mit der Bevölkerung und untereinander statthaft sind.

Art. 40–50 Haager Landkriegsordnung 42a

Artikel 40 [Folgen der Verletzung]
Jede schwere Verletzung des Waffenstillstandes durch eine der Parteien gibt der anderen das Recht, ihn zu kündigen und in dringenden Fällen sogar die Feindseligkeiten unverzüglich wieder aufzunehmen.

Artikel 41 [Verletzung durch Privatpersonen]
Die Verletzung der Bedingungen des Waffenstillstandes durch Privatpersonen, die aus eigenem Antriebe handeln, gibt nur das Recht, die Bestrafung der Schuldigen und gegebenen Falles einen Ersatz für den erlittenen Schaden zu fordern.

DRITTER ABSCHNITT
Militärische Gewalt auf besetztem feindlichem Gebiete

Artikel 42 [Besetztes Gebiet]
Ein Gebiet gilt als besetzt, wenn es sich tatsächlich in der Gewalt des feindlichen Heeres befindet. Die Besetzung erstreckt sich nur auf die Gebiete, wo diese Gewalt hergestellt ist und ausgeübt werden kann.

Artikel 43 [Öffentliche Ordnung]
Nachdem die gesetzmäßige Gewalt tatsächlich in die Hände des Besetzenden übergegangen ist, hat dieser alle von ihm abhängenden Vorkehrungen zu treffen, um nach Möglichkeit die öffentliche Ordnung und das öffentliche Leben wiederherzustellen und aufrechtzuerhalten, und zwar, soweit kein zwingendes Hindernis besteht, unter Beachtung der Landesgesetze.

Artikel 44 [Auskunftszwang]
Einem Kriegführenden ist es untersagt, die Bevölkerung eines besetzten Gebiets zu zwingen, Auskünfte über das Heer des anderen Kriegführenden oder über dessen Vereidigungsmittel zu geben.

Artikel 45 [Treueid]
Es ist untersagt, die Bevölkerung eines besetzten Gebiets zu zwingen, der feindlichen Macht den Treueid zu leisten.

Artikel 46 [Grundrechte der Bürger]
Die Ehre und die Rechte der Familie, das Leben der Bürger und das Privateigentum sowie die religiösen Überzeugungen und gottesdienstlichen Handlungen sollen geachtet werden.
Das Privateigentum darf nicht eingezogen werden.

Artikel 47 [Plünderungsverbot]
Die Plünderung ist ausdrücklich untersagt.

Artikel 48 [Erhebung von Abgaben, Verwaltungskosten]
Erhebt der Besetzende in dem besetzten Gebiete die zugunsten des Staates bestehenden Abgaben, Zölle und Gebühren, so soll er es möglichst nach Maßgabe der für die Ansetzung und Verteilung geltenden Vorschriften tun; es erwächst damit für ihn die Verpflichtung, die Kosten der Verwaltung des besetzten Gebiets in dem Umfange zu tragen, wie die gesetzmäßige Regierung hierzu verpflichtet war.

Artikel 49 [Zusätzliche Geldabgaben]
Erhebt der Besetzende in dem besetzten Gebiet außer den im vorstehenden Artikel bezeichneten Abgaben andere Auflagen in Geld, so darf dies nur zur Deckung der Bedürfnisse des Heeres oder der Verwaltung dieses Gebiets geschehen.

Artikel 50 [Verbot von Kollektivbestrafung]
Keine Strafe in Geld oder anderer Art darf über eine ganze Bevölkerung wegen der Handlungen einzelner verhängt werden, für welche die Bevölkerung nicht als mitverantwortlich angesehen werden kann.

42a Haager Landkriegsordnung Art. 51–56

Artikel 51 [Requisitionen]
Zwangsauflagen können nur auf Grund eines schriftlichen Befehls und unter Verantwortlichkeit eines selbständig kommandierenden Generals erhoben werden.
Die Erhebung soll so viel wie möglich nach den Vorschriften über die Ansetzung und Verteilung der bestehenden Abgaben erfolgen.
Über jede auferlegte Leistung wird den Leistungspflichtigen eine Empfangsbestätigung erteilt.

Artikel 52 [Natural- und Dienstleistungen]
Naturalleistungen und Dienstleistungen können von Gemeinden oder Einwohnern nur für die Bedürfnisse des Besetzungsheers gefordert werden. Sie müssen im Verhältnis zu den Hilfsquellen des Landes stehen und solcher Art sein, daß sie nicht für die Bevölkerung die Verpflichtung enthalten, an Kriegsunternehmungen gegen ihr Vaterland teilzunehmen.
Derartige Natural- und Dienstleistungen können nur mit Ermächtigung des Befehlshabers der besetzten Örtlichkeit gefordert werden.
Die Naturalleistungen sind so viel wie möglich bar zu bezahlen. Anderenfalls sind dafür Empfangsbestätigungen auszustellen; die Zahlung der geschuldeten Summen soll möglichst bald bewirkt werden.

Artikel 53 [Beschlagnahme von Gütern der Kriegsführung]
Das ein Gebiet besetzende Heer kann nur mit Beschlag belegen: das bare Geld und die Wertbestände des Staates sowie die dem Staate zustehenden eintreibbaren Forderungen, die Waffenniederlagen, Beförderungsmittel, Vorratshäuser und Lebensmittelvorräte sowie überhaupt alles bewegliche Eigentum des Staates, das geeignet ist, den Kriegsunternehmungen zu dienen.
Alle Mittel, die zu Lande, zu Wasser und in der Luft zur Weitergabe von Nachrichten und zur Beförderung von Personen oder Sachen dienen, mit Ausnahme der durch das Seerecht geregelten Fälle, sowie die Waffenniederlagen und überhaupt jede Art von Kriegsvorräten können, selbst wenn sie Privatpersonen gehören, mit Beschlag belegt werden. Beim Friedensschlusse müssen sie aber zurückgegeben und die Entschädigungen geregelt werden.

Artikel 54 [Unterseekabel]
Die unterseeischen Kabel, die ein besetztes Gebiet mit einem neutralen Gebiete verbinden, dürfen nur im Falle unbedingter Notwendigkeit mit Beschlag belegt oder zerstört werden. Beim Friedensschlusse müssen sie gleichfalls zurückgegeben und die Entschädigungen geregelt werden.

Artikel 55 [Unbewegliches Staatsvermögen]
Der besetzende Staat hat sich nur als Verwalter und Nutznießer der öffentlichen Gebäude, Liegenschaften, Wälder und landwirtschaftlichen Betriebe zu betrachten, die dem feindlichen Staate gehören und sich in dem besetzten Gebiete befinden. Er soll den Bestand dieser Güter erhalten und sie nach den Regeln des Nießbrauchs verwalten.

Artikel 56 [Gemeinde- und Anstaltsvermögen]
Das Eigentum der Gemeinden und der dem Gottesdienste, der Wohltätigkeit, dem Unterrichte, der Kunst und der Wissenschaft gewidmeten Anstalten, auch wenn diese dem Staate gehören, ist als Privateigentum zu behandeln.
Jede Beschlagnahme, jede absichtliche Zerstörung oder Beschädigung von derartigen Anlagen, von geschichtlichen Denkmälern oder von Werken der Kunst und Wissenschaft ist untersagt und soll geahndet werden.

Protokoll über das Verbot der Verwendung von erstickenden, giftigen oder ähnlichen Gasen sowie von bakteriologischen Mitteln im Kriege[1)]

Vom 17. Juni 1925

In der Erwägung, daß die Verwendung von erstickenden, giftigen oder gleichartigen Gasen sowie allen ähnlichen Flüssigkeiten, Stoffen oder Verfahrensarten im Kriege mit Recht in der allgemeinen Meinung der zivilisierten Welt verurteilt worden ist,
In der Erwägung, daß das Verbot dieser Verwendung in den Verträgen ausgesprochen worden ist, an denen die meisten Mächte der Welt beteiligt sind,
In der Absicht, eine allgemeine Anerkennung dieses Verbots, das in gleicher Weise eine Auflage für das Gewissen wie für das Handeln der Völker bildet, als eines Bestandteils des internationalen Rechts zu erreichen,
Erklären die unterzeichneten Bevollmächtigten im Namen ihrer Regierungen:

Die Hohen Vertragschließenden Parteien erkennen, soweit sie nicht schon Verträge geschlossen haben, die diese Verwendung untersagen, dieses Verbot an. Sie sind damit einverstanden, daß dieses Verbot auch auf die bakteriologischen Kriegsmittel ausgedehnt wird, und kommen überein, sich untereinander an die Bestimmungen dieser Erklärung gebunden zu betrachten.
Die Hohen Vertragschließenden Parteien werden sich nach besten Kräften bemühen, die anderen Staaten zum Beitritt zu dem vorliegenden Protokoll zu veranlassen. Dieser Beitritt wird der Regierung der Französischen Republik und sodann durch diese allen Signatar- und beitretenden Mächten angezeigt werden. Er erlangt mit dem Tage Wirksamkeit, an dem er durch die Regierung der Französischen Republik angezeigt wird.
Das vorliegende Protokoll, dessen französischer und englischer Text maßgebend sind, soll sobald wie möglich ratifiziert werden. Es trägt das Datum des heutigen Tages.
Die Ratifikationsurkunden des vorliegenden Protokolls werden der Regierung der Französischen Republik übermittelt; diese teilt die Hinterlegung jeder der Signatar- oder beitretenden Mächte mit.
Die Ratifikations- oder Beitrittsurkunden bleiben in den Archiven der Regierung der Französischen Republik hinterlegt.
Das vorliegende Protokoll tritt für jede Signatarmacht mit dem Tage der Hinterlegung ihrer Ratifikationsurkunde in Kraft; von diesem Zeitpunkt an ist diese Macht gegenüber den anderen Mächten, die bereits Ratifikationsurkunden hinterlegt haben, gebunden.

Zu Urkund dessen haben die Bevollmächtigten das vorliegende Protokoll unterzeichnet.
Geschehen zu Genf, in einer einzigen Ausfertigung, am siebzehnten Juni Neunzehnhundertfünfundzwanzig.

---

1) Deutscher Text: *RGBl.* 1929 II S. 174.
   Internationale Quelle: *LNTS* Bd. 94 S. 65.
   In Kraft getreten am 8. Februar 1928; für das Deutsche Reich am 25. April 1929.

III. Genfer Abkommen über die Behandlung der Kriegsgefangenen[1)]

Vom 12. August 1949

– Auszug –

Teil I
Allgemeine Bestimmungen

Die Art. 1 bis 3 des Abkommens entsprechen wortgleich den Art. 1 bis 3 des IV. Genfer Abkommens und sind hier nicht abgedruckt (s. den Wortlaut dort, Text Nr. 43)

Artikel 4

A. Kriegsgefangene im Sinne des vorliegenden Abkommens sind die in Feindeshand gefallenen Personen, die einer der nachstehenden Kategorien angehören:
1. Mitglieder von Streitkräften einer am Konflikt beteiligten Partei sowie Mitglieder von Milizen und Freiwilligenkorps, die in diese Streitkräfte eingegliedert sind;
2. Mitglieder anderer Milizen und Freiwilligenkorps, einschließlich solcher von organisierten Widerstandsbewegungen, die zu einer am Konflikt beteiligten Partei gehören und außerhalb oder innerhalb ihres eigenen Gebietes, auch wenn dasselbe besetzt ist, tätig sind, sofern diese Milizen oder Freiwilligenkorps einschließlich der organisierten Widerstandsbewegungen
   a) eine für ihre Untergebenen verantwortliche Person an ihrer Spitze haben;
   b) ein bleibendes und von weitem erkennbares Unterscheidungszeichen führen;
   c) die Waffen offen tragen;
   d) bei ihren Kampfhandlungen die Gesetze und Gebräuche des Krieges einhalten;
3. Mitglieder regulärer Streitkräfte, die sich zu einer von der Gewahrsamsmacht nicht anerkannten Regierung oder Autorität bekennen;
4. Personen, die den Streitkräften folgen, ohne in sie eingegliedert zu sein, wie zivile Besatzungsmitglieder von Militärflugzeugen, Kriegsberichterstatter, Heereslieferanten, Mitglieder von Arbeitseinheiten oder von Diensten, die für die Betreuung der Militärpersonen verantwortlich sind, sofern dieselben von den Streitkräften, die sie begleiten, zu ihrer Tätigkeit ermächtigt sind, wobei diese ihnen zu diesem Zweck eine dem beigefügten Muster entsprechende Ausweiskarte auszuhändigen haben;
5. die Besatzungen der Handelsschiffe, einschließlich der Kapitäne, Lotsen und Schiffsjungen sowie Besatzungen der Zivilluftfahrzeuge der am Konflikt beteiligten Parteien, die keine günstigere Behandlung auf Grund anderer Bestimmungen des internationalen Rechts genießen;
6. die Bevölkerung eines unbesetzten Gebietes, die beim Herannahen des Feindes aus eigenem Antrieb zu den Waffen greift, um die eindringenden Truppen zu bekämpfen, ohne zur Bildung regulärer Streitkräfte Zeit gehabt zu haben, sofern sie die Waffen offen trägt und die Gesetze und Gebräuche des Krieges einhält.

B. Die gemäß dem vorliegenden Abkommen den Kriegsgefangenen zugesicherte Behandlung genießen ebenfalls
1. die Personen, die den Streitkräften des besetzten Landes angehören oder angehört haben, sofern die Besatzungsmacht es als nötig erachtet, sie auf Grund dieser Zugehörigkeit zu internieren, selbst wenn sie sie ursprünglich, während die Feindseligkeiten außerhalb des besetzten Gebietes weitergingen, freigelassen hatte; dies gilt namentlich nach einem missglückten Versuch dieser Personen, sich den eigenen im Kampfe stehenden Streitkräften wieder anzuschließen, oder wenn sie einer Aufforderung, sich internieren zu lassen, nicht Folge leisteten;
2. die einer der in diesem Artikel aufgezählten Kategorien angehörenden Personen, die von neutralen oder nichtkriegführenden Staaten in ihr Gebiet aufgenommen werden und auf Grund des Völkerrechts von ihnen interniert werden müssen, unter dem Vorbehalt jeder günstigeren Behandlung,

---

[1)] Deutscher Text: *BGBl.* 1954 II S. 838.
Internationale Quelle: *UNTS* Bd. 75 S. 135.
In Kraft getreten am 21. Oktober 1950; für die Bundesrepublik Deutschland am 3. März 1955.

die diese ihnen zu gewähren wünschen, und mit Ausnahme der Bestimmungen der Artikel 8, 10, 15, 30 Absatz fünf, 58 bis 67 einschließlich, 92, 126 und für den Fall, dass zwischen den am Konflikt beteiligten Parteien und der betreffenden neutralen oder nichtkriegführenden Macht diplomatische Beziehungen bestehen, auch mit Ausnahme der die Schutzmacht betreffenden Bestimmungen. Bestehen solche diplomatische Beziehungen, so sind die am Konflikt beteiligten Parteien, denen diese Personen angehören, ermächtigt, diesen gegenüber die gemäß dem vorliegenden Abkommen den Schutzmächten zufallenden Funktionen auszuüben, ohne dass dadurch die von diesen Parteien auf Grund der diplomatischen oder konsularischen Gebräuche und Verträge ausgeübten Funktionen beeinträchtigt werden.

C. Die Bestimmungen dieses Artikels beeinträchtigen in keiner Weise die Rechtsstellung des Sanitäts- und Seelsorgepersonals, wie sie in Artikel 33 des vorliegenden Abkommens vorgesehen ist.

Artikel 5
Das vorliegende Abkommen findet auf die in Artikel 4 bezeichneten Personen Anwendung, sobald sie in Feindeshand fallen, und zwar bis zu ihrer endgültigen Freilassung und Heimschaffung.
Bestehen Zweifel, ob eine Person, die eine kriegerische Handlung begangen hat und in Feindeshand gefallen ist, einer der in Artikel 4 aufgezählten Kategorien angehört, so genießt diese Person den Schutz des vorliegenden Abkommens, bis ihre Rechtsstellung durch ein zuständiges Gericht festgestellt worden ist.

Artikel 6
Außer den in den Artikeln 10, 23, 28, 33, 60, 65, 66, 67, 72, 73, 75, 109, 110, 118, 119, 122 und 132 ausdrücklich vorgesehenen Vereinbarungen können die Hohen Vertragsparteien andere Sondervereinbarungen über jede Frage treffen, deren besondere Regelung ihnen zweckmäßig erscheint. Eine Sondervereinbarung darf weder die Lage der Kriegsgefangenen, wie sie durch das vorliegende Abkommen geregelt ist, beeinträchtigen noch die Rechte beschränken, die ihnen das Abkommen verleiht. Die Kriegsgefangenen genießen die Vorteile dieser Vereinbarungen, solange das Abkommen auf sie anwendbar ist, es sei denn, dass in den oben genannten oder in späteren Vereinbarungen ausdrücklich etwas anderes festgelegt wird oder dass durch die eine oder andere der am Konflikt beteiligten Parteien vorteilhaftere Maßnahmen zu ihren Gunsten ergriffen werden.

Artikel 7
Die Kriegsgefangenen können in keinem Falle, weder teilweise noch vollständig, auf die Rechte verzichten, die ihnen das vorliegende Abkommen und gegebenenfalls die im vorstehenden Artikel genannten Sondervereinbarungen verleihen.

Artikel 8
Das vorliegende Abkommen wird unter der Mitwirkung und Aufsicht der Schutzmächte angewendet, die mit der Wahrnehmung der Interessen der am Konflikt beteiligten Parteien betraut sind. Zu diesem Zwecke können die Schutzmächte außer ihren diplomatischen oder konsularischen Vertretern Delegierte unter Angehörigen ihres eigenen Landes oder unter Angehörigen anderer neutraler Mächte ernennen. Diese Delegierten müssen von der Macht genehmigt werden, bei der sie ihre Aufgabe durchzuführen haben.
Die am Konflikt beteiligten Parteien erleichtern die Aufgabe der Vertreter oder Delegierten der Schutzmächte in größtmöglichem Maße.
Die Vertreter oder Delegierten der Schutzmächte dürfen keinesfalls die Grenzen ihrer Aufgabe, wie sie aus dem vorliegenden Abkommen hervorgeht, überschreiten; insbesondere haben sie die zwingenden Sicherheitsbedürfnisse des Staates, bei dem sie ihre Aufgabe durchführen, zu berücksichtigen.

Artikel 9
Die Bestimmungen des vorliegenden Abkommens bilden kein Hindernis für die humanitäre Tätigkeit, die das Internationale Komitee vom Roten Kreuz oder irgendeine andere unparteiische humanitäre Organisation mit Genehmigung der betreffenden am Konflikt beteiligten Parteien ausübt, um die Kriegsgefangenen zu schützen und ihnen Hilfe zu bringen.

Artikel 10
Die Hohen Vertragsparteien können jederzeit vereinbaren, die durch das vorliegende Abkommen den Schutzmächten übertragenen Aufgaben einer Organisation anzuvertrauen, die alle Garantien für Unparteilichkeit und Wirksamkeit bietet.

Werden Kriegsgefangene aus irgendeinem Grund nicht oder nicht mehr von einer Schutzmacht oder einer gemäß Absatz 1 bezeichneten Organisation betreut, so ersucht der Gewahrsamsstaat einen neutralen Staat oder eine solche Organisation, die Aufgaben zu übernehmen, die das vorliegende Abkommen den durch die am Konflikt beteiligten Parteien bezeichneten Schutzmächten überträgt.

Kann der Schutz auf diese Weise nicht gewährleistet werden, so ersucht der Gewahrsamsstaat entweder eine humanitäre Organisation, wie das Internationale Komitee vom Roten Kreuz, die durch das vorliegende Abkommen den Schutzmächten zufallenden humanitären Aufgaben zu übernehmen, oder er nimmt unter Vorbehalt der Bestimmungen dieses Artikels die Dienste an, die ihm eine solche Organisation anbietet.

Jede neutrale Macht oder jede Organisation, die von der betreffenden Macht eingeladen wird oder sich zu diesem Zweck zur Verfügung stellt, hat sich in ihrer Tätigkeit ihrer Verantwortung gegenüber der am Konflikt beteiligten Partei, welcher die durch das vorliegende Abkommen geschützten Personen angehören, bewusst zu bleiben und ausreichende Garantien dafür zu bieten, dass sie in der Lage ist, die betreffenden Aufgaben zu übernehmen und sie mit Unparteilichkeit zu erfüllen.

Von den vorstehenden Bestimmungen kann nicht durch eine Sondervereinbarung zwischen Mächten abgewichen werden, von denen die eine, wenn auch nur vorübergehend, gegenüber der anderen oder deren Verbündeten infolge militärischer Ereignisse und besonders infolge einer Besetzung ihres gesamten Gebietes oder eines wichtigen Teils davon in ihrer Verhandlungsfreiheit beschränkt ist.

Jedesmal wenn im vorliegenden Abkommen die Schutzmacht erwähnt wird, bezieht sich diese Erwähnung ebenfalls auf die Organisationen, die sie im Sinne dieses Artikels ersetzen.

Artikel 11
In allen Fällen, in denen die Schutzmächte dies im Interesse der geschützten Personen als angezeigt erachten, insbesondere in Fällen von Meinungsverschiedenheiten zwischen den am Konflikt beteiligten Parteien über die Anwendung oder Auslegung der Bestimmungen des vorliegenden Abkommens, leihen sie ihre guten Dienste zur Beilegung des Streitfalles.

Zu diesem Zweck kann jede der Schutzmächte, entweder auf Einladung einer Partei oder von sich aus, den am Konflikt beteiligten Parteien eine Zusammenkunft ihrer Vertreter und insbesondere der für das Schicksal der Kriegsgefangenen verantwortlichen Behörden vorschlagen, gegebenenfalls auf einem passend gewählten neutralen Gebiet. Die am Konflikt beteiligten Parteien sind gehalten, den ihnen zu diesem Zwecke gemachten Vorschlägen Folge zu leisten. Die Schutzmächte können gegebenenfalls den am Konflikt beteiligten Parteien eine einer neutralen Macht angehörende oder vom Internationalen Komitee vom Roten Kreuz delegierte Persönlichkeit zur Genehmigung vorschlagen, die zu ersuchen wäre, an dieser Zusammenkunft teilzunehmen.

Teil II
Allgemeiner Schutz der Kriegsgefangenen

Artikel 12
Die Kriegsgefangenen unterstehen der Gewalt der feindlichen Macht, nicht jedoch der Gewalt der Personen und Truppenteile, die sie gefangengenommen haben. Der Gewahrsamsstaat ist, unabhängig von etwa bestehenden persönlichen Verantwortlichkeiten, für die Behandlung der Kriegsgefangenen verantwortlich.

Die Kriegsgefangenen dürfen vom Gewahrsamsstaat nur einer Macht übergeben werden, die Vertragspartei des vorliegenden Abkommens ist, und dies nur, wenn er sich vergewissert hat, dass die fragliche Macht willens und in der Lage ist, das Abkommen anzuwenden. Werden Kriegsgefangene unter diesen Umständen übergeben, so übernimmt die sie aufnehmende Macht die Verantwortung für die Anwendung des Abkommens, solange sie ihr anvertraut sind.

Sollte diese Macht indessen die Bestimmungen des Abkommens nicht in allen wichtigen Punkten einhalten, so ergreift die Macht, die die Kriegsgefangenen übergeben hat, auf Notifizierung der Schutzmacht hin wirksame Maßnahmen, um Abhilfe zu schaffen, oder ersucht um Rückgabe der Kriegsgefangenen. Einem solchen Ersuchen muss stattgegeben werden.

Artikel 13
Die Kriegsgefangenen müssen jederzeit mit Menschlichkeit behandelt werden. Jede rechtswidrige Handlung oder Unterlassung seitens des Gewahrsamsstaates, die den Tod oder eine schwere Gefährdung der Gesundheit eines in seinen Händen befindlichen Kriegsgefangenen zur Folge hat, ist untersagt und gilt als schwere Verletzung des vorliegenden Abkommens. Insbesondere dürfen an den Kriegsgefangenen keine Verstümmelungen oder medizinischen oder wissenschaftlichen Versuche irgendwelcher Art vorgenommen werden, die nicht durch die ärztliche Behandlung des betreffenden Kriegsgefangenen gerechtfertigt sind und nicht in seinem Interesse liegen.

Die Kriegsgefangenen müssen ferner jederzeit geschützt werden, namentlich auch vor Gewalttätigkeit oder Einschüchterung, Beleidigungen und öffentlicher Neugier.

Vergeltungsmassnahmen gegen Kriegsgefangene sind untersagt.

Artikel 14
Die Kriegsgefangenen haben unter allen Umständen Anspruch auf Achtung ihrer Person und ihrer Ehre.

Frauen werden mit aller ihrem Geschlecht gebührenden Rücksicht behandelt und erfahren auf jeden Fall eine ebenso günstige Behandlung wie die Männer.

Die Kriegsgefangenen behalten ihre volle bürgerliche Rechtsfähigkeit, wie sie im Augenblick ihrer Gefangennahme bestand. Der Gewahrsamsstaat darf deren Ausübung innerhalb oder außerhalb seines Gebietes nur insofern einschränken, als es die Gefangenschaft erfordert.

Artikel 15
Der Gewahrsamsstaat ist verpflichtet, unentgeltlich für den Unterhalt der Kriegsgefangenen aufzukommen und ihnen unentgeltlich die ärztliche Behandlung angedeihen zu lassen, die ihr Gesundheitszustand erfordert.

Artikel 16
Unter Berücksichtigung der Bestimmungen des vorliegenden Abkommens hinsichtlich Dienstgrad und Geschlecht und vorbehaltlich der den Kriegsgefangenen auf Grund ihres Gesundheitszustandes, ihres Alters oder ihrer beruflichen Eignung gewährten Vergünstigungen sind alle Kriegsgefangenen durch den Gewahrsamsstaat gleich zu behandeln, ohne jede auf Rasse, Nationalität, Religion, politischer Meinung oder irgendeinem anderen ähnlichen Unterscheidungsmerkmal beruhende Benachteiligung.

Artikel 17 bis Artikel 143 sind nicht abgedruckt.

IV. Genfer Abkommen
zum Schutze von Zivilpersonen in Kriegszeiten[1)]

Vom 12. August 1949

– Auszug –

Die unterzeichneten Bevollmächtigten der Regierungen, die auf der vom 21. April bis 12. August 1949 in Genf versammelten diplomatischen Konferenz zur Ausarbeitung eines Abkommens für den Schutz der Zivilpersonen in Kriegszeiten vertreten waren, haben folgendes vereinbart:

TEIL 1
Allgemeine Bestimmungen

Artikel 1 [Einhaltung][2)]
Die Hohen Vertragsparteien verpflichten sich, das vorliegende Abkommen unter allen Umständen einzuhalten und seine Einhaltung durchzusetzen.

Artikel 2 [Geltungsbereich]
Außer den Bestimmungen, die bereits in Friedenszeiten durchzuführen sind, findet das vorliegende Abkommen Anwendung in allen Fällen eines erklärten Krieges oder eines anderen bewaffneten Konflikts, der zwischen zwei oder mehreren der Hohen Vertragsparteien entsteht, auch wenn der Kriegszustand von einer dieser Parteien nicht anerkannt wird.
Das Abkommen findet auch in allen Fällen vollständiger oder teilweiser Besetzung des Gebietes einer Hohen Vertragspartei Anwendung, selbst wenn diese Besetzung auf keinen bewaffneten Widerstand stößt.
Ist eine der am Konflikt beteiligten Mächte nicht Vertragspartei des vorliegenden Abkommens, so bleiben die Vertragsparteien in ihren gegenseitigen Beziehungen gleichwohl durch das Abkommen gebunden. Sie sind ferner durch das Abkommen auch gegenüber dieser Macht gebunden, wenn diese dessen Bestimmungen annimmt und anwendet.

Artikel 3 [Nicht internationale Konflikte]
Im Falle eines bewaffneten Konflikts, der keinen internationalen Charakter hat und auf dem Gebiet einer der Hohen Vertragsparteien entsteht, ist jede der am Konflikt beteiligten Parteien gehalten, mindestens die folgenden Bestimmungen anzuwenden:
1. Personen, die nicht unmittelbar an den Feindseligkeiten teilnehmen, einschließlich der Mitglieder der Streitkräfte, welche die Waffen gestreckt haben, und der Personen, die durch Krankheit, Verwundung, Gefangennahme oder irgendeine andere Ursache außer Kampf gesetzt sind, werden unter allen Umständen mit Menschlichkeit behandelt, ohne jede auf Rasse, Farbe, Religion oder Glauben, Geschlecht, Geburt oder Vermögen oder auf irgendeinem anderen ähnlichen Unterscheidungsmerkmal beruhende Benachteiligung.

Zu diesem Zwecke sind und bleiben in bezug auf die oben erwähnten Personen jederzeit und überall verboten:
- a) Angriffe auf das Leben und die Person, namentlich Tötung jeder Art, Verstümmelung, grausame Behandlung und Folterung,
- b) das Festnehmen von Geiseln,
- c) Beeinträchtigung der persönlichen Würde, namentlich erniedrigende und entwürdigende Behandlung,
- d) Verurteilungen und Hinrichtungen ohne vorhergehendes Urteil eines ordentlich bestellten Gerichtes, das die von den zivilisierten Völkern als unerläßlich anerkannten Rechtsgarantien bietet.

---

1) Deutscher Text: *BGBl.* 1954 II S. 917, Berichtigung *BGBl.* 1956 II S. 1586.
   Internationale Quelle: *UNTS* Bd. 75 S. 287.
   In Kraft getreten am 21. Oktober 1950; für die Bundesrepublik Deutschland am 3. März 1955.
2) Die Überschriften zu den Artikeln sind nicht Teil des offiziellen Dokuments.

Art. 4–6 IV. Genfer Abkommen

2. Die Verwundeten und Kranken werden geborgen und gepflegt.

Eine unparteiische humanitäre Organisation, wie das Internationale Komitee vom Roten Kreuz, kann den am Konflikt beteiligten Parteien ihre Dienste anbieten.

Die am Konflikt beteiligten Parteien werden sich anderseits bemühen, durch Sondervereinbarungen auch die anderen Bestimmungen des vorliegenden Abkommens ganz oder teilweise in Kraft zu setzen.

Die Anwendung der vorstehenden Bestimmungen hat auf die Rechtsstellung der am Konflikt beteiligten Parteien keinen Einfluß.

Artikel 4 [Geschützte Personen]

Durch das Abkommen werden die Personen geschützt, die sich im Falle eines Konflikts oder einer Besetzung zu irgendeinem Zeitpunkt und gleichgültig auf welche Weise im Machtbereich einer am Konflikt beteiligten Partei oder einer Besetzungsmacht befinden, deren Staatsangehörige sie nicht sind.

Die Angehörigen eines Staates, der durch das Abkommen nicht gebunden ist, werden durch das Abkommen nicht geschützt. Die Angehörigen eines neutralen Staates, die sich auf dem Gebiete eines kriegführenden Staates befinden, und die Angehörigen eines mitkriegführenden Staates werden nicht als geschützte Personen betrachtet, solange der Staat, dem sie angehören, eine normale diplomatische Vertretung bei dem Staate unterhält, in dessen Machtbereich sie sich befinden.

Die Bestimmungen des zweiten Teils haben hingegen einen ausgedehnteren, im Artikel 13 umschriebenen Anwendungsbereich.

Personen, die durch das Genfer Abkommen vom 12. August 1949 zur Verbesserung des Loses der Verwundeten und Kranken der Streitkräfte im Felde oder durch das Genfer Abkommen vom 12. August 1949 zur Verbesserung des Loses der Verwundeten, Kranken und Schiffbrüchigen der Streitkräfte zur See oder durch das Genfer Abkommen vom 12. August 1949 über die Behandlung der Kriegsgefangenen geschützt sind, gelten nicht als geschützte Personen im Sinne des vorliegenden Abkommens.

Artikel 5 [Verlust des Schutzes]

Hat eine am Konflikt beteiligte Partei wichtige Gründe anzunehmen, daß eine auf ihrem Gebiet befindliche und durch das vorliegende Abkommen geschützte Einzelperson unter dem begründeten Verdacht steht, eine der Sicherheit des Staates abträgliche Tätigkeit zu betreiben, oder ist festgestellt worden, daß sie sich tatsächlich einer derartigen Tätigkeit widmet, so kann sich die betreffende Person nicht auf durch das vorliegende Abkommen eingeräumte Rechte und Vorrechte berufen, die, würden sie zugunsten dieser Person angewendet, der Sicherheit des Staates abträglich wären.

Wird in einem besetzten Gebiet eine durch das Abkommen geschützte Person als Spion oder Saboteur oder unter dem begründeten Verdacht festgenommen, eine der Sicherheit der Besatzungsmacht abträgliche Tätigkeit zu betreiben, so kann eine solche Person in Fällen, in denen dies aus militärischen Sicherheitsgründen unbedingt erforderlich ist, der Rechte auf Benutzung der im vorliegenden Abkommen vorgesehenen Mitteilungswege für verlustig erklärt werden.

In jedem dieser Fälle werden derartige Personen jedoch mit Menschlichkeit behandelt und im Falle einer gerichtlichen Verfolgung nicht des Anspruchs auf ein gerechtes und ordentliches Verfahren, wie es das vorliegende Abkommen vorsieht, für verlustig erklärt. Sie werden gleichfalls wieder in den vollen Besitz der Rechte und Vorrechte einer durch das vorliegende Abkommen geschützten Person eingesetzt, sobald dies die Sicherheit des Staates oder der Besatzungsmacht gestattet.

Artikel 6 [Zeitlicher Geltungsbereich]

Das vorliegende Abkommen findet mit Beginn jedes Konflikts oder jeder Besetzung, wie sie im Artikel 2 erwähnt sind, Anwendung.

Auf dem Gebiete der am Konflikt beteiligten Parteien findet die Anwendung des Abkommens mit der allgemeinen Einstellung der Kampfhandlungen ihr Ende.

In besetzten Gebieten findet die Anwendung des vorliegenden Abkommens ein Jahr nach der allgemeinen Einstellung der Kampfhandlungen ihr Ende. Die Besatzungsmacht ist jedoch während der Dauer der Besetzung – soweit sie die Funktionen einer Regierung in dem in Frage stehenden Gebiet ausübt – durch die Bestimmungen der folgenden Artikel des vorliegenden Abkommens gebunden: 1 bis 12, 27, 29 bis 34, 47, 49, 51, 52, 53, 59, 61 bis 77 und 143.

Geschützte Personen, deren Freilassung, Heimschaffung oder Niederlassung nach diesen Fristen stattfindet, bleiben in der Zwischenzeit im Genusse des vorliegenden Abkommens.

Artikel 7 [Sondervereinbarungen]
Außer den in den Artikeln 11, 14, 15, 17, 36, 108, 109, 132, 133 und 149 ausdrücklich vorgesehenen Vereinbarungen können die Hohen Vertragsparteien andere Sondervereinbarungen über jede Frage treffen, deren besondere Regelung ihnen zweckmäßig erscheint. Eine Sondervereinbarung darf weder die Lage der geschützten Personen, wie sie durch das vorliegende Abkommen geregelt ist, beeinträchtigen noch die Rechte beschränken, die ihnen das Abkommen verleiht.
Geschützte Personen genießen die Vorteile dieser Vereinbarungen, solange das Abkommen auf sie anwendbar ist, es sei denn, daß in den oben genannten oder in späteren Vereinbarungen ausdrücklich etwas anderes festgelegt wird, oder daß durch die eine oder andere der am Konflikt beteiligten Parteien vorteilhaftere Maßnahmen zu ihren Gunsten ergriffen werden.

Artikel 8 [Unverzichtbarkeit der Rechte]
Die geschützten Personen können in keinem Falle, weder teilweise noch vollständig, auf die Rechte verzichten, die ihnen das vorliegende Abkommen und gegebenenfalls die im vorhergehenden Artikel genannten Sondervereinbarungen verleihen.

Artikel 9 [Schutzmächte]
Das vorliegende Abkommen wird unter der Mitwirkung und Aufsicht der Schutzmächte angewendet, die mit der Wahrnehmung der Interessen der am Konflikt beteiligten Parteien betraut sind. Zu diesem Zwecke können die Schutzmächte außer ihren diplomatischen oder konsularischen Vertretern Delegierte unter Angehörigen ihres eigenen Landes oder unter Angehörigen anderer neutraler Mächte ernennen. Diese Delegierten müssen von der Macht genehmigt werden, bei der sie ihre Aufgabe durchzuführen haben.
Die am Konflikt beteiligten Parteien erleichtern die Aufgabe der Vertreter oder Delegierten der Schutzmächte in größtmöglichem Maße.
Die Vertreter oder Delegierten der Schutzmächte dürfen keinesfalls die Grenzen ihrer Aufgabe, wie sie aus dem vorliegenden Abkommen hervorgeht, überschreiten; insbesondere haben sie die zwingenden Sicherheitsbedürfnisse des Staates, in dem sie ihre Aufgabe durchführen, zu berücksichtigen.

Artikel 10 [Internationales Komitee vom Roten Kreuz]
Die Bestimmungen des vorliegenden Abkommens bilden kein Hindernis für die humanitäre Tätigkeit, die das Internationale Komitee vom Roten Kreuz oder irgendeine andere unparteiische humanitäre Organisation mit Genehmigung der betreffenden am Konflikt beteiligten Parteien ausübt, um die Zivilpersonen zu schützen und ihnen Hilfe zu bringen.

Artikel 11 [Ersatz für Schutzmächte]
Die Hohen Vertragsparteien können jederzeit vereinbaren, die durch das vorliegende Abkommen den Schutzmächten übertragenen Aufgaben einer Organisation anzuvertrauen, die alle Garantien für Unparteilichkeit und Wirksamkeit bietet.
Werden geschützte Personen aus irgendeinem Grunde nicht oder nicht mehr von einer Schutzmacht oder einer gemäß Absatz 1 bezeichneten Organisation betreut, so ersucht der Gewahrsamsstaat einen neutralen Staat oder eine solche Organisation, die Aufgaben zu übernehmen, die das vorliegende Abkommen den durch die am Konflikt beteiligten Parteien bezeichneten Schutzmächten überträgt.
Kann der Schutz auf diese Weise nicht gewährleistet werden, so ersucht der Gewahrsamsstaat entweder eine humanitäre Organisation, wie das Internationale Komitee vom Roten Kreuz, die durch das vorliegende Abkommen den Schutzmächten zufallenden humanitären Aufgaben zu übernehmen, oder er nimmt unter Vorbehalt der Bestimmungen dieses Artikels die Dienste an, die ihm eine solche Organisation anbietet.
Jede neutrale Macht oder jede Organisation, die von der betreffenden Macht eingeladen wird oder sich zu diesem Zweck zur Verfügung stellt, hat sich in ihrer Tätigkeit ihrer Verantwortung gegenüber der am Konflikt beteiligten Partei, welcher die durch das vorliegende Abkommen geschützten Personen angehören, bewußt zu bleiben und ausreichende Garantien dafür zu bieten, daß sie in der Lage ist, die betreffenden Aufgaben zu übernehmen und mit Unparteilichkeit zu erfüllen.

Von den vorstehenden Bestimmungen kann nicht durch eine besondere Vereinbarung zwischen Mächten abgewichen werden, von denen die eine, wenn auch nur vorübergehend, gegenüber der anderen oder deren Verbündeten infolge militärischer Ereignisse und besonders infolge einer Besetzung ihres gesamten Gebietes oder eines wichtigen Teils davon in ihrer Verhandlungsfreiheit beschränkt wäre.

Jedesmal, wenn im vorliegenden Abkommen die Schutzmacht erwähnt wird, bezieht sich diese Erwähnung ebenfalls auf die Organisationen, die sie im Sinne dieses Artikels ersetzen.

Die Bestimmungen dieses Artikels erstrecken sich und werden angewendet auf Fälle von Angehörigen eines neutralen Staates, die sich auf besetztem Gebiete oder auf dem Gebiete eines kriegführenden Staates befinden, bei dem der Staat, dessen Angehörige sie sind, keine normale diplomatische Vertretung unterhält.

Artikel 12 [Beilegung von Streitfällen]
In allen Fällen, in denen die Schutzmächte es im Interesse der geschützten Personen als angezeigt erachten, insbesondere in Fällen von Meinungsverschiedenheiten zwischen den am Konflikt beteiligten Parteien über die Anwendung oder Auslegung der Bestimmungen des vorliegenden Abkommens, leihen sie ihre guten Dienste zur Beilegung des Streitfalles.

Zu diesem Zwecke kann jede der Schutzmächte, entweder auf Einladung einer Partei oder von sich aus, den am Konflikt beteiligten Parteien eine Zusammenkunft ihrer Vertreter und insbesondere der für das Schicksal der geschützten Personen verantwortlichen Behörden vorschlagen, gegebenenfalls auf einem passend gewählten neutralen Gebiet. Die am Konflikt beteiligten Parteien sind gehalten, den ihnen zu diesem Zwecke gemachten Vorschlägen Folge zu leisten. Die Schutzmächte können gegebenenfalls den am Konflikt beteiligten Parteien eine einer neutralen Macht angehörende oder vom Internationalen Komitee vom Roten Kreuz delegierte Persönlichkeit zur Genehmigung vorschlagen, die zu ersuchen wäre, an dieser Zusammenkunft teilzunehmen.

TEIL II
Allgemeiner Schutz der Bevölkerung vor gewissen Kriegsfolgen
Artikel 13 [Allgemeiner Schutz; Diskriminierungsverbot]
Die Bestimmungen dieses Teiles beziehen sich auf die Gesamtheit der Bevölkerung von Ländern, die in einen Konflikt verwickelt sind, ohne jede namentlich auf Rasse, Nationalität, Religion oder politische Meinung beruhende Benachteiligung, und zielen darauf ab, die durch den Krieg verursachten Leiden zu mildern.

Artikel 14 [Sanitäts- und Sicherheitszonen]
Schon in Friedenszeiten können die Hohen Vertragsparteien und nach der Eröffnung der Feindseligkeiten die am Konflikt beteiligten Parteien auf ihrem eigenen und, wenn nötig, in dem besetzten Gebiet Sanitäts- und Sicherheitszonen und -orte errichten, die so eingerichtet sind, daß sie Verwundeten und Kranken, Gebrechlichen und betagten Personen, Kindern unter fünfzehn Jahren, schwangeren Frauen und Müttern von Kindern unter 7 Jahren Schutz vor den Folgen des Krieges bieten.

Vom Ausbruch eines Konflikts an und während seiner Dauer können die beteiligten Parteien unter sich Vereinbarungen zur Anerkennung der von ihnen etwa errichteten Sanitäts- und Sicherheitszonen und -orte treffen. Sie können zu diesem Zweck die Bestimmungen des dem vorliegenden Abkommen beigefügten Vereinbarungsentwurfs in Kraft setzen, indem sie gegebenenfalls die für notwendig erachteten Abänderungen darin vornehmen.

Die Schutzmächte und das Internationale Komitee vom Roten Kreuz werden eingeladen, ihre guten Dienste zu leihen, um die Errichtung und Anerkennung dieser Sanitäts- und Sicherheitszonen und -orte zu erleichtern.

Artikel 15 [Neutralisierte Zonen]
Jede an einem Konflikt beteiligte Partei kann entweder unmittelbar oder durch Vermittlung eines neutralen Staates oder einer humanitären Organisation der gegnerischen Partei vorschlagen, in den Kampfgebieten neutralisierte Zonen zu errichten, die dazu bestimmt sind, den folgenden Personen ohne jegliche Unterscheidung Schutz vor den Gefahren des Krieges zu gewähren:
a) Den verwundeten und kranken Kombattanten oder Nichtkombattanten;

b) den Zivilpersonen, die nicht an den Feindseligkeiten teilnehmen und sich während ihres Aufenthaltes in diesen Zonen keiner Arbeit militärischer Art widmen.

Sobald sich die am Konflikt beteiligten Parteien über die geographische Lage, Verwaltung, Versorgung und Kontrolle der in Aussicht genommenen neutralisierten Zone verständigt haben, wird eine schriftliche und von den Vertretern der am Konflikt beteiligten Parteien unterzeichnete Vereinbarung getroffen. Diese setzt den Anfang und die Dauer der Neutralisierung der Zone fest.

Artikel 16 [Verwundete, Kranke, Frauen]
Die Verwundeten und Kranken sowie die Gebrechlichen und die schwangeren Frauen sind Gegenstand eines besonderen Schutzes und besonderer Rücksichtnahme.

Soweit es die militärischen Erfordernisse erlauben, fördert jede am Konflikt beteiligte Partei die Maßnahmen, die ergriffen werden, um die Toten und Verwundeten aufzufinden, den Schiffbrüchigen sowie anderen einer ernsten Gefahr ausgesetzten Personen zu Hilfe zu kommen und sie vor Beraubung und Mißhandlung zu schützen.

Artikel 17 [Evakuierung]
Die am Konflikt beteiligten Parteien werden sich bemühen, örtlich begrenzte Übereinkünfte zur Evakuierung der Verwundeten, Kranken, Gebrechlichen, Greise, Kinder und Wöchnerinnen aus einer belagerten oder eingeschlossenen Zone und zum Durchlaß der Geistlichen aller Bekenntnisse sowie des Sanitätspersonals und -materials zu treffen, die sich auf dem Wege nach dieser Zone befinden.

Artikel 18 [Zivilkrankenhäuser]
Zivilkrankenhäuser, die zur Pflege von Verwundeten, Kranken, Gebrechlichen und Wöchnerinnen eingerichtet sind, dürfen unter keinen Umständen das Ziel von Angriffen sein; sie werden von den am Konflikt beteiligten Parteien jederzeit geschont und geschützt.

Die an einem Konflikt beteiligten Staaten stellen allen Zivilkrankenhäusern eine Urkunde aus, die ihre Eigenschaft eines Zivilkrankenhaus bezeugt und feststellt, daß die von ihnen benützten Gebäude nicht zu Zwecken gebraucht werden, welche sie im Sinne von Artikel 19 des Schutzes berauben könnten.

Die Zivilkrankenhäuser müssen, sofern sie vom Staate dazu ermächtigt sind, mittels des Schutzzeichens, wie es Artikel 38 des Genfer Abkommens vom 12. August 1949 zur Verbesserung des Loses der Verwundeten und Kranken der Streitkräfte im Felde vorsieht, gekennzeichnet sein.

Die am Konflikt beteiligten Parteien ergreifen, soweit es die militärischen Erfordernisse gestatten, die notwendigen Maßnahmen, um die die Zivilkrankenhäuser kennzeichnenden Schutzzeichen den feindlichen Land-, Luft- und Seestreitkräften deutlich sichtbar zu machen und auf diese Weise die Möglichkeit jeder Angriffshandlung auszuschalten.

Im Hinblick auf die Gefahren, denen Krankenhäuser durch in der Nähe liegende militärische Ziele ausgesetzt sein könnten, ist es angezeigt, darüber zu wachen, daß sie von solchen Zielen so weit wie möglich entfernt sind.

Artikel 19 [Verwirkung des Schutzes]
Der den Zivilkrankenhäusern gebührende Schutz darf ihnen nur dann entzogen werden, wenn sie außerhalb ihrer humanitären Bestimmung dazu verwendet werden, den Feind schädigende Handlungen zu begehen. Jedoch darf ihnen der Schutz erst entzogen werden, nachdem eine Warnung, die in allen Fällen, soweit angängig, eine angemessene Frist setzen muß, unbeachtet geblieben ist.

Die Pflege von verwundeten oder kranken Militärpersonen oder die Aufbewahrung von Handwaffen und Munition, die diesen Personen abgenommen und der zuständigen Dienststelle noch nicht übergeben wurden, darf nicht als eine den Feind schädigende Handlung betrachtet werden.

Artikel 20 [Krankenhauspersonal]
Das ordentliche und ausschließlich für den Betrieb und die Verwaltung der Zivilkrankenhäuser bestimmte Personal, einschließlich des mit der Aufsuchung, Bergung, Beförderung und Behandlung von zivilen Verwundeten und Kranken, Gebrechlichen und Wöchnerinnen befaßten, wird geschont und geschützt.

In den besetzten Gebieten und in Kampfgebieten wird das Personal mittels einer Ausweiskarte kenntlich gemacht, die die Eigenschaft des Trägers bescheinigt und mit seinem Lichtbild und dem Stempel der verantwortlichen Behörde versehen ist, sowie mittels einer während des Dienstes am linken Arm zu tragenden gestempelten und feuchtigkeitsbeständigen Armbinde. Diese Armbinde wird vom Staat geliefert und mit dem in Artikel 38 des Genfer Abkommens vom 12. August 1949 zur Verbesserung des Loses der Verwundeten und Kranken der bewaffneten Kräfte im Felde vorgesehenen Schutzzeichen versehen.

Jedes andere den Zivilkrankenhäusern zum Betrieb oder zur Verwaltung beigegebene Personal wird geschont und geschützt und hat unter den im vorliegenden Artikel umschriebenen Bedingungen während des Dienstes das Recht auf Tragen der Armbinde, wie sie oben vorgesehen ist. Die Ausweiskarte hat die Pflichten zu bezeichnen, die dem Träger übertragen sind.

Die Leitung jedes Zivilkrankenhauses hat jederzeit die auf den Tag nachgeführte Liste ihres Personals zur Verfügung der zuständigen einheimischen oder Besatzungsbehörden zu halten.

Artikel 21 [Transporte von Verwundeten und Kranken]

Fahrzeugkolonnen oder Lazarettzüge zu Lande oder besonders ausgerüstete Schiffe zur See mit verwundeten und kranken Zivilpersonen, Gebrechlichen und Wöchnerinnen werden auf gleiche Weise geschont und geschützt wie die in Artikel 18 erwähnten Krankenhäuser; sie kennzeichnen sich, indem sie mit Ermächtigung des Staates das in Artikel 38 des Genfer Abkommens vom 12. August 1949 zur Verbesserung des Loses der Verwundeten und Kranken der Streitkräfte im Felde vorgesehene Schutzzeichen anbringen.

Artikel 22 [Lufttransporte]

Die ausschließlich für die Beförderung von verwundeten und kranken Zivilpersonen, von Gebrechlichen und Wöchnerinnen oder für die Beförderung von Sanitätspersonal und -material verwendeten Luftfahrzeuge dürfen nicht angegriffen, sondern müssen geschont werden, wenn sie in Höhen, zu Stunden und auf Routen fliegen, die durch eine Vereinbarung unter allen in Betracht kommenden am Konflikt beteiligten Parteien besonders festgelegt wurden.

Sie können mit dem in Artikel 38 des Genfer Abkommens vom 12. August 1949 zur Verbesserung des Loses der Verwundeten und Kranken der Streitkräfte im Felde vorgesehenen Schutzzeichen versehen sein.

Wenn keine andere Abmachung besteht, ist die Überfliegung feindlichen oder vom Feinde besetzten Gebiets verboten.

Diese Flugzeuge haben jedem Landebefehl Folge zu leisten. Im Falle einer so befohlenen Landung können das Luftfahrzeug und seine Insassen den Flug nach einer etwaigen Untersuchung fortsetzen.

Artikel 23 [Materialsendungen]

Jede Vertragspartei gewährt allen Sendungen von Arzneimitteln und Sanitätsmaterial sowie allen für den Gottesdienst notwendigen Gegenständen, die ausschließlich für die Zivilbevölkerung einer anderen Vertragspartei, selbst einer feindlichen, bestimmt sind, freien Durchlaß. Auch allen Sendungen von unentbehrlichen Lebensmitteln, von Kleidung und von Stärkungsmitteln, die Kindern unter 15 Jahren, schwangeren Frauen und Wöchnerinnen vorbehalten sind, wird freier Durchlaß gewährt.

Eine Vertragspartei ist nur dann verpflichtet, die im vorhergehenden Absatz erwähnten Sendungen ungehindert durchzulassen, wenn sie die Gewißheit besitzt, keinen triftigen Grund zur Befürchtung haben zu müssen:
a) die Sendungen könnten ihrer Bestimmung entfremdet werden, oder
b) die Kontrolle könnte nicht wirksam sein, oder
c) der Feind könnte daraus einen offensichtlichen Vorteil für seine militärischen Anstrengungen und seine Wirtschaft ziehen, indem er diese Sendungen an die Stelle von Gütern treten läßt, die er sonst selbst hätte beschaffen oder herstellen müssen, oder indem er Material, Erzeugnisse und Dienste freimacht, die er sonst selbst zur Herstellung solcher Güter benötigt hätte.

Die Macht, die den Durchlaß der in Absatz 1 dieses Artikels erwähnten Sendungen genehmigt, kann ihre Genehmigung von der Bedingung abhängig machen, daß die Verteilung an die Nutznießer an Ort und Stelle von den Schutzmächten überwacht werde.

Diese Sendungen müssen so rasch als möglich befördert werden, und der Staat, der ihren ungehinderten Durchlaß genehmigt, besitzt das Recht, die technischen Bedingungen festzusetzen, unter welchen diese gewährt wird.

45 IV. Genfer Abkommen Art. 24–27

Artikel 24 [Schutz von Kindern]
Die am Konflikt beteiligten Parteien ergreifen die notwendigen Maßnahmen, damit infolge des Krieges verwaiste oder von ihren Familien getrennte Kinder unter 15 Jahren nicht sich selbst überlassen bleiben und unter allen Umständen ihr Unterhalt, die Ausübung ihres Glaubensbekenntnisses und ihre Erziehung erleichtert werden. Letztere wird, wenn möglich, Personen der gleichen kulturellen Überlieferung anvertraut.

Mit Zustimmung der etwaigen Schutzmacht begünstigen die am Konflikt beteiligten Parteien die Aufnahme dieser Kinder in neutralen Ländern während der Dauer des Konflikts, wenn sie die Gewähr dafür haben, daß die in Absatz 1 erwähnten Grundsätze berücksichtigt werden.

Außerdem bemühen sie sich, die notwendigen Maßnahmen zu ergreifen, damit alle Kinder unter 12 Jahren durch das Tragen einer Erkennungsmarke oder auf irgendeine andere Weise identifiziert werden können.

Artikel 25 [Familienbriefverkehr]
Jede auf dem Gebiet einer am Konflikt beteiligten Partei oder auf einem von ihr besetzten Gebiete befindliche Person kann ihren Familienmitgliedern, wo immer sie sich befinden, Nachrichten streng persönlicher Natur geben und von ihnen erhalten. Diese Briefschaften sind schnell und ohne ungerechtfertigte Verzögerung zu befördern.

Ist auf Grund der Verhältnisse der Familienschriftwechsel auf dem normalen Postwege schwierig oder unmöglich geworden, so wenden sich die betreffenden am Konflikt beteiligten Parteien an einen neutralen Vermittler, wie die in Artikel 140 vorgesehene Zentralstelle, um mit ihm die Mittel zu finden, die Erfüllung ihrer Verpflichtungen unter den besten Bedingungen zu gewährleisten, insbesondere unter Mitwirkung der nationalen Gesellschaften vom Roten Kreuz (vom Roten Halbmond, vom Roten Löwen mit roter Sonne).

Wenn die am Konflikt beteiligten Parteien es für nötig erachten, diesen Familienschriftwechsel einzuschränken, können sie höchstens die Anwendung von einheitlichen Formblättern vorschreiben, die 25 frei gewählte Wörter enthalten, und den Gebrauch dieser Formblätter auf eine einmalige Sendung je Monat begrenzen.

Artikel 26 [Zertrennte Familien]
Jede am Konflikt beteiligte Partei erleichtert die Nachforschungen, die vom Kriege zerstreute Familien anstellen, um wieder Verbindung miteinander aufzunehmen und sich, wenn möglich, wieder zu vereinigen. Sie fördert insbesondere die Tätigkeit von Organisationen, die sich dieser Aufgabe widmen, unter der Voraussetzung, daß sie von ihr genehmigt sind und sich den von ihr ergriffenen Sicherheitsmaßnahmen fügen.

TEIL III
Rechtsstellung und Behandlung der geschützten Personen

ABSCHNITT I
Gemeinsame Bestimmungen für die Gebiete der am Konflikt beteiligten Parteien und die besetzten Gebiete

Artikel 27 [Allgemeiner Schutz]
Die geschützten Personen haben unter allen Umständen Anspruch auf Achtung ihrer Person, ihrer Ehre, ihrer Familienrechte, ihrer religiösen Überzeugungen und Gepflogenheiten, ihrer Gewohnheiten und Gebräuche. Sie werden jederzeit mit Menschlichkeit behandelt und insbesondere vor Gewalttätigkeit oder Einschüchterung, vor Beleidigungen und der öffentlichen Neugier geschützt.

Die Frauen werden besonders vor jedem Angriff auf ihre Ehre und namentlich vor Vergewaltigung, Nötigung zur gewerbsmäßigen Unzucht und jeder unzüchtigen Handlung geschützt.

Unbeschadet der bezüglich des Gesundheitszustandes, des Alters und des Geschlechts getroffenen Vorkehrungen werden sämtliche geschützten Personen von den am Konflikt beteiligten Parteien, in deren Machtbereich sie sich befinden, mit der gleichen Rücksicht und ohne jede insbesondere auf Rasse, Religion oder politische Meinung beruhende Benachteiligung behandelt.

Art. 28–47 IV. Genfer Abkommen

Jedoch können die am Konflikt beteiligten Parteien in bezug auf die geschützten Personen diejenigen Kontroll- und Sicherheitsmaßnahmen ergreifen, die sich infolge des Krieges als notwendig erweisen.

Artikel 28 [Gefahrenzonen]
Die Anwesenheit einer geschützten Person darf nicht dazu benutzt werden, Kampfhandlungen von gewissen Punkten oder Gebieten fernzuhalten.

Artikel 29 [Verantwortlichkeit]
Die am Konflikt beteiligte Partei, in deren Machtbereich sich geschützte Personen befinden, ist verantwortlich für die Behandlung, die diese durch ihre Beauftragten erfahren, unbeschadet der individuellen Verantwortlichkeiten, die gegebenenfalls bestehen.

Artikel 30 [Schutzmächte, Hilfsorganisationen]
Die geschützten Personen genießen jede Erleichterung, um sich an die Schutzmächte, an das Internationale Komitee vom Roten Kreuz, an die nationale Gesellschaft vom Roten Kreuz (vom Roten Halbmond, vom Roten Löwen mit roter Sonne) des Landes, in dem sie sich befinden, sowie an jede andere Organisation, die ihnen behilflich sein könnte, zu wenden.

Diesen verschiedenen Organisationen wird zu diesem Zwecke innerhalb der durch militärische oder Sicherheitserfordernisse gezogenen Grenzen von den Behörden jede Erleichterung gewährt.

Außer den Besuchen der Delegierten der Schutzmächte und des Internationalen Komitees vom Roten Kreuz, wie in Artikel 143 vorgesehen, erleichtern die Gewahrsamsstaaten oder Besatzungsmächte soweit wie möglich die Besuche, die Vertreter anderer Organisationen den geschützten Personen mit dem Ziel zu machen wünschen, diesen Personen geistig und materiell Hilfe zu bringen.

Artikel 31 [Verbot der Zwangsanwendung]
Auf die geschützten Personen darf keinerlei körperlicher oder seelischer Zwang ausgeübt werden, namentlich nicht, um von ihnen oder dritten Personen Auskünfte zu erlangen.

Artikel 32 [Verbot von Körperstrafen und Grausamkeiten]
Den Hohen Vertragsparteien ist jede Maßnahme, die körperliche Leiden oder den Tod der in ihrem Machtbereich befindlichen geschützten Personen zur Folge haben könnte, ausdrücklich untersagt. Dieses Verbot betrifft nicht nur Tötung, Folterung, körperliche Strafen, Verstümmelungen und medizinische oder wissenschaftliche, nicht durch ärztliche Behandlung einer geschützten Person gerechtfertigte biologische Versuche, sondern auch alle anderen Grausamkeiten, gleichgültig, ob sie durch zivile Bedienstete oder Militärpersonen begangen werden.

Artikel 33 [Verbot von Kollektivbestrafung und Repressalien]
Keine geschützte Person darf wegen einer Tat bestraft werden, die sie nicht persönlich begangen hat. Kollektivstrafen sowie auch jede Maßnahme zur Einschüchterung oder Terrorisierung sind untersagt. Plünderungen sind untersagt.
Vergeltungsmaßnahmen gegen geschützte Personen und ihr Eigentum sind untersagt.

Artikel 34 [Verbot der Geiselnahme]
Das Festnehmen von Geiseln ist untersagt.

ABSCHNITT II
Ausländer im Gebiet einer am Konflikt beteiligten Partei
Artikel 35 bis 46 sind nicht abgedruckt.

ABSCHNITT III
Besetzte Gebiete

Artikel 47 [Uneinschränkbarkeit der Rechte]
Geschützten Personen, die sich in besetztem Gebiet befinden, werden in keinem Falle und auf keine Weise die Vorteile des vorliegenden Abkommens entzogen, weder wegen irgendeiner Veränderung, die sich aus der Tatsache der Besetzung bei den Einrichtungen oder der Regierung des in Frage stehenden Gebietes ergibt, noch auf Grund einer zwischen den Behörden des besetzten Gebietes und der Besatzungsmacht abgeschlossenen Vereinbarung, noch auf Grund der Einverleibung des ganzen besetzten Gebietes oder eines Teils davon durch die Besatzungsmacht.

IV. Genfer Abkommen Art. 48–51

Artikel 48 [Recht der Ausreise]
Geschützte Personen, die nicht Angehörige der Macht sind, deren Gebiet besetzt ist, können unter den in Artikel 35 vorgesehenen Bedingungen das Recht zum Verlassen des Gebietes geltend machen; Entscheidungen darüber werden auf Grund des Verfahrens getroffen, das die Besatzungsmacht entsprechend dem erwähnten Artikel einzurichten hat.

Artikel 49 [Deportation, Umsiedlung]
Einzel- oder Massenzwangsverschickungen sowie Verschleppungen von geschützten Personen aus besetztem Gebiet nach dem Gebiet der Besatzungsmacht oder dem irgendeines anderen besetzten oder unbesetzten Staates sind ohne Rücksicht auf deren Beweggrund untersagt.

Jedoch kann die Besatzungsmacht eine vollständige oder teilweise Räumung einer bestimmten besetzten Gegend durchführen, wenn die Sicherheit der Bevölkerung oder zwingende militärische Gründe es erfordern. Solche Räumungen dürfen keinesfalls die Verschleppung von geschützten Personen in Gegenden außerhalb des besetzten Gebietes zur Folge haben, es sei denn, dies ließe sich aus materiellen Gründen nicht vermeiden. Unmittelbar nach Beendigung der Feindseligkeiten in der betreffenden Gegend wird die so verschickte Bevölkerung in ihre Heimat zurückgeführt.

Die Besatzungsmacht sorgt bei der Durchführung derartiger Verschickungen oder Räumungen im Rahmen des Möglichen dafür, daß angemessene Unterkunft für die Aufnahme der geschützten Personen vorgesehen wird, daß die Verlegung in bezug auf Sauberkeit, Hygiene, Sicherheit und Verpflegung unter befriedigenden Bedingungen durchgeführt wird, und daß Mitglieder derselben Familie nicht voneinander getrennt werden.

Die Schutzmacht wird von Verschickungen und Räumungen verständigt, sobald sie stattgefunden haben.

Die Besatzungsmacht kann geschützte Personen nicht in einer besonders den Kriegsgefahren ausgesetzten Gegend zurückhalten, sofern nicht die Sicherheit der Bevölkerung oder zwingende militärische Gründe dies erfordern.

Die Besatzungsmacht darf nicht Teile ihrer eigenen Zivilbevölkerung in das von ihr besetzte Gebiet verschleppen oder verschicken.

Artikel 50 [Schutz der Kinder]
Die Besatzungsmacht erleichtert im Benehmen mit den Landes- und Ortsbehörden den geordneten Betrieb der Einrichtungen, die zur Pflege und Erziehung der Kinder dienen.

Sie ergreift alle notwendigen Maßnahmen, um die Identifizierung der Kinder und die Eintragung ihrer Familienzugehörigkeit zu erleichtern. Keinesfalls darf sie ihren Personalstand ändern oder sie in von ihr abhängige Formationen oder Organisationen einreihen.

Sollten die örtlichen Einrichtungen unzulänglich sein, so trifft die Besatzungsmacht die notwendigen Vorkehrungen, um den Unterhalt und die Erziehung der Waisen und der von ihren Eltern im Krieg getrennten Kinder sicherzustellen, und zwar wenn möglich durch Personen gleicher Nationalität, Sprache und Religion, sofern nicht ein naher Verwandter oder Freund für sie sorgen kann.

Eine besondere Abteilung des auf Grund der Bestimmungen von Artikel 136 geschaffenen Büros wird beauftragt, alle notwendigen Schritte zu unternehmen, um diejenigen Kinder zu identifizieren, deren Identität ungewiß ist. Angaben, die man über ihre Eltern oder andere nahe Verwandte etwa besitzt, werden ausnahmslos aufgezeichnet.

Die Besatzungsmacht darf die Anwendung irgendwelcher Vorzugsmaßnahmen in bezug auf Ernährung, ärztliche Pflege und Schutz vor Kriegsfolgen nicht behindern, die etwa bereits vor der Besetzung zu Gunsten von Kindern unter 15 Jahren, schwangeren Frauen und Müttern von Kindern unter 7 Jahren in Kraft waren.

Artikel 51 [Arbeitszwang]
Die Besatzungsmacht kann geschützte Personen nicht zwingen, in ihren Streitkräften oder Hilfskräften zu dienen. Jeder Druck und jede Propaganda, die auf freiwilligen Eintritt in diese abzielt, ist untersagt.

Sie kann geschützte Personen nur dann zur Arbeit zwingen, wenn sie über 18 Jahre alt sind und es sich lediglich um Arbeiten handelt, die zur Befriedigung der Bedürfnisse der Besatzungsarmee oder

für die öffentlichen Dienste, die Ernährung, Unterbringung, Bekleidung, das Verkehrs- oder Gesundheitswesen der Bevölkerung des besetzten Landes notwendig sind. Geschützte Personen dürfen nicht zu irgendwelcher Arbeit gezwungen werden, die sie verpflichten würde, an Kampfhandlungen teilzunehmen. Die Besatzungsmacht kann geschützte Personen nicht zwingen, Einrichtungen, in denen sie Zwangsarbeit verrichten, unter Anwendung von Gewalt zu sichern.
Die Arbeit darf nur innerhalb des besetzten Gebietes geleistet werden, in dem sich die betreffenden Personen befinden. Jede solche Person wird so weit wie möglich auf ihrem gewohnten Arbeitsplatz verwendet. Die Arbeit ist angemessen zu bezahlen und muß den körperlichen und geistigen Fähigkeiten der Arbeitenden angepaßt sein. Die im besetzten Lande geltenden Rechtsvorschriften betreffend die Arbeitsbedingungen und Schutzmaßnahmen, insbesondere in bezug auf Löhne, Arbeitsdauer, Ausrüstung, Vorbildung und Entschädigungen für Arbeitsunfälle und Berufskrankheiten, werden auf die geschützten Personen angewendet, die Arbeiten der in diesem Artikel bezeichneten Art verrichten.
In keinem Falle darf die Einziehung von Arbeitskräften zu einer Mobilisation von Arbeitern für Organisationen militärischen oder halbmilitärischen Charakters führen.

Artikel 52 [Schutz der Arbeitnehmer]
Kein zivilrechtlicher Vertrag, keine Vereinbarung und keine Vorschrift können das Recht irgendeines freiwilligen oder unfreiwilligen Arbeiters beeinträchtigen, sich, wo immer er sich befindet, an die Vertreter der Schutzmacht zu wenden, um deren Einschreiten zu verlangen.
Alle Maßnahmen, die darauf abzielen, Arbeitslosigkeit zu schaffen oder die Arbeitsmöglichkeiten der Arbeiter eines besetzten Gebietes zu beschränken, um sie auf diese Weise zur Arbeit für die Besatzungsmacht zu gewinnen, sind untersagt.

Artikel 53 [Verbot von Zerstörungen]
Es ist der Besatzungsmacht untersagt, bewegliches oder unbewegliches Vermögen zu zerstören, das individuell oder kollektiv Privatpersonen oder dem Staat oder öffentlichen Körperschaften, sozialen oder genossenschaftlichen Organisationen gehört, außer in Fällen, in denen die Kampfhandlungen solche Zerstörungen unbedingt erforderlich machen.

Artikel 54 [Öffentliche Bedienstete]
Es ist der Besatzungsmacht untersagt, die Rechtsstellung der Beamten oder Gerichtspersonen des besetzten Gebietes zu ändern oder ihnen gegenüber Sanktionen oder irgendwelche Zwangsmaßnahmen zu treffen oder sie zu benachteiligen, weil sie sich aus Gewissensgründen enthalten, ihre Funktionen zu erfüllen.
Dieses Verbot verhindert nicht die Anwendung von Artikel 51 Absatz 2. Es berührt nicht das Recht der Besatzungsmacht, öffentliche Beamte ihrer Posten zu entheben.

Artikel 55 [Versorgung der Bevölkerung]
Die Besatzungsmacht hat die Pflicht, die Versorgung der Bevölkerung mit Lebens- und Arzneimitteln im Rahmen aller ihr zur Verfügung stehenden Mittel sicherzustellen; insbesondere führt sie Lebensmittel, medizinische Ausrüstungen und alle anderen notwendigen Artikel ein, falls die Hilfsquellen des besetzten Gebietes unzureichen.
Die Besatzungsmacht darf keine im besetzten Gebiete befindlichen Lebensmittel, Waren oder medizinischen Ausrüstungen beschlagnahmen, es sei denn für die Besatzungsstreitkräfte und -verwaltung, und auch dann nur unter Berücksichtigung der Bedürfnisse der Zivilbevölkerung. Unter Vorbehalt der Bestimmungen anderer internationaler Abkommen trifft die Besatzungsmacht die notwendigen Vorkehrungen, damit für die beschlagnahmten Güter ein angemessenes Entgelt bezahlt wird.
Die Schutzmächte können jederzeit ohne Behinderung den Stand der Versorgung mit Lebens- und Arzneimitteln in den besetzten Gebieten untersuchen, unter Vorbehalt von vorübergehenden Beschränkungen, die auf zwingenden militärischen Erfordernissen beruhen.

Artikel 56 [Gesundheitsmaßnahmen]
Die Besatzungsmacht ist im Rahmen aller ihr zur Verfügung stehenden Mittel verpflichtet, im Benehmen mit den Landes- und Ortsbehörden die Einrichtungen und Dienste der Krankenhauspflege und ärztlichen Behandlung sowie das öffentliche Gesundheitswesen im besetzten Gebiet sicherzustellen und weiterzuführen, insbesondere durch Einführung und Anwendung der notwendigen Vorbeugungs-

und Vorsichtsmaßnahmen zur Bekämpfung der Ausbreitung von ansteckenden Krankheiten und Seuchen. Das ärztliche Personal aller Kategorien ist ermächtigt, seine Aufgaben zu erfüllen.
Werden neue Krankenhäuser im besetzten Gebiet geschaffen und erfüllen die zuständigen Organe des besetzten Staates ihre Funktionen nicht mehr, so nehmen die Besatzungsbehörden erforderlichenfalls die in Artikel 18 vorgesehene Anerkennung vor. Unter ähnlichen Umständen nehmen die Besatzungsbehörden ebenfalls die Anerkennung des Krankenhauspersonals und der Krankenfahrzeuge gemäß Artikel 20 und 21 vor.
Beim Erlaß von Gesundheits- und Hygienemaßnahmen sowie bei deren Inkraftsetzung berücksichtigt die Besatzungsmacht die sittlichen und ethischen Auffassungen der Bevölkerung des besetzten Gebietes.
Artikel 57 bis Artikel 78 sind nicht abgedruckt.

ABSCHNITT IV
Bestimmungen über die Behandlung von Internierten
Artikel 79 bis Artikel 135 sind nicht abgedruckt.

ABSCHNITT V
Auskunftsbüros und Zentralauskunftsstelle
Artikel 136 bis Artikel 141 sind nicht abgedruckt.

TEIL IV
Durchführung des Abkommens

ABSCHNITT I
Allgemeine Bestimmungen

Artikel 142 [Hilfsgesellschaften]
Unter Vorbehalt der Maßnahmen, die die Gewahrsamsstaaten für unerläßlich erachten, um ihre Sicherheit zu gewährleisten oder jedem anderen vernünftigen Erfordernis zu entsprechen, lassen sie religiösen Organisationen, Hilfsgesellschaften oder jeder anderen den geschützten Personen Hilfe bringenden Organisation gute Aufnahme zuteil werden. Sie gewähren ihnen, sowie ihren gebührend beglaubigten Delegierten, alle notwendigen Erleichterungen, damit diese die geschützten Personen besuchen, Hilfssendungen und für Erziehungs-, Erholungs- oder Religionszwecke bestimmte Gegenstände gleich welcher Herkunft an sie verteilen und ihnen bei der Gestaltung ihrer Freizeit innerhalb der Internierungsorte helfen können. Die genannten Gesellschaften oder Organisationen können auf dem Gebiet des Gewahrsamsstaates oder in einem andern Land gegründet werden oder aber internationalen Charakter haben.
Der Gewahrsamsstaat kann die Anzahl der Gesellschaften und Organisationen begrenzen, deren Delegierte ermächtigt sind, ihre Tätigkeit auf seinem Gebiet und unter seiner Aufsicht auszuüben, vorausgesetzt, daß eine solche Begrenzung die wirksame und ausreichende Hilfeleistung an alle geschützten Personen nicht hindert.
Die besondere Stellung des Internationalen Komitees vom Roten Kreuz auf diesem Gebiete ist jederzeit anzuerkennen und zu beachten.

Artikel 143 [Kontrolle durch Schutzmacht]
Die Vertreter oder Delegierten der Schutzmächte sind ermächtigt, sich an alle Orte zu begeben, wo sich geschützte Personen aufhalten, namentlich an alle Internierungs-, Gefangenhaltungs- und Arbeitsorte.
Sie haben zu allen von geschützten Personen benutzten Räumlichkeiten Zutritt und können sich mit ihnen ohne Zeugen, wenn nötig durch Vermittlung eines Dolmetschers, unterhalten.
Solche Besuche dürfen nur aus zwingenden militärischen Gründen und nur ausnahmsweise und vorübergehend untersagt werden. Häufigkeit und Dauer dürfen nicht begrenzt werden.
Den Vertretern oder Delegierten der Schutzmächte wird in der Wahl der Orte, die sie zu besuchen wünschen, jede Freiheit gelassen. Der Gewahrsams- oder Besatzungsstaat, die Schutzmacht und ge-

gebenenfalls der Herkunftsstaat der zu besuchenden Personen können übereinkommen, Mitbürger von Internierten zur Teilnahme an diesen Besuchen zuzulassen.

Die Delegierten des Internationalen Komitees vom Roten Kreuz genießen die gleichen Vorrechte. Die Ernennung dieser Delegierten bedarf der Genehmigung der Macht, in deren Herrschaftsbereich die Gebiete liegen, wo sie ihre Tätigkeit auszuüben haben.

Artikel 144 [Verbreitung des Abkommens]
Die Hohen Vertragsparteien verpflichten sich, in Friedens- und Kriegszeiten den Wortlaut des vorliegenden Abkommens in ihren Ländern im weitestmöglichen Ausmaß zu verbreiten und insbesondere sein Studium in die militärischen und, wenn möglich, zivilen Ausbildungsprogramme aufzunehmen, so daß die Gesamtheit der Bevölkerung seine Grundsätze kennenlernen kann.

Die zivilen, militärischen, polizeilichen oder anderen Behörden, die in Kriegszeiten Verantwortlichkeiten in bezug auf geschützte Personen zu übernehmen haben, müssen den Wortlaut des Abkommens besitzen und über dessen Bestimmungen besonders unterrichtet werden.

Artikel 145 [Übersetzungen]
Die Hohen Vertragsparteien stellen sich gegenseitig durch Vermittlung des Schweizerischen Bundesrates und während der Feindseligkeiten durch Vermittlung der Schutzmächte die amtlichen Übersetzungen des vorliegenden Abkommens sowie die Gesetze und Verordnungen zu, die sie gegebenenfalls zur Gewährleistung seiner Anwendung erlassen.

Artikel 146 [Strafrechtliche Verfolgung]
Die Hohen Vertragsparteien verpflichten sich, alle notwendigen gesetzgeberischen Maßnahmen zur Festsetzung von angemessenen Strafbestimmungen für solche Personen zu treffen, die irgendeine der im folgenden Artikel umschriebenen schweren Verletzungen des vorliegenden Abkommens begehen oder zu einer solchen Verletzung den Befehl erteilen.

Jede Vertragspartei ist zur Ermittlung der Personen verpflichtet, die der Begehung oder der Erteilung eines Befehles zur Begehung einer dieser schweren Verletzungen beschuldigt sind; sie stellt sie ungeachtet ihrer Nationalität vor ihre eigenen Gerichte. Wenn sie es vorzieht, kann sie sie auch gemäß den in ihrem eigenen Recht vorgesehenen Bedingungen einer anderen an der gerichtlichen Verfolgung interessierten Vertragspartei zur Aburteilung übergeben, sofern diese gegen die erwähnten Personen ein ausreichendes Belastungsmaterial vorbringt.

Jede Vertragspartei ergreift die notwendigen Maßnahmen, um auch diejenigen Zuwiderhandlungen gegen die Bestimmungen des vorliegenden Abkommens zu unterbinden, die nicht zu den im folgenden Artikel umschriebenen schweren Verletzungen zählen.

Unter allen Umständen genießen die Angeklagten nicht geringere Sicherheiten in bezug auf Gerichtsverfahren und freie Verteidigung, als in Artikel 105 und den folgenden Artikeln des Genfer Abkommens vom 12. August 1949 über die Behandlung der Kriegsgefangenen vorgesehen sind.

Artikel 147 [Schwere Verletzungen]
Als schwere Verletzung im Sinne des vorstehenden Artikels gilt jede der folgenden Handlungen, sofern sie gegen durch das Abkommen geschützte Personen oder Güter begangen wird: vorsätzliche Tötung, Folterung oder unmenschliche Behandlung einschließlich biologischer Versuche, vorsätzliche Verursachung großer Leiden oder schwere Beeinträchtigung der körperlichen Unversehrtheit oder der Gesundheit, rechtswidrige Verschleppung oder rechtswidrige Verschickung, rechtswidrige Gefangenhaltung, Nötigung einer geschützten Person zur Dienstleistung in den Streitkräften der feindlichen Macht oder Entzug ihres Anrechts auf ein ordentliches und unparteiisches, den Vorschriften des vorliegenden Abkommens entsprechendes Gerichtsverfahren, das Festnehmen von Geiseln, sowie Zerstörung und Aneignung von Eigentum, die durch militärische Erfordernisse nicht gerechtfertigt sind und in großem Ausmaß rechtswidrig und willkürlich vorgenommen werden.

Artikel 148 [Keine Befreiung von Verantwortlichkeit]
Eine Hohe Vertragspartei kann weder sich selbst noch eine andere Vertragspartei von den Verantwortlichkeiten befreien, die ihr selbst oder einer anderen Vertragspartei auf Grund von Verletzungen im Sinne des vorstehenden Artikels zufallen.

IV. Genfer Abkommen Art. 149–157

Artikel 149 [Untersuchungsverfahren]
Auf Begehren einer am Konflikt beteiligten Partei wird gemäß einem zwischen den beteiligten Parteien festzusetzenden Verfahren über jede behauptete Verletzung des Abkommens eine Untersuchung eingeleitet.
Kann über das Untersuchungsverfahren keine Übereinstimmung erzielt werden, so kommen die Parteien überein, einen Schiedsrichter zu wählen, der über das zu befolgende Verfahren entscheidet.
Sobald die Verletzung festgestellt ist, setzen ihr die am Konflikt beteiligten Parteien ein Ende und ahnden sie so schnell wie möglich.

ABSCHNITT II
Schlußbestimmungen

Artikel 150 [Authentische Fassungen; Übersetzungen]
Das vorliegende Abkommen ist in französischer und englischer Sprache abgefaßt. Beide Texte sind gleicherweise maßgeblich.
Der Schweizerische Bundesrat läßt amtliche Übersetzungen des Abkommens in die russische und die spanische Sprache herstellen.

Artikel 151 [Unterzeichnung]
Das vorliegende Abkommen, welches das Datum des heutigen Tages trägt, kann bis zum 12. Februar 1950 im Namen der Mächte unterzeichnet werden, die auf der am 21. April 1949 in Genf eröffneten Konferenz vertreten waren.

Artikel 152 [Ratifikation]
Das vorliegende Abkommen soll so bald wie möglich ratifiziert werden. Die Ratifikationsurkunden werden in Bern hinterlegt.
Über die Hinterlegung jeder Ratifikationsurkunde wird ein Protokoll aufgenommen. Von diesem wird eine beglaubigte Abschrift durch den Schweizerischen Bundesrat allen Mächten übersandt, in deren Namen das Abkommen unterzeichnet oder der Beitritt erklärt worden ist.

Artikel 153 [Inkrafttreten]
Das vorliegende Abkommen tritt sechs Monate nach Hinterlegung von mindestens zwei Ratifikationsurkunden in Kraft.
Späterhin tritt es für jede Hohe Vertragspartei sechs Monate nach Hinterlegung ihrer Ratifikationsurkunde in Kraft.

Artikel 154 [Haager Landkriegsordnung]
In den Beziehungen zwischen Mächten, die durch das Haager Abkommen betreffend die Gesetze und Gebräuche des Landkrieges gebunden sind, sei es das vom 29. Juli 1899 oder das vom 18. Oktober 1907, und die Vertragsparteien des vorliegenden Abkommens werden, ergänzt dieses letztere den Zweiten und den Dritten Abschnitt der dem erwähnten Haager Abkommen anliegenden Kriegsordnung.

Artikel 155 [Beitritt]
Vom Zeitpunkt seines Inkrafttretens an steht das vorliegende Abkommen jeder Macht zum Beitritt offen, in deren Namen es nicht unterzeichnet worden ist.

Artikel 156 [Bekanntgabe von Beitritten]
Der Beitritt wird dem Schweizerischen Bundesrat schriftlich notifiziert und wird sechs Monate nach dem Zeitpunkt, an dem diesem die Notifikation zugegangen ist, wirksam.
Der Schweizerische Bundesrat bringt die Beitritte allen Mächten zur Kenntnis, in deren Namen das Abkommen unterzeichnet oder der Beitritt notifiziert worden ist.

Artikel 157 [Inkrafttreten bei Feindseligkeiten]
Der Eintritt der in Artikel 2 und 3 vorgesehenen Lage verleiht den vor oder nach Beginn der Feindseligkeiten oder der Besetzung hinterlegten Ratifikationsurkunden und notifizierten Beitritten von am Konflikt beteiligten Parteien sofortige Wirkung. Der Schweizerische Bundesrat gibt die eingegan-

genen Ratifikationen oder Beitrittserklärungen von Parteien, die am Konflikt beteiligt sind, auf dem schnellsten Wege bekannt.

Artikel 158 [Kündigung]
Jeder Hohen Vertragspartei steht es frei, das vorliegende Abkommen zu kündigen.
Die Kündigung wird dem Schweizerischen Bundesrat schriftlich notifiziert. Dieser bringt sie den Regierungen aller Hohen Vertragsparteien zur Kenntnis.
Die Kündigung wird ein Jahr nach ihrer Notifizierung an den Schweizerischen Bundesrat wirksam. Jedoch bleibt eine Kündigung, die notifiziert wird, während die kündigende Macht in einen Konflikt verwickelt ist, unwirksam, solange nicht Friede geschlossen ist, und auf alle Fälle, solange die mit der Freilassung, Heimschaffung und Wiederansiedlung der durch das vorliegende Abkommen geschützten Personen im Zusammenhang stehenden Handlungen nicht abgeschlossen sind.
Die Kündigung gilt nur in bezug auf die kündigende Macht. Sie hat keinerlei Wirkung auf die Verpflichtungen, welche die am Konflikt beteiligten Parteien gemäß den Grundsätzen des Völkerrechts zu erfüllen gehalten sind, wie sie sich aus den unter zivilisierten Völkern feststehenden Gebräuchen, aus den Gesetzen der Menschlichkeit und aus den Forderungen des öffentlichen Gewissens ergeben.

Artikel 159 [Mitteilung an die Vereinten Nationen]
Der Schweizerische Bundesrat läßt das vorliegende Abkommen beim Sekretariat der Vereinten Nationen eintragen. Er setzt das Sekretariat der Vereinten Nationen ebenfalls von allen Ratifikationen, Beitritten und Kündigungen in Kenntnis, die er in bezug auf das vorliegende Abkommen erhält.

Zu Urkund dessen haben die Unterzeichneten nach Hinterlegung ihrer entsprechenden Vollmachten das vorliegende Abkommen unterschrieben.
Geschehen zu Genf am 12. August 1949 in französischer und englischer Sprache. Das Original wird im Archiv der Schweizerischen Eidgenossenschaft hinterlegt. Der Schweizerische Bundesrat übermittelt jedem unterzeichnenden und beitretenden Staat eine beglaubigte Ausfertigung des vorliegenden Abkommens.

45a Zusatzprotokoll I 1977

Zusatzprotokoll zu den Genfer Abkommen vom 12. August 1949 über den Schutz der Opfer internationaler bewaffneter Konflikte (Protokoll I)[1)]

Vom 8. Juni 1977

Inhaltsübersicht

PRÄAMBEL

TEIL I
Allgemeine Bestimmungen

Artikel 1 Allgemeine Grundsätze und Anwendungsbereich
Artikel 2 Begriffsbestimmungen
Artikel 3 Beginn und Ende der Anwendung
Artikel 4 Rechtsstellung der am Konflikt beteiligten Parteien
Artikel 5 Benennung von Schutzmächten und von Ersatzschutzmächten
Artikel 6 Fachpersonal
Artikel 7 Tagungen

TEIL II
Verwundete, Kranke und Schiffbrüchige

ABSCHNITT I
Allgemeiner Schutz

Artikel 8 Terminologie
Artikel 9 Anwendungsbereich
Artikel 10 Schutz und Pflege
Artikel 11 Schutz von Personen
Artikel 12 Schutz von Sanitätseinheiten
Artikel 13 Ende des Schutzes ziviler Sanitätseinheiten
Artikel 14 Beschränkung der Inanspruchnahme ziviler Sanitätseinheiten
Artikel 15 Schutz des zivilen Sanitäts- und Seelsorgepersonals
Artikel 16 Allgemeiner Schutz der ärztlichen Aufgabe
Artikel 17 Rolle der Zivilbevölkerung und der Hilfsgesellschaften
Artikel 18 Kennzeichnung
Artikel 19 Neutrale und andere nicht am Konflikt beteiligte Staaten
Artikel 20 Verbot von Repressalien

ABSCHNITT II
Sanitätstransporte

Artikel 21 Sanitätsfahrzeuge
Artikel 22 Lazarettschiffe und Küstenrettungsfahrzeuge
Artikel 23 Andere Sanitätsschiffe und sonstige Sanitätswasserfahrzeuge
Artikel 24 Schutz von Sanitätsluftfahrzeugen
Artikel 25 Sanitätsluftfahrzeuge in Gebieten, die nicht von einer gegnerischen Partei beherrscht werden
Artikel 26 Sanitätsluftfahrzeuge in Kontakt- oder ähnlichen Zonen
Artikel 27 Sanitätsluftfahrzeuge in Gebieten, die von einer gegnerischen Partei beherrscht werden

1) Deutscher Text: *BGBl.* 1990 II S. 1551.
   Internationale Quelle: *UNTS* Bd. 1125 S. 3.
   In Kraft getreten am 7. Dezember 1978; für die Bundesrepublik Deutschland am 14. August 1991.

Zusatzprotokoll I 1977

Artikel 28 Beschränkungen für den Einsatz von Sanitätsluftfahrzeugen
Artikel 29 Mitteilungen und Vereinbarungen betreffend Sanitätsluftfahrzeuge
Artikel 30 Landung und Untersuchung von Sanitätsluftfahrzeugen
Artikel 31 Neutrale oder andere nicht am Konflikt beteiligte Staaten

ABSCHNITT III
Vermißte und Tote

Artikel 32 Allgemeiner Grundsatz
Artikel 33 Vermißte
Artikel 34 Sterbliche Überreste

TEIL III
Methoden und Mittel der Kriegsführung, Kombattanten- und Kriegsgefangenenstatus

ABSCHNITT I
Methoden und Mittel der Kriegführung

Artikel 35 Grundregeln
Artikel 36 Neue Waffen
Artikel 37 Verbot der Heimtücke
Artikel 38 Anerkannte Kennzeichen
Artikel 39 Nationalitätszeichen
Artikel 40 Pardon
Artikel 41 Schutz eines außer Gefecht befindlichen Gegners
Artikel 42 Insassen von Luftfahrzeugen

ABSCHNITT II
Kombattanten- und Kriegsgefangenenstatus

Artikel 43 Streitkräfte
Artikel 44 Kombattanten und Kriegsgefangene
Artikel 45 Schutz von Personen, die an Feindseligkeiten teilgenommen haben
Artikel 46 Spione
Artikel 47 Söldner

TEIL IV
Zivilbevölkerung

ABSCHNITT I
Allgemeiner Schutz vor den Auswirkungen von Feindseligkeiten

KAPITEL I
Grundregel und Anwendungsbereich

Artikel 48 Grundregel
Artikel 49 Bestimmung des Begriffs »Angriffe« und Anwendungsbereich

KAPITEL II
Zivilpersonen und Zivilbevölkerung

Artikel 50 Bestimmung der Begriffe Zivilpersonen und Zivilbevölkerung
Artikel 51 Schutz der Zivilbevölkerung

KAPITEL III
Zivile Objekte

Artikel 52 Allgemeiner Schutz ziviler Objekte
Artikel 53 Schutz von Kulturgut und Kultstätten
Artikel 54 Schutz der für die Zivilbevölkerung lebensnotwendigen Objekte
Artikel 55 Schutz der natürlichen Umwelt
Artikel 56 Schutz von Anlagen und Einrichtungen, die gefährliche Kräfte enthalten

45a Zusatzprotokoll I 1977

KAPITEL IV
Vorsorgliche Maßnahmen
Artikel 57 Vorsichtsmaßnahmen beim Angriff
Artikel 58 Vorsichtsmaßnahmen gegen die Wirkungen von Angriffen

KAPITEL V
Orte und Zonen unter besonderem Schutz
Artikel 59 Unverteidigte Orte
Artikel 60 Entmilitarisierte Zonen

KAPITEL VI
Zivilschutz
Artikel 61 Begriffsbestimmungen und Anwendungsbereich
Artikel 62 Allgemeiner Schutz
Artikel 63 Zivilschutz in besetzten Gebieten
Artikel 64 Zivile Zivilschutzorganisationen neutraler oder anderer nicht am Konflikt beteiligter Staaten und internationaler Koordinierungsorganisationen
Artikel 65 Ende des Schutzes
Artikel 66 Kennzeichnung
Artikel 67 Den Zivilschutzorganisationen zugeteilte Angehörige der Streitkräfte und militärische Einheiten

ABSCHNITT II
Hilfsmaßnahmen zugunsten der Zivilbevölkerung
Artikel 68 Anwendungsbereich
Artikel 69 Wesentliche Bedürfnisse in besetzten Gebieten
Artikel 70 Hilfsaktionen
Artikel 71 An Hilfsaktionen beteiligtes Personal

ABSCHNITT III
Behandlung von Personen, die sich in der Gewalt einer am Konflikt beteiligten Partei befinden

KAPITEL I
Anwendungsbereich und Schutz von Personen und Objekten
Artikel 72 Anwendungsbereich
Artikel 73 Flüchtlinge und Staatenlose
Artikel 74 Familienzusammenführung
Artikel 75 Grundlegende Garantien

KAPITEL II
Maßnahmen zugunsten von Frauen und Kindern
Artikel 76 Schutz von Frauen
Artikel 77 Schutz von Kindern
Artikel 78 Evakuierung von Kindern

KAPITEL III
Journalisten
Artikel 79 Maßnahmen zum Schutz von Journalisten

TEIL V
Durchführung der Abkommen und dieses Protokolls

ABSCHNITT I
Allgemeine Bestimmungen
Artikel 80 Durchführungsmaßnahmen

Artikel 81 Tätigkeit des Roten Kreuzes und anderer humanitärer Organisationen
Artikel 82 Rechtsberater in den Streitkräften
Artikel 83 Verbreitung
Artikel 84 Anwendungsvorschriften

Abschnitt II
Ahndung von Verletzungen der Abkommen und dieses Protokolls

Artikel 85 Ahndung von Verletzungen dieses Protokolls
Artikel 86 Unterlassungen
Artikel 87 Pflichten der militärischen Führer
Artikel 88 Rechtshilfe in Strafsachen
Artikel 89 Zusammenarbeit
Artikel 90 Internationale Ermittlungskommission
Artikel 91 Haftung

TEIL VI
Schlußbestimmungen

Artikel 92 Unterzeichnung
Artikel 93 Ratifikation
Artikel 94 Beitritt
Artikel 95 Inkrafttreten
Artikel 96 Vertragsbeziehungen beim Inkrafttreten dieses Protokolls
Artikel 97 Änderung
Artikel 98 Revision des Anhangs I
Artikel 99 Kündigung
Artikel 100 Notifikationen
Artikel 101 Registrierung
Artikel 102 Authentische Texte

Präambel

Die Hohen Vertragsparteien –
den ernsthaften Wunsch bekundend, daß unter den Völkern Friede herrschen möge,
eingedenk dessen, daß jeder Staat im Einklang mit der Charta der Vereinten Nationen die Pflicht hat, in seinen internationalen Beziehungen jede gegen die Souveränität, die territoriale Unversehrtheit oder die politische Unabhängigkeit eines Staates gerichtete oder sonst mit den Zielen der Vereinten Nationen unvereinbare Androhung oder Anwendung von Gewalt zu unterlassen,
jedoch im Bewußtsein der Notwendigkeit, die Bestimmungen zum Schutz der Opfer bewaffneter Konflikte neu zu bestätigen und weiterzuentwickeln und die Maßnahmen zu ergänzen, die ihre Anwendung stärken sollen,
ihrer Überzeugung Ausdruck verleihend, daß weder dieses Protokoll noch die Genfer Abkommen vom 12. August 1949 so auszulegen sind, als rechtfertigten oder erlaubten sie eine Angriffshandlung oder sonstige mit der Charta der Vereinten Nationen unvereinbare Anwendung von Gewalt,
und erneut bekräftigend, daß die Bestimmungen der Genfer Abkommen vom 12. August 1949 und dieses Protokolls unter allen Umständen uneingeschränkt auf alle durch diese Übereinkünfte geschützten Personen anzuwenden sind, und zwar ohne jede nachteilige Unterscheidung, die auf Art oder Ursprung des bewaffneten Konflikts oder auf Beweggründen beruht, die von den am Konflikt beteiligten Parteien vertreten oder ihnen zugeschrieben werden –
sind wie folgt übereingekommen:

TEIL I
Allgemeine Bestimmungen
Artikel 1 Allgemeine Grundsätze und Anwendungsbereich
(1) Die Hohen Vertragsparteien verpflichten sich, dieses Protokoll unter allen Umständen einzuhalten und seine Einhaltung durchzusetzen.
(2) In Fällen, die von diesem Protokoll oder anderen internationalen Übereinkünften nicht erfaßt sind, verbleiben Zivilpersonen und Kombattanten unter dem Schutz und der Herrschaft der Grundsätze des Völkerrechts, wie sie sich aus feststehenden Gebräuchen, aus den Grundsätzen der Menschlichkeit und aus den Forderungen des öffentlichen Gewissens ergeben.
(3) Dieses Protokoll, das die Genfer Abkommen vom 12. August 1949 zum Schutz der Kriegsopfer ergänzt, findet in den Situationen Anwendung, die in dem diesen Abkommen gemeinsamen Artikel 2 bezeichnet sind.
(4) Zu den in Absatz 3 genannten Situationen gehören auch bewaffnete Konflikte, in denen Völker gegen Kolonialherrschaft und fremde Besetzung sowie gegen rassistische Regimes in Ausübung ihres Rechts auf Selbstbestimmung kämpfen, wie es in der Charta der Vereinten Nationen und in der Erklärung über Grundsätze des Völkerrechts betreffend freundschaftliche Beziehungen und Zusammenarbeit zwischen den Staaten im Einklang mit der Charta der Vereinten Nationen niedergelegt ist.

Artikel 2 Begriffsbestimmungen
Im Sinne dieses Protokolls
a) bedeutet »I. Abkommen«, »II. Abkommen«, »III. Abkommen« und »IV. Abkommen« jeweils das Genfer Abkommen vom 12. August 1949 zur Verbesserung des Loses der Verwundeten und Kranken der bewaffneten Kräfte im Felde, das Genfer Abkommen vom 12. August 1949 zur Verbesserung des Loses der Verwundeten, Kranken und Schiffbrüchigen der bewaffneten Kräfte zur See, das Genfer Abkommen vom 12. August 1949 über die Behandlung der Kriegsgefangenen und das Genfer Abkommen vom 12. August 1949 über den Schutz von Zivilpersonen in Kriegszeiten; »die Abkommen« bedeutet die vier Genfer Abkommen vom 12. August 1949 zum Schutz der Kriegsopfer;
b) bedeutet »Regeln des in bewaffneten Konflikten anwendbaren Völkerrechts« die in bewaffneten Konflikten anwendbaren Regeln, die in internationalen Übereinkünften verankert sind, denen die am Konflikt beteiligten Parteien als Vertragsparteien angehören, sowie die allgemein anerkannten Grundsätze und Regeln des Völkerrechts, die auf bewaffnete Konflikte anwendbar sind;
c) bedeutet »Schutzmacht« einen neutralen oder anderen nicht am Konflikt beteiligten Staat, der von einer am Konflikt beteiligten Partei benannt, von der gegnerischen Partei anerkannt und bereit ist, die in den Abkommen und diesem Protokoll einer Schutzmacht übertragenen Aufgaben wahrzunehmen;
d) bedeutet »Ersatzschutzmacht« eine Organisation, die anstelle einer Schutzmacht nach Artikel 5 tätig wird.

Artikel 3 Beginn und Ende der Anwendung
Unbeschadet der Bestimmungen, die jederzeit anwendbar sind
a) werden die Abkommen und dieses Protokoll angewendet, sobald eine in Artikel 1 dieses Protokolls genannte Situation eintritt;
b) endet die Anwendung der Abkommen und dieses Protokolls im Hoheitsgebiet der am Konflikt beteiligten Parteien mit der allgemeinen Beendigung der Kriegshandlungen und im Fall besetzter Gebiete mit der Beendigung der Besetzung; in beiden Fällen gilt dies jedoch nicht für Personen, deren endgültige Freilassung, deren Heimschaffung oder Niederlassung zu einem späteren Zeitpunkt erfolgt. Diese Personen genießen bis zu ihrer endgültigen Freilassung, ihrer Heimschaffung oder Niederlassung weiterhin den Schutz der einschlägigen Bestimmungen der Abkommen und dieses Protokolls.

Artikel 4 Rechtsstellung der am Konflikt beteiligten Parteien
Die Anwendung der Abkommen und dieses Protokolls sowie der Abschluß der darin vorgesehenen Übereinkünfte berühren nicht die Rechtsstellung der am Konflikt beteiligten Parteien. Die Besetzung

eines Gebiets und die Anwendung der Abkommen und dieses Protokolls berühren nicht die Rechtsstellung des betreffenden Gebiets.

Artikel 5 Benennung von Schutzmächten und von Ersatzschutzmächten
(1) Die an einem Konflikt beteiligten Parteien sind verpflichtet, vom Beginn des Konflikts an die Einhaltung der Abkommen und dieses Protokolls und deren Überwachung durch Anwendung des Schutzmächtesystems sicherzustellen; dazu gehören insbesondere die Benennung und Anerkennung dieser Mächte nach Maßgabe der folgenden Absätze. Die Schutzmächte haben die Aufgabe, die Interessen der am Konflikt beteiligten Parteien wahrzunehmen.
(2) Tritt eine in Artikel 1 genannte Situation ein, so benennt jede am Konflikt beteiligte Partei unverzüglich eine Schutzmacht zu dem Zweck, die Abkommen und dieses Protokoll anzuwenden; sie läßt ebenfalls unverzüglich und zu demselben Zweck die Tätigkeit einer Schutzmacht zu, die sie selbst nach Benennung durch die gegnerische Partei als solche anerkannt hat.
(3) Ist beim Eintritt einer Situation nach Artikel 1 keine Schutzmacht benannt oder anerkannt worden, so bietet das Internationale Komitee vom Roten Kreuz, unbeschadet des Rechts jeder anderen unparteiischen humanitären Organisation, das gleiche zu tun, den am Konflikt beteiligten Parteien seine guten Dienste mit dem Ziel an, unverzüglich eine Schutzmacht zu benennen, mit der die am Konflikt beteiligten Parteien einverstanden sind. Zu diesem Zweck kann das Komitee insbesondere jede Partei auffordern, ihm eine Liste von mindestens fünf Staaten vorzulegen, die sie für annehmbar hält, um für sie als Schutzmacht gegenüber einer gegnerischen Partei tätig zu werden, und jede gegnerische Partei auffordern, eine Liste von mindestens fünf Staaten vorzulegen, die sie als Schutzmacht der anderen Partei anerkennen würde; diese Listen sind dem Komitee binnen zwei Wochen nach Eingang der Aufforderung zu übermitteln; das Komitee vergleicht sie und ersucht einen auf beiden Listen aufgeführten Staat um Zustimmung.
(4) Ist trotz der vorstehenden Bestimmungen keine Schutzmacht vorhanden, so nehmen die am Konflikt beteiligten Parteien unverzüglich ein gegebenenfalls vom Internationalen Komitee vom Roten Kreuz oder von einer anderen alle Garantien für Unparteilichkeit und Wirksamkeit bietenden Organisation nach angemessener Konsultierung der betroffenen Parteien und unter Berücksichtigung der Konsultationsergebnisse unterbreitetes Angebot an, als Ersatzschutzmacht tätig zu werden. Zur Durchführung ihrer Aufgaben bedarf die Ersatzschutzmacht der Zustimmung der am Konflikt beteiligten Parteien; diese sind in jeder Weise bemüht, der Ersatzschutzmacht die Wahrnehmung ihrer Aufgaben im Rahmen der Abkommen und dieses Protokolls zu erleichtern.
(5) In Übereinstimmung mit Artikel 4 berühren die Benennung und die Anerkennung von Schutzmächten zum Zweck der Anwendung der Abkommen und dieses Protokolls nicht die Rechtsstellung der am Konflikt beteiligten Parteien oder irgendeines Hoheitsgebiets, einschließlich eines besetzten Gebiets.
(6) Die Aufrechterhaltung diplomatischer Beziehungen zwischen den am Konflikt beteiligten Parteien oder die Übertragung des Schutzes der Interessen einer Partei oder ihrer Staatsangehörigen auf einen dritten Staat im Einklang mit den Regeln des Völkerrechts über diplomatische Beziehungen steht der Benennung von Schutzmächten zum Zweck der Anwendung der Abkommen und dieses Protokolls nicht entgegen.
(7) Jede spätere Erwähnung einer Schutzmacht in diesem Protokoll bezieht sich auch auf eine Ersatzschutzmacht.

Artikel 6 Fachpersonal
(1) Die Hohen Vertragsparteien bemühen sich bereits in Friedenszeiten mit Unterstützung der nationalen Gesellschaften des Roten Kreuzes (Roten Halbmonds, Roten Löwen mit Roter Sonne), Fachpersonal auszubilden, um die Anwendung der Abkommen und dieses Protokolls und insbesondere die Tätigkeit der Schutzmächte zu erleichtern.
(2) Für die Einstellung und Ausbildung dieses Personals sind die einzelnen Staaten zuständig.
(3) Das Internationale Komitee vom Roten Kreuz hält für die Hohen Vertragsparteien Listen der so ausgebildeten Personen bereit, soweit sie von den Hohen Vertragsparteien aufgestellt und ihm zu diesem Zweck übermittelt worden sind.

(4) Die Bedingungen für den Einsatz dieses Personals außerhalb des eigenen Hoheitsgebiets sind in jedem Fall Gegenstand besonderer Vereinbarungen zwischen den betroffenen Parteien.

Artikel 7 Tagungen
Der Verwahrer dieses Protokolls beruft eine Tagung der Hohen Vertragsparteien zur Erörterung allgemeiner die Anwendung der Abkommen und des Protokolls betreffender Fragen ein, wenn eine oder mehrere Hohe Vertragsparteien darum ersuchen und die Mehrheit dieser Parteien damit einverstanden ist.

TEIL II
Verwundete, Kranke und Schiffbrüchige

ABSCHNITT I
Allgemeiner Schutz

Artikel 8 Terminologie
Im Sinne dieses Protokolls
a) bedeutet »Verwundete« und »Kranke« Militär- und Zivilpersonen, die wegen Verwundung, Erkrankung oder anderer körperlicher oder geistiger Störungen oder Gebrechen medizinischer Hilfe oder Pflege bedürfen und die jede feindselige Handlung unterlassen. Als solche gelten auch Wöchnerinnen, Neugeborene und andere Personen, die sofortiger medizinischer Hilfe oder Pflege bedürfen, wie beispielsweise Gebrechliche und Schwangere, und die jede feindselige Handlung unterlassen;
b) bedeutet »Schiffbrüchige« Militär- und Zivilpersonen, die sich auf See oder in einem anderen Gewässer infolge eines Unglücks, das sie selbst oder das sie befördernde Wasser- oder Luftfahrzeug betroffen hat, in Gefahr befinden und die jede feindselige Handlung unterlassen. Diese Personen gelten während ihrer Rettung, falls sie auch weiterhin jede feindselige Handlung unterlassen, so lange als Schiffbrüchige, bis sie auf Grund der Abkommen oder dieses Protokolls einen anderen Status erlangen;
c) bedeutet »Sanitätspersonal« Personen, die von einer am Konflikt beteiligten Partei ausschließlich den unter Buchstabe e genannten sanitätsdienstlichen Zwecken, der Verwaltung von Sanitätseinheiten oder dem Betrieb oder der Verwaltung von Sanitätstransportmitteln zugewiesen sind. Ihre Zuweisung kann ständig oder nichtständig sein. Der Begriff umfaßt
   i) das militärische oder zivile Sanitätspersonal einer am Konflikt beteiligten Partei, darunter das im I. und II. Abkommen erwähnte sowie das den Zivilschutzorganisationen zugewiesene Sanitätspersonal;
   ii) das Sanitätspersonal der nationalen Gesellschaften des Roten Kreuzes (Roten Halbmonds, Roten Löwen mit Roter Sonne) und anderer freiwilliger nationaler Hilfsgesellschaften, die von einer am Konflikt beteiligten Partei ordnungsgemäß anerkannt und ermächtigt sind;
   iii) das Sanitätspersonal der in Artikel 9 Absatz 2 genannten Sanitätseinheiten oder Sanitätstransportmittel;
d) bedeutet »Seelsorgepersonal« Militär- oder Zivilpersonen, wie beispielsweise Feldgeistliche, die ausschließlich ihr geistliches Amt ausüben und
   i) den Streitkräften einer am Konflikt beteiligten Partei,
   ii) Sanitätseinheiten oder Sanitätstransportmitteln einer am Konflikt beteiligten Partei,
   iii) Sanitätseinheiten oder Sanitätstransportmitteln nach Artikel 9 Absatz 2 oder
   iv) Zivilschutzorganisationen einer am Konflikt beteiligten Partei zugeteilt sind.
Die Zuweisung des Seelsorgepersonals kann ständig oder nichtständig sein; die einschlägigen Bestimmungen des Buchstabens k finden auf dieses Personal Anwendung;
e) bedeutet »Sanitätseinheiten« militärische oder zivile Einrichtungen und sonstige Einheiten, die zu sanitätsdienstlichen Zwecken gebildet worden sind, nämlich zum Aufsuchen, zur Bergung Beförderung, Untersuchung oder Behandlung – einschließlich erster Hilfe – der Verwundeten, Kranken und Schiffbrüchigen sowie zur Verhütung von Krankheiten. Der Begriff umfaßt unter anderem Lazarette und ähnliche Einheiten, Blutspendedienste, medizinische Vorsorgezentren und -insti-

tute, medizinische Depots sowie medizinische und pharmazeutische Vorratslager dieser Einheiten. Die Sanitätseinheiten können ortsfest oder beweglich, ständig oder nichtständig sein;
f) bedeutet »Sanitätstransport« die Beförderung zu Land, zu Wasser oder in der Luft von Verwundeten, Kranken und Schiffbrüchigen, von Sanitäts- und Seelsorgepersonal sowie von Sanitätsmaterial, welche durch die Abkommen und dieses Protokoll geschützt sind;
g) bedeutet »Sanitätstransportmittel« jedes militärische oder zivile, ständige oder nichtständige Transportmittel, das ausschließlich dem Sanitätstransport zugewiesen ist und einer zuständigen Dienststelle einer am Konflikt beteiligten Partei untersteht;
h) bedeutet »Sanitätsfahrzeug« ein Sanitätstransportmittel zu Land;
i) bedeutet »Sanitätsschiffe und sonstige Sanitätswasserfahrzeuge« Sanitätstransportmittel zu Wasser;
j) bedeutet »Sanitätsluftfahrzeug« ein Sanitätstransportmittel in der Luft;
k) gelten Sanitätspersonal, Sanitätseinheiten und Sanitätstransportmittel als »ständig«, wenn sie auf unbestimmte Zeit ausschließlich sanitätsdienstlichen Zwecken zugewiesen sind. Sanitätspersonal, Sanitätseinheiten und Sanitätstransportmittel gelten als »nichtständig«, wenn sie für begrenzte Zeit während der gesamten Dauer derselben ausschließlich zu sanitätsdienstlichen Zwecken eingesetzt werden. Sofern nichts anderes bestimmt ist, umfassen die Begriffe »Sanitätspersonal«, »Sanitätseinheiten« und »Sanitätstransportmittel« sowohl die ständigen als auch die nichtständigen;
l) bedeutet »Schutzzeichen« das Schutzzeichen des Roten Kreuzes, des Roten Halbmonds oder des Roten Löwen mit Roter Sonne auf weißem Grund, das zum Schutz von Sanitätseinheiten und -transportmitteln oder von Sanitäts- und Seelsorgepersonal oder Sanitätsmaterial verwendet wird;
m) bedeutet »Erkennungssignal« jedes Mittel, das in Kapitel III des Anhangs I dieses Protokolls ausschließlich zur Kennzeichnung von Sanitätseinheiten oder -transportmitteln bestimmt ist.

Artikel 9 Anwendungsbereich
(1) Dieser Teil, dessen Bestimmungen das Los der Verwundeten, Kranken und Schiffbrüchigen verbessern sollen, findet auf alle von einer in Artikel 1 genannten Situation Betroffenen Anwendung, ohne jede auf Rasse, Hautfarbe, Geschlecht, Sprache, Religion oder Glauben, politischen oder sonstigen Anschauungen, nationaler oder sozialer Herkunft, Vermögen, Geburt oder sonstiger Stellung oder auf irgendeinem anderen ähnlichen Unterscheidungsmerkmal beruhende nachteilige Unterscheidung.
(2) Die einschlägigen Bestimmungen der Artikel 27 und 32 des I. Abkommens finden auf ständige Sanitätseinheiten und -transportmittel (ausgenommen Lazarettschiffe, für die Artikel 25 des II. Abkommens gilt) und ihr Personal Anwendung, die einer am Konflikt beteiligten Partei zu humanitären Zwecken
a) von einem neutralen oder einem anderen nicht am Konflikt beteiligten Staat,
b) von einer anerkannten und ermächtigten Hilfsgesellschaft eines solchen Staates,
c) von einer unparteiischen internationalen humanitären Organisation zur Verfügung gestellt wurden.

Artikel 10 Schutz und Pflege
(1) Alle Verwundeten, Kranken und Schiffbrüchigen, gleichviel welcher Partei sie angehören, werden geschont und geschützt.
(2) Sie werden unter allen Umständen mit Menschlichkeit behandelt und erhalten so umfassend und so schnell wie möglich die für ihren Zustand erforderliche medizinische Pflege und Betreuung. Aus anderen als medizinischen Gründen darf kein Unterschied zwischen ihnen gemacht werden.

Artikel 11 Schutz von Personen
(1) Die körperliche oder geistige Gesundheit und Unversehrtheit von Personen, die sich in der Gewalt der gegnerischen Partei befinden, die infolge einer in Artikel 1 genannten Situation interniert oder in Haft gehalten sind oder denen anderweitig die Freiheit entzogen ist, dürfen nicht durch ungerechtfertigte Handlungen oder Unterlassungen gefährdet werden. Es ist daher verboten, die in diesem Artikel genannten Personen einem medizinischen Verfahren zu unterziehen, das nicht durch ihren Ge-

sundheitszustand geboten ist und das nicht mit den allgemein anerkannten medizinischen Grundsätzen im Einklang steht, die unter entsprechenden medizinischen Umständen auf Staatsangehörige der das Verfahren durchführenden Partei angewandt würden, denen die Freiheit nicht entzogen ist.
(2) Es ist insbesondere verboten, an diesen Personen, selbst mit ihrer Zustimmung,
a) körperliche Verstümmelungen vorzunehmen,
b) medizinische oder wissenschaftliche Versuche vorzunehmen,
c) Gewebe oder Organe für Übertragungen zu entfernen,
soweit diese Maßnahmen nicht gemäß den Voraussetzungen nach Absatz 1 gerechtfertigt sind.
(3) Ausnahmen von dem in Absatz 2 Buchstabe c bezeichneten Verbot sind nur bei der Entnahme von Blut oder Haut für Übertragungen zulässig, sofern die Einwilligung freiwillig und ohne Zwang oder Überredung und der Eingriff nur zu therapeutischen Zwecken und unter Bedingungen erfolgt, die mit den allgemeinen anerkannten medizinischen Grundsätzen im Einklang stehen und Kontrollen unterliegen, die dem Wohl sowohl des Spenders als auch des Empfängers dienen.
(4) Eine vorsätzliche Handlung oder Unterlassung, welche die körperliche oder geistige Gesundheit oder Unversehrtheit einer Person erheblich gefährdet, die sich in der Gewalt einer anderen Partei als derjenigen befindet, zu der sie gehört, und die entweder gegen eines der Verbote der Absätze 1 und 2 verstößt oder nicht den Bedingungen des Absatzes 3 entspricht, stellt eine schwere Verletzung dieses Protokolls dar.
(5) Die in Absatz 1 bezeichneten Personen haben das Recht, jeden chirurgischen Eingriff abzulehnen. Im Fall einer Ablehnung hat sich das Sanitätspersonal um eine entsprechende schriftliche, vom Patienten unterzeichnete oder anerkannte Erklärung zu bemühen.
(6) Jede am Konflikt beteiligte Partei führt medizinische Unterlagen über die einzelnen Entnahmen von Blut und Haut für Übertragungen, die von den in Absatz 1 genannten Personen stammen, sofern die Entnahmen unter der Verantwortung dieser Partei erfolgen. Ferner ist jede am Konflikt beteiligte Partei bemüht, Unterlagen über alle medizinischen Verfahren betreffend Personen zu führen, die infolge einer in Artikel 1 genannten Situation interniert oder in Haft gehalten sind oder denen anderweitig ihre Freiheit entzogen ist. Diese Unterlagen müssen der Schutzmacht jederzeit zur Einsicht zur Verfügung stehen.

Artikel 12 Schutz von Sanitätseinheiten
(1) Sanitätseinheiten werden jederzeit geschont und geschützt und dürfen nicht angegriffen werden.
(2) Absatz 1 findet auf zivile Sanitätseinheiten Anwendung, sofern sie
a) zu einer am Konflikt beteiligten Partei gehören,
b) von der zuständigen Behörde einer am Konflikt beteiligten Partei anerkannt und ermächtigt sind oder
c) nach Maßgabe des Artikels 9 Absatz 2 dieses Protokolls oder des Artikels 27 des I. Abkommens ermächtigt sind.
(3) Die am Konflikt beteiligten Parteien sind aufgefordert, einander mitzuteilen, wo sich ihre ortsfesten Sanitätseinheiten befinden. Unterbleibt eine solche Mitteilung, so enthebt dies keine der Parteien der Verpflichtung, die Bestimmungen des Absatzes 1 zu beachten.
(4) Sanitätseinheiten dürfen unter keinen Umständen für den Versuch benutzt werden, militärische Ziele vor Angriffen abzuschirmen. Die am Konflikt beteiligten Parteien sorgen wann immer möglich dafür, daß die Sanitätseinheiten so gelegt werden, daß sie durch Angriffe auf militärische Ziele nicht gefährdet werden können.

Artikel 13 Ende des Schutzes ziviler Sanitätseinheiten
(1) Der den zivilen Sanitätseinheiten gebührende Schutz darf nur dann enden, wenn diese außerhalb ihrer humanitären Bestimmung zu Handlungen verwendet werden, die den Feind schädigen. Jedoch endet der Schutz erst, nachdem eine Warnung, die möglichst eine angemessene Frist setzt, unbeachtet geblieben ist.
(2) Als Handlung, die den Feind schädigt, gilt nicht
a) die Tatsache, daß das Personal der Einheit zu seiner eigenen Verteidigung oder zur Verteidigung der ihm anvertrauten Verwundeten und Kranken mit leichten Handfeuerwaffen ausgerüstet ist;

Art. 14–16 Zusatzprotokoll I 1977

b) die Tatsache, daß die Einheit von einer Wache, durch Posten oder von einem Geleittrupp geschützt wird;
c) die Tatsache, daß in der Einheit Handwaffen und Munition vorgefunden werden, die den Verwundeten und Kranken abgenommen, der zuständigen Dienststelle aber noch nicht abgeliefert worden sind;
d) die Tatsache, daß sich Mitglieder der Streitkräfte oder andere Kombattanten aus medizinischen Gründen bei der Einheit befinden.

Artikel 14 Beschränkung der Inanspruchnahme ziviler Sanitätseinheiten
(1) Die Besatzungsmacht hat dafür zu sorgen, daß die medizinische Versorgung der Zivilbevölkerung in den besetzten Gebieten gesichert bleibt.
(2) Die Besatzungsmacht darf deshalb zivile Sanitätseinheiten, ihre Ausrüstung, ihr Material oder ihr Personal so lange nicht in Anspruch nehmen, wie diese Mittel zur angemessenen medizinischen Versorgung der Zivilbevölkerung und zur weiteren Pflege der bereits betreuten Verwundeten und Kranken benötigt werden.
(3) Sofern die allgemeine Vorschrift des Absatzes 2 weiterhin beachtet wird, kann die Besatzungsmacht die genannten Mittel unter den folgenden besonderen Bedingungen in Anspruch nehmen:
a) daß die Mittel zur sofortigen angemessenen medizinischen Behandlung der verwundeten und kranken Angehörigen der Streitkräfte der Besatzungsmacht oder von Kriegsgefangenen benötigt werden;
b) daß die Mittel nur solange in Anspruch genommen werden, wie dies notwendig ist;
c) daß sofortige Vorkehrungen getroffen werden, um die medizinische Versorgung der Zivilbevölkerung sowie der bereits betreuten Verwundeten und Kranken, die von der Inanspruchnahme betroffen sind, weiterhin gesichert bleibt.

Artikel 15 Schutz des zivilen Sanitäts- und Seelsorgepersonals
(1) Das zivile Sanitätspersonal wird geschont und geschützt.
(2) Soweit erforderlich, wird dem zivilen Sanitätspersonal in einem Gebiet, in dem die zivilen Sanitätsdienste infolge der Kampftätigkeit erheblich eingeschränkt sind, jede mögliche Hilfe gewährt.
(3) Die Besatzungsmacht gewährt dem zivilen Sanitätspersonal in besetzten Gebieten jede Hilfe, um es ihm zu ermöglichen, seine humanitären Aufgaben nach besten Kräften wahrzunehmen. Die Besatzungsmacht darf nicht verlangen, daß das Personal in Wahrnehmung seiner Aufgaben bestimmte Personen bevorzugt behandelt, es sei denn aus medizinischen Gründen. Das Personal darf nicht gezwungen werden, Aufgaben zu übernehmen, die mit seinem humanitären Auftrag unvereinbar sind.
(4) Das zivile Sanitätspersonal hat Zugang zu allen Orten, an denen seine Dienste unerläßlich sind, vorbehaltlich der Kontroll- und Sicherheitsmaßnahmen, welche die betreffende am Konflikt beteiligte Partei für notwendig hält.
(5) Das zivile Seelsorgepersonal wird geschont und geschützt. Die Bestimmungen der Abkommen und dieses Protokolls über den Schutz und die Kennzeichnung des Sanitätspersonals finden auch auf diese Personen Anwendung.

Artikel 16 Allgemeiner Schutz der ärztlichen Aufgabe
(1) Niemand darf bestraft werden, weil er eine ärztliche Tätigkeit ausgeübt hat, die mit dem ärztlichen Ehrenkodex im Einklang steht, gleichviel unter welchen Umständen und zu wessen Nutzen sie ausgeübt worden ist.
(2) Wer eine ärztliche Tätigkeit ausübt, darf nicht gezwungen werden, Handlungen vorzunehmen oder Arbeiten zu verrichten, die mit den Regeln des ärztlichen Ehrenkodexes, mit sonstigen dem Wohl der Verwundeten und Kranken dienenden medizinischen Regeln oder mit den Bestimmungen der Abkommen oder dieses Protokolls unvereinbar sind, oder Handlungen oder Arbeiten zu unterlassen, die auf Grund dieser Regeln und Bestimmungen geboten sind.
(3) Wer eine ärztliche Tätigkeit ausübt, darf nicht gezwungen werden, Angehörigen einer gegnerischen Partei oder der eigenen Partei – es sei denn in den nach dem Recht der letztgenannten Partei vorgesehenen Fällen – Auskünfte über die jetzt oder früher von ihm betreuten Verwundeten und Kranken zu erteilen, sofern diese Auskünfte nach seiner Auffassung den betreffenden Patienten oder ihren

Familien schaden würden. Die Vorschriften über die Meldepflicht bei ansteckenden Krankheiten sind jedoch einzuhalten.

Artikel 17 Rolle der Zivilbevölkerung und der Hilfsgesellschaften
(1) Die Zivilbevölkerung hat die Verwundeten, Kranken und Schiffbrüchigen, auch wenn sie der gegnerischen Partei angehören, zu schonen und darf keine Gewalttaten gegen sie verüben. Der Zivilbevölkerung und den Hilfsgesellschaften, wie beispielsweise den nationalen Gesellschaften des Roten Kreuzes (Roten Halbmonds, Roten Löwen mit Roter Sonne) ist es gestattet, auch von sich aus und auch in Invasions- oder besetzten Gebieten die Verwundeten, Kranken und Schiffbrüchigen zu bergen und zu pflegen. Niemand darf wegen solcher humanitärer Handlungen behelligt, verfolgt, verurteilt oder bestraft werden.
(2) Die am Konflikt beteiligten Parteien können die Zivilbevölkerung und die in Absatz 1 bezeichneten Hilfsgesellschaften auffordern, die Verwundeten, Kranken und Schiffbrüchigen zu bergen und zu pflegen sowie nach Toten zu suchen und den Ort zu melden, an dem sie gefunden wurden; sie gewähren denjenigen, die diesem Aufruf Folge leisten, sowohl Schutz als auch die erforderlichen Erleichterungen. Bringt die gegnerische Partei das Gebiet erstmalig oder erneut unter ihre Kontrolle, so gewährt sie den gleichen Schutz und die gleichen Erleichterungen, solange dies erforderlich ist.

Artikel 18 Kennzeichnung
(1) Jede am Konflikt beteiligte Partei bemüht sich sicherzustellen, daß das Sanitäts- und Seelsorgepersonal sowie die Sanitätseinheiten und -transportmittel als solche erkennbar sind.
(2) Jede am Konflikt beteiligte Partei ist ferner bemüht, Methoden und Verfahren einzuführen und anzuwenden, die es ermöglichen, Sanitätseinheiten und -transportmittel zu erkennen, welche das Schutzzeichen führen und die Erkennungssignale verwenden.
(3) In besetzten Gebieten und in Gebieten, in denen tatsächlich oder voraussichtlich Kampfhandlungen stattfinden, sollen das zivile Sanitätspersonal und das zivile Seelsorgepersonal durch das Schutzzeichen und einen Ausweis, der ihren Status bescheinigt, erkennbar sein.
(4) Mit Zustimmung der zuständigen Dienststelle werden Sanitätseinheiten und -transportmittel mit dem Schutzzeichen gekennzeichnet. Die in Artikel 22 dieses Protokolls bezeichneten Schiffe und sonstigen Wasserfahrzeuge werden nach Maßgabe des II. Abkommens gekennzeichnet.
(5) Eine am Konflikt beteiligte Partei kann im Einklang mit Kapitel III des Anhangs I dieses Protokolls gestatten, daß neben dem Schutzzeichen auch Erkennungssignale zur Kennzeichnung von Sanitätseinheiten und -transportmitteln verwendet werden. In den in jenem Kapitel vorgesehenen besonderen Fällen können Sanitätstransportmittel ausnahmsweise Erkennungssignale verwenden, ohne das Schutzzeichen zu führen.
(6) Die Anwendung der Absätze 1 bis 5 wird durch die Kapitel I bis III des Anhangs I dieses Protokolls geregelt. Soweit in Kapitel III dieses Anhangs nichts anderes bestimmt ist, dürfen die dort zur ausschließlichen Verwendung durch Sanitätseinheiten und -transportmittel bestimmten Signale nur zur Kennzeichnung der in jenem Kapitel genannten Sanitätseinheiten und -transportmittel verwendet werden.
(7) Dieser Artikel ermächtigt nicht zu einer weiteren Verwendung des Schutzzeichens in Friedenszeiten als in Artikel 44 des I. Abkommens vorgesehen.
(8) Die Bestimmungen der Abkommen und dieses Protokolls betreffend die Überwachung der Verwendung des Schutzzeichens sowie die Verhinderung und Ahndung seines Mißbrauchs finden auch auf die Erkennungssignale Anwendung.

Artikel 19 Neutrale und andere nicht am Konflikt beteiligte Staaten
Neutrale und andere nicht am Konflikt beteiligte Staaten wenden die einschlägigen Bestimmungen dieses Protokolls auf die durch diesen Teil geschützten Personen an, die in ihr Hoheitsgebiet aufgenommen oder dort interniert werden, sowie auf die von ihnen geborgenen Toten der am Konflikt beteiligten Parteien.

Artikel 20 Verbot von Repressalien
Repressalien gegen die durch diesen Teil geschützten Personen und Objekte sind verboten.

ABSCHNITT II
Sanitätstransporte

Artikel 21 Sanitätsfahrzeuge
Sanitätsfahrzeuge werden in gleicher Weise wie bewegliche Sanitätseinheiten nach Maßgabe der Abkommen und dieses Protokolls geschont und geschützt.

Artikel 22 Lazarettschiffe und Küstenrettungsfahrzeuge
(1) Die Bestimmungen der Abkommen über
a) die in den Artikeln 22, 24, 25 und 27 des II. Abkommens beschriebenen Schiffe,
b) ihre Rettungsboote und kleinen Wasserfahrzeuge,
c) ihr Personal und ihre Besatzung sowie
d) die an Bord befindlichen Verwundeten, Kranken und Schiffbrüchigen
finden auch dann Anwendung, wenn diese Wasserfahrzeuge verwundete, kranke und schiffbrüchige Zivilpersonen befördern, die zu keiner der in Artikel 13 des II. Abkommens genannten Kategorien gehören. Diese Zivilpersonen dürfen jedoch nicht dem Gewahrsam einer anderen Partei als ihrer eigenen übergeben oder auf See gefangen genommen werden. Befinden sie sich in der Gewalt einer am Konflikt beteiligten Partei, die nicht ihre eigene ist, so finden das IV. Abkommen und dieses Protokoll auf sie Anwendung.
(2) Der Schutz, der den in Artikel 25 des II. Abkommens beschriebenen Schiffen gewährt wird, erstreckt sich auch auf Lazarettschiffe, die einer am Konflikt beteiligten Partei zu humanitären Zwecken
a) von einem neutralen oder einem anderen nicht am Konflikt beteiligten Staat oder
b) von einer unparteiischen internationalen humanitären Organisation
zur Verfügung gestellt werden, sofern in beiden Fällen die in jenem Artikel genannten Voraussetzungen erfüllt sind.
(3) Die in Artikel 27 des II. Abkommens beschriebenen kleinen Wasserfahrzeuge werden auch dann geschützt, wenn die in jenem Artikel vorgesehene Mitteilung nicht erfolgt ist. Die am Konflikt beteiligten Parteien sind jedoch aufgefordert, einander Einzelheiten über diese Fahrzeuge mitzuteilen, die deren Kennzeichnung und Erkennung erleichtern.

Artikel 23 Andere Sanitätsschiffe und sonstige Sanitätswasserfahrzeuge
(1) Andere als die in Artikel 22 dieses Protokolls und in Artikel 38 des II. Abkommens genannten Sanitätsschiffe und sonstigen Sanitätswasserfahrzeuge werden auf See oder in anderen Gewässern ebenso geschont und geschützt wie bewegliche Sanitätseinheiten nach den Abkommen und diesem Protokoll. Da dieser Schutz nur wirksam sein kann, wenn die Sanitätsschiffe oder sonstigen Sanitätswasserfahrzeuge als solche gekennzeichnet und erkennbar sind, sollen sie mit dem Schutzzeichen kenntlich gemacht werden und nach Möglichkeit die Bestimmungen des Artikels 43 Abs. 2 des II. Abkommens befolgen.
(2) Die in Absatz 1 bezeichneten Schiffe und sonstigen Wasserfahrzeuge unterliegen weiterhin dem Kriegsrecht. Ein über Wasser fahrendes Kriegsschiff, das in der Lage ist, seine Weisungen sofort durchzusetzen, kann sie anweisen, anzuhalten, abzudrehen oder einen bestimmten Kurs einzuhalten; einer solchen Weisung muß Folge geleistet werden. Im übrigen dürfen sie ihrem sanitätsdienstlichen Auftrag nicht entzogen werden, solange sie für die an Bord befindlichen Verwundeten, Kranken und Schiffbrüchigen benötigt werden.
(3) Der in Absatz 1 vorgesehene Schutz endet nur unter den in den Artikeln 34 und 35 des II. Abkommens genannten Voraussetzungen. Eine eindeutige Weigerung, einer Weisung nach Absatz 2 Folge zu leisten, stellt eine den Feind schädigende Handlung im Sinne des Artikels 34 des II. Abkommens dar.
(4) Eine am Konflikt beteiligte Partei kann einer gegnerischen Partei so früh wie möglich vor dem Auslaufen den Namen, die Merkmale, die voraussichtliche Abfahrtszeit, den Kurs und die geschätzte Geschwindigkeit der Sanitätsfahrzeuge oder sonstigen Sanitätswasserfahrzeuge mitteilen, insbesondere bei Schiffen mit einem Bruttoraumgehalt von mehr als 2000 Registertonnen; sie kann auch weitere Angaben machen, welche die Kennzeichnung und Erkennung erleichtern würden. Die gegnerische Partei bestätigt den Empfang dieser Angaben.

(5) Artikel 37 des II. Abkommens findet auf das Sanitäts- und Seelsorgepersonal an Bord solcher Schiffe und sonstigen Wasserfahrzeuge Anwendung.
(6) Das II. Abkommen findet auf die Verwundeten, Kranken und Schiffbrüchigen Anwendung, die zu den in Artikel 13 des II. Abkommens und in Artikel 44 dieses Protokolls genannten Kategorien gehören und sich an Bord solcher Sanitätsschiffe und sonstigen Sanitätswasserfahrzeuge befinden. Verwundete, kranke und schiffbrüchige Zivilpersonen, die nicht zu einer der in Artikel 13 des II. Abkommens genannten Kategorien gehören, dürfen auf See weder einer Partei, der sie nicht angehören, übergeben noch zum Verlassen des Schiffes oder sonstigen Wasserfahrzeugs gezwungen werden; befinden sie sich jedoch in der Gewalt einer anderen am Konflikt beteiligten Partei als ihrer eigenen, so finden das IV. Abkommen und dieses Protokoll auf sie Anwendung.

Artikel 24 Schutz von Sanitätsluftfahrzeugen
Sanitätsluftfahrzeuge werden nach Maßgabe dieses Teiles geschont und geschützt.

Artikel 25 Sanitätsluftfahrzeuge in Gebieten, die nicht von einer gegnerischen Partei beherrscht werden
In oder über Landgebieten, die von eigenen oder befreundeten Streitkräften tatsächlich beherrscht werden, oder in oder über Seegebieten, die nicht tatsächlich von einer gegnerischen Partei beherrscht werden, bedarf es zur Schonung und zum Schutz von Sanitätsluftfahrzeugen einer am Konflikt beteiligten Partei keiner Vereinbarung mit einer gegnerischen Partei. Eine am Konflikt beteiligte Partei, die ihre Sanitätsluftfahrzeuge in diesen Gebieten einsetzt, kann jedoch zwecks größerer Sicherheit der gegnerischen Partei entsprechend Artikel 29 Mitteilung machen, insbesondere, wenn diese Luftfahrzeuge Flüge durchführen, die sie in die Reichweite von Boden-Luft-Waffensystemen der gegnerischen Partei bringen.

Artikel 26 Sanitätsluftfahrzeuge in Kontakt- oder ähnlichen Zonen
(1) In oder über den tatsächlich von eigenen oder befreundeten Streitkräften beherrschten Teilen der Kontaktzone und in oder über Gebieten, bei denen nicht eindeutig feststeht, wer sie tatsächlich beherrscht, kann der Schutz der Sanitätsluftfahrzeuge nur dann voll wirksam sein, wenn vorher zwischen den zuständigen militärischen Dienststellen der am Konflikt beteiligten Parteien eine Vereinbarung entsprechend Artikel 29 getroffen worden ist. In Ermangelung einer solchen Vereinbarung operieren die Sanitätsluftfahrzeuge auf eigene Gefahr; sie werden aber dennoch geschont, sobald sie als solche erkannt worden sind.
(2) Der Ausdruck »Kontaktzone« bezeichnet jedes Landgebiet, in dem die vorderen Teile gegnerischer Kräfte miteinander in Berührung kommen; dies ist insbesondere dort der Fall, wo sie einem direkten Beschuß vom Boden aus ausgesetzt sind.

Artikel 27 Sanitätsluftfahrzeuge in Gebieten, die von einer gegnerischen Partei beherrscht werden
(1) Die Sanitätsluftfahrzeuge einer am Konflikt beteiligten Partei bleiben auch dann geschützt, wenn sie von einer gegnerischen Partei tatsächlich beherrschte Land- oder Seegebiete überfliegen, sofern die zuständige Dienststelle der gegnerischen Partei zuvor ihr Einverständnis zu diesen Flügen erteilt hat.
(2) Überfliegt ein Sanitätsluftfahrzeug infolge eines Navigationsfehlers oder infolge einer Notlage, welche die Sicherheit des Fluges beeinträchtigt, ohne das in Absatz 1 vorgesehene Einverständnis oder in Abweichung von den dabei festgelegten Bedingungen ein von einer gegnerischen Partei tatsächlich beherrschtes Gebiet, so unternimmt es alle Anstrengungen, um sich zu erkennen zu geben und die gegnerische Partei von den Umständen in Kenntnis zu setzen. Sobald die gegnerische Partei das Sanitätsluftfahrzeug erkannt hat, unternimmt sie alle zumutbaren Anstrengungen, um die Weisung zum Landen oder Wassern nach Artikel 30 Absatz 1 zu erteilen oder um andere Maßnahmen zur Wahrung ihrer eigenen Interessen zu treffen und um in beiden Fällen dem Luftfahrzeug Zeit zur Befolgung der Weisung zu lassen, bevor es angegriffen werden kann.

Artikel 28 Beschränkungen für den Einsatz von Sanitätsluftfahrzeugen
(1) Den am Konflikt beteiligten Parteien ist es verboten, ihre Sanitätsluftfahrzeuge zu dem Versuch zu benutzen, militärische Vorteile gegenüber der gegnerischen Partei zu erlangen. Die Anwesenheit

von Sanitätsluftfahrzeugen darf nicht zu dem Versuch benutzt werden, Angriffe von militärischen Zielen fernzuhalten.
(2) Sanitätsluftfahrzeuge dürfen nicht zur Gewinnung oder Übermittlung nachrichtendienstlicher militärischer Erkenntnisse benutzt werden, und sie dürfen keine Ausrüstung mitführen, die solchen Zwecken dient. Es ist ihnen verboten, Personen oder Ladung zu befördern, die nicht unter die Begriffsbestimmung des Artikels 8 Buchstabe f fallen. Das Mitführen persönlicher Habe der Insassen oder von Ausrüstung, die allein dazu dient, die Navigation, den Nachrichtenverkehr oder die Kennzeichnung zu erleichtern, gilt nicht als verboten.
(3) Sanitätsluftfahrzeuge dürfen keine Waffen befördern mit Ausnahme von Handwaffen und Munition, die den an Bord befindlichen Verwundeten, Kranken und Schiffbrüchigen abgenommen und der zuständigen Stelle noch nicht abgeliefert worden sind, sowie von leichten Handfeuerwaffen, die das an Bord befindliche Sanitätspersonal zur eigenen Verteidigung oder zur Verteidigung der ihm anvertrauten Verwundeten, Kranken und Schiffbrüchigen benötigt.
(4) Auf den in den Artikeln 26 und 27 bezeichneten Flügen dürfen Sanitätsluftfahrzeuge nur nach vorherigem Einverständnis der gegnerischen Partei zur Suche nach Verwundeten, Kranken und Schiffbrüchigen verwendet werden.

Artikel 29 Mitteilungen und Vereinbarungen betreffend Sanitätsluftfahrzeuge
(1) Mitteilungen nach Artikel 25 oder Ersuchen um vorheriges Einverständnis nach den Artikeln 26, 27, 28 Absatz 4 oder Artikel 31 müssen die voraussichtliche Anzahl der Sanitätsluftfahrzeuge, ihre Flugpläne und ihre Kennzeichnung angeben; sie sind dahin zu verstehen, daß jeder Flug im Einklang mit Artikel 28 durchgeführt wird.
(2) Die Partei, die eine Mitteilung nach Artikel 25 erhält, bestätigt sofort deren Eingang.
(3) Die Partei, die ein Ersuchen um vorheriges Einverständnis nach den Artikeln 26, 27, 28 Absatz 4 oder Artikel 31 erhält, wird der ersuchenden Partei so bald wie möglich
a) mitteilen, daß dem Ersuchen zugestimmt wird,
b) mitteilen, daß das Ersuchen abgelehnt wird, oder
c) angemessene Gegenvorschläge übermitteln. Sie kann auch vorschlagen, während der betreffenden Zeit andere Flüge in dem Gebiet zu verbieten oder einzuschränken. Nimmt die Partei, die das Ersuchen gestellt hat, die Gegenvorschläge an, so teilt sie dies der anderen Partei mit.
(4) Die Parteien treffen die notwendigen Maßnahmen, damit die Mitteilungen schnell erfolgen und die Vereinbarungen schnell getroffen werden können.
(5) Die Parteien treffen ferner die notwendigen Maßnahmen, damit der Inhalt der Mitteilungen und Vereinbarungen den betreffenden militärischen Einheiten schnell bekanntgegeben wird und damit diesen Einheiten schnell mitgeteilt wird, welche Mittel der Kenntlichmachung von den in Betracht kommenden Sanitätsluftfahrzeugen verwendet werden.

Artikel 30 Landung und Untersuchung von Sanitätsluftfahrzeugen
(1) Beim Überfliegen von Gebieten, die von der gegnerischen Partei tatsächlich beherrscht werden, oder von Gebieten, bei denen nicht eindeutig feststeht, wer sie tatsächlich beherrscht, können Sanitätsluftfahrzeuge angewiesen werden, zu landen beziehungsweise zu wassern, damit sie nach Maßgabe der folgenden Absätze untersucht werden können. Die Sanitätsluftfahrzeuge haben eine solche Anweisung zu befolgen.
(2) Landet oder wassert ein solches Luftfahrzeug auf Grund einer derartigen Anweisung oder aus anderen Gründen, so darf es nur zur Klärung der in den Absätzen 3 und 4 aufgeführten Fragen untersucht werden. Die Untersuchung hat unverzüglich zu beginnen und ist zügig durchzuführen. Die untersuchende Partei darf nicht verlangen, daß die Verwundeten und Kranken von Bord gebracht werden, sofern dies nicht für die Untersuchung unerläßlich ist. Die Partei trägt auf jeden Fall dafür Sorge, daß sich der Zustand der Verwundeten und Kranken durch die Untersuchung oder dadurch, daß sie von Bord gebracht werden, nicht verschlechtert.
(3) Ergibt die Untersuchung, daß das Luftfahrzeug
a) ein Sanitätsluftfahrzeug im Sinne des Artikels 8 Buchstabe j ist,
b) nicht gegen die in Artikel 28 vorgeschriebenen Bedingungen verstößt und

c) den Flug nicht ohne eine etwa erforderliche vorherige Vereinbarung oder unter Verletzung einer solchen Vereinbarung durchgeführt hat,
so wird dem Luftfahrzeug und denjenigen Insassen, die einer gegnerischen Partei, einem neutralen oder einem anderen nicht am Konflikt beteiligten Staat angehören, gestattet, den Flug unverzüglich fortzusetzen.
(4) Ergibt die Untersuchung, daß das Luftfahrzeug
a) kein Sanitätsluftfahrzeug im Sinne des Artikels 8 Buchstabe j ist,
b) gegen die in Artikel 28 vorgeschriebenen Bedingungen verstößt oder
c) den Flug ohne eine etwa erforderliche vorherige Vereinbarung oder unter Verletzung einer solchen Vereinbarung durchgeführt hat,
so kann das Luftfahrzeug beschlagnahmt werden. Seine Insassen werden nach den einschlägigen Bestimmungen der Abkommen und dieses Protokolls behandelt. Ein Luftfahrzeug, das zum ständigen Sanitätsluftfahrzeug bestimmt war, darf nach seiner Beschlagnahmung nur als Sanitätsluftfahrzeug verwendet werden.

Artikel 31 Neutrale oder andere nicht am Konflikt beteiligte Staaten
(1) Sanitätsluftfahrzeuge dürfen das Hoheitsgebiet eines neutralen oder eines anderen nicht am Konflikt beteiligten Staates nur auf Grund einer vorherigen Vereinbarung überfliegen oder dort landen oder wassern. Besteht eine solche Vereinbarung, so werden sie während des gesamten Fluges sowie für die Dauer einer etwaigen Zwischenlandung oder -wasserung geschont. Sie haben indessen jeder Weisung, zu landen beziehungsweise zu wassern, Folge zu leisten.
(2) Überfliegt ein Sanitätsluftfahrzeug infolge eines Navigationsfehlers oder infolge einer Notlage, welche die Sicherheit des Fluges beeinträchtigt, ohne Einverständnis oder in Abweichung von den dabei festgelegten Bedingungen das Hoheitsgebiet eines neutralen oder eines anderen nicht am Konflikt beteiligten Staates, so unternimmt es alle Anstrengungen, um seinen Flug bekanntzugeben und um sich zu erkennen zu geben. Sobald dieser Staat das Sanitätsluftfahrzeug erkannt hat, unternimmt er alle zumutbaren Anstrengungen, um die Weisung zum Landen oder Wassern nach Artikel 30 Absatz 1 zu erteilen oder um andere Maßnahmen zur Wahrung seiner eigenen Interessen zu treffen und um in beiden Fällen dem Luftfahrzeug Zeit zur Befolgung der Weisung zu lassen, bevor es angegriffen werden kann.
(3) Landet oder wassert ein Sanitätsluftfahrzeug nach Vereinbarung oder unter den in Absatz 2 genannten Umständen auf Grund einer Weisung oder aus anderen Gründen im Hoheitsgebiet eines neutralen oder eines anderen nicht am Konflikt beteiligten Staates, so darf es untersucht werden, damit festgestellt wird, ob es sich tatsächlich um ein Sanitätsluftfahrzeug handelt. Die Untersuchung hat unverzüglich zu beginnen und ist zügig durchzuführen. Die untersuchende Partei darf nicht verlangen, daß die Verwundeten und Kranken der das Luftfahrzeug betreibenden Partei von Bord gebracht werden, sofern dies nicht für die Untersuchung unerläßlich ist. Die untersuchende Partei trägt auf jeden Fall dafür Sorge, daß sich der Zustand der Verwundeten und Kranken durch die Untersuchung oder dadurch, daß sie von Bord gebracht werden, nicht verschlechtert. Ergibt die Untersuchung, daß es sich tatsächlich um ein Sanitätsluftfahrzeug handelt, so wird dem Luftfahrzeug und seinen Insassen mit Ausnahme derjenigen, die nach den Regeln des in bewaffneten Konflikten anwendbaren Völkerrechts in Gewahrsam gehalten werden müssen, gestattet, seinen Flug fortzusetzen, wobei ihm angemessene Erleichterungen gewährt werden. Ergibt die Untersuchung, daß es sich nicht um ein Sanitätsluftfahrzeug handelt, so wird es beschlagnahmt, und seine Insassen werden entsprechend Absatz 4 behandelt.
(4) Die mit Zustimmung der örtlichen Behörden im Hoheitsgebiet eines neutralen oder eines anderen nicht am Konflikt beteiligten Staates nicht nur vorübergehend von einem Sanitätsluftfahrzeug abgesetzten Verwundeten, Kranken und Schiffbrüchigen werden in Ermangelung einer anders lautenden Abmachung zwischen diesem Staat und den am Konflikt beteiligten Parteien, wenn die Regeln des in bewaffneten Konflikten anwendbaren Völkerrechts es erfordern, so in Gewahrsam gehalten, daß sie nicht mehr an Feinseligkeiten teilnehmen können. Die Krankenhaus- und Internierungskosten gehen zu Lasten des Staates, dem diese Personen angehören.
(5) Neutrale oder andere nicht am Konflikt beteiligte Staaten wenden etwaige Bedingungen und Beschränkungen für das Überfliegen ihres Hoheitsgebiets durch Sanitätsluftfahrzeuge oder für deren

Landung oder Wasserung in ihrem Hoheitsgebiet auf alle am Konflikt beteiligten Parteien in gleicher Weise an.

ABSCHNITT III
Vermißte und Tote

Artikel 32 Allgemeiner Grundsatz
Bei der Anwendung dieses Abschnitts wird die Tätigkeit der Hohen Vertragsparteien, der am Konflikt beteiligten Parteien und der in den Abkommen und in diesem Protokoll erwähnten internationalen humanitären Organisationen in erster Linie durch das Recht der Familien bestimmt, das Schicksal ihrer Angehörigen zu erfahren.

Artikel 33 Vermißte
(1) Sobald die Umstände es zulassen, spätestens jedoch nach Beendigung der aktiven Feindseligkeiten, forscht jede am Konflikt beteiligte Partei nach dem Verbleib der Personen, die von einer gegnerischen Partei als vermißt gemeldet worden sind. Die gegnerische Partei erteilt alle zweckdienlichen Auskünfte über diese Personen, um die Suche zu erleichtern.
(2) Um die Beschaffung der Auskünfte nach Absatz 1 zu erleichtern, hat jede am Konflikt beteiligte Partei für Personen, die nicht aufgrund der Abkommen und dieses Protokolls eine günstigere Behandlung erfahren würden,
a) die in Artikel 138 des IV. Abkommens genannten Auskünfte über Personen zu registrieren, die infolge von Feindseligkeiten oder Besetzung festgenommen, in Haft gehalten oder anderweitig mehr als zwei Wochen gefangengehalten worden sind oder die während eines Freiheitsentzugs verstorben sind;
b) soweit irgend möglich die Beschaffung und Registrierung von Auskünften über solche Personen zu erleichtern und erforderlichenfalls selbst durchzuführen, wenn sie unter anderen Umständen infolge von Feindseligkeiten oder Besetzung verstorben sind.
(3) Auskünfte über die nach Absatz 1 als vermißt gemeldeten Personen sowie Ersuchen um Erteilung solcher Auskünfte werden entweder unmittelbar oder über die Schutzmacht oder den Zentralen Suchdienst des Internationalen Komitees vom Roten Kreuz oder die nationalen Gesellschaften des Roten Kreuzes (Roten Halbmonds, Roten Löwen mit Roter Sonne) geleitet. Werden die Auskünfte nicht über das Internationale Komitee vom Roten Kreuz und seinen Zentralen Suchdienst geleitet, so trägt jede am Konflikt beteiligte Partei dafür Sorge, daß die Auskünfte auch dem Zentralen Suchdienst übermittelt werden.
(4) Die am Konflikt beteiligten Parteien bemühen sich, Regelungen zu vereinbaren, die es Gruppen ermöglichen, im Kampfgebiet nach Toten zu suchen, sie zu identifizieren und zu bergen; diese Regelungen können vorsehen, daß diese Gruppen von Personal der gegnerischen Partei begleitet werden, wenn sie ihren Auftrag in den von dieser Partei kontrollierten Gebieten ausführen. Die Mitglieder dieser Gruppen werden geschont und geschützt, solange sie sich ausschließlich diesem Auftrag widmen.

Artikel 34 Sterbliche Überreste
(1) Sterbliche Überreste von Personen, die im Zusammenhang mit einer Besetzung oder während eines durch Besetzung oder Feindseligkeiten verursachten Freiheitsentzugs verstorben sind, und von Personen, die keine Angehörigen des Staates waren, in dem sie infolge von Feindseligkeiten verstorben sind, werden geachtet; auch die Grabstätten aller dieser Personen werden nach Artikel 130 des IV. Abkommens geachtet, instandgehalten und gekennzeichnet, soweit die Überreste oder Grabstätten nicht auf Grund der Abkommen und dieses Protokolls eine günstigere Behandlung erfahren würden.
(2) Sobald die Umstände und die Beziehungen zwischen den gegnerischen Parteien es gestatten, treffen die Hohen Vertragsparteien, in deren Hoheitsgebiet Gräber beziehungsweise andere Stätten gelegen sind, in denen sich die sterblichen Überreste der infolge von Feindseligkeiten oder während einer Besetzung oder eines Freiheitsentzugs Verstorbenen befinden, Vereinbarungen,
a) um den Hinterbliebenen und den Vertretern amtlicher Gräberregistrierungsdienste den Zugang zu den Grabstätten zu erleichtern und Vorschriften über die praktische Durchführung betreffend diesen Zugang zu erlassen;
b) um die dauernde Achtung und Instandhaltung der Grabstätten sicherzustellen;

c) um die Überführung der sterblichen Überreste und der persönlichen Habe des Verstorbenen in sein Heimatland auf dessen Antrag oder, sofern dieses Land keinen Einwand erhebt, auf Antrag der Hinterbliebenen zu erleichtern.

(3) Sind keine Vereinbarungen nach Absatz 2 Buchstabe b oder c getroffen und ist das Heimatland des Verstorbenen nicht bereit, auf eigene Kosten für die Instandhaltung der Grabstätten zu sorgen, so kann die Hohe Vertragspartei, in deren Hoheitsgebiet die Grabstätten gelegen sind, anbieten, die Überführung der sterblichen Überreste in das Heimatland zu erleichtern. Wird ein solches Angebot innerhalb von fünf Jahren nicht angenommen, so kann die Hohe Vertragspartei nach gebührender Unterrichtung des Heimatlands ihre eigenen Rechtsvorschriften betreffend Friedhöfe und Grabstätten anwenden.

(4) Die Hohe Vertragspartei, in deren Hoheitsgebiet die in diesem Artikel bezeichneten Grabstätten gelegen sind, ist zur Exhumierung der sterblichen Überreste nur berechtigt,
a) wenn die Exhumierung nach Maßgabe der Absätze 2 Buchstabe c und 3 erfolgt oder
b) wenn die Exhumierung im zwingenden öffentlichen Interesse geboten ist, unter anderem aus Gründen der Gesundheitsvorsorge und zum Zweck der Nachforschung; in diesem Fall behandelt die Hohe Vertragspartei die Überreste jederzeit mit Achtung; sie setzt das Heimatland von der beabsichtigten Exhumierung in Kenntnis und teilt ihm Einzelheiten über den für die Wiederbestattung vorgesehenen Ort mit.

TEIL III
Methoden und Mittel der Kriegführung
Kombattanten- und Kriegsgefangenenstatus

ABSCHNITT I
Methoden und Mittel der Kriegführung

Artikel 35 Grundregeln
(1) In einem bewaffneten Konflikt haben die am Konflikt beteiligten Parteien kein unbeschränktes Recht in der Wahl der Methoden und Mittel der Kriegführung.
(2) Es ist verboten, Waffen, Geschosse und Material sowie Methoden der Kriegführung zu verwenden, die geeignet sind, überflüssige Verletzungen oder unnötige Leiden zu verursachen.
(3) Es ist verboten, Methoden oder Mittel der Kriegführung zu verwenden, die dazu bestimmt sind oder von denen erwartet werden kann, daß sie ausgedehnte, langanhaltende und schwere Schäden der natürlichen Umwelt verursachen.

Artikel 36 Neue Waffen
Jede Hohe Vertragspartei ist verpflichtet, bei der Prüfung, Entwicklung, Beschaffung oder Einführung neuer Waffen oder neuer Mittel oder Methoden der Kriegführung festzustellen, ob ihre Verwendung stets oder unter bestimmten Umständen durch dieses Protokoll oder durch eine andere auf die Hohe Vertragspartei anwendbare Regel des Völkerrechts verboten wäre.

Artikel 37 Verbot der Heimtücke
(1) Es ist verboten, einen Gegner unter Anwendung von Heimtücke zu töten, zu verwunden oder gefangenzunehmen. Als Heimtücke gelten Handlungen, durch die ein Gegner in der Absicht, sein Vertrauen zu mißbrauchen, verleitet wird, darauf zu vertrauen, daß er nach den Regeln des in bewaffneten Konflikten anwendbaren Völkerrechts Anspruch auf Schutz hat oder verpflichtet ist, Schutz zu gewähren. Folgende Handlungen sind Beispiele für Heimtücke:
a) das Vortäuschen der Absicht, unter einer Parlamentärflagge zu verhandeln oder sich zu ergeben;
b) das Vortäuschen von Kampfunfähigkeit infolge Verwundung oder Krankheit;
c) das Vortäuschen eines zivilen oder Nichtkombattantenstatus;
d) das Vortäuschen eines geschützten Status durch Benutzung von Abzeichen, Emblemen oder Uniformen der Vereinten Nationen oder neutraler oder anderer nicht am Konflikt beteiligter Staaten.
(2) Kriegslisten sind nicht verboten. Kriegslisten sind Handlungen, die einen Gegner irreführen oder ihn zu unvorsichtigem Handeln veranlassen sollen, die aber keine Regel des in bewaffneten Konflikten

anwendbaren Völkerrechts verletzen und nicht heimtückisch sind, weil sie den Gegner nicht verleiten sollen, auf den sich aus diesem Recht ergebenden Schutz zu vertrauen. Folgende Handlungen sind Beispiele für Kriegslisten: Tarnung, Scheinstellungen, Scheinoperationen und irreführende Informationen.

Artikel 38 Anerkannte Kennzeichen
(1) Es ist verboten, das Schutzzeichen des Roten Kreuzes, des Roten Halbmonds oder des Roten Löwen mit Roter Sonne oder andere in den Abkommen oder in diesem Protokoll vorgesehene Zeichen, Kennzeichen oder Signale zu mißbrauchen. Es ist ferner verboten, in einem bewaffneten Konflikt andere Schutz verleihende international anerkannte Kennzeichen, Abzeichen oder Signale, einschließlich der Parlamentärflagge und des Schutzzeichens für Kulturgut, vorsätzlich zu mißbrauchen.
(2) Es ist verboten, das Emblem der Vereinten Nationen zu verwenden, sofern die Organisation dies nicht gestattet hat.

Artikel 39 Nationalitätszeichen
(1) Es ist verboten, in einem bewaffneten Konflikt Flaggen oder militärische Kennzeichen, Abzeichen oder Uniformen neutraler oder anderer nicht am Konflikt beteiligter Staaten zu verwenden.
(2) Es ist verboten, Flaggen oder militärische Kennzeichen, Abzeichen oder Uniformen gegnerischer Parteien während eines Angriffs oder zu dem Zweck zu verwenden, Kriegshandlungen zu decken, zu erleichtern, zu schützen oder zu behindern.
(3) Dieser Artikel oder Artikel 37 Absatz 1 Buchstabe d berührt nicht die bestehenden allgemein anerkannten Regeln des Völkerrechts, die auf Spionage oder auf den Gebrauch von Flaggen in der Seekriegsführung anzuwenden sind.

Artikel 40 Pardon
Es ist verboten, den Befehl zu erteilen, niemanden am Leben zu lassen, dies dem Gegner anzudrohen oder die Feindseligkeiten in diesem Sinne zu führen.

Artikel 41 Schutz eines außer Gefecht befindlichen Gegners
(1) Wer als außer Gefecht befindlich erkannt wird oder unter den gegebenen Umständen als solcher erkannt werden sollte, darf nicht angegriffen werden.
(2) Außer Gefecht befindlich ist,
a) wer sich in der Gewalt einer gegnerischen Partei befindet,
b) wer unmißverständlich seine Absicht bekundet, sich zu ergeben, oder
c) wer bewußtlos oder anderweitig durch Verwundung oder Krankheit kampfunfähig und daher nicht in der Lage ist, sich zu verteidigen,
sofern er in allen diesen Fällen jede feindselige Handlung unterläßt und nicht zu entkommen versucht.
(3) Sind Personen, die Anspruch auf Schutz als Kriegsgefangene haben, unter ungewöhnlichen Kampfbedingungen, die ihre Wegschaffung nach Teil III Abschnitt I des III. Abkommens nicht zulassen, in die Gewalt einer gegnerischen Partei geraten, so werden sie freigelassen, und es werden alle praktisch möglichen Vorkehrungen für ihre Sicherheit getroffen.

Artikel 42 Insassen von Luftfahrzeugen
(1) Wer mit dem Fallschirm aus einem Luftfahrzeug abspringt, das sich in Not befindet, darf während des Absprungs nicht angegriffen werden.
(2) Wer mit dem Fallschirm aus einem Luftfahrzeug abgesprungen ist, das sich in Not befand, erhält, sobald er den Boden eines von einer gegnerischen Partei kontrollierten Gebiets berührt, Gelegenheit, sich zu ergeben, bevor er angegriffen wird, es sei denn, er begeht offensichtlich eine feindselige Handlung.
(3) Luftlandetruppen werden durch diesen Artikel nicht geschützt.

ABSCHNITT II
Kombattanten- und Kriegsgefangenenstatus

Artikel 43 Streitkräfte
(1) Die Streitkräfte einer am Konflikt beteiligten Partei bestehen aus der Gesamtheit der organisierten bewaffneten Verbände, Gruppen und Einheiten, die einer Führung unterstehen, welche dieser

Partei für das Verhalten ihrer Untergebenen verantwortlich ist; dies gilt auch dann, wenn diese Partei durch eine Regierung oder ein Organ vertreten ist, die von einer gegnerischen Partei nicht anerkannt werden. Diese Streitkräfte unterliegen einem internen Disziplinarsystem, das unter anderem die Einhaltung der Regeln des in bewaffneten Konflikten anwendbaren Völkerrechts gewährleistet.

(2) Die Angehörigen der Streitkräfte einer am Konflikt beteiligten Partei (mit Ausnahme des in Artikel 33 des III. Abkommens bezeichneten Sanitäts- und Seelsorgepersonals) sind Kombattanten, das heißt, sie sind berechtigt, unmittelbar an Feindseligkeiten teilzunehmen.

(3) Nimmt eine am Konflikt beteiligte Partei paramilitärische oder bewaffnete Vollzugsorgane in ihre Streitkräfte auf, so teilt sie dies den anderen am Konflikt beteiligten Parteien mit.

Artikel 44 Kombattanten und Kriegsgefangene

(1) Ein Kombattant im Sinne des Artikels 43, der in die Gewalt einer gegnerischen Partei gerät, ist Kriegsgefangener.

(2) Obwohl alle Kombattanten verpflichtet sind, die Regeln des in bewaffneten Konflikten anwendbaren Völkerrechts einzuhalten, verwirkt ein Kombattant bei Verletzung dieser Regeln nicht das Recht, als Kombattant oder, wenn er in die Gewalt einer gegnerischen Partei gerät, als Kriegsgefangener zu gelten, ausgenommen in den in den Absätzen 3 und 4 bezeichneten Fällen.

(3) Um den Schutz der Zivilbevölkerung vor den Auswirkungen von Feindseligkeiten zu verstärken, sind die Kombattanten verpflichtet, sich von der Zivilbevölkerung zu unterscheiden, solange sie an einem Angriff oder an einer Kriegshandlung zur Vorbereitung eines Angriffs beteiligt sind. Da es jedoch in bewaffneten Konflikten Situationen gibt, in denen sich ein bewaffneter Kombattant wegen der Art der Feindseligkeiten nicht von der Zivilbevölkerung unterscheiden kann, behält er den Kombattantenstatus, vorausgesetzt, daß er in solchen Fällen
a) während jedes militärischen Einsatzes seine Waffen offen trägt und
b) während eines militärischen Aufmarsches vor Beginn eines Angriffs, an dem er teilnehmen soll, seine Waffen so lange offen trägt, wie er für den Gegner sichtbar ist.

Handlungen, die den in diesem Absatz genannten Voraussetzungen entsprechen, gelten nicht als heimtückisch im Sinne des Artikels 37 Absatz 1 Buchstabe c.

(4) Ein Kombattant, der in die Gewalt einer gegnerischen Partei gerät und die in Absatz 3 Satz 2 genannten Voraussetzungen nicht erfüllt, verwirkt sein Recht, als Kriegsgefangener zu gelten; er genießt jedoch in jeder Hinsicht den Schutz, der dem den Kriegsgefangenen durch das III. Abkommen und dieses Protokoll gewährten entspricht. Hierzu gehört auch der Schutz, der dem den Kriegsgefangenen durch das III. Abkommen gewährten Schutz entspricht, wenn eine solche Person wegen einer von ihr begangenen Straftat vor Gericht gestellt und bestraft wird.

(5) Ein Kombattant, der in die Gewalt einer gegnerischen Partei gerät, während er nicht an einem Angriff oder an einer Kriegshandlung zur Vorbereitung eines Angriffs beteiligt ist, verwirkt wegen seiner früheren Tätigkeit nicht sein Recht, als Kombattant und Kriegsgefangener zu gelten.

(6) Dieser Artikel berührt nicht das Recht einer Person, nach Artikel 4 des III. Abkommens als Kriegsgefangener zu gelten.

(7) Dieser Artikel bezweckt nicht, die allgemein anerkannte Staatenpraxis in bezug auf das Tragen von Uniformen durch Kombattanten zu ändern, die den regulären uniformierten bewaffneten Einheiten einer am Konflikt beteiligten Partei angehören.

(8) Außer den in Artikel 13 des I. und II. Abkommens genannten Kategorien von Personen haben alle in Artikel 43 dieses Protokolls bezeichneten Mitglieder der Streitkräfte einer am Konflikt beteiligten Partei Anspruch auf Schutz nach den genannten Abkommen, wenn sie verwundet oder krank oder – im Fall des II. Abkommens – auf See oder in anderen Gewässern schiffbrüchig sind.

Artikel 45 Schutz von Personen, die an Feindseligkeiten teilgenommen haben

(1) Es wird vermutet, daß derjenige, der an Feindseligkeiten teilnimmt und in die Gewalt einer gegnerischen Partei gerät, Kriegsgefangener und daher durch das III. Abkommen geschützt ist, wenn er den Kriegsgefangenenstatus beansprucht, wenn er Anspruch darauf zu haben scheint oder wenn die Partei, der er angehört, in einer Mitteilung an die Gewahrsamsmacht oder die Schutzmacht diesen Status für ihn beansprucht. Bestehen Zweifel, ob eine solche Person Anspruch auf den Kriegsgefangenen-

status hat, so genießt sie weiterhin so lange diesen Status und damit den Schutz des III. Abkommens und dieses Protokolls, bis ein zuständiges Gericht über ihren Status entschieden hat.

(2) Wer in die Gewalt einer gegnerischen Partei geraten ist, nicht als Kriegsgefangener in Gewahrsam gehalten wird und von dieser Partei wegen einer im Zusammenhang mit den Feindseligkeiten begangenen Straftat gerichtlich verfolgt werden soll, ist berechtigt, sich vor einem Gericht auf seinen Status als Kriegsgefangener zu berufen und eine diesbezügliche Entscheidung des Gerichts herbeizuführen. Sofern das anwendbare Verfahren es zuläßt, ist diese Entscheidung zu fällen, bevor über die Straftat verhandelt wird. Die Vertreter der Schutzmacht sind berechtigt, den Verhandlungen über die Entscheidung dieser Frage beizuwohnen, sofern nicht im Interesse der Staatssicherheit ausnahmsweise unter Ausschluß der Öffentlichkeit verhandelt wird. In diesem Fall hat die Gewahrsamsmacht die Schutzmacht entsprechend zu benachrichtigen.

(3) Wer an Feindseligkeiten teilgenommen hat, keinen Anspruch auf den Status eines Kriegsgefangenen hat und keine günstigere Behandlung nach dem IV. Abkommen genießt, hat jederzeit Anspruch auf den Schutz nach Artikel 75 dieses Protokolls. In besetztem Gebiet hat eine solche Person, sofern sie nicht als Spion in Gewahrsam gehalten wird, ungeachtet des Artikels 5 des IV. Abkommens außerdem die in dem Abkommen vorgesehenen Rechte auf Verbindung mit der Außenwelt.

Artikel 46 Spione

(1) Ungeachtet anderslautender Bestimmungen der Abkommen oder dieses Protokolls hat ein Angehöriger der Streitkräfte einer am Konflikt beteiligten Partei, der bei Ausübung von Spionage in die Gewalt einer gegnerischen Partei gerät, keinen Anspruch auf den Status eines Kriegsgefangenen und kann als Spion behandelt werden.

(2) Wenn sich ein Angehöriger der Streitkräfte einer am Konflikt beteiligten Partei für diese Partei in einem von einer gegnerischen Partei kontrollierten Gebiet Informationen beschafft oder zu beschaffen versucht, so gilt dies nicht als Spionage, wenn er dabei die Uniform seiner Streitkräfte trägt.

(3) Wenn sich ein Angehöriger der Streitkräfte einer am Konflikt beteiligten Partei, der in einem von einer gegnerischen Partei besetzten Gebiet ansässig ist und für die Partei, der er angehört, in diesem Gebiet Informationen von militärischem Wert beschafft oder zu beschaffen versucht, so gilt dies nicht als Spionage, sofern er nicht unter Vorspiegelung falscher Tatsachen oder bewußt heimlich tätig wird. Ferner verliert eine solche Person nur dann ihren Anspruch auf den Status eines Kriegsgefangenen und darf nur dann als Spion behandelt werden, wenn sie bei einer Spionagetätigkeit gefangengenommen wird.

(4) Ein Angehöriger der Streitkräfte einer am Konflikt beteiligten Partei, der in einem von einer gegnerischen Partei besetzten Gebiet nicht ansässig ist und dort Spionage betrieben hat, verliert nur dann seinen Anspruch auf den Status eines Kriegsgefangenen und darf nur dann als Spion behandelt werden, wenn er gefangengenommen wird, bevor er zu den Streitkräften, zu denen er gehört, zurückgekehrt ist.

Artikel 47 Söldner

(1) Ein Söldner hat keinen Anspruch auf den Status eines Kombattanten oder eines Kriegsgefangenen.

(2) Als Söldner gilt,
a) wer im Inland oder Ausland zu dem besonderen Zweck angeworben ist, in einem bewaffneten Konflikt zu kämpfen,
b) wer tatsächlich unmittelbar an Feindseligkeiten teilnimmt,
c) wer an Feindseligkeiten vor allem aus Streben nach persönlichem Gewinn teilnimmt und wer von oder im Namen einer am Konflikt beteiligten Partei tatsächlich die Zusage einer materiellen Vergütung erhalten hat, die wesentlich höher ist als die den Kombattanten der Streitkräfte dieser Partei in vergleichbarem Rang und mit ähnlichen Aufgaben zugesagte oder gezahlte Vergütung,
d) wer weder Staatsangehöriger einer am Konflikt beteiligten Partei ist noch in einem von einer am Konflikt beteiligten Partei kontrollierten Gebiet ansässig ist,
e) wer nicht Angehöriger der Streitkräfte einer am Konflikt beteiligten Partei ist und
f) wer nicht von einem nicht am Konflikt beteiligten Staat in amtlichem Auftrag als Angehöriger seiner Streitkräfte entsandt worden ist.

TEIL IV
Zivilbevölkerung

ABSCHNITT I
Allgemeiner Schutz vor den Auswirkungen von Feindseligkeiten

KAPITEL I
Grundregel und Anwendungsbereich

Artikel 48 Grundregel
Um Schonung und Schutz der Zivilbevölkerung und ziviler Objekte zu gewährleisten, unterscheiden die am Konflikt beteiligten Parteien jederzeit zwischen der Zivilbevölkerung und Kombattanten sowie zwischen zivilen Objekten und militärischen Zielen; sie dürfen daher ihre Kriegshandlungen nur gegen militärische Ziele richten.

Artikel 49 Bestimmung des Begriffs »Angriffe« und Anwendungsbereich
(1) Der Begriff »Angriffe« bezeichnet sowohl eine offensive als auch eine defensive Gewaltanwendung gegen den Gegner.
(2) Die Bestimmungen dieses Protokolls, die Angriffe betreffen, finden auf jeden Angriff Anwendung, gleichviel in welchem Gebiet er stattfindet, einschließlich des Hoheitsgebiets einer am Konflikt beteiligten Partei, das der Kontrolle einer gegnerischen Partei unterliegt.
(3) Dieser Abschnitt findet auf jede Kriegführung zu Land, in der Luft oder auf See Anwendung, welche die Zivilbevölkerung, Zivilpersonen oder zivile Objekte auf dem Land in Mitleidenschaft ziehen kann. Er findet ferner auf jeden von See oder aus der Luft gegen Ziele auf dem Land geführten Angriff Anwendung, läßt aber im übrigen die Regeln des in bewaffneten Konflikten auf See oder in der Luft anwendbaren Völkerrechts unberührt.
(4) Dieser Abschnitt ergänzt die im IV. Abkommen, insbesondere in dessen Teil II, und in anderen die Hohen Vertragsparteien bindenden internationalen Übereinkünften enthaltenen Vorschriften über humanitären Schutz sowie sonstige Regeln des Völkerrechts, die den Schutz von Zivilpersonen und zivilen Objekten zu Land, auf See oder in der Luft vor den Auswirkungen von Feindseligkeiten betreffen.

KAPITEL II
Zivilpersonen und Zivilbevölkerung

Artikel 50 Bestimmung der Begriffe Zivilpersonen und Zivilbevölkerung
(1) Zivilperson ist jede Person, die keiner der in Artikel 4 Buchstabe A Absätze 1, 2, 3 und 6 des III. Abkommens und in Artikel 43 dieses Protokolls bezeichneten Kategorien angehört. Im Zweifelsfall gilt die betreffende Person als Zivilperson.
(2) Die Zivilbevölkerung umfaßt alle Zivilpersonen.
(3) Die Zivilbevölkerung bleibt auch dann Zivilbevölkerung, wenn sich unter ihr einzelne Personen befinden, die nicht Zivilpersonen im Sinne dieser Begriffsbestimmung sind.

Artikel 51 Schutz der Zivilbevölkerung
(1) Die Zivilbevölkerung und einzelne Zivilpersonen genießen allgemeinen Schutz vor den von Kriegshandlungen ausgehenden Gefahren. Um diesem Schutz Wirksamkeit zu verleihen, sind neben den sonstigen Regeln des anwendbaren Völkerrechts folgende Vorschriften unter allen Umständen zu beachten.
(2) Weder die Zivilbevölkerung als solche noch einzelne Zivilpersonen dürfen das Ziel von Angriffen sein. Die Anwendung oder Androhung von Gewalt mit dem hauptsächlichen Ziel, Schrecken unter der Zivilbevölkerung zu verbreiten, ist verboten.
(3) Zivilpersonen genießen den durch diesen Abschnitt gewährten Schutz, sofern und solange sie nicht unmittelbar an Feindseligkeiten teilnehmen.
(4) Unterschiedslose Angriffe sind verboten. Unterschiedslose Angriffe sind
a) Angriffe, die nicht gegen ein bestimmtes militärisches Ziel gerichtet werden,
b) Angriffe, bei denen Kampfmethoden oder -mittel angewendet werden, die nicht gegen ein bestimmtes militärisches Ziel gerichtet werden können, oder

c) Angriffe, bei denen Kampfmethoden oder -mittel angewendet werden, deren Wirkungen nicht entsprechend den Vorschriften dieses Protokolls begrenzt werden können und die daher in jedem dieser Fälle militärische Ziele und Zivilpersonen oder zivile Objekte unterschiedslos treffen können.

(5) Unter anderem sind folgende Angriffsarten als unterschiedslos anzusehen:
a) ein Angriff durch Bombardierung – gleichviel mit welchen Methoden oder Mitteln – bei dem mehrere deutlich voneinander getrennte militärische Einzelziele in einer Stadt, einem Dorf oder einem sonstigen Gebiet, in dem Zivilpersonen oder zivile Objekte ähnlich stark konzentriert sind, wie ein einziges militärisches Ziel behandelt werden, und
b) ein Angriff, bei dem damit zu rechnen ist, daß er auch Verluste an Menschenleben unter der Zivilbevölkerung, die Verwundung von Zivilpersonen, die Beschädigung ziviler Objekte oder mehrere derartige Folgen zusammen verursacht, die in keinem Verhältnis zum erwarteten konkreten und unmittelbaren militärischen Vorteil stehen.

(6) Angriffe gegen die Zivilbevölkerung oder gegen Zivilpersonen als Repressalie sind verboten.

(7) Die Anwesenheit oder Bewegungen der Zivilbevölkerung oder einzelner Zivilpersonen dürfen nicht dazu benutzt werden, Kriegshandlungen von bestimmten Punkten oder Gebieten fernzuhalten, insbesondere durch Versuche, militärische Ziele vor Angriffen abzuschirmen oder Kriegshandlungen zu decken, zu begünstigen oder zu behindern. Die am Konflikt beteiligten Parteien dürfen Bewegungen der Zivilbevölkerung oder einzelner Zivilpersonen nicht zu dem Zweck lenken, militärische Ziele vor Angriffen abzuschirmen oder Kriegshandlungen zu decken.

(8) Eine Verletzung dieser Verbote enthebt die am Konflikt beteiligten Parteien nicht ihrer rechtlichen Verpflichtungen gegenüber der Zivilbevölkerung und Zivilpersonen, einschließlich der Verpflichtung, die in Artikel 57 vorgesehenen vorsorglichen Maßnahmen zu treffen.

KAPITEL III
Zivile Objekte
Artikel 52 Allgemeiner Schutz ziviler Objekte
(1) Zivile Objekte dürfen weder angegriffen noch zum Gegenstand von Repressalien gemacht werden. Zivile Objekte sind alle Objekte, die nicht militärische Ziele im Sinne des Absatzes 2 sind.

(2) Angriffe sind streng auf militärische Ziele zu beschränken. Soweit es sich um Objekte handelt, gelten als militärische Ziele nur solche Objekte, die auf Grund ihrer Beschaffenheit, ihres Standorts, ihrer Zweckbestimmung oder ihrer Verwendung wirksam zu militärischen Handlungen beitragen und deren gänzliche oder teilweise Zerstörung, deren Inbesitznahme oder Neutralisierung unter den in dem betreffenden Zeitpunkt gegebenen Umständen einen eindeutigen militärischen Vorteil darstellt.

(3) Im Zweifelsfall wird vermutet, daß ein in der Regel für zivile Zwecke bestimmtes Objekt, wie beispielsweise eine Kultstätte, ein Haus, eine sonstige Wohnstätte oder eine Schule, nicht dazu verwendet wird, wirksam zu militärischen Handlungen beizutragen.

Artikel 53 Schutz von Kulturgut und Kultstätten
Unbeschadet der Bestimmungen der Haager Konvention vom 14. Mai 1954 zum Schutz von Kulturgut bei bewaffneten Konflikten und anderer einschlägiger internationaler Übereinkünfte ist es verboten,
a) feindselige Handlungen gegen geschichtliche Denkmäler, Kunstwerke oder Kultstätten zu begehen, die zum kulturellen oder geistigen Erbe der Völker gehören,
b) solche Objekte zur Unterstützung des militärischen Einsatzes zu verwenden oder
c) solche Objekte zum Gegenstand von Repressalien zu machen.

Artikel 54 Schutz der für die Zivilbevölkerung lebensnotwendigen Objekte
(1) Das Aushungern von Zivilpersonen als Mittel der Kriegführung ist verboten.

(2) Es ist verboten, für die Zivilbevölkerung lebensnotwendige Objekte wie Nahrungsmittel, zur Erzeugung von Nahrungsmitteln genutzte landwirtschaftliche Gebiete, Ernte- und Viehbestände, Trinkwasserversorgungsanlagen und -vorräte sowie Bewässerungsanlagen anzugreifen, zu zerstören, zu entfernen oder unbrauchbar zu machen, um sie wegen ihrer Bedeutung für den Lebensunterhalt der Zivilbevölkerung oder der gegnerischen Partei vorzuenthalten, gleichviel ob Zivilpersonen ausgehungert oder zum Fortziehen veranlaßt werden sollen oder ob andere Gründe maßgebend sind.

(3) Die in Absatz 2 vorgesehenen Verbote finden keine Anwendung, wenn die aufgeführten Objekte von einer gegnerischen Partei
a) ausschließlich zur Versorgung der Angehörigen ihrer Streitkräfte benutzt werden,
b) zwar nicht zur Versorgung, aber zur unmittelbaren Unterstützung einer militärischen Handlung benutzt werden;
jedoch darf gegen diese Objekte keinesfalls so vorgegangen werden, daß eine unzureichende Versorgung der Zivilbevölkerung mit Lebensmitteln oder Wasser zu erwarten wäre, durch die sie einer Hungersnot ausgesetzt oder zum Weggang gezwungen würde.
(4) Diese Objekte dürfen nicht zum Gegenstand von Repressalien gemacht werden.
(5) In Anbetracht der lebenswichtigen Erfordernisse jeder am Konflikt beteiligten Partei bei der Verteidigung ihres Hoheitsgebiets gegen eine Invasion sind einer am Konflikt beteiligten Partei in diesem Gebiet, soweit es ihrer Kontrolle unterliegt, Abweichungen von den Verboten des Absatzes 2 gestattet, wenn eine zwingende militärische Notwendigkeit dies erfordert.

Artikel 55 Schutz der natürlichen Umwelt
(1) Bei der Kriegführung ist darauf zu achten, daß die natürliche Umwelt vor ausgedehnten, langanhaltenden und schweren Schäden geschützt wird. Dieser Schutz schließt das Verbot der Anwendung von Methoden oder Mitteln der Kriegführung ein, die dazu bestimmt sind oder von denen erwartet werden kann, daß sie derartige Schäden der natürlichen Umwelt verursachen und dadurch Gesundheit oder Überleben der Bevölkerung gefährden.
(2) Angriffe gegen die natürliche Umwelt als Repressalie sind verboten.

Artikel 56 Schutz von Anlagen und Einrichtungen, die gefährliche Kräfte enthalten
(1) Anlagen oder Einrichtungen, die gefährliche Kräfte enthalten, nämlich Staudämme, Deiche und Kernkraftwerke, dürfen auch dann nicht angegriffen werden, wenn sie militärische Ziele darstellen, sofern ein solcher Angriff gefährliche Kräfte freisetzen und dadurch schwere Verluste unter der Zivilbevölkerung verursachen kann. Andere militärische Ziele, die sich an diesen Anlagen oder Einrichtungen oder in deren Nähe befinden, dürfen nicht angegriffen werden, wenn ein solcher Angriff gefährliche Kräfte freisetzen und dadurch schwere Verluste unter der Zivilbevölkerung verursachen kann.
(2) Der in Absatz 1 vorgesehene besondere Schutz vor Angriffen endet
a) bei Staudämmen oder Deichen nur dann, wenn sie zu anderen als ihren gewöhnlichen Zwecken und zur regelmäßigen, bedeutenden und unmittelbaren Unterstützung von Kriegshandlungen benutzt werden und wenn ein solcher Angriff das einzige praktisch mögliche Mittel ist, um diese Unterstützung zu beenden;
b) bei Kernkraftwerken nur dann, wenn sie elektrischen Strom zur regelmäßigen, bedeutenden und unmittelbaren Unterstützung von Kriegshandlungen liefern und wenn ein solcher Angriff das einzige praktisch mögliche Mittel ist, um diese Unterstützung zu beenden;
c) bei anderen militärischen Zielen, die sich an Anlagen oder Einrichtungen oder in deren Nähe befinden, nur dann, wenn sie zur regelmäßigen, bedeutenden und unmittelbaren Unterstützung von Kriegshandlungen benutzt werden und wenn ein solcher Angriff das einzige praktisch mögliche Mittel ist, um die Unterstützung zu beenden.
(3) In allen Fällen haben die Zivilbevölkerung und die einzelnen Zivilpersonen weiterhin Anspruch auf jeden ihnen durch das Völkerrecht gewährten Schutz, einschließlich der in Artikel 57 vorgesehenen vorsorglichen Maßnahmen. Endet der Schutz und werden Anlagen, Einrichtungen oder militärische Ziele der in Absatz 1 genannten Art angegriffen, so sind alle praktisch möglichen Vorsichtsmaßnahmen zu treffen, um das Freisetzen gefährlicher Kräfte zu verhindern.
(4) Es ist verboten, Anlagen, Einrichtungen oder militärische Ziele der in Absatz 1 genannten Art zum Gegenstand von Repressalien zu machen.
(5) Die am Konflikt beteiligten Parteien bemühen sich, in der Nähe der in Absatz 1 genannten Anlagen oder Einrichtungen keine militärischen Ziele anzulegen. Einrichtungen, die nur zu dem Zweck erstellt wurden, geschützte Anlagen oder Einrichtungen gegen Angriffe zu verteidigen, sind jedoch erlaubt und dürfen selbst nicht angegriffen werden, sofern sie bei Feindseligkeiten nur für Verteidigungsmaßnahmen benutzt werden, die zur Erwiderung von Angriffen auf die geschützten Anlagen

Art. 57, 58 Zusatzprotokoll I 1977

und Einrichtungen erforderlich sind, und sofern die Waffen, mit denen sie ausgerüstet sind, lediglich zur Abwehr einer feindlichen Handlung gegen die geschützten Anlagen oder Einrichtungen dienen können.

(6) Die Hohen Vertragsparteien und die am Konflikt beteiligten Parteien werden dringend aufgefordert, untereinander weitere Übereinkünfte für den zusätzlichen Schutz von Objekten zu schließen, die gefährliche Kräfte enthalten.

(7) Um das Erkennen der durch diesen Artikel geschützten Objekte zu erleichtern, können die am Konflikt beteiligten Parteien sie mit einem besonderen Kennzeichen versehen, das entsprechend Artikel 16 des Anhangs I dieses Protokolls aus einer Gruppe von drei in einer Linie angeordneten, leuchtend orangefarbenen Kreisen besteht. Das Fehlen einer solchen Kennzeichnung enthebt die am Konflikt beteiligten Parteien in keiner Weise ihrer Verpflichtungen aus dem vorliegenden Artikel.

KAPITEL IV
Vorsorgliche Maßnahmen

Artikel 57 Vorsichtsmaßnahmen beim Angriff

(1) Bei Kriegshandlungen ist stets darauf zu achten, daß die Zivilbevölkerung, Zivilpersonen und zivile Objekte verschont bleiben.

(2) Im Zusammenhang mit Angriffen sind folgende Vorsichtsmaßnahmen zu treffen:

a) Wer einen Angriff plant oder beschließt,
  i) hat alles praktisch Mögliche zu tun, um sicherzugehen, daß die Angriffsziele weder Zivilpersonen noch zivile Objekte sind und nicht unter besonderem Schutz stehen, sondern militärische Ziele im Sinne des Artikels 52 Absatz 2 sind und daß der Angriff nicht nach diesem Protokoll verboten ist;
  ii) hat bei der Wahl der Angriffsmittel und -methoden alle praktisch möglichen Vorsichtsmaßnahmen zu treffen, um Verluste unter der Zivilbevölkerung, die Verwundung von Zivilpersonen und die Beschädigung ziviler Objekte, die dadurch mit verursacht werden könnten, zu vermeiden und in jedem Fall auf ein Mindestmaß zu beschränken;
  iii) hat von jedem Angriff Abstand zu nehmen, bei dem damit zu rechnen ist, daß er auch Verluste unter der Zivilbevölkerung, die Verwundung von Zivilpersonen, die Beschädigung ziviler Objekte oder mehrere derartige Folgen zusammen verursacht, die in keinem Verhältnis zum erwarteten konkreten und unmittelbaren militärischen Vorteil stehen;

b) ein Angriff ist endgültig oder vorläufig einzustellen, wenn sich erweist, daß sein Ziel nicht militärischer Art ist, daß es unter besonderem Schutz steht oder daß damit zu rechnen ist, daß der Angriff auch Verluste unter der Zivilbevölkerung, die Verwundung von Zivilpersonen, die Beschädigung ziviler Objekte oder mehrere derartige Folgen zusammen verursacht, die in keinem Verhältnis zum erwarteten konkreten und unmittelbaren militärischen Vorteil stehen;

c) Angriffen, durch welche die Zivilbevölkerung in Mitleidenschaft gezogen werden kann, muß eine wirksame Warnung vorausgehen, es sei denn, die gegebenen Umstände erlauben dies nicht.

(3) Ist eine Wahl zwischen mehreren militärischen Zielen möglich, um einen vergleichbaren militärischen Vorteil zu erringen, so ist dasjenige Ziel zu wählen, dessen Bekämpfung Zivilpersonen und zivile Objekte voraussichtlich am wenigsten gefährden wird.

(4) Bei Kriegshandlungen auf See oder in der Luft hat jede am Konflikt beteiligte Partei im Einklang mit den Rechten und Pflichten, die sich aus den Regeln des in bewaffneten Konflikten anwendbaren Völkerrechts für sie ergeben, alle angemessenen Vorsichtsmaßnahmen zu treffen, um Verluste unter der Zivilbevölkerung und die Beschädigung ziviler Objekte zu vermeiden.

(5) Die Bestimmungen dieses Artikels sind nicht so auszulegen, als erlaubten sie Angriffe auf die Zivilbevölkerung, Zivilpersonen oder zivile Objekte.

Artikel 58 Vorsichtsmaßnahmen gegen die Wirkungen von Angriffen

Soweit dies praktisch irgend möglich ist, werden die am Konflikt beteiligten Parteien

a) sich unbeschadet des Artikels 49 des IV. Abkommens bemühen, die Zivilbevölkerung, einzelne Zivilpersonen und zivile Objekte, die ihrer Herrschaft unterstehen, aus der Umgebung militärischer Ziele zu entfernen;

b) es vermeiden, innerhalb oder in der Nähe dicht bevölkerter Gebiete militärische Ziele anzulegen;
c) weitere notwendige Vorsichtsmaßnahmen treffen, um die Zivilbevölkerung, einzelne Zivilpersonen und zivile Objekte, die ihrer Herrschaft unterstehen, vor den mit Kriegshandlungen verbundenen Gefahren zu schützen.

KAPITEL V
Orte und Zonen unter besonderem Schutz

Artikel 59 Unverteidigte Orte
(1) Unverteidigte Orte dürfen – gleichviel mit welchen Mitteln – von den am Konflikt beteiligten Parteien nicht angegriffen werden.
(2) Die zuständigen Behörden einer am Konflikt beteiligten Partei können jeden der gegnerischen Partei zur Besetzung offenstehenden bewohnten Ort in der Nähe oder innerhalb einer Zone, in der Streitkräfte miteinander in Berührung gekommen sind, zum unverteidigten Ort erklären. Ein solcher Ort muß folgende Voraussetzungen erfüllen:
a) Alle Kombattanten sowie die beweglichen Waffen und die bewegliche militärische Ausrüstung müssen verlegt worden sein,
b) ortsfeste militärische Anlagen oder Einrichtungen dürfen nicht zu feindseligen Handlungen benutzt werden,
c) Behörden und Bevölkerung dürfen keine feindseligen Handlungen begehen und
d) es darf nichts zur Unterstützung von Kriegshandlungen unternommen werden.
(3) Die Voraussetzungen des Absatzes 2 sind auch dann erfüllt, wenn sich an diesem Ort Personen befinden, die durch die Abkommen und dieses Protokoll besonders geschützt sind, oder wenn dort Polizeikräfte zu dem alleinigen Zweck verblieben sind, die öffentliche Ordnung aufrechtzuerhalten.
(4) Die Erklärung nach Absatz 2 wird an die gegnerische Partei gerichtet; darin sind die Grenzen des unverteidigten Ortes so genau wie möglich festzulegen und zu beschreiben. Die am Konflikt beteiligte Partei, an welche die Erklärung gerichtet ist, bestätigt den Empfang und behandelt den Ort als unverteidigten Ort, es sei denn, daß die Voraussetzungen des Absatzes 2 nicht tatsächlich erfüllt sind; in diesem Fall hat sie die Partei, welche die Erklärung abgegeben hat, unverzüglich davon zu unterrichten. Selbst wenn die Voraussetzungen des Absatzes 2 nicht erfüllt sind, steht der Ort weiterhin unter dem Schutz der anderen Bestimmungen dieses Protokolls und der sonstigen Regeln des in bewaffneten Konflikten anwendbaren Völkerrechts.
(5) Die am Konflikt beteiligten Parteien können die Schaffung unverteidigter Orte vereinbaren, selbst wenn diese Orte nicht die Voraussetzungen des Absatzes 2 erfüllen. In der Vereinbarung sollen die Grenzen des unverteidigten Ortes so genau wie möglich festgelegt und beschrieben werden; falls erforderlich, können darin Überwachungsmethoden vorgesehen werden.
(6) Die Partei, in deren Gewalt sich ein von einer solchen Vereinbarung erfaßter Ort befindet, macht diesen nach Möglichkeit durch mit der anderen Partei zu vereinbarende Zeichen kenntlich; sie sind an Stellen anzubringen, wo sie deutlich sichtbar sind, insbesondere an den Ortsenden und Außengrenzen und an den Hauptstraßen.
(7) Ein Ort verliert seinen Status als unverteidigter Ort, wenn er die Voraussetzungen des Absatzes 2 oder der Vereinbarung nach Absatz 5 nicht mehr erfüllt. In einem solchen Fall steht der Ort weiterhin unter dem Schutz der anderen Bestimmungen dieses Protokolls und der sonstigen Regeln des in bewaffneten Konflikten anwendbaren Völkerrechts.

Artikel 60 Entmilitarisierte Zonen
(1) Den am Konflikt beteiligten Parteien ist es verboten, ihre Kriegshandlungen auf Zonen auszudehnen, denen sie durch eine Vereinbarung den Status einer entmilitarisierten Zone zuerkannt haben, wenn diese Ausdehnung den Bestimmungen der betreffenden Vereinbarung zuwiderläuft.
(2) Es bedarf einer ausdrücklichen Vereinbarung; sie kann mündlich oder schriftlich, unmittelbar oder durch Vermittlung einer Schutzmacht oder einer unparteiischen humanitären Organisation getroffen werden und aus gegenseitigen übereinstimmenden Erklärungen bestehen. Die Vereinbarung kann sowohl in Friedenszeiten als auch nach Beginn der Feindseligkeiten getroffen werden; darin sollen die

Grenzen der entmilitarisierten Zone so genau wie möglich festgelegt und beschrieben werden; falls erforderlich, werden darin Überwachungsmethoden vorgesehen.
(3) Gegenstand einer solchen Vereinbarung ist in der Regel eine Zone, die folgende Voraussetzungen erfüllt:
a) alle Kombattanten sowie die beweglichen Waffen und die bewegliche militärische Ausrüstung müssen verlegt worden sein,
b) ortsfeste militärische Anlagen oder Einrichtungen dürfen nicht zu feindseligen Handlungen benutzt werden,
c) Behörden und Bevölkerung dürfen keine feindseligen Handlungen begehen und
d) jede mit militärischen Anstrengungen im Zusammenhang stehende Tätigkeit muß eingestellt worden sein.

Die am Konflikt beteiligten Parteien verständigen sich darüber, wie Buchstabe d auszulegen ist und welche Personen sich außer den in Absatz 4 genannten in der entmilitarisierten Zone aufhalten dürfen.
(4) Die Voraussetzungen des Absatzes 3 sind auch dann erfüllt, wenn sich in dieser Zone Personen befinden, die durch die Abkommen und dieses Protokoll besonders geschützt sind oder wenn dort Polizeikräfte zu dem alleinigen Zweck verblieben sind, die öffentliche Ordnung aufrechtzuerhalten.
(5) Die Partei, in deren Gewalt sich eine solche Zone befindet, macht diese nach Möglichkeit durch mit der anderen Partei zu vereinbarende Zeichen kenntlich; sie sind an Stellen anzubringen, wo sie deutlich sichtbar sind, insbesondere an den Ortsenden, den Grenzen der Zone und an den Hauptstraßen.
(6) Nähern sich die Kämpfe einer entmilitarisierten Zone und haben die am Konflikt beteiligten Parteien eine entsprechende Vereinbarung getroffen, so darf keine von ihnen diese Zone für Zwecke benutzen, die mit Kriegshandlungen im Zusammenhang stehen, oder den Status der Zone einseitig aufheben.
(7) Verletzt eine am Konflikt beteiligte Partei erheblich die Bestimmungen des Absatzes 3 oder 6, so ist die andere Partei ihrer Verpflichtungen aus der Vereinbarung enthoben, die der Zone den Status einer entmilitarisierten Zone zuerkennt. In einem solchen Fall verliert die Zone zwar ihren Status, steht aber weiterhin unter dem Schutz der anderen Bestimmungen dieses Protokolls und der sonstigen Regeln des in bewaffneten Konflikten anwendbaren Völkerrechts.

KAPITEL VI
Zivilschutz
Artikel 61 Begriffsbestimmungen und Anwendungsbereich
Im Sinne dieses Protokolls
a) bedeutet »Zivilschutz« die Erfüllung aller oder einzelner der nachstehend genannten humanitären Aufgaben zum Schutz der Zivilbevölkerung vor den Gefahren und zur Überwindung der unmittelbaren Auswirkungen von Feindseligkeiten oder Katastrophen sowie zur Schaffung der für ihr Überleben notwendigen Voraussetzungen. Diese Aufgaben sind
   i) Warndienst;
   ii) Evakuierung;
   iii) Bereitstellung und Verwaltung von Schutzräumen;
   iv) Durchführung von Verdunkelungsmaßnahmen;
   v) Bergung;
   vi) medizinische Versorgung einschließlich erster Hilfe und geistlichen Beistands;
   vii) Brandbekämpfung;
   viii) Aufspüren und Kennzeichnung von Gefahrenzonen;
   ix) Dekontaminierung und ähnliche Schutzmaßnahmen;
   x) Bereitstellung von Notunterkünften und Verpflegungsgütern;
   xi) Notdienst zur Wiederherstellung und Aufrechterhaltung der Ordnung in notleidenden Gebieten;
   xii) Notinstandsetzung unentbehrlicher öffentlicher Versorgungseinrichtungen;
   xiii) Bestattungsnotdienst;

xiv) Hilfsdienste bei der Erhaltung lebensnotwendiger Objekte;
xv) zur Wahrnehmung jeder dieser Aufgaben erforderliche zusätzliche Tätigkeiten, zu denen auch Planung und Organisation gehören;
b) bedeutet »Zivilschutzorganisationen« die von den zuständigen Behörden einer am Konflikt beteiligten Partei zur Wahrnehmung einer der unter Buchstabe a genannten Aufgaben geschaffenen oder zugelassenen Einrichtungen und anderen Einheiten, die ausschließlich diesen Aufgaben zugewiesen und ausschließlich dafür eingesetzt werden;
c) bedeutet »Personal« der Zivilschutzorganisationen die Personen, die eine am Konflikt beteiligte Partei ausschließlich der Wahrnehmung der unter Buchstabe a genannten Aufgaben zuweist, darunter das Personal, das von der zuständigen Behörde dieser Partei ausschließlich der Verwaltung dieser Organisationen zugewiesen wird;
d) bedeutet »Material« der Zivilschutzorganisationen die Ausrüstung, Vorräte und Transportmittel, welche diese Organisationen zur Wahrnehmung der unter Buchstabe a genannten Aufgaben verwenden.

Artikel 62 Allgemeiner Schutz
(1) Die zivilen Zivilschutzorganisationen und ihr Personal werden nach Maßgabe der Bestimmungen dieses Protokolls und insbesondere dieses Abschnitts geschont und geschützt. Außer im Fall zwingender militärischer Notwendigkeit sind sie berechtigt, ihre Zivilschutzaufgaben wahrzunehmen.
(2) Absatz 1 findet auch auf Zivilpersonen Anwendung, die den zivilen Zivilschutzorganisationen nicht angehören, aber einem Aufruf der zuständigen Behörden Folge leisten und unter deren Leitung Zivilschutzaufgaben wahrnehmen.
(3) Gebäude und Material, die zu Zivilschutzzwecken benutzt werden, sowie Schutzbauten für die Zivilbevölkerung fallen unter Artikel 52. Zu Zivilschutzzwecken benutzte Objekte dürfen nur von der Partei, der sie gehören, zerstört oder zweckentfremdet werden.

Artikel 63 Zivilschutz in besetzten Gebieten
(1) In besetzten Gebieten werden den zivilen Zivilschutzorganisationen von den Behörden die zur Wahrnehmung ihrer Aufgaben erforderlichen Erleichterungen gewährt. Ihr Personal darf unter keinen Umständen zu Tätigkeiten gezwungen werden, welche die ordnungsgemäße Wahrnehmung dieser Aufgaben behindern würden. Die Besatzungsmacht darf die Struktur oder die personelle Besetzung dieser Organisation nicht in einer Weise ändern, welche die wirksame Erfüllung ihres Auftrags beeinträchtigen könnte. Von diesen Organisationen darf nicht verlangt werden, den Staatsangehörigen oder Interessen dieser Macht Vorrang einzuräumen.
(2) Die Besatzungsmacht darf die zivilen Zivilschutzorganisationen nicht verpflichten, zwingen oder anhalten, ihre Aufgaben in irgendeiner für die Zivilbevölkerung abträglichen Weise wahrzunehmen.
(3) Die Besatzungsmacht kann aus Sicherheitsgründen das Zivilschutzpersonal entwaffnen.
(4) Die Besatzungsmacht darf Gebäude oder Material, die Zivilschutzorganisationen gehören oder von diesen benutzt werden, nicht zweckentfremden oder in Anspruch nehmen, wenn diese Zweckentfremdung oder Inanspruchnahme der Zivilbevölkerung zum Nachteil gereicht.
(5) Sofern die allgemeine Vorschrift des Absatzes 4 weiterhin beachtet wird, kann die Besatzungsmacht diese Mittel unter folgenden besonderen Bedingungen in Anspruch nehmen oder zweckentfremden:
a) Die Gebäude oder das Material werden für andere Bedürfnisse der Zivilbevölkerung benötigt und
b) die Inanspruchnahme oder Zweckentfremdung dauert nur so lange, wie diese Notwendigkeit besteht.
(6) Die Besatzungsmacht darf Schutzbauten, die der Zivilbevölkerung zur Verfügung stehen oder von ihr benötigt werden, nicht zweckentfremden oder in Anspruch nehmen.

Artikel 64 Zivile Zivilschutzorganisationen neutraler oder anderer nicht am Konflikt beteiligter Staaten und internationaler Koordinierungsorganisationen
(1) Die Artikel 62, 63, 65 und 66 finden auch auf Personal und Material ziviler Zivilschutzorganisationen neutraler oder anderer nicht am Konflikt beteiligter Staaten Anwendung, die im Hoheits-

Art. 65, 66 Zusatzprotokoll I 1977 45a

gebiet einer am Konflikt beteiligten Partei mit Zustimmung und unter der Leitung dieser Partei Zivilschutzaufgaben nach Artikel 61 wahrnehmen. Einer betroffenen gegnerischen Partei wird so bald wie möglich von dieser Hilfe Mitteilung gemacht. Diese Tätigkeit darf unter keinen Umständen als Einmischung in den Konflikt angesehen werden. Sie soll jedoch unter gebührender Berücksichtigung der Sicherheitsinteressen der betroffenen am Konflikt beteiligten Parteien ausgeübt werden.
(2) Am Konflikt beteiligte Parteien, welche die in Absatz 1 genannte Hilfe erhalten, und die Hohen Vertragsparteien, die sie gewähren, sollen gegebenenfalls die internationale Koordinierung dieser Zivilschutzmaßnahmen erleichtern. In diesem Fall findet dieses Kapitel auf die zuständigen internationalen Organisationen Anwendung.
(3) In besetzten Gebieten darf die Besatzungsmacht die Tätigkeit ziviler Zivilschutzorganisationen neutraler oder anderer nicht am Konflikt beteiligter Staaten sowie internationaler Koordinierungsorganisationen nur dann ausschließen oder einschränken, wenn sie die angemessene Wahrnehmung der Zivilschutzaufgaben mit eigenen Mitteln oder den Mitteln des besetzten Gebiets sicherstellen kann.

Artikel 65 Ende des Schutzes
(1) Der Schutz, auf den zivile Zivilschutzorganisationen, ihr Personal, ihre Gebäude, ihre Schutzbauten und ihr Material Anspruch haben, darf nur dann enden, wenn sie außer ihren eigentlichen Aufgaben den Feind schädigende Handlungen begehen oder dazu verwendet werden. Jedoch endet der Schutz erst, nachdem eine Warnung, die möglichst eine angemessene Frist setzt, unbeachtet geblieben ist.
(2) Es gilt nicht als eine den Feind schädigende Handlung
a) wenn Zivilschutzaufgaben unter der Weisung oder Aufsicht militärischer Dienststellen durchgeführt werden;
b) wenn ziviles Zivilschutzpersonal mit Militärpersonal bei der Wahrnehmung von Zivilschutzaufgaben zusammenarbeitet oder wenn einige Militärpersonen zivilen Zivilschutzorganisationen zugeteilt sind;
c) wenn die Wahrnehmung von Zivilschutzaufgaben auch militärischen Konfliktsopfern, insbesondere den außer Gefecht befindlichen, zugute kommt.
(3) Es gilt auch nicht als eine den Feind schädigende Handlung, wenn das zivile Zivilschutzpersonal leichte Handfeuerwaffen trägt, um die Ordnung aufrechtzuerhalten oder sich selbst zu verteidigen. In Gebieten, in denen Kämpfe zu Land stattfinden oder wahrscheinlich stattfinden werden, treffen die am Konflikt beteiligten Parteien jedoch geeignete Vorkehrungen, um diese Waffen auf Faustfeuerwaffen wie Pistolen oder Revolver zu beschränken, damit zwischen Zivilschutzpersonal und Kombattanten leichter unterschieden werden kann. Auch wenn das Zivilschutzpersonal in diesen Gebieten andere leichte Handfeuerwaffen trägt, wird es geschont und geschützt, sobald es als solches erkannt ist.
(4) Sind zivile Zivilschutzorganisationen in militärischer Weise organisiert oder ist ihr Personal dienstverpflichtet, so verlieren sie auch dadurch nicht den in diesem Kapitel gewährten Schutz.

Artikel 66 Kennzeichnung
(1) Jede am Konflikt beteiligte Partei ist bemüht, sicherzustellen, daß ihre Zivilschutzorganisationen, deren Personal, Gebäude und Material erkennbar sind, solange sie ausschließlich zur Wahrnehmung von Zivilschutzaufgaben eingesetzt sind. Schutzbauten, die der Zivilbevölkerung zur Verfügung stehen, sollen in ähnlicher Weise erkennbar sein.
(2) Jede am Konflikt beteiligte Partei ist ferner bemüht, Methoden und Verfahren einzuführen und anzuwenden, die das Erkennen ziviler Schutzbauten sowie des Personals, der Gebäude und des Materials des Zivilschutzes ermöglichen, welche das internationale Schutzzeichen des Zivilschutzes tragen.
(3) In besetzten Gebieten und in Gebieten, in denen tatsächlich oder voraussichtlich Kampfhandlungen stattfinden, soll das Zivilpersonal des Zivilschutzes durch das internationale Schutzzeichen des Zivilschutzes und durch einen Ausweis, der seinen Status bescheinigt, erkennbar sein.
(4) Das internationale Schutzzeichen des Zivilschutzes besteht aus einem gleichseitigen blauen Dreieck auf orangefarbenem Grund, das zum Schutz von Zivilschutzorganisationen, ihres Personals, ihrer Gebäude und ihres Materials oder zum Schutz ziviler Schutzbauten verwendet wird.
(5) Neben dem Schutzzeichen können die am Konflikt beteiligten Parteien Erkennungssignale zur Kennzeichnung der Zivilschutzdienste vereinbaren.

(6) Die Anwendung der Absätze 1 bis 4 wird in Kapitel V des Anhangs I dieses Protokolls geregelt.
(7) In Friedenszeiten kann das in Absatz 4 beschriebene Zeichen mit Zustimmung der zuständigen nationalen Behörden zur Kennzeichnung der Zivilschutzdienste verwendet werden.
(8) Die Hohen Vertragsparteien und die am Konflikt beteiligten Parteien treffen die erforderlichen Maßnahmen, um die Verwendung des internationalen Schutzzeichens des Zivilschutzes zu überwachen und um seinen Mißbrauch zu verhüten und zu ahnden.
(9) Für die Kennzeichnung des Sanitäts- und Seelsorgepersonals sowie der Sanitätseinheiten und -transportmittel des Zivilschutzes gilt Artikel 18 ebenfalls.

Artikel 67 Den Zivilschutzorganisationen zugeteilte Angehörige der Streitkräfte und militärische Einheiten

(1) Angehörige der Streitkräfte und militärische Einheiten, die den Zivilschutzorganisationen zugeteilt sind, werden geschont und geschützt,
a) wenn dieses Personal und diese Einheiten ständig für die Wahrnehmung einer der in Artikel 61 bezeichneten Aufgaben zugewiesen und ausschließlich dafür eingesetzt sind;
b) wenn das diesen Aufgaben zugewiesene Personal für die Dauer des Konflikts keine anderen militärischen Aufgaben wahrnimmt;
c) wenn dieses Personal sich deutlich von anderen Angehörigen der Streitkräfte durch auffälliges Tragen des ausreichend großen internationalen Schutzzeichens des Zivilschutzes unterscheidet und wenn es den in Kapitel V des Anhangs 1 dieses Protokolls bezeichneten Ausweis besitzt, der seinen Status bescheinigt;
d) wenn dieses Personal und diese Einheiten nur mit leichten Handfeuerwaffen ausgerüstet sind, um die Ordnung aufrechtzuerhalten oder sich selbst zu verteidigen. Artikel 65 Absatz 3 findet auch auf diesen Fall Anwendung;
e) wenn dieses Personal nicht unmittelbar an den Feindseligkeiten teilnimmt und neben seinen Zivilschutzaufgaben keine die gegnerische Partei schädigenden Handlungen begeht oder nicht für solche eingesetzt wird;
f) wenn dieses Personal und diese Einheiten ihre Zivilschutzaufgaben nur im Hoheitsgebiet ihrer Partei wahrnehmen.
Die Nichtbeachtung der Vorschriften des Buchstabens e durch einen Angehörigen der Streitkräfte, der durch die Vorschriften der Buchstaben a und b gebunden ist, ist verboten.
(2) Angehörige des in Zivilschutzorganisationen Dienst tuenden Militärpersonals, die in die Gewalt einer gegnerischen Partei geraten, werden Kriegsgefangene. In besetztem Gebiet können sie, jedoch nur im Interesse der Zivilbevölkerung dieses Gebiets, zu Zivilschutzaufgaben herangezogen werden, soweit dies erforderlich ist; wenn diese Arbeit gefährlich ist, müssen sie sich jedoch freiwillig gemeldet haben.
(3) Die Gebäude und größeren Ausrüstungsgegenstände und Transportmittel der militärischen Einheiten, die Zivilschutzorganisationen zugeteilt sind, müssen deutlich mit dem internationalen Schutzzeichen des Zivilschutzes gekennzeichnet sein. Dieses Zeichen muß eine angemessene Größe besitzen.
(4) Die Gebäude und das Material der militärischen Einheiten, die Zivilschutzorganisationen ständig zugeteilt sind und ausschließlich für die Wahrnehmung von Zivilschutzaufgaben eingesetzt werden, unterliegen, wenn sie in die Gewalt einer gegnerischen Partei geraten, weiterhin dem Kriegsrecht. Außer im Fall zwingender militärischer Notwendigkeit dürfen sie jedoch ihrer Bestimmung nicht entzogen werden, solange sie zur Wahrnehmung von Zivilschutzaufgaben benötigt werden, sofern nicht vorher Maßnahmen getroffen wurden, um den Bedürfnissen der Zivilbevölkerung in angemessener Weise zu genügen.

ABSCHNITT II
Hilfsmaßnahmen zugunsten der Zivilbevölkerung
Artikel 68 Anwendungsbereich
Dieser Abschnitt findet auf die Zivilbevölkerung im Sinne dieses Protokolls Anwendung und ergänzt die Artikel 23, 55, 59, 60, 61 und 62 sowie die anderen einschlägigen Bestimmungen des IV. Abkommens.

Artikel 69 Wesentliche Bedürfnisse in besetzten Gebieten
(1) Über die in Artikel 55 des IV. Abkommens bezeichneten Verpflichtungen betreffend die Versorgung mit Lebens- und Arzneimitteln hinaus sorgt die Besatzungsmacht im Rahmen aller ihr zur Verfügung stehenden Mittel und ohne jede nachteilige Unterscheidung auch für die Bereitstellung von Kleidung, Material für die Übernachtung, Notunterkünften, anderen für das Überleben der Zivilbevölkerung des besetzten Gebiets wesentlichen Versorgungsgütern und Kultgegenständen.
(2) Hilfsaktionen zugunsten der Zivilbevölkerung besetzter Gebiete werden durch die Artikel 59, 60, 61, 62, 108, 109, 110 und 111 des IV. Abkommens sowie durch Artikel 71 dieses Protokolls geregelt; sie werden unverzüglich durchgeführt.

Artikel 70 Hilfsaktionen
(1) Ist die Zivilbevölkerung eines der Kontrolle einer am Konflikt beteiligten Partei unterliegenden Gebiets, das kein besetztes Gebiet ist, nicht ausreichend mit den in Artikel 69 genannten Versorgungsgütern versehen, so sind ohne jede nachteilige Unterscheidung unparteiische humanitäre Hilfsaktionen durchzuführen, sofern die davon betroffenen Parteien zustimmen. Hilfsangebote, welche die genannten Bedingungen erfüllen, gelten weder als Einmischung in den bewaffneten Konflikt noch als unfreundlicher Akt. Bei der Verteilung der Hilfssendungen werden zuerst Personen berücksichtigt, denen nach dem IV. Abkommen oder nach diesem Protokoll Vorzugsbehandlung oder besonderer Schutz zu gewähren ist, wie beispielsweise Kinder, schwangere Frauen, Wöchnerinnen und stillende Mütter.
(2) Die am Konflikt beteiligten Parteien und jede Hohe Vertragspartei genehmigen und erleichtern den schnellen und ungehinderten Durchlaß von Hilfssendungen, -ausrüstungen und -personal, die nach diesem Abschnitt bereitgestellt werden, auch wenn die Hilfe für die Zivilbevölkerung der gegnerischen Partei bestimmt ist.
(3) Die am Konflikt beteiligten Parteien und jede Hohe Vertragspartei, die den Durchlaß von Hilfssendungen, -ausrüstung und -personal nach Absatz 2 genehmigen,
a) haben das Recht, die technischen Einzelheiten für einen solchen Durchlaß, einschließlich einer Durchsuchung, festzulegen;
b) können ihre Genehmigung davon abhängig machen, daß die Verteilung der Hilfsgüter unter der örtlichen Aufsicht einer Schutzmacht erfolgt;
c) dürfen Hilfssendungen keiner anderen als ihrer ursprünglichen Bestimmung zuführen noch ihre Beförderung verzögern, ausgenommen in Fällen dringender Notwendigkeit im Interesse der betroffenen Zivilbevölkerung.
(4) Die am Konflikt beteiligten Parteien gewährleisten den Schutz der Hilfssendungen und erleichtern ihre schnelle Verteilung.
(5) Die am Konflikt beteiligten Parteien und jede betroffene Hohe Vertragspartei fördern und erleichtern eine wirksame internationale Koordinierung der in Absatz 1 genannten Hilfsaktionen.

Artikel 71 An Hilfsaktionen beteiligtes Personal
(1) Im Bedarfsfall kann die bei einer Hilfsaktion geleistete Hilfe auch Hilfspersonal umfassen, namentlich für die Beförderung und Verteilung von Hilfssendungen; die Beteiligung dieses Personals bedarf der Zustimmung der Partei, in deren Hoheitsgebiet es seine Tätigkeit ausüben soll.
(2) Dieses Personal wird geschont und geschützt.
(3) Jede Partei, die Hilfssendungen empfängt, unterstützt soweit irgend möglich das in Absatz 1 genannte Personal bei der Erfüllung seines Hilfsauftrags. Nur im Fall zwingender militärischer Notwendigkeit darf die Tätigkeit des Hilfspersonals begrenzt oder seine Bewegungsfreiheit vorübergehend eingeschränkt werden.

(4) Das Hilfspersonal darf seinen Auftrag im Sinne dieses Protokolls unter keinen Umständen überschreiten. Es hat insbesondere die Sicherheitsbedürfnisse der Partei zu berücksichtigen, in deren Hoheitsgebiet es seine Aufgaben durchführt. Der Auftrag jedes Mitglieds des Hilfspersonals, das diese Bedingungen nicht beachtet, kann beendet werden.

ABSCHNITT III
Behandlung von Personen, die sich in der Gewalt einer am Konflikt beteiligten Partei befinden

KAPITEL I
Anwendungsbereich und Schutz von Personen und Objekten

Artikel 72 Anwendungsbereich
Die Bestimmungen dieses Abschnitts ergänzen die im IV. Abkommen, insbesondere in dessen Teilen I und III, enthaltenen Vorschriften über den humanitären Schutz von Zivilpersonen und zivilen Objekten, die sich in der Gewalt einer am Konflikt beteiligten Partei befinden, sowie die sonstigen anwendbaren Regeln des Völkerrechts über den Schutz grundlegender Menschenrechte in einem internationalen bewaffneten Konflikt.

Artikel 73 Flüchtlinge und Staatenlose
Personen, die vor Beginn der Feindseligkeiten als Staatenlose oder Flüchtlinge im Sinne der einschlägigen, von den beteiligten Parteien angenommenen internationalen Übereinkünfte oder der innerstaatlichen Rechtsvorschriften des Aufnahme- oder Aufenthaltsstaats angesehen werden, sind unter allen Umständen und ohne jede nachteilige Unterscheidung geschützte Personen im Sinne der Teile I und III des IV. Abkommens.

Artikel 74 Familienzusammenführung
Die Hohen Vertragsparteien und die am Konflikt beteiligten Parteien erleichtern in jeder möglichen Weise die Zusammenführung von Familien, die infolge bewaffneter Konflikte getrennt worden sind; sie fördern insbesondere im Einklang mit den Abkommen und diesem Protokoll und in Übereinstimmung mit ihren jeweiligen Sicherheitsbestimmungen die Tätigkeit humanitärer Organisationen, die sich dieser Aufgabe widmen.

Artikel 75 Grundlegende Garantien
(1) Soweit Personen von einer in Artikel 1 genannten Situation betroffen sind, werden sie, wenn sie sich in der Gewalt einer am Konflikt beteiligten Partei befinden und nicht auf Grund der Abkommen oder dieses Protokolls eine günstigere Behandlung genießen, unter allen Umständen mit Menschlichkeit behandelt und genießen zumindest den in diesem Artikel vorgesehenen Schutz, ohne jede nachteilige Unterscheidung auf Grund von Rasse, Hautfarbe, Geschlecht, Sprache, Religion oder Glauben, politischer oder sonstiger Anschauung, nationaler oder sozialer Herkunft, Vermögen, Geburt oder einer sonstigen Stellung oder anderer ähnlicher Unterscheidungsmerkmale. Jede Partei achtet die Person, die Ehre, die Überzeugungen und die religiösen Gepflogenheiten aller dieser Personen.
(2) Folgende Handlungen sind und bleiben jederzeit und überall verboten, gleichviel ob sie durch zivile Bedienstete oder durch Militärpersonen begangen werden:
a) Angriffe auf das Leben, die Gesundheit oder das körperliche oder geistige Wohlbefinden von Personen, insbesondere
   i) vorsätzliche Tötung,
   ii) Folter jeder Art, gleichviel ob körperlich oder seelisch,
   iii) körperliche Züchtigung und
   iv) Verstümmelung;
b) Beeinträchtigung der persönlichen Würde, insbesondere entwürdigende und erniedrigende Behandlung, Nötigung zur Prostitution und unzüchtige Handlungen jeder Art,
c) Geiselnahme,
d) Kollektivstrafen und
e) die Androhung einer dieser Handlungen.

Art. 75 Zusatzprotokoll I 1977

(3) Jede wegen Handlungen im Zusammenhang mit dem bewaffneten Konflikt festgenommene, in Haft gehaltene oder internierte Person wird unverzüglich in einer ihr verständlichen Sprache über die Gründe dieser Maßnahme unterrichtet. Außer bei Festnahme oder Haft wegen einer Straftat wird eine solche Person so schnell wie irgend möglich, auf jeden Fall aber dann freigelassen, sobald die Umstände, welche die Festnahme, Haft oder Internierung rechtfertigen, nicht mehr gegeben sind.
(4) Gegen eine Person, die für schuldig befunden wurde, im Zusammenhang mit dem bewaffneten Konflikt eine Straftat begangen zu haben, darf eine Verurteilung nur in einem Urteil ausgesprochen und nur auf Grund eines Urteils eine Strafe vollstreckt werden; dieses Urteil muß von einem unparteiischen, ordnungsgemäß zusammengesetzten Gericht gefällt werden, welches die allgemein anerkannten Grundsätze eines ordentlichen Gerichtsverfahrens beachtet; dazu gehören folgende Garantien:
a) Das Verfahren sieht vor, daß der Beschuldigte unverzüglich über die Einzelheiten der ihm zur Last gelegten Straftat unterrichtet werden muß, und gewährt ihm während der Hauptverhandlung und davor alle zu seiner Verteidigung erforderlichen Rechte und Mittel;
b) niemand darf wegen einer Straftat verurteilt werden, für die er nicht selbst strafrechtlich verantwortlich ist;
c) niemand darf wegen einer Handlung oder Unterlassung angeklagt oder verurteilt werden, die nach dem zur Zeit ihrer Begehung für ihn geltenden innerstaatlichen oder internationalen Recht nicht strafbar war; ebenso darf keine schwerere Strafe als die im Zeitpunkt der Begehung der Straftat angedrohte verhängt werden; wird nach Begehung der Straftat durch Gesetz eine mildere Strafe eingeführt, so kommt dies dem Täter zugute;
d) bis zum gesetzlichen Nachweis seiner Schuld wird vermutet, daß der wegen einer Straftat Angeklagte unschuldig ist;
e) jeder wegen einer Straftat Angeklagte hat das Recht, bei der Hauptverhandlung anwesend zu sein;
f) niemand darf gezwungen werden, gegen sich selbst als Zeuge auszusagen oder sich schuldig zu bekennen;
g) jeder wegen einer Straftat Angeklagte hat das Recht, Fragen an die Belastungszeugen zu stellen oder stellen zu lassen und das Erscheinen und die Vernehmung von Entlastungszeugen unter den für die Belastungszeugen geltenden Bedingungen zu erwirken;
h) niemand darf wegen einer Straftat, derentwegen er bereits nach demselben Recht und demselben Verfahren rechtskräftig freigesprochen oder verurteilt worden ist, erneut von derselben Partei verfolgt oder bestraft werden;
i) jeder wegen einer Straftat Angeklagte hat das Recht auf öffentliche Urteilsverkündung;
j) jeder Verurteilte wird bei seiner Verurteilung über sein Recht, gerichtliche und andere Rechtsmittel oder Rechtsbehelfe einzulegen, sowie über die hierfür festgesetzten Fristen unterrichtet.
(5) Frauen, denen aus Gründen im Zusammenhang mit dem bewaffneten Konflikt die Freiheit entzogen ist, werden in Räumlichkeiten untergebracht, die von denen der Männer getrennt sind. Sie unterstehen der unmittelbaren Überwachung durch Frauen. Werden jedoch Familien festgenommen, in Haft gehalten oder interniert, so bleibt die Einheit der Familien bei ihrer Unterbringung nach Möglichkeit erhalten.
(6) Personen, die aus Gründen im Zusammenhang mit dem bewaffneten Konflikt festgenommen, in Haft gehalten oder interniert werden, wird auch nach Beendigung des Konflikts bis zu ihrer endgültigen Freilassung, ihrer Heimschaffung oder Niederlassung der in diesem Artikel vorgesehene Schutz gewährt.
(7) Zur Ausschaltung jedes Zweifels hinsichtlich der Verfolgung und des Gerichtsverfahrens in bezug auf Personen, die der Begehung von Kriegsverbrechen oder von Verbrechen gegen die Menschlichkeit beschuldigt werden, sind folgende Grundsätze anzuwenden:
a) Personen, die solcher Verbrechen beschuldigt werden, sollen in Übereinstimmung mit den anwendbaren Regeln des Völkerrechts verfolgt und vor Gericht gestellt werden, und
b) allen Personen, die nicht auf Grund der Abkommen oder dieses Protokolls eine günstigere Behandlung genießen, wird die in diesem Artikel vorgesehene Behandlung zuteil, gleichviel ob die Verbrechen, deren sie beschuldigt werden, schwere Verletzungen der Abkommen oder dieses Protokolls darstellen oder nicht.

(8) Die Bestimmungen dieses Artikels sind nicht so auszulegen, als beschränkten oder beeinträchtigten sie eine andere günstigere Bestimmung, die auf Grund der Regeln des anwendbaren Völkerrechts den unter Absatz 1 fallenden Personen größeren Schutz gewährt.

KAPITEL II
Maßnahmen zugunsten von Frauen und Kindern

Artikel 76 Schutz von Frauen

(1) Frauen werden besonders geschont; sie werden namentlich vor Vergewaltigung, Nötigung zur Prostitution und jeder anderen unzüchtigen Handlung geschützt.

(2) Fälle von schwangeren Frauen und Müttern kleiner von ihnen abhängiger Kinder, die aus Gründen im Zusammenhang mit dem bewaffneten Konflikt festgenommen, in Haft gehalten oder interniert sind, werden vor allen anderen Fällen behandelt.

(3) Die am Konflikt beteiligten Parteien bemühen sich soweit irgend möglich, zu vermeiden, daß gegen schwangere Frauen oder Mütter kleiner von ihnen abhängiger Kinder für eine im Zusammenhang mit dem bewaffneten Konflikt begangene Straftat die Todesstrafe verhängt wird. Ein wegen einer solchen Straftat gegen diese Frauen verhängtes Todesurteil darf nicht vollstreckt werden.

Artikel 77 Schutz von Kindern

(1) Kinder werden besonders geschont; sie werden vor jeder unzüchtigen Handlung geschützt. Die am Konflikt beteiligten Parteien lassen ihnen jede Pflege und Hilfe zuteil werden, deren sie wegen ihres Alters oder aus einem anderen Grund bedürfen.

(2) Die am Konflikt beteiligten Parteien treffen alle praktisch durchführbaren Maßnahmen, damit Kinder unter fünfzehn Jahren nicht unmittelbar an Feindseligkeiten teilnehmen; sie sehen insbesondere davon ab, sie in ihre Streitkräfte einzugliedern. Wenn die am Konflikt beteiligten Parteien Personen einziehen, die bereits das fünfzehnte, aber noch nicht das achtzehnte Lebensjahr vollendet haben, bemühen sie sich, zuerst die Ältesten heranzuziehen.

(3) Wenn in Ausnahmefällen trotz der Bestimmungen des Absatzes 2 Kinder, die noch nicht das fünfzehnte Lebensjahr vollendet haben, unmittelbar an Feindseligkeiten teilnehmen und in die Gewalt einer gegnerischen Partei geraten, wird ihnen weiterhin der besondere in diesem Artikel vorgesehene Schutz gewährt, gleichviel ob sie Kriegsgefangene sind oder nicht.

(4) Werden Kinder aus Gründen im Zusammenhang mit dem bewaffneten Konflikt festgenommen, in Haft gehalten oder interniert, so werden sie in Räumlichkeiten untergebracht, die von denen der Erwachsenen getrennt sind, ausgenommen Fälle, in denen nach Artikel 75 Absatz 5 Familien so untergebracht werden, daß ihre Einheit erhalten bleibt.

(5) Ein Todesurteil, das wegen einer im Zusammenhang mit dem bewaffneten Konflikt begangenen Straftat verhängt wurde, darf an Personen, die zum Zeitpunkt der Straftat noch nicht das achtzehnte Lebensjahr vollendet hatten, nicht vollstreckt werden.

Artikel 78 Evakuierung von Kindern

(1) Eine am Konflikt beteiligte Partei darf Kinder, die nicht ihre eigenen Staatsangehörigen sind, nicht in ein fremdes Land evakuieren, es sei denn, es handelt sich um eine vorübergehende Evakuierung, die durch zwingende Gründe der Gesundheit, der medizinischen Behandlung oder – außer in besetztem Gebiet – der Sicherheit der Kinder erforderlich wird. Sind Eltern oder andere Sorgeberechtigte erreichbar, so ist deren schriftliches Einverständnis mit der Evakuierung erforderlich. Sind sie nicht erreichbar, so darf die Evakuierung nur mit schriftlicher Zustimmung der Personen vorgenommen werden, die nach Gesetz oder Brauch in erster Linie für die Kinder zu sorgen haben. Die Schutzmacht überwacht jede derartige Evakuierung im Einvernehmen mit den betreffenden Parteien, d. h. der die Evakuierung vornehmenden Partei, der die Kinder aufnehmenden Partei und jeder Partei, deren Staatsangehörige evakuiert werden. In jedem Fall treffen alle am Konflikt beteiligten Parteien alle praktisch durchführbaren Vorsichtsmaßnahmen, um eine Gefährdung der Evakuierung zu vermeiden.

(2) Wird eine Evakuierung nach Absatz 1 vorgenommen, so wird für die Erziehung jedes evakuierten Kindes, einschließlich seiner dem Wunsch der Eltern entsprechenden religiösen und sittlichen Erziehung unter Wahrung größtmöglicher Kontinuität gesorgt.

(3) Um die Rückkehr der nach diesem Artikel evakuierten Kinder zu ihren Familien und in ihr Land zu erleichtern, stellen die Behörden der Partei, welche die Evakuierung vornimmt, und gegebenenfalls die Behörden des Aufnahmelands für jedes Kind eine mit Lichtbildern versehene Karte aus und übermitteln sie dem Zentralen Suchdienst des Internationalen Komitees vom Roten Kreuz. Jede Karte enthält, soweit möglich und soweit dem Kind dadurch kein Schaden entstehen kann, folgende Angaben:
a) Name(n) des Kindes;
b) Vorname(n) des Kindes;
c) Geschlecht des Kindes;
d) Geburtsort und -datum (oder ungefähres Alter, wenn das Datum nicht bekannt ist);
e) Name und Vorname des Vaters;
f) Name, Vorname und gegebenenfalls Mädchenname der Mutter;
g) nächste Angehörige des Kindes;
h) Staatsangehörigkeit des Kindes;
i) Muttersprache des Kindes sowie alle weiteren Sprachen, die es spricht;
j) Anschrift der Familie des Kindes;
k) eine etwaige Kennummer des Kindes;
l) Gesundheitszustand des Kindes;
m) Blutgruppe des Kindes;
n) etwaige besondere Kennzeichen;
o) Datum und Ort der Auffindung des Kindes;
p) das Datum, an dem, und der Ort, von dem aus das Kind sein Land verlassen hat;
q) gegebenenfalls Religion des Kindes;
r) gegenwärtige Anschrift des Kindes im Aufnahmeland;
s) falls das Kind vor seiner Rückkehr stirbt, Datum, Ort und Umstände des Todes sowie Bestattungsort.

KAPITEL III
Journalisten
Artikel 79 Maßnahmen zum Schutz von Journalisten
(1) Journalisten, die in Gebieten eines bewaffneten Konflikts gefährliche berufliche Aufträge ausführen, gelten als Zivilpersonen im Sinne des Artikels 50 Absatz 1.
(2) Sie sind als solche nach den Abkommen und diesem Protokoll geschützt, sofern sie nichts unternehmen, was ihren Status als Zivilpersonen beeinträchtigt; sind sie aber bei den Streitkräften als Kriegsberichterstatter akkreditiert, so bleibt der Anspruch auf den nach Artikel 4 Buchstabe A Absatz 4 des III. Abkommens vorgesehenen Status unberührt.
(3) Sie können einen dem Muster in Anhang II dieses Protokolls entsprechenden Ausweis erhalten. Dieser Ausweis, der von der Regierung des Staates ausgestellt wird, dessen Angehörige sie sind, in dem sie ansässig sind oder in dem sich das Nachrichtenorgan befindet, bei dem sie beschäftigt sind, bestätigt den Status des Inhabers als Journalist.

TEIL V
Durchführung der Abkommen und dieses Protokolls

ABSCHNITT I
Allgemeine Bestimmungen
Artikel 80 Durchführungsmaßnahmen
(1) Die Hohen Vertragsparteien und die am Konflikt beteiligten Parteien treffen unverzüglich alle notwendigen Maßnahmen, um ihre Verpflichtungen aus den Abkommen und diesem Protokoll zu erfüllen.

(2) Die Hohen Vertragsparteien und die am Konflikt beteiligten Parteien erteilen Weisungen und Anordnungen, um die Einhaltung der Abkommen und dieses Protokolls zu gewährleisten, und überwachen deren Durchführung.

Artikel 81 Tätigkeit des Roten Kreuzes und anderer humanitärer Organisationen
(1) Die am Konflikt beteiligten Parteien gewähren dem Internationalen Komitee vom Roten Kreuz alle ihnen zu Gebote stehenden Erleichterungen, damit es die humanitären Aufgaben wahrnehmen kann, die ihm durch die Abkommen und dieses Protokoll übertragen sind, um für den Schutz und die Unterstützung der Opfer von Konflikten zu sorgen; das Internationale Komitee vom Roten Kreuz kann auch vorbehaltlich der Zustimmung der betroffenen am Konflikt beteiligten Parteien alle anderen humanitären Tätigkeiten zugunsten dieser Opfer ausüben.
(2) Die am Konflikt beteiligten Parteien gewähren ihren jeweiligen Organisationen des Roten Kreuzes (Roten Halbmonds, Roten Löwen mit Roter Sonne) die Erleichterungen, die sie benötigen, um ihre humanitäre Tätigkeit zugunsten der Opfer des Konflikts im Einklang mit den Abkommen und diesem Protokoll und mit den von den Internationalen Rotkreuzkonferenzen formulierten Grundprinzipien des Roten Kreuzes auszuüben.
(3) Die Hohen Vertragsparteien und die am Konflikt beteiligten Parteien erleichtern in jeder möglichen Weise die Hilfe, die Organisationen des Roten Kreuzes (Roten Halbmonds, Roten Löwen mit Roter Sonne) und die Liga der Rotkreuzgesellschaften den Opfern von Konflikten im Einklang mit den Abkommen und diesem Protokoll und den von den internationalen Rotkreuzkonferenzen formulierten Grundprinzipien des Roten Kreuzes zuteil werden lassen.
(4) Die Hohen Vertragsparteien und die am Konflikt beteiligten Parteien räumen soweit möglich ähnliche Erleichterungen wie die in den Absätzen 2 und 3 genannten auch den anderen in den Abkommen und diesem Protokoll bezeichneten humanitären Organisationen ein, die von den jeweiligen am Konflikt beteiligten Parteien ordnungsgemäß ermächtigt sind und ihre humanitäre Tätigkeit im Einklang mit den Abkommen und diesem Protokoll ausüben.

Artikel 82 Rechtsberater in den Streitkräften
Die Hohen Vertragsparteien werden jederzeit und die am Konflikt beteiligten Parteien werden in Zeiten eines bewaffneten Konflikts dafür Sorge tragen, daß Rechtsberater bei Bedarf verfügbar sind, um die militärischen Führer der zuständigen Befehlsebenen hinsichtlich der Anwendung der Abkommen und dieses Protokolls sowie der geeigneten Unterweisungen zu beraten, die den Streitkräften auf diesem Gebiet zu erteilen sind.

Artikel 83 Verbreitung
(1) Die Hohen Vertragsparteien verpflichten sich, in Friedenszeiten wie in Zeiten eines bewaffneten Konflikts die Abkommen und dieses Protokoll in ihren Ländern so weit wie möglich zu verbreiten, insbesondere ihr Studium in die militärischen Ausbildungsprogramme aufzunehmen und die Zivilbevölkerung zu ihrem Studium anzuregen, so daß diese Übereinkünfte den Streitkräften und der Zivilbevölkerung bekannt werden.
(2) Die militärischen oder zivilen Dienststellen, die in Zeiten eines bewaffneten Konflikts Verantwortlichkeiten bei der Anwendung der Abkommen und dieses Protokolls zu übernehmen haben, müssen mit ihrem Wortlaut voll und ganz vertraut sein.

Artikel 84 Anwendungsvorschriften
Die Hohen Vertragsparteien übermitteln einander so bald wie möglich durch den Verwahrer und gegebenenfalls durch die Schutzmächte ihre amtlichen Übersetzungen dieses Protokolls sowie die Gesetze und sonstigen Vorschriften, die sie erlassen, um seine Anwendung zu gewährleisten.

ABSCHNITT II
Ahndung von Verletzungen der Abkommen und dieses Protokolls
Artikel 85 Ahndung von Verletzungen dieses Protokolls
(1) Die Bestimmungen der Abkommen über die Ahndung von Verletzungen und schweren Verletzungen, ergänzt durch die Bestimmungen dieses Abschnitts, finden auch auf die Ahndung von Verletzungen und schweren Verletzungen dieses Protokolls Anwendung.

Art. 86 Zusatzprotokoll I 1977

(2) Die in den Abkommen als schwere Verletzungen bezeichneten Handlungen stellen schwere Verletzungen dieses Protokolls dar, wenn sie gegen Personen, die sich in der Gewalt einer gegnerischen Partei befinden und durch die Artikel 44, 45 und 73 des Protokolls geschützt sind, oder gegen Verwundete, Kranke und Schiffbrüchige der gegnerischen Partei, die durch dieses Protokoll geschützt sind, oder gegen dasjenige Sanitäts- oder Seelsorgepersonal oder die Sanitätseinheiten oder Sanitätstransportmittel begangen werden, die der gegnerischen Partei unterstehen und durch dieses Protokoll geschützt sind.

(3) Als schwere Verletzungen dieses Protokolls gelten außer den in Artikel 11 bezeichneten schweren Verletzungen folgende Handlungen, wenn sie vorsätzlich unter Verletzung der einschlägigen Bestimmungen des Protokolls begangen werden und den Tod oder eine schwere Beeinträchtigung der körperlichen Unversehrtheit oder der Gesundheit zur Folge haben:
a) gegen die Zivilbevölkerung oder einzelne Zivilpersonen gerichtete Angriffe;
b) Führen eines unterschiedslos wirkenden, die Zivilbevölkerung oder zivile Objekte in Mitleidenschaft ziehenden Angriffs in Kenntnis davon, daß der Angriff Verluste an Menschenleben, die Verwundung von Zivilpersonen oder die Beschädigung ziviler Objekte zur Folge haben wird, die im Sinne des Artikels 57 Absatz 2 Buchstabe a Ziffer iii unverhältnismäßig sind;
c) Führen eines Angriffs gegen gefährliche Kräfte enthaltende Anlagen oder Einrichtungen in Kenntnis davon, daß der Angriff Verluste an Menschenleben, die Verwundung von Zivilpersonen oder die Beschädigung ziviler Objekte zur Folge haben wird, die im Sinne des Artikels 57 Absatz 2 Buchstabe a Ziffer iii unverhältnismäßig sind;
d) gegen unverteidigte Orte und entmilitarisierte Zonen gerichtete Angriffe;
e) gegen eine Person gerichtete Angriffe in Kenntnis davon, daß die Person außer Gefecht befindlich ist;
f) heimtückische gegen Artikel 37 verstoßende Benutzung des Schutzzeichens des Roten Kreuzes, des Roten Halbmonds oder des Roten Löwen mit Roter Sonne oder anderer durch die Abkommen oder dieses Protokoll anerkannter Schutzzeichen.

(4) Als schwere Verletzungen dieses Protokolls gelten außer den in den vorstehenden Absätzen und in den Abkommen bezeichneten schweren Verletzungen folgende Handlungen, wenn sie vorsätzlich und unter Verletzung der Abkommen oder des Protokolls begangen werden:
a) die von der Besatzungsmacht durchgeführte Überführung eines Teiles ihrer eigenen Zivilbevölkerung in das von ihr besetzte Gebiet oder die Verschleppung oder Überführung der Gesamtheit oder eines Teiles der Bevölkerung des besetzten Gebiets innerhalb desselben oder aus demselben unter Verletzung des Artikels 49 des IV. Abkommens;
b) ungerechtfertigte Verzögerung bei der Heimschaffung von Kriegsgefangenen oder Zivilpersonen;
c) Praktiken der Apartheid und andere auf Rassendiskriminierung beruhende unmenschliche und erniedrigende Praktiken, die eine grobe Verletzung der persönlichen Würde einschließen;
d) weitgehende Zerstörungen verursachende Angriffe, die gegen eindeutig erkannte geschichtliche Denkmäler, Kunstwerke oder Kultstätten gerichtet sind, welche zum kulturellen oder geistigen Erbe der Völker gehören und denen auf Grund einer besonderen Vereinbarung, zum Beispiel im Rahmen einer zuständigen internationalen Organisation, besonderer Schutz gewährt wurde, wenn keine Anzeichen dafür vorliegen, daß die gegnerische Partei Artikel 53 Buchstabe b verletzt hat und die betreffenden geschichtlichen Denkmäler, Kunstwerke und Kultstätten nicht in unmittelbarer Nähe militärischer Ziele gelegen sind;
e) Maßnahmen, durch die einer durch die Abkommen geschützten oder in Absatz 2 genannten Person ihr Recht auf ein unparteiisches ordentliches Gerichtsverfahren entzogen wird.

(5) Unbeschadet der Anwendung der Abkommen und dieses Protokolls gelten schwere Verletzungen dieser Übereinkünfte als Kriegsverbrechen.

Artikel 86 Unterlassungen
(1) Die Hohen Vertragsparteien und die am Konflikt beteiligten Parteien ahnden schwere Verletzungen und treffen die erforderlichen Maßnahmen, um alle sonstigen Verletzungen der Abkommen oder dieses Protokolls zu unterbinden, die sich aus einer Unterlassung ergeben, wenn eine Rechtspflicht zum Handeln besteht.

(2) Wurde eine Verletzung der Abkommen oder dieses Protokolls von einem Untergebenen begangen, so enthebt dies seine Vorgesetzten nicht ihrer strafrechtlichen beziehungsweise disziplinarrechtlichen Verantwortlichkeit, wenn sie wußten oder unter den gegebenen Umständen auf Grund der ihnen vorliegenden Informationen darauf schließen konnten, daß der Untergebene eine solche Verletzung beging oder begehen würde, und wenn sie nicht alle in ihrer Macht stehenden, praktisch möglichen Maßnahmen getroffen haben, um die Verletzung zu verhindern oder zu ahnden.

Artikel 87 Pflichten der militärischen Führer
(1) Die Hohen Vertragsparteien und die am Konflikt beteiligten Parteien verlangen von den militärischen Führern im Hinblick auf die ihrem Befehl unterstellten Angehörigen der Streitkräfte und die übrigen Personen in ihrem Befehlsbereich, Verletzungen der Abkommen und dieses Protokolls zu verhindern, sie erforderlichenfalls zu unterbinden und den zuständigen Behörden anzuzeigen.
(2) Um Verletzungen zu verhindern und zu unterbinden, verlangen die Hohen Vertragsparteien und die am Konflikt beteiligten Parteien von den militärischen Führern, in ihrem jeweiligen Verantwortungsbereich sicherzustellen, daß die ihrem Befehl unterstellten Angehörigen der Streitkräfte ihre Verpflichtungen aus den Abkommen und diesem Protokoll kennen.
(3) Die Hohen Vertragsparteien und die am Konflikt beteiligten Parteien verlangen von jedem militärischen Führer, der erfahren hat, daß Untergebene oder andere ihm unterstellte Personen eine Verletzung der Abkommen oder dieses Protokolls begehen werden oder begangen haben, daß er die erforderlichen Maßnahmen zur Verhinderung derartiger Verletzungen anordnet und gegebenenfalls ein Disziplinar- oder Strafverfahren gegen die Täter einleitet.

Artikel 88 Rechtshilfe in Strafsachen
(1) Die Hohen Vertragsparteien gewähren einander die weitestgehende Hilfe im Zusammenhang mit Verfahren, die in bezug auf schwere Verletzungen der Abkommen oder dieses Protokolls eingeleitet werden.
(2) Vorbehaltlich der durch die Abkommen und durch Artikel 85 Absatz 1 dieses Protokolls festgelegten Rechte und Pflichten arbeiten die Hohen Vertragsparteien, sofern die Umstände dies erlauben, auf dem Gebiet der Auslieferung zusammen. Das Ersuchen des Staates, in dessen Hoheitsgebiet die behauptete Verletzung stattgefunden hat, wird von ihnen gebührend geprüft.
(3) In allen Fällen findet das Recht der ersuchten Hohen Vertragspartei Anwendung. Die vorstehenden Absätze berühren jedoch nicht die Verpflichtungen aus anderen zwei- oder mehrseitigen Verträgen, die das Gebiet der Rechtshilfe in Strafsachen ganz oder teilweise regeln oder regeln werden.

Artikel 89 Zusammenarbeit
Bei erheblichen Verstößen gegen die Abkommen oder dieses Protokoll verpflichten sich die Hohen Vertragsparteien, sowohl gemeinsam als auch einzeln in Zusammenarbeit mit den Vereinten Nationen und im Einklang mit der Charta der Vereinten Nationen tätig zu werden.

Artikel 90 Internationale Ermittlungskommission
(1) a) Es wird eine internationale Ermittlungskommission (im folgenden als »Kommission« bezeichnet) gebildet; sie besteht aus fünfzehn Mitgliedern von hohem sittlichen Ansehen und anerkannter Unparteilichkeit.
   b) Sind mindestens zwanzig Hohe Vertragsparteien übereingekommen, die Zuständigkeit der Kommission nach Absatz 2 anzuerkennen, so beruft der Verwahrer zu diesem Zeitpunkt und danach in Abständen von fünf Jahren eine Sitzung von Vertretern dieser Hohen Vertragsparteien ein, um die Mitglieder der Kommission zu wählen. Auf der Sitzung werden die Mitglieder der Kommission in geheimer Wahl aus einer Liste von Personen gewählt, für die jede Hohe Vertragspartei einen Namen vorschlagen kann.
   c) Die Mitglieder der Kommission sind in persönlicher Eigenschaft tätig und üben ihr Amt bis zur Wahl der neuen Mitglieder auf der darauffolgenden Sitzung aus.
   d) Bei der Wahl vergewissern sich die Hohen Vertragsparteien, daß jede der in die Kommission zu wählenden Personen die erforderliche Eignung besitzt, und tragen dafür Sorge, daß eine gerechte geographische Vertretung in der Kommission insgesamt sichergestellt ist.

Art. 90 Zusatzprotokoll I 1977 45a

- e) Wird ein Sitz vorzeitig frei, so wird er von der Kommission unter gebührender Berücksichtigung der Buchstaben a bis d besetzt.
- f) Der Verwahrer stellt der Kommission die zur Wahrnehmung ihrer Aufgaben erforderlichen Verwaltungsdienste zur Verfügung.

(2) a) Die Hohen Vertragsparteien können bei der Unterzeichnung oder der Ratifikation des Protokolls oder bei ihrem Beitritt oder jederzeit danach erklären, daß sie gegenüber jeder anderen Hohen Vertragspartei, welche dieselbe Verpflichtung übernimmt, die Zuständigkeit der Kommission zur Untersuchung der Behauptungen einer solchen anderen Partei, wie in diesem Artikel vorgesehen, von Rechts wegen und ohne besondere Übereinkunft anerkennen.
- b) Die obengenannten Erklärungen werden beim Verwahrer hinterlegt; dieser leitet Abschriften an die Hohen Vertragsparteien weiter.
- c) Die Kommission ist zuständig,
    - i) alle Tatsachen zu untersuchen, von denen behauptet wird, daß sie eine schwere Verletzung im Sinne der Abkommen und dieses Protokolls oder einen anderen erheblichen Verstoß gegen die Abkommen oder das Protokoll darstellen;
    - ii) dazu beizutragen, daß die Abkommen und dieses Protokoll wieder eingehalten werden, indem sie ihre guten Dienste zur Verfügung stellt.
- d) In anderen Fällen nimmt die Kommission Ermittlungen auf Antrag einer am Konflikt beteiligten Partei nur mit Zustimmung der anderen beteiligten Partei oder Parteien auf.
- e) Vorbehaltlich der obigen Bestimmungen werden Artikel 52 des I. Abkommens, Artikel 53 des II. Abkommens, Artikel 132 des III. Abkommens und Artikel 149 des IV. Abkommens weiterhin auf jeden behaupteten Verstoß gegen die Abkommen angewandt und finden auch auf jeden behaupteten Verstoß gegen dieses Protokoll Anwendung.

(3) a) Sofern die beteiligten Parteien nichts anderes vereinbaren, werden alle Ermittlungen von einer Kammer durchgeführt, die aus sieben wie folgt ernannten Mitgliedern besteht:
    - i) fünf Mitglieder der Kommission, die nicht Staatsangehörige einer am Konflikt beteiligten Partei sein dürfen, werden nach Konsultierung der am Konflikt beteiligten Parteien vom Vorsitzenden der Kommission auf der Grundlage einer gerechten Vertretung der geographischen Gebiete ernannt;
    - ii) zwei Ad-hoc-Mitglieder, die nicht Staatsangehörige einer am Konflikt beteiligten Partei sein dürfen, werden jeweils von einer von ihnen ernannt.
- b) Bei Eingang eines Ermittlungsantrags setzt der Vorsitzende der Kommission eine angemessene Frist zur Bildung einer Kammer fest. Wird ein Ad-hoc-Mitglied nicht innerhalb der festgesetzten Frist ernannt, so nimmt der Vorsitzende alsbald jede weitere Ernennung vor, die zur Vervollständigung der Mitgliederzahl der Kammer erforderlich ist.

(4) a) Die nach Absatz 3 zur Durchführung von Ermittlungen gebildete Kammer fordert die am Konflikt beteiligten Parteien auf, sie zu unterstützen und Beweise vorzulegen. Sie kann auch andere Beweise einholen, die sie für zweckdienlich hält, und eine Untersuchung an Ort und Stelle durchführen.
- b) Alle Beweismittel werden den beteiligten Parteien vollständig zur Kenntnis gebracht; diese sind berechtigt, sich gegenüber der Kommission dazu zu äußern.
- c) Jede Partei ist berechtigt, diese Beweise in Zweifel zu ziehen.

(5) a) Die Kommission legt den Parteien einen Bericht über die Ergebnisse der Ermittlungen der Kammer mit den Empfehlungen vor, die sie für angebracht hält.
- b) Ist es der Kammer nicht möglich, ausreichende Beweise für eine sachliche und unparteiische Tatsachenfeststellung zu beschaffen, so gibt die Kommission die Gründe für dieses Unvermögen bekannt.
- c) Die Kommission teilt ihre Tatsachenfeststellung nicht öffentlich mit, es sei denn, alle am Konflikt beteiligten Parteien haben sie dazu aufgefordert.

(6) Die Kommission gibt sich eine Geschäftsordnung einschließlich der Vorschriften über den Vorsitz der Kommission und der Kammer. Diese Geschäftsordnung sieht vor, daß das Amt des Vorsitzen-

den der Kommission jederzeit ausgeübt wird und daß es im Fall von Ermittlungen von einer Person ausgeübt wird, die nicht Staatsangehörige einer am Konflikt beteiligten Partei ist.
(7) Die Verwaltungsausgaben der Kommission werden durch Beiträge der Hohen Vertragsparteien, die Erklärungen nach Absatz 2 abgegeben haben, und durch freiwillige Beiträge gedeckt. Am Konflikt beteiligte Parteien, die Ermittlungen beantragen, strecken die nötigen Mittel zur Deckung der einer Kammer entstehenden Kosten vor und erhalten von der Partei oder den Parteien, gegen die sich die Behauptungen richten, einen Betrag in Höhe von 50 vom Hundert der Kosten der Kammer zurück. Werden der Kammer Gegendarstellungen vorgetragen, so streckt jede Partei 50 vom Hundert der erforderlichen Mittel vor.

Artikel 91 Haftung
Eine am Konflikt beteiligte Partei, welche die Abkommen oder dieses Protokoll verletzt, ist gegebenenfalls zum Schadenersatz verpflichtet. Sie ist für alle Handlungen verantwortlich, die von den zu ihren Streitkräften gehörenden Personen begangen werden.

TEIL VI
Schlußbestimmungen

Artikel 92 Unterzeichnung
Dieses Protokoll wird für die Vertragsparteien der Abkommen sechs Monate nach Unterzeichnung der Schlußakte zur Unterzeichnung aufgelegt; es liegt für einen Zeitabschnitt von zwölf Monaten zur Unterzeichnung auf.

Artikel 93 Ratifikation
Dieses Protokoll wird so bald wie möglich ratifiziert. Die Ratifikationsurkunden werden beim Schweizerischen Bundesrat, dem Verwahrer der Abkommen, hinterlegt.

Artikel 94 Beitritt
Dieses Protokoll steht für jede Vertragspartei der Abkommen, die es nicht unterzeichnet hat, zum Beitritt offen. Die Beitrittsurkunden werden beim Verwahrer hinterlegt.

Artikel 95 Inkrafttreten
(1) Dieses Protokoll tritt sechs Monate nach der Hinterlegung von zwei Ratifikations- oder Beitrittsurkunden in Kraft.
(2) Für jede Vertragspartei der Abkommen, die zu einem späteren Zeitpunkt dieses Protokoll ratifiziert oder ihm beitritt, tritt es sechs Monate nach Hinterlegung ihrer eigenen Ratifikations- oder Beitrittsurkunde in Kraft.

Artikel 96 Vertragsbeziehungen beim Inkrafttreten dieses Protokolls
(1) Sind die Vertragsparteien der Abkommen auch Vertragsparteien dieses Protokolls, so finden die Abkommen so Anwendung, wie sie durch das Protokoll ergänzt sind.
(2) Ist eine der am Konflikt beteiligten Parteien nicht durch dieses Protokoll gebunden, so bleiben dessen Vertragsparteien in ihren gegenseitigen Beziehungen durch das Protokoll gebunden. Sie sind durch das Protokoll auch gegenüber jeder nicht durch das Protokoll gebundenen Partei gebunden, wenn diese dessen Bestimmungen annimmt und anwendet.
(3) Das Organ, das ein Volk vertritt, welches in einen gegen eine Hohe Vertragspartei gerichteten bewaffneten Konflikt der in Artikel 1 Absatz 4 erwähnten Art verwickelt ist, kann sich verpflichten, die Abkommen und dieses Protokoll in bezug auf diesen Konflikt anzuwenden, indem es eine einseitige Erklärung an den Verwahrer richtet. Nach Eingang beim Verwahrer hat diese Erklärung im Zusammenhang mit dem Konflikt folgende Wirkungen:
a) Die Abkommen und dieses Protokoll werden für das genannte Organ in seiner Eigenschaft als am Konflikt beteiligte Partei unmittelbar wirksam;
b) das genannte Organ übernimmt die gleichen Rechte und Pflichten wie eine Hohe Vertragspartei der Abkommen und dieses Protokolls und
c) die Abkommen und dieses Protokoll binden alle am Konflikt beteiligten Parteien in gleicher Weise.

Art. 97–99 Zusatzprotokoll I 1977

Artikel 97 Änderung
(1) Jede Hohe Vertragspartei kann Änderungen dieses Protokolls vorschlagen. Der Wortlaut jedes Änderungsvorschlags wird dem Depositar mitgeteilt; dieser beschließt nach Konsultierung aller Hohen Vertragsparteien und des Internationalen Komitees vom Roten Kreuz, ob eine Konferenz zur Prüfung des Änderungsvorschlags einberufen werden soll.
(2) Der Verwahrer lädt zu dieser Konferenz alle Hohen Vertragsparteien sowie die Vertragsparteien der Abkommen ein, gleichviel ob sie dieses Protokoll unterzeichnet haben oder nicht.

Artikel 98 Revision des Anhangs I
(1) Spätestens vier Jahre nach Inkrafttreten dieses Protokolls und danach in Abständen von mindestens vier Jahren konsultiert das Internationale Komitee vom Roten Kreuz die Hohen Vertragsparteien in bezug auf den Anhang I des Protokolls und kann, wenn es dies für erforderlich hält, eine Tagung von Sachverständigen zur Überprüfung des Anhangs I und zur Unterbreitung der wünschenswert erscheinenden Änderungen vorschlagen. Sofern nicht innerhalb von sechs Monaten nach Übermittlung eines diesbezüglichen Vorschlags an die Hohen Vertragsparteien ein Drittel derselben dagegen Einspruch erhebt, beruft das Internationale Komitee vom Roten Kreuz die Tagung ein, zu der es auch Beobachter der in Betracht kommenden internationalen Organisationen einlädt. Eine solche Tagung wird vom Internationalen Komitee vom Roten Kreuz auch jederzeit auf Antrag eines Drittels der Hohen Vertragsparteien einberufen.
(2) Der Verwahrer beruft eine Konferenz der Hohen Vertragsparteien und der Vertragsparteien der Abkommen ein, um die von der Tagung der Sachverständigen vorgeschlagenen Änderungen zu prüfen, sofern nach dieser Tagung das Internationale Komitee vom Roten Kreuz oder ein Drittel der Hohen Vertragsparteien darum ersucht.
(3) Änderungen des Anhangs I können von dieser Konferenz mit einer Mehrheit von zwei Dritteln der anwesenden und abstimmenden Hohen Vertragsparteien beschlossen werden.
(4) Der Verwahrer teilt den Hohen Vertragsparteien und den Vertragsparteien der Abkommen jede auf diese Weise beschlossene Änderung mit. Die Änderung gilt nach Ablauf eines Jahres nach dem Zeitpunkt der Mitteilung als angenommen, sofern nicht mindestens ein Drittel der Hohen Vertragsparteien dem Verwahrer innerhalb dieses Zeitabschnitts eine Erklärung über die Nichtannahme der Änderung übermittelt.
(5) Eine nach Absatz 4 als angenommen geltende Änderung tritt drei Monate nach ihrer Annahme für alle Hohen Vertragsparteien mit Ausnahme derjenigen in Kraft, die nach jenem Absatz eine Erklärung über die Nichtannahme abgegeben haben. Jede Vertragspartei, die eine solche Erklärung abgibt, kann sie jederzeit zurücknehmen; in diesem Fall tritt die Änderung für diese Vertragspartei drei Monate nach der Rücknahme in Kraft.
(6) Der Verwahrer notifiziert den Hohen Vertragsparteien und den Vertragsparteien der Abkommen das Inkrafttreten jeder Änderung sowie die durch die Änderung gebundenen Vertragsparteien, den Zeitpunkt ihres Inkrafttretens für jede Vertragspartei und die nach Absatz 4 abgegebenen Erklärungen über die Nichtannahme und die Rücknahme solcher Erklärungen.

Artikel 99 Kündigung
(1) Kündigt eine Hohe Vertragspartei dieses Protokoll, so wird die Kündigung erst ein Jahr nach Eingang der Kündigungsurkunde wirksam. Ist jedoch bei Ablauf dieses Jahres für die kündigende Partei eine in Artikel 1 genannte Situation eingetreten, so bleibt die Kündigung bis zum Ende des bewaffneten Konflikts oder der Besetzung, in jedem Fall aber so lange unwirksam, bis die mit der endgültigen Freilassung, der Heimschaffung oder der Niederlassung der durch die Abkommen oder dieses Protokoll geschützten Personen im Zusammenhang stehenden Maßnahmen abgeschlossen sind.
(2) Die Kündigung wird dem Verwahrer schriftlich notifiziert; dieser übermittelt sie allen Hohen Vertragsparteien.
(3) Die Kündigung wird nur in bezug auf die kündigende Vertragspartei wirksam.
(4) Eine Kündigung nach Absatz 1 berührt nicht die wegen des bewaffneten Konflikts von der kündigenden Vertragspartei nach diesem Protokoll bereits eingegangenen Verpflichtungen in bezug auf eine vor dem Wirksamwerden der Kündigung begangene Handlung.

Artikel 100 Notifikationen
Der Verwahrer unterrichtet die Hohen Vertragsparteien sowie die Vertragsparteien der Abkommen, gleichviel ob sie dieses Protokoll unterzeichnet haben oder nicht,
a) von den Unterzeichnungen dieses Protokolls und der Hinterlegung von Ratifikations- und Beitrittsurkunden nach den Artikeln 93 und 94,
b) vom Zeitpunkt des Inkrafttretens dieses Protokolls nach Artikel 95,
c) von den nach den Artikeln 84, 90 und 97 eingegangenen Mitteilungen und Erklärungen,
d) von den nach Artikel 96 Absatz 3 eingegangenen Erklärungen, die auf schnellstem Weg übermittelt werden, und
e) von den Kündigungen nach Artikel 99.

Artikel 101 Registrierung
(1) Nach seinem Inkrafttreten wird dieses Protokoll vom Verwahrer dem Sekretariat der Vereinten Nationen zur Registrierung und Veröffentlichung gemäß Artikel 102 der Charta der Vereinten Nationen übermittelt.

(2) Der Verwahrer setzt das Sekretariat der Vereinten Nationen auch von allen Ratifikationen, Beitritten und Kündigungen in Kenntnis, die er in bezug auf dieses Protokoll erhält.

Artikel 102 Authentische Texte
Die Urschrift dieses Protokolls, dessen arabischer, chinesischer, englischer, französischer, russischer und spanischer Wortlaut gleichermaßen verbindlich ist, wird beim Verwahrer hinterlegt; dieser übermittelt allen Vertragsparteien der Abkommen beglaubigte Abschriften.

Zusatzprotokoll zu den Genfer Abkommen vom 12. August 1949 über den Schutz der Opfer nicht internationaler bewaffneter Konflikte (Protokoll II)[1)]

Vom 8. Juni 1977

Präambel

Die Hohen Vertragsparteien –
eingedenk dessen, daß die humanitären Grundsätze, die in dem den Genfer Abkommen vom 12. August 1949 gemeinsamen Artikel 3 niedergelegt sind, die Grundlage für die Achtung der menschlichen Person im Fall eines nicht internationalen bewaffneten Konflikts darstellen,
sowie eingedenk dessen, daß die internationalen Übereinkünfte über die Menschenrechte der menschlichen Person einen grundlegenden Schutz bieten,
unter Betonung der Notwendigkeit, den Opfern dieser bewaffneten Konflikte einen besseren Schutz zu sichern,
eingedenk dessen, daß die menschliche Person in den vom geltenden Recht nicht erfaßten Fällen unter dem Schutz der Grundsätze der Menschlichkeit und der Forderungen des öffentlichen Gewissens verbleibt –
sind wie folgt übereingekommen:

TEIL I
Geltungsbereich dieses Protokolls

Artikel 1 Sachlicher Anwendungsbereich

(1) Dieses Protokoll, das den den Genfer Abkommen vom 12. August 1949 gemeinsamen Artikel 3 weiterentwickelt und ergänzt, ohne die bestehenden Voraussetzungen für seine Anwendung zu ändern, findet auf alle bewaffneten Konflikte Anwendung, die von Artikel 1 des Zusatzprotokolls zu den Genfer Abkommen vom 12. August 1949 über den Schutz der Opfer internationaler bewaffneter Konflikte (Protokoll I) nicht erfaßt sind und die im Hoheitsgebiet einer Hohen Vertragspartei zwischen deren Streitkräften und abtrünnigen Streitkräften oder anderen organisierten bewaffneten Gruppen stattfinden, die unter einer verantwortlichen Führung eine solche Kontrolle über einen Teil des Hoheitsgebiets der Hohen Vertragspartei ausüben, daß sie anhaltende, koordinierte Kampfhandlungen durchführen und dieses Protokoll anzuwenden vermögen.

(2) Dieses Protokoll findet nicht auf Fälle innerer Unruhen und Spannungen wie Tumulte, vereinzelt auftretende Gewalttaten und andere ähnliche Handlungen Anwendung, die nicht als bewaffnete Konflikte gelten.

Artikel 2 Persönlicher Anwendungsbereich

(1) Dieses Protokoll findet ohne jede auf Rasse, Hautfarbe, Geschlecht, Sprache, Religion oder Glauben, politischen oder sonstigen Anschauungen, nationaler oder sozialer Herkunft, Vermögen, Geburt oder sonstiger Stellung oder auf irgendeinem anderen ähnlichen Unterscheidungsmerkmal beruhende nachteilige Unterscheidung (im folgenden als »nachteilige Unterscheidung« bezeichnet) auf alle Personen Anwendung, die von einem bewaffneten Konflikt im Sinne des Artikels 1 betroffen sind.

(2) Mit Beendigung des bewaffneten Konflikts genießen alle Personen, die aus Gründen im Zusammenhang mit dem Konflikt einem Entzug oder einer Beschränkung ihrer Freiheit unterworfen waren, sowie alle Personen, die nach dem Konflikt aus den gleichen Gründen derartigen Maßnahmen unterworfen sind, bis zu deren Beendigung den Schutz nach den Artikeln 5 und 6.

---

1) Deutscher Text: *BGBl.* 1990 II S. 1637.
   Internationale Quelle: *UNTS* Bd. 1125 S. 609.
   In Kraft getreten am 7. Dezember 1978; für die Bundesrepublik Deutschland am 14. August 1991.

Artikel 3 Nichteinmischung
(1) Dieses Protokoll darf nicht zur Beeinträchtigung der Souveränität eines Staates oder der Verantwortung der Regierung herangezogen werden, mit allen rechtmäßigen Mitteln die öffentliche Ordnung im Staat aufrechtzuerhalten oder wiederherzustellen oder die nationale Einheit und territoriale Unversehrtheit des Staates zu verteidigen.
(2) Dieses Protokoll darf nicht zur Rechtfertigung einer wie immer begründeten unmittelbaren oder mittelbaren Einmischung in den bewaffneten Konflikt oder in die inneren oder äußeren Angelegenheiten der Hohen Vertragspartei herangezogen werden, in deren Hoheitsgebiet dieser Konflikt stattfindet.

TEIL II
Menschliche Behandlung

Artikel 4 Grundlegende Garantien
(1) Alle Personen, die nicht unmittelbar oder nicht mehr an Feindseligkeiten teilnehmen, haben, gleichviel ob ihnen die Freiheit entzogen ist oder nicht, Anspruch auf Achtung ihrer Person, ihrer Ehre, ihrer Überzeugungen und ihrer religiösen Gepflogenheiten. Sie werden unter allen Umständen mit Menschlichkeit und ohne jede nachteilige Unterscheidung behandelt. Es ist verboten, den Befehl zu erteilen, niemanden am Leben zu lassen.
(2) Unbeschadet der allgemeinen Gültigkeit der vorstehenden Bestimmungen sind und bleiben in bezug auf die in Absatz 1 genannten Personen jederzeit und überall verboten
a) Angriffe auf das Leben, die Gesundheit und das körperliche oder geistige Wohlbefinden von Personen, insbesondere vorsätzliche Tötung und grausame Behandlung wie Folter, Verstümmelung oder jede Art von körperlicher Züchtigung;
b) Kollektivstrafen;
c) Geiselnahme;
d) terroristische Handlungen;
e) Beeinträchtigung der persönlichen Würde, insbesondere entwürdigende und erniedrigende Behandlung, Vergewaltigung, Nötigung zur Prostitution und unzüchtige Handlungen jeder Art;
f) Sklaverei und Sklavenhandel in allen ihren Formen;
g) Plünderung;
h) die Androhung einer dieser Handlungen.
(3) Kindern wird die Pflege und Hilfe zuteil, deren sie bedürfen, insbesondere
a) erhalten sie die Erziehung, einschließlich der religiösen und sittlichen Erziehung, die den Wünschen ihrer Eltern oder – bei deren Fehlen – der Personen entspricht, die für sie zu sorgen haben;
b) werden alle geeigneten Maßnahmen getroffen, um die Zusammenführung von vorübergehend getrennten Familien zu erleichtern;
c) dürfen Kinder unter fünfzehn Jahren weder in Streitkräfte oder bewaffnete Gruppen eingegliedert werden, noch darf ihnen die Teilnahme an Feindseligkeiten erlaubt werden;
d) gilt der in diesem Artikel für Kinder unter fünfzehn Jahren vorgesehene besondere Schutz auch dann für sie, wenn sie trotz der Bestimmungen des Buchstabens c unmittelbar an Feindseligkeiten teilnehmen und gefangengenommen werden;
e) werden bei Bedarf Maßnahmen getroffen – nach Möglichkeit mit Zustimmung der Eltern oder der Personen, die nach Gesetz oder Brauch in erster Linie für die Kinder zu sorgen haben –, um diese vorübergehend aus dem Gebiet, in dem Feindseligkeiten stattfinden, in ein sichereres Gebiet des Landes zu evakuieren und ihnen die für ihre Sicherheit und ihr Wohlergehen verantwortlichen Personen mitzugeben.

Artikel 5 Personen, denen die Freiheit entzogen ist
(1) Außer den Bestimmungen des Artikels 4 werden mindestens folgende Bestimmungen in Bezug auf Personen befolgt, denen aus Gründen im Zusammenhang mit dem bewaffneten Konflikt die Freiheit entzogen ist, gleichviel ob sie interniert oder in Haft gehalten sind:
a) Verwundete und Kranke werden nach Maßgabe des Artikels 7 behandelt;
b) die in diesem Absatz genannten Personen werden im gleichen Umfang wie die örtliche Zivilbevölkerung mit Lebensmitteln und Trinkwasser versorgt; ihnen werden Gesundheitsfürsorge und

Hygiene sowie Schutz vor den Unbilden der Witterung und den Gefahren des bewaffneten Konflikts gewährleistet;
c) sie sind befugt, Einzel- oder Sammelhilfe zu erhalten;
d) sie dürfen ihre Religion ausüben und auf Wunsch und soweit angemessen geistlichen Beistand von Personen empfangen, die seelsorgerisch tätig sind, wie z. B. von Feldgeistlichen;
e) falls sie zur Arbeit herangezogen werden, haben sie Anspruch auf vergleichbare Arbeitsbedingungen und Sicherheitsvorkehrungen wie die örtliche Zivilbevölkerung.

(2) Die für die Internierung oder Haft der in Absatz 1 genannten Personen Verantwortlichen befolgen im Rahmen ihrer Möglichkeiten nachstehende Bestimmungen in bezug auf diese Personen:
a) außer in Fällen, in denen Männer und Frauen derselben Familie zusammen untergebracht sind, werden Frauen in Räumlichkeiten untergebracht, die von denen der Männer getrennt sind, und unterstehen der unmittelbaren Überwachung durch Frauen;
b) sie sind befugt, Briefe und Postkarten abzuschicken und zu empfangen; deren Anzahl kann von der zuständigen Behörde beschränkt werden, wenn sie es für erforderlich hält;
c) die Orte der Internierung und Haft dürfen nicht in der Nähe der Kampfzone liegen. Werden sie den aus dem bewaffneten Konflikt erwachsenden Gefahren besonders stark ausgesetzt, so werden die in Absatz 1 genannten Personen evakuiert, sofern ihre Sicherheit dabei ausreichend gewährleistet werden kann;
d) es ist ihnen Gelegenheit zu geben, sich ärztlich untersuchen zu lassen;
e) ihre körperliche oder geistige Gesundheit und Unversehrtheit dürfen durch keine ungerechtfertigte Handlung oder Unterlassung gefährdet werden. Es ist daher verboten, die in diesem Artikel genannten Personen einem medizinischen Verfahren zu unterziehen, das nicht durch ihren Gesundheitszustand geboten ist und das nicht mit den allgemein anerkannten und unter entsprechenden medizinischen Umständen auf freie Personen angewandten medizinischen Grundsätzen im Einklang steht.

(3) Personen die von Absatz 1 nicht erfaßt sind, deren Freiheit jedoch aus Gründen im Zusammenhang mit dem bewaffneten Konflikt in irgendeiner Weise eingeschränkt ist, werden nach Artikel 4 sowie nach Absatz 1 Buchstaben a, c und d und Absatz 2 Buchstabe b des vorliegenden Artikels mit Menschlichkeit behandelt.

(4) Wird beschlossen, Personen freizulassen, denen die Freiheit entzogen wurde, so treffen diejenigen, die den entsprechenden Beschluß fassen, die notwendigen Maßnahmen, um die Sicherheit dieser Personen zu gewährleisten.

Artikel 6 Strafverfolgung
(1) Dieser Artikel findet auf die Verfolgung und Bestrafung solcher Straftaten Anwendung, die mit dem bewaffneten Konflikt im Zusammenhang stehen.
(2) Gegen eine Person, die für schuldig befunden wurde, eine Straftat begangen zu haben, darf eine Verurteilung nur in einem Urteil ausgesprochen und nur auf Grund eines Urteils eine Strafe vollstreckt werden; dieses Urteil muß von einem Gericht gefällt werden, das die wesentlichen Garantien der Unabhängigkeit und Unparteilichkeit aufweist. Insbesondere gilt folgendes:
a) Das Verfahren sieht vor, daß der Beschuldigte unverzüglich über die Einzelheiten der ihm zur Last gelegten Straftat unterrichtet werden muß, und gewährt ihm während der Hauptverhandlung und davor alle zu seiner Verteidigung erforderlichen Rechte und Mittel;
b) niemand darf wegen einer Straftat verurteilt werden, für die er nicht selbst strafrechtlich verantwortlich ist;
c) niemand darf wegen einer Handlung oder Unterlassung verurteilt werden, die nach dem zur Zeit ihrer Begehung geltenden Recht nicht strafbar war; ebenso darf keine schwerere Strafe als die im Zeitpunkt der Begehung der Straftat angedrohte verhängt werden; wird nach Begehung der Straftat durch Gesetz eine mildere Strafe eingeführt, so kommt dies dem Täter zugute;
d) bis zum gesetzlichen Nachweis seiner Schuld wird vermutet, daß der wegen einer Straftat Angeklagte unschuldig ist;
e) jeder wegen einer Straftat Angeklagte hat das Recht, bei der Hauptverhandlung anwesend zu sein;

f) niemand darf gezwungen werden, gegen sich selbst als Zeuge auszusagen oder sich schuldig zu bekennen.
(3) Jeder Verurteilte wird bei seiner Verurteilung über sein Recht, gerichtliche und andere Rechtsmittel oder Rechtsbehelfe einzulegen, sowie über die hierfür festgesetzten Fristen unterrichtet.
(4) Die Todesstrafe darf nicht gegen Personen ausgesprochen werden, die bei Begehung der Straftat noch nicht achtzehn Jahre alt waren; sie darf nicht an schwangeren Frauen und Müttern kleiner Kinder vollstreckt werden.
(5) Bei Beendigung der Feindseligkeiten bemühen sich die an der Macht befindlichen Stellen, denjenigen Personen eine möglichst weitgehende Amnestie zu gewähren, die am bewaffneten Konflikt teilgenommen haben oder denen aus Gründen im Zusammenhang mit dem Konflikt die Freiheit entzogen wurde, gleichviel ob sie interniert oder in Haft gehalten sind.

TEIL III
Verwundete, Kranke und Schiffbrüchige

Artikel 7 Schutz und Pflege
(1) Alle Verwundeten, Kranken und Schiffbrüchigen werden geschont und geschützt, gleichviel ob sie am bewaffneten Konflikt teilgenommen haben oder nicht.
(2) Sie werden unter allen Umständen mit Menschlichkeit behandelt und erhalten so umfassend und so schnell wie möglich die für ihren Zustand erforderliche medizinische Pflege und Betreuung. Aus anderen als medizinischen Gründen darf kein Unterschied zwischen ihnen gemacht werden.

Artikel 8 Suche
Sobald die Umstände es zulassen, insbesondere aber nach einem Gefecht, werden unverzüglich alle durchführbaren Maßnahmen getroffen, um die Verwundeten, Kranken und Schiffbrüchigen zu suchen und zu bergen, sie vor Plünderung und Mißhandlung zu schützen und für ihre angemessene Pflege zu sorgen sowie um die Toten zu suchen, ihre Beraubung zu verhindern und sie würdig zu bestatten.

Artikel 9 Schutz des Sanitäts- und Seelsorgepersonals
(1) Das Sanitäts- und Seelsorgepersonal wird geschont und geschützt und erhält alle verfügbare Hilfe zur Wahrnehmung seiner Aufgaben. Es darf nicht gezwungen werden, Aufgaben zu übernehmen, die mit seinem humanitären Auftrag unvereinbar sind.
(2) Vom Sanitätspersonal darf nicht verlangt werden, bei der Wahrnehmung seiner Aufgaben bestimmte Personen aus anderen als medizinischen Gründen zu bevorzugen.

Artikel 10 Allgemeiner Schutz der ärztlichen Aufgabe
(1) Niemand darf bestraft werden, weil er eine ärztliche Tätigkeit ausgeübt hat, die mit dem ärztlichen Ehrenkodex im Einklang steht, gleichviel unter welchen Umständen und zu wessen Nutzen sie ausgeübt worden ist.
(2) Wer eine ärztliche Tätigkeit ausübt, darf nicht gezwungen werden, Handlungen vorzunehmen oder Arbeiten zu verrichten, die mit den Regeln des ärztlichen Ehrenkodexes, mit sonstigen dem Wohl der Verwundeten und Kranken dienenden Regeln oder mit den Bestimmungen dieses Protokolls unvereinbar sind, oder Handlungen zu unterlassen, die auf Grund dieser Regeln oder Bestimmungen geboten sind.
(3) Die Standespflichten der ärztliche Tätigkeiten ausübenden Personen hinsichtlich der Auskünfte, die sie möglicherweise über von ihnen betreute Verwundete und Kranke erhalten, müssen vorbehaltlich des innerstaatlichen Rechts beachtet werden.
(4) Vorbehaltlich des innerstaatlichen Rechts darf niemand, der eine ärztliche Tätigkeit ausübt, in irgendeiner Weise bestraft werden, weil er sich weigert oder es unterläßt, Auskunft über Verwundete und Kranke zu geben, die er betreut oder betreut hat.

Artikel 11 Schutz von Sanitätseinheiten und -transportmitteln
(1) Sanitätseinheiten und -transportmittel werden jederzeit geschont und geschützt und dürfen nicht angegriffen werden.
(2) Der Sanitätseinheiten und -transportmitteln gebührende Schutz darf nur dann enden, wenn diese außerhalb ihrer humanitären Bestimmung zu feindlichen Handlungen verwendet werden. Jedoch en-

det der Schutz erst, nachdem eine Warnung, die möglichst eine angemessene Frist setzt, unbeachtet geblieben ist.

Artikel 12 Schutzzeichen
Unter Aufsicht der betreffenden zuständigen Behörde führen Sanitäts- und Seelsorgepersonal sowie Sanitätseinheiten und -transportmittel das Schutzzeichen des Roten Kreuzes, des Roten Halbmonds oder des Roten Löwen mit Roter Sonne auf weißem Grund. Es ist unter allen Umständen zu achten. Es darf nicht mißbräuchlich verwendet werden.

TEIL IV
Zivilbevölkerung

Artikel 13 Schutz der Zivilbevölkerung
(1) Die Zivilbevölkerung und einzelne Zivilpersonen genießen allgemeinen Schutz vor den von Kampfhandlungen ausgehenden Gefahren. Um diesem Schutz Wirksamkeit zu verleihen, sind folgende Vorschriften unter allen Umständen zu beachten.
(2) Weder die Zivilbevölkerung als solche noch einzelne Zivilpersonen dürfen das Ziel von Angriffen sein. Die Anwendung oder Androhung von Gewalt mit dem hauptsächlichen Ziel, Schrecken unter der Zivilbevölkerung zu verbreiten, ist verboten.
(3) Zivilpersonen genießen den durch diesen Teil gewährten Schutz, sofern und solange sie nicht unmittelbar an Feindseligkeiten teilnehmen.

Artikel 14 Schutz der für die Zivilbevölkerung lebensnotwendigen Objekte
Das Aushungern von Zivilpersonen als Mittel der Kriegführung ist verboten. Es ist daher verboten, für die Zivilbevölkerung lebensnotwendige Objekte wie Nahrungsmittel, zur Erzeugung von Nahrungsmitteln genutzte landwirtschaftliche Gebiete, Ernte- und Viehbestände, Trinkwasserversorgungsanlagen und -vorräte sowie Bewässerungsanlagen zu diesem Zweck anzugreifen, zu zerstören, zu entfernen oder unbrauchbar zu machen.

Artikel 15 Schutz von Anlagen und Einrichtungen, die gefährliche Kräfte enthalten
Anlagen oder Einrichtungen, die gefährliche Kräfte enthalten, nämlich Staudämme, Deiche und Kernkraftwerke, dürfen auch dann nicht angegriffen werden, wenn sie militärische Ziele darstellen, sofern ein solcher Angriff gefährliche Kräfte freisetzen und dadurch schwere Verluste unter der Zivilbevölkerung verursachen kann.

Artikel 16 Schutz von Kulturgut und Kultstätten
Unbeschadet der Bestimmungen der Haager Konvention vom 14. Mai 1954 zum Schutz von Kulturgut bei bewaffneten Konflikten ist es verboten, feindselige Handlungen gegen geschichtliche Denkmäler, Kunstwerke oder Kultstätten zu begehen, die zum kulturellen oder geistigen Erbe der Völker gehören, und sie zur Unterstützung des militärischen Einsatzes zu verwenden.

Artikel 17 Verbot von Zwangsverlegungen
(1) Die Verlegung der Zivilbevölkerung darf nicht aus Gründen im Zusammenhang mit dem Konflikt angeordnet werden, sofern dies nicht im Hinblick auf die Sicherheit der betreffenden Zivilpersonen oder aus zwingenden militärischen Gründen geboten ist. Muß eine solche Verlegung vorgenommen werden, so sind alle durchführbaren Maßnahmen zu treffen, damit die Zivilbevölkerung am Aufnahmeort befriedigende Bedingungen in bezug auf Unterbringung, Hygiene, Gesundheit, Sicherheit und Ernährung vorfindet.
(2) Zivilpersonen dürfen nicht gezwungen werden, ihr eigenes Gebiet aus Gründen zu verlassen, die mit dem Konflikt im Zusammenhang stehen.

Artikel 18 Hilfsgesellschaften und Hilfsaktionen
(1) Die im Hoheitsgebiet der Hohen Vertragspartei gelegenen Hilfsgesellschaften, wie die Organisationen des Roten Kreuzes (Roten Halbmonds, Roten Löwen mit Roter Sonne) können ihre Dienste anbieten, um ihre herkömmlichen Aufgaben gegenüber den Opfern des bewaffneten Konflikts zu erfüllen. Die Zivilbevölkerung kann auch von sich aus ihre Bereitschaft erklären, Verwundete, Kranke und Schiffbrüchige zu bergen und zu pflegen.

(2) Erleidet die Zivilbevölkerung übermäßige Entbehrungen infolge eines Mangels an lebensnotwendigen Versorgungsgütern wie Lebensmitteln und Sanitätsmaterial, so sind mit Zustimmung der betroffenen Hohen Vertragspartei Hilfsaktionen rein humanitärer unparteiischer Art zugunsten der Zivilbevölkerung ohne jede nachteilige Unterscheidung durchzuführen.

TEIL V
Schlußbestimmungen

Artikel 19 Verbreitung
Dieses Protokoll wird so weit wie möglich verbreitet.

Artikel 20 Unterzeichnung
Dieses Protokoll wird für die Vertragsparteien der Abkommen sechs Monate nach Unterzeichnung der Schlußakte zur Unterzeichnung aufgelegt; es liegt für einen Zeitabschnitt von zwölf Monaten zur Unterzeichnung auf.

Artikel 21 Ratifikation
Dieses Protokoll wird so bald wie möglich ratifiziert. Die Ratifikationsurkunden werden beim Schweizerischen Bundesrat, dem Verwahrer der Abkommen, hinterlegt.

Artikel 22 Beitritt
Dieses Protokoll steht für jede Vertragspartei der Abkommen, die es nicht unterzeichnet hat, zum Beitritt offen. Die Beitrittsurkunden werden beim Verwahrer hinterlegt.

Artikel 23 Inkrafttreten
(1) Dieses Protokoll tritt sechs Monate nach der Hinterlegung von zwei Ratifikations- oder Beitrittsurkunden in Kraft.
(2) Für jede Vertragspartei der Abkommen, die zu einem späteren Zeitpunkt dieses Protokoll ratifiziert oder ihm beitritt, tritt es sechs Monate nach Hinterlegung ihrer eigenen Ratifikations- oder Beitrittsurkunde in Kraft.

Artikel 24 Änderung
(1) Jede Hohe Vertragspartei kann Änderungen dieses Protokolls vorschlagen. Der Wortlaut jedes Änderungsvorschlags wird dem Verwahrer mitgeteilt; dieser beschließt nach Konsultierung aller Hohen Vertragsparteien und des Internationalen Komitees vom Roten Kreuz, ob eine Konferenz zur Prüfung des Änderungsvorschlags einberufen werden soll.
(2) Der Verwahrer lädt zu dieser Konferenz alle Hohen Vertragsparteien sowie die Vertragsparteien der Abkommen ein, gleichviel ob sie dieses Protokoll unterzeichnet haben oder nicht.

Artikel 25 Kündigung
(1) Kündigt eine Hohe Vertragspartei dieses Protokoll, so wird die Kündigung erst sechs Monate nach Eingang der Kündigungsurkunde wirksam. Ist jedoch bei Ablauf der sechs Monate für die kündigende Partei die in Artikel 1 genannte Situation eingetreten, so wird die Kündigung erst bei Beendigung des bewaffneten Konflikts wirksam. Personen, die aus Gründen im Zusammenhang mit dem Konflikt einem Freiheitsentzug oder einer Freiheitsbeschränkung unterworfen waren, genießen jedoch bis zu ihrer endgültigen Freilassung weiterhin den Schutz dieses Protokolls.
(2) Die Kündigung wird dem Verwahrer schriftlich notifiziert; dieser übermittelt sie allen Hohen Vertragsparteien.

Artikel 26 Notifikationen
Der Verwahrer unterrichtet die Hohen Vertragsparteien sowie die Vertragsparteien der Abkommen, gleichviel ob sie dieses Protokoll unterzeichnet haben oder nicht,
a) von den Unterzeichnungen dieses Protokolls und der Hinterlegung von Ratifikations- und Beitrittsurkunden nach den Artikeln 21 und 22,
b) vom Zeitpunkt des Inkrafttretens dieses Protokolls nach Artikel 23 und
c) von den nach Artikel 24 eingegangenen Mitteilungen und Erklärungen.

Artikel 27 Registrierung
(1) Nach seinem Inkrafttreten wird dieses Protokoll vom Verwahrer dem Sekretariat der Vereinten Nationen zur Registrierung und Veröffentlichung gemäß Artikel 102 der Charta der Vereinten Nationen übermittelt.
(2) Der Verwahrer setzt das Sekretariat der Vereinten Nationen auch von allen Ratifikationen und Beitritten in Kenntnis, die er in bezug auf dieses Protokoll erhält.

Artikel 28 Authentische Texte
Die Urschrift dieses Protokolls, dessen arabischer, chinesischer, englischer, französischer, russischer und spanischer Wortlaut gleichermaßen verbindlich ist, wird beim Verwahrer hinterlegt; dieser übermittelt allen Vertragsparteien der Abkommen beglaubigte Abschriften.

IX. Internationales Strafrecht

Römisches Statut des Internationalen Strafgerichtshofs[1)]

Vom 17. Juli 1998
zuletzt geändert durch Resolution RC/Res. 6 vom 11. Juni 2010 (BGBl. 2013 II S. 139 iVm Bek. v. 12. 6. 2013, BGBl. II S. 1042)[2)]

– Auszug –

Präambel

Die Vertragsstaaten dieses Statuts –
im Bewusstsein, dass alle Völker durch gemeinsame Bande verbunden sind und ihre Kulturen ein gemeinsames Erbe bilden, und besorgt darüber, dass dieses zerbrechliche Mosaik jederzeit zerstört werden kann,
eingedenk dessen, dass in diesem Jahrhundert Millionen von Kindern, Frauen und Männern Opfer unvorstellbarer Gräueltaten geworden sind, die das Gewissen der Menschheit zutiefst erschüttern,
in der Erkenntnis, dass solche schweren Verbrechen den Frieden, die Sicherheit und das Wohl der Welt bedrohen,
bekräftigend, dass die schwersten Verbrechen, welche die internationale Gemeinschaft als Ganzes berühren, nicht unbestraft bleiben dürfen und dass ihre wirksame Verfolgung durch Maßnahmen auf einzelstaatlicher Ebene und durch verstärkte internationale Zusammenarbeit gewährleistet werden muss,
entschlossen, der Straflosigkeit der Täter ein Ende zu setzen und so zur Verhütung solcher Verbrechen beizutragen,
daran erinnernd, dass es die Pflicht eines jeden Staates ist, seine Strafgerichtsbarkeit über die für internationale Verbrechen Verantwortlichen auszuüben,
in Bekräftigung der Ziele und Grundsätze der Charta der Vereinten Nationen und insbesondere des Grundsatzes, dass alle Staaten jede gegen die territoriale Unversehrtheit oder die politische Unabhängigkeit eines Staates gerichtete oder sonst mit den Zielen der Vereinten Nationen unvereinbare Androhung oder Anwendung von Gewalt zu unterlassen haben,
in diesem Zusammenhang nachdrücklich darauf hinweisend, dass dieses Statut nicht so auszulegen ist, als ermächtige es einen Vertragsstaat, in einen bewaffneten Konflikt oder in die inneren Angelegenheiten eines Staates einzugreifen,
im festen Willen, zu diesem Zweck und um der heutigen und der künftigen Generationen willen einen mit dem System der Vereinten Nationen in Beziehung stehenden unabhängigen ständigen Internationalen Strafgerichtshof zu errichten, der Gerichtsbarkeit über die schwersten Verbrechen hat, welche die internationale Gemeinschaft als Ganzes berühren,
nachdrücklich darauf hinweisend, dass der aufgrund dieses Statuts errichtete Internationale Strafgerichtshof die innerstaatliche Strafgerichtsbarkeit ergänzt,
entschlossen, die Achtung und die Durchsetzung der internationalen Rechtspflege dauerhaft zu gewährleisten –
sind wie folgt übereingekommen:

Teil 1
Errichtung des Gerichtshofs

Artikel 1 Der Gerichtshof

[1]Hiermit wird der Internationale Strafgerichtshof (»Gerichtshof«) errichtet. [2]Der Gerichtshof ist eine ständige Einrichtung und ist befugt, seine Gerichtsbarkeit über Personen wegen der in diesem Statut

---

1) Deutscher Text: *BGBl.* 2000 II S. 1394.
   Internationale Quelle: *UNTS* Bd. 2187 S. 90; *ILM* 37 (1998) S. 1002.
   In Kraft getreten, auch für die Bundesrepublik Deutschland, am 1. Juli 2002.
2) Die Änderungen von Kampala, im Text nachfolgend kursiv gesetzt, treten nach Auffassung der Überprüfungskonferenz in Übereinstimmung mit Art. 121 Abs. 5 Römisches Statut für die Vertragsstaaten, welche sie angenommen haben, ein Jahr nach Hinterlegung ihrer Ratifikations- oder Annahmeurkunde in Kraft. Für die Bundesrepublik Deutschland ist dies der 3. 6. 2014 (BGBl. 2013 II S. 1042).

genannten schwersten Verbrechen von internationalem Belang auszuüben; er ergänzt die innerstaatliche Strafgerichtsbarkeit. ³Die Zuständigkeit und die Arbeitsweise des Gerichtshofs werden durch dieses Statut geregelt.

Artikel 2 Verhältnis des Gerichtshofs zu den Vereinten Nationen
Der Gerichtshof wird durch ein Abkommen, das von der Versammlung der Vertragsstaaten dieses Statuts zu genehmigen und danach vom Präsidenten des Gerichtshofs in dessen Namen zu schließen ist, mit den Vereinten Nationen in Beziehung gebracht.

Artikel 3 Sitz des Gerichtshofs
(1) Sitz des Gerichtshofs ist Den Haag in den Niederlanden (»Gaststaat«).
(2) Der Gerichtshof schließt mit dem Gaststaat ein Sitzabkommen, das von der Versammlung der Vertragsstaaten zu genehmigen und danach vom Präsidenten des Gerichtshofs in dessen Namen zu schließen ist.
(3) Der Gerichtshof kann, wie in diesem Statut vorgesehen, an einem anderen Ort tagen, wenn er dies für wünschenswert hält.

Artikel 4 Rechtsstellung und Befugnisse des Gerichtshofs
(1) ¹Der Gerichtshof besitzt Völkerrechtspersönlichkeit. ²Er besitzt außerdem die Rechts- und Geschäftsfähigkeit, die zur Wahrnehmung seiner Aufgaben und zur Verwirklichung seiner Ziele erforderlich ist.
(2) Der Gerichtshof kann seine Aufgaben und Befugnisse, wie in diesem Statut vorgesehen, im Hoheitsgebiet eines jeden Vertragsstaats und nach Maßgabe einer besonderen Übereinkunft im Hoheitsgebiet eines jeden anderen Staates wahrnehmen.

Teil 2
Gerichtsbarkeit, Zulässigkeit und anwendbares Recht

Artikel 5 Der Gerichtsbarkeit des Gerichtshofs unterliegende Verbrechen
¹Die Gerichtsbarkeit des Gerichtshofs ist auf die schwersten Verbrechen beschränkt, welche die internationale Gemeinschaft als Ganzes berühren. ²Die Gerichtsbarkeit des Gerichtshofs erstreckt sich in Übereinstimmung mit diesem Statut auf folgende Verbrechen:
a) das Verbrechen des Völkermords;
b) Verbrechen gegen die Menschlichkeit;
c) Kriegsverbrechen;
d) das Verbrechen der Aggression.
(2)[1] Der Gerichtshof übt die Gerichtsbarkeit über das Verbrechen der Aggression aus, sobald in Übereinstimmung mit den Artikeln 121 und 123 eine Bestimmung angenommen worden ist, die das Verbrechen definiert und die Bedingungen für die Ausübung der Gerichtsbarkeit im Hinblick auf dieses Verbrechen festlegt. Diese Bestimmung muss mit den einschlägigen Bestimmungen der Charta der Vereinten Nationen vereinbar sein.

Artikel 6 Völkermord
Im Sinne dieses Statuts bedeutet »Völkermord« jede der folgenden Handlungen, die in der Absicht begangen wird, eine nationale, ethnische, rassische oder religiöse Gruppe als solche ganz oder teilweise zu zerstören:
a) Tötung von Mitgliedern der Gruppe;
b) Verursachung von schwerem körperlichem oder seelischem Schaden an Mitgliedern der Gruppe;
c) vorsätzliche Auferlegung von Lebensbedingungen für die Gruppe, die geeignet sind, ihre körperliche Zerstörung ganz oder teilweise herbeizuführen;
d) Verhängung von Maßnahmen, die auf die Geburtenverhinderung innerhalb der Gruppe gerichtet sind;
e) gewaltsame Überführung von Kindern der Gruppe in eine andere Gruppe.

---
1) Außer Kraft am 3.6.2014.

Artikel 7 Verbrechen gegen die Menschlichkeit
(1) Im Sinne dieses Statuts bedeutet »Verbrechen gegen die Menschlichkeit« jede der folgenden Handlungen, die im Rahmen eines ausgedehnten oder systematischen Angriffs gegen die Zivilbevölkerung und in Kenntnis des Angriffs begangen wird:
a) vorsätzliche Tötung;
b) Ausrottung;
c) Versklavung;
d) Vertreibung oder zwangsweise Überführung der Bevölkerung;
e) Freiheitsentzug oder sonstige schwerwiegende Beraubung der körperlichen Freiheit unter Verstoß gegen die Grundregeln des Völkerrechts;
f) Folter;
g) Vergewaltigung, sexuelle Sklaverei, Nötigung zur Prostitution, erzwungene Schwangerschaft, Zwangssterilisation oder jede andere Form sexueller Gewalt von vergleichbarer Schwere;
h) Verfolgung einer identifizierbaren Gruppe oder Gemeinschaft aus politischen, rassischen, nationalen, ethnischen, kulturellen oder religiösen Gründen, Gründen des Geschlechts im Sinne des Absatzes 3 oder aus anderen nach dem Völkerrecht universell als unzulässig anerkannten Gründen im Zusammenhang mit einer in diesem Absatz genannten Handlung oder einem der Gerichtsbarkeit des Gerichtshofs unterliegenden Verbrechen;
i) zwangsweises Verschwindenlassen von Personen;
j) das Verbrechen der Apartheid;
k) andere unmenschliche Handlungen ähnlicher Art, mit denen vorsätzlich große Leiden oder eine schwere Beeinträchtigung der körperlichen Unversehrtheit oder der geistigen oder körperlichen Gesundheit verursacht werden.
(2) Im Sinne des Absatzes 1
a) bedeutet »Angriff gegen die Zivilbevölkerung« eine Verhaltensweise, die mit der mehrfachen Begehung der in Absatz 1 genannten Handlungen gegen eine Zivilbevölkerung verbunden ist, in Ausführung oder zur Unterstützung der Politik eines Staates oder einer Organisation, die einen solchen Angriff zum Ziel hat;
b) umfasst »Ausrottung« die vorsätzliche Auferlegung von Lebensbedingungen – unter anderem das Vorenthalten des Zugangs zu Nahrungsmitteln und Medikamenten –, die geeignet sind, die Vernichtung eines Teiles der Bevölkerung herbeizuführen;
c) bedeutet »Versklavung« die Ausübung aller oder einzelner mit einem Eigentumsrecht an einer Person verbundenen Befugnisse und umfasst die Ausübung dieser Befugnisse im Rahmen des Handels mit Menschen, insbesondere mit Frauen und Kindern;
d) bedeutet »Vertreibung oder zwangsweise Überführung der Bevölkerung« die erzwungene, völkerrechtlich unzulässige Verbringung der betroffenen Personen durch Ausweisung oder andere Zwangsmaßnahmen aus dem Gebiet, in dem sie sich rechtmäßig aufhalten;
e) bedeutet »Folter«, dass einer im Gewahrsam oder unter der Kontrolle des Beschuldigten befindlichen Person vorsätzlich große körperliche oder seelische Schmerzen oder Leiden zugefügt werden; Folter umfasst jedoch nicht Schmerzen oder Leiden, die sich lediglich aus gesetzlich zulässigen Sanktionen ergeben, dazu gehören oder damit verbunden sind;
f) bedeutet »erzwungene Schwangerschaft« die rechtswidrige Gefangenhaltung einer zwangsweise geschwängerten Frau in der Absicht, die ethnische Zusammensetzung einer Bevölkerung zu beeinflussen oder andere schwere Verstöße gegen das Völkerrecht zu begehen. Diese Begriffsbestimmung ist nicht so auszulegen, als berühre sie innerstaatliche Gesetze in Bezug auf Schwangerschaft;
g) bedeutet »Verfolgung« den völkerrechtswidrigen, vorsätzlichen und schwerwiegenden Entzug von Grundrechten wegen der Identität einer Gruppe oder Gemeinschaft;
h) bedeutet »Verbrechen der Apartheid« unmenschliche Handlungen ähnlicher Art wie die in Absatz 1 genannten, die von einer rassischen Gruppe im Zusammenhang mit einem institutionalisierten Regime der systematischen Unterdrückung und Beherrschung einer oder mehrerer anderer rassischer Gruppen in der Absicht begangen werden, dieses Regime aufrechtzuerhalten;

i) bedeutet »zwangsweises Verschwindenlassen von Personen« die Festnahme, den Entzug der Freiheit oder die Entführung von Personen durch einen Staat oder eine politische Organisation oder mit Ermächtigung, Unterstützung oder Duldung des Staates oder der Organisation, gefolgt von der Weigerung, diese Freiheitsberaubung anzuerkennen oder Auskunft über das Schicksal oder den Verbleib dieser Personen zu erteilen, in der Absicht, sie für längere Zeit dem Schutz des Gesetzes zu entziehen.

(3) ¹Im Sinne dieses Statuts bezieht sich der Ausdruck »Geschlecht« auf beide Geschlechter, das männliche und das weibliche, im gesellschaftlichen Zusammenhang. ²Er hat keine andere als die vorgenannte Bedeutung.

Artikel 8 Kriegsverbrechen

(1) Der Gerichtshof hat Gerichtsbarkeit in Bezug auf Kriegsverbrechen, insbesondere wenn diese als Teil eines Planes oder einer Politik oder als Teil der Begehung solcher Verbrechen in großem Umfang verübt werden.

(2) Im Sinne dieses Statuts bedeutet »Kriegsverbrechen«

a) schwere Verletzungen der Genfer Abkommen vom 12. August 1949, nämlich jeder der folgenden Handlungen gegen die nach dem jeweiligen Genfer Abkommen geschützten Personen oder Güter:
   i) vorsätzliche Tötung;
   ii) Folter oder unmenschliche Behandlung einschließlich biologischer Versuche;
   iii) vorsätzliche Verursachung großer Leiden oder schwere Beeinträchtigung der körperlichen Unversehrtheit oder der Gesundheit;
   iv) Zerstörung und Aneignung von Eigentum in großem Ausmaß, die durch militärische Erfordernisse nicht gerechtfertigt sind und rechtswidrig und willkürlich vorgenommen werden;
   v) Nötigung eines Kriegsgefangenen oder einer anderen geschützten Person zur Dienstleistung in den Streitkräften einer feindlichen Macht;
   vi) vorsätzlicher Entzug des Rechts eines Kriegsgefangenen oder einer anderen geschützten Person auf ein unparteiisches ordentliches Gerichtsverfahren;
   vii) rechtswidrige Vertreibung oder Überführung oder rechtswidrige Gefangenhaltung;
   viii) Geiselnahme;

b) andere schwere Verstöße gegen die innerhalb des feststehenden Rahmens des Völkerrechts im internationalen bewaffneten Konflikt anwendbaren Gesetze und Gebräuche, nämlich jede der folgenden Handlungen:
   i) vorsätzliche Angriffe auf die Zivilbevölkerung als solche oder auf einzelne Zivilpersonen, die an den Feindseligkeiten nicht unmittelbar teilnehmen;
   ii) vorsätzliche Angriffe auf zivile Objekte, das heißt auf Objekte, die nicht militärische Ziele sind;
   iii) vorsätzliche Angriffe auf Personal, Einrichtungen, Material, Einheiten oder Fahrzeuge, die an einer humanitären Hilfsmission oder friedenserhaltenden Mission in Übereinstimmung mit der Charta der Vereinten Nationen beteiligt sind, solange sie Anspruch auf den Schutz haben, der Zivilpersonen oder zivilen Objekten nach dem internationalen Recht des bewaffneten Konflikts gewährt wird;
   iv) vorsätzliches Führen eines Angriffs in der Kenntnis, dass dieser auch Verluste an Menschenleben, die Verwundung von Zivilpersonen, die Beschädigung ziviler Objekte oder weit reichende, langfristige und schwere Schäden an der natürlichen Umwelt verursachen wird, die eindeutig in keinem Verhältnis zu dem insgesamt erwarteten konkreten und unmittelbaren militärischen Vorteil stehen;
   v) der Angriff auf unverteidigte Städte, Dörfer, Wohnstätten oder Gebäude, die nicht militärische Ziele sind, oder deren Beschießung, gleichviel mit welchen Mitteln;
   vi) die Tötung oder Verwundung eines die Waffen streckenden oder wehrlosen Kombattanten, der sich auf Gnade oder Ungnade ergeben hat;
   vii) der Missbrauch der Parlamentärflagge, der Flagge oder der militärischen Abzeichen oder der Uniform des Feindes oder der Vereinten Nationen sowie der Schutzzeichen der Genfer Abkommen, wodurch Tod oder schwere Verletzungen verursacht werden;

Art. 8 Römisches Statut des Internationalen Strafgerichtshofs

viii) die unmittelbare oder mittelbare Überführung durch die Besatzungsmacht eines Teiles ihrer eigenen Zivilbevölkerung in das von ihr besetzte Gebiet oder die Vertreibung oder Überführung der Gesamtheit oder eines Teiles der Bevölkerung des besetzten Gebiets innerhalb desselben oder aus diesem Gebiet;
ix) vorsätzliche Angriffe auf Gebäude, die dem Gottesdienst, der Erziehung, der Kunst, der Wissenschaft oder der Wohltätigkeit gewidmet sind, auf geschichtliche Denkmäler, Krankenhäuser und Sammelplätze für Kranke und Verwundete, sofern es nicht militärische Ziele sind;
x) die körperliche Verstümmelung von Personen, die sich in der Gewalt einer gegnerischen Partei befinden, oder die Vornahme medizinischer oder wissenschaftlicher Versuche jeder Art an diesen Personen, die nicht durch deren ärztliche, zahnärztliche oder Krankenhausbehandlung gerechtfertigt sind oder in ihrem Interesse durchgeführt werden und die zu ihrem Tod führen oder ihre Gesundheit ernsthaft gefährden;
xi) die meuchlerische Tötung oder Verwundung von Angehörigen des feindlichen Volkes oder Heeres;
xii) die Erklärung, dass kein Pardon gegeben wird;
xiii) die Zerstörung oder Beschlagnahme feindlichen Eigentums, sofern diese nicht durch die Erfordernisse des Krieges zwingend geboten ist;
xiv) die Erklärung, dass Rechte und Forderungen von Angehörigen der Gegenpartei aufgehoben, zeitweilig ausgesetzt oder vor Gericht nicht einklagbar sind;
xv) der Zwang gegen Angehörige der Gegenpartei, an den Kriegshandlungen gegen ihr eigenes Land teilzunehmen, selbst wenn sie bereits vor Ausbruch des Krieges im Dienst des Kriegführenden standen;
xvi) die Plünderung einer Stadt oder Ansiedlung, selbst wenn sie im Sturm genommen wurde;
xvii) die Verwendung von Gift oder vergifteten Waffen;
xviii) die Verwendung erstickender, giftiger oder gleichartiger Gase sowie aller ähnlichen Flüssigkeiten, Stoffe oder Vorrichtungen;
xix) die Verwendung von Geschossen, die sich im Körper des Menschen leicht ausdehnen oder flachdrücken, beispielsweise Geschosse mit einem harten Mantel, der den Kern nicht ganz umschließt oder mit Einschnitten versehen ist;
xx) die Verwendung von Waffen, Geschossen, Stoffen und Methoden der Kriegführung, die geeignet sind, überflüssige Verletzungen oder unnötige Leiden zu verursachen, oder die unter Verstoß gegen das internationale Recht des bewaffneten Konflikts ihrer Natur nach unterschiedslos wirken, vorausgesetzt, dass diese Waffen, Geschosse, Stoffe und Methoden der Kriegführung Gegenstand eines umfassenden Verbots und aufgrund einer Änderung entsprechend den einschlägigen Bestimmungen in den Artikeln 121 und 123 in einer Anlage dieses Statuts enthalten sind;
xxi) die Beeinträchtigung der persönlichen Würde, insbesondere eine entwürdigende und erniedrigende Behandlung;
xxii) Vergewaltigung, sexuelle Sklaverei, Nötigung zur Prostitution, erzwungene Schwangerschaft im Sinne des Artikels 7 Absatz 2 Buchstabe f, Zwangssterilisation oder jede andere Form sexueller Gewalt, die ebenfalls eine schwere Verletzung der Genfer Abkommen darstellt;
xxiii) die Benutzung der Anwesenheit einer Zivilperson oder einer anderen geschützten Person, um Kampfhandlungen von gewissen Punkten, Gebieten oder Streitkräften fernzuhalten;
xxiv) vorsätzliche Angriffe auf Gebäude, Material, Sanitätseinheiten, Sanitätstransportmittel und Personal, die in Übereinstimmung mit dem Völkerrecht mit den Schutzzeichen der Genfer Abkommen versehen sind;
xxv) das vorsätzliche Aushungern von Zivilpersonen als Methode der Kriegführung durch das Vorenthalten der für sie lebensnotwendigen Gegenstände, einschließlich der vorsätzlichen Behinderung von Hilfslieferungen, wie sie nach den Genfer Abkommen vorgesehen sind;

xxvi) die Zwangsverpflichtung oder Eingliederung von Kindern unter fünfzehn Jahren in die nationalen Streitkräfte oder ihre Verwendung zur aktiven Teilnahme an Feindseligkeiten;
c) im Falle eines bewaffneten Konflikts, der keinen internationalen Charakter hat, schwere Verstöße gegen den gemeinsamen Artikel 3 der vier Genfer Abkommen vom 12. August 1949, nämlich die Verübung jeder der folgenden Handlungen gegen Personen, die nicht unmittelbar an den Feindseligkeiten teilnehmen, einschließlich der Angehörigen der Streitkräfte, welche die Waffen gestreckt haben, und der Personen, die durch Krankheit, Verwundung, Gefangennahme oder eine andere Ursache außer Gefecht befindlich sind:
 i) Angriffe auf Leib und Leben, insbesondere vorsätzliche Tötung jeder Art, Verstümmelung, grausame Behandlung und Folter;
 ii) die Beeinträchtigung der persönlichen Würde, insbesondere entwürdigende und erniedrigende Behandlung;
 iii) Geiselnahme;
 iv) Verurteilungen und Hinrichtungen ohne vorhergehendes Urteil eines ordentlich bestellten Gerichts, das die allgemein als unerlässlich anerkannten Rechtsgarantien bietet;
d) Absatz 2 Buchstabe c findet Anwendung auf bewaffnete Konflikte, die keinen internationalen Charakter haben, und somit nicht auf Fälle innerer Unruhen und Spannungen wie Tumulte, vereinzelt auftretende Gewalttaten oder andere ähnliche Handlungen;
e) andere schwere Verstöße gegen die innerhalb des feststehenden Rahmens des Völkerrechts anwendbaren Gesetze und Gebräuche im bewaffneten Konflikt, der keinen internationalen Charakter hat, nämlich jede der folgenden Handlungen:
 i) vorsätzliche Angriffe auf die Zivilbevölkerung als solche oder auf einzelne Zivilpersonen, die an den Feindseligkeiten nicht unmittelbar teilnehmen;
 ii) vorsätzliche Angriffe auf Gebäude, Material, Sanitätseinheiten, Sanitätstransportmittel und Personal, die in Übereinstimmung mit dem Völkerrecht mit den Schutzzeichen der Genfer Abkommen versehen sind;
 iii) vorsätzliche Angriffe auf Personal, Einrichtungen, Material, Einheiten oder Fahrzeuge, die an einer humanitäten Hilfsmission oder friedenserhaltenden Mission in Übereinstimmung mit der Charta der Vereinten Nationen beteiligt sind, solange sie Anspruch auf den Schutz haben, der Zivilpersonen oder zivilen Objekten nach dem internationalen Recht des bewaffneten Konflikts gewährt wird;
 iv) vorsätzliche Angriffe auf Gebäude, die dem Gottesdienst, der Erziehung, der Kunst, der Wissenschaft oder der Wohltätigkeit gewidmet sind, auf geschichtliche Denkmäler, Krankenhäuser und Sammelplätze für Kranke und Verwundete, sofern es nicht militärische Ziele sind;
 v) die Plünderung einer Stadt oder Ansiedlung, selbst wenn sie im Sturm genommen wurde;
 vi) Vergewaltigung, sexuelle Sklaverei, Nötigung zur Prostitution, erzwungene Schwangerschaft im Sinne des Artikels 7 Absatz 2 Buchstabe f, Zwangssterilisation und jede andere Form sexueller Gewalt, die ebenfalls einen schweren Verstoß gegen den gemeinsamen Artikel 3 der vier Genfer Abkommen darstellt;
 vii) die Zwangsverpflichtung oder Eingliederung von Kindern unter fünfzehn Jahren in Streitkräfte oder bewaffnete Gruppen oder ihre Verwendung zur aktiven Teilnahme an Feindseligkeiten;
 viii) die Anordnung der Verlegung der Zivilbevölkerung aus Gründen im Zusammenhang mit dem Konflikt, sofern dies nicht im Hinblick auf die Sicherheit der betreffenden Zivilpersonen oder aus zwingenden militärischen Gründen geboten ist;
 ix) die meuchlerische Tötung oder Verwundung eines gegnerischen Kombattanten;
 x) die Erklärung, dass kein Pardon gegeben wird;
 xi) die körperliche Verstümmelung von Personen, die sich in der Gewalt einer anderen Konfliktpartei befinden, oder die Vornahme medizinischer oder wissenschaftlicher Versuche jeder Art an diesen Personen, die nicht durch deren ärztliche, zahnärztliche oder Krankenh-

ausbehandlung gerechtfertigt sind oder in ihrem Interesse durchgeführt werden und die zu ihrem Tod führen oder ihre Gesundheit ernsthaft gefährden;
xii) die Zerstörung oder Beschlagnahme gegnerischen Eigentums, sofern diese nicht durch die Erfordernisse des Konflikts zwingend geboten ist;
xiii) die Verwendung von Gift oder vergifteten Waffen;
xiv) die Verwendung erstickender, giftiger oder gleichartiger Gase sowie aller ähnlichen Flüssigkeiten, Stoffe oder Vorrichtungen;
xv) die Verwendung von Geschossen, die sich im Körper des Menschen leicht ausdehnen oder flachdrücken, beispielsweise Geschosse mit einem harten Mantel, der den Kern nicht ganz umschließt oder mit Einschnitten versehen ist;
f) Absatz 2 Buchstabe e findet Anwendung auf bewaffnete Konflikte, die keinen internationalen Charakter haben, und somit nicht auf Fälle innerer Unruhen und Spannungen wie Tumulte, vereinzelt auftretende Gewalttaten oder andere ähnliche Handlungen. Er findet Anwendung auf bewaffnete Konflikte, die im Hoheitsgebiet eines Staates stattfinden, wenn zwischen den staatlichen Behörden und organisierten bewaffneten Gruppen oder zwischen solchen Gruppen ein lang anhaltender bewaffneter Konflikt besteht.
(3) Absatz 2 Buchstaben c und e berühren nicht die Verantwortung einer Regierung, die öffentliche Ordnung im Staat aufrechtzuerhalten oder wiederherzustellen oder die Einheit und territoriale Unversehrtheit des Staates mit allen rechtmäßigen Mitteln zu verteidigen.

Artikel 8bis *Verbrechen der Aggression*
(1) Im Sinne dieses Statuts bedeutet »Verbrechen der Aggression« die Planung, Vorbereitung, Einleitung oder Ausführung einer Angriffshandlung, die ihrer Art, ihrer Schwere und ihrem Umfang nach eine offenkundige Verletzung der Charta der Vereinten Nationen darstellt, durch eine Person, die tatsächlich in der Lage ist, das politische oder militärische Handeln eines Staates zu kontrollieren oder zu lenken.
(2) [1]*Im Sinne des Absatzes 1 bedeutet »Angriffshandlung« die gegen die Souveränität, die territoriale Unversehrtheit oder die politische Unabhängigkeit eines Staates gerichtete oder sonst mit der Charta der Vereinten Nationen unvereinbare Anwendung von Waffengewalt durch einen anderen Staat.* [2]*Unabhängig von dem Vorliegen einer Kriegserklärung gilt in Übereinstimmung mit der Resolution 3314 (XXIX) der Generalversammlung der Vereinten Nationen vom 14. Dezember 1974 jede der folgenden Handlungen als Angriffshandlung:*
a) die Invasion des Hoheitsgebiets eines Staates oder der Angriff auf dieses durch die Streitkräfte eines anderen Staates oder jede, wenn auch vorübergehende, militärische Besetzung, die sich aus einer solchen Invasion oder einem solchen Angriff ergibt, oder jede gewaltsame Annexion des Hoheitsgebiets eines anderen Staates oder eines Teiles desselben;
b) die Bombardierung oder Beschießung des Hoheitsgebiets eines Staates durch die Streitkräfte eines anderen Staates oder der Einsatz von Waffen jeder Art durch einen Staat gegen das Hoheitsgebiet eines anderen Staates;
c) die Blockade der Häfen oder Küsten eines Staates durch die Streitkräfte eines anderen Staates;
d) ein Angriff der Streitkräfte eines Staates auf die Land-, See- oder Luftstreitkräfte oder die See- und Luftflotte eines anderen Staates;
e) der Einsatz von Streitkräften eines Staates, die sich mit der Zustimmung eines anderen Staates in dessen Hoheitsgebiet befinden, unter Verstoß gegen die in der entsprechenden Einwilligung oder Vereinbarung vorgesehenen Bedingungen oder jede Verlängerung ihrer Anwesenheit in diesem Hoheitsgebiet über den Ablauf der Geltungsdauer der Einwilligung oder Vereinbarung hinaus;
f) das Handeln eines Staates, wodurch er erlaubt, dass sein Hoheitsgebiet, das er einem anderen Staat zur Verfügung gestellt hat, von diesem anderen Staat dazu benutzt wird, eine Angriffshandlung gegen einen dritten Staat zu begehen;
g) das Entsenden bewaffneter Banden, Gruppen, irregulärer Kräfte oder Söldner durch einen Staat oder in seinem Namen, die mit Waffengewalt gegen einen anderen Staat Handlungen von solcher Schwere ausführen, dass sie den oben aufgeführten Handlungen gleichkommen, oder seine wesentliche Beteiligung daran.

Artikel 9 »Verbrechenselemente«

(1) ¹Die »Verbrechenselemente« helfen dem Gerichtshof bei der Auslegung und Anwendung der Artikel 6, 7 und 8 [Fassung ab 3.6.2014: 6, 7, 8 und 8bis]. ²Sie werden von den Mitgliedern der Versammlung der Vertragsstaaten mit Zweidrittelmehrheit angenommen.

(2) ¹Änderungen der »Verbrechenselemente« können vorgeschlagen werden von
a) jedem Vertragsstaat;
b) den Richtern mit absoluter Mehrheit;
c) dem Ankläger;
²Diese Änderungen werden von den Mitgliedern der Versammlung der Vertragsstaaten mit Zweidrittelmehrheit angenommen.

(3) Die »Verbrechenselemente« und ihre Änderungen müssen mit dem Statut vereinbar sein.

Artikel 10 [Auslegungsregel]

Dieser Teil ist nicht so auszulegen, als beschränke oder berühre er bestehende oder sich entwickelnde Regeln des Völkerrechts für andere Zwecke als diejenigen dieses Statuts.

Artikel 11 Gerichtsbarkeit ratione temporis

(1) Die Gerichtsbarkeit des Gerichtshofs erstreckt sich nur auf Verbrechen, die nach Inkrafttreten dieses Statuts begangen werden.

(2) Wird ein Staat nach Inkrafttreten dieses Statuts dessen Vertragspartei, so kann der Gerichtshof seine Gerichtsbarkeit nur in Bezug auf Verbrechen ausüben, die nach Inkrafttreten des Statuts für diesen Staat begangen wurden, es sei denn, der Staat hat eine Erklärung nach Artikel 12 Absatz 3 abgegeben.

Artikel 12 Voraussetzungen für die Ausübung der Gerichtsbarkeit

(1) Ein Staat, der Vertragspartei dieses Statuts wird, erkennt damit die Gerichtsbarkeit des Gerichtshofs für die in Artikel 5 bezeichneten Verbrechen an.

(2) Im Fall des Artikels 13 Buchstabe a oder c kann der Gerichtshof seine Gerichtsbarkeit ausüben, wenn einer oder mehrere der folgenden Staaten Vertragspartei dieses Statuts sind oder in Übereinstimmung mit Absatz 3 die Gerichtsbarkeit des Gerichtshofs anerkannt haben:
a) der Staat, in dessen Hoheitsgebiet das fragliche Verhalten stattgefunden hat, oder, sofern das Verbrechen an Bord eines Schiffes oder Luftfahrzeugs begangen wurde, der Staat, in dem dieses registriert ist;
b) der Staat, dessen Staatsangehörigkeit die des Verbrechens beschuldigte Person besitzt.

(3) ¹Ist nach Absatz 2 die Anerkennung der Gerichtsbarkeit durch einen Staat erforderlich, der nicht Vertragspartei dieses Statuts ist, so kann dieser Staat durch Hinterlegung einer Erklärung beim Kanzler die Ausübung der Gerichtsbarkeit durch den Gerichtshof in Bezug auf das fragliche Verbrechen anerkennen. ²Der anerkennende Staat arbeitet mit dem Gerichtshof ohne Verzögerung oder Ausnahme in Übereinstimmung mit Teil 9 zusammen.

Artikel 13 Ausübung der Gerichtsbarkeit

Der Gerichtshof kann in Übereinstimmung mit diesem Statut seine Gerichtsbarkeit über ein in Artikel 5 bezeichnetes Verbrechen ausüben, wenn
a) eine Situation, in der es den Anschein hat, dass eines oder mehrere dieser Verbrechen begangen wurden, von einem Vertragsstaat nach Artikel 14 dem Ankläger unterbreitet wird,
b) eine Situation, in der es den Anschein hat, dass eines oder mehrere dieser Verbrechen begangen wurden, vom Sicherheitsrat, der nach Kapitel VII der Charta der Vereinten Nationen tätig wird, dem Ankläger unterbreitet wird, oder
c) der Ankläger nach Artikel 15 Ermittlungen in Bezug auf eines dieser Verbrechen eingeleitet hat.

Artikel 14 Unterbreitung einer Situation durch einen Vertragsstaat

(1) Ein Vertragsstaat kann eine Situation, in der es den Anschein hat, dass ein oder mehrere der Gerichtsbarkeit des Gerichtshofs unterliegende Verbrechen begangen wurden, dem Ankläger unterbreiten und diesen ersuchen, die Situation zu untersuchen, um festzustellen, ob eine oder mehrere bestimmte Personen angeklagt werden sollen, diese Verbrechen begangen zu haben.

(2) Soweit möglich, sind in der Unterbreitung die maßgeblichen Umstände anzugeben und diejenigen Unterlagen zur Begründung beizufügen, über die der unterbreitende Staat verfügt.

Artikel 15 Ankläger
(1) Der Ankläger kann auf der Grundlage von Informationen über der Gerichtsbarkeit des Gerichtshofs unterliegende Verbrechen aus eigener Initiative Ermittlungen einleiten.
(2) ¹Der Ankläger prüft die Stichhaltigkeit der erhaltenen Informationen. ²Zu diesem Zweck kann er von Staaten, Organen der Vereinten Nationen, zwischenstaatlichen oder nichtstaatlichen Organisationen oder anderen von ihm als geeignet erachteten zuverlässigen Stellen zusätzliche Auskünfte einholen und am Sitz des Gerichtshofs schriftliche oder mündliche Zeugenaussagen entgegennehmen.
(3) ¹Gelangt der Ankläger zu dem Schluss, dass eine hinreichende Grundlage für die Aufnahme von Ermittlungen besteht, so legt er der Vorverfahrenskammer einen Antrag auf Genehmigung von Ermittlungen zusammen mit den gesammelten Unterlagen zu seiner Begründung vor. ²Opfer können in Übereinstimmung mit der Verfahrens- und Beweisordnung Eingaben an die Vorverfahrenskammer machen.
(4) Ist die Vorverfahrenskammer nach Prüfung des Antrags und der Unterlagen zu seiner Begründung der Auffassung, dass eine hinreichende Grundlage für die Aufnahme von Ermittlungen besteht und dass die Sache unter die Gerichtsbarkeit des Gerichtshofs zu fallen scheint, so erteilt sie die Genehmigung zur Einleitung der Ermittlungen, unbeschadet späterer Entscheidungen des Gerichtshofs betreffend die Gerichtsbarkeit für eine Sache und ihre Zulässigkeit.
(5) Verweigert die Vorverfahrenskammer die Genehmigung zur Aufnahme von Ermittlungen, so schließt dies einen auf neue Tatsachen oder Beweismittel gestützten späteren Antrag des Anklägers in Bezug auf dieselbe Situation nicht aus.
(6) ¹Gelangt der Ankläger nach der in den Absätzen 1 und 2 genannten Vorprüfung zu dem Schluss, dass die zur Verfügung gestellten Informationen keine hinreichende Grundlage für Ermittlungen darstellen, so teilt er dies den Informanten mit. ²Dies schließt nicht aus, dass der Ankläger im Licht neuer Tatsachen oder Beweismittel weitere Informationen prüft, die ihm in Bezug auf dieselbe Situation zur Verfügung gestellt werden.

Artikel 15ᵇⁱˢ Ausübung der Gerichtsbarkeit über das Verbrechen der Aggression
(Unterbreitung durch einen Staat oder aus eigener Initiative)
(1) Der Gerichtshof kann vorbehaltlich dieses Artikels seine Gerichtsbarkeit über das Verbrechen der Aggression in Übereinstimmung mit Artikel 13 Buchstaben a und c ausüben.
(2) Der Gerichtshof kann seine Gerichtsbarkeit nur über Verbrechen der Aggression ausüben, die ein Jahr nach Ratifikation oder Annahme der Änderungen durch dreißig Vertragsstaaten begangen werden.
(3) Der Gerichtshof übt seine Gerichtsbarkeit über das Verbrechen der Aggression in Übereinstimmung mit diesem Artikel vorbehaltlich eines Beschlusses aus, der nach dem 1. Januar 2017 mit derselben Mehrheit von Vertragsstaaten zu fassen ist, wie sie für die Annahme einer Änderung des Statuts erforderlich ist.
(4) ¹Der Gerichtshof kann in Übereinstimmung mit Artikel 12 seine Gerichtsbarkeit über ein Verbrechen der Aggression ausüben, das sich aus einer Angriffshandlung eines Vertragsstaats ergibt, es sei denn, dieser Vertragsstaat hat zuvor durch Hinterlegung einer Erklärung beim Kanzler bekanntgegeben, dass er diese Gerichtsbarkeit nicht anerkennt. ²Die Rücknahme dieser Erklärung kann jederzeit erfolgen und wird von dem Vertragsstaat innerhalb von drei Jahren geprüft.
(5) Hinsichtlich eines Staates, der nicht Vertragspartei dieses Statuts ist, übt der Gerichtshof seine Gerichtsbarkeit über das Verbrechen der Aggression nicht aus, wenn das Verbrechen von Staatsangehörigen des betreffenden Staates oder in dessen Hoheitsgebiet begangen wurde.
(6) ¹Gelangt der Ankläger zu dem Schluss, dass eine hinreichende Grundlage für die Aufnahme von Ermittlungen in Bezug auf ein Verbrechen der Aggression besteht, vergewissert er sich zunächst, ob der Sicherheitsrat festgestellt hat, dass der betreffende Staat eine Angriffshandlung begangen hat. ²Der Ankläger benachrichtigt den Generalsekretär der Vereinten Nationen über die beim Gerichtshof anhängige Situation unter Einschluss sachdienlicher Informationen und Unterlagen.

(7) Hat der Sicherheitsrat eine entsprechende Feststellung getroffen, so kann der Ankläger die Ermittlungen in Bezug auf ein Verbrechen der Aggression aufnehmen.
(8) Wird innerhalb von sechs Monaten nach dem Zeitpunkt der Benachrichtigung keine entsprechende Feststellung getroffen, so kann der Ankläger die Ermittlungen in Bezug auf ein Verbrechen der Aggression aufnehmen, sofern die Vorverfahrensabteilung nach dem in Artikel 15 vorgesehenen Verfahren die Genehmigung zur Einleitung der Ermittlungen in Bezug auf ein Verbrechen der Aggression erteilt und der Sicherheitsrat nicht einen anderweitigen Beschluss nach Artikel 16 gefasst hat.
(9) Die Feststellung einer Angriffshandlung durch ein Organ außerhalb des Gerichtshofs berührt nicht die eigenen Erkenntnisse des Gerichtshofs nach diesem Statut.
(10) Dieser Artikel lässt die Bestimmungen über die Ausübung der Gerichtsbarkeit über die anderen in Artikel 5 bezeichneten Verbrechen unberührt.

Artikel 15ter Ausübung der Gerichtsbarkeit über das Verbrechen der Aggression
(Unterbreitung durch den Sicherheitsrat)
(1) Der Gerichtshof kann vorbehaltlich dieses Artikels seine Gerichtsbarkeit über das Verbrechen der Aggression in Übereinstimmung mit Artikel 13 Buchstabe b ausüben.
(2) Der Gerichtshof kann seine Gerichtsbarkeit nur über Verbrechen der Aggression ausüben, die ein Jahr nach Ratifikation oder Annahme der Änderungen durch dreißig Vertragsstaaten begangen werden.
(3) Der Gerichtshof übt seine Gerichtsbarkeit über das Verbrechen der Aggression in Übereinstimmung mit diesem Artikel vorbehaltlich eines Beschlusses aus, der nach dem 1. Januar 2017 mit derselben Mehrheit von Vertragsstaaten zu fassen ist, wie sie für die Annahme einer Änderung des Statuts erforderlich ist.
(4) Die Feststellung einer Angriffshandlung durch ein Organ außerhalb des Gerichtshofs berührt nicht die eigenen Erkenntnisse des Gerichtshofs nach diesem Statut.
(5) Dieser Artikel lässt die Bestimmungen über die Ausübung der Gerichtsbarkeit über die anderen in Artikel 5 bezeichneten Verbrechen unberührt.

Artikel 16 Aufschub der Ermittlungen oder der Strafverfolgung
Richtet der Sicherheitsrat in einer nach Kapitel VII der Charta der Vereinten Nationen angenommenen Resolution ein entsprechendes Ersuchen an den Gerichtshof, so dürfen für einen Zeitraum von 12 Monaten keine Ermittlungen und keine Strafverfolgung aufgrund dieses Statuts eingeleitet oder fortgeführt werden; das Ersuchen kann vom Sicherheitsrat unter denselben Bedingungen erneuert werden.

Artikel 17 Fragen der Zulässigkeit
(1) Im Hinblick auf Absatz 10 der Präambel und Artikel 1 entscheidet der Gerichtshof, dass eine Sache nicht zulässig ist, wenn
a) in der Sache von einem Staat, der Gerichtsbarkeit darüber hat, Ermittlungen oder eine Strafverfolgung durchgeführt werden, es sei denn, der Staat ist nicht willens oder nicht in der Lage, die Ermittlungen oder die Strafverfolgung ernsthaft durchzuführen;
b) in der Sache von einem Staat, der Gerichtsbarkeit darüber hat, Ermittlungen durchgeführt worden sind, und der Staat entschieden hat, die betreffende Person nicht strafrechtlich zu verfolgen, es sei denn, die Entscheidung war das Ergebnis des mangelnden Willens oder des Unvermögens des Staates, eine Strafverfolgung ernsthaft durchzuführen;
c) die betreffende Person wegen des Verhaltens, das Gegenstand des Tatvorwurfs ist, bereits gerichtlich belangt worden ist und die Sache nach Artikel 20 Absatz 3 nicht beim Gerichtshof anhängig gemacht werden kann;
d) die Sache nicht schwerwiegend genug ist, um weitere Maßnahmen des Gerichtshofs zu rechtfertigen.

(2) Zur Feststellung des mangelnden Willens in einem bestimmten Fall prüft der Gerichtshof unter Berücksichtigung der völkerrechtlich anerkannten Grundsätze eines ordnungsgemäßen Verfahrens, ob gegebenenfalls eine oder mehrere der folgenden Voraussetzungen vorliegen:
a) Das Verfahren wurde oder wird geführt oder die staatliche Entscheidung wurde getroffen, um die betreffende Person vor strafrechtlicher Verantwortlichkeit für die in Artikel 5 bezeichneten, der Gerichtsbarkeit des Gerichtshofs unterliegenden Verbrechen zu schützen;
b) in dem Verfahren gab es eine nicht gerechtfertigte Verzögerung, die unter den gegebenen Umständen mit der Absicht unvereinbar ist, die betreffende Person vor Gericht zu stellen;
c) das Verfahren war oder ist nicht unabhängig oder unparteiisch und wurde oder wird in einer Weise geführt, die unter den gegebenen Umständen mit der Absicht unvereinbar ist, die betreffende Person vor Gericht zu stellen.

(3) Zur Feststellung des Unvermögens in einem bestimmten Fall prüft der Gerichtshof, ob der Staat wegen des völligen oder weitgehenden Zusammenbruchs oder der mangelnden Verfügbarkeit seines innerstaatlichen Justizsystems nicht in der Lage ist, des Beschuldigten habhaft zu werden oder die erforderlichen Beweismittel und Zeugenaussagen zu erlangen, oder aus anderen Gründen nicht in der Lage ist, ein Verfahren durchzuführen.

Artikel 18 Vorläufige Entscheidungen betreffend die Zulässigkeit

(1) ¹Wurde eine Situation nach Artikel 13 Buchstabe a dem Gerichtshof unterbreitet und hat der Ankläger festgestellt, dass eine hinreichende Grundlage für die Einleitung von Ermittlungen bestünde, oder leitet der Ankläger Ermittlungen nach Artikel 13 Buchstabe c und Artikel 15 ein, so benachrichtigt der Ankläger förmlich alle Vertragsstaaten und diejenigen Staaten, die unter Berücksichtigung der zur Verfügung stehenden Informationen im Regelfall die Gerichtsbarkeit über die betreffenden Verbrechen ausüben würden. ²Der Ankläger kann diese Staaten vertraulich benachrichtigen und, sofern er dies für notwendig hält, um Personen zu schützen, die Vernichtung von Beweismitteln oder die Flucht von Personen zu verhindern, den Umfang der den Staaten zur Verfügung gestellten Informationen begrenzen.

(2) ¹Binnen eines Monats nach Eingang dieser förmlichen Benachrichtigung kann ein Staat den Gerichtshof davon in Kenntnis setzen, dass er gegen seine Staatsangehörigen oder andere Personen unter seiner Hoheitsgewalt in Bezug auf Straftaten ermittelt oder ermittelt hat, die möglicherweise den Tatbestand der in Artikel 5 bezeichneten Verbrechen erfüllen und die mit den Informationen in Zusammenhang stehen, welche in der an die Staaten gerichteten Benachrichtigung enthalten sind. ²Auf Ersuchen des betreffenden Staates stellt der Ankläger die Ermittlungen gegen diese Personen zugunsten der Ermittlungen des Staates zurück, es sei denn, die Vorverfahrenskammer beschließt auf Antrag des Anklägers, diesen zu den Ermittlungen zu ermächtigen.

(3) Die Zurückstellung der Ermittlungen durch den Ankläger zugunsten der Ermittlungen eines Staates kann vom Ankläger sechs Monate nach dem Zeitpunkt der Zurückstellung oder jederzeit überprüft werden, wenn sich aufgrund des mangelnden Willens oder des Unvermögens des betreffenden Staates zur ernsthaften Durchführung von Ermittlungen die Sachlage wesentlich geändert hat.

(4) ¹Der betreffende Staat oder der Ankläger kann nach Artikel 82 gegen eine Entscheidung der Vorverfahrenskammer bei der Berufungskammer Beschwerde einlegen. ²Die Beschwerde kann beschleunigt behandelt werden.

(5) ¹Hat der Ankläger nach Absatz 2 Ermittlungen zurückgestellt, so kann er den betreffenden Staat ersuchen, ihn regelmäßig über den Fortgang seiner Ermittlungen und jede anschließende Strafverfolgung zu unterrichten. ²Die Vertragsstaaten kommen einem solchen Ersuchen ohne unangemessene Verzögerung nach.

(6) Bis zu einer Entscheidung der Vorverfahrenskammer oder jederzeit, nachdem der Ankläger nach diesem Artikel Ermittlungen zurückgestellt hat, kann er ausnahmsweise die Vorverfahrenskammer um die Ermächtigung zu notwendigen Ermittlungsmaßnahmen zum Zweck der Sicherung von Beweismitteln ersuchen, wenn eine einmalige Gelegenheit zur Beschaffung wichtiger Beweismittel oder eine erhebliche Gefahr besteht, dass diese Beweismittel später nicht verfügbar sein werden.

(7) Ein Staat, der eine Entscheidung der Vorverfahrenskammer nach diesem Artikel angefochten hat, kann die Zulässigkeit einer Sache nach Artikel 19 aufgrund zusätzlicher wesentlicher Tatsachen oder einer wesentlichen Änderung der Sachlage anfechten.

Artikel 19 Anfechtung der Gerichtsbarkeit des Gerichtshofs oder der Zulässigkeit einer Sache
(1) ¹Der Gerichtshof vergewissert sich, dass er in jeder bei ihm anhängig gemachten Sache Gerichtsbarkeit hat. ²Der Gerichtshof kann aus eigener Initiative über die Zulässigkeit einer Sache nach Artikel 17 entscheiden.
(2) Sowohl die Zulässigkeit einer Sache aus den in Artikel 17 genannten Gründen als auch die Gerichtsbarkeit des Gerichtshofs können angefochten werden von
a) einem Angeklagten oder einer Person, gegen die ein Haftbefehl oder eine Ladung nach Artikel 58 ergangen ist,
b) einem Staat, der Gerichtsbarkeit über eine Sache hat, weil er in der Sache Ermittlungen oder eine Strafverfolgung durchführt oder durchgeführt hat, oder
c) einem Staat, der nach Artikel 12 die Gerichtsbarkeit anerkannt haben muss.
(3) ¹Der Ankläger kann über eine Frage der Gerichtsbarkeit oder der Zulässigkeit eine Entscheidung des Gerichtshofs erwirken. ²In Verfahren über die Gerichtsbarkeit oder die Zulässigkeit können beim Gerichtshof auch diejenigen, welche ihm die Situation nach Artikel 13 unterbreitet haben, sowie die Opfer Stellungnahmen abgeben.
(4) ¹Die Zulässigkeit einer Sache oder die Gerichtsbarkeit des Gerichtshofs kann von jeder in Absatz 2 bezeichneten Person oder jedem dort bezeichneten Staat nur einmal angefochten werden. ²Die Anfechtung erfolgt vor oder bei Eröffnung des Hauptverfahrens. ³Unter außergewöhnlichen Umständen kann der Gerichtshof gestatten, eine Anfechtung mehr als einmal oder erst nach Eröffnung des Hauptverfahrens vorzubringen. ⁴Anfechtungen der Zulässigkeit einer Sache, die bei oder, sofern der Gerichtshof dies gestattet, nach Eröffnung des Hauptverfahrens vorgebracht werden, können nur auf Artikel 17 Absatz 1 Buchstabe c gestützt werden.
(5) Ein in Absatz 2 Buchstaben b und c bezeichneter Staat bringt eine Anfechtung bei frühestmöglicher Gelegenheit vor.
(6) ¹Vor Bestätigung der Anklage werden Anfechtungen der Zulässigkeit einer Sache oder Anfechtungen der Gerichtsbarkeit des Gerichtshofs an die Vorverfahrenskammer verwiesen. ²Nach Bestätigung der Anklage werden sie an die Hauptverfahrenskammer verwiesen. ³Gegen Entscheidungen über die Gerichtsbarkeit oder die Zulässigkeit kann nach Artikel 82 bei der Berufungskammer Beschwerde eingelegt werden.
(7) Bringt ein in Absatz 2 Buchstabe b oder c bezeichneter Staat eine Anfechtung vor, so setzt der Ankläger die Ermittlungen so lange aus, bis der Gerichtshof eine Entscheidung nach Artikel 17 getroffen hat.
(8) Bis zu einer Entscheidung des Gerichtshofs kann der Ankläger diesen um die Ermächtigung ersuchen,
a) notwendige Ermittlungsmaßnahmen der in Artikel 18 Absatz 6 bezeichneten Art zu ergreifen,
b) schriftliche oder mündliche Zeugenaussagen einzuholen oder die Erhebung und Prüfung von Beweismitteln abzuschießen, mit der vor Erklärung der Anfechtung begonnen worden war, und
c) in Zusammenarbeit mit den in Betracht kommenden Staaten die Flucht von Personen zu verhindern, für die er bereits einen Haftbefehl nach Artikel 58 beantragt hat.
(9) Das Vorbringen einer Anfechtung beeinträchtigt nicht die Gültigkeit einer zuvor vom Ankläger vorgenommenen Handlung oder einer Anordnung oder eines Befehls des Gerichtshofs.
(10) Hat der Gerichtshof entschieden, dass eine Sache nach Artikel 17 unzulässig ist, so kann der Ankläger eine Überprüfung der Entscheidung beantragen, wenn seiner vollen Überzeugung nach infolge neuer Tatsachen die Grundlage entfällt, derentwegen die Sache zuvor nach Artikel 17 für unzulässig befunden worden war.
(11) ¹Stellt der Ankläger unter Berücksichtigung der in Artikel 17 genannten Angelegenheiten Ermittlungen zurück, so kann er den betreffenden Staat ersuchen, ihm Informationen über das Verfahren zur Verfügung zu stellen. ²Auf Ersuchen des betreffenden Staates sind diese Informationen vertrau-

lich. ³Beschließt der Ankläger danach die Fortführung der Ermittlungen, so benachrichtigt er den Staat, zu dessen Gunsten das Verfahren zurückgestellt wurde.

Artikel 20 Ne bis in idem
(1) Sofern in diesem Statut nichts anderes bestimmt ist, darf niemand wegen eines Verhaltens vor den Gerichtshof gestellt werden, das den Tatbestand der Verbrechen erfüllt, derentwegen er bereits vom Gerichtshof verurteilt oder freigesprochen wurde.
(2) Niemand darf wegen eines in Artikel 5 bezeichneten Verbrechens, dessentwegen er vom Gerichtshof bereits verurteilt oder freigesprochen wurde, vor ein anderes Gericht gestellt werden.
(3) Niemand, der wegen eines auch nach Artikel 6, 7 und 8 [Fassung ab 3.6.2014: 6, 7, 8 und 8bis] verbotenen Verhaltens vor ein anderes Gericht gestellt wurde, darf vom Gerichtshof für dasselbe Verhalten belangt werden, es sei denn, das Verfahren vor dem anderen Gericht
a) diente dem Zweck, ihn vor strafrechtlicher Verantwortlichkeit für der Gerichtsbarkeit des Gerichtshofs unterliegende Verbrechen zu schützen oder
b) war in sonstiger Hinsicht nicht unabhängig oder unparteiisch entsprechend den völkerrechtlich anerkannten Grundsätzen eines ordnungsgemäßen Verfahrens und wurde in einer Weise geführt, die unter den gegebenen Umständen mit der Absicht, die betreffende Person vor Gericht zu stellen, unvereinbar war.

Artikel 21 Anwendbares Recht
(1) Der Gerichtshof wendet Folgendes an:
a) an erster Stelle dieses Statut, die »Verbrechenselemente« sowie seine Verfahrens- und Beweisordnung;
b) an zweiter Stelle, soweit angebracht, anwendbare Verträge sowie die Grundsätze und Regeln des Völkerrechts, einschließlich der anerkannten Grundsätze des internationalen Rechts des bewaffneten Konflikts;
c) soweit solche fehlen, allgemeine Rechtsgrundsätze, die der Gerichtshof aus einzelstaatlichen Rechtsvorschriften der Rechtssysteme der Welt, einschließlich, soweit angebracht, der innerstaatlichen Rechtsvorschriften der Staaten, die im Regelfall Gerichtsbarkeit über das Verbrechen ausüben würden, abgeleitet hat, sofern diese Grundsätze nicht mit diesem Statut, dem Völkerrecht und den international anerkannten Regeln und Normen unvereinbar sind.
(2) Der Gerichtshof kann Rechtsgrundsätze und Rechtsnormen entsprechend seiner Auslegung in früheren Entscheidungen anwenden.
(3) Die Anwendung und Auslegung des Rechts nach diesem Artikel muss mit den international anerkannten Menschenrechten vereinbar sein und darf keine benachteiligende Unterscheidung etwa aufgrund des Geschlechts im Sinne des Artikels 7 Absatz 3, des Alters, der Rasse, der Hautfarbe, der Sprache, der Religion oder Weltanschauung, der politischen oder sonstigen Anschauung, der nationalen, ethnischen oder sozialen Herkunft, des Vermögens, der Geburt oder des sonstigen Status machen.

Teil 3
Allgemeine Grundsätze des Strafrechts

Artikel 22 Nullum crimen sine lege
(1) Eine Person ist nur dann nach diesem Statut strafrechtlich verantwortlich, wenn das fragliche Verhalten zur Zeit der Tat den Tatbestand eines der Gerichtsbarkeit des Gerichtshofs unterliegenden Verbrechens erfüllt.
(2) ¹Die Begriffsbestimmung eines Verbrechens ist eng auszulegen und darf nicht durch Analogie erweitert werden. ²Im Zweifelsfall ist die Begriffsbestimmung zugunsten der Person auszulegen, gegen die sich die Ermittlungen, die Strafverfolgung oder das Urteil richten.
(3) Dieser Artikel bedeutet nicht, dass ein Verhalten nicht unabhängig von diesem Statut als nach dem Völkerrecht strafbar beurteilt werden kann.

Artikel 23 Nulla poena sine lege
Eine vom Gerichtshof für schuldig erklärte Person darf nur nach Maßgabe dieses Statuts bestraft werden.

Artikel 24 Rückwirkungsverbot ratione personae
(1) Niemand ist nach diesem Statut für ein Verhalten strafrechtlich verantwortlich, das vor Inkrafttreten des Statuts stattgefunden hat.
(2) Ändert sich das auf einen bestimmten Fall anwendbare Recht vor dem Ergehen des rechtskräftigen Urteils, so ist das für die Person, gegen die sich die Ermittlungen, die Strafverfolgung oder das Urteil richten, mildere Recht anzuwenden.

Artikel 25 Individuelle strafrechtliche Verantwortlichkeit
(1) Der Gerichtshof hat aufgrund dieses Statuts Gerichtsbarkeit über natürliche Personen.
(2) Wer ein der Gerichtsbarkeit des Gerichtshofs unterliegendes Verbrechen begeht, ist dafür in Übereinstimmung mit diesem Statut individuell verantwortlich und strafbar.
(3) In Übereinstimmung mit diesem Statut ist für ein der Gerichtsbarkeit des Gerichtshofs unterliegendes Verbrechen strafrechtlich verantwortlich und strafbar, wer
a) ein solches Verbrechen selbst, gemeinschaftlich mit einem anderen oder durch einen anderen begeht, gleichviel ob der andere strafrechtlich verantwortlich ist;
b) die Begehung eines solchen Verbrechens, das tatsächlich vollendet oder versucht wird, anordnet, dazu auffordert oder dazu anstiftet;
c) zur Erleichterung eines solchen Verbrechens Beihilfe oder sonstige Unterstützung bei seiner Begehung oder versuchten Begehung leistet, einschließlich der Bereitstellung der Mittel für die Begehung;
d) auf sonstige Weise zur Begehung oder versuchten Begehung eines solchen Verbrechens durch eine mit einem gemeinsamen Ziel handelnde Gruppe von Personen beiträgt. Ein derartiger Beitrag muss vorsätzlich sein und entweder
  i) mit dem Ziel geleistet werden, die kriminelle Tätigkeit oder die strafbare Absicht der Gruppe zu fördern, soweit sich diese auf die Begehung eines der Gerichtsbarkeit des Gerichtshofs unterliegenden Verbrechens beziehen, oder
  ii) in Kenntnis des Vorsatzes der Gruppe, das Verbrechen zu begehen, geleistet werden;
e) in Bezug auf das Verbrechen des Völkermords andere unmittelbar und öffentlich zur Begehung von Völkermord aufstachelt;
f) versucht, ein solches Verbrechen zu begehen, indem er eine Handlung vornimmt, die einen wesentlichen Schritt zum Beginn seiner Ausführung darstellt, wobei es jedoch aufgrund von Umständen, die vom Willen des Täters unabhängig sind, nicht zur Tatausführung kommt. Wer jedoch die weitere Ausführung des Verbrechens aufgibt oder dessen Vollendung auf andere Weise verhindert, ist aufgrund dieses Statuts für den Versuch des Verbrechens nicht strafbar, wenn er das strafbare Ziel vollständig und freiwillig aufgegeben hat.
(3bis) *In Bezug auf das Verbrechen der Aggression findet dieser Artikel nur auf Personen Anwendung, die tatsächlich in der Lage sind, das politische oder militärische Handeln eines Staates zu kontrollieren oder zu lenken.*
(4) Die Bestimmungen dieses Statuts betreffend die individuelle strafrechtliche Verantwortlichkeit berühren nicht die Verantwortung der Staaten nach dem Völkerrecht.

Artikel 26 Ausschluss der Gerichtsbarkeit über Personen unter achtzehn Jahren
Der Gerichtshof hat keine Gerichtsbarkeit über eine Person, die zum Zeitpunkt der angeblichen Begehung eines Verbrechens noch nicht achtzehn Jahre alt war.

Artikel 27 Unerheblichkeit der amtlichen Eigenschaft
(1) [1]Dieses Statut gilt gleichermaßen für alle Personen, ohne jeden Unterschied nach amtlicher Eigenschaft. [2]Insbesondere enthebt die amtliche Eigenschaft als Staats- oder Regierungschef, als Mitglied einer Regierung oder eines Parlaments, als gewählter Vertreter oder als Amtsträger einer Regierung eine Person nicht der strafrechtlichen Verantwortlichkeit nach diesem Statut und stellt für sich genommen keinen Strafmilderungsgrund dar.

(2) Immunitäten oder besondere Verfahrensregeln, die nach innerstaatlichem Recht oder nach dem Völkerrecht mit der amtlichen Eigenschaft einer Person verbunden sind, hindern den Gerichtshof nicht an der Ausübung seiner Gerichtsbarkeit über eine solche Person.

Artikel 28 Verantwortlichkeit militärischer Befehlshaber und anderer Vorgesetzter
Neben anderen Gründen für die strafrechtliche Verantwortlichkeit aufgrund dieses Statuts für der Gerichtsbarkeit des Gerichtshofs unterliegende Verbrechen gilt Folgendes:
a) Ein militärischer Befehlshaber oder eine tatsächlich als militärischer Befehlshaber handelnde Person ist strafrechtlich verantwortlich für der Gerichtsbarkeit des Gerichtshofs unterliegende Verbrechen, die von Truppen unter seiner oder ihrer tatsächlichen Befehls- beziehungsweise Führungsgewalt und Kontrolle als Folge seines oder ihres Versäumnisses begangen wurden, eine ordnungsgemäße Kontrolle über diese Truppen auszuüben, wenn
  i) der betreffende militärische Befehlshaber oder die betreffende Person wusste oder aufgrund der zu der Zeit gegebenen Umstände hätte wissen müssen, dass die Truppen diese Verbrechen begingen oder zu begehen im Begriff waren, und
  ii) der betreffende militärische Befehlshaber oder die betreffende Person nicht alle in seiner oder ihrer Macht stehenden erforderlichen und angemessenen Maßnahmen ergriff, um ihre Begehung zu verhindern oder zu unterbinden oder die Angelegenheit den zuständigen Behörden zur Untersuchung und Strafverfolgung vorzulegen.
b) In Bezug auf unter Buchstabe a nicht beschriebene Vorgesetzten- und Untergebenenverhältnisse ist ein Vorgesetzter strafrechtlich verantwortlich für der Gerichtsbarkeit des Gerichtshofs unterliegende Verbrechen, die von Untergebenen unter seiner tatsächlichen Führungsgewalt und Kontrolle als Folge seines Versäumnisses begangen wurden, eine ordnungsgemäße Kontrolle über diese Untergebenen auszuüben, wenn
  i) der Vorgesetzte entweder wusste, dass die Untergebenen solche Verbrechen begingen oder zu begehen im Begriff waren, oder eindeutig darauf hinweisende Informationen bewusst außer Acht ließ;
  ii) die Verbrechen Tätigkeiten betrafen, die unter die tatsächliche Verantwortung und Kontrolle des Vorgesetzen fielen, und
  iii) der Vorgesetzte nicht alle in seiner Macht stehenden erforderlichen und angemessenen Maßnahmen ergriff, um ihre Begehung zu verhindern oder zu unterbinden oder die Angelegenheit den zuständigen Behörden zur Untersuchung und Strafverfolgung vorzulegen.

Artikel 29 Nichtanwendbarkeit von Verjährungsvorschriften
Die der Gerichtsbarkeit des Gerichtshofs unterliegenden Verbrechen verjähren nicht.

Artikel 30 Subjektive Tatbestandsmerkmale
(1) Sofern nichts anderes bestimmt ist, ist eine Person für ein der Gerichtsbarkeit des Gerichtshofs unterliegendes Verbrechen nur dann strafrechtlich verantwortlich und strafbar, wenn die objektiven Tatbestandsmerkmale vorsätzlich und wissentlich verwirklicht werden.
(2) »Vorsatz« im Sinne dieses Artikels liegt vor, wenn die betreffende Person
a) im Hinblick auf ein Verhalten dieses Verhalten setzen will;
b) im Hinblick auf die Folgen diese Folgen herbeiführen will oder ihr bewusst ist, dass diese im gewöhnlichen Verlauf der Ereignisse eintreten werden.
(3) [1]«Wissen« im Sinne dieses Artikels bedeutet das Bewusstsein, dass ein Umstand vorliegt oder dass im gewöhnlichen Verlauf der Ereignisse eine Folge eintreten wird. [2]«Wissentlich« und »wissen« sind entsprechend auszulegen.

Artikel 31 Gründe für den Ausschluss der strafrechtlichen Verantwortlichkeit
(1) Neben anderen in diesem Statut vorgesehenen Gründen für den Ausschluss der strafrechtlichen Verantwortlichkeit ist strafrechtlich nicht verantwortlich, wer zur Zeit des fraglichen Verhaltens
a) wegen einer seelischen Krankheit oder Störung unfähig ist, die Rechtswidrigkeit oder Art seines Verhaltens zu erkennen oder dieses so zu steuern, dass es den gesetzlichen Anforderungen entspricht;

b) wegen eines Rauschzustands unfähig ist, die Rechtswidrigkeit oder Art seines Verhaltens zu erkennen oder dieses so zu steuern, dass es den gesetzlichen Anforderungen entspricht, sofern er sich nicht freiwillig und unter solchen Umständen berauscht hat, unter denen er wusste oder in Kauf nahm, dass er sich infolge des Rausches wahrscheinlich so verhält, dass der Tatbestand eines der Gerichtsbarkeit des Gerichtshofs unterliegenden Verbrechens erfüllt wird;
c) in angemessener Weise handelt, um sich oder einen anderen oder, im Fall von Kriegsverbrechen, für sich oder einen anderen lebensnotwendiges oder für die Ausführung eines militärischen Einsatzes unverzichtbares Eigentum, vor einer unmittelbar drohenden und rechtswidrigen Anwendung von Gewalt in einer Weise zu verteidigen, die in einem angemessenen Verhältnis zum Umfang der ihm, dem anderen oder dem geschützten Eigentum drohenden Gefahr steht. Die Teilnahme an einem von Truppen durchgeführten Verteidigungseinsatz stellt für sich genommen keinen Grund für den Ausschluss der strafrechtlichen Verantwortlichkeit nach diesem Buchstaben dar;
d) wegen einer ihm selbst oder einem anderen unmittelbar drohenden Gefahr für das Leben oder einer dauernden oder unmittelbar drohenden Gefahr schweren körperlichen Schadens zu einem Verhalten genötigt ist, das angeblich den Tatbestand eines der Gerichtsbarkeit des Gerichtshofs unterliegenden Verbrechens erfüllt, und in notwendiger und angemessener Weise handelt, um diese Gefahr abzuwenden, sofern er nicht größeren Schaden zuzufügen beabsichtigt als den, den er abzuwenden trachtet. Eine solche Gefahr kann entweder
  i) von anderen Personen ausgehen oder
  ii) durch andere Umstände bedingt sein, die von ihm nicht zu vertreten sind.
(2) Der Gerichtshof entscheidet über die Anwendbarkeit der in diesem Statut vorgesehenen Gründe für den Ausschluss der strafrechtlichen Verantwortlichkeit auf die anhängige Sache.
(3) ¹Bei der Verhandlung kann der Gerichtshof einen anderen als die in Absatz 1 genannten Gründe für den Ausschluss der strafrechtlichen Verantwortlichkeit in Betracht ziehen, sofern dieser aus dem anwendbaren Recht nach Artikel 21 abgeleitet ist. ²Das entsprechende Verfahren ist in der Verfahrens- und Beweisordnung festzulegen.

Artikel 32 Tat- oder Rechtsirrtum
(1) Ein Tatirrtum ist nur dann ein Grund für den Ausschluss der strafrechtlichen Verantwortlichkeit, wenn er die für den Verbrechenstatbestand erforderlichen subjektiven Tatbestandsmerkmale aufhebt.
(2) ¹Ein Rechtsirrtum im Hinblick auf die Frage, ob ein bestimmtes Verhalten den Tatbestand eines der Gerichtsbarkeit des Gerichtshofs unterliegenden Verbrechens erfüllt, ist kein Grund für den Ausschluss der strafrechtlichen Verantwortlichkeit. ²Ein Rechtsirrtum kann jedoch ein Grund für den Ausschluss der strafrechtlichen Verantwortlichkeit sein, wenn er die für den Verbrechenstatbestand erforderlichen subjektiven Tatbestandsmerkmale aufhebt oder wenn die in Artikel 33 genannten Umstände vorliegen.

Artikel 33 Anordnungen Vorgesetzter und gesetzliche Vorschriften
(1) Die Tatsache, dass ein der Gerichtsbarkeit des Gerichtshofs unterliegendes Verbrechen auf Anordnung einer Regierung oder eines militärischen oder zivilen Vorgesetzten begangen wurde, enthebt den Täter nicht der strafrechtlichen Verantwortlichkeit, es sei denn,
a) der Täter war gesetzlich verpflichtet, den Anordnungen der betreffenden Regierung oder des betreffenden Vorgesetzten Folge zu leisten,
b) der Täter wusste nicht, dass die Anordnung rechtswidrig ist, und
c) die Anordnung war nicht offensichtlich rechtswidrig.
(2) Anordnungen zur Begehung von Völkermord oder von Verbrechen gegen die Menschlichkeit sind im Sinne dieses Artikels offensichtlich rechtswidrig.

...

Teil 13
Schlussbestimmungen
...
Artikel 121 Änderungen
(1) ¹Nach Ablauf von sieben Jahren nach Inkrafttreten[1] dieses Statuts kann jeder Vertragsstaat Änderungen des Statuts vorschlagen. ²Der Wortlaut jedes Änderungsvorschlags wird dem Generalsekretär der Vereinten Nationen unterbreitet, der ihn umgehend an alle Vertragsstaaten weiterleitet.
(2) ¹Frühestens drei Monate nach dem Zeitpunkt der Notifikation beschließt die nächste Versammlung der Vertragsstaaten auf ihrer nächsten Sitzung mit der Mehrheit der Anwesenden und Abstimmenden, ob der Vorschlag behandelt werden soll. ²Die Versammlung kann sich mit dem Vorschlag unmittelbar befassen oder eine Überprüfungskonferenz einberufen, wenn die Angelegenheit dies rechtfertigt.
(3) Die Annahme einer Änderung, über die auf einer Sitzung der Versammlung der Vertragsstaaten oder auf einer Überprüfungskonferenz kein Konsens erzielt werden kann, bedarf der Zweidrittelmehrheit der Vertragsstaaten.
(4) Soweit in Absatz 5 nichts anderes vorgesehen ist, tritt eine Änderung für alle Vertragsstaaten ein Jahr nach dem Zeitpunkt in Kraft, zu dem sieben Achtel der Vertragsstaaten ihre Ratifikations- oder Annahmeurkunden beim Generalsekretär der Vereinten Nationen hinterlegt haben.
(5) ¹Eine Änderung der Artikel 5, 6, 7 und 8 dieses Statuts tritt für die Vertragsstaaten, welche die Änderung angenommen haben, ein Jahr nach Hinterlegung ihrer Ratifikations- oder Annahmeurkunde in Kraft. ²Hinsichtlich eines Vertragsstaats, der die Änderung nicht angenommen hat, übt der Gerichtshof seine Gerichtsbarkeit über ein von der Änderung erfasstes Verbrechen nicht aus, wenn das Verbrechen von Staatsangehörigen des betreffenden Vertragsstaats oder in dessen Hoheitsgebiet begangen wurde.
(6) Ist eine Änderung in Übereinstimmung mit Absatz 4 von sieben Achteln der Vertragsstaaten angenommen worden, so kann ein Vertragsstaat, der die Änderung nicht angenommen hat, ungeachtet des Artikels 127 Absatz 1, jedoch vorbehaltlich des Artikels 127 Absatz 2 durch Kündigung spätestens ein Jahr nach Inkrafttreten der Änderung mit sofortiger Wirkung von dem Statut zurücktreten.
(7) Der Generalsekretär der Vereinten Nationen leitet eine auf einer Sitzung der Versammlung der Vertragsstaaten oder einer Überprüfungskonferenz angenommene Änderung an alle Vertragsstaaten weiter.
...
Artikel 123 Überprüfung des Statuts
(1) ¹Sieben Jahre nach Inkrafttreten[1] dieses Statuts beruft der Generalsekretär der Vereinten Nationen eine Überprüfungskonferenz zur Prüfung etwaiger Änderungen des Statuts ein. ²Eine solche Überprüfung kann insbesondere, jedoch nicht ausschließlich, die in Artikel 5 enthaltene Liste der Verbrechen umfassen. ³Die Konferenz steht allen Teilnehmern der Versammlung der Vertragsstaaten zu denselben Bedingungen offen.
(2) Jederzeit danach beruft der Generalsekretär der Vereinten Nationen auf Ersuchen eines Vertragsstaats und für den in Absatz 1 genannten Zweck nach Genehmigung der Mehrheit der Vertragsstaaten eine Überprüfungskonferenz ein.
(3) Artikel 121 Absätze 3 bis 7 findet auf die Annahme und das Inkrafttreten jeder auf einer Überprüfungskonferenz behandelten Änderung des Statuts Anwendung.
...

---

1) In Kraft getreten für die Bundesrepublik Deutschland am 1. 7. 2002. Siehe Bek. v. 28. 2. 2003 (BGBl. II S. 293).

Übereinkommen der Vereinten Nationen gegen die grenzüberschreitende organisierte Kriminalität[1)2)]

Vom 15. November 2000

– Auszug –

Artikel 1 Zweck
Zweck dieses Übereinkommens ist es, die Zusammenarbeit zu fördern, um die grenzüberschreitende organisierte Kriminalität wirksamer zu verhüten und zu bekämpfen.

Artikel 2 Begriffsbestimmungen
Im Sinne dieses Übereinkommens
a) bezeichnet der Ausdruck »organisierte kriminelle Gruppe« eine strukturierte Gruppe von drei oder mehr Personen, die eine gewisse Zeit lang besteht und gemeinsam mit dem Ziel vorgeht, eine oder mehrere schwere Straftaten oder in Übereinstimmung mit diesem Übereinkommen umschriebene Straftaten zu begehen, um sich unmittelbar oder mittelbar einen finanziellen oder sonstigen materiellen Vorteil zu verschaffen;
b) bezeichnet der Ausdruck »schwere Straftat« ein Verhalten, das eine strafbare Handlung darstellt, die mit einer Freiheitsstrafe von mindestens vier Jahren im Höchstmaß oder einer schwereren Strafe bedroht ist;
c) bezeichnet der Ausdruck »strukturierte Gruppe« eine Gruppe, die nicht zufällig zur unmittelbaren Begehung einer Straftat gebildet wird und die nicht notwendigerweise förmlich festgelegte Rollen für ihre Mitglieder, eine kontinuierliche Mitgliedschaft oder eine ausgeprägte Struktur hat;
d) bezeichnet der Ausdruck »Vermögensgegenstände« Gegenstände jeder Art, körperliche oder nichtkörperliche, bewegliche oder unbewegliche, materielle oder immaterielle, sowie rechtserhebliche Schriftstücke oder Urkunden, die das Recht auf solche Gegenstände oder Rechte daran belegen;
e) bezeichnet der Ausdruck »Erträge aus Straftaten« jeden Vermögensgegenstand, der unmittelbar oder mittelbar aus der Begehung einer Straftat stammt oder dadurch erlangt wurde;
f) bezeichnet der Ausdruck »Einfrieren« oder »Beschlagnahme« das vorübergehende Verbot der Übertragung, Umwandlung oder Bewegung von Vermögensgegenständen oder der Verfügung darüber oder die vorübergehende Verwahrung oder Kontrolle von Vermögensgegenständen auf Grund einer von einem Gericht oder einer anderen zuständigen Behörde getroffenen Entscheidung;
g) bezeichnet der Ausdruck »Einziehung«, der gegebenenfalls den Verfall umfasst, die dauernde Entziehung von Vermögensgegenständen auf Grund einer von einem Gericht oder einer anderen zuständigen Behörde getroffenen Entscheidung;
h) bezeichnet der Ausdruck »Haupttat« jede Straftat, durch die Erträge erlangt wurden, die Gegenstand einer Straftat im Sinne des Artikels 6 werden können;
i) bezeichnet der Ausdruck »kontrollierte Lieferung« die Methode, auf Grund deren unerlaubte oder verdächtige Sendungen mit Wissen und unter der Aufsicht der zuständigen Behörden aus dem Hoheitsgebiet eines oder mehrerer Staaten verbracht, durch dasselbe durchgeführt oder in dasselbe verbracht werden dürfen mit dem Ziel, eine Straftat zu untersuchen und Personen zu ermitteln, die an der Begehung der Straftat beteiligt sind;
j) bezeichnet der Ausdruck »Organisation der regionalen Wirtschaftsintegration« eine von souveränen Staaten einer bestimmten Region gebildete Organisation, der ihre Mitgliedstaaten die Zuständigkeit für durch dieses Übereinkommen erfasste Angelegenheiten übertragen haben und die

---

1) Deutscher Text: *BGBl.* 2005 II S. 956.
 Internationale Quelle: *UNTS* Bd. 2225 S. 209; *ABl. EG* Nr. L 261/70.
 In Kraft getreten am 29. September 2003; für sämtliche Mitgliedstaaten der EG in Bezug auf Gemeinschaftsangelegenheiten am 21. Juni 2005, für die Bundesrepublik Deutschland im Übrigen am 14. Juli 2006.
2) Das Übereinkommen wird ergänzt durch das Zusatzprotokoll zur Verhütung, Bekämpfung und Bestrafung des Menschenhandels, insbesondere des Frauen- und Kinderhandels, *BGBl.* 2005 II S. 995, und das Zusatzprotokoll gegen die Schleusung von Migranten auf dem Land-, See- und Luftweg, *BGBl.* 2005 II S. 1007.

im Einklang mit ihren internen Verfahren ordnungsgemäß ermächtigt worden ist, dieses zu unterzeichnen, zu ratifizieren, anzunehmen, zu genehmigen oder ihm beizutreten; Bezugnahmen auf »Vertragsstaaten« in diesem Übereinkommen finden auf solche Organisationen im Rahmen ihrer Zuständigkeit Anwendung.

Artikel 3 Geltungsbereich
(1) Dieses Übereinkommen findet, soweit darin nichts anderes bestimmt ist, Anwendung auf die Verhütung, Untersuchung und strafrechtliche Verfolgung
a) der in Übereinstimmung mit den Artikeln 5, 6, 8 und 23 umschriebenen Straftaten und
b) der schweren Straftaten im Sinne des Artikels 2,
wenn die Straftat grenzüberschreitender Natur ist und eine organisierte kriminelle Gruppe daran mitwirkt.
(2) Eine Straftat ist grenzüberschreitender Natur im Sinne des Absatzes 1, wenn sie
a) in mehr als einem Staat begangen wird;
b) in einem Staat begangen wird, jedoch ein maßgeblicher Teil ihrer Vorbereitung, Planung, Leitung oder Kontrolle in einem anderen Staat stattfindet;
c) in einem Staat begangen wird, jedoch eine organisierte kriminelle Gruppe an ihr mitwirkt, die in mehr als einem Staat kriminellen Tätigkeiten nachgeht, oder
d) in einem Staat begangen wird, jedoch erhebliche Auswirkungen in einem anderen Staat hat.

Artikel 4 Schutz der Souveränität
(1) Die Vertragsstaaten erfüllen ihre Verpflichtungen nach diesem Übereinkommen in einer Weise, die mit den Grundsätzen der souveränen Gleichheit und territorialen Unversehrtheit der Staaten sowie der Nichteinmischung in die inneren Angelegenheiten anderer Staaten vereinbar ist.
(2) Dieses Übereinkommen berechtigt einen Vertragsstaat nicht, im Hoheitsgebiet eines anderen Staates Gerichtsbarkeit auszuüben und Aufgaben wahrzunehmen, die nach dem innerstaatlichen Recht dieses anderen Staates ausschließlich dessen Behörden vorbehalten sind.

Artikel 5 Kriminalisierung der Beteiligung an einer organisierten kriminellen Gruppe
(1) Jeder Vertragsstaat trifft die erforderlichen gesetzgeberischen und sonstigen Maßnahmen, um folgende Handlungen, wenn vorsätzlich begangen, als Straftaten zu umschreiben:
a) eine der nachfolgenden Handlungen oder beide als Straftaten neben solchen, die den Versuch oder die Vollendung einer kriminellen Tätigkeit darstellen:
  i) die Verabredung mit einer oder mehreren Personen zur Begehung einer schweren Straftat zu einem Zweck, der unmittelbar oder mittelbar mit der Verschaffung eines finanziellen oder sonstigen materiellen Vorteils zusammenhängt, und, soweit es das innerstaatliche Recht verlangt, bei der einer der Beteiligten eine Handlung zur Förderung dieser Verabredung vornimmt oder bei der eine organisierte kriminelle Gruppe mitwirkt;
  ii) die aktive Beteiligung einer Person in Kenntnis entweder des Zieles und der allgemeinen kriminellen Tätigkeit einer organisierten kriminellen Gruppe oder ihrer Absicht, die betreffenden Straftaten zu begehen, an
    a. den kriminellen Tätigkeiten der organisierten kriminellen Gruppe;
    b. anderen Tätigkeiten der organisierten kriminellen Gruppe in der Kenntnis, dass diese Beteiligung zur Erreichung des genannten kriminellen Zieles beitragen wird;
b) die Organisation, die Leitung, die Beihilfe, die Anstiftung, die Erleichterung oder die Beratung in Bezug auf die Begehung einer schweren Straftat unter Mitwirkung einer organisierten kriminellen Gruppe.
(2) Auf Kenntnis, Vorsatz, Ziel, Zweck oder Verabredung nach Absatz 1 kann aus objektiven tatsächlichen Umständen geschlossen werden.
(3) Vertragsstaaten, deren innerstaatliches Recht für das Vorliegen der in Übereinstimmung mit Absatz 1 Buchstabe a Ziffer i umschriebenen Straftaten die Mitwirkung einer organisierten kriminellen Gruppe verlangt, stellen sicher, dass ihr innerstaatliches Recht alle schweren Straftaten erfasst, an denen organisierte kriminelle Gruppen mitwirken. Diese Vertragsstaaten sowie die Vertragsstaaten, deren innerstaatliches Recht für das Vorliegen der in Übereinstimmung mit Absatz 1 Buchstabe a Zif-

fer i umschriebenen Straftaten eine Handlung zur Förderung der Verabredung verlangt, setzen den Generalsekretär der Vereinten Nationen von diesem Umstand in Kenntnis, wenn sie dieses Übereinkommen unterzeichnen oder wenn sie ihre Ratifikations-, Annahme-, Genehmigungs- oder Beitrittsurkunde dazu hinterlegen.

Artikel 6 Kriminalisierung des Waschens der Erträge aus Straftaten
(1) Jeder Vertragsstaat trifft in Übereinstimmung mit den wesentlichen Grundsätzen seines innerstaatlichen Rechts die erforderlichen gesetzgeberischen und sonstigen Maßnahmen, um folgende Handlungen, wenn vorsätzlich begangen, als Straftaten zu umschreiben:
a)
 i) das Umwandeln oder Übertragen von Vermögensgegenständen in der Kenntnis, dass es sich um Erträge aus Straftaten handelt, zu dem Zweck, den unerlaubten Ursprung der Vermögensgegenstände zu verbergen oder zu verschleiern oder einer an der Begehung der Haupttat beteiligten Person behilflich zu sein, sich den rechtlichen Folgen ihres Handelns zu entziehen;
 ii) das Verbergen oder Verschleiern der wahren Beschaffenheit, des Ursprungs, des Ortes oder der Bewegungen von Vermögensgegenständen, der Verfügung darüber oder des Eigentums oder der Rechte daran in der Kenntnis, dass es sich um Erträge aus Straftaten handelt;
b) vorbehaltlich der Grundzüge seiner Rechtsordnung:
 i) den Erwerb, den Besitz oder die Verwendung von Vermögensgegenständen, wenn die betreffende Person bei Erhalt weiß, dass es sich um Erträge aus Straftaten handelt;
 ii) die Teilnahme an einer in Übereinstimmung mit diesem Artikel umschriebenen Straftat sowie die Vereinigung, die Verabredung, den Versuch, die Beihilfe, die Anstiftung, die Erleichterung und die Beratung in Bezug auf die Begehung einer solchen Straftat.
(2) Für die Zwecke der Anwendung des Absatzes 1 gilt Folgendes:
a) Jeder Vertragsstaat ist bestrebt, Absatz 1 auf einen möglichst breit gefächerten Katalog von Haupttaten anzuwenden;
b) jeder Vertragsstaat schließt alle schweren Straftaten im Sinne des Artikels 2 und die in Übereinstimmung mit den Artikeln 5, 8 und 23 umschriebenen Straftaten in die Kategorie der Haupttaten ein. Vertragsstaaten, deren Rechtsvorschriften eine Liste spezifischer Haupttaten enthalten, nehmen in die Liste zumindest einen umfassenden Katalog von Straftaten auf, die mit organisierten kriminellen Gruppen zusammenhängen;
c) für die Zwecke des Buchstabens b schließen Haupttaten sowohl innerhalb als auch außerhalb der Gerichtsbarkeit des betreffenden Vertragsstaats begangene Straftaten ein. Außerhalb der Gerichtsbarkeit eines Vertragsstaats begangene Straftaten stellen jedoch nur dann Haupttaten dar, wenn die betreffende Handlung eine Straftat nach dem innerstaatlichen Recht des Staates ist, in dem sie begangen wurde, und wenn sie eine Straftat nach dem innerstaatlichen Recht des Vertragsstaats, der diesen Artikel anwendet, wäre, wenn sie dort begangen worden wäre;
d) jeder Vertragsstaat übermittelt dem Generalsekretär der Vereinten Nationen Abschriften oder Beschreibungen seiner Gesetze zur Durchführung dieses Artikels sowie jeder späteren Änderung dieser Gesetze;
e) wenn die wesentlichen Grundsätze des innerstaatlichen Rechts eines Vertragsstaats dies verlangen, kann bestimmt werden, dass die in Absatz 1 aufgeführten Straftatbestände nicht auf die Personen anwendbar sind, welche die Haupttat begangen haben;
f) auf Kenntnis, Vorsatz oder Zweck als Tatbestandsmerkmal für eine in Absatz 1 genannte Straftat kann aus objektiven tatsächlichen Umständen geschlossen werden.

Artikel 7 Maßnahmen zur Bekämpfung der Geldwäsche
(1) Jeder Vertragsstaat
a) schafft ein umfassendes innerstaatliches Regulierungs- und Aufsichtssystem für Banken und für Finanzinstitutionen des Nichtbankensektors sowie nach Bedarf und im Rahmen seiner Zuständigkeit für andere besonders geldwäschegefährdete Einrichtungen, um alle Formen der Geldwäsche zu verhüten und aufzudecken, wobei in diesem System besonderes Gewicht auf die Erfordernisse der Identifizierung der Kundinnen und Kunden, der Führung der Unterlagen und der Meldung verdächtiger Transaktionen gelegt wird;

b) stellt unbeschadet der Artikel 18 und 27 sicher, dass die mit der Bekämpfung der Geldwäsche befassten Verwaltungs-, Regulierungs-, Strafverfolgungs- und sonstigen Behörden (einschließlich, wenn im innerstaatlichen Recht vorgesehen, der Gerichte) in der Lage sind, unter den in seinem innerstaatlichen Recht festgelegten Bedingungen auf nationaler und internationaler Ebene zusammenzuarbeiten und Informationen auszutauschen, und erwägt zu diesem Zweck die Schaffung eines Finanznachrichtendienstes, der als nationales Zentrum für die Sammlung, Analyse und Verbreitung von Informationen über mögliche Geldwäschetätigkeiten dient.

(2) Die Vertragsstaaten erwägen die Ergreifung praktisch durchführbarer Maßnahmen zur Aufdeckung und Überwachung grenzüberschreitender Bewegungen von Bargeld und in Betracht kommenden begebbaren Wertpapieren unter Einhaltung von Sicherheitsvorkehrungen, welche die ordnungsgemäße Verwendung der Informationen gewährleisten, und ohne jede Behinderung rechtmäßiger Kapitalbewegungen. Unter anderem können Einzelpersonen und Unternehmen verpflichtet werden, grenzüberschreitende Transfers erheblicher Mengen von Bargeld und in Betracht kommenden begebbaren Wertpapieren zu melden.

(3) Die Vertragsstaaten werden aufgefordert, sich bei der Schaffung eines innerstaatlichen Regulierungs- und Aufsichtssystems nach diesem Artikel unbeschadet aller anderen Artikel dieses Übereinkommens von den diesbezüglichen Initiativen der regionalen, interregionalen und multilateralen Organisationen gegen die Geldwäsche leiten zu lassen.

(4) Die Vertragsstaaten sind bestrebt, die globale, regionale, subregionale und bilaterale Zusammenarbeit zwischen Justizbehörden, Strafverfolgungs- und Finanzregulierungsbehörden auszubauen und zu fördern mit dem Ziel, die Geldwäsche zu bekämpfen.

Artikel 8 Kriminalisierung der Korruption

(1) Jeder Vertragsstaat trifft die erforderlichen gesetzgeberischen und anderen Maßnahmen, um folgende Handlungen, wenn vorsätzlich begangen, als Straftaten zu umschreiben:
a) das Versprechen, das Angebot oder die Gewährung eines ungerechtfertigten Vorteils unmittelbar oder mittelbar an einen Amtsträger für diesen selbst oder für eine andere Person oder einen anderen Rechtsträger als Gegenleistung dafür, dass der Amtsträger bei der Ausübung seiner Dienstpflichten eine Handlung vornimmt oder unterlässt;
b) die unmittelbare oder mittelbare Forderung oder Annahme eines ungerechtfertigten Vorteils durch einen Amtsträger für diesen selbst oder für eine andere Person oder einen anderen Rechtsträger als Gegenleistung dafür, dass der Amtsträger bei der Ausübung seiner Dienstpflichten eine Handlung vornimmt oder unterlässt.

(2) Jeder Vertragsstaat zieht in Erwägung, die erforderlichen gesetzgeberischen und anderen Maßnahmen zu treffen, um die in Absatz 1 genannten Handlungen, wenn ein ausländischer Amtsträger oder ein internationaler Beamter daran beteiligt ist, als Straftaten zu umschreiben. Desgleichen erwägt jeder Vertragsstaat, andere Formen der Korruption als Straftaten zu umschreiben.

(3) Jeder Vertragsstaat trifft außerdem die erforderlichen Maßnahmen, um die Beteiligung als Mittäter oder Gehilfe an einer in Übereinstimmung mit diesem Artikel umschriebenen Straftat als Straftat zu umschreiben.

(4) Im Sinne des Absatzes 1 und des Artikels 9 bezeichnet der Ausdruck »Amtsträger« einen Amtsträger oder eine Person, die eine öffentliche Dienstleistung erbringt, entsprechend der Bestimmung dieses Begriffs im innerstaatlichen Recht und seiner Anwendung im Strafrecht des Staates, in dem die betreffende Person diese Aufgabe wahrnimmt.

Artikel 9 Maßnahmen gegen die Korruption

(1) Zusätzlich zu den in Artikel 8 genannten Maßnahmen trifft jeder Vertragsstaat, soweit dies angemessen und mit seiner Rechtsordnung vereinbar ist, wirksame Gesetzgebungs-, Verwaltungs- oder sonstige Maßnahmen, um die Integrität von Amtsträgern zu fördern und ihre Korruption zu verhüten, aufzudecken und zu bestrafen.

(2) Jeder Vertragsstaat trifft Maßnahmen, um ein wirksames Tätigwerden seiner Behörden zur Verhütung, Aufdeckung und Bestrafung der Korruption von Amtsträgern sicherzustellen, unter anderem indem er diese Behörden mit ausreichender Unabhängigkeit ausstattet, um eine unangemessene Einflussnahme auf ihr Handeln zu verhindern.

47 Übereinkommen gegen grenzüberschreitende Kriminalität Art. 10–12

Artikel 10 Verantwortlichkeit juristischer Personen
(1) Jeder Vertragsstaat trifft in Übereinstimmung mit seinen Rechtsgrundsätzen die erforderlichen Maßnahmen, um die Verantwortlichkeit juristischer Personen für die Teilnahme an schweren Straftaten, an denen eine organisierte kriminelle Gruppe mitwirkt, sowie für die Begehung der in Übereinstimmung mit den Artikeln 5, 6, 8 und 23 umschriebenen Straftaten zu begründen.
(2) Vorbehaltlich der Rechtsgrundsätze des Vertragsstaats kann die Verantwortlichkeit juristischer Personen strafrechtlicher, zivilrechtlicher oder verwaltungsrechtlicher Art sein.
(3) Diese Verantwortlichkeit berührt nicht die strafrechtliche Verantwortlichkeit der natürlichen Personen, welche die Straftaten begangen haben.
(4) Jeder Vertragsstaat stellt insbesondere sicher, dass juristische Personen, die nach diesem Artikel zur Verantwortung gezogen werden, wirksamen, angemessenen und abschreckenden strafrechtlichen oder nichtstrafrechtlichen Sanktionen, einschließlich Geldsanktionen, unterliegen.

Artikel 11 Strafverfolgung, Aburteilung und Sanktionen
(1) Jeder Vertragsstaat bedroht die Begehung einer in Übereinstimmung mit den Artikeln 5, 6, 8 und 23 umschriebenen Straftat mit Sanktionen, die der Schwere der Straftat Rechnung tragen.
(2) Jeder Vertragsstaat ist bestrebt, sicherzustellen, dass eine nach seinem innerstaatlichen Recht bestehende Ermessensfreiheit hinsichtlich der Strafverfolgung von Personen wegen Straftaten nach diesem Übereinkommen so ausgeübt wird, dass die Maßnahmen der Strafrechtspflege in Bezug auf diese Straftaten größtmögliche Wirksamkeit erlangen, wobei der Notwendigkeit der Abschreckung von diesen Straftaten gebührend Rechnung zu tragen ist.
(3) Im Fall der in Übereinstimmung mit den Artikeln 5, 6, 8 und 23 umschriebenen Straftaten trifft jeder Vertragsstaat geeignete Maßnahmen im Einklang mit seinem innerstaatlichen Recht und unter gebührender Berücksichtigung der Rechte der Verteidigung, um möglichst zu gewährleisten, dass die Auflagen, die im Zusammenhang mit Entscheidungen über die Haftentlassung während eines laufenden Straf- oder Rechtsmittelverfahrens verhängt werden, die Notwendigkeit berücksichtigen, die Anwesenheit des Beschuldigten im weiteren Strafverfahren sicherzustellen.
(4) Jeder Vertragsstaat stellt sicher, dass seine Gerichte oder anderen zuständigen Behörden sich der Schwere der Straftaten nach diesem Übereinkommen bewusst sind, wenn sie die Möglichkeit der vorzeitigen oder bedingten Entlassung von Personen, die wegen solcher Straftaten verurteilt worden sind, in Erwägung ziehen.
(5) Jeder Vertragsstaat bestimmt, wenn er dies für angemessen hält, in seinem innerstaatlichen Recht eine lange Verjährungsfrist für die Einleitung von Verfahren wegen einer Straftat nach diesem Übereinkommen und eine noch längere Frist für den Fall, dass die verdächtige Person sich der Rechtspflege entzogen hat.
(6) Dieses Übereinkommen berührt nicht den Grundsatz, dass die Beschreibung der nach diesem Übereinkommen umschriebenen Straftaten und der anwendbaren Gründe, die eine Strafbarkeit ausschließen, oder sonstiger die Rechtmäßigkeit einer Handlung bestimmender Rechtsgrundsätze dem innerstaatlichen Recht eines Vertragsstaats vorbehalten ist und dass diese Straftaten nach diesem Recht verfolgt und bestraft werden.

Artikel 12 Einziehung und Beschlagnahme
(1) Die Vertragsstaaten treffen im größtmöglichen Umfang, den ihre innerstaatliche Rechtsordnung zulässt, die erforderlichen Maßnahmen, um die Einziehung
a) der Erträge aus Straftaten nach diesem Übereinkommen oder von Vermögensgegenständen, deren Wert demjenigen solcher Erträge entspricht,
b) von Vermögensgegenständen, Geräten oder anderen Tatwerkzeugen, die zur Begehung von Straftaten nach diesem Übereinkommen verwendet wurden oder bestimmt waren,
zu ermöglichen.
(2) Die Vertragsstaaten treffen die erforderlichen Maßnahmen, um die Ermittlung, das Einfrieren oder die Beschlagnahme der in Absatz 1 genannten Gegenstände zu ermöglichen, damit sie gegebenenfalls eingezogen werden können.

Art. 13 Übereinkommen gegen grenzüberschreitende Kriminalität 47

(3) Sind Erträge aus Straftaten zum Teil oder ganz in andere Vermögensgegenstände umgeformt oder umgewandelt worden, so können anstelle der Erträge diese Vermögensgegenstände den in diesem Artikel genannten Maßnahmen unterliegen.

(4) Sind Erträge aus Straftaten mit aus rechtmäßigen Quellen erworbenen Vermögensgegenständen vermischt worden, so können diese Vermögensgegenstände unbeschadet der Befugnisse in Bezug auf Einfrieren oder Beschlagnahme bis zur Höhe des Schätzwerts der Erträge, die vermischt worden sind, eingezogen werden.

(5) Einkommen oder andere Gewinne, die aus Erträgen aus Straftaten, aus Vermögensgegenständen, in die Erträge aus Straftaten umgeformt oder umgewandelt worden sind, oder aus Vermögensgegenständen, mit denen Erträge aus Straftaten vermischt worden sind, stammen, können in der gleichen Weise und im gleichen Umfang wie die Erträge aus Straftaten den in diesem Artikel genannten Maßnahmen unterworfen werden.

(6) Für die Zwecke dieses Artikels und des Artikels 13 erteilt jeder Vertragsstaat seinen Gerichten oder anderen zuständigen Behörden die Befugnis, anzuordnen, dass Bank-, Finanz- oder Geschäftsunterlagen zur Verfügung gestellt oder beschlagnahmt werden. Die Vertragsstaaten dürfen es nicht unter Berufung auf das Bankgeheimnis ablehnen, diesen Bestimmungen Geltung zu verschaffen.

(7) Die Vertragsstaaten können die Möglichkeit erwägen, zu verlangen, dass ein Täter den rechtmäßigen Ursprung mutmaßlicher Erträge aus Straftaten oder anderer einziehbarer Vermögensgegenstände nachweist, soweit dies mit den Grundsätzen ihres innerstaatlichen Rechts und der Art der Gerichts- und anderen Verfahren vereinbar ist.

(8) Dieser Artikel darf nicht so ausgelegt werden, dass er die Rechte gutgläubiger Dritter beeinträchtigt.

(9) Dieser Artikel lässt den Grundsatz unberührt, dass die darin bezeichneten Maßnahmen in Übereinstimmung mit dem innerstaatlichen Recht eines Vertragsstaats und vorbehaltlich dieses Rechts festgelegt und durchgeführt werden.

Artikel 13 Internationale Zusammenarbeit zum Zweck der Einziehung

(1) Hat ein Vertragsstaat von einem anderen Vertragsstaat, der Gerichtsbarkeit über eine Straftat nach diesem Übereinkommen hat, ein Ersuchen um Einziehung von in seinem Hoheitsgebiet befindlichen Erträgen aus Straftaten, Vermögensgegenständen, Geräten oder anderen Tatwerkzeugen nach Artikel 12 Absatz 1 erhalten, so wird er im größtmöglichen Umfang, den seine innerstaatliche Rechtsordnung zulässt,
a) das Ersuchen an seine zuständigen Behörden weiterleiten, um eine Einziehungsentscheidung zu erwirken und, falls sie erlassen wird, vollstrecken zu lassen, oder
b) eine von einem Gericht im Hoheitsgebiet des ersuchenden Vertragsstaats nach Artikel 12 Absatz 1 erlassene Einziehungsentscheidung an seine zuständigen Behörden weiterleiten, damit diese im erbetenen Umfang ausgeführt wird, soweit sie sich auf Erträge aus Straftaten, Vermögensgegenstände, Geräte oder andere Tatwerkzeuge nach Artikel 12 Absatz 1 bezieht, die sich im Hoheitsgebiet des ersuchten Vertragsstaats befinden.

(2) Auf Ersuchen eines anderen Vertragsstaats, der über eine Straftat nach diesem Übereinkommen Gerichtsbarkeit hat, trifft der ersuchte Vertragsstaat Maßnahmen, um die Erträge aus Straftaten, Vermögensgegenstände, Geräte oder anderen Tatwerkzeuge nach Artikel 12 Absatz 1 zu ermitteln, einzufrieren oder zu beschlagnahmen, damit sie entweder auf Grund einer Entscheidung des ersuchenden Vertragsstaats oder, im Fall eines nach Absatz 1 gestellten Ersuchens, auf Grund einer Entscheidung des ersuchten Vertragsstaats gegebenenfalls eingezogen werden können.

(3) Artikel 18 gilt sinngemäß. Neben den in Artikel 18 Absatz 15 aufgeführten Angaben enthalten die nach diesem Artikel gestellten Ersuchen Folgendes:
a) im Fall eines Ersuchens nach Absatz 1 Buchstabe a eine Beschreibung der einzuziehenden Vermögensgegenstände und eine Darstellung des Sachverhalts, auf den sich der ersuchende Vertragsstaat stützt, die es dem ersuchten Vertragsstaat ermöglichen, nach seinem innerstaatlichen Recht eine Einziehungsentscheidung zu erwirken;
b) im Fall eines Ersuchens nach Absatz 1 Buchstabe b eine rechtlich verwertbare Abschrift der vom ersuchenden Vertragsstaat erlassenen Einziehungsentscheidung, auf die sich das Ersuchen stützt,

eine Sachverhaltsdarstellung und Angaben über den Umfang, in dem um Vollstreckung der Entscheidung ersucht wird;
c) im Fall eines Ersuchens nach Absatz 2 eine Darstellung des Sachverhalts, auf den sich der ersuchende Vertragsstaat stützt, und eine Beschreibung der Maßnahmen, um die ersucht wird.
(4) Die in den Absätzen 1 und 2 vorgesehenen Entscheidungen oder Maßnahmen werden vom ersuchten Vertragsstaat nach Maßgabe und vorbehaltlich seines innerstaatlichen Rechts und seiner Verfahrensregeln oder der zwei- oder mehrseitigen Verträge oder sonstigen Übereinkünfte getroffen, durch die er im Verhältnis zum ersuchenden Vertragsstaat gebunden ist.
(5) Jeder Vertragsstaat übermittelt dem Generalsekretär der Vereinten Nationen Abschriften oder Beschreibungen seiner Gesetze und sonstigen Vorschriften zur Durchführung dieses Artikels sowie jeder späteren Änderung dieser Gesetze und sonstigen Vorschriften.
(6) Macht ein Vertragsstaat die in den Absätzen 1 und 2 genannten Maßnahmen vom Bestehen eines einschlägigen Vertrags abhängig, so sieht er dieses Übereinkommen als notwendige und ausreichende Vertragsgrundlage an.
(7) Ein Vertragsstaat kann die Zusammenarbeit nach diesem Artikel verweigern, wenn die Straftat, auf die sich das Ersuchen bezieht, nicht in den Geltungsbereich dieses Übereinkommens fällt.
(8) Dieser Artikel darf nicht so ausgelegt werden, dass er die Rechte gutgläubiger Dritter beeinträchtigt.
(9) Die Vertragsstaaten erwägen, zwei- oder mehrseitige Verträge oder sonstige Übereinkünfte zu schließen, um die Wirksamkeit der internationalen Zusammenarbeit auf Grund dieses Artikels zu erhöhen.

Artikel 14 Verfügung über eingezogene Erträge aus Straftaten oder Vermögensgegenstände
(1) Ein Vertragsstaat, der Erträge aus Straftaten oder Vermögensgegenstände nach Artikel 12 oder Artikel 13 Absatz 1 eingezogen hat, verfügt darüber nach seinem innerstaatlichen Recht und seinen Verwaltungsverfahren.
(2) Werden die Vertragsstaaten auf Ersuchen eines anderen Vertragsstaats nach Artikel 13 tätig, so ziehen sie, soweit dies nach ihrem innerstaatlichen Recht zulässig ist und darum ersucht wurde, vorrangig in Erwägung, die eingezogenen Erträge aus Straftaten oder Vermögensgegenstände dem ersuchenden Vertragsstaat zurückzugeben, damit er die Opfer der Straftat entschädigen oder diese Erträge oder Vermögensgegenstände den rechtmäßigen Eigentümern zurückgeben kann.
(3) Wird ein Vertragsstaat auf Ersuchen eines anderen Vertragsstaats nach den Artikeln 12 und 13 tätig, so kann er insbesondere in Erwägung ziehen, Übereinkünfte über Folgendes zu schließen:
a) die Übertragung des Wertes solcher Erträge aus Straftaten oder Vermögensgegenstände oder der aus dem Verkauf solcher Erträge oder Vermögensgegenstände stammenden Geldmittel oder eines Teiles davon auf das nach Artikel 30 Absatz 2 Buchstabe c eingerichtete Konto und auf zwischenstaatliche Organe, die sich besonders mit dem Kampf gegen die organisierte Kriminalität befassen;
b) die regelmäßige oder von Fall zu Fall beschlossene Aufteilung solcher Erträge aus Straftaten oder Vermögensgegenstände oder der aus dem Verkauf solcher Erträge oder Vermögensgegenstände stammenden Geldmittel mit anderen Vertragsstaaten in Übereinstimmung mit seinem innerstaatlichen Recht oder seinen Verwaltungsverfahren.

Artikel 15 Gerichtsbarkeit
(1) Jeder Vertragsstaat trifft die erforderlichen Maßnahmen, um seine Gerichtsbarkeit über die in Übereinstimmung mit den Artikeln 5, 6, 8 und 23 umschriebenen Straftaten zu begründen,
a) wenn die Straftat in seinem Hoheitsgebiet begangen wird oder
b) wenn die Straftat an Bord eines Schiffes, das zur Tatzeit seine Flagge führt, oder eines Luftfahrzeugs, das zur Tatzeit nach seinem Recht eingetragen ist, begangen wird.
(2) Vorbehaltlich des Artikels 4 kann ein Vertragsstaat seine Gerichtsbarkeit über jede dieser Straftaten auch begründen,
a) wenn die Straftat gegen einen seiner Staatsangehörigen begangen wird;
b) wenn die Straftat von einem seiner Staatsangehörigen oder von einem Staatenlosen, der seinen gewöhnlichen Aufenthalt in seinem Hoheitsgebiet hat, begangen wird oder

Art. 16 Übereinkommen gegen grenzüberschreitende Kriminalität

c) wenn die Straftat
  i) zu den in Übereinstimmung mit Artikel 5 Absatz 1 umschriebenen Straftaten gehört und außerhalb seines Hoheitsgebiets in der Absicht begangen wird, eine schwere Straftat innerhalb seines Hoheitsgebiets zu begehen;
  ii) zu den in Übereinstimmung mit Artikel 6 Absatz 1 Buchstabe b Ziffer ii umschriebenen Straftaten gehört und außerhalb seines Hoheitsgebiets in der Absicht begangen wird, eine in Übereinstimmung mit Artikel 6 Absatz 1 Buchstabe a Ziffer i oder ii oder Buchstabe b Ziffer i umschriebene Straftat innerhalb seines Hoheitsgebiets zu begehen.

(3) Für die Zwecke des Artikels 16 Absatz 10 trifft jeder Vertragsstaat die erforderlichen Maßnahmen, um seine Gerichtsbarkeit über die Straftaten nach diesem Übereinkommen zu begründen, wenn die verdächtige Person sich in seinem Hoheitsgebiet befindet und er sie nur deshalb nicht ausliefert, weil sie seine Staatsangehörige ist.

(4) Ferner kann jeder Vertragsstaat die erforderlichen Maßnahmen treffen, um seine Gerichtsbarkeit über die Straftaten nach diesem Übereinkommen zu begründen, wenn die verdächtige Person sich in seinem Hoheitsgebiet befindet und er sie nicht ausliefert.

(5) Ist einem Vertragsstaat, der seine Gerichtsbarkeit nach Absatz 1 oder 2 ausübt, mitgeteilt worden oder hat er auf andere Weise Kenntnis davon erhalten, dass ein oder mehrere andere Vertragsstaaten in Bezug auf dasselbe Verhalten Ermittlungen, Strafverfolgungsmaßnahmen oder ein Gerichtsverfahren durchführen, so konsultieren die zuständigen Behörden dieser Vertragsstaaten einander gegebenenfalls, um ihre Maßnahmen abzustimmen.

(6) Unbeschadet der Regeln des allgemeinen Völkerrechts schließt dieses Übereinkommen die Ausübung einer Strafgerichtsbarkeit, die von einem Vertragsstaat nach innerstaatlichem Recht begründet ist, nicht aus.

Artikel 16 Auslieferung

(1) Dieser Artikel findet Anwendung auf die Straftaten nach diesem Übereinkommen oder in Fällen, in denen eine organisierte kriminelle Gruppe an einer in Artikel 3 Absatz 1 Buchstabe a oder b genannten Straftat mitwirkt und die Person, die Gegenstand des Auslieferungsersuchens ist, sich im Hoheitsgebiet des ersuchten Vertragsstaats befindet, sofern die Straftat, derentwegen um Auslieferung ersucht wird, nach dem innerstaatlichen Recht sowohl des ersuchenden Vertragsstaats als auch des ersuchten Vertragsstaats strafbar ist.

(2) Betrifft das Auslieferungsersuchen mehrere verschiedene schwere Straftaten, von denen einige nicht unter diesen Artikel fallen, so kann der ersuchte Vertragsstaat diesen Artikel auch auf letztere Straftaten anwenden.

(3) Jede Straftat, auf die dieser Artikel Anwendung findet, gilt als in jeden zwischen Vertragsstaaten bestehenden Auslieferungsvertrag einbezogene, der Auslieferung unterliegende Straftat. Die Vertragsstaaten verpflichten sich, diese Straftaten als der Auslieferung unterliegende Straftaten in jeden künftig zwischen ihnen zu schließenden Auslieferungsvertrag aufzunehmen.

(4) Erhält ein Vertragsstaat, der die Auslieferung vom Bestehen eines Vertrags abhängig macht, ein Auslieferungsersuchen von einem anderen Vertragsstaat, mit dem er keinen Auslieferungsvertrag hat, so kann er dieses Übereinkommen als Rechtsgrundlage für die Auslieferung in Bezug auf die Straftaten ansehen, auf die dieser Artikel Anwendung findet.

(5) Vertragsstaaten, welche die Auslieferung vom Bestehen eines Vertrags abhängig machen,
a) setzen zum Zeitpunkt der Hinterlegung ihrer Ratifikations-, Annahme-, Genehmigungs- oder Beitrittsurkunde zu diesem Übereinkommen den Generalsekretär der Vereinten Nationen davon in Kenntnis, ob sie dieses Übereinkommen als Rechtsgrundlage für die Zusammenarbeit auf dem Gebiet der Auslieferung mit anderen Vertragsstaaten dieses Übereinkommens ansehen, und
b) falls sie dieses Übereinkommen nicht als Rechtsgrundlage für die Zusammenarbeit auf dem Gebiet der Auslieferung ansehen, bemühen sich darum, gegebenenfalls Auslieferungsverträge mit anderen Vertragsstaaten dieses Übereinkommens zu schließen, um diesen Artikel anzuwenden.

(6) Vertragsstaaten, welche die Auslieferung nicht vom Bestehen eines Vertrags abhängig machen, erkennen unter sich die Straftaten, auf die dieser Artikel Anwendung findet, als der Auslieferung unterliegende Straftaten an.

(7) Die Auslieferung unterliegt den im innerstaatlichen Recht des ersuchten Vertragsstaats oder in den geltenden Auslieferungsverträgen vorgesehenen Bedingungen, unter anderem auch den Bedingungen betreffend die für die Auslieferung erforderliche Mindesthöhe der angedrohten Strafe und die Gründe, aus denen der ersuchte Vertragsstaat die Auslieferung ablehnen kann.

(8) Die Vertragsstaaten bemühen sich vorbehaltlich ihres innerstaatlichen Rechts, für Straftaten, auf die dieser Artikel Anwendung findet, die Auslieferungsverfahren zu beschleunigen und die diesbezüglichen Beweiserfordernisse zu vereinfachen.

(9) Vorbehaltlich seines innerstaatlichen Rechts und seiner Auslieferungsverträge kann der ersuchte Vertragsstaat, wenn er festgestellt hat, dass die Umstände es rechtfertigen und Eile geboten ist, auf Verlangen des ersuchenden Vertragsstaats eine Person, um deren Auslieferung ersucht wird und die sich in seinem Hoheitsgebiet befindet, in Haft nehmen oder andere geeignete Maßnahmen treffen, um ihre Anwesenheit bei dem Auslieferungsverfahren sicherzustellen.

(10) Wenn ein Vertragsstaat, in dessen Hoheitsgebiet eine verdächtige Person aufgefunden wird, diese wegen einer Straftat, auf die dieser Artikel Anwendung findet, nur deshalb nicht ausliefert, weil sie seine Staatsangehörige ist, so ist er auf Verlangen des um Auslieferung ersuchenden Vertragsstaats verpflichtet, den Fall ohne ungebührliche Verzögerung seinen zuständigen Behörden zum Zweck der Strafverfolgung zu unterbreiten. Diese Behörden treffen ihre Entscheidung und führen ihr Verfahren in derselben Weise wie im Fall jeder anderen Straftat schwerer Art nach dem innerstaatlichen Recht dieses Vertragsstaats. Die betreffenden Vertragsstaaten arbeiten insbesondere in das Verfahren und die Beweiserhebung betreffenden Fragen zusammen, um die Effizienz der Strafverfolgung zu gewährleisten.

(11) Darf ein Vertragsstaat nach seinem innerstaatlichen Recht eigene Staatsangehörige nur unter dem Vorbehalt ausliefern oder auf sonstige Art überstellen, dass die betreffende Person an diesen Staat rücküberstellt wird, um dort die Strafe zu verbüßen, die als Ergebnis des Gerichts- oder anderen Verfahrens verhängt wird, dessentwegen um ihre Auslieferung oder Überstellung ersucht wurde, und sind dieser Vertragsstaat und der um Auslieferung ersuchende Vertragsstaat mit dieser Vorgehensweise und etwaigen anderen Bedingungen, die sie für zweckmäßig erachten, einverstanden, so gilt die Verpflichtung nach Absatz 10 mit dieser bedingten Auslieferung oder Überstellung als erfüllt.

(12) Wird die Auslieferung, um die zur Vollstreckung einer Strafe ersucht wird, mit der Begründung abgelehnt, dass die verfolgte Person Staatsangehörige des ersuchten Vertragsstaats ist, so erwägt dieser, sofern sein innerstaatliches Recht dies zulässt, und im Einklang mit diesem auf Verlangen des ersuchenden Vertragsstaats, die nach dem innerstaatlichen Recht des ersuchenden Vertragsstaats verhängte Strafe oder die Reststrafe selbst zu vollstrecken.

(13) Einer Person, gegen die wegen einer Straftat, auf die dieser Artikel Anwendung findet, ein Verfahren durchgeführt wird, wird in allen Phasen des Verfahrens eine gerechte Behandlung gewährleistet; dies schließt den Genuss aller Rechte und Garantien nach dem innerstaatlichen Recht des Vertragsstaats, in dessen Hoheitsgebiet sie sich befindet, ein.

(14) Dieses Übereinkommen ist nicht so auszulegen, als verpflichte es den ersuchten Vertragsstaat zur Auslieferung, wenn er ernstliche Gründe für die Annahme hat, dass das Ersuchen gestellt worden ist, um eine Person wegen ihres Geschlechts, ihrer Rasse, ihrer Religion, ihrer Staatsangehörigkeit, ihrer ethnischen Herkunft oder ihrer politischen Anschauungen zu verfolgen oder zu bestrafen, oder dass die Lage dieser Person aus einem dieser Gründe erschwert werden könnte, wenn dem Ersuchen stattgegeben würde.

(15) Die Vertragsstaaten können ein Auslieferungsersuchen nicht mit der alleinigen Begründung ablehnen, dass die Straftat als eine Tat angesehen wird, die auch fiskalische Angelegenheiten berührt.

(16) Bevor der ersuchte Vertragsstaat die Auslieferung ablehnt, konsultiert er gegebenenfalls den ersuchenden Vertragsstaat, um ihm reichlich Gelegenheit zu geben, seine Auffassungen darzulegen und Informationen bereitzustellen, die im Hinblick auf seine Behauptungen von Belang sind.

(17) Die Vertragsstaaten sind bestrebt, zwei- und mehrseitige Übereinkünfte zu schließen, um die Auslieferung zu ermöglichen oder ihre Wirksamkeit zu erhöhen.

Art. 17, 18 Übereinkommen gegen grenzüberschreitende Kriminalität 47

Artikel 17 Überstellung von Verurteilten
Die Vertragsstaaten können erwägen, zwei- oder mehrseitige Übereinkünfte zu schließen, auf Grund deren Personen, die wegen Straftaten nach diesem Übereinkommen zu einer Freiheitsstrafe oder sonstigen Formen des Freiheitsentzugs verurteilt sind, in ihr Hoheitsgebiet überstellt werden, um dort ihre Reststrafe verbüßen zu können.

Artikel 18 Rechtshilfe
(1) Die Vertragsstaaten leisten einander so weit wie möglich Rechtshilfe bei Ermittlungen, Strafverfolgungsmaßnahmen und Gerichtsverfahren im Zusammenhang mit den Straftaten nach diesem Übereinkommen, wie in Artikel 3 vorgesehen, und leisten einander gegenseitig eine vergleichbare Hilfe, wenn der ersuchende Vertragsstaat hinreichenden Grund zu dem Verdacht hat, dass die Straftat nach Artikel 3 Absatz 1 Buchstabe a oder b grenzüberschreitender Natur ist, oder auch wenn Opfer, Zeugen, Erträge, Tatwerkzeuge oder Beweise solcher Straftaten sich im ersuchten Vertragsstaat befinden und an der Straftat eine organisierte kriminelle Gruppe mitwirkt.

(2) Bei Ermittlungen, Strafverfolgungsmaßnahmen und Gerichtsverfahren in Bezug auf Straftaten, für die eine juristische Person nach Artikel 10 im ersuchenden Vertragsstaat zur Verantwortung gezogen werden kann, wird Rechtshilfe im größtmöglichen Umfang geleistet, den die einschlägigen Gesetze, Verträge und sonstigen Übereinkünfte des ersuchten Vertragsstaats zulassen.

(3) Um die nach diesem Artikel zu leistende Rechtshilfe kann zu folgenden Zwecken ersucht werden:
a) Abnahme von Zeugenaussagen oder anderen Erklärungen;
b) Zustellung gerichtlicher Schriftstücke;
c) Durchsuchung und Beschlagnahme sowie Einfrieren;
d) Untersuchung von Gegenständen und Inaugenscheinnahme von Örtlichkeiten;
e) Überlassung von Informationen, Beweismitteln und Sachverständigengutachten;
f) Überlassung von Originalen oder beglaubigten Abschriften einschlägiger Schriftstücke und Akten, einschließlich Regierungs-, Bank-, Finanz-, Firmen- und Geschäftsunterlagen;
g) Ermittlung oder Weiterverfolgung von Erträgen aus Straftaten, Vermögensgegenständen, Tatwerkzeugen oder anderen Sachen zu Beweiszwecken;
h) Erleichterung des freiwilligen Erscheinens von Personen im ersuchenden Vertragsstaat;
i) Hilfe jeder anderen Art, die nicht im Widerspruch zum innerstaatlichen Recht des ersuchten Vertragsstaats steht.

(4) Unbeschadet des innerstaatlichen Rechts können die zuständigen Behörden eines Vertragsstaats einer zuständigen Behörde in einem anderen Vertragsstaat ohne vorheriges Ersuchen Informationen im Zusammenhang mit Strafsachen übermitteln, wenn sie der Auffassung sind, dass diese Informationen der Behörde dabei behilflich sein könnten, Ermittlungen und Strafverfahren durchzuführen oder erfolgreich abzuschließen, oder den anderen Vertragsstaat dazu veranlassen könnten, ein Ersuchen nach diesem Übereinkommen zu stellen.

(5) Die Übermittlung von Informationen nach Absatz 4 erfolgt unbeschadet der Ermittlungen und des Strafverfahrens in dem Staat, dessen zuständige Behörden die Informationen bereitstellen. Die zuständigen Behörden, welche die Informationen erhalten, werden ein Ersuchen, die betreffenden Informationen – auch nur vorübergehend – vertraulich zu behandeln oder ihren Gebrauch Einschränkungen zu unterwerfen, befolgen. Dies hindert den Vertragsstaat, der die Informationen erhält, jedoch nicht daran, in seinem Verfahren Informationen offen zu legen, die einen Beschuldigten entlasten. In diesem Fall unterrichtet er, bevor er diese Informationen offen legt, den Vertragsstaat, der sie übermittelt, und konsultiert diesen auf Verlangen. Ist ausnahmsweise keine vorherige Unterrichtung möglich, so setzt der Vertragsstaat, der die Informationen erhält, den übermittelnden Vertragsstaat unverzüglich von der Offenlegung in Kenntnis.

(6) Dieser Artikel berührt nicht die Verpflichtungen aus einem anderen zwei- oder mehrseitigen Vertrag, der die Rechtshilfe ganz oder teilweise regelt oder regeln wird.

(7) Die Absätze 9 bis 29 gelten für Ersuchen, die auf Grund dieses Artikels gestellt werden, wenn die betreffenden Vertragsstaaten nicht durch einen Vertrag über Rechtshilfe gebunden sind. Sind diese Vertragsstaaten durch einen solchen Vertrag gebunden, so gelten die entsprechenden Bestimmungen

623

des Vertrags, sofern die Vertragsstaaten nicht vereinbaren, stattdessen die Absätze 9 bis 29 anzuwenden. Den Vertragsstaaten wird dringend nahe gelegt, diese Absätze anzuwenden, wenn sie die Zusammenarbeit erleichtern.

(8) Die Vertragsstaaten dürfen die Rechtshilfe nach diesem Artikel nicht unter Berufung auf das Bankgeheimnis verweigern.

(9) Die Vertragsstaaten können die Rechtshilfe nach diesem Artikel unter Berufung auf das Fehlen beiderseitiger Strafbarkeit verweigern. Der ersuchte Vertragsstaat kann jedoch, wenn er es für zweckmäßig hält, Rechtshilfe unabhängig davon, ob das Verhalten nach seinem innerstaatlichen Recht eine Straftat darstellen würde, leisten, soweit er dies nach eigenem Ermessen beschließt.

(10) Eine Person, die im Hoheitsgebiet eines Vertragsstaats in Haft gehalten wird oder eine Strafe verbüßt und um deren Anwesenheit in einem anderen Vertragsstaat zum Zweck der Identifizierung, der Vernehmung oder einer sonstigen Hilfeleistung zur Beschaffung von Beweisen für Ermittlungen, Strafverfolgungsmaßnahmen oder Gerichtsverfahren in Bezug auf Straftaten nach diesem Übereinkommen ersucht wird, kann überstellt werden, wenn die folgenden Voraussetzungen erfüllt sind:

a) die betreffende Person gibt in Kenntnis sämtlicher Umstände aus freien Stücken ihre Zustimmung;

b) die zuständigen Behörden beider Vertragsstaaten stimmen unter den von ihnen für zweckmäßig erachteten Bedingungen zu.

(11) Für die Zwecke des Absatzes 10 gilt Folgendes:

a) Der Vertragsstaat, dem die betreffende Person überstellt wird, ist befugt und verpflichtet, die überstellte Person in Haft zu halten, sofern der Vertragsstaat, von dem sie überstellt wurde, nichts anderes verlangt oder genehmigt;

b) der Vertragsstaat, dem die betreffende Person überstellt wird, erfüllt unverzüglich seine Verpflichtung, die Person nach Maßgabe einer vorherigen oder sonstigen Vereinbarung der zuständigen Behörden beider Vertragsstaaten in den Gewahrsam des Vertragsstaats rückzuüberstellen, von dem sie überstellt wurde;

c) der Vertragsstaat, dem die betreffende Person überstellt wird, darf von dem Vertragsstaat, von dem sie überstellt wurde, nicht verlangen, zur Rücküberstellung dieser Person ein Auslieferungsverfahren einzuleiten;

d) der überstellten Person wird die in dem Vertragsstaat, dem sie überstellt wurde, verbrachte Haftzeit auf die Strafe angerechnet, die sie in dem Staat, von dem sie überstellt wurde, zu verbüßen hat.

(12) Außer mit Zustimmung des Vertragsstaats, von dem eine Person nach den Absätzen 10 und 11 überstellt werden soll, darf diese Person, gleichviel welche Staatsangehörigkeit sie hat, im Hoheitsgebiet des Staates, dem sie überstellt wird, nicht wegen Handlungen, Unterlassungen oder Verurteilungen aus der Zeit vor ihrer Abreise aus dem Hoheitsgebiet des Staates, von dem sie überstellt wurde, verfolgt, in Haft gehalten, bestraft oder einer sonstigen Beschränkung ihrer persönlichen Freiheit unterworfen werden.

(13) Jeder Vertragsstaat bestimmt eine zentrale Behörde, die verantwortlich und befugt ist, Rechtshilfeersuchen entgegenzunehmen und sie entweder zu erledigen oder den zuständigen Behörden zur Erledigung zu übermitteln. Hat ein Vertragsstaat eine besondere Region oder ein besonderes Hoheitsgebiet mit einem unterschiedlichen Rechtshilfesystem, so kann er eine gesonderte zentrale Behörde bestimmen, welche dieselbe Aufgabe für die Region oder das Hoheitsgebiet wahrnimmt. Die zentralen Behörden stellen die rasche und ordnungsgemäße Erledigung oder Übermittlung der eingegangenen Ersuchen sicher. Wenn die zentrale Behörde das Ersuchen einer zuständigen Behörde zur Erledigung übermittelt, fordert sie diese zur raschen und ordnungsgemäßen Erledigung des Ersuchens auf. Die für diesen Zweck bestimmte zentrale Behörde wird von jedem Vertragsstaat bei der Hinterlegung seiner Ratifikations-, Annahme-, Genehmigungs- oder Beitrittsurkunde zu diesem Übereinkommen dem Generalsekretär der Vereinten Nationen notifiziert. Die Rechtshilfeersuchen und alle damit zusammenhängenden Mitteilungen werden den von den Vertragsstaaten bestimmten zentralen Behörden übermittelt. Diese Vorschrift lässt das Recht eines Vertragsstaats unberührt, zu verlangen, dass solche Ersuchen und Mitteilungen auf diplomatischem Weg und in dringenden Fällen, wenn die Vertragsstaa-

Art. 18 Übereinkommen gegen grenzüberschreitende Kriminalität

ten dies vereinbaren, soweit es möglich ist, über die Internationale Kriminalpolizeiliche Organisation an sie gerichtet werden.
(14) Ersuchen werden schriftlich oder, soweit möglich, mit jedem Mittel, mit dem ein Schriftstück erzeugt werden kann, in einer für den ersuchten Vertragsstaat annehmbaren Sprache und in einer Weise gestellt, die diesem Vertragsstaat die Feststellung der Echtheit erlaubt. Die für jeden Vertragsstaat annehmbare Sprache oder annehmbaren Sprachen werden von jedem Vertragsstaat bei der Hinterlegung seiner Ratifikations-, Annahme-, Genehmigungs- oder Beitrittsurkunde zu diesem Übereinkommen dem Generalsekretär der Vereinten Nationen notifiziert. In dringenden Fällen und wenn die Vertragsstaaten dies vereinbaren, können Ersuchen mündlich gestellt werden; sie müssen jedoch umgehend schriftlich bestätigt werden.
(15) Ein Rechtshilfeersuchen enthält folgende Angaben:
a) die Bezeichnung der Behörde, von der das Ersuchen ausgeht;
b) Gegenstand und Art der Ermittlung, der Strafverfolgung oder des Gerichtsverfahrens, auf die oder das sich das Ersuchen bezieht, sowie Namen und Aufgaben der Behörde, welche die Ermittlung, die Strafverfolgung oder das Gerichtsverfahren durchführt;
c) eine zusammenfassende Sachverhaltsdarstellung, außer bei Ersuchen um Zustellung gerichtlicher Schriftstücke;
d) eine Beschreibung der erbetenen Rechtshilfe und Einzelheiten über bestimmte Verfahren, die auf Wunsch des ersuchenden Vertragsstaats angewendet werden sollen;
e) soweit möglich, Identität, Aufenthaltsort und Staatsangehörigkeit jeder betroffenen Person und
f) den Zweck, zu dem die Beweismittel, Informationen oder Maßnahmen erbeten werden.
(16) Der ersuchte Vertragsstaat kann ergänzende Angaben anfordern, wenn dies für die Erledigung des Ersuchens nach seinem innerstaatlichen Recht erforderlich erscheint oder die Erledigung erleichtern kann.
(17) Ein Ersuchen wird nach dem innerstaatlichen Recht des ersuchten Vertragsstaats und, soweit dieses Recht dem nicht entgegensteht, nach Möglichkeit entsprechend den im Ersuchen bezeichneten Verfahren erledigt.
(18) Soweit möglich und mit den wesentlichen Grundsätzen des innerstaatlichen Rechts vereinbar, kann ein Vertragsstaat, wenn eine in seinem Hoheitsgebiet befindliche Person von den Justizbehörden eines anderen Vertragsstaats als Zeuge oder Sachverständiger vernommen werden muss, auf Ersuchen dieses anderen Vertragsstaats erlauben, dass die Vernehmung über eine Videokonferenz stattfindet, falls das persönliche Erscheinen der betreffenden Person im Hoheitsgebiet des ersuchenden Vertragsstaats nicht möglich oder nicht wünschenswert ist. Die Vertragsstaaten können vereinbaren, dass die Vernehmung von einer Justizbehörde des ersuchenden Vertragsstaats in Gegenwart einer Justizbehörde des ersuchten Vertragsstaats durchgeführt wird.
(19) Der ersuchende Vertragsstaat übermittelt oder verwendet vom ersuchten Vertragsstaat erhaltene Informationen oder Beweismittel nicht ohne dessen vorherige Zustimmung für andere als in dem Ersuchen bezeichnete Ermittlungen, Strafverfolgungsmaßnahmen oder Gerichtsverfahren. Dieser Absatz hindert den ersuchenden Vertragsstaat nicht daran, in seinem Verfahren Informationen oder Beweise offen zu legen, die einen Beschuldigten entlasten. In diesem Fall unterrichtet der ersuchende Vertragsstaat, bevor er diese Informationen offen legt, den ersuchten Vertragsstaat und konsultiert diesen auf Verlangen. Ist ausnahmsweise keine vorherige Unterrichtung möglich, so setzt der ersuchende Vertragsstaat den ersuchten Vertragsstaat unverzüglich von der Offenlegung in Kenntnis.
(20) Der ersuchende Vertragsstaat kann verlangen, dass der ersuchte Vertragsstaat das Ersuchen und dessen Inhalt vertraulich behandelt, soweit die Erledigung des Ersuchens nichts anderes gebietet. Kann der ersuchte Vertragsstaat der verlangten Vertraulichkeit nicht entsprechen, so setzt er den ersuchenden Vertragsstaat umgehend davon in Kenntnis.
(21) Die Rechtshilfe kann verweigert werden,
a) wenn das Ersuchen nicht in Übereinstimmung mit diesem Artikel gestellt wird;
b) wenn der ersuchte Vertragsstaat der Ansicht ist, dass die Erledigung des Ersuchens geeignet ist, seine Souveränität, seine Sicherheit, seine öffentliche Ordnung (ordre public) oder andere wesentliche Interessen zu beeinträchtigen;

c) wenn es den Behörden des ersuchten Vertragsstaats nach seinem innerstaatlichen Recht untersagt wäre, die Maßnahme, um die ersucht wurde, in Bezug auf eine vergleichbare Straftat zu ergreifen, die Gegenstand von Ermittlungen, Strafverfolgungsmaßnahmen oder Gerichtsverfahren unter seiner eigenen Gerichtsbarkeit wäre;
d) wenn es dem Rechtshilferecht des ersuchten Vertragsstaats zuwiderliefe, dem Ersuchen stattzugeben.

(22) Die Vertragsstaaten können ein Rechtshilfeersuchen nicht mit der alleinigen Begründung ablehnen, dass die Straftat als eine Tat angesehen wird, die auch fiskalische Angelegenheiten berührt.

(23) Die Verweigerung der Rechtshilfe ist zu begründen.

(24) Der ersuchte Vertragsstaat erledigt das Rechtshilfeersuchen so bald wie möglich und berücksichtigt dabei so weit wie möglich die vom ersuchenden Vertragsstaat vorgeschlagenen Fristen, die vorzugsweise im Ersuchen begründet werden. Der ersuchte Vertragsstaat beantwortet angemessene Nachfragen des ersuchenden Vertragsstaats nach dem Stand der Bearbeitung des Ersuchens. Der ersuchende Vertragsstaat setzt den ersuchten Vertragsstaat umgehend davon in Kenntnis, wenn die erbetene Rechtshilfe nicht mehr notwendig ist.

(25) Die Rechtshilfe kann vom ersuchten Vertragsstaat mit der Begründung aufgeschoben werden, dass sie laufende Ermittlungen, Strafverfolgungsmaßnahmen oder Gerichtsverfahren beeinträchtigt.

(26) Bevor der ersuchte Vertragsstaat ein Ersuchen nach Absatz 21 ablehnt oder seine Erledigung nach Absatz 25 aufschiebt, konsultiert er den ersuchenden Vertragsstaat, um festzustellen, ob die Rechtshilfe unter den von ihm als erforderlich erachteten Bedingungen geleistet werden kann. Nimmt der ersuchende Vertragsstaat die Rechtshilfe unter diesen Bedingungen an, so muss er sich an die Bedingungen halten.

(27) Unbeschadet der Anwendung des Absatzes 12 dürfen Zeugen, Sachverständige oder andere Personen, die bereit sind, auf Ersuchen des ersuchenden Vertragsstaats im Hoheitsgebiet des ersuchenden Vertragsstaats in einem Verfahren auszusagen oder bei Ermittlungen, Strafverfolgungsmaßnahmen oder Gerichtsverfahren mitzuwirken, in diesem Hoheitsgebiet wegen Handlungen, Unterlassungen oder Verurteilungen aus der Zeit vor ihrer Abreise aus dem Hoheitsgebiet des ersuchten Vertragsstaats weder verfolgt noch in Haft gehalten, bestraft oder einer sonstigen Beschränkung ihrer persönlichen Freiheit unterworfen werden. Dieses freie Geleit endet, wenn die Zeugen, Sachverständigen oder anderen Personen während fünfzehn aufeinander folgender Tage oder während einer anderen von den Vertragsstaaten vereinbarten Zeitspanne, nachdem ihnen amtlich mitgeteilt wurde, dass ihre Anwesenheit von den Justizbehörden nicht länger verlangt wird, die Möglichkeit gehabt haben, das Hoheitsgebiet des ersuchenden Staates zu verlassen, und trotzdem freiwillig dort bleiben oder wenn sie nach Verlassen dieses Gebiets freiwillig dorthin zurückgekehrt sind.

(28) Der ersuchte Vertragsstaat trägt die gewöhnlichen Kosten der Erledigung eines Ersuchens, sofern die Vertragsstaaten nichts anderes vereinbaren. Sind oder werden bei der Erledigung eines Ersuchens erhebliche oder außergewöhnliche Aufwendungen erforderlich, so konsultieren die Vertragsstaaten einander, um festzulegen, unter welchen Bedingungen das Ersuchen erledigt wird und auf welche Weise die Kosten getragen werden.

(29) Der ersuchte Vertragsstaat
a) stellt dem ersuchenden Vertragsstaat Abschriften von amtlichen Unterlagen, Schriftstücken oder Informationen zur Verfügung, die sich in seinem Besitz befinden und die nach seinem innerstaatlichen Recht der Allgemeinheit zugänglich sind;
b) kann dem ersuchenden Vertragsstaat nach eigenem Ermessen Abschriften von amtlichen Unterlagen, Schriftstücken oder Informationen, die sich in seinem Besitz befinden und die nach seinem innerstaatlichen Recht nicht der Allgemeinheit zugänglich sind, ganz, teilweise oder unter den von ihm als angemessen erachteten Bedingungen zur Verfügung stellen.

(30) Die Vertragsstaaten prüfen gegebenenfalls die Möglichkeit des Abschlusses zwei- oder mehrseitiger Übereinkünfte, die den Zwecken dieses Artikels dienen, ihn praktisch wirksam machen oder seine Bestimmungen verstärken.

Art. 19–23 Übereinkommen gegen grenzüberschreitende Kriminalität

Artikel 19 Gemeinsame Ermittlungen
Die Vertragsstaaten prüfen den Abschluss zwei- oder mehrseitiger Übereinkünfte, nach denen die zuständigen Behörden in Bezug auf Angelegenheiten, die Gegenstand von Ermittlungen, Strafverfolgungsmaßnahmen oder Gerichtsverfahren in einem oder mehreren Staaten sind, gemeinsame Ermittlungsorgane errichten können. In Ermangelung derartiger Übereinkünfte können gemeinsame Ermittlungen von Fall zu Fall vereinbart werden. Die beteiligten Vertragsstaaten stellen sicher, dass die Souveränität des Vertragsstaats, in dessen Hoheitsgebiet diese Ermittlungen stattfinden sollen, uneingeschränkt geachtet wird.

Artikel 20 Besondere Ermittlungsmethoden
(1) Sofern es die wesentlichen Grundsätze seiner innerstaatlichen Rechtsordnung zulassen, trifft jeder Vertragsstaat im Rahmen seiner Möglichkeiten und unter den in seinem innerstaatlichen Recht vorgeschriebenen Bedingungen die erforderlichen Maßnahmen, um die angemessene Anwendung der kontrollierten Lieferung und, soweit er dies für zweckmäßig erachtet, anderer besonderer Ermittlungsmethoden, wie elektronische oder andere Formen der Überwachung und verdeckte Ermittlungen, durch seine zuständigen Behörden in seinem Hoheitsgebiet zum Zweck der wirksamen Bekämpfung der organisierten Kriminalität zu ermöglichen.
(2) Zum Zweck der Ermittlung wegen Straftaten nach diesem Übereinkommen wird den Vertragsstaaten nahe gelegt, falls erforderlich, geeignete zwei- oder mehrseitige Übereinkünfte für die Anwendung solcher besonderen Ermittlungsmethoden im Rahmen der Zusammenarbeit auf internationaler Ebene zu schließen. Diese Übereinkünfte werden unter uneingeschränkter Beachtung des Grundsatzes der souveränen Gleichheit der Staaten geschlossen und angewendet und streng nach den Bestimmungen dieser Übereinkünfte ausgeführt.
(3) In Ermangelung einer Übereinkunft nach Absatz 2 werden Entscheidungen über die Anwendung solcher besonderen Ermittlungsmethoden auf internationaler Ebene von Fall zu Fall getroffen und können, falls erforderlich, finanzielle Vereinbarungen und Absprachen im Hinblick auf die Ausübung der Gerichtsbarkeit durch die betreffenden Vertragsstaaten in Betracht ziehen.
(4) Entscheidungen über die Anwendung der kontrollierten Lieferung auf internationaler Ebene können mit Zustimmung der betreffenden Vertragsstaaten auch Methoden umfassen, bei denen die Güter beispielsweise abgefangen und derart zur Weiterbeförderung freigegeben werden, dass sie entweder unangetastet bleiben oder ganz oder teilweise entfernt oder ersetzt werden.

Artikel 21 Übertragung von Strafverfahren
Die Vertragsstaaten prüfen die Möglichkeit, einander Verfahren zur Strafverfolgung wegen einer Straftat nach diesem Übereinkommen in Fällen zu übertragen, in denen die Übertragung dem Interesse einer geordneten Rechtspflege dienlich erscheint, insbesondere in Fällen, in denen mehrere Gerichtsbarkeiten betroffen sind, mit dem Ziel, die Strafverfahren zu konzentrieren.

Artikel 22 Feststellung von Vorstrafen
Jeder Vertragsstaat kann die erforderlichen gesetzgeberischen und anderen Maßnahmen treffen, um unter den Bedingungen und zu den Zwecken, die er für angemessen erachtet, frühere Verurteilungen einer verdächtigen Person in einem anderen Staat zu berücksichtigen, um diese Information in Strafverfahren im Zusammenhang mit einer Straftat nach diesem Übereinkommen zu verwenden.

Artikel 23 Kriminalisierung der Behinderung der Justiz
Jeder Vertragsstaat trifft die erforderlichen gesetzgeberischen und anderen Maßnahmen, um folgende Handlungen, wenn vorsätzlich begangen, als Straftaten zu umschreiben:
a) die Anwendung von körperlicher Gewalt, Bedrohungen oder Einschüchterung oder das Versprechen, Anbieten oder Gewähren eines ungerechtfertigten Vorteils, um in einem Verfahren im Zusammenhang mit der Begehung von Straftaten nach diesem Übereinkommen eine Falschaussage herbeizuführen oder eine Aussage oder die Vorlage von Beweismaterial zu verhindern;
b) die Anwendung von körperlicher Gewalt, Bedrohungen oder Einschüchterung, um im Zusammenhang mit der Begehung von Straftaten nach diesem Übereinkommen einen Justiz- oder Polizeibeamten an der Ausübung seiner Dienstpflichten zu hindern. Das Recht der Vertragsstaaten,

Rechtsvorschriften zu haben, die andere Kategorien von Angehörigen des öffentlichen Dienstes schützen, bleibt von dieser Bestimmung unberührt.

Artikel 24 Zeugenschutz
(1) Jeder Vertragsstaat trifft im Rahmen seiner Möglichkeiten geeignete Maßnahmen, um Zeugen in Strafverfahren, die über Straftaten nach diesem Übereinkommen aussagen, sowie gegebenenfalls ihren Verwandten und anderen ihnen nahe stehenden Personen wirksamen Schutz vor möglicher Vergeltung oder Einschüchterung zu gewähren.
(2) Die in Absatz 1 vorgesehenen Maßnahmen können unbeschadet der Rechte des Beschuldigten, einschließlich des Rechts auf ein ordnungsgemäßes Verfahren, unter anderem Folgendes umfassen:
a) Verfahren zum physischen Schutz der betreffenden Personen, beispielsweise, soweit notwendig und durchführbar, ihre Umsiedlung und gegebenenfalls die Erteilung der Erlaubnis, dass Informationen betreffend die Identität und den Aufenthaltsort dieser Personen nicht oder nur in beschränktem Maß offen gelegt werden;
b) Beweisregeln, die Zeugenaussagen in einer Weise ermöglichen, welche die Sicherheit des Zeugen gewährleistet, beispielsweise indem Aussagen unter Einsatz von Kommunikationstechnologien wie Videoverbindungen oder anderen geeigneten Mitteln erlaubt werden.
(3) Die Vertragsstaaten erwägen, mit anderen Staaten Übereinkünfte über die Umsiedlung der in Absatz 1 genannten Personen zu schließen.
(4) Dieser Artikel findet auch auf Opfer Anwendung, sofern sie Zeugen sind.

Artikel 25 Hilfe und Schutz für Opfer
(1) Jeder Vertragsstaat trifft im Rahmen seiner Möglichkeiten geeignete Maßnahmen, um den Opfern von Straftaten nach diesem Übereinkommen insbesondere im Fall der Androhung von Vergeltung oder der Einschüchterung Hilfe und Schutz zu gewähren.
(2) Jeder Vertragsstaat schafft geeignete Verfahren, um den Opfern der Straftaten nach diesem Übereinkommen Zugang zu Entschädigung und Rückerstattung zu gewähren.
(3) Jeder Vertragsstaat ermöglicht vorbehaltlich seines innerstaatlichen Rechts, dass die Auffassungen und Anliegen der Opfer in geeigneten Abschnitten des Strafverfahrens gegen die Täter auf eine Weise, welche die Rechte der Verteidigung nicht beeinträchtigt, vorgetragen und behandelt werden.

Artikel 26 Maßnahmen zur Verstärkung der Zusammenarbeit mit den Strafverfolgungsbehörden
(1) Jeder Vertragsstaat trifft geeignete Maßnahmen, um Personen, die an organisierten kriminellen Gruppen beteiligt sind oder waren, zu ermutigen,
a) den zuständigen Behörden beispielsweise zu folgenden Fragen für Ermittlungsund Beweiszwecke nützliche Informationen zu liefern:
   i) Identität, Art, Zusammensetzung, Struktur, Standort oder Tätigkeiten organisierter krimineller Gruppen;
   ii) Verbindungen, einschließlich internationaler Verbindungen, zu anderen organisierten kriminellen Gruppen;
   iii) Straftaten, die organisierte kriminelle Gruppen begangen haben oder begehen könnten;
b) den zuständigen Behörden sachbezogene, konkrete Hilfe zu gewähren, die dazu beitragen könnte, organisierten kriminellen Gruppen ihre Ressourcen oder die Erträge aus Straftaten zu entziehen.
(2) Jeder Vertragsstaat zieht in Erwägung, in geeigneten Fällen die Möglichkeit der Strafmilderung für Angeklagte vorzusehen, die bei den Ermittlungen oder bei der Strafverfolgung in Bezug auf eine Straftat nach diesem Übereinkommen erhebliche Zusammenarbeit leisten.
(3) Jeder Vertragsstaat zieht in Erwägung, im Einklang mit den wesentlichen Grundsätzen seines innerstaatlichen Rechts die Möglichkeit vorzusehen, dass einer Person, die bei den Ermittlungen oder bei der Strafverfolgung in Bezug auf eine Straftat nach diesem Übereinkommen erhebliche Zusammenarbeit leistet, Immunität von der Strafverfolgung gewährt wird.
(4) Der Schutz dieser Personen wird nach Artikel 24 gewährleistet.
(5) Kann eine in Absatz 1 genannte Person, die sich in einem Vertragsstaat aufhält, den zuständigen Behörden eines anderen Vertragsstaats erhebliche Zusammenarbeit gewähren, so können die betref-

Art. 27 Übereinkommen gegen grenzüberschreitende Kriminalität

fenden Vertragsstaaten erwägen, im Einklang mit ihrem innerstaatlichen Recht Übereinkünfte über die mögliche Gewährung der in den Absätzen 2 und 3 beschriebenen Behandlung durch den anderen Vertragsstaat zu schließen.

Artikel 27 Zusammenarbeit auf dem Gebiet der Strafverfolgung
(1) Die Vertragsstaaten arbeiten im Einklang mit ihrer jeweiligen innerstaatlichen Rechts- und Verwaltungsordnung eng zusammen, um die Wirksamkeit der Maßnahmen der Strafrechtspflege zur Bekämpfung der Straftaten nach diesem Übereinkommen zu verstärken. Jeder Vertragsstaat trifft insbesondere wirksame Maßnahmen,
a) um Nachrichtenverbindungen zwischen seinen zuständigen Behörden, Stellen und Ämtern zu verbessern und erforderlichenfalls einzurichten, um den sicheren und raschen Informationsaustausch über alle Erscheinungsformen der Straftaten nach diesem Übereinkommen, einschließlich – wenn die betreffenden Vertragsstaaten dies für zweckmäßig erachten – der Verbindungen zu anderen Straftaten, zu erleichtern;
b) um bei Ermittlungen zu folgenden Fragen in Bezug auf Straftaten nach diesem Übereinkommen mit den anderen Vertragsstaaten zusammenzuarbeiten:
   i) Identität, Aufenthaltsort und Tätigkeit von Personen, die der Beteiligung an solchen Straftaten verdächtig sind, und Aufenthaltsort anderer betroffener Personen;
   ii) Bewegungen der aus der Begehung solcher Straftaten stammenden Erträge oder Vermögensgegenstände;
   iii) Bewegungen von bei der Begehung solcher Straftaten verwendeten oder dazu bestimmten Vermögensgegenständen, Geräten oder anderen Tatwerkzeugen;
c) um gegebenenfalls die erforderlichen Gegenstände oder Mengen an Stoffen zu Analyse- oder Ermittlungszwecken zur Verfügung zu stellen;
d) um die wirksame Koordinierung zwischen den zuständigen Behörden, Stellen und Ämtern zu erleichtern und den Austausch von Personal und Sachverständigen, einschließlich – vorbehaltlich zweiseitiger Übereinkünfte zwischen den betreffenden Vertragsstaaten – des Einsatzes von Verbindungsbeamten, zu fördern;
e) um mit anderen Vertragsstaaten Informationen über die von organisierten kriminellen Gruppen eingesetzten spezifischen Mittel und Methoden auszutauschen, einschließlich gegebenenfalls der benutzten Wege und Beförderungsmittel und der Verwendung falscher Identitäten, veränderter oder gefälschter Dokumente oder sonstiger Mittel zur Verschleierung ihrer Tätigkeit;
f) um Informationen auszutauschen sowie Verwaltungs- und andere Maßnahmen zu koordinieren, die zum Zweck der frühzeitigen Aufdeckung von Straftaten nach diesem Übereinkommen gegebenenfalls ergriffen werden.

(2) Im Hinblick auf die Durchführung dieses Übereinkommens erwägen die Vertragsstaaten, zwei- oder mehrseitige Übereinkünfte über eine unmittelbare Zusammenarbeit zwischen ihren Strafverfolgungsbehörden zu schließen beziehungsweise, falls solche Übereinkünfte bereits bestehen, diese zu ändern. Bestehen zwischen den betreffenden Vertragsstaaten keine solchen Übereinkünfte, so können sie dieses Übereinkommen als Grundlage für die Zusammenarbeit auf dem Gebiet der Strafverfolgung in Bezug auf die Straftaten nach diesem Übereinkommen ansehen. Soweit zweckmäßig, nutzen die Vertragsstaaten Übereinkünfte wie auch internationale oder regionale Organisationen in vollem Maß, um die Zusammenarbeit zwischen ihren Strafverfolgungsbehörden zu verstärken.

(3) Die Vertragsstaaten bemühen sich, im Rahmen ihrer Möglichkeiten zusammenzuarbeiten, um Straftaten der grenzüberschreitenden organisierten Kriminalität, die mittels moderner Technologien begangen werden, zu begegnen.

...

X. Der Sicherheitsrat der Vereinten Nationen

Resolution 242 (1967): Besetzte Gebiete in Palästina[1)]
22 November 1967

The Security Council,
Expressing its continuing concern with the grave situation in the Middle East,
Emphasizing the inadmissibility of the acquisition of territory by war and the need to work for a just and lasting peace in which every State in the area can live in security,
Emphasizing further that all Member States in their acceptance of the Charter of the United Nations have undertaken a commitment to act in accordance with Article 2 of the Charter,

1. Affirms that the fulfilment of Charter principles requires the establishment of a just and lasting peace in the Middle East which should include the application of both the following principles:
   (i) Withdrawal of Israeli armed forces from territories occupied in the recent conflict;
   (ii) Termination of all claims or states of belligerency and respect for and acknowledgement of the sovereignty, territorial integrity and political independence of every State in the area and their right to live in peace within secure and recognized boundaries free from threats or acts of force;
2. Affirms further the necessity
   (a) For guaranteeing freedom of navigation through international waterways in the area;
   (b) For achieving a just settlement of the refugee problem;
   (c) For guaranteeing the territorial inviolability and political independence of every State in the area, through measures including the establishment of demilitarized zones;
3. Requests the Secretary General to designate a Special Representative to proceed to the Middle East to establish and maintain contacts with the States concerned in order to promote agreement and assist efforts to achieve a peaceful and accepted settlement in accordance with the provisions and principles in this resolution;
4. Requests the Secretary-General to report to the Security Council on the progress of the efforts of the Special Representative as soon as possible.

---

1) Quelle: *UNYB* (1967) S. 257.
   Einstimmige Annahme.

Resolution 678 (1990): Ermächtigung zur Befreiung Kuwaits[1]

29 November 1990

The Security Council,
Recalling and reaffirming its resolutions 660 (1990) of 2 August 1990, 661 (1990) of 6 August 1990, 662 (1990) of 9 August 1990, 664 (1990) of 18 August 1990, 665 (1990) of 25 August 1990, 666 (1990) of 13 September 1990, 667 (1990) of 16 September 1990, 669 (1990) of 24 September 1990, 670 (1990) of 25 September 1990, 674 (1990) of 29 October 1990 and 677 (1990) of 28 November 1990,
Noting that, despite all efforts by the United Nations, Iraq refuses to comply with its obligation to implement resolution 660 (1990) and the above-mentioned subsequent relevant resolutions, in flagrant contempt of the Security Council,
Mindful of its duties and responsibilities under the Charter of the United Nations for the maintenance and preservation of international peace and security,
Determined to secure full compliance with its decisions,
Acting under Chapter VII of the Charter,

1. Demands that Iraq comply fully with resolution 660 (1990) and all subsequent relevant resolutions, and decides, while maintaining all its decisions, to allow Iraq one final opportunity, as a pause of goodwill, to do so;
2. Authorizes Member States co-operating with the Government of Kuwait, unless Iraq on or before 15 January 1991 fully implements, as set forth in paragraph 1 above, the above-mentioned resolutions, to use all necessary means to uphold and implement resolution 660 (1990) and all subsequent relevant resolutions and to restore international peace and security in the area;
3. Requests all States to provide appropriate support for the actions undertaken in pursuance of paragraph 2 above;
4. Requests the States concerned to keep the Security Council regularly informed on the progress of actions undertaken pursuant to paragraphs 2 and 3 above;
5. Decides to remain seized of the matter.

---

1) Quelle: *UNYB* 44 (1990) S. 204.
   Abstimmungsergebnis: 12 Ja-Stimmen, 2 Nein-Stimmen (Kuba und Jemen), 1 Enthaltung (VR China).

Resolution 687 (1991): »Ersatzfriedensvertrag« mit Irak[1]
3 April 1991

The Security Council,
Recalling its resolutions 660 (1990) of 2 August 1990, 661 (1990) of 6 August 1990, 662 (1990) of 9 August 1990, 664 (1990) of 18 August 1990, 665 (1990) of 25 August 1990, 666 (1990) of 13 September 1990, 667 (1990) of 16 September 1990, 669 (1990) of 24 September 1990, 670 (1990) of 25 September 1990, 674 (1990) of 29 October 1990, 677 (1990) of 28 November 1990, 678 (1990) of 29 November 1990 and 686 (1991) of 2 March 1991,
Welcoming the restoration to Kuwait of its sovereignty, independence and territorial integrity and the return of its legitimate Government,
Affirming the commitment of all Member States to the sovereignty, territorial integrity and political independence of Kuwait and Iraq, and noting the intention expressed by the Member States cooperating with Kuwait under paragraph 2 of resolution 678 (1990) to bring their military presence in Iraq to an end as soon as possible consistent with paragraph 8 of resolution 686 (1991),
Reaffirming the need to be assured of Iraq's peaceful intentions in the light of its unlawful invasion and occupation of Kuwait,
Taking note of the letter dated 27 February 1991 from the Deputy Prime Minister and Minister for Foreign Affairs of Iraq addressed to the President of the Security Council and of his letters of the same date addressed to the President of the Council and to the Secretary-General, and those letters dated 3 March and 5 March he addressed to them, pursuant to resolution 686 (1991),
Noting that Iraq and Kuwait. as independent sovereign States, signed at Baghdad on 4 October 1963 »Agreed Minutes between the State of Kuwait and the Republic of Iraq regarding the restoration of friendly relations, recognition and related matters«, thereby formally recognizing the boundary between Iraq and Kuwait and the allocation of islands, which Agreed Minutes were registered with the United Nations in accordance with Article 102 of the Charter of the United Nations and in which Iraq recognized the independence and complete sovereignty of the State of Kuwait with its boundaries as specified in the letter of the Prime Minister of Iraq dated 21 July 1932 and as accepted by the ruler of Kuwait in his letter dated 10 August 1932,
Conscious of the need for demarcation of the said boundary,
Conscious also of the statements by Iraq threatening to use weapons in violation of its obligations under the Protocol for the Prohibition of the Use in War of Asphyxiating, Poisonous or Other Gases, and of Bacteriological Methods of Warfare, signed at Geneva on 17 June 1925, and of its prior use of chemical weapons, and affirming that grave consequences would follow any further use by Iraq of such weapons,
Recalling that Iraq has subscribed to the Final Declaration adopted by all States participating in the Conference of States Parties to the 1925 Geneva Protocol and Other Interested States, held in Paris from 7 to 11 January 1989, establishing the objective of universal elimination of chemical and biological weapons,
Recalling also that Iraq has signed the Convention on the Prohibition of the Development, Production and Stockpiling of Bacteriological (Biological) and Toxin Weapons and on Their Destruction, of 10 April 1972,
Noting the importance of Iraq ratifying the Convention,
Noting also the importance of all States adhering to the Convention and encouraging its forthcoming review conference to reinforce the authority, efficiency and universal scope of the Convention,
Stressing the importance of an early conclusion by the Conference on Disarmament of its work on a convention on the universal prohibition of chemical weapons and of universal adherence thereto,
Aware of the use by Iraq of ballistic missiles in unprovoked attacks and therefore of the need to take specific measures in regard to such missiles located in Iraq,

---
[1] Quelle: *UNYB* 45 (1991) S. 172.
  Abstimmungsergebnis: 12 Ja-Stimmen, 1 Nein-Stimme (Kuba), 2 Enthaltungen (Ecuador, Jemen).

50 Resolution 687 (1991): Irak

Concerned by the reports in the hands of Member States that Iraq has attempted to acquire materials for a nuclear-weapons programme contrary to its obligations under the Treaty on the Non-Proliferation of Nuclear Weapons of 1 July 1968,
Recalling the objective of the establishment of a nuclear-weapon-free zone in the region of the Middle East,
Conscious of the threat that all weapons of mass destruction pose to peace and security in the area and of the need to work towards the establishment in the Middle East of a zone free of such weapons,
Conscious also of the objective of achieving balanced and comprehensive control of armaments in the region,
Conscious further of the importance of achieving the objectives noted above using all available means, including a dialogue among the States of the region,
Noting that resolution 686 (1991) marked the lifting of the measures imposed by resolution 661 (1990) in so far as they applied to Kuwait,
Noting also that despite the progress being made in fulfilling the obligations of resolution 686 (1991), many Kuwaiti and third-State nationals are still not accounted for and property remains unreturned,
Recalling the International Convention against the Taking of Hostages, opened for signature in New York on 18 December 1979, which categorizes all acts of taking hostages as manifestations of international terrorism,
Deploring threats made by Iraq during the recent conflict to make use of terrorism against targets outside Iraq and the taking of hostages by Iraq,
Taking note with grave concern of the reports transmitted by the Secretary-General on 20 March and 28 March 1991, and conscious of the necessity to meet urgently the humanitarian needs in Kuwait and Iraq,
Bearing in mind its objective of restoring international peace and security in the area as set out in its recent resolutions,
Conscious of the need to take the following measures acting under Chapter VII of the Charter,

1. Affirms all thirteen resolutions noted above, except as expressly changed below to achieve the goals of the present resolution, including a formal cease-fire;

A

2. Demands that Iraq and Kuwait respect the inviolability of the international boundary and the allocation of islands set out in the »Agreed Minutes between the State of Kuwait and the Republic of Iraq regarding the restoration of friendly relations, recognition and related matters«, signed by them in the exercise of their sovereignty at Baghdad on 4 October 1963 and registered with the United Nations;
3. Calls upon the Secretary-General to lend his assistance to make arrangements with Iraq and Kuwait to demarcate the boundary between Iraq and Kuwait, drawing on appropriate material including the maps transmitted with the letter dated 28 March 1991 addressed to him by the Permanent Representative of the United Kingdom of Great Britain and Northern Ireland to the United Nations, and to report back to the Council within one month;
4. Decides to guarantee the inviolability of the above-mentioned international boundary and to take, as appropriate, all necessary measures to that end in accordance with the Charter of the United Nations;

B

5. Requests the Secretary-General, after consulting with Iraq and Kuwait to submit within three days to the Council for its approval a plan for the immediate deployment of a United Nations observer unit to monitor the Khawr 'Abd Allah and a demilitarized zone, which is hereby established, extending ten kilometres into Iraq and five kilometres into Kuwait from the boundary referred to in the »Agreed Minutes between the State of Kuwait and the Republic of Iraq regarding the restoration of friendly relations, recognition and related matters«; to deter violations of the boundary through its presence in and surveillance of the demilitarized zone and to observe any hostile

or potentially hostile action mounted from the territory of one State against the other; and also requests the Secretary-General to report regularly to the Council on the operations of the unit and to do so immediately if there are serious violations of the zone or potential threats to peace;
6. Notes that as soon as the Secretary-General notifies the Council of the completion of the deployment of the United Nations observer unit, the conditions will be established for the Member States cooperating with Kuwait in accordance with resolution 678 (1990) to bring their military presence in Iraq to an end consistent with resolution 686 (1991);

C

7. Invites Iraq to reaffirm unconditionally its obligations under the Protocol for the Prohibition of the Use in War of Asphyxiating, Poisonous or Other Gases, and of Bacteriological Methods of Warfare, signed at Geneva on 17 June 1925, and to ratify the Convention on the Prohibition of the Development, Production and Stockpiling of Bacteriological (Biological) and Toxin Weapons and on Their Destruction, of 10 April 1972;
8. Decides that Iraq shall unconditionally accept the destruction, removal, or rendering harmless, under international supervision, of:
   (a) All chemical and biological weapons and all stocks of agents and all related subsystems and components and all research, development, support and manufacturing facilities related thereto;
   (b) All ballistic missiles with a range greater than one hundred and fifty kilometres, and related major parts and repair and production facilities;
9. Decides also, for the implementation of paragraph 8, the following:
   (a) Iraq shall submit to the Secretary-General, within fifteen days of the adoption of the present resolution, a declaration on the locations, amounts and types of all items specified in paragraph 8 and agree to urgent, on-site inspection as specified below;
   (b) The Secretary-General, in consultation with the appropriate Governments and, where appropriate, with the Director-General of the World Health Organization, within forty-five days of the adoption of the present resolution shall develop and submit to the Council for approval a plan calling for the completion of the following acts within forty-five days of such approval:
      (i) The forming of a special commission which shall carry out immediate on-site inspection of Iraq's biological, chemical and missile capabilities, based on Iraq's declarations and the designation of any additional locations by the special commission itself;
      (ii) The yielding by Iraq of possession to the Special Commission for destruction, removal or rendering harmless, taking into account the requirements of public safety, of all items specified under paragraph 8 (a), including items at the additional locations designated by the Special Commission under paragraph (i) and the destruction by Iraq, under the supervision of the Special Commission, of all its missile capabilities, including launchers, as specified under paragraph 8 (b);
      (iii) The provision by the Special Commission to the Director General of the International Atomic Energy Agency of the assistance and cooperation required in paragraphs 12 and 13;
10. Decides further that Iraq shall unconditionally undertake not to use, develop, construct or acquire any of the items specified in paragraphs 8 and 9, and requests the Secretary-General, in consultation with the Special Commission, to develop a plan for the future ongoing monitoring and verification of Iraq's compliance with the present paragraph, to be submitted to the Council for approval within one hundred and twenty days of the passage of the present resolution;
11. Invites Iraq to reaffirm unconditionally its obligations under the Treaty on the Non-Proliferation of Nuclear Weapons, of 1 July 1968;
12. Decides that Iraq shall unconditionally agree not to acquire or develop nuclear weapons or nuclear-weapon-usable material or any subsystems or components or any research, development, support or manufacturing facilities related to the above; to submit to the Secretary-General and the Director General of the International Atomic Energy Agency within fifteen days of the adoption

of the present resolution a declaration of the locations, amounts and types of all items specified above; to place all of its nuclear-weapon-usable materials under the exclusive control, for custody and removal, of the Agency, with the assistance and cooperation of the Special Commission as provided for in the plan of the Secretary-General discussed in paragraph 9 (b); to accept, in accordance with the arrangements provided for in paragraph 13, urgent on-site inspection and the destruction, removal or rendering harmless as appropriate of all items specified above; and to accept the plan discussed in paragraph 13 for the future ongoing monitoring and verification of its compliance with these undertakings;

13. Requests the Director General of the International Atomic Energy Agency, through the Secretary-General and with the assistance and cooperation of the Special Commission as provided for in the plan of the Secretary-General referred to in paragraph 9 (b), to carry out immediate on-site inspection of Iraq's nuclear capabilities based on Iraq's declarations and the designation of any additional locations by the Special Commission; to develop a plan for submission to the Council within forty-five days calling for the destruction, removal or rendering harmless as appropriate of all items listed in paragraph 12; to carry out the plan within forty-five days following approval by the Council and to develop a plan, taking into account the rights and obligations of Iraq under the Treaty on the Non-Proliferation of Nuclear Weapons, for the future ongoing monitoring and verification of Iraq's compliance with paragraph 12, including an inventory of all nuclear material in Iraq subject to the Agency's verification and inspections to confirm that Agency safeguards cover all relevant nuclear activities in Iraq, to be submitted to the Council for approval within one hundred and twenty days of the adoption of the present resolution;

14. Notes that the actions to be taken by Iraq in paragraphs 8 to 13 represent steps towards the goal of establishing in the Middle East a zone free from weapons of mass destruction and all missiles for their delivery and the objective of a global ban on chemical weapons;

D

15. Requests the Secretary-General to report to the Council on the steps taken to facilitate the return of all Kuwaiti property seized by Iraq, including a list of any property that Kuwait claims has not been returned or which has not been returned intact;

E

16. Reaffirms that Iraq, without prejudice to its debts and obligations arising prior to 2 August 1990, which will be addressed through the normal mechanisms, is liable under international law for any direct loss, damage – including environmental damage and the depletion of natural resources or injury to foreign Governments, nationals and corporations as a result of its unlawful invasion and occupation of Kuwait;

17. Decides that all Iraqi statements made since 2 August 1990 repudiating ifs foreign debt are null and void, and demands that Iraq adhere scrupulously to all of ifs obligations concerning servicing and repayment of ifs foreign debt;

18. Decides also to create a fund to pay compensation for claims that fall within paragraph 16 and to establish a commission that will administer the fund;

19. Directs the Secretary-General to develop and present to the Council for decision, no later than thirty days following the adoption of the present resolution, recommendations for the Fund to be established in accordance with paragraph 18 and for a programme to implement the decisions in paragraphs 16 to 18, including the following: administration of the Fund; mechanisms for determining the appropriate level of Iraq's contribution to the Fund, based on a percentage of the value of its exports of petroleum and petroleum products, not to exceed a figure to be suggested to the Council by the Secretary-General, taking into account the requirements of the people of Iraq, Iraq's payment capacity as assessed in conjunction with the international financial institutions taking into consideration external debt service, and the needs of the Iraqi economy; arrangements for ensuring that payments are made to the Fund; the process by which funds will be allocated and claims paid; appropriate procedures for evaluating losses, listing claims and verifying their

validity, and resolving disputed claims in respect of Iraq's liability as specified in paragraph 16; and the composition of the Commission designated above;

F

20. Decides, effective immediately, that the prohibitions against the sale or supply to Iraq of commodities or products other than medicine and health supplies, and prohibitions against financial transactions related thereto contained in resolution 661 (1990), shall not apply to foodstuffs notified to the Security Council Committee established by resolution 661 (1990) concerning the situation between Iraq and Kuwait or, with the approval of that Committee, under the simplified and accelerated »no-objection« procedure, to materials and supplies for essential civilian needs as identified in the report to the Secretary-General dated 20 March 1991, and in any further findings of humanitarian need by the Committee;
21. Decides to review the provisions of paragraph 20 every sixty days in the light of the policies and practices of the Government of Iraq, including the implementation of all relevant resolutions of the Council, for the purpose of determining whether to reduce or lift the prohibitions referred to therein;
22. Decides also that upon the approval by the Council of the programme called for in paragraph 19 and upon Council agreement that Iraq has completed all actions contemplated in paragraphs 8 to 13, the prohibitions against the import of commodities and products originating in Iraq and the prohibitions against financial transactions related thereto contained in resolution 661 (1990) shall have no further force or effect;
23. Decides further that, pending action by the Council under paragraph 22, the Security Council Committee established by resolution 661 (1990) concerning the situation between Iraq and Kuwait shall be empowered to approve, when required to assure adequate financial resources on the part of Iraq to carry out the activities under paragraph 20, exceptions to the prohibition against the import of commodities and products originating in Iraq;
24. Decides that, in accordance with resolution 661 (1990) and subsequent related resolutions and until it takes a further decision, all States shall continue to prevent the sale or supply to Iraq, or the promotion or facilitation of such sale or supply, by their nationals or from their territories or using their flag vessels or aircraft, of:
    (a) Arms and related matériel of all types, specifically including the sale or transfer through other means of all forms of conventional military equipment, including for paramilitary forces, and spare parts and components and their means of production for such equipment;
    (b) Items specified and defined in paragraphs 8 and 12 not otherwise covered above;
    (c) Technology under licensing or other transfer arrangements used in the production, utilization or stockpiling of items specified in paragraphs (a) and (b);
    (d) Personnel or materials for training or technical support services relating to the design, development, manufacture, use, maintenance or support of items specified in paragraphs (a) and (b);
25. Calls upon all States and international organizations to act strictly in accordance with paragraph 24, notwithstanding the existence of any contracts, agreements, licences or any other arrangements;
26. Requests the Secretary-General, in consultation with appropriate Governments, to develop within sixty days, for the approval of the Council, guidelines to facilitate full international implementation of paragraphs 24, 25 and 27, and to make them available to all States and to establish a procedure for updating these guidelines periodically;
27. Calls upon all States to maintain such national controls and procedures and to take such other actions consistent with the guidelines to be established by the Council under paragraph 26 as may be necessary to ensure compliance with the terms of paragraph 24, and calls upon international organizations to take all appropriate steps to assist in ensuring such full compliance;
28. Agrees to review its decisions in paragraphs 22 to 25, except for the items specified and defined in paragraphs 8 and 12, on a regular basis and in any case one hundred and twenty days following

the adoption of the present resolution, taking into account Iraq's compliance with the resolution and general progress towards the control of armaments in the region;

29. Decides that all States, including Iraq, shall take the necessary measures to ensure that no claim shall lie at the instance of the Government of Iraq, or of any person or body in Iraq, or of any person claiming through or for the benefit of any such person or body, in connection with any contract or other transaction where its performance was affected by reason of the measures taken by the Council in resolution 661 (1990) and related resolutions;

G

30. Decides that, in furtherance of its commitment to facilitate the repatriation of all Kuwaiti and third-State nationals, Iraq shall extend all necessary cooperation to the International Committee of the Red Cross by providing lists of such persons, facilitating the access of the International Committee to all such persons wherever located or detained and facilitating the search by the International Committee for those Kuwaiti and third-State nationals still unaccounted for;

31. Invites the International Committee of the Red Cross to keep the Secretary-General apprised, as appropriate, of all activities undertaken in connection with facilitating the repatriation or return of all Kuwaiti and third-State nationals or their remains present in Iraq on or after 2 August 1990;

H

32. Requires Iraq to inform the Council that it will not commit or support any act of international terrorism or allow any organization directed towards commission of such acts to operate within its territory and to condemn unequivocally and renounce all acts, methods and practices of terrorism;

I

33. Declares that, upon official notification by Iraq to the Secretary-General and to the Security Council of its acceptance of the above provisions, a formal cease-fire is effective between Iraq and Kuwait and the Member States cooperating with Kuwait in accordance with resolution 678 (1990);

34. Decides to remain seized of the matter and to take such further steps as may be required for the implementation of the present resolution and to secure peace and security in the region.

Resolution 1244 (1999): Kosovo[1)]

10 June 1999

The Security Council,
Bearing in mind the purposes and principles of the Charter of the United Nations, and the primary responsibility of the Security Council for the maintenance of international peace and security,
Recalling its resolutions 1160 (1998) of 31 March 1998, 1199 (1998) of 23 September 1998, 1203 (1998) of 24 October 1998 and 1239 (1999) of 14 May 1999,
Regretting that there has not been full compliance with the requirements of these resolutions,
Determined to resolve the grave humanitarian situation in Kosovo, Federal Republic of Yugoslavia, and to provide for the safe and free return of all refugees and displaced persons to their homes,
Condemning all acts of violence against the Kosovo population as well as all terrorist acts by any party,
Recalling the statement made by the Secretary-General on 9 April 1999, expressing concern at the humanitarian tragedy taking place in Kosovo,
Reaffirming the right of all refugees and displaced persons to return to their homes in safety,
Recalling the jurisdiction and the mandate of the International Tribunal for the Former Yugoslavia,
Welcoming the general principles on a political solution to the Kosovo crisis adopted on 6 May 1999 (S/1999/516, annex 1 to this resolution) and welcoming also the acceptance by the Federal Republic of Yugoslavia of the principles set forth in points 1 to 9 of the paper presented in Belgrade on 2 June 1999 (S/1999/649, annex 2 to this resolution), and the Federal Republic of Yugoslavia's agreement to that paper,
Reaffirming the commitment of all Member States to the sovereignty and territorial integrity of the Federal Republic of Yugoslavia and the other States of the region, as set out in the Helsinki Final Act and annex 2,
Reaffirming the call in previous resolutions for substantial autonomy and meaningful self-administration for Kosovo,
Determining that the situation in the region continues to constitute a threat to international peace and security,
Determined to ensure the safety and security of international personnel and the implementation by all concerned of their responsibilities under the present resolution, and acting for these purposes under Chapter VII of the Charter of the United Nations,

1. Decides that a political solution to the Kosovo crisis shall be based on the general principles in annex 1 and as further elaborated in the principles and other required elements in annex 2;
2. Welcomes the acceptance by the Federal Republic of Yugoslavia of the principles and other required elements referred to in paragraph 1 above, and demands the full cooperation of the Federal Republic of Yugoslavia in their rapid implementation;
3. Demands in particular that the Federal Republic of Yugoslavia put an immediate and verifiable end to violence and repression in Kosovo, and begin and complete verifiable phased withdrawal from Kosovo of all military, police and paramilitary forces according to a rapid timetable, with which the deployment of the international security presence in Kosovo will be synchronized;
4. Confirms that after the withdrawal an agreed number of Yugoslav and Serb military and police personnel will be permitted to return to Kosovo to perform the functions in accordance with annex 2;
5. Decides on the deployment in Kosovo, under United Nations auspices, of international civil and security presences, with appropriate equipment and personnel as required, and welcomes the agreement of the Federal Republic of Yugoslavia to such presences;

---

1) Quelle: *ILM* 38 (1999) S. 1451.
  Abstimmungsergebnis: 14 Ja-Stimmen, 0 Nein-Stimmen, 1 Enthaltung (VR China).

6. Requests the Secretary-General to appoint, in consultation with the Security Council, a Special Representative to control the implementation of the international civil presence, and further requests the Secretary-General to instruct his Special Representative to coordinate closely with the international security presence to ensure that both presences operate towards the same goals and in a mutually supportive manner;
7. Authorizes Member States and relevant international organizations to establish the international security presence in Kosovo as set out in point 4 of annex 2 with all necessary means to fulfil its responsibilities under paragraph 9 below;
8. Affirms the need for the rapid early deployment of effective international civil and security presences to Kosovo, and demands that the parties cooperate fully in their deployment;
9. Decides that the responsibilities of the international security presence to be deployed and acting in Kosovo will include:
    (a) Deterring renewed hostilities, maintaining and where necessary enforcing a ceasefire, and ensuring the withdrawal and preventing the return into Kosovo of Federal and Republic military, police and paramilitary forces, except as provided in point 6 of annex 2;
    (b) Demilitarizing the Kosovo Liberation Army (KLA) and other armed Kosovo Albanian groups as required in paragraph 15 below;
    (c) Establishing a secure environment in which refugees and displaced persons can return home in safety, the international civil presence can operate, a transitional administration can be established, and humanitarian aid can be delivered;
    (d) Ensuring public safety and order until the international civil presence can take responsibility for this task;
    (e) Supervising demining until the international civil presence can, as appropriate, take over responsibility for this task;
    (f) Supporting, as appropriate, and coordinating closely with the work of the international civil presence;
    (g) Conducting border monitoring duties as required;
    (h) Ensuring the protection and freedom of movement of itself, the international civil presence, and other international organizations;
10. Authorizes the Secretary-General, with the assistance of relevant international organizations, to establish an international civil presence in Kosovo in order to provide an interim administration for Kosovo under which the people of Kosovo can enjoy substantial autonomy within the Federal Republic of Yugoslavia, and which will provide transitional administration while establishing and overseeing the development of provisional democratic self-governing institutions to ensure conditions for a peaceful and normal life for all inhabitants of Kosovo;
11. Decides that the main responsibilities of the international civil presence will include:
    (a) Promoting the establishment, pending a final settlement, of substantial autonomy and self-government in Kosovo, taking full account of annex 2 and of the Rambouillet accords (S/1999/648);
    (b) Performing basic civilian administrative functions where and as long as required;
    (c) Organizing and overseeing the development of provisional institutions for democratic and autonomous self-government pending a political settlement, including the holding of elections;
    (d) Transferring, as these institutions are established, its administrative responsibilities while overseeing and supporting the consolidation of Kosovo's local provisional institutions and other peace-building activities;
    (e) Facilitating a political process designed to determine Kosovo's future status, taking into account the Rambouillet accords (S/1999/648);
    (f) In a final stage, overseeing the transfer of authority from Kosovo's provisional institutions to institutions established under a political settlement;
    (g) Supporting the reconstruction of key infrastructure and other economic reconstruction;

Resolution 1244 (1999): Kosovo

(h) Supporting, in coordination with international humanitarian organizations, humanitarian and disaster relief aid;
(i) Maintaining civil law and order, including establishing local police forces and meanwhile through the deployment of international police personnel to serve in Kosovo;
(j) Protecting and promoting human rights;
(k) Assuring the safe and unimpeded return of all refugees and displaced persons to their homes in Kosovo;

12. Emphasizes the need for coordinated humanitarian relief operations, and for the Federal Republic of Yugoslavia to allow unimpeded access to Kosovo by humanitarian aid organizations and to cooperate with such organizations so as to ensure the fast and effective delivery of international aid;
13. Encourages all Member States and international organizations to contribute to economic and social reconstruction as well as to the safe return of refugees and displaced persons, and emphasizes in this context the importance of convening an international donors' conference, particularly for the purposes set out in paragraph 11 (g) above, at the earliest possible date;
14. Demands full cooperation by all concerned, including the international security presence, with the International Tribunal for the Former Yugoslavia;
15. Demands that the KLA and other armed Kosovo Albanian groups end immediately all offensive actions and comply with the requirements for demilitarization as laid down by the head of the international security presence in consultation with the Special Representative of the Secretary-General;
16. Decides that the prohibitions imposed by paragraph 8 of resolution 1160 (1998) shall not apply to arms and related matériel for the use of the international civil and security presences;
17. Welcomes the work in hand in the European Union and other international organizations to develop a comprehensive approach to the economic development and stabilization of the region affected by the Kosovo crisis, including the implementation of a Stability Pact for South Eastern Europe with broad international participation in order to further the promotion of democracy, economic prosperity, stability and regional cooperation;
18. Demands that all States in the region cooperate fully in the implementation of all aspects of this resolution;
19. Decides that the international civil and security presences are established for an initial period of 12 months, to continue thereafter unless the Security Council decides otherwise;
20. Requests the Secretary-General to report to the Council at regular intervals on the implementation of this resolution, including reports from the leaderships of the international civil and security presences, the first reports to be submitted within 30 days of the adoption of this resolution;
21. Decides to remain actively seized of the matter.

Annex 1

Statement by the Chairman on the conclusion of the meeting of the G-8 Foreign Ministers held at the Petersberg Centre on 6 May 1999

The G-8 Foreign Ministers adopted the following general principles on the political solution to the Kosovo crisis:

- Immediate and verifiable end of violence and repression in Kosovo;
- Withdrawal from Kosovo of military, police and paramilitary forces;
- Deployment in Kosovo of effective international civil and security presences, endorsed and adopted by the United Nations, capable of guaranteeing the achievement of the common objectives;
- Establishment of an interim administration for Kosovo to be decided by the Security Council of the United Nations to ensure conditions for a peaceful and normal life for all inhabitants in Kosovo;
- The safe and free return of all refugees and displaced persons and unimpeded access to Kosovo by humanitarian aid organizations;

- A political process towards the establishment of an interim political framework agreement providing for a substantial self-government for Kosovo, taking full account of the Rambouillet accords and the principles of sovereignty and territorial integrity of the Federal Republic of Yugoslavia and the other countries of the region, and the demilitarization of the KLA;
- Comprehensive approach to the economic development and stabilization of the crisis region.

Annex 2

Agreement should be reached on the following principles to move towards a resolution of the Kosovo crisis:

1. An immediate and verifiable end of violence and repression in Kosovo.
2. Verifiable withdrawal from Kosovo of all military, police and paramilitary forces according to a rapid timetable.
3. Deployment in Kosovo under United Nations auspices of effective international civil and security presences, acting as may be decided under Chapter VII of the Charter, capable of guaranteeing the achievement of common objectives.
4. The international security presence with substantial North Atlantic Treaty Organization participation must be deployed under unified command and control and authorized to establish a safe environment for all people in Kosovo and to facilitate the safe return to their homes of all displaced persons and refugees.
5. Establishment of an interim administration for Kosovo as a part of the international civil presence under which the people of Kosovo can enjoy substantial autonomy within the Federal Republic of Yugoslavia, to be decided by the Security Council of the United Nations. The interim administration to provide transitional administration while establishing and overseeing the development of provisional democratic self-governing institutions to ensure conditions for a peaceful and normal life for all inhabitants in Kosovo.
6. After withdrawal, an agreed number of Yugoslav and Serbian personnel will be permitted to return to perform the following functions:
   - Liaison with the international civil mission and the international security presence;
   - Marking/clearing minefields;
   - Maintaining a presence at Serb patrimonial sites;
   - Maintaining a presence at key border crossings.
7. Safe and free return of all refugees and displaced persons under the supervision of the Office of the United Nations High Commissioner for Refugees and unimpeded access to Kosovo by humanitarian aid organizations.
8. A political process towards the establishment of an interim political framework agreement providing for substantial self-government for Kosovo, taking full account of the Rambouillet accords and the principles of sovereignty and territorial integrity of the Federal Republic of Yugoslavia and the other countries of the region, and the demilitarization of UCK. Negotiations between the parties for a settlement should not delay or disrupt the establishment of democratic self-governing institutions.
9. A comprehensive approach to the economic development and stabilization of the crisis region. This will include the implementation of a stability pact for South-Eastern Europe with broad international participation in order to further promotion of democracy, economic prosperity, stability and regional cooperation.
10. Suspension of military activity will require acceptance of the principles set forth above in addition to agreement to other, previously identified, required elements, which are specified in the footnote

below.[1] A military-technical agreement will then be rapidly concluded that would, among other things, specify additional modalities, including the roles and functions of Yugoslav/Serb personnel in Kosovo:

Withdrawal
– Procedures for withdrawals, including the phased, detailed schedule and delineation of a buffer area in Serbia beyond which forces will be withdrawn;

Returning personnel
– Equipment associated with returning personnel;
– Terms of reference for their functional responsibilities;
– Timetable for their return;
– Delineation of their geographical areas of operation;
– Rules governing their relationship to the international security presence and the international civil mission.

---

1) *Notes*
Other required elements:
  – A rapid and precise timetable for withdrawals, meaning, e.g., seven days to complete withdrawal and air defence weapons withdrawn outside a 25 kilometre mutual safety zone within 48 hours;
  – Return of personnel for the four functions specified above will be under the supervision of the international security presence and will be limited to a small agreed number (hundreds, not thousands);
  – Suspension of military activity will occur after the beginning of verifiable withdrawals;
  – The discussion and achievement of a military-technical agreement shall not extend the previously determined time for completion of withdrawals.

Resolution 1368 (2001): Verurteilung der Terroranschläge am 11. September 2001[1)]

12 September 2001

The Security Council,
Reaffirming the principles and purposes of the Charter of the United Nations,
Determined to combat by all means threats to international peace and security caused by terrorist acts,
Recognizing the inherent right of individual or collective self-defence in accordance with the Charter,

1. Unequivocally condemns in the strongest terms the horrifying terrorist attacks which took place on 11 September 2001 in New York, Washington (D.C.) and Pennsylvania and regards such acts, like any act of international terrorism, as a threat to international peace and security;
2. Expresses its deepest sympathy and condolences to the victims and their families and to the people and Government of the United States of America;
3. Calls on all States to work together urgently to bring to justice the perpetrators, organizers and sponsors of these terrorist attacks and stresses that those responsible for aiding, supporting or harbouring the perpetrators, organizers and sponsors of these acts will be held accountable;
4. Calls also on the international community to redouble their efforts to prevent and suppress terrorist acts including by increased cooperation and full implementation of the relevant international anti-terrorist conventions and Security Council resolutions, in particular resolution 1269 of 19 October 1999;
5. Expresses its readiness to take all necessary steps to respond to the terrorist attacks of 11 September 2001, and to combat all forms of terrorism, in accordance with its responsibilities under the Charter of the United Nations;
6. Decides to remain seized of the matter.

---

1) Quelle: *ILM* 40 (2001) S. 1277.
   Einstimmige Annahme.

Resolution 1373 (2001): Bekämpfung des Terrorismus[1]
28 September 2001

The Security Council,
Reaffirming its resolutions 1269 (1999) of 19 October 1999 and 1368 (2001) of 12 September 2001,
Reaffirming also its unequivocal condemnation of the terrorist attacks which took place in New York, Washington, D.C., and Pennsylvania on 11 September 2001, and expressing its determination to prevent all such acts,
Reaffirming further that such acts, like any act of international terrorism, constitute a threat to international peace and security,
Reaffirming the inherent right of individual or collective self-defence as recognized by the Charter of the United Nations as reiterated in resolution 1368 (2001),
Reaffirming the need to combat by all means, in accordance with the Charter of the United Nations, threats to international peace and security caused by terrorist acts,
Deeply concerned by the increase, in various regions of the world, of acts of terrorism motivated by intolerance or extremism,
Calling on States to work together urgently to prevent and suppress terrorist acts, including through increased cooperation and full implementation of the relevant international conventions relating to terrorism,
Recognizing the need for States to complement international cooperation by taking additional measures to prevent and suppress, in their territories through all lawful means, the financing and preparation of any acts of terrorism,
Reaffirming the principle established by the General Assembly in its declaration of October 1970 (resolution 2625 (XXV)) and reiterated by the Security Council in its resolution 1189 (1998) of 13 August 1998, namely that every State has the duty to refrain from organizing, instigating, assisting or participating in terrorist acts in another State or acquiescing in organized activities within its territory directed towards the commission of such acts,
Acting under Chapter VII of the Charter of the United Nations,

1. Decides that all States shall:
   (a) Prevent and suppress the financing of terrorist acts;
   (b) Criminalize the wilful provision or collection, by any means, directly or indirectly, of funds by their nationals or in their territories with the intention that the funds should be used, or in the knowledge that they are to be used, in order to carry out terrorist acts;
   (c) Freeze without delay funds and other financial assets or economic resources of persons who commit, or attempt to commit, terrorist acts or participate in or facilitate the commission of terrorist acts; of entities owned or controlled directly or indirectly by such persons; and of persons and entities acting on behalf of, or at the direction of such persons and entities, including funds derived or generated from property owned or controlled directly or indirectly by such persons and associated persons and entities;
   (d) Prohibit their nationals or any persons and entities within their territories from making any funds, financial assets or economic resources or financial or other related services available, directly or indirectly, for the benefit of persons who commit or attempt to commit or facilitate or participate in the commission of terrorist acts, of entities owned or controlled, directly or indirectly, by such persons and of persons and entities acting on behalf of or at the direction of such persons;

---
[1] Quelle: *ILM* 40 (2001) S. 1278.
Einstimmige Annahme.

53 Resolution 1373 (2001): Bekämpfung des Terrorismus

2. Decides also that all States shall:
   (a) Refrain from providing any form of support, active or passive, to entities or persons involved in terrorist acts, including by suppressing recruitment of members of terrorist groups and eliminating the supply of weapons to terrorists;
   (b) Take the necessary steps to prevent the commission of terrorist acts, including by provision of early warning to other States by exchange of information;
   (c) Deny safe haven to those who finance, plan, support, or commit terrorist acts, or provide safe havens;
   (d) Prevent those who finance, plan, facilitate or commit terrorist acts from using their respective territories for those purposes against other States or their citizens;
   (e) Ensure that any person who participates in the financing, planning, preparation or perpetration of terrorist acts or in supporting terrorist acts is brought to justice and ensure that, in addition to any other measures against them, such terrorist acts are established as serious criminal offences in domestic laws and regulations and that the punishment duly reflects the seriousness of such terrorist acts;
   (f) Afford one another the greatest measure of assistance in connection with criminal investigations or criminal proceedings relating to the financing or support of terrorist acts, including assistance in obtaining evidence in their possession necessary for the proceedings;
   (g) Prevent the movement of terrorists or terrorist groups by effective border controls and controls on issuance of identity papers and travel documents, and through measures for preventing counterfeiting, forgery or fraudulent use of identity papers and travel documents;
3. Calls upon all States to:
   (a) Find ways of intensifying and accelerating the exchange of operational information, especially regarding actions or movements of terrorist persons or networks; forged or falsified travel documents; traffic in arms, explosives or sensitive materials; use of communications technologies by terrorist groups; and the threat posed by the possession of weapons of mass destruction by terrorist groups;
   (b) Exchange information in accordance with international and domestic law and cooperate on administrative and judicial matters to prevent the commission of terrorist acts;
   (c) Cooperate, particularly through bilateral and multilateral arrangements and agreements, to prevent and suppress terrorist attacks and take action against perpetrators of such acts;
   (d) Become parties as soon as possible to the relevant international conventions and protocols relating to terrorism, including the International Convention for the Suppression of the Financing of Terrorism of 9 December 1999;
   (e) Increase cooperation and fully implement the relevant international conventions and protocols relating to terrorism and Security Council resolutions 1269 (1999) and 1368 (2001);
   (f) Take appropriate measures in conformity with the relevant provisions of national and international law, including international standards of human rights, before granting refugee status, for the purpose of ensuring that the asylum seeker has not planned, facilitated or participated in the commission of terrorist acts;
   (g) Ensure, in conformity with international law, that refugee status is not abused by the perpetrators, organizers or facilitators of terrorist acts, and that claims of political motivation are not recognized as grounds for refusing requests for the extradition of alleged terrorists;
4. Notes with concern the close connection between international terrorism and transnational organized crime, illicit drugs, money-laundering, illegal arms-trafficking, and illegal movement of nuclear, chemical, biological and other potentially deadly materials, and in this regard emphasizes the need to enhance coordination of efforts on national, subregional, regional and international levels in order to strengthen a global response to this serious challenge and threat to international security;
5. Declares that acts, methods, and practices of terrorism are contrary to the purposes and principles of the United Nations and that knowingly financing, planning and inciting terrorist acts are also contrary to the purposes and principles of the United Nations;

Resolution 1373 (2001): Bekämpfung des Terrorismus

6. Decides to establish, in accordance with rule 28 of its provisional rules of procedure, a Committee of the Security Council, consisting of all the members of the Council, to monitor implementation of this resolution, with the assistance of appropriate expertise, and calls upon all States to report to the Committee, no later than 90 days from the date of adoption of this resolution and thereafter according to a timetable to be proposed by the Committee, on the steps they have taken to implement this resolution;
7. Directs the Committee to delineate its tasks, submit a work programme within 30 days of the adoption of this resolution, and to consider the support it requires, in consultation with the Secretary-General;
8. Expresses its determination to take all necessary steps in order to ensure the full implementation of this resolution, in accordance with its responsibilities under the Charter;
9. Decides to remain seized of this matter.

Resolution 1540 (2004): Massenvernichtungswaffen in der Hand nichtstaatlicher Akteure[1]

28 April 2004

– Auszug –

The Security Council,

Affirming that proliferation of nuclear, chemical and biological weapons, as well as their means of delivery, constitutes a threat to international peace and security,

Reaffirming, in this context, the Statement of its President adopted at the Council's meeting at the level of Heads of State and Government on 31 January 1992 (S/23500), including the need for all Member States to fulfil their obligations in relation to arms control and disarmament and to prevent proliferation in all its aspects of all weapons of mass destruction,

Recalling also that the Statement underlined the need for all Member States to resolve peacefully in accordance with the Charter any problems in that context threatening or disrupting the maintenance of regional and global stability,

Affirming its resolve to take appropriate and effective actions against any threat to international peace and security caused by the proliferation of nuclear, chemical and biological weapons and their means of delivery, in conformity with its primary responsibilities, as provided for in the United Nations Charter,

Affirming its support for the multilateral treaties whose aim is to eliminate or prevent the proliferation of nuclear, chemical or biological weapons and the importance for all States parties to these treaties to implement them fully in order to promote international stability,

Welcoming efforts in this context by multilateral arrangements which contribute to non-proliferation,

Affirming that prevention of proliferation of nuclear, chemical and biological weapons should not hamper international cooperation in materials, equipment and technology for peaceful purposes while goals of peaceful utilization should not be used as a cover for proliferation,

Gravely concerned by the threat of terrorism and the risk that non-State actors* such as those identified in the United Nations list established and maintained by the Committee established under Security Council resolution 1267 and those to whom resolution 1373 applies, may acquire, develop, traffic in or use nuclear, chemical and biological weapons and their means of delivery,

Gravely concerned by the threat of illicit trafficking in nuclear, chemical, or biological weapons and their means of delivery, and related materials, which adds a new dimension to the issue of proliferation of such weapons and also poses a threat to international peace and security,

Recognizing the need to enhance coordination of efforts on national, subregional, regional and international levels in order to strengthen a global response to this serious challenge and threat to international security,

Recognizing that most States have undertaken binding legal obligations under treaties to which they are parties, or have made other commitments aimed at preventing the proliferation of nuclear, chemical or biological weapons, and have taken effective measures to account for, secure and physically protect sensitive materials, such as those required by the Convention on the Physical Protection of Nuclear Materials and those recommended by the IAEA Code of Conduct on the Safety and Security of Radioactive Sources,

Recognizing further the urgent need for all States to take additional effective measures to prevent the proliferation of nuclear, chemical or biological weapons and their means of delivery,

Encouraging all Member States to implement fully the disarmament treaties and agreements to which they are party,

Reaffirming the need to combat by all means, in accordance with the Charter of the United Nations, threats to international peace and security caused by terrorist acts,

---

1) Quelle: *ILM* 43 (2004) S. 1237.

Resolution 1540 (2004): Massenvernichtungswaffen

Determined to facilitate henceforth an effective response to global threats in the area of non-proliferation,

Acting under Chapter VII of the Charter of the United Nations,

1. *Decides that* all States shall refrain from providing any form of support to non-State actors that attempt to develop, acquire, manufacture, possess, transport, transfer or use nuclear, chemical or biological weapons and their means of delivery;
2. *Decides also* that all States, in accordance with their national procedures, shall adopt and enforce appropriate effective laws which prohibit any non-State actor to manufacture, acquire, possess, develop, transport, transfer or use nuclear, chemical or biological weapons and their means of delivery, in particular for terrorist purposes, as well as attempts to engage in any of the foregoing activities, participate in them as an accomplice, assist or finance them;
3. *Decides also* that all States shall take and enforce effective measures to establish domestic controls to prevent the proliferation of nuclear, chemical, or biological weapons and their means of delivery, including by establishing appropriate controls over related materials and to this end shall:
   (a) Develop and maintain appropriate effective measures to account for and secure such items in production, use, storage or transport;
   (b) Develop and maintain appropriate effective physical protection measures;
   (c) Develop and maintain appropriate effective border controls and law enforcement efforts to detect, deter, prevent and combat, including through international cooperation when necessary, the illicit trafficking and brokering in such items in accordance with their national legal authorities and legislation and consistent with international law;
   (d) Establish, develop, review and maintain appropriate effective national export and trans-shipment controls over such items, including appropriate laws and regulations to control export, transit, trans-shipment and re-export and controls on providing funds and services related to such export and trans-shipment such as financing, and transporting that would contribute to proliferation, as well as establishing end-user controls; and establishing and enforcing appropriate criminal or civil penalties for violations of such export control laws and regulations;
4. *Decides* to establish, in accordance with rule 28 of its provisional rules of procedure, for a period of no longer than two years, a Committee of the Security Council, consisting of all members of the Council, which will, calling as appropriate on other expertise, report to the Security Council for its examination, on the implementation of this resolution, and to this end calls upon States to present a first report no later than six months from the adoption of this resolution to the Committee on steps they have taken or intend to take to implement this resolution;
5. *Decides* that none of the obligations set forth in this resolution shall be interpreted so as to conflict with or alter the rights and obligations of State Parties to the Nuclear Non-Proliferation Treaty, the Chemical Weapons Convention and the Biological and Toxin Weapons Convention or alter the responsibilities of the International Atomic Energy Agency or the Organization for the Prohibition of Chemical Weapons;
6. *Recognizes* the utility in implementing this resolution of effective national control lists and calls upon all Member States, when necessary, to pursue at the earliest opportunity the development of such lists;
7. *Recognizes* that some States may require assistance in implementing the provisions of this resolution within their territories and invites States in a position to do so to offer assistance as appropriate in response to specific requests to the States lacking the legal and regulatory infrastructure, implementation experience and/or resources for fulfilling the above provisions;

...

Resolution 1970 (2011): Sanktionen gegen Libyen[1]

26 February 2011

The Security Council,

Expressing grave concern at the situation in the Libyan Arab Jamahiriya and condemning the violence and use of force against civilians,

Deploring the gross and systematic violation of human rights, including the repression of peaceful demonstrators, expressing deep concern at the deaths of civilians, and rejecting unequivocally the incitement to hostility and violence against the civilian population made from the highest level of the Libyan government,

Welcoming the condemnation by the Arab League, the African Union, and the Secretary General of the Organization of the Islamic Conference of the serious violations of human rights and international humanitarian law that are being committed in the Libyan Arab Jamahiriya,

Taking note of the letter to the President of the Security Council from the Permanent Representative of the Libyan Arab Jamahiriya dated 26 February 2011,

Welcoming the Human Rights Council resolution A/HRC/S-15/2 of 25 February 2011, including the decision to urgently dispatch an independent international commission of inquiry to investigate all alleged violations of international human rights law in the Libyan Arab Jamahiriya, to establish the facts and circumstances of such violations and of the crimes perpetrated, and where possible identify those responsible,

Considering that the widespread and systematic attacks currently taking place in the Libyan Arab Jamahiriya against the civilian population may amount to crimes against humanity,

Expressing concern at the plight of refugees forced to flee the violence in the Libyan Arab Jamahiriya,

Expressing concern also at the reports of shortages of medical supplies to treat the wounded,

Recalling the Libyan authorities' responsibility to protect its population,

Underlining the need to respect the freedoms of peaceful assembly and of expression, including freedom of the media,

Stressing the need to hold to account those responsible for attacks, including by forces under their control, on civilians,

Recalling article 16 of the Rome Statute under which no investigation or prosecution may be commenced or proceeded with by the International Criminal Court for a period of 12 months after a Security Council request to that effect,

Expressing concern for the safety of foreign nationals and their rights in the Libyan Arab Jamahiriya,

Reaffirming its strong commitment to the sovereignty, independence, territorial integrity and national unity of the Libyan Arab Jamahiriya,

Mindful of its primary responsibility for the maintenance of international peace and security under the Charter of the United Nations,

Acting under Chapter VII of the Charter of the United Nations, and taking measures under its Article 41,

1. *Demands* an immediate end to the violence and calls for steps to fulfil the legitimate demands of the population;
2. *Urges* the Libyan authorities to:
   (a) Act with the utmost restraint, respect human rights and international humanitarian law, and allow immediate access for international human rights monitors;
   (b) Ensure the safety of all foreign nationals and their assets and facilitate the departure of those wishing to leave the country;
   (c) Ensure the safe passage of humanitarian and medical supplies, and humanitarian agencies and workers, into the country; and

---

[1] Deutscher Text: www.un.org/depts/german/sr/sr_11/sr1970.pdf.
Internationale Quelle: UN-Dok. S/RES/1970 (2011).
Einstimmig angenommen.

Resolution 1970 (2011): Sanktionen gegen Libyen

(d) Immediately lift restrictions on all forms of media;

3. *Requests* all Member States, to the extent possible, to cooperate in the evacuation of those foreign nationals wishing to leave the country;

ICC referral

4. *Decides* to refer the situation in the Libyan Arab Jamahiriya since 15 February 2011 to the Prosecutor of the International Criminal Court;

5. *Decides* that the Libyan authorities shall cooperate fully with and provide any necessary assistance to the Court and the Prosecutor pursuant to this resolution and, while recognizing that States not party to the Rome Statute have no obligation under the Statute, urges all States and concerned regional and other international organizations to cooperate fully with the Court and the Prosecutor;

6. *Decides* that nationals, current or former officials or personnel from a State outside the Libyan Arab Jamahiriya which is not a party to the Rome Statute of the International Criminal Court shall be subject to the exclusive jurisdiction of that State for all alleged acts or omissions arising out of or related to operations in the Libyan Arab Jamahiriya established or authorized by the Council, unless such exclusive jurisdiction has been expressly waived by the State;

7. *Invites* the Prosecutor to address the Security Council within two months of the adoption of this resolution and every six months thereafter on actions taken pursuant to this resolution;

8. *Recognizes* that none of the expenses incurred in connection with the referral, including expenses related to investigations or prosecutions in connection with that referral, shall be borne by the United Nations and that such costs shall be borne by the parties to the Rome Statute and those States that wish to contribute voluntarily;

Arms embargo

9. *Decides* that all Member States shall immediately take the necessary measures to prevent the direct or indirect supply, sale or transfer to the Libyan Arab Jamahiriya, from or through their territories or by their nationals, or using their flag vessels or aircraft, of arms and related materiel of all types, including weapons and ammunition, military vehicles and equipment, paramilitary equipment, and spare parts for the aforementioned, and technical assistance, training, financial or other assistance, related to military activities or the provision, maintenance or use of any arms and related materiel, including the provision of armed mercenary personnel whether or not originating in their territories, and decides further that this measure shall not apply to:

 (a) Supplies of non-lethal military equipment intended solely for humanitarian or protective use, and related technical assistance or training, as approved in advance by the Committee established pursuant to paragraph 24 below;

 (b) Protective clothing, including flak jackets and military helmets, temporarily exported to the Libyan Arab Jamahiriya by United Nations personnel, representatives of the media and humanitarian and development works and associated personnel, for their personal use only; or

 (c) Other sales or supply of arms and related materiel, or provision of assistance or personnel, as approved in advance by the Committee;

10. *Decides* that the Libyan Arab Jamahiriya shall cease the export of all arms and related materiel and that all Member States shall prohibit the procurement of such items from the Libyan Arab Jamahiriya by their nationals, or using their flagged vessels or aircraft, and whether or not originating in the territory of the Libyan Arab Jamahiriya;

11. *Calls upon* all States, in particular States neighbouring the Libyan Arab Jamahiriya, to inspect, in accordance with their national authorities and legislation and consistent with international law, in particular the law of the sea and relevant international civil aviation agreements, all cargo to and from the Libyan Arab Jamahiriya, in their territory, including seaports and airports, if the State concerned has information that provides reasonable grounds to believe the cargo contains items the supply, sale, transfer, or export of which is prohibited by paragraphs 9 or 10 of this resolution for the purpose of ensuring strict implementation of those provisions;

12. *Decides* to authorize all Member States to, and that all Member States shall, upon discovery of items prohibited by paragraph 9 or 10 of this resolution, seize and dispose (such as through

destruction, rendering inoperable, storage or transferring to a State other than the originating or destination States for disposal) items the supply, sale, transfer or export of which is prohibited by paragraph 9 or 10 of this resolution and decides further that all Member States shall cooperate in such efforts;

13. *Requires* any Member State when it undertakes an inspection pursuant to paragraph 11 above, to submit promptly an initial written report to the Committee containing, in particular, explanation of the grounds for the inspections, the results of such inspections, and whether or not cooperation was provided, and, if prohibited items for transfer are found, further requires such Member States to submit to the Committee, at a later stage, a subsequent written report containing relevant details on the inspection, seizure, and disposal, and relevant details of the transfer, including a description of the items, their origin and intended destination, if this information is not in the initial report;

14. *Encourages* Member States to take steps to strongly discourage their nationals from travelling to the Libyan Arab Jamahiriya to participate in activities on behalf of the Libyan authorities that could reasonably contribute to the violation of human rights;

Travel ban

15. *Decides* that all Member States shall take the necessary measures to prevent the entry into or transit through their territories of individuals listed in Annex I of this resolution or designated by the Committee established pursuant to paragraph 24 below, provided that nothing in this paragraph shall oblige a State to refuse its own nationals entry into its territory;

16. *Decides* that the measures imposed by paragraph 15 above shall not apply:
    (a) Where the Committee determines on a case-by-case basis that such travel is justified on the grounds of humanitarian need, including religious obligation;
    (b) Where entry or transit is necessary for the fulfilment of a judicial process;
    (c) Where the Committee determines on a case-by-case basis that an exemption would further the objectives of peace and national reconciliation in the Libyan Arab Jamahiriya and stability in the region; or
    (d) Where a State determines on a case-by-case basis that such entry or transit is required to advance peace and stability in the Libyan Arab Jamahiriya and the States subsequently notifies the Committee within forty-eight hours after making such a determination;

Asset freeze

17. *Decides* that all Member States shall freeze without delay all funds, other financial assets and economic resources which are on their territories, which are owned or controlled, directly or indirectly, by the individuals or entities listed in Annex II of this resolution or designated by the Committee established pursuant to paragraph 24 below, or by individuals or entities acting on their behalf or at their direction, or by entities owned or controlled by them, and decides further that all Member States shall ensure that any funds, financial assets or economic resources are prevented from being made available by their nationals or by any individuals or entities within their territories, to or for the benefit of the individuals or entities listed in Annex II of this resolution or individuals designated by the Committee;

18. *Expresses* its intention to ensure that assets frozen pursuant to paragraph 17 shall at a later stage be made available to and for the benefit of the people of the Libyan Arab Jamahiriya;

19. *Decides* that the measures imposed by paragraph 17 above do not apply to funds, other financial assets or economic resources that have been determined by relevant Member States:
    (a) To be necessary for basic expenses, including payment for foodstuffs, rent or mortgage, medicines and medical treatment, taxes, insurance premiums, and public utility charges or exclusively for payment of reasonable professional fees and reimbursement of incurred expenses associated with the provision of legal services in accordance with national laws, or fees or service charges, in accordance with national laws, for routine holding or maintenance of frozen funds, other financial assets and economic resources, after notification by the relevant State to the Committee of the intention to authorize, where appropriate, access to such funds, other financial assets or economic resources and in the absence of a negative decision by the Committee within five working days of such notification;

(b) To be necessary for extraordinary expenses, provided that such determination has been notified by the relevant State or Member States to the Committee and has been approved by the Committee; or
(c) To be the subject of a judicial, administrative or arbitral lien or judgment, in which case the funds, other financial assets and economic resources may be used to satisfy that lien or judgment provided that the lien or judgment was entered into prior to the date of the present resolution, is not for the benefit of a person or entity designated pursuant to paragraph 17 above, and has been notified by the relevant State or Member States to the Committee;

20. *Decides* that Member States may permit the addition to the accounts frozen pursuant to the provisions of paragraph 17 above of interests or other earnings due on those accounts or payments due under contracts, agreements or obligations that arose prior to the date on which those accounts became subject to the provisions of this resolution, provided that any such interest, other earnings and payments continue to be subject to these provisions and are frozen;
21. *Decides* that the measures in paragraph 17 above shall not prevent a designated person or entity from making payment due under a contract entered into prior to the listing of such a person or entity, provided that the relevant States have determined that the payment is not directly or indirectly received by a person or entity designated pursuant to paragraph 17 above, and after notification by the relevant States to the Committee of the intention to make or receive such payments or to authorize, where appropriate, the unfreezing of funds, other financial assets or economic resources for this purpose, 10 working days prior to such authorization;

Designation criteria

22. *Decides* that the measures contained in paragraphs 15 and 17 shall apply to the individuals and entities designated by the Committee, pursuant to paragraph 24 (b) and (c), respectively;
    (a) Involved in or complicit in ordering, controlling, or otherwise directing, the commission of serious human rights abuses against persons in the Libyan Arab Jamahiriya, including by being involved in or complicit in planning, commanding, ordering or conducting attacks, in violation of international law, including aerial bombardments, on civilian populations and facilities; or
    (b) Acting for or on behalf of or at the direction of individuals or entities identified in subparagraph (a).
23. *Strongly encourages* Member States to submit to the Committee names of individuals who meet the criteria set out in paragraph 22 above;

New Sanctions Committee

24. *Decides* to establish, in accordance with rule 28 of its provisional rules of procedure, a Committee of the Security Council consisting of all the members of the Council (herein »the Committee«), to undertake to following tasks:
    (a) To monitor implementation of the measures imposed in paragraphs 9, 10, 15, and 17;
    (b) To designate those individuals subject to the measures imposed by paragraphs 15 and to consider requests for exemptions in accordance with paragraph 16 above;
    (c) To designate those individuals subject to the measures imposed by paragraph 17 above and to consider requests for exemptions in accordance with paragraphs 19 and 20 above;
    (d) To establish such guidelines as may be necessary to facilitate the implementation of the measures imposed above;
    (e) To report within thirty days to the Security Council on its work for the first report and thereafter to report as deemed necessary by the Committee;
    (f) To encourage a dialogue between the Committee and interested Member States, in particular those in the region, including by inviting representatives of such States to meet with the Committee to discuss implementation of the measures;
    (g) To seek from all States whatever information it may consider useful regarding the actions taken by them to implement effectively the measures imposed above;
    (h) To examine and take appropriate action on information regarding alleged violations or non-compliance with the measures contained in this resolution;

25. *Calls upon* all Member States to report to the Committee within 120 days of the adoption of this resolution on the steps they have taken with a view to implementing effectively paragraphs 9, 10, 15 and 17 above;

Humanitarian assistance

26. *Calls upon* all Member States, working together and acting in cooperation with the Secretary General, to facilitate and support the return of humanitarian agencies and make available humanitarian and related assistance in the Libyan Arab Jamahiriya, and requests the States concerned to keep the Security Council regularly informed on the progress of actions undertaken pursuant to this paragraph, and expresses its readiness to consider taking additional appropriate measures, as necessary, to achieve this;

Commitment to review

27. *Affirms* that it shall keep the Libyan authorities' actions under continuous review and that it shall be prepared to review the appropriateness of the measures contained in this resolution, including the strengthening, modification, suspension or lifting of the measures, as may be needed at any time in light of the Libyan authorities' compliance with relevant provisions of this resolution;

28. *Decides* to remain actively seized of the matter.

Resolution 1973 (2011): Schutz der libyschen Bevölkerung[1]

17 March 2011

The Security Council,

Recalling its resolution 1970 (2011) of 26 February 2011,
Deploring the failure of the Libyan authorities to comply with resolution 1970 (2011),
Expressing grave concern at the deteriorating situation, the escalation of violence, and the heavy civilian casualties,
Reiterating the responsibility of the Libyan authorities to protect the Libyan population and *reaffirming* that parties to armed conflicts bear the primary responsibility to take all feasible steps to ensure the protection of civilians,
Condemning the gross and systematic violation of human rights, including arbitrary detentions, enforced disappearances, torture and summary executions,
Further condemning acts of violence and intimidation committed by the Libyan authorities against journalists, media professionals and associated personnel and *urging* these authorities to comply with their obligations under international humanitarian law as outlined in resolution 1738 (2006),
Considering that the widespread and systematic attacks currently taking place in the Libyan Arab Jamahiriya against the civilian population may amount to crimes against humanity,
Recalling paragraph 26 of resolution 1970 (2011) in which the Council expressed its readiness to consider taking additional appropriate measures, as necessary, to facilitate and support the return of humanitarian agencies and make available humanitarian and related assistance in the Libyan Arab Jamahiriya,
Expressing its determination to ensure the protection of civilians and civilian populated areas and the rapid and unimpeded passage of humanitarian assistance and the safety of humanitarian personnel,
Recalling the condemnation by the League of Arab States, the African Union, and the Secretary General of the Organization of the Islamic Conference of the serious violations of human rights and international humanitarian law that have been and are being committed in the Libyan Arab Jamahiriya,
Taking note of the final communiqué of the Organisation of the Islamic Conference of 8 March 2011, and the communiqué of the Peace and Security Council of the African Union of 10 March 2011 which established an ad hoc High Level Committee on Libya,
Taking note also of the decision of the Council of the League of Arab States of 12 March 2011 to call for the imposition of a no-fly zone on Libyan military aviation, and to establish safe areas in places exposed to shelling as a precautionary measure that allows the protection of the Libyan people and foreign nationals residing in the Libyan Arab Jamahiriya,
Taking note further of the Secretary-General's call on 16 March 2011 for an immediate cease-fire,
Recalling its decision to refer the situation in the Libyan Arab Jamahiriya since 15 February 2011 to the Prosecutor of the International Criminal Court, and *stressing* that those responsible for or complicit in attacks targeting the civilian population, including aerial and naval attacks, must be held to account.
Reiterating its concern at the plight of refugees and foreign workers forced to flee the violence in the Libyan Arab Jamahiriya, *welcoming* the response of neighbouring States, in particular Tunisia and Egypt, to address the needs of those refugees and foreign workers, and *calling on* the international community to support those efforts,
Deploring the continuing use of mercenaries by the Libyan authorities,
Considering that the establishment of a ban on all flights in the airspace of the Libyan Arab Jamahiriya constitutes an important element for the protection of civilians as well as the safety of the delivery of humanitarian assistance and a decisive step for the cessation of hostilities in Libya,
Expressing concern also for the safety of foreign nationals and their rights in the Libyan Arab Jamahiriya,

---

1) Deutscher Text: www.un.org/depts/german/sr/sr_11/sr1973.pdf.
Internationale Quelle: UN-Dok. S/RES/1973 (2011).
Bei 5 Enthaltungen (Brasilien, China, Deutschland, Indien, Russische Föderation) angenommen.

56 Resolution 1973 (2011): Schutz der libyschen Bevölkerung

Welcoming the appointment by the Secretary General of his Special Envoy to Libya, Mr. Abdel-Elah Mohamed Al-Khatib and supporting his efforts to find a sustainable and peaceful solution to the crisis in the Libyan Arab Jamahiriya,

Reaffirming its strong commitment to the sovereignty, independence, territorial integrity and national unity of the Libyan Arab Jamahiriya,

Determining that the situation in the Libyan Arab Jamahiriya continues to constitute a threat to international peace and security,

Acting under Chapter VII of the Charter of the United Nations,

1. *Demands* the immediate establishment of a cease-fire and a complete end to violence and all attacks against, and abuses of, civilians;
2. *Stresses* the need to intensify efforts to find a solution to the crisis which responds to the legitimate demands of the Libyan people and *notes* the decisions of the Secretary-General to send his Special Envoy to Libya and of the Peace and Security Council of the African Union to send its ad hoc High Level Committee to Libya with the aim of facilitating dialogue to lead to the political reforms necessary to find a peaceful and sustainable solution;
3. *Demands* that the Libyan authorities comply with their obligations under international law, including international humanitarian law, human rights and refugee law and take all measures to protect civilians and meet their basic needs, and to ensure the rapid and unimpeded passage of humanitarian assistance;

Protection of civilians

4. *Authorizes* Member States that have notified the Secretary-General, acting nationally or through regional organizations or arrangements, and acting in cooperation with the Secretary-General, to take all necessary measures, notwithstanding paragraph 9 of resolution 1970 (2011), to protect civilians and civilian populated areas under threat of attack in the Libyan Arab Jamahiriya, including Benghazi, while excluding a foreign occupation force of any form on any part of Libyan territory, and *requests* the Member States concerned to inform the Secretary-General immediately of the measures they take pursuant to the authorization conferred by this paragraph which shall be immediately reported to the Security Council;
5. *Recognizes* the important role of the League of Arab States in matters relating to the maintenance of international peace and security in the region, and bearing in mind Chapter VIII of the Charter of the United Nations, requests the Member States of the League of Arab States to cooperate with other Member States in the implementation of paragraph 4;

No Fly Zone

6. *Decides* to establish a ban on all flights in the airspace of the Libyan Arab Jamahiriya in order to help protect civilians;
7. *Decides further* that the ban imposed by paragraph 6 shall not apply to flights whose sole purpose is humanitarian, such as delivering or facilitating the delivery of assistance, including medical supplies, food, humanitarian workers and related assistance, or evacuating foreign nationals from the Libyan Arab Jamahiriya, nor shall it apply to flights authorised by paragraphs 4 or 8, nor other flights which are deemed necessary by States acting under the authorisation conferred in paragraph 8 to be for the benefit of the Libyan people, and that these flights shall be coordinated with any mechanism established under paragraph 8;
8. *Authorizes* Member States that have notified the Secretary-General and the Secretary-General of the League of Arab States, acting nationally or through regional organizations or arrangements, to take all necessary measures to enforce compliance with the ban on flights imposed by paragraph 6 above, as necessary, and *requests* the States concerned in cooperation with the League of Arab States to coordinate closely with the Secretary General on the measures they are taking to implement this ban, including by establishing an appropriate mechanism for implementing the provisions of paragraphs 6 and 7 above,
9. *Calls upon* all Member States, acting nationally or through regional organizations or arrangements, to provide assistance, including any necessary overflight approvals, for the purposes of implementing paragraphs 4, 6, 7 and 8 above;

10. *Requests* the Member States concerned to coordinate closely with each other and the Secretary-General on the measures they are taking to implement paragraphs 4, 6, 7 and 8 above, including practical measures for the monitoring and approval of authorised humanitarian or evacuation flights;
11. *Decides* that the Member States concerned shall inform the Secretary-General and the Secretary-General of the League of Arab States immediately of measures taken in exercise of the authority conferred by paragraph 8 above, including to supply a concept of operations;
12. *Requests* the Secretary-General to inform the Council immediately of any actions taken by the Member States concerned in exercise of the authority conferred by paragraph 8 above and to report to the Council within 7 days and every month thereafter on the implementation of this resolution, including information on any violations of the flight ban imposed by paragraph 6 above;

Enforcement of the arms embargo

13. *Decides that* paragraph 11 of resolution 1970 (2011) shall be replaced by the following paragraph: »Calls upon all Member States, in particular States of the region, acting nationally or through regional organisations or arrangements, in order to ensure strict implementation of the arms embargo established by paragraphs 9 and 10 of resolution 1970 (2011), to inspect in their territory, including seaports and airports, and on the high seas, vessels and aircraft bound to or from the Libyan Arab Jamahiriya, if the State concerned has information that provides reasonable grounds to believe that the cargo contains items the supply, sale, transfer or export of which is prohibited by paragraphs 9 or 10 of resolution 1970 (2011) as modified by this resolution, including the provision of armed mercenary personnel, *calls upon* all flag States of such vessels and aircraft to cooperate with such inspections and authorises Member States to use all measures commensurate to the specific circumstances to carry out such inspections«;
14. *Requests* Member States which are taking action under paragraph 13 above on the high seas to coordinate closely with each other and the Secretary-General and *further requests* the States concerned to inform the Secretary-General and the Committee established pursuant to paragraph 24 of resolution 1970 (2011) (»the Committee«) immediately of measures taken in the exercise of the authority conferred by paragraph 13 above;
15. *Requires* any Member State whether acting nationally or through regional organisations or arrangements, when it undertakes an inspection pursuant to paragraph 13 above, to submit promptly an initial written report to the Committee containing, in particular, explanation of the grounds for the inspection, the results of such inspection, and whether or not cooperation was provided, and, if prohibited items for transfer are found, further requires such Member States to submit to the Committee, at a later stage, a subsequent written report containing relevant details on the inspection, seizure, and disposal, and relevant details of the transfer, including a description of the items, their origin and intended destination, if this information is not in the initial report;
16. *Deplores* the continuing flows of mercenaries into the Libyan Arab Jamahiriya and *calls upon* all Member States to comply strictly with their obligations under paragraph 9 of resolution 1970 (2011) to prevent the provision of armed mercenary personnel to the Libyan Arab Jamahiriya;

Ban on flights

17. *Decides* that all States shall deny permission to any aircraft registered in the Libyan Arab Jamahiriya or owned or operated by Libyan nationals or companies to take off from, land in or overfly their territory unless the particular flight has been approved in advance by the Committee, or in the case of an emergency landing;
18. *Decides that* all States shall deny permission to any aircraft to take off from, land in or overfly their territory, if they have information that provides reasonable grounds to believe that the aircraft contains items the supply, sale, transfer, or export of which is prohibited by paragraphs 9 and 10 of resolution 1970 (2011) as modified by this resolution, including the provision of armed mercenary personnel, except in the case of an emergency landing;

Asset freeze
19. *Decides* that the asset freeze imposed by paragraph 17, 19, 20 and 21 of resolution 1970 (2011) shall apply to all funds, other financial assets and economic resources which are on their territories, which are owned or controlled, directly or indirectly, by the Libyan authorities, as designated by the Committee, or by individuals or entities acting on their behalf or at their direction, or by entities owned or controlled by them, as designated by the Committee, and *decides further* that all States shall ensure that any funds, financial assets or economic resources are prevented from being made available by their nationals or by any individuals or entities within their territories, to or for the benefit of the Libyan authorities, as designated by the Committee, or individuals or entities acting on their behalf or at their direction, or entities owned or controlled by them, as designated by the Committee, and directs the Committee to designate such Libyan authorities, individuals or entities within 30 days of the date of the adoption of this resolution and as appropriate thereafter;
20. *Affirms* its determination to ensure that assets frozen pursuant to paragraph 17 of resolution 1970 (2011) shall, at a later stage, as soon as possible be made available to and for the benefit of the people of the Libyan Arab Jamahiriya;
21. *Decides* that all States shall require their nationals, persons subject to their jurisdiction and firms incorporated in their territory or subject to their jurisdiction to exercise vigilance when doing business with entities incorporated in the Libyan Arab Jamahiriya or subject to its jurisdiction, and any individuals or entities acting on their behalf or at their direction, and entities owned or controlled by them, if the States have information that provides reasonable grounds to believe that such business could contribute to violence and use of force against civilians;

Designations
22. *Decides* that the individuals listed in Annex I shall be subject to the travel restrictions imposed in paragraphs 15 and 16 of resolution 1970 (2011), and *decides* further that the individuals and entities listed in Annex II shall be subject to the asset freeze imposed in paragraphs 17, 19, 20 and 21 of resolution 1970 (2011);
23. *Decides* that the measures specified in paragraphs 15, 16, 17, 19, 20 and 21 of resolution 1970 (2011) shall apply also to individuals and entities determined by the Council or the Committee to have violated the provisions of resolution 1970 (2011), particularly paragraphs 9 and 10 thereof, or to have assisted others in doing so;

Panel of Experts
24. *Requests* the Secretary-General to create for an initial period of one year, in consultation with the Committee, a group of up to eight experts (»Panel of Experts«), under the direction of the Committee to carry out the following tasks:
    (a) Assist the Committee in carrying out its mandate as specified in paragraph 24 of resolution 1970 (2011) and this resolution;
    (b) Gather, examine and analyse information from States, relevant United Nations bodies, regional organisations and other interested parties regarding the implementation of the measures decided in resolution 1970 (2011) and this resolution, in particular incidents of non-compliance;
    (c) Make recommendations on actions the Council, or the Committee or State, may consider to improve implementation of the relevant measures;
    (d) Provide to the Council an interim report on its work no later than 90 days after the Panel's appointment, and a final report to the Council no later than 30 days prior to the termination of its mandate with its findings and recommendations;
25. *Urges* all States, relevant United Nations bodies and other interested parties, to cooperate fully with the Committee and the Panel of Experts, in particular by supplying any information at their disposal on the implementation of the measures decided in resolution 1970 (2011) and this resolution, in particular incidents of non-compliance;
26. *Decides* that the mandate of the Committee as set out in paragraph 24 of resolution 1970 (2011) shall also apply to the measures decided in this resolution;

27. *Decides* that all States, including the Libyan Arab Jamahiriya, shall take the necessary measures to ensure that no claim shall lie at the instance of the Libyan authorities, or of any person or body in the Libyan Arab Jamahiriya, or of any person claiming through or for the benefit of any such person or body, in connection with any contract or other transaction where its performance was affected by reason of the measures taken by the Security Council in resolution 1970 (2011), this resolution and related resolutions;
28. *Reaffirms* its intention to keep the actions of the Libyan authorities under continuous review and underlines its readiness to review at any time the measures imposed by this resolution and resolution 1970 (2011), including by strengthening, suspending or lifting those measures, as appropriate, based on compliance by the Libyan authorities with this resolution and resolution 1970 (2011).
29. *Decides* to remain actively seized of the matter.

XI. Der Rechtsstatus Deutschlands

Vertrag über die abschließende Regelung in bezug auf Deutschland (»Zwei-plus-Vier-Vertrag«)[1)]

Vom 12. September 1990

Die Bundesrepublik Deutschland, die Deutsche Demokratische Republik, die Französische Republik, das Vereinigte Königreich Großbritannien und Nordirland, die Union der Sozialistischen Sowjetrepubliken und die Vereinigten Staaten von Amerika –
in dem Bewußtsein, daß ihre Völker seit 1945 miteinander in Frieden leben,
eingedenk der jüngsten historischen Veränderungen in Europa, die es ermöglichen, die Spaltung des Kontinents zu überwinden,
unter Berücksichtigung der Rechte und Verantwortlichkeiten der Vier Mächte in bezug auf Berlin und Deutschland als Ganzes und der entsprechenden Vereinbarungen und Beschlüsse der Vier Mächte aus der Kriegs- und Nachkriegszeit,
entschlossen, in Übereinstimmung mit ihren Verpflichtungen aus der Charta der Vereinten Nationen freundschaftliche, auf der Achtung vor dem Grundsatz der Gleichberechtigung und Selbstbestimmung der Völker beruhende Beziehungen zwischen den Nationen zu entwickeln und andere geeignete Maßnahmen zur Festigung des Weltfriedens zu treffen,
eingedenk der Prinzipien der in Helsinki unterzeichneten Schlußakte der Konferenz über Sicherheit und Zusammenarbeit in Europa,
in Anerkennung, daß diese Prinzipien feste Grundlagen für den Aufbau einer gerechten und dauerhaften Friedensordnung in Europa geschaffen haben,
entschlossen, die Sicherheitsinteressen eines jeden zu berücksichtigen,
überzeugt von der Notwendigkeit, Gegensätze endgültig zu überwinden und die Zusammenarbeit in Europa fortzuentwickeln,
in Bekräftigung ihrer Bereitschaft, die Sicherheit zu stärken, insbesondere durch wirksame Maßnahmen zur Rüstungskontrolle, Abrüstung und Vertrauensbildung; ihrer Bereitschaft, sich gegenseitig nicht als Gegner zu betrachten, sondern auf ein Verhältnis des Vertrauens und der Zusammenarbeit hinzuarbeiten, sowie dementsprechend ihrer Bereitschaft, die Schaffung geeigneter institutioneller Vorkehrungen im Rahmen der Konferenz über Sicherheit und Zusammenarbeit in Europa positiv in Betracht zu ziehen,
in Würdigung dessen, daß das deutsche Volk in freier Ausübung des Selbstbestimmungsrechts seinen Willen bekundet hat, die staatliche Einheit Deutschlands herzustellen, um als gleichberechtigtes und souveränes Glied in einem vereinten Europa dem Frieden der Welt zu dienen,
in der Überzeugung, daß die Vereinigung Deutschlands als Staat mit endgültigen Grenzen ein bedeutsamer Beitrag zu Frieden und Stabilität in Europa ist,
mit dem Ziel, die abschließende Regelung in bezug auf Deutschland zu vereinbaren,
in Anerkennung dessen, daß dadurch und mit der Vereinigung Deutschlands als einem demokratischen und friedlichen Staat die Rechte und Verantwortlichkeiten der Vier Mächte in bezug auf Berlin und Deutschland als Ganzes ihre Bedeutung verlieren,
vertreten durch ihre Außenminister, die entsprechend der Erklärung von Ottawa vom 13. Februar 1990 am 5. Mai 1990 in Bonn, am 22. Juni 1990 in Berlin, am 17. Juli 1990 in Paris unter Beteiligung des Außenministers der Republik Polen und am 12. September 1990 in Moskau zusammengetroffen sind –
sind wie folgt übereingekommen:

Artikel 1

(1) Das vereinigte Deutschland wird die Gebiete der Bundesrepublik Deutschland, der Deutschen Demokratischen Republik und ganz Berlin umfassen. Seine Außengrenzen werden die Grenzen der Deutschen Demokratischen Republik und der Bundesrepublik Deutschland sein und werden am Tage

---

[1)] Deutscher Text: *BGBl.* 1990 II S. 1318.
Internationale Quelle: *UNTS* Bd. 1696 S. 123; *ILM* 29 (1990) S. 1186.
In Kraft getreten, auch für die Bundesrepublik Deutschland, am 15. März 1991.

des Inkrafttretens dieses Vertrags endgültig sein. Die Bestätigung des endgültigen Charakters der Grenzen des vereinten Deutschland ist ein wesentlicher Bestandteil der Friedensordnung in Europa.
(2) Das vereinte Deutschland und die Republik Polen bestätigen die zwischen ihnen bestehende Grenze in einem völkerrechtlich verbindlichen Vertrag.
(3) Das vereinte Deutschland hat keinerlei Gebietsansprüche gegen andere Staaten und wird solche auch nicht in Zukunft erheben.
(4) Die Regierungen der Bundesrepublik Deutschland und der Deutschen Demokratischen Republik werden sicherstellen, daß die Verfassung des vereinten Deutschland keinerlei Bestimmungen enthalten wird, die mit diesen Prinzipien unvereinbar sind. Dies gilt dementsprechend für die Bestimmung, die in der Präambel und in den Artikeln 23 Satz 2 und 146 des Grundgesetzes für die Bundesrepublik Deutschland niedergelegt sind.
(5) Die Regierungen der Französischen Republik, des Vereinigten Königreichs Großbritannien und Nordirland, der Union der Sozialistischen Sowjetrepubliken und der Vereinigten Staaten von Amerika nehmen die entsprechenden Verpflichtungen und Erklärungen der Regierungen der Bundesrepublik Deutschland und der Deutschen Demokratischen Republik förmlich entgegen und erklären, daß mit deren Verwirklichung der endgültige Charakter der Grenzen des vereinten Deutschland bestätigt wird.

Artikel 2
Die Regierungen der Bundesrepublik Deutschland und der Deutschen Demokratischen Republik bekräftigen ihre Erklärungen, daß von deutschem Boden nur Frieden ausgehen wird. Nach der Verfassung des vereinten Deutschland sind Handlungen, die geeignet sind und in der Absicht vorgenommen werden, das friedliche Zusammenleben der Völker zu stören, insbesondere die Führung eines Angriffskrieges vorzubereiten, verfassungswidrig und strafbar. Die Regierungen der Bundesrepublik Deutschland und der Deutschen Demokratischen Republik erklären, daß das vereinte Deutschland keine seiner Waffen jemals einsetzen wird, es sei denn in Übereinstimmung mit seiner Verfassung und der Charta der Vereinten Nationen.

Artikel 3
(1) Die Regierungen der Bundesrepublik Deutschland und der Deutschen Demokratischen Republik bekräftigen ihren Verzicht auf Herstellung und Besitz von und auf Verfügungsgewalt über atomare, biologische und chemische Waffen. Sie erklären, daß auch das vereinte Deutschland sich an diese Verpflichtungen halten wird. Insbesondere gelten die Rechte und Verpflichtungen aus dem Vertrag über die Nichtverbreitung von Kernwaffen vom 1. Juli 1968 für das vereinte Deutschland fort.
(2) Die Regierung der Bundesrepublik Deutschland hat in vollem Einvernehmen mit der Regierung der Deutschen Demokratischen Republik am 30. August 1990 in Wien bei den Verhandlungen über Konventionelle Streitkräfte in Europa folgende Erklärung abgegeben:
»Die Regierung der Bundesrepublik Deutschland verpflichtet sich, die Streitkräfte des vereinten Deutschland innerhalb von drei bis vier Jahren auf eine Personalstärke von 370.000 Mann (Land-, Luft- und Seestreitkräfte) zu reduzieren. Diese Reduzierung soll mit dem Inkrafttreten des ersten KSE-Vertrags beginnen. Im Rahmen dieser Gesamtobergrenze werden nicht mehr als 345.000 Mann den Land- und Luftstreitkräften angehören, die gemäß vereinbartem Mandat allein Gegenstand der Verhandlungen über konventionelle Streitkräfte in Europa sind. Die Bundesregierung sieht in ihrer Verpflichtung zur Reduzierung von Land- und Luftstreitkräften einen bedeutsamen deutschen Beitrag zur Reduzierung der konventionellen Streitkräfte in Europa. Sie geht davon aus, daß in Folgeverhandlungen auch die anderen Verhandlungsteilnehmer ihren Beitrag zur Festigung von Sicherheit und Stabilität in Europa, einschließlich Maßnahmen zur Begrenzung der Personalstärken, leisten werden.«
Die Regierung der Deutschen Demokratischen Republik hat sich dieser Erklärung ausdrücklich angeschlossen.
(3) Die Regierungen der Französischen Republik, des Vereinigten Königreichs Großbritannien und Nordirland, der Union der Sozialistischen Sowjetrepubliken und der Vereinigten Staaten von Amerika nehmen diese Erklärungen der Regierungen der Bundesrepublik Deutschland und der Deutschen Demokratischen Republik zur Kenntnis.

Art. 4–7 »Zwei-plus-Vier-Vertrag« 57

Artikel 4
(1) Die Regierungen der Bundesrepublik Deutschland, der Deutschen Demokratischen Republik und der Union der Sozialistischen Sowjetrepubliken erklären, daß das vereinte Deutschland und die Union der Sozialistischen Sowjetrepubliken in vertraglicher Form die Bedingungen und die Dauer des Aufenthalts der sowjetischen Streitkräfte auf dem Gebiet der heutigen Deutschen Demokratischen Republik und Berlins sowie die Abwicklung des Abzugs dieser Streitkräfte regeln werden, der bis zum Ende des Jahres 1994 im Zusammenhang mit der Verwirklichung der Verpflichtungen der Regierungen der Bundesrepublik Deutschland und der Deutschen Demokratischen Republik, auf die sich Absatz 2 des Artikels 3 dieses Vertrags bezieht, vollzogen sein wird.
(2) Die Regierungen der Französischen Republik, des Vereinigten Königreichs Großbritannien und Nordirland und der Vereinigten Staaten von Amerika nehmen diese Erklärung zur Kenntnis.

Artikel 5
(1) Bis zum Abschluß des Abzugs der sowjetischen Streitkräfte vom Gebiet der heutigen Deutschen Demokratischen Republik und Berlins in Übereinstimmung mit Artikel 4 dieses Vertrags werden auf diesem Gebiet als Streitkräfte des vereinten Deutschland ausschließlich deutsche Verbände der Territorialverteidigung stationiert sein, die nicht in die Bündnisstrukturen integriert sind, denen deutsche Streitkräfte auf dem übrigen deutschen Territorium zugeordnet sind. Unbeschadet der Regelung in Absatz 2 dieses Artikels werden während dieses Zeitraums Streitkräfte anderer Staaten auf diesem Gebiet nicht stationiert oder irgendwelche andere militärische Tätigkeiten dort ausüben.
(2) Für die Dauer des Aufenthalts sowjetischer Streitkräfte auf dem Gebiet der heutigen Deutschen Demokratischen Republik und Berlins werden auf deutschen Wunsch Streitkräfte der Französischen Republik, des Vereinigten Königreichs Großbritannien und Nordirland und der Vereinigten Staaten von Amerika auf der Grundlage entsprechender vertraglicher Vereinbarungen zwischen der Regierung des vereinten Deutschland und den Regierungen der betreffenden Staaten in Berlin stationiert bleiben. Die Zahl aller nichtdeutschen in Berlin stationierten Streitkräfte und deren Ausrüstungsumfang werden nicht stärker sein als zum Zeitpunkt der Unterzeichnung dieses Vertrags. Neue Waffenkategorien werden von nichtdeutschen Streitkräften dort nicht eingeführt. Die Regierung des vereinten Deutschland wird mit den Regierungen der Staaten, die Streitkräfte in Berlin stationiert haben, Verträge zu gerechten Bedingungen unter Berücksichtigung der zu den betreffenden Staaten bestehenden Beziehungen abschließen.
(3) Nach dem Abschluß des Abzugs der sowjetischen Streitkräfte vom Gebiet der heutigen Deutschen Demokratischen Republik und Berlins können in diesem Teil Deutschlands auch deutsche Streitkräfteverbände stationiert werden, die in gleicher Weise militärischen Bündnisstrukturen zugeordnet sind wie diejenigen auf dem übrigen deutschen Hoheitsgebiet, allerdings ohne Kernwaffenträger. Darunter fallen nicht konventionelle Waffensysteme, die neben konventioneller andere Einsatzfähigkeiten haben können, die jedoch in diesem Teil Deutschlands für eine konventionelle Rolle ausgerüstet und nur dafür vorgesehen sind. Ausländische Streitkräfte und Atomwaffen oder deren Träger werden in diesem Teil Deutschlands weder stationiert noch dorthin verlegt.

Artikel 6
Das Recht des vereinten Deutschland, Bündnissen mit allen sich daraus ergebenden Rechten und Pflichten anzugehören, wird von diesem Vertrag nicht berührt.

Artikel 7
(1) Die Französische Republik, die Union der Sozialistischen Sowjetrepubliken, das Vereinigte Königreich Großbritannien und Nordirland und die Vereinigten Staaten von Amerika beenden hiermit ihre Rechte und Verantwortlichkeiten in bezug auf Berlin und Deutschland als Ganzes. Als Ergebnis werden die entsprechenden, damit zusammenhängenden vierseitigen Vereinbarungen, Beschlüsse und Praktiken beendet und alle entsprechenden Einrichtungen der Vier Mächte aufgelöst.
(2) Das vereinte Deutschland hat demgemäß volle Souveränität über seine inneren und äußeren Angelegenheiten.

57 »Zwei-plus-Vier-Vertrag« Art. 8–10

Artikel 8
(1) Dieser Vertrag bedarf der Ratifikation oder Annahme, die so bald wie möglich herbeigeführt werden soll. Die Ratifikation erfolgt auf deutscher Seite durch das vereinte Deutschland. Dieser Vertrag gilt daher für das vereinte Deutschland.
(2) Die Ratifikations- oder Annahmeurkunden werden bei der Regierung des vereinten Deutschlands hinterlegt. Diese unterrichtet die Regierungen der anderen Vertragschließenden Seiten von der Hinterlegung jeder Ratifikations- oder Annahmeurkunde.

Artikel 9
Dieser Vertrag tritt für das vereinte Deutschland, die Union der Sozialistischen Sowjetrepubliken, die Französische Republik, das Vereinigte Königreich Großbritannien und Nordirland und die Vereinigten Staaten von Amerika am Tag der Hinterlegung der letzten Ratifikations- oder Annahmeurkunde durch diese Staaten in Kraft.

Artikel 10
Die Urschrift dieses Vertrags, dessen deutscher, englischer, französischer und russischer Wortlaut gleichermaßen verbindlich ist, wird bei der Regierung der Bundesrepublik Deutschland hinterlegt, die den Regierungen der anderen Vertragschließenden Seiten beglaubigte Ausfertigungen übermittelt.

Zu Urkund dessen haben die unterzeichneten, hierzu gehörig Bevollmächtigten diese Vertrag unterschrieben.
Geschehen zu Moskau am 12. September 1990.

Vertrag zwischen der Bundesrepublik Deutschland und der Republik Polen über die Bestätigung der zwischen ihnen bestehenden Grenze[1]
Vom 14. November 1990

Die Bundesrepublik Deutschland und die Republik Polen –
in dem Bestreben, ihre gegenseitigen Beziehungen in Übereinstimmung mit dem Völkerrecht, insbesondere der Charta der Vereinten Nationen, und mit der in Helsinki unterzeichneten Schlußakte der Konferenz über Sicherheit und Zusammenarbeit in Europa sowie den Dokumenten der Folgekonferenzen zukunftsgewandt zu gestalten,
entschlossen, gemeinsam einen Beitrag zum Aufbau einer europäischen Friedensordnung zu leisten, in der Grenzen nicht mehr trennen und die allen europäischen Völkern ein vertrauensvolles Zusammenleben und umfassende Zusammenarbeit zum Wohle aller sowie dauerhaften Frieden, Freiheit und Stabilität gewährleistet,
in der tiefen Überzeugung, daß die Vereinigung Deutschlands als Staat mit endgültigen Grenzen ein bedeutsamer Beitrag zu der Friedensordnung in Europa ist,
unter Berücksichtigung des am 12. September 1990 unterzeichneten Vertrags über die abschließende Regelung in bezug auf Deutschland,
eingedenk dessen, daß seit Ende des Zweiten Weltkriegs 45 Jahre vergangen sind und im Bewußtsein, daß das schwere Leid, das dieser Krieg mit sich gebracht hat, insbesondere auch der von zahlreichen Deutschen und Polen erlittene Verlust ihrer Heimat durch Vertreibung oder Aussiedlung, eine Mahnung und Herausforderung zur Gestaltung friedlicher Beziehungen zwischen den beiden Völkern und Staaten darstellt,
in dem Wunsch, durch die Entwicklung ihrer Beziehungen feste Grundlagen für ein freundschaftliches Zusammenleben zu schaffen und die Politik der dauerhaften Verständigung und Versöhnung zwischen Deutschen und Polen fortzusetzen –
sind wie folgt übereingekommen:

Artikel 1
Die Vertragsparteien bestätigen die zwischen ihnen bestehende Grenze, deren Verlauf sich nach dem Abkommen vom 6. Juli 1950 zwischen der Deutschen Demokratischen Republik und der Republik Polen über die Markierung der festgelegten und bestehenden deutsch-polnischen Staatsgrenze und den zu seiner Durchführung und Ergänzung geschlossenen Vereinbarungen (Akt vom 27. Januar 1951 über die Ausführung der Markierung der Staatsgrenze zwischen Deutschland und Polen; Vertrag vom 22. Mai 1989 zwischen der Deutschen Demokratischen Republik und der Volksrepublik Polen über die Abgrenzung der Seegebiete in der Oderbucht) sowie dem Vertrag vom 7. Dezember 1970 zwischen der Bundesrepublik Deutschland und der Volksrepublik Polen über die Grundlagen der Normalisierung ihrer gegenseitigen Beziehungen bestimmt.

Artikel 2
Die Vertragsparteien erklären, daß die zwischen ihnen bestehende Grenze jetzt und in Zukunft unverletzlich ist und verpflichten sich gegenseitig zur uneingeschränkten Achtung ihrer Souveränität und territorialen Integrität.

Artikel 3
Die Vertragsparteien erklären, daß sie gegeneinander keinerlei Gebietsansprüche haben und solche auch in Zukunft nicht erheben werden.

Artikel 4
(1) Dieser Vertrag bedarf der Ratifikation; die Ratifikationsurkunden werden so bald wie möglich in Bonn ausgetauscht.

---

[1] Deutscher Text: *BGBl.* 1991 II S. 1329.
   In Kraft getreten am 16. Januar 1992.
   Internationale Quelle: *UNTS* Nr. 29542; *ILM* 31 (1992) S. 1293.

(2) Dieser Vertrag tritt am Tage des Austausches der Ratifikationsurkunden in Kraft.

Zu Urkund dessen haben die Vertreter der Vertragsparteien diesen Vertrag unterzeichnet und mit Siegeln versehen.
Geschehen zu Warschau am 14. November 1990 in zwei Urschriften, jede in deutscher und polnischer Sprache, wobei jeder Wortlaut gleichermaßen verbindlich ist.

XII. Nationale Gesetze

United States Foreign Sovereign Immunities Act of 1976[1)]

21 October 1976

– Auszug –

An Act
To define the jurisdiction of United States courts in suits against foreign states, the circumstances in which foreign states are immune from suit and in which execution may not be levied on their property, and for other purposes.
Be it enacted by the Senate and House of Representatives of the United States of America in Congress assembled, That this Act may be cited as the »Foreign Sovereign Immunities Act of 1976«.

CHAPTER 97
Jurisdictional Immunities of Foreign States

Section 1602 Findings and declaration of purpose
The Congress finds that the determination by United States courts of the claims of foreign states to immunity from the jurisdiction of such courts would serve the interests of justice and would protect the rights of both foreign states and litigants in United States courts. Under international law, states are not immune from the jurisdiction of foreign courts insofar as their commercial activities are concerned, and their commercial property may be levied upon for the satisfaction of judgments rendered against them in connection with their commercial activities. Claims of foreign states to immunity should henceforth be decided by courts of the United States and of the States in conformity with the principles set forth in this chapter.

Section 1603 Definitions
For purposes of this chapter –
(a) A »foreign state«, except as used in section 1608 of this title, includes a political subdivision of a foreign state or an agency or instrumentality of a foreign state as defined in subsection (b).
(b) An »agency or instrumentality of a foreign state« means any entity –
(1) which is a separate legal person, corporate or otherwise, and
(2) which is an organ of a foreign state or political subdivision thereof, or a majority of whose shares or other ownership interest is owned by a foreign state or political subdivision thereof, and
(3) which is neither a citizen of a State of the United States as defined in section 1332 (c) and (e) of this title, nor created under the laws of any third country.
(c) The »United States« includes all territory and waters, continental or insular, subject to the jurisdiction of the United States.
(d) A »commercial activity« means either a regular course of commercial conduct or a particular commercial transaction or act. The commercial character of an activity shall be determined by reference to the nature of the course of conduct or particular transaction or act, rather than by reference to its purpose.
(e) A »commercial activity carried on in the United States by a foreign state« means commercial activity carried on by such state and having substantial contact with the United States.

Section 1604 Immunity of a foreign state from jurisdiction
Subject to existing international agreements to which the United States is a party at the time of enactment of this Act a foreign state shall be immune from the jurisdiction of the courts of the United States and of the States except as provided in sections 1605 to 1607 of this chapter.

Section 1605 General exceptions to the jurisdictional immunity of a foreign state
(a) A foreign state shall not be immune from the jurisdiction of courts of the United States or of the States in any case –

---
1) Quelle: United States Code und *ILM* 15 (1976) S. 1388, geändert durch: Antiterrorism and Effective Death Penalty Act of 1996, *ILM* 36 (1997) S. 759, Treasury and General Government Appropriations Act of 1999, *AJIL* 93 (1999) S. 185 und Victims of Trafficking and Violence Protection Act of 2000, Pub. L. No. 106-386, 2002, 114 Stat. 1464, 1542-43.

59 US Foreign Sovereign Immunities Act Section 1605A

(1) in which the foreign state has waived its immunity either explicitly or by implication, notwithstanding any withdrawal of the waiver which the foreign state may purport to effect except in accordance with the terms of the waiver;
(2) in which the action is based upon a commercial activity carried on in the United States by the foreign state; or upon an act performed in the United States in connection with a commercial activity of the foreign state elsewhere; or upon an act outside the territory of the United States in connection with a commercial activity of the foreign state elsewhere and that act causes a direct effect in the United States;
(3) in which rights in property taken in violation of international law are in issue and that property or any property exchanged for such property is present in the United States in connection with a commercial activity carried on in the United States by the foreign state; or that property or any property exchanged for such property is owned or operated by an agency or instrumentality of the foreign state and that agency or instrumentality is engaged in a commercial activity in the United States;
(4) in which rights in property in the United States acquired by succession or gift or rights in immovable property situated in the United States are in issue; or
(5) not otherwise encompassed in paragraph (2) above, in which money damages are sought against a foreign state for personal injury or death, or damage to or loss of property, occurring in the United States and caused by the tortious act or omission of that foreign state or of any official or employee of that foreign state while acting within the scope of his office or employment; except this paragraph shall not apply to –
    (A) any claim based upon the exercise or performance or the failure to exercise or perform a discretionary function regardless of whether the discretion be abused, or
    (B) any claim arising out of malicious prosecution, abuse of process, libel, slander, misrepresentation, deceit, or interference with contract rights;
(6) in which the action is brought, either to enforce an agreement made by the foreign state with or for the benefit of a private party to submit to arbitration all or any differences which have arisen or which may arise between the parties with respect to a defined legal relationship, whether contractual or not, concerning a subject matter capable of settlement by arbitration under the laws of the United States, or to confirm an award made pursuant to such an agreement to arbitrate, if –
    (A) the arbitration takes place or is intended to take place in the United States,
    (B) the agreement or award is or may be governed by a treaty or other international agreement in force for the United States calling for the recognition and enforcement of arbitral awards,
    (C) the underlying claim, save for the agreement to arbitrate, could have been brought in a United States court under this section or section 1607, or
    (D) paragraph (1) of this subsection is otherwise applicable;

Section 1605A Terrorism exception to the jurisdictional immunity of a foreign state
(a) In General. –
(1) No immunity. –
A foreign state shall not be immune from the jurisdiction of courts of the United States or of the States in any case not otherwise covered by this chapter in which money damages are sought against a foreign state for personal injury or death that was caused by an act of torture, extrajudicial killing, aircraft sabotage, hostage taking, or the provision of material support or resources for such an act if such act or provision of material support or resources is engaged in by an official, employee, or agent of such foreign state while acting within the scope of his or her office, employment, or agency.
(2) Claim heard. –
The court shall hear a claim under this section if –
    (A)
      (i)
        (I) the foreign state was designated as a state sponsor of terrorism at the time the act described in paragraph (1) occurred, or was so designated as a result of such act, and, subject to subclause (II), either remains so designated when the claim is filed under this

Section 1605A US Foreign Sovereign Immunities Act 59

section or was so designated within the 6-month period before the claim is filed under this section; or
    (II) in the case of an action that is refiled under this section by reason of section 1083(c)(2)(A) of the National Defense Authorization Act for Fiscal Year 2008 or is filed under this section by reason of section 1083(c)(3) of that Act, the foreign state was designated as a state sponsor of terrorism when the original action or the related action under section 1605 (a)(7) (as in effect before the enactment of this section) or section 589 of the Foreign Operations, Export Financing, and Related Programs Appropriations Act, 1997 (as contained in section 101(c) of division A of Public Law 104-208) was filed;
(ii) the claimant or the victim was, at the time the act described in paragraph (1) occurred –
    (I) a national of the United States;
    (II) a member of the armed forces; or
    (III) otherwise an employee of the Government of the United States, or of an individual performing a contract awarded by the United States Government, acting within the scope of the employee's employment; and
(iii) in a case in which the act occurred in the foreign state against which the claim has been brought, the claimant has afforded the foreign state a reasonable opportunity to arbitrate the claim in accordance with the accepted international rules of arbitration; or
(B) the act described in paragraph (1) is related to Case Number 1:00CV03110 (EGS) in the United States District Court for the District of Columbia.
(b)   Limitations. –
An action may be brought or maintained under this section if the action is commenced, or a related action was commenced under section 1605 (a)(7) (before the date of the enactment of this section) or section 589 of the Foreign Operations, Export Financing, and Related Programs Appropriations Act, 1997 (as contained in section 101(c) of division A of Public Law 104-208) not later than the latter of –
(1)   10 years after April 24, 1996; or
(2)   10 years after the date on which the cause of action arose.
(c)   Private Right of Action. –
A foreign state that is or was a state sponsor of terrorism as described in subsection (a)(2)(A)(i), and any official, employee, or agent of that foreign state while acting within the scope of his or her office, employment, or agency, shall be liable to –
(1)   a national of the United States,
(2)   a member of the armed forces,
(3)   an employee of the Government of the United States, or of an individual performing a contract awarded by the United States Government, acting within the scope of the employee's employment, or
(4)   the legal representative of a person described in paragraph (1), (2), or (3), for personal injury or death caused by acts described in subsection (a)(1) of that foreign state, or of an official, employee, or agent of that foreign state, for which the courts of the United States may maintain jurisdiction under this section for money damages. In any such action, damages may include economic damages, solatium, pain and suffering, and punitive damages. In any such action, a foreign state shall be vicariously liable for the acts of its officials, employees, or agents.
(d)   Additional Damages. –
After an action has been brought under subsection (c), actions may also be brought for reasonably foreseeable property loss, whether insured or uninsured, third party liability, and loss claims under life and property insurance policies, by reason of the same acts on which the action under subsection (c) is based.
(e)   Special Masters. –
(1)   In general. –
The courts of the United States may appoint special masters to hear damage claims brought under this section.

(2) Transfer of funds. –
The Attorney General shall transfer, from funds available for the program under section 1404C of the Victims of Crime Act of 1984 (42 U.S.C. 10603c), to the Administrator of the United States district court in which any case is pending which has been brought or maintained under this section such funds as may be required to cover the costs of special masters appointed under paragraph (1). Any amount paid in compensation to any such special master shall constitute an item of court costs.
(f) Appeal. –
In an action brought under this section, appeals from orders not conclusively ending the litigation may only be taken pursuant to section 1292 (b) of this title.
(g) Property Disposition. –
(1) In general. –
In every action filed in a United States district court in which jurisdiction is alleged under this section, the filing of a notice of pending action pursuant to this section, to which is attached a copy of the complaint filed in the action, shall have the effect of establishing a lien of lis pendens upon any real property or tangible personal property that is –
   (A) subject to attachment in aid of execution, or execution, under section 1610;
   (B) located within that judicial district; and
   (C) titled in the name of any defendant, or titled in the name of any entity controlled by any defendant if such notice contains a statement listing such controlled entity.
(2) Notice. –
A notice of pending action pursuant to this section shall be filed by the clerk of the district court in the same manner as any pending action and shall be indexed by listing as defendants all named defendants and all entities listed as controlled by any defendant.
(3) Enforceability. –
Liens established by reason of this subsection shall be enforceable as provided in chapter 111 of this title.
(h) Definitions. –
For purposes of this section –
(1) the term »aircraft sabotage« has the meaning given that term in Article 1 of the Convention for the Suppression of Unlawful Acts Against the Safety of Civil Aviation;
(2) the term »hostage taking« has the meaning given that term in Article 1 of the International Convention Against the Taking of Hostages;
(3) the term »material support or resources« has the meaning given that term in section 2339A of title 18;
(4) the term »armed forces« has the meaning given that term in section 101 of title 10;
(5) the term »national of the United States« has the meaning given that term in section 101(a)(22) of the Immigration and Nationality Act (8 U.S.C. 1101 (a)(22));
(6) the term »state sponsor of terrorism« means a country the government of which the Secretary of State has determined, for purposes of section 6(j) of the Export Administration Act of 1979 (50 App. U.S.C. 2405 (j)), section 620A of the Foreign Assistance Act of 1961 (22 U.S.C. 2371), section 40 of the Arms Export Control Act (22 U.S.C. 2780), or any other provision of law, is a government that has repeatedly provided support for acts of international terrorism; and
(7) the terms »torture« and »extrajudicial killing« have the meaning given those terms in section 3 of the Torture Victim Protection Act of 1991 (28 U.S.C. 1350 note).

Section 1606 Extent of liability

As to any claim for relief with respect to which a foreign state is not entitled to immunity under section 1605 or 1607 of this chapter, the foreign state shall be liable in the same manner and to the same extent as a private individual under like circumstances; but a foreign state except for an agency or instrumentality thereof shall not be liable for punitive damages; if, however, in any case wherein death was caused, the law of the place where the action or omission occurred provides, or has been construed to provide, for damages only punitive in nature, the foreign state shall be liable for actual or compensatory damages measured by the pecuniary injuries resulting from such death which were incurred by the persons for whose benefit the action was brought.

Section 1607 Counterclaims
In any action brought by a foreign state, or in which a foreign state intervenes, in a court of the United States or of a State, the foreign state shall not be accorded immunity with respect to any counterclaim –
(a) for which a foreign state would not be entitled to immunity under section 1605 of this chapter had such claim been brought in a separate action against the foreign state; or
(b) arising out of the transaction or occurrence that is the subject matter of the claim of the foreign state; or
(c) to the extent that the counterclaim does not seek relief exceeding in amount or differing in kind from that sought by the foreign state.

Section 1609 Immunity from attachment and execution of property of a foreign state
Subject to existing international agreements to which the United States is a party at the time of enactment of this Act the property in the United States of a foreign state shall be immune from attachment arrest and execution except as provided in sections 1610 and 1611 of this chapter.

...

Section 1610 Exceptions to the immunity from attachment or execution
(a) The property in the United States of a foreign state, as defined in section 1603(a) of this chapter, used for a commercial activity in the United States, shall not be immune from attachment in aid of execution, or from execution, upon a judgment entered by a court of the United States or of a State after the effective date of this Act, if –
(1) the foreign state has waived its immunity from attachment in aid of execution or from execution either explicitly or by implication, notwithstanding any withdrawal of the waiver the foreign state may purport to effect except in accordance with the terms of the waiver, or
(2) the property is or was used for the commercial activity upon which the claim is based, or
(3) the execution relates to a judgment establishing rights in property which has been taken in violation of international law or which has been exchanged for property taken in violation of international law, or
(4) the execution relates to a judgment establishing rights in property –
  (A) which is acquired by succession or gift, or
  (B) which is immovable and situated in the United States:
  Provided, That such property is not used for purposes of maintaining a diplomatic or consular mission or the residence of the Chief of such mission, or
(5) the property consists of any contractual obligation or any proceeds from such a contractual obligation to indemnify or hold harmless the foreign state or its employees under a policy of automobile or other liability or casualty insurance covering the claim which merged into the judgment, or
(6) the judgment is based on an order confirming an arbitral award rendered against the foreign state, provided that attachment in aid of execution, or execution, would not be inconsistent with any provision in the arbitral agreement, or
(7) the judgment relates to a claim for which the foreign state is not immune under section 1605(a) (7), regardless of whether the property is or was involved with the act upon which the claim is based.
(b) In addition to subsection (a), any property in the United States of an agency or instrumentality of a foreign state engaged in commercial activity in the United States shall not be immune from attachment in aid of execution, or from execution, upon a judgment entered by a court of the United States or of a State after the effective date of this Act, if –
(1) the agency or instrumentality has waived its immunity from attachment in aid of execution or from execution either explicitly or implicitly, notwithstanding any withdrawal of the waiver the agency or instrumentality may purport to effect except in accordance with the terms of the waiver, or
(2) the judgment relates to a claim for which the agency or instrumentality is not immune by virtue of section 1605(a)(2), (3), or (5), 1605(b) or 1605A of this chapter, regardless of whether the property is or was involved in the act upon which the claim is based.

...

(g) Property in Certain Actions. –
(1) In general. –
Subject to paragraph (3), the property of a foreign state against which a judgment is entered under section 1605A, and the property of an agency or instrumentality of such a state, including property that is a separate juridical entity or is an interest held directly or indirectly in a separate juridical entity, is subject to attachment in aid of execution, and execution, upon that judgment as provided in this section, regardless of –
    (A) the level of economic control over the property by the government of the foreign state;
    (B) whether the profits of the property go to that government;
    (C) the degree to which officials of that government manage the property or otherwise control its daily affairs;
    (D) whether that government is the sole beneficiary in interest of the property; or
    (E) whether establishing the property as a separate entity would entitle the foreign state to benefits in United States courts while avoiding its obligations.
(2) United states sovereign immunity inapplicable. –
Any property of a foreign state, or agency or instrumentality of a foreign state, to which paragraph (1) applies shall not be immune from attachment in aid of execution, or execution, upon a judgment entered under section 1605A because the property is regulated by the United States Government by reason of action taken against that foreign state under the Trading With the Enemy Act or the International Emergency Economic Powers Act.
(3) Third-party joint property holders. –
Nothing in this subsection shall be construed to supersede the authority of a court to prevent appropriately the impairment of an interest held by a person who is not liable in the action giving rise to a judgment in property subject to attachment in aid of execution, or execution, upon such judgment.

Section 1611 Certain types of property immune from execution

(a) Notwithstanding the provisions of section 1610 of this chapter, the property of those organizations designated by the President as being entitled to enjoy the privileges, exemptions, and immunities provided by the International Organizations Immunities Act shall not be subject to attachment or any other judicial process impeding the disbursement of funds to, or on the order of, a foreign state as the result of an action brought in the courts of the United States or of the States.
(b) Notwithstanding the provisions of section 1610 of this chapter, the property of a foreign state shall be immune from attachment and from execution, if –
(1) the property is that of a foreign central bank or monetary authority held for its own account, unless such bank or authority, or its parent foreign government, has explicitly waived its immunity from attachment in aid of execution, or from execution, notwithstanding any withdrawal of the waiver which the bank, authority or government may purport to effect except in accordance with the terms of the waiver; or
(2) the property is, or is intended to be, used in connection with a military activity and
    (A) is of a military character, or
    (B) is under the control of a military authority or defense agency.
(c) Notwithstanding the provisions of section 1610 of this chapter, the property of a foreign state shall be immune from attachment and from execution in an action brought under section 302 of the Cuban Liberty and Democratic Solidarity (LIBERTAD) Act of 1996 to the extent that the property is a facility or installation used by an accredited diplomatic mission for official purposes.

Weltrechtsprinzip

I.
Schadensersatz – USA
1.
Alien Tort Claims Act, 1789[1)]

The district courts shall have original jurisdiction of any civil action by an alien for a tort only, committed in violation of the law of nations or a treaty of the United States.

2.
Torture Victim Protection Act of 1991[2)]

– Auszug –

An Act
To carry out obligations of the United States under the United Nations Charter and other international agreements pertaining to the protection of human rights by establishing a civil action for recovery of damages from an individual who engages in torture or extrajudicial killing.
Be it enacted by the Senate and House of Representatives of the United States of America in Congress assembled,

Section 1. Short Title.
This Act may be cited as the 'Torture Victim Protection Act of 1991'.

Section 2. Establishment of civil action.
(a) Liability. – An individual who, under actual or apparent authority, or color of law, of any foreign nation –
   (1) subjects an individual to torture shall, in a civil action, be liable for damages to that individual; or
   (2) subjects an individual to extrajudicial killing shall, in a civil action, be liable for damages to the individual's legal representative, or to any person who may be a claimant in an action for wrongful death.
(b) Exhaustion of Remedies. – A court shall decline to hear a claim under this section if the claimant has not exhausted adequate and available remedies in the place in which the conduct giving rise to the claim occurred.
(c) Statute of Limitations. – No action shall be maintained under this section unless it is commenced within 10 years after the cause of action arose.

II.
Strafrecht – Bundesrepublik Deutschland
1.
Völkerstrafgesetzbuch (VStGB)
(Gesetz zur Einführung des Völkerstrafgesetzbuches)[3)]

– Auszug –

---

1) Quelle: 28 U.S.C. 1350
   In seiner Entscheidung Kiobel v. Royal Dutch Petroleum Co. vom 17. April 2013 (133 S.Ct. 1659; ILM 52 (2013), S. 969) hat der U.S. Supreme Court den universellen Geltungsanspruch des Alien Torts Claims Act durch eine »Presumption against Extraterritoriality« weitgehend reduziert.
2) Quelle: Public Law No. 102-256, 12 March 1992, 28 U.S.C. 1350.
3) Quelle: *BGBl.* 2002 I S. 2254.

60 Weltrechtsprinzip

§ 1 Anwendungsbereich
Dieses Gesetz gilt für alle in ihm bezeichneten Straftaten gegen das Völkerrecht, für die in ihm bezeichneten Verbrechen auch dann, wenn die Tat im Ausland begangen wurde und keinen Bezug zum Inland aufweist.

2.
Strafprozessordnung (StPO)

– Auszug –

§ 153c
(1) Die Staatsanwaltschaft kann von der Verfolgung von Straftaten absehen,
1. die außerhalb des räumlichen Geltungsbereichs dieses Gesetzes begangen sind oder die ein Teilnehmer an einer außerhalb des räumlichen Geltungsbereichs dieses Gesetzes begangenen Handlung in diesem Bereich begangen hat,
2. die ein Ausländer im Inland auf einem ausländischen Schiff oder Luftfahrzeug begangen hat.
3. wenn in den Fällen der §§ 129 und 129a, jeweils auch in Verbindung mit § 129b Abs. 1, des Strafgesetzbuches die Vereinigung nicht oder nicht überwiegend im Inland besteht und die im Inland begangenen Beteiligungshandlungen von untergeordneter Bedeutung sind oder sich auf die bloße Mitgliedschaft beschränken.
Für Taten, die nach dem Völkerstrafgesetzbuch strafbar sind, gilt § 153f.
…

§ 153f[4)]
(1) Die Staatsanwaltschaft kann von der Verfolgung einer Tat, die nach den §§ 6 bis 14 des Völkerstrafgesetzbuches strafbar ist, in den Fällen des § 153c Abs. 1 Nr. 1 und 2 absehen, wenn sich der Beschuldigte nicht im Inland aufhält und ein solcher Aufenthalt auch nicht zu erwarten ist. Ist in den Fällen des § 153c Abs. 1 Nr. 1 der Beschuldigte Deutscher, so gilt dies jedoch nur dann, wenn die Tat vor einem internationalen Gerichtshof oder durch einen Staat, auf dessen Gebiet die Tat begangen oder dessen Angehöriger durch die Tat verletzt wurde, verfolgt wird.
(2) Die Staatsanwaltschaft kann insbesondere von der Verfolgung einer Tat, die nach den §§ 6 bis 14 des Völkerstrafgesetzbuches strafbar ist, in den Fällen des § 153c Abs. 1 Nr. 1 und 2 absehen, wenn
1. kein Tatverdacht gegen einen Deutschen besteht,
2. die Tat nicht gegen einen Deutschen begangen wurde,
3. kein Tatverdächtiger sich im Inland aufhält und ein solcher Aufenthalt auch nicht zu erwarten ist und
4. die Tat vor einem internationalen Gerichtshof oder durch einen Staat, auf dessen Gebiet die Tat begangen wurde, dessen Angehöriger der Tat verdächtig ist oder dessen Angehöriger durch die Tat verletzt wurde, verfolgt wird.
Dasselbe gilt, wenn sich ein wegen einer im Ausland begangenen Tat beschuldigter Ausländer im Inland aufhält, aber die Voraussetzungen nach Satz 1 Nr. 2 und 4 erfüllt sind und die Überstellung an einen internationalen Gerichtshof oder die Auslieferung an den verfolgenden Staat zulässig und beabsichtigt ist.
(3) Ist in den Fällen des Absatzes 1 oder 2 die öffentliche Klage bereits erhoben, so kann die Staatsanwaltschaft die Klage in jeder Lage des Verfahrens zurücknehmen und das Verfahren einstellen.

---

4) § 153f eingefügt durch das Gesetz zur Einführung des Völkerstrafgesetzbuches, BGBl. 2002 I S. 2259.